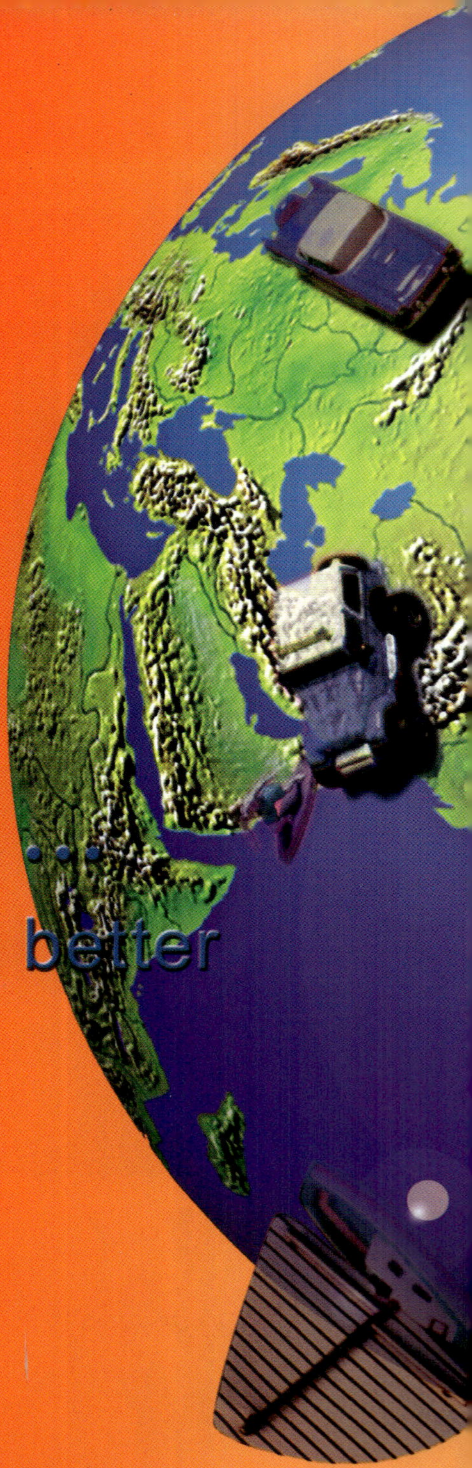

安天吉地物长流……

Let's make things better

安吉天地汽车物流有限公司
地　　址：上海市曹杨路595号
邮　　编：200063
电话（Tel）：+8621 62609090
传真（Fax）：+8621 62222824
呼叫中心：+8621 62226293
网　　址：www.anji-tnt.com

河南公路港务局
HENAN HIGHWAY PORT

河南公路港务集团
HENAN HIGHWAY PORT GROUP

张金平
河南公路港务局 局长
河南公路港务集团 董事长

团结奋进、创造辉煌

河南公路港务局是经河南省人民政府批准，为适应扩大对外开放，改善投资环境，加速发展河南经济的需要，于1992年10月24日开通运营的公路二类口岸。

河南公路港务局位于107国道与连霍高速公路的交汇处，占地180000m²，分东、西两个港区。已建成6366m²的现代化综合办公楼，50000m²的储存库，20000m²的货物堆场，油库、停车场、维修中心；“王”形中央大道贯通港区，港区绿化面积达10000m²，芳草如茵，鲜花吐艳，环境优美。西港区占地24000m²，是我局新建的现代化的路港混凝土有限公司。港区还建有配电房、水泵房、餐饮、住宿、商店等配套设施，为客户提供周到、优质的全方位服务。

河南公路港务局拥有年轻、高素质的专业队伍，平均年龄31岁，现有高级专业技术人员18人，中级专业技术人员45人，中层以上管理人员全部具有大专以上学历。

河南公路港务局交通区位优势明显，正在向现代物流企业转型，向多元化经营结构转变。下设河南路港综合运输有限公司、河南路港物流有限公司、河南路港混凝土有限公司、河南路港油料供应有限公司、河南路港广告有限公司、河南路港绿化工程有限公司、河南路港实业有限公司、河南慧星网络科技有限责任公司。

河南公路港务局坚持“以人为本”的管理理念，贯彻“坚定信心、团结奋进、深化改革、强化管理、调整结构、提高效益、树立形象、创造辉煌”的经营指导方针，树立河南交通形象，为河南经济的快速发展贡献自己的力量。

伊藤忠商事株式会社

公司概况

创业	1858年	成立	1949年12月1日
地址	日本东京都港区北青山2-5-1	分支机构	日本国内18家
海外	138家	注册资金	2022亿日元（约20亿美元）
年销售额（合并）	104616亿日元（约1000亿美元）	员工数	4345人

其他海外支店、事务所及当地法人员工约1800人

伊藤忠商事株式会社是世界500强中名列前茅的企业之一，经营范围广泛，与全球80个以上国家和地区进行贸易往来，在金融、投资等事业领域积极开展业务。伊藤忠商事在综合商社中领先开拓了中国市场，早在1972年日中邦交正常化以前，便开始了与中国的贸易。

为实现21世纪新的腾飞，伊藤忠商事提出了"Attractive&Powerful(A&F)"集团经营方针。确定了以具有压倒性优势的纺织、食品等行业为中心的生活消费领域（Super Powerful领域）及中国事业、信息产业、金融服务、资源开发等4个领域（Attrctive领域），重组人力、物力资源，提高了公司收益能力。另外，公司积极进军以生物科技、纳米科技为代表的尖端技术领域，使之成为成长战略的中坚。

伊藤忠商事物流：

实现人力、物力、资金、信息的有效结合，追求高附加值物流机能

伊藤忠商事物流在加强商社原有的国际物流、国内物流机能的基础上，将战略重点放在医药品、食品、便利店、量贩店等与零售相关的第三方物流领域。在医药品物流领域，本公司依托长年积累的零售业物流的营业经验及技术实力，与GSP规定、生产批号管理等医药品特有的物流要求融合，开创了面向医药品企业的第三方物流模式，在日本国内设立了数个医药品专用物流中心，接受多家医药品厂商的物流业务委托。

伊藤忠商事早在1994年就在中国国内设立了外商合资物流企业，并积极参与国内物流的规划与实际运作。目前在中国国内拥有顶通物流（上海、北京、广州、重庆、沈阳）、太平洋物流（北京）、忠达物流（广州）、中铁伊通物流（武汉）、爱通国际物流等九家独立法人企业及遍布全国的70余处物流中心，涵盖了国际国内一体化物流、保税物流、全国性广域物流、城市市内配送物流，涉及食品、快速消费品、服装、日用百货、家用电气、电子产品及零部件、汽车零部件等诸多领域，并积极探讨、开拓国内医药品物流、冷链物流、汽车物流市场。

伊藤忠商事物流始终站在支持客户营销的立场上，以降低物流成本和提高产品竞争力为目标提供专业化分析，与客户企业共同探讨和实施物流解决方案。

重点地区大型物流中心

北京	北京太平洋物流
青岛	山东爱通海丰国际物流
上海	北京太平洋物流上海分公司 爱通上海
武汉	中铁伊通物流
广州	广州忠达
香港/深圳	爱通香港

●分支、办事处

大连、北京、天津、厦门、广州、深圳

全国网络的中型物流中心

沈阳顶通物流管辖 9处
北京顶通物流管辖 12处
上海顶通物流管辖 17处
广州顶通物流管辖 17处
重庆顶通物流管辖 16处

伊藤忠（中国）集团有限公司
地　址：北京市建国门外大街号中国国际贸易中心西楼401室
邮　编：100004
电　话：010-65051122-2329
传　真：010-65051148
邮　箱：zhang.yu@pek.itochu.com.cn
联系人：张宇　孙向力

PCCW™
电讯盈科

全面的电子物流方案
满足你业务上的要求

dynamic 汇杰

e-delivery注释

汇杰公司借鉴国际物流行业的先进经验，立足国情，以先进的IT技术揉合科学的物流理念，设计出了e-delivery协同物流管理信息系统。汇杰将为您的企业提供专业有效的咨询方案，借助实施集'进销存配送跟'为一体的e-delivery协同物流管理信息系统，让您的企业即刻便可享受计算机、网络、数据库、条码、GPS/GPRS卫星定位等先进IT技术带来的便利，提高企业的作业效率，降低企业的运作成本，同时将整套国际化物流管理思想引入企业，帮您改善企业的管理水平，增强企业的核心竞争力。

汇杰其他软件的适用范围：

e-shipping • 货代企业 • 第三方物流企业 • 运输行业

e-logistics • 大型专业物流企业 • 一体化物流服务供应商 • 大型集团企业的物流部门

e-warehourse • 专业仓储物流企业 • 生产制造型企业仓储 • 商贸型企业仓储 • 配送中心

e-courier • 大、中型快递企业和其分公司 • 中、大型快递企业的拦收投递点 • 小型快递企业 • 以快运业务为主的物流企业 • 邮政快递

e-star office • 国家机关 • 大型企事业单位 • 生产制造行业 • 商贸性行业 • 服务行业

汇杰主要成功案例：

北京邮政器材公司仓储管理系统 ● 宝龙物流信息管理系统 ● 佳家物流信息管理系统

港龙物流信息管理系统 ● 奥顺通物流信息管理系统

公司荣誉：

1. 荣获ISO9001质量体系认证 ISO Certified 9001:2000

2. 中国物流与采购联合会理事 （注：总裁杨战全先生 任理事 ● 董事局顾问陈建新 任常任理事）

合作伙伴：

Dell, HP, IBM, Unisys, Sun, Founder, Microsoft, Oracle, Sybase, Cisco, 3Com, Mirapoint, Symbol

汇杰国际有限公司（香港总部）

香港中环干诺道中77号 标华丰集团大厦703室

电话：（852）2522 5520 传真：（852）2521 8225

北京汇杰联合科技有限公司

中国北京东城区东长安街1号东方广场东三办公楼12层 邮编：100738

电话：（86-10）8518 1388 传真：（86-10）8518 6883

北京医药股份有限公司现代医药物流配送中心

2004年2月27日，北京医药股份有限公司董事长兼总经理陈济生发布“全国首家现代医药物流配送中心应用成果”。

伴随着2004年新年的钟声，北京医药股份有限公司现代医药物流配送中心建成投入使用。该物流配送中心是由世界领先物流企业西门子德马泰克公司设计，引进相关先进设备技术建立的全国医药流通领域首家现代化医药物流配送中心。

北药股份现代医药物流配送中心的建成，是落实北京市政府生物工程新医药发展战略的一项具体行动，标志着北京医药股份有限公司率先与国际接轨，跻身于国际物流先进企业的行列，实现了我国医药流通领域的一次业态革命。

北药股份将依托现代医药物流配送中心这个平台，为人民提供安全放心的药品，进一步缩短药品配送时间，提高客户服务水平，降低流通成本，为人民的健康做出新的贡献。

北京医药股份有限公司物流配送中心

地　址：北京宣武区马连道东街17号
电　话：(010)63464226　63464576
网　址：www.bjpharmacy.com
邮　编：100055

BEIJING PHARMACEUTICAL CO.,LTD.

京泰实业(集团)有限公司

THE SURVEY OF BEIJING HOLDINGS LIMITED

京泰实业（集团）有限公司，于1979年6月在香港注册成立，是北京市一家大型的海外综合性企业集团，京泰旗下拥有的北京控股有限公司，是北京市具有相当规模实力的海外上市公司。

京泰集团始终以“繁荣香港，服务北京”为宗旨，为沟通北京与香港的经贸联系、科技交流、筹资融资发挥了不可替代的独特作用。近年来，京泰、北控已在国际资本市场融资80多亿港元，回投于首都机场高速公路、水源九厂等基础设施建设，并扶持了燕京啤酒、三元乳业、王府井百货等一批名优企业的发展。经过20多年的发展,京泰集团总资产已达200多亿港元，拥有北京控股有限公司、北京京泰投资管理中心等50余家全资、控股企业，并拥有7家上市公司，其中3家国内A股上市、2家香港主板上市、家香港创业板上市、1家美国纳斯达克上市。

面对首都经济强劲发展和奥运经济带来的巨大商机，京泰、北控作为北京市的大型海外综合性企业集团和融资平台，将充分利用自身在海外筹资融资、整合境内资源、建立国际战略合作、引进先进技术和管理等方面的优势，进一步拓展在城市基础设施建设、城市公用事业、现代物流业、现代会展业等领域的投资业务，为北京市的经济发展、城市建设和奥运经济做出更大的贡献。

北京京泰投资管理中心

BEIJING HOLDINGS INVESTMENT MANAGEMENT CO.,LTD

北京京泰投资管理中心（简称“中心”）于2000年4月成立，是京泰实业（集团）有限公司全权经营管理的境内投资及管理主体，注册资本6亿元人民币。中心法人代表由京泰集团常务副总经理黎晓宏兼任。中心的宗旨是，根据北京市整体经济发展和京泰集团战略发展的需要，接收北京市政府为支持京泰集团发展所注入的资金和资产，同时为京泰集团投资、管理境内项目提供渠道和平台。中心通过充分发挥京泰集团海外公司的功能与国际资本市场相结合，为国有企业改革、盘活国有资产和北京市经济发展提供服务。自成立以来，中心已参股、控股京唐港股份有限公司、嘉里京泰物流有限公司、北京陆港国际物流有限公司、北京京泰物流置业有限公司、北京红星股份有限公司、北京金鱼科技股分有限公司、西安海天天线科技股份有限公司、北京清大科技股份有限公司等企业，净资产从创立时的15 100万元增至2003年底的79 700万元。

北京陆港国际物流有限公司

Beijing Inland Port International Logistics Co., Ltd.

北京陆港国际物流有限公司位于北京朝阳口岸内，是北京朝阳口岸独有的经营主体。现已投资建成海关监管仓库、保税仓库、冷藏仓库、集装箱堆场、监管装卸平台等，口岸内设有报关行、海关、检验、检疫、口岸办、邮局、银行等功能部门。可承担海、陆、空进出口货物、国际展品及过境货物的国际运输代理和社会国际集装箱、普通货物运输等业务，并提供货代、报关报检、监管保税仓储、集装箱堆场运输等一条龙服务。该公司是国际大型的、功能齐备的、专业的物流企业。

北京和记京泰物流有限公司

Beijing Hutchison Holdings Logistics Co., Ltd.

北京和记京泰物流有限公司是由北京陆港国际物流有限公司与和黄港口集团全资附性公司中流控股（香港）有限公司合资经营综合服务功能的物流公司，主要经营集装箱堆场、专业公共报关、集装箱运输、道路运输、进出口货物的集运与分拨、仓储管理及有关的增值服务、国际船舶代理、国际货运代理、国内货物的库存管理、进出口贸易代理等。

北京京泰物流置业有限公司

Beijing BHL Logistics Limited

北京京泰物流置业有限公司是由京泰（实业）有限公司、北京京泰投资管理中心、嘉里北京（十八里店）发展有限公司、北京市华远集团公司、SOHO中国（BVI-5）有限公司共同投资，成立的中外合资大型物流开发企业。公司注册资金2000万美元；其主要业务是对北京“物流港”项目进行开发建设。

北京京泰物流置业有限公司将抓住北京申奥的契机，按照市政府领导有关加快“北京物流港建设”的指示精神，充分发挥“北京物流港”集陆、海、空、铁路多式联运为一体的区位优势；具备二类内陆口岸和“一关三检”的功能优势以及吸引国内外大型投资机构加盟的资本优势，成功地开发建设“北京物流港”，使其成为北方地区规模最大、现代化程度最高、专业化服务实力最强的国际现代化综合物流园区。

嘉里京泰物流有限公司

Kerry Holdings Logistics Express Co., Ltd.

京泰集团与嘉里集团合资
物流设施于北京开发区
配送中心超过11000平方米
先进运输车队，穿梭京津唐高速公路

服务范畴：
合约物流
仓储及货物处理
运输——长途配送，集装箱拖运，进出口保税货物
货运——海空运及报关

北京住商佐川急便物流有限公司

Beijing Sumisho Sagawa Logistics Express Co., Ltd

北京住商佐川急便物流有限公司是由京泰实业（集团）有限公司（北京京泰投资管理中心）日本国内优秀的综合商事会社——住友商事株式会社和日本最先进的综合物流企业——佐川急株式会社共同发起成立的。

住商佐川急便集合三方股东的有利资源，立足中国市场，把佐川急便在日本市场的成功营销运营、管理经验完全移植到中国，并以持续创新的精神，全方位提供一流的物流配送方案及服务。

鹤煤（集团）公司物资供应分公司

HE MEI(JITUAN)GONG SI WU ZI GONG YING FEN GONG SI

处长:杨天护

公司领导班子

鹤壁煤业（集团）公司物资供应分公司承担着集团公司物资供应任务和物资供应管理职能，对内负责煤炭生产，基本建设、多种经营的主要物资供应；同时，作为集团公司内部独立核算单位，开展对外物资购销经营，与全国近千个厂家建立了稳定的供货渠道，所属集团公司总库是豫北地区较大的物资集散基地和储备基地，铁路专用线纵贯中央，现代化的大型吊装运输机械，先进的计算机管理和标准化的计量工具为用户提供代储、代运、代销业务，现有各类高中级专业技术人才上百名，竭诚为客户服务，现所属企业还有支护用品厂、家俱厂、总库加工厂等，为用户提供质优价廉的多类产品。经营集团公司所产优质煤炭和集团公司所有的多种经营产品及木材、黑色、有色金属、化工建材、燃料油脂、机电产品、五金交电及部分生活资料等。

公司大门

总库天车

公司“矿区加油站”

地址：鹤壁市朝霞街50号
邮编：458000
电话：0392-2912091
传真：0392-2620747

HE MEI(JITUAN)GONG SI

北京中物联物流规划研究院

（中国物流与采购联合会物流规划研究院）

名誉院长　丁俊发

院长　张铎

北京中物联物流规划研究院是中国物流与采购联合会物流规划研究院在北京注册的法人实体，作为中国物流与采购联合会的直属单位，专业承担物流规划、物流咨询以及物流项目研究。

北京中物联物流规划研究院与多家具有甲级工程咨询、设计资质的设计院，国内外知名的物流咨询公司，国内外物流专业研究院所和高等院校建立了密切的合作伙伴关系，可为客户提供高效、卓越的物流服务。

北京中物联物流规划研究院的专家团队由擅长物流宏观分析、物流发展与战略规划、物流系统分析与设计、物流信息系统设计与集成以及物流标准化制订等多方面的专家组成，可为客户切实解决实际问题，提供导向服务。

北京中物联物流规划研究院的业务范围包括：物流发展战略研究，区域物流规划以及物流园区、配送中心、物流中心的规划与设计，企业物流战略与管理咨询，第三方物流、第四方物流服务、监理与实施，物流信息系统设计与集成，物流系统分析与仿真等。

北京中物联物流规划研究院近年来先后承担了《郑州市现代物流业发展规划》、《邯郸现代物流发展规划》、《山东省潍坊市物流发展战略规划》、《北京市平谷区物流发展报告》、《天津市武清区物流发展战略规划》、《江阴市长江港口物流园区规划》、《吉林省现代物流基地可行性研究》等规划研究项目，以为政府提供区域性物流发展规划和物流园区建设规划而享誉业内。此外，还为鲁北化工、天发控股等多家上市公司及其他企业提供了企业物流战略与管理咨询服务。

信念是服务社会、追求卓越
宗旨是务实、严谨、可靠、高效
目标是成为国内一流的物流专业咨询服务机构

联系地址：北京市西城区月坛北街25号
邮政编码：100834
联系电话：（010）68392230、6839223
电子邮箱：wlgh@cflp.gov.cn

广西交通职业技术学院

Guangxi Vocational & Technical College of Communications

广西交通职业技术学院前身是广西交通学校，隶属于广西壮族自治区交通厅，是培养交通建设人才的摇篮。学院目前全日制在校生 4832 人，总占地面积 1205 亩，建筑面积 84663m^2，教学楼、图书馆、实验楼、礼堂、体育馆、学生公寓、食堂等教学及生活设施，配套齐全。

学院拥有一支素质高、业务精、结构合理、爱岗敬业的师资队伍。在现有的300多名教职工中，教师 183 人，其中高级职称 62 人，中级职称 101 人，“双师型”教师超过 50%，研究生已达 20%，享受政府津贴专家和部级教学带头人 3 人。学院设有土木工程系、机电工程系、管理工程系、信息工程系、外语系、驾驶学校等 22 个部门。

管理工程系已开设的高职专业有物流管理、电子商务、财务会计和人力资源管理。管理工程系现有在职教师 24 人，其中副教授 3 人，高级讲师 3 人，中级职称 8 人，同时具有中国注册会计师资格 2 人，会计师 1 人。1998 年与上海职业技术研究所联合开发物流管理专业教学计划和相关教学文件，高起点地筹建物流管理专业，并于 2000 年在广西率先开办，物流管理专业现已成为学院重点专业和院级示范性专业。为提高教师在物流管理专业方面的理论知识水平和实践能力，学院非常注重师资建设，在加大内培力度的同时，不断地引进物流管理专业的新教师。

为培养高级应用性专业人才，学院投资 100 多万元建造了一个能容纳 60 名学生的电子商务与现代物流实训室，供学生进行电子商务业务流程和物流管理业务流程的模拟实训，同时投资 30 多万元建造了一个多媒体专业教室；学院尤为注重教学、科研、生产相结合，与广西弛程汽车运输集团有限责任公司、防城港高速集装箱运输有限公司、广西超大运输有限公司等企业建立了校企联合，并以此作为学生的校外实训基地。

物流管理专业于 2000 年开始招生，于 2003 年 7 月首届学生毕业，连续两年就业率达 96% 以上。学院将以西部大开发、广西作为西南出海大通道、大力发展物流为契机，不断加强和完善物流管理专业的建设，培养更多的合格人才，为物流业的发展做出自己应有的贡献。

学院地址：南宁市园湖北路 12 号
邮编：530023
院办：0771-5626108
传真：0771-5624699
网址：www.gxjzy.com
管理工程系：0771-5623964

DHL

太原旧机动车交易中心

TAIYUANJIUJIDONGCHEJIAOYIZHONGXING

王林章董事长在第五届全国二手车流通行业联系会上发言

交易中心荣获ISO9001：2000质量管理体系认证证书

丁俊发常务副会长视察中心电子商务

原旧机动车交易中心是2001年经太原市整顿旧机动车领导组全面整学规范之后，符合国家规定具有法人资格的二手车流通企业。中心积45000余平方米，四周绿树环绕，建有34000平方米的硬化绿化汽。可同时容纳1200多辆不同类型的汽车进行交易。宽敞明亮的交易市旧车办、车管、评估、保险、拍卖等机构驻场。大厅设有总咨询干个服务窗口，超大型电子显示屏随着悠扬的背景音乐滚动播放交、交易流程、收费标准、车源信息和企业文化等，整个交易办理手实行电脑联网，微机化管理，具备车辆检测、评估鉴定、登记验证、相、过户转籍、行车证制作等功能，实行一站式管理，一条龙服务。心还建有1500平方米的办公楼，设有300平方米的汽车展厅，有近20车行驻场经营，具有经纪资质证书的从业人员66人。为了增加服务鸿升集团以交易中心为依托，从2002年以来先后成立了汽车置换公升汽车贸易公司、旧机动车经纪服务公司和汽车电子商务公司。配中心经营各种小轿车、二手车，可以提供以旧换新、分期付款、寄、委托代理、网上交易、租赁、维修、装璜、美容等一系列服务。心党支部设有党员之家、阅览室，为职工开办了食堂及篮球场、羽和乒乓球室，群众性的各种文体活动经常不断，丰富多彩。党支部年被评为优秀党组织。董事长王林章被评为区优秀党员、省市优秀、区党代会代表、市人大代表等。

到2003年底，五年多来共安置下岗职工再就业和大中专毕业生180余人次，实现进场交易车辆35万辆，办理交易过户、转籍20000余辆，交易过户总额13.5亿元，交易过户收入2000余万元，上缴国家税收300万元，为社会扶贫捐款捐物合人民币60余万元，仅去年抗击“非典”就捐款18万余元。

2002年8月，中国物流与采购联合会在太原召开了“第五届全国二手车流通行业联系会议”，与会领导和全国各地的代表兴致勃勃地参观了我交易中心。中物联常务副会长丁俊发为中心题词“创新服务品牌，发展二手车市场”；中国消费者协会副会长兼秘书长宁望鲁同志题词“祝太原旧机动车交易中心越办越好”。

中心2001年8月被山西省消协授予“诚信单位”；2002年11月被授予“社会公认信誉单位”；2003年9月被人民日报社市场信息中心授予“中国十佳旧机动车交易中心”；2003年9月，正式获得了中物联认证中心颁发的ISO9001：2000质量管理体系认证证书，届此，成为全国较早通过ISO9000认证的旧机动车交易中心；在第六届全国二手车流通行业年会上进行了经验交流，受到了中物联的表扬。2004年3月，中国保护消费者基金会授予“消费者认可诚信示范单位”。

太原旧机动车交易中心在党的十六大和十六届三中全会精神的指引下，在各级领导的亲切关怀和社会各方面的大力支持下，始终坚持实事求是、求真务实的思想路线，勇于拼搏，敢于创新，以真诚赢得了信誉，成为全省二手车流通行业中的龙头企业，跨入了全国同行业的先进行列。

省委副书记、市委书记云公民接受交易中心捐款

市旧车办、市公安、市工商与中心举行联席会

全体员工举行升国旗仪式

省政协副主席韩儒英视察中心

市首届经纪人培训班现场

新车展厅一角

址：山西.太原市兴华街九丰路168号 电话：0351-6294856 传真：0351-6281622 邮编：030027 网址：www.sxauto.com

华药商贸园家电厨卫城一角

华药（香港）综合商贸园

WAHYORK(HK) COMPREHENSIVE COMMODITY LAND

华药（香港）综合商贸园由华药（香港）生物科技控股集团投资，具有多年批发市场运作成熟经验的山东兰田集团有限责任公司以市场项目合作，占地280公顷。

华药（香港）综合商贸园具有显著的区位优势。园区位于山东省临沂市工贸开发区黄金地段。临沂是环渤海经济圈、黄河三角洲、淮海经济区的明珠，地处中国南北经济交汇区，东临黄河、西接中原大地，海上、空中、公路、铁路四位一体，与日照、岚山和连云港三大港口各距100多公里，距青岛港200多公里，有稠密的海陆空立体交通网，交通运输极其便捷。同时，临沂是华东重要的商贸物流中心，规模大，品种全、成交额全国第三的临沂批发城财蕴精深，商业氛围浓厚，商业机遇无限，发展前景无限。

园区主要由商贸城和北方中药港两部分组成。

园区功能设计:

园区包括家电厨卫城、汽配城、文体日化小商品城、轻纺针织城、公用型客运站、现代物流中心等项目。其中，家电厨卫、汽配、文体、日化、纺织品、劳保用品等项目全部申办了市场登记手续。另外，华药（香港）生物科技控股集团投入巨资申办了"华药（中国）北方中药港"项目，立足临沂，面向全国及海外，为发展北方特色农业提供机遇和平台。

汽配城：经营汽车配件系列，设立七厅一区，即：进口配件区、轿车微型车配件区、农机配件区、汽车保修美容区、卡车配件区、轮胎橡胶品、车饰用品区及油品汽保工具区大厅。

药商贸园鸟瞰图

家电厨卫城：电子电器、厨卫灯饰系列。设立5个经营交易区、一个大厅，即厨卫区、大家电区、小家电区、通讯照相器材区、灯饰配件区及电子元件大厅。

现代物流中心：客货运输、货物分拨、信息配载交易大厅、现代化信息中心、客运站、超市、美食广场、宾馆、公寓式写字楼、省一级汽车站停车场。

轻纺劳保城：纺织、劳保、童装系列。设6个交易区，即纺织品区、劳保用品区、童装区、针织区、床上用品区、窗帘及室内装饰品区。

文体日化小商品城：文体用品和小百货系列。设立8个交易区，即文体用品区、笔类区、日化区、体育健身器材区、纸张区、工艺美术品区、儿童玩具区、小商品区。

北方中药港：中药材研发、加工、交易区。

华药（香港）综合商贸园将严格按照临沂市政府关于“批发市场专业划区、不得进行重复建设、严禁出现恶性竞争”的市场管理精神，以科学先进的管理模式，使华药（香港）综合商贸园成为守法经营、规范有序、交易火暴、升值无限的商贸中心。

华药（香港）综合商贸园诚邀各界客商加盟，共谋发展大业。

华药物流中心一角

地址：山东临沂工业大道北段东侧

电话：0539－8036666　8038888

0539－8039999　8075555

药商贸园汽配城一角

东风铁路物流公司

办公楼

二类铁路口岸货场

零担运输中心

位于武当山下的东风铁路物流公司是东风汽车公司属下的专业化第三方物流公司，是以铁路运输为基础而逐步发展成包含公路运输、配送、仓储、流通加工、包装、装卸、信息处理等多功能综合性的服务实体，从为东风汽车公司汽车生产服务扩展到为社会提供各方面的物流服务。

公司以创品牌为基础，以服务和信息为支撑，以商品车发送为起点，以资本运作、规模扩张为手段，依托东风，服务东风，以汽车物流作为战略实施的切入点，建立了起点高、质量高、效率高的第三方物流公司。公司现有职员900多名，固定资产净值1.65亿元，拥有铁路机车10台，铁路线路117公里，仓储3万平米，运输车辆86辆。现有物流业务包括东风公司汽车生产所需原材料、燃料的全部到达运送业务及部分商品车、零部件的外发业务；神宇车辆有限公司商品车的全部送车业务；十堰市及周边地区进出口货物的存放、到发业务；零担、集装箱的短途运输业务；为东风公司配套的汽车零部件的仓储和短途运输业务。年营业收入6000多万元。

东风铁路物流公司发展的目标是：区域第一，行业前十位，全国知名。公司引入现代经营理念，在组织结构、市场分析、运营战略、资本运作及财务、信息和人力资源等方面都有严格的保障措施，确保了整个物流公司高效而又健康的运转。为在竞争中占据有利地位，公司正积极与外界开展合作，结成战略联盟，实现优势互补，把物流业务做得更广、更强、更大。

地址：湖北省十堰市车城西路1号　　邮编：442001

电话：0719-8200532 8223979　　传真：0719-86669

SMU---LRC

上海海事大学物流研究中心

上海海事大学物流研究中心是上海海事大学院级机构，由上海海事大学副校长黄有方教授兼任该研究中心主任。中心现有由博士生导师、教授、副教授、博士组成的专、兼职教研人员30余人。中心下设“物流研究开发部”、“物流经济与管理研究所”、“第三方物流研究所”、“物流情报研究所”以及“城市物流规划研究所”等机构。研究中心依托海事大学在物流规划与管理、国际运输管理、物流经济管理、物流工商管理、物流英语、物流工程技术、物流信息与仿真技术等学科的整体优势，凭籍多年来在物流教学与科研上积累的丰富经验，形成一个融研究、规划、设计与培训为一体的现代物流研究实体和平台。

物流研究中心的研究开发领域：物流产业发展与政府政策、物流园区规划与管理、物流系统优化设计、第三方物流促进供应链效率的原理与方法、航运与货运代理企业第三方物流的发展、港口第三方物流的发展、物流政策法规、地区物流发展战略与规划等领域。近期中心已完成或在研的有国家社会科学基金项目、交通部、世界银行、亚太经合组织、上海市科委、建委、上海石化股份有限公司、惠而浦公司、上海长桥物流基地、中远集团、中国外轮代理总公司、国际海运公司、外高桥保税区、上海海港新城产业区、上海港浦东集装箱物流有限公司以及外省市政府及有关企业所委托的各种物流方面的研究项目。

目前，研究中心已成为上海市外高桥保税区管委会的现代物流人才培训基地；上海市委组织部干部教育中心的物流项目师教育培训中心、上海石化股份有限公司石化物流产学研基地、上海市对外服务有限公司的世博物流人才培训中心，并与中国物流与采购联合会就开展物流方面的多项培训达成协议。此外，中心还定期举办“每月物流高级论坛”以及不定期举行各种学术交流，其中包括物流高峰论坛、物流沙龙、国际物流学术会议、跨国物流考察与培训等项目。

电话:021-58601317　58855200转4508
传真:021-58601317
网址:www.logistics-smu.net
邮箱:LRC@shmtu.edu.cn

勘测

武汉理工大学
Wuhan University of Technology

交通学院
School of Transportation

武汉理工大学交通学院现有教师120人。现有专业涉及船舶与海洋工程、土木工程、力学、交通运输工程等4个一级学科，有船舶与海洋工程、交通运输、交通工程、工程力学（结构工程）以及道路、桥梁与渡河工程等5个本科专业；船舶与海洋结构物设计制造、水声工程、海洋工程结构、水上运动装备工程、流体力学、工程力学、交通运输规划与管理、物流管理、结构工程、道路与铁道工程等10个硕士点；船舶与海洋工程和交通运输工程两个一级学科博士点，船舶与海洋结构物设计制造、水声工程、水上运动装备工程、海洋工程结构、流体力学、交通运输规划与管理、物流管理以及道路与铁道工程等8个博士点；船舶与海洋工程、力学和交通运输工程3个一级学科博士后流动站。其中船舶与海洋结构物设计制造为重点学科、“211工程”建设学科，交通运输规划与管理、流体力学为湖北省重点学科，形成了围绕交通领域的水陆兼备、软硬结合、基础与应用结合的多学科发展格局。

本院现有学科专业及其主要研究内容包括：

船舶与海洋工程各类船舶设计；新船型开发及运输系统研究；高性能螺旋桨理论设计；船舶CAD及PDM系统研究开发；船舶水动力性能研究及CFD软件开发；各类船舶快速性、操纵性、耐波性与安全性研究；船舶CAM与造船自动化设备的研究；船舶质量检验与监理；各种近海结构物可行性论证与工程设计；工业环境力学研究。

交通运输与交通工程　交通运输政策及评价；运输规划与设计；集装箱运输系统优化；装卸工艺设计与优化；港口规划；运输系统优化与决策；综合运输系统规划与管理；区域物流系统规划；企业物流规划与管理；供应链管理；第三方物流管理；物流配送与库存管理；物流配送中心规划与管理；运输信息系统设计与管理；运输系统计算机模拟；交通运输系统管理现代化；运输市场营销；电子商务与信息系统开发；交通运输安全管理；交通控制与管理；城市与区域交通规划；智能运输系统。

武钢8、9码头提高靠船能力方案研究

工程力学　工程结构（钢结构、海洋平台结构、船舶结构、起重结构）设计；大型结构物的静态和动态模型试验、现场试验；结构材料的静态性能和CTOD试验；工程结构的数值计算和安全性分析；船舶强度专用计算（总体、局部、大开口扭转、振动预报等）；工程结构施工监测、监控；复杂结构优化设计分析；工程力学反问题与结构健康诊断；工程材料的流变特性；

道路与桥梁工程　道路的勘测优化设计、施工设计、工程管理、道路监理；道路环境地质；桥梁设计、施工控制理论研究；桥梁监理；岩石、混凝土的断裂与损伤；土木工程结构振动的智能健康监测；岩土工程安全与施工质控技术、岩土工程稳定性分析、高边坡岩体开挖安全监测与稳定性评价、区域地质灾害区划与管理。

大型深浅水两用拖曳水池

地　址：湖北省武汉市武昌余家头　　联系人：张大有、杨家其
电　话：027－86565969、86551196　　传　真：027－86551193
邮　编：430063　　邮　箱：styjq@mail.whut.edu.cn
网　址：public.whut.edu.cn/jiaotong

深浅水两用露天操纵水池

中信物流有限公司

CITIC LOGISTICS.,LTD.

中信服务、日日进步

中信物流有限公司隶属于中信集团公司，从1993年开始从事道路货物运输业务，公司注册资本1亿元人民币。经营范围涉及道路货物运输、商品车运输、大型物件运输；汽车仓储；技术开发、技术咨询；销售汽车、汽车配件；货运代理；仓储保管；分批包装；配送服务等。

中信物流商品车运输服务能力位居国内前列，拥有各类商品车专用运输车300余台，运输车辆配备有GPS系统，调度运力800余台，年运输商品车能力达30万台。公司注重以优异的服务质量满足客户及社会的需求，赢得了一汽大众、一汽丰田、郑州日产、北京现代、北汽福田等客户的信赖，连续两年成为郑州日产整车物流总承包商。

中信物流有限公司工程物流事业部技术力量雄厚，实践经验丰富，曾先后完成了多项石油、化工、冶金、公路、铁路、水利、电力、城市建设等行业的国家和地方重点工程项目的超限货物运输任务，受到业主的高度评价。公司拥有170辆大型设备特种运输车，综合装备实力居国内前列。2003年新引进两辆意大利产520马力的依维柯重型公路牵引车、法国产尼古拉50轴线重型模块拼组式全液压平板车、载重量400吨的尼古拉桥式运输梁架，设备性能为世界一流。

公司经过多年发展和建设已经建立了覆盖全国的物流物理网络，提供包括公路、铁路、内河、近海的运输、仓储和城市配送的全程物流服务。中信物流秉承“开拓创新”的中信风格，面向21世纪的全球化经济浪潮，向顾客提供全方位的物流服务。

法定代表人：王建芝
总　经　理：李伟民
电　　　话：010-84302380
传　　　真：010-84302379
地　　　址：北京市朝阳区马泉营
通 讯 地 址：北京市9919信箱
邮　　　编：100102
网　　　址：www.citic-logistics.com
E-mail：zhoxinllp@vip.sina.com

拣货作业解决方案

·智慧型电子标签拣货系统·

由谁拣

到那拣

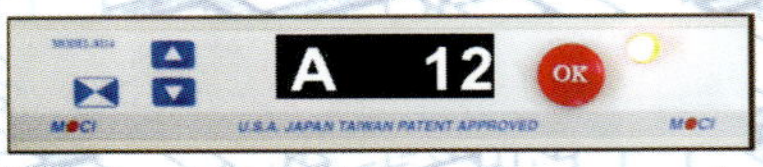

拣什么、拣多少

动线接力指示

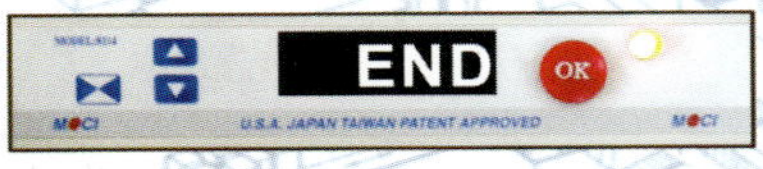

作业完成指示

▲电子标签拣货示意图

全国经销商征求中

- 专利名称：显示一对多信息的电子标签　　■ 专利号：ZL 02 2 52591.2
- 专利名称：少量多样型进出料系统　　■ 专利号：088359
- 专利名称：AUTOMATED MATERIAL STORAGE AND RETRIEVAL SYSTEM FOR PRODUCTION LINE　　■ 专利号：5,903,457

耀欣数位科技股份有限公司
桃园市330中正路1223号13楼
电话 886-3-358-9978
传真 886-3-358-9979

moci®
www.moci.com.tw
以专业为您创造价值

耀欣数位科技(上海)有限公司
上海市徐汇区龙华西路591弄3号501室
电话 021-54255030　邮编 200232
北京办事处　电话 010-84473521

和医药物流服务的提供者

国药物流通过引进先进的物流信息管理系统,实现国药物流运作体系的集中管理,同时可根据客户的需要提供与客户信息系统的接口,确保订单等物流数据高效准确传递..并可提供客户化的查询窗口,实现客户对自己产品的有效查询和监控.国药物流还根据业务量的需求在上海物流中心引进了现代化的自动高架立体库,自动拣选和分拣系统.并拟于2005年在广州和天津建立同等先进的新物流中心,以满足客户对物流信息分析及运作实现的准确性,安全性,高效性.

同时国药物流秉承以人为本的人才战略,一方面引进优秀行业物流人才,另一方面加强内部培训.现代化的物流规划管理人员和经验丰富操作人员共同构筑着覆盖最全,专业程度最高,服务能力最强的医药及健康产品物流网络.

地址：上海市延安东路222号外滩中心42楼　　邮编：200002
电话：0086-21-63293483　　传真：0086-21-63293489
网址：www.sinopharmholding.com
邮箱：logistics@sinopharmholding.com

胜利物流有限公司

胜利油田胜利物流有限公司地处黄河入海口的山东东营市，是黄河三角洲地区的大型第三方物流企业，是一家集仓储、配送、运输、信息服务于一体的现代化综合性物流企业。

胜利物流有限公司具有雄厚的物流资源和先进的物流设备设施。现有仓库6万多平方米、铁路专用线12.8公里、料场70多万平米，各种机械设备800多台（套），开辟了青岛、济南、烟台、淄博、北京、天津、沈阳、武汉、深圳、海口、成都、西安、乌鲁木齐等城市的物流网络，形成了区域物流分拨配送网络系统，为制造、商贸企业的采购、营销物流提供快速分拨配送业务。

胜利物流有限公司是依托胜利油田的物流企业，引进现代物流管理理念，优化企业物流效率，形成面向油田生产的全程物流服务；同时大力开展社会化物流服务，针对东营地区的加工制造、物资批发、大型连锁超市等企业，为其提供全方位的物流方案策划、第三方物流等一体化的全程物流服务。公司已经为胜利油田聚合物有限公司开展仓储、配送一体化物流服务，已经开始为中国万达集团公司进行现代物流策划服务。

胜利物流有限公司还将全力以赴投入到胜利物流园区建设之中去。规划中的胜利物流园区北起北一路和火车站，南至菏泽路，西至西五路、东到西四路西侧沿街单位，外加北一路北侧现木材公司一带，规划总面积269.2公顷。遵循现代物流产业发展趋势和胜利油田制定的物流业发展策略，以园区改造和物流基础设施建设为契机，重点培育高附加值专业市场，大力发展第三方物流和虚拟物流，积极构建产业结构合理、服务体系完善、专业化程度较高的新型物流园区经济体系，把胜利物流园区建设成为融商流、物流、信息流于一体，集批发零售、展览展示、仓储配送、电子商务、物流信息、金融服务与综合贸易等多种功能于一园的专业化、现代化、综合性、都市型协同化流通中心。

胜利物流以“诚信高效，科技创新；安全优质，互利共赢”为企业宗旨，规范经营管理、提升服务水平，在传统物流要素环节优化的基础上，发挥现代物流集成化、标准化，以客户为核心的服务理念，依托物资供应处的优势资源，不断扩大服务区间和延伸胜利物流网络，竭诚为东营及周边地区客户提供物流、信息流一体化的物流解决方案，提高客户供应链管理的竞争能力，充分挖掘“第三利润源泉”，在日益激烈的市场竞争中创造更佳效益，赢得未来。

胜利物流公司

胜利物流园区展厅

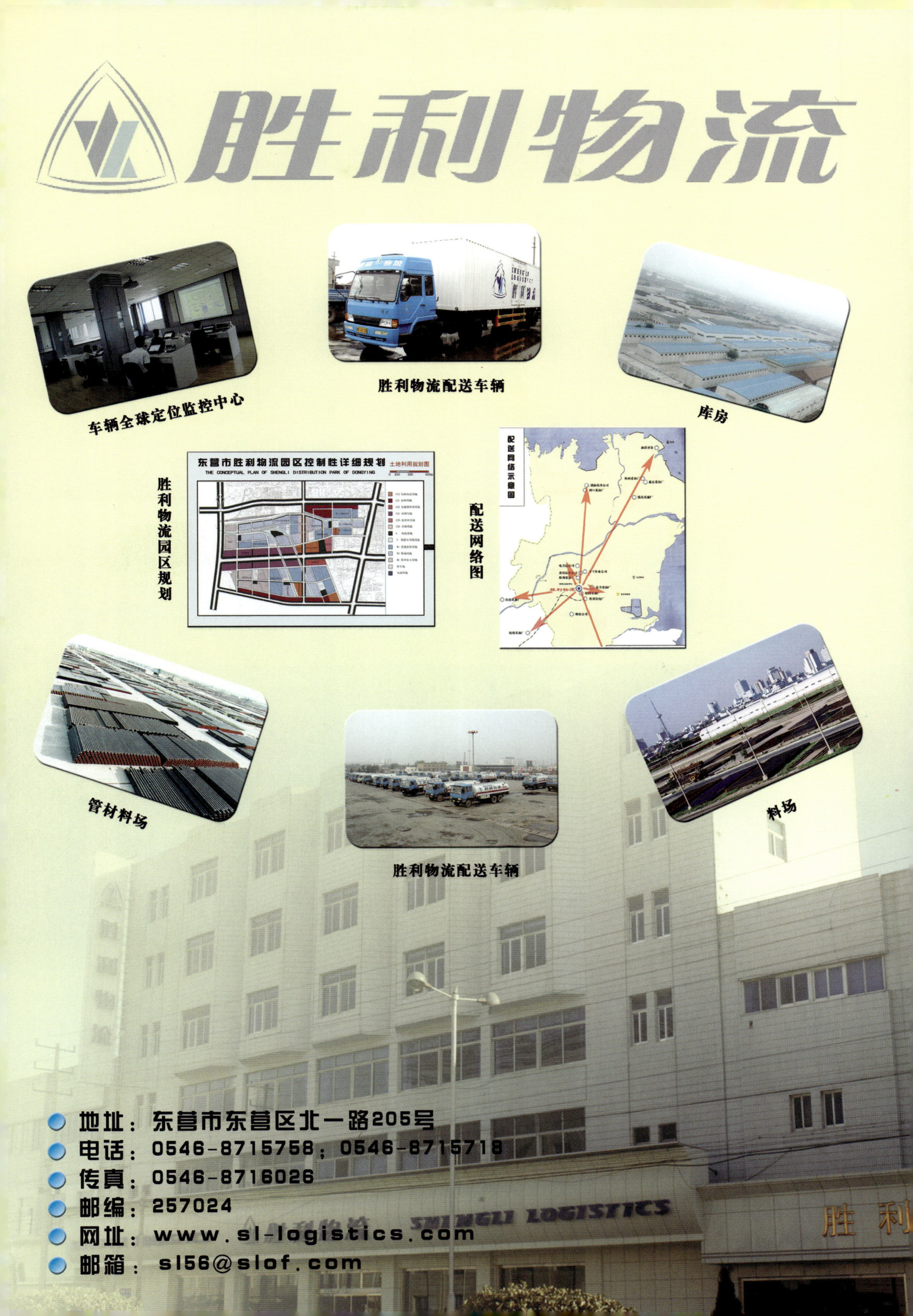
胜利物流
车辆全球定位监控中心
胜利物流配送车辆
库房
东营市胜利物流园区控制性详细规划
THE CONCEPTUAL PLAN OF SHENGLI DISTRIBUTION PARK OF DONGYING
土地利用规划图
胜利物流园区规划
配送网络示意图
配送网络图
管材料场
胜利物流配送车辆
料场
SHENGLI LOGISTICS
地址：东营市东营区北一路205号
电话：0546-8715758；0546-8715718
传真：0546-8716026
邮编：257024
网址：www.sl-logistics.com
邮箱：sl56@slof.com

无可阻挡的使命感

在联邦快递138,000名员工眼中，没有什么可以阻碍他们准时送件。因为这不只是递送货物，更是不一切要准时完成的承诺，所以无论货件大小，要运到任何地方，这个全球的空运网络一样值得托付。

中国水利电力物资有限公司

China National Water Resources & Electric Power Materials & Equipment Co.,Ltd.

李继烈，高级经济师，中国水利电力物资有限公司总经理

质量方针：

创新、诚信、高效

以质量求生存，以服务求发展

质量目标：

满足用户对服务质量的要求，达到以下目标：

合同履约率95%以上

用户满意率95%以上

投诉处理满意率100%

中国水利电力物资有限公司（China National Water Resources & Electric Power Materials & Equipment Co.,Ltd ，以下简称CWEME）是五大发电集团之一的中国大唐集团公司控股的下属单位，是国内大型国有物资流通企业，中国电力企业联合会的成员单位。

CWEME的前身是水电部物资局。50多年来，CWEME一直是国家电力工业和水利事业的行业物资管理部门，承担着电力、水利两个行业的物资供应与保障任务，为我国电力工业和水利事业的发展做出了卓有成效的贡献。公司现仍行使着中国水利电力物流协会的行业管理职能。

CWEME注册资金4.73亿元。其中中国大唐集团公司投资额为3.35亿元，占70.72%；其余的29.28%股本，分别由中国水利投资公司，中国华能集团公司，中国开发投资公司持有。

CWEME在中国的经济改革大潮中，经历了从单一的计划经济体制下的物资配给，到市场经济初期价格的“双轨制”运行，最后按照现代企业制度完成了企业的体制改革，建立了具备完善的管理体制、激励体制及控制体制的有限责任公司。

经过全体员工的勤奋努力，CWEME业务不断扩展，已经发展成为集国内、国际贸易、招标投标服务、监造服务、工程物资管理服务、大件运输服务、工程承包于一体的，为电力水利行业提供全方位服务的，按市场化运作的物资流通企业。

工程招标代理机构

甲级资格证书

经评审，认定 北京国电工程招标有限公司 为

工程招标代理机构甲级资格，特发此证书。

发证机关

证 书

中国水利电力物资总公司：

经审查认证，你企业为全国物资流通（综合经营）大型一类企业。

中华人民共和国国内贸易部

一九九八年三月

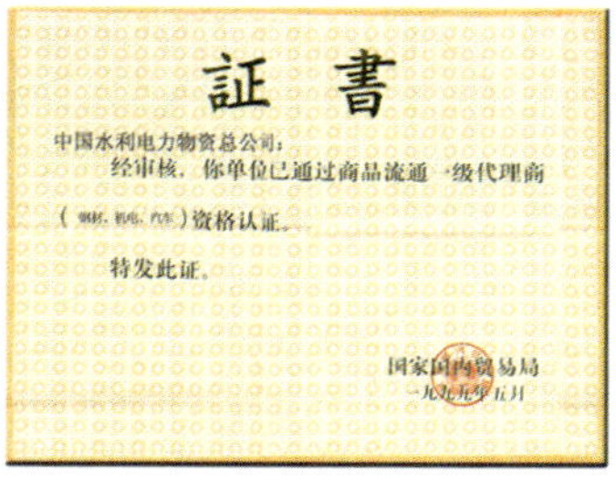
証 書

中国水利电力物资总公司：

经审核，你单位已通过商品流通一级代理商（钢材、机电、汽车）资格认证。

特发此证。

国家国内贸易局

一九九九年五月

水利水电工程设备成套单位资格证书

中国水利电力物资有限公司

发证机关：

近年来，经过全体员工的勤奋努力，CWEME业务不断扩展，资产结构逐年改善、员工素质逐年提高，经济实力稳步增强。1992年在全国物资供销“百强企业”排名中，CWEME列第12位。1994年在中国500家大型物资流通企业中排名第12位。1995年“中国的脊梁”国有企业500强中排名第362位。

1998年，公司经国内贸易主管部门首批认证为全国物资流通（综合经营）大型一类企业，2000年4月通过SGS雅斯利国际认证服务有限公司的认证。自1998年起连续五年被评为“国家机关双文明单位”。公司党委在2000年被中央企工委授予国电公司系统在京单位中的“先进党委”的称号。2001-2002年公司连续获得“党风廉政建设优秀单位”称号。 2004年公司销售收入15.6亿元，获得中国大唐集团公司先进单位称号，公司连续7年被评为中央国家机关文明单位。

CWEME正按照中国大唐集团公司翟若愚总经理提出的“要发挥好中国水利电力物资有限公司在现代物流管理中的作用，使专业化的物流体系更好地为集团公司系统各单位服务”的要求，遵循“团结、创新、科学、守信”的企业宗旨，坚持立足大唐，面向全国；以创新发展为主题，改革开放为动力，经济效益为中心，资产结构调整和开拓市场为重点，把有限公司建设成为具有较强竞争力，具有较强赢利能力，具有较强综合实力的企业集团。

地址:北京市宣武区白广路北口综合楼
邮编:100053
电话:010-63414427
传真:010-63547208
网址:www.cweme.com
邮箱:gmoffice@cweme.com

中国水利电力物资北京公司
地址：北京市朝阳区石门东路　　邮编：100022
传真：010-67742616　　电话：010-67714884
邮箱：beijing@cweme.com

中国水利电力物资上海公司
地址：上海市中山北路2668号联合大厦8-9楼　　邮编：200063
传真：021-62579420　　电话：021-62579423
邮箱：shanghai@cweme.com

中国水利电力物资天津公司
地址：天津市河东区七纬路五号　　邮编：300012
传真：021-62579420　　电话：022-24309772
邮箱： tianjin@cweme.com

中国水利电力物资西安公司
地址：西安市尚德路48号　　邮编：710004
传真：（029）7442604　　电话：（029）7420954
邮箱：xian@cweme.com

中国水利电力物资成都公司
地址：成都市学道街81号中电大厦五楼　　邮编：610021
传真：028-86673446　　电话：028-86715001
邮箱：chengdu@cweme.com

中国水利电力物资华南公司
地址：广州市华乐路53号华乐大厦A座16楼　　邮编：510060
传真：020-83808760　　电话：020-83811928
邮箱：huanan@cweme.com

ic Power Materials & Equipment Co.,Ltd.

青岛裕龙国际物流有限公司

RAGON INTERNATIONAL LOGISTICS CO.,LTD.

青岛裕龙国际物流有限公司是由裕龙集团投资建设的大型第三方物流中心。公司成立于2001年，位于青岛前湾港物流工业园，占地28万平方米，距青岛港码头1公里。

公司于2001年在国家计委立项，拥有原国家外经贸主管部门颁发的一级海运代理执照，是中国物流与采购联合会及中国货运代理协会正式会员。

我们的服务

公司按国际标准构建了功能庞大的网络信息平台，服务业务涉及集装箱储运、仓储管理、配送与运输、货代与报关、增值服务、供应链管理等。裕龙物流还利用网络共享、信息互助优势和人性化服务，依托现代化设施和国际水平的规范管理，为客户提供整体物流方案设计和完善的物流服务，具备经营网络化、办公自动化、作业机械化、信息技术化等现代物流综合竞争能力。

主营业务

集装箱储运：专业集装箱场地，CFS拆拼箱作业，配备世界先进搬运设备，月操作箱量约1万箱。

仓储服务：高架立体仓库，电脑全程管理，可同时进行拼装整合、配送、售前准备服务。

配送与运输：开展订单处理、捡货配送、货物追踪服务。专业车队，规范化管理，节约流通成本，提高物流效率。

货代与报关：实现单证转移、出入境报关服务，提供从订仓到送达客户的全程货代服务。

增值服务：提供产品附加服务，减少企业物流产品成本，创造流动利润，提高企业核心业务能力。

供应链管理：利用信息平台为客户提供从采购到销售的供应链管理，高效完成订单处理、库存管理、运输管理、物流配送和过程跟踪查询。

我们的团队

我们汇集了一批具有共同志向的专业物流精英，融合了多位精通国际物流服务游戏规则和实践经验的跨文化操作人才，具有强大的团队合作精神和战斗力，崇尚社会利益高于一切的服务理念，视客户服务为我们的自豪和荣耀。

我们的目标

国际化、标准化、专业化

快速反应、创新发展、效率第一

共享双赢、客户利益最大化

地址：青岛经济技术开发区前湾港物流园

电话：0532-6900868　6900828　6900816

传真：0532-6900866

邮编：266555

网址：www.qd-dragon.com.

物流名校 实力雄厚

北京物资学院

北京物资学院举行北京市物流系统与技术重点实验室揭牌仪式

新加坡物资学院访问北京物资学院

北京物资学院建于1980年，先后隶属于原国家物资局、物资部、国内贸易部，1988年划归北京市管理。固定资产12196万元，各种仪器设备总价值1931万元，现已完成校园局域网二期建设，拥有北京市重点实验室——物流系统与技术实验室，建有英国路透社微波传送的证券期货模拟实验室。学院现有物流系等7个系，设有4个教学部和两个教育学院，设有物流管理等19个本专科专业和4个硕士点。师资力量雄厚，专任教师256人，其中教授17人，副教授102人，讲师113人，享受政府特殊津贴专家9人。

早在20世纪80年代初，学院就开始设立储运管理专业，是国内较早涉足物流领域教学与研究的专业院校，1984年开始招收物流管理专业本科生，已为我国的物流事业培养了大批专业人才。为适应流通业发展的新形势和突出学院的专业特色和办学优势，2001年学院成立了物流系，是全国高等院校中成立较早的物流系。物流管理专业是学院的特色专业，在2002年被北京市教委评为重点建设学科。学院汇集着大量国内著名的物流专家学者，仅从1998年开始，就承担了近30项省部级研究项目，出版近20部专著，其中《物流学概论》曾获1999年物流宝供促进奖。

北京市物流系统与技术实验室的前身是北京物资学院物流研究中心。该中心在全国物流领域的诸多方面居于领先地位，逐渐成为全国物流理论研究中心、物流教学实践中心和全国物流信息中心。物流系统与技术重点实验室是国内成立较早的物流实验室，是国内较早采用西门子德马泰克有限公司国际物流设备的实验室，积极参与国际、国内学术交流，与德国、澳大利亚、日本，香港及台湾地区的物流学者密切合作，形成了产、学、研三位一体的新的科研体制。

荷兰采购协会访问我院

联系方式：

- 地址：北京市通州区西富河园
- 邮编：101149
- 电话：010—89534628
- 传真：010—89534661

教学楼前的

太原刚玉物流工程有限公司是中国较早研制、开发、生产自动化立体仓库的企业厂家之一，是太原市上市公司——太原双塔刚玉股份有限公司的全资子公司。

技术创新是公司不断追求的目标，目前公司已将货架有限元计算、物流系统仿真、物流系统参数化设计、Profibus现场总线、激光测距等，广泛应用于承揽的自动化物流系统。并成功地解决了震动和噪音的问题，研制出具有国内领先水平的GDX型高速堆垛机（已用于某部队）。开发了远程监控系统，TYWMS物流管理系统，与国外先进技术接轨，可以快速、有效地帮助企业整合资源，降低物流成本。

从2000年开始，公司设备大规模更新换代。经改造，公司拥有了国际一流的技术手段、设备和制造能力并新建了具有国际水平的远程控制室及理化实验室，高速堆垛机实验室等。

太原刚玉物流工程有限公司的主营业务是：物流系统的规划设计以及软件硬件的开发制造；物流设备的配套供应等。公司奉行“用户至上，质量第一”的方针，公司的服务宗旨是：制造精品、完美服务。

◄ 太原刚玉物流工程有限公司承建了蒙牛乳业（集团）股份有限公司自动化立体仓库三、四期工程系统，总货位为34746个，成品乳制品的储存总能力达到29219.6吨，占地总面积约8000平方米，库区配备堆垛机30台，WMS管理系统两套，信息录入采用RF系统，日处理能力为4800吨，每天入库1800吨，出库3000吨，是目前食品行业规模最大、自动化程度最高的智能仓库。

▲ 太原刚玉物流工程有限公司远程监控中心

▲ 南航基地机务区自动化立体仓库

一体化物流解决方案

太原刚玉物流工程有限公司

地址：山西省太原市东岗路 310 号
电话：0086-351-7683088 7683074 7683070
售后服务热线：0086-351-7683083
传真：0086-351-7683072
邮编：030012
E-mail:autowlzx@public.ty.sx.cn
Website:www.logisticsgangyu.com.cn

太原刚玉
TAIYUAN GANGYU

中国人民大学

中国医药物流研究中心

中国人民大学在1999年创办了中国医药物流研究中心。研究中心成立的目的是面向中国的医药和物流行业，为政府加强医药监管服务，为医药企业完善物流建设服务。

随着中国医疗体制改革的深入，医药流通领域也将发生巨大的转变，集中物流配送成为发展趋势。中国入世后，医药行业所面临的冲击和电子商务的蓬勃发展也使得现有的药品流通领域充满了挑战和机遇。目前，针对我国医药物流的研究机构比较少，只有国务院经济贸易委员会与卫生部等政府部门有少量的研究机构对医药行业的物流进行研究。在这种情况下，中国人民大学顺势而为，针对中国医药产品流通运作模式的统一化、标准化进行研究。

中国医药物流研究中心主要借助中国人民大学学术理论方面的优势，结合中国医药生产经营企业的实际问题，对医药行业的物流情况进行实地调研，深入了解国内外医药物流的发展趋势，在第三方物流的基础上研究供应链管理技术，为政府制定医药物流方面的战略规划、技术标准以及法律法规等提供参考意见和可行性建议，同时帮助中国医药生产经营企业提高竞争力完善其物流解决方案，进而在整体上推动中国医药行业的发展。

人大商学院副院长、中心主任：宋远方

中国医药物流研究中心隶属于中国人民大学，实行中国人民大学领导下的主任负责制。研究中心主任现由中国人民大学商学院副院长、中国物流学会副会长宋远方同志担任。研究中心还设有管理与业务指导委员会，该委员会是研究中心的顾问和监督机构。委员会会员除知名专家学者外，基本上由对医药管理和物流建设感兴趣的企业单位组成。在管理与业务指导委员会的指导和监督下，研究中心得以将理论与实践结合起来，本着"务实"的精神，为降低医药行业的整体运作成本从而增强中国企业的竞争能力尽一份力。

中心部分领导成员

中心现有教师7名，其中教授6名、副教授1名，硕士生40名，博士生18名。

近年来主要研究课题有：

1. 中国医药物流的现状与发展趋势
2. 中国医药经营企业的角色演变
3. 医药连锁药店在物流体系中的作用
4. 中国医药物流与连锁顷营的现状与发展前景
5. 国家医药物流及医药物流连锁经营宏观政策分析
6. 医药物流中心、配送中心的建设与运营
7. 医药企业供应链管理
8. 医药连锁经营、物流配送及其控制
9. 医药物流企业的合作及其联盟
10. 物流成本管理及绩效控制
11. 国外医药物流与连锁经营成功案例
12. 现代物流与中国医药物流平台的建立
13. 电子商务与中国医药电子商务
14. 国外医药物流体制比较研究
15. 中国医药体制改革政策研讨

中心组织机构：

主　任：宋远方　教授
副主任：解　红　副教授
成　员：徐二明　教授
　　　　宋　华　教授
　　　　成　栋　教授
　　　　李　平　教授
　　　　刘凤军　教授

地址：北京中关村大街59号　邮编：100872
电话：010-62516332　传真：010-62516422

贵州穗黔物流有限公司

SQL 穗黔物流

www.suiqian.com

贵州穗黔物流有限公司（前身）成立于1991年3月，是本地区专业从事综合物流服务业务的大型物流公司之一，承办铁路运输、公路运输、海陆联运、仓储、配送、国际货运代理、物流解决方案及物流信息系统建立等全方位物流业务。当前的物流营运网络覆盖了包括西南、华南、华东、华中、西北、东北等大部分地区，确保货物运输的准确、安全、方便。多年来，公司本着“速度、质量、领先”的核心理念，完成了黔轮胎、贵州铝业集团、贵州黄果树集团、老干妈食品、益佰制药、神奇制药等等上万个客户的运输、仓储、配送业务。

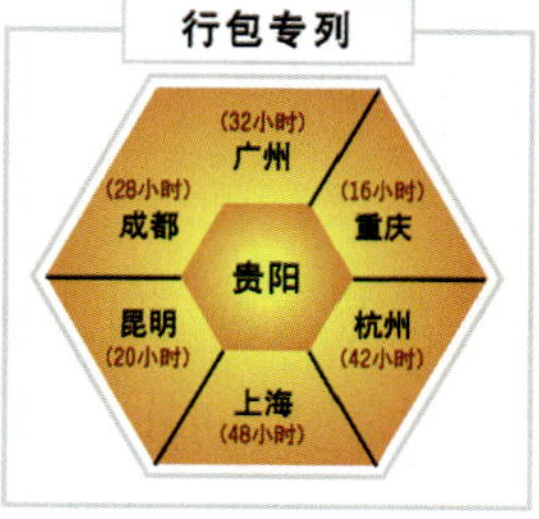

我们的核心竞争力有：

- **行包专列**：集中了空运的速度、汽运的价格、铁路的安全等多种优势，共计40余个车皮
- **24小时一站式服务**：专门建立服务热线(0851-6505555)，为客户及时、优质的服务
- **全程全面信息化管理**：Internet网络化物流信息管理系统，实时监控各个环节
- **国际船代**：下属中环物流公司代理多家知名船务公司业务，月处理量余200TEU
- **第三方物流**：为贵州黔轮胎提供全方位一体化物流服务，全面介入管理所有物流环节

速度　质量　领先

Speed Quality Leading

地址：贵阳市黄金路118号，550002　　电话：0851-6505555，6506390

宁波海联物流有限公司

ISO9001认证企业　NINGBO HAILIAN LOGISTICS CO., LTD.

海联物流有限公司成立于1988年，是一家集国际集装箱整柜和散货进出口货物的海运、空运、陆运、订舱报关、转关、报检及国内运输、仓储、配送、正点货巴、快递、包装、配载、装卸、信息处理、物流方案设计策划于一体的现代物流企业。公司拥有各类员工200多人，是一支合格的物流人才队伍，并拥有大小车辆达50多辆，一次性装载量达800多吨，可调配车辆达200多辆，经营办公、停车、仓储面积达3万多平方米。货源基础稳固，业务力量雄厚；公司在台湾、香港、深圳、广州、东莞、顺德、北京、天津、上海、西安、南昌、南京、杭州、武汉等地均设有分支网络机构，也是宁波物流行业首家通过ISO9001国际质量管理体系认证企业，并率先在货运车辆上安装GPS卫星定位系统，并每年向保险公司投保货运险达1亿元之多。最近正在市规划中的物流园区内筹建占地50亩的海联物流中心。公司本着互惠互利、优质高效、信誉第一、客户至上的宗旨，为广大客户提供一条龙服务。

海联物流　面向未来　客户的需要就是我们的目标
优质　快捷　安全　方便是我们的经营宗旨

总公司地址（1）宁波江东梅墟工业区东一北路1号（江南公司旁）　邮编：315100
仓储部：0574-88483502　配送部：0574-88483692　发货查询：0574-88352238
正点货巴部：0574-88351398　综合物流部：0574-88352538　客户服务部：0574-88352138
传真：0574-88352038 88352048
分部地址（2）宁波市环城北路420号（货运市场104-105）
电话：0574-87386095　87666368　87666369
分部地址（3）北仑货运市场内10-11号　电话：0574-86104006
国际货代部：宁波市永丰路199弄37号110室　传真：0574-27876608
海运部：0574-27876609 27876600　空运部：0574-27876607 27876606
监督电话：（0）13805864218 13906611318 13906688318
Http://Www.Hlwl.Com　E-mail:Hlwl@163.com

董事长兼总经理
郑米来

湖北省贸易科技学校

校长：吴元佑

电子商务与物流模拟室

湖北省贸易科技学校（原物资学校）是中国物流与采购联合会会员单位，是湖北省一所集中高等学历教育与职业培训鉴定为一体的多功能、多层次、多规格的重点中专学校。

学校设有国家职业技能鉴定所，国家信息化计算机教育认证培训中心，国家物流师职业资格认证培训中心。该校拥有省级教育专家3名、国家信息化计算机教育认证师4名、国家物流师职业资格培训认证师4名、国家职业技能鉴定考评员12名。学校现开设的《现代物流与连锁经营》专业为省级重点专业，教学设施和实习实训基地齐全。

学校秉承“着眼发展上规模，着眼内涵挖潜力，着眼效益抓管理，着眼质量出特色”的理念，强化内部管理，狠抓教学和学生管理。坚持“专业围绕市场设，课程围绕市场开，工作围绕市场做，效益围绕市场要”的办学指导思想，加强对外联合，与高校联合，开通中职与高校之间的直通道；与行业、企业联合，建立稳固的协作关系；与劳动人事部门联合，拓宽学生的就业渠道。

校长吴元佑为中国物流与采购联合会理事、兼任中国物流学会物流专业人才培训委员会副主任、全国物流人才培训中专和职高教育工作指导组组长、湖北省贸易科技学校国家职业技能鉴定所所长、湖北省中专学校学生工作研究会常务副理事长、全国中专学校学生工作研究会理事。近年来教职工公开发表论文200余篇，学校多位教师承担了多门类全国中专教材的主编、编审工作和湖北省“九五”《中等职业学校德育工作评价体系》、“十五”《关于我国现代物流人才培养》职业教育科研规划立项课题研究及其他相关部门组织的科研课题工作。

地址：武汉市洪山区珞狮路451号　　邮编：430070

电话：027-87396255　　传真：027-87399766

湖北汽车运输总公司

湖北汽车运输总公司是湖北省一家较大的国有专业运输企业，中国道路运输协会会员单位，具有国家一级道路货运企业经营资质，并通过ISO9001：2000质量管理体系认证。

公司下辖普通货物运输，集装箱运输、零担快运、汽车起重、仓储、物流等20多个专业分公司和子公司，控股湖北捷龙物流股份有限公司、湖北华中公路物流有限责任公司。公司拥有世界先进专用货车和各类运输车辆12000余台；系列化汽车起重装卸机械200台套，各类货物仓储面积3万平方米。

公司在武汉、北京、上海、无锡、重庆、长沙、广州等全国主要中心城市及湖北省内主要地市设立了分支机构，并建立了完善的外部专业运输协作网，形成以武汉为中心至各大中心城市干线货物运输为骨架的干线、区域、同城三级货物运输、物流配送网络。公司拥有一支高素质的人才队伍。

为适应我国物流业的发展和市场需求，公司正在由传统运输企业向第三方物流企业转变，并塑造了为社会提供第三方物流服务的“捷龙物流”和“华中物流”两大知名品牌。

公司在武汉市内已经建成和正在规划建设三大物流基地，即东西湖物流基地、武汉经济技术开发区物流基地及武昌关山物流基地，为广大客户提供物流服务。

公司秉承“真诚合作，勇于创新，共同发展，走品牌强企之路”的经营理念；积极开拓市场，强化内部管理，不断提升服务质量，不断扩大和延伸服务领域，实现为客户提供包括运输、仓储、配送、流通加工、包装、信息处理等全过程一体化的综合物流服务。

现代化的智能物流仓库

分工合作的团队

地址：武汉市新华下路141号

邮编：430023

电话：027-85877160

027-85870212转2006

新疆石油管理局物资供应总公司

物资供应总公司是新疆石油管理局集采购、仓储、中转、商品检测、配送、现场服务于一体的专业化物资供应单位，西北地区大型的现代化物资供销企业，自治区文明单位，“守合同、重信用”企业，全国石油物资供应系统较早通过ISO9002国际质量体系认证企业，新疆石油管理局具有“税收（出口货物专用）缴款书”开具权的单位，中国石油“能源一号”电子商务网络会员。

主营业务为物资供销，经营金属材料、机电设备、化工材料、建材劳保、钻井工具、汽车配件、电器仪表、五金工具等物资3万余种，从国内33个省区和国外20个国家与地区进货，年吞吐量100万吨。此外，公司为区域内各类用户提供从采购、运输、仓储、配送等全过程的第三方物流服务，以及为油田生产配套的机械加工、管材防腐生产等实业类服务。

公司现有固定资产10059万元，职工1057人，大专文化程度以上的490人，具有中高级专业技术人员154人，下设10个专业公司及4个中心，在北京、上海、广州等8个国内城市设有办事处。在乌鲁木齐地区设有1个大型物资中转储备库和1个区内物资供应站，其中中转储备库占地120万平方米、内有铁路专用线2条；在克拉玛依地区设有1个大型储运仓库，占地44万平方米；年仓储吞吐能力为100万吨。

地　址：新疆克拉玛依市昆仑路41号　　邮　编：834000
总经理：王德乐　　电　话：0990-6848492
传　真：0990-6222559　　邮　箱：scm@xjgoods.cn

长庆石油勘探局器材供应处

一流的领导班子，带领一流的队伍

器材供应处隶属长庆石油勘探局，承担着油田物资采购、储运、供销及代理采购的业务，年采购、供销物资20多亿元，是西北最大的石油物资采购、仓储的大型企业之一。

器材供应处为油田配套供应物资30年来，积累了丰富的物资供应工作经验，有大批专业人才从事物资供应工作，现有职工800余人，其中具有中级以上专业职称的有120人。

长庆器材供应处面向油田内外客户进行物资采购、检验、仓储、运输；油田化工产品生产和工艺技术服务；油田产能建设和井下作业。全处各站库已实现微机联网，自行研制开发的《长庆石油物资信息网络系统》对物资采购、合同签订、验收质检、发货出库全部实行微机化管理。

长庆器材供应处拥有铁路专用线4.28公里，专业库房63栋，总面积4.3万平方米，料场23个、总面积40.50万平方米，料棚18个、总面积1.36万平方米，龙门吊等大型装卸机械30台，年吞吐能力在200万吨以上。还拥有陕西咸阳、靖边、宁夏青铜峡、甘肃庆阳四个一级站库和两个化工材料生产基地。拥有设备精良、人员精干、业务精通，适应各种生产场所的物资采购、仓储、供应队伍。

已实现微机联网，物资采购管理微机化

近年来长庆器材供应处全面推行HSE管理模式，面向市场、强化管理、加快改革、转换机制，坚持服务至上、用户第一，业务遍布陕、甘、宁、蒙、晋五省区的油田和社会市场。

长庆器材供应处愿在西部大开发和我国加入WTO的大好机遇中与社会各界朋友广泛合作携手共创美好未来。

实力雄厚的三站一库年吞吐物资达200万吨以上

地址：中国西安市未央路151号
电话：029-86593058　86593086
传真：029-86591315
邮编：710021

中国物流年鉴

2004（上）

CHINA LOGISTICS YEARBOOK 2004

CFLP

中国物流与采购联合会

中国社会出版社
China Society Press

《中国物流年鉴》（2004）编委会

顾　　问

石万鹏　全国政协常委、经济委员会副主任
刘国光　著名经济学家
何济海　中国商业联合会会长
李京文　著名经济学家
陈邦柱　全国政协常委、原国内贸易部部长
林宗棠　中国工业经济联合会会长
赵维臣　原国家经贸委副主任
徐寿波　中国工程院院士
袁宝华　中国企业联合会名誉会长

编委会主任

陆　江　中国物流与采购联合会会长

编委会副主任（按姓氏笔画排序）

丁俊发　中国物流与采购联合会常务副会长
万典武　中国商业联合会商业政策研究会副会长兼秘书长
马力强　国家发展和改革委员会经济运行局局长
马正武　中国诚通集团董事长
马军胜　国家邮政局副局长
马毅民　中国物流与采购联合会会长特别顾问
王海臣　北京空港物流园区总经理
王碧红　第四方物流（北京）有限公司总经理
王德荣　中国交通运输协会常务副会长
刘占芳　中国国际货代协会副会长
毕井泉　国家发展和改革委员会经贸流通司司长
牟惟仲　中国物流学会副会长
何黎明　中国物流与采购联合会副会长兼秘书长
吴瑜章　沃尔沃（中国）投资有限公司总裁
宋　玲　中国电子商务协会会长
宋耀华　中国华星集团总经理
应文华　中国物流与采购联合会副会长

刘　武　宝供物流企业集团总裁
刘　斌　大连陆港物流基地有限公司董事长
刘国祥　中铁特货运输有限责任公司董事长
刘秉镰　天津南开大学现代物流研究中心主任
刘景福　中铁现代物流科技股份有限公司董事、总经理
刘福垣　国家宏观经济研究院常务副院长、物流中心主任
朱建辉　中国远洋物流公司副总经理
朱道立　复旦大学物流研究中心主任
许之敏　国家发展和改革委员会经济运行局副局长
许胜余　华联集团总工程师
邢慷弟　上海外高桥物流中心有限公司常务副总
邬　跃　北京物资学院物流系主任
齐晓敏　中铁现代物流股份有限公司董事长
何明珂　北京工商大学商学院党总支书记、教授
何铁夫　原中国物资流通协会物流技术专业委员会副主任
吴润涛　中国社科院技术经济研究所研究员
吴清一　北京科技大学教授、物流研究所所长
吴耀华　山东省物流工程中心主任
宋远方　中国人民大学工商管理学院副院长、教授
张　勇　中国仓储协会秘书长
张文杰　北方交通大学教授、博导
张成海　中国物品编码中心常务副主任
张金平　河南公路港务局局长
张炳华　中国集装箱总公司总经理
张晓萍　清华大学教授
张智文　国家科技部高新司自动化处处长、博导
李　雄　中邮物流有限责任公司总经理
李允杰　中国石化集团高级工程师
李伟民　中信物流有限公司副董事长、总经理
李继烈　中国水利电力物资有限公司总经理
杨小宁　北京中联钢电子商务有限公司总经理
杨绍鹏　山东海丰国际航运集团有限公司总裁
杨战金　汇杰国际有限公司总裁

杨家其　武汉理工大学交通学院院长
汪　伟　招商迪辰软件系统(深圳)有限公司总裁
汪　鸣　国家发展和改革委员会综合运输研究所副所长
陈　冲　信息产业部计算机产业推进司副司长
陈　宏　北京物资学院院长
陈为钢　国药控股有限公司总经理
陈文玲　国务院研究室综合司副司长、研究员
陈自业　中国民用航空协会副秘书长
周　云　中国机械工程学会物流分会秘书长
茅士家　中海集团物流有限公司总经理
郁庆华　上海市医药股份有限公司副董事长、
上海医药物流中心有限公司董事长兼总经理
洪　涛　北京工商大学教授
洪水坤　中国物资储运协会会长、中国物资储运总公司总经理
赵文澄　国家邮政局邮电文史中心党委书记、原科学研究规划院副院长
钟荣钦　台湾物流协会秘书长
倪东生　北京物资学院教授
唐友三　宝供物流企业集团有限公司信息总监
唐志喜　南宁商业贸易局局长
徐天亮　华中科技大学管理学院教授
索沪生　中海集团物流有限公司副总经理
崔忠付　国家发展与改革委员会经济运行局处长
常金荣　北京福田物流有限公司总经理
梁海山　海尔集团副总裁
梁智敏　香港物流协会主席
野村保之　伊藤忠(中国)集团有限公司物流部部长
黄有方　上海海事大学副院长
程进祥　天津市物流货运中心总经理
董　良　太原刚玉物流工程有限公司董事长
董峰贵　中国铁道物资流通协会理事长
谢德华　中国物资出版社总编辑
韩继志　国家粮食局政策法规司法规处处长、博士
靳　伟　中国物流与采购联合会《中国物流与采购》杂志社总编辑

缪立新　　清华大学深圳研究生院物流研究中心主任

翟学魂　　快步易捷(广州)信息服务有限公司首席执行官

黎炳森　　纵横物流服务有限公司董事总经理

鞠颂东　　北方交通大学经济管理学院教授、博导

Kelvin Leung　　DHL Danzas Air & Ocean Managing Director

特别支持单位

中国外运股份有限公司

沃尔沃中国投资有限公司

《中国物流年鉴》(2004)编辑成员

电　　话　编辑中心:010-68391593
客服中心:010-68392798
办 公 室:010-68391634

网　　址　www.56cul.com
www.Chinawuliu.com.cn

前　言

2003年是一个比较特殊的年份,中国物流在经受"非典"考验中取得了重大进展。现代物流的相关内容写进了中国共产党十六届三中全会《决定》。全国政协重视现代物流,组织专题组开展调研活动,并向国务院写了报告,得到国务院领导的高度重视。中央和地方各级政府加大推进物流工作的力度,制定了许多相关政策。在物流"热"持续升温中,大中型企业加快了转型变革的步伐,在资产重组和流程再造的同时,提升现代物流意识和管理水平;铁路、公路、水运、航空、管道五大运输业加快建设速度,行业物流、口岸物流、区域物流,物流信息化、物流标准化、物流教育、物流科技、物流统计工作取得了新进展。物流领域对外开放进程的加快,进一步激发了外商的投资热情,中、日、韩东北亚区域物流合作引起了各方的共鸣。现代物流成为民营资本投资的热点,一批民营企业的现代化物流呈迅猛发展之势。当然,越是在大好形势下,我们越要冷静思考中国现代物流发展中存在的突出问题。由于体制羁绊、条块分割,使中国现代物流的整体布局和建设缺乏全面规划和协调,如公路、铁路、水运、航空等各种货物运输的中转、衔接、贯通,物流法律、法规、制度的建立、健全,物流管理体制的协调,物流行业团体作用的发挥,物流市场的规范,物流人才的培养等,都有待进一步认真研究和解决。

《中国物流年鉴》正是在中国物流业快速发展过程中形成和成长起来的一部大型工具书。自从2002年出版发行以来,得到了业界的大力支持和普遍好评,发行数量和发行范围不断扩大,读者数量大幅增加,这对我们是一个巨大的鼓舞和鞭策。但由于物流是一个跨部门、跨行业、跨地区的复合型产业,涉及国民经济的各个管理部门,加之中国的物流尚处于初级发展阶段,物流资料搜集和数据统计体系还不完善,尽管我们做了很大努力,仍有许多不尽人意的地方,难免有缺陷和欠妥之处,请大家谅解。2005年《年鉴》我们将在认真总结经验和不足的基础上,加大投入和工作力度,进一步把这项工作做好。

丁俊发

2004年9月16日

《中国物流年鉴》(2004)

CHINA LOGISTICS YEARBOOK

目 录

第四部分 区域物流与省、市、区物流

第五部分 物流科技与信息化

第六部分 采购与供应链管理

第七部分 物流研究与教育

附　录

第一部分

物流综合

党和国家领导论物流

温家宝同志论物流

一、尽早成立“三方委员会”,根据《联合宣言》对三国合作进行协调和规划。

二、继续深入研究建立中日韩自由贸易区问题。中方支持三国研究机构下一步着手研究三国自由贸易区可能产生的产业影响。

三、深化三国部门间的合作。中方希望尽快建立流通特别是物流合作机制,继续探讨建立质量监督检验检疫合作机制,逐步扩大促进三国贸易便利化的措施,支持三国媒体加强合作。四、明年在中国举办一次中国“振兴东北”与东北亚合作研讨会。中国开始实施的“振兴东北”战略将为三国合作提供新的机遇。欢迎日韩两国政府部门和地方省市各界人士积极参与。

——2003年10月7日温家宝总理出席第五次中日韩领导人会晤时的建议

一是推进贸易和投资便利化,为实现上海合作组织框架内的货畅物流,减少直至消除通关口岸、检验检疫、统一标准、交通运输等环节上的非关税壁垒;二是确定若干大的经济技术合作项目,把交通、能源、电信、农业及家电、轻工、纺织等领域作为优先方向;三是确立长远的区域经济合作目标,逐步建立上海合作组织自由贸易区。

——2003年9月23日温家宝总理在上海合作组织六成员国总理会晤中的三点倡议

李岚清同志论物流

“要认真贯彻落实党的十六大精神,适应新形势,开拓新思路,深化改革,开拓创新,努力提高工业园区的国际竞争力。要特别重视发展现代物流、中介服务、连锁商业等第三产业,为探索新的经济发展模式起示范作用。”

——2003年3月2日国务院副总理李岚清在江苏苏州工业园区中新联合协调会中方理事会议上的讲话

吴仪同志论物流

“最近,国务院已经批准在深圳、上海、天津进行设立外商独资出口采购中心的试点,这是适应跨国公司全球采购和现代物流产业发展、发展中国加工制造优势的一种尝试,商务部将会同有关部门抓好落实,加速外商投资物流配送、连锁经营、出口采购中心的发展”。

“随着经济全球化和科学技术的发展,物流环境已经成为制约全球特别是高新技术企业国际竞争力的重要因素,尤其是跨国公司更加注重便捷的现代物流环境。”

——2003年7月15日在“2003年跨国公司对华投资座谈会上的讲话”

2003年中国物流发展综述（节 选）

2003年，是中国现代物流经受严峻考验，取得重大进展的一年。有关发展现代物流的内容写进了党的十六届三中全会《决定》，全国政协组织了专题调研，国务院有关部门和各级地方政府制定或出台推进物流发展的相关政策；在国民经济强劲增长的推动下，中国物流战胜了非典疫情的严重挑战，主要经济指标高速增长，物流成本有所下降；许多城市开始实施物流规划，区域物流合作得到加强；企业物流加快整合改造步伐，专业物流在市场竞争中迅速成长；重点行业、“领军企业”和口岸物流跨越发展，物流服务模式不断创新；我国认真履行入世承诺，物流业对外开放出现了新的局面；物流信息化、标准化和科技进步成效显著，物流教育培训、理论研究和统计信息体系建设等基础性工作都有新的进展，一些困扰现代物流发展的全局性问题正在逐步解决。

一、2003 年中国物流发展的环境

（一） 中共十六届三中全会作出完善社会主义市场经济体制的《决定》

中共十六届三中全会的召开，是 2003 年我国人民政治生活中的一件大事，对于全面推进改革开放和社会主义现代化建设，把中国特色社会主义伟大事业继续推向前进，具有重大的现实意义和深远的历史意义。全会通过的《中共中央关于完善社会主义市场经济体制若干问题的决定》是进一步深化经济体制改革，促进经济和社会全面发展的纲领性文件。

全会明确宣布，我国社会主义市场经济体制初步建立，提出了完善社会主义市场经济体制的目标和任务，深化经济体制改革的指导思想和原则。特别提到，大力推进市场对内对外开放，加快要素价格市场化，发展电子商务、连锁经营、物流配送等现代流通方式，促进商品和各种要素在全国范围自由流动和充分竞争。党的十六届三中全会为我国进一步深化经济体制改革指明了方向，也为现代物流加速发展创造了有利环境。三中全会进一步明确市场化的改革趋向，必然给起步阶段的中国物流提供更为广阔的发展空间。

（二）中国经济持续快速发展

2003 年，是我国进入全面建设小康社会发展新阶段的开局之年，国民经济呈现出增长比较快、效益比较好、活力比较强的良好态势。全年国内生产总值 116 694 亿元，按可比价格计算，比上年增长 9.1%，人均 GDP 首次突破 1 000 美元，标志着经济发展进入了一个新的重要阶段。全年全社会固定资产投资 55 118 亿元，比上年增长 26.7%；社会消费品零售总额 45 842 亿元，比上年增长 9.1%，居民消费价格总水平上涨 1.2%；进出口总额 8 512 亿美元，比上年增长 37.1%；39 个工业大类行业中有 38 个行业利润保持增长，规模以上工业企业实现利润 8 152 亿元，增长 42.7%；全国财政收入 2.17 万亿元，增长 14.7%。经济总量和经济效益同步增长，成为中国物流快速发展的需求基础。

（三）中国认真履行入世承诺，对外经贸高速增长

加入世界贸易组织两年来，我国认真履行入世承诺，涉外法制更加完善，政府行政管理更加规范，推动了对外经贸高速增长。短短 25 个月的时间，中国的关税总水平由 15.3%降至 10%左右。同时，进一步减少许可证管理的商品范围，推进外经贸管理制度公开化。

2003 年，是我国对外经贸全面高速增长的一年。全年外贸进出口贸易规模分别突破 4 000 亿美元大关，为 1980 年以来增速最快的一年。其中

出口额4 384亿美元,增长34.6%;进口额4 128亿美元,增长39.9%,全年实现贸易顺差255.3亿美元。全年批准设立外商直接投资企业41 081个,比上年增长20.2%;合同金额1151亿美元,增长39.0%;实际使用金额535亿美元,增长1.4%。2003年,中国政府显著放松了对企业海外投资的管制,仅1–10月份,就有7 360家中国企业赴海外投资,中方投资额达110亿美元,而2002年全年对外直接投资净额才27亿美元。对外经贸的高增长,对物流的规模、效率、服务质量和水平都提出了新的要求,成为推动中国物流快速发展的重要因素。

(四)中国物流经受非典严峻考验

发生在2003年春夏之交的非典疫情,给中国经济带来巨大冲击,也使中国物流经受了严峻考验。据中国物流与采购联合会所做的调查,约75%的物流企业受到非典负面影响。主要表现在,物流数量的减少,结构的变化,物流速度受阻和物流成本升高等方面。如广州至上海的一辆5吨车,往年5月份大约2 500–3 000元/辆次,而在非典期间一度上涨到4 000–4 500元/辆次。

严重的非典疫情对中国物流既是挑战,也是机遇,现代物流管理和技术的强大威力,在非常时期发挥了重要作用。一是以物流配送体系为依托的连锁超市成为政府调控市场,维护公共安全的重要手段;二是网上订货、电话预约、刷卡消费等方式,在居民消费中迅速流行开来,使已经加速发展的物流信息化获得新的机遇;三是专业化、社会化的合同物流表现出较强的抗风险能力,再一次证明了规模化、集约化、社会化的第三方物流是现代物流发展的方向;四是在公路运输受阻的情况下,运用多种运输方式相衔接,为完成物流任务发挥了独特作用,体现了综合运输方式的较强优越性。

在非典挑战面前,物流的重要地位和作用得以充分展示,不足和矛盾也暴露无遗。比如,国家应急机制的建立和应急物流体系的建设问题;地方、部门、行业间的物流协调问题;物流资源的整合问题;物流信息化和标准化的问题;绿色物流,特别是废弃物物流的问题等,都促使人们进行更加深入的研究和思考。

(五)中国物流引起各方面广泛关注

2003年,也是中国物流引起各方面广泛关注的一年。有关发展现代物流的话题不仅出现在党的文件和政府工作报告中,也成为人大代表和政协委员的提案。全国政协经济委员会组织的"现代物流专题组",先后到长江三角洲、珠江三角洲和环渤海地区调研,就现代物流的发展现状、存在问题和政策建议向国务院写出报告。国务院总理温家宝,副总理黄菊、曾培炎分别做了重要批示,要求有关部门研究落实。

对中国物流业的关注,还来自国内经济界和国外的经济组织。在经济研究领域,著名经济学家开始关注物流发展问题。如,刘国光、吴敬琏、厉以宁、万典武、萧灼基、李京文、魏杰、樊刚、钟朋荣等都对现代物流的发展提出自己的见解。经济界有关的行业协会,纷纷成立物流专业委员会,对本行业物流状况进行调研,并为推动行业物流的发展开始工作。世界知名的国际组织和研究咨询机构,如世界银行、亚洲开发银行、联合国开发计划署、联合国工发组织、《财富》杂志、麦肯锡、摩根斯坦利、埃森哲、美世顾问等等,都对中国物流业的现状与前景作出分析与判断。

社会各界都对中国物流的关注持续"升温"。据不完全统计,全国专业物流报刊发展到20多家,另有许多报刊开辟了物流专刊、专版或专栏,有超过100家的各类报刊参与了物流新闻宣传和知识传播,各种综合性和专业性物流网站发展到1 000个以上,雨后春笋般的研讨会、培训班,更是数不胜数。以上数据和事例充分说明,2003年的中国物流已成为中国经济发展的"热点"之一。

二、2003年中国物流的新进展

(一)主要经济指标快速增长

国民经济的快速发展,社会物流需求的显著增加,推动了物流产业持续稳定快速发展(以下数据均据中国物流信息中心对我国物流业相关数据进行的首次初步测算,供参考)。

1. 社会物流总成本占GDP比例略有下降。2003年,全国社会物流总成本为24 974亿元,同比增长13.6%,较同期物流货物总额27%的增长速度低13.4个百分点。其中:运输成本为14 028亿元,同比增长15.1%;保管成本为7 376亿元,同比增长15.1%;管理成本为3 570亿元,同比增长7.3%。从社会物流总成本与GDP的比例关系来看,1991年社会物流总成本相当于GDP的24%,2003年这一比例缩小到21.4%。

2. 社会物流货物总额大幅增长。据测算,2003年全国社会物流货物总额达295 437亿元,同比增长27%(按现价计算)。其中:工业品物流总额为249 570亿元,同比增长26.8%;农产品物流总额为11 261亿元,同比增长2.5%;进口货物物流总值为34 193亿元,同比增长40%;再生资源物流总值为278亿元,同比增长18.3%;邮政物流总额为136亿元,同比增长3.2%。

3. 物流用固定资产投资平稳增长。2003年,国内物流用固定资产投资额为5 594亿元,同比增长11.3%。占同期全社会固定资产投资总额的比例为13.1%,占同期全社会第三产业固定资产投资总额的比例为21.1%。

4. 货物周转量增速较快。2003年,不包括管道运输业务在内的全国货物周转量为57 152亿吨公里,同比增长13.1%。其中:铁路货物周转量为17 092亿吨公里,同比增长10.2%;公路货物周转量为7 010亿吨公里,同比增长3.4%;水运货物周转量为32 275亿吨公里,同比增长17.3%;航空货物周转量为58亿吨公里,同比增长12.3%。

5. 物流用主要设备产量剧增。其中:给料机械生产11 035台,同比增长61%;铲土运输机械生产92 817台,同比增长57.3%;叉车生产47 047台,同比增长46.2%;起重设备生产102万吨,同比增长32.8%;升降移动机械生产182 682台,同比增长30.1%。

(二)第三方物流企业获得更多发展机会

2003年,中国第三方物流在现实需求的推动下,进入更加理性、健康的发展阶段。

1. 物流需求稳步增长:

(1)物流需求从各类企业释放。一是外资企业成为物流需求增长最快的客户。二是新兴企业正在成为第三方物流服务需求的重要来源。特别是通讯、电子类企业、零售连锁企业,如联想、国美电器、搜狐等一批新兴企业,随着经营规模的扩大,纷纷借助第三方物流的专长,在激烈的市场竞争中寻求优势。三是传统企业越来越多地加入第三方物流服务需求企业的行列。部分国有大型企业开始打破“大而全”的传统观念,着手对传统物流管理模式进行改造,逐步剥离物流资产,实现物流外包。特别是汽车、家电、医药、饮料等行业的大型企业,如长虹电子、石家庄制药、青岛啤酒等都开始使用第三方物流。

(2)物流需求的范围扩大。随着中国产业集中度的提高,拥有全国乃至国际品牌的企业不断涌现,企业经营规模和范围不断扩大。特别是在致力于消费产品的制造企业中,越来越多的企业采用直接面向零售终端进行销售的深度分销模式,对物流服务的深度与广度提出了更高的要求。

(3)物流需求的层次向供应链模式转换。尽管运输、仓储等基本物流服务仍然占第三方物流服务的80%左右,但在汽车、电子、快速消费品等典型行业,越来越多的企业将物流外包的需求提高到增值服务乃至一体化服务的层次。

2. 第三方物流服务企业迅速扩张。经过几年的发展,中国第三方物流服务企业扩张的步伐逐步加快,形成了四类企业竞争的格局:一是传统国有企业转型的物流企业,如中外运、中邮物流、中铁快运、中远物流、中海物流、诚通物流、中国储运、招商局物流等,仍占市场的主导地位;二是新兴民营物流企业,如宝供、南方、大通、大田、宅急送等,市场份额快速上升;三是外资物流企业,如DHL、TNT、EXEL、APL、OOCL等,市场份额逐步扩大,并主要占据高端市场;四是源自生产流通企业的物流企业,如海尔物流等,利用其与生产企业的密切联系发展供应链服务。

2003年,传统企业加快业务重组与资源整合的步伐,新兴企业努力扩大规模和提升水平,外资

企业在中国完全开放物流市场前夕加紧“抢滩登陆”,各类专业物流企业出现了重组扩张的一系列事例:

(1)中远物流:2003年9月,在香港上市的中远太平洋宣布以11.8亿元人民币向母公司收购中远物流49%的股权,中远物流公司将更名为中远物流有限公司。中远物流将把收取的7.34亿元现金主要用于兴建区域分拨中心、开发物流信息系统和完善销售网络,目标是使第三方物流业务每年以50%以上的速度增长,在3-5年内取得中国物流市场5%的份额,实现中远从“全球承运人”到“全球物流经营人”转变的目标。

(2)中邮物流:为了将中国邮政的资源优势变成市场优势,国家邮政局于2003年1月18日正式挂牌成立中邮物流有限责任公司,并按照“母公司-子公司-分公司”的模式,在全国范围内设立了20多家省级子公司和众多地市分公司,初步形成了覆盖全国的邮政物流专业体系;围绕市场和客户需求,结合自身核心能力,提供一体化、定制化的精益物流服务,已成为领先的物流企业之一。

(3)中储:2003年,中储实行公司总部转型,强化运营部门的举措,全程物流业务取得新进展。与河南新飞电器签订的物流总代理项目使中储开始借助外力,大规模整合系统外物流资源,并向特许经营方向发展。现货市场给客户带来众多增值服务,在拉动仓储、经销、质押监管、加工、配送、信息等服务中发挥了重要作用。基础物流服务,如配送增长29%,仓储增长20%。中储总公司所属20家单位开展仓单质押业务,授信额度突破20亿元,比上年翻了一番多。

(4)宝供:2003年年初,全球领先的仓储管理及供应链执行软件解决方案供应商EXE的EXCEED仓库管理系统开始在宝供的苏州物流中心投入运行,取代了宝供自主开发的仓储管理系统,并实现与原有工作流程的无缝集成,可以使端到端的库存管理更完善,提高库存控制能力,最大限度地提高设备和库区面积的使用效率。2003年10月,宝供启动总投资约5亿元的顺德国际综合物流基地建设,建成后可储存货物40万标准托盘或70万立方米的商品,每天可以处理6 000张订单、2万个标准托盘,年周转货物达到700万托盘。

(5)大通:自2002年与上海实业重组以来,大通在中国内地和香港地区已设立了近百家分公司和办事处,服务范围覆盖国内1 100多个城市,正成为上海实业发展物流产业的主要平台。2003年9月,位于北京市顺义区天竺空港工业区,占地67亩,总投资8 000多万元的大通物流中心开始兴建。

(6)大田:2003年,大田位于北京空港的仓储分拨中心已建成投入使用。继与美国联邦快递合资后,大田又与欧洲最大的汽车物流服务商——法国捷富凯签署合资意向书,准备组建汽车物流企业。在即将成立的合资公司中,双方将各占一半股份,以汽车及零部件的综合物流服务为主营业务。

3. 供需合作关系日趋紧密。经过几年来现代物流理念的传播,特别是随着第三方物流成功案例的不断涌现,越来越多的客户能够比较清晰地定义物流外包需求,比较完整地理解第三方物流服务价值。第三方物流的客户关系,也从此消彼长的价格博弈关系,向双赢的合作伙伴关系转变,出现了委托管理、资产接收以及资本运作等多种形式。

与前两年客户拥有多个物流服务商并频繁更换物流服务商不同,2003年在一些已经外包物流的企业中,出现了削减物流供应商数量和延长物流合同期限的趋势,越来越多的客户与物流服务商寻求建立长期合作伙伴关系。如中储公司与中牧实业股份有限公司签订全国性物流服务协议。中储将利用在全国的物流网络优势为中牧股份提供全国(含异地生产厂)的仓储、运输等物流服务。中储将为其在北京、沈阳、天津、郑州四地建立分拨中心,配送区域覆盖全国20个省区的32个城市。2003年6月,海信与中远物流签订了10年服务合同,中远每年为海信配送300万台家电,约占海信总产量的六成,估计可为中远每年带来2亿元人民币的收入。

(三)现代物流在传统行业转型发展中发挥重要作用

现代物流对传统行业转型、改造、发展的促进,在2003年有明显体现。行业管理体制的改革,现代物流管理和技术的推广应用，对于传统行业转轨变型、调整结构、优化流程、降低成本，发挥了重大作用，仅就几个行业举例如下：

1. 汽车行业。2003 年，我国汽车生产和销售双双突破 400 万辆，增幅分别高达 35.2%和 34.2%，年内汽车销量净增超过 100 万辆。高速发展的汽车产业需要现代物流相匹配，汽车物流成为 2003 年行业物流发展最快的领域之一。汽车制造企业在狠抓自身流程改造、分离物流功能的同时，采用与物流服务商合资组建物流公司的方式，成为 2003 年的新特点。这种方式的好处在于，制造企业既保留了物流设施的部分产权，并在物流作业中保持参与，以加强对物流过程的有效控制；又注入了专业物流企业的资本和专业技能，使专业物流服务商在目标行业的物流服务市场竞争中处于有利地位。2003 年 7 月，第一汽车集团进出口公司以 60%的股份，大通国际运输有限公司和德国 ALG 公司以各占 20%的股份，合资组建斯普利汽车物流公司。2003 年，由上汽集团与荷兰 TNT 合资的安吉天地汽车物流公司在上海大众、上海通用的进厂物流、整车物流和维修零配件物流服务上接连获得大合同，显示出汽车制造企业与物流企业合作的明显优势。

2. 零售行业。2003 年，我国零售行业连锁经营的发展令人瞩目。据商务部发布的信息，2003 年，排名前 30 家的连锁经营企业实现销售收入 2 704.2 亿元，同比增长 29.9%，店铺总数达到 10 321 个，增长 35.1%。其中销售超过 100 亿元的企业由上年的 5 家，增加到 9 家；第 30 位的销售额由上年的 19.8 亿元，上升到 26.1 亿元。在 30 家连锁经营企业中，有 18 家以超市为主，30 家企业的超市经营额占全部销售收入的 56.8%，表明超市已成为零售业广泛采用的新型业态。特别是在非典肆虐期间，市场一度出现恐慌性抢购部分日用消费品的关键时刻，现代连锁经营方式及高效的物流系统发挥了稳定市场的重大作用，得到了政府和人民群众的充分肯定。

连锁经营、物流配送经营模式在电器、医药、农资、图书等专业领域迅速推广，促进了传统企业升级改造。如，浙江新华发行集团公司，对全省各地新华书店以工业化改造传统物流方式，积极推行连锁化经营取得明显成效，出版物采供信息库基础目录和在架库存品种容量位列全国同行业前茅。2003 年创造了 37.5 亿元的销售额和 1.31 亿元的利润额，分别比经营模式改造前的 1993 年增长了 5.2 倍和 7 倍；集团公司的经营实力也连年翻番，现已拥有净资产 13 亿元，为 10 年前的 11.7 倍

联合与合作是 2003 年零售行业发展的“热点”。4 月，国内最大的商业集团--上海百联集团组建。组建后总资产超过 280 亿元，年销售规模 700 多亿元，旗下拥有上海一百、华联商厦、联华超市、华联超市等 7 家上市公司在内的一大批知名企业，几乎涵盖了零售业的所有业态。8 月，湖南步步高、山东家家悦、宁波三江购物、沈阳佳美隆跳蚤市场等 4 家超市联合发出采购联盟倡议书，得到 60 多家中小超市积极响应。10 月，由 6 家中小超市组成的国内第一家跨区域超市采购联盟正式宣告成立。

3. 航空货运行业。以吨公里计算，航空在整个运输量中的比例还不满 1%，但附加值高，增长速度快。目前，中国航空物流主要服务于鲜活产品、精密仪器、电子产品、商务文件和通讯产品 5 个行业。90 年代以来，外国航空公司纷纷看好中国货运市场。特别是近两年来，美国联邦快递、大韩航、法航、意航、日航、新航等航空公司都开通了到中国的全货运航班，并不断增加航班密度。目前，已有近 60 家外国航空公司在国内开展国际货邮运输业务，约有近三分之二的货运量被外国航空公司消化，多家内地航空公司只是争夺剩余 35%的市场。

面对激烈竞争的环境，继 2002 年岁末民航重组六大集团成立之后，2003 年国内独立运作的货运航空公司加快改革重组，加大货运业务的投入。1 月，扬子江快运航空有限公司在上海获得民航华东管理局颁发的《航空承运人运行合格证》，逐步开展门到门的快递服务及物流咨询等。12 月 9 日，南航与中国邮政合资的中邮航获得航空货运资格。12 月 12 日，中国国际货运航空有限公司在

北京成立,总投资35亿元,是迄今中国最大的货运公司。

2003年5月,我国正式对新加坡航空旗下的新航货运公司开放第五航权,即新加坡货运航经停中国的厦门、南京,可装卸国际货物再转往美国洛杉矶、芝加哥、安克雷奇的货运航线。开放第五航权,可以令货物运费稳定、服务量增加;货运客户的消费者在开放政策中获益;货机升降停泊量增加,机场的收入将增加;国内航空货运市场的竞争将会更加激烈。

4. 铁路货运行业。中国铁路专业运输体制改革在2003年取得突破性进展。随着国民经济持续快速发展,铁路运输的"瓶颈"制约日益突出。据铁道部提供的数据,中国铁路货运的满足率只有60%左右。根据中国入世承诺,到2006年外资就可以控股铁路货运业务,到2008年外资就可以独资开办铁路货运业务。

在这样的背景下,中铁集装箱运输有限责任公司、中铁特货运输有限责任公司和中铁行包快递有限责任公司,在年底前正式挂牌成立。铁道部领导向三大货运公司提出了:"尽快提高技术装备水平,融入现代物流产业"的要求。三大铁路货运公司,将顺应市场细分化、专业化的趋势,在提供传统的铁路"站到站"运输的基础上,进一步为客户提供"门到门"运输,以及仓储、配送、信息等物流服务。中国铁路专业运输体制的改革和向现代物流转型,将对中国物流业发展产生重大影响。

2003年9月,铁道部和国家邮政局签署战略合作框架协议,双方约定将打破部门分割,联手进军物流领域。铁路将列车运输能力向邮政开放,邮政将仓储、分拣、配送能力向铁路开放。双方约定将共同出资发起成立股份有限公司,以整合铁路的运输优势和邮政的网络优势,形成核心竞争力。

5. 物流示范基地和实验基地。这是中国物流与采购联合会为推动中国物流发展从2001年起推出的一项评选推广制度。2003年,经自愿申报,有关行业协会推荐,专家委员会审核评定,招商局物流集团有限公司被命名为"中国物流示范基地";北京物美商业集团股份有限公司、上海虹鑫物流有限公司、中铁快运有限公司、北京空港物流园区开发中心、河南省豫鑫交通发展有限责任公司被命名为"中国物流实验基地"。至此,我国物流行业共有海尔、宝供和招商局3家"示范基地"和9家"实验基地"。这些基地分布在生产、流通和第三方物流企业,都是行业物流发展的"排头兵"或"领先企业",从这些企业所从事的专业来分析,也可以看出现代物流在某些行业的发展态势。

(四)口岸物流体现资源和枢纽优势

1. 我国集装箱运量位列世界第一。2003年,全国主要港口国际集装箱吞吐量达4 735.3万标箱,比上年同期增长30.9%,占世界的比重已高达19.4%,排名列世界第一位。上海、深圳两港双双突破1 000万标箱大关,分别成为世界第三、第四大港。我国港口完成货物吞吐量33亿吨,同比增长17.9%;上海、宁波、广州、天津、青岛、大连、秦皇岛、深圳等8个港口,年货物吞吐量超过1亿吨。

2. 港口建设步伐加快。在港口生产强劲增长的推动下,新一轮港口建设正在各地加快步伐。上海港、青岛港、天津港、大连港、广州港以及位居内陆的重庆港都充分重视物流业发展,分别投入巨资建设物流基础设施,并携手专业物流企业开拓物流市场。青岛港与铁行、马士基和中远集团签约,共同建造大陆沿海港口最大的码头合资项目;上海洋山深水港一期工程如期顺利推进;大连港与日本邮船合作建设汽车滚装专用码头。天津港、宁波北仑港、广州港南沙港区、深圳盐田、赤湾等,我国从北到南的主要港口,在未来5-6年的时间内,建设的规模和水平都将是空前的。

3. 口岸在发展现代物流中的枢纽优势进一步显现。口岸是国际物流的集散地,也是我国改革开放的前沿阵地。随着改革开放的深入,许多地方政府依托口岸优势,借助强大的外贸物流需求,在开发区、保税区发展相应的物流服务业,扩大了口岸的辐射力,使口岸成为现代物流的生长点和聚集区。如上海外高桥保税区,到2003年7月底,已有来自72个国家的6 500家企业进驻经营,92 000

多员工在这里创业。其中被列入世界500强的企业有85家，专业从事物流运作的企业784家，物流网络延伸到全球范围，来自物流服务的税收占整个保税区税收的20%以上。随着我国港口管理体制改革的深入，港口下放地方、政企分开以后，港口的发展与区域经济的关系更加紧密，口岸物流面临着加快发展的新机遇。

（五）区域物流合作趋势逐渐加强

珠三角、长三角和环渤海地区，是我国最主要的经济发达地区，也是现代物流最为强劲的“增长极”。2003年，这些地区区域物流合作的趋势逐步加强，出现了一些新的特点。

1. CEPA触发珠三角物流新的整合。内地与香港和澳门相继签署的《关于建立更紧密经贸关系的安排》（简称CEPA），意味着内地对港澳地区提前实施入世承诺，也是“大珠三角”物流区域更紧密合作的新机遇。香港作为世界性的物流枢纽，一直是广东最大的贸易伙伴，香港处理的集装箱有70%来自广东或华南地区，广东22%的外贸业务来自香港。粤港物流合作由来已久，从1993年和记黄埔的加盟，到深港两地24小时通关，双方不断探索互利双赢的模式。2003年2月，深圳机场（集团）公司与香港机场管理局再度携手，签订了深港机场合作框架协议书，为两地机场组成策略性合作伙伴关系，联合发展机场业务铺平了道路。

CEPA规定，自2004年1月1日起，允许香港公司以独资形式在内地提供相关的货运分拨和物流服务，包括道路普通货物的运输、仓储、装卸、加工、包装、配送及相关信息处理服务和有关信息咨询业务、国内货运代理业务，运用计算机网络管理和运作物流业务。随着关税下降，转口贸易货物数量上升和CEPA正式实施，已有多家香港货运企业申请并获准参与内地运输市场经营，许多粤港澳物流合作项目启动。有业内人士建议：应积极酝酿珠三角联运模式，吸引外资在区内投资建设，使整个“大珠三角”成为“亚洲的工商贸平台”。

2. “长三角物流圈”提到议事日程。长三角的崛起，始于轰轰烈烈的浦东开发和开放。良好的工业基础、独特的区位优势和国际都市的地位，使上海在长三角区域处于龙头地位。以上海为龙头，由江浙两省14个城市组成的长三角经济圈，以共赢为目标，努力突破行政区划限制，通过区内资源的整合与调配，初步形成了不同城市的定位和分工，区域核心竞争力明显增强。目前，全球最大的20多家班轮公司已进驻上海口岸，境外航商在上海设立子公司或办事处的已有100多家，货运代理2 500多家，200多家跨国公司设立了采购机构。如何促进长三角物流一体化发展，被提到议事日程。2003年8月，苏浙沪三地物流主管部门齐聚杭州，共同探讨“长三角物流圈”有关事宜。会议决定，建立长三角物流合作联系制度，实现长三角物流区域的突破、行政区划禁锢的突破，打破各种疆界与壁垒，实现“无障碍物流”“无缝隙服务”，促进长三角物流走在全国前列。

3. 环渤海物流逐步向“东北亚经济圈”融合。环渤海地区紧邻日韩东北亚经济圈，背靠东北和华北广大腹地，有着无可替代的物流优势，这里成为日资和韩资企业登陆中国的首选地。目前，韩国三星在天津投资设立的企业有17家之多。其他知名的日韩企业，如丰田、富士、爱普生、大宇重工、大显手机等纷纷在环渤海地区落户。在烟台，韩国资本开办的独资、合资企业达2 500家。这些企业成为当地物流企业重点开发的客户资源，许多物流项目已实现成功运作。天津空港开设国际航班的航空公司有国航、大韩航空、全日空和日航等4家。以快递和空运代理起家的大通国际运输有限公司在前3家中的货运量均居第一位。在大通天津公司的物流客户中，以韩国三星电子集团为代表的电子类企业占据主流。积极融入东北亚经济圈，在东北亚物流中发挥更大作用，是环渤海物流发展的明显趋势。

（六）物流基础设施建设继续推进

1. 交通基础设施建设。全年新建公路36 444公里，其中新增高速公路4639公里；新建铁路投产里程1 164公里，增建铁路复线投产里程583公里，电气化铁路投产里程615公里；新开工建设中级以上泊位199个,其中深水泊位127个;建成万吨级以上深水泊位45个,新增吞吐能力8 220万吨。这些基础设施建成投用,缓解了交通压力,为物流发展提供了基础条件。

2. 物流园区(中心)建设。承接2002年物流园区发展热情较高的势头,2003年, 在企业的积极参与和政府的大力推动, 我国物流园区建设进展比较快。通过对已收集到的2003年近50个冠名为物流园区(基地)项目的分析,物流园区的功能大致涉及两大方面,一是经济中心城市(包括工业生产、商贸流通、港口等类型)的物流组织与管理基础功能,主要通过包括物流中心、配送中心、运输枢纽设施、运输组织及管理中心和物流信息管理中心而体现出来; 二是依托基础功能的物流服务功能,主要作用是提供满足城市居民消费、企业就近生产、区域生产组织所需要的物流服务。通过对物流园区的上述两大功能的归纳分析, 我国现有物流园区, 可以分为区域物流组织型、商贸型、运输枢纽型和综合型物流园区几种类型。从物流园区的开发、建设模式分析,主要有政府投资或政策支持下的开发和建设模式和企业合资、合作的开发和建设模式。

物流园区在空间布局上主要具有以下特点,一是依托运输组织枢纽进行布局;二是依托交通枢纽进行布局;三是依托制造业基地进行布局。经过10多年的发展,我国相当数量的经济开发区、工业开发区、产业园区、保税区等形成了规模,逐步成为自身具有配套生产能力,或者成为进出口加工工业的制造中心, 对规模化的物流服务与组织需求较大。因此, 许多物流园区依托这些产业集中地进行布局,以便为制造业的原材料采购、产品生产、产成品销售等的物流组织与管理提供便捷的服务。如苏州现代综合物流园区、顺德保税物流基地、南昌进出口物流园区、浙江传化物流基地等。

2003年,各物流企业加大力度,投资建设现代化物流中心。如, 中远物流2003年香港上市所得7.34亿元资金的主要用途之一就是兴建区域分拨中心,从而为每年50%增长的目标奠定基础;大通在北京市顺义天竺空港工业区,投入了8 000万元开始兴建大通物流中心; 大田在毗邻上海的昆山市陆家镇东部工业园区, 着手建设陆捷士国际商务与物流服务中心,首期投资1 500万美元,总投入约4 500万美元;中储近年先后投资3亿元,建设现代化的物流中心近20万平方米,上海、河北、河南、陕西、辽宁、四川、湖北、南京、青岛等地分公司的仓储设施水平大幅提升。

(七)物流信息化、标准化和统计信息体系建设取得新进展

1. 物流信息化的新进展。2003年"非典"考验了我国物流系统的应变能力, 业界对物流信息化的重视程度上升到一个新的高度。

(1)制造业物流趋向一体化管理。制造业的信息化更多地关注产前产后的流程整合与优化,供应链管理的理念已经在许多企业中得到重视。特别是冶金、汽车、家电等行业的信息化项目,都把工作重点放在采购、分销和物流配送等环节上。例如,TCL公司正在利用信息化技术,打通了原先各自为政的各个供应链环节,建立起一个支持不断变化的销售管理结构和多元产品的一体化物流管理平台,库存成本大大降低,服务水平大幅度提高。

(2)商贸业物流引入供应链管理。商贸企业在连锁化进程中,把信息系统的建设作为"生命线"。"同仁堂连锁管理系统"以E6信息平台技术为支撑,将传统的商流、物流、信息流和采购、运输、仓储代理、配送、结算等环节,按照科学的方法及手段紧密联系起来,形成完整的供应链管理,有效降低了采购、物流成本,提升了企业的核心竞争力。山东三联电子建立"物流与电子商务平台",上游连接了海尔、厦华、LG等50余家家电生产厂商,下游连接了全国上百家分销商, 初步建立了承上启下的综合运营支撑平台, 形成了以电子商务与现代物流系统为核心的供需链体系。

(3)第三方物流重在资源整合。传统物流企业向现代物流企业发展, 除了体制上的变革之外,最主要的措施是建立物流信息系统,整合资源,优化流程,提供跟踪服务,如中外运、中铁等。第三方物流信息化也有很大发展。如宝供、大田、大通等。

(4)各类物流基地(园区)信息系统平台的成功案例丰富起来。如上海陆上货运交易中心、云南关通货运站通过采用先进的信息技术，一方面使货运供求信息通过计算机网络集中起来，可以及时发布、随时查询、快速成交；另一方面则通过信息化实现了服务的标准化、管理的标准化，创造了多方盈利的局面。

(5) 与物流相关的电子政务项目取得明显进展。例如电子通关、医药监管、交通收费等系统都取得了区域性、局部性成功，为全国推广积累了宝贵的经验。

(6)针对中小物流企业低价、适用的信息化解决方案已经推出。例如，易通交通信息发展有限公司自行开发和应用的物流信息系统，既具有成本低、简明实用的特点，也伴随企业的发展不断改进，目前已在信息的跟踪服务和数据挖掘应用等方面进行了有益的探索，成为物流领域小企业信息化应用的一个成功案例。

2. 物流标准化的新进展：

(1)成立了“全国物流标准化技术委员会”和“全国物流信息管理标准化技术委员会”。

(2)物流标准化研究和制定方面成绩显著。一是制定了我国的物流标准体系框架、电子商务标准体系框架及发展现代物流的关键标准；二是针对当前我国物流设备、物流作业以及物流系统的建立等尚未规范化，非标准化的物流装备、设施、信息表示和信息交换仍然相当普遍的现象，制定了《物流标准化总体规范》；三是物流信息标准化有了很大的进展，一批实用的物流、电子商务等信息化相关行业标准出台，一些重要标准文献如物流信息系统开发指南、物流标准化体系研究正在制定之中；四是对物流标准化的研究深入进行，如中国物品编码中心关于“现代物流信息标识体系研究”，中国物流与采购联合会“关于物流企业分类标准的研究”等。

(3)企业积极参与物流标准化。首先，企业积极参与标准的制定。如中储物流在线有限公司已经制定了《数码仓库应用系统规范》《物资银行》《物流仓储业务服务规范》等标准。其次，企业在物流管理过程中积极采用物流标准，提高物流效率。如杭州华商集团有限公司为提高自动化管理的程度，建立国内先进的物流配送中心，准备使用ITF-14条码进行分拣和配送。上海联华超市也在积极建立基于条码应用的现代化配送中心。再次，企业对物流技术标准和物流信息技术标准化的呼声日益强烈，参与制定和推广的积极性显著提高。

3. 物流统计指标体系建设从无到有。2003年，在国家发改委和国家统计局指导推动下，中国物流与采购联合会、中国物流信息中心在广泛调研的基础上，推出了物流业基本统计指标体系。这套指标体系根据现有国民经济统计体系，测算出反映中国物流发展的基本统计数据。这套数据便于从宏观上衡量我国物流业的发展情况以及同国际同行进行横向比较研究。数据发布以后，在行业内和社会上引起了很大反响。目前，主办单位和部门正在完善相关的指标解释，并制定物流行业统计制度。

(八)物流科技进步、理论研究和人才培养成果显著

1. 物流科技进步。一是IT企业快速进入物流领域，如北京用友、招商迪辰、中软冠群、快步易捷、汇杰国际、甲骨文软件、北大方正、新加坡电脑、上海亿马等等，为物流企业与企业物流设计物流信息平台。中国物流信息中心在2002年评选物流信息化优秀案例工作的基础上，2003年又评出10个优秀案例。二是物流设施、设备的制造水平有所提高。在2003年由中国物流与采购联合会与德国汉诺威展览公司在上海举办的第四届亚洲物流设备展览会上，展出的中外合资企业与中国企业制造的物流设施相当一部分已达到国际先进水平，引起了国内外客商的极大兴趣。三是科技部批准设立了全国物流行业的最高科技奖，即“中国物流与采购联合会科学技术奖”，2003年首次开评，评出科技进步奖14项，科学发明奖1项。四是科技部把“电子商务与现代物流示范工程”作为“十五”重大攻关项目，有的已经完成，开始起到示范效应。在科技部主办的2003北京国际现代物流技术大会及展览会上，5个现代物流优秀典型模式得到推广。分别是，成都市新都农村医药配送模式、口岸物流信息平台模式、三联集团供应链模式、苏州物流园区模式和上海海鼎信息化模式。五是国家科技中长期规划已把物流列入现代服务业的专题规划内容之一。由中国物流与采购联合会组织起草的“物流服务业科技发展中长期规划的研究”,已报送有关部门。

2. 物流理论研究。据初步掌握的情况,全国已有专业物流研究机构30多家,另有许多研究、咨询机构涉及物流研究。这些机构与相关行业协会开展了卓有成效的理论研究与调查分析,产生了一批重要成果。特别是有关物流基本概念、物流企业、物流成本、物流规划与政策、物流园区和物流实用技术等方面的探讨和研究,都有新的进展。有的研究成果对于推动物流发展的实际工作起了很大作用,如关于物流企业分类的研究、物流统计信息体系研究和标准化体系研究等。由中国物流学会主办的第二届中国物流学术年会,对一年来的优秀物流论文进行了评选表彰,共有85篇论文获奖。其中一等奖5篇,二等奖10篇,三等奖30篇。中国物流与采购联合会和中国物流学会从2001年创办的“中国物流专家论坛”,2003年举办了两届。特别是第六次论坛有关“物流园区”的讨论,引起了激烈的争论,在社会上产生了比较大的反响。一年来,由中国物资出版社、清华大学出版社、中国人民大学出版社、上海社会科学院出版社、经济管理出版社等出版部门出版了几十部优秀教材与科普读物,一些专著也出版发行。中国物流与采购联合会主编的《中国物流年鉴》与《中国物流发展报告》,坚持按年度出版,权威性不断增强。

3. 物流人才培养。2003年,全国已有47所大学设置了物流管理或物流工程专业,有70多所院校开设了物流相关课程,已初步形成从职业高中、中专、大专、大学本科到研究生教育的多层次物流教育体系。劳动部已发布“物流师国家职业资格”标准，中国物流与采购联合会与全国物流标准化技术委员会已在全国启动物流师(包括高级物流师、物流师、助理物流师)的培训、考试与认证。中国交通运输协会引进了英国皇家物流与运输学会(ILT)的国际物流资质认证体系,英方向中方提供四个级别的职业资格系列证书。中国仓储协会等也开展了物流人才培训工作。

(九)物流领域对外开放步伐加快

1. 外资物流公司快速扩张。如:2003年2月,DHL以5 250万欧元购入中外运5%的权益,成为中外运最大的外国战略性投资者。10月,DHL宣布在未来5年内,在中国的合资公司–中外运敦豪将向中国市场新增投资2亿美元。3月,APLL(美集物流)与联想控股合资组建的志勤美集科技物流公司挂牌,联想控股、APLL分别占51%、49%的股份,注册资金为1 400万元,致力于为IT领域的客户提供网络化、多功能、一体化的供应链管理服务。2003年,EXEL(英运物流)坚持不懈地拓展业务网络,通过分享最佳示范行为,将EXEL全球领先的管理和操作方面的知识技术引入到中国,并将继续在人力资源方面投资。UPS中国区业务在2002年保持四成增长速度之后,2003年又取得超过上年的业绩。日本物流企业追随制造企业进一步拓展中国市场，相继在中国设立物流配送中心，为在华日资企业和日本企业提供采购和物流服务,形成日资体系的配套产业集群。

2. 外商投资成倍增长。根据我国入世承诺,从2003年12月开始，外资已被允许在合资公司中占大股;不晚于2004年12月10日,外资将被允许设立独资物流公司。随着物流市场开放,外资加快进入中国的步伐。据交通部提供的数据,2003年,外商投资我国道路运输业共57个项目,其中53个获批。合同金额7.6亿美元，实际投资额3.787亿美元,分别比上年增长1.38倍和2.18倍。

2003年,进入中国的外资企业不胜枚举。7月30日,保利集团与佐川急便联手投资1 000多万美元,在深圳成立保利佐川急便有限公司;11月,北京京泰实业有限公司、日本住友商事株式会社和日本佐川急便株式会社共同投资组建的北京住商佐川急便物流有限公司在北京成立。川崎汽船、日本邮船分别与中海集团、大连港等企业进行了汽车物流合作项目;卡特彼勒物流宣称,将在中国针对目标客户提供第三方物流服务；老牌货代企业万络环球，也宣布加大对中国物流市场的投入；欧洲物流公司捷富凯宣布与大田集团联姻等等。有理由相信，外资投入中国物流业的新高潮已经到来。

3. 国际区域物流合作取得初步成果。在全方位开展国际物流合作的基础上，2003 年我国与周边国家的区域物流合作都有新的进展。温家宝总理在中日韩领导人第五次会晤和上海合作组织成员国总理会晤时，分别提出减少物流环节非关税壁垒，建立物流合作机制。在中日韩东北亚物流合作方面，我国相关行业协会和企业，就托盘标准体系和共用系统建设坚持定期磋商，达成初步合作意向。在与东盟地区的物流合作方面，我国提出的中国–东盟交通合作的六项新倡议，得到各国积极回应；大湄公河次区域便利运输协定谈判工作取得初步成果，上湄公河航道改善工程基本竣工。在与中亚地区的物流合作方面，我国在上海合作组织交通部长会议上，与 31 个成员国就《亚洲公路网政府间协定》达成一致。在亚洲和太平洋地区物流合作方面，中国物流与采购联合会作为亚太物流联盟的重要成员，积极参与工作，发挥了重要影响。

（十）政府对物流发展的推动作用明显增强

1. 国务院各有关部门对物流发展的推动。2003 年与物流相关的政府部门，都在推动我国现代物流的发展方面有新的举措。如，国家发改委把“制定全国物流发展规划，指导物流业发展”的相关内容写入“三定”方案，《中国物流发展纲要》的编制工作继续推进，相关的物流产业政策已上报国务院，对现代物流重点项目继续给予贴息贷款扶持。商务部成立以后，对现代物流工作相当重视，特别是对商品流通领域的物流服务进行专题研究。交通部确定 8 家企业为现代物流试点企业；铁道部对专业运输企业进行体制改革；民航总局对航空物流全面部署；信息产业部对物流信息化的关心；国家标准化管理委员会对物流标准化的协调；财政部、国家税务总局对物流财税问题的关注；国家统计局对物流统计指标体系的指导推动；海关总署对提高通关效率提出的政策措施；科技部、教育部、劳动部和国家工商行政管理总局等部门对现代物流的重视与支持，都是前所未有的，都从不同角度，对中国现代物流的发展，起了推动和促进的作用。

2. 地方政府对物流发展的推动。继前几年各地政府普遍制定出台物流规划，明确发展现代物流的方向之后，2003 年各地对物流发展的推动，侧重于针对具体问题，出台可操作性的政策和建立综合协调机制。浙江省出台《现代物流发展纲要》，成立了由省政府分管领导牵头，各相关部门参加的“现代物流办公室”，形成了经常性的联系和协调机制。对物流企业遇到的具体问题，由办公室出面协调解决，深受企业欢迎。天津市成立了“物流管理办公室”，推出《加快发展现代物流业的综合政策意见》。厦门市政府颁布了《关于加快厦门现代物流发展的意见》，出台了扶持重点物流企业和重点物流项目的有关政策措施。深圳市在现代物流业发展工作领导小组领导下，出台了《关于加快重点物流项目建设审批速度的若干意见》和《重点物流项目认定试行办法》等。2003 年，在已经制定物流规划的省市，绝大多数把工作重点放在政策的调研、制定和协调落实方面。

从目前国内已经出台的关于物流发展的政策看，主要内容包括工商管理政策、规划和土地管理政策、财政税收政策、投融资政策、快速通关政策、改善交通管理政策、技术标准政策等几个方面。这些都是改善环境，发展现代物流迫切需要解决的实际问题。这些政策的出台和实施，都取得了比较好的效果，对其他省市也有借鉴作用。

三、2003 年中国物流发展中存在的突出问题

（一）物流基础设施建设缺乏总体规划的指导，特别是港口建设和物流园区建设需要统筹协调

目前，我国已经形成了大连、天津、青岛、上海、宁波、厦门、深圳、广州八大港为代表的大型集装箱港口分布格局，其中上海、深圳、青岛已经进入世界集装箱港的前列。随着港口管理属地化政

策和政企分开的落实，港口建设的竞争也日趋激烈。现在不仅这八个港口各自制定了发展规划，沿海的一大批中小港口也纷纷制定宏伟目标，增加投资力度，“X年内成为XX地区最大的港口城市”的口号已经在沿海各港口耳熟能详。从国内外的发展历史来看，港口城市的形成更主要的取决于内外的经济辐射能力，其次是配套的综合服务体系。港口经济是贸易、海运、理货、货代、仓储、商展、信息、金融、保险等业务的集成。根据有关统计，在港口城市的经济中，港口本身收益为8%，航运业收益为17%，其他收益为75%。我国沿海有数十个港口，不可能都发展成为海运枢纽。此事如不统筹规划，各地贸然投资，将是极大的浪费。

与此类似的是各地盲目发展物流园区。据不完全统计，已经立项和完成规划的物流园区已有上百家，有的城市一下子要建六七个物流园区。现在看来多数园区规划缺乏明确的目标定位，具有较大的盲目性。在缺乏市场定位的情况下，物流园区建设贪大求全，风险很大。物流基础设施的建设之所以出现这样的盲目性，除了统筹规划的机制不完善之外，还有一个认识上的误区：即把“物流是第三利润源”理解成为物流是个利润丰厚的产业，办物流园区可以“赚大钱”。其实物流产生的效益主要体现在为客户降低成本，提高生产企业、流通企业的经济效益上，因而是整个经济大系统的利润源泉。因此，迫切需要打破地方、部门界限，从国家层面对物流基础设施建设进行统筹规划。同时，要正确认识物流产业的地位和作用，避免认识上、工作上的“误区”。

（二）政府职能转变滞后，主要反映在市场准入制度和管理上的条块分割不适应市场需求的发展

物流的发展要求多项业务的整合，与管理体制的矛盾越来越明显。此外，地区之间的市场分割也依然存在。如何打破部门分割、地区封锁，消除物流发展的体制性障碍，在物流加速发展的情况下，显得更为紧迫。

（三）物流培训市场秩序较乱，亟待整顿

物流人才是制约物流发展的关键因素之一，随着物流业的迅速发展，物流人才培训市场也“热”起来，成为培训市场中最引人注目的领域之一。2003年，中国物流与采购联合会协助国家劳动和社会保障部制定了物流师国家职业资格标准，并根据此项标准组织专家编写了教材。此外，也有一些机构和组织引进了国外比较权威、规范的物流人才资质培训项目，这些努力本应该为物流培训市场的有序化创造条件。但是，由于市场秩序混乱，没有达到预期的效果。主要表现为，培训机构名类繁多，又缺乏起码的管理，致使培训质量参差不齐，有关部门制定的培训标准没有建立应有的权威性。这说明只抓标准的制定，不抓标准的落实和组织管理，是不行的。另外，在高等院校的学历教育中也存在一定的盲目性，表现在普遍把培养高级物流经理作为主要的培养目标。实际上物流业是多类型、多层次人才的综合，据美国的一项统计，高级物流经理中只有14%是接受物流专业学历教育的，另外的都是来自其他各领域的人才。因此，整顿和规范物流人才培训市场，也是一个突出问题。

（四）物流标准化建设中的难题有待突破

2003年，全国物流标准化技术委员会和全国物流信息标准化技术委员会的成立，为推进物流标准化建设创造了条件，但与实践的推进与业界的预期还有很大的差距。在当前多个政府部门管理物流的格局下，统一认识、协调立场的难度是可想而知的，这预示着物流标准体系的建设将不会是一帆风顺的。

（五）物流信息化建设需要加强指导

2003年，“非典”的冲击暴露了我国物流的差距。据中国物流与采购联合会的抽样调查，外资、合资企业受非典影响物流成本平均上升幅度为9%，国内企业的平均上升幅度为16%。造成这种差别的技术性原因就是信息化水平的差距。据调查，我国75%的企业的储运单元和货运单元都没有条形码标识，93.6%的制造企业、100%的批发企业和97%的零售企业都没有采用位置码。二是物流软件参差不齐，缺乏规范，缺乏评测和认证。三是公共平台的建设相对滞后，特别是与物流相关的电子政务平台还没有互联互通，如工商、税务、报关、商检、金融、保险等,这些业务平台的互联互通将会极大地促进物流公共信息平台的发展。

(六)物流市场需求的培育尚未得到充分重视

当前,我国物流供需存在结构性矛盾:一方面是以跨国公司为代表的高端物流市场需求,国内无法满足,主要被国外的物流企业所占领;另一方面,国内的物流企业又普遍感到竞争激烈,能力闲置,供大于求。这说明国内企业的物流需求还没有充分培养起来,要发展我国自己的物流企业,必须重视中低端物流市场的培养,即提高国内制造企业、商贸企业的物流现代化水平。在各级政府的物流发展规划中,比较重视对于物流企业的支持,物流基础设施的规划与建设,这些都是促进供给的增长,而对于物流需求的培养并没有给予应有的重视。从国内外的发展历史来看,物流从制造业、商贸业中分离出来,首先是从独立核算开始的。一个企业内部的物流机构从后勤行政管理体制到独立核算体制转变,就是开始了资源配置方式的转变。我国的海尔物流、美的(安得)物流的发展都是发源于制造业的需求升级,经过独立核算才逐步分离出来的。如何在改善供给能力,提高服务水平的同时,培育物流需求,逐步解决供需结构性矛盾,也是中国物流发展的根本性问题。

(七)市场秩序不规范,突出反映在货运的普遍超限超载和不合理的收费制度

据2003年9月对京珠高速公路广东境路段进行的抽样调查,货车超载率为81%。其中车辆总重超载5吨的占54%;超载10吨的占25%;超载15吨的占15%;超载20吨的占8%;超载30吨的占2%;车辆总重超载最大为43吨。在西部一些运煤线路上,很多车辆甚至成倍超载;内蒙古地区现有各种货运车辆约25万辆,其中80%的车辆超载运输,70%左右属超限运输。超限超载严重威胁着交通安全,2003年,全国高速公路上发生事故36 257起,造成5 269人死亡、14 867人受伤,与2002年相比增长幅度分别为22.4%、34.2%和21.3%,据分析与超载现象愈演愈烈有着直接的关系。超限超载也会大大缩短道路的使用寿命,据专家分析,一条设计使用15年的公路,如果行驶车辆超载1倍,其使用年限将缩短90%,只能使用一年半。

造成超限超载普遍化的原因是多方面的,其中与乱收费现象有着密切的关系,也与有些政策不尽合理有直接关系。比如,高速公路的费用征收制度不是按照实际吨位,而是"按单车核定吨位"征收通行费,结果助长了超载运输。2003年华北五省市联合整治货运超载,是治理物流市场秩序的重要举措,取得了一定的成果。但是由于此次治理只是在局部地区、局部环节,市场秩序不规范的情况还没有根除,又出现了运价明显上升的问题。因此,如何综合治理物流市场秩序的问题仍是一个比较突出的矛盾。

四、2004年中国物流发展展望

(一)中国物流发展的环境将有实质性改善

经过几年来的呼吁推动,中国物流发展的环境在2004年将会得到实质性的改善,一些业界关注的全局性、基础性、方向性的问题有望取得突破。

(二)中国物流业的发展仍将处于快速增长期

随着国际经济复苏,我国经济持续快速发展和政策环境的改善,2004年中国物流业仍将处于快速增长期,主要经济指标的增长幅度不会低于2003年。

(三)企业物流和物流企业融合共存的趋势更加明显

物流企业和企业物流长期共存、互相融合、共同发展的趋势将更加明显,"大而全""小而全"的运作模式继续改变,但也不会一蹴而就。

(四)物流质量和效率将会更加受到关注

在物流规模扩大,物流供给能力增强的同时,物流质量和效率将会受到更多关注。

(五)地区发展不平衡的状况将有所改善

(六)内地与港澳台地区和国际间的物流合作将进一步扩大

(供稿:中国物流与采购联合会
执笔:戴定一　贺登才)

关于中国现代物流发展的有关政策法规

众所周知，现代物流业正在世界范围内蓬勃发展。发展现代物流不仅是提高工业制造业、商贸流通业竞争力和对市场快速反应能力的重要手段，也是采用信息技术和现代物流理论改造、引导、提升运输、仓储、货代、联运、分销等传统产业，推进中国新型工业化进程的重要途径。

一、中国现代物流发展取得明显成效

近年来，为顺应经济全球化和科学技术的快速发展，积极应对中国加入世界贸易组织(WTO)所面临的机遇和挑战，中央政府及有关部门和各地政府采取有效政策措施，大力推动现代物流发展，已取得明显成效。

一是现代物流业受到各级政府的高度重视。上海、北京、天津、山东、广东等省市已将现代物流业作为支柱产业或优先发展的产业来推动，现代物流业已成为许多地区外商投资的热点；

二是工商企业逐渐引入现代物流管理理念，产品成本下降，竞争能力和对市场的快速反应能力迅速提高；

三是不同所有制形式、不同经营模式、不同规模的物流企业共同发展的格局已初步形成；

四是现代物流业的发展通过采用先进的信息技术和现代物流理论对运输、仓储、货代、联运、分销等传统产业进行整合和改造，对这些产业的提升和拉动作用已逐步显现；

五是物流发展的区域一体化程度得到提高，长江三角洲、珠江三角洲和环渤海地区等区域在推动物流发展方面，合作领域逐步扩大。

二、中国物流发展的现行政策环境

政策环境是现代物流业发展的基本保障条件。政府部门是政策环境的制定者和创造者。随着改革开放和社会主义市场经济体制的建立，从总体上看，各级政府及有关部门制定了一系列政策措施，中国现代物流发展的宏观政策环境显著改善，支持现代物流业发展的政策体系正在逐步形成。

(一)中央政府高度重视，近几年制定了许多与物流相关的文件，出台了一些有利于现代物流发展的政策，有力推动了现代物流的发展。

现代物流的相关内容第一次纳入国家国民经济和社会发展五年计划纲要之中。国务院办公厅转发了《关于“十五”期间加快发展服务业若干政策措施意见》，提出强化对交通运输、商贸流通等行业的改组改造，推进连锁经营、特许经营、物流配送、代理制、多式联运、电子商务等组织形式和服务方式的发展。

国务院办公厅关于治理向机动车辆乱收费和整顿道路站点有关问题的通知，全面部署了治理向机动车辆乱收费和整顿道路站点工作，对降低物流成本，提高物流效率具有重要意义。

国务院办公厅转发了《关于促进连锁经营发展若干意见》。对连锁经营企业配送中心的规划、建设和运营提出了政策意见。

国务院批准发布了《外商投资产业指导目录》，将航空运输公司(中方控股)；定期、不定期国际海上运输业务；国际集装箱多式联运业务；公路货物运输公司；运输业务相关的仓储设施建设、经营；一般商品的配送等物流有关的内容列入到了鼓励目录之中。

(二)国务院有关部门结合各自职能，制定相关政策措施，推动现代物流业发展。

2001 年，原国家经贸委会同铁道部、交通部、信息产业部、原外经贸部、民航总局联合发布了《关于加快中国现代物流发展的若干意见》。这是中国政府部门联合下发的第一个有关物流发展的政策性、指导性文件。该“若干意见”明确提出了现代物流发展的指导思想与总体目标，并在积极培育现代物流服务市场；努力营造现代物流发展的宏观环境；继续加强物流基础设施的规划与建设；广泛采用信息技术，加快科技创新和标准化建设；加快对外开放步伐，学习借鉴国外先进经验；加强人才培养，促进产学研结合；继续深入研究探索，不断适应现代物流发展需要等方面提出了指导性意见。

2002年，原国家经贸委等六部门联合颁布了《关于加快发展我国集装箱运输的若干意见》。在建立高效、统一的管理和协调工作机制、逐步完善集装箱运输政策法规体系、进一步规范集装箱运输市场秩序、提高口岸查验效率、改善口岸服务环境、大力推动集装箱多式联运发展、促进内贸集装箱运输快速发展、合理规划建设集装箱运输基础设施、加强集装箱运输支持保障系统建设等方面提出了具体政策措施。

2001年，交通部颁布了《关于促进运输企业发展综合物流服务的若干意见》，明确提出了发展物流服务的指导思想与总体目标，加强主枢纽建设，发展中转货运站和运输仓储设施，鼓励不同类型企业联合经营以发挥综合优势，鼓励发展多式联运和“门到门”服务，鼓励开发第三方物流服务，利用港口优势发展仓储与物流服务，应用现代信息技术提高物流服务水平和坚持适度对外开放原则，提高开放的质量和水平。

2002年，原外经贸部发布了《关于开展试点设立外商投资物流企业工作有关问题的通知》，对外商投资物流企业在市场准入和审批程序方面做了规定。这一试点工作在北京、天津、上海和重庆四个直辖市，浙江、江苏、广东三省及深圳经济特区进行。

商务部在加强连锁企业内部配送中心建设、促进国际货运代理发展和物流市场有序开放等方面采取了一些措施；国家发展和改革委员会和铁道部、交通部、民航总局等部门在加大交通运输基础设施投资建设力度、逐步改进现有管理方式、支持鼓励有关企业向现代物流转变等方面作了大量工作；海关总署、国家质检总局采取积极措施，改革通关制度，采用电子报关报验手段，加快了通关速度，提高了物流效率。国务院减负办会同有关部门全面整顿道路收费站点、禁止向货运车辆乱收费方面作了大量卓有成效的工作。仅 2003 年，撤销道路收费站 488 个，其中公路收费站 406 个，城市道路收费站 82 个；撤销检查站 192 个，非法站点 701 个，共计撤销道路站点 1 381 个。降低了物流成本，提高了物流效率，为物流企业发展创造了良好的环境。

（三）许多地方政府因地制宜，采取有效政策措施，推动本区域现代物流业的发展。

广东省对凡列入省规划并由省立项的大型物流基地，属于新增建设用地的，所需用地指标由省里安排。在基地内设立的配送中心和物流企业，其新增建设用地土地使用权出让金和市政基础设施配套费按当地标准下限征收；企业经批准将原划拨土地自行改造为配送中心，凡未涉及产权变更、转让或出租的，免予缴纳土地出让金等。

上海市政府印发了《上海市“十五”现代物流产业发展重点专项规划》，提出了“十五”物流发展的重点：即构筑物流设施平台、物流信息平台和物流政策平台等三大平台；建设外高桥物流园、浦东空港物流园和西北综合物流园三大物流园区。该专项规划中，提出了 7 条政策措施，将对重点物流企业在投资、税收等政策上予以扶持。

江苏省政府转发了省经贸委《关于加快我省现代物流业发展的意见》，提出了五个方面的政策意见。在此基础上，江苏省经贸委等 11 个部门联合印发《江苏省发展现代物流业的若干政策意见》，提出了推动本地物流发展的市场准入、规划和土地使用、税收、投融资、快速通关、人力资源及其他相关政策。

浙江省建立了由副省长牵头，十多个部门参加的现代物流联席会议制度，综合协调全省现代物流工作中的问题；研究讨论工作计划和职责分工；检查、指导、督促各地市物流发展工作。

北京市出台了《北京市商业物流发展规划

(2002–2010年)》。提出到2005年,北京将初步形成以3个大型物流基地为核心,4个综合性配送区和13个专业性配送区为结点的覆盖全市的物流网络。使北京市在2010年成为亚太地区重要的物流枢纽城市。有关部门正组织力量编制《北京市综合物流规划》。

天津市在实施《天津市现代物流发展纲要》的基础上,天津市交委等14个部门联合颁发了《天津市发展现代物流业的综合政策意见》。明确了有关工商登记管理、规划和土地管理、财政税收、融资、通关环境、行业管理等方面的政策。实现天津市到2003年建成现代物流体系雏形,2007年建成较完善的现代物流体系,2010年现代物流体系全面与国际接轨, 成为中国北方和东北亚重要的国际物流中心城市的目标。

福建省政府成立了以主管省长为组长、有关部门参加的推进现代物流业发展促进协调小组。召开专题会议研究现代物流发展问题。并就建立协调机制、成立物流行业协会、研究制定物流发展规划、抓紧提出政策意见、加快物流信息平台建设等方面问题提出了措施。

湖南省政府成立了以主管省长为组长、有关部门参加的推进现代物流业发展工作领导小组。省政府转发了省经贸委《关于加快推进现代物流业发展意见》。该意见确定了湖南省现代物流业发展的目标,并就大力发展现代物流企业,加快物流基础设施建设,加快科技创新和标准化应用,积极营造现代物流业发展环境等方面提出了政策意见。

甘肃省政府转发了省经贸委《关于加快我省现代物流发展的意见》。提出经过5年左右的努力,形成以兰州为中心、覆盖全省、辐射西北地区的多层次、多功能、专业化、社会化、信息化的现代物流服务网络体系,达到物畅其流、快捷准时、经济合理、用户满意的目的,努力建设成为西北地区的现代物流中心。提出了具体的实施步骤和政策措施。

深圳市政府印发了《关于加快发展深圳现代物流业的若干意见》。提出了依托珠江三角洲,衔接香港,面向国际,辐射内地,将深圳发展成为跨国公司国际采购、国际配送和国际集散基地,形成以远洋运输、航空货运、多式联运、批发配送、信息服务等为主体的物流基地的目标。并在机构设置、物流企业认定、用地用电、投资立项、电子口岸建设、对外开放等方面制定了一系列政策措施。

宁波市政府提出"十五"后三年每年安排1 000万元,用于支持重点物流园区、重点物流企业和公共物流信息服务系统建设; 对规划的物流园区和现代物流企业的土地地价比照工业、交通类项目用地地价确定; 对开展市域配送业务的现代物流企业,发放一定数量的物流绿色通道证。

三、目前中国现代物流发展的政策制约因素

中国现行与物流相关的政策规定多是有关部门在不同历史条件下制定的,带有很大的局限性。同时,由于受管理体制、行业垄断、部门保护和地区封锁的影响, 中国物流企业的经营发展环境仍然存在不少问题。主要表现在:部门和地方的各种审批繁多; 现行税收管理办法不适应物流发展需要;货物运输的"三乱"现象严重;物流的基础设施和服务体系建设滞后;物流经营在海关通关、城市交通、技术标准、企业融资等方面还存有困难。

四、中国下一步将采取的政策措施

近几年中国现代物流业发展很快, 但与发达国家相比还存在较大差距。据统计,2003年中国社会物流总成本占GDP的比重为21.4%,而美国、日本等发达国家这一指标为10%左右。中国物流成本降低一个百分点,就是250亿元人民币。加快中国现代物流发展, 对增强中国综合国力具有重要意义。为进一步推进中国现代物流业的发展,在全国范围内尽快形成物畅其流、快捷准时、经济合理、用户满意的社会化、专业化的现代物流服务体系, 必须建立一个有利于物流企业运作和发展的宏观政策环境。

制定现代物流业的发展政策,必须坚持以市场为导向, 坚持以建成完善的社会主义市场经济体

制和更具活力、更加开放的经济体系为目标，坚持以依法治国、依法行政为保障，把政府经济管理职能转到主要为市场主体提供服务和创造良好发展环境上来。

最近，为进一步创造宽松的政策环境，促进现代物流的发展，针对当前现代物流发展中存在的突出问题，国家发展和改革委员会等九个部门经过反复研究和协调，提出了促进中国现代物流业发展若干政策措施。这些政策措施即将出台，主要包括以下内容：

1. 规范企业登记注册前置性审批。除国家法律、行政法规和国务院发布决定规定外，其他前置性审批事项一律取消。

2. 改革货运代理行政性管理。取消经营国内铁路货运代理、水路货运代理和联运代理的行政性审批，加强对货运代理经营资质和经营行为的监督检查。改革民航货运销售代理审批制度，由民航总局会同有关部门制定新的民航货运代理管理办法。改革国际货运代理业行政审批制度，简化审批程序。

3. 完善物流企业税收管理。物流企业实行差额纳税，即将承揽的运输、仓储等业务分包给其他单位并由其统一收取价款的，以该企业取得的全部收入减去分包部分支付费用后的余额，为营业额的计税的基数。允许符合条件的物流企业统一缴纳所得税。

4. 加快引入竞争机制，建立统一开放、公平竞争、规范有序的现代物流市场体系。废除各类不符合国家法律、法规规定的由部门或地方制定的地区封锁、行业垄断、市场分割的有关规定，为物流企业的经营和发展创造宽松的外部环境。

5. 加强收费管理，全面清理向货运车辆收取的行政事业性收费、政府性集资、政府性基金、罚款项目，取消不符合国家规定的各种收费项目。全面整顿道路收费站点。对违反国家规定设置的收费站点，要立即停止收费并限期拆除相应设施。严禁向物流企业乱检查、乱收费、乱摊派、乱罚款、乱评比。凡违规设置站点，擅立收费项目，向货运车辆及物流企业等乱收费用的，要依法予以严处。

6. 鼓励工商企业逐步将原材料采购、运输、仓储等物流服务业务分离出来，利用专业物流企业承担。鼓励交通运输、仓储配送、货运代理、多式联运企业通过兼并、联合等形式进行资产重组，发展具有一定规模的物流企业。对被兼并、重组的国有企业，当地政府和有关部门要给予积极支持。

7. 积极拓宽融资渠道。支持物流企业利用境内外资本市场融资或募集资金发展社会化、专业化的物流企业。对资产质量好、经营管理好、具有成长潜力的物流企业要支持鼓励上市。各类金融机构应对效益好、有市场的物流企业给予重点支持。

8. 积极推进物流市场的对外开放。按照中国加入世界贸易组织的承诺，扩大物流领域的对外开放。鼓励国外大型物流企业根据中国法律、法规的有关规定到国内设立物流企业。鼓励利用国外的资金、设备和技术，参与国内物流设施的建设或经营。

9. 支持工商企业优化物流管理。鼓励有条件的国有大中型工商企业将企业的物流资产从主业中分离出来，整合资源，优化流程，创新物流管理模式，特别是商业连锁企业要提高商品统一配送率。对实行主辅分离、辅业改制的企业，符合有关条件的，可享受国务院八部委联合下发的《国有大中型企业主辅分离、辅业改制、分流安置富余人员的实施办法》中的扶持政策。

10. 加快物流设施整合和社会化区域物流中心建设。采取必要的调控措施，推动各地区工业、商业、运输、货代、联运、物资、仓储等行业物流资源的整合，合理规划建设区域物流中心，开展社会化、专业化的公共服务。对符合条件的此类项目，各级政府要给予重点支持。

11. 简化通关程序。优化口岸通关作业流程，完善口岸快速通关改革，对进出口货物实施“提前报检、提前报关、货到放行”的通关新模式。外贸、海关、检验检疫、税务、外汇管理等部门要在有效监管的前提下简化审批程序，加快通关速度。鼓励建立集海关监管、商品检疫、地面服务一体化的货物进出境快速处理机制。加快转口贸易型物流园区、保税区及进出口货物分拨中心的通关速度，提高工作效率。

12. 优化城市配送车辆交通管理。公安交通管理部门要加强对道路交通流的科学组织，根据当地的交通状况和物流业务发展情况，研究制定配送车辆在市区通行和停靠的具体措施，提供在市区通行、停靠的便利。

13. 加强对现代物流工作的综合组织协调。现代物流是一个新兴的复合性产业，涉及运输、仓储、货代、联运、制造、贸易、信息等行业，政策上关联许多部门。为加强综合组织协调，成立全国现代物流工作协调机构。主要职能是提出现代物流发展政策、协调全国现代物流发展规划、研究解决发展中的重大问题。

（特约撰稿：国家发展和改革委员会
经济运行局处长　崔忠付）

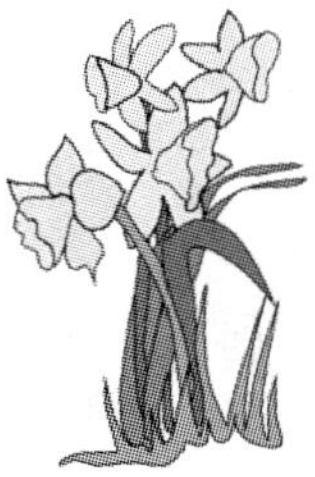

2003年内外贸物流综述

2003年是我国历史上不平凡的一年，也是我国物流业发展中不平凡的一年。“非典”的爆发和蔓延，给我国人民的生命财产安全带来严重威胁，也给势头正劲的国民经济发展带来严重冲击。但是，在党中央、国务院的正确领导下，按照“两手抓”的方针，克服困难，积极应对，取得了我国抗击“非典”和恢复经济的双胜利。2003 年全年实现国内生产总值达到116 694亿元，按照可比价格计算，比上年增长 9.1%，这是 1997 年以来增长最快的一年。按照现行的汇率计算，我国 GDP 的总量相当于 1.4 万多亿美元，人均达到 1 090 美元，首次突破 1 000 美元；全社会消费品零售总额 45 842 亿元，比上年增长 9.1%；外贸进出口总额为 8 512 亿美元，比上年增长 37.1%，吸收外资与 2002 年基本持平。国民经济的强劲增长形成了对物流业持久而巨大的需求。

一、物流业快速增长

（一）社会物流总值大幅增长，社会物流总成本占 GDP 的比重有所下降

据中国物流信息中心统计，2003 年全国社会物流总值达 295 437 亿元，同比增长 27%（按现价计算）。其中：工业品物流总值为 249 570 亿元，同比增长 26.8%；农产品物流总值为 11 261 亿元，同比增长 2.5%；进口货物物流总值为 34 193 亿元，同比增长 40%；再生资源物流总值为 278 亿元，同比增长 18.3%；邮政物流总值为 136 亿元，同比增长 3.2%。

同期，全国社会物流总成本为 24 974 亿元，同比增长 13.6%，较同期物流总值 27.5%的增长速度低 13.9 个百分点。其中：运输成本为 14 028 亿元，同比增长 15.1%；保管成本为 7 376 亿元，同比增长 15.1%；管理成本为 3 570 亿元，同比增长 7.3%。

从社会物流总成本与 GDP 的比例关系看，1991 年社会物流总成本相当于 GDP 的 24%，2003 年缩小到 21.4%。

（二）物流业增加值稳步上升

2003 年，国内物流业实现增加值为 7 880 亿元，同比增长 10.5%。其中：交通运输物流业增加值为 2 953 亿元，同比增长 12.6%；仓储物流业增加值为 90 亿元，同比增长 9.1%；批发业物流增加值为 4 530 亿元，同比增长 9.1%；配送、流通加工、包装物流业的增加值为 243 亿元，同比增长 16.3%；邮政物流业增加值为 63 亿元，同比下降 3.1%。

从物流业增加值与 GDP 和第三产业增加值的发展关系看，2003 年物流业增加值增长速度比同期 GDP 和第三产业增加值增长速度分别快出 1.4 和 3.8 个百分点，说明我国物流社会化程度在不断提高，专业化物流正在加快发展。物流业在我国国民经济中的地位和作用不断提高。物流业增加值占同期 GDP 比重为 6.8%，比 2002 年的比例下降 0.2 个百分点，占第三产业增加值的比重为 20.9%，比 2002 年的比例上升 0.2 个百分点。近几年来，物流业增加值占第三产业增加值比重基本维持在 20%以上水平，已经成为拉动第三产业发展的稳定因素。

从物流业增加值的细分类情况看，配送、流通加工、包装物流业的服务业务量虽然规模还不大，但发展十分迅速，代表了现代物流业发展的基本方向。

（三）物流业固定资产投资平稳增长

2003 年，国内物流业固定资产投资额为 5 594 亿元，同比增长 11.3%。占同期全社会固定资产投资总额的比例为 13.1%，占同期全社会第三产业

固定资产投资总额的比例为21.1%。其中:交通运输业固定资产投资额为4 861亿元,同比增长9.5%;仓储业固定资产投资额为161亿元,同比增长31.7%;批发业物流固定资产投资额为510亿元,同比增长25.1%;配送、加工、包装物流固定资产投资额为23亿元,同比增长46.3%;邮政业物流固定资产投资额为38亿元,同比下降4.6%。

与全社会投资增长情况比较,物流业投资增长速度比同期全社会投资增长速度低17.1个百分点,比同期第三产业的投资增长速度低近13个百分点,可以看出,当前我国物流业的投资增长相对滞后,这既是我国物流效率相对较低、物流成本依然偏大的重要原因,也是2003年国民经济发展中再次出现较为严重的交通"瓶颈"制约现象的重要原因。

(四)货运总量略有增加,货物周转量快速增长

据国家统计局统计资料显示,2003年,不包括管道运输业务在内的全国货运总量为150亿吨,同比增长3.8%。其中:铁路货运总量为20亿吨,同比增长6.5%;公路货运总量为114亿吨,同比增长2.5%;水运货运总量为16亿吨,同比增长10.6%;航空货运总量为217万吨,同比增长7.4%。全国货物周转量为55 663亿吨公里,同比增长12.6%。其中:铁路货物周转量为16 321亿吨公里,同比增长8.2%;公路货物周转量为7 010亿吨公里,同比增长3.4%;水运货物周转量为32 275亿吨公里,同比增长17.3%;航空货物周转量为58亿吨公里,同比增长12.1%。

(五)沿海主要港口货物吞吐量大幅上升

由于国际贸易活跃,进出口总额增长高达37.1%。受其影响,2003年,沿海主要港口货物吞吐量达20亿吨,同比增长了17.9%。

(六)物流用主要设备生产急剧增加

由于物流产业发展迅速,物流用设备需求旺盛,国内生产急剧增加。其中:给料机械生产11 035台,同比增长61%;铲土运输机械生产92 817台,同比增长57.3%;叉车生产47 047台,同比增长46.2%;起重设备生产102万吨,同比增长32.8%;升降移动机械生产182 682台,同比增长30.1%。

二、第三方物流企业稳步快速发展

据美国美世顾问公司与中国物流与采购联合会的调查,2001年真正第三方物流市场的规模为400亿元,但以年30%速度上升,到2003年,真正第三方物流市场的规模已超过600亿元。第三方物流客户需求从更多行业、更多企业、更大范围释放出来,物流需求从进出口企业、中外合资与外商独资企业、连锁超市企业、高新技术企业向传统企业特别是制造业企业发展;从运输、仓储等传统业务外包向管理、配送等增值服务发展,有一部分开始要求全程物流服务,优化供应链管理已开始出现。物流需求的增长促进第三方物流企业的扩张式发展,目前估计已有10 000-15 000家,基本形成了四大板块:

1. 从传统运输与仓储企业转型的物流企业,如中远物流、中外运、中海物流、中储物流、中邮物流、中铁物流(中铁快运、中铁现代、中铁集装箱、中铁联合)、招商局物流等;

2. 中外合资与外商独资物流企业,如美国总统轮船、联邦快递、联合包裹、丹麦马士基、德国邮政、日本通运、九川急便等等,大田联邦快递、中外运敦豪、志勤美集物流、英运物流等都在中国迅速扩展业务;

3. 民营物流企业,如天津大田、广州宝供、上海大通、北京宅急送、浙江炎黄在线等等;

4. 工业与流通物流企业,如青岛海尔物流、上海百联物流、广东安得物流、北京物美物流等。

从所有制讲,是三元组合,即公有制、民营与外资。

2003年,传统企业加快业务重组与资源整合的步伐,新兴企业努力扩大规模和提升水平,外资企业在中国完全开放物流市场前夕加紧在中国抢滩登陆,各类企业的佼佼者建立了相对成熟的商业模式、核心能力和服务产品,逐步成长为特定领域的主流企业。

2003年9月,在香港上市的中远太平洋宣布以11.8亿元人民币向母公司收购中远物流49%股权,中远物流公司更名为中远物流有限公司,使中远物流一只脚踏进了香港资本市场。此举为实现中远从"全球承运人"到"全球物流经营人"的目标迈出了重要的一步。2003 年 1 月 8 日,中邮物流有限责任公司挂牌成立,同时组建北方、南方和华东物流集散网,逐步形成由运输、仓储、配送和信息四大平台组成的、覆盖全国的邮政物流专业体系。2003 年 2 月,中外运通过上市引进战略投资者 DHL、UPS、EXEL、OCS 等,提升其国际地位,资本市场募得资金将有 30%投资于物流分拨网络;9 月,中外运与全球领先的供应链管理解决方案供应商 i2 科技公司达成了全方位战略合作意向,中外运将成为 i2 解决方案系统的重要渠道伙伴与实施服务商/合作伙伴。这种由物流服务商与 IT 服务商的资源整合,必将进一步满足客户对物流服务的个性化与套装化要求,提高我国物流企业的的整体物流与供应链管理水平。

作为新兴物流企业的代表,宝供在形成一个覆盖中国并延伸至亚洲的运作网络后,开始在物流信息技术和物流设施上加大投入。2003 年年初,全球领先的仓储管理及供应链执行软件解决方案供应商 EXE 的 EXCEED 仓库管理系统开始在宝供的苏州物流中心投入运行,取代了宝供自主开发的仓储管理系统,并实现与原有工作流程的无缝集成,可以使端到端库存管理更完善,提高库存控制能力,最大程度地提高设备和库区面积的使用效率。2003 年 10 月,宝供启动总投资约 5 亿元的顺德国际综合物流基地建设,建成后可储存货物 40 万标准托盘或 70 万立方米的商品,每天可以处理 6 000 张订单、2 万个标准托盘,年周转货物达到 700 万托盘。大通自 2002 年与上海实业重组以来,在中国内地和香港地区已设立了近百家分公司和办事处,服务范围覆盖国内 1 100 多个城市,正成为上海实业发展物流产业的主要平台。2003 年 9 月,位于北京市顺义区天竺空港工业区,占地 67 亩,总投资 8 000 多万人民币的大通物流中心开始兴建,这是上海实业与大通进行股权重组以来至今,大通在物流基础设施方面最大的一次投入。2003 年 10 月,大田在毗邻上海的昆山市陆家镇东部工业园区,着手建设陆捷士国际商务与物流服务中心,首期投资 1 500 万美元,总投入约 4 500 万美元,将成为昆山最大的国际商务与物流服务平台。大田位于北京空港的仓储分拨中心也已建成投入使用,使其货物分拨能力达到国内先进水平。2003 年 12 月,大田继与美国联邦快递合资后,又与欧洲最大的汽车物流服务商——法国捷富凯签署合资意向书,准备组建中国最大的汽车物流企业。

在国内企业加快重组与发展步伐的同时,外资物流企业也不失时机地抢滩登陆。2003 年 2 月,DHL 以 5 250 万欧元购入中外运 5%的权益,成为中外运最大的外国战略性投资者。10 月,DHL 宣布在未来 5 年内,DHL 在中国的合资公司——中外运敦豪将向中国市场新增投资 2 亿美元,以全力支持中国市场未来的高速增长。在抢占速递市场的同时,中外运-敦豪开始发展"快递物流"业务,并在快递的基础上加了一些短期仓储的服务,组建快件策略配送中心。APL、MAERSK、OOCL、MOL 等跨国航运公司,近年来纷纷组建物流公司提供陆上服务(INLAND SERVICE),以实现从承运人到物流服务商的转变,提高对货主的服务水平。2003 年 3 月,APLL(美集物流)与联想控股合资组建的志勤美集科技物流公司挂牌。2003 年,EXEL (英运物流) 将其在中国的分公司——金鹰国际货运代理有限公司,更名为英中物流货运代理有限公司,表明了开拓中国物流市场的勃勃雄心。

三、商业连锁企业加大信息化和物流配送中心建设力度

连锁经营与电子商务的结合、与物流配送的结合,是现代零售企业成功的法宝。建立在信息化基础上的统一采购和集中配送是连锁经营的主要特点和优势所在。连锁企业通过积极发展内部物流配送系统,完善物流流程,强化配送效率,可以降低成本,同时改善商品流转和企业管理流程,提升企业核心竞争力。不少连锁企业或自己投资,或利用国债贴息支持,积极发展信息化和加强物流配送中心建设。

武汉中百集团股份有限公司从发展连锁经营的战略出发，在快速发展网点的同时，积极筹建物流配送中心，建立和完善物流配送体制，以此支撑连锁超市的快速发展。一是利用国债贴息，投资7 000余万元，建设了占地5.8万平方米，库容面积3.5万平方米的现代化常温商品配送中心。该中心已于2003年9月全面启动，配备标准托盘15 000个，可满足100余台不同车型车辆同时配货，日配送能力可达1 500万元，并具备向社会配销6 000个品种的能力，引进日本五条自动分拣线，对1 800个品种进行拆零分拣，实现了储存立体化、装卸机械化、配货电子化、管理信息化，是全国商业单体面积最大的物流配送中心。二是收购改制后的武汉市冷藏公司，将其1.2万吨冷库改造成为公司的低温配送中心。按照生鲜制品储存规范，为公司下属超市和社会网点提供水果、蔬菜、肉制品、奶制品等全方位配送服务，日配送能力达400万元。三是在阳逻开发区投资兴建占地136亩的绿色食品工业园，建立农副产品加工车间，生产29种放心豆制品和加工各类快捷菜直供中百超市。合资开发各类肉制品的深加工，除满足中百超市经营需求外，并向社会超市提供放心肉类食品。公司还先后投资5 000余万元，建立集团电子商务管理系统，在百货、仓储超市、电器、便民超市等四个公司内实行全面计算机管理，通过中国电信和武汉有线及湖北电视的光纤专线，实现了集团内计算机实时联网和数据及时传输，做到科学指导经营决策。公司建立了电子商务网站，开展BtoC、BtoB业务，在省内率先推出了网上电子订货和结算及供应商查询系统，运用现代信息技术，实现了数据之间、客户之间信息的实时交换，为连锁经营提供了快捷、准确和便利的信息服务，并获武汉市科技创新一等奖。

山东三联商社从提升企业运作效率入手，于2001年4月实现大规模ERP上线，成为中国商业企业第一家同时也是继联想集团后国内第二家完成这一工作的企业。通过ERP系统，三联商社建立起单品进价核算体系和集中化的财务管理模式，实现了财务和业务的一体化管理。2002年5月，公司在国内十数个大城市的激烈竞争中一举中标并成功启动了国家“十五”科技攻关项目——“济南市电子商务与现代物流应用示范工程”。该项目通过深入探究家电业的特点与需求，有效利用三联集团在建设全国第一个宽带信息网络——“百灵网”过程中取得的电子商务平台、CA认证、支付网关等技术成果，有机集成了供应链系统、客户关系管理系统、企业资源计划系统、现代物流管理系统等，形成了集家电生产、流通、消费于一体的新型家电供需链体系。2003年11月，该项目通过科技部专家组验收。项目实施过程中，三联商社已经与43家上游企业如海尔、联想、西门子、伊莱克斯等以及下游特许连锁店实现了信息的传递和交换，和部分企业如海尔、联想、伊莱克斯等40余家等已实现了网上商务运作。“济南市电子商务与现代物流应用示范工程”项目实施一年来，已经取得了良好的社会效益和经济效益。2003年带动济南市GDP增长0.85%，降低群体企业物流成本14.69%。

青岛利群集团胶州物流中心是国家第八批国债贴息和重点技术改造项目，于2002年7月开工，共分两期建设。一期投资1.88亿元，建筑面积6万平方米，已于2003年10月15日正式投入运营。该物流中心采用现代化物流中心标准建设，主要有以下三个特点：第一，高位立体存储，采用托盘货架方式的立体存储结构附以隔板以及重力式滑移拆零货架；第二，机械化作业，主要采用高位电动叉车、中低位电动拣选车、电动托盘车等机械设备，大大提高了作业效率；第三，信息化管理，由利群集团自主开发的信息系统全面实现了物流中心从商品订货到收货、入库上架再到门店请配、商品拣选分拣以及出库配送的全面管理，尤其该系统同时采用了电子标签系统(DPS)，真正实现“库内作业无纸化、任务分配智能化”。该物流中心设计能力年配送量3 000万箱，配送范围辐射整个山东半岛，可同时为青岛、威海、烟台、潍坊、日照等地的山东省30余家万平方米以上商厦、外资超市及300余家便利店进行商品配送。

四、传统货运代理业向现代物流业的转变加快

国际货运代理业是接受进出口货物收货人、发货人(即委托人)的委托,以委托人的名义或者以自己的名义,为委托人办理国际货物运输及相关业务并收取服务报酬的行业。据国际货运代理协会联合会(FIATA)估算,目前80%以上的进出口货物是通过国际货运代理组织安排运输的。

受计划经济和对外贸易政策的影响,我国国际货运代理业一直由中国对外贸易运输总公司独家经营。1985年以后,国家逐步开放国际货运代理业市场。1995年,国务院批准颁布《中华人民共和国国际货运代理业管理规定》,制定了国际货运代理企业的资格标准,允许符合条件的企业经营国际货运代理业务。自此以后,我国国际货运代理业得以规范发展。截至2003年底,经原外经贸部和商务部批准的国际货运代理企业达4 384家(含2 246家分公司,外商投资企业965家)。与国际货运代理协会联合会统计的全球4万家国际货代企业相比,我国企业达10%。目前该行业从企业规模到服务水平均比发达国家低得多,除中国对外贸易运输(集团)总公司和中国远洋运输(集团)总公司规模较大外,新成立的企业普遍存在投资规模小、营销能力弱、国际化程度低、企业信誉有待建立等弱点,综合竞争力明显不如国外竞争对手。据中国国际货运代理协会(CIFA)估计,我国内资货代企业仅承担了20%的货运量,其余80%由国外客户直接指定,由外资货代企业或外商代表处安排。

国际货运代理是依附于对外贸易的服务业。2003年,我国进出口总值为8 512.1亿美元,日益增加的进出口货运量,为我国国际货运代理业的发展提供了广阔的发展空间。

传统的国际货运代理业务实际上是现代物流业的一个环节。随着经济全球化和信息技术的迅速发展,企业生产资料的获取与产品营销范围日趋扩大,社会生产、物资流通、商品交易及其管理方式正在并将继续发生深刻的变革,传统的货运代理业不能满足货主的服务要求。推动传统货运代理业向现代物流业的转变,将使企业在更高层次上参与国际竞争。

五、物流技术水平进一步提高,标准化建设有所突破

物流技术方面。一是物流设施的制造水平有所提高,装备水平有改善,2003年由中国物流与采购联合会与德国汉诺威展览公司在上海举办的第四届亚洲物流设备展令人耳目一新,展出的中外合资企业与中国企业制造的物流设施相当一部分已达到国际先进水平,引起了国内外客商的极大兴趣。二是IT企业快速进入物流领域,如北京用友、招商迪辰、中软冠群、快步易捷、汇杰国际、甲骨文软件、北大方正、新加坡电脑、上海亿马等等,为物流企业与企业物流设计物流信息平台,经过2003年运行,用信息化带动物流的现代化日益明显。三是科技部批准设立了全国物流行业的最高科技奖,即中国物流与采购联合会科学技术奖,包括科技进步奖与科学发明奖。2003年已评出科学技术奖15项,其中一等奖1项,二等奖5项,三等奖9项;科学发明奖1项,为二等奖。四是科技部把“电子商务与现代物流示范工程”作为“十五”重大攻关项目,2003年有的已经完成,开始起到示范效应。五是国内外物流技术提供商的激烈竞争,为我国物流市场创造了良好的技术环境。目前,物流系统规划、优化与仿真等系统化技术,条形码及其自动识别技术、手持终端技术、电子数据交换(EDI)技术、卫星定位技术(GPS)、人工智能(AI)技术、基于互联网的物流信息系统等物流信息化技术,集中各种装卸搬运设备、自动存取设备、流通加工设备以及电子标签、射频(RF)等技术的自动化物流中心,及时制(JIT)、快速响应(QR)等供应链管理技术在物流企业中不断得到应用,提升了物流运作效率和客户服务水平。

2003年物流标准化建设有所突破。一是全国标准化委员会已批准设立全国物流技术标准委员会与全国物流信息标准委员会,秘书处分别设在中国物流与采购联合会与中国编码中心,两个标委会已共同启动建立全国统一的物流标准体系。

二是在科技部领导下，已完成全国物流标准化课题的重大研究。

另外在2003年，国家发展和改革委员会、国家统计局及中国物流与采购联合会开始着手研究和建立物流统计指标体系，该体系的建立有望结束我国多年物流统计数据混乱的局面。

六、物流领域的对外开放与国际合作迈上新的台阶

中国物流业按照加入WTO承诺对外开放，物流领域的国际合作与交流进一步加强。香港、澳门特别行政区与内地签署了CEPA协议，使内地物流市场率先向港澳企业开放成为现实。2003年，是中国加入WTO的第二年，在物流服务业方面，一切按承诺执行，不仅跨国物流公司已大部分进入中国市场，就连发达国家的一些中小物流企业也开始进入中国市场，国外的IT企业，国外的物流装备企业也都瞄准了中国物流的巨大市场。外国物流企业的进入并没有对中国物流市场造成巨大冲击，而是一种互补，利大于弊，民族物流企业要善于从外国物流企业那里学习有用的东西，加快自己的发展。

2003年，一些主要发达国家的物流组织纷纷访华，希望在人才培训、学术交流、标准化建设、信息化推进等方面进行合作。国内派出的物流考察、培训团组也大量增加，引进了一部分职业证书教育项目，聘请专家到大学讲课，派出了学生到国外培养。派团参加了国际物流协会与国际采购联盟的年会。在中日韩三国间已连续三年举办物流装备与技术研讨会。2003年在印度尼西亚巴厘岛举行的东南亚联盟及中日韩10+3政府首脑会议上，中国、日本、韩国三国总理达成了在流通领域及物流领域加强合作并建立合作机制的共识。

七、中央和地方政府加大对物流业的支持力度

在2003年9月举行的中共十六届三中全会上，再一次明确发展现代物流的重要性，在本届政府机构改革中，明确推进物流业发展是政府职能。原国家经贸委在2002年国债技改专项中增加了“流通现代化”专题，重点支持商业连锁、医药连锁、现代物流和以食品安全为目的的“三绿工程”项目。在第八批、第九批国债技改专项中共安排“流通现代化”项目71项，总投资114亿元，银行贷款88亿元。2003年在原国家经贸委下达的第三批国家重点技术改造“双高一优”项目中涉及“流通现代化”项目84个。国家发展和改革委员会在原国家经贸委工作的基础上，会同相关部委，制定了推进现代物流发展的有关政策指导意见，在市场准入，税收政策、土地政策、交通管制、鼓励第三方物流企业发展等方面给予一定的鼓励政策，已上报国务院。同时，继续执行国债贴息支持物流现代化项目，并着手我国现代物流“十一五”规划纲要的编制工作。原外经贸部于2002年6月20日发布了《关于开展试点设立外商投资物流企业工作有关问题的通知》，先期在江苏、浙江、广东、北京、天津市、重庆、上海、深圳等8个省市开展外商投资物流业的试点工作。一年多来，已有20多家企业经批准成为外商投资物流试点企业，目前，已设立的外商投资物流企业运作正常，尚未发现突出问题。商务部成立后，在推进现代物流与连锁经营的结合、现代物流与电子商务的结合、商业企业物流配送与供应链管理以及外商投资物流企业试点、国际货物运输代理等方面做了大量工作，并积极着手建立中日韩三国流通及物流合作机制。2003年10月，交通部确定上海交运集团、北京市大型物资运输公司、酒泉钢铁（集团）有限责任公司汽车运输公司、中国物资储运总公司、中国远洋物流公司、中国对外贸易运输（集团）总公司和中海集团物流公司8家运输企业为道路运输行业发展现代物流的试点企业。在试点工作中，交通部将对道路运输行业现行的管理法规、规章和政策法规中存在的问题进行全面梳理，并对不适应经济社会发展甚至制约现代物流发展的部分规章和政策进行修改调整，形成适应现代物流发展的法规和政策体系。其他部委，如铁道部、信息产业部、质监总局、民航总局、国家工商总局、科技部、劳动部、教育部、财政部、税务总局等都已把物流业的发展列入议程。

各地政府也非常重视现代物流的发展。上海市政府规划在"十五"期间，着重发展三类物流：陆、海、空港的口岸物流，商业零售行业的配送物流，依托信息平台发展的电子商务物流；建立5个园区：浦西的桃浦和莘庄、浦东的机场、外高桥和港口城。预计"十五"期间上海物流业将有4 500亿元产值的发展空间。深圳市政府将现代物流产业作为三个重要支柱产业之一，"十五"期间将物流产业产值从占GDP的8%-10%提高到15%-20%。北京市规划建设"三地一港"，即3个物流基地：房山良乡和丰台王佐物流园区、顺义空港物流园区、通州马驹桥物流园区；一个物流港：北京十八里店物流港。天津市将物流与金融、商贸会展、房地产并列为四个主导产业。杭州、武汉、大连、沈阳、宁波、葫芦岛、邯郸、东莞等大、中型城市都在加快制定物流发展规划并加紧实施。目前，全国已有20多个省市和30多个城市做出了物流业发展规划并出台了必要的产业政策，规划的部分内容已开始实施，有些物流园区已开始招商引资，取得一定进展。

八、物流业的发展得到国内外以及社会各界的广泛关注，成为中国经济发展的一个热点

2003年，全国政协组织专门小组，到长江三角洲、珠江三角洲与环渤海地区调研，就物流的行政管理体制与物流业发展产业政策向国务院写出了报告，温家宝总理、黄菊副总理、曾培炎副总理等中央领导针对报告分别作出重要批示，要求国务院有关部委研究和落实。经济界各行业协会，纷纷成立物流专业委员会，对本行业的物流状况作出调研，并开始实际行动。两年来，各地已成立物流社团26个，这既反映了物流行业的出现与壮大，也反映了物流市场的迫切需要。

国外机构与著名咨询公司，如世界银行、亚洲开发银行、联合国开发署、联合国工发组织、《财富》杂志、麦肯锡、摩根·斯坦利、埃森哲、美世顾问等等，都对中国物流业的现状与发展前景做出了客观的判断。

（特约撰稿：商务部商业改革发展司
处长、副研究员　王选庆）

政府物流主管部门颁布的政策法规

中华人民共和国道路交通安全法

（中华人民共和国主席令第八号 2003年10月28日）

第一章 总 则

第一条 为了维护道路交通秩序，预防和减少交通事故，保护人身安全，保护公民、法人和其他组织的财产安全及其他合法权益，提高通行效率，制定本法。

第二条 中华人民共和国境内的车辆驾驶人、行人、乘车人以及与道路交通活动有关的单位和个人，都应当遵守本法。

第三条 道路交通安全工作，应当遵循依法管理、方便群众的原则，保障道路交通有序、安全、畅通。

第四条 各级人民政府应当保障道路交通安全管理工作与经济建设和社会发展相适应。

县级以上地方各级人民政府应当适应道路交通发展的需要，依据道路交通安全法律、法规和国家有关政策，制定道路交通安全管理规划，并组织实施。

第五条 国务院公安部门负责全国道路交通安全管理工作。县级以上地方各级人民政府公安机关交通管理部门负责本行政区域内的道路交通安全管理工作。

县级以上各级人民政府交通、建设管理部门依据各自职责，负责有关的道路交通工作。

第六条 各级人民政府应当经常进行道路交通安全教育，提高公民的道路交通安全意识。

公安机关交通管理部门及其交通警察执行职务时，应当加强道路交通安全法律、法规的宣传，并模范遵守道路交通安全法律、法规。

机关、部队、企业事业单位、社会团体以及其他组织，应当对本单位的人员进行道路交通安全教育。

教育行政部门、学校应当将道路交通安全教育纳入法制教育的内容。

新闻、出版、广播、电视等有关单位，有进行道路交通安全教育的义务。

第七条 对道路交通安全管理工作，应当加强科学研究，推广、使用先进的管理方法、技术、设备。

第二章 车辆和驾驶人

第一节 机动车、非机动车

第八条 国家对机动车实行登记制度。机动车经公安机关交通管理部门登记后，方可上道路行驶。尚未登记的机动车，需要临时上道路行驶的，应当取得临时通行牌证。

第九条 申请机动车登记，应当提交以下证明、凭证：

(一)机动车所有人的身份证明；

(二)机动车来历证明；

(三)机动车整车出厂合格证明或者进口机动车进口凭证；

(四)车辆购置税的完税证明或者免税凭证；

(五)法律、行政法规规定应当在机动车登记时提交的其他证明、凭证。

公安机关交通管理部门应当自受理申请之日起五个工作日内完成机动车登记审查工作，对符合前款规定条件的，应当发放机动车登记证书、号牌和行驶证；对不符合前款规定条件的，应当向申请人说明不予登记的理由。

公安机关交通管理部门以外的任何单位或者个人不得发放机动车号牌或者要求机动车悬挂其他号牌，本法另有规定的除外。

机动车登记证书、号牌、行驶证的式样由国务院公安部门规定并监制。

第十条　准予登记的机动车应当符合机动车国家安全技术标准。申请机动车登记时，应当接受对该机动车的安全技术检验。但是，经国家机动车产品主管部门依据机动车国家安全技术标准认定的企业生产的机动车型，该车型的新车在出厂时经检验符合机动车国家安全技术标准，获得检验合格证的，免予安全技术检验。

第十一条　驾驶机动车上道路行驶，应当悬挂机动车号牌，放置检验合格标志、保险标志，并随车携带机动车行驶证。

机动车号牌应当按照规定悬挂并保持清晰、完整，不得故意遮挡、污损。

任何单位和个人不得收缴、扣留机动车号牌。

第十二条　有下列情形之一的，应当办理相应的登记：

(一)机动车所有权发生转移的；

(二)机动车登记内容变更的；

(三)机动车用作抵押的；

(四)机动车报废的。

第十三条　对登记后上道路行驶的机动车，应当依照法律、行政法规的规定，根据车辆用途、载客载货数量、使用年限等不同情况，定期进行安全技术检验。对提供机动车行驶证和机动车第三者责任强制保险单的，机动车安全技术检验机构应当予以检验，任何单位不得附加其他条件。对符合机动车国家安全技术标准的，公安机关交通管理部门应当发给检验合格标志。

对机动车的安全技术检验实行社会化。具体办法由国务院规定。

机动车安全技术检验实行社会化的地方，任何单位不得要求机动车到指定的场所进行检验。

公安机关交通管理部门、机动车安全技术检验机构不得要求机动车到指定的场所进行维修、保养。

机动车安全技术检验机构对机动车检验收取费用，应当严格执行国务院价格主管部门核定的收费标准。

第十四条　国家实行机动车强制报废制度，根据机动车的安全技术状况和不同用途，规定不同的报废标准。

应当报废的机动车必须及时办理注销登记。

达到报废标准的机动车不得上道路行驶。报废的大型客、货车及其他营运车辆应当在公安机关交通管理部门的监督下解体。

第十五条　警车、消防车、救护车、工程救险车应当按照规定喷涂标志图案，安装警报器、标志灯具。其他机动车不得喷涂、安装、使用上述车辆专用的或者与其相类似的标志图案、警报器或者标志灯具。

警车、消防车、救护车、工程救险车应当严格按照规定的用途和条件使用。

公路监督检查的专用车辆，应当依照公路法的规定，设置统一的标志和示警灯。

第十六条　任何单位或者个人不得有下列行为：

(一)拼装机动车或者擅自改变机动车已登记的结构、构造或者特征；

(二)改变机动车型号、发动机号、车架号或者车辆识别代号；

(三)伪造、变造或者使用伪造、变造的机动车登记证书、号牌、行驶证、检验合格标志、保险标志；

(四)使用其他机动车的登记证书、号牌、行驶证、检验合格标志、保险标志。

第十七条　国家实行机动车第三者责任强制保险制度，设立道路交通事故社会救助基金。具体办法由国务院规定。

第十八条　依法应当登记的非机动车，经公安机关交通管理部门登记后，方可上道路行驶。

依法应当登记的非机动车的种类，由省、自治区、直辖市人民政府根据当地实际情况规定。

非机动车的外形尺寸、质量、制动器、车铃和夜间反光装置，应当符合非机动车安全技术标准。

第二节　机动车驾驶人

第十九条　驾驶机动车，应当依法取得机动车驾驶证。

申请机动车驾驶证，应当符合国务院公安部门规定的驾驶许可条件；经考试合格后，由公安机关交通管理部门发给相应类别的机动车驾驶证。

持有境外机动车驾驶证的人，符合国务院公安部门规定的驾驶许可条件，经公安机关交通管理部门考核合格的，可以发给中国的机动车驾驶证。

驾驶人应当按照驾驶证载明的准驾车型驾驶机动车；驾驶机动车时，应当随身携带机动车驾驶证。

公安机关交通管理部门以外的任何单位或者个人，不得收缴、扣留机动车驾驶证。

第二十条　机动车的驾驶培训实行社会化，由交通主管部门对驾驶培训学校、驾驶培训班实行资格管理，其中专门的拖拉机驾驶培训学校、驾驶培训班由农业(农业机械)主管部门实行资格管理。

驾驶培训学校、驾驶培训班应当严格按照国家有关规定，对学员进行道路交通安全法律、法规、驾驶技能的培训，确保培训质量。

任何国家机关以及驾驶培训和考试主管部门不得举办或者参与举办驾驶培训学校、驾驶培训班。

第二十一条　驾驶人驾驶机动车上道路行驶前，应当对机动车的安全技术性能进行认真检查；不得驾驶安全设施不全或者机件不符合技术标准等具有安全隐患的机动车。

第二十二条　机动车驾驶人应当遵守道路交通安全法律、法规的规定，按照操作规范安全驾驶、文明驾驶。

饮酒、服用国家管制的精神药品或者麻醉药品，或者患有妨碍安全驾驶机动车的疾病，或者过度疲劳影响安全驾驶的，不得驾驶机动车。

任何人不得强迫、指使、纵容驾驶人违反道路交通安全法律、法规和机动车安全驾驶要求驾驶机动车。

第二十三条　公安机关交通管理部门依照法律、行政法规的规定，定期对机动车驾驶证实施审验。

第二十四条　公安机关交通管理部门对机动车驾驶人违反道路交通安全法律、法规的行为，除依法给予行政处罚外，实行累积记分制度。公安机关交通管理部门对累积记分达到规定分值的机动车驾驶人，扣留机动车驾驶证，对其进行道路交通安全法律、法规教育，重新考试；考试合格的，发还其机动车驾驶证。

对遵守道路交通安全法律、法规，在一年内无累积记分的机动车驾驶人，可以延长机动车驾驶证的审验期。具体办法由国务院公安部门规定。

第三章　道路通行条件

第二十五条　全国实行统一的道路交通信号。

交通信号包括交通信号灯、交通标志、交通标线和交通警察的指挥。

交通信号灯、交通标志、交通标线的设置应当符合道路交通安全、畅通的要求和国家标准，并保持清晰、醒目、准确、完好。

根据通行需要，应当及时增设、调换、更新道路交通信号。增设、调换、更新限制性的道路交通信号，应当提前向社会公告，广泛进行宣传。

第二十六条　交通信号灯由红灯、绿灯、黄灯组成。红灯表示禁止通行，绿灯表示准许通行，黄灯表示警示。

第二十七条　铁路与道路平面交叉的道口，应当设置警示灯、警示标志或者安全防护设施。无人看守的铁路道口，应当在距道口一定距离处设置警示标志。

第二十八条　任何单位和个人不得擅自设置、移动、占用、损毁交通信号灯、交通标志、交通标线。

道路两侧及隔离带上种植的树木或者其他植物，设置的广告牌、管线等，应当与交通设施保持必要的距离，不得遮挡路灯、交通信号灯、交通标志，不得妨碍安全视距，不得影响通行。

第二十九条　道路、停车场和道路配套设施的规划、设计、建设，应当符合道路交通安全、畅通的要求，并根据交通需求及时调整。

公安机关交通管理部门发现已经投入使用的道路存在交通事故频发路段，或者停车场、道路配套设施存在交通安全严重隐患的，应当及时向当地人民政府报告，并提出防范交通事故、消除隐患的建议，当地人民政府应当及时作出处理决定。

第三十条　道路出现坍塌、坑漕、水毁、隆起等损毁或者交通信号灯、交通标志、交通标线等交通设施损毁、灭失的，道路、交通设施的养护部门或者管理部门应当设置警示标志并及时修复。

公安机关交通管理部门发现前款情形，危及交通安全，尚未设置警示标志的，应当及时采取安全措施，疏导交通，并通知道路、交通设施的养护部门或者管理部门。

第三十一条　未经许可，任何单位和个人不得占用道路从事非交通活动。

第三十二条　因工程建设需要占用、挖掘道路，或者跨越、穿越道路架设、增设管线设施，应当事先征得道路主管部门的同意；影响交通安全的，还应当征得公安机关交通管理部门的同意。

施工作业单位应当在经批准的路段和时间内施工作业，并在距离施工作业地点来车方向安全距离处设置明显的安全警示标志，采取防护措施；施工作业完毕，应当迅速清除道路上的障碍物，消除安全隐患，经道路主管部门和公安机关交通管理部门验收合格，符合通行要求后，方可恢复通行。

对未中断交通的施工作业道路，公安机关交通管理部门应当加强交通安全监督检查，维护道路交通秩序。

第三十三条　新建、改建、扩建的公共建筑、商业街区、居住区、大(中)型建筑等，应当配建、增建停车场；停车泊位不足的，应当及时改建或者扩建；投入使用的停车场不得擅自停止使用或者改作他用。

在城市道路范围内，在不影响行人、车辆通行的情况下，政府有关部门可以施划停车泊位。

第三十四条　学校、幼儿园、医院、养老院门前的道路没有行人过街设施的，应当施划人行横道线，设置提示标志。

城市主要道路的人行道，应当按照规划设置盲道。盲道的设置应当符合国家标准。

第四章　道路通行规定

第一节　一般规定

第三十五条　机动车、非机动车实行右侧通行。

第三十六条　根据道路条件和通行需要，道路划分为机动车道、非机动车道和人行道的，机动车、非机动车、行人实行分道通行。没有划分机动车道、非机动车道和人行道的，机动车在道路中间通行，非机动车和行人在道路两侧通行。

第三十七条　道路划设专用车道的，在专用车道内，只准许规定的车辆通行，其他车辆不得进入专用车道内行驶。

第三十八条　车辆、行人应当按照交通信号通行；遇有交通警察现场指挥时，应当按照交通警察的指挥通行；在没有交通信号的道路上，应当在确保安全、畅通的原则下通行。

第三十九条　公安机关交通管理部门根据道路和交通流量的具体情况，可以对机动车、非机动车、行人采取疏导、限制通行、禁止通行等措施。遇有大型群众性活动、大范围施工等情况，需要采取限制交通的措施，或者作出与公众的道路交通活动直接有关的决定，应当提前向社会公告。

第四十条　遇有自然灾害、恶劣气象条件或者重大交通事故等严重影响交通安全的情形，采取其他措施难以保证交通安全时，公安机关交通管理部门可以实行交通管制。

第四十一条　有关道路通行的其他具体规

定，由国务院规定。

第二节 机动车通行规定

第四十二条 机动车上道路行驶，不得超过限速标志标明的最高时速。在没有限速标志的路段，应当保持安全车速。

夜间行驶或者在容易发生危险的路段行驶，以及遇有沙尘、冰雹、雨、雪、雾、结冰等气象条件时，应当降低行驶速度。

第四十三条 同车道行驶的机动车，后车应当与前车保持足以采取紧急制动措施的安全距离。有下列情形之一的，不得超车：

（一）前车正在左转弯、掉头、超车的；

（二）与对面来车有会车可能的；

（三）前车为执行紧急任务的警车、消防车、救护车、工程救险车的；

（四）行经铁路道口、交叉路口、窄桥、弯道、陡坡、隧道、人行横道、市区交通流量大的路段等没有超车条件的。

第四十四条 机动车通过交叉路口，应当按照交通信号灯、交通标志、交通标线或者交通警察的指挥通过；通过没有交通信号灯、交通标志、交通标线或者交通警察指挥的交叉路口时，应当减速慢行，并让行人和优先通行的车辆先行。

第四十五条 机动车遇有前方车辆停车排队等候或者缓慢行驶时，不得借道超车或者占用对面车道，不得穿插等候的车辆。

在车道减少的路段、路口，或者在没有交通信号灯、交通标志、交通标线或者交通警察指挥的交叉路口遇到停车排队等候或者缓慢行驶时，机动车应当依次交替通行。

第四十六条 机动车通过铁路道口时，应当按照交通信号或者管理人员的指挥通行；没有交通信号或者管理人员的，应当减速或者停车，在确认安全后通过。

第四十七条 机动车行经人行横道时，应当减速行驶；遇行人正在通过人行横道，应当停车让行。

机动车行经没有交通信号的道路时，遇行人横过道路，应当避让。

第四十八条 机动车载物应当符合核定的载重量，严禁超载；载物的长、宽、高不得违反装载要求，不得遗洒、飘散载运物。

机动车运载超限的不可解体的物品，影响交通安全的，应当按照公安机关交通管理部门指定的时间、路线、速度行驶，悬挂明显标志。在公路上运载超限的不可解体的物品，并应当依照公路法的规定执行。

机动车载运爆炸物品、易燃易爆化学物品以及剧毒、放射性等危险物品，应当经公安机关批准后，按指定的时间、路线、速度行驶，悬挂警示标志并采取必要的安全措施。

第四十九条 机动车载人不得超过核定的人数，客运机动车不得违反规定载货。

第五十条 禁止货运机动车载客。

货运机动车需要附载作业人员的，应当设置保护作业人员的安全措施。

第五十一条 机动车行驶时，驾驶人、乘坐人员应当按规定使用安全带，摩托车驾驶人及乘坐人员应当按规定戴安全头盔。

第五十二条 机动车在道路上发生故障，需要停车排除故障时，驾驶人应当立即开启危险报警闪光灯，将机动车移至不妨碍交通的地方停放；难以移动的，应当持续开启危险报警闪光灯，并在来车方向设置警告标志等措施扩大示警距离，必要时迅速报警。

第五十三条 警车、消防车、救护车、工程救险车执行紧急任务时，可以使用警报器、标志灯具；在确保安全的前提下，不受行驶路线、行驶方向、行驶速度和信号灯的限制，其他车辆和行人应当让行。

警车、消防车、救护车、工程救险车非执行紧急任务时，不得使用警报器、标志灯具，不享有前款规定的道路优先通行权。

第五十四条 道路养护车辆、工程作业车进行作业时，在不影响过往车辆通行的前提下，其行驶路线和方向不受交通标志、标线限制，过往车辆和人员应当注意避让。

洒水车、清扫车等机动车应当按照安全作业标准作业；在不影响其他车辆通行的情况下，可以不受车辆分道行驶的限制，但是不得逆向行驶。

第五十五条　高速公路、大中城市中心城区内的道路，禁止拖拉机通行。其他禁止拖拉机通行的道路，由省、自治区、直辖市人民政府根据当地实际情况规定。

在允许拖拉机通行的道路上，拖拉机可以从事货运，但是不得用于载人。

第五十六条　机动车应当在规定地点停放。禁止在人行道上停放机动车；但是，依照本法第三十三条规定施划的停车泊位除外。

在道路上临时停车的，不得妨碍其他车辆和行人通行。

第三节　非机动车通行规定

第五十七条　驾驶非机动车在道路上行驶应当遵守有关交通安全的规定。非机动车应当在非机动车道内行驶；在没有非机动车道的道路上，应当靠行车道的右侧行驶。

第五十八条　残疾人机动轮椅车、电动自行车在非机动车道内行驶时，最高时速不得超过十五公里。

第五十九条　非机动车应当在规定地点停放。未设停放地点的，非机动车停放不得妨碍其他车辆和行人通行。

第六十条　驾驭畜力车，应当使用驯服的牲畜；驾驭畜力车横过道路时，驾驭人应当下车牵引牲畜；驾驭人离开车辆时，应当拴系牲畜。

第四节　行人和乘车人通行规定

第六十一条　行人应当在人行道内行走，没有人行道的靠路边行走。

第六十二条　行人通过路口或者横过道路，应当走人行横道或者过街设施；通过有交通信号灯的人行横道，应当按照交通信号灯指示通行；通过没有交通信号灯、人行横道的路口，或者在没有过街设施的路段横过道路，应当在确认安全后通过。

第六十三条　行人不得跨越、倚坐道路隔离设施，不得扒车、强行拦车或者实施妨碍道路交通安全的其他行为。

第六十四条　学龄前儿童以及不能辨认或者不能控制自己行为的精神疾病患者、智力障碍者在道路上通行，应当由其监护人、监护人委托的人或者对其负有管理、保护职责的人带领。

盲人在道路上通行，应当使用盲杖或者采取其他导盲手段，车辆应当避让盲人。

第六十五条　行人通过铁路道口时，应当按照交通信号或者管理人员的指挥通行；没有交通信号和管理人员的，应当在确认无火车驶临后，迅速通过。

第六十六条　乘车人不得携带易燃易爆等危险物品，不得向车外抛洒物品，不得有影响驾驶人安全驾驶的行为。

第五节　高速公路的特别规定

第六十七条　行人、非机动车、拖拉机、轮式专用机械车、铰接式客车、全挂拖斗车以及其他设计最高时速低于七十公里的机动车，不得进入高速公路。高速公路限速标志标明的最高时速不得超过一百二十公里。

第六十八条　机动车在高速公路上发生故障时，应当依照本法第五十二条的有关规定办理；但是，警告标志应当设置在故障车来车方向一百五十米以外，车上人员应当迅速转移到右侧路肩上或者应急车道内，并且迅速报警。

机动车在高速公路上发生故障或者交通事故，无法正常行驶的，应当由救援车、清障车拖曳、牵引。

第六十九条　任何单位、个人不得在高速公路上拦截检查行驶的车辆，公安机关的人民警察依法执行紧急公务除外。

第五章　交通事故处理

第七十条　在道路上发生交通事故，车辆驾驶人应当立即停车，保护现场；造成人身伤亡的，车辆驾驶人应当立即抢救受伤人员，并迅速报告执勤的交通警察或者公安机关交通管理部门。因抢救受伤人员变动现场的，应当标明位置。乘车人、过往车辆驾驶人、过往行人应当予以协助。

在道路上发生交通事故，未造成人身伤亡，当事人对事实及成因无争议的，可以即行撤离现场，恢复交通，自行协商处理损害赔偿事宜；不即行撤离现场的，应当迅速报告执勤的交通警察或者公安机关交通管理部门。

在道路上发生交通事故，仅造成轻微财产损失，并且基本事实清楚的，当事人应当先撤离现场再进行协商处理。

第七十一条　车辆发生交通事故后逃逸的，事故现场目击人员和其他知情人员应当向公安机关交通管理部门或者交通警察举报。举报属实的，公安机关交通管理部门应当给予奖励。

第七十二条　公安机关交通管理部门接到交通事故报警后，应当立即派交通警察赶赴现场，先组织抢救受伤人员，并采取措施，尽快恢复交通。

交通警察应当对交通事故现场进行勘验、检查，收集证据；因收集证据的需要，可以扣留事故车辆，但是应当妥善保管，以备核查。

对当事人的生理、精神状况等专业性较强的检验，公安机关交通管理部门应当委托专门机构进行鉴定。鉴定结论应当由鉴定人签名。

第七十三条　公安机关交通管理部门应当根据交通事故现场勘验、检查、调查情况和有关的检验、鉴定结论，及时制作交通事故认定书，作为处理交通事故的证据。交通事故认定书应当载明交通事故的基本事实、成因和当事人的责任，并送达当事人。

第七十四条　对交通事故损害赔偿的争议，当事人可以请求公安机关交通管理部门调解，也可以直接向人民法院提起民事诉讼。

经公安机关交通管理部门调解，当事人未达成协议或者调解书生效后不履行的，当事人可以向人民法院提起民事诉讼。

第七十五条　医疗机构对交通事故中的受伤人员应当及时抢救，不得因抢救费用未及时支付而拖延救治。肇事车辆参加机动车第三者责任强制保险的，由保险公司在责任限额范围内支付抢救费用；抢救费用超过责任限额的，未参加机动车第三者责任强制保险或者肇事后逃逸的，由道路交通事故社会救助基金先行垫付部分或者全部抢救费用，道路交通事故社会救助基金管理机构有权向交通事故责任人追偿。

第七十六条　机动车发生交通事故造成人身伤亡、财产损失的，由保险公司在机动车第三者责任强制保险责任限额范围内予以赔偿。超过责任限额的部分，按照下列方式承担赔偿责任：

(一)机动车之间发生交通事故的，由有过错的一方承担责任；双方都有过错的，按照各自过错的比例分担责任。

(二)机动车与非机动车驾驶人、行人之间发生交通事故的，由机动车一方承担责任；但是，有证据证明非机动车驾驶人、行人违反道路交通安全法律、法规，机动车驾驶人已经采取必要处置措施的，减轻机动车一方的责任。

交通事故的损失是由非机动车驾驶人、行人故意造成的，机动车一方不承担责任。

第七十七条　车辆在道路以外通行时发生的事故，公安机关交通管理部门接到报案的，参照本法有关规定办理。

第六章　执法监督

第七十八条　公安机关交通管理部门应当加强对交通警察的管理，提高交通警察的素质和管理道路交通的水平。

公安机关交通管理部门应当对交通警察进行法制和交通安全管理业务培训、考核。交通警察经考核不合格的，不得上岗执行职务。

第七十九条　公安机关交通管理部门及其交通警察实施道路交通安全管理，应当依据法定的职权和程序，简化办事手续，做到公正、严格、文明、高效。

第八十条　交通警察执行职务时，应当按照规定着装，佩带人民警察标志，持有人民警察证件，保持警容严整，举止端庄，指挥规范。

第八十一条 依照本法发放牌证等收取工本费，应当严格执行国务院价格主管部门核定的收费标准，并全部上缴国库。

第八十二条 公安机关交通管理部门依法实施罚款的行政处罚，应当依照有关法律、行政法规的规定，实施罚款决定与罚款收缴分离；收缴的罚款以及依法没收的违法所得，应当全部上缴国库。

第八十三条 交通警察调查处理道路交通安全违法行为和交通事故，有下列情形之一的，应当回避：

(一)是本案的当事人或者当事人的近亲属；

(二)本人或者其近亲属与本案有利害关系；

(三)与本案当事人有其他关系，可能影响案件的公正处理。

第八十四条 公安机关交通管理部门及其交通警察的行政执法活动，应当接受行政监察机关依法实施的监督。

公安机关督察部门应当对公安机关交通管理部门及其交通警察执行法律、法规和遵守纪律的情况依法进行监督。

上级公安机关交通管理部门应当对下级公安机关交通管理部门的执法活动进行监督。

第八十五条 公安机关交通管理部门及其交通警察执行职务，应当自觉接受社会和公民的监督。

任何单位和个人都有权对公安机关交通管理部门及其交通警察不严格执法以及违法违纪行为进行检举、控告。收到检举、控告的机关，应当依据职责及时查处。

第八十六条 任何单位不得给公安机关交通管理部门下达或者变相下达罚款指标；公安机关交通管理部门不得以罚款数额作为考核交通警察的标准。

公安机关交通管理部门及其交通警察对超越法律、法规规定的指令，有权拒绝执行，并同时向上级机关报告。

第七章 法律责任

第八十七条 公安机关交通管理部门及其交通警察对道路交通安全违法行为，应当及时纠正。公安机关交通管理部门及其交通警察应当依据事实和本法的有关规定对道路交通安全违法行为予以处罚。对于情节轻微，未影响道路通行的，指出违法行为，给予口头警告后放行。

第八十八条 对道路交通安全违法行为的处罚种类包括：警告、罚款、暂扣或者吊销机动车驾驶证、拘留。

第八十九条 行人、乘车人、非机动车驾驶人违反道路交通安全法律、法规关于道路通行规定的，处警告或者5元以上50元以下罚款；非机动车驾驶人拒绝接受罚款处罚的，可以扣留其非机动车。

第九十条 机动车驾驶人违反道路交通安全法律、法规关于道路通行规定的，处警告或者20元以上200元以下罚款。本法另有规定的，依照规定处罚。

第九十一条 饮酒后驾驶机动车的，处暂扣一个月以上三个月以下机动车驾驶证，并处200元以上500元以下罚款；醉酒后驾驶机动车的，由公安机关交通管理部门约束至酒醒，处15日以下拘留和暂扣三个月以上六个月以下机动车驾驶证，并处500元以上2 000元以下罚款。

饮酒后驾驶营运机动车的，处暂扣三个月机动车驾驶证，并处500元罚款；醉酒后驾驶营运机动车的，由公安机关交通管理部门约束至酒醒，处15日以下拘留和暂扣六个月机动车驾驶证，并处2 000元罚款。

一年内有前两款规定醉酒后驾驶机动车的行为，被处罚两次以上的，吊销机动车驾驶证，5年内不得驾驶营运机动车。

第九十二条 公路客运车辆载客超过额定乘员的，处200元以上500元以下罚款；超过额定乘员百分之二十或者违反规定载货的，处500元以上2 000元以下罚款。

货运机动车超过核定载质量的，处200元以上500元以下罚款；超过核定载质量百分之三十或者违反规定载客的，处500元以上2 000元以下罚款。

有前两款行为的，由公安机关交通管理部门扣留机动车至违法状态消除。

运输单位的车辆有本条第一款、第二款规定的情形，经处罚不改的，对直接负责的主管人员处2 000元以上5 000元以下罚款。

第九十三条　对违反道路交通安全法律、法规关于机动车停放、临时停车规定的，可以指出违法行为，并予以口头警告，令其立即驶离。

机动车驾驶人不在现场或者虽在现场但拒绝立即驶离，妨碍其他车辆、行人通行的，处20元以上200元以下罚款，并可以将该机动车拖移至不妨碍交通的地点或者公安机关交通管理部门指定的地点停放。公安机关交通管理部门拖车不得向当事人收取费用，并应当及时告知当事人停放地点。

因采取不正确的方法拖车造成机动车损坏的，应当依法承担补偿责任。

第九十四条　机动车安全技术检验机构实施机动车安全技术检验超过国务院价格主管部门核定的收费标准收取费用的，退还多收取的费用，并由价格主管部门依照《中华人民共和国价格法》的有关规定给予处罚。

机动车安全技术检验机构不按照机动车国家安全技术标准进行检验，出具虚假检验结果的，由公安机关交通管理部门处所收检验费用五倍以上十倍以下罚款，并依法撤销其检验资格；构成犯罪的，依法追究刑事责任。

第九十五条　上道路行驶的机动车未悬挂机动车号牌，未放置检验合格标志、保险标志，或者未随车携带行驶证、驾驶证的，公安机关交通管理部门应当扣留机动车，通知当事人提供相应的牌证、标志或者补办相应手续，并可以依照本法第九十条的规定予以处罚。当事人提供相应的牌证、标志或者补办相应手续的，应当及时退还机动车。

故意遮挡、污损或者不按规定安装机动车号牌的，依照本法第九十条的规定予以处罚。

第九十六条　伪造、变造或者使用伪造、变造的机动车登记证书、号牌、行驶证、检验合格标志、保险标志、驾驶证或者使用其他车辆的机动车登记证书、号牌、行驶证、检验合格标志、保险标志的，由公安机关交通管理部门予以收缴，扣留该机动车，并处200元以上2 000元以下罚款；构成犯罪的，依法追究刑事责任。

当事人提供相应的合法证明或者补办相应手续的，应当及时退还机动车。

第九十七条　非法安装警报器、标志灯具的，由公安机关交通管理部门强制拆除，予以收缴，并处200元以上2 000元以下罚款。

第九十八条　机动车所有人、管理人未按照国家规定投保机动车第三者责任强制保险的，由公安机关交通管理部门扣留车辆至依照规定投保后，并处依照规定投保最低责任限额应缴纳的保险费的二倍罚款。

依照前款缴纳的罚款全部纳入道路交通事故社会救助基金。具体办法由国务院规定。

第九十九条　有下列行为之一的，由公安机关交通管理部门处200元以上2 000元以下罚款：

(一)未取得机动车驾驶证、机动车驾驶证被吊销或者机动车驾驶证被暂扣期间驾驶机动车的；

(二)将机动车交由未取得机动车驾驶证或者机动车驾驶证被吊销、暂扣的人驾驶的；

(三)造成交通事故后逃逸，尚不构成犯罪的；

(四)机动车行驶超过规定时速百分之五十的；

(五)强迫机动车驾驶人违反道路交通安全法律、法规和机动车安全驾驶要求驾驶机动车，造成交通事故，尚不构成犯罪的；

(六)违反交通管制的规定强行通行，不听劝阻的；

(七)故意损毁、移动、涂改交通设施，造成危害后果，尚不构成犯罪的；

(八)非法拦截、扣留机动车辆，不听劝阻，造成交通严重阻塞或者较大财产损失的。

行为人有前款第二项、第四项情形之一的，可以并处吊销机动车驾驶证；有第一项、第三项、第五项至第八项情形之一的，可以并处15日以下拘留。

第一百条　驾驶拼装的机动车或者已达到报废标准的机动车上道路行驶的，公安机关交通管理部门应当予以收缴，强制报废。

对驾驶前款所列机动车上道路行驶的驾驶人，处200元以上2 000元以下罚款，并吊销机动车驾驶证。

出售已达到报废标准的机动车的，没收违法所得，处销售金额等额的罚款，对该机动车依照本条第一款的规定处理。

第一百零一条　违反道路交通安全法律、法规的规定，发生重大交通事故，构成犯罪的，依法追究刑事责任，并由公安机关交通管理部门吊销机动车驾驶证。

造成交通事故后逃逸的，由公安机关交通管理部门吊销机动车驾驶证，且终生不得重新取得机动车驾驶证。

第一百零二条　对六个月内发生二次以上特大交通事故负有主要责任或者全部责任的专业运输单位，由公安机关交通管理部门责令消除安全隐患，未消除安全隐患的机动车，禁止上道路行驶。

第一百零三条　国家机动车产品主管部门未按照机动车国家安全技术标准严格审查，许可不合格机动车型投入生产的，对负有责任的主管人员和其他直接责任人员给予降级或者撤职的行政处分。

机动车生产企业经国家机动车产品主管部门许可生产的机动车型，不执行机动车国家安全技术标准或者不严格进行机动车成品质量检验，致使质量不合格的机动车出厂销售的，由质量技术监督部门依照《中华人民共和国产品质量法》的有关规定给予处罚。

擅自生产、销售未经国家机动车产品主管部门许可生产的机动车型的，没收非法生产、销售的机动车成品及配件，可以并处非法产品价值三倍以上五倍以下罚款；有营业执照的，由工商行政管理部门吊销营业执照，没有营业执照的，予以查封。

生产、销售拼装的机动车或者生产、销售擅自改装的机动车的，依照本条第三款的规定处罚。

有本条第二款、第三款、第四款所列违法行为，生产或者销售不符合机动车国家安全技术标准的机动车，构成犯罪的，依法追究刑事责任。

第一百零四条　未经批准，擅自挖掘道路、占用道路施工或者从事其他影响道路交通安全活动的，由道路主管部门责令停止违法行为，并恢复原状，可以依法给予罚款；致使通行的人员、车辆及其他财产遭受损失的，依法承担赔偿责任。

有前款行为，影响道路交通安全活动的，公安机关交通管理部门可以责令停止违法行为，迅速恢复交通。

第一百零五条　道路施工作业或者道路出现损毁，未及时设置警示标志、未采取防护措施，或者应当设置交通信号灯、交通标志、交通标线而没有设置或者应当及时变更交通信号灯、交通标志、交通标线而没有及时变更，致使通行的人员、车辆及其他财产遭受损失的，负有相关职责的单位应当依法承担赔偿责任。

第一百零六条　在道路两侧及隔离带上种植树木、其他植物或者设置广告牌、管线等，遮挡路灯、交通信号灯、交通标志，妨碍安全视距的，由公安机关交通管理部门责令行为人排除妨碍；拒不执行的，处200元以上2 000元以下罚款，并强制排除妨碍，所需费用由行为人负担。

第一百零七条　对道路交通违法行为人予以警告、200元以下罚款，交通警察可以当场作出行政处罚决定，并出具行政处罚决定书。

行政处罚决定书应当载明当事人的违法事实、行政处罚的依据、处罚内容、时间、地点以及处罚机关名称，并由执法人员签名或者盖章。

第一百零八条　当事人应当自收到罚款的行政处罚决定书之日起15日内，到指定的银行缴纳罚款。

对行人、乘车人和非机动车驾驶人的罚款，当事人无异议的，可以当场予以收缴罚款。

罚款应当开具省、自治区、直辖市财政部门统一制发的罚款收据；不出具财政部门统一制发的罚款收据的，当事人有权拒绝缴纳罚款。

第一百零九条　当事人逾期不履行行政处罚决定的，作出行政处罚决定的行政机关可以采取下列措施：

(一)到期不缴纳罚款的，每日按罚款数额的百分之三加处罚款；

(二)申请人民法院强制执行。

第一百一十条　执行职务的交通警察认为应当对道路交通违法行为人给予暂扣或者吊销机动车驾驶证处罚的，可以先予扣留机动车驾驶证，并在 24 小时内将案件移交公安机关交通管理部门处理。

道路交通违法行为人应当在 15 日内到公安机关交通管理部门接受处理。无正当理由逾期未接受处理的，吊销机动车驾驶证。

公安机关交通管理部门暂扣或者吊销机动车驾驶证的，应当出具行政处罚决定书。

第一百一十一条　对违反本法规定予以拘留的行政处罚，由县、市公安局、公安分局或者相当于县一级的公安机关裁决。

第一百一十二条　公安机关交通管理部门扣留机动车、非机动车，应当当场出具凭证，并告知当事人在规定期限内到公安机关交通管理部门接受处理。

公安机关交通管理部门对被扣留的车辆应当妥善保管，不得使用。

逾期不来接受处理，并且经公告三个月仍不来接受处理的，对扣留的车辆依法处理。

第一百一十三条　暂扣机动车驾驶证的期限从处罚决定生效之日起计算；处罚决定生效前先予扣留机动车驾驶证的，扣留一日折抵暂扣期限一日。

吊销机动车驾驶证后重新申请领取机动车驾驶证的期限，按照机动车驾驶证管理规定办理。

第一百一十四条　公安机关交通管理部门根据交通技术监控记录资料，可以对违法的机动车所有人或者管理人依法予以处罚。对能够确定驾驶人的，可以依照本法的规定依法予以处罚。

第一百一十五条　交通警察有下列行为之一的，依法给予行政处分：

(一)为不符合法定条件的机动车发放机动车登记证书、号牌、行驶证、检验合格标志的；

(二) 批准不符合法定条件的机动车安装、使用警车、消防车、救护车、工程救险车的警报器、标志灯具，喷涂标志图案的；

(三)为不符合驾驶许可条件、未经考试或者考试不合格人员发放机动车驾驶证的；

(四)不执行罚款决定与罚款收缴分离制度或者不按规定将依法收取的费用、收缴的罚款及没收的违法所得全部上缴国库的；

(五)举办或者参与举办驾驶学校或者驾驶培训班、机动车修理厂或者收费停车场等经营活动的；

(六)利用职务上的便利收受他人财物或者谋取其他利益的；

(七)违法扣留车辆、机动车行驶证、驾驶证、车辆号牌的；

(八)使用依法扣留的车辆的；

(九)当场收取罚款不开具罚款收据或者不如实填写罚款额的；

(十)徇私舞弊，不公正处理交通事故的；

(十一)故意刁难，拖延办理机动车牌证的；

(十二)非执行紧急任务时使用警报器、标志灯具的；

(十三)违反规定拦截、检查正常行驶的车辆的；

(十四) 非执行紧急公务时拦截搭乘机动车的；

(十五)不履行法定职责的。

公安机关交通管理部门有前款所列行为之一的，对直接负责的主管人员和其他直接责任人员给予相应的行政处分。

第一百一十六条　依照本法第一百一十五条的规定，给予交通警察行政处分的，在作出行政处分决定前，可以停止其执行职务；必要时，可以予以禁闭。

依照本法第一百一十五条的规定，交通警察受到降级或者撤职行政处分的，可以予以辞退。交通警察受到开除处分或者被辞退的，应当取消警衔;受到撤职以下行政处分的交通警察,应当降低警衔。

第一百一十七条　交通警察利用职权非法占有公共财物,索取、收受贿赂,或者滥用职权、玩忽职守,构成犯罪的,依法追究刑事责任。

第一百一十八条　公安机关交通管理部门及其交通警察有本法第一百一十五条所列行为之一,给当事人造成损失的,应当依法承担赔偿责任。

第八章　附　则

第一百一十九条　本法中下列用语的含义:

(一)"道路",是指公路、城市道路和虽在单位管辖范围但允许社会机动车通行的地方,包括广场、公共停车场等用于公众通行的场所。

(二)"车辆",是指机动车和非机动车。

(三)"机动车",是指以动力装置驱动或者牵引,上道路行驶的供人员乘用或者用于运送物品以及进行工程专项作业的轮式车辆。

(四)"非机动车",是指以人力或者畜力驱动,上道路行驶的交通工具,以及虽有动力装置驱动但设计最高时速、空车质量、外形尺寸符合有关国家标准的残疾人机动轮椅车、电动自行车等交通工具。

(五)"交通事故",是指车辆在道路上因过错或者意外造成的人身伤亡或者财产损失的事件。

第一百二十条　中国人民解放军和中国人民武装警察部队在编机动车牌证、在编机动车检验以及机动车驾驶人考核工作,由中国人民解放军、中国人民武装警察部队有关部门负责。

第一百二十一条　对上道路行驶的拖拉机,由农业(农业机械)主管部门行使本法第八条、第九条、第十三条、第十九条、第二十三条规定的公安机关交通管理部门的管理职权。

农业(农业机械)主管部门依照前款规定行使职权,应当遵守本法有关规定,并接受公安机关交通管理部门的监督;对违反规定的,依照本法有关规定追究法律责任。

本法施行前由农业(农业机械)主管部门发放的机动车牌证,在本法施行后继续有效。

第一百二十二条　国家对入境的境外机动车的道路交通安全实施统一管理。

第一百二十三条　省、自治区、直辖市人民代表大会常务委员会可以根据本地区的实际情况,在本法规定的罚款幅度内,规定具体的执行标准。

第一百二十四条　本法自 2004 年 5 月 1 日起施行。

中华人民共和国港口法

（中华人民共和国主席令 第五号 2003 年 6 月 28 日）

第一章 总 则

第一条 为了加强港口管理，维护港口的安全与经营秩序，保护当事人的合法权益，促进港口的建设与发展，制定本法。

第二条 从事港口规划、建设、维护、经营、管理及其相关活动，适用本法。

第三条 本法所称港口，是指具有船舶进出、停泊、靠泊，旅客上下，货物装卸、驳运、储存等功能，具有相应的码头设施，由一定范围的水域和陆域组成的区域。

港口可以由一个或者多个港区组成。

第四条 国务院和有关县级以上地方人民政府应当在国民经济和社会发展计划中体现港口的发展和规划要求，并依法保护和合理利用港口资源。

第五条 国家鼓励国内外经济组织和个人依法投资建设、经营港口，保护投资者的合法权益。

第六条 国务院交通主管部门主管全国的港口工作。

地方人民政府对本行政区域内港口的管理，按照国务院关于港口管理体制的规定确定。

依照前款确定的港口管理体制，由港口所在地的市、县人民政府管理的港口，由市、县人民政府确定一个部门具体实施对港口的行政管理；由省、自治区、直辖市人民政府管理的港口，由省、自治区、直辖市人民政府确定一个部门具体实施对港口的行政管理。

依照前款确定的对港口具体实施行政管理的部门，以下统称港口行政管理部门。

第二章 港口规划与建设

第七条 港口规划应当根据国民经济和社会发展的要求以及国防建设的需要编制，体现合理利用岸线资源的原则，符合城镇体系规划，并与土地利用总体规划、城市总体规划、江河流域规划、防洪规划、海洋功能区划、水路运输发展规划和其他运输方式发展规划以及法律、行政法规规定的其他有关规划相衔接、协调。

编制港口规划应当组织专家论证，并依法进行环境影响评价。

第八条 港口规划包括港口布局规划和港口总体规划。

港口布局规划，是指港口的分布规划，包括全国港口布局规划和省、自治区、直辖市港口布局规划。

港口总体规划，是指一个港口在一定时期的具体规划，包括港口的水域和陆域范围、港区划分、吞吐量和到港船型、港口的性质和功能、水域和陆域使用、港口设施建设岸线使用、建设用地配置以及分期建设序列等内容。

港口总体规划应当符合港口布局规划。

第九条 全国港口布局规划，由国务院交通主管部门征求国务院有关部门和有关军事机关的意见编制，报国务院批准后公布实施。

省、自治区、直辖市港口布局规划，由省、自治区、直辖市人民政府根据全国港口布局规划组织编制，并送国务院交通主管部门征求意见。国务院交通主管部门自收到征求意见的材料之日起满 30 日未提出修改意见的，该港口布局规划由有关省、自治区、直辖市人民政府公布实施；国务院交通主管部门认为不符合全国港口布局规划的，应当自收到征求意见的材料之日起 30 日内提出修改意见；有关省、自治区、直辖市人民政府对修改意见有异议的，报国务院决定。

第十条 港口总体规划由港口行政管理部门征求有关部门和有关军事机关的意见编制。

第十一条 地理位置重要、吞吐量较大、对经济发展影响较广的主要港口的总体规划，由国务院交通主管部门征求国务院有关部门和有关军事机关的意见后，会同有关省、自治区、直辖市人民政府批准，并公布实施。主要港口名录由国务院交通主管部门征求国务院有关部门意见后确定并公布。

省、自治区、直辖市人民政府征求国务院交通主管部门的意见后确定本地区的重要港口。重要港口的总体规划由省、自治区、直辖市人民政府征求国务院交通主管部门意见后批准，公布实施。

前两款规定以外的港口的总体规划，由港口所在地的市、县人民政府批准后公布实施，并报省、自治区、直辖市人民政府备案。

市、县人民政府港口行政管理部门编制的属于本条第一款、第二款规定范围的港口的总体规划，在报送审批前应当经本级人民政府审核同意。

第十二条　港口规划的修改，按照港口规划制定程序办理。

第十三条　在港口总体规划区内建设港口设施，使用港口深水岸线的，由国务院交通主管部门会同国务院经济综合宏观调控部门批准；建设港口设施，使用非深水岸线的，由港口行政管理部门批准。但是，由国务院或者国务院经济综合宏观调控部门批准建设的项目使用港口岸线，不再另行办理使用港口岸线的审批手续。

港口深水岸线的标准由国务院交通主管部门制定。

第十四条　港口建设应当符合港口规划。不得违反港口规划建设任何港口设施。

第十五条　按照国家规定须经有关机关批准的港口建设项目，应当按照国家有关规定办理审批手续，并符合国家有关标准和技术规范。

建设港口工程项目，应当依法进行环境影响评价。

港口建设项目的安全设施和环境保护设施，必须与主体工程同时设计、同时施工、同时投入使用。

第十六条　港口建设使用土地和水域，应当依照有关土地管理、海域使用管理、河道管理、航道管理、军事设施保护管理的法律、行政法规以及其他有关法律、行政法规的规定办理。

第十七条　港口的危险货物作业场所、实施卫生除害处理的专用场所，应当符合港口总体规划和国家有关安全生产、消防、检验检疫和环境保护的要求，其与人口密集区和港口客运设施的距离应当符合国务院有关部门的规定；经依法办理有关手续，并经港口行政管理部门批准后，方可建设。

第十八条　航标设施以及其他辅助性设施，应当与港口同步建设，并保证按期投入使用。

港口内有关行政管理机构办公设施的建设应当符合港口总体规划，建设费用不得向港口经营人摊派。

第十九条　港口设施建设项目竣工后，应当按照国家有关规定经验收合格，方可投入使用。

港口设施的所有权，依照有关法律规定确定。

第二十条　县级以上有关人民政府应当保证必要的资金投入，用于港口公用的航道、防波堤、锚地等基础设施的建设和维护。具体办法由国务院规定。

第二十一条　县级以上有关人民政府应当采取措施，组织建设与港口相配套的航道、铁路、公路、给排水、供电、通信等设施。

第三章　港口经营

第二十二条　从事港口经营，应当向港口行政管理部门书面申请取得港口经营许可，并依法办理工商登记。

港口行政管理部门实施港口经营许可，应当遵循公开、公正、公平的原则。

港口经营包括码头和其他港口设施的经营，港口旅客运输服务经营，在港区内从事货物的装卸、驳运、仓储的经营和港口拖轮经营等。

第二十三条　取得港口经营许可，应当有固定的经营场所，有与经营业务相适应的设施、设备、专业技术人员和管理人员，并应当具备法律、法规规定的其他条件。

第二十四条　港口行政管理部门应当自收到本法第二十二条第一款规定的书面申请之日起30日内依法作出许可或者不予许可的决定。予以许可的，颁发港口经营许可证；不予许可的，应当书面通知申请人并告知理由。

第二十五条　经营港口理货业务，应当按照规定取得许可。实施港口理货业务经营许可，应当遵循公开、公正、公平的原则。具体办法由国务院交通主管部门规定。

港口理货业务经营人应当公正、准确地办理理货业务；不得兼营本法第二十二条第三款规定的货物装卸经营业务和仓储经营业务。

第二十六条　港口经营人从事经营活动，必须遵守有关法律、法规，遵守国务院交通主管部门有关港口作业规则的规定，依法履行合同约定的义务，为客户提供公平、良好的服务。

从事港口旅客运输服务的经营人，应当采取保证旅客安全的有效措施，向旅客提供快捷、便利的服务，保持良好的候船环境。

港口经营人应当依照有关环境保护的法律、法规的规定，采取有效措施，防治对环境的污染和危害。

第二十七条　港口经营人应当优先安排抢险物资、救灾物资和国防建设急需物资的作业。

第二十八条　港口经营人应当在其经营场所公布经营服务的收费项目和收费标准；未公布的，不得实施。

港口经营性收费依法实行政府指导价或者政府定价的，港口经营人应当按照规定执行。

第二十九条　国家鼓励和保护港口经营活动的公平竞争。

港口经营人不得实施垄断行为和不正当竞争行为，不得以任何手段强迫他人接受其提供的港口服务。

第三十条　港口行政管理部门依照《中华人民共和国统计法》和有关行政法规的规定要求港口经营人提供的统计资料，港口经营人应当如实提供。

港口行政管理部门应当按照国家有关规定将港口经营人报送的统计资料及时上报，并为港口经营人保守商业秘密。

第三十一条　港口经营人的合法权益受法律保护。任何单位和个人不得向港口经营人摊派或者违法收取费用，不得违法干预港口经营人的经营自主权。

第四章　港口安全与监督管理

第三十二条　港口经营人必须依照《中华人民共和国安全生产法》等有关法律、法规和国务院交通主管部门有关港口安全作业规则的规定，加强安全生产管理，建立健全安全生产责任制等规章制度，完善安全生产条件，采取保障安全生产的有效措施，确保安全生产。

港口经营人应当依法制定本单位的危险货物事故应急预案、重大生产安全事故的旅客紧急疏散和救援预案以及预防自然灾害预案，保障组织实施。

第三十三条　港口行政管理部门应当依法制定可能危及社会公共利益的港口危险货物事故应急预案、重大生产安全事故的旅客紧急疏散和救援预案以及预防自然灾害预案，建立健全港口重大生产安全事故的应急救援体系。

第三十四条　船舶进出港口，应当依照有关水上交通安全的法律、行政法规的规定向海事管理机构报告。海事管理机构接到报告后，应当及时通报港口行政管理部门。

船舶载运危险货物进出港口，应当按照国务院交通主管部门的规定将危险货物的名称、特性、包装和进出港口的时间报告海事管理机构。海事管理机构接到报告后，应当在国务院交通主管部门规定的时间内作出是否同意的决定，通知报告人，并通报港口行政管理部门。但是，定船舶、定航线、定货种的船舶可以定期报告。

第三十五条　在港口内进行危险货物的装卸、过驳作业，应当按照国务院交通主管部门的规定将危险货物的名称、特性、包装和作业的时间、地点报告港口行政管理部门。港口行政管理部门接到报告后，应当在国务院交通主管部门规定的时间内作出是否同意的决定，通知报告人，并通报海事管理机构。

第三十六条 港口行政管理部门应当依法对港口安全生产情况实施监督检查，对旅客上下集中、货物装卸量较大或者有特殊用途的码头进行重点巡查；检查中发现安全隐患的，应当责令被检查人立即排除或者限期排除。

负责安全生产监督管理的部门和其他有关部门依照法律、法规的规定，在各自职责范围内对港口安全生产实施监督检查。

第三十七条 禁止在港口水域内从事养殖、种植活动。

不得在港口进行可能危及港口安全的采掘、爆破等活动；因工程建设等确需进行的，必须采取相应的安全保护措施，并报经港口行政管理部门批准；依照有关水上交通安全的法律、行政法规的规定须经海事管理机构批准的，还应当报经海事管理机构批准。

禁止向港口水域倾倒泥土、砂石以及违反有关环境保护的法律、法规的规定排放超过规定标准的有毒、有害物质。

第三十八条 建设桥梁、水底隧道、水电站等可能影响港口水文条件变化的工程项目，负责审批该项目的部门在审批前应当征求港口行政管理部门的意见。

第三十九条 依照有关水上交通安全的法律、行政法规的规定，进出港口须经引航的船舶，应当向引航机构申请引航。引航的具体办法由国务院交通主管部门规定。

第四十条 遇有旅客滞留、货物积压阻塞港口的情况，港口行政管理部门应当及时采取有效措施，进行疏港；港口所在地的市、县人民政府认为必要时，可以直接采取措施，进行疏港。

第四十一条 港口行政管理部门应当组织制定所管理的港口的章程，并向社会公布。

港口章程的内容应当包括对港口的地理位置、航道条件、港池水深、机械设施和装卸能力等情况的说明以及本港口贯彻执行有关港口管理的法律、法规和国务院交通主管部门有关规定的具体措施。

第四十二条 港口行政管理部门依据职责对本法执行情况实施监督检查。

港口行政管理部门的监督检查人员依法实施监督检查时，有权向被检查单位和有关人员了解有关情况，并可查阅、复制有关资料。

监督检查人员对检查中知悉的商业秘密，应当保密。

监督检查人员实施监督检查时，应当出示执法证件。

第四十三条 监督检查人员应当将监督检查的时间、地点、内容、发现的问题及处理情况作出书面记录，并由监督检查人员和被检查单位的负责人签字；被检查单位的负责人拒绝签字的，监督检查人员应当将情况记录在案，并向港口行政管理部门报告。

第四十四条 被检查单位和有关人员应当接受港口行政管理部门依法实施的监督检查，如实提供有关情况和资料，不得拒绝检查或者隐匿、谎报有关情况和资料。

第五章 法律责任

第四十五条 有下列行为之一的，由县级以上地方人民政府或者港口行政管理部门责令限期改正；逾期不改正的，由作出限期改正决定的机关申请人民法院强制拆除违法建设的设施；可以处五万元以下罚款：

(一)违反港口规划建设港口、码头或者其他港口设施的；

(二)未经依法批准，建设港口设施使用港口岸线的。

建设项目的审批部门对违反港口规划的建设项目予以批准的，对其直接负责的主管人员和其他直接责任人员，依法给予行政处分。

第四十六条 未经依法批准，在港口建设危

险货物作业场所、实施卫生除害处理的专用场所的，或者建设的危险货物作业场所、实施卫生除害处理的专用场所与人口密集区或者港口客运设施的距离不符合国务院有关部门的规定的，由港口行政管理部门责令停止建设或者使用，限期改正，可以处5万元以下罚款。

第四十七条　码头或者港口装卸设施、客运设施未经验收合格，擅自投入使用的，由港口行政管理部门责令停止使用，限期改正，可以处5万元以下罚款。

第四十八条　有下列行为之一的，由港口行政管理部门责令停止违法经营，没收违法所得；违法所得10万元以上的，并处违法所得2倍以上5倍以下罚款；违法所得不足10万元的，处5万元以上20万元以下罚款：

(一)未依法取得港口经营许可证，从事港口经营的；

(二)未经依法许可，经营港口理货业务的；

(三)港口理货业务经营人兼营货物装卸经营业务、仓储经营业务的。

有前款第(三)项行为，情节严重的，由有关主管部门吊销港口理货业务经营许可证。

第四十九条　港口经营人不优先安排抢险物资、救灾物资、国防建设急需物资的作业的，由港口行政管理部门责令改正；造成严重后果的，吊销港口经营许可证。

第五十条　港口经营人违反有关法律、行政法规的规定，在经营活动中实施垄断行为或者不正当竞争行为的，依照有关法律、行政法规的规定承担法律责任。

第五十一条　港口经营人违反本法第三十二条关于安全生产的规定的，由港口行政管理部门或者其他依法负有安全生产监督管理职责的部门依法给予处罚；情节严重的，由港口行政管理部门吊销港口经营许可证，并对其主要负责人依法给予处分；构成犯罪的，依法追究刑事责任。

第五十二条　船舶进出港口，未依照本法第三十四条的规定向海事管理机构报告的，由海事管理机构依照有关水上交通安全的法律、行政法规的规定处罚。

第五十三条　未依法向港口行政管理部门报告并经其同意，在港口内进行危险货物的装卸、过驳作业的，由港口行政管理部门责令停止作业，处5 000元以上5万元以下罚款。

第五十四条　在港口水域内从事养殖、种植活动的，由海事管理机构责令限期改正；逾期不改正的，强制拆除养殖、种植设施，拆除费用由违法行为人承担；可以处1万元以下罚款。

第五十五条　未经依法批准在港口进行可能危及港口安全的采掘、爆破等活动的，向港口水域倾倒泥土、砂石的，由港口行政管理部门责令停止违法行为，限期消除因此造成的安全隐患；逾期不消除的，强制消除，因此发生的费用由违法行为人承担；处5 000元以上5万元以下罚款；依照有关水上交通安全的法律、行政法规的规定由海事管理机构处罚的，依照其规定；构成犯罪的，依法追究刑事责任。

第五十六条　交通主管部门、港口行政管理部门、海事管理机构等不依法履行职责，有下列行为之一的，对直接负责的主管人员和其他直接责任人员依法给予行政处分；构成犯罪的，依法追究刑事责任：

(一)违法批准建设港口设施使用港口岸线、违法批准建设港口危险货物作业场所或者实施卫生除害处理的专用场所，或者违法批准船舶载运危险货物进出港口、违法批准在港口内进行危险货物的装卸、过驳作业的；

(二)对不符合法定条件的申请人给予港口经营许可或者港口理货业务经营许可的；

(三)发现取得经营许可的港口经营人、港口理货业务经营人不再具备法定许可条件而不及时吊销许可证的；

(四)不依法履行监督检查职责，对违反港口规划建设港口、码头或者其他港口设施的行为，未经依法许可从事港口经营、港口理货业务的行为，不遵守安全生产管理规定的行为，危及港口作业安全的行为以及其他违反本法规定的行为，不依法予以查处的。

第五十七条　行政机关违法干预港口经营人的经营自主权的，由其上级行政机关或者监察机关责令改正；向港口经营人摊派财物或者违法收取费用的，责令退回；情节严重的，对直接负责的主管人员和其他直接责任人员依法给予行政处分。

第六章　附　则

第五十八条　对航行国际航线的船舶开放的港口，由有关省、自治区、直辖市人民政府按照国家有关规定商国务院有关部门和有关军事机关同意后，报国务院批准。

第五十九条　渔业港口的管理工作由县级以上人民政府渔业行政主管部门负责。具体管理办法由国务院规定。

前款所称渔业港口，是指专门为渔业生产服务、供渔业船舶停泊、避风、装卸渔获物、补充渔需物资的人工港口或者自然港湾，包括综合性港口中渔业专用的码头、渔业专用的水域和渔船专用的锚地。

第六十条　军事港口的建设和管理办法由国务院、中央军事委员会规定。

第六十一条　本法自 2004 年 1 月 1 日起施行。

港口危险货物管理规定

（中华人民共和国交通部令 2003 年第 9 号 2003 年 8 月 29 日）

第一条 为加强港口危险货物管理，保障人民生命、财产安全，根据《中华人民共和国港口法》（以下简称《港口法》）、《中华人民共和国安全生产法》（以下简称《安全生产法》）、《危险化学品安全管理条例》等有关法律、行政法规，制定本规定。

第二条 在港口装卸、过驳、储存、包装危险货物或者对危险货物集装箱进行装拆箱等项作业（以下简称"危险货物港口作业"）适用本规定。

用于危险货物港口作业的港口设施的建设和运营应当符合本规定的有关要求。

第三条 本规定所称"危险货物"，是指列入国家标准 GB12268《危险货物品名表》和国际海事组织制定的《国际危险货物运输规则》，具有爆炸、易燃、毒害、腐蚀、放射性等特性，在水路运输、港口装卸和储存等过程中，容易造成人身伤亡和财产毁损而需要特别防护的货物。

第四条 交通部负责全国港口危险货物管理工作。

省级和设区的市级人民政府交通（港口）主管部门根据地方人民政府确定的职权负责本行政区域内港口的危险货物管理工作。

港口所在地人民政府设置的港口行政管理部门具体负责该港口的危险货物管理工作。

第五条 禁止在港口装卸、储存国家禁止通过水路运输的危险货物。

第六条 新建、改建、扩建危险货物作业码头、库场、储罐、锚地等港口设施，应当符合港口总体规划和国家有关建造规范和标准，经所在地港口行政管理部门批准后，按照国家有关基本建设程序办理审批手续。

港口行政管理部门在批准新建、改建、扩建危险货物码头、锚地时，应当事先征得海事管理机构同意。

第七条 危险货物港口作业的码头、库场、储罐、锚地等港口设施投入作业前，应当按照国家有关规定组织验收。验收合格后，方可交付使用。

第八条 港口经营人从事危险货物港口作业，应当具备本规定第九条规定的条件，并向所在地港口行政管理部门申请危险货物港口作业资质认定。未取得危险货物港口作业资质的，不得从事危险货物港口作业。

第九条 从事危险货物港口作业的港口经营人，应当具备以下条件：

（一）符合《港口法》规定的港口经营许可条件；

（二）具有符合国家标准的应急设备、设施；

（三）具有健全的安全管理制度和操作规程；

（四）至少有一名企业主要负责人应当具备与本单位所从事的危险货物港口作业相关的安全生产知识和管理技能；

（五）配备足够的具有上岗资格证书的管理、作业人员；

（六）具备事故应急预案；

（七）取得消防、环保部门核准意见。

前款事故应急预案的主要内容应当包括：危险货物作业码头、库场、储罐、锚地等港口设施的概况、重点部位、应急队伍的组成及职责、应急措施、应急救援流程图、指挥序列表、通讯方式、应急人员联络表等。

第十条 港口行政管理部门应当自收到危险货物港口作业资质申请之日起 30 日内按照第九条规定予以审核，作出予以认定或者不予认定的决定。予以认定的，应当根据该港口经营人的危险货物作业能力确定认可作业的范围，并核发相应的危险货物港口作业认可证；对不予认定的，应当书面通知申请人并说明理由。

第十一条 危险货物港口作业认可证由所在地港口行政管理部门按照国务院交通主管部门规定的统一格式制作、发放、管理。

第十二条 从事危险货物港口作业的企业应

当在危险货物港口作业认可证上核定的危险货物港口作业范围内从事危险货物港口作业活动。

第十三条　从事危险货物港口作业的企业，应当对从事危险货物港口作业的人员进行有关安全作业知识培训。

从事危险货物港口作业的管理、作业人员，必须接受有关法律、法规、规章和安全知识、专业技术、职业卫生防护和应急救援知识的培训，并经交通部或其授权的机构组织考核。考核合格，取得上岗资格证后，方可上岗作业。

第十四条　对危险货物港口作业人员进行培训的机构，应当具备相应的教学、师资条件，按照交通部规定的考核科目、考试大纲和培训大纲进行培训，保障学员能满足本规定规定的资格要求。

第十五条　船舶载运危险货物进出港口，应当将危险货物的名称、理化性质、包装和进出港口的时间等事项，在预计到、离港 24 小时前向海事管理机构报告。但定船舶、定航线、定货种的船舶可以按照有关规定向海事管理机构定期申报。海事管理机构接到上述报告后应当及时将上述信息通报港口所在地港口行政管理部门。

第十六条　作业委托人应当向从事危险货物港口作业的企业提供正确的危险货物名称、国家或联合国编号、适用包装、危害、应急措施等资料，并保证资料正确、完整。作业委托人不得在委托作业的普通货物中夹带危险货物，不得将危险货物匿报或者谎报为普通货物。

第十七条　从事危险货物港口作业的企业，在危险货物港口装卸、过驳、储存、包装、集装箱装拆箱等作业开始 24 小时前，应当将作业委托人，以及危险货物品名、数量、理化性质、作业地点和时间、安全防范措施等事项向所在地港口行政管理部门报告。港口行政管理部门应当在接到报告后 24 小时内作出是否同意作业的决定，通知报告人，并及时将有关信息通报海事管理机构。未经港口行政管理部门同意，不得进行危险货物港口作业。

第十八条　从事危险货物港口作业的企业，应当按照安全管理制度和操作规程组织危险货物港口作业。

第十九条　从事危险货物港口作业的人员应当按照企业安全管理制度和操作规程进行危险货物的操作。

第二十条　从事危险货物港口作业的企业，应当对危险货物包装进行检查，发现包装不符合国家有关规定的，不得予以作业，并应当及时通知作业委托人处理。

港口行政管理部门应当根据国家有关规定对危险货物包装进行抽查。不符合规定的，可责令作业委托人处理。

第二十一条　爆炸品、压缩气体和液化气体、易燃液体、易燃固体、自燃物品和遇湿易燃物品的港口作业，企业应当划定作业区域，明确责任人并实行封闭式管理。作业区域应当设置明显标志，禁止无关人员进入和无关船舶停靠。作业期间严禁烟火，杜绝一切火源。

第二十二条　发生下列情况，从事危险货物港口作业的企业应当及时处理并报告所在地港口行政管理部门：

（一）发现未申报或者申报不实、申报有误的危险货物；

（二）在普通货物或集装箱中发现性质相抵触的危险货物。

第二十三条　从事危险货物港口作业的企业应当按照事故应急预案进行定期演练，做好演练记录，并根据实际情况对事故应急预案进行修订。

第二十四条　当危险货物港口作业发生事故时，从事危险货物港口作业的企业应迅速启动事故应急预案，采取应急行动，排除事故危害，控制事故进一步扩散。并按照国家有关规定立即向港口行政管理部门和有关部门报告。

第二十五条　港口行政管理部门应当制定事故应急预案，当危险货物港口作业发生事故时，应当及时组织救助。

发生特大安全事故，港口行政管理部门和有关单位、企业应当服从地方人民政府指挥，积极配合救助，并按照规定向有关部门报告。

第二十六条　港口行政管理部门应定期对从

事危险货物港口作业企业的资质进行审验，发现其不再具备条件的，应当限期整顿，或按照《安全生产法》第五十四条规定撤消其资质。

第二十七条　港口行政管理部门及其管理人员对从事危险货物港口作业的企业进行监督检查，可以行使下列职权：

（一）进入并检查港口危险货物作业场所，查阅、抄录、复印相关的文件或者资料，提出整改意见；

（二）发现危险货物港口作业和应急设备、设施不符合法律、法规、规章规定和标准要求的，责令立即停止使用；

（三）发现安全隐患，应当责令立即排除或者限期排除；

（四）发现违法行为，应当当场予以纠正或者责令限期改正。

第二十八条　违反本规定，未取得危险货物港口作业资质认定，擅自从事危险化学品港口作业的，由所在地港口行政管理部门按照《危险化学品安全管理条例》第六十五条的规定处罚；在港口经营活动中擅自从事其他危险货物的作业的，由所在地港口行政管理部门处以3万元以下罚款。未取得港口经营许可的，按照《港口法》第四十八条处罚。

第二十九条　违反本规定，有违反《危险化学品安全管理条例》下列行为之一，由港口行政管理部门按照《危险化学品安全管理条例》第六十六条的规定处罚；在经营活动中有下列行为但不属于违反《危险化学品安全管理条例》规定行为的，由港口行政管理部门处以3万元以下的罚款并责令改正：

（一）从事港口危险货物作业的人员未经考核合格取得上岗资格证的；

（二）在港口装卸、储存国家禁止通过水运运输的危险货物的；

（三）作业委托人未向港口危险货物作业人提供危险货物名称、国家或联合国编号、适用包装、危害、应急措施等资料或上述资料申报不实；

（四）　作业委托人委托作业的普通货物或集装箱中有性质相抵触的危险货物；

（五）　未按规定对危险货物的包装进行检查的；

第三十条　违反本规定，从事爆炸品、压缩气体和液化气体、易燃液体、易燃固体、自燃物品和遇湿易燃物品的港口作业，企业未划定作业区域，明确责任人并实行封闭式管理的，由港口行政管理部门按照《安全生产法》第八十五条第（一）项规定处罚。

第三十一条　违反本规定，未按有关规定、标准和规范配备应急器材、必要安全设施、设备的，由港口行政管理部门按照《安全生产法》第八十三条第（五）项规定处罚。

第三十二条　违反本规定，有下列行为之一的，由港口行政管理部门按照《安全生产法》第八十五条规定处罚：

（一）安全管理制度和操作规程不健全的；

（二）未按事故应急预案进行定期演练的。

第三十三条　违反本规定，企业未对危险货物港口作业人员进行有关安全作业知识培训的，由港口行政管理部门按照《安全生产法》第八十二条第（三）项规定处罚。

第三十四条　港口经营人有第二十九条、第三十条、第三十一条、第三十二条、第三十三条违法行为，情节严重的，港口行政管理部门可依据《港口法》第五十一条规定吊销港口经营许可证。

第三十五条　违反本规定第六条规定，未经批准建设、改建和扩建危险货物作业码头、库场、储罐、锚地等港口设施的，由港口行政管理部门按照《港口法》第四十六条规定处罚。

第三十六条　违反本规定，从事危险货物港口作业企业未按规定在作业前向港口行政管理部门报告并经其同意的，由港口行政管理部门按照《港口法》第五十三条规定处罚。

第三十七条　违反本规定，从事危险货物港口作业的人员未按照安全管理制度和操作规程作业的，由港口作业单位予以批评教育，依照有关规章制度予以处分；造成重大事故，构成犯罪的，由有关机关依法追究刑事责任。

第三十八条　违反本规定，未及时报告危险货物港口作业事故的，分别按照《安全生产法》第九十一条和第九十二条的规定处理。

第三十九条　从事危险货物港口作业不具备本规定第九条规定的条件，港口行政管理部门应当责令停业整顿，经停业整顿仍不具备条件的，取消其危险货物港口作业资质。构成犯罪的，由有关机关依法追究刑事责任。

第四十条　交通（港口）主管部门和港口行政管理部门的工作人员在执行本规定中，滥用职权、玩忽职守、徇私舞弊的，依法给予行政处分。构成犯罪的，由有关机关依法追究刑事责任。

第四十一条　本规定自 2004 年 1 月 1 日起施行。交通部 1984 年发布的《港口危险货物管理暂行规定》[（84）交海字 1181 号文]同时废止，本规定发布前交通部发布的其他有关规定与本规定相抵触的，以本规定为准。

中华人民共和国国际海运条例实施细则

（中华人民共和国交通部令 2003 第 1 号 2003 年 1 月 20 日）

第一章 总 则

第一条 根据《中华人民共和国国际海运条例》(以下简称《海运条例》)的规定,制定本实施细则。

第二条 交通部和有关地方人民政府交通主管部门应当依照《海运条例》和本实施细则的规定,按照公平、高效、便利的原则,管理国际海上运输经营活动和与国际海上运输相关的辅助性经营活动,鼓励公平竞争,禁止不正当竞争。

第三条 《海运条例》和本实施细则中下列用语的含义是：

(一)国际船舶运输业务,是指国际船舶运输经营者使用自有或者经营的船舶、舱位,提供国际海上货物运输和旅客运输服务以及为完成这些服务而围绕其船舶、所载旅客或者货物开展的相关活动,包括签订有关协议、接受订舱、商定和收取运费、签发提单及其他相关运输单证、安排货物装卸、安排保管、进行货物交接、安排中转运输和船舶进出港等活动。

(二)国际船舶运输经营者,包括中国国际船舶运输经营者和外国国际船舶运输经营者。其中,中国国际船舶运输经营者是指依据《海运条例》和本实施细则规定取得《国际船舶运输经营许可证》经营国际船舶运输业务的中国企业法人；外国国际船舶运输经营者是指依据外国法律设立经营进出中国港口国际船舶运输业务的外国企业。

(三)国际班轮运输业务,是指以自有或者经营的船舶,或者以《海运条例》第十六条第三款规定的方式,在固定的港口之间提供的定期国际海上货物或旅客运输。

(四)无船承运业务,是指《海运条例》第七条第二款规定的业务,包括为完成该项业务围绕其所承运的货物开展的下列活动：

(1)以承运人身份与托运人订立国际货物运输合同；

(2)以承运人身份接收货物、交付货物；

(3)签发提单或者其他运输单证；

(4)收取运费及其他服务报酬；

(5)向国际船舶运输经营者或者其他运输方式经营者为所承运的货物订舱和办理托运；

(6)支付港到港运费或者其他运输费用；

(7)集装箱拆箱、集拼箱业务；

(8)其他相关的业务。

(五)无船承运业务经营者,包括中国无船承运业务经营者和外国无船承运业务经营者。其中中国无船承运业务经营者是指依照《海运条例》和本实施细则规定取得无船承运业务经营资格的中国企业法人；外国无船承运业务经营者是指依照外国法律设立并依照《海运条例》和本实施细则的相关规定取得经营进出中国港口货物无船承运业务资格的外国企业。

(六)国际船舶代理经营者,是指依照中国法律设立从事《海运条例》第二十九条规定业务的中国企业法人。

(七)国际船舶管理经营者,是指依照中国法律设立从事《海运条例》第三十条规定业务的中国企业法人。

(八)国际海运货物仓储业务经营者,是指依照中国法律设立,提供海运货物仓库保管、存货管理以及货物整理、分装、包装、分拨等服务的中国企业法人。

(九)国际海运集装箱站与堆场业务经营者,是指依照中国法律设立,提供海运货物集装箱的堆存、保管、清洗、修理以及集装箱货物的存储、集拼、分拨等服务的中国企业法人。

(十)外商投资企业,是指依照中国法律投资设立的中外合资经营企业、中外合作经营企业和外商独资企业。

(十一)外商常驻代表机构,是指外国企业或者其他经济组织在中国境内依法设立的，为其派出机构开展宣传、推介、咨询和联络活动的非营业性机构。

（十二）企业商业登记文件，是指企业登记机关或者企业所在国有关当局签发的企业营业执照或者企业设立的证明文件。企业商业登记文件为复印件的，须有企业登记机关在复印件上的确认或者证明复印件与原件一致的公证文书。

（十三）专用发票，是指由国家税务总局批准统一印制的票据，它是证明付款人向国际船舶运输经营者或者其代理人、无船承运业务经营者或者其代理人支付运费或者其他相关费用的凭证，包括《国际海运业运输专用发票》和《国际海运业船舶代理专用发票》。

（十四）班轮公会协议，是指符合联合国《1974年班轮公会行动守则公约》定义的，由班轮公会成员之间以及班轮公会之间订立的各类协议。

（十五）运营协议，是指两个或者两个以上国际班轮运输经营者为稳定或者控制运价订立的关于在一条或者数条航线上增加或者减少船舶运力协议以及其他协调国际班轮运输经营者共同行动的协议，包括具有上述性质内容的会议纪要；两个或者两个以上国际班轮运输经营者为提高运营效率订立的关于共同使用船舶、共同使用港口设施及其他合作经营协议和各类联盟协议、联营体协议。

（十六）运价协议，是指两个或者两个以上国际班轮运输经营者之间订立的关于收费项目及其费率、运价或者附加费等内容的协议，包括具有上述内容的会议纪要。

（十七）公布运价，是指国际班轮运输经营者和无船承运业务经营者运价本上载明的运价。运价本由运价、运价规则、承运人和托运人应当遵守的规定等内容组成。

（十八）协议运价，指国际班轮运输经营者与货主、无船承运业务经营者约定的运价，包括运价及其相关要素。协议运价以合同或者协议形式书面订立。

（十九）从业资历证明文件，是指被证明人具有3年以上从事国际海上运输或者国际海上运输辅助性经营活动经历的个人履历表。个人履历表须经公证机关公证。

第二章　国际海上运输及其辅助性业务的经营者

第四条　在中国境内设立企业经营国际船舶运输业务，或者中国企业法人申请经营国际船舶运输业务，应当符合《海运条例》第五条规定的条件，考虑交通部公布的国际海运市场竞争状况和国家关于国际海上运输业发展的政策。

交通部应当在其政府网站和其他适当媒体上及时公布国际海运市场竞争状况和国家关于国际海上运输业发展的政策。上述状况和政策未经公布，不得作为拒绝申请的理由。

第五条　在中国境内设立企业经营国际船舶运输业务，或者中国企业法人申请经营国际船舶运输业务，申请人应当向交通部提出申请，报送相关材料，并应同时将申请材料抄报企业所在地的省、自治区、直辖市人民政府交通主管部门。申请材料应当包括：

（一）申请书；

（二）可行性分析报告、投资协议；

（三）申请人的企业商业登记文件（拟设立企业的，主要投资人的商业登记文件或者身份证明）；

（四）船舶所有权证书、国籍证书和法定检验证书的副本或者复印件；

（五）提单、客票或者多式联运单证样本；

（六）符合交通部规定的高级业务管理人员的从业资格证明。

有关省、自治区、直辖市人民政府交通主管部门自收到上述抄报材料后，应当就有关材料进行审核，提出意见，并应当自收到有关材料之日起10个工作日内将有关意见报送交通部。

交通部收到申请人的申请材料后，应当在申请材料完整齐备之日起30个工作日内按照《海运条例》第五条和第六条的规定进行审核，作出许可或者不许可的决定。决定许可的，向申请人颁发《国际船舶运输经营许可证》；决定不许可的，应当书面通知申请人并告知理由。

第六条　中国国际船舶运输经营者在中国境内设立分支机构的，适用本实施细则第五条规定的程序。申请材料应当包括：

（一）申请书；

（二）可行性分析报告；

（三）母公司的商业登记文件；

（四）母公司的《国际船舶运输经营许可证》副本；

（五）母公司对该分支机构经营范围的确认文件；

（六）符合交通部要求的高级业务管理人员的从业资格证明。

中国国际船舶运输经营者的分支机构可为其母公司所有或者经营的船舶提供办理船舶进出港口手续、安排港口作业、接受订舱、签发提单、收取运费等服务。

第七条　在中国境内设立企业法人经营国际船舶代理业务或者中国企业申请经营国际船舶代理业务，应当向交通部提出申请，报送相关材料，并应当同时将申请材料抄报企业所在地的省、自治区、直辖市人民政府交通主管部门。申请材料应当包括：

（一）申请书；

（二）可行性分析报告、投资协议；

（三）申请人的商业登记文件（拟设立企业的，主要投资人的商业登记文件或者身份证明）；

（四）固定营业场所的证明文件；

（五）《海运条例》第九条第（一）项规定的高级业务管理人员的从业资历证明文件；

（六）关于同港口和海关等口岸部门进行电子数据交换的协议。不具备电子数据交换条件的，应当提供有关港口或者海关的相应证明文件。

有关省、自治区、直辖市人民政府交通主管部门收到上述抄报材料后，应当就有关材料进行审核，提出意见，并应当自收到有关材料之日起7个工作日内将有关意见报送交通部。

交通部收到申请人的申请材料后，应当在申请材料完整齐备之日起15个工作日内按照《海运条例》第九条规定进行审核。审核合格的，予以登记，并发给《国际船舶代理经营资格登记证》；不合格的，应当书面通知当事人并告知理由。申请人持交通部发给的《国际船舶代理经营资格登记证》向企业登记机关办理企业登记或者变更登记，向海关、税务、外汇等部门办理相关手续。

第八条　中国企业法人申请经营国际船舶管理业务或者在中国境内设立企业经营国际船舶管理业务，应当向拟经营业务所在地的省、自治区、直辖市人民政府交通主管部门提出申请，申请材料应当包括：

（一）申请书；

（二）可行性分析报告、投资协议；

（三）申请人的商业登记文件（拟设立企业的，主要投资人的商业登记文件或者身份证明）；

（四）固定营业场所的证明文件；

（五）《海运条例》第十一条第（一）项规定的高级业务管理人员的从业资历证明文件；

（六）《海运条例》第十一条第（二）项规定的人员的船长、轮机长适任证书复印件。

有关省、自治区、直辖市人民政府交通主管部门收到申请人的申请材料后，应当在申请材料完整齐备之日起15个工作日内进行审核。材料真实且符合《海运条例》第十一条规定条件的，予以资格登记，并颁发《国际海运辅助业经营资格登记证》；材料不真实或者不符合《海运条例》第十一条规定条件的，不予登记，书面通知申请人并告知理由。申请人持《国际海运辅助业经营资格登记证》向企业登记机关办理企业登记，向税务部门和外汇管理部门指定的银行办理相关手续。

第九条　国际船舶代理经营者和国际船舶管理经营者在中国境内的分支机构经营相关业务的，应当符合《海运条例》第九条、第十一条的规定，并按照《海运条例》第十条、第十二条和本实施细则第七条、第八条的规定进行登记。登记申请材料应当包括：

（一）申请书；

(二)可行性分析报告;

(三)母公司的商业登记文件;

(四)母公司的《国际船舶代理经营资格登记证》或者《国际海运辅助业经营资格登记证》副本;

(五)母公司确定该分支机构经营范围确认文件;

(六)营业场所的证明文件;

(七)《海运条例》第九条、第十一条规定的人员的从业资历或者资格的证明文件;

(八)国际船舶代理经营者设立分支机构的,有关该分支机构同港口和海关等口岸部门进行电子数据交换的协议。不具备电子数据交换条件的,应当提供有关港口或者海关的相应证明文件。

第十条 国际船舶运输经营者申请经营进出中国港口国际班轮运输业务,应当向交通部提出申请,并报送《海运条例》第十七条规定的材料。交通部应当按照《海运条例》第十七条的规定进行审核。予以登记的,颁发《国际班轮运输经营资格登记证》。申请材料不真实、不齐备的,不予登记,应当书面通知申请人并告知理由。

国际船舶运输经营者依法取得经营进出中国港口国际班轮运输业务资格后,交通部在其政府网站公布国际班轮运输经营者名称及其提单格式样本。

第十一条 申请办理无船承运业务经营者提单登记的,应当向交通部提出提单登记申请,报送相关材料,并应当同时将申请材料抄报企业所在地或者外国无船承运业务经营者指定的联络机构所在地的省、自治区、直辖市人民政府交通主管部门。申请材料应当包括:

(一)申请书;

(二)可行性分析报告;

(三)企业商业登记文件;

(四)提单格式样本;

(五)保证金已交存的银行凭证复印件。

申请人为外国无船承运业务经营者的,还应当提交本实施细则第二十五条规定的其指定的联络机构的有关材料。

有关省、自治区、直辖市人民政府交通主管部门自收到上述抄报材料后,应当就有关材料进行审核,提出意见,并应当自收到抄报的申请材料之日起 7 个工作日内将有关意见报送交通部。

交通部收到申请人的材料后,应当在申请材料完整齐备之日起 15 个工作日内按照《海运条例》第七条和第八条的规定进行审核。审核合格的,予以提单登记,并颁发《无船承运业务经营资格登记证》;不合格的,应当书面通知当事人并告知理由。

中国的申请人取得《无船承运业务经营资格登记证》,并向原企业登记机关办理企业相应登记手续后,方可从事无船承运业务经营活动。

第十二条 外国无船承运业务经营者按照外国法律已取得经营资格且有合法财务责任保证的,在按照《海运条例》和本实施细则申请从事进出中国港口无船承运业务时,可以不向中国境内的银行交存保证金。但为了保证外国无船承运业务经营者清偿因其不履行承运人义务或者履行义务不当所产生的债务以及支付罚款,满足《海运条例》第八条第三款的规定,该外国无船承运业务经营者的政府主管部门与中国政府交通主管部门应就财务责任保证实现方式签订协议。

第十三条 没有在中国港口开展国际班轮运输业务,但在中国境内承揽货物、签发提单或者其他运输单证、收取运费,通过租赁国际班轮运输经营者船舶舱位提供进出中国港口国际货物运输服务;或者利用国际班轮运输经营者提供的支线服务,在中国港口承揽货物后运抵外国港口中转的,应当按照本实施细则的有关规定,取得无船承运业务经营资格。但有《海运条例》第十六条第三款规定情形的除外。

第十四条 中国的无船承运业务经营者在中国境内的分支机构,应当按照《海运条例》第八条第二款的规定交纳保证金,并按照本实施细则第十一条的规定进行登记,取得《无船承运业务经营资格登记证》。申请登记应当提交下列材料:

(一)申请书;

(二)母公司的企业商业登记文件;

(三)母公司的《无船承运业务经营资格登记

证》副本；

（四）母公司确认该分支机构经营范围的确认文件；

（五）保证金已交存的银行凭证复印件。

第十五条　无船承运业务经营者申请提单登记时，提单台头名称应当与申请人名称相一致。

提单台头名称与申请人名称不一致的，申请人应当提供说明该提单确实为申请人制作、使用的相关材料，并附送申请人对申请登记提单承担承运人责任的书面申明。

第十六条　无船承运业务经营者使用两种或者两种以上提单的，各种提单均应登记。

国际班轮运输经营者和无船承运业务经营者的登记提单发生变更的，应当于新的提单使用之日起15日前将新的提单样本格式向交通部备案。

第十七条　无船承运业务经营申请者交纳保证金并办理提单登记，依法取得无船承运业务经营资格后，交通部在其政府网站公布无船承运业务经营者名称及其提单格式样本。

第十八条　无船承运业务经营者应当依法在交通部指定的商业银行开设的无船承运业务经营者专门账户上交存保证金，保证金利息按照中国人民银行公布的活期存款利率计息。

第十九条　无船承运业务经营者交存的保证金，受国家法律保护。除下列情形外，保证金不得动用：

（一）因无船承运业务经营者不履行承运人义务或者履行义务不当，根据司法机关已生效的判决或者司法机关裁定执行的仲裁机构裁决应当承担赔偿责任的；

（二）被交通主管部门依法处以罚款的。

有前款（一）、（二）项情形需要从保证金中划拨的，应当依法进行。

无船承运业务经营者的保证金不符合《海运条例》规定数额的，交通部应当书面通知其补足。无船承运业务经营者自收到交通部书面通知之日起30日内未补足的，交通部应当按照《海运条例》第十五条的规定取消其经营资格。

第二十条　无船承运业务经营者被交通部依法取消经营资格、申请终止经营或者因其他原因终止经营的，可向交通部申请退还保证金。交通部应将该申请事项在其政府网站上公示30日。

在公示期内，有关当事人认为无船承运业务经营者有本实施细则第十九条第一款（一）项情形需要对其保证金采取保全措施的，应当在上述期限内取得司法机关的财产保全裁定。自保证金被保全之日起，交通部依照《海运条例》对保证金账户的监督程序结束。有关纠纷由当事双方通过司法程序解决。

公示期届满未有前款规定情形的，交通部应当通知保证金开户银行退还无船承运业务经营者保证金及其利息，并收缴该无船承运业务经营者的《无船承运业务经营资格登记证》。

第二十一条　中国国际船舶运输经营者、中国无船承运业务经营者、国际船舶代理经营者、国际船舶管理经营者有下列变更情形之一的，应当向原资格许可、登记机关备案：

（一）变更企业名称；

（二）企业迁移；

（三）变更出资人；

（四）歇业、终止经营。

变更企业名称的，由原资格许可、登记机关换发相关经营许可证或者经营资格登记证；企业终止经营的，应当将有关许可、登记证书交回原许可、登记机关。

第二十二条　除《海运条例》和本实施细则第四章规定的外商投资企业外，经营国际海运货物仓储、国际海运集装箱站与堆场业务的经营者应当自开始从事上述经营活动之日起30日内将有关情况向企业所在地的省、自治区、直辖市人民政府交通主管部门报备。

第三章　国际海上运输及其辅助性业务经营活动

第二十三条　国际班轮运输经营者新开或者停开国际班轮运输航线，或者变更国际班轮运输船舶、班期的，应当按照《海运条例》第十九条的规定在交通部指定媒体上公告,并按规定报备。

第二十四条 中国国际船舶运输经营者增加运营船舶,包括以光船租赁方式租用船舶增加运营船舶的,应当于投入运营前15日向交通部备案,取得备案证明文件。备案材料应当载明公司名称、注册地、船名、船舶国籍、船舶类型、船舶吨位、拟运营航线。

交通部收到备案材料后,应当在3个工作日内出具备案证明文件。

第二十五条 在中国港口开展国际班轮运输业务的外国国际船舶运输经营者以及在中国委托代理人提供进出中国港口国际货物运输服务的外国无船承运业务经营者,应当在中国境内委托一个联络机构,负责代表该外国企业与中国政府有关部门就《海运条例》和本实施细则规定的有关管理及法律事宜进行联络。联络机构可以是该外国企业在中国境内设立的外商投资企业或者常驻代表机构,也可以是其他中国企业法人或者在中国境内有固定住所的其他经济组织。委托的联络机构应当向交通部备案,并提交下列文件:

(一)联络机构说明书,载明联络机构名称、住所,联系方式及联系人;

(二)委托书副本或者复印件;

(三)委托人与联络机构的协议副本;

(四)联络机构的工商登记文件复印件。

联络机构为该外国企业在中国境内的外商投资企业或者常驻代表机构的,不须提供本条第一款第(二)项、第(三)项文件。

联络机构或者联络机构说明书所载明的事项发生改变的,应当自发生改变之日起15日内向交通部备案。

第二十六条 任何单位和个人不得擅自使用国际班轮运输经营者和无船承运业务经营者已经登记的提单。

第二十七条 无船承运业务经营者需要委托代理人签发提单或者相关单证的,应当委托依法取得经营资格的国际船舶运输经营者、无船承运业务经营者和国际海运辅助业务经营者代理上述事项。

前款规定的经营者不得接受未办理提单登记并交存保证金的无船承运业务经营者的委托,为其代理签发提单。

第二十八条 国际班轮运输经营者与货主和无船承运业务经营者协议运价的,应当采用书面形式。协议运价号应当在提单或者相关单证上显示。

第二十九条 国际船舶运输经营者不得接受未办理提单登记并交纳保证金的无船承运业务经营者提供的货物或者集装箱。

第三十条 国际班轮运输经营者委托代理人接受订舱、代签提单、代收运费等项业务的,委托的代理人应当是依法取得经营资格的国际船舶代理经营者。

第三十一条 国际班轮运输经营者和无船承运业务经营者应当将其在中国境内的船舶代理人、签发提单代理人在交通部指定的媒体上公布。公布事项包括代理人名称、注册地、住所、联系方式。代理人发生变动的,应当于有关代理协议生效前7日内公布上述事项。

国际班轮运输经营者、无船承运业务经营者应当及时将公布代理事项的媒体名称向交通部备案。

第三十二条 国际船舶运输经营者之间订立的涉及中国港口的班轮公会协议、运营协议、运价协议等,应当自协议订立之日起15日内,按下列规定向交通部备案:

(一)班轮公会协议,由班轮公会代表其所有经营进出中国港口海上运输的成员备案。班轮公会备案时,应当同时提供该公会的成员名单。

(二)国际船舶运输经营者之间订立的运营协议、运价协议,由参加订立协议的国际船舶运输经营者分别备案。

第三十三条 中国国际船舶运输经营者之间或者中国国际船舶运输经营者与外国国际船舶运输经营者之间的兼并、收购,由兼并、收购的一方将兼并、收购协议按照《海运条例》第二十四条的规定报交通部审核同意。

第三十四条 下列经营者在中国境内收取运

费、代为收取运费以及其他相关费用，应当向付款人出具专用发票：

（一）中国国际船舶运输经营者及其分支机构；

（二）中国无船承运业务经营者及其分支机构；

（三）国际船舶代理经营者及其分支机构；

（四）《海运条例》第三十三条规定的企业。

前款所列经营者应当向公司所在地的省、自治区、直辖市人民政府交通主管部门办理专用发票使用证明后，向公司所在地的税务机关申请领取专用发票。国家税务总局另有规定的，从其规定。

第三十五条　国际船舶管理经营者应当根据合同的约定和国家有关规定，履行有关船舶安全和防止污染的义务。

第三十六条　经营进出中国港口国际班轮运输业务的国际班轮运输经营者，应当填报《中华人民共和国海上国际运输业信息表（航运公司基本情况）》、《中华人民共和国海上国际运输业信息表（航运公司集装箱出口重箱运量）》和《中华人民共和国海上国际运输业信息表（航运公司集装箱进口重箱运量）》，于当年3月31日前报送交通部。

外国国际船舶运输经营者的上述材料由其委托的联络机构报送。

第三十七条　中国国际船舶运输经营者、国际船舶代理经营者以及国际集装箱运输港口经营人，应当分别填报《中华人民共和国海上国际运输业信息表（航运公司基本情况）》、《中华人民共和国海上国际运输业信息表（国际船舶代理）》和《中华人民共和国海上国际运输业信息表（港口集装箱吞吐量）》，于当年3月15日前报送公司所在地省、自治区、直辖市人民政府交通主管部门。

各有关省、自治区、直辖市人民政府交通主管部门应当将上述信息表及其汇总信息于当年3月31日前报送交通部。

第三十八条　国际船舶代理经营者、国际船舶管理经营者、国际海运货物仓储业务经营者以及国际集装箱站与堆场业务经营者，不得有下列行为：

（一）以非正常、合理的收费水平提供服务，妨碍公平竞争；

（二）在会计账薄之外暗中给予客户回扣，以承揽业务；

（三）滥用优势地位，限制交易当事人自主选择国际海运辅助业务经营者，或者以其相关产业的垄断地位诱导交易当事人，排斥同业竞争；

（四）其他不正当竞争行为。

第三十九条　外国国际船舶运输经营者以及外国国际海运辅助企业的常驻代表机构不得从事经营活动，包括不得：

（一）代表其境外母公司接受订舱，签发母公司提单或者相关单证；

（二）为母公司办理结算或者收取运费及其他费用；

（三）开具境外母公司或者其母公司在中国境内设立的《海运条例》第三十三条规定的企业的票据；

（四）以托运人身份向国际班轮运输经营者托运货物；

（五）以外商常驻代表机构名义与客户签订业务合同。

第四章　外商投资经营国际海上运输及其辅助性业务

第四十条　设立中外合资、合作经营企业经营国际船舶运输业务，应当通过拟设立企业所在地的省、自治区、直辖市人民政府交通主管部门向交通部提出申请。申请材料应当包括：

（一）申请书；

（二）可行性分析报告；

（三）合资或者合作协议；

（四）投资者的企业商业登记文件或者身份证件；

（五）符合交通部规定的高级业务管理人员的从业资格证明。

有关省、自治区、直辖市人民政府交通主管部门应当自收到完整齐备的材料之日起10个工作日内将申请材料及意见转报交通部。

交通部应当自收到转报的上述材料和意见之日起30个工作日内，按照《海运条例》第三十二条第二款、第三款和第四款的规定以及交通部公布的国际海运市场竞争状况和国家关于国际海上运输业发展的政策进行审核，作出批准或者不予批准的决定。决定批准的，发给批准文件；不予批准的，应当书面通知申请人并告知理由。

获得批准的申请人应当持交通部批准文件，按照国家有关外商投资企业的法律、法规的要求，到有关部门办理相应的设立外商投资企业的审批手续。取得相应的审批手续后，应当持有关部门许可设立企业的文件和本实施细则第五条第一款（四）至（六）项的相关材料，按照本实施细则第五条规定的程序向交通部领取相应的《国际船舶运输经营许可证》。

第四十一条　设立《海运条例》第三十三条规定的外商投资企业，应当按照交通部和对外贸易经济合作部的有关规定办理。

第四十二条　设立外商投资企业经营国际船舶代理业务，应当通过拟设立企业所在地的省、自治区、直辖市人民政府交通主管部门向交通部提交本实施细则第七条规定的申请材料。有关省、自治区、直辖市人民政府交通主管部门收到完整齐备的上述材料后，应当于10个工作日内将有关材料及意见转报交通部。

交通部应当自收到转报的上述材料和意见之日起30个工作日内，按照《海运条例》第九条的规定进行审核，作出批准或者不予批准的决定。决定批准的，发给批准文件；不予批准的，应当书面通知申请人并告知理由。

获得批准的申请人应当持交通部批准文件，按照国家有关外商投资企业的法律、法规的要求到有关部门办理相应的设立外商投资企业的审批手续。取得相应的批准文件后，应当持有关部门批准设立企业的文件按本实施细则第七条的规定到交通部办理登记，并领取《国际船舶代理经营资格登记证书》。

第四十三条　设立外商投资企业经营国际船舶管理业务，应当通过拟设立企业所在地的省、自治区、直辖市人民政府交通主管部门向交通部提交本实施细则第八条规定的申请材料。有关省、自治区、直辖市人民政府交通主管部门收到完整齐备的上述材料后，应当于10个工作日内将有关材料及意见转报交通部。

交通部应当自收到转报的上述材料和意见之日起30个工作日内，按照《海运条例》第十一条的规定进行审核，作出批准或者不予批准的决定。决定批准的，发给批准文件；不予批准的，应当书面通知申请人并告知理由。

获得批准的申请人应当持交通部批准文件，按照国家有关外商投资企业的法律、法规的要求到有关部门办理相应的设立外商投资企业的审批手续。取得相应的审批手续后，应当持有关部门的批准文件按照本实施细则第八条规定的程序向企业所在地的省、自治区、直辖市人民政府交通主管部门办理登记，领取《国际海运辅助业经营资格登记证》。

第四十四条　经营国际海运货物仓储业务，应当具备下列条件：

（一）有固定的营业场所；

（二）有与经营范围相适应的仓库设施；

（三）高级业务管理人员中至少2人具有3年以上从事相关业务的经历；

（四）法律、法规规定的其他条件。

第四十五条　经营国际海运集装箱站及堆场业务，应当具备下列条件：

（一）有固定的营业场所；

（二）有与经营范围相适应的车辆、装卸机械、堆场、集装箱检查设备、设施；

（三）高级业务管理人员中至少2人具有3年以上从事相关业务的经历；

（四）法律、法规规定的其他条件。

第四十六条　设立外商投资企业，经营国际海运货物仓储业务或者设立中外合资、合作企业经营国际集装箱站与堆场业务，应当通过拟设立企业所在地的省、自治区、直辖市人民政府交通主管部门向交通部提出申请。申请材料应当包括：

（一）申请书；

（二）可行性分析报告；

（三）合资或者合营协议；

（四）投资者的企业商业登记文件或者身份证件。

有关省、自治区、直辖市人民政府交通主管部门收到完整齐备的上述材料后，应当于10个工作日内将有关材料及意见转报交通部。

交通部应当在收到转报的上述材料和意见之日起30个工作日内，按照本实施细则第四十四条或者第四十五条的规定进行审核，作出批准或者不批准的决定。决定批准的，予以登记，并发给相应的批准文件；不予批准的，应当书面通知申请人并告知理由。

获得批准的申请人应当持交通部批准文件，按照国家有关外商投资企业的法律、法规的要求到有关部门办理设立外商投资企业的审批手续。取得相应的批准文件后，向交通部办理登记，换领《国际海运辅助业经营资格登记证》。

第四十七条　国际海运货物仓储业务经营者、国际集装箱站与堆场业务经营者，须持交通部颁发的资格登记证明文件，向监管地海关办理登记手续后，方可存放海关监管货物或者集装箱。

第四十八条　外国国际船舶运输经营者以及外国国际海运辅助企业在中国境内设立常驻代表机构，应当通过拟设立常驻代表机构所在地的省、自治区、直辖市人民政府交通主管部门向交通部提交下列材料：

（一）申请书，申请书应当载明拟设机构名称、设立地区、驻在期限、主要业务范围等；

（二）企业商业登记文件；

（三）企业介绍，包括企业设立时间、主营业务范围、最近年份经营业绩、雇员数、海外机构等；

（四）首席代表授权书，由企业董事长或者总经理签署；

（五）首席代表姓名、国籍、履历及身份证件。

有关省、自治区、直辖市人民政府交通主管部门收到完整齐备的上述材料后，应当于7个工作日内将有关材料及意见转报交通部。

交通部应当在收到转报的上述材料和意见之日起15个工作日内，作出批准或者不予批准的决定。决定批准的，由交通部颁发《外国（境外）水路运输企业在中国设立常驻代表机构批准书》（简称批准书）；申请材料不真实的，不予批准，书面通知申请人并告知理由。

获得批准的申请人应当自批准之日起30日内，持批准书向企业登记机关办理注册登记。逾期未办理相关手续的，批准书即自行失效。

常驻代表机构的批准驻在期限为3年。

第四十九条　常驻代表机构变更名称、首席代表的，应当在变更后15日内向交通部备案。

变更首席代表的，备案时应当同时报送新任首席代表的履历及身份证件复印件以及由企业董事长或者总经理签署的首席代表授权书。

变更常驻代表机构名称的，备案时应当同时报送原名称与现名称关系的说明；属于外国企业名称变更或者因为企业合并、分立等原因变更常驻代表机构名称的，还应当报送相关法律证明文件。

交通部收到报备材料后应当及时办理有关变更登记手续。

第五十条　常驻代表机构需要延长驻在期的，应当自期满之日60日前向交通部提出申请。申请材料包括：

（一）申请书；

（二）交通部颁发的批准书复印件；

（三）常驻代表机构工商登记文件复印件。

常驻代表机构的每次延长驻在期限为3年。

交通部应当自收到申请人齐备有效材料之日起15个工作日内办理变更登记手续，并出具相关登记证明文件。

第五十一条　常驻代表机构终止，应当在终止之日起10日前报告交通部，由交通部注销该常驻代表机构。

常驻代表机构驻在期满未办理延期登记手续的，该常驻代表机构驻在资格自动丧失。

常驻代表机构终止、自动丧失资格或者被注

销，由交通部签发《外国(境外)水路运输企业在中国设立常驻代表机构注销通知书》，同时通知有关省、自治区、直辖市人民政府交通主管部门和企业登记机关。

第五章 调查与处理

第五十二条 利害关系人认为国际海上运输业务经营者、国际海运辅助业务经营者有《海运条例》第三十五条和本实施细则第三十八条规定情形的，可依照《海运条例》第三十五条的规定请求交通部实施调查。请求调查时，应当提出书面调查申请，并阐述理由，提供必要的证据。

交通部对调查申请应当进行评估，在自收到调查申请之日起60个工作日内作出实施调查或者不予调查的决定：

(一)交通部认为调查申请理由不充分或者证据不足的，决定不予调查并通知调查申请人。申请人可补充理由或者证据后再次提出调查申请。

(二)交通部根据评估结论认为应当实施调查或者按照《海运条例》第三十五条规定自行决定调查的，应当将有关材料和评估结论通报国务院工商行政管理部门和价格部门。

第五十三条 调查的实施由交通部会同国务院工商行政管理部门和价格部门（以下简称调查机关)共同成立的调查组进行。

调查机关应当将调查组组成人员、调查事由、调查期限等情况通知被调查人。被调查人应当在调查通知送达后30日内就调查事项作出答辩。

被调查人认为调查组成员同调查申请人、被调查人或者调查事项有利害关系的，有权提出回避请求。调查机关认为回避请求成立的，应当对调查组成员进行调整。

第五十四条 被调查人接受调查时，应当根据调查组的要求提供相关数据、资料及文件等。属于商业秘密的，应当向调查组提出。调查组应当以书面形式记录备查。

调查机关和调查人员对被调查人的商业秘密应当予以保密。

被调查人发现调查人员泄露其商业秘密并有充分证据的，有权向调查机关投诉。

第五十五条 调查机关对被调查人“低于正常、合理水平运价”的认定，应当考虑下列因素：

(一)同一行业内多数经营者的运价水平以及与被调查人具有同等规模经营者的运价水平；

(二)被调查人实施该运价水平的理由，包括成本构成、管理水平和盈亏状况等；

(三)是否针对特定的竞争对手并以排挤竞争对手为目的。

第五十六条 调查机关对“损害公平竞争”或者“损害交易对方”的认定，应当考虑下列因素：

(一)对托运人自由选择承运人造成妨碍；

(二)影响货物的正常出运；

(三)以账外暗中回扣承揽货物，扭曲市场竞争规则。

第五十七条 调查机关作出调查结论前，可举行专家咨询会议，对“损害公平竞争”或者“损害交易对方”的程度进行评估。

聘请的咨询专家不得与调查申请人、被调查人具有利害关系。

第五十八条 调查结束时，调查机关应当作出调查结论，并书面通知调查申请人和被调查人：

(一)基本事实不成立的，调查机关应当决定终止调查；

(二)基本事实存在但对市场公平竞争不造成实质损害的，调查机关可决定不对被调查人采取禁止性、限制性措施；

(三)基本事实清楚且对市场公平竞争造成实质损害的，调查机关应当根据《海运条例》的规定，对被调查人采取限制性、禁止性措施。

第五十九条 调查机关在作出采取禁止性、限制性措施的决定前，应当告知当事人有举行听证的权利；当事人要求举行听证的，应当在自调查机关通知送达之日起10日内，向调查机关书面提出；逾期未提出听证请求的，视为自动放弃请求听证的权利。

第六十条 就本实施细则第三十八条所列情形实施调查的，调查组成员中应当包括对被调查人的资格实施登记的有关省、自治区、直辖市交通主管部门的人员。

对有本实施细则第三十八条第(三)项所列违法行为并给交易当事人或者同业竞争者造成实质损害的，调查机关可采取限制其在一定时期内扩大业务量的限制性措施。

第六章　法律责任

第六十一条　违反《海运条例》和本实施细则的规定应当予以处罚的，交通部或授权的省、自治区、直辖市人民政府交通主管部门应当按照《海运条例》第六章和本章的规定予以处罚。

第六十二条　外商常驻代表机构有本实施细则第三十九条规定情形的，交通部或者有关省、自治区、直辖市人民政府交通主管部门可将有关情况通报有关工商行政管理部门，由工商行政管理部门按照《海运条例》第五十二条第二款的规定处罚。

第六十三条　班轮公会协议、运营协议和运价协议未按规定向交通部备案的，由交通部依照《海运条例》第四十八条的规定，对本实施细则第三十二条规定的备案人实施处罚。班轮公会不按规定报备的，可对其公会成员予以处罚。

第六十四条　调查人员违反规定，泄露被调查人保密信息的，依法给予行政处分；造成严重后果，触犯刑律的，依法追究刑事责任。

第七章　附　则

第六十五条　《海运条例》和本实施细则规定的许可、登记事项，申请人可委托代理人办理。代理人办理委托事项的，应当提供授权委托书。外国申请人或者投资者提交的公证文书，应当由申请人或者投资者所在国公证机关或者执业律师开出。

本实施细则所要求的各类文字资料应当用中文书写，如使用其他文字的，应随附中文译文。

第六十六条　对《海运条例》和本实施细则规定的备案事项的具体要求、报备方式和方法应当按照交通部的规定办理。

第六十七条　香港特别行政区、澳门特别行政区和台湾地区的投资者在内地投资从事国际海上运输和与国际海上运输相关的辅助性业务，比照适用《海运条例》第四章和本实施细则第四章的有关规定。

第六十八条　《海运条例》第二十条规定的公布运价和协议运价备案的具体办法，由交通部另行规定。

第六十九条　经营港口国际海运货物装卸、港口内国际海运货物仓储业务和国际海运集装箱码头和堆场业务的，按国家有关港口管理的法律、行政法规的规定办理。

第七十条　本实施细则自 2003 年 3 月 1 日起施行。交通部 1985 年 4 月 11 日发布的《交通部对从事国际海运船舶公司的暂行管理办法》、1990 年 3 月 2 日发布的《国际船舶代理管理规定》、1990 年 6 月 20 日发布的《国际班轮运输管理规定》、1992 年 6 月 9 日发布的《中华人民共和国海上国际集装箱运输管理规定实施细则》和 1997 年 10 月 17 日发布的《外国水路运输企业常驻代表机构管理办法》同时废止。

中华人民共和国海上海事行政处罚规定

（中华人民共和国交通部令 2003 年第 8 号 2003 年 7 月 10 日）

第一章 总 则

第一条 为规范海上海事行政处罚行为，保护当事人的合法权益，保障和监督海上海事行政管理，维护海上交通秩序，防止船舶污染沿海水域，根据《海上交通安全法》、《海洋环境保护法》、《行政处罚法》及其他有关法律、行政法规，制定本规定。

第二条 在中华人民共和国（简称中国）管辖沿海水域及相关陆域发生的违反海上海事行政管理秩序的行为，适用中国有关法律、行政法规和本规定实施海事行政处罚。

在中国管辖沿海水域及相关陆域外但属于中国籍的海船内发生的违反海上海事行政管理秩序的行为，也适用中国有关法律、行政法规和本规定实施海事行政处罚。

中国籍船员在中国管辖沿海水域及相关陆域外违反海上海事行政管理秩序，并且按照中国有关法律、行政法规应当处以行政处罚的行为，也适用中国有关法律、行政法规和本规定实施海事行政处罚。

第三条 本规定所称沿海水域、船舶、设施、作业，其含义与《海上交通安全法》使用的同一用语的含义相同，但有关法律、行政法规和本规定另有规定的除外。

本规定所称船舶经营人，包括船舶管理人。

本规定所称设施经营人，包括设施管理人。

本规定所称当事人，包括自然人和法人以及其他组织，可以与有海事行政违法行为的船舶所有人、经营人互相替换。

第四条 本规定所称违反海上海事行政管理秩序的行为，简称海事行政违法行为，包括下列行为：

（一）违反船舶所有人、经营人和船舶安全营运管理秩序；

（二）违反船舶、海上设施检验管理秩序；

（三）违反海上船舶登记管理秩序；

（四）违反海上船员管理秩序；

（五）违反海上航行、停泊和作业管理秩序；

（六）违反海上通航安全保障管理秩序；

（七）违反海上危险货物载运安全监督管理秩序；

（八）违反海难救助管理秩序；

（九）违反海上打捞管理秩序；

（十）违反海上船舶污染沿海水域监督管理秩序；

（十一）违反海上交通事故调查处理秩序；

（十二）其他海事行政违法行为。

第五条 本规定援引的法律、行政法规如下：

（一）《海上交通安全法》，是指《中华人民共和国海上交通安全法》；

（二）《国旗法》，是指《中华人民共和国国旗法》；

（三）《公民出境入境管理法》，是指《中华人民共和国公民出境入境管理法》；

（四）《船舶登记条例》，是指《中华人民共和国船舶登记条例》；

（五）《船舶和海上设施检验条例》，是指《中华人民共和国船舶和海上设施检验条例》；

（六）《航标条例》，是指《中华人民共和国航标条例》；

（七）《海上航行警告和航行通告管理规定》，是指《中华人民共和国海上航行警告和航行通告管理规定》；

（八）《危险化学品安全管理条例》；

（九）《关于外商参与打捞中国沿海水域沉船沉物管理办法》；

（十）《防止拆船污染环境管理条例》；

（十一）《海洋环境保护法》，是指《中华人民共和国海洋环境保护法》；

（十二）《海上交通事故调查处理条例》，是指《中华人民共和国海上交通事故调查处理条例》；

（十三）《行政处罚法》，是指《中华人民共和国行政处罚法》。

第六条　实施海事行政处罚，应当遵循合法、公开、公正，处罚与教育相结合的原则。

第七条　海事行政处罚，由海事管理机构依法实施。

第二章　海上海事行政处罚的种类和适用

第八条　海事行政处罚的种类如下：

（一）警告；

（二）罚款；

（三）撤销船舶检验资格；

（四）吊销船舶国籍证书或临时船舶国籍证书；

（五）没收船舶登记证书；

（六）扣留船员职务证书；

（七）吊销船员职务证书；

（八）吊销海员出境入境证件；

（九）没收违法所得；

（十）没收船舶；

（十一）法律、行政法规规定的其他海事行政处罚。

本条前款所称船员职务证书，包括船员培训合格证、船员服务簿、船员适任证书及其他适任证件。

本条第一款所称的船舶登记证书，包括船舶国籍证书、船舶所有权登记证书、船舶抵押权登记证书、光船租赁登记证书。

第九条　海事管理机构实施海事行政处罚时，应当责令当事人改正或限期改正海事行政违法行为。

第十条　对有两个或两个以上海事行政违法行为的同一当事人，应当分别处以海事行政处罚，合并执行。

对有共同海事行政违法行为的当事人，应当分别处以海事行政处罚。

对当事人的同一个海事行政违法行为，不得处以两次以上罚款的海事行政处罚。

第十一条　海事行政处罚的轻重，应当与海事行政违法行为和承担的海事行政法律责任相适应。

海事违法行为轻微并及时纠正，没有造成危害后果的，不予海事行政处罚。

海事行政违法行为的当事人有《行政处罚法》第二十七条所列情形之一的，应当依法从轻处以海事行政处罚或减轻海事行政处罚。

有海事行政违法行为的中国籍船舶和船员在境外已经受到海事行政处罚的，不得重复给予海事行政处罚。

第十二条　海事行政违法行为的当事人有下列情形之一的，应当从重处以海事行政处罚：

（一）造成较为严重后果或情节恶劣；

（二）一年内因同一海事行政违法行为受过海事行政处罚；

（三）胁迫、诱骗他人实施海事行政违法行为；

（四）伪造、隐匿、销毁海事行政违法行为证据；

（五）拒绝接受或阻挠海事管理机构实施监督管理；

（六）法律、行政法规规定应当从重处以海事行政处罚的其他情形。

第三章　海上海事行政违法行为和行政处罚

第一节　违反船舶所有人、经营人和船舶安全营运管理秩序

第十三条　违反船舶所有人、经营人安全营运管理秩序，有下列行为之一的，对船舶所有人或船舶经营人处以罚款：

（一）未取得船舶所有人、经营人安全营运与防污染管理体系符合证明从事航行或其他有关活动；

（二）提供虚假材料或以其他不正当手段骗取船舶所有人、经营人安全营运与防污染管理体系符合证明；

(三)伪造、变造船舶所有人、经营人安全营运与防污染管理体系审核的符合证明;

(四)转让、买卖、租借、冒用船舶所有人、经营人安全营运与防污染管理体系审核的符合证明;

(五)使用伪造、变造的船舶所有人、经营人安全营运与防污染管理体系符合证明从事航行或其他有关活动。

本条前款规定罚款的数额,依照下列规定确定:

(一)属于非经营活动中的违法行为的,处以200元以上1 000元以下罚款;

(二)属于经营活动中的违法行为,有违法所得的,处以违法所得的3倍以下、最多不超过3万元的罚款;

(三)属于经营活动中的违法行为,无违法所得的,处以300元以上1万元以下罚款。

第十四条 违反船舶安全营运管理秩序,有下列行为之一的,处以罚款、扣留船员职务证书直至吊销船员职务证书:

(一)未取得船舶安全管理证书从事航行或其他有关活动;

(二)提供虚假材料或以其他不正当手段骗取船舶安全管理证书;

(三)伪造、变造船舶安全管理证书;

(四)转让、买卖、租借、冒用船舶安全管理证书;

(五)使用伪造、变造的船舶安全管理证书从事航行或其他有关活动。

本条前款规定罚款的数额、扣留船员职务证书的期限或吊销船员职务证书,依照下列规定确定:

(一)属于非经营活动中的违法行为的,对船舶所有人或船舶经营人处以200元以上1 000元以下罚款;对船长处以200元以上1 000元以下的罚款,并扣留船员职务证书3个月至6个月。

(二)属于经营活动中的违法行为,有违法所得的,对船舶所有人或船舶经营人处以违法所得的3倍以下、最多不超过3万元的罚款;对船长处以本人违法所得的3倍以下、最多不超过2万元的罚款,并扣留船员职务证书12个月至24个月。

(三)属于经营活动中的违法行为,无违法所得的,对船舶所有人或船舶经营人处以500元以上1万元以下罚款;对船长处以300元以上8 000元以下的罚款,并扣留船员职务证书6个月至12个月。

第二节 违反船舶、海上设施检验管理秩序

第十五条 本节所称船舶、海上设施,其含义与《船舶和海上设施检验条例》使用的同一用语的含义相同。

第十六条 违反《海上交通安全法》第四条的规定,船舶和船舶上有关航行安全、防治污染等重要设备无相应的有效的检验证书的,依照《海上交通安全法》第四十四条的规定,处以下列行政处罚:

(一)属于非经营活动中的违法行为的,对船舶所有人或船舶经营人处以300元以上1 000元以下罚款;对船长处以200元以上1 000元以下的罚款,并扣留船员职务证书3个月至6个月。

(二)属于经营活动中的违法行为,有违法所得的,对船舶所有人或船舶经营人处以违法所得的3倍以下、最多不超过3万元的罚款;对船长处以本人违法所得的3倍以下、最多不超过3万元的罚款,并扣留船员职务证书12个月至24个月直至吊销船员职务证书。

(三)属于经营活动中的违法行为,无违法所得的,对船舶所有人或船舶经营人处以300元以上1万元以下罚款;对船长处以200元以上1万元以下的罚款,并扣留船员职务证书6个月至12个月。

本条前款所称船舶和船舶上有关重要设备无相应的有效的检验证书,包括下列情形:

(一)无相应的检验证书;

(二)持伪造、变造、转让、买卖或租借的检验证书;

(三)所持检验证书与船舶、船舶上有关重要设备的实际情况不符;

(四)持已经超过有效期限的检验证书;

（五）其他不符合法律、行政法规和规章规定情形的检验证书。

第十七条　违反《海上交通安全法》第十六条规定，大型设施和移动式平台的海上拖带，未经船舶检验机构进行拖航检验，并报海事管理机构核准，依照《海上交通安全法》第四十四条的规定，处以下列行政处罚：

（一）属于非经营活动中的违法行为的，对船舶、设施所有人或经营人处以300元以上1 000元以下罚款；对船长、设施主要负责人处以200元以上1 000元以下罚款，并扣留船员职务证书3个月至6个月。

（二）属于经营活动中的违法行为，有违法所得的，对船舶、设施所有人或经营人处以违法所得的3倍以下、最多不超过3万元的罚款；对船长、设施主要负责人处以本人违法所得的3倍以下、最多不超过3万元的罚款，并扣留船员职务证书12个月至24个月直至吊销船员职务证书。

（三）属于经营活动中的违法行为，无违法所得的，对船舶、设施所有人或经营人处以300元以上1万元以下罚款，对船长、设施主要负责人处以200元以上1万元以下罚款，并扣留船员职务证书6个月至12个月。

第十八条　违反《海上交通安全法》第十七条规定，船舶的实际状况同船舶检验证书所载不相符合，船舶未按照海事管理机构的要求申请重新检验或采取有效的安全措施，依照《海上交通安全法》第四十四条的规定，处以下列行政处罚：

（一）属于非经营活动中的违法行为的，对船舶所有人或船舶经营人处以200元以上1 000元以下罚款；对船长处以100元以上1 000元以下罚款，并扣留船员职务证书3个月至6个月。

（二）属于经营活动中的违法行为，有违法所得的，对船舶所有人或船舶经营人处以违法所得的3倍以下、最多不超过3万元的罚款；对船长处以本人违法所得的3倍以下、最多不超过3万元的罚款，并扣留船员职务证书12个月至24个月直至吊销船员职务证书。

（三）属于经营活动中的违法行为，无违法所得的，对船舶所有人或船舶经营人处以300元以上1万元以下罚款；对船长处以200元以上1万元以下罚款，并扣留船员职务证书6个月至12个月。

第十九条　违反《船舶和海上设施检验条例》的规定，涂改船舶、海上设施、货物集装箱的检验证书、擅自更改船舶载重线，或以欺骗行为获取船舶、海上设施、货物集装箱的检验证书的，依照《船舶和海上设施检验条例》第二十六条的规定，撤销已签发的相应检验证书，并可以责令补办有关手续。

第二十条　违反《船舶和海上设施检验条例》的规定，伪造船舶检验证书，或擅自更改船舶载重线，依照《船舶和海上设施检验条例》第二十七条的规定，处以通报批评，并可以处以相当于相应的检验费1倍至5倍的罚款。

本条前款所称伪造，包括变造、涂改。

第二十一条　船舶检验机构的检验人员违反《船舶和海上设施检验条例》的规定，有下列行为之一的，依照《船舶和海上设施检验条例》第二十八条的规定，分别以滥用职权、徇私舞弊、玩忽职守、严重失职论，撤销其检验资格：

（一）超越职权范围进行船舶、设施检验；

（二）未按规定的检验规范进行船舶、设施检验；

（三）未按规定的检验项目进行船舶、设施检验；

（四）未按规定的检验程序进行船舶、设施检验；

（五）所签发的船舶检验证书或检验报告与船舶、设施的实际情况不符；

（六）未按照有关规定标准收取船舶、设施检验费用。

第三节　违反海上船舶登记管理秩序

第二十二条　本节所称船舶，其含义与《船舶登记条例》使用的同一用语的含义相同。

第二十三条　违反《海上交通安全法》第五条的规定，船舶无船舶国籍证书或使用虚假的船舶国籍证书航行的，依照《海上交通安全法》第四十

四条的规定,处以下列行政处罚:

(一)属于非经营活动中的违法行为的,对船舶所有人或船舶经营人处以200元以上1 000元以下罚款;对船长处以100元以上1 000元以下的罚款,并扣留船员职务证书3个月至6个月。

(二)属于经营活动中的违法行为,有违法所得的,对船舶所有人或船舶经营人处以违法所得的3倍以下、最多不超过3万元的罚款;对船长处以本人违法所得的3倍以下、最多不超过2万元的罚款,并扣留船员职务证书12个月至24个月直至吊销船员职务证书。

(三)属于经营活动中的违法行为,无违法所得的,对船舶所有人或船舶经营人处以300元以上1万元以下罚款;对船长处以200元以上8 000元以下的罚款,并扣留船员职务证书6个月至12个月。

第二十四条　违反《船舶登记条例》规定,船舶假冒中国国籍,悬挂中国国旗航行的,依照《船舶登记条例》第四十九条第一款的规定,依法没收船舶。

违反《船舶登记条例》规定,中国籍船舶假冒外国国籍,悬挂外国国旗航行的,适用《船舶登记条例》第四十九条第一款的规定。

第二十五条　违反《船舶登记条例》规定,隐瞒在境内或境外的登记事实,造成双重国籍的,依照《船舶登记条例》第五十条的规定,吊销其船舶国籍证书,并视情节对船舶所有人或船舶经营人处以下列罚款:

(一)500总吨以下的船舶,处2 000元以上1万元以下的罚款;

(二)501总吨以上、10 000总吨以下的船舶,处以1万元以上5万元以下的罚款;

(三)10 001总吨以上的船舶,处以5万元以上20万元以下的罚款。

第二十六条　违反《船舶登记条例》规定,有下列情形之一的,依照《船舶登记条例》第五十一条的规定,可以视情节对船舶处以警告、根据船舶吨位对船舶所有人或船舶经营人处以依照《船舶登记条例》第五十条规定的罚款数额的50%直至没收船舶登记证书:

(一)在办理登记手续时隐瞒真实情况、弄虚作假的;

(二)隐瞒登记事实,造成重复登记的;

(三)伪造、涂改船舶登记证书的。

第二十七条　违反《船舶登记条例》规定,船舶不按照规定办理变更或注销登记的,或使用过期的船舶国籍证书或临时船舶国籍证书的,依照《船舶登记条例》第五十二条的规定,责令其补办有关登记手续;情节严重的,可以根据船舶吨位对船舶所有人或船舶经营人处以《船舶登记条例》第五十条规定的罚款数额的10%。

第二十八条　违反《船舶登记条例》规定,擅自雇用外国籍船员或使用他人业经登记的船舶烟囱标志、公司旗的,依照《船舶登记条例》第五十三条的规定,责令其改正;拒不改正的,可以根据船舶吨位对船舶所有人或船舶经营人处以《船舶登记条例》第五十条规定的罚款数额的10%;情节严重的,并可以吊销其船舶国籍证书或临时船舶国籍证书。

第二十九条　违反《国旗法》和交通部公布的《船舶升挂国旗管理办法》,船舶不按规定悬挂中国国旗,或悬挂的中华人民共和国国旗破损、污损、明显褪色或不合规格,依照《船舶升挂国旗管理办法》第十七条的规定,责令立即改正。

第四节　违反海上船员管理秩序

第三十条　本节所称船员,包括船长、轮机长、驾驶员、轮机员、无线电人员、引航员和水上飞机、潜水器的相应人员以及其他船员。

第三十一条　违反《海上交通安全法》第七条的规定,未取得合格的船员职务证书或未通过船员培训,擅自上船服务的,依照《海上交通安全法》第四十四条的规定,处以下列数额的罚款:

(一)在非经营性船舶上服务的,处以200元以上1 000元以下罚款;

(二)在经营性船舶上服务,有违法所得的,处以本人违法所得的3倍以下、最多不超过3万元的罚款;

(三)在经营性船舶上服务,无违法所得的,处以300元以上1万元以下罚款。

本条前款所称未取得合格的船员职务证书，包括下列情形：

（一）无船员职务证书；

（二）持采取弄虚作假的方式取得的船员职务证书；

（三）持伪造、变造的船员职务证书；

（四）持转让、买卖或租借的船员职务证书；

（五）所服务的船舶的航区、种类和等级以及所任职务超越所持船员职务证书限定的范围；

（六）持已经超过有效期限的船员职务证书；

（七）其他不符合法律、行政法规和规章规定情形的船员职务证书。

对本条第二款第（二）项、第（四）项规定的违法行为，除处以罚款外，并处吊销船员职务证书。

对本条第二款第（五）项规定的违法行为，除处以罚款外，并处扣留船员职务证书3个月至12个月。

第三十二条　违反《海上交通安全法》第八条的规定，设施未按照国家规定配备掌握避碰、信号、通信、消防、救生等专业技能的人员，依照《海上交通安全法》第四十四条的规定，处以下列数额的罚款：

（一）属于非经营活动中的违法行为的，对设施所有人或设施经营人处以200元以上1 000元以下罚款；对设施主要负责人和直接责任人员处以100元以上1 000元以下罚款。

（二）属于经营活动中的违法行为，有违法所得的，对设施所有人或设施经营人处以违法所得的3倍以下、最多不超过3万元的罚款；对设施主要负责人和直接责任人员处以本人违法所得的3倍以下、最多不超过2万元的罚款。

（三）属于经营活动中的违法行为，无违法所得的，对设施所有人或设施经营人处以300元以上1万元以下罚款；对设施主要负责人和直接责任人员处以200元以上8 000元以下罚款。

第三十三条　违反《公民出境入境管理法》的规定，持海员出境入境证件招摇撞骗的，依照《公民出境入境管理法实施细则》第二十二条的规定，将其海员出境入境证件予以吊销或宣布作废。

本条前款规定的持海员出境入境证件招摇撞骗，包括下列行为：

（一）持用弄虚作假、贿赂及其他不正当方式从海事管理机构获取的海员出境入境证件；

（二）持用伪造、变造的海员出境入境证件；

（三）持用采取转让、买卖、租借以及其他非法方式获得他人的海员出境入境证件；

（四）持已经超过有效期限的海员出境入境证件。

第五节　违反海上航行、停泊和作业管理秩序

第三十四条　违反《海上交通安全法》第六条的规定，船舶未按照标准定额配备足以保证船舶安全的合格船员，依照《海上交通安全法》第四十四条的规定，处以下列行政处罚：

（一）属于非经营活动中的违法行为的，对船舶所有人或船舶经营人处以300元以上1 000元以下罚款；对船长处以200元以上1 000元以下罚款，并可扣留船员职务证书3个月至6个月。

（二）属于经营活动中的违法行为，有违法所得的，对船舶所有人或船舶经营人处以违法所得的3倍以下、最多不超过3万元的罚款；对船长处以本人违法所得的3倍以下、最多不超过2万元的罚款，并可扣留船员职务证书3个月至12个月。

（三）属于经营活动中的违法行为，无违法所得的，对船舶所有人或船舶经营人处以500元以上1万元以下罚款；对船长处以300元以上8 000元以下罚款，并可扣留船员职务证书3个月至6个月。

本条第一款所称未按照标准定额配备足以保证船舶安全的合格船员，包括下列情形：

（一）船舶所配船员的数量低于船舶最低安全配员证书规定的定额要求；

（二）船舶所配船员未持有有效的适任证书；

（三）船舶未持有有效的船舶最低安全配员证书。

第三十五条　违反《海上交通安全法》第九条的规定，船舶、设施上的人员不遵守有关海上交通安全的规章制度和操作规程，影响船舶、设施航行、停泊和作业的安全，依照《海上交通安全法》第四十四条的规定，处以下列数额的罚款：

（一）属于非经营活动中的违法行为的，处以100元以上1 000元以下罚款；

（二）属于经营活动中的违法行为，有违法所得的，处以本人违法所得的3倍以下、最多不超过3万元的罚款；

（三）属于经营活动中的违法行为，无违法所得的，处以100元以上1万元以下罚款。

本条前款所称不遵守有关海上交通安全的规章制度，包括下列情形：

（一）在船上履行船员职务，不携带有效船员职务证书；

（二）在船上履行船员职务，超越船员职务证书所载职务、职能、航区、航线、等级或主机种类；

（三）在船上履行船员职务，未按照船员值班规则实施值班；

（四）未获得必要的休息上岗操作；

（五）在船上值班期间，体内酒精含量超过规定的标准；

（六）在船上履行船员职务，服食可能影响安全操作的违禁药物；

（七）不遵守有关海上交通安全的规章制度的其他情形。

本条第一款所称不遵守有关海上交通安全操作规程，包括下列情形：

（一）不采用安全速度航行；

（二）不按规定的航路航行；

（三）不遵守避碰规则、雾航规则；

（四）不按规定停泊、倒车、调头、追越、抢头；

（五）不按规定显示信号；

（六）不按规定守听航行通信；

（七）不按规定进行试车、试航、测速、辨校方向；

（八）不按规定检修影响船舶适航性能的设备；

（九）不按规定检修通信设备和消防设备；

（十）不按规定保持船舱良好通风或清洁；

（十一）不按规定使用明火；

（十二）不按规定填写航海日志；

（十三）不按规定保障人员上、下船舶、设施的安全；

（十四）不按照有关海上交通安全操作规程进行其他操作。

第三十六条　违反《海上交通安全法》第九条的规定，船舶、设施上的人员不遵守有关海上交通安全的规章制度和操作规程，影响船舶、设施航行、停泊和作业的安全，造成海上交通事故的，还应依照《海上交通安全法》第四十四条的规定，处以下列行政处罚：

（一）造成特别重大事故的，对全部责任者、主要责任者吊销船员职务证书，对次要责任者扣留船员职务证书12个月直至吊销船员职务证书；对相当责任者，扣留船员职务证书24个月或吊销船员职务证书。

（二）造成重大事故的，对全部责任者、主要责任者吊销船员职务证书，对次要责任者扣留船员职务证书12个月至24个月；对相当责任者，扣留船员职务证书18个月或吊销船员职务证书。

（三）造成大事故的，对全部责任者、主要责任者扣留船员职务证书24个月或吊销船员职务证书，对次要责任者扣留船员职务证书6个月；对相当责任者，扣留船员职务证书12个月。

（四）造成一般事故的，对全部责任者、主要责任者扣留船员职务证书12个月至24个月，对次要责任者扣留船员职务证书3个月至6个月；对相当责任者，扣留船员职务证书6个月至12个月。

（五）造成小事故的，对全部责任者、主要责任者扣留船员职务证书6个月至12月，对次要责任者扣留船员职务证书3个月；对相当责任者，扣留船员职务证书3个月至6个月。

第三十七条　违反《海上交通安全法》第十条的规定，船舶、设施不遵守有关法律、行政法规和规章，影响其他船舶、设施航行、停泊和作业的安全，依照《海上交通安全法》第四十四条的规定，处以下列数额的罚款：

（一）属于非经营活动中的违法行为的，对船舶或设施所有人、经营人处以 200 元以上 1 000 元以下罚款；对船长或设施主要负责人和其他直接责任人员处以 100 元以上 1 000 元以下罚款。

（二）属于经营活动中的违法行为，有违法所得的，对船舶或设施所有人、经营人处以违法所得的 3 倍以下、最多不超过 3 万元的罚款；对船长或设施主要负责人和其他直接责任人员处以本人违法所得的 3 倍以下、最多不超过 3 万元的罚款。

（三）属于经营活动中的违法行为，无违法所得的，对船舶或设施所有人、经营人处以 300 元以上 1 万元以下罚款；对船长或设施主要负责人和其他直接责任人员处以 100 元以上 1 万元以下罚款。

本条前款所称船舶、设施不遵守有关法律、行政法规和规章，影响其他船舶、设施航行、停泊和作业的安全，包括下列情形：

（一）不按规定检修、检测影响船舶适航性能的设备；

（二）不按规定检修、检测通信设备和消防设备；

（三）不按规定载运旅客；

（四）不按规定装载货物、车辆；

（五）不符合安全航行限制条件而开航；

（六）不符合安全作业限制条件而作业；

（七）未经批准从事夜航；

（八）强令船员违规操作；

（九）强令船员疲劳上岗操作；

（十）未按船员值班规则安排船员值班；

（十一）超过核定航区航行；

（十二）未按规定的航路行驶；

（十三）不遵守避碰规则、雾航规则；

（十四）不采用安全速度航行；

（十五）不按规定停泊、倒车、调头、追越、抢头；

（十六）不按规定进行试车、试航、测速、辨校方向；

（十七）不遵守航行、停泊和作业信号规定；

（十八）不遵守强制引航规定；

（十九）不遵守航行通信和无线电通信管理规定；

（二十）不按规定保持船舱良好通风或清洁；

（二十一）不按规定保障人员上、下船舶、设施的安全；

（二十二）不遵守有关明火作业安全操作规程；

（二十三）未按规定拖带，或非拖带船从事拖带作业；

（二十四）违反船舶并靠或过驳有关规定；

（二十五）不按规定填写航海日志；

（二十六）未按规定报告船位、船舶动态；

（二十七）不遵守有关法律、行政法规和规章，影响其他船舶、设施航行、停泊和作业安全的其他情形。

第三十八条　违反《海上交通安全法》第十一条规定，外国籍非军用船舶未经中国海事管理机构批准，进入中国的内水和港口，或进入中国的内水和港口不听从海事管理机构指挥，依照《海上交通安全法》第四十四条的规定，处以警告或下列数额的罚款：

（一）属于非经营活动中的违法行为的，对船舶所有人或船舶经营人处以 200 元以上 1 000 元以下罚款；对船长处以 100 元以上 1 000 元以下罚款。

（二）属于经营活动中的违法行为，有违法所得的，对船舶所有人或船舶经营人处以违法所得的 3 倍以下、最多不超过 3 万元的罚款；对船长处以本人违法所得的 3 倍以下、最多不超过 2 万元的罚款。

（三）属于经营活动中的违法行为，无违法所得的，对船舶所有人或船舶经营人处以 200 元以上 1 万元以下罚款，对船长处以 100 元以上 1 万元以下罚款。

第三十九条　违反《海上交通安全法》第十三条规定，外国籍船舶进出中国港口或在港内航行、移泊以及靠离港外系泊点、装卸站等，不按规定申请指派引航员引航，或不使用按规定指派的引航员引航的，依照《海上交通安全法》第四十四条的规定，处以警告或下列数额的罚款：

（一）属于非经营活动中的违法行为的，对船舶所有人或船舶经营人处以200元以上1 000元以下罚款；对船长处以100元以上1 000元以下罚款。

（二）属于经营活动中的违法行为，有违法所得的，对船舶所有人或船舶经营人处以违法所得的3倍以下、最多不超过3万元的罚款；对船长处以本人违法所得的3倍以下、最多不超过2万元的罚款。

（三）属于经营活动中的违法行为，无违法所得的，对船舶所有人或船舶经营人处以200元以上1万元以下罚款，对船长处以100元以上1万元以下罚款。

第四十条　违反《海上交通安全法》第十四条规定，船舶进出港口或通过交通管制区、通航密集区和航行条件受到限制的区域时，不遵守中国政府或海事管理机构公布的特别规定的，依照《海上交通安全法》第四十四条的规定，处以警告或下列行政处罚：

（一）属于非经营活动中的违法行为的，对船舶所有人或船舶经营人处以500元以上1 000元以下罚款；对船长处以200元以上1 000元以下罚款，并可扣留船员职务证书3个月至6个月。

（二）属于经营活动中的违法行为，有违法所得的，对船舶所有人或船舶经营人处以违法所得的3倍以下、最多不超过3万元的罚款；对船长处以本人违法所得的3倍以下、最多不超过2万元的罚款，并可扣留船员职务证书6个月至12个月。

（三）属于经营活动中的违法行为，无违法所得的，对船舶所有人或船舶经营人处以1 000元以上1万元以下罚款，对船长处以500元以上5 000元以下罚款，并可扣留船员职务证书3个月至6个月。

第四十一条　违反《海上交通安全法》第十五条规定，未经海事管理机构特别许可，船舶进入或穿越禁航区，依照《海上交通安全法》第四十四条的规定，处以警告或下列行政处罚：

（一）属于非经营活动中的违法行为的，对船舶所有人或船舶经营人处以200元以上1 000元以下罚款；对船长处以100元以上1 000元以下罚款，并扣留船员职务证书3个月至6个月。

（二）属于经营活动中的违法行为，有违法所得的，对船舶所有人或船舶经营人处以违法所得的3倍以下、最多不超过3万元的罚款；对船长处以本人违法所得的3倍以下、最多不超过2万元的罚款，并扣留船员职务证书6个月至12个月。

（三）属于经营活动中的违法行为，无违法所得的，对船舶所有人或船舶经营人处以200元以上1万元以下罚款；对船长处以100元以上8 000元以下罚款，并扣留船员职务证书3个月至6个月。

第四十二条　违反《海上交通安全法》第十二条规定，国际航行船舶进出中国港口，拒不接受海事管理机构的检查，依照《海上交通安全法》第四十四条的规定，处以下列行政处罚：

（一）属于非经营活动中的违法行为的，对船舶所有人或船舶经营人处以200元以上1 000元以下罚款；对船长处以100元以上1 000元以下罚款，并可扣留船员职务证书3个月至6个月。

（二）属于经营活动中的违法行为，有违法所得的，对船舶所有人或船舶经营人处以违法所得的3倍以下、最多不超过3万元的罚款；对船长处以本人违法所得的3倍以下、最多不超过2万元的罚款，并可扣留船员职务证书12个月至24个月直至吊销船员职务证书。

（三）属于经营活动中的违法行为，无违法所得的，对船舶所有人或船舶经营人处以200元以上1万元以下罚款；对船长处以100元以上1万元以下罚款，并可扣留船员职务证书6个月至12个月。

本条前款所称拒不接受海事管理机构的检查，包括下列情形：

（一）拒绝或阻挠海事管理机构实施安全检查；

（二）中国籍船舶接受海事管理机构实施安全

检查时不提交《船舶安全检查记录簿》。

（三）在接受海事管理机构实施安全检查时弄虚作假；

（四）未按照海事管理机构的安全检查处理意见进行整改。

第四十三条　违反《海上交通安全法》第十二条的规定，中国籍国内航行船舶进出港口，不办理进出港签证，依照《海上交通安全法》第四十四条的规定，处以下列行政处罚：

（一）属于非经营活动中的违法行为的，对船舶所有人或船舶经营人处以200元以上1 000元以下罚款；对船长处以100元以上1 000元以下罚款，并可扣留船员职务证书3个月至6个月。

（二）属于经营活动中的违法行为，有违法所得的，对船舶所有人或船舶经营人处以违法所得的3倍以下、最多不超过3万元的罚款；对船长处以本人违法所得的3倍以下、最多不超过2万元的罚款，并可扣留船员职务证书12个月至24个月直至吊销船员职务证书。

（三）属于经营活动中的违法行为，无违法所得的，对船舶所有人或船舶经营人处以200元以上1万元以下罚款；对船长处以100元以上8 000元以下罚款，并可扣留船员职务证书6个月至12个月。

本条前款所称不办理进出港签证包括下列情形：

（一）拒绝或阻挠海事管理机构办理进出港签证；

（二）办理进出港签证所提交的船舶法定证书、文书不全或不真实；

（三）在办理进出港签证时弄虚作假；

（四）国际航行船舶未按规定办理进出口岸手续。

第六节　违反海上通航安全保障管理秩序

第四十四条　本节所称航标，其含义与《航标条例》使用的同一用语的含义相同。

第四十五条　违反《航标条例》第六条第二款的规定，擅自设置、撤除、移动专用航标或改变专用航标的其他状况的，依照《航标条例》第十九条的规定，责令限期拆除、重新设置、调整专用航标。

第四十六条　有下列行为之一的，依照《航标条例》第二十条的规定，责令限期改正或采取相应的补救措施：

（一）违反《航标条例》第十一条的规定，在航标附近设置有碍航行安全的灯光或音响装置；

（二）违反《航标条例》第十三条的规定，在航标周围构筑建筑物、构筑物或种植植物以及其他影响航标效能的障碍物。

第四十七条　船舶违反《航标条例》第十四条第二款的规定，触碰航标不报告的，依照《航标条例》第二十一条的规定，可以根据情节处以2万元以下的罚款；造成损失的，应当依法赔偿。

第四十八条　违反《航标条例》第十五条、第十六条、第十七条的规定，危害航标及其辅助设施或影响航标工作效能的，依照《航标条例》第二十二条的规定，责令其限期改正，处以警告，可以并处2 000元以下的罚款；造成损失的，应当依法赔偿。

第四十九条　违反《海上航行警告和航行通告管理规定》第五条第一款的规定，在中华人民共和国沿海水域从事下列活动，未事先向海事管理机构申请发布海上航行警告、航行通告，依照《海上航行警告和航行通告管理规定》第十七条的规定，责令其停止活动，并可以处2 000元以下罚款：

（一）改变航道、航槽；

（二）划定、改动或撤销禁航区、抛泥区、水产养殖区、测速区、水上娱乐区；

（三）设置或撤除公用罗经标、消磁场；

（四）打捞沉船、沉物；

（五）铺设、撤除、检修电缆和管道；

（六）设置、撤除系船浮筒及其他建筑物；

（七）设置、撤除用于海上勘探开发的设施和其安全区；

（八）从事扫海、疏浚、爆破、打桩、拔桩、起重、钻探等作业；

（九）进行使船舶航行能力受到限制的超长、超高、笨重拖带作业；

（十）进行有碍海上航行安全的海洋地质调查、勘探和水文测量；

（十一）进行其他影响海上航行和作业安全的活动。

第五十条　违反《海上航行警告和航行通告管理规定》第五条第一款、第八条规定，海上航行警告、航行通告发布后，申请人未在国家主管机关或区域主管机关核准的时间和区域内进行活动，或需要变更活动时间或改换活动区域的，未按规定重新申请发布海上航行警告、航行通告，依照《海上航行警告和航行通告管理规定》第十七条的规定，责令其停止活动，并可以处2 000元以下罚款。

第五十一条　违反《海上航行警告和航行通告管理规定》第六条、第七条规定，未在规定的时间内申请发布海上航行警告、航行通告的，依照《海上航行警告和航行通告管理规定》第十八条的规定，可以处以警告，可以并处800元以下罚款。

第五十二条　违反《海上航行警告和航行通告管理规定》第十四条规定，未按照规定抄收海岸电台播发的海上航行警告，对船舶、设施的有关责任人员，依照《海上航行警告和航行通告管理规定》第十九条的规定，根据情节，可以处以警告、扣留职务证书或吊销职务证书。

第五十三条　违反《海上航行警告和航行通告管理规定》，造成海上交通事故的，依照《海上航行警告和航行通告管理规定》第二十条，除依法承担民事赔偿责任外，根据情节轻重，处以下列行政处罚：

（一）属于非经营活动中的违法行为的，对船舶、设施所有人或经营人处以300元以上1 000元以下罚款；对船长或设施主要负责人和其他直接责任人员处以200元以上1 000元以下罚款，并可扣留船员职务证书3个月至12个月。

（二）属于经营活动中的违法行为，有违法所得的，对船舶、设施处以违法所得的3倍以下、最多不超过3万元的罚款；对船长或设施主要负责人和其他直接责任人员处以本人违法所得的3倍以下、最多不超过2万元的罚款，并可扣留船员职务证书12个月至24个月或吊销船员职务证书。

（三）属于经营活动中的违法行为，无违法所得的，对船舶、设施处以300元以上1万元以下罚款；对船长或设施主要负责人和其他直接责任人员处以200元以上1万元以下罚款，并可扣留船员职务证书6个月至24个月。

第五十四条　违反《海上交通安全法》第二十二条规定，未经海事管理机构批准，在港区、锚地、航道、通航密集区以及海事管理机构公布的航路内设置、构筑设施或进行其他有碍航行安全的活动，除责令其所有人限期搬迁或拆除外，依照《海上交通安全法》第四十四条的规定，处以下列数额的罚款：

（一）属于非经营活动中的违法行为的，处以200元以上1 000元以下罚款。

（二）属于经营活动中的违法行为，有违法所得的，处以违法所得的3倍以下、最多不超过3万元的罚款。

（三）属于经营活动中的违法行为，无违法所得的，处以300元以上1万元以下罚款。

第五十五条　违反《海上交通安全法》第二十六条规定，搬迁、拆除设施，打捞清除沉船沉物，处理水下工程善后事项，遗留有碍航行和作业安全的隐患，或在搬迁、拆除设施，打捞清除沉船沉物，处理水下工程善后事项前，其所有人或经营人未按规定设置标志，并将碍航物的名称、形状、尺寸、位置和深度准确地向海事管理机构报告，依照《海上交通安全法》第四十四条的规定，处以下列数额的罚款：

（一）属于非经营活动中的违法行为的，处以200元以上1 000元以下罚款。

（二）属于经营活动中的违法行为，有违法所得的，处以违法所得的3倍以下、最多不超过3万元的罚款。

（三）属于经营活动中的违法行为，无违法所得的，处以300元以上1万元以下罚款。

第七节　违反海上危险货物载运安全监督管理秩序

第五十六条　本节所称危险货物，是指具有

爆炸、易燃、毒害、腐蚀、放射性等特性，在运输、装卸和储存过程中，容易造成人身伤亡、财产毁损和环境污染而需要特别防护的货物，包括危险化学品。

第五十七条　违反《危险化学品安全管理条例》的规定，从事危险化学品运输船舶的船员，未经考核合格，取得上岗资格证的，依照《危险化学品安全管理条例》第六十六条的规定，处 2 万元以上 10 万元以下的罚款。

第五十八条　违反《危险化学品安全管理条例》的规定，有下列行为之一的，依照《危险化学品安全管理条例》第五十九条的规定，责令立即或限期改正，处 2 万元以上 20 万元以下的罚款；逾期未改正的，责令停产停业整顿：

（一）运输危险化学品的船舶及其配载的容器，未按照国家有关规范进行检验合格；

（二）船舶运输危险化学品，使用的包装的材质、型式、规格、方法和单件质量（重量）与所包装的危险化学品的性质和用途不相适应；

（三）船舶运输危险化学品，重复使用的包装物、容器在使用前，不进行检查；

（四）船舶运输危险化学品，使用未经检验合格的包装物、容器包装、盛装、运输。

第五十九条　违反《危险化学品安全管理条例》的规定，船舶运输、装卸危险化学品不符合国家有关法律、法规、规章的规定和国家标准，并按照危险化学品的特性采取必要安全防护措施的，依照《危险化学品安全管理条例》第六十六条的规定，处 2 万元以上 10 万元以下的罚款。

本条前款所称不符合国家有关法律、法规、规章的规定和国家标准，并按照危险化学品的特性采取必要安全防护措施，包括下列情形：

（一）装运危险化学品的船舶未按有关规定编制应急预案和配备相应救援设备和器材；

（二）装运危险化学品的船舶进出港口，不依法向海事管理机构办理申报手续；

（三）装运危险化学品的船舶擅自在非停泊危险化学品船舶的锚地、码头或其他水域停泊；

（四）船舶所装运的危险化学品，包装标志不符合有关规定；

（五）船舶装运危险化学品发生泄漏或意外事故，不及时采取措施或不向海事管理机构报告；

（六）其他不符合国家有关危险化学品法律、法规、规章的规定和危险化学品国家标准的情形。

第六十条　违反《海上交通安全法》第三十二条规定，船舶、设施储存、装卸、运输危险化学品以外的危险货物，不具备安全可靠的设备和条件，或者不遵守国家关于危险化学品以外的危险货物管理和运输的规定的，依照《海上交通安全法》第四十四条的规定，处以下列行政处罚：

（一）属于非经营活动中的违法行为的，对船舶、设施所有人或经营人处以 300 元以上 1 000 元以下罚款；对船长或设施主要负责人和其他直接责任人员处以 200 元以上 1 000 元以下罚款，并扣留船员职务证书 3 个月至 12 个月。

（二）属于经营活动中的违法行为，有违法所得的，对船舶、设施处以违法所得的 3 倍以下、最多不超过 3 万元的罚款；对船长或设施主要负责人和其他直接责任人员处以本人违法所得的 3 倍以下、最多不超过 3 万元的罚款，并扣留船员职务证书 12 个月至 24 个月或吊销船员职务证书。

（三）属于经营活动中的违法行为，无违法所得的，对船舶、设施处以 300 元以上 1 万元以下罚款；对船长或设施主要负责人和其他直接责任人员处以 200 元以上 1 万元以下罚款，并扣留船员职务证书 6 个月至 24 个月。

本条款所称不具备安全可靠的设备和条件，包括下列情形：

（一）装运危险化学品以外的危险货物的船舶，未按有关规定编制应急预案和配备相应救援设备和器材；

（二）装运危险化学品以外的危险货物的船舶及其配载的容器，未按照国家有关规范进行检验合格；

（三）船舶装运危险化学品以外的危险货物，所使用包装的材质、型式、规格、方法和单件质量（重量）与所包装的危险货物的性质和用途不相适应；

(四) 船舶装运危险化学品以外的危险货物，包装标志不符合有关规定；

(五) 装运危险化学品以外的危险货物的船舶，未按规定配备足够的取得相应的特殊培训合格证书的船员。

本条款所称不遵守国家关于危险化学品以外的危险货物管理和运输的规定，包括下列行为：

(一)使用未经检验合格的包装物、容器包装、盛装、运输；

(二)重复使用的包装物、容器在使用前，不进行检查；

(三)不按规定显示装载危险货物的信号；

(四)未按照危险货物的特性采取必要安全防护措施；

(五)不按照有关规定对载运中的危险货物进行检查；

(六)装运危险货物的船舶擅自在非停泊危险货物船舶的锚地、码头或其他水域停泊；

(七) 船舶装运危险货物发生泄漏或意外事故，不及时采取措施或不向海事管理机构报告；

(八)不遵守国家关于危险化学品以外的危险货物管理和运输的规定的其他行为。

第六十一条　违反《海上交通安全法》第三十三条规定，船舶装运危险化学品以外的危险货物进出港口，不向海事管理机构办理申报手续，依照《海上交通安全法》第四十四条的规定，处以下列行政处罚：

(一)属于非经营活动中的违法行为的，对船舶、设施所有人或经营人处以300元以上1 000元以下罚款；对船长或设施主要责人和其他直接责任人员处以 200元以上1 000元以下罚款，并扣留船员职务证书3个月至12个月。

(二)属于经营活动中的违法行为，有违法所得的，对船舶、设施处以违法所得的3倍以下、最多不超过3万元的罚款；对船长或设施主要负责人和其他直接责任人员处以本人违法所得的3倍以下、最多不超过3万元的罚款，并扣留船员职务证书12个月至24个月或吊销船员职务证书。

(三)属于经营活动中的违法行为，无违法所得的，对船舶、设施处以300元以上1万元以下罚款；对船长或设施主要负责人和其他直接责任人员处以200元以上1万元以下罚款，并扣留船员职务证书6个月至24个月。

第八节　违反海难救助管理秩序

第六十二条　违反《海上交通安全法》第三十四条规定，船舶、设施或飞机遇难时，不及时向海事管理机构报告出事时间、地点、受损情况、救助要求以及发生事故的原因的，依照《海上交通安全法》第四十四条规定，处以下列行政处罚：

(一)属于非经营活动中的违法行为的，对船舶、设施处以200元以上1 000元以下罚款；对船长、设施主要负责人处以 100元以上1 000元以下罚款，并可扣留船员职务证书3个月至6个月。

(二)属于经营活动中的违法行为的，对船舶、设施处以200元以上1万元以下罚款；对船长、设施主要负责人处以100元以上8 000元以下罚款，并可扣留船员职务证书6个月至12个月。

第六十三条　违反《海上交通安全法》第三十六条规定，事故现场附近的船舶、设施，收到求救信号或发现有人遭遇生命危险时，在不严重危及自身安全的情况下，不救助遇难人员，或不迅速向海事管理机构报告现场情况和本船舶、设施的名称、呼号和位置，依照《海上交通安全法》第四十四条规定，处以下列行政处罚：

(一)属于非经营活动中的违法行为的，对船舶、设施处以200元以上1 000元以下罚款；对船长、设施主要负责人处以100元以上1 000元以下罚款，并可扣留船员职务证书3个月至6个月。

(二)属于经营活动中的违法行为的，对船舶、设施处以200元以上1万元以下罚款；对船长、设施主要负责人处以100元以上8 000元以下罚款，并可扣留船员职务证书6个月至12个月。

第六十四条　违反《海上交通安全法》第三十七条规定，发生海上交通事故的船舶、设施有下列行为之一，依照《海上交通安全法》第四十四条规定，处以警告、罚款，扣留或吊销船员职务证书：

（一）不互通名称、国籍和登记港；

（二）不救助遇难人员；

（三）在不严重危及自身安全的情况下，擅自离开事故现场或逃逸。

本条前款规定罚款的数额、扣留船员职务证书的期限和吊销船员职务证书，依照下列规定确定：

（一）属于非经营活动中的违法行为的，对船舶、设施所有人或经营人处以200元以上1 000元以下罚款；对船长、设施主要负责人处以100元以上1 000元以下罚款，并可扣留船员职务证书3个月至6个月。

（二）属于经营活动中的违法行为的，对船舶、设施所有人或经营人处以200元以上1万元以下罚款；对船长、设施主要负责人处以100元以上8 000元以下罚款，并可扣留船员职务证书6个月至12个月。

第六十五条　违反《海上交通安全法》第三十八条规定，有关单位和在事故现场附近的船舶、设施，不听从海事管理机构统一指挥实施救助，依照《海上交通安全法》第四十四条规定，处以下列行政处罚：

（一）属于非经营活动中的违法行为的，对船舶、设施所有人或经营人处以 200元以上1 000元以下罚款；对船长、设施主要负责人处以100元以上1 000元以下罚款，并可扣留船员职务证书3个月至6个月。

（二） 属于经营活动中的违法行为的，对船舶、设施所有人或经营人处以200元以上1万元以下罚款；对船长、设施主要负责人处以100元以上8 000元以下罚款，并可扣留船员职务证书6个月至12个月。

第六十六条　违反《海上交通安全法》第三十九条规定，外国派遣船舶或飞机进入中国领海或领海上空搜寻救助遇难的船舶或人员，未经海事管理机构批准，依照《海上交通安全法》第四十四条规定，处以下列行政处罚：

（一）属于非经营活动中的违法行为的，对船舶所有人或船舶经营人处以300元以上1 000元以下罚款；对船长处以200元以上1 000元以下罚款。

（二）属于经营活动中的违法行为，有违法所得的，对船舶所有人或船舶经营人处以违法所得的3倍以下、最多不超过3万元的罚款；对船长处以本人违法所得的3倍以下、最多不超过2万元的罚款。

（三）属于经营活动中的违法行为，无违法所得的，对船舶所有人或船舶经营人处以300元以上1万元以下罚款；对船长处以200元以上1万元以下罚款。

第九节　违反海上打捞管理秩序

第六十七条　本节所称外商、沉船沉物、打捞作业，其含义分别与《关于外商参与打捞中国沿海水域沉船沉物管理办法》使用的同一用语的含义相同。

第六十八条　违反《海上交通安全法》第四十条规定，对影响安全航行、航道整治以及有潜在爆炸危险的沉没物、漂浮物，其所有人、经营人不按海事管理机构限定期限打捞清除，依照《海上交通安全法》第四十四条规定，处以下列行政处罚：

（一）属于非经营活动中的违法行为的，对法人或其他组织处以200元以上1 000元以下罚款；对自然人处以100元以上1 000元以下罚款。

（二）属于经营活动中的违法行为，有违法所得的，对法人或其他组织处以违法所得的3倍以下、最多不超过3万元的罚款；对自然人处以本人违法所得的3倍以下、最多不超过2万元的罚款。

（三）属于经营活动中的违法行为，无违法所得的，对法人或其他组织处以300元以上1万元以下罚款；对自然人处以200元以上8 000元以下罚款。

第六十九条　违反《海上交通安全法》第四十一条规定，未经海事管理机构批准，擅自打捞或拆除沿海水域内的沉船沉物，依照《海上交通安全法》第四十四条规定，处以下列行政处罚：

（一）属于非经营活动中的违法行为的，对法人或其他组织处以200元以上1 000元以下罚款;对自然人处以100元以上1 000元以下罚款。

(二)属于经营活动中的违法行为,有违法所得的,对法人或其他组织处以违法所得的3倍以下、最多不超过3万元的罚款;对自然人处以本人违法所得的3倍以下、最多不超过2万元的罚款。

(三)属于经营活动中的违法行为,无违法所得的,对法人或其他组织处以300元以上1万元以下罚款;对自然人处以200元以上8 000元以下罚款。

第七十条　外商违反《关于外商参与打捞中国沿海水域沉船沉物管理办法》的规定,擅自打捞中国沿海水域沉船沉物的,依照《关于外商参与打捞中国沿海水域沉船沉物管理办法》第二十条的规定,除责令其停止打捞作业,处以警告或1 000元以下罚款。

第十节　违反海上船舶污染沿海水域环境监督管理秩序

第七十一条　本节所称水上拆船、海港、船舶,其含义分别与《防止拆船污染环境管理条例》使用的同一用语的含义相同。

本节所称内水、海洋环境污染损害、排放、倾倒,其含义分别与《海洋环境保护法》使用的同一用语的含义相同。

第七十二条　违反《防止拆船污染环境管理条例》规定,有下列情形之一的,依照《防止拆船污染环境管理条例》第十七条的规定,除责令其限期纠正外,还可以根据不同情节,处以1万元以上10万元以下的罚款:

(一)未持有经批准的环境影响报告书(表),擅自设置拆船厂进行拆船的;

(二)发生污染损害事故,不向监督拆船污染的海事管理机构报告也不采取消除或控制污染措施的;

(三)废油船未经洗舱、排污、清舱和测爆即行拆解的;

(四)任意排放或丢弃污染物造成严重污染的。

第七十三条　违反《防止拆船污染环境管理条例》规定,有下列情形之一的,依照《防止拆船污染环境管理条例》第十八条的规定,除责令其限期纠正外,还可以根据不同情节,处以警告或处以1万元以下的罚款:

(一)拒绝或阻挠海事管理机构进行现场检查或在被检查时弄虚作假的;

(二)未按规定要求配备和使用防污设施、设备和器材,造成环境污染的;

(三)发生污染损害事故,虽采取消除或控制污染措施,但不向监督拆船污染的海事管理机构报告的;

(四)拆船单位关闭、搬迁后,原厂址的现场清理不合格的。

第七十四条　违反《海洋环境保护法》有关规定,船舶有下列行为之一的,依照《海洋环境保护法》第七十三条的规定,责令限期改正,并处以罚款:

(一)向沿海水域排放《海洋环境保护法》禁止排放的污染物或其他物质的;

(二)不按照《海洋环境保护法》规定向海洋排放污染物,或超过标准排放污染物的;

(三)未取得海洋倾倒许可证,向海洋倾倒废弃物的;

(四)因发生事故或其他突发性事件,造成海洋环境污染事故,不立即采取处理措施的。

有前款第(一)项、第(三)项行为之一的,处3万元以上20万元以下的罚款;有前款第(二)项、第(四)项行为之一的,处2万元以上10万元以下的罚款。

第七十五条　违反《海洋环境保护法》有关规定,船舶有下列行为之一的,依照《海洋环境保护法》第七十四条的规定,予以警告,或处以罚款:

(一)不按照规定申报,甚至拒报污染物排放有关事项,或在申报时弄虚作假的;

(二)发生事故或其他突发性事件不按照规定报告的;

(三)不按照规定记录倾倒情况,或不按照规定提交倾倒报告的;

(四)拒报或谎报船舶载运污染危害性货物申

报事项的。

有前款第(一)项、第(三)项行为之一的,处2万元以下的罚款;有前款第(二)项、第(四)项行为之一的,处5万元以下的罚款。

第七十六条　违反《海洋环境保护法》第十九条第二款的规定,船舶拒绝现场检查,或在被检查时弄虚作假的,依照《海洋环境保护法》第七十五条的规定,予以警告,并处2万元以下的罚款。

第七十七条　违反《海洋环境保护法》规定,船舶在港口区域内造成珊瑚礁、红树林等海洋生态系统及海洋水产资源、海洋保护区破坏的,依照《海洋环境保护法》第七十六条的规定,责令限期改正和采取补救措施,并处1万元以上10万元以下的罚款;有违法所得的,没收其违法所得。

第七十八条　违反《海洋环境保护法》第三十九条第二款的规定,船舶经中华人民共和国管辖沿海水域,转移危险废物的,依照《海洋环境保护法》第七十九条的规定,责令非法运输该危险废物的船舶退出中国管辖沿海水域,并处5万元以上50万元以下的罚款。

第七十九条　违反《海洋环境保护法》规定,有下列行为之一的,依照《海洋环境保护法》第八十八条的规定,予以警告,或处以罚款:

(一)船舶未按规定配备防污设施、器材的;

(二)船舶未持有防污证书、防污文书的;

(三)不按照规定记载涉及污染物排放及操作记录的;

(四)从事水上和港区水域拆船、旧船改装、打捞和其他水上、水下施工作业,造成海洋环境污染损害的;

(五)船舶载运的货物不具备防污适运条件的。

有前款第(一)项、第(五)项行为之一的,处2万元以上10万元以下的罚款;有前款第(二)项、第(三)项行为的,处2万元以下的罚款;有前款第(四)项行为的,处以5万元以上20万元以下的罚款。

第八十条　违反《海洋环境保护法》规定,船舶不编制溢油应急计划的,依照《海洋环境保护法》第八十九条的规定,予以警告,或责令限期改正。

第八十一条　违反《海洋环境保护法》规定,造成海洋环境污染事故的法人或其他组织,依照《海洋环境保护法》第九十一条的规定,根据所造成的危害和损失处以直接损失的百分之三十的罚款,但罚款数额最高不得超过30万元。

第十一节　违反海上交通事故调查处理秩序

第八十二条　本规定所称海上交通事故,其含义与《海上交通事故调查处理条例》使用的同一用语的含义相同。

第八十三条　违反《海上交通事故调查处理条例》规定,有下列行为之一的,依照《海上交通事故调查处理条例》第二十九条的规定,对船员处以警告或200元以下罚款;对船舶所有人或经营人处以警告或5 000元以下罚款:

(一)发生海上交通事故,未按规定的时间向海事管理机构报告或提交《海上交通事故报告书》;

(二)发生海上交通事故,在国外进行诉讼、仲裁或调解,船舶所有人或经营人未按《海上交通事故调查处理条例》第三十二条规定的时间将判决书、裁决书或调解书的副本或影印件报船籍港的海事管理机构备案;

(三)发生海上交通事故,未按海事管理机构的要求驶往指定地点,或在未发现危及船舶安全的情况下未经海事管理机构同意擅自驶离指定地点;

(四)发生海上交通事故,报告或《海上交通事故报告书》的内容不符合《海上交通事故调查处理条例》第五条、第七条规定的要求,或不真实,影响事故调查或给有关部门造成损失;

(五)发生海上交通事故,不按《海上交通事故调查处理条例》第九条的规定,向当地或船舶第一到达港地的船舶检验机构、公安消防监督机关申请检验、鉴定,并将检验报告副本送交海事管理机构备案,影响事故调查;

(六)拒绝接受事故调查或无理阻挠、干扰海事管理机构进行事故调查的；

（七）在接受事故调查时故意隐瞒事实或提供虚假证明。

第四章　海上海事行政处罚程序

第一节　管　辖

第八十四条　海事行政处罚案件由海事行政违法行为发生地的海事管理机构管辖，法律、行政法规和本规定另有规定的除外。

本条前款所称海事行政违法行为发生地，包括海事行政违法行为的初始发生地、过程经过地、结果发生地。

第八十五条　各级海事局所属的海事处管辖本辖区内的下列海事行政处罚案件：

（一）对自然人处以警告、1 000 元以下罚款、扣留船员职务证书 3 个月至 6 个月的海事行政处罚；

（二）对法人或其他组织处以警告、1 万元以下罚款的海事行政处罚。

各级海事局管辖本辖区内的所有海事行政处罚案件。

第八十六条　对海事行政处罚案件管辖发生争议的，报请共同的上一级海事管理机构指定管辖。

下级海事管理机构对其管辖的海事行政处罚案件，认为需要由上级海事管理机构办理的，可以报请上级海事管理机构决定。

第八十七条　海事管理机构对不属其管辖的海事行政处罚案件，应当移送有管辖权的海事管理机构；受移送的海事管理机构如果认为移送不当，应当报请共同的上一级海事管理机构指定管辖。

第八十八条　上级海事管理机构自收到解决海事行政处罚案件管辖争议或报请移送海事行政处罚案件管辖的请示之日起 7 日内作出管辖决定。

第二节　简易程序

第八十九条　海事行政违法事实确凿，并有法定依据的，对自然人处以警告或处以 50 元以下罚款，对法人或其他组织处以警告或 1 000 元以下罚款的海事行政处罚的，可以当场作出海事行政处罚决定。

第九十条　海事行政执法人员依法当场作出海事行政处罚决定，应当遵守下列程序：

（一）向当事人出示海事行政执法证件；

（二）告知当事人作出海事行政处罚决定的事实、理由和依据以及当事人依法享有的权利；

（三）听取当事人的意见；

（四）复核当事人提出的事实、理由和证据；

（五）填写预定格式、统一编号的海事行政处罚决定书；

（六）将海事行政处罚决定书当场交付当事人；

（七）当事人在海事行政处罚决定书副本上签字。

第九十一条　海事行政执法人员依法当场作出海事行政处罚决定的，应当在 3 日内将海事行政处罚决定书副本报所属海事管理机构备案。

第三节　一般程序

第九十二条　除依法可以当场作出的海事行政处罚外，海事管理机构发现自然人、法人或其他组织有依法应当处以海事行政处罚的海事行政违法行为，应当自发现之日起 7 日内填写海事行政处罚立案呈批表，报本海事管理机构负责人批准，但本规定另有规定的，从其规定。

发生海上交通事故应当处以海事行政处罚的，应当自海上交通事故调查完结之日起 7 日内填写海事行政处罚立案呈批表，报本海事管理机构负责人批准。

第九十三条　海事管理机构对海事行政处罚案件，应当全面、客观、公正地进行调查，收集有关证据；必要时，可以依法进行检查。

第九十四条　能够证明海事行政处罚案件真实情况的事实，都是证据。

海事行政处罚案件的证据种类如下：

（一）书证；

（二）物证；

（三）视听资料；

（四）证人证言；

（五）当事人的陈述；

（六）鉴定结论；

（七）勘验笔录、现场笔录。

第九十五条　进行海事行政处罚案件的调查或检查，由海事管理机构负责人指定2名以上海事行政执法人员担任调查人员。

调查人员与本案有直接利害关系的，应当回避。

第九十六条　调查人员询问或检查，应当出示海事行政执法证件，并制作询问笔录或检查笔录。

询问笔录或检查笔录经被询问人、被检查人确认无误后，由被询问人、被检查人签名或盖章。拒绝签名或盖章的，调查人员应在笔录上注明情况。

对涉及国家机密、商业秘密和个人隐私的，海事管理机构和调查人员、检查人员应当为其保守秘密。

第九十七条　收集海事行政处罚案件的书证、物证和视听资料，应当是原件、原物。收集原件、原物确有困难的，可由提交证据的自然人、法人或其他组织在复制品、照片等物件上签名或盖章，并注明“与原件（物）相同”字样。

海事管理机构可以使用照相、录音、录像以及法律允许的其他调查手段。

第九十八条　调查人员、检查人员查阅、调取与海事行政处罚案件有关资料，可以对有关内容进行摘录或复制，并注明来源。

第九十九条　调查人员、检查人员对与案件有关物品或场所进行勘验或检查，应当通知当事人到场，制作勘验笔录或检查笔录。当事人不到场或暂时难以确定当事人的，可以请在场的其他人作证。

勘验笔录或检查笔录应当由当事人或证人签名或盖章；拒绝签名或盖章的，调查人员应当在勘验笔录或检查笔录上注明情况。

第一百条　对需要抽样取证的，应当通知当事人到场，并制作抽样取证清单。当事人不到场或暂时难以确定当事人的，可以请在场的其他人作证。

抽样取证清单，应当由调查人员、当事人或证人签名或盖章。

海事管理机构应当妥善保管抽样取证物品；需要退还的，应当及时退还。

第一百零一条　为查明海事行政处罚案件事实需要进行技术鉴定的专门性问题，海事管理机构应当聘请有关技术鉴定机构或具有专门技术的人员进行鉴定，并制作鉴定结论，由技术鉴定机构和人员签名或盖章。

第一百零二条　海事行政处罚案件的证据可能灭失或以后难以取得的，经海事管理机构负责人批准，可以通知当事人或有关人员到场，先行登记保存证据，并制作证据登记保存清单。当事人或有关人员不到场或暂时难以确定当事人、有关人员的，可以请在场的其他人作证。

证据登记保存清单，应当由调查人员、检查人员、当事人或有关人员、证人签名或盖章。拒绝签名、盖章的，调查人员应当在证据登记保存清单上注明情况。

海事管理机构对登记保存的物品，应当在7日内作出下列处理决定：

（一）需要进行技术鉴定的，依照本规定第一百零一条的规定送交鉴定；

（二）对不应当处以海事行政处罚的，应当解除先行登记保存，并将先行登记保存的物品及时退还；

（三）法律、法规、规章规定应当作其他处理的，依法作其他处理。

第一百零三条　海事行政处罚案件调查结束后，应当制作海事行政处罚案件调查报告，连同海事行政违法案件立案呈批表和证据材料，移送本海事管理机构负责法制工作的内设机构进行预审。

第一百零四条　海事管理机构负责法制工作的内设机构预审海事行政处罚案件采取书面形式进行，主要内容包括：

（一）案件是否属于本海事管理机构管辖；

（二）当事人的基本情况是否清楚；

（三）案件事实是否清楚，证据是否确实、充分；

（四）定性是否准确；

(五)适用法律、法规、规章是否准确；

(六)行政处罚是否适当；

(七)办案程序是否合法。

第一百零五条　海事管理机构负责法制工作的内设机构预审完毕后，应当根据下列规定提出书面意见，报本海事管理机构负责人审查：

(一)违法事实清楚，证据确实、充分，行政处罚适当、办案程序合法，按规定不需要听证或当事人放弃听证的，同意负责行政执法调查的内设机构的意见，建议报批后告知当事人；

(二)违法事实清楚，证据确实、充分，行政处罚适当、办案程序合法，按规定应当听证的，同意调查人员意见，建议报批后举行听证，并告知当事人；

(三)违法事实清楚，证据确实、充分，但定性不准、适用法律不当、行政处罚不当的，建议调查人员修改；

(四)违法事实不清，证据不足的，建议调查人员补正；

(五)办案程序不合法的，建议调查人员纠正；

(六)不属于本海事管理机构管辖的，建议移送其他有管辖权的机关处理。

第一百零六条　海事管理机构负责人审查完毕后，应当根据《行政处罚法》第三十八条的规定作出行政处罚决定、不予行政处罚决定、举行听证、移送其他有关机关处理的决定。

对自然人罚款或没收非法所得数额超过 1 万元，对法人或其他组织罚款或没收非法所得数额超过 3 万元以及撤销船舶检验资格、没收船舶、没收或吊销船舶登记证书、吊销船员职务证书、吊销海员出境入境证件的海事行政处罚，海事管理机构的负责人应当集体讨论决定。

第一百零七条　海事管理机构负责人对海事违法行为调查报告审查后，认为应当处以行政处罚的，海事管理机构应当制作海事违法行为通知书送达当事人，告知拟处以的行政处罚的事实、理由和证据，并告知当事人有权在收到该通知书之日起 3 日内进行陈述和申辩，对依法应当听证的告知当事人有权在收到该通知书之日起 3 日内提出听证要求。

第一百零八条　当事人提出陈述和申辩的，海事管理机构应当充分听取，并对当事人提出的事实、理由和证据进行复核；当事人提出的事实、理由或证据成立的，海事管理机构应当采纳。

当事人要求组织听证的，海事管理机构应当按本章第四节的规定组织听证。

当事人逾期未提出陈述、申辩或逾期未要求组织听证的，视为放弃有关权利。

第一百零九条　海事管理机构作出海事行政处罚决定，应当制作海事行政处罚决定书，并加盖本海事管理机构的印章。

第一百一十条　海事行政处罚决定书应当在海事管理机构宣告后当场交付当事人，并将告知情况记入送达回证，由当事人在送达回证上签名或盖章；当事人不在场的，应当在 7 日内依法采取其他方式送达当事人。

第一百一十一条　海事行政处罚案件应当自立案之日起 2 个月内办理完毕。因特殊需要，经海事管理机构负责人批准可以延长办案期间，但最长不得延长至 3 个月。如 3 个月内仍不能办理完毕，经上一级海事管理机构批准可再延长办案期间，但最长不得延长至 6 个月。

第四节　听证程序

第一百一十二条　在作出较大数额罚款、吊销证书的海事行政处罚决定之前，海事管理机构应当告知当事人有要求举行听证的权利；当事人要求听证的，海事管理机构应当组织听证。

本条前款所称“较大数额罚款”，是指对自然人处以 1 万元以上罚款，对法人或其他组织处以 10 万元以上罚款。由地方海事管理机构处以罚款的，也可以按照省、自治区、直辖市人民代表大会常务委员会或人民政府规定的标准确定“较大数额罚款”。

第一百一十三条　海事行政处罚听证依照《行政处罚法》第四十二条的规定组织。

第一百一十四条　海事管理机构的听证人员包括听证主持人、听证员和书记员。

听证主持人由海事管理机构负责人指定本海

事管理机构负责法制工作的机构的非本案调查人员担任。

听证员由海事管理机构负责人指定1至2名本海事管理机构的非本案调查人员担任，协助听证主持人组织听证。

书记员由海事管理机构负责人指定1名非本案调查人员担任，负责听证笔录的制作和其他事务。

第一百一十五条　当事人委托代理人参加听证会的，应当向海事管理机构提交当事人签署的授权委托书。

第一百一十六条　当事人有正当理由要求延期举行听证的，经海事管理机构批准，可以延期一次。

第一百一十七条　海事行政处罚听证，按以下程序进行：

（一）宣布案由和听证纪律；

（二）核对当事人或其代理人、本案调查人员、证人及其他有关人员是否到场，并核实听证参加人的身份；

（三）宣读并出示海事管理机构负责人签署的听证决定，宣布听证人员名单，告知当事人有申请主持人回避、申辩和质证的权利；

（四）宣布听证开始；

（五）案件调查人员提出当事人违法的事实、证据，说明拟作出行政处罚的建议和法律依据；

（六）当事人或其委托代理人对案件的事实、证据，适用法律，行政处罚裁量等进行申辩和质证；

（七）主持人就案件的有关问题向当事人或其委托代理人、案件调查人员、证人询问；

（八）经主持人允许，当事人、调查人员就案件的有关问题可以向到场的证人发问；

（九）本案调查人员、当事人或其委托代理人按顺序就案件所涉及的事实、各自出示的证据的合法性、真实性及有关的问题进行辩论；

（十）辩论终结，听证主持人可以再就本案的事实、证据及有关问题向当事人或其代理人、本案调查人员征求意见；

（十一）中止听证的，主持人应当时宣布再次进行听证的有关事宜；

（十二）当事人或其委托代理人做最后陈述；

（十三）主持人宣布听证结束，听证笔录交当事人或其委托代理人核对无误后签字或盖章。认为有错误的，有权要求补充或改正。当事人拒绝的，由听证主持人在听证笔录上说明情况。

第一百一十八条　有下列情形之一的，主持人可以决定延期举行听证：

（一）当事人因不可抗拒的事由无法到场的；

（二）当事人临时申请回避的；

（三）其他应当延期的情形。

第一百一十九条　有下列情形之一的，主持人可以宣布中止听证：

（一）证据需要重新鉴定、勘验的；

（二）当事人或其代理人提出新的事实、理由和证据，需要由本案调查人员调查核实的；

（三）作为听证申请人的法人或其他组织突然解散，尚未确定权利、义务承受人的；

（四）当事人因不可抗拒的事由，不能继续参加听证的；

（五）听证过程中，当事人或其代理人违反听证纪律致使听证无法进行的；

（六）其他应当中止听证的情形。

中止听证，应当在听证笔录中写明情况，由主持人签名。

第一百二十条　延期、中止听证的情形消失后，由主持人决定恢复听证并将听证的时间、地点通知听证参加人。

第一百二十一条　有下列情形之一的，应当终止听证：

（一）当事人或其代理人撤回听证要求的；

（二）当事人或其代理人接到参加听证的通知，无正当理由不参加听证的；

（三）当事人或其代理人未经听证主持人允许，中途退出听证的；

（四）其他应当终止听证的情形。

听证终止，应当在听证笔录中写明情况，由主持人签名。

第一百二十二条　听证结束后，主持人应当依据听证情况制作海事行政处罚听证报告书，连同听证笔录报海事管理机构负责人审查后，依照本规定第一百零六条的规定作出决定。

第五节 执行程序

第一百二十三条 有《行政处罚法》第四十七条规定第(一)项、第(二)项规定情形之一,或有《行政处罚法》第四十八条规定的情形的,海事管理机构及其海事行政执法人员可以当场收缴罚款。

罚款以人民币计算,并向当事人出具符合法定要求的罚款收据。

当事人无正当理由逾期不缴纳罚款的,海事管理机构依法每日按罚款数额的3%加处罚款。

第一百二十四条 被处以扣留证书的,当事人应当及时将被扣留证书送交作出处罚决定的海事管理机构。扣留证书期满后,海事管理机构应将所扣证书发还当事人,也可以通知当事人领取被扣证书。

被处以扣留、吊销证书,当事人拒不送交被扣留、被吊销的证书的,海事管理机构应当公告该证书作废。

第一百二十五条 海事管理机构对船员处以海事行政处罚后,应当记入该船员的《船员服务簿》。

第一百二十六条 对当事人处以没收船舶处罚的,海事管理机构应当依法处理所没收的船舶。

第一百二十七条 当事人在法定期限内不申请复议或提起诉讼,又不履行海事行政处罚决定的,海事管理机构依法申请人民法院强制执行。

第一百二十八条 海事行政处罚案件执行完毕后,应当填写海事行政处罚结案表,并将全部案件材料立卷归档,交海事管理机构负责法制工作的内设机构登记并妥善保管。

第六节 监督程序

第一百二十九条 自然人、法人或其他组织对海事管理机构作出的行政处罚有权申诉或检举。

自然人、法人或其他组织的申诉或检举,由海事管理机构负责法制工作的内设机构受理和审查,认为海事行政处罚有下列情形之一的,经海事管理机构负责人同意后,予以改正:

(一)主要事实不清、证据不足的;

(二)适用依据错误的;

(三)违反法定程序的;

(四)超越或滥用职权的;

(五)具体行政行为明显不当的。

第一百三十条 海事管理机构负责法制工作的内设机构发现本海事管理机构作出的海事行政处罚有第一百二十九条第二款规定的情形之一的,应当向海事管理机构负责人提出建议,予以改正。

第一百三十一条 上级海事管理机构发现下级海事管理机构作出的海事行政处罚有第一百二十九条第二款规定的情形之一的,应当责令其改正。

第一百三十二条 海事管理机构和海事行政执法人员违法实施行政处罚的,按照《行政处罚法》有关规定追究法律责任。

第五章 附 则

第一百三十三条 本规定所称以上、以下、以内,包括本数,本规定另有规定的除外。

第一百三十四条 本规定所称日,是指工作日。本规定所称月,按30日计算。

第一百三十五条 海事管理机构办理海事行政处罚案件,应当使用交通部制订的统一格式的海事行政处罚文书。

第一百三十六条 本规定自2003年9月1日起施行。1998年9月2日交通部令第1998年第7号公布的《中华人民共和国水上安全监督行政处罚规定》同时废止。此前交通部公布的其他有关规章与本规定不一致的,以本规定为准。

中华人民共和国海关总署公告

（〔2003〕45 号 2003 年 7 月 21 日）

为适应经济全球化和我国加入世贸组织的新形势，按照守法便利原则促进我国大型高新技术企业的健康快速发展，决定自 2003 年 9 月 1 日起，加工贸易联网监管企业（以下简称“联网企业”）内销可集中办理补税手续，现就有关问题公告如下：

一、本公告所称联网企业，是指依据《中华人民共和国海关对加工贸易企业实施计算机联网监管办法》（海关总署令第 100 号发布），海关实施联网监管的加工贸易企业。

二、对于已经取得《加工贸易保税进口料件内销批准证》的联网企业，其内销保税货物在核定的品种、数量和金额范围内，经联网企业申请并经企业主管海关同意，可按月度集中办理内销补税手续。

三、按月度集中办理内销补税手续的联网企业，在每个核销周期结束前，必须办结所有的内销补税手续。集中补税时要按规定征收缓税利息。缓税利息的计征日期按核销周期计算，按日计征，其起征日为上一核销周期核销日的次日（实施联网监管后从未核销的，为联网后首批料件进口之日），截止日为海关补征税款之日。

四、申请按月度集中办理内销补税手续的联网企业，应相应修改其《联网监管责任担保书》，其经济责任总担保中应包括集中办理内销补税的相关内容。

五、未提出集中办理内销补税手续申请的以及提出申请经海关审查后不符合条件的联网企业，仍按现行规定先补税后内销。

中华人民共和国海关总署、中华人民共和国国家质量监督检验检疫总局公告

（2003年第63号 2003年11月18日）

经国务院关税税则委员会批准，中华人民共和国商务部于2003年11月14日发布2003年第65号公告(以下简称“商务部65号公告”),公布了新增加的钢铁保障措施配额到量后不再加征特别关税的产品品种(以下简称“调整产品”),并规定自2003年11月20日起施行。现就有关执行问题公告如下：

一、为便于进口企业向海关申报,并便于海关和出入境检验检疫机构进行监督、检验工作，现将中华人民共和国海关总署、中华人民共和国国家质量监督检验检疫总局联合发布的2003年第41号公告(以下简称“海关、质检41号公告”)附件所列不加征特别关税的《钢铁保障措施调整产品清单》和商务部65号公告附件所列不加征特别关税的《产品清单》合并为1个统一的钢铁保障措施调整产品清单 (详见本公告附件),其中，产品序号为第1项至101项的产品为海关、质检41号公告附件所列的调整产品，第102项至189项的产品为商务部65号公告附件所列新增加的调整产品。

二、自2003年11月20日起,进口货物的收货人办理应归入本公告附件所列商品编号的货物的进口报关手续时，应按10位数商品编号申报。如果进口货物符合本公告附件所列调整产品的特性描述，申报时应在8位数商品编号后加“.10”,即××××××××.10,并须在报关单“规格型号”栏中同时填写本公告附件所列该调整产品的产品序号,即“××号产品”;如果进口货物不符合本公告附件所列调整产品的特性描述，即不属于调整产品的进口货物，申报时应在8位数商品编号后加“.90”,即××××××××.90。

三、当某类实施保障措施的钢铁产品达到配额量后,对属于调整产品的进口货物(申报的商品编号为“××××××××.10”),通关时海关应先按适用的关税税率和进口环节税税率办理征税、免税或者保税验放手续,并同时收取相当于加征特别关税税款的保证金后放行货物;其后,进口货物的收货人需向海关提交出入境检验检疫机构出具的检验证书,海关凭此确认已放行货物是否与申报相符，并办理相应的退还保证金或转税手续。

四、进口货物的收货人向出入境检验检疫机构报检调整产品时,应在报检单“货物名称”栏中同时填写本公告附件所列调整产品的产品序号,即“××号产品”,其他检验检疫放行手续仍按现行程序办理。对调整产品实施检验的检验检疫机构应根据本公告附件所列内容,单独出具一份检验证书，列出区分调整产品所需要的技术指标,以供海关判定是否属于不加征特别关税的调整产品。

五、彩涂板项下调整产品的通关确认方式是凭出入境检验检疫机构出具的检验证书。为执行这一规定，进口货物的收货人在办理彩涂板项下调整产品的进口报关手续时，需要向海关提交出入境检验检疫机构出具的《入境货物通关单》,其他申报要求和验放规定同上。

六、自2003年11月20日起,中华人民共和国海关总署、中华人民共和国国家质量监督检验检疫总局联合发布的2003年第41号公告停止执行。

中华人民共和国海关进出口货物申报管理规定

（中华人民共和国海关总署令 第103号 2003年9月18日）

第一章 总 则

第一条 为规范进出口货物的申报行为，依据《中华人民共和国海关法》及国家进出口管理的有关法律、行政法规，制定本规定。

第二条 本规定中的“申报”是指进出口货物的收发货人、受委托的报关企业，依照《海关法》以及有关法律、行政法规和规章的要求，在规定的期限、地点，采用电子数据报关单和纸质报关单形式，向海关报告实际进出口货物的情况，并接受海关审核的行为。

第三条 除另有规定外，进出口货物的收发货人或其委托的报关企业向海关办理各类进出口货物的申报手续，均适用本规定。

第四条 进出口货物的收发货人，可以自行向海关申报，也可以委托报关企业向海关申报。

向海关办理申报手续的进出口货物的收发货人、受委托的报关企业应当预先在海关依法办理登记注册。

第五条 申报采用电子数据报关单申报形式和纸质报关单申报形式。电子数据报关单和纸质报关单均具有法律效力。

电子数据报关单申报形式是指进出口货物的收发货人、受委托的报关企业通过计算机系统按照《中华人民共和国海关进出口货物报关单填制规范》的要求向海关传送报关单电子数据并备齐随附单证的申报方式。

纸质报关单申报形式是指进出口货物的收发货人、受委托的报关企业，按照海关的规定填制纸质报关单，备齐随附单证，向海关当面递交的申报方式。

进出口货物的收发货人、受委托的报关企业应当以电子数据报关单形式向海关申报，与随附单证一并递交的纸质报关单的内容应当与电子数据报关单一致；特殊情况下经海关同意，允许先采用纸质报关单形式申报，电子数据事后补报，补报的电子数据应当与纸质报关单内容一致。在向未使用海关信息化管理系统作业的海关申报时可以采用纸质报关单申报形式。

第六条 为进出口货物的收发货人、受委托的报关企业办理申报手续的人员，应当是取得报关员资格并在海关注册的报关员。未取得报关员资格且未在海关注册的人员不得办理进出口货物申报手续。

报关员应当按照国家和海关的法律法规规定和要求开展报关活动。除法律、行政法规和规章另有规定外，报关员及其所属企业应对报关员的申报行为承担相应的法律责任。

第二章 申报要求

第七条 进出口货物的收发货人、受委托的报关企业应当依法如实向海关申报，对申报内容的真实性、准确性、完整性和规范性承担相应的法律责任。

第八条 进口货物的收货人、受委托的报关企业应当自运输工具申报进境之日起14日内向海关申报。

进口转关运输货物的收货人、受委托的报关企业应当自运输工具申报进境之日起14日内，向进境地海关办理转关运输手续，有关货物应当自运抵指运地之日起14日内向指运地海关申报。

出口货物发货人、受委托的报关企业应当在货物运抵海关监管区后、装货的24小时以前向海关申报。

超过规定时限未向海关申报的，海关按照《中华人民共和国海关征收进口货物滞报金办法》征收滞报金。

第九条 本规定中的申报日期是指申报数据被海关接受的日期。不论以电子数据报关单方式申报或以纸质报关单方式申报，海关以接受申报数据的日期为接受申报的日期。

以电子数据报关单方式申报的，申报日期为海关计算机系统接受申报数据时记录的日期，该日期将反馈给原数据发送单位，或公布于海关业务现场，或通过公共信息系统发布。

以纸质报关单方式申报的，申报日期为海关接受纸质报关单并对报关单进行登记处理的日期。

第十条 电子数据报关单经过海关计算机检查被退回的，视为海关不接受申报，进出口货物收发货人、受委托的报关企业应当按照要求修改后重新申报，申报日期为海关接受重新申报的日期。

海关已接受申报的报关单电子数据，经人工审核后，需要对部分内容修改的，进出口货物收发货人、受委托的报关企业应当按照海关规定进行修改并重新发送，申报日期仍为海关原接受申报的日期。

第十一条 进出口货物的收发货人以自己的名义，向海关申报的，报关单应当由进出口货物收发货人签名盖章，并随附有关单证。

报关企业接受进出口货物的收发货人委托，以自己的名义或以委托人的名义向海关申报的，应当向海关提交由委托人签署的授权委托书，并按照委托书的授权范围办理有关海关手续。

第十二条 报关企业接受进出口货物收发货人委托办理报关手续的，应当与进出口货物收发货人签订有明确委托事项的委托协议，进出口货物收发货人应当向报关企业提供委托报关事项的真实情况。

报关企业接受进出口收发货人的委托，办理报关手续时，应当对委托人所提供情况的真实性、完整性进行合理审查，审查内容包括：

（一）证明进出口货物的实际情况的资料，包括进出口货物的品名、规格、用途、产地、贸易方式等；

（二）有关进出口货物的合同、发票、运输单据、装箱单等商业单据；

（三）进出口所需的许可证件及随附单证；

（四）海关要求的加工贸易手册（纸质或电子数据的）及其他进出口单证。

报关企业未对进出口货物的收发货人提供情况的真实性、完整性履行合理审查义务或违反海关规定申报的，应当承担相应的法律责任。

第十三条 进口货物的收货人，向海关申报前，因确定货物的品名、规格、型号、归类等原因，可以向海关提出查看货物或者提取货样的书面申请。海关审核同意的，派员到场实际监管。

查看货物或提取货样时，海关开具取样记录和取样清单；提取货样的货物涉及动植物及产品以及其他须依法提供检疫证明的，应当按照国家的有关法律规定，在取得主管部门签发的书面批准证明后提取。提取货样后，到场监管的海关关员与进口货物的收货人在取样记录和取样清单上签字确认。

第十四条 海关接受进出口货物的申报后，申报内容不得修改，报关单证不得撤销；确有如下正当理由的，收发货人、受委托的报关企业向海关递交书面申请，经海关审核批准后，可以进行修改或撤销：

（一）由于计算机、网络系统等方面的原因导致电子数据申报错误的；

（二）海关在办理出口货物的放行手续后，由于装运、配载等原因造成原申报货物部分或全部退关需要修改或撤销报关单证及其内容的；

（三）报关人员由于操作或书写失误造成申报差错，但未对国家贸易管制政策的实施、税费征收及海关统计指标等造成危害的；

（四）海关审价、归类审核或专业认定后需对原申报数据进行修改的；

（五）根据贸易惯例先行采用暂时价格成交、实际结算时按商检品质认定或国际市场实际价格付款方式需要修改原申报数据的；海关已经决定布控、查验进出口货物的，进出口货物的收发货人、受委托的报关企业不得修改报关单内容或撤销报关单证。

第十五条 海关审核电子数据报关单时，需要进出口货物的收发货人、受委托的报关企业解释、说明情况或补充材料的，收发货人、受委托的报关企业应当在接到海关通知后及时进行说明或提供完备材料。

第十六条　海关审结电子数据报关单后，进出口货物的收发货人、受委托的报关企业应当自接到海关"现场交单"或"放行交单"通知之日起10日内，持打印出的纸质报关单，备齐规定的随附单证并签名盖章，到货物所在地海关递交书面单证并办理相关海关手续。

确因节假日或转关运输等其他特殊原因需要逾期向海关递交书面单证并办理相关海关手续的，进出口货物的收发货人、受委托的报关企业应当事先向海关提出书面申请说明原因，经海关核准后在核准的期限内办理。其中，进出口货物收发货人自行报关的，由收发货人在申请书上签章；委托报关企业报关的，由报关企业和进出口货物收发货人双方共同在申请书上签章。

未在规定期限或核准的期限内递交纸质报关单的，海关删除电子数据报关单，进出口货物的收发货人、受委托的报关企业应当重新申报。由此产生的滞报金按照《中华人民共和国海关征收进口货物滞报金办法》的规定办理。

现场交单审核时，进出口货物的收发货人、受委托的报关企业应向海关递交与电子数据报关单内容一致的纸质报关单及随附单证。特殊情况下，个别内容不符的，经海关审核确认无违法情形的，由进出口货物收发货人、受委托的报关企业重新提供与报关单电子数据相符的随附单证或提交有关说明的申请，电子数据报关单可不予删除。其中，实际交验的进出口许可证件与申报内容不一致的，经海关认定无违反国家进出口贸易管制政策和海关有关规定的，可以重新向海关提交。

第十七条　企业可以通过计算机网络向海关进行联网实时申报。具体办法由海关总署另行制定。

第三章　特殊申报

第十八条　经海关批准，进出口货物的收发货人、受委托的报关企业可以在取得提（运）单或载货清单（舱单）数据后，向海关提前申报。

在进出口货物的品名、规格、数量等已确定无误的情况下，经批准的企业可以在进口货物启运后、抵港前或出口货物运入海关监管场所前3日内，提前向海关办理报关手续，并按照海关的要求交验有关随附单证、进出口货物批准文件及其他需提供的证明文件。

验核提前申报的进出口货物许可证件有效期以海关接受申报之日为准。提前申报的进出口货物税率、汇率的适用，按照《中华人民共和国进出口关税条例》（以下简称《关税条例》）的有关规定办理。

第十九条　特殊情况下，经海关批准，进出口货物的收发货人、受委托的报关企业可以自装载货物的运输工具申报进境之日起1个月内向指定海关办理集中申报手续。

集中申报企业应当向海关提供有效担保，并在每次货物进、出口时，按照要求向海关报告货物的进出口日期、运输工具名称、提（运）单号、税号、品名、规格型号、价格、原产地、数量、重量、收（发）货单位等海关监管所必需的信息，海关可准许先予查验和提取货物。集中申报企业提取货物后，应当自装载货物的运输工具申报进境之日起1个月内向海关办理集中申报及征税、放行等海关手续。超过规定期限未向海关申报的，按照《中华人民共和国海关征收进口货物滞报金办法》征收滞报金。

集中申报采用向海关进行电子数据报关单申报的方式。

集中申报的进出口货物税率、汇率的适用，按照《关税条例》的有关规定办理。

第二十条　经电缆、管道、输送带或者其他特殊运输方式输送进出口的货物，经海关同意，可以定期向指定海关申报。

第二十一条　需要向海关申报知识产权状况的进出口货物，收发货人、受委托的报关企业应当按照海关要求向海关如实申报有关知识产权状况，并提供能够证明申报内容真实的证明文件和相关单证。海关按规定实施保护措施。

第二十二条　海关对进出口货物申报价格、税则归类进行审查时,进出口货物的收发货人、受委托的报关企业应当按海关要求提交相关单证和材料。

第二十三条　需要进行补充申报的，进出口货物的收发货人、受委托的报关企业应当如实填写补充申报单,并向海关递交。

第二十四条　转运、通运、过境货物及快件的申报规定,由海关总署另行制定。

第四章　申报单证

第二十五条　进出口货物的收发货人、受委托的报关企业到海关现场办理接单审核、征收税费及验放手续时，应当递交与电子数据报关单内容相一致的纸质报关单、国家实行进出口管理的许可证件以及海关要求的随附单证等。

第二十六条　向海关递交纸质报关单可以使用事先印制的规定格式报关单或直接在 A4 型空白纸张上打印。

进口货物纸质报关单一式五联:海关作业联、海关留存联、企业留存联、海关核销联、证明联(进口付汇用)。

出口货物纸质报关单一式六联:海关作业联、海关留存联、企业留存联、海关核销联、证明联(出口收汇用)、证明联(出口退税用)。

第二十七条　进、出口货物报关单应当随附的单证包括：

(一)合同；

(二)发票；

(三)装箱清单；

(四)载货清单(舱单)；

(五)提(运)单；

(六)代理报关授权委托协议；

(七)进出口许可证件；

(八)海关要求的加工贸易手册(纸质或电子数据的)及其他进出口有关单证。

海关应当留存进出口许可证件的正本，其余单证可以留存副本或复印件。

第二十八条　货物实际进出口前，海关已对该货物做出预归类决定的，进出口货物的收发货人、受委托的报关企业在货物实际进出口申报时应当向海关提交《预归类决定书》。

第五章　报关单证明联、核销联的签发和补签

第二十九条　根据国家外汇、税务、海关对加工贸易等管理的要求,进出口货物的收发货人、受委托的报关企业办结海关手续后，可以向海关申请签发下列报关单证明联：

(一)用于办理出口退税的出口货物报关单证明联；

(二）用于办理付汇的进口货物报关单证明联；

(三）用于办理收汇的出口货物报关单证明联；

(四)用于办理加工贸易核销的海关核销联。

海关签发报关单证明联应当在打印出的报关单证明联的右下角规定处加盖已在有关部门备案的“验讫章”。

进出口货物的收发货人、受委托的报关企业在申领报关单证明联、海关核销联时,应当提供海关要求的有效证明。

第三十条　海关已签发的报关单证明联、核销联因遗失、损毁等特殊情况需要补签的,进出口货物的收发货人、受委托的报关企业应当自原证明联签发之日起 1 年内向海关提出书面申请,并随附有关证明材料，海关审核同意后，可予以补签。海关在证明联、核销联上注明“补签”字样,并按规定收取工本费。

第六章　附　则

第三十一条　保税区、出口加工区进出口的货物及进出保税区、出口加工区货物,加工贸易后续管理环节的内销、余料结转、深加工结转等,除另有规定外，按照本规定的规定在主管海关办理申报手续。

第三十二条　采用转关运输方式的进出口货物，按照《中华人民共和国海关关于转关货物的监管办法》办理申报手续。

第三十三条　进出口货物的收发货人、受委托的报关企业、报关员违反本规定的，依照《中华人民共和国海关法》及《中华人民共和国海关法行政处罚实施细则》等有关规定处罚。

第三十四条　本规定由海关总署负责解释。

第三十五条　本规定自 2003 年 11 月 1 日起施行。

中华人民共和国海关对进出境快件监管办法

（中华人民共和国海关总署令 第104号 2003年11月18日）

第一章 总 则

第一条 为加强海关对进出境快件的监管，便利进出境快件通关，根据《中华人民共和国海关法》及其他有关法律、行政法规，制定本办法。

第二条 本办法所称进出境快件是指进出境快件运营人以向客户承诺的快速商业运作方式承揽、承运的进出境货物、物品。

第三条 本办法所称进出境快件运营人（以下简称运营人）是指在中华人民共和国境内依法注册，在海关登记备案的从事进出境快件运营业务的国际货物运输代理企业。

第四条 运营人不得承揽、承运《中华人民共和国禁止进出境物品表》所列物品，如有发现，不得擅作处理，应当立即通知海关并协助海关进行处理。

未经中华人民共和国邮政部门批准，运营人不得承揽、承运私人信件。

第五条 运营人不得以任何形式出租、出借、转让本企业的进出境快件报关权，不得代理非本企业承揽、承运的货物、物品的报关。

第六条 未经海关许可，未办结海关手续的进出境快件不得移出海关监管场所，不得进行装卸、开拆、重换包装、更换标记、提取、派送和发运等作业。

第二章 运营人登记

第七条 运营人申请办理进出境快件代理报关业务的，应当按照海关对国际货物运输代理企业的注册管理规定在所在地海关办理登记手续。

第八条 运营人在所在地海关办理登记手续应具备下列条件：

（一）已获得国家对外经济贸易主管部门或其授权部门颁发的国际货物运输代理企业批准证书，并已获准开办进出境快件业务的。

（二）中外合资、合作运营企业中的中方需从事国际货物运输代理业务1年以上；外方需从事国际货物运输代理业务3年以上、国际快递业务1年以上。

（三）内资企业需从事国际货物运输代理业务一年以上。

（四）具有境内、外进出境快件运输网络和两个以上境外分支机构或代理人。

（五）具有本企业专用进出境快件标识、运单，运输车辆符合海关监管要求并经海关核准备案。

（六）具备实行电子数据交换方式报关的条件。

（七）快件的外包装上应标有符合海关自动化检查要求的条形码。

（八）与境外合作者（包括境内企业法人在境外设立的分支机构）的合作运输合同或协议。

第九条 进出境快件运营人不再具备本《办法》第八条所列条件之一或者在一年内没有从事进出境快件运营业务的，海关注销该运营人从事进出境快件报关的资格。

第三章 进出境快件分类

第十条 本办法将进出境快件分为文件类、个人物品类和货物类三类。

第十一条 文件类进出境快件是指法律、法规规定予以免税且无商业价值的文件、单证、票据及资料。

第十二条 个人物品类进出境快件是指海关法规规定自用、合理数量范围内的进出境的旅客分离运输行李物品、亲友间相互馈赠物品和其他个人物品。

第十三条 货物类进出境快件是指第十一条、第十二条规定以外的快件。

第四章　进出境快件监管

第十四条　进出境快件通关应当在经海关批准的专门监管场所内进行，如因特殊情况需要在专门监管场所以外进行的，需事先征得所在地海关同意。

运营人应当在海关对进出境快件的专门监管场所内设有符合海关监管要求的专用场地、仓库和设备。

对进出境快件专门监管场所的管理办法，由海关总署另行制订。

第十五条　进出境快件通关应当在海关正常办公时间内进行，如需在海关正常办公时间以外进行的，需事先征得所在地海关同意。

第十六条　运营人应当按照海关的要求采用纸质文件方式或电子数据交换方式向海关办理进出境快件的报关手续。

第十七条　进境快件自运输工具申报进境之日起十四日内，出境快件在运输工具离境3小时之前，应当向海关申报。

第十八条　运营人应向海关传输或递交进出境快件舱单或清单，海关确认无误后接受申报；运营人需提前报关的，应当提前将进出境快件运输和抵达情况书面通知海关，并向海关传输或递交舱单或清单，海关确认无误后接受预申报。

第十九条　海关查验进出境快件时，运营人应派员到场，并负责进出境快件的搬移、开拆和重封包装。

海关对进出境快件中的个人物品实施开拆查验时，运营人应通知进境快件的收件人或出境快件的发件人到场，收件人或发件人不能到场的，运营人应向海关提交其委托书，代理收/发件人的义务，并承担相应法律责任。

海关认为必要时，可对进出境快件予以径行开验、复验或者提取货样。

第二十条　除另有规定外，运营人办理进出境快件报关手续时，应当按本办法第十一条、第十二条、第十三条分类规定分别向海关提交有关报关单证并办理相应的报关、纳税手续。

第二十一条　文件类进出境快件报关时，运营人应当向海关提交《中华人民共和国海关进出境快件KJ1报关单》、总运单（副本）和海关需要的其他单证。

第二十二条　个人物品类进出境快件报关时，运营人应当向海关提交《中华人民共和国海关进出境快件个人物品申报单》、每一进出境快件的分运单、进境快件收件人或出境快件发件人身份证件影印件和海关需要的其他单证。

第二十三条　货物类进境快件报关时，运营人应当按下列情形分别向海关提交报关单证：

对关税税额在《中华人民共和国进出口关税条例》规定的关税起征数额以下的货物和海关规定准予免税的货样、广告品，应提交《中华人民共和国海关进出境快件KJ2报关单》、每一进境快件的分运单、发票和海关需要的其他单证。

对应予征税的货样、广告品（法律、法规规定实行许可证件管理的、需进口付汇的除外），应提交《中华人民共和国海关进出境快件KJ3报关单》、每一进境快件的分运单、发票和海关需要的其他单证。

第二十四条　对第二十一条、第二十二条、第二十三条规定以外的货物，按照海关对进口货物通关的规定办理。

第二十五条　货物类出境快件报关时，运营人应按下列情形分别向海关提交报关单证：

对货样、广告品（法律、法规规定实行许可证件管理的、应征出口关税的、需出口收汇的、需出口退税的除外），应提交《中华人民共和国海关进出境快件KJ2报关单》、每一出境快件的分运单、发票和海关需要的其他单证。

对上述以外的其他货物，按照海关对出口货物通关的规定办理。

第五章　进出境专差快件

第二十六条　进出境专差快件是指运营人以专差押运方式承运进出境的空运快件。

第二十七条　运营人从事进出境专差快件经营业务，除应当按本办法第二章有关规定办理登记手续外，还应当将进出境专差快件的进出境口岸、时间、路线、运输工具航班、专差本人的详细情况、标识等向所在地海关登记。如有变更，应当于变更前5个工作日向所在地海关登记。

对符合上述条件的，所在地海关核发《中华人民共和国海关进出境专差快件登记证书》。运营人凭以办理进出境专差快件报关业务。

第二十八条　进出境专差快件应按行李物品方式托运，使用专用包装，并在总包装的显著位置标注运营人名称和“进出境专差快件”字样。

第六章　法律责任

第二十九条　违反本办法有走私违法行为的，海关按照《中华人民共和国海关法》、《中华人民共和国海关法行政处罚实施细则》等有关法律、行政法规进行处理；构成犯罪的，依法追究刑事责任。

第七章　附　则

第三十条　本办法由海关总署负责解释。

第三十一条　本办法自2004年1月1日起施行。

中华人民共和国海关
对保税仓库及所存货物的管理规定

（中华人民共和国海关总署令 第105号 2003年12月5日）

第一章 总 则

第一条 为了加强海关对保税仓库及所存货物的监管，规范保税仓库的经营管理行为，促进对外贸易和经济发展，根据《中华人民共和国海关法》和国家有关法律、行政法规，制定本规定。

第二条 本规定所称保税仓库，是指经海关批准设立的专门存放保税货物及其他未办结海关手续货物的仓库。

第三条 保税仓库按照使用对象不同分为公用型保税仓库、自用型保税仓库。

公用型保税仓库由主营仓储业务的中国境内独立企业法人经营，专门向社会提供保税仓储服务。

自用型保税仓库由特定的中国境内独立企业法人经营，仅存储供本企业自用的保税货物。

第四条 保税仓库中专门用来存储具有特定用途或特殊种类商品的称为专用型保税仓库。

专用型保税仓库包括液体危险品保税仓库、备料保税仓库、寄售维修保税仓库和其他专用型保税仓库。

液体危险品保税仓库，是指符合国家关于危险化学品仓储规定的，专门提供石油、成品油或者其他散装液体危险化学品保税仓储服务的保税仓库。

备料保税仓库，是指加工贸易企业存储为加工复出口产品所进口的原材料、设备及其零部件的保税仓库，所存保税货物仅限于供应本企业。

寄售维修保税仓库，是指专门存储为维修外国产品所进口寄售零配件的保税仓库。

第五条 下列货物，经海关批准可以存入保税仓库：

（一）加工贸易进口货物；

（二）转口货物；

（三）供应国际航行船舶和航空器的油料、物料和维修用零部件；

（四）供维修外国产品所进口寄售的零配件；

（五）外商暂存货物；

（六）未办结海关手续的一般贸易货物；

（七）经海关批准的其他未办结海关手续的货物。

保税仓库应当按照海关批准的存放货物范围和商品种类开展保税仓储业务。

第六条 保税仓库不得存放国家禁止进境货物，不得存放未经批准的影响公共安全、公共卫生或健康、公共道德或秩序的国家限制进境货物以及其他不得存入保税仓库的货物。

第二章 保税仓库的设立

第七条 保税仓库应当设立在设有海关机构、便于海关监管的区域。

第八条 经营保税仓库的企业，应当具备下列条件：

（一）经工商行政管理部门注册登记，具有企业法人资格；

（二）注册资本最低限额为300万元人民币；

（三）具备向海关缴纳税款的能力；

（四）具有专门存储保税货物的营业场所；

（五）经营特殊许可商品存储的，应当持有规定的特殊许可证件；

（六）经营备料保税仓库的加工贸易企业，年出口额最低为1 000万美元；

（七）法律、行政法规、海关规章规定的其他条件。

第九条 保税仓库应当具备下列条件：

（一）符合海关对保税仓库布局的要求；

（二）具备符合海关监管要求的安全隔离设施、

监管设施和办理业务必需的其他设施；

（三）具备符合海关监管要求的保税仓库计算机管理系统并与海关联网；

（四）具备符合海关监管要求的保税仓库管理制度、符合会计法要求的会计制度；

（五）符合国家土地管理、规划、交通、消防、安全、质检、环保等方面法律、行政法规及有关规定；

（六）公用保税仓库面积最低为2 000平方米；

（七）液体危险品保税仓库容积最低为5 000立方米；

（八）寄售维修保税仓库面积最低为2 000平方米；

（九）法律、行政法规、海关规章规定的其他条件。

第十条 保税仓库由直属海关审批，报海关总署备案。

第十一条 企业申请设立保税仓库的，应当向仓库所在地主管海关提交书面申请，并备齐本规定第八条、第九条规定的相关证明材料。

申请材料齐全有效的，主管海关予以受理。申请材料不齐全或者不符合法定形式的，主管海关应当在5个工作日内一次告知申请人需要补正的全部内容。主管海关应当自受理申请之日起20个工作日内提出初审意见并将有关材料报送直属海关审批。

直属海关应当自接到材料之日起20个工作日内审查完毕，对符合条件的，出具批准文件，批准文件的有效期为1年；对不符合条件的，应当书面告知申请人理由。

第十二条 申请设立保税仓库的企业应当自海关出具保税仓库批准文件1年内向海关申请保税仓库验收，由直属海关按照本规定第八条、第九条规定的条件进行审核验收。申请企业无正当理由逾期未申请验收或者保税仓库验收不合格的，该保税仓库的批准文件自动失效。

第十三条 保税仓库验收合格后，经海关注册登记并核发《中华人民共和国海关保税仓库注册登记证书》（以下简称《保税仓库注册登记证书》），方可投入运营。

第三章 保税仓库的管理

第十四条 保税仓库不得转租、转借给他人经营，不得下设分库。

第十五条 海关对保税仓库实施计算机联网管理，并可以随时派员进入保税仓库检查货物的收、付、存情况及有关账册。海关认为必要时，可以会同保税仓库经营企业双方共同对保税仓库加锁或者直接派员驻库监管，保税仓库经营企业应当为海关提供办公场所和必要的办公条件。

第十六条 海关对保税仓库实行分类管理及年审制度，具体办法由海关总署另行制定。

第十七条 保税仓库经营企业负责人和保税仓库管理人员应当熟悉海关有关法律法规，遵守海关监管规定，接受海关培训。

第十八条 保税仓库经营企业应当如实填写有关单证、仓库账册，真实记录并全面反映其业务活动和财务状况，编制仓库月度收、付、存情况表和年度财务会计报告，并定期以计算机电子数据和书面形式报送主管海关。

第十九条 保税仓库经营企业需变更企业名称、注册资本、组织形式、法定代表人等事项的，应当在变更前向直属海关提交书面报告，说明变更事项、事由和变更时间；变更后，海关按照本规定第八条的规定对其进行重新审核。

保税仓库需变更名称、地址、仓储面积（容积）、所存货物范围和商品种类等事项的，应当经直属海关批准。

直属海关应当将保税仓库经营企业及保税仓库的变更情况报海关总署备案。

第二十条 保税仓库无正当理由连续6个月未经营保税仓储业务的，保税仓库经营企业应当向海关申请终止保税仓储业务。经营企业未申请的，海关注销其注册登记，并收回《保税仓库注册登记证书》。

保税仓库不参加年审或者年审不合格的，海

关注销其注册登记,并收回《保税仓库注册登记证书》。

保税仓库因其他事由终止保税仓储业务的,由保税仓库经营企业提出书面申请,经海关审核后,交回《保税仓库注册登记证书》,并办理注销手续。

第四章　保税仓库所存货物的管理

第二十一条　保税仓储货物入库时,收发货人或其代理人持有关单证向海关办理货物报关入库手续,海关根据核定的保税仓库存放货物范围和商品种类对报关入库货物的品种、数量、金额进行审核,并对入库货物进行核注登记。

入库货物的进境口岸不在保税仓库主管海关的,经海关批准,按照海关转关的规定或者在口岸海关办理相关手续。

第二十二条　保税仓储货物可以进行包装、分级分类、加刷唛码、分拆、拼装等简单加工,不得进行实质性加工。

保税仓储货物,未经海关批准,不得擅自出售、转让、抵押、质押、留置、移作他用或者进行其他处置。

第二十三条　下列保税仓储货物出库时依法免征关税和进口环节代征税:

(一)用于在保修期限内免费维修有关外国产品并符合无代价抵偿货物有关规定的零部件;

(二)用于国际航行船舶和航空器的油料、物料;

(三)国家规定免税的其他货物。

第二十四条　保税仓储货物存储期限为1年。确有正当理由的,经海关同意可予以延期;除特殊情况外,延期不得超过1年。

第二十五条　下列情形的保税仓储货物,经海关批准可以办理出库手续,海关按照相应的规定进行管理和验放:

(一)运往境外的;

(二)运往境内保税区、出口加工区或者调拨到其他保税仓库继续实施保税监管的;

(三)转为加工贸易进口的;

(四)转入国内市场销售的;

(五)海关规定的其他情形。

第二十六条　保税仓储货物出库运往境内其他地方的,收发货人或其代理人应当填写进口报关单,并随附出库单据等相关单证向海关申报,保税仓库向海关办理出库手续并凭海关签印放行的报关单发运货物。

从异地提取保税仓储货物出库的,可以在保税仓库主管海关报关,也可以按照海关规定办理转关手续。

出库保税仓储货物批量少、批次频繁的,经海关批准可以办理集中报关手续。

第二十七条　保税仓储货物出库复运往境外的,发货人或其代理人应当填写出口报关单,并随附出库单据等相关单证向海关申报,保税仓库向海关办理出库手续并凭海关签印放行的报关单发运货物。

出境货物出境口岸不在保税仓库主管海关的,经海关批准,可以在口岸海关办理相关手续,也可以按照海关规定办理转关手续。

第五章　法律责任

第二十八条　保税仓储货物在存储期间发生损毁或者灭失的,除不可抗力外,保税仓库应当依法向海关缴纳损毁、灭失货物的税款,并承担相应的法律责任。

第二十九条　保税仓储货物在保税仓库内存储期满,未及时向海关申请延期或者延长期限届满后既不复运出境也不转为进口的,海关应当按照《中华人民共和国海关关于超期未报关进口货物、误卸或者溢卸的进境货物和放弃进口货物的处理办法》第五条的规定处理。

第三十条　海关在保税仓库设立、变更、注销后,发现原申请材料不完整或者不准确的,应当责令经营企业限期补正,发现企业有隐瞒真实情况、提供虚假资料等违法情形的,依法予以处罚。

第三十一条　保税仓库经营企业有下列行为

之一的，海关责令其改正，可以给予警告，或者处1万元以下的罚款；有违法所得的，处违法所得3倍以下的罚款，但最高不得超过3万元：

（一）未经海关批准，在保税仓库擅自存放非保税货物的；

（二）私自设立保税仓库分库的；

（三）保税货物管理混乱，账目不清的；

（四）经营事项发生变更，未按第十九条规定办理海关手续的。

第三十二条　违反本规定的其他违法行为，海关依照《中华人民共和国海关法》、《中华人民共和国海关法行政处罚实施细则》予以处罚。构成犯罪的，依法追究刑事责任。

第六章　附　则

第三十三条　本规定由海关总署负责解释。

第三十四条　本规定自2004年2月1日起施行。1988年5月1日起实施的《中华人民共和国海关对保税仓库及所存货物的管理办法》同时废止。

出入境人员携带物检疫管理办法

（国家质检总局令 第56号 2003年11月6日）

第一章 总 则

第一条 为防止传染病及其医学媒介生物、动物传染病、寄生虫病和植物危险性病、虫、杂草以及其他有害物经国境传入、传出，保护人体健康和农、林、牧、渔业安全，根据《中华人民共和国进出境动植物检疫法》及其实施条例、《中华人民共和国国境卫生检疫法》及其实施细则和其他有关法律法规的规定，制定本办法。

第二条 本办法所称出入境人员，是指出入境的旅客（包括享有外交、领事特权与豁免的外交机构人员）和其他人员以及交通工具的员工。

本办法所称携带，包括随身携带以及随所搭乘的车、船、飞机等交通工具托运。

第三条 出入境人员携带下列各物，应当向出入境检验检疫机构申报并接受检疫；未经申报和检疫的，禁止入境或者出境：

（一）入境动植物、动植物产品及其他检疫物；

（二）出入境的微生物、人体组织、生物制品、血液及血液制品等特殊物品（以下简称特殊物品）；

（三）出入境的骸骨、骨灰及尸体、棺柩等；

（四）来自疫区、被传染病污染或者可能传播传染病的出入境的行李和物品；

（五）其他应当向出入境检验检疫机构申报并接受检疫的携带物。

第四条 禁止携带《中华人民共和国进出境动植物检疫法》第五条第一款、《中华人民共和国进境植物检疫禁止进境物名录》、《中华人民共和国禁止携带、邮寄进境的动物、动物产品及其他检疫物名录》所列各物，国家明文规定禁止进境的血液制品、废旧物品以及其他有关禁止进境物入境。

第五条 国家质量监督检验检疫总局（以下简称国家质检总局）统一管理全国出入境人员携带物检疫工作，国家质检总局设在各地的出入境检验检疫机构（以下简称检验检疫机构）负责所辖地区的出入境人员携带物检疫及其监督管理工作。

第六条 经检验检疫机构检疫，发现携带物存在检疫风险的，应当按照有关规定启动风险预警及快速反应程序。

第二章 检疫审批和许可证

第七条 携带植物种子、种苗及其他繁殖材料入境，必须事先按照相关规定办理检疫审批手续；因特殊情况无法事先办理的，应当按照有关规定申请补办动植物检疫审批手续。

携带前款规定之外的动植物、动植物产品入境，按照有关规定需要办理检疫审批手续的，应当事先向国家质检总局申请办理动植物检疫审批手续。

第八条 因科学研究等特殊需要，携带《中华人民共和国进出境动植物检疫法》第五条第一款所列各禁止进境物入境的，必须事先按照有关规定向国家质检总局申请办理动植物检疫特许审批手续。

第九条 携带特殊物品出入境，应当事先按照有关规定办理卫生检疫审批手续。

第十条 携带尸体、骸骨等出入境，应当按照有关规定办理卫生检疫许可证。

第三章 申报与现场检疫

第十一条 携带本办法第三条第（一）项规定的携带物入境时，必须如实填写入境检疫申明卡，向检验检疫机构申报，接受检验检疫机构检疫。

第十二条 携带本办法第三条第（二）、（三）、（四）、（五）项规定的携带物出入境时，应当如实向检验检疫机构申报，接受检验检疫机构检疫；入境的，还应当按照有关规定如实填写入境检疫申明卡。

第十三条 检验检疫机构可以在出入境人员通道、行李提取处等现场进行检查，对已申报的携带物进行现场检疫；对可能携带本办法规定的携带物而未申报的，可以查询并进行抽检，必要时可以开箱（包）检查。

第十四条 携带特殊物品出入境的，应当按照有关规定提供《入/出境特殊物品卫生检疫审批单》（以下简称《卫生检疫审批单》）。携带自用的允许出入境的血液制品或者生物制品出入境的，仅需出示有关医院的证明；允许携带量以处方或者说明书确定的一个疗程为限。

检验检疫机构按照《卫生检疫审批单》的要求和有关规定对出入境特殊物品实施现场检疫。

未能提供《卫生检疫审批单》的，检验检疫机构应当对出入境特殊物品予以暂时截留，并出具《出入境人员携带物留验/处理凭证》（以下简称《留验/处理凭证》）。暂时截留的特殊物品应当在检验检疫机构指定场所封存，截留期限不超过30天，截留期限内的存储费用由出入境人员自行承担。

第十五条 携带尸体、骸骨等出入境的，应当按照有关规定提供死者的死亡证明及其他相关单证。

检验检疫机构按照有关规定对出入境的骸骨、尸体等实施现场检疫。

第十六条 对来自疫区、被传染病污染或者可能传播传染病的出入境的行李和物品，检验检疫机构按照有关规定实施现场检疫。

第十七条 携带允许进境的植物种子、种苗及其他繁殖材料入境的，必须提供《引进种子、苗木检疫审批单》或者《引进林木种子、苗木和其他繁殖材料检疫审批单》（以下简称《种子苗木审批单》）。

携带应当办理检疫审批的动植物、动植物产品和必须办理动植物检疫特许审批的禁止进境物入境的，必须提供国家质检总局签发的《中华人民共和国进境动植物检疫许可证》（以下简称《检疫许可证》）和其他相关单证。

检验检疫机构按照《种子苗木审批单》或者《检疫许可证》的要求和有关规定对本条第一、二款规定的动植物和动植物产品及其他检疫物实施现场检疫。

未能提供《种子苗木审批单》、《检疫许可证》或者其他相关单证的，检验检疫机构对入境动植物和动植物产品及其他检疫物应当予以暂时截留，并出具《留验/处理凭证》。暂时截留的动植物和动植物产品及其他检疫物应当在检验检疫机构指定场所封存，截留期限不超过7天，截留期限内的存储费用由出入境人员自行承担。

第十八条 携带允许进境的动物入境的，必须持有输出国或者地区官方动物检疫机构出具的有效检疫证书；携带犬、猫入境的，不能超过限额，还应当提供有效接种证书。

检验检疫机构按照有关规定对允许进境的入境动物实施现场检疫。

未能提供有效检疫证书、接种证书的，检验检疫机构应当对入境动物予以暂时截留，并出具《留验/处理凭证》。暂时截留的入境动物应当在检验检疫机构指定的隔离场所隔离，截留隔离期限不超过7天，截留隔离费用按照有关规定执行。

第十九条 携带动植物、动植物产品和其他检疫物出境，依照有关规定需要提供有关证明的，出入境人员应当按照规定要求予以提供。

输入国（地区）或者出入境人员对出境动植物、动植物产品和其他检疫物有检疫要求的，由出入境人员提出申请，检验检疫机构按照有关规定实施检疫并出具有关单证。

第四章 检疫放行和处理

第二十条 携带物经检验检疫机构现场检疫合格的，当场予以检疫放行。

第二十一条 对未能提供相关有效单证而暂时截留的携带物，出入境人员应当在截留期限内补交相关有效单证；经检验检疫机构检疫合格的，予以检疫放行，出入境人员凭《留验/处理凭证》在暂时截留期限内领取。

第二十二条 携带物经检验检疫机构现场检疫后，需要做实验室检疫、隔离检疫或者卫生除害处理的，检验检疫机构应当予以截留，并同时出具《留验/处理凭证》。

截留、隔离及检疫的费用和期限按照有关规定执行。

经检验检疫机构实验室检疫、隔离检疫合格

或者卫生除害处理合格的，予以检疫放行，出入境人员凭《留验/处理凭证》在截留期限内领取。

第二十三条　携带物有下列情况之一的，按照有关规定实施卫生除害处理：

(一)入境动植物、动植物产品和其他检疫物发现有规定病虫害的；

(二)出入境的尸体、骸骨不符合卫生要求的；

(三) 出入境的行李和物品来自传染病疫区、被传染病污染或者可能传播传染病的；

(四)其他应当实施卫生除害处理的。

第二十四条　携带物有下列情况之一的，按照有关规定予以限期退回或者作销毁处理：

(一)与所提交单证不符的；

(二)未能提供相关有效单证而暂时截留的携带物，在截留期限内未能补交的；

(三)经检疫(包括现场检疫)不合格又无有效卫生除害处理方法的；

(四)入境动物超过限额的；

(五)法律法规规定禁止入境的；

(六)其他应当予以限期退回或者作销毁处理的。

第二十五条　对截留(包括暂时截留)后经检疫合格限期领取或者限期退回的携带物，逾期不领取或者出入境人员书面声明自动放弃的，视同无人认领物，由检验检疫机构按照有关规定处理。

第五章　法律责任

第二十六条　拒不填写入境检疫申明卡的，由检验检疫机构处以警告或者 1 千元以下罚款。

第二十七条　有下列违法行为之一的，由检验检疫机构处以 5 千元以下罚款：

(一)携带本办法规定的动植物、动植物产品和其他检疫物入境，未向检验检疫机构申报、未依法办理检疫审批手续或者未按检疫审批的规定执行的；

(二)申报携带的动植物、动植物产品和其他检疫物与实际不符的。

有前款第(二)项所列行为，已取得检疫单证的，予以吊销。

第二十八条　有下列违法行为之一的，由检验检疫机构处以警告或者 100 元以上 5 000 元以下罚款：

(一)伪造或者涂改卫生检疫单证的；

(二)瞒报携带禁止进口的特殊物品的；

(三)瞒报携带可能引起传染病传播的物品的；

(四)未经检验检疫机构许可，擅自装卸行李和物品的。

第二十九条　未经检验检疫机构许可，擅自移运出入境的骸骨、尸体的，由检验检疫机构处以 1 千元以上 1 万元以下罚款。

第三十条　携带废旧物品，未向检验检疫机构申报，未经检验检疫机构实施卫生处理并签发有关单证而擅自入境、出境的，由检验检疫机构处以 5 千元以上 3 万元以下罚款。

第三十一条　未经检验检疫机构许可，擅自调离或者处理在检验检疫机构指定的隔离场所中截留隔离的携带物的，由检验检疫机构处以 3 千元以上 3 万元以下罚款。

第三十二条　有下列违法行为之一，尚不构成犯罪或者犯罪情节显著轻微依法不需要判处刑罚的，由检验检疫机构处以 2 万元以上 5 万元以下罚款：

(一)引起重大动植物疫情的；

(二)伪造或者变造动植物检疫单证的。

第三十三条　出入境人员拒绝、阻碍检验检疫机构及其工作人员依法执行职务的，依法移送有关部门处理。

第三十四条　检验检疫机构实施本办法规定的行政处罚，应当遵守有关法律法规和规章关于行政处罚程序的规定；违反有关规定的，依法追究责任。

第三十五条　检验检疫机构工作人员应当秉公执法、忠于职守，不得滥用职权、玩忽职守、徇私舞弊；违法失职的，依法追究责任。

第六章　附　则

第三十六条　本办法由国家质检总局负责解释。

第三十七条　本办法自 2004 年 1 月 1 日起施行。

中华人民共和国船舶载运危险货物安全监督管理规定

（中华人民共和国交通部令 2003 年第 10 号 2003 年 11 月 30 日）

第一章 总 则

第一条 为加强船舶载运危险货物监督管理，保障水上人命、财产安全，防止船舶污染环境，依据《中华人民共和国海上交通安全法》《中华人民共和国海洋环境保护法》《中华人民共和国港口法》《中华人民共和国内河交通安全管理条例》《中华人民共和国危险化学品安全管理条例》和有关国际公约的规定，制定本规定。

第二条 本规定适用于船舶在中华人民共和国管辖水域载运危险货物的活动。

第三条 交通部主管全国船舶载运危险货物的安全管理工作。中华人民共和国海事局负责船舶载运危险货物的安全监督管理工作。

交通部直属和地方人民政府交通主管部门所属的各级海事管理机构依照有关法律、法规和本规定，具体负责本辖区船舶载运危险货物的安全监督管理工作。

第四条 船舶载运危险货物，必须符合国家安全生产、水上交通安全、防治船舶污染的规定，保证船舶人员和财产的安全，防止对环境、资源以及其他船舶和设施造成损害。

第五条 禁止利用内河以及其他封闭水域等航运渠道运输剧毒化学品以及交通部规定禁止运输的其他危险化学品。

禁止在普通货物中夹带危险货物，不得将危险货物匿报或者报为普通货物。

禁止未取得危险货物适装证书的船舶以及超过交通部规定船龄的船舶载运危险货物。

第二章 通航安全和防污染管理

第六条 载运危险货物的船舶在中国管辖水域航行、停泊、作业，应当遵守交通部公布的以及海事管理机构在其职权范围内依法公布的水上交通安全和防治船舶污染的规定。

对在中国管辖水域航行、停泊、作业的载运危险货物的船舶，海事管理机构应当进行监督。

第七条 载运危险货物的船舶应当选择符合安全要求的通航环境航行、停泊、作业，并顾及在附近航行、停泊、作业的其他船舶以及港口和近岸设施的安全，防止污染环境。海事管理机构规定危险货物船舶专用航道、航路的，载运危险货物的船舶应当遵守规定航行。

载运危险货物的船舶通过狭窄或者拥挤的航道、航路，或者在气候、风浪比较恶劣的条件下航行、停泊、作业，应当加强瞭望，谨慎操作，采取相应的安全、防污措施。必要时，还应当落实辅助船舶待命防护等应急预防措施，或者向海事管理机构请求导航或者护航。

载运爆炸品、放射性物品、有机过氧化物、闪点 28℃以下易燃液体和液化气的船，不得与其他驳船混合编队拖带。

对操作能力受限制的载运危险货物的船舶，海事管理机构应当疏导交通，必要时可实行相应的交通管制。

第八条 载运危险货物的船舶在航行、停泊、作业时应当按规定显示信号。

其他船舶与载运危险货物的船舶相遇，应当注意按照航行和避碰规则的规定，尽早采取相应的行动。

第九条 在船舶交通管理(VTS)中心控制的水域，船舶应当按照规定向交通管理(VTS)中心报告，并接受该中心海事执法人员的指令。

对报告进入船舶交通管理(VTS)中心控制水域的载运危险货物的船舶，海事管理机构应当进行标注和跟踪，发现违规航行、停泊、作业的，或者认为可能影响其他船舶安全的，海事管理机构应当及时发出警告，必要时依法采取相应的强制措施。

船舶交通管理(VTS)中心应当为向其报告的载运危险货物的船舶提供相应的水上交通安全信息服务。

第十条　在实行船舶定线制的水域，载运危险货物的船舶应当遵守船舶定线制规定，并使用规定的通航分道航行。

在实行船位报告制的水域，载运危险货物的船舶应当按照海事管理机构的规定，加入船位报告系统。

第十一条　载运危险货物的船舶从事水上过驳作业，应当符合国家水上交通安全和防止船舶污染环境的管理规定和技术规范，选择缓流、避风、水深、底质等条件较好的水域，尽量远离人口密集区、船舶通航密集区、航道、重要的民用目标或者设施、军用水域，制定安全和防治污染的措施和应急计划并保证有效实施。

第十二条　载运危险货物的船舶在港口水域内从事危险货物过驳作业，应当根据交通部有关规定向港口行政管理部门提出申请。港口行政管理部门在审批时，应当就船舶过驳作业的水域征得海事管理机构的同意。

载运散装液体危险性货物的船舶在港口水域外从事海上危险货物过驳作业，应当由船舶或者其所有人、经营人或者管理人依法向海事管理机构申请批准。

船舶从事水上危险货物过驳作业的水域，由海事管理机构发布航行警告或者航行通告予以公布。

第十三条　申请从事港口水域外海上危险货物单航次过驳作业的，申请人应当提前24小时向海事管理机构提出申请；申请在港口水域外特定海域从事多航次危险货物过驳作业的，申请人应当提前7日向海事管理机构提出书面申请。

船舶提交上述申请，应当申明船舶的名称、国籍、吨位，船舶所有人或者其经营人或者管理人、船员名单，危险货物的名称、编号、数量，过驳的时间、地点等，并附表明其业已符合本规定第十一条规定的相应材料。

海事管理机构收到齐备、合格的申请材料后，对单航次作业的船舶，应当在24小时内做出批准或者不批准的决定；对在特定水域多航次作业的船舶，应当在7日内做出批准或者不批准的决定。海事管理机构经审核，对申请材料显示船舶及其设备、船员、作业活动及安全和环保措施、作业水域等符合国家水上交通安全和防治船舶污染环境的管理规定和技术规范的，应当予以批准并及时通知申请人。对未予批准的，应当说明理由。

第十四条　载运危险货物的船舶排放压载水、洗舱水，排放其他残余物或者残余物与水的混合物，应当按照国家有关规定进行排放。

禁止船舶在海事管理机构依法设定并公告的禁止排放水域内，向水体排放任何禁排物品。

第十五条　载运危险货物的船舶发生水上险情、交通事故、非法排放事件，应当按照规定向海事管理机构报告，并及时启动应急计划和采取应急措施，防止损害、危害的扩大。

海事管理机构接到报告后，应当启动相应的应急救助计划，支援当事船舶尽量控制并消除损害、危害的态势和影响。

第三章　船舶管理

第十六条　从事危险货物运输的船舶所有人或者其经营人或者管理人，应当根据国家水上交通安全和防治船舶污染环境的管理规定，建立和实施船舶安全营运和防污染管理体系。

第十七条　载运危险货物的船舶，其船体、构造、设备、性能和布置等方面应当符合国家船舶检验的法律、行政法规、规章和技术规范的规定，国际航行船舶还应当符合有关国际公约的规定，具备相应的适航、适装条件，经中华人民共和国海事局认可的船舶检验机构检验合格，取得相应的检验证书和文书，并保持良好状态。

载运危险货物的船用集装箱、船用刚性中型散装容器和船用可移动罐柜，应当经中华人民共和国海事局认可的船舶检验机构检验合格后，方可在船上使用。

第十八条 曾装运过危险货物的未清洁的船用载货空容器，应当作为盛装有危险货物的容器处理，但经采取足够措施消除了危险性的除外。

第十九条 载运危险货物的船舶应当制定保证水上人命、财产安全和防治船舶污染环境的措施，编制应对水上交通事故、危险货物泄漏事故的应急预案以及船舶溢油应急计划，配备相应的应急救护、消防和人员防护等设备及器材，并保证落实和有效实施。

第二十条 载运危险货物的船舶应当按照国家有关船舶安全、防污染的强制保险规定，参加相应的保险，并取得规定的保险文书或者财务担保证明。

载运危险货物的国际航行船舶，按照有关国际公约的规定，凭相应的保险文书或者财务担保证明，由海事管理机构出具表明其业已办理符合国际公约规定的船舶保险的证明文件。

第二十一条 船舶载运危险货物，应当符合有关危险货物积载、隔离和运输的安全技术规范，并只能承运船舶检验机构签发的适装证书中所载明的货种。

国际航行船舶应当按照《国际海运危险货物规定》，国内航行船舶应当按照《水路危险货物运输规定》，对承载的危险货物进行正确分类和积载，保障危险货物在船上装载期间的安全，对不符合国际、国内有关危险货物包装和安全积载规定的，船舶应当拒绝受载、承运。

第二十二条 船舶进行洗(清)舱、驱气或者置换，应当选择安全水域，远离通航密集区、船舶定线制区、禁航区、航道、渡口、客轮码头、危险货物码头、军用码头、船闸、大型桥梁、水下通道以及重要的沿岸保护目标，并在作业之前报海事管理机构核准，核准程序和手续按本规定第十三条关于单航次海上危险货物过驳作业的规定执行。

船舶从事本条第一款所述作业活动期间，不得检修和使用雷达、无线电发报机、卫星船站；不得进行明火、拷铲及其他易产生火花的作业；不得使用供应船、车进行加油、加水作业。

第四章 申报管理

第二十三条 船舶载运危险货物进、出港口，或者在港口过境停留，应当在进、出港口之前提前24小时，直接或者通过代理人向海事管理机构办理申报手续，经海事管理机构批准后，方可进、出港口。国际航行船舶，还应当按照国务院颁布的《国际航行船舶进出中华人民共和国口岸检查办法》第六条规定的时间提前预报告。

定船舶、定航线、定货种的船舶可以办理定期申报手续。定期申报期限不超过一个月。

船舶载运尚未在《危险货物品名表》(国家标准GB12268)或者国际海事组织制定的《国际海运危险货物规则》内列明但具有危险物质性质的货物，应当按照载运危险货物的管理规定办理进、出港口申报。

海事管理机构接到报告后，应当及时将上述信息通报港口所在地的港口行政管理部门。

办理申报手续可以采用电子数据处理(EDP)或者电子数据交换(EDI)的方式。

第二十四条 载运危险货物的船舶办理进、出港口申报手续，申报内容应至少包括：船名、预计进出港口的时间以及所载危险货物的正确名称、编号、类别、数量、特性、包装、装载位置等，并提供船舶持有安全适航、适装、适运、防污染证书或者文书的情况。

对于装有危险货物的集装箱，船舶需提供集装箱装箱检查员签名确认的《集装箱装箱证明书》。

对于易燃、易爆、易腐蚀、剧毒、放射性、感染性、污染危害性等危险品，船舶应当在申报时附具相应的危险货物安全技术说明书、安全作业注意事项、人员防护、应急急救和泄漏处置措施等资料。

第二十五条 海事管理机构收到船舶载运危险货物进、出港口的申报后，应当在24小时内做出批准或者不批准船舶进、出港口的决定。

对于申报资料明确显示船舶处于安全适航、

适装状态以及所载危险货物属于安全状态的，海事管理机构应当批准船舶进、出港口。对有下列情形之一的，海事管理机构应当禁止船舶进、出港口：(一)船舶未按规定办理申报手续；(二)申报显示船舶未持有有效的安全适航、适装证书和防污染证书，或者货物未达到安全适运要求或者单证不全；(三) 按规定尚需国家有关主管部门或者进出口国家的主管机关同意后方能载运进、出口的货物，在未办理完有关手续之前；(四)船舶所载危险货物系国家法律、行政法规禁止通过水路运输的；(五)本港尚不具备相应的安全航行、停泊、作业条件或者相应的应急、防污染、保安等措施的；(六) 交通部规定不允许船舶进出港口的其他情形。

第二十六条　船舶载运需经国家其他有关主管部门批准的危险货物，或者载运需经两国或者多国有关主管部门批准的危险货物，应在装货前取得相应的批准文书并向海事管理机构备案。

第二十七条　船舶从境外载运有害废料进口，国内收货单位应事先向预定抵达港的海事管理机构提交书面报告并附送出口国政府准许其迁移以及我国政府有关部门批准其进口的书面材料，提供承运的单位、船名、船舶国籍和呼号以及航行计划和预计抵达时间等情况。

船舶出口有害废弃物，托运人应提交我国政府有关部门批准其出口以及最终目的地国家政府准许其进口的书面材料。

第二十八条　核动力船舶、载运放射性危险货物的船舶以及 5 万总吨以上的油轮、散装化学品船、散装液化气船从境外驶向我国领海的，不论其是否挂靠中国港口，均应当在驶入中国领海之前，向中国船位报告中心通报：船名、危险货物的名称、装载数量、预计驶人的时间和概位、挂靠中国的第一个港口或者声明过境。挂靠中国港口的，还应当按照本规定第二十三条的规定申报。

第五章　人员管理

第二十九条　载运危险货物船舶的船员，应当持有海事管理机构颁发的适任证书和相应的培训合格证，熟悉所在船舶载运危险货物安全知识和操作规程。

第三十条　载运危险货物船舶的船员应当事先了解所运危险货物的危险性和危害性及安全预防措施，掌握安全载运的相关知识。发生事故时，应遵循应急预案，采取相应的行动。

第三十一条　从事原油洗舱作业的指挥人员，应当按照规定参加原油洗舱的特殊培训，具备船舶安全与防污染知识和专业操作技能，经海事管理机构考试、评估，取得合格证书后，方可上岗作业。

第三十二条　按照本规定办理船舶申报手续的人员，应当熟悉船舶载运危险货物的申报程序和相关要求。

第六章　法律责任

第三十三条　海事管理机构依法对载运危险货物的船舶实施监督检查，对违法的船舶、船员实施相应的行政强制措施。

海事管理机构发现载运危险货物的船舶存在安全或者污染隐患的，应当责令立即消除或者限期消除隐患；有关单位和个人不立即消除或者逾期不消除的，海事管理机构可以采取责令其临时停航、停止作业，禁止进港、离港，责令驶往指定水域，强制卸载，滞留船舶等强制性措施。

对有下列情形之一的，海事管理机构应当责令当事船舶立即纠正或者限期改正：(一) 经核实申报内容与实际情况不符的；(二) 擅自在非指定泊位或者水域装卸危险货物的；(三) 船舶或者其设备不符合安全、防污染要求的；(四)危险货物的积载和隔离不符合规定的；(五)船舶的安全、防污染措施和应急计划不符合规定的；(六) 船员不符合载运危险货物的船舶的适任资格的。

本规定第二十八条　所述船舶违反国家水上交通安全和防治船舶污染环境的法律、行政法规以及《联合国海洋法公约》有关规定的，海事管理机构有权禁止其进入中国领海、内水、港口，或者责令其离开或者驶向指定地点。

第三十四条 载运危险货物的船舶违反本规定以及国家水上交通安全、防治船舶污染环境的规定,应当予以行政处罚的,由海事管理机构按照有关法律、行政法规和交通部公布的有关海事行政处罚的规定给予相应的处罚。

涉嫌构成犯罪的,由海事管理机构依法移送国家司法机关。

第三十五条 海事管理机构的工作人员有滥用职权、徇私舞弊、玩忽职守等严重失职行为的,由其所在单位或者上级机关给予行政处分;情节严重构成犯罪的,由司法机关依法追究刑事责任。

第七章 附 则

第三十六条 本规定所称“危险货物”,系指具有爆炸、易燃、毒害、腐蚀、放射性、污染危害性等特性,在船舶载运过程中,容易造成人身伤害、财产损失或者环境污染而需要特别防护的物品。

第三十七条 本规定自2004年1月1日生效。1981年交通部颁布的《船舶装载危险货物监督管理规定》(【81】交港监字2060号)同时废止。

中华人民共和国国际货物运输代理业管理规定实施细则

（中华人民共和国商务部公告2003第82号 2004年1月1日）

第一章 总 则

第一条 为维护国际货运代理市场秩序，加强对国际货运代理业的监督管理，促进我国国际货运代理业的健康发展，经国务院批准、根据原外经贸部1995年6月29日发布的《中华人民共和国国际货物运输代理业管理规定》(以下简称《规定》)制订本细则。

第二条 国际货物运输代理企业（以下简称国际货运代理企业)可以作为进出口货物收货人、发货人的代理人，也可以作为独立经营人，从事国际货运代理业务。

国际货运代理企业作为代理人从事国际货运代理业务，是指国际货运代理企业接受进出口货物收货人、发货人或其代理人的委托，以委托人名义或者以自己的名义办理有关业务，收取代理费或佣金的行为。

国际货运代理企业作为独立经营人从事国际货运代理业务，是指国际货运代理企业接受进出口货物收货人、发货人或其代理人的委托，签发运输单证、履行运输合同并收取运费以及服务费的行为。

第三条 国际货运代理企业的名称、标志应当符合国家有关规定，与其业务相符合，并能表明行业特点，其名称应当含有“货运代理”、“运输服务”、“集运”或“物流”等相关字样。

第四条 《规定》第四条第二款中“授权的范围”是指省、自治区、直辖市、经济特区、计划单列市人民政府商务主管部门在商务部的授权下，负责对本行政区域内国际货运代理业实施监督管理(商务部和地方商务主管部门以下统称行业主管部门)，该授权范围包括：对企业经营国际货运代理业务项目申请的初审、国际货运代理企业的年审和换证审查、业务统计、业务人员培训、指导地方行业协会开展工作以及会同地方有关行政管理部门规范货运代理企业经营行为、治理货运代理市场经营秩序等工作。

国务院部门直属企业和异地企业在计划单列市(不含经济特区)设立的国际货运代理子公司、分支机构及非营业性办事机构，根据前款的授权范围，接受省商务主管部门的监督管理。

任何其他单位，未经商务部授权，不得从事国际货运代理业的审批或管理工作。

第五条 商务部负责对国际货运代理企业人员的业务培训并对培训机构的资格进行审查。未经批准的单位不得从事国际货运代理企业人员的资格培训。培训机构的设立条件及培训内容、培训教材等由商务部另行规定。

从事国际货运代理业务的人员接受前款规定的培训，经考试合格后，取得国际货物运输代理资格证书。

第二章 设立条件

第六条 申请设立国际货代企业可由企业法人、自然人或其他经济组织组成。与进出口贸易或国际货物运输有关、并拥有稳定货源的企业法人应当为大股东，且应在国际货代企业中控股。企业法人以外的股东不得在国际货代企业中控股。

第七条 国际货运代理企业应当依据取得中华人民共和国企业法人资格。企业组织形式为有限责任公司或股份有限公司。禁止具有行政垄断职能的单位申请投资经营国际货运代理业务。承运人以及其他可能对国际货运代理行业构成不公平竞争的企业不得申请经营国际货运代理业务。

第八条 《规定》第七条规定的营业条件包括：

(一) 具有至少5名从事国际货运代理业务3

年以上的业务人员，其资格由业务人员原所在企业证明；或者，取得外经贸部根据本细则第五条颁发的资格证书；

(二)有固定的营业场所，自有房屋、场地须提供产权证明；租赁房屋、场地，须提供租赁契约；

(三)有必要的营业设施，包括一定数量的电话、传真、计算机、短途运输工具、装卸设备、包装设备等；

(四)有稳定的进出口货源市场，是指在本地区进出口货物运量较大，货运代理行业具备进一步发展的条件和潜力，并且申报企业可以揽收到足够的货源。

第九条 企业申请的国际货运代理业务经营范围中如包括国际多式联运业务，除应当具备《规定》第七条及本细则第六条、第七条、第八条中的条件外，还应当具备下列条件：

(一)从事本细则第三十二条中有关业务 3 年以上；

(二)具有相应的国内、外代理网络；

(三)拥有在商务部登记备案的国际货运代理提单。

第十条 国际货运代理企业每申请设立一个分支机构，应当相应增加注册资本 50 万元人民币。如果企业注册资本已超过《规定》中的最低限额(海运 500 万元，空运 300 万元，陆运、快递 200 万元)，则超过部分，可作为设立分支机构的增加资本。

第十一条 《规定》及本细则中所称分支机构是指分公司。

第三章 审批登记程序

第十二条 经营国际货运代理业务，必须取得商务部颁发的《中华人民共和国国际货物运输代理企业批准证书》(以下简称批准证书)。

申请经营国际货运代理业务的单位应当报送下列文件：

(一)申请书，包括投资者名称、申请资格说明、申请的业务项目；

(二)可行性研究报告，包括基本情况、资格说明、现有条件、市场分析、业务预测、组建方案、经济预算及发展预算等；

(三)投资者的企业法人营业执照(影印件)；

(四)董事会、股东会或股东大会决议；

(五)企业章程(或草案)；

(六)主要业务人员情况(包括学历、所学专业、业务简历、资格证书)；

(七)资信证明(会计师事务所出具的各投资者的验资报告)；

(八)投资者出资协议；

(九)法定代表人简历；

(十)国际货运代理提单(运单)样式；

(十一)企业名称预先核准函(影印件，工商行政管理部门出具)；

(十二)国际货运代理企业申请表；

(十三)交易条款。

以上文件除(三)、(十一)项外，均须提交正本，并加盖公章。

第十三条 行业主管部门应当对申请项目进行审核，该审核包括：

(一)项目设立的必要性；

(二)申请文件的真实性和完整性；

(三)申请人资格；

(四)申请人信誉；

(五)业务人员资格。

第十四条 地方商务主管部门对申请项目进行审核后，应将初审意见(包括建议批准的经营范围、经营地域、投资者出资比例等)及全部申请文件按照《规定》第十一条第一款的时间要求，报商务部审批。

第十五条 有下列情形之一的，商务部驳回申请，并说明理由：

(一)文件不齐；

(二)申报程序不符合要求；

(三)商务部已经通知暂停受理经营国际货运代理业务的申请。

第十六条 有下列情形之一的，商务部经过调查核实后，给予不批准批复：

(一)申请人不具备从事国际货运代理业务的资格;

(二)申请人自申报之日前5年内非法从事代理经营活动,受到国家行政管理部门的处罚;

(三)申请人故意隐瞒、谎报申报情况;

(四)其他不符合《规定》第五条有关原则的情况。

第十七条　申请人收到商务部同意的批复的,应当于批复之日起60天内持修改后的企业章程(正本),凭地方商务主管部门介绍信到外经贸部领取批准证书。

第十八条　企业成立并经营国际货运代理业务1年后,可申请扩大经营范围或经营地域。地方商务主管部门经过审查后,按《规定》第十一条规定的程序向商务部报批。

企业成立并经营国际货运代理业务1年后,在形成一定经营规模的条件下,可申请设立子公司或分支机构,并由该企业持其所在地地方商务主管部门的意见(国务院部门在京直属企业持商务部的征求意见函),向拟设立子公司或分支机构的地方商务主管部门(不含计划单列市)进行申报,后者按照本细则第十四条的规定向商务部报批。子公司或分支机构的经营范围不得超出其母公司或总公司。

国际货运代理企业设立非营业性的办事机构,必须报该办机构所在地行业主管部门备案并接受管理。

第十九条　企业根据本细则第十八条第一款、第二款提出的申请,除报送本细则第十二条中有关文件外,还应当报送下列文件:

(一)原国际货运代理业务批复(影印件);

(二)批准证书(影印件);

(三)营业执照(影印件);

(四)国际货运代理企业申请表;

(五)经营情况报告(含网络建设情况);

(六)子公司法定代表人或分支机构负责人简历;

(七)上一年度年审登记表。

第二十条　企业申请设立分支机构,申请人收到同意的批复后,应当于批复之日起90天内持总公司根据本细则第十条规定增资后具有法律效力的验资报告及修改后的企业章程(正本),凭分支机构所在地地方对外贸易主管部门介绍信到商务部领取批准证书。

第二十一条　申请人逾期不办理领证手续或者自领取批准证书之日起超过180天无正当理由未开始营业的,除申请延期获准外,其国际货运代理业务经营资格自动丧失。

第二十二条　商务部可以根据国际货运代理业行业发展、布局等情况,决定在一定期限内停止受理经营国际货物运输代理业务的申请或者采取限制性措施。

商务部依照前款规定作出的决定,应当予以公告。

第二十三条　国际货运代理企业发生以下变更,必须报商务部审批,并换领批准证书:

(一)企业名称;

(二)企业类型;

(三)股权关系;

(四)注册资本减少;

(五)经营范围;

(六)经营地域。

发生以下变更,在报商务部备案后,直接换领批准证书:

(一)通讯地址或营业场所;

(二)法定代表人;

(三)注册资本增加;

(四)隶属部门。

第二十四条　国际货运代理企业应当持批准证书向工商、海关部门办理注册登记手续。

任何未取得批准证书的单位,不得在工商营业执照上使用“国际货运代理业务”或与其意思相同或相近的字样。

第四章　年审和换证

第二十五条　商务部对国际货运代理企业实行年审、换证制度。

第二十六条 商务部负责国务院部门在京直属企业的年审及全国国际货运代理企业的换证工作。地方商务主管部门负责本行政区域内国际货运代理企业（含国务院部门直属企业及异地企业设立的子公司、分支机构）的年审工作。

第二十七条 国际货运代理企业于每年3月底前向其所在地地方商务主管部门（国务院部门在京直属企业直接向商务部）报送年审登记表、验资报告及营业执照（影印件），申请办理年审。

年审工作的重点是审查企业的经营及遵守执行《规定》和其他有关法律、法规、规章情况。企业年审合格后，由行业主管部门在其批准证书上加盖年审合格章。

第二十八条 批准证书的有效期为3年。

企业必须在批准证书有效期届满的60天前，向地方商务主管部门申请换证。企业申请换领批准证书应当报送下列文件：

（一）申请换证登记表

（二）批准证书（正本）；

（三）营业执照（影印件）。

第二十九条 企业连续三年年审合格，地方商务主管部门应当于批准证书有效期届满的30天前报送商务部，申请换领批准证书。

第三十条 行业主管部门在国际货运代理企业申请换证时应当对其经营资格及经营情况进行审核，有下列情形之一的，不予换发批准证书：

（一）不符合本细则第二十七条规定；

（二）不按时办理换证手续；

（三）私自进行股权转让；

（四）擅自变更企业名称、营业场所、注册资本等主要事项而不按有关规定办理报备手续。

第三十一条 企业因自身原因逾期未申请换领批准证书，其从事国际货运代理业务的资格自批准证书有效期届满时自动丧失。商务部将对上述情况予以公布。工商行政管理部门对上述企业予以注销或责令其办理经营范围变更手续。

丧失国际货运代理业务经营资格的企业如欲继续从事该项业务，应当依照有关规定程序重新申报。

第五章 业务管理

第三十二条 国际货运代理企业可以作为代理人或者独立经营人从事经营活动。其经营范围包括：

（一）揽货、订舱（含租船、包机、包舱）、托运、仓储、包装；

（二）货物的监装、监卸、集装箱装拆箱、分拨、中转及相关的短途运输服务；

（三）报关、报检、报验、保险；

（四）缮制签发有关单证、交付运费、结算及交付杂费；

（五）国际展品、私人物品及过境货物运输代理；

（六）国际多式联运、集运（含集装箱拼箱）；

（七）国际快递（不含私人信函）；

（八）咨询及其他国际货运代理业务。

第三十三条 国际货运代理企业应当按照批准证书和营业执照所列明的经营范围和经营地域从事经营活动。

第三十四条 商务部根据行业发展情况，可委托行业协会参照国际惯例制订国际货运代理标准交易条款，国际货运代理企业无需商务部同意即可引用。国际货运代理企业也可自己制订交易条款，但必须在商务部备案后方可使用。

第三十五条 国际货运代理企业应当向行业主管部门报送业务统计，并对统计数字的真实性负责。业务统计的编报办法由商务部另行规定。

第三十六条 国际货运代理企业作为代理人接受委托办理有关业务，应当与进出口收货人、发货人签订书面委托协议。双方发生业务纠纷，应当以所签书面协议作为解决争议的依据。

国际货运代理企业作为独立经营人，从事本细则第三十二条中有关业务，应当向货主签发运输单证。与货主发生业务纠纷，应当以所签运输单证作为解决争议的依据；与实际承运人发生业务纠纷，应当以其与实际承运人所签运输合同作为解决争议的依据。

第三十七条 国际货运代理企业使用的国际

货运代理提单实行登记编号制度。凡在我国境内签发的国际货运代理提单必须由国际货运代理企业报商务部登记,并在单据上注明批准编号。

国际货运代理企业应当加强对国际货运代理提单的管理工作。禁止出借。如遇遗失、版本修改等情况应当及时向商务部报备。

国际货运代理提单的转让依照下列规定执行:

(一)记名提单:不得转让;

(二)指示提单:经过记名背书或者空白背书转让;

(三)不记名提单:无需背书,即可转让。

国际货运代理提单实行责任保险制度,须到经中国人民银行批准开业的保险公司投保责任保险。

第三十八条　国际货运代理企业作为独立经营人,负责履行或组织履行国际多式联运合同时,其责任期间自接收货物时起至交付货物时止。其承担责任的基础、责任限额、免责条件以及丧失责任限制的前提依照有关法律规定确定。

第三十九条　国际货运代理企业应当使用批准证书上的企业名称和企业编号从事国际货运代理业务,并在主要办公文具及单证上印制企业名称及企业编号。

第四十条　国际货运代理企业不得将规定范围内的注册资本挪作他用。

第四十一条　国际货运代理企业不得将国际货运代理经营权转让或变相转让;不得允许其他单位、个人以该国际货运代理企业或其营业部名义从事国际货运代理业务;不得与不具有国际货运代理业务经营权的单位订立任何协议而使之可以单独或与之共同经营国际货运代理业务,收取代理费、佣金或者获得其他利益。

第四十二条　国际货运代理企业作为代理人,可向货主收取代理费,并可从承运人处取得佣金。国际货运代理企业不得以任何形式与货主分享佣金。

国际货运代理企业作为独立经营人,从事本细则第三十二条中有关业务,应当依照有关运价本向货主收取费用。此种情况下,不得从实际承运人处接受佣金。

第四十三条　外国企业(包括香港、澳门、台湾地区企业,以下同)驻华代表机构只能从事非直接经营性活动,代表该企业进行其经营范围内的业务联络、产品介绍、市场调研、技术交流等业务活动。

第四十四条　国际货运代理企业应当凭批准证书向税务机关领购发票,并按照税务机关的规定使用发票。

第四十五条　国际货运代理企业不得以发布虚假广告、分享佣金、退返回扣或其他不正当竞争手段从事经营活动。

第六章　罚　则

第四十六条　国际货运代理企业违反《规定》第十九条、第二十一条以及本细则第二十三条第二款、第三十四条、第三十五条规定的,商务部授权地方商务主管部门予以警告并责令限期改正;未在限期内改正的,地方商务主管部门可以建议商务部撤销其批准证书。

第四十七条　国际货运代理企业违反《规定》第十七条第二款、第二十条、第二十二条及本细则第十八条第三款、第二十三条第一款、第二十四条、第二十七条、第三十三条、第三十六条、第三十七条、第三十九条、第四十条、第四十一条、第四十二条、第四十三条、第四十四条、第四十五条规定的,地方商务主管部门经外经贸部授权,可视情节予以警告、责令停业整顿等处罚,情节严重者,可以建议商务部撤销其批准证书。

受到撤销经营批准证书处罚的企业应当到工商行政管理部门进行相应的变更或注销登记。该企业5年内不得再次提出经营国际货运代理业务的申请。

受到停业整顿处罚的企业恢复开展业务应当具备下列条件:

(一)进行整顿;

(二)主要责任人受到处理或处分;

(三)符合行业主管部门要求的其他条件。

行业主管部门在收到企业恢复开展业务的申请及相关书面材料后应当进行审查，决定是否同意其恢复开展业务。

第四十八条　对违反《规定》和本细则的规定擅自从事国际货运代理业务的单位，由行业主管部门取缔其非法经营活动，并由工商行政管理机关依照有关法律、行政法规的规定予以处罚，行业主管部门对此应予以公告。地方商务主管部门公告后应当报商务部备案。该单位5年之内不得独立或者参与申请经营国际货运代理业务。

第七章　附　则

第四十九条　国际货运代理企业可根据自愿原则，依法成立国际货运代理协会(以下简称行业协会)。

第五十条　行业协会是以服务会员为目的的非盈利性民间社团组织，在行业主管部门的监督和指导下根据协会章程开展活动。其宗旨是推动会员企业间加强横向联系、交流信息、增进相互间协作，鼓励和监督会员企业依法经营、规范竞争，依法代表本行业利益，维护会员的合法权益，协助政府有关部门加强行业管理，促进行业的健康有序发展。

第五十一条　行业协会根据本细则第三十四条的规定制定国际货运代理标准交易条款，报商务部批准后，供本行业企业使用。

第五十二条　外商投资国际货运代理企业适用《规定》及本细则，但外商投资企业有关法律、法规、规章另有规定的，从其规定。

第五十三条　本细则由商务部负责解释。

第五十四条　本细则自发布之日起施行。

货物运输业营业税征收管理试行办法

（国税发[2003]121号）

第一条　为了进一步贯彻国务院关于整顿市场经济秩序的决定，加强对货物运输业营业税的征收管理，根据《中华人民共和国税收征收管理法》及其实施细则、《中华人民共和国营业税暂行条例》及其实施细则、《中华人民共和国发票管理办法》以及其他相关的法律、法规的规定，特制定本办法。

第二条　在中华人民共和国境内提供公路、内河货物运输劳务（以下简称货物运输劳务）的单位和个人均适用本办法。

第三条　在中华人民共和国境内提供货物运输劳务的单位和个人，属于“交通运输业”营业税纳税义务人。

以上所称个人，是指个体工商户及其他有经营行为的个人。

实行承包、承租、挂靠方式提供货物运输劳务凡同时具备以下条件的，以出包方、出租方、被挂靠方为营业税纳税义务人；不同时具备以下条件的，以承包人、承租人、挂靠人为营业税纳税义务人（以下简称“承包人”、“承租人”、“挂靠人”）：

（一）以出包方、出租方、被挂靠方的名义对外经营，由出包方、出租方、被挂靠方承担相关的法律责任；

（二）经营收支全部纳入出包方、出租方、被挂靠方的财务会计核算；

（三）利益分配以出包方、出租方、被挂靠方的利润为基础。

第四条　提供货物运输劳务的单位和个人，根据其开具货物运输业发票的方式，分为自开票纳税人和代开票纳税人。

自开票纳税人，是指符合规定条件，向主管地方税务局申请领购并自行开具货物运输业发票的纳税人。

自开票纳税人不包括个人、承包人、承租人以及挂靠人。

代开票纳税人，是指除自开票纳税人以外的需由代开票单位代开货物运输业发票的单位和个人。

以上所称代开票单位是指主管地方税务局。

经省级地方税务局批准也可以委托中介机构代开货物运输业发票。

第五条　第四条所称符合规定条件，是指同时具备以下条件：

（一）具有工商行政管理部门核发的营业执照，地方税务局核发的税务登记证。交通管理部门核发的道路运输经营许可证、水路运输许可证；

（二）年提供货物运输劳务金额在20万元以上（新办企业除外）；

（三）具有固定的办公场所。如是租用办公场所，则租期必须1年以上；

（四）在银行开设结算账户；

（五）具有自备运输工具，并提供货物运输劳务；

（六）账簿设置齐全，能按发票管理办法规定妥善保管、使用发票及其他单证等资料，能按财务会计制度和税务局的要求正确核算营业收入、营业成本、税金、营业利润并能按规定向主管地方税务局正常进行纳税申报和缴纳各项税款。

第六条　自开票纳税人应按照发票管理办法及相关的法律、法规的规定，如实填开货物运输业发票，加盖财务印章和开票人专章（见附件一）。

自开票纳税人对下列情况不得开具货物运输业发票：

（一）未提供货物运输劳务；

（二）非货物运输劳务；

（三）由其他纳税人（包括承包人、承租人及挂靠人）提供的货物运输劳务。

第七条　代开票纳税人提供货物运输劳务，凡需开具货物运输业发票的，提供以下资料并缴

纳税款后,由代开票单位代开货物运输业发票:

(一)《代开票纳税人资格认定证书》;

(二)所承运货物同货主签订的承运货物合同或其他有效证明。

代开票单位为承包人、承租人以及挂靠人代开发票时,统一使用出包方、出租方以及被挂靠方的单位名称和纳税人识别号。

代开票单位对代开的货物运输业发票应按发票所注承运单位逐户建立货物运输收入台账,逐笔登记代开发票数量、发票号码、开具金额,并将代征的税款按法律、法规的规定及时解缴入库。

第八条 除自开票纳税人和代开票单位以外,其他任何单位和个人均不得开具货物运输业发票。

第九条 货物运输业必须使用全国统一的发票,发票的样式和内容由国家税务总局另行制定。

铁路运输、航空运输、海洋运输的货物运输业发票应按照国家税务总局统一规定的格式、内容印制和使用。

第十条 自开票纳税人和代开票单位必须按照规定逐栏、如实填开货物运输业发票。凡开具给增值税一般纳税人的货物运输业发票,必须填写该增值税一般纳税人的名称和纳税人识别号。

第十一条 货物运输业发票的印制、领购、开具、取得、保管、缴销均由地方税务局管理和监督。凡已经委托给其他部门管理的,必须依法收回。

第十二条 在全国实行新的由税控器具开具货物运输业发票以前,货物运输业发票清单汇总、传递方法如下:

(一)地方税务局代开货物运输业发票时要先征收税款后再开具货物运输业发票,并将代开的货物运输业发票填写《地税局代开货物运输业发票清单》(见附件二)。

自开票纳税人在申报缴纳营业税时,除报送营业税申报表外,必须向主管地方税务局报送《自开票纳税人货物运输业发票清单》(见附件三)的纸制文件和电子信息。

纳税人每月申报缴纳营业税的计税营业额,不得小于每月发票开具金额。

代开票中介机构代开货物运输业发票时要先代征税款后再开具货物运输业发票。代开票中介机构在解缴代征税款后,必须按主管地方税务局规定的申报期限向主管地方税务局报送《中介机构代开货物运输业发票清单》(见附件四)的纸制文件和电子信息。

(二)《地税局代开货物运输业发票清单》、《自开票纳税人货物运输业发票清单》和《中介机构代开货物运输业发票清单》必须是电子信息,软件由国家税务总局统一制作(见《货物运输业发票管理流程实施方案》)。

(三)县(市)级地方税务局应将《地税局代开货物运输业发票清单》和《自开票纳税人货物运输业发票清单》、《中介机构代开货物运输业发票清单》进行汇总,并将汇总后的电子信息于每月20日前送同级国家税务局。

凡具备网络条件的地方税务局,可由县(市)级地方税务局将《地税局代开货物运输业发票清单》、《自开票纳税人货物运输业发票清单》、《中介机构代开货物运输业发票清单》汇总后的电子信息上报地(市)或省级地方税务局,由地(市)或省级地方税务局将本级汇总后的电子信息于每月22日前送同级国家税务局。

第十三条 对自开票纳税人实行查账征收方法。对自开票纳税人开具的货物运输业发票注明的运费和其他价外收费,一律按“交通运输业”税目征收营业税。

第十四条 对自开票纳税人的联运业务,以其向货主收取的运费及其他价外收费减去付给其他联运合作方运费后的余额为营业额计算征收营业税。

以上所称联运必须同时符合以下条件:

(一)自开票纳税人必须参与该项货物运输业务;

(二)联运合作方向自开票纳税人开具货物运输业发票;

(三)自开票纳税人必须将其接受的货物运输业发票作为原始计账凭证,妥善保管,以备税务机关检查。

第十五条　对代开票纳税人实行定期定额征收方法。代开票单位代开发票时，按代开的货物运输业发票注明的运费和其他价外收费即时征收营业税、所得税及附加，年终时对“双定”户按以下方法进行清算：

（一）开票金额大于定额的，以开票金额数为依据征收税款，并作为下一年度核定定期定额的依据。如定期定额税款已征，可将按期征收的定期定额税款退还纳税人或抵顶下期税款；

（二）开票金额小于定额的，按定额数征收税款。如定期定额税款已征，可将代开发票时征收的税款数额退还纳税人或抵顶下期税款。

第十六条　代开票纳税人是承包人、承租人以及挂靠人的，其“双定”税款可由主管地税局委托出包方、出租方以及挂靠方统一代征。年终以出包方、出租方以及挂靠方为单位进行统一清算，清算及下一年度核定方法按本办法第十五条的规定执行。

第十七条　符合营业税法规规定的减免条件的自开票纳税人，应向主管地方税务局报送有关资料，并经主管地方税务局认定后才能享受减免营业税优惠。

符合营业税法规规定减免条件的代开票纳税人，必须提供主管地方税务局批准的减免税文书，其由代开票单位代开的货物运输业发票的营业额，才能享受减免营业税优惠。

省级地方税务局要制定加强对营业税减税免税的管理办法。

第十八条　提供货物运输劳务的单位向其机构所在地主管地方税务局申报缴纳营业税。

第十九条　提供货物运输劳务的承包人、承租人或挂靠人，向其发包、出租或所挂靠单位机构所在地主管地方税务局申报缴纳营业税。

除本条第一款规定者外，其他提供货物运输劳务的个人向其运营车辆的车籍所在地主管地方税务局申报缴纳营业税。

第二十条　凡委托中介机构代开货物运输业发票的，省级地方税务局要制定对中介机构的管理办法，保证税款及时足额入库。

第二十一条　地方税务局要按规定向委托代征税款单位支付代征税款手续费。

第二十二条　提供货物运输劳务的单位和个人应向主管地方税务局申请认定为自开票纳税人或代开票纳税人，并实行年审。具体认定和年审办法由国家税务总局另行制定。

第二十三条　自开票纳税人、代开票纳税人和代开票单位应严格执行本办法和其他相关法律、法规的有关规定，违者按照有关规定处理。

第二十四条　本办法由国家税务总局负责解释。

第二十五条　本办法自 2003 年 11 月 1 日起执行。

货物运输业营业税纳税人认定和年审试行办法

（国税发[2003]121号）

第一条　根据国家税务总局《货物运输业营业税征收管理试行办法》的规定，对公路、内河货物运输业自开票、代开票纳税人（以下简称自开票、代开票纳税人）实行认定和年审制度，特制定本办法。

第二条　提供公路、内河货物运输劳务（以下简称货物运输劳务）的单位需申请自开票纳税人的，应向主管地方税务局办理认定手续。

第三条　提供货物运输劳务的单位同时符合下列条件的，可向其主管地方税务局申请认定为自开票纳税人：

（一）具有工商行政管理部门核发的营业执照，地方税务局核发的税务登记证，交通管理部门核发的道路运输经营许可证、水路运输许可证；

（二）年提供货物运输劳务金额在20万元以上（新办企业除外）；

（三）具有固定的经营场所。如是租用办公场所，则承租期必须1年以上；

（四）在银行开设结算账户；

（五）具有自备运输工具，并提供货物运输劳务；

（六）账簿设置齐全，能按发票管理办法规定妥善保管、使用发票及其他单证等资料，能按税务机关和财务会计制度的要求正确核算营业收入、营业成本、税金和营业利润，并能按规定向税务机关进行纳税申报和缴纳各项税款。

第四条　以下纳税人不能认定为自开票纳税人：

（一）不同时具备本办法第三条规定条件的单位；

（二）不同时具备以下条件的承包人、承租人以及挂靠人（属代开票人，其“双定”税款可由主管税务机关委托出包方、出租方以及挂靠方统一代征）；

1. 以出包方、出租方、被挂靠方的名义对外经营，由出包方、出租方、被挂靠方承担相关的法律责任；

2. 经营收支全部纳入出包方、出租方、被挂靠方的财务会计核算；

3. 利益分配以出包方、出租方、被挂靠方的利润为基础。

（三）拥有运输工具的个人。

第五条　申请办理自开票纳税人认定的单位，应提供或出示下列有关证件和资料：

（一）单位申请报告；

（二）货物运输业自开票纳税人认定表；

（三）营业执照复印件；

（四）税务登记证副本；

（五）车辆道路运输证、船舶营业运输证复印件；

（六）自有房屋产权证或房屋租赁合同复印件；

（七）购置自有运输工具购买发票复印件；

（八）地方税务局要求提供的其他有关证件、资料。

第六条　申请办理自开票纳税人认定手续的程序：

（一）对现有的提供货物运输劳务的单位，应按以下程序办理认定手续：

1. 申请程序。提供货物运输劳务的单位应向主管地方税务局提交申请报告，如实填写《货物运输业自开票纳税人认定表》及认定所需资料。

2. 审批程序和审批机关。自开票纳税人由县级或县级以上税务机关认定。对单位提出的申请报告和有关资料，负责审批的税务机关应在收到之日起30日内审核完毕。对符合自开票纳税人条件的，发给《货物运输业营业税自开票纳税人认定证书》，并在其税务登记证副本首页上方和《发票领购簿》上加盖“自开票纳税人”确认专用章，作为领购货物运输发票的证件。

（二）对新办提供公路、内河货物运输劳务的单位

新办的提供货物运输劳务的单位，凡符合自开票纳税人条件，注册资金在30万元以上的，可在办理税务登记的同时申请办理自开票纳税人认定手续。

新办提供货物运输劳务的单位申请人，办理自开票纳税人认定手续的程序，按本办法第六条第一款规定办理。

第七条　除自开票纳税人以外的其他提供货物运输劳务的单位和个人，同时符合下列条件的，可向其主管地方税务局申请认定代开票纳税人：

（一）有工商行政管理部门核发的营业执照，地税局核发的税务登记证；

（二）有自备或承包、承租的车、船等运输工具的证明。

第八条　单位和个人申请办理代开票纳税人认定手续，应提供下列有关证件和资料：

（一）单位和个人申请报告；

（二）货物运输业代开票纳税人认定表；

（三）营业执照复印件；

（四）税务登记证复印件；

（五）车辆道路运输证、船舶营业运输证复印件；

（六）承包、承租或挂靠车辆应提供出包、出承租或所挂靠方的税务登记证复印件、纳税人识别码及承包、承租或挂靠合同复印件；

（七）地方税务局要求提供的其他有关证件、资料。

第九条　申请办理代开票纳税人认定手续的程序

（一）对现有提供货物运输劳务的单位和个人，应按以下程序办理认定手续。

1. 申请程序

单位和个人应提交申请报告，如实填写《货物运输业代开票纳税人认定表》及地方税务局要求提供的其他资料。

2.审批程序和审批机关

代开票纳税人认定的审批权限在县级或县级以上地方税务局。对单位和个人提出的申请报告和有关资料，负责审批的地方税务局应在收到之日起30日内审核完毕。符合代开票纳税人条件的，发给《货物运输业营业税代开票纳税人认定证书》。纳税人凭《货物运输业营业税代开票纳税人认定证书》及同货主签定的承运货物合同、托运单及地方税务局要求提供的其他有效证明到代开票单位代开货物运输业发票。

（二）对新办提供货物运输劳务的单位和个人

新办提供货物运输劳务的单位和个人需认定为代开票纳税人的，凡符合代开票纳税人条件的，可在办理税务登记的同时申请办理代开票纳税人认定手续。

第十条　代开票纳税人达到自开票纳税人条件的，可以按本办法第六条第一款规定申请办理自开票纳税人认定手续。

第十一条　地方税务局应按年度对自开票、代开票纳税人进行资格审验和确认。

第十二条　年审的范围。

地方税务局应对原已认定为自开票、代开票纳税人实行年度审验制度(以下简称年审)。

第十三条　年审的时间。

自开票、代开票纳税人的年审从每年11月起至12月底结束，具体期限由省级地方税务局确定。

第十四条　年审的内容。

（一）自开票纳税人

1. 基本情况。包括纳税人名称、经营地址、经济性质、经营范围、开户银行及账号、车辆、船舶等运输工具状况、联系电话等。

2. 纳税情况。包括本年度实现的营业额、营业成本、应纳税额、实缴税额和欠缴税额等。

3. 财务核算情况。包括会计人员配备、账簿设置、财务核算状况等。

4.货物运输发票管理情况。包括货物运输业发票领购、使用、结存、保管、缴销及违章情况。

（二）代开票纳税人

1. 基本情况。包括纳税人名称、经营地址、经济性质、经营范围、开户银行及账号、车辆、船舶等

运输工具状况、联系电话等。

2. 纳税情况。包括年审本年度实现的营业额、营业成本、应纳税额、实缴税额和欠缴税额等。

第十五条 年审的程序。

(一)按照年审规定的时间要求,自开票、代开票纳税人应到主管地方税务局领取《自开票、代开票纳税人年审申请审核表》(以下简称《年审表》),填写盖章后连同工商营业执照副本、道路、水上运输经营许可证复印件、税务登记证副本、《发票领购簿》、年度财务报表及税务机关要求提供的其他资料,一并报主管地方税务局。

(二)主管地税局接到自开票、代开票纳税人申报的《年审表》及有关资料后30日内进行初审,并签署初审意见,逐级报送上级审批机关,审批机关应在30日内作出年审结论。年审审批机关是指有批准认定自开票、代开票纳税人资格的县级或县级以上的地方税务局。

第十六条 年审的结果。

(一)自开票纳税人

1. 年审合格的处理

对年审合格的自开票纳税人,在《货物运输业营业税自开票纳税人认定证书》及《发票领购簿》上加贴自开票纳税人年审合格标识。

2. 年审不合格的处理

达不到自开票纳税人资格的纳税人,暂缓通过年审,在3个月内进行整改,整改期间不得自行开具货物运输业发票,如需开具货物运输业发票的由主管地方税务局代开。在规定的期限内,整改合格的按年审合格办法处理,整改不合格的取消其自开票纳税人资格,清缴货物运输发票,并在其税务登记证副本首页右上方和《发票领购簿》上加盖“已取消自开票纳税人资格”专用章,并收回《货物运输业营业税自开票纳税人认定证书》。

(二)代开票纳税人

1. 年审合格的处理。

对年审合格的代开票纳税人,在《货物运输业营业税代开票纳税人认定证书》上加贴代开票纳税人年审合格标识。

2. 年审不合格的处理

达不到代开票纳税人资格的纳税人,暂缓通过年审,在3个月内进行整改,整改期间主管地方税务局不得为其开具货物运输业发票。在规定的期限内,整改合格的按年审合格的办法处理,整改不合格取消其代开票纳税人的资格,并收回《货物运输业营业税代开票纳税人认定证书》。

第十七条 对已具有自开票纳税人资格的提供货物运输劳务单位,一旦发现有下列情形之一的,经主管地方税务局审定,可取消其自开票纳税人的资格,收回《货物运输业营业税自开票纳税人认定证书》和停止其使用货物运输业发票。

(一)没有按地方税务局的要求正确核算货物运输和非货物运输的营业收入、营业成本、税金、营业利润的;

(二)不能按规定向税务机关进行正常纳税申报和缴纳各项税款的;

(三)有偷税、抗税行为的;

(四)不能妥善保管、使用货物运输业发票造成严重后果的;

(五)违反规定,对货物运输和非货物运输业务都开具货物运输业发票的;

(六)违反规定,为其他纳税人开具货物运输业发票的。

第十八条 对已具有代开票纳税人资格提供货物运输劳务的单位和个人,凡有下列情形之一的,经主管地方税务局审定,可取消其代开票纳税人的资格,并收回《货物运输业营业税代开票纳税人认定证书》。

(一)没有按地方税务局的要求准确核算货物运输和非货物运输的营业收入、税金的;

(二)不按规定向税务机关进行纳税申报和缴纳各项税款的;

(三)有偷税、抗税行为的;

(四)有伪造承运货物合同等有效证明的。

第十九条 纳税人必须在规定的期限内向地方税务局办理年审手续,在规定期限内未办理年审手续的按年审不合格处理。

第二十条 《年审表》填报不实、数据不准确的,随同《年审表》报送其他资料不齐全以及其他未按规定办理年审手续的，地方税务局应责令其在年审规定期内如实申报和补报。如仍不如实申报和补报的，则按年审不合格处理。

第二十一条　凡被取消自开票、代开票纳税人资格的纳税人，一年内不得再重新申请认定自开票、代开票纳税人。

第二十二条　自开票、代开票纳税人年审，由省级地方税务局统一组织，年审的具体工作，由具有批准认定自开票纳税人资格的各级地方税务局负责实施。

第二十三条　《货物运输业自开票纳税人认定表》、《货物运输业代开票纳税人认定表》、《货物运输业营业税自开票纳税人认定证书》、《货物运输业营业税代开票纳税人认定证书》、《年审表》、年审合格标识、“自开票纳税人”、“已取消自开票纳税人资格”专用章由省级地方税务局统一制定下发。

第二十四条　本办法由国家税务总局负责解释。

第二十五条　本办法自 2003 年 11 月 1 日起执行。

运输发票增值税抵扣管理试行办法

（国联发[2003]121号）

第一条　为了进一步加强增值税有关运输发票抵扣凭证的管理，堵塞税收漏洞，特制定本办法。

第二条　凡增值税一般纳税人(以下简称"纳税人")取得运输发票并应计算抵扣进项税额的，均适用本办法。

本条所称取得运输发票是指：

(一)纳税人外购货物(固定资产除外)支付运输费用而取得的运费结算单据；

(二)纳税人销售应税货物而支付运输费用所取得的运费结算单据(《中华人民共和国增值税暂行条例实施细则》第十二条所规定的不并入销售额的代垫运费除外)。

第三条　运输单位提供运输劳务自行开具的运输发票，运输单位主管地方税务局及省级地方税务局委托的代开发票中介机构为运输单位和个人代开的运输发票准予抵扣。其他单位代运输单位和个人开具的运输发票一律不得抵扣。

第四条　纳税人取得所有需计算抵扣增值税进项税额的运输发票，应根据相关运输发票逐票填写《增值税运输发票抵扣清单》，在进行增值税纳税申报时，除按现行规定申报报表资料外，增加报送《增值税运输发票抵扣清单》。纳税人除报送清单纸质资料外，还需同时报送《增值税运输发票抵扣清单》的电子信息。未单独报送《增值税运输发票抵扣清单》纸质资料及电子信息的，其运输发票进项税额不得抵扣。如果纳税人未按规定要求填写《增值税运输发票抵扣清单》或者填写内容不全的，该张运输发票不得计算抵扣进项税额。

增值税运输发票抵扣清单信息采集软件由国家税务总局统一开发，主管国税局免费提供给纳税人。如果纳税人无使用信息采集软件的条件，可委托中介机构代为采集。

第五条　纳税人取得的2003年10月31日以后开具的运输发票，应当自开票之日起90天内向主管国税局申报抵扣，超过90天的不得予以抵扣。纳税人取得的2003年10月31日以前开具的运输发票，必须在2004年1月31日前抵扣完毕，逾期不再准予抵扣。

第六条　主管国税局在纳税申报期内受理申报时，应对《增值税纳税申报表附列资料》中第8栏"7%扣除率"的"金额、税额"项数据与《增值税运输发票抵扣清单》中"合计"栏"允许计算抵扣的运费金额、计算抵扣的进项税额"项数据进行核对，如不一致，退纳税人重新申报。

第七条　纳税申报期结束后，各地县(市)级国税局应将当期《增值税运输发票抵扣清单》汇总电子信息通过网络传递给上级税务机关。

运输发票信息的采集、传递、清分与比对等具体要求详见《货物运输发票管理流程实施方案》。

第八条　对比对不符的先由稽查部门进行稽查，经查实后确有问题的按有关规定进行处理。稽查部门应将稽查、处理结果及时反馈管理部门。

第九条　本办法自2003年11月1日起执行。

附件：

增值税运输发票抵扣清单

纳税人名称					纳税人识别号：			金额单位：元至角分			
序号	发票种类		发票号码	开票日期	运输单位名称	运输单位纳税人识别号	运输单位主管地方税务局名称	运输单位主管地方税务局代码	运费金额	允许计算抵扣的运费金额	计算抵扣的进项税额
一	铁路运输		—	—	—	—	—	—			
二	航空运输		—	—	—	—	—	—			
三	管道运输		—	—	—	—	—	—			
四	海洋运输		—	—	—	—	—	—			
五	公路运输	1									
		2									
		3									
		4									
		小计	—	—	—	—	—	—			
六	内河运输	1									
		2									
		3									
		4									
		小计	—	—	—	—	—	—			
合计			—	—	—	—	—	—			

说明：铁路运输、航空运输、管道运输、海洋运输栏填写汇总数，公路运输和内河运输按发票分别填写。

《外商投资国际货物运输代理企业管理办法》补充规定

(中华人民共和国商务部令 2003年第12号 2003年12月7日)

为了促进香港、澳门与内地建立更紧密经贸关系，鼓励香港服务提供者和澳门服务提供者在内地设立从事国际货运代理业务的企业，根据国务院批准的《内地与香港关于建立更紧密经贸关系的安排》和《内地与澳门关于建立更紧密经贸关系的安排》，现对《外商投资国际货物运输代理企业管理办法》(外经贸部2002年36号令)作如下补充规定：

一、自2004年1月1日起，允许香港服务提供者和澳门服务提供者在内地以合资、合作、独资的形式设立国际货运代理企业。

二、符合条件的香港服务提供者和澳门服务提供者在内地投资设立国际货运代理企业的注册资本最低限额应当符合下列要求：

(一)经营海上国际货物运输代理业务的，注册资本最低限额为500万元人民币；

(二)经营航空国际货物运输代理业务的，注册资本最低限额为300万元人民币；

(三)经营陆路国际货物运输代理业务或者国际快递业务的，注册资本最低限额为200万元人民币。

经营前款两项以上业务的，注册资本最低限额为其中最高一项的限额。

国际货物运输代理企业每设立一个从事国际货物运输代理业务的分支机构，应当增加注册资本50万元。

三、香港服务提供者和澳门服务提供者申请设立国际货运代理企业的其他规定，仍按《外商投资国际货物运输代理企业管理办法》执行。

四、本规定中的香港服务提供者和澳门服务提供者应分别符合《内地与香港关于建立更紧密经贸关系的安排》和《内地与澳门关于建立更紧密经贸关系的安排》中关于“服务提供者”定义及相关规定的要求。

五、本补充规定由商务部负责解释。

六、本补充规定自2004年1月1日起施行。

关于《外商投资道路运输业管理规定》的补充规定

（交通部、商务部令 2003年第12号 2003年12月31日）

为了促进香港、澳门与内地建立更紧密的经贸关系，鼓励香港服务提供者和澳门服务提供者在内地设立从事道路运输业务的企业，根据国务院批准的《内地与香港关于建立更紧密经贸关系的安排》和《内地与澳门关于建立更紧密经贸关系的安排》，现对《外商投资道路运输业管理规定》（交通部、对外贸易经济合作部，2001年第9号令）作出如下补充规定：

一、自2004年1月1日起，允许香港服务提供者和澳门服务提供者在内地西部地区设立独资企业经营道路客运业务。

二、自2004年1月1日起，允许香港服务提供者和澳门服务提供者在内地设立独资企业经营道路客货运业务。

三、自2004年1月1日起，允许香港服务提供者和澳门服务提供者经营香港、澳门至内地各省、市、自治区的货运"直通车"业务。

四、香港服务提供者和澳门服务提供者在内地从事货运"直通车"业务须在内地设立独资、合资或合作企业，并取得道路运输经营许可。

五、本规定中的香港服务提供者和澳门服务提供者应分别符合《内地与香港关于建立更紧密经贸关系的安排》和《内地与澳门关于建立更紧密经贸关系的安排》中关于"服务提供者"定义及相关规定的要求。

六、除上述条款外，其他事项按照《外商投资道路运输业管理规定》执行。

七、本补充规定由交通部会同商务部负责解释。

八、本补充规定自2004年1月1日起施行。

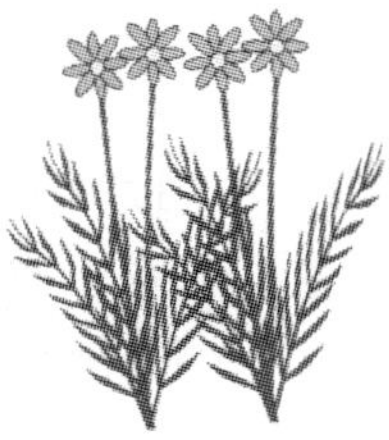

关于设立外商投资出口采购中心管理办法

（中华人民共和国商务部、中华人民共和国海关总署、中华人民共和国国家税务总局、中华人民共和国国家外汇管理局令 2003 年第 3 号 2003 年 1 月 17 日）

第一条　为进一步促进对外贸易发展，扩大对外开放和吸引外商投资，根据中华人民共和国有关外国投资及对外贸易管理的法律、法规制定本办法。外国投资者在中国投资设立外商投资出口采购中心，应遵照本办法执行。

第二条　本办法中所称外商投资出口采购中心系指外国投资者在中国以独资或与中国投资者合资的形式设立的从事出口采购业务的外商投资企业。出口采购中心应为有限责任公司。

第三条　申请设立外商投资出口采购中心的外国投资者，应拥有跨国营销网络，具备出口采购能力。

以合资形式设立外商投资出口采购中心的，中国投资者应为资信良好，拥有举办采购中心所必需的经济实力。

第四条　外商投资出口采购中心的注册资本不低于 3 000 万元人民币。中外投资者出资按现行有关规定办理。

第五条　外国投资者可以其在中国设立的投资性公司投资设立出口采购中心。

第六条　设立外商投资出口采购中心，应将下列文件经拟设立外商投资出口采购中心所在地省、自治区、直辖市和计划单列市商务主管部门初审同意后，报商务部批准：

(一)申请书；

(二)投资者各方的注册登记文件(复印件)、法定代表人证明文件(复印件)和资信证明文件；

(三)可行性研究报告、章程(合资出口采购中心还需提供企业合资合同)；

(四)董事会成员名单及简历；

(五)工商行政管理部门出具的企业名称预核准通知书。

商务部收到全部申请文件后，应在 30 个工作日内做出是否批准的书面批复。

第七条　外商投资出口采购中心可以经营下列业务：

(一)采购国内货物出口业务、与出口有关的仓储、信息咨询和技术服务。

(二)进口原辅材料，委托其他企业加工并复出口。

(三)进口采购出口所需的样品。样品进口的数量和价值应符合海关关于进口样品的有关规定。

第八条　国家实行配额、许可证管理的出口商品，采购出口时，须按照国家有关规定申请并获得配额、许可证；国家实行配额招标管理的商品，采购出口前须按照有关出口商品招标的规定参加出口商品的招标。

第九条　外商投资出口采购中心开设外汇账户，进行外汇收支，应当按照现行外汇管理规定办理。

第十条　设在保税区外的外商投资出口采购中心比照外商投资性公司出口国内产品的有关规定办理退税。设在保税区内的外商投资出口采购中心，按现行有关保税区内企业出口产品退税的规定办理退税。

第十一条　外商投资出口采购中心从事进口委托加工复出口业务，应比照合资外贸公司从事同类业务的有关规定办理，产品须全部出口，一般不得内销。如有特殊情况不能出口需要内销的，应按加工贸易有关规定办理转内销手续，报所在地省级商务部门批准，并签发内销批件；同时，报商务部备案。涉及进口许可证件的，应按规定申领进口许可证件，需报商务部审核批准的，按现行规定执行。

海关对上述内销产品凭相应的内销批件和有效进口许可证件办理内销补税和验放手续。

第十二条　除另有规定外，香港特别行政区、澳门特别行政区、台湾地区的投资者在中国其他地区投资设立出口采购中心的，参照本办法执行。

第十三条　本办法由商务部、海关总署、国家税务总局、国家外汇管理局负责解释。

第十四条　本办法自发布之日起30日后施行。

关于设立中外合资对外贸易公司暂行办法

（原中华人民共和国对外贸易经济合作部令 [2003]年 第1号 2003年1月31日）

第一条 为了进一步扩大对外开放，促进我国对外贸易的发展，根据《中华人民共和国对外贸易法》和《中华人民共和国中外合资经营企业法》及其他有关法律、法规，制定本办法。

第二条 本办法适用于外国的公司、企业（以下简称外方投资者）同中国的公司、企业（以下简称中方投资者）在中国境内设立专门从事对外贸易经营活动的中外合资对外贸易公司（以下简称：合资外贸公司）。

第三条 合资外贸公司为有限责任公司。在合资外贸公司的注册资本中，外方投资者所占比例应在25%以上。

第四条 设立合资外贸公司应符合下列条件：

（一）外方投资者申请前三年年平均对华贸易额在3 000万美元以上；合资外贸公司注册地在中西部地区的，外方投资者申请前三年年平均对华贸易额在2 000万美元以上。

（二）中方投资者应具有外贸经营权；申请前三年年平均进出口额在3 000万美元以上；合资外贸公司注册地在中西部地区的，中方投资者申请前三年年平均进出口额在2 000万美元以上。

（三）合资外贸公司应具备下列条件：

1. 注册资本不得低于5 000万元人民币；注册地在中西部地区的，注册资本不得低于3 000万元人民币；

2. 有自己的名称和组织机构；

3. 有与其对外贸易经营活动相适应的营业场所、专业人员以及其他必备的物质条件。

第五条 申请设立合资外贸公司，中方投资者须将下列文件通过当地外经贸主管部门报对外贸易经济合作部（以下简称：外经贸部）：

（一）项目建议书、中外各方签署的可行性研究报告、合同、章程；

（二）中外各方的注册登记证明文件（复印件），资信证明文件和法定代表人证明文件；

（三）拟设立合资外贸公司的进出口商品目录；

（四）经会计师事务所审计的中外各方近三年的年度会计报表；

（五）外经贸部要求提交的其他文件。

外经贸部对各地上报材料进行审查，对符合条件的企业，自收到全部文件之日起90天内进行批复并颁发外商投资企业批准证书。

第六条 设立合资外贸公司的申请获得批准后，申请人应自批准之日起一个月内，依法向国家工商行政管理总局或其授权的地方工商行政管理局申请办理注册登记手续，并依法向税务机关申报办理税务登记。

第七条 外方投资者及中方投资者可用货币资金、实物以及无形资产（包括工业产权、专有技术、场地使用权）等出资。合资外贸公司的合资各方应按国家有关规定按期缴清其认缴的出资额。

第八条 合资外贸公司应按照国家有关规定，在经批准的经营商品范围内自营或代理货物、技术进出口及相关服务，经营本公司进口商品的国内批发业务。

第九条 国家实行配额、许可证管理的进出口商品，合资外贸公司须按照国家有关规定，向国务院有关主管部门申请并获得配额、许可证后，方可进口或出口。合资外贸公司进口或出口国家实行配额招标的进出口商品，须按照国务院有关主管部门关于进出口商品招标、投标的规定执行。

第十条 合资外贸公司的外汇收支，应按照国家外汇管理的有关规定执行。

第十一条 合资外贸公司应依照国家有关税收法律、法规和规章的规定纳税，对其出口货物可依照国家有关法律、法规和规章的规定享受出口退（免）税待遇。

第十二条 合资外贸公司应执行国家有关财务、会计、统计方面的法律、法规的规定，并按期向当地有关主管部门上报财务、会计、统计等报表。

第十三条　合资外贸公司可以加入进出口商会或外商投资企业协会，如加入须服从商会或协会的协调。

第十四条　合资外贸公司须遵守中国的法律、法规，受中国法律、法规的管辖，其合法权益受中国法律、法规的保护。合资外贸公司违反中国法律、法规的，按有关法律、法规处理。

第十五条　香港特别行政区、澳门特别行政区、台湾地区的公司、企业与内地公司、企业举办合资外贸公司，参照本办法办理。

第十六条　2003 年 12 月 11 日前，对中方在合资外贸公司注册资本中所占比例低于 51%的申请暂不受理。

第十七条　本办法由外经贸部负责解释。

突发事件生活必需品应急管理暂行办法

（中华人民共和国商务部令 2003年第7号 2003年11月3日）

第一章 总 则

第一条 为了有效监测、及时控制和消除生活必需品市场异常波动，满足居民日常基本生活需求，维护正常的社会秩序，促进社会主义市场经济持续稳定健康发展，根据《中华人民共和国传染病防治法》、《中华人民共和国国防法》、《中华人民共和国价格法》、《中华人民共和国防震减灾法》和《突发公共卫生事件应急条例》等法律、法规的有关规定，制定本办法。

第二条 本办法所称生活必需品市场异常波动（以下简称市场异常波动），是指因突然发生的严重自然灾害、公共卫生事件、战争、恐怖袭击或其他事件，造成肉类、蔬菜、蛋品、奶制品、边销茶和卫生清洁用品等生活必需品供求关系突变，在较大范围内引起抢购，导致价格异常波动或商品脱销的状态。

第三条 本办法规定的市场异常波动分为二级：一级是指全国或跨省、自治区、直辖市的市场异常波动；二级是指发生在一个省、自治区、直辖市较大范围或一个计划单列市、省会城市的市场异常波动。

第四条 市场异常波动应急工作，应当贯彻统一领导、分级负责、做好预案、科学监测、及时反应、处置得力的原则。

第五条 商务部负责对全国市场异常波动应急管理工作的统一领导，并成立由部长担任总指挥、分管副部长担任副总指挥的商务部应对市场异常波动指挥部。

省、自治区、直辖市及计划单列市、省会城市人民政府（以下简称“省会城市以上地方人民政府”）商务行政主管部门，分别成立由主要负责人担任总指挥、分管负责人担任副总指挥的应对市场异常波动指挥部，负责领导、指挥本行政区域内市场异常波动应急管理工作。

第六条 省会城市以上地方人民政府商务行政主管部门，应当建立严格的市场异常波动防范和应急处理责任制，切实履行职责，建立和加强市场异常波动信息交流和区域合作，保证市场异常波动应急处理工作的正常进行。

第七条 省会城市以上地方人民政府商务行政主管部门，应当组织开展预防市场异常波动相关科学研究，建立完善市场异常波动监测系统和必要的应急措施及手段，并保证经费。

第八条 省会城市以上地方人民政府商务行政主管部门，应当对参加市场异常波动应急处理作出贡献的单位和人员，给予表彰和奖励。

第二章 应急准备

第九条 商务部制定全国和跨省、自治区、直辖市市场异常波动应急预案。

省会城市以上地方人民政府商务行政主管部门，根据全国和跨省、自治区、直辖市市场异常波动应急预案，会同有关部门，结合本地实际情况，制定本行政区域的市场异常波动应急预案，并报商务部备案。

第十条 市场异常波动应急预案应当包括以下主要内容：

（一）应对市场异常波动指挥部的组成，及相关部门的具体职责和分工；

（二）市场日常监测机构的运行，监测数据的综合评价、预警标准及市场异常波动的报告、通报制度；

（三）应对市场异常波动的具体程序及拟采取的措施，如区域调剂、商品储备、组织进口、征购及组织紧急调运等手段；

（四）应对市场异常波动的生活必需品投放网络；

（五）相关保障工作，如做好舆论宣传工作，稳定人心；加强市场监管，整顿和规范市场秩序；保障应急预案落到实处的各项具体措施等；

（六）应对市场异常波动的值班制度和联络方式。

第十一条　市场异常波动应急预案应当根据市场变化和实施中发现的问题及时修订、补充。

第十二条　省会城市以上地方人民政府商务行政主管部门，应当增强对市场异常波动的防范意识和应对能力，防范市场异常波动的发生。

第十三条　省会城市以上地方人民政府商务行政主管部门，应当根据市场异常波动应急预案的要求，完成应急设施、设备、生活必需品等物资储备。

第十四条　应当完善以大型批发、零售企业为主体的应急设施、设备、生活必需品等物资投放网络。

第三章　监测预警

第十五条　商务部负责建立全国统一的城市生活必需品市场异常波动监测预警系统。

省会城市以上地方人民政府商务行政主管部门，应当利用现代信息技术，根据本地实际情况，建立和完善本行政区域市场异常波动监测预警系统，定期开展市场调查，及时掌握市场总需求、总供给（现有库存、本地生产能力、外地可采购能力）和销售、价格变化情况。

列入全国市场异常波动监测预警范围的不同业态流通企业，应当与全国市场异常波动监测预警系统联网，并按要求及时、准确、完整地报送有关统计资料。

第十六条　商务部根据国民经济发展状况和居民生活消费需求的变化，负责确定和调整需要监测的生活必需品的品种。

省会城市以上地方人民政府商务行政主管部门在按商务部要求进行监测的基础上，可以根据当地居民消费实际情况，适当增加需要监测的生活必需品的品种，并报商务部备案。

第十七条　监测与预警工作应当根据市场异常波动的类别，科学分析、综合评价监测数据，掌握市场运行情况。对早期发现的潜在隐患以及可能发生的市场异常波动，应当依照本办法规定的报告程序和时限及时报告。

第十八条　商务部负责发布市场异常波动警报。一级波动发布红色预警警报；二级波动发布黄色预警警报。

第四章　报告与信息发布

第十九条　商务部负责建立全国市场异常波动应急报告制度和市场异常波动信息报告系统。

有下列情形之一的，省会城市以上人民政府商务行政主管部门，应当在接到报告2小时内，向商务部报告：

（一）发生洪水、干旱、地震等严重自然灾害，造成市场异常波动的；

（二）发生群体性疾病、重大食物中毒等公共卫生事件，引发公众恐慌，造成市场异常波动的；

（三）战争、恐怖袭击等引发公众恐慌，造成市场异常波动的；

（四）其他引发市场异常波动的情况。

第二十条　大型批发、零售企业等有关单位发现有本办法第十九条规定情形之一的，应当在1小时内向本地人民政府商务行政主管部门报告；接到报告的商务行政主管部门应当在2小时内向本级人民政府报告，并同时向上级人民政府商务行政主管部门报告。

第二十一条　接到报告的市场异常波动发生地地方人民政府商务行政主管部门依照本办法规定报告的同时，应当立即组织力量对报告事项调查核实、确证，采取必要的控制措施，并及时报告调查情况。

第二十二条　商务部对发生的一级或二级市场异常波动，应当立即向国务院报告，及时向国务院有关部门和军队有关部门通报，并分别向全国或相关省会城市以上人民政府商务行政主管部门通报。

第二十三条　任何单位和个人对市场异常波动，不得隐瞒、缓报、谎报或者授意他人隐瞒、缓报、谎报。

第二十四条　商务部负责建立全国市场异常波动的信息发布制度，负责向社会发布全国市场异常波动的信息。

省会城市以上人民政府商务行政主管部门向社会发布本行政区域内市场异常波动的信息。信息发布应当及时、准确、全面。

第五章　应急处理

第二十五条　市场异常波动发生后，省会城市以上人民政府商务行政主管部门应当对市场异常波动进行综合评估，初步判断市场异常波动的类型，提出是否启动市场异常波动应急预案的建议。

第二十六条　发布黄色预警警报后，启动发生地省会城市以上应急预案，做好在全国范围内启动应急预案的准备；发布红色预警警报后，启动全国市场异常波动应急预案。

第二十七条　在全国范围内或者跨省、自治区、直辖市范围内启动全国市场异常波动应急预案，由商务部报国务院批准后实施。省、自治区、直辖市启动省级市场异常波动应急预案，应报省、自治区、直辖市人民政府批准实施，并向商务部报告。计划单列市、省会城市启动当地市场异常波动应急预案，应报当地人民政府决定，并向省、自治区、直辖市商务行政主管部门报告，同时还应向商务部报告。

第二十八条　应急预案启动前，省会城市以上地方各级人民政府商务行政主管部门，应当根据市场异常波动的实际情况，做好应急处理准备，采取必要的应急措施。

第二十九条　市场异常波动发生后，地方各级人民政府商务行政主管部门，应当及时协调有关部门保证应急处理所需生活必需品的生产、运输。

第三十条　市场异常波动发生后，发生地应对市场异常波动指挥部应当督促流通企业与生产者、供应商密切合作，积极组织货源，保持合理的商业库存，保障市场供应，不得以次充好、囤积居奇、哄抬物价。

第三十一条　市场异常波动发生后，发生地人民政府商务行政主管部门应当向周边地区人民政府商务行政主管部门通报，并与周边地区建立商品调剂的互助工作机制。

第三十二条　市场异常波动发生后，如需要动用中央储备物资，由省、自治区、直辖市人民政府有关职能部门，按程序向国务院有关职能部门提出申请。

第三十三条　当国内生活必需品产量不足时，省、自治区、直辖市人民政府商务行政主管部门报请商务部，迅速组织进口。

第三十四条　根据市场异常波动应急处理的需要，地方各级人民政府商务行政主管部门会同有关部门报本级人民政府批准后，有权统一紧急调集生活必需品、交通工具以及相关设施，并应以市场异常波动发生前的合理价格予以补偿。有关单位和个人应当予以配合，不得以任何理由予以拒绝。必要时在重点地区对食品等基本生活必需品实行统一发放、分配和定量销售，保障人民群众基本生活需要。

第三十五条　市场异常波动发生时，地方各级人民政府商务行政主管部门应当做好信息的收集和报告，向社会通报市场供求状况和宣传消费相关知识，正确引导消费。

第六章 监督管理

第三十六条　商务部对全国市场异常波动应急处理工作进行督察和指导，地方各级人民政府商务行政主管部门应当予以配合。

省会城市以上地方人民政府商务行政主管部门对本行政区域内市场异常波动应急处理工作进行督察和指导。

第三十七条　商务部应当对省、自治区、直辖市及计划单列市、省会城市市场异常波动应急预案制定和落实情况进行检查。

第三十八条　省会城市以上人民政府商务行政主管部门应当建立市场异常波动举报制度。任何单位和个人有权向商务行政主管部门报告市场异常波动隐患，有权举报不履行市场异常波动应急处理职责，或者不按照规定履行职责的情况。接到报告、举报的商务行政主管部门，应当立即组织对市场异常波动隐患、不履行或者不按照规定履行市场异常波动应急处理职责的情况进行调查处理。商务部建立全国市场异常波动举报制度，公布统一的市场异常波动报告、举报电话。

对举报市场异常波动有功的单位和个人，应当予以奖励。

第七章　罚　则

第三十九条　省会城市以上地方人民政府商务行政主管部门有下列行为之一的，由上级人民政府商务行政主管部门责令改正，通报批评，给予警告，对其主要负责人建议有关单位依法给予降级或者撤职的行政处分；造成严重危害后果的，建议依法给予开除的行政处分；构成犯罪的，提请司法机关依法追究刑事责任：

(一)未按照规定履行报告职责，隐瞒、缓报、谎报或授意他人隐瞒、缓报、谎报市场异常波动的；

(二)未按照规定完成市场异常波动应急处理所需要的设施、设备和商品等物资的供应和储备的；

(三)未按照规定履行市场监测职责的；

(四)未按照规定及时采取控制措施的；

(五)在应急处置工作中玩忽职守，失职、渎职的；

(六)对上级人民政府商务行政主管部门的督察、指导不予配合，或者采取其他方式阻碍、干涉的。

第四十条　生活必需品销售和储运单位及其人员有下列行为之一的，由县级以上地方人民政府有关主管部门根据情节，依法责令改正、没收违法所得、罚款、警告；造成严重危害后果，构成犯罪的，提请司法机关依法追究刑事责任：

(一) 未按照规定履行市场异常波动报告职责，隐瞒、缓报或者谎报的；

(二)未按照规定报送监测资料的；

(三)购进、销售假冒伪劣商品及囤积居奇、哄抬物价的；

(四)未按照规定及时采取组织货源等预防控制措施的；

(五)拒绝服从商务行政主管部门调遣的；

(六)拒绝、阻碍或者不配合现场调查、资料收集及监督检查的。

第八章　附　则

第四十一条　本办法由商务部负责解释。

第四十二条　本办法自公布之日起施行。

中国海事仲裁委员会仲裁规则

（中国国际商会）

第一章　总　则

第一节　管　辖

第一条　根据《中华人民共和国仲裁法》和有关法律的规定，制定本仲裁规则。

第二条　中国海事仲裁委员会（原名中国国际贸易促进委员会海事仲裁委员会，以下简称仲裁委员会）以仲裁的方式，独立、公正地解决海事、海商、物流争议以及其他契约性或非契约性争议，以保护当事人的合法权益，促进国际国内经济贸易和物流的发展。

仲裁委员会受理下列争议案件：

（一）租船合同、多式联运合同或者提单、运单等运输单证所涉及的海上货物运输、水上货物运输、旅客运输争议；

（二）船舶，其他海上移动式装置的买卖、建造、修理、租赁、融资、拖带、碰撞、救助、打捞或集装箱的买卖、建造、租赁、融资等业务所发生的争议；

（三）海上保险，共同海损及船舶保赔业务所发生的争议；

（四）船上物料及燃油供应、担保争议、船舶代理、船员劳务、港口作业所发生的争议；

（五）海洋资源开发利用、海洋环境污染所发生的争议；

（六）货运代理，无船承运，公路、铁路、航空运输，集装箱的运输、拼箱和拆箱，快递，仓储，加工，配送，仓储分拨，物流信息管理，运输、搬运、装卸工具、仓储设施、物流中心、配送中心的建造、买卖或租赁，物流方案设计与咨询，与物流有关的保险，与物流有关的侵权争议以及其他与物流有关的争议；

（七）渔业生产、捕捞等所发生的争议；

（八）双方当事人协议仲裁的其他争议。

第三条　仲裁委员会根据当事人在争议发生之前或者之后达成的将争议提交仲裁委员会仲裁的仲裁协议和一方当事人的书面申请，受理案件。

仲裁协议系指当事人在合同、提单、运单或援引的文件中订明的仲裁条款，或者以其他方式达成的提交仲裁的书面协议。

当事人约定在仲裁委员会仲裁或约定适用本仲裁规则的，本仲裁规则即构成当事人仲裁协议的组成部分，但当事人另有约定者除外。

第四条　仲裁委员会有权对仲裁协议的存在、效力以及仲裁案件的管辖权作出决定。

当事人对仲裁协议的效力有异议的，如果一方申请仲裁委员会作出决定，另一方申请人民法院作出裁定，由人民法院裁定。但是，对仲裁协议效力的异议，如果仲裁委员会先于人民法院接受申请并已作出决定，以仲裁委员会的决定为准。

第五条　仲裁协议独立存在，合同的变更、解除、终止、失效或无效以及存在与否，均不影响仲裁协议的效力。

仲裁庭有权确认合同的效力，仲裁庭有权决定仲裁程序未决事项。

第六条　对仲裁协议或仲裁案件管辖权的抗辩，应当在仲裁庭首次开庭前提出；对书面审理的案件的管辖权的抗辩，应当在第一次实体答辩前提出。逾期提出，视为放弃提出异议的权利。

当事人未对管辖权提出异议且已作实体答辩或提起反请求，视为对仲裁协议和仲裁委员会管辖权的承认。

对仲裁协议或仲裁案件管辖权提出抗辩不影响仲裁程序的进行。

第七条　当事人协议将争议提交仲裁委员会或其物流争议解决中心或渔业争议解决中心仲裁的，适用本仲裁规则的规定；渔业争议同时适用《中国海事仲裁委员会仲裁规则关于渔业争议案件的特别规定》。但当事人对仲裁程序另有约定并经仲裁委员会同意的，从其约定。

当事人可以根据案件需要以协议的方式约定缩短或延长本仲裁规则中规定的程序期限或调整相关程序事项；当事人也可以在仲裁程序进行过程中协议要求仲裁委员会或仲裁庭对其予以调整，以适合具体案件的需要；是否准许，由仲裁委员会或仲裁庭决定。

船舶碰撞案件，在证据方面有特殊要求的，仲裁委员会或仲裁庭可根据案件需要作必要调整。

第二节　组　织

第八条　仲裁委员会设名誉主任一人、顾问若干人。

第九条　仲裁委员会由主任一人、副主任若干人和委员若干人组成。主任履行本规则赋予的职责，副主任受主任的委托可以履行主任的职责。

第十条　仲裁委员会设立仲裁员名册，仲裁员由仲裁委员会从对海事、海商、物流以及法律等方面具有专门知识和实际经验的中外人士中聘任。仲裁委员会根据需要，可以设立特定的专业仲裁员名册。

第十一条　仲裁委员会设在北京，在上海设有分会。仲裁委员会分会可以独立受理并处理案件。

根据仲裁业务发展的需要，仲裁委员会可以在中国境内其他地方设立仲裁委员会分会或办事处。

仲裁委员会及其分会设秘书处，秘书处设秘书长，分别领导仲裁委员会秘书处和分会秘书处(除特别指明外，以下统称秘书处)处理日常事务。

办事处是仲裁委员会的宣传、咨询和联络机构，在仲裁委员会的统一领导下，从事海事仲裁的宣传、调研和咨询工作，协助仲裁委员会在当地安排开庭，但不从事仲裁案件的受理、收费和审理。

仲裁委员会设有物流争议解决中心和渔业争议解决中心。

第十二条　本仲裁规则统一适用于仲裁委员会及其分会。在分会进行仲裁时，本仲裁规则规定由仲裁委员会主任和仲裁委员会秘书处或秘书长分别履行的职责，可以由仲裁委员会主任授权的副主任和仲裁委员会分会秘书处或秘书长分别履行。

双方当事人可以约定将其争议提交仲裁委员会在北京或分会所在地进行仲裁，如无此约定，则由申请人从中选择。双方当事人都提出申请的，以首先申请的为准。如有争议，由仲裁委员会作出决定。

第二章　仲裁程序

第一节　仲裁申请、答辩、反请求

第十三条　仲裁程序自仲裁委员会或其分会发出仲裁通知之日起开始。

第十四条　申请人提出仲裁申请时应：

(一)提交仲裁申请书，仲裁申请书应写明：

1. 申请人和被申请人的名称和住所(如有邮政编码、电话、电传、传真、电报号码或其他电子通讯方式，也应写明)；

2. 申请人所依据的仲裁协议；

3. 案情和争议要点；

4. 申请人的请求及所依据的事实和证据。

仲裁申请书应由申请人及/或申请人授权的代理人签名及/或盖章。

(二)在提交仲裁申请书时，附具申请人请求所依据的相关证据。

(三)按照仲裁委员会制定的仲裁费用表的规定预缴仲裁费。

第十五条　秘书处收到申请人的仲裁申请书及其附件后，经过审查，认为申请仲裁的手续不完备的，可以要求申请人予以完备；认为申请仲裁的手续已完备的，应立即向被申请人发出仲裁通知，并将申请人的仲裁申请书及其附件，连同仲裁委员会的仲裁规则、仲裁员名册和仲裁费用表各一份，一并发送给被申请人，同时也将仲裁通知、仲裁规则、仲裁员名册和仲裁费用表发送给申请人。

秘书处向申请人和被申请人发出仲裁通知时，应指定一名秘书处的人员负责仲裁案件的程序管理工作。

第十六条　被申请人应在收到仲裁通知之日

起 30 天内,向秘书处提交答辩书,答辩书应写明答辩的事实、理由并附上相关的证据。逾期提交,仲裁庭有权决定是否接受。

第十七条 被申请人如有反请求,最迟应在收到仲裁通知之日起 30 天内,以书面形式提交仲裁委员会。仲裁庭认为有正当理由的,可以依申请适当延长此期限。

被申请人提出反请求时,应在其反请求书中写明具体的反请求事项、理由以及所依据的事实,并附具相关证据材料。

被申请人提出反请求,应当按照仲裁委员会的仲裁费用表的规定,在仲裁委员会限定的期限内预缴仲裁费。

第十八条 申请人可以对其仲裁请求提出修改,被申请人也可以对其反请求提出修改。但是,仲裁庭认为其修改的提出过迟而影响仲裁程序正常进行的,可以拒绝修改请求。

第十九条 当事人提交仲裁申请书、答辩书、反请求书、证据材料以及其他文件时,应一式五份。如果当事人人数超过两人,则应增加相应份数;如果仲裁庭组成人数为一人,则可以减少两份。

第二十条 被申请人未提交书面答辩及/或申请人对被申请人的反请求未提出书面答辩的,不影响仲裁程序的进行。

第二十一条 当事人可以委托仲裁代理人办理有关仲裁事项;接受委托的仲裁代理人,应向仲裁委员会提交授权委托书。

中国公民和外国公民均可以接受委托,担任仲裁代理人。

第二十二条 仲裁标的为同一种类或者有关联的两个或两个以上争议,经当事人书面约定,可以合并仲裁。

第二十三条 当事人申请海事请求保全或其他财产保全的,仲裁委员会应当将当事人的申请提交被申请人住所地或其财产所在地的海事法院或其他法院;当事人在仲裁程序开始前申请海事请求保全或其他财产保全的,应当依照《中华人民共和国海事诉讼特别程序法》的规定或其他有关规定,直接向被保全的财产所在地海事法院或其他法院提出。

当事人申请证据保全,仲裁委员会应当将当事人的申请提交证据所在地的海事法院或其他法院;当事人在仲裁程序开始前申请证据保全的,应当依照《中华人民共和国海事诉讼特别程序法》的规定或其他有关法律规定,直接向被保全的证据所在地海事法院或其他法院提出。

当事人申请海事强制令的,仲裁委员会应当将当事人的申请提交海事纠纷发生地的海事法院;当事人在仲裁程序开始前申请海事强制令的,应当依照《中华人民共和国海事诉讼特别程序法》第四章的规定,直接向海事纠纷发生地的海事法院提出。

第二十四条 当事人申请设立海事赔偿责任限制基金的,仲裁委员会应当将当事人的申请提交事故发生地、合同履行地或者船舶扣押地海事法院;当事人在仲裁程序开始前申请设立海事赔偿责任限制基金的,应当依照《中华人民共和国海事诉讼特别程序法》第九章的规定,直接向事故发生地、合同履行地或者船舶扣押地海事法院提出。

第二节 仲裁庭的组成

第二十五条 约定在中国海事仲裁委员会或其物流争议解决中心仲裁的案件,当事人和仲裁委员会主任可以从其认为适当的《中国海事仲裁委员会仲裁员名册》或《中国海事仲裁委员会物流专业仲裁员名册》中选定或指定仲裁员。

渔业争议案件,仲裁员仅可从《中国海事仲裁委员会渔业专业仲裁员名册》中选定或指定。

第二十六条 申请人和被申请人应各自在收到仲裁通知之日起 15 天内,在仲裁委员会仲裁员名册中各自选定一名仲裁员,或者委托仲裁委员会主任指定;申请人和被申请人还应共同选定或者共同委托仲裁委员会主任指定第三名仲裁员担任首席仲裁员。

申请人或者被申请人在各自收到仲裁通知之日起 15 天内未选定也未委托仲裁委员会主任指定仲裁员的,由仲裁委员会主任指定。

双方当事人在被申请人收到仲裁通知之日起15天内未共同选定也未共同委托仲裁委员会主任指定首席仲裁员的，首席仲裁员由仲裁委员会主任指定。首席仲裁员与被选定或者被指定的两名仲裁员组成仲裁庭，共同审理案件。

在前款规定的期限内，双方当事人可从仲裁委员会提供的首席仲裁员候选人名单之中或之外推荐一名以上首席仲裁员人选，双方均推荐的人员为双方共同选定的首席仲裁员，但均推荐的人员超过一人的，由仲裁委员会主任从中指定一人为首席仲裁员。通过该方式未产生首席仲裁员时，仲裁员名册中的人员，除当事人明确排除者外，均可接受指定担任首席仲裁员。

第二十七条　双方当事人可以约定在仲裁委员会提供的仲裁员名册中共同选定或者共同委托仲裁委员会主任指定一名仲裁员作为独任仲裁员，成立仲裁庭，审理案件。

双方当事人约定由一名独任仲裁员审理案件，但在被申请人收到仲裁通知之日起15天内，以第二十六条中的方式未能就独任仲裁员的人选达成一致意见的，由仲裁委员会主任指定。

第二十八条　仲裁案件有两个或者两个以上申请人及/或被申请人时，申请人之间或被申请人之间应当经过协商，在仲裁委员会提供的仲裁员名册中各自共同选定或者各自共同委托仲裁委员会主任指定一名仲裁员。

申请人之间及/或被申请人之间在收到仲裁通知之日起15天内，未能共同选定也未共同委托仲裁委员会主任指定一名仲裁员的，该仲裁员由仲裁委员会主任指定。

第二十九条　仲裁员接受当事人选定或仲裁委员会主任指定的，应当签署仲裁员声明书。声明书应当转交各方当事人。

第三十条　被选定或者指定的仲裁员有下列情形之一的，应自行向仲裁委员会披露并请求回避：

（一）是本案当事人或者当事人、代理人的近亲属；

（二）与本案有利害关系；

（三）与本案当事人、代理人有其他关系，可能影响公正仲裁的；

（四）私自会见当事人、代理人，或者接受当事人、代理人的请客送礼的。

第三十一条　当事人对仲裁员的公正性和独立性产生怀疑时，可以书面向仲裁委员会提出要求该仲裁员回避的请求，但应说明提出回避请求所依据的具体事实和理由，并提供必要的证据。

对仲裁员的回避请求应以书面形式在第一次开庭之前提出，但所主张之回避事由的发生或得知是在第一次开庭审理之后的，不在此限。

第三十二条　仲裁员是否回避，由仲裁委员会主任作出决定。

在仲裁委员会主任就仲裁员是否回避作出决定前，被请求回避的仲裁员应当继续履行职责。

第三十三条　仲裁员因回避或者由于死亡、除名或其他原因不能履行职责时，应按照原选定或者指定该仲裁员的程序，选定或者指定替代的仲裁员。

替代的仲裁员选定或者指定后，由仲裁庭决定以前进行过的全部或部分审理是否需要重新进行。

第三节　举证责任和举证期限

第三十四条　当事人应当对其申请、答辩和反请求所依据的事实提供证据加以证明。

没有证据或者证据不足以证明当事人的事实主张的，由负有举证责任的当事人承担不利后果。

第三十五条　根据案件需要，仲裁庭可以向当事人发出举证通知书，告知当事人举证责任的分配原则与要求，举证期限，逾期提交证据、不提交证据以及举证不能的法律后果。举证期限可以由当事人协商一致，并经仲裁庭认可。

当事人应当在举证期限内提交证据材料，当事人在举证期限内不提交的，视为放弃举证权利。逾期提交的证据材料，仲裁庭可不予采纳。当事人在举证期限内提交证据材料确有困难的，可以在期限届满前申请延长。

有证据证明一方当事人持有证据无正当理由

拒不提供，如果对方当事人主张该证据的内容不利于证据持有人，可以推定该主张成立。

第三十六条 当事人因客观原因不能自行收集的证据，可申请仲裁庭调查收集，是否准许，由仲裁庭决定。仲裁庭认为必要时，也可以自行调查事实，收集证据。

仲裁庭自行调查事实、收集证据时，认为有必要通知双方当事人到场的，应及时通知双方当事人到场，经通知而一方或双方当事人不到场且无正当理由的，仲裁庭自行调查事实和收集证据的行为不受其影响。

当事人提出申请，要求仲裁庭通知有关证人，包括与案件有利害关系的自然人、法人或其他组织的代表，出庭作证，以便查清案件事实和维护相关各方合法权益的，由仲裁庭决定是否准许。

当事人不能委托同一人作为代理人和证人参加仲裁程序。

第三十七条 当事人申请证人出庭作证的，应当在开庭前五天书面通知到秘书处；但仲裁庭对举证期限有明确规定时，应当在该举证期限内完成。

证人出庭作证应当提交必要的身份证明，接受当事人及其代理人的质询，回答本方和对方当事人或代理人提出的问题，具体程序由仲裁庭决定。

第四节 审 理

第三十八条 仲裁庭应当开庭审理案件。但经双方当事人申请或者经征得双方当事人同意，仲裁庭也认为不必开庭审理的，仲裁庭可以只依据书面文件进行审理并作出裁决。

仲裁庭应当公平、公正地对待双方当事人，并给予双方当事人陈述和辩论的合理机会。

在仲裁过程中，仲裁庭认为必要时可以发布程序令、发出问题单、举行庭前会议、召开预备庭、制作审理范围书等。

第三十九条 仲裁案件第一次开庭审理的日期，经仲裁庭商秘书处决定后，由秘书处提前15天以上通知双方当事人。当事人有正当理由的，可以请求延期，但必须提前7天以上以书面形式向秘书处提出；是否延期，由仲裁庭决定。

第四十条 第一次开庭审理以后的开庭审理的日期以及延期开庭审理的日期的通知，不受第三十九条规定的15天期限的限制。

第四十一条 当事人约定仲裁地点的，仲裁案件的审理应当在约定的地点进行。

由仲裁委员会或其分会受理的案件应当在仲裁委员会或其分会所在地进行审理，经仲裁委员会秘书长或其分会秘书长同意，也可以在其他地点进行审理。

第四十二条 仲裁庭开庭审理案件不公开进行，如果双方当事人要求公开审理，由仲裁庭作出是否公开审理的决定。

第四十三条 不公开审理的案件，双方当事人及其仲裁代理人、证人、仲裁员、仲裁庭咨询的专家和指定的鉴定人、秘书处的有关人员，均不得对外界透露案件实体和程序进行的情况。

第四十四条 证据应当在开庭时出示，当事人可以质证，但双方当事人同意书面审理或书面质证的除外。

第四十五条 仲裁庭可以就案件中的专门问题向专家咨询或者指定鉴定人进行鉴定，专家和鉴定人可以是中国或外国的机构或公民。

仲裁庭有权要求当事人，而且当事人也有义务向专家/鉴定人提供或出示任何有关资料、文件或实物，以供专家/鉴定人审阅、检验及/或鉴定。在复印或有效记载后，仲裁庭应及时退还当事人提交的原始证据。

第四十六条 专家报告、鉴定报告和仲裁庭收集的其他证据，应发送给双方当事人，给予双方当事人对专家报告和鉴定报告提出意见的机会。任何一方当事人要求专家/鉴定人参加开庭的，经仲裁庭同意后，专家/鉴定人可以参加开庭，并在仲裁庭认为必要和适宜的情况下就他们的报告作出解释。

第四十七条 当事人提出的证据由仲裁庭审定；专家报告、鉴定报告和仲裁庭收集的其他证据的副本或复制件、复制品（包括视听资料），由仲裁庭决定是否采纳。

第四十八条　仲裁庭开庭审理时，申请人经书面通知，无正当理由不到庭或者未经仲裁庭许可中途退庭的，仲裁庭可以视为撤回仲裁申请，被申请人提出反请求的，可以缺席裁决；被申请人经书面通知，无正当理由不到庭或者未经仲裁庭许可中途退庭的，可以缺席裁决，被申请人提出反请求的，视为撤回其反请求。

第四十九条　仲裁庭应当将开庭情况记入笔录。当事人和其他仲裁参与人认为对自己陈述的记录有遗漏或者有差错的，可以申请补正；仲裁庭不予补正时，应当记录该申请。

笔录由仲裁员、记录人员、当事人和其他仲裁参与人签名或者盖章。

第五十条　对当事人的仲裁请求或反请求，当事人以外的利害关系人如认为案件处理结果同其有利害关系，经申请并与双方当事人达成协议，经仲裁庭同意后，可以作为当事人参加仲裁。

第五十一条　仲裁案件，如果当事人在仲裁庭之外自行达成和解，可以请求仲裁庭根据其和解协议的内容作出裁决书结案，也可以申请撤销案件。在仲裁庭组成前申请撤销案件的，由仲裁委员会秘书长作出决定；在仲裁庭组成后申请撤销案件的，由仲裁庭作出决定。

当事人就已经撤销的案件再提起仲裁申请时，由仲裁委员会主任作出受理或者不受理的决定。

当事人在仲裁委员会之外通过调解达成和解协议的，可以凭当事人达成的由仲裁委员会仲裁的仲裁协议和他们的和解协议，请求仲裁委员会主任指定或共同选定一名独任仲裁员，依法按照和解协议的内容作出裁决；具体程序和期限不受本仲裁规则其他条款限制。

第五十二条　一方当事人知道或者理应知道本仲裁规则或仲裁协议中规定的任何条款或情事未被遵守，但仍参加仲裁程序或继续进行仲裁程序，而且不对此不遵守情况及时地明示地提出书面异议的，视为放弃其提出异议的权利。

第五十三条　如果双方当事人有调解愿望或一方当事人有调解愿望并经仲裁庭征得另一方当事人同意的，仲裁庭可以在仲裁程序进行过程中对其审理的案件进行调解。

第五十四条　仲裁庭可以按照其认为适当的方式进行调解。

第五十五条　仲裁庭在进行调解的过程中，任何一方当事人提出终止调解或仲裁庭认为已无调解成功的可能时，应停止调解。

第五十六条　在仲裁庭进行调解的过程中，双方当事人在仲裁庭之外达成和解的，应视为是在仲裁庭调解下达成的和解。

第五十七条　经仲裁庭调解达成和解的，双方当事人应签订书面和解协议；除非当事人另有约定，仲裁庭应当根据当事人书面和解协议的内容作出裁决书结案。

第五十八条　如果调解不成功，任何一方当事人均不得在其后的仲裁程序、司法程序或其他程序中援引对方当事人或仲裁庭在调解过程中发表过的、提出过的、建议过的、承认过的以及愿意接受过的或否定过的任何陈述、意见、观点或建议作为其请求、答辩及/或反请求的依据。

第四节　裁　决

第五十九条　仲裁庭应当在组庭之日起六个月内作出裁决书。在仲裁庭的要求下，仲裁委员会秘书长认为理由正当且确有必要的，可以延长该期限。

第六十条　仲裁庭应当根据事实，依照法律和合同规定，参考国际惯例，并遵循公平合理原则，独立公正地作出裁决。

第六十一条　由三名仲裁员组成仲裁庭审理的案件，裁决依一致意见或者多数仲裁员的意见作出，少数仲裁员的不同意见及其理由可以记入笔录并在裁决书中写明。

仲裁庭不能形成多数意见时，裁决依首席仲裁员的意见作出，其他仲裁员的不同意见可以记入笔录并在裁决书中写明。

第六十二条　仲裁庭在其作出的裁决中，应当写明仲裁请求、争议事实、裁决理由、裁决结果、仲裁费用和承担、裁决的日期和地点。当事人协议不写明争议事实和裁决理由的以及按照双方当事人和解协议的内容作出裁决的，可以不写明争议事实和裁决理由。

第六十三条 仲裁员应在签署裁决书前将裁决书草案提交仲裁委员会，在不影响仲裁员独立裁决的情况下，仲裁委员会及其分会可以就裁决书的形式问题提请仲裁员注意。

裁决书应由仲裁员署名，并加盖仲裁委员会印章。作出裁决书的日期，即为裁决发生法律效力的日期。

第六十一条中持不同意见的仲裁员不署名或不出具不同意见的理由，不影响裁决书的制作和效力。

第六十四条 仲裁庭认为必要或者当事人提出经仲裁庭同意时，可以在最终裁决作出之前的任何时候，就案件的任何问题作出中间裁决或部分裁决。任何一方当事人不履行中间裁决，不影响仲裁程序的继续进行，也不影响仲裁庭作出最终裁决。

第六十五条 仲裁庭有权在裁决书中决定双方当事人最终应向仲裁委员会支付的仲裁费和其他费用。

第六十六条 仲裁庭有权在裁决书中决定败诉方应当补偿胜诉方因为办理案件所支出的合理费用，但补偿金额最多不得超过胜诉方胜诉金额的 10%。

第六十七条 裁决是终局的，对双方当事人均有约束力。任何一方当事人均不得就已裁决事项向法院起诉，也不得向任何机构提出变更裁决的请求。

第六十八条 任何一方当事人均可以在收到裁决书之日起 30 天内就裁决书中的书写、打印、计算上的错误或其他类似性质的错误，书面申请仲裁庭作出更正；如确有错误，仲裁庭应在收到书面申请之日起 30 天内作出书面更正，仲裁庭也可以在发出裁决书之日起 30 天内自行以书面形式作出更正。该书面更正构成裁决书的一部分。

第六十九条 裁决有漏裁事项的，任何一方当事人均可以在收到裁决书之日起 30 天内，以书面形式请求仲裁庭就裁决中漏裁的仲裁事项作出补充裁决；确有漏裁事项的，仲裁庭应在收到上述书面申请之日起 30 天内作出补充裁决，仲裁庭也可以在发出仲裁裁决书之日起 30 天内自行作出补充裁决。补充裁决构成原裁决书的一部分。

第七十条 当事人应当依照裁决书写明的期限自动履行裁决；裁决书未写明期限的，应当立即履行。

一方当事人不履行的，另一方当事人可以根据中国法律的规定，向中国法院申请执行；或根据 1958 年联合国《承认及执行外国仲裁裁决公约》或中国缔结或参加的其他国际条约，向外国有管辖权的法院申请执行。

第三章 简易程序

第七十一条 除非当事人另有约定，争议金额不超过人民币 100 万元的案件，适用本简易程序。

争议金额超过人民币 100 万元的案件，双方当事人同意的，或者经一方当事人书面申请并征得另一方当事人书面同意的，亦适用本简易程序。

没有争议金额、争议金额不明或者当事人对争议金额或其确定方式有不同意见的，由仲裁委员会根据案件复杂程度、涉及利益的大小和范围以及其他因素综合考虑并予以决定是否适用简易程序。

第七十二条 申请人向仲裁委员会或其分会提出仲裁申请，经审查可以受理并适用简易程序的，秘书处应立即向双方当事人发出仲裁通知。

双方当事人应在被申请人收到仲裁通知之日起 10 天内，在仲裁委员会提供的仲裁员名册中共同选定或者共同委托仲裁委员会主任指定一名独任仲裁员。双方当事人逾期未共同选定也未共同委托仲裁委员会主任指定的，仲裁委员会主任应立即指定一名独任仲裁员成立仲裁庭审理案件。

在前款规定的期限内，双方当事人可从仲裁委员会提供的独任仲裁员候选人名单之中或之外推荐一名以上独任仲裁员人选，双方均推荐的人员为双方共同选定的独任仲裁员，但均推荐的人员超过一人的，由仲裁委员会主任从中指定一人为独任仲裁员。通过该方式未产生独任仲裁员时，仲裁员名册中的人员，除当事人明确排除者外，均可接受指定担任独任仲裁员。

第七十三条　被申请人应在收到仲裁通知之日起20天内，向仲裁委员会提交答辩书及相关证据材料；如有反请求，也应在此期限内提出反请求书及相关证据材料。

第七十四条　仲裁庭可以按照其认为适当的方式审理案件；可以决定只依据当事人提交的书面材料和证据进行书面审理，也可以决定开庭审理；当事人要求开庭审理的，则应进行开庭审理。

第七十五条　对于开庭审理的案件，仲裁庭确定开庭的日期后，秘书处应当提前10天以上将开庭日期通知双方当事人。

第七十六条　如果仲裁庭决定开庭审理，仲裁庭只开庭一次。确有必要的，仲裁庭可以决定再次开庭。

第七十七条　在进行简易程序过程中，任何一方当事人没有按照本简易程序行事时，不影响程序的进行和仲裁庭作出裁决的权力。

第七十八条　仲裁请求变更后的争议金额及/或反请求的争议金额超过100万元，双方当事人同意的，可继续适用简易程序；否则，变更为适用普通程序，并且，除非当事人另有约定，原独任仲裁员作为首席仲裁员。

新的仲裁庭组成前已进行的仲裁程序是否重新进行，由新的仲裁庭决定。

在第七十一条第三款的情况下，仲裁委员会或仲裁庭决定变更为适用普通程序的，适用上述规定。

第七十九条　开庭审理的案件，仲裁庭应在开庭审理或再次开庭审理之日起30天内作出裁决书；书面审理的案件，仲裁庭应当在仲裁庭成立之日起90天内作出裁决书。在仲裁庭的要求下，仲裁委员会秘书长认为确有必要和确有正当理由的，可以对上述期限予以延长。

第八十条　本章未规定的事项，适用本仲裁规则的其他各章的有关规定。

第四章　附　则

第八十一条　法律对仲裁时效有规定的，适用法律的规定。法律对仲裁时效没有规定的，适用诉讼时效的规定。

第八十二条　仲裁委员会以中文为正式语文。当事人另有约定的，则从其约定。仲裁庭开庭时，如果当事人或其代理人、证人需要语文翻译，可以由当事人自行提供译员，也可以由秘书处提供译员。

对当事人提交的各种文书和证明材料，仲裁庭或秘书处认为必要时，可以要求当事人提供相应的中文译本或其他语文的译本。

第八十三条　有关仲裁的一切文书、通知、材料等均可以派人或以挂号信或航空特快专递、传真、电传、电报或秘书处认为适当的其他方式发送给当事人或其仲裁代理人。

第八十四条　向当事人或其代理人发送的任何书面通讯，如经当面递交收讯人或投递至收讯人的营业地点、惯常住所或通讯地址，或者经合理查询不能找到上述任一地点而以挂号信或能提供作过投递企图的记录的其他任何手段投递给收讯人最后一个为人所知的营业地点、惯常住所或通讯地址，即应视为已经送达。

第八十五条　仲裁委员会按照本规则所附仲裁费用表收取仲裁费，本请求仲裁费和反请求仲裁费由申请人和反请求申请人分别预付，仲裁庭裁决由败诉方承担；双方各有胜负或胜负不明时，仲裁庭在裁决中最终决定由哪一方承担。

仲裁委员会除按照其制定的仲裁费用表向当事人收取仲裁费外，可以向当事人收取其他额外的、合理的实际开支，包括仲裁员办理案件的特殊报酬、差旅费、食宿费以及仲裁庭聘请专家、鉴定人和翻译等的费用。

仲裁委员会对双方当事人自行达成和解后申请撤销的案件，可以视工作量的大小和实际开支的多少，收取仲裁费。

依照仲裁法第六十一条的规定，仲裁庭同意重新仲裁的，仲裁委员会或分会不再收取仲裁费。仲裁庭依照第六十八条与第六十九条对裁决书作出补正或者补充裁决的，仲裁委员会或分会不再收费。

第八十六条　仲裁协议或合同中的仲裁条款订明由中国海事仲裁委员会、其分会、其物流争议解决中心或其渔业争议解决中心仲裁的，或由旧名称的中国国际贸易促进委员会海事仲裁委员会仲裁的，或由中国国际贸易促进委员会（中国贸促会）/中国国际商会仲裁且属于海事、海商、物流或渔业争议的，均应视为双方当事人一致同意按照《中华人民共和国仲裁法》第十六条之规定将中国海事仲裁委员会或其分会作为选定的仲裁委员会。

第八十七条　凡双方当事人同意适用本规则的，除非有相反约定，应视为同意其裁决可以由仲裁委员会发表出版，但仲裁委员会发表时应隐去当事人的名称以及其他足以辨明当事人身份的内容。

第八十八条　本仲裁规则自 2004 年 10 月 1 日起施行。

第八十九条　本仲裁规则由仲裁委员会负责解释。

第二部分

物流统计

物流统计

物流统计工作

一、我国社会物流统计的基础

现代物流产业是经济全球化和信息网络化带动下正在迅速发展的一个新兴产业。随着我国经济持续高速增长，现代化程度提高和进一步融入国际社会，社会生产、货物流通、商品交易及其管理方式正在发生深刻变革。物流作为一种实现经济高效运行的先进管理技术与组织方式，将更加适合市场经济的需要。为此，2001 年，六部委联合印发了《关于加快我国物流发展的若干意见》，提出将现代物流培育为我国经济发展的重要产业和新的经济增长点。物流迅速成为国内政府部门和企业关注的焦点和投资热点。物流基础设施建设纷纷启动。但迄止到 2003 年，政府统计部门尚没有建立系统的物流统计制度和统计方法，没有可供发布的统计数据资料。由于缺乏量化依据，很多思路建立在定性认识水平上，很难在促进物流业发展政策的形成上产生实质性影响。物流企业在经营中因不掌握市场需求而存在盲目性。这种状况与当前我国物流业的快速发展和物流热的经济环境十分不相称，研究建立适应我国社会主义市场经济特点的现代物流统计指标体系，是一个改革实践问题，更是一个重大理论问题。

二、我国社会物流统计的启动

为推动我国现代物流业发展，建立符合我国国情的现代物流统计指标体系，2003 年 8 月 22 日，国家发改委经济运行局会同国家统计局贸易外经司，在京召开了关于建立现代物流统计指标体系的座谈会，会议邀请国务院发展研究中心、中国物流与采购联合会、中国交通运输协会以及部分省市计委、经贸委、交委、统计局、南开大学等单位主管负责同志和专家 20 余人参加了会议。会议听取了中国物流与采购联合会、南开大学等单位对物流统计指标体系的研究设想，北京、天津、广东等地开展物流统计调查工作试点情况的介绍，就建立我国现代物流统计指标体系、统计范围、统计方法以及工作思路等问题进行了广泛深入的研讨。会议认为，开展物流统计工作已是当务之急，但同时也指出物流统计工作是一个相当复杂的工作，需要逐步完善。目前需要尽快落实的是，完善物流统计指标体系，为建立物流统计报表制度，开展物流统计调查工作奠定基础。为此，一是要本着先易后难的原则，从急需的指标入手，在充分借鉴发达国家统计工作经验和地方试点工作经验的基础上，充分利用现有的统计数据测算物流成本、物流产业增加值等宏观指标数据。二是物流统计应采取利用现有数据测算和重点调查与典型调查相结合的方式。三是物流统计工作要在国家发改委和国家统计局的组织指导下，充分发挥行业协会等各方面的作用，尽快推动我国物流统计工作的开展。与会代表一致认为，这次会议开得非常及时，对于建立和开展我国的现代物流统计工作，将起到十分重要的推动作用。

三、社会物流统计指标体系及测算数据的初步推出

在国家发改委、国家统计局和中国物流与采购联合会的直接指导下，中国物流信息中心在吸收国外经验和国内相关研究成果的基础上，根据社会各界对物流统计的需求和现有的数据基础，

对物流统计指标体系和方法进行了初步探索，提出了一个适应我国物流发展的统计指标体系。这套体系主要包括社会物流货物总额、社会物流成本、物流行业增加值、物流行业固定资产投资、主要物流设施、货物运输与周转等6个方面的物流统计指标。在此基础上，运用现有统计资料和有关统计理论和方法，对"八五"时期以来的有关物流数据进行了测算和分析，对我国物流发展现状与趋势得出了初步的定量概念和观点。为了广泛听取各方面的意见，于2003年12月26日，在第七次中国物流专家论坛上进行了首次发布，得到与会专家的高度赞誉，被推选为2003年我国物流工作的十件大事之一。有关分析材料被广大新闻媒体转载。

四、社会物流统计工作的加快推动

由中国物流与采购联合会和中国物流信息中心推出的社会物流统计指标体例、计算方法及测算结果，也得到了国家发改委、国家统计局的高度重视。2004年2月6日，国家发改委经济运行局、国家统计局贸易外经司与中国物流与采购联合会就加快推动建立符合我国国情的社会物流统计指标体系与统计方法制度、组织开展物流统计工作问题召开会议。丁俊发常务副会长、何黎明副会长参加了会议。

会议一致认为，物流统计工作是一项公益性政府统计工作，中国物流与采购联合会、中国物流信息中心在物流统计工作方面作了大量有益的工作，有关物流统计指标及物流统计调查方案的研究为加快开展我国的物流统计工作奠定了一定的基础。会议达成几点共识：一是请中国物流与采购联合会和中国物流信息中心在已有的研究成果基础上，尽快整理出一套可供公开宣传介绍，规范并便于操作的社会物流统计指标体系、核算方法、统计调查制度方案，由国家发改委和国家统计局作进一步审议修订后，正式纳入国家统计制度，以三方联合名义组织实施；二是建议由国家发改委和国家统计局联合授权，将社会物流统计工作交由中国物流与采购联合会与中国物流信息中心负责承担；三是有关社会物流的统计信息发布工作由国家发改委经济运行局、国家统计局贸易外经司、中国物流与采购联合会、中国物流信息中心联合组织进行；四是物流统计工作是一项公益性政府统计工作，涉及铁路、交通、民航、流通等多个行业，组织难度大，困难多，需要相关部门多方面支持。

五、国家发改委、国家统计局同意中国物流与采购联合会开展社会物流统计工作

2004年3月17日，国家发展改革委办公厅、国家统计局办公室以发改办运行〔2004〕429号函函复中国物流与采购联合会，同意中国物流与采购联合会开展物流统计工作。同时要求中国物流与采购联合会尽快提出物流统计报表制度的试行方案，履行报批手续。

根据国家发改委和国家统计局函复要求，中国物流与采购联合会编制了《社会物流统计核算与报表制度》(试行方案)，并由国家发改委经济运行局组织有关专家进行了评审。专家指出：物流统计指标体系与制度的研究，适应了我国物流发展形势的迫切要求，将对政府部门加强宏观调控和企业科学决策提供重要依据，也是评价现代物流在国民经济中的地位和作用的重要基础。专家评审认为目前编制的《社会物流统计核算与报表制度》(试行方案)研究方法科学，研究成果具有较强的可操作性，填补了国内物流研究的空白。专家组建议对方案进行适当修改后，由国家发改委、国家统计局、中国物流与采购联合会三家联合尽快组织实施。

根据专家意见修改，并经国家统计局有关司局认可的《制度》，目前正在报批之中，通过后将立即由国家发改委、国家统计局、中国物流与采购联合会三家联合组织实施。

社会物流统计核算与报表制度（试行方案）

一、总说明

1. 为了解我国物流活动的规模、结构和发展水平，及时反应我国物流运行状况，为各级政府部门制定有关物流发展政策和发展规划，加强宏观管理和决策提供依据，根据《中华人民共和国统计法》，特制定本方案。

2. 本制度为国家统计核算与调查制度，由国家发改委、国家统计局、中国物流与采购联合会联合制定，并组织实施。各省市可根据本地区情况参照进行。

3. 本制度分综合表和基层调查表两部分。

(1)综合表。为总量指标核算表，表中各指标采取依据现有相关指标统计分离提取与企业统计调查推算相结合的办法加工核算。涉及的有关铁路、公路、水上、港口、民航、管道运输及邮电业务报表，由各有关部门在报送国家统计局的同时，抄送中国物流与采购联合会。

(2)基层调查表。分物流相关行业调查表和生产与使用企业物流状况调查表两种类型。其中，物流相关行业调查表主要调查货物运输业、仓储业、装卸搬运及其他运输服务业、流通加工、配送、包装企业和专业物流企业的基本情况及从事的有关物流活动情况。具体包括：反映企业基本情况和基础设施的指标；反映企业运营状况的指标；反映企业主要经济指标完成情况的指标。生产与使用企业调查表，主要调查农业、工业、建筑业等内部有关物流设施以及企业物流费用情况。

4. 本制度企业调查范围为在我国国境内登记注册，从事物品生产与使用和物流相关行业的各种经济类型法人企业，包括国有和民营，内资和外资。其中：生产与使用企业采取典型调查的方式，每个省市、每个行业、每类产品选择2-3个企业调查。物流相关行业企业则为在工商登记注册时，企业(单位)名称中以“物流”、“配送”、“快运”等物流功能署名，且业务经营范围以配送、流通加工、包装、仓储、运输等物流业务为主，年营业收入在亿元以上的独立法人企业。

5. 本制度综合表为季报。由中国物流与采购联合会于季后25天内提供。企业调查为年报，报告期为2002年年度和2003年年度。规定范围内企业于2004年8月25日前报送。

6. 为确保统计工作时效性，尽量采用网上报送或电子邮件形式传送报表，文件格式统一使用本制度规定的Excel表格形式；没有链接Internet网的单位，暂用传真报送。同时将加盖企业法人章的正式报表邮寄到中国物流与采购联合会科技信息部(中国物流信息中心)。

本制度由中国物流与采购联合会负责解释。

二、报表目录

综合表

表号	表名	报告期别	综合范围	资料来源	提供日期	页码
物流统调表 2-1	社会物流总费用	季报	农业、工业、邮电、批发贸易、海关	从现行农业、工业、交通运输仓储邮电通信、批发贸易、海关统计资料加工取得。	季后15 日	3
物流统调表 2-2	物流相关行业社会物流业务收入	季报	物流相关行业	铁道部、民航总局、中石油、中石化总公司等。	同上	4
物流统调表 2-3	物流相关行业固定资产投资	季报	物流相关行业	铁道部、交通部、民航总局、中石油、中石化总公司、国家统计局等。	同上	5
物流统调表 2-4	物流基础设施情况	年报	物流相关行业	铁道部、交通部、民航总局、中石油、中石化总公司、国家统计局等。	同上	6

基层调查表

表号	表名	报告期别	综合范围	报送单位	报送日期及方式	页码
物流统调表 1-1	物流相关行业企业基本情况	年报	物流相关行业	工商登记注册时，企业（单位）名称中以“物流”、“配送”、“快运”等物流功能署名，且业务经营范围以配送、流通加工、包装、仓储、运输等物流业务为主，年营业收入在亿元以上的独立法人企业。	2004 年 8 月 25 日前网络、电子邮件或报表	7
物流统调表 1-2	物流相关行业企业经营情况	年报	同上	同上	同上	8
物流统调表 1-3	生产与使用企业物流状况	年报	农业、工业、建筑施工等货物生产、使用企业。	按地区、行业、企业类型进行典型调查。每个行业、每个主要产品、每个地区选择者 2-3 家企业填报。	同上	9

三、调查表式

（一）综合表

社会物流总费用

表　　号：　　物流统调 2-4 表
制表机关：国家发展与改革委员会
　　　　　　国家统计局
文　　号：中国物流与采购联合会
有效期至：　　计量单位：亿元

费用支出 / 社会物流的物品	代码	本期																		
		社会物流总费用	运输费用							保管费用										管理费用
			运输费用合计	铁路运输费用	道路运输费用	水上运输费用	航空运输费用	管道运输费用	装卸搬运及其他运输费用	保管费用合计	利息费用	仓储费用	保险费用	货物损耗费用	信息及相关服务费用	配送费用	流通加工费用	包装费用	其他保管费用	
甲	乙	1	2	3	4	5	6	7	8	9	10	11	12	13	14	15	16	17	18	19
社会物流总额																				
一、农产品																				
（一）农业																				
（二）林业																				
（三）畜牧业																				
（四）渔业																				
二、工业品																				
（一）采掘业																				
1. 煤炭开采和洗选业																				
2. 石油和天然气开采业																				
3. 黑色金属矿采选业																				
4. 有色金属矿采选业																				
5. 非金属矿采选业																				
6. 其他采矿业																				
（二）制造业																				
1. 农副食品加工业																				
⋮																				
三、进口货物																				
四、再生资源																				

说明：

1. 本表按当年价格计算：

（接上页表）

费用支出 社会物流的物品	代码	上年同期																		
		社会物流总费用总计	运输费用							保管费用										管理费用
			运输费用合计	铁路运输费用	道路运输费用	水上运输费用	航空运输费用	管道运输费用	装卸搬运及其他运输费用	保管费用合计	利息费用	仓储费用	保险费用	货物损耗费用	信息及相关服务费用	配送费用	流通加工费用	包装费用	其他保管费用	
甲	乙	20	21	22	23	24	25	26	27	28	29	30	31	32	33	34	35	36	37	38
社会物流总额																				
一、农产品																				
1. 农业																				
2. 林业																				
3. 畜牧业																				
4. 渔业																				
二、工业品																				
1. 采掘业																				
（1）煤炭开采和洗选业																				
（2）石油和天然气开采业																				
（3）黑色金属矿采选业																				
（4）有色金属矿采选业																				
（5）非金属矿采选业																				
（6）其他采矿业																				
2. 制造业																				
（1）农副食品加工业																				
⋮																				
三、进口货物																				
四、再生资源																				
五、单位与居民物品																				

说明：

1. 本表按当年价格计算；

物流相关行业社会物流业务收入

200 年　　季

	代码	本期																
		物流业务收入合计	运输收入								保管收入							
			运输收入合计	铁路运输收入	道路运输收入	水上运输收入	航空运输收入	管道运输收入	装卸搬运和其他运输收入	运输附加收入	保管收入合计	配送收入	流通加工收入	包装收入	信息及相关服务收入	代理收入	仓储收入	其他保管收入
甲	乙	1	2	3	4	5	6	7	8	9	10	11	12	13	14	15	16	17
社会物流业务总收入																		
铁路运输业																		
铁路货物运输																		
铁路运输辅助活动																		
道路运输业																		
道路货物运输																		
道路运输辅助活动																		
水上运输业																		
水上货物运输																		
水上运输辅助活动																		
货运港口																		
航空运输业																		
航空货物运输																		
航空运输辅助活动																		
管道运输业																		
管道运输业																		
装卸搬运和其他运输服务业																		
装卸搬运																		
运输代理服务																		
仓储业																		
邮政业																		
国家邮政																		
其他寄递服务																		
批发业																		
配送、流通加工																		
零售业																		
配送、流通加工																		
商务服务业																		
包装服务																		

物流相关行业社会物流业务收入

表　　号：　　　　物流统调 2-2 表

制表机关：国家发展与改革委员会
国家统计局

文　　号：中国物流与采购联合会

有效期至：　　　　计量单位：亿元

	代码	上年同期																
		物流业务收入合计	运输收入								保管收入							
			运输收入合计	铁路运输收入	道路运输收入	水上运输收入	航空运输收入	管道运输收入	装卸搬运和其他运输收入	运输附加收入	保管收入合计	配送收入	流通加工收入	包装收入	信息及相关服务收入	代理收入	仓储收入	其他保管收入
甲	乙	17	18	19	20	21	22	23	24	25	26	27	28	29	30	31	32	33
社会物流业务总收入																		
铁路运输业																		
铁路货物运输																		
铁路运输辅助活动																		
道路运输业																		
道路货物运输																		
道路运输辅助活动																		
水上运输业																		
水上货物运输																		
水上运输辅助活动																		
货运港口																		
航空运输业																		
航空货物运输																		
航空运输辅助活动																		
管道运输业																		
管道运输业																		
装卸搬运和其他运输服务业																		
装卸搬运																		
运输代理服务																		
仓储业																		
邮政业																		
国家邮政																		
其他寄递服务																		
批发业																		
配送、流通加工																		
零售业																		
配送、流通加工																		
商务服务业																		
包装服务																		

物流相关行业固定资产投资完成情况

表　　号：　物流统调 2-2 表
制表机关：　国家发展与改革委员会
　　　　　　国家统计局
文　　号：　中国物流与采购联合会
有效期至：　计量单位：亿元

行业	代码	投资完成额		新增固定资产额	
		本期	上年同期	本期	上年同期
甲	乙	1	2	3	4
合计					
铁路运输业					
道路运输业					
水上运输业					
货运港口					
航空运输业					
管道运输业					
装卸搬运和其他运输服务业					
仓储业					
邮政业					
国家邮政					
其他寄递服务					
批发业					
零售业					
商务服务业					
包装服务					

社会物流基础设施情况

表　　号：　　物流统调 2-4 表

制表机关：国家发展与改革委员会

国家统计局

文　　号：中国物流与采购联合会

有效期至：

200　年

<table>
<tr><th>行业</th><th>计量单位</th><th>代码</th><th>本期</th><th>上年同期</th></tr>
<tr><td>甲</td><td>乙</td><td>丙</td><td>1</td><td>2</td></tr>
<tr><td>铁路营业里程</td><td>万公里</td><td rowspan="12"></td><td colspan="2" rowspan="12">说明：
1. 铁路营业里程、公路里程、内河航道里程、民用航空航线里程、输油（气）管道里程、民用货运汽车拥有量、民用运输船舶拥有量、铁路货车拥有量由铁道部、交通部、民航总局提供。
2. 装卸设备拥有量、自有仓储面积、租用仓储面积、物流计算机管理系统数据根据企业统计调查汇总。</td></tr>
<tr><td>公路里程</td><td>万公里</td></tr>
<tr><td>内河航道里程</td><td>万公里</td></tr>
<tr><td>民用航空航线里程</td><td>万公里</td></tr>
<tr><td>输油（气）管道里程</td><td>万公里</td></tr>
<tr><td>民用货运汽车拥有量</td><td>万辆</td></tr>
<tr><td>民用运输船舶拥有量</td><td>艘</td></tr>
<tr><td>铁路货车拥有量</td><td>辆</td></tr>
<tr><td>装卸设备拥有量</td><td>台</td></tr>
<tr><td>自有仓储面积</td><td>万平方米</td></tr>
<tr><td>租用仓储面积</td><td>万平方米</td></tr>
<tr><td>物流计算机管理系统</td><td>套</td></tr>
</table>

（二）基层调查表

物流企业基本情况

表　　号：　　　　物流统调 2-2 表
制表机关：国家发展与改革委员会
　　　　　　　　　国家统计局
文　　号：中国物流与采购联合会
有效期至：

<table>
<tr><td>01 法人单位代码：________________
02 法人单位名称：____________________
03 法定代表人（负责人）：</td><td colspan="2">04 单位所在地及行政区划
________省（区、市）_________地（市、区）_________县（市、区）
行政区划代码_________</td></tr>
<tr><td>05 通信号码</td><td>06 行业类别</td><td>07 企业正式开业时间</td></tr>
<tr><td>电话号码
分 机 号
邮政编码
电子信箱（或网址）_______________
通讯地址：</td><td>行业代码_________
主要业务活动
1__________________
2__________________
3__________________
4__________________</td><td>_____年___月</td></tr>
<tr><td>08 企业登记注册类型__________</td><td colspan="2">09 企业登记注册资本</td></tr>
<tr><td>110 国有企业　　300 外商投资企业
120 集体企业　　310 中外合资企业
130 股份合作企业　　330 外资企业
140 联营企业
150 有限责任公司
160 股份有限公司
170 私营企业
200 港、澳、台商投资企业
230 港、澳、台商独资经营企业</td><td colspan="2">登记注册资本合计（万元）___________
1 国家资本____________
2 集体资本____________
3 法人资本____________
4 个人资本____________
5 港澳台资本____________
6 外商资本____________
（注册资本合计＝1+2+3+4+5+6）</td></tr>
<tr><td colspan="3">10 基础设施</td></tr>
<tr><td>自有仓储面积（平方米）
租用仓储面积（平方米）
装卸设备（台）
物流计算机信息管理系统（套）
铁路专用线（条）</td><td colspan="2">运输车辆（辆）
其中：普通货车（辆）
专用货车（辆）
其中：冷藏车（辆）
集装箱专用车（辆）</td></tr>
<tr><td colspan="3">单位负责人：　　　　统计负责人：　　　　填表人：
联系电话：　　　　填表日期：200　年　　月　　日</td></tr>
<tr><td colspan="3">审表人：　　　　审表日期：200　年　　月　　日　　（单位在此盖章）</td></tr>
</table>

物流相关行业企业经营情况

表　　号：　　物流统调 1-2 表
制表机关：国家发展与改革委员会
　　　　　国家统计局
文　　号：中国物流与采购联合会
有效期至：

企业（单位）详细名称：
企业（单位）代码□□□□□□□□□—□

指标名称	计量单位	代码	本期	上年同期	指标名称	计量单位	代码	本期	上年同期
一、运营情况及效率					包装收入	万元			
货运量	万吨				信息及相关服务收入	万元			
其中：自运货运量	万吨				代理收入	万元			
委托代理货运量	万吨				仓储收入	万元			
货物周转量	万吨公里				其他保管收入	万元			
货物配送量	万吨				运输收入	万元			
货物流通加工量	万吨				装卸搬运收入	万元			
货物包装量	万吨				主营业务成本	万元			
装卸搬运量	万吨				其中：配送成本	万元			
货物吞吐量	万吨				流通加工成本	万元			
期末货物储存量	万吨				包装成本	万元			
平均货物储存量	万吨				信息及相关服务成本	万元			
平均存储周期	天				代理业务成本	万元			
自运货物平均运价	元/吨公里				仓储成本	万元			
委托代理货物平均运价	元/吨公里				其他保管成本	万元			
平均货物配送费率	元/吨				运输成本	万元			
平均货物流通加工费率	元/吨				其中：运输附加费	万元			
平均货物包装费率	元/吨				装卸搬运成本	万元			
平均货物仓储费率	元/吨				物流人员劳动报酬	万元			
平均货物装卸搬运费率	元/吨				主营业务利润额	万元			
二、主要经济指标					主营业务营业税金	万元			
主营业务收入	万元				资产总计	万元			
其中：配送收入	万元				其中：流动资产	万元			
流通加工收入	万元				固定资产折旧	万元			

单位负责人：　　　填报人：　　　电话：　　　报出日期：200　年　月　日

生产与使用企业单位物流状况

表　　号：　物流统调 1-2 表
制表机关：国家发展与改革委员会
　　　　　　国家统计局
文　　号：中国物流与采购联合会
有效期至：　计量单位：亿元

企业（单位）详细名称：
企业（单位）代码□□□□□□□□□—□

指标名称	计量单位	代码	本期	上年同期	指标名称	计量单位	代码	本期	上年同期
一、运营情况					配送费用	万元			
货物销售总额	万元				流通加工费用	万元			
货物购进总额	万元				包装费用	万元			
货物运输量	吨				信息及相关服务费用	万元			
其中：自运货运量	吨				其他保管费用	万元			
委托代理货运量	吨				管理费用	万元			
自运货物周转量	吨公里				流动资产	万元			
平均货物储存量	吨				三、企业所属物流设施				
平均存储周期	天				自有仓库面积	平方米			
自运货物平均运价	元/吨公里				租用仓库面积	平方米			
委托代理货物平均运价	元/吨公里				装卸设备	台			
平均货物储存费用率	元/吨				自有运输车辆	辆			
二、企业物流成本					其中：普通货车	辆			
其中：运输费用	万元				专用货车	辆			
其中：运输附加费	万元				其中：冷藏车	辆			
仓储费用	万元				集装箱专用车	辆			
保险费用	万元				铁路专用线	条			
货物损耗费用	万元				物流计算机信息管理系统	套			

单位负责人：　　填报人：
电话：　　报出日期：200　年　月　日

四、指标解释及计算方法

（一）综合表指标解释及计算方法

物流：根据国家质量技术监督局发布的《物流术语》(GB/T28354-2001)——物品从供应地向接受地的实体流动过程。根据实际需要，将运输、储存、装卸、搬运、包装、流通加工、配送、信息处理等基本功能实施有机结合。

社会物流物品总额：一定时期内，初次进入社会物流领域，经社会物流服务，已经或正在送达最终用户的全部物品的价值总额。与货运量、物品周转量等指标共同反映社会物流需求规模。它是一定时期内全部社会物流活动的最终结果，是社会物流需求规模的价值量的表现。

从国内物品初次来源看，一定时期内，能够进入社会物流领域，需要经过社会物流服务，送达最终用户的物品，主要有以下 5 个方面：(1)进入社会物流领域的农林牧渔产品商品总额，简称物流的农产品总额(以下同)；(2)进入社会物流领域的工业产品商品总额,简称物流的工业品总额(以下同)；(3)进口货物总额；(4)进入社会物流领域的再生资源商品总额,简称物流的再生资源总额(以下同)；(5)单位与居民的物品物流额,简称物流的单位与居民物品额。包括铁路、航空运输中的行李、邮递业务中包裹、信函、社会各界的各种捐赠物、单位与居民由于搬家迁居形成的物品装卸搬运与运输等。

物流的农产品总额：一定时期内，由国内农业生产部门提供并进入社会物流领域的农林牧渔业产品商品总额，即原国家贸易统计报表中的农产品社会商品收购总额指标部分，但不包括不经过社会物流服务，由农业生产者通过集市贸易直接售与居民消费的部分，即原国家贸易统计报表中的农业生产者指标部分。

计算方法：

农产品总额=报告期内农产品社会商品收购总额—农业生产者。

鉴于现行国家贸易统计报表指标体系中，已取消上述两个指标，核算时根据历史资料及对应的农业总产值之间比例关系与发展趋势模型以及现行农业统计资料测算。

数据来源：国家统计局现行农业统计资料。

物流的工业品总额：一定时期内，国内工业生产部门提供并进入社会物流领域的全部产品总额，也就是工业生产部门的销售产值，但不包括不能以具体产品体现或不能通过一般性运输、装卸、搬运等物流服务形式完成的工业性作业销售产值、电力、蒸汽、热水的生产与供应业销售产值、煤气生产和供应业销售产值、自来水的生产和供应业销售产值。

计算方法：

工业品总额=报告期工业销售产值—(工业性作业销售产值、电力、蒸汽、热水的生产与供应业销售产值、煤气生产和供应业销售产值、自来水的生产和供应业销售产值之和)。

数据来源：国家统计局现行工业统计资料。

进口货物总额：一定时期内，以人民币表示的，通过我国海关进口的物品总额。

计算方法：

进口货物总额=以美元表示的海关进口总额×报告期人民币对美元的平均汇率

数据来源：国家现行海关及银行统计资料。

物流的再生资源总额：一定时期内，进入社会物流领域，经再生产加工后可重复利用的废旧物资总额。

计算方法：根据流通环节再生资源商品销售额计算。即：

再生资源总额=流通环节的再生资源商品销售额

资料来源：国家统计局现行批发贸易统计数据资料。

物流的单位与居民物品总额：一定时期内，进入社会物流领域，经社会物流服务，从提供地送达接收地的单位与居民的物品价值总额。包括铁路、航空等运输中的计费行李、邮政与快递业务中快件、包裹、信函、报纸杂志等寄递物品、形成社会物流服务的社会各界的各种捐赠物、单位与居民由于搬家迁居物品等。

计算方法：

资料来源：物流的单位与居民物品总额由于情况特殊，缺乏基础资料，统计计算较为困难。其中，铁路、航空等运输收入统计中，已包含了这部分的运输收入（也即单位与居民物品运输费用），但无法明确划分这部分物品自身的价值。寄递物品目前暂时也只有国家邮政中有业务额的统计，可以从信息产业部公布的资料中取得。

社会物流总费用：是指一定时期内，国民经济各方面用于社会物流活动的各项费用支出。包括：支付给运输、储存、装卸搬运、包装、流通加工、配送、信息处理等各个物流环节的费用；应承担的物品在物流期间发生的损耗；社会物流活动中因资金占用而应承担的利息支出；社会物流活动中发生的管理费用等。

社会物流总费用划分为运输费用、保管费用、管理费用三大部分核算。

运输费用：是指社会物流活动中，国民经济各方面由于物品运输而支付的全部费用。包括支付给物品承运方的运费（即承运方的货运收入）；支付给装卸搬运保管代理等辅助服务提供方的费用（即辅助服务提供方的货运业务收入）；支付给运输管理与投资部门的，由货主方承担的各种交通建设基金、过路费、过桥费、过闸费等运输附加费用。

运输费用=运费+装卸搬运等辅助费+运输附加费

具体计算时，根据铁路运输、道路运输、水上运输、航空运输和管道运输不同的运输方式及对应的业务核算办法分别计算。

(1)铁路运输费用：社会物流活动中，国民经济各方面因为物品经铁路运输而发生的全部费用。包括支付给铁路运输部门的运费和为运输而发生的物品装卸、保管等延伸服务费用；由铁路运输部门按国家规定代收的铁路建设基金等。也就是铁路运输部门取得的物流业务收入，即铁路部门现行收入统计中的货运收入、行李包裹收入、邮运收入和其他收入中的货运与行李包裹部分；铁路运输部门实际代收的铁路建设基金；铁路系统多种经营中的货运部分。

铁路运输费用的基本计算公式是：

铁路运输费用=运费+装卸搬运、堆存保管、货运代理等延伸服务费+铁路建设基金

其中：

运费=铁路货物周转量×铁路平均运价

延伸服务费=延伸服务计费作业量×延伸服务平均价格

铁路建设基金=铁路货物周转量×铁路建设基金征收率

资料来源：铁路运输费用数据由铁道部提供。

(2)道路运输费用：社会物流活动中，国民经济各方面因为物品道路运输而发生的全部费用。包括支付给物品运输承运方的运费（也即运输承运方的货运收入）；支付给物品装卸搬运、保管、代理等其他道路运输费用（也即装卸搬运和其他道路运输的货运业务收入）；由货主方承担的，支付给有关管理和投资部门按规定收取的各种管理费、通行费等。

道路运输费用，既包括支付给专业物流、运输与辅助服务企业的货运业务费用，同时也包括生产、流通、消费企业自有车辆承担完成的，属于社会物流领域的物品运输业务，理应获得的收入部分。不包括客运业务费用。

道路运输费用的基本计算公式是：

道路运输费用=运费+装卸搬运和其他道路运输费用+通行附加费

其中：

运费=道路货物周转量×道路货物平均运价

装卸搬运费=道路货运量×2×货物装卸搬运平均运价

通行附加费=Σ（每批货物计费作业量×该批货物附加费率）

其他道路运输费用是指实际发生且由货主方承担的，未包含在前述几项费用之中的，属于运输费用之中的费用，如堆存保管费、代理费等。根据实际发生情况统计。

资料来源：货运量、周转量等数据由交通部提供，道路货物平均运价，道路货物平均装卸搬运费率等数据根据企业调查资料计算。

(3)水上运输费用：社会物流活动中，国民经济各方面因为物品水上运输而发生的全部费用。包括支付给物品运输承运方的运费（也即水上运输承运方的货运业务收入）；支付给港口、码头等的物品装卸搬运、堆存保管、货运代理等其他运输费用（也即港口、码头等的货运业务收入）；由货主方承担的，有关管理和投资部门按规定收取的各种航道维护费、港口建设费等附加费。

水上运输费用既包括支付给专业物流、运输与辅助服务企业的货运业务费用，同时也生产、流通、消费企业自有船舶承担完成的，属于社会物流领域的物品运输业务，理应获得的收入部分。

水上运输费用的基本计算公式是：

水上运输费用=运费+港口（码头）装卸搬运和其他运输费+附加费

其中：

运费=水上货物周转量×水上货物平均运价

港口(码头)装卸搬运费=水上货运量×2×水上货物平均装卸搬运费率

港口建设费=港口货物吞吐量吨数×港口建设费率

航道维护费=水上货物周转量×航道维护费率

其他水上运输费用是指实际发生且由货主方承担的,未包含在前述几项费用之中的,属于运输费用之中的费用如堆存保管费、代理费等。根据实际发生情况统计。

资料来源:水上货运量、周转量、港口货物吞吐量等数据由交通部提供,水上货物平均运价,水上货物平均装卸搬运费率等数据根据企业调查资料计算。

(4)航空运输费用:社会物流活动中,国民经济各方面因为物品航空运输而发生的全部费用。包括支付给航空运输承运方的运费(也即航空运输公司的货邮运输业务收入);支付给机场地勤服务方的进港到达货物保管提取服务费、出港货物仓管装机服务费、地面运输服务费、包装物及包装服务费、特种货物检查费等。

资料来源:航空运输费用数据由民航总局提供。

(5)管道运输费用:社会物流活动中,因为物品管道运输而发生的全部费用。包括支付给管道运输承运方的输送费;装车装船费;储存保管费等。也即管道运输单位的货运业务收入。目前国内主要是中国石油化工集团公司、中国石油天然气集团公司承担的石油与天然气输送业务。

数据来源:管道运输费用数据由中国石油化工集团公司、中国石油天然气集团公司提供。

保管费用:是指社会物流活动中,物品从最初的资源供应方(生产环节、海关)向最终消费用户流动过程中,所发生的除运输费用和管理费用之外的全部费用。包括:物流过程中因流动资金的占用而需承担的利息费用;仓储保管方面的费用;流通中配送、加工、包装、信息及相关服务方面的费用;物流过程中发生的保险费用和物品损耗费用等。

保管费用的基本计算公式是:

保管费用=利息费用+仓储费用+保险费用+货物损耗费用+信息及相关服务费用+配送费用+流通加工费用+包装费用+其他保管费用

(1)利息费用:是指社会物流活动中,物品从最初的资源供应方(生产环节、海关等)送达最终消费用户的过程中,因为流动资金的占用而需承担的利息支出。包括占用银行的贷款所支付的利息和占用自有资金应相应计算的利息成本。

利息费用的基本计算方法是:

利息费用=社会物流物品总额×社会物流流动资金平均占用率×报告期银行贷款利率

式中,流动资金占用率是指一定时期内,物品最初供给部门完成全部物品从供给地流向最终需求地的社会物流活动中,所占用的流动资金的比率。即:

社会物流流动资金平均占用率=报告期流动资金平均余额÷报告期物流物品总额

资料来源:社会物流物品总额根据前述测算取得,社会物流流动资金平均占用率根据生产与使用企业调查资料加工计算,目前暂时用流通环节的流动资金平均占用率代替,银行贷款利率来自人民银行制定公布的利率。

(2)仓储费用:是指社会物流活动中,为储存货物所需支付的费用。

仓储费用的基本计算方法是:

仓储费用=社会物流物品总额×社会物流平均仓储费用率

式中,社会物流平均仓储费用率,指一定时期内,各物品最初供给部门完成全部物品从供给地流向最终需求地的社会物流活动中,仓储费用额占各部门物流物品总额比例的综合平均数。

资料来源:根据生产与使用企业调查资料加工取得,目前暂时用流通环节的仓储费用率资料代替。

(3)保险费用:社会物流活动中,为预防和减少因物品丢失、损毁造成的损失,与社会保险部门共同承担风险,向社会保险部门支付的物品财产保险费用。

保险费用的基本计算方法是：

保险费用=社会物流物品总额×社会物流平均保险费用率

式中，社会物流平均保险费用率，指一定时期内，各物品最初供给部门完成全部物品从供给地流向最终需求地的社会物流活动中，保险费用额占各部门物流物品总额比例的综合平均数。

资料来源：根据生产与使用企业调查资料加工取得，目前暂时用流通环节的保险费用率资料代替。

(4)物品损耗费用：社会物流活动中，因物品的损耗，包括破损维修与完全损毁而发生的价值丧失。同时也包括部分时效性要求高的物品因物流时间较长而产生的折旧贬值损失。

货物损耗费用的基本计算方法是：

货物损耗费用=社会物流物品总额×社会物流平均货物损耗费用率

式中，社会物流货物损耗费用率，是指一定时期内，各物品最初供给部门完成全部物品从供给地流向最终需求地的社会物流活动中，货物损耗费用额占各部门物流物品总额比例的综合平均数。

资料来源：根据生产与使用企业调查资料加工取得，目前暂时用流通环节的货物损耗费用率资料代替。

(5)信息及相关服务费用：是指社会物流活动中，支付的信息处理费用，包括支付的外部信息处理费用和本单位内部的信息处理费。

信息及相关服务费用的基本计算方法是：

信息及相关服务费用=社会物流物品总额×社会物流平均信息及相关服务费用率

式中，社会物流平均信息及相关服务费用率，是指一定时期内，各物品最初供给部门完成全部物品从供给地流向最终需求地的社会物流活动中，信息及相关服务费用额占各部门物流物品总额比例的综合平均数。

资料来源：根据相关企业调查资料汇总加工取得。目前暂时用流通环节的信息及相关服务费用率资料代替。

(6)配送费用：社会物流活动中，用户根据自身需要，要求物流服务提供方完成对物品进行拣选、加工、分割、组配、包装等作业，并按时送达指定地点的物流活动，所需支付的全部服务费用。

配送费用的基本计算方法是：

配送费用=社会物流物品总额×社会物流平均配送费用率

式中，社会物流平均配送费用率，是指一定时期内，各物品最初供给部门完成全部物品从供给地流向最终需求地的社会物流活动中，信息及相关服务费用额占各部门物流物品总额比例的综合平均数。

资料来源：根据相关企业调查资料汇总加工取得。目前暂时用流通环节的配送费用率资料代替。

(7)流通加工费用：社会物流活动中，为满足用户的消费需要，在流通环节对物品进行加工改制作业，所需支付的加工费用。

流通加工费用的基本计算方法是：

流通加工费用=社会物流物品总额×社会物流平均流通加工费用率

式中，社会物流平均流通加工费用率，是指一定时期内，各物品最初供给部门完成全部物品从供给地流向最终需求地的社会物流活动中，信息及相关服务费用额占各部门物流物品总额比例的综合平均数。

资料来源：根据相关企业调查资料汇总加工取得。目前暂时用流通环节的流通加工费用率资料代替。

(8)包装费用：社会物流活动中，为保护产品、方便运输与储存、促进销售，采用容器、材料和辅助物对物品按一定技术方法进行分装、集装、运输包装等作业，所需支付的费用。

包装费用的基本计算方法是：

包装费用=社会物流物品总额×社会物流平均包装费用率

式中，社会物流平均包装费用率，是指一定时期内，各物品最初供给部门完成全部物品从供给地流向最终需求地的社会物流活动中，信息及相关服务费用额占各部门物流物品总额比例的综合平均数。

资料来源：根据相关企业调查资料汇总加工取得。目前暂时用流通环节的包装费用率资料代替。

(9)其他保管费用：是指在社会物流活动中，实际发生且由货主方承担的，未包含在前述几项费用之中的，属于保管费用之中的费用，如进口物品的清关、保税等服务费用。根据实际发生情况统计。

管理费用：是指社会物流活动中，物品供需双方的管理部门，因组织和管理各项物流活动所发生的费用。主要包括管理人员报酬、办公费用、教育培训、劳动保险、车船使用等各种属于管理费用科目的费用。

管理费用的基本计算方法是：

管理费用=社会物流物品总额×社会物流平均管理费用率

式中，社会物流平均管理费用率，是指一定时期内，各物品最初供给部门完成全部物品从供给地流向最终需求地的社会物流活动中，管理费用额占各部门物流物品总额比例的综合平均数。

资料来源：根据相关企业调查资料汇总加工取得。目前暂时用流通环节的管理费用率资料代替。

社会物流业务总收入：是指一定时期内，物流相关行业参与社会物流活动，提供社会物流服务所取得的业务收入总额。反映国内物流市场总规模。包括：参与社会物品物流过程中运输、储存、装卸搬运、包装、流通加工、配送、信息处理等各个方面业务活动的收入。

与社会物流总费用指标体系的核算相对应，社会物流业务总收入根据参与过程，也可以简单划分为运输收入和保管收入两大部分来计算。

运输收入：是指社会物流活动中，物流相关行业参与物品运输而取得的全部收入。包括物品运输承运企业的货运收入；装卸搬运保管等辅助服务企业的货运业务收入；货运代理服务企业的货运代理业务收入。运输管理与投资部门收取的各种交通建设基金、过路费、过桥费、过闸费等货物运输附加费用，虽然不能直接计入物流相关行业的业务收入之中，但属于社会物流运输活动的成果，应计入社会物流业务总收入中。

具体计算方式方法与费用的计算相同。

与运输费用计算不同的是，不包括生产、流通、消费企业拥有的，非独立核算的物流业务部门完成的业务收入。

保管收入：是指社会物流活动中，物流相关行业参与物品的配送、流通加工、包装、信息及相关服务、仓储保管和其他属于保管环节活动，所取得的业务收入。

具体计算方式方法与费用的计算相同。

物流相关行业固定资产投资完成额：一定时期内，物流相关行业建设项目累计完成的全部投资。

数据来源：根据国家现行固定资产投资统计数据资料分行业项目加工取得。

物流相关行业固定资产投资新增固定资产：一定时期内，物流相关行业累计完成投资中已交付使用的固定资产价值。

数据来源：根据国家现行固定资产投资统计数据资料分行业项目加工取得。

铁路营业里程：又称营业长度(包括正式营业和临时营业里程)，指办理客货运输业务的铁路正线总长度。

数据来源：国家现行交通运输统计数据资料。

公路里程：指在一定时期内实际达到《公路工程[WTBZ]技术标准 JTJ01—88》规定的等级公路，并经公路主管部门正式验收交付使用的公路里程数。

数据来源：国家现行交通运输统计数据资料。

内河航道里程：也称内河通航里程，指在一定时期内，能通航运输船舶、排筏的天然河流、湖泊、水库、运河及通航渠道的长度。

数据来源：国家现行交通运输统计数据资料。

民用航空航线里程：指在一定时期内，民用运输飞机飞行的航线长度。

数据来源：国家现行交通运输统计数据资料。

输油(气)管道里程：指油(气)实际输送的距离。

数据来源：国家现行交通运输统计数据资料。

民用货运汽车拥有量：指在公安交通管理部门

注册登记并领有本地区民用车辆牌照，用于运送货物的汽车。一般分为重型、中型轻型和微型四种。

数据来源：国家现行交通运输统计数据资料。

民用运输船舶拥有量：指一定时期内全社会实际拥有的可用来进行水上运输且由航政部门和港务监督部门掌握的领有船舶牌照的民用船舶，包括具有运输、旅游双重作用的旅游船。

数据来源：国家现行交通运输统计数据资料。

铁路货车拥有量：指一定时期内，用于装运货物的铁路车辆。

数据来源：国家现行交通运输统计数据资料。

装卸设备拥有量：指一定时期内，全社会用于货物装卸的设备数量。

数据来源：根据企业统计数据资料汇总取得。

自有仓储面积：指一定时期内，全社会从事社会物流活动的企业本身拥有的用于保管、储存物品的建筑物和场所的面积。

数据来源：根据企业统计数据资料汇总取得。

租用仓储面积：指一定时期内，全社会从事社会物流活动的企业租用本单位以外的，用于保管、储存物品的建筑物和场所的面积。

数据来源：根据企业统计数据资料汇总取得。

物流计算机管理系统：指一定时期内，全社会拥有的用于相关物流过程进行全面动态监控与管理的计算机管理系统。

数据来源：根据企业统计数据资料汇总取得。

（二）基层表指标解释

企业单位代码：单位代码按照技术监督部门颁发的《中华人民共和国组织机构代码证》上的代码填写。

企业单位名称：按工商部门登记的名称填写。填写时要求使用规范化汉字全称，与单位公章所使用的名称完全一致。

法定代表人：企业法人按《企业法人营业执照》填写。

单位所在地及行政区划代码：单位所在地填写由邮政部门认可的单位所在地地址。应包括乡（镇、街道）、村名称和门牌号码。

行政区划代码：指企业所在地区的行政区划代码，不是邮政编码，按《中华人民共和国行政区划代码》（GB2260-1995）填写。

通信号码：包括电话号码、邮政编码、电子信箱（或网址）。

行业类别：主要反映企业物流经济活动性质。对照《国民经济行业分类与代码》（GB/T4754-2002）填写。

行业代码：对照《国民经济行业分类与代码》（GB/T4754-2002）填写行业小类代码。

主要业务活动：按工商部门颁发的营业执照允许经营的物流业务活动填写。

企业正式开业时间：按向工商部门进行注册登记，领取营业执照的时间填写。

企业登记注册类别：按向工商部门进行注册登记申报的企业类型填写。按以下项目内容详细准确填写。

（1）国有企业；（2）集体企业；（3）股份合作企业；（4）联营企业；（5）有限责任公司；（6）股份有限公司；（7）私营企业；（8）中外合资企业；（9）外资企业。

企业登记注册资本：按向工商部门登记注册的资本项目内容填写。详细准确填写以下5项的具体数额。

（1）国家资本；（2）集体资本；（3）法人资本；（4）个人资本；（5）外商资本。

自有仓储面积（平方米）：指本企业拥有的，用于保管、储存物品的建筑物和场所的面积。包括库房面积和货场面积。库房面积=内墙的长 * 宽-障碍物面积（不能存放货物部分的面积，如：柱子）。

租用仓储面积（平方米）：指租用本企业以外的保管、储存物品的建筑物和场所的面积。包括库房面积和货场面积。

装卸设备（台）：专用于装卸搬运货物的设备。包括集装箱装卸桥、门式起重机、桥式起重机、带式输送机、叉车等。

物流计算机信息管理系统（套）：指为提高经营管理的工作效率，对相关物流过程进行全面动态监控与管理的计算机管理系统。

铁路专用线（条）：指和铁路大动脉相连，归企业所有的为加速货物的集散而铺设的专用铁路线。

货运车辆：包括普通载货汽车和专用载货汽车。

普通货车：指只有一般构造的栏板式及平板式货运汽车，包括自卸车、半挂车等。

专用载货汽车：指具有特殊构造和专门用途的货运汽车，如集装箱专用车、冷藏车、罐车、活畜运输车、散装水泥车等。

冷藏车：能进行冷冻运输的货运汽车。

集装箱专用车：专用装载集装箱的货运汽车。

货运量：指一定时期内，企业组织完成的各种运输工具实际运送到目的地并卸完的货物数量。以重量单位吨计算（以下同）。

自运货运量：指一定时期内，由本企业自行完成运送的货物数量。

委托代理货运量：指一定时期内，委托本单位以外的企业（单位）运送货物的数量。

货物周转量：指一定时期内，企业利用各种运输工具实际完成运送过程的货物运输量。计算公式为：

货物周转量=∑（每批货物重量×该批货物的运送距离）

货物配送量：指一定时期内，在经济合理区域范围内，根据用户要求，对物品进行拣选、加工、包装、分割、组配等作业，并按时送达指定地点的货物数量。

货物流通加工量：指一定时期内，从生产地到消费地过程中，经过施加包装、分割、计量、分拣、刷标志、栓标签、组装等流通加工过程的货物总量。配送量和流通加工量要界定清楚，不要重复计算。

货物包装量：指一定时期内，从生产地到消费地过程中，经过施加包装过程的货物数量。包装量与配送量和流通加工量要界定清楚，不要重复计算。

装卸搬运量：指一定时期内，社会物流活动中经过装卸搬运的货物数量。

货物吞吐量：指一定时期内，仓储企业进出货物数量。货物吞吐量=入库货物重量+出库货物重量

期末货物存储量：报告期末处于储存状态的货物总量。

平均货物存储量：在一定报告期内，平均每天的货物储存量。其中：月平均存储量=（月初库存量+月末库存量）/2；累计平均存储量=月平均存储量之和/累计月份。

平均存储周期：在一定报告期内，库存物品从入库到出库的平均时间。即仓储货物平均存储时间。可参考以下公式计算：

平均存储周期=报告期天数（全年按360天）除周转次数

周转次数=报告期货物吞吐量/报告期货物平均存储量

自运货物平均运价：指一定时期内，企业使用自有运输工具完成物品的社会运输业务，理应取得的运输业务收入与自运货物周转量之比。

自运货物平均运价=应计算的自运货物业务收入额÷自运货物周转量

委托代理货物平均运价：指一定时期内，委托本单位以外的企业运输完成物品运输业务，所支付的运输费用与货运周转量之比。

委托代理货物平均运价=所支付的委托代理运费额÷委托代理货运周转量

平均货物配送费率：指一定时期内，企业完成货物配送业务，所取得的业务收入与配送作业量之比。

货物配送平均收费率=配送业务收入额÷配送作业量

平均货物流通加工费率：指一定时期内，企业完成货物流通加工业务，所取得的业务收入与流通加工作业量之比。

货物流通加工平均收费率=货物流通加工业务收入额÷流通加工作业量

平均货物包装费率：指一定时期内，企业完成货物包装业务，所取得的业务收入与包装作业量之比。

货物包装平均收费率=货物包装业务收入额÷包装作业量

平均货物装卸搬运费率：指一定时期内，企业完成货物装卸搬运业务，所取得的业务收入与装

卸搬运作业量之比。

货物流通加工平均收费率=货物装卸搬运业务收入额÷装卸搬运作业量

平均货物仓储费率：指一定时期内，企业完成货物仓储业务，所取得的业务收入与仓储作业量之比。

货物仓储平均收费率=货物流通加工仓储业务收入额÷仓储作业量

主营业务收入：指一定时期内，企业通过物流业务活动得到的收入。包括运输、储存、装卸、搬运、包装、流通加工、配送、信息等业务取得的收入总额。根据“损益表”或“利润表”的资料填列。

配送收入：指一定时期内，企业完成货物配送业务，所取得的业务收入。

流通加工收入：指一定时期内，企业完成货物流通加工业务，所取得的业务收入。

包装收入：指一定时期内，企业完成货物包装业务，所取得的业务收入。

信息及相关服务收入：指一定时期内，企业完成信息及相关服务业务，所取得的业务收入。

代理收入：指一定时期内，企业完成物流代理业务，所取得的业务收入。

仓储收入：指一定时期内，企业完成货物仓储业务，所取得的业务收入。

其他保管收入：指一定时期内，企业完成的其他物流保管环节的业务，所取得的业务收入。

运输收入：指一定时期内，企业完成各种运输活动取得的收入（含监管收入）。

装卸搬运收入：指一定时期内，企业完成装卸搬运业务，所取得的业务收入。

主营业务成本：指一定时期内，企业从事物流业务活动所发生的实际业务成本。根据“损益表”或“利润表”的资料填列。

配送成本：指一定时期内，企业为完成货物配送业务而发生的全部费用。包括支付外部配送费和企业自身完成配送业务所发生的费用。包括业务人员的工资福利、配送设施年折旧、燃料与动力消耗、设施设备维修保养费、业务费。

仓储成本：指一定时期内，企业为完成货物储存业务而发生的全部费用。包括业务人员的工资福利、仓库设施年折旧、水电费、燃料与动力消耗、设施设备维修保养费、业务费。

包装成本：指一定时期内，企业为完成货物包装业务而发生的全部费用。包括运输包装费和集装、分装包装费。包括业务人员的工资福利、包装设施年折旧、包装材料消耗、设施设备维修保养费、业务费。

流通加工成本：指一定时期内，企业为完成货物流通加工业务而发生的全部费用。包括支付外部流通加工费和自有设备流通加工费。包括业务人员的工资福利、加工设施年折旧、燃料与动力消耗、设施设备维修保养费、业务费。

运输成本：指一定时期内，企业为完成货物运输业务而发生的全部费用。包括支付外部运输费和自有车辆运输费。包括从事货物运输业务人员的工资福利、车辆（船舶、飞机、管道）年折旧、燃料与动力消耗、过路过桥费、维修保养费、年检费、企业货物运输业务费。

装卸搬运成本：指一定时期内，企业为完成货物装卸搬运业务而发生的全部费用。包括业务人员的工资福利、装卸搬运设施年折旧、燃料与动力消耗、设施设备维修保养费、业务费。

信息及相关服务成本：指一定时期内，企业为完成信息及相关服务业务而发生的全部费用。包括支付外部信息及相关业务费和本企业内部信息及相关服务业务费。包括信息及相关业务的业务人员工资福利、信息及相关业务设施年折旧、燃料与动力消耗、设施设备维修保养费、业务费。

其他保管成本：指一定时期内，企业为完成其他保管业务而发生的全部费用。

物流人员劳动报酬：指一定时期内，是在企业从事物流工作的劳动者从单位得到的各种形式的报酬。包括货币工资及收入、实物工资、企业为劳动者支付的社会保险。根据会计资料归纳取得。

主营业务利润额：指一定时期内，企业完成物流业务所取得的利润。该指标根据企业会计：“损益表”中的“主营业务利润”项填列。

主营业务营业税金：指一定时期内，企业从事物流业务活动，按规定向财税部门交纳的各种税金。包括损益表中的主营业务(经营、营业)税金及附加、应交增值税，财务成本表中属于物流业务部分的房产税、车船税、土地使用税、印花税以及养路费、排污费、水电费附加、上交管理费等。该指标根据企业会计："损益表"中的"主营业务利润"项填列。

资产总计：指一定时期内，企业拥有或者控制的能以货币计量的经济资源，包括各种财产、债权和其他权利。资产按流动性质一般分为流动资产、长期投资、固定资产、无形资产、递延资产和其他资产。根据会计"资产负债表"中"资产总计"项的期末数填列。

流动资产：指一定时期内，企业拥有或者控制的，可以在一年内或者超过一年的一个营业周期内变现或者耗用的资产，包括货币资金、短期投资、应收票据、应收账款、坏账准备、应收账款净额、预付账款、其他应收款、存货、待转其他业务支出、待摊成本、待处理流动资产净损失、一年内到期的长期债券投资、其他流动资产等项。根据会计"资产负债表"中"流动资产"项的期末数填列。

固定资产折旧：指一定时期内，企业累计提取的固定资产折旧。根据会计"财务状况变动表"中"固定资产折旧"项的数值填列。

物品销售总额：指一定时期内，企业对本单位以外的单位和个人销售的物品价值总量。

物品购进总额：指一定时期内，企业从本单位以外的单位和个人购进，供本单位消费使用的原材料、燃料、设备等物品的价值总量。

运输费用：指一定时期内，生产和使用企业在销售或购进物品的过程中，由于物品运输而支付的全部费用。包括支付的运费、为运输发生的装卸搬运等辅助服务费、货运代理费、运输附加费等。

运输附加费：指一定时期内，生产和使用企业在销售或购进物品的过程中，支付给运输管理或投资部门的各种交通建设基金、过路费、过桥费、过闸费等。

仓储费用：指一定时期内，生产和使用企业在销售或购进物品的过程中，为储存货物所支付的费用。

保险费用：指一定时期内，生产和使用企业在销售或购进物品的过程中，为预防和减少因物品丢失、损毁造成的损失，与社会保险部门共同承担风险，向社会保险部门支付的物品财产保险费用。

物品损耗费用：指一定时期内，生产和使用企业在销售或购进物品的过程中，因物品损耗，包括破损维修与完全损毁而发生的价值丧失。同时也包括部分时效性要求高的物品因物流时间较长而产生的折旧贬值损失。

配送费用：指一定时期内，生产和使用企业在销售或购进物品的过程中，根据自身需要，要求物流服务提供方完成对物品进行拣选、加工、分割、组配、包装等作业，并按时送达指定地点的物流活动，所支付的全部服务费用。

流通加工费用：指一定时期内，生产和使用企业在销售或购进物品的过程中，为满足销售或消费需要，通过流通环节对物品进行加工改制作业，所支付的加工费用。

包装费用：指一定时期内，生产和使用企业在销售或购进物品的过程中，为保护产品、方便运输与储存、促进销售，采用容器、材料和辅助物对物品按一定技术方法进行分装、集装、运输包装等作业，所需支付的费用。

信息及相关服务费用：指一定时期内，生产和使用企业在销售或购进物品的过程中，支付的信息处理费用，包括支付的外部信息处理费用和本单位内部的信息处理费。

其他保管费用：指一定时期内，生产和使用企业在销售或购进物品的过程中，实际发生的，未包含在前述几项费用之中的，属于保管环节费用之中的费用，如进口物品的清关、保税等服务费用。根据实际发生情况统计。

管理费用：指一定时期内，生产和使用企业的物流管理部门，因组织和管理各项物流活动所发生的费用。主要包括管理人员报酬、办公费用、教育培训、劳动保险、车船使用等各种属于管理费用科目的费用。

五、从事物流活动涉及的行业

51			铁路运输业	指铁路客运、货运及相关的调度、信号、机车、车辆、检修、工务等活动。不包括铁路系统所属的机车、车辆及信号通信设备的制造厂（公司）、建筑工程公司、商店、学校、科研所、医院等。
	512	5120	铁路货物运输	
	513		铁路运输辅助活动	
		5132	货运火车站	
		5139	其他铁路运输辅助活动	指铁路旅客、货物运输及为其服务的客、货运火车站以外的运输网、信号、调度及铁路设施的管理和养护。
52			道路运输业	
	522	5220	道路货物运输	指所有道路的货物运输活动。
	523		道路运输辅助活动	指与道路运输相关的运输辅助活动。
		5239	其他道路运输辅助活动	
54			水上运输业	
	542		水上货物运输	
		5421	远洋货物运输	
		5422	沿海货物运输	
		5423	内河货物运输	指江、河、湖泊、水库的水上货物运输活动。
	543		水上运输辅助活动	
		5432	货运港口	
		5439	其他水上运输辅助活动	指其他未列明的水上运输辅助活动。
55			航空运输业	
	551		航空客货运输	
		5512	航空货物运输	指以货物或邮件为主的航空运输活动。
	552	5520	通用航空服务	指除客货运输以外的其他航空服务活动。
	553		航空运输辅助活动	
		5539	其他航空运输辅助活动	指其他未列明的航空运输辅助活动。
56			管道运输业	
	560	5600	管道运输业	指通过管道对气体、液体等的运输活动。
57			装卸搬运和其他运输服务业	
	571	5710	装卸搬运	
	572	5720	运输代理服务	指与运输有关的代理及服务活动。
58			仓储业	指专门从事货物仓储、货物运输中转仓储，以及以仓储为主的物流送配活动。
	581	5810	谷物、棉花等农产品仓储	
	589	5890	其他仓储	
59			邮政业	
	591	5910	国家邮政	指国家邮政系统提供的邮政服务。
	599	5990	其他寄递服务	指国家邮政系统以外的单位所提供的包裹、小件物品的收集、运输、发送服务。
63			批发业	指批发商向批发、零售单位及其他企事业、机关单位批量销售生活用品和生产资料活动中的配送、加工、包装物流活动。
65			零售业	指百货商店、超级市场、专业零售商店、品牌专卖店等主要面向最终消费者销售活动中的配送、加工、包装物流活动。
74			商务服务业	
		7492	包装服务	指有偿或按协议为客户提供的包装服务。

物流统计数据

社会物流货物总额

单位：亿元

年份	工业品	农产品	进口货物	再生资源	单位与居民物品	合计
1991	23 418	3 252	3 395	128	27	30 221
1992	31 121	3 335	4 444	155	33	39 088
1993	43 780	4 281	5 990	222	42	54 315
1994	62 571	6 104	9 964	548	50	79 237
1995	82 584	7 951	11 029	352	59	101 975
1996	89 730	8 618	11 523	347	69	110 288
1997	102 501	8 996	11 817	274	78	123 665
1998	107 688	9 160	11 626	172	86	128 732
1999	115 827	9 138	13 736	155	98	138 954
2000	142 000	9 634	18 660	150	116	170 561
2001	163 739	10 291	20 159	199	126	194 513
2002	196 799	10 986	24 431	235	132	232 583

社会物流货物总额构成

单位：%

年份	工业品	农产品	进口货物	再生资源	单位与居民物品	合计
1991	77.49	10.76	11.24	0.42	0.09	100
1992	79.62	8.53	11.37	0.40	0.09	100
1993	80.60	7.88	11.03	0.41	0.08	100
1994	78.97	7.70	12.58	0.69	0.06	100
1995	80.98	7.80	10.82	0.35	0.06	100
1996	81.36	7.81	10.45	0.31	0.06	100
1997	82.89	7.27	9.56	0.22	0.06	100
1998	83.65	7.12	9.03	0.13	0.07	100
1999	83.36	6.58	9.89	0.11	0.07	100
2000	83.25	5.65	10.94	0.09	0.07	100
2001	84.18	5.29	10.36	0.10	0.06	100
2002	84.61	4.72	10.50	0.10	0.06	100

社会物流货物总额增长率（以上年为 100）

年份	工业品	农产品	进口货物	再生资源	单位与居民物品	合计
1991						
1992	132.9	102.5	130.9	121.2	122.0	129.3
1993	140.7	128.4	134.8	143.8	124.7	139.0
1994	142.9	142.6	166.4	246.7	119.5	145.9
1995	132.0	130.3	110.7	64.3	118.2	128.7
1996	108.7	108.4	104.5	98.6	117.6	108.2
1997	114.2	104.4	102.5	78.7	112.6	112.1
1998	105.1	101.8	98.4	63.0	110.3	104.1
1999	107.6	99.8	118.2	89.8	114.0	107.9
2000	122.6	105.4	135.8	97.3	118.4	122.7
2001	115.3	106.8	108.0	132.1	108.6	114.0
2002	120.2	106.8	121.2	118.3	104.8	119.6

每单位 GDP 的物流需求系数

年份	工业品	农产品	进口货物	再生资源	单位与居民物品	合计
1991	1.083	0.150	0.157	0.006	0.001	1.398
1992	1.168	0.125	0.167	0.006	0.001	1.467
1993	1.264	0.124	0.173	0.006	0.001	1.568
1994	1.338	0.131	0.213	0.012	0.001	1.695
1995	1.412	0.136	0.189	0.006	0.001	1.744
1996	1.322	0.127	0.170	0.005	0.001	1.625
1997	1.377	0.121	0.159	0.004	0.001	1.661
1998	1.375	0.117	0.148	0.002	0.001	1.643
1999	1.411	0.111	0.167	0.002	0.001	1.693
2000	1.588	0.108	0.209	0.002	0.001	1.907
2001	1.707	0.107	0.210	0.002	0.001	2.028
2002	1.922	0.107	0.239	0.002	0.001	2.271

社会物流总成本

年份	运输成本	保管成本	管理成本	社会物流总成本
1991	2 879	1 611	691	5 182
1992	3 377	1 922	836	6 134
1993	4 502	2 315	1 074	7 892
1994	5 572	3 271	1 483	10 326
1995	6 447	4 429	1 970	12 846
1996	7 617	5 063	2 250	14 930
1997	8 205	5 768	2 629	16 602
1998	8 652	5 358	2 728	16 738
1999	9 514	5 104	2 937	17 555
2000	10 047	5 771	3 185	19 003
2001	10 449	6 341	3 488	20 278
2002	10 637	7 208	4 141	21 985

社会物流总成本构成　　单位：%

年份	运输成本	保管成本	管理成本	社会物流总成本
1991	55.6	31.1	13.3	100
1992	55.1	31.3	13.6	100
1993	57.0	29.3	13.6	100
1994	54.0	31.7	14.4	100
1995	50.2	34.5	15.3	100
1996	51.0	33.9	15.1	100
1997	49.4	34.7	15.8	100
1998	51.7	32.0	16.3	100
1999	54.2	29.1	16.7	100
2000	52.9	30.4	16.8	100
2001	51.5	31.3	17.2	100
2002	48.4	32.8	18.8	100

社会物流总成本增长情况

单位：%

年份	运输成本	保管成本	管理成本	社会物流总成本
1991				
1992	117.3	119.2	120.9	118.4
1993	133.3	120.5	128.6	128.7
1994	123.8	141.3	138.0	130.8
1995	115.7	135.4	132.9	124.4
1996	118.2	114.3	114.2	116.2
1997	107.7	113.9	116.8	111.2
1998	105.4	92.9	103.8	100.8
1999	110.0	95.3	107.7	104.9
2000	105.6	113.1	108.4	108.2
2001	104.0	109.9	109.5	106.7
2002	101.8	113.7	118.7	108.4

运输成本

年份	铁路运输	公路运输	水上运输	航空运输	管道运输	装卸搬运和其他运输	运输成本合计
1991	618	1 350	187	24	39	662	2 879
1992	652	1 596	254	32	38	805	3 377
1993	755	1 978	309	39	38	1 383	4 502
1994	835	2 357	484	44	38	1 815	5 572
1995	943	2 550	679	53	37	2 184	6 447
1996	1 125	2 842	891	51	37	2 670	7 617
1997	1 113	3 053	925	59	37	3 018	8 205
1998	1 148	3 298	959	63	39	3 144	8 652
1999	1 215	3 783	1 151	73	42	3 252	9 514
2000	1 227	4 018	1 250	78	41	3 434	10 047
2001	1 334	4 124	1 363	70	42	3 516	10 449
2002	1 363	4 188	1 340	103	44	3 599	10 637

运输成本构成

单位：%

年份	铁路运输	公路运输	水上运输	航空运输	管道运输	装卸搬运和其他运输	运输成本合计
1991	21.5	46.9	6.5	0.8	1.3	23.0	100
1992	19.3	47.3	7.5	0.9	1.1	23.8	100
1993	16.8	43.9	6.9	0.9	0.8	30.7	100
1994	15.0	42.3	8.7	0.8	0.7	32.6	100
1995	14.6	39.6	10.5	0.8	0.6	33.9	100
1996	14.8	37.3	11.7	0.7	0.5	35.1	100
1997	13.6	37.2	11.3	0.7	0.5	36.8	100
1998	13.3	38.1	11.1	0.7	0.5	36.3	100
1999	12.8	39.8	12.1	0.8	0.4	34.2	100
2000	12.2	40.0	12.4	0.8	0.4	34.2	100
2001	12.8	39.5	13.0	0.7	0.4	33.6	100
2002	12.8	39.4	12.6	1.0	0.4	33.8	100

运输成本增长情况(以上年为 100)

年份	铁路运输	公路运输	水上运输	航空运输	管道运输	装卸搬运和其他运输	运输成本合计
1991							
1992	105.5	118.2	135.9	132.7	98.5	121.6	117.3
1993	115.8	124.0	121.5	124.0	98.8	171.8	133.3
1994	110.6	119.1	156.4	111.9	100.9	131.3	123.8
1995	113.0	108.2	140.5	120.0	97.4	120.3	115.7
1996	119.3	111.4	131.2	96.4	100.3	122.3	118.2
1997	98.9	107.4	103.8	116.7	99.2	113.0	107.7
1998	103.2	108.0	103.7	106.6	105.5	104.2	105.4
1999	105.8	114.7	120.0	115.2	106.4	103.4	110.0
2000	101.0	106.2	108.6	106.6	99.2	105.6	105.6
2001	108.8	102.7	109.0	89.6	102.9	102.4	104.0
2002	102.2	101.5	98.3	147.7	104.4	102.4	101.8

保管成本

单位：亿元

年份	利息费用	保险费用	仓储费用	货物损耗费用	包装与加工费用	保管成本合计
1991	1 114	38	99	187	173	1 611
1992	1 289	47	126	238	220	1 922
1993	1 457	62	171	324	300	2 315
1994	2 028	89	248	470	435	3 271
1995	2 854	111	315	597	552	4 429
1996	3 364	119	340	644	595	5 063
1997	3 867	133	381	721	666	5 768
1998	3 383	138	396	749	693	5 358
1999	2 981	147	425	806	745	5 104
2000	3 190	177	518	981	907	5 771
2001	3 409	199	589	1 115	1 030	6 341
2002	3 708	245	701	1 327	1 227	7 208

保管成本构成

单位：%

年份	利息费用	保险费用	仓储费用	货物损耗费用	包装与加工费用	保管成本合计
1991	69.1	2.4	6.1	11.6	10.7	100
1992	67.1	2.5	6.6	12.4	11.5	100
1993	62.9	2.7	7.4	14.0	13.0	100
1994	62.0	2.7	7.6	14.4	13.3	100
1995	64.4	2.5	7.1	13.5	12.5	100
1996	66.4	2.4	6.7	12.7	11.8	100
1997	67.0	2.3	6.6	12.5	11.6	100
1998	63.1	2.6	7.4	14.0	12.9	100
1999	58.4	2.9	8.3	15.8	14.6	100
2000	55.3	3.1	9.0	17.0	15.7	100
2001	53.8	3.1	9.3	17.6	16.2	100
2002	51.4	3.4	9.7	18.4	17.0	100

保管成本增长情况(以上年同期为 100)

年份	利息费用	保险费用	仓储费用	货物损耗费用	包装与加工费用	保管成本合计
1991						
1992	115.8	124.2	127.3	127.3	127.3	119.2
1993	113.0	131.5	136.1	136.1	136.1	120.5
1994	139.2	143.2	145.0	145.0	145.0	141.3
1995	140.7	124.4	127.0	127.0	127.0	135.4
1996	117.9	107.3	107.8	107.8	107.8	114.3
1997	115.0	111.7	111.9	111.9	111.9	113.9
1998	87.5	103.6	103.9	103.9	103.9	92.9
1999	88.1	106.9	107.5	107.5	107.5	95.3
2000	107.0	119.9	121.7	121.7	121.7	113.1
2001	106.9	112.8	113.6	113.6	113.6	109.9
2002	108.8	123.1	119.1	119.1	119.1	113.7

物流业增加值　　单位：亿元

年份	交通运输业	仓储业	批发业	流通加工、包装业	邮政业	合计
1991	1 080	19	1 099	40	20	2 257
1992	1 252	23	1 281	48	22	2 626
1993	1 499	32	1 530	65	27	3 153
1994	1 795	53	2 123	102	35	4 108
1995	1 853	70	2 449	136	40	4 548
1996	2 010	70	2 738	140	45	5 003
1997	2 097	64	3 398	129	47	5 735
1998	2 246	58	3 352	122	44	5 822
1999	2 375	62	3 379	134	42	5 990
2000	2 568	74	3 518	159	66	6 385
2001	2 626	74	3 695	172	68	6 634
2002	2 623	83	4 153	209	65	7 133

物流业增加值构成

单位：%

年份	交通运输业	仓储业	批发业	流通加工、包装业	邮政业	合计
1991	47.8	0.9	48.7	1.8	0.9	100
1992	47.7	0.9	48.8	1.8	0.8	100
1993	47.5	1.0	48.5	2.1	0.9	100
1994	43.7	1.3	51.7	2.5	0.8	100
1995	40.7	1.5	53.8	3.0	0.9	100
1996	40.2	1.4	54.7	2.8	0.9	100
1997	36.6	1.1	59.2	2.3	0.8	100
1998	38.6	1.0	57.6	2.1	0.8	100
1999	39.6	1.0	56.4	2.2	0.7	100
2000	40.2	1.2	55.1	2.5	1.0	100
2001	39.6	1.1	55.7	2.6	1.0	100
2002	36.8	1.2	58.2	2.9	0.9	100

物流业成本增长情况

年份	交通运输业	仓储业	批发业	流通加工、包装业	邮政业	合计
1991						
1992	115.9	121.6	116.6	120.9	112.2	116.3
1993	119.8	138.1	119.4	135.8	121.0	120.1
1994	119.7	162.5	138.8	156.3	129.5	130.3
1995	103.2	133.2	115.3	133.0	115.5	110.7
1996	108.5	100.8	111.8	103.3	111.1	110.0
1997	104.3	90.7	124.1	92.2	104.7	114.6
1998	107.1	91.3	98.6	94.6	93.3	101.5
1999	105.7	105.9	100.8	109.3	95.0	102.9
2000	108.2	119.0	104.1	119.2	158.2	106.6
2001	102.2	100.0	105.0	108.2	103.1	103.9
2002	99.9	112.4	112.4	121.3	96.7	107.5

物流业增加值占ＧＤＰ比重

单位：%

年份	交通运输业	仓储业	批发业	流通加工、包装业	邮政业	合计
1991	5.0	0.1	5.1	0.2	0.1	10.4
1992	4.7	0.1	4.8	0.2	0.1	9.9
1993	4.3	0.1	4.4	0.2	0.1	9.1
1994	3.8	0.1	4.5	0.2	0.1	8.8
1995	3.2	0.1	4.2	0.2	0.1	7.8
1996	3.0	0.1	4.0	0.2	0.1	7.4
1997	2.8	0.1	4.6	0.2	0.1	7.7
1998	2.9	0.1	4.3	0.2	0.1	7.4
1999	2.9	0.1	4.1	0.2	0.1	7.3
2000	2.9	0.1	3.9	0.2	0.1	7.1
2001	2.7	0.1	3.9	0.2	0.1	6.9
2002	2.6	0.1	4.1	0.2	0.1	7.0

物流业增加值占第三产业增加值比重

单位：%

年份	交通运输业	仓储业	批发业	流通加工、包装业	邮政业	合计
1991	14.9	0.3	15.2	0.55	0.27	31.2
1992	13.7	0.3	14.0	0.53	0.24	28.7
1993	13.2	0.3	13.5	0.58	0.24	27.8
1994	12.0	0.4	14.2	0.68	0.23	27.5
1995	10.3	0.4	13.6	0.76	0.22	25.3
1996	9.8	0.3	13.4	0.69	0.22	24.5
1997	9.1	0.3	14.8	0.56	0.20	24.9
1998	8.9	0.2	13.3	0.49	0.17	23.1
1999	8.8	0.2	12.5	0.49	0.15	22.2
2000	8.6	0.2	11.8	0.53	0.22	21.4
2001	8.1	0.2	11.5	0.53	0.21	20.6
2002	7.6	0.2	12.0	0.60	0.19	20.7

物流业固定资产投资额 单位：亿元

年份	交通运输业	仓储业	批发业	流通加工、包装业	邮政业	合计
1991	299.8	9.6	42.7	1.3	4.1	357.5
1992	496.6	11.1	122.7	3.3	16.4	650.0
1993	890.6	18.5	128.9	5.8	31.9	1 075.6
1994	1 284.5	24.2	163.1	9.1	46.4	1 527.3
1995	1 469.7	28.7	169.9	9.6	45.8	1 723.6
1996	1 776.3	39.5	150.1	8.1	46.8	2 020.8
1997	2 113.2	52.2	149.2	6.8	45.8	2 367.2
1998	3 082.0	69.9	185.0	6.5	58.1	3 401.6
1999	3 164.7	130.6	185.8	6.4	46.0	3 533.5
2000	3 194.6	95.3	194.5	7.7	62.7	3 554.7
2001	3 589.4	91.4	202.2	8.7	64.6	3 956.4
2002	4 154.9	115.5	231.7	12.0	39.4	4 553.6

物流业固定资产投资构成 单位：%

年份	交通运输业	仓储业	批发业	流通加工、包装业	邮政业	合计
1991	83.9	2.7	11.9	0.4	1.1	100
1992	76.4	1.7	18.9	0.5	2.5	100
1993	82.8	1.7	12.0	0.5	3.0	100
1994	84.1	1.6	10.7	0.6	3.0	100
1995	85.3	1.7	9.9	0.6	2.7	100
1996	87.9	2.0	7.4	0.4	2.3	100
1997	89.3	2.2	6.3	0.3	1.9	100
1998	90.6	2.1	5.4	0.2	1.7	100
1999	89.6	3.7	5.3	0.2	1.3	100
2000	89.9	2.7	5.5	0.2	1.8	100
2001	90.7	2.3	5.1	0.2	1.6	100
2002	91.2	2.5	5.1	0.3	0.9	100

物流业固定资产投资额增长情况（以上年为 100）

年份	交通运输业	仓储业	批发业	流通加工、包装业	邮政业	合计
1991						
1992	165.6	116.0	287.2	265.0	400.0	181.8
1993	179.3	166.5	105.1	173.6	194.5	165.5
1994	144.2	131.2	126.5	157.2	145.5	142.0
1995	114.4	118.3	104.2	105.5	98.7	112.9
1996	120.9	137.7	88.4	84.5	102.2	117.2
1997	119.0	132.3	99.4	84.3	97.9	117.1
1998	145.8	133.8	124.0	95.3	126.9	143.7
1999	102.7	186.8	100.4	97.9	79.2	103.9
2000	100.9	72.9	104.7	120.8	136.3	100.6
2001	112.4	96.0	104.0	113.1	103.0	111.3
2002	115.8	126.4	114.6	138.2	61.0	115.1

物流业新增固定资产情况

单位：亿元

年份	交通运输业	仓储业	批发业	流通加工、包装业	邮政业	合计
1991	171.6	6.8	32.0	0.9	3.3	214.7
1992	291.3	7.2	75.2	2.0	13.5	389.3
1993	485.7	13.5	84.5	3.5	25.0	612.2
1994	641.7	14.2	98.7	5.4	38.2	798.2
1995	1 008.2	23.0	113.1	5.9	37.6	1 187.9
1996	1 343.5	25.6	128.1	6.4	40.5	1 544.2
1997	1 756.7	42.3	122.3	5.3	37.8	1 964.4
1998	1 742.2	28.8	219.2	7.2	43.3	2 040.7
1999	1 964.4	68.1	147.5	5.6	34.6	2 220.2
2000	2 608.9	87.6	164.9	6.7	49.7	2 917.8
2001	2 297.8	90.4	152.0	6.4	47.2	2 593.7
2002	3 199.2	103.9	162.7	8.5	29.2	3 503.5

物流业新增固定资产构成

单位：%

年份	交通运输业	仓储业	批发业	流通加工、包装业	邮政业	合计
1991	79.9	3.2	14.9	0.4	1.5	100
1992	74.8	1.9	19.3	0.5	3.5	100
1993	79.3	2.2	13.8	0.6	4.1	100
1994	80.4	1.8	12.4	0.7	4.8	100
1995	84.9	1.9	9.5	0.5	3.2	100
1996	87.0	1.7	8.3	0.4	2.6	100
1997	89.4	2.2	6.2	0.3	1.9	100
1998	85.4	1.4	10.7	0.4	2.1	100
1999	88.5	3.1	6.6	0.3	1.6	100
2000	89.4	3.0	5.7	0.2	1.7	100
2001	88.6	3.5	5.9	0.2	1.8	100
2002	91.3	3.0	4.6	0.2	0.8	100

物流业新增固定资产增长情况（以上年为100）

年份	交通运输业	仓储业	批发业	流通加工、包装业	邮政业	合计
1991						
1992	169.7	105.7	234.9	216.8	409.1	181.3
1993	166.7	186.2	112.4	171.0	185.2	157.3
1994	132.1	105.6	116.8	154.9	152.8	130.4
1995	157.1	162.1	114.7	109.4	98.4	148.8
1996	133.3	111.1	113.3	108.7	107.7	130.0
1997	130.8	165.3	95.4	82.3	93.3	127.2
1998	99.2	68.0	179.2	136.5	114.6	103.9
1999	112.8	236.6	67.3	77.5	79.9	108.8
2000	132.8	128.6	111.8	119.6	143.6	131.4
2001	88.1	103.2	92.2	95.4	95.0	88.9
2002	139.2	114.9	107.0	133.2	61.9	135.1

物流用主要设施

年度	铁路营业里程（万公里）	公路里程（万公里）	内河航道里程（万公里）	民用航空航线里程（万公里）	输油（气）管道里程（万公里）	民用货运汽车拥有量（万辆）	民用运输船舶拥有量（艘）	铁路货车拥有量（辆）
1991	5.78	104.11	10.97	55.91	1.62	398.62	385 537	370 054
1992	5.81	105.67	10.97	83.66	1.59	441.45	373 568	373 233
1993	5.86	108.35	11.02	96.08	1.64	501.00	372 481	390 097
1994	5.9	111.78	11.1	104.56	1.68	560.33	353 385	415 919
1995	6.26	115.7	11.1	112.90	1.72	585.43	364 968	432 731
1996	6.49	118.58	11.08	116.65	1.93	575.03	326 007	443 893
1997	6.6	122.64	10.98	142.50	2.04	601.23	265 797	437 686
1998	6.64	127.85	11.03	150.58	2.31	627.89	260 208	439 326
1999	6.74	135.17	11.65	152.22	2.49	676.95	242 043	436 236
2000	6.87	140.27	11.93	150.29	2.47	716.32	229 676	443 902
2001	7.01	169.8	12.15	155.36	2.76	765.24	210 786	453 620
2002	7.19	176.52	12.16	163.77	2.98	812.22	202 977	459 017

物流用主要设施增长情况（以上年为 100）

年度	铁路营业里程	公路里程	内河航道里程	民用航空航线里程	输油（气）管道里程	民用货运汽车拥有量	民用运输船舶拥有量	铁路货车拥有量
1991								
1992	100.5	101.5	100.0	149.6	98.1	110.7	96.9	100.9
1993	100.9	102.5	100.5	114.8	103.1	113.5	99.7	104.5
1994	100.7	103.2	100.7	108.8	102.4	111.8	94.9	106.6
1995	106.1	103.5	100.0	108.0	102.4	104.5	103.3	104.0
1996	103.7	102.5	99.8	103.3	112.2	98.2	89.3	102.6
1997	101.7	103.4	99.1	122.2	105.7	104.6	81.5	98.6
1998	100.6	104.2	100.5	105.7	113.2	104.4	97.9	100.4
1999	101.5	105.7	105.6	101.1	107.8	107.8	93.0	99.3
2000	101.9	103.8	102.4	98.7	99.2	105.8	94.9	101.8
2001	102.0	121.1	101.8	103.4	111.7	106.8	91.8	102.2
2002	102.6	104.0	100.1	105.4	108.0	106.1	96.3	101.2

货运量

单位：亿吨

年度	铁路货运量	公路货运量	水运货运量	航空货运量	管道货运量	货运量合计
1991	15.29	73.39	8.34	0.005	1.56	98.58
1992	15.76	78.09	9.25	0.006	1.48	104.59
1993	16.27	84.03	9.79	0.007	1.48	111.58
1994	16.31	89.49	10.71	0.008	1.51	118.03
1995	16.58	94.03	11.32	0.01	1.53	123.48
1996	16.88	98.39	12.74	0.012	1.6	129.62
1997	17.20	97.65	11.34	0.012	1.6	127.81
1998	16.41	97.60	10.96	0.014	1.74	126.72
1999	16.72	99.04	11.46	0.017	2.02	129.27
2000	17.80	103.88	12.24	0.02	1.87	135.81
2001	19.26	105.63	13.27	0.017	1.94	140.11
2002	20.42	111.63	14.18	0.02	2.01	148.27

货运量构成

单位：%

年度	铁路货运量	公路货运量	水运货运量	航空货运量	管道货运量	货运量合计
1991	15.51	74.45	8.46	0.005	1.58	100
1992	15.07	74.66	8.84	0.006	1.42	100
1993	14.58	75.31	8.77	0.006	1.33	100
1994	13.82	75.82	9.07	0.007	1.28	100
1995	13.43	76.15	9.17	0.008	1.24	100
1996	13.02	75.91	9.83	0.009	1.23	100
1997	13.46	76.40	8.87	0.009	1.25	100
1998	12.95	77.02	8.65	0.011	1.37	100
1999	12.93	76.61	8.87	0.013	1.56	100
2000	13.11	76.49	9.01	0.015	1.38	100
2001	13.75	75.39	9.47	0.012	1.38	100
2002	13.77	75.29	9.56	0.013	1.36	100

货运量增长情况（以上年为 100）

年度	铁路货运量	公路货运量	水运货运量	航空货运量	管道货运量	货运量合计
1991						
1992	103.1	106.4	110.9	120.0	94.9	106.1
1993	103.2	107.6	105.8	116.7	100.0	106.7
1994	100.2	106.5	109.4	114.3	102.0	105.8
1995	101.7	105.1	105.7	125.0	101.3	104.6
1996	101.8	104.6	112.5	120.0	104.6	105.0
1997	101.9	99.2	89.0	100.0	100.0	98.6
1998	95.4	99.9	96.6	116.7	108.8	99.1
1999	101.9	101.5	104.6	121.4	116.1	102.0
2000	106.5	104.9	106.8	117.6	92.6	105.1
2001	108.2	101.7	108.4	85.0	103.7	103.2
2002	106.0	105.7	106.9	117.6	103.6	105.8

货物运输周转量　　单位：亿吨公里

年度	铁路货运量	公路货运量	水运货运量	航空货运量	管道货运量	合计
1991	10 972	3 428	12 956	10	621	27 987
1992	11 576	3 755	13 256	13	617	29 218
1993	11 954	4 071	13 861	17	608	30 510
1994	12 457	4 486	15 687	19	612	33 261
1995	12 870	4 695	17 552	22	590	35 730
1996	12 971	5 011	17 863	25	585	36 454
1997	13 253	5 272	19 235	29	579	38 368
1998	12 518	5 483	19 406	33	606	38 046
1999	12 839	5 724	21 263	42	628	40 496
2000	13 663	6 129	23 734	50	636	44 213
2001	14 575	6 330	25 989	44	653	47 591
2002	15 515	6 783	27 511	52	683	50 543

货物运输周转量构成

单位：%

年度	铁路货运量	公路货运量	水运货运量	航空货运量	管道货运量	合计
1991	39.20	12.25	46.29	0.04	2.22	100
1992	39.62	12.85	45.37	0.05	2.11	100
1993	39.18	13.34	45.43	0.05	1.99	100
1994	37.45	13.49	47.16	0.06	1.84	100
1995	36.02	13.14	49.12	0.06	1.65	100
1996	35.58	13.75	49.00	0.07	1.60	100
1997	34.54	13.74	50.13	0.08	1.51	100
1998	32.90	14.41	51.01	0.09	1.59	100
1999	31.70	14.13	52.51	0.10	1.55	100
2000	30.90	13.86	53.68	0.11	1.44	100
2001	30.63	13.30	54.61	0.09	1.37	100
2002	30.70	13.42	54.43	0.10	1.35	100

货物运输周转量增长情况（以上年为 100）

年度	铁路货运量	公路货运量	水运货运量	航空货运量	管道货运量	合计
1991						
1992	105.5	109.5	102.3	132.7	99.4	104.4
1993	103.3	108.4	104.6	124.0	98.5	104.4
1994	104.2	110.2	113.2	111.9	100.7	109.0
1995	103.3	104.7	111.9	120.0	96.4	107.4
1996	100.8	106.7	101.8	111.7	99.2	102.0
1997	102.2	105.2	107.7	116.9	99.0	105.3
1998	94.5	104.0	100.9	114.9	104.7	99.2
1999	102.6	104.4	109.6	126.5	103.6	106.4
2000	106.4	107.1	111.6	118.8	101.3	109.2
2001	106.7	103.3	109.5	87.0	102.7	107.6
2002	106.4	107.2	105.9	117.9	104.6	106.2

从统计数据看我国物流发展现状与趋势

一、物流需求快速上升，增幅明显高于经济增长

国内外物流发展的经验表明，物流发展与一个国家的经济总量成正比，与一个国家的经济发展水平成正比。20 世纪 90 年代以来，我国经济持续快速发展，GDP 年均增长约 10%，去年增长 8%，经济总量首次超过 10 万亿元人民币。从而构成了强大的物流需求。统计测算表明，自 1991 年至 2002 年，反映物流需求规模的全社会物流货物总额从 3 万亿元上升到 23.3 万亿元，增长了 6.7 倍，年均以 20.4%的速度递增，大大高于同期 GDP15.4%(按现价计算)的年均增速。(见图 1)。

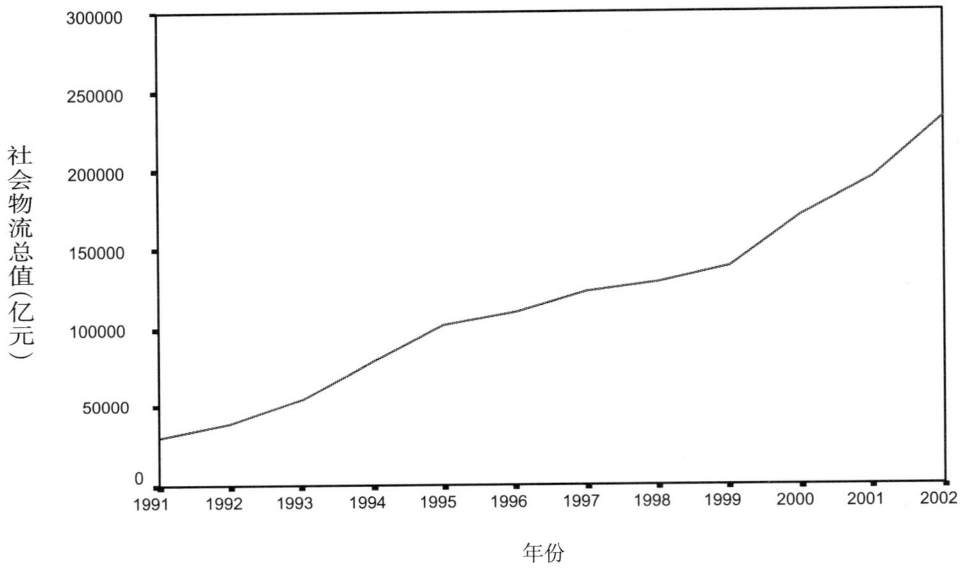

图 1 1991-2002 年社会物流货物总额

二、物流需求弹性逐年增高，经济增长越来越依赖于物流的发展

从经济发展与物流需求的关系上看，1991-2002 年每亿元 GDP 带动的物流需求平均为 1.73 亿元。“八五”期间平均为 1.57 亿元；“九五”期间上升到 1.71 亿元；2001 年、2002 年进一步上升到 2.03 亿元、2.27 亿元(见图 2)。物流需求弹性系数 12 年间的平均值为 1.4，“八五”时期平均为 1.26，“九五”时期平均为 1.35，当前约在 2 左右，这说明我国国民经济每增长 1 个百分点，将拉动物流货物总额增长 2 个百分点(见图 3)。这些数据均呈上升趋势，反映出我国的物流需求伴随经济增长是同步发展的。也说明经济发展对物流的依赖程度越来越高。

三、工业品物流货物总额比重最大，增幅最高

如果分析社会物流货物总额的结构，可以看到工业品物流货物总额比重最大。

图 4 显示，2002 年，工业品物流货物总额达到 196 799 亿元，占社会物流货物总额的 84.6%。1991-2002 年，工业品物流货物总额平均增长 22%，是物流需求增长最快的行业。这与我国处在工业化发展中期，工业化加速发展是相适应的。也

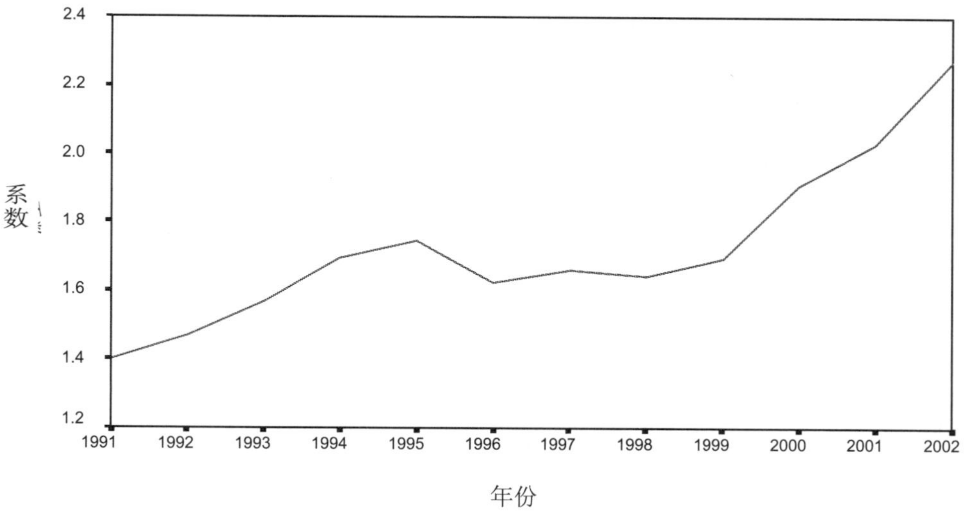

图 2　1991-2002 年单位ＧＤＰ物流需求系数

图 3　1991-2002 年物流需求弹性系数

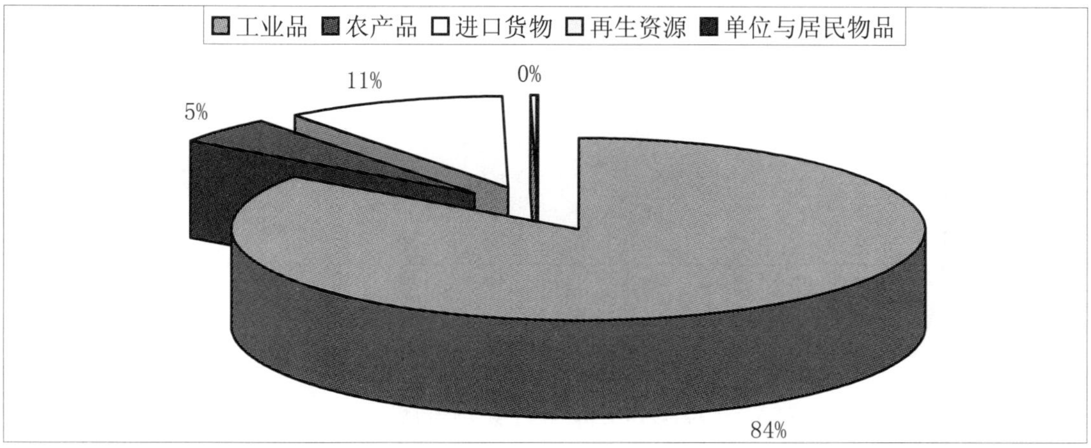

图 4　2002 年社会物流货物总额构成图

说明工业加工制造业物流仍将是今后我国物流发展的主体。

四、物流成本增长逐年趋缓

1991年至2002年,我国全社会物流总成本从5 182亿元扩张到2.2万亿元，增长了3.2倍,年均递增14%，高于经济年均增速4个百分点左右。(见图5)

但这种增长势头趋于减缓,尤其是1994年以后增势明显放慢(见图6)。

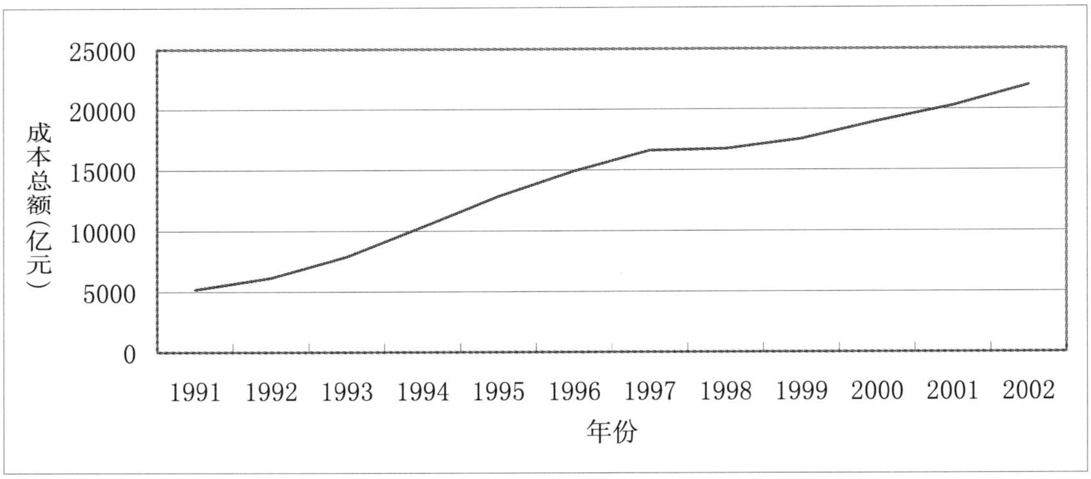

图5　1991-2002年全社会物流成本增长趋势

五、物流成本占GDP比重逐渐下降,但总体水平依然偏高

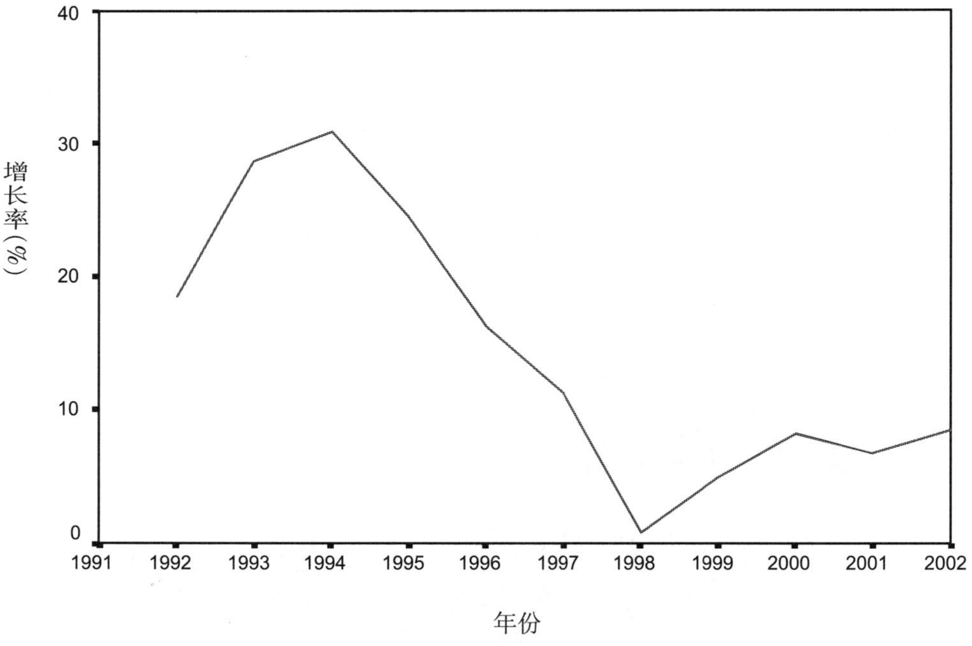

图6　1991-2002年全社会物流成本增长率

从与GDP的相关性来看，全社会物流成本与GDP呈高度正相关性，相关系数几乎等于1，二者之间可以建立线性回归模型，用Y代表GDP，用X代表全社会物流成本，则有Y=4.945X-856.4。该方程的经济意义表明，经济发展水平越高，物流支出也越多，对物流的需求越大。方程中的负截距具有特定的经济含义，表明如果物流支出达不到一定的水平(X>173.19)，则不可能有GDP产出，由此也可见物流在国民经济中的地位和作用。

从1991年至2002年，物流成本占GDP的比例缓慢下降，从24%下降到21.5%，今年预计在21.4%左右。特别是占社会物流货物总额的比例下降趋势明显，目前已经由1991年的17.1%下降到2002年的9.5%，平均每年下降约0.7个百分点(见下表)。其中，运输成本占全社会物流货物总额的比例下降尤为明显，从9.5%下降到4.6%；其次是保管成本，所占比例从5.3%下降到3.1%.这反映出我国物流业效率正在逐步提高。但物流成本总体水平仍然偏高，与美国、日本、欧盟国家比要高出8-10个百分点。

全社会物流成本占ＧＤＰ的比例、占物流货物总额的比例

年份	占ＧＤＰ的比例（％）	占物流货物总额的比例（％）
1991	24.0	17.1
1992	23.0	15.7
1993	22.8	14.5
1994	22.1	13.0
1995	22.0	12.6
1996	22.0	13.5
1997	22.3	13.4
1998	21.4	13.0
1999	21.4	12.6
2000	21.2	11.1
2001	21.1	10.4
2002	21.5	9.5
平均	22.1	13.1

六、运输、保管成本比重较高，管理成本增长最快

从物流成本构成上看，运输、保管成本所占比例较高，平均比例分别达到52.6%和31.8%，管理成本占15.6%(见图7)。

从增长趋势来看，管理成本增长最快，2002年比1991年增长了5倍，年均递增17.7%；其次是保管成本增长了3.5倍，年均递增14.6%；运输成本增长2.7倍，年均递增12.6%(见图8)。由此可见，运输成本、保管成本在总成本中所占比例较高，是我国物流成本居高不下的主要原因。

七、物流业增加值的增幅高于国民经济增长水平

从统计测算的结果看，自1991年至2002年，我国物流产业增加值从2 257亿元上升到7 133亿元，增长了2倍多，年均递增11%，高于同期GDP年均增速约1个百分点左右。其中发展最快的是流通加工、包装业物流，12年间平均增长速度为17.6%，其次是仓储业物流平均增速为16%，批发业物流为13.4%，邮政业物流为12.7%，交通运输业物流为8.6%。(见图9)

物流业增加值的增幅高于国民经济增长水平，

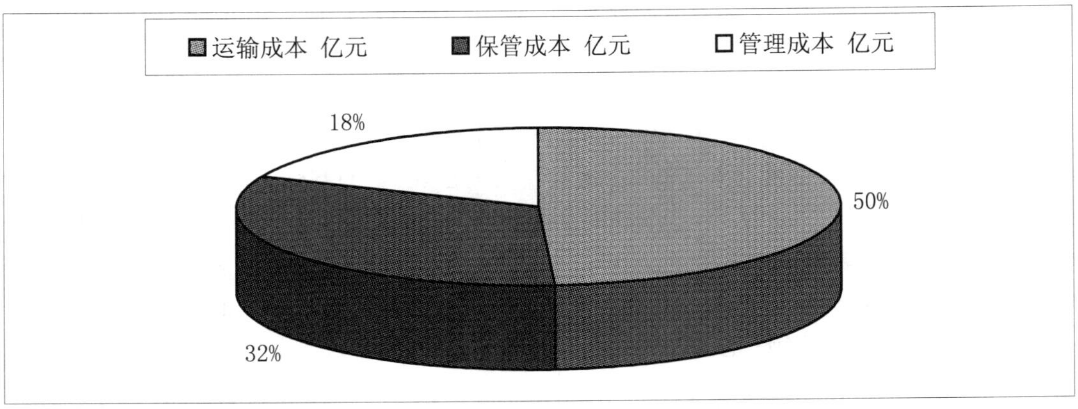

图 7 2002 年我国物流总成本构成图

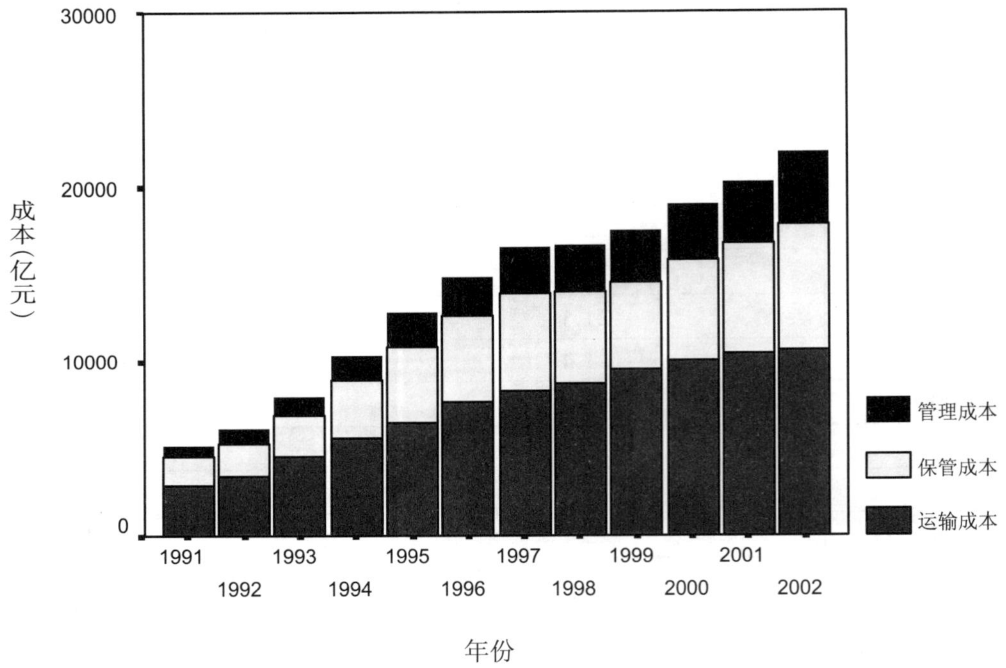

图 8 1991-2002 年全社会物流成本堆栈图

说明我国物流社会化程度在不断提高,专业化物流(第三方物流)正在加快发展。物流业在我国国民经济中的地位和作用不断提高,被经济学界和政府管理部门视为国民经济发展的动脉和基础产业,是一种新的生产力,是新的经济增长点。直接创造了时间价值和空间价值,创造了国民收入,扩大了经济总量。我们的测算数据也支持了这种观点。“八五”时期以来,物流产业对 GDP 总量的平均贡献为 8.1%;拉动 GDP 年均增长率约 0.8 个百分点。

八、物流业发展对我国第三产业的发展具有举足轻重的地位

改革开放以来,我国经济发展取得了举世瞩目的成就,其基本经验很多,但重要的有两条。一是推进两个“根本性转变”(经济体制从计划经济向市场经济转变;经济增长方式从粗放型向集约型转变);二是促进经济结构调整。经济结构调整,其中重要内容之一,就是借鉴发达国家经验,促进第三产业的发展,提升第三产业的比重。促进经济

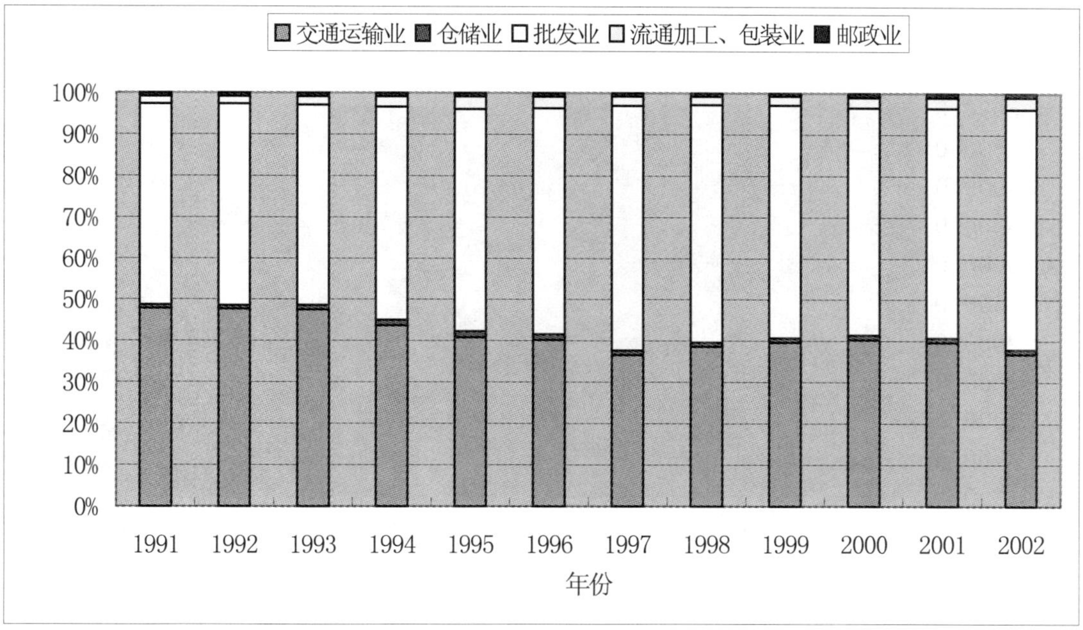

图 9 1991-2002 年物流行业增加值堆栈图

结构的调整，已成为当前和今后相当长时期，我国经济发展的主旋律，也是实现经济持续稳定增长的不竭动力。

物流业的发展，提升了第三产业的比重，促进了经济结构的调整，顺应了我国经济发展的时代潮流和历史规律。从我们的统计测算数据来看，自1991 年至 2002 年，物流增加值占第三产业增加值的比重平均为 24.8%。从近几年的情况来看，这一比例较为稳定，目前基本维持在 20%以上水平，说明物流是拉动第三产业发展的稳定因素。从对第三产业增长贡献来看，“八五”时期以来，第三产业年均增长约 9 个百分点，9 个百分点中物流产业的贡献为 2.2 个百分点。由此可见，物流产业对第三业的拉动作用较为显著，加快物流产业发展，对促进经济结构调整，实现国民经济速度和效益双增长具有重大现实意义。

九、物流领域固定资产投资快速增长

改革开放以来，国家对物流基础设施作了大量投入。统计数据表明，自 1991 年至 2002 年，物流相关行业固定资产投资额从 357.5 亿元上升到 4 553.6 亿元，增长了近 11 倍，年均递增速度达到 26%(见图 10)。

从新增固定资产情况来看，自 1991 年至 2002 年，物流相关行业新增固定资产从 214.3 亿元上升到 3 503.5 亿元，增长了 15.3 倍，年均递增 28.9%(见图 11)。

十、物流基础设施建设和装备发展粗具规模

经过多年发展，目前我国已经在交通运输、仓储设施、信息通讯、货物包装与搬运等基础设施建设方面取得了长足的发展，为物流产业的发展奠定了必要的物质基础。

据统计，从 1991 年至 2002 年，铁路营业里程从 5.78 万公里上升到 7.19 万公里，增长了 24.4%，年均增长 2%；公路里程从 104.1 万公里上升到 176.5 万公里，增长了 69.5%，年均增长约 5%；内河航道从 10.97 万公里上升到 12.16 万公里，增长了 10.8%，年均增长约 1%；民用航空线从 55.91 万公里上升到 163.77 万公里，增长了近 2 倍，年均增长 10.3%；输油(气)管道里程从 1.62 万公里上升到 2.98 万公里，增长了 84%，年均增长 5.7%；民用货用汽车拥有量从 398.62 万辆上升到

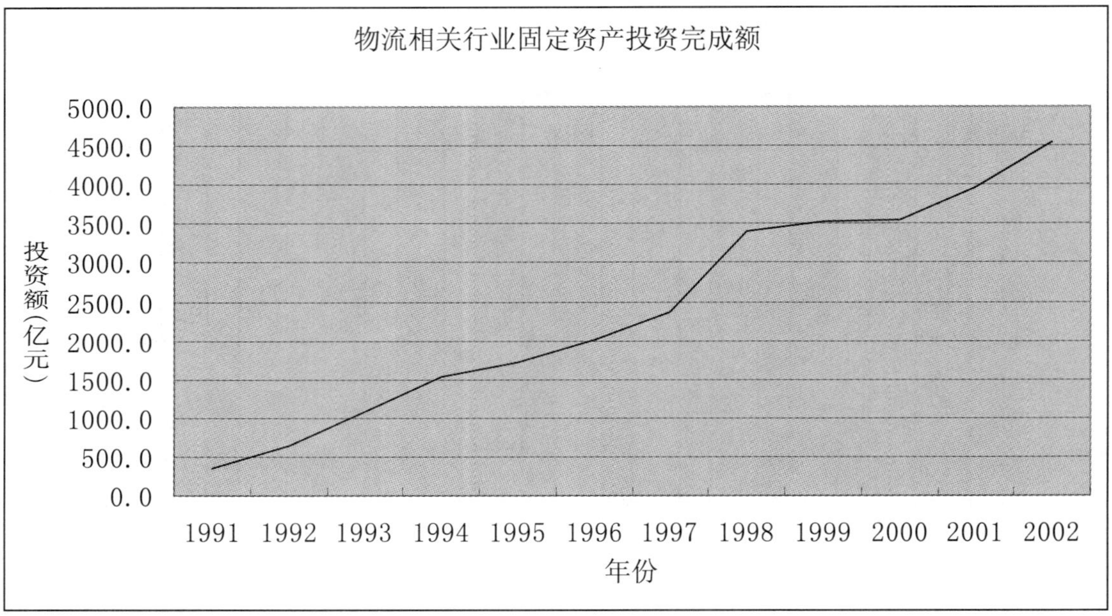

图 10 1991-2002 年物流相关行业投资完成额

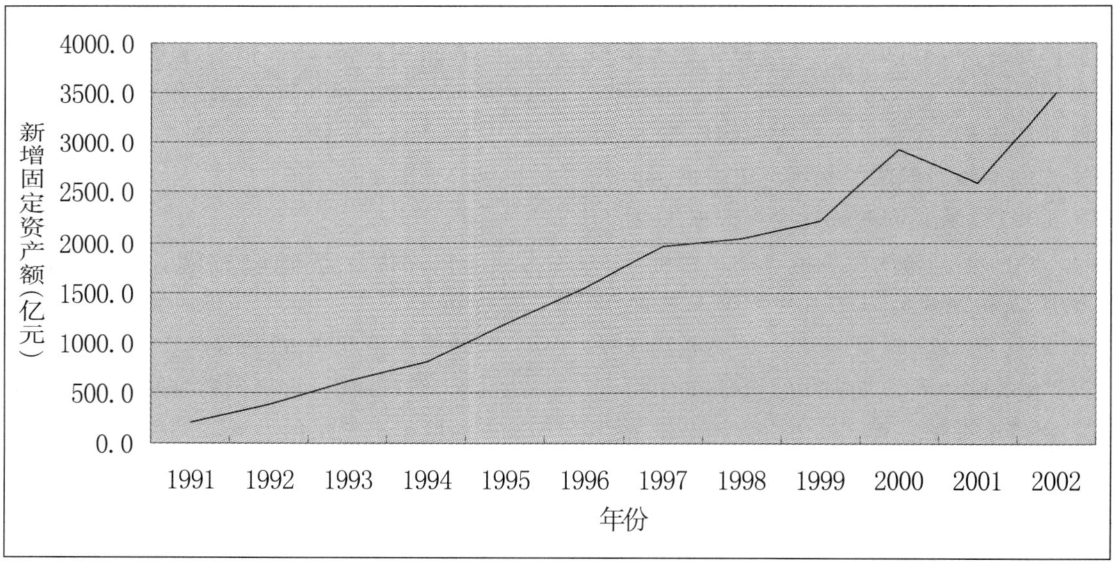

图 11 1991-2002 年国有物流行业新增固定资产

812.22 万辆,增长了 1 倍多,年均增长 6.7%;铁路货车拥有量从 370 054 辆上升到 459 017 辆,增长了 24%,年均增长 2%。

从我们的统计测算数据分析,总体上说,我国物流需求规模很大,发展很快,对经济发展的地位和作用不断上升,但总体水平仍然较低,发展过程中也存在一些问题。这些问题突出地表现在以下几个方面。

一是当前我国物流成本占 GDP 比例较高,下降也较为缓慢,反映出我国物流效益整体水平仍然较低。我国物流成本占 GDP 的比例基本维持在 20%左右水平。与世界上发达国家物流成本相比，约相差8–10个百分点。以2000年的数据为例，世界上大部分工业化国家的物流成本与该国家GDP的比例多在12%以下，而我国的物流成本占GDP的比例高达21.2%。这说明降低我国物流成本的空间很大。以2000年为例，根据计算，如果我国物流成本降低1个百分点，就可以节约894亿元人民币；如果我国物流成本降至世界上的平均成本水平(12%左右)，即降低约9个百分点，则可节约物流成本8 046亿元，这一数字约是当年新增GDP的八成，相当可观。

二是从物流总值的规模和速度大大高于物流增加值的事实，说明当前我国物流社会化、专业化程度相对较低，发展相对缓慢。自1991年至2002年12年间，全社会物流总值从3万亿元上升到23.3亿元，增长了6.7倍，年均以20.4%的速度递增；而同期物流行业增加值从2 257亿元上升到7 133亿元，增长才2倍多，年均递增11%。物流增加值仅占GDP的6.8%。说明我国目前仍然是以企业自身发展物流为主。专业化的第三方物流是我国物流的发展方向，但需要逐步推进，全面发展第三方物流，中国当前尚不具备必要条件。企业物流与社会物流共同发展，在我国将是一个相当长的过程。

三是相对于物流需求的快速增长，相对于物流行业的快速发展，物流行业投资仍显薄弱。物流行业投资不能适应发展需要，将成为制约物流发展的“瓶颈”。2003年下半年以来，全国较大范围内出现了运力紧张的问题，粮油煤不能及时调运到市场需要的地方，就是这方面问题的一个突出反映。当然，当前我国部分地区在物流发展过程中，也存在偏重投资、管理落后、效率不高的问题。对这种错误行为要及时纠正，并因势利导，使物流发展真正走向集约化发展的正确轨道。

2003年国内物流业高速运行

2003年随着国民经济的快速运行，尤其是工业生产、固定资产投资、国际贸易的高速增长，以及国内市场贸易业的快速增长，国民经济各方对社会物流服务需求显著增加，物流产业在充分满足社会需求的情况下，高速发展。以下是据中国物流信息中心测算资料显示的有关情况：

社会物流货物总额高速增长。2003年，全国社会物流货物总额达296 466亿元，同比增长27.5%(按现价计算)，明显高于同期GDP的增长速度。其中：工业品物流货物总额为250 598亿元，同比增长27.3%；农产品物流货物总额为11 261亿元，同比增长2.5%；进口货物物流货物总额为34 193亿元，同比增长40%；再生资源物流货物总额为278亿元，同比增长18.3%；邮政物流货物总额为136亿元，同比增长3.2%。

物流货物总额高速增长，表明经济增长对物流需求越来越大，经济发展对物流的依赖程度也越来越高。据我中心测算，1991年每一单位GDP的物流需求系数为1:1.4，到2003年扩大到1:2.5。

此外，从物流货物总额与货运量的比例关系看，1991年社会运输的货物平均价值为307元/吨，2003年提升到1 976元/吨，年均提升17.2%，反映出随着国民经济的不断发展，产品的升级换代，货物自身价值与价格的不断提高；从物流货物总额与货物周转量的比例关系看，1991年社会运输周转的货物平均价值为1.08元/公里吨，2003年提升到5.33元/公里吨，年均提升14.7%，反映出单位社会运输周转的货物价值量较低。

社会物流总成本占物流货物总额比例继续下降。2003年，全国社会物流总成本为24 974亿元，同比增长13.6%。其中：运输成本为14 028亿元，同比增长15.1%；保管成本为7 376亿元，同比增长15.1%；管理成本为3 570亿元，同比增长7.3%。

从社会物流总成本与GDP的比例关系看，我国的这一比例目前仍高达21%以上，比美国、日本等物流发达国家高出1倍多，说明我国社会物流业总体水平仍然比较落后，但总体上也在不断缩小，据我中心测算的数据显示，1991年社会物流总成本相当于GDP的24%，2003年缩小到21.4%。

物流业增加值稳步上升。2003年，国内物流业实现增加值为7 880亿元，同比增长10.5%。物流业增加值占同期GDP的比重为6.8%，比2002年的比例下降0.2个百分点。占第三产业增加值的比重为20.9%，比2002年提高0.2个百分点。其中：交通运输物流业增加值为2 953亿元，同比增长12.6%；仓储物流业增加值为90亿元，同比增长9.1%；批发业为4 530亿元，同比增长9.1%；配送、流通加工、包装物流业的增加值为243亿元，同比增长16.3%；邮政物流业增加值为63亿元，同比下降3.1%。

从物流业增加值的发展关系看，首先是占GDP的比重在不断缩小，由1991年的10.4%降至2003年的6.8%，占第三产业增加值的比重也由尤其是从物流业增加值的细分类情况看，配送、流通加工、包装物流业的服务业务量虽然规模还不大，但发展十分迅速，代表了现代物流业发展的基本方向。

物流业固定资产投资平稳增长。2003年，国内物流业固定资产投资额为5 594亿元，同比增长11.3%。占同期全社会固定资产投资总额的比例为13.1%，占同期全社会第三产业固定资产投资总额的比例为21.1%。其中：交通运输业固定资产投资额为4 861亿元，同比增长9.5%；仓储业固定资产投资额为161亿元，同比增长31.7%；批发业固定资产投资额为510亿元，同比增长25.1%；配送、加工、包装物流固定资产投资额为23亿元，同比增长46.3%；邮政业固定资产投资额为38亿元，同比下降4.6%。

与全社会投资增长情况比较，物流业投资增长速度比同期全社会投资增长速度低17.1个百分点，比同期第三产业的投资增长速度低近13个百分点，可以看出，当前我国物流业的投资增长相对滞后，这既是我国物流效率相对较低、物流成本依然偏大的重要原因，也是2003年国民经济发展中再次出现较为严重的交通瓶颈制约现象的根本原因。

货运总量略有增加，货物周转量快速增长。据国家统计局统计资料显示，2003年，不包括管道运输业务在内的全国货运总量为150亿吨，同比增长3.8%。其中：铁路货运总量为20亿吨，同比增长6.5%；公路货运总量为114亿吨，同比增长2.5%；水运货运总量为16亿吨，同比增长10.6%；航空货运总量为217万吨，同比增长7.4%。全国货物周转量为55 663亿吨公里，同比增长12.6%。其中：铁路货物周转量为16 321亿吨公里，同比增长8.2%；公路货物周转量为7 010亿吨公里，同比增长3.4%；水运货物周转量为32 275亿吨公里，同比增长17.3%；航空货物周转量为58亿吨公里，同比增长12.1%。

沿海主要港口货物吞吐量大幅上升。由于国际贸易活跃，进出口总额增长高达37.1%。受其影响，2003年，沿海主要港口货物吞吐量达20亿吨，同比增长了17.9%。

物流用主要设备生产急剧增加。由于物流产业发展迅速，物流用设备需求旺盛，国内生产急剧增加。其中：给料机械生产11 035台，同比增长61%；铲土运输机械生产92 817台，同比增长57.3%；叉车生产47 047台，同比增长46.2%；起重设备生产102万吨，同比增长32.8%；升降移动机械生产182 682台，同比增长30.1%。

（资料来源：中国物流信息中心）

第三部分

物流行业与行业物流

运 输

综合运输

2003年，是我国运输发展历程中不平凡的一年，我国综合交通运输既经受住了SARS的严峻考验，又经历了经济快速增长对货物运输能力提出的更高要求的历练。最终，我国各种运输方式的运输服务发展均通过了严格的“考试”，取得了巨大成绩，各种运输方式的运输和代理在发展中出现了一些新的特点，运输服务与运输组织也在适应经济和物流发展对运输的需求方面，出现了转型发展的局面。

一、运输的发展特点

首先，运输量的增长预示运输发展形势的转变。2003年，我国各种运输方式完成的货运量增幅提速，比上年增长4%以上，周转量呈现出两位数的增长，达到13.1%，周转量增幅明显高于运量增长，表明跨区域的资源性运输开始呈现出活跃的迹象，不仅弥补了因旅客运输量下降而造成的损失，而且运输行业的整体经济效益和效率出现复苏的形势。

其次，我国运输将进入新的发展阶段。2003年，我国人均GDP突破1 000美元大关，汽车消费成为热点，汽车产量达到444.4万辆，其中轿车产量为201.9万辆，分别比2002年增长了36.7%和85%。汽车生产量和保有量的明显增长，既从一个侧面反映了运输需求的活跃，也预示着我国交通运输将随着“汽车时代”的到来而发生深刻的变革。

再次，与经济发展特点和物流发展相适应，运输组织与管理也在发生很大的变化。铁路三大货运企业的成立，即铁道部在整合全路资源的基础上组建中铁集装箱运输有限责任公司、中铁特货运输有限责任公司和中铁行包快递有限责任公司，在运输市场细分和适应经济发展、干线物流组织方面迈出了实质性的步伐，将对运输市场格局和运输组织方式的创新以及铁路运输自身的改革和发展产生积极影响。公路运输依托配载站、铁路和港口枢纽的干线专线运输组织以及城市内依托物流中心、配送中心和服务于工商企业生产经营活动的配送运输，均是发展较快的运输组织方式和服务形式，对发挥高速公路效率，减少城市交通的拥堵，提高公路货运整体效率正在产生积极作用。依托航空干线机场的快速货运以及快递的发展，在2003年也成为重要的发展特点，对我国整体运输效率的提升以及货物运输满足企业经营活动节奏加快和物流组织与服务的多样化，具有重要作用。沿海及内河枢纽港口地位的提升和作用的发挥，在2003年也得到了充分体现。不仅港口吞吐量保持了两位数的增长，而且，全国亿吨大港因新增深圳港而达到8个，港口集装箱吞吐量近4 800万TEU，上海、深圳两大港口的集装箱吞吐量均超过1 000万TEU，分列世界第三、四位，使得围绕港口进行外、内贸运输组织的联运通道系统已经形成，对全国运输布局和运输服务系统的建设正在产生重大影响。

二、运输的发展形势

2003年我国经济的快速增长，带动了货物运输行业的整体复苏，全社会完成货物运输量分别达到154亿吨和57 152亿吨公里，运输总量有了明显增长(见表 1)。

表 1　　2003 年全国各种运输方式完成货物运输量情况

统计指标	单位	2002 年	2003 年	增长率(%)
1、全社会货物总运量	亿吨	148.27	154	4.0
铁路	亿吨	20.42	22	7.7
其中：国家铁路	亿吨	18.69	19.91	6.5
公路	亿吨	111.63	114.41	2.5
水运	亿吨	14.18	15.68	10.6
航空	万吨	202	217	7.4
管道	亿吨	2.01	2.08	3.6
2、全社会货物总周转量	亿吨公里	50 543	57 152	13.1
铁路	亿吨公里	15 516	17 092	10.2
其中：国家铁路	亿吨公里	15 078	1 6321	8.2
公路	亿吨公里	6 780	7 010	3.4
水运	亿吨公里	27 511	32 275	17.3
航空	亿吨公里	52	58	12.1
管道	亿吨公里	683	717	5.0

从 2003 年总运量的增长构成看，水运、铁路和航空运量的增长较为显著，水运的运量增长靠前，除国际集装箱运输保持较快增长外，进口矿石和石油的快速增长是主要原因。铁路运量的增长则缘于国内经济的增长提速，特别是地方铁路在经营运作机制上的优势得到继续发挥，为增长做出了较大贡献。航空货运及快递的较快发展，主要是由于相关企业经营能力的提升，加之机场分工的初步形成，助推了航空运量的增长。整体上运输周转量的增长高于运量的增长幅度，说明我国经济活动与国际的联系加强，国内区域之间的经济联系也在不断增强。此外，货物运输量的这种变化特征，也充分反映了高效率、低成本运输方式和服务得到发展，运输效率得到了有效提升，以铁路、水运为代表的运输方式的运输潜力得到进一步的挖掘，水运的低成本优势在运输市场分工中得到体现。

（一）铁路运输

2003年，我国铁路货物运输在运量上创出了新高，一方面是由于国民经济的快速发展而使运输市场转旺，特别是跨区域之间的干线、长途运输需求持续增长，使铁路拥有了充足的货源；另一方面，铁路运输部门在深化运输改革、创新运输组织和服务以及提高对市场的应变能力，按照市场需求和国民经济发展需要配置运力上也做出了很大努力，特别是在保障煤炭、石油、矿石、农产品等战略物资的运输上，这种应变能力和灵活安排，对经济发展起到了很好的保障作用。以煤炭为例，2003 年，铁路运输为应对发电用煤紧张形势，跨路局的点到点煤炭直达列车运行线路由 2002 年的 54 条增加到 84 条，全年煤炭货运量达到 8.82 亿吨，比 2002 年增长 7.7%，确保了电力生产的需要。

（二）港口及水运

2003 年，在经济快速增长的带动下，具有成本和能力双重优势的水路运输发展强劲，出现近些年来少有的运力紧张和运输价格指数屡创新高的局面。分析导致水路货物运输发展的原因可以看出，不论是国内生产还是进口，煤炭、石油、金属矿石、矿建材料等因生产和需求量不断攀升，2003 年，我国煤炭产量、钢产量和水泥产量均创历史新记录，分别达到 16 亿吨、2.2 亿吨和 8 亿吨，从而导致了对水运的大规模需求，促进了水运运量和周转量的猛增。

同时，2003 年我国外贸集装箱运输量继续保持高速增长，是最终使水上货运增长实现了提速。

水运的增长使港口吞吐量上了一个新台阶，尽管国家近几年加快港口的建设取得了港口数量和能力的不断扩大，在相当数量的港口仍出现了进出两旺的繁忙景象，“压船”和“压港”的问题有再度出现的可能。2003 年港口吞吐量情况见表 2。

表 2　2003 年我国港口吞吐量情况

年份	2002 年			2003 年			2003 比 2002 增长(%)		
指标	吞吐量(万吨)	外贸量(万吨)	集装箱(万 TEU)	吞吐量(万吨)	外贸量(万吨)	集装箱(万 TEU)	吞吐量	外贸量	集装箱
全国主要港口	22.33	7.71	3 619	26.26	9.43	4 766	17.6	22.5	31.7
沿海主要港口	16.66	7.11	3 383	19.75	8.73	4 476	18.6	22.9	32.3
内河主要港口	5.67	0.6	236	6.5	0.7	291	14.7	17.7	23.2
上海港	26 384	10 608	861	31 539	12 968	1 128	19.8	22.2	31.0
宁波港	15 398	6 242	186	18 524	8 213	276	20.3	31.6	48.6
广州港	15 324	4 242	217	17 106	4 947	276	11.6	16.6	27.1
天津港	12 906	7 007	241	16 181	8 758	302	25.4	25.0	25.2
青岛港	12 213	8 236	341	14 090	10 542	424	15.4	28.0	24.3
秦皇岛港	11 167	5 030	4	12 560	5 673	5.5	12.5	12.8	37.5
大连港	10851	3 845	135	12 602	4 861	167	13.0	26.4	23.5
深圳港	8 767	5 136	761	11 224	6 800	1 061	28.0	32.4	39.3

注：表 2 中全国数据除集装箱外，指标单位为亿吨。

（三）航空货运

2003年，航空运输受 SARS 的影响较大，但在运输企业设法恢复生产的努力下，由于经济增长的正面作用不断加强，航空货运发展仍然迅速。这种成绩的取得主要得益于国家政策的积极作用以及“蓝天振兴”计划的大力实施。特别是许多航空企业及物流企业把航空货运作为新的经济增长点，加快了市场的开发力度，在货运业务的组织上出现了新的服务模式，在适应经济发展提出的快速运输要求中寻求到了发展业务和客户的突破口。

（四）公路运输

2003 年我国高速公路接近 3 万公里，全国干线高速公路初步实现联网，创造了良好的运输基础设施条件，为公路运输的发展奠定了基础。首先是运输车辆结构的调整，2003 年货运车辆的更新速度是近几年较快的，在适应高速公路运输组织的发展需要方面迈出了坚实的步伐，其次是交通部等部门加大对运输市场的整治力度，在运输量不断增长的背景下，运输市场秩序正在改善之中，特别是政府部门对高速公路超限、超载的整顿力度加大，为营造公平竞争环境和保护公路基础设施创造了条件。

从公路运输量与几种运输方式运输量比较增长较慢的情况看，公路运输在对超载、超限控制越来越严格的情况下，在提高运输效率降低运输成本的同时，改革道路运输收费问题是必须尽快解决的课题。否则，在运输市场的竞争中，公路运输将处于不利地位，也不利于公路运输的进一步发展。

通过回顾 2003 年的货物运输的整体发展形势可以看出，我国货运又出现了类似于上世纪 90 年代初期的情况，即运输的“瓶颈”制约又突显出来，而且这种制约是在我国经济总量和经济增长质量发生了较大变化的背景下产生的新的能力与效率均不能适应需求的情况。因此，我国除需要通过运输组织和服务方式的创新予以解决外，还要在不同运输方式的基础设施建设结构的调整以及在提高运输效率的综合运输枢纽等基础设施建设方面寻求解决方案，其中，加快建设能够发挥高效率运输组织功能和作用的综合运输港站枢纽、物流园区、物流中心、配送中心等，显得非常必要和紧迫。同时，积极发展现代物流服务和推进传统的运输服务企业向现代物流服务转型，或按照现代物流技术应用对运输环节在效率、成本、效益等方面的要求，积极创新运输组织与服务，也是非常必要的。

三、运输代理发展情况

对于运输代理，2003 年也是具有重要变化的一年，这种变化对于我国货运代理市场格局、市场竞争环境的形成，打破行业分割和地方保护以及企业运作模式的提升均是有好处的。

首先是 2003 年相关政策环境的变化，将对运输代理市场和企业的发展产生重要影响。由于我国运输代理客观上存在的数量大而整个行业发展水平较低，经营秩序也较差的问题，关键在于管理上的部门分割和行业及地方保护，针对这些问题以及我国面临加入 WTO 后开放市场的压力，相关部门的政策也在调整之中。商务部重新修订并发布了《中华人民共和国国际货物运输代理业管理规定实施细则》，将于 2004 年 1 月 1 日起实施。本次修订的内容主要涉及第六条，将“国际货运代理业务的申请人应当是与进出口贸易或国际货物运输有关、并有稳定货源的单位。符合以上条件的投资者应当在申请项目中占大股。”改为“国际货代企业的股东可由企业法人、自然人或其他经济组织组成。与进出口贸易或国际货物运输有关、并拥有稳定货源的企业法人应当为大股东，且应在国际货代企业中控股。企业法人以外的股东不得在国际货代企业中控股。”该政策的变化表明，国际货物运输代理企业的构成没有原来的严格，为开放市场创造了企业投资和组织条件。此外，内地与香港、澳门签订了促进两地间贸易的协定——CEPA，鼓励香港和澳门服务提供者在内地以合资、合作、独资设立国际货代企业。香港和澳门的航空和海上货代企业获得较其他 WTO 成员方更低的准入门槛，港澳航空公司只要拥有 300 万元人民币的注册资本就可以独资经营国内航空业务；经营海上国际货物运输代理业务的，注册资本最低限额为 500 万元人民币；而经营陆路国际货物运输代理业务或者国际快递业务的，注册资本最低限额为 200 万元人民币。将从 2004 年 1 月 1 日起在内地独资经营航空、海运和陆上运输业务。由于港澳企业本身拥有非常成熟国际货运代理业务和先进的管理模式以及比国内企业更加庞大的市场销售网络，因此，港澳企业进入内地发展，对于内地物流企业的发展、内地市场的完善将是大有裨益的。

其次，在先进的流通、物流运作模式和运输组织方式的推动下，运输代理行业整体将面临较大的变革。一是跨国企业集团将通过打通国际、国内供应链管理的变通方式涉足我国运输代理市场。如一些以物流服务为名义的日本合资企业，包括伊藤忠、三井物产、住友商事、三菱商事和丸红商事等，在参股国内企业时均以开展跨国贸易为下一步的发展计划。日本的综合商社是一种比较独特的企业形式，它不单单是贸易公司，更是一个投资公司，同时综合商社客户交易遍及世界，业务范围广阔，涵盖了几乎所有行业。而且这些商社具备迅速实现世界各地的情报搜集汇总和分析的能力，在我国企业在流通领域的能力还很弱的背景下，在发展现代流通业务特别是基于供应链的物流组织和支持国际贸易上，我国企业在这些企业成功实现“卡位”的情况下，将很难与其竞争。我国运输代理必须尽快打破分割发展的局面，使代理企业能够做强、做实，以应对国际竞争和服务方式的变革。二是国内包括铁路组建三大专业性公司、航空机场面临深化分工、枢纽港口的运输系统化构建能力提升、内陆运输枢纽和专门化物流设施建设加快以及专业化第三方物流企业快速发展的背景下，运输代理企业发展业务的依托环境和组织方式也将随之变化，既要求代理企业为这种变化提供货源组织上的支持，也要求建立代理企业与网络化、规模化企业和物流组织设施之间的紧密联系，形成共同繁荣和发展的局面。2003 年大田物流、中远物流、中外运、联邦快递、联合包裹等相关企业的发展实践已经说明了这种市场演变的趋势。

（特约撰稿：国家发展和改革委员会
综合运输研究所副所长　汪　鸣）

2003年公路水路交通行业发展统计公报

一、交通基础设施

(一)公路

1. 公路总量继续增加。2003年底,全国公路总里程达到180.98万公里,比上年末增加4.46万公里。

2. 路网结构进一步改善。全国公路总里程中,国道里程127 899公里、省道223 425公里、县道472 935公里、乡道898 300公里、专用公路87 269公里,分别占公路总里程的7.1%、12.3%、26.1%、49.7%和4.8%。

3. 公路技术等级和路面等级不断提高。2003年底,全国等级公路里程143.87万公里,占公路总里程的79.5%。其中二级及二级以上高等级公路里程27.16万公里,占公路总里程的15.0%,比上年末提高0.9个百分点。按公路技术等级分组,各等级公路里程分别为:高速公路29 745公里、一级公路29 903公里、二级公路211 929公里、三级公路324 788公里、四级公路842 373公里,等外路371 090公里。全国有路面公路里程164.74万公里,占总里程的91.0%。其中高级、次高级路面里程78.8万公里,占总里程的43.5%,比上年末提高2.7个百分点。按公路路面等级分组,各等级路面里程分别为:高级路面344 271公里、次高级路面443 846公里、中级路面425 983公里、低级路面433 312公里,无路面里程162 416公里。

3. 高速公路里程增长迅速。2003年全国新增高速公路通车里程4 615公里。其中山东新增通车里程607公里,广东新增通车里程562公里。另外,江苏、江西和云南三省全年新增高速公路通车里程也都超过了300公里。年底时,全国高速公路突破千公里的省(区、市)上升到15个。分别是:山东(3 018公里)、广东(2 303公里)、江苏(2 004公里)、河北(1 681公里)、辽宁(1 637公里)、四川(1 501公里)、浙江(1 438公里)、河南(1 418公里)、湖南(1 218公里)、山西(1 211公里)、湖北(1 074公里)、安徽(1 070公里)、云南(1 064公里)、江西(1 040公里)和广西(1 011公里)。

4. 县乡公路里程大幅增长,公路密度进一步提高,公路通达情况有所改善。2003年底,全国县道、乡道里程达到137.12万公里,比上年末增加3.44万公里,占全国新增公路里程的77.1%。全国公路密度为18.85公里/百平方公里,比上年末提高0.45公里/百平方公里。全国通公路的乡(镇)占全国乡(镇)总数的99.6%,通公路的行政村占全国行政村总数的91.9%。全国还有173个乡镇和56 693个行政村不通公路。

5. 各地区公路里程持续增长,公路技术状况进一步改善。2003年底,东部地区公路里程57.91万公里,比上年末增加1.79万公里,增长3.2%;中部地区62.38万公里,比上年末增加1.65万公里,增长2.7%;西部地区60.69万公里,比上年末增加1.02万公里,增长1.7%。东、中、西各地区分别占全国公路总里程的32.0%、34.5%和33.5%。2003年底,东部地区高速公路15 701公里,二级及二级以上公路13.05万公里,分别比上年增加2 245和8 479公里;中部地区高速公路8 315公里,二级及二级以上公路9.28万公里,分别比上年增加1 320和9 248公里;西部地区高速公路5 729公里,二级及二级以上公路4.83万公里,分别比上年增加了1 050和4 109公里。

6. 公路桥梁和隧道建设取得新成果。2003年底,全国公路桥梁达31.08万座、1 246.61万延米,比上年末增加1.14万座、85.4万延米。其中特大桥梁2 155座、196.26万延米,比上年末增加255座、24.41万延米。其他桥梁情况分别为:大桥17 417座、306.17万延米,中桥6.35万座、346.64万延米,小桥22.77万座,397.54万延米。全国公路隧道达2 175处、100.1万延米,比上年末增加203处、16.6万延米。其中特长隧道27处、9.97万延米,比上年末增加6处、2.39万延米。其他隧道情况分别为：长隧道 242 处、38.56 万延米，中隧道 746 处、38.07 万延米，短隧道 1 160 处、13.47 万延米。全国公路渡口有 514 处，其中机动渡口 434 处。

7. 公路养护和绿化里程不断增加。2003 年底全国公路养护里程达 170.58 万公里，占公路总里程的 94.3%，比上年末增加了 4.5 万公里，增长 2.7%。全国公路绿化里程达 95.8 万公里，占公路总里程的 52.9%，比上年末增加18 099 公里，增长 1.9%。

（二）内河航道

内河航道通航里程继续增加。2003 年底，全国内河航道通航里程 123 964 公里，比上年末增加了 2 407 公里。其中等级航道 60 865 公里，占总里程的 49.1%；三级及三级以上航道 8 053 公里，占总里程的 6.5%；五级及五级以上航道22 840 公里，占总里程的 18.4%。各等级内河航道通航里程分别为：一级航道 1 346 公里、二级航道 2 512 公里、三级航道 4 195 公里、四级航道 7 003 公里、五级航道 7 784 公里、六级航道 19 228 公里、七级航道 18 797 公里。全国内河航道通航里程超过万公里的省（市、区）有四个，分别是江苏（2.48 万公里）、广东（1.18 万公里）、湖南（1.16 万公里）、四川（1.07 万公里）。

2003 年底，全国有库区航道 8 548 公里。全国通航河流上永久性构筑物中：有船闸 821 座，升船机 43 座，碍航闸坝 1 813 座。

（三）港口码头泊位

1. 港口码头泊位继续增加。2003 年底，全国港口拥有生产用码头泊位 34 289 个，比上年净增 689 个，其中万吨级及以上泊位 899 个，比上年净增 64 个。

全国沿海港口拥有生产用码头泊位 4 274 个、其中万吨级及以上泊位 748 个；内河港口拥有生产用码头泊位 30 015 个，其中万吨级及以上泊位 151 个。内河港口万吨级泊位主要集中在长江干流和珠江水系，其中长江干支流万吨级泊位 139 个，珠江水系 12 个。

2. 港口码头泊位继续向大型化、专业化方向发展。全国沿海港口万吨级及以上泊位中，1–3 万吨级泊位 464 个，3–5 万吨级泊位 128 个，5–10 万吨级泊位 125 个，10 万吨级以上泊位 31 个；全国内河港口万吨级及以上泊位中，1–3 万吨级泊位 105 个，3–5 万吨级泊位 32 个，5–10 万吨级 14 个。全国万吨级及以上泊位中，通用件杂货泊位 273 个，通用散货泊位 109 个，专用泊位 472 个。专用泊位中原油泊位 49 个、成品油及液化气泊位 88 个、煤炭泊位 100 个、粮食泊位 26 个、集装箱泊位 134，均比上年有所增加。

二、公路、水路运输装备

（一）公路运输车辆

1. 公路运输能力稳步增长。2003 年底，全国在运管部门登记注册的公路运输汽车达 924.6 万辆，比上年增加 98.3 万辆。其中载客汽车 352.19 万辆、3 430.64 万客位，分别比上年增加 62.64 万辆、458.3 万客位；载货汽车 572.45 万辆、1 941.52 万吨位，分别比上年增加 35.67 万辆，133.07 万吨位。

2. 运力结构进一步调整。2003 年底，全国拥有大型运输客车 15.25 万辆，比上年减少 0.81 万辆；大型普通载货汽车 187.52 万辆，比上年增加 4.01 万辆；专用载货汽车 19.22 万辆，比上年增加 2.71 万辆，其中集装箱车 4.08 万辆，同比增加 0.79 万辆。

（二）水路运输船舶

1. 水上运输装备总量有所增加。2003 年底，全国拥有水上运输船舶 20.4 万艘，比上年末增加 0.1 万艘；净载重量 7 061.6 万吨位，比上年末增加 1 356 万吨位；平均净载重量 345.7 吨，比上年末增加 64.6 吨，载客量 100.2 万客位，比上年末增加 2.3 万客位；集装箱位 57.1 万标准箱，比上年末增加 8.5 万标准箱位；船舶功率 2 615.7 万千瓦，比上年末增加 416.1 万千瓦。水上运输船舶中，集装箱船 1 432 艘，集装箱位 51.3 万标准箱，分别比上年增加 243 艘和 7.8 万标准箱位。

2. 内河、沿海、远洋运能进一步调整。2003 年底，全国拥有内河运输船舶 194 352 艘，比上年末增加 1 699 艘，净载重量 3 034.78 万吨位，比上年末增加 623.30 万吨位，载客量 86.29 万客位，比上年末增加 2.7 万客位，集装箱位 2.79 万标准箱，比上年末增加 1.78 万标准箱位；全国沿海运输船舶 7 878 艘，比上年末减少 109 艘，净载重量1 289.51 万吨位，比上年末增加 311.59 万吨位，载客量 12.84 万客位，比上年末减少 0.36 万客位，集装箱位 3.19 万标准箱，比上年末增加 0.69 万标准箱位；全国远洋运输船舶2 040 艘，比上年末减少 297 艘，净载重量 2 737.34 万吨位，比上年末增加 421.18 万吨位，载客量 1.08 万客位，比上年末减少 159 客位，集装箱位 51.12 万标准箱，比上年末增加 6.04 万标准箱位。

三、公路、水路运输量

（一）公路运输

1. 受非典影响，公路客运有所下降。2003 年全社会完成公路客运量 146.4 亿人，旅客周转量 7 695.6 亿人公里，分别比上年减少 1.1 亿人和 110 亿人公里。

2. 公路货运继续增长。2003 年全社会完成公路货运量 116.0 亿吨，货物周转量 7 099.5 亿吨公里，分别比上年增加 4.4 亿吨和 317 亿吨公里。公路客运量、旅客周转量在综合运输体系中所占比重分别为 92.24%和 55.72%；公路货运量、货物周转量在综合运输体系中所占比重分别为 74.29%和 13.18%。

2003 年全国公路客运平均运距为 52.6 公里，比上年下降 0.3 公里；货运平均运距为 61.2 公里，比上年提高 0.4 公里。

（二）水路运输

1. 水路货运总量持续增长。2003 年全社会完成水路货运量 15.8 亿吨，货物周转量 28 716 亿吨公里，分别比上年增加 1.6 亿吨和 1 205 亿吨公里。

2. 水路客运继续呈结构性下降。2003 年全社会完成水路客运量 1.7 亿人，旅客周转量 63 亿人公里，分别比上年减少了 0.16 亿人和 18.7 亿人公里。水路客运量、旅客周转量在综合运输体系中所占比重分别为 1.08%和 0.46%；水路货运量、货物周转量在综合运输中所占比重分别为 10.12%和 53.32%。

在全社会水路货运中，内河运输完成货运量 8.15 亿吨、货物周转量 1 708.8 亿吨公里，分别占全社会水路货运量、货物周转量的 51.6%和 6.0%；沿海运输完成货运量 4.26 亿吨、货物周转量4 702.1 亿吨公里，分别占 26.9%和 16.4%；远洋运输完成货运量 3.4 亿吨、货物周转量22 304.8 亿吨公里，分别占 21.5%和 77.7%。

在内河货物运输中，长江水系完成货运量 3.20 亿吨，货物周转量 922.2 亿吨公里，分别占全国内河货运量和货物周转量的 39.3%和 54.0%；京杭运河完成货运量 1.66 亿吨，货物周转量 331.5 亿吨公里，分别占 20.3%和 19.4%；珠江水系完成货运量 1.19 亿吨，货物周转量 193.5 亿吨公里，分别占 14.6%和 11.3%；黑龙江水系完成货运量 0.10 亿吨，货物周转量 7.2 亿吨公里，分别占 1.2%和 0.4%。

3. 客货平均运距有所下降。2003 年全国水路客运平均运距 36.8 公里，比上年减少 6.9 公里；货运平均运距 1 816.6 公里，比上年减少 123.5 公里。

（三）集装箱运输

公路、水路集装箱运输增长显著。2003 年全社会公路运输集装箱 1 662.8万 TEU，货运量 16 847.6 万吨，分别比上年增长 18.5%和 12.6%。全社会水路运输集装箱 1 522.8 万标准箱，集装箱货运量 15 001.3 万吨，分别比上年增长 23.6%和 21.1%；其中远洋运输集装箱 1 163.7 万标准箱，集装箱货运量 10 583.3 万吨，分别比上年增长 24.5%和 15.9%。

四、国道交通量

2003 年底，全国拥有国道交通量观测站点 4 638 个，其中连续式观测站点 247 个，间隙式及其他观测站点 3 293 个，观测里程 10.76 万公里，占国道总里程的 84.1%。

（一）国道网交通量和行驶量进一步增长

2003 年全国国道网年平均日交通量达 5 048 辆/日（折合标准中型车，下同），比上年增长 11.2%。其中东部地区 9 069 辆/日，中部地区4 567 辆/日，西部地区 2 681 辆/日。全年国道网车流量较大的地区主要集中在广东、上海、江苏、浙江和京津地区，其中广东、上海、江苏、浙江、北京和天津辖区内国道网的年平均日交通量都超过1万辆。2003年全国国道网年平均行驶量为64 560万车公里/日（折合标准中型车，下同），比上年增长14.4%。其中东部地区30 326万车公里/日，占46.97%；中部地区15 052万车公里/日，占23.31%；西部地区16 214万车公里/日，占25.12%。

（二）国道网交通拥挤状况继续改善

2003年全国国道网年平均交通拥挤度为0.50，比上年下降3.6%。其中东部地区年平均交通拥挤度为0.67，中部地区为0.48，西部地区为0.36。从各省情况看，广东、上海、北京、天津、江苏、浙江、河北、山东、河南、云南、甘肃等省（直辖市）国道相对拥挤，上述省市国道年平均拥挤度均超过0.6，其中广东和上海超过了0.8。

2003年全国国道主干线年平均日交通量达7 765辆/日，比上年增长17.6%，年平均行驶量22 822万车公里/日，同比增长53.0%；全国高速公路年平均日交通量为15 237辆/日（折合成标准小客车），年平均行驶量为45 322万车公里/日。

五、港口吞吐量

（一）港口货物吞吐量持续增长

2003年全国港口完成货物吞吐量33.0亿吨，比上年增长17.8%。其中，沿海港口完成20.64亿吨，增长20.3%，内河港口完成12.33亿吨，增长13.8%。

（二）外贸货物吞吐量强劲增长

全国港口完成外贸货物吞吐量9.7亿吨，比上年增长23.7%。其中沿海港口完成8.84亿吨，增长24.2%，内河港口完成0.87亿吨，增长19.3%。

（三）综合性大型枢纽港发展加快

2003年全国货物吞吐量超过亿吨的港口已上升到8个。其中上海港吞吐量突破3亿吨，达3.16亿吨，比上年增长19.8%。其他七个亿吨港的完成情况分别为：宁波港1.85亿吨、广州港1.72亿吨、天津港1.62亿吨、青岛港1.41亿吨、大连港1.26亿吨、秦皇岛港1.26亿吨、深圳港1.12亿吨。

（四）集装箱吞吐量继续攀升

2003年全国港口完成集装箱吞吐量4 867万标准箱，比上年增长30.8%。其中沿海主要港口完成4 476万标准箱，增长32.0%，内河港口完成412万标准箱，增长19.4%。

2003年全国集装箱吞吐量超过100万标准箱的8个港口中，上海港完成1 128万标准箱，居世界第3位；深圳港完成1 065万标准箱，居世界第4位。其他超过100万标准箱的港口分别完成：青岛港424万标准箱、天津港302万标准箱、宁波港277万标准箱、广州港277万标准箱、厦门港233万标准箱、大连港167万标准箱。

（五）集装箱吞吐量增幅较大，干散货仍占港口吞吐量半数以上

2003年全国港口完成干散货吞吐量17.75亿吨，比上年增长16.0%；液体散货4.55亿吨，比上年增长18.0%；件杂货4.83亿吨，比上年增长16.1%；集装箱吞吐量（按重量计算）4.39亿吨，比上年增长29.3%；滚装吞吐量1.44亿吨，比上年增长12.4%。干散货、液体散货、件杂货、集装箱和滚装车辆在港口货物吞吐量中所占比重分别为53.8%、13.8%、14.7%、13.3%和4.4%。

（六）煤炭及制品、石油天然气及制品、金属矿石、矿建材料和钢铁仍占港口吞吐量的较大比重

全国主要港口完成货物吞吐量26.74亿吨，其中，煤炭及制品吞吐量5.75亿吨、石油天然气及制品3.84亿吨、金属矿石3.06亿吨，矿建材料2.73亿吨，钢铁1.36亿吨，分别占全国主要港口货物吞吐量的21.5%、14.4%、11.5%、10.2%和5.1%。

（七）港口旅客吞吐量有所下降

全年全国港口完成旅客吞吐量1.8亿人，比上年减少0.14亿人，同比下降7.2%。其中沿海港口旅客吞吐量0.65亿人，比上年减少0.07亿人，同比下降10.6%；内河港口旅客吞吐量1.19亿人，比上年减少0.07亿人，同比下降5.2%。

六、交通固定资产投资

交通基础设施建设投资迈上新台阶。2003年

全国交通固定资产完成投资突破4 000亿元,达4 136亿元,比上年增长18.5%。其中公路建设完成3 714.9亿元,占总投资额的89.8%;水运建设完成294.4亿元,占7.1%;其他建设完成126.9亿元,占3.1%。

(一)公路建设

公路建设投资规模继续加大。全社会完成公路投资比上年增加503.2亿元,增长15.7%。

1. 县乡公路投资快速增长。公路重点项目完成投资1 359.41亿元,比上年增加65.68亿元,增长5.1%;路网改造完成1 538.03亿元,比上年增加115.04亿元,增长8.1%;县乡公路完成817.47亿元,比上年增加322.45亿元,增长65.1%。

2. 中部地区投资增长显著。全年东部地区完成投资1 605.18亿元,比上年增长12.0%;中部地区完成1 247.63亿元,增长25.7%;西部地区完成862.09亿元,增长9.7%。

3. 公路建设资金以国内贷款和自筹资金为主。

全年公路建设到位资金3 443.6亿元,同投资完成额相比,资金到位率为92.7%。其中东部地区资金到位率为97.3%、中部地区为86.4%、西部地区为93.3%。到位资金中,国家预算内资金占3.8%,车购税占11.5%,国内贷款占41.6%,利用外资占2.2%,自筹及其他资金占40.9%。

全年公路建设投资突破200亿元的省有五个,分别是浙江(281亿元)、江苏(271亿元)、河南(237亿元)、山东(209亿元)和广东(208亿元)。此外,全国还有13个省的公路建设投资超过100亿元,分别是:河北(118亿元)、山西(131亿元)、内蒙古(131亿元)、上海(114亿元)、安徽(140亿元)、福建(128亿元)、江西(152亿元)、湖北(156亿元)、湖南(128亿元)、重庆(101亿元)、四川(135亿元)、云南(140亿元)、陕西(131亿元)。

全年新建公路6.3万公里,其中高速公路4 592公里;改建公路9.7万公里。

(二)港口及内河航道建设

2003年全国港口及内河航道建设完成投资294.4亿元,比上年增加116.0亿元,同比增长65.0%。其中沿海港口建设投资有所增加,内河港口和航道建设投资有所减少。全年沿海港口建设完成投资240.56亿元,比上年增加102.13亿元,增长73.8%;内河港口及航道建设完成53.80亿元,比上年增加13.84亿元,增长34.7%。

沿海港口新(扩)建码头泊位101个,新增吞吐能力6 656万吨,其中万吨级以上泊位36个,新增吞吐能力6 302万吨。内河港口新(扩)建码头泊位59个,新增吞吐能力1 026万吨。全年新增及改善内河航道里程1 601公里。

(三)其他建设

2003年其他交通建设完成投资比上年增加25.5亿元,同比增长25.2%。其中海事系统完成3.99亿元,救助打捞完成2.26亿元,科研教育完成4.72亿元,通信信息完成0.59亿元。

七、水上安全和救助打捞

2003年全年发生水上交通事故633起,死亡失踪人数498人,沉船艘数343艘,直接经济损失3.8亿元,与2002年相比,事故起数和沉船艘数分别下降了6.8%和10.7%。

2003年交通救助打捞系统共组织了260次救助活动,出动救助船舶268艘次,出动飞机10架次,救助遇险人员1 445人,其中外籍人员189人,救助遇险船舶98艘,其中外籍船舶13艘,打捞沉船12艘,其他打捞作业31次,获救财产价值约11.26亿元。

(资料来源:交通部综合规划司)

2003 年交通固定资产投资完成情况

（截至 2003 年 11 月）

单位：万元

地区	总计	公路建设	内河建设	沿海建设	其他建设
总计	35 926 746	33 218 822	415 555	1 769 122	523 247
东部地区	16 263 801	13 988 466	141 227	1 769 122	364 986
中部地区	11 508 944	11 321 571	141 928	-	45 445
西部地区	8 154 001	7 908 785	132 400	-	112 816
北京	569 724	569 374	-	-	350
天津	408 466	231 959	-	176 507	-
河北	1 382 153	1 119 455	-	262 698	-
山西	1 222 778	1 214 398	-	-	8 380
内蒙古	1 305 271	1 305 271	-	-	-
辽宁	948 900	752 063	385	183 804	12 648
吉林	754 284	753 875	409	-	-
黑龙江	846 147	843 647	2 500	-	-
上海	1 488 963	947 461	22 293	202 358	316 851
江苏	2 515 124	2 377 901	79 070	58 153	-
浙江	2 462 301	2 381 328	18 450	60 247	2 276
安徽	1 266 047	1 256 567	5 714	-	3 766
福建	1 322 621	1 261 508	352	60 761	-
江西	1 368 741	1 359 463	9 278	-	-
山东	2 138 663	1 856 316	3 904	270 995	7 448
河南	2 181 502	2 180 161	1 341	-	-
湖北	1 572 145	1 463 073	75 773	-	33 299
湖南	992 029	945 116	46 913	-	-
广东	2 223 826	1 744 139	15 472	459 670	4 545
广西	721 577	684 508	1 301	17 201	18 567

（接上页表）

海南	81 483	62 454	-	16 728	2 301
重庆	841 849	789 719	27 217	-	24 913
四川	1 498 596	1 327 429	89 947	-	81 220
贵州	889 357	882 647	6 055	-	655
云南	1 227 037	1 220 993	4 222	-	1 822
西藏	236 201	236 201	-	-	-
陕西	1 269 006	1 265 245	730	-	3 031
甘肃	779 329	776 394	2 935	-	-
青海	385 895	384 475	1 294	-	126
宁夏	300 240	300 240	-	-	-
新疆	726 491	725 442	-	-	1 049

（资料来源：交通部综合规划司）

2003年全国各种运输方式完成运输量

指标	单位	绝对数	比上年增长（%）
货物周转量	亿吨公里	57 152	13.1
其中：铁路	亿吨公里	17 092	10.2
公路	亿吨公里	7 010	3.4
水运	亿吨公里	32 275	17.3
民航	亿吨公里	58	12.3
旅客周转量	亿人公里	13 795	-2.3
其中：铁路	亿人公里	4 789	-3.6
公路	亿人公里	7 679	-1.6
水运	亿人公里	64	-21.1
民航	亿人公里	1 263	-0.4
港口完成货物吞吐量	亿吨	33	17.9
其中：外贸货物吞吐量	亿吨	9.4	19.8

（资料来源：国家统计局）

2003 年全国交通统计主要指标

指标名称	计算单位	2003 年	2002 年
一、全国公路里程	万公里	180.98	176.52
（一）按技术等级分			
1. 等级公路	万公里	143.87	138.29
#高速公路	万公里	2.97	2.51
2. 等外公路	万公里	37.11	38.23
等级公路占总里程比重	%	79.5	78.3
#二级及以上公路	%	15.0	14.1
（二）按路面等级分			
1. 有路面里程	万公里	164.74	160.18
#高级、次高级路面	万公里	78.81	72.18
2. 无路面里程	万公里	16.24	16.34
有路面里程占总里程比重	%	91.0	90.7
#高级、次高级路面	%	43.5	40.9
（三）全国公路桥梁、隧道			
1. 桥梁：数量	万座	31.08	29.94
长度	万米	1 246.61	1 161.22
2. 隧道：数量	处	2 175	1 972
长度	米	1 000 790	835 144
（四）公路密度及通达情况			
公路密度	公里/百平方公里	18.85	18.4
通公路的乡镇比重	%	99.6	99.5
通公路的行政村比重	%	91.9	92.3
二、全国内河航道通航里程	公里	123 964	121 557
（一）等级航道	公里	60 865	63 597
#一级	公里	1 346	2 946
二级	公里	2 512	1 917
三级	公里	4 195	3 359

（接上页表）

（二）等外航道	公里	63 099	57 960
等级航道占总里程比重	%	49.1	52.3
#三级及以上航道	%	6.5	6.8
三、全国港口码头泊位			
生产用码头泊位个数	个	34 289	33 600
#沿海	个	4 274	3 822
按靠泊能力分			
#1 万吨级以上(含 1 万)	个	899	835
四、公路运输汽车拥有量	万辆	924.6	826.3
客车	万辆	352.2	289.6
货车	万辆	572.5	536.8
五、运输船舶拥有量			
艘数	万艘	20.4	20.3
净载重量	万吨位	7061.6	5 705.6
集装箱位	万 TEU	57.1	48.6
载客量	万客位	100.2	97.9
总功率	万千瓦	2615.7	2 199.6
六、全社会公路、水路运输量			
（一）全社会公路客运量	亿人	146.43	147.53
占全社会客运量的比重	%	92.24	91.74
全社会公路旅客周转量	亿人公里	7 696	7 806
占全社会旅客周转量的比重	%	55.72	55.26
（二）全社会公路货运量	亿吨	116.00	111.63
占全社会货运量的比重	%	74.29	75.29
全社会公路货物周转量	亿吨公里	7099	6 782
占全社会货物周转量的比重	%	13.18	13.42
（三）全社会水路客运量	亿人	1.71	1.87
占全社会客运量的比重	%	1.08	1.16
全社会水路旅客周转量	亿人公里	63	82
占全社会旅客周转量的比重	%	0.46	0.58
（四）全社会水路货运量	亿吨	15.81	14.18
占全社会货运量的比重	%	10.12	9.56

（接上页表）

全社会水路货物周转量	亿吨公里	28 716	27 511
占全社会货物周转量的比重	%	53.32	54.43
七、港口生产			
（一）全国港口货物吞吐量	万吨	329 646	279 939
#沿海	万吨	206 360	171 595
（二）全国港口外贸货物吞吐量	万吨	97 117	78 496
#沿海	万吨	88 410	71 200
（三）全国港口集装箱吞吐量	万 TEU	4 867	3 721
#沿海	万 TEU	4 455	3 376
（四）主要货类吞吐量	万吨	329 646	279 939
液体散货	万吨	45 486	38 548
干散货	万吨	177 530	152 996
件杂货	万吨	48 295	41 602
集装箱	万 TEU	4 867	3 721
滚装汽车	万辆	997	751
八、交通固定资产投资			
投资总额	亿元	4 136.16	3 491.47
占全社会固定资产投资比重	%	7.50	8.08
按使用方向分			
（一）沿海建设	亿元	240.56	138.42
（二）内河建设	亿元	53.80	39.95
（三）公路建设	亿元	3 714.91	3 211.73
（四）其他建设	亿元	126.90	101.36
九、水上安全			
水上交通事故	件	633	735
死亡和失踪人数	人	498	463
沉没或全损船舶	艘	343	384
事故直接经济损失	万元	38 009	16 135

（资料来源：中华人民共和国交通部）

2003年全国铁路及公路建设情况总览

一、铁路建设方面

(一)开工的项目(以时间先后为序以下均同)

1. 遂(宁)渝(重庆)铁路在合川火车站工地举行开工典礼。该路为I级电气化铁路,设计速度为每小时140公里,预留160公里,是目前西部地区设计速度最高的铁路运输通道。

2. 粤海铁路通道西环线沙(吉)叉(河)段铁轨铺架工程开工。

3. 辽宁省中南部地区的沟(帮子)海(城)铁路开始电气化改造。

4. 陇海铁路郑(州)徐(州)段电气化改造工程(济南局管内)在徐州铁路分局正式开工。

(二)建成的项目

1. 陇海铁路宝鸡至兰州段增建二线工程天水至兰州段提前一年开通运营。

2. 湘桂铁路黎塘至南宁复线工程全线建成并投入运营。

3. 北京城铁全钱贯通。

4. 京九铁路最后一段复线——龙(川)东(莞东)段开通。

5. 宁(南京)西(安)铁路正式与合(肥)九(江)铁路接轨。这标志着国家大开发重点工程之一的南京至西安铁路东段,即河南(潢川)至安徽(合肥)段铺通。

6. 陇海铁路宝鸡至天水段增建二线通车。

7. 河北省重点建设项目——沙蔚铁路正式开通试运行。

8. 内(江)昆(明)电气化I级铁路干线竣工验收。

9. 粤海铁路西环线第一标段海口南至那大全线贯通。

10. 宁(南京)启(东)铁路海安至扬州段贯通。

11. 宁启铁路南京至海安段全线铺通。

二、公路建设方面

(一)开工的项目

1. 安徽省亳(州)阜(阳)高速公路试验段开工,亳阜高速公路全长99.85公里,总投资25亿元。

2. 云南省安宁至楚雄高速公路正式开工,安楚公路主线全长130.93公里, 工程总投资约40亿元。

3. 四川省成都市最后一条通县高速公路——成(都)彭(州)高速公路正式动工建设。

4. 河南省济源至洛阳高速公路正式开工建设。

5. 山西又一条出省大通道——侯马至禹门口高速公路开工。

6. 重庆开县至万州高速公路开工。

7. 山西汾阳到柳林高速公路汾阳至离石段奠基。

8. 江苏连盐高速公路开工。

9. 京福线徐州西北绕城高速公路开工。该路全长51公里,总投资约24.2亿元。

10. 焦作至温县高速公路举行奠基仪式,这是河南省首次由民营企业投资建设的交通重点工程。

11. 全长32.5公里,造价14.74亿元的江(门)珠(海)高速公路珠海段全面开工。

12. 甘肃省第一条地方自筹资金建设的公路开工。该路北起天水市北道城区,终点止于麦积山下的贾家河,全长23.83公里,工程概算约2.6亿元。

13. 总投资100亿元的杭州至千岛湖高速公路开工。

14. 浙江丽(水)青(田)高速公路开工。该路全长76公里,总投资55亿元。

15. 南宁至友谊关公路开工。该路主线全长179.2公里,总投资37.14亿元。

16. 国家重点公路建设项目——国道203线肇源至松原一级公路建设工程开工。

17. 全长92.4公里, 总投资24亿元的国道314线新疆和硕至库尔勒高速公路项目正式开工建设。

18. 纵贯深圳东南部地区的盐田至排榜子高速公路开工建设。

19. 山东滨大高速公路开工。

20. 甬金高速公路绍兴段全线开工。

21. 京福高速公路邵武段工程开工。

22. 国内第一条生态高速公路——国道213线云南省思茅至小勐养高速公路开工。

23. 全长65公里、投资51亿元的上海嘉(定)金(山)高速公路开工建设。

24. 湖北荆江分洪工程运输大通道——荆(州长江大桥)东(岳庙)高速公路开工建设。

25. 西宁至库尔勒公路青海境内当金山至花土沟段工程开工，这标志着707公里的西部大通道青海境内建设工程全面启动。

26. 浙江甬金高速公路嵊州段正式破土动工。该路全长67.566公里,总投资26亿元。

27. 内蒙古第一条采取BOT方式建设的高速公路—呼和浩特至城壕高速公路开工。

28. 湖北荆(门)宜(昌)高速公路正式开工。

29. 衡阳至大浦高速公路开工。

30. 内蒙古乌海市110国道巴新麻段高速公路、棋盘井至黄河大桥一级公路、苏三公路、机场公路开工建设。

31. 山西省道宁武到静乐县际公路开工建设,这是忻州市境内开工建设的第一个县际公路项目。

32. 301国道牙克石至海拉尔一级公路开工。

33. 投资40亿元的312国道沪宁段扩建工程开工。

34. 重庆市重点工程渝合二期高速公路开工。

35. 连接湖北省天门市与仙桃市的天(门)仙(桃)一级公路开工。

36. 内蒙古境两条高速公路和一条一级公路同时开工,即哈德门至磴口、东胜至苏家河畔高速公路和乌海至巴彦浩特一级公路。

37. 广东梅(州)河(源)高速公路梅州至龙州段开工。

38. 南昌市“西部咽喉”要道省(庄)大(城)一级公路破土动工。

39. 山西省平(鲁)朔(州)一级公路开工。

40. 太原至长治高速公路开工。

41. 309国道山西省吉县至壶口段二级旅游公路正式开工建设。

42. 总投资21.48亿元的桂林至阳朔高速公路开工。

43. 国道209线山西大武至交口一级公路开工。

44. 国家路网衡阳经南宁至昆明国道主干线的重要路段——平远街至锁龙寺高速公路正式开工。

45. 兰州通往河西走廊的树屏至徐家磨、清水至嘉峪关高速公路同时开工。

46. 河南省商丘市自筹资金修建的第二条地方高速公路——商丘至周口高速公路商丘段开工。

47. 河南漯河至平顶山高速公路开工。

48. 广东省出省快速通道之一——渝湛高速公路粤境段正式开工建设。

49. 安徽省汤(口)屯(溪)高速公路正式开工。

50. 江苏苏南地区两条新的快速通道——镇江至溧阳、南京至常州高速公路开工。

51. 内蒙古阿荣旗至深圳高速公路河南境内的濮信高速公路濮阳段和周口段分别开工。

52. 安徽省阜阳至六安高速公路开工。

53. 江西省首条全封闭、全立交、双向六车道高速公路——乐化至温家圳高速公路开工。

(二)建成的项目

1. 全长42.6公里、总投资11.9亿元的山西运城至河南三门峡高速公路工程竣工。

2. 上海至瑞丽国道主干线梨园至温家圳高速公路项目顺利通过交工验收。梨温高速公路全长245公里,工程总投资为52.68亿元。

3. 总投资9.16亿元的安徽省界(首)阜(阳)蚌(埠)高速公路二期工程建成通车。

4. 河南省漯(河)周(口)界(首)高速公路二期工程——周口至沈丘(省界)正式建成通车,这标志着漯周界高速公路全线贯通。

5. 全长215公里、总投资63.8亿元的四川成(都)南(充)高速公路全线贯通车。

6. 福建罗(源)长(乐)、漳(州)诏(安)两条高速公路全线贯通并开始试运营。

7. 太(原)澳(门)高速公路洛阳南段建成通车。

8. 海南环岛高速公路通过竣工验收。

9. 甬台温高速公路温州南白象至飞云段通车。

10. 全长135.5公里的四川绵(阳)广(元)高速公路正式建成通车。

11. 云南首条8车道高速公路昆明至石林高速公路昆明出口段正式开通,该路全长8公里,投资2.04亿元。

12. 重庆市境内两条主骨架公路——丰(都)忠(县)和丰(都)石(柱)路建成通车。

13. 经历四年多的施工建设,广东境内里程最长,投资最大的山区高速公路——(北)京珠(海)公路粤北段建成通车。

14. 国家开发银行贷款28亿元支持建设的一条贯穿闽东革命老区的高速公路——福(鼎)宁(德)高速公路全线贯通。

15. 同江至三亚国道主干线福建段高速公路全线通车。

16. 江西省“十五重点工程”——赣粤高速公路昌傅至泰和段通车。

17. 青海省境内马场坦至平安高速公路、西宁至湟源一级公路同时建成通车。

18. 总投资18.17亿元的沙漠高速公路——榆林至靖边高速公路通车。

19. 全长166公里的银川至青岛高速公路宁夏段全线贯通。

20. 全长126公里的广东开平至阳江高速公路正式通车。

21. 全长413公里的山东日照至东明高速公路全线贯通。

22. 银川河东机场高速公路建成通车。

23. 甘肃省的兰州至中川机场高速公路全线贯通。

24. 总投资40亿元、全长102.6公里的天津市津蓟高速公路全线通车。

25. 纵贯山西南北,全长666公里的大同至运城高速公路全线通车。

26. 同三线高速公路宁波境内西坞至新屋段通过竣工验收。

27. 湖南省长沙黄花机场高速公路正式通车。

28. 西安绕城高速公路和西安咸阳国际机场高速公路同时建成通车。

29. 青海境内丹拉国道主干线湟源至倒淌河一级公路正式通车。

30. 合(肥)杭(州)高速公路芜湖至宣城段建成通车。

31. 总投资达76亿元的丹(东)拉(萨)国道主干线青海境内工程全面竣工。

32. 长36.1公里的苏(州)嘉(兴)杭(州)高速公路北段通车。

33. 国道202线黑河至北安段高等级公路通车。

34. 全长98.58公里的北京五环路全线贯通。

35. 河北省石家庄至黄骅港高速公路衡水支线竣工通车。

36. 全长78.07公里、总投资38.06亿元的昆明至石林高速公路通车。

37. 全长54.858公里、总投资24亿元的陕西省勉县至宁强高速公路通车。

38. 山西省运城市闻(喜)垣(曲)二级公路建成通车。

39. 全长133.98公里的河南省驻马店至信阳(省界)高速公路通车。

40. 由河北衡水市到山东德州市的高速公路通车。

41. 湖北省襄(樊)十(堰)高速公路通车。

42. 浙江省A类重点工程——路(桥)泽(国)太(平)一级公路竣工通车。

(资料来源:中华人民共和国交通部)

公路运输

2003年面对突如其来的非典疫情和错综复杂的国际政治形势，党中央、国务院从容应对、总揽全局，针对经济运行中出现的新问题进行了适度调控，使我们克服了种种困难和障碍，取得了国民经济比上年增长 9.1%、加快了 1.1 个百分点的惊人成绩。公路运输行业虽然是受非典影响较为严重的行业，但在我国经济快速发展的带动和国家继续实行积极财政政策的推动下，公路运输生产和基础设施建设保持了快速发展的势头，交通管理体制的改革也在稳步推进，为公路运输开展物流服务创造出了好的运作环境。

一、公路运输生产

（一）运输生产

2003 年，随着公路建设的持续加快，尤其是高速公路及高等级公路的快速增长，逐步联网，不同区域 4 小时之内、同一区域 2 小时之内交通圈的形成，为公路货物运输奠定了良好的发展基础。全社会公路运输保持了稳定的增长态势，全年完成货物运输量 114 亿吨，货物运输周转量 7 000 亿吨公里，同比增长 2.5%和 3.4%，在各种运输方式中稳列首位。但全年货物运输明显不平衡，主要表现在疫情较重的 4 月份和 5 月份，货运量及货物周转量下降较大，由于公路运输覆盖面广，在疫情不严重的城市和广大农村地区所受影响相对较小，主要是跨界运输受到严格限制，运量大幅下挫。货运量及货物周转量分别比同期下降 2.23%、基本持平和 21.0%、19.9%。致使上半年公路货物运输生产有所下降，上半年全国全社会公路货运量共完成 50.72 亿吨、货物周转量共完成3 189.13 亿吨公里，分别比上年同期下降 2.7%和基本持平。

（二）运输企业

目前，国内从事公路运输物流服务的企业可以分为三大类。即外资或有外资背景的大、中型企业，民营中、小型企业及其他类的中小型企业。这些企业在近几年公路基础设施及运输装备的不断改善，运输车辆更新步伐加快，运力结构积极调整，运输市场治理整顿不断取得成效以及城乡运输需求持续上升的良好条件的带动下，在企业服务转型、流程再造、客户发展等方面，均有实质性的进展或突破。2003 年公路运输企业功能分工的局面显得更加突出，有外资背景的运输企业，如德国邮政、九川急便、日本通运英运物流等在公路运输尤其在第三方物流服务领域，业务扩展迅速，除在提供长距离干线服务方面突出并提供两头的门到门服务外，主要提供的业务还有分拨、配载等增值服务。一些在国家政策的支持下直接进入物流服务领域的民营运输企业，也在 2003 年获得了良好的发展业绩。如大田物流稳步推进在空运和第三方物流的业务发展；宝供物流在物流网络系统和基础设施建设上向前迈进了一大步，上海、北京、浙江等经济较为发达地区的民营企业，如上海大通、北京宅急送等也有很好的发展表现。而其他类型的中型公路运输企业也在积极进行合资合作，扩大网络范围和经营领域，积极提供跨区域的中长距离运输及与物流有关的业务，而小型运输企业仍把从事近距离的运输、配送作为主要任务。

（三）基本特点

1. 公路运输企业向跨地区、跨行业的大型运输物流集团实现集约化、规模化、专业化、网络化方向发展明显。

随着公路运输市场的准入所带来的竞争加剧，公路运输企业向集约化、规模化及专业化方向发展的趋势越来越明显。不同地区的运输企业通过合资、合作逐步建立起了在业务领域和经营范围上的合作，充分利用公路运输的区位、站点、管理和技术等优势，扩展仓储、配送等运输功能和服务范围，建立和完善快捷准时、经济合理、用户满意的社会化、专业化、现代化的物流服务系统。进行资源共享和网络共享，为运输企业的发展提供发展空间。

2. 服务效率与服务质量成为企业经营的核心目标。随着物流管理理念的推广和深入，运输企业的经营理念和管理水平也在不断提高，不同规模的运输企业也采取不同的方式，通过发挥自身的优势和开拓领域扩展经营领域。满足工商企业提供不同的物流需求成为企业经营的核心。

3. 技术进步成为运输企业占领市场的法宝。为更好地满足不同客户的运输需求，提高运输质量和安全性，公路运输企业不断注重提高车辆的质量，围绕运输效率、降低能耗、确保运输安全三大目标发展，向8吨以上的重型柴油车，冷藏货物、散装货物、液态和汽态货物的特种专用车、厢式货车等方向发展，满足市场需求并向个性化方向发展。

二、基础设施建设情况

2003年交通工作取得了较好的成绩。全年共完成交通基础设施投资3 900亿元，同比增长12%。在遭受非典疫情和频繁发生的自然灾害的情况下，取得这样的建设成绩确实来之不易。全年新增公路通车里程4.6万公里，其中新增高速公路4 600公里，使全国公路通车总里程达到181万公里，其中高速公路近3万公里。实现了“五纵七横”国道主干线系统第一阶段建设目标，即“两纵两横三个重要路段”的全部贯通。为公路运输生产的顺利开展提供了基础保障。2003年公路建设和投资的特点主要为：

（一）国道主干线第一阶段目标完成

至2003年，国道主干线五纵七横高速公路已建成近3万公里。实现了“五纵七横”国道主干线系统第一阶段建设目标，即“两纵两横三个重要路段”的全部贯通。全国有一半以上省份高速公路里程超过了1 000公里。山东省高速公路通车里程突破3 000公里，江苏、广东高速公路突破2 000公里，河北、山西、辽宁等13个省区高速公路突破1 000公里。公路建设完成投资3 500亿元，同比增加11%。江苏、浙江等5个省交通固定资产投资超过200亿元，另有11个省份投资超过100亿元。可以看出，我国不同区域公路建设的差距仍然明显。这为公路企业向物流转型，提供更为快捷、便利的高质量服务提供了良好的基础。

（二）农村公路建设力度之大、新改进沥青路和水泥路里程之长，是前所未有的

2003年全年共完成新改建农村公路1.2万公里，完成投资718亿元。除西藏自治区、新疆生产建设兵团外，西部地区实现了县县通油路，中部地区和东部地区实现了乡乡个别地区实现了县县通油路。农村公路的发展，尤其是中西部的发展，为加快中西部地区对外交流，促进经济发展，缩小区域差距起到了很大的作用。农村公路的建设，为发展我国农产品如粮食、棉花、化肥等物资的高效流通创造了条件。

三、2004年发展方向

2004年，交通部明确提出，要围绕以加快交通运输发展这个中心，重点加强交通基础设施建设，着力提高交通公共服务和交通市场监管两个能力。预期目标是新增公路通车里程7万公里，其中高速公路3 500公里，到年底公路通车总里程达到188万公里，高速公路达到3.3万公里，新改建农村公路10万公里。全年全社会完成公路、水运货物运输量137亿吨，周转量41 500亿吨公里。2004年纳入国家重点公路建设规划的高速公路3 100多公里。重点任务为：

（一）改善农村交通

交通部已计划在“十五”期间大力投资西部和“老、少、边、穷”地区，提高农村公路的“通达率”和“通畅率”，总规模32万多公里。重点工作包括：加大对国家商品粮基地公路基础设施建设的规划和指导，加强公路路网建设和改造。和对运输鲜活农副产品的车辆实行通行便利措施等。

（二）加强公路干线建设

据了解，截至2003年底，“五纵七横”国道主干线在建和未开工项目还有6 200多公里，占规划里程的18.1%，其中在建4 556公里，占

13.2%；未开工 1 663 公里，占 4.9%。

（三）提高公路交通运输能力

推进“四项工作”：一要掌握能源、原材料、外贸进出口以及农业生产资料、城市居民生活物资的运输情况信息，及时为运输企业提供相关信息，搞好服务。二是要完善应急预案，确保紧急物资运输及“绿色通道”畅通。三是要加快运力结构调整，推进车辆大型化、专业化、箱式（集装箱）化、经营集约化和管理现代化。四要加快物流业发展，降低物流成本。做到“四个确保”：确保关系国计民生的煤炭、原油、铁矿石等国家战略资源的运输；确保外贸进出口货物的运输；确保农用物资和城市居民蔬菜、副食品的运输；确保旅客运输和化学危险品运输安全。

（四）继续加强对外合作与交流

加强交通对外合作的交流，做到：第一，积极推进区域交通合作。第二，积极参与多边合作进程。第三，加大与发达国家开展交通领域合作交流的力度。第四，积极鼓励和支持有条件的企业“走出去”，提高交通企业的国际竞争力。

（五）高速公路网规划制定

交通部抓紧规划和建设国家高速公路网。根据《国家高速公路网规划》的设想，国家高速公路网建成后，可以覆盖 10 多亿人口，可以实现东部地区平均 30 分钟上高速公路，中部地区平均 1 小时上高速公路，西部地区平均 2 小时上高速公路；连接全国所有的省会城市（含港、澳、台三个特殊地区）以及所有目前城镇人口在 20 万以上的中等城市。

以上公路交通规划的实施，都将会在不同程度上为公路运输从事物流服务提供更好的运作条件。

（特约撰稿：国家发展和改革委员会
综合运输研究所副研究员　孙　炜）

2003 年 11 月公路货物运输量

	货运量（万吨）			货物周转量（万吨公里）		
	当月完成	自年初累计	累计为去年同期（%）	当月完成	自年初累计	累计为去年同期（%）
全国总计	102 172	981 698	100.5	6 554 279	61 569 288	103.2
北京	2 532	26 443	103.5	70 499	684 729	89.0
天津	1 758	17 433	104.2	70 666	661 551	109.2
河北	5 546	56 008	92.2	558 325	5 304 012	90.9
山西	5 879	57 078	96.8	373 917	2 927 125	99.1
内蒙古	3 222	34 211	99.2	208 927	2 094 075	97.6
辽宁	6 478	55 419	96.7	219 932	1 995 608	99.5
吉林	2 576	22 762	101.3	89 091	812 808	96.0
黑龙江	3 267	35 310	94.7	145 287	1 471 407	96.5
上海	2 626	28 100	103.5	62 150	627 048	114.1
江苏	4 981	49 032	89.2	314 115	2 927 076	91.4
浙江	7 909	60 568	103.3	360 652	2 769 636	105.1
安徽	3 765	34 938	110.3	298 833	2 770 261	113.0
福建	2 187	22 275	102.1	181 052	1 757 410	100.3
江西	1 693	19 299	103.1	141 955	1 471 732	103.7
山东	8 747	88 328	106.5	478 840	4 723 866	110.1
河南	6 621	49 841	103.7	469 873	3 626 329	105.6
湖北	2 471	25 540	96.3	181 711	1 924 240	93.5
湖南	4 807	44 410	119.2	450 570	4 132 698	126.8
广东	5 458	53 903	90.7	391 991	4 432 993	102.2
广西	2 032	21 003	94.1	187 844	1 934 867	97.4
海南	487	5 292	108.8	33 818	403 598	86.4
重庆	2 483	25 906	106.8	100 866	969 036	122.7
四川	3 827	43 195	104.6	181 918	2 037 797	112.4
贵州	973	10 404	97.8	58 551	606 871	96.8
云南	3 051	31 290	97.8	211 174	2 125 431	103.6
西藏	22	206	121.9	26 574	233 382	137.5
陕西	1 474	15 314	90.4	199 100	1 811 369	101.3
甘肃	1 994	18 617	101.2	121 070	1 122 012	102.5
青海	460	4 272	110.9	38 620	382 777	112.1
宁夏	494	4 557	101.4	59 800	555 600	99.3
新疆	2 352	20 744	120.9	266 558	2 271 944	117.9

水上货运

一、水上运输生产

（一）基本情况

在2003年国民经济继续快速增长、投资规模持续扩大、外贸进出口大幅增长的基本背景下，我国水上运输业克服了“非典”等负面因素的影响，全年水上货运基本保持平稳运行的态势。根据全年水上运输生产和固定资产投资的实际情况初步统计，截止到2003年底，全国水上货运量共完成15.8亿吨，比上年同期增长11.26%，其中远洋运输3.4亿吨，沿海及近洋运输4.26亿吨，内河运输8.15亿吨；货物周转量共完成28 716亿吨公里，比上年同期增长4.38%，其中远洋运输22 304亿吨公里，沿海及近洋运输4 702亿吨公里，内河运输1 708.8亿吨公里。全年水运集装箱运量1 522.8万TEU，比上年同期增长23.6%，其中远洋运输1 163.7万TEU，比上年同期增长24.5%。

（二）主要企业

目前，国内水上运输的主力企业仍以大型国有企业为主，其中中国远洋运输集团公司、中国海运集团公司、长江航运集团和中国外运集团公司构成远洋、沿海和内河运输的骨干企业。

1. 中远集团。作为我国远洋运输的核心企业，中远集团在国内航运企业中排名榜首，具有在区域及全球范围上开展各类运输及相关服务的强大能力，并正将其业务范围从传统的航运领域向其他领域进行全方位扩展。

截止到2003年底，中远集团船队拥有和控制各类船舶570多艘，2 900余万载重吨，全年总运量近22 000万吨。中远集装箱船队拥有和控制近120艘集装箱船，平均船龄不足10年，总箱位近26万TEU，全年箱运能力达到410万TEU，实际完成集装箱运量400多万TEU（重箱和空箱）。

2. 中海集团。作为国内大型航运企业，中海集团主要服务于我国沿海及远近洋运输。截止2003年底，中海集团主营船队拥有各类船舶400余艘，近1 200万载重吨，其中集装箱船队拥有100余艘船、22万箱位，单船平均载重吨位较上年提高13%，其中集装箱船单船载重吨位提高37%，开辟了40余条内外贸兼有的集装箱班轮航线。2003年全年总运量超过2.4亿吨，其中集装箱运量超过280万TEU。

3. 长航集团。作为一个跨地区多元经营的企业集团，中国长航在长江干线和全国内河航运企业中均为最大企业，其船舶载货吨、客位数、主机功率分别占水系总量的20%、6.8%、21%左右，货运周转量占长江干线航运企业总量近35%，集团年货物运输能力达1亿吨。截至2003年底，长航集团拥有各类运输船舶2 139艘，载货吨392万吨，箱船28艘，箱位4 320TEU，2003年全年总运量9 975万吨，其中集装箱运量达到12.7万TEU。

作为我国航运企业的骨干企业，上述三家企业完成货运量和集装箱运量分别占全国水上运输总量的35.4%，水上集装箱运输总量的45.5%。此外，以开展租船运输业务为特点的中外运集团也是我国水运业的核心企业之一，截止到2003年底，中外运集团船队全年箱运量达到400余万TEU。

（三）基本特点

1. 规模化、集约化的大型航运企业的作用继续强化。2003年国内航运业界中规模化、集约化经营的优势进一步明显，以中远、中海、中外运和长航为代表的大型航运企业的支柱地位更加稳定，能力规模与专业化程度不断提高，企业间在业务领域与经营范围上的合作进一步加强，股份制形式作为大企业间合资、合作的重要形式，联合与合作正在成为各大企业面向未来中国航运市场发展的重要竞争手段。

2. 技术进步继续成为企业生产经营的重要支持。2003年，中远、中海等各大航运公司继续重视其各自运输装备与管理技术的现代化，船队现代化程度进一步提高，船舶平均载重吨位持续保持上升势头，集装箱船等专业化运输船舶的增长比例超过船队平均增长水平，有效加快了船队结构调整和现代化更新的进程。

3. 企业经营领域与范围继续扩展。2003 年国内各大航运企业均在不断提升企业经营理念和管理水平，在继续巩固和扩大传统领域服务规模的基础上，通过资源的重新整合和经营模式的提升，针对不同服务对象的不同服务需求，依托各自原有优势单独和合资组建专业化服务企业，积极开展以现代物流服务为核心的跨企业、跨运输方式的新型服务，各企业原自有服务网络之间开始出现合作与共享的局面，整体服务能力得到新的提升。

二、港口生产

（一）基本情况

2003年我国主要港口货物吞吐量始终保持着快速增长的良好势头，特别是集装箱和外贸货物吞吐量继续保持着强劲的增长势头。根据不完全统计，2003 年全国主要港口完成货物吞吐总量 26 亿吨，外贸货物吞吐量 9.43 亿吨，分别比上年同期增长 17.6%和 22.5%。其中，沿海港口完成 19.75 亿吨，内河港口完成 6.5 亿吨，分别比上年同期增长 22.9%和 17.1%；完成集装箱吞吐量4 766 万 TEU，比去年同期增长 22.5%，其中沿海港口完成 4 476 万 TEU，增长 32.3%，内河港口完成 291 万 TEU，增长 23.2%。全国沪、甬、穗、津、青、秦、连 7 个亿吨级大港持续保持着良好的增长势头，深圳港跻身为我国第 8 个亿吨大港，8 港吞吐量占全国港口吞吐总量的 50.96%，沿海港口吞吐总量的 67.76%，其中上海港全年吞吐量达 3.15 亿吨，比上年增长 19.5%，全年集装箱吞吐量首次突破1 000 万 TEU 大关，达 1 128.17 万 TEU，已成为仅次于鹿特丹港的全球第二大港和世界集装箱第三大港。此外，深圳港集装箱吞吐量全年也达 1 061.49 万 TEU，跃居为世界集装箱大港的第四位。

（二）基本特点

1. 大型枢纽港口仍是港口群的骨干支撑。2003 年主要港口货物吞吐量增幅基本都保持在两位数，完成货物吞吐量 26.26 亿吨，比去年同期增长 17.6%，完成外贸货物吞吐量 9.43 亿吨，比去年同期增长 22.5%，完成集装箱吞吐量 4766.26 万 TEU，比去年同期增长 31.7%。在原有的上海、广州、宁波、天津、青岛、秦皇岛、大连等七个亿吨大港继续保持着良好增长势头的基础上，2003 年深圳港也已突破亿吨，使全国亿吨大港增至 8 个，其中上海港货物吞吐量达 3.15 亿吨，已跃居全球第二大港，其中外贸货物吞吐量完成 1.3 亿吨，占全港货物吞吐总量的 41.27%，进一步巩固和提升了上海的国际航运中心地位。

2. 港口集装箱作业迅猛发展。2003 年，全国主要港口集装箱吞吐量突破4 475 万 TEU，增幅超过 30%。沪、深、青、津、穗、甬、厦、连等 8 个集装箱吞吐量超过 100 万 TEU 的港口共计完成集装箱吞吐量 3 867 万 TEU，占全国总量的 81.1%。上海、深圳、青岛三港进入全球集装箱大港的前 15 名。其中，上海港全年集装箱吞吐量首次突破1 000 万 TEU 大关，达 1 128.17 万 TEU，比上年增长 31% 以上，不仅成为我国第一个超千万 TEU 的集装箱枢纽港，而且在上半年即超过釜山港，稳居世界集装箱第三大港。深圳港更是以超常规速度增长，集装箱吞吐量在 12 月中旬已突破 1 000 万 TEU 大关，全年达 1 061.49 万 TEU，比上年增长 39.3%，不仅成为我国又一个超千万 TEU 的世界级集装箱大港，而且在全球集装箱大港中的排名再提前了两位，紧随上海港，跃居为世界集装箱大港的第四位。

三、水运装备与设施建设

（一）基本情况

2003 年以沿海枢纽港口和内河航道为重点的水运基础设施建设继续保持良好的发展态势。据交通部统计，截止到 2003 年底，全国港口生产泊位数 3.43 万个，其中沿海港口生产泊位 4 274 个，万吨级以上泊位 748 个；内河港口生产性泊位 3 万个，万吨级以上泊位 151 个。2003 年全国内河通航里程达 12.39 万公里，其中等级航道里程为

60 865 公里，占航道总里程的 49.1%，三级以上航道占航道总里程的 6.5%。2003 年，全国民用货运船舶拥有量为 20.4 万艘，7 061 万载重吨；其中远洋船舶 2 040 艘，2 737 万载重吨，沿海与近洋船舶 7 878 艘，1 289.5 万载重吨，内河船舶194 352 艘，3 034 万载重吨。中国海上商船船队总运力全球排名第四，海上集装箱船队拥有 54.3 万 TEU 箱位，排名世界第五。

（二）发展特点

1. 港口建设。2003 年港口建设的发展特点表现为吞吐能力规模与专业化水平同步提高。根据交通部统计 2003 年新增泊位 689 个，新增码头吞吐能力 7682 万吨，其中沿海新增泊位 116 个（含 36 个万吨级及以上泊位），新增能力 6 302 万吨；内河新增泊位 59 个，新增能力 1 026 万吨；全国 748 个万吨级及以上泊位中，各类专用泊位 472 个，占到大型泊位总量的 63.1%，港口大型化、专业化的发展趋势得到进一步确立。

2. 航道建设。2003 年内河航道建设仍以围绕长江干线及汉江、湘江、赣江等长江主要支流航道和江南运河整治为主，全年内河航运建设投资达 50 亿元左右，比上年增长 24.8%，全年新增及改善航道里程 1 601 公里。2003 年长江口深水航道治理二期工程进展顺利，预计到 2005 年 10 月完成长 73.45 公里、底宽 350 米至 400 米、水深达 10 米的全新深水进港航道。长江三峡船闸进入试通航，湘江、嘉陵江、西江等航电枢纽与内河航道梯级渠化工程顺利推进，京杭运河苏北段三线船闸和沟通钱塘江的杭甬运河改造工程也已开工建设。

3. 船队建设。2003 年，我国船舶大型化、现代化、标准化的发展趋势得到进一步强化，船队的船舶结构合理化程度继续提高，船型与船龄结构进一步趋向大型化和低龄化，国际竞争力进一步增强。2003 年全国水上货运船队船舶平均净载重量 345.7 吨，比上年增长 64.6 吨，集装箱船队运力规模达到 1 432 艘，51.3 万箱位，分别比上年增加 243 艘和 7.8 万 TEU。

（特约撰稿：国家发展和改革委员会综合运输研究所物流研究室主任　冯　浩）

2003 年水路货物运输量

（截至 2003 年 11 月）

	货运量（万吨）			货物周转量（万吨公里）		
	当月完成	自年初累计	累计为去年同期（%）	当月完成	自年初累计	累计为去年同期（%）
全国总计	13 773	136 069	108	26 666 605	279 144 272	117.2
内河合计	7 059	67 789	100	1 482 835	14 160 569	102.3
沿海合计	3 882	38 560	119.7	4 491 025	44 954 386	116.4
远洋合计	2 832	29 720	114.1	20 692 745	220 029 317	118.5
北京	-	-	-	-	-	-
天津	730	7 007	134	6 922 021	64 426 291	124.8
河北	117	1 053	141.2	519 463	4 687 239	128.6
山西	-	-	-	-	-	-
内蒙古	-	-	-	-	-	-
辽宁	351	3 197	116.7	1 295 781	10 087 499	186.9
吉林	-	72	91.1	-	2 128	69.7
黑龙江	-	457	93.1	-	133 524	93.5
上海	2 351	23 563	110.9	7 205 262	82 242 689	118.2
江苏	1 904	19 738	93.2	828 621	8 749 521	127.4
浙江	2 778	25 684	118.3	1 387 998	12 336 737	126.8
安徽	696	5 248	107.9	217 605	1 754 018	114.1
福建	520	5 480	123.3	686 750	7 253 198	129.1
江西	109	1 171	104.4	42 868	410 126	118.2
山东	410	4 123	110.3	1 395 994	17 293 000	110.6
河南	-	-	-	-	-	-
湖北	520	4 876	93.2	316 198	3 039 389	110.4
湖南	305	2 947	90.7	196 758	1 023 601	80.1
广东	1 754	18 498	103.5	1 877 676	20 416 819	109.6

（接上页表）

广西	264	2 476	113.9	106 715	1 066 731	117.8
海南	147	1 715	86.2	220 904	1 946 212	72
重庆	190	1 802	111.3	130 464	1 220 597	95.2
四川	248	2 391	106.8	16 140	136 794	117
贵州	28	328	99.4	3 125	41 955	115.6
云南	13	127	96.2	924	11 032	115.9
西藏	-	-	-	-	-	-
陕西	9	91	107.1	245	2 492	110.3
甘肃	1	47	117.5	15	707	118.8
青海	-	-	-	-	-	-
宁夏	-	-	-	-	-	-
新疆	-	-	-	-	-	-
不分地区	328	3 978	114.1	3 295 078	40 861 973	101.5

（资料来源：中华人民共和国交通部）

航空运输

2003年我国航空运输业承受了非典的冲击，得到进一步持续稳定的发展。我国首次开放第五航权；多家航空公司在我国开辟新航线；外资参股民航业比例持续提高；民航货运量持续攀升；航空货运在发展现代物流方面取得了新的进展。

一、我国民航运输发展状况

（一）航空运输发展状况

1. 通航城市及机场。2003年，我国民航国内定期航班通航机场126个（不含香港和澳门，下同），通航城市125个，其中新通航的城市有四川九寨沟、攀枝花和内蒙古乌海，辽宁朝阳、山西长治和新疆尚未恢复通航。

2. 航空货运主要指标完成情况。2003年，受非典疫情的影响，我国交通运输业客运出现了自1990年以来的首次下降。与此同时，货物运输总体上保持了平稳增长。

2003年上半年各种运输方式完成的旅客运量大幅减少，同比下降幅度均在20%以上，其中民航客运所受影响最为突出，同比下降达50%左右。下半年，随着疫情的解除，旅客运输自8月中旬开始逐步恢复正常。2003年全国通航机场共完成旅客吞吐量17 432.5万人次，比上年增长1.9%。完成货邮吞吐量451.7万吨，比上年增长12.4%。2003年当年共有航线1 155条，其中国内航线961条（港澳43条），国际航线194条。飞机起降架次为211.9万架次，比上年增长0.4%。其中运输架次为193.2万架次，比上年增长0.9%。所有通航机场中，年旅客吞吐量在100万人次以上的有33个，完成旅客吞吐量占全部机场旅客吞吐量的91.3%。北京、上海和广州三大城市机场旅客吞吐量占全部机场旅客吞吐量的36.7%。各机场年货邮吞吐量在1万吨以上的有38个，完成货邮吞吐量占全部机场货邮吞吐量的98.3%。北京、上海和广州三大城市机场货邮吞吐量占全部机场货邮吞吐量的55.7%。2003年我国航空运输和通用航空生产完成情况见表1、2。

表1　**2003年我国航空运输和通用航空生产完成情况统计表**

指标	项目	实际完成	比上年增长(%)
运输总周转量（亿吨公里）	总量	171	3.6
	国内航线	115	4.5
	其中港澳航线	6	-13.6
	国际航线	56	1.7
旅客运输量（万人）	总量	8 759	1.9
	国内航线	8 078	4.1
	其中港澳航线	342	-22.1
	国际航线	681	-18.7
货邮运输量（万吨）	总量	219	8.4
	国内航线	168	5.1
	其中港澳航线	11	10.4
	国际航线	51	20.9

表 2　　我国航空货邮运输量　　单位：万吨/亿吨公里

年份	货邮运输量	货邮周转量	年份	货邮运输量	货邮周转量
1950 年	0.07	0.008	“七五”末期	12.7	8.18
“一五”末期	0.80	0.08	“八五”末期	101.11	22.30
“二五”末期	1.85	0.15	“九五”末期	196.71	50.27
“三五”末期	3.69	0.35	2001 年	170.98	43.72
“四五”末期	4.66	0.60	2002 年	202.06	51.55
“五五”末期	8.89	1.41	2003 年	219	
“六五”末期	19.51	4.15			

资料来源：1.《中国民航统计年鉴》2003 年。
2. 王丽杰·第 23 次 APEC 运输工作组会议在京召开·《中国民航报》2004/04/26。

（二）中国联合航空公司停运

中国联合航空公司（简称中国联航）于 1986 年 12 月 25 日经国务院、中央军委批准成立，曾经与 22 个省、市以及大型企业相联合，开通 38 条航线，多为支线航线，每周飞行 110 个航班。由于中国联航拥有军办企业背景，1998 年被要求停止其民航客运业务，但鉴于其航班计划已经制定，其停办被批准延迟执行，于 2003 年正式停航。由于中国联航停止营运，广东佛山和惠州、甘肃鼎新、辽宁鞍山、江西九江、湖北光化、山东济宁、安徽芜湖、江苏无锡、苏州以及青海格尔木机场停航。

（三）民航对外开放迈开较大步伐

2003 年民航协议利用外商直接投资 1.1 亿美元，同比增长 28%。民航基础设施建设投资 110 亿元，基础设施建设取得新进展。民航先后与 12 个国家签署了新的航权安排协议，扩大了航权安排。首次试点实行第五航权。与冰岛、埃塞俄比亚、尼泊尔、澳大利亚、阿富汗、古巴等国签订协定或合作纪要，积极发展民航的双边关系。2003 年春节期间，特案批准台湾 6 家航空公司从上海经港澳至台北、高雄的客运包机飞行，这是半个世纪以来台湾公司飞机首次被正式批准在正常情况下飞行海峡两岸。

（四）机场加快属地化改革进程

根据 2002 年初公布的国家民航改革方案，除首都机场和西藏机场外，其余民航总局直属机场将逐步实行“属地化”，下放地方政府管理。2003 年 9 月 4 日，国务院批复了民航总局《省（区、市）民航机场管理体制和行政管理体制改革方案》，标志着机场市场化改革进入全面实施阶段。2003 年内民航总局撤消了 24 个民航省（区、市）局，实行“民航总局和民航地区管理局”两级行政管理机制，包括广州白云机场在内的 93 个机场移交地方政府管理。通过“属地化”改革，机场管理权和经营权将实行分离，一方面有利于发挥地方政府在投资和管理机场中的积极性，扩大机场建设资金来源，加快机场发展；另一方面有利于政企分开，促进机场转换经营机制、增强市场、服务意识和提高效益。

（五）民航法制建设取得新的进展

《民航法》修订草案初稿已经完成。迄今为止，民航总局现行有效规章（含规章性文件）共 137 部。《国内航空运输企业经营许可管理规定（草案）》、《公共航空运输企业经营许可管理规定》等一些行政法规、规章正在进行最后审定。开展行政审批项目清理，经国务院批准，取消了 6 项审批项目。

二、我国航空货运物流发展状况及前景

（一）我国航空货运物流发展的主要特点

2003 年航空货运增长速度较快，增幅高于客运 6.5 个百分点，其中国际航线高于国内航线 15.8 个百分点。纵观航空物流的发展状况，有如下几个主要特点。

1. 航空货运市场竞争激烈。目前，各国航空

公司纷纷看好货运市场，加大运力投入，航空货运市场竞争进入白热化。国内各大航空公司在货运市场展开了激烈的争夺。东航一再扩充旗下中国货运航空公司的实力，使其机群数量增加了一倍；海航旗下的扬子江快运2003年5月全面接收海南航空、新华航空、长安航空和山西航空的所有货运业务，并已先后引进了3架可快速改装为货机的客货两用飞机；而南航则开始筹划自己的货运布局，并借中国邮政航空公司为跳板挺进上海货运市场(见图1)。

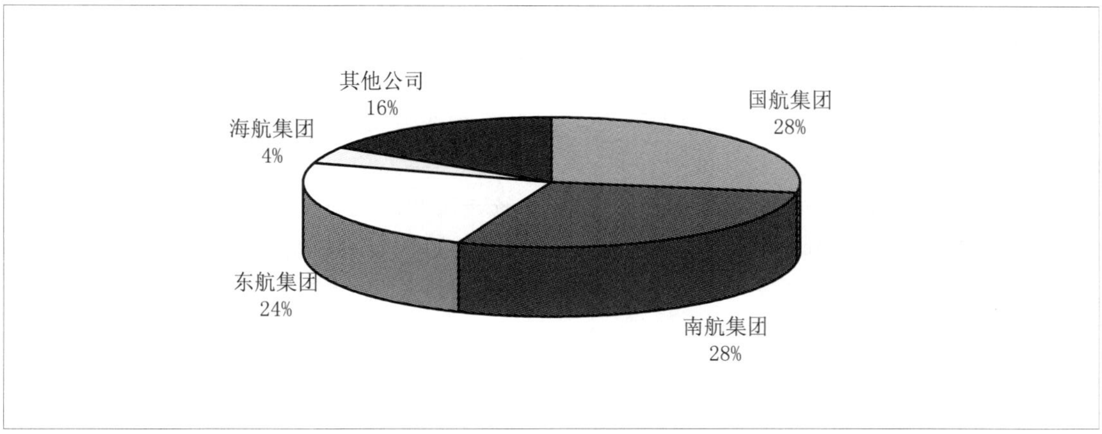

图1　2002年我国民航货邮运输量结构

2. 航空公司纷纷实施客货分离。航空公司发展到一定时期，客货分离就成了其迈过发展门槛的最佳选择之一。航空货运专业化经营有利于货运网络建设，可以提高经营决策效率和市场的反应速度，促进航空货运向现代物流领域拓展。

全球许多航空公司改变以往“重客轻货”的思想，纷纷抬高货运业在公司中的地位。新加坡航空公司2002年专门成立了单独运作的货运公司。许多航空公司都努力将货运运营收入提高到占总收入的20%–30%；台湾的长荣航空公司甚至表示希望成为全球第一家货运收入超过50%的航空公司。

国内航空公司也纷纷加快客货分离步伐。国家邮政局同南航集团重组了中国邮政航空公司，由国家邮政局持股51%，南方航空持股49%，已初步形成以上海为中心的邮政航空快运网。面对珠江三角洲蜂拥而至的出口货源，令南航货运应接不暇，2003–2004两年准备引进9架B747–400货机。内地第一家全货运航空公司——由东航和中远各占70%和30%股份的中国货运航空公司机队规模逐步扩大，并通过承租飞机不断增加运力，通过开辟航线不断加密网点，建立以巴黎为中心的欧洲货运网络，并把香港作为中货航的第二货运基地，投资开发香港新机场附近1 009亩土地作为其物流中心。

3. 国内外航空公司、物流公司联手合作发展。各航空公司在经受“SRAS折翼”重击之后都对货运物流给予前所未有的重视，以货运物流收入弥补客运损失成为各大航空公司的共同策略。国内外航空公司纷纷与物流公司联手，积极发展航空物流业。

南航实施客货并举方针，加大力度实施以欧洲市场为重心的货运拓展计划。南航与国家邮政局跨行业合作开通了中国邮政史上首条货邮专用航线，上海至大阪EMS实现“次日递”。以前中国邮政的国际货邮由国际客运航班搭载，发运时间不固定，受航班时间的限制较大，并且在海关被作为货物处理，只能在每天的8时到16时通关，使得一些EMS邮件的投递时间延长。专用货邮航线开通后，发运时间固定，可24小时通关，因此上海寄往大阪及大阪寄往上海的邮件可做到“次日达”，使得其快递产品EMS在需求旺盛、竞争激烈的长三角与日本之间的邮货快递市场具备了更强的竞争力，并为其进军跨国货邮快递业迈出了第一步。

联邦快递公司非常看好中国国内的航空快递市场。将在上海增设独立的中国业务分区。1999-2003年，国际快递一直保持30%-35%的增长率，即使在2003年3-5月份SARS最严重时期；亚洲国际快递增长率也保持在19%左右。FedEx一直以来都是运用中国国内航班来发展其国际货运的。FedEx在华北与国航合作，在华东与东航合作，在华南与南航合作，FedEx的货机只要飞到上海、北京和深圳就能够把中国国内的货物运到世界各地去。

此外，全球领先的航空快递和物流公司DHL等也纷纷宣布将加大对中国航空物流市场的投资，拓展服务网络，全面参与中国快递市场的快速发展进程。

4. 航空货运物流设施加快建设发展速度。2003年我国航空业实现固定资产投资110亿元，其中包括竣工大型项目3个，新开工大型项目5个。

民航将以上海、广州、深圳、昆明、武汉5个机场为试点，各航空公司可以在这些机场自由设立货运基地，无需民航总局审批，备案即可；放松货运航空公司的准入限制；全面放开货运航线、航班、运价，改事前审批为事后监管；降低航空公司购买机场的标准和条件。

厦门机场原有货运站面积不足1万平方米，已远远不适应航空货运物流发展需求。由厦门国际航空港集团与台湾航勤（澳门）有限公司按51%:49%合资组建的厦门国际航空港空运货站经过两年的紧张筹建，于2003年正式投入运营，厦门航空港货运业务全面移至新货运站。新货运站建筑面积3.1万平方米，分为国际国内货物处理区、海关监管区、联检办公区、营业办公区等若干功能区，业务范围涵盖了从航空货物装卸、搬运、分拣、计量、包装、仓储到航空货运单证制作、信息咨询、查询服务等整个航空货运流程，可实现从海关、联检到航空公司、货代、报关行、生产现场各种业务功能的有机融合。新货站年货物吞吐能力为15万吨，可满足今后5年厦门空港货运业务快速发展之需要。

5. 航空货运物流信息化加快发展。2003年民航改革工作基本完成，六大航空集团已经成立，与总局正式脱钩。民航电子政务的建设进一步凸现其重要作用，在提高政府信息化水平，依靠信息技术改进政府的管理手段，提高政府管理水平的同时，加快航空物流信息平台建设刻不容缓。平台建设参与各方应尽快制定可行性研究报告，确定系统建设和研究方案，本着互惠互利，联合共建的原则，引进国际先进的技术平台和管理模式，建立符合现代企业制度要求的物流信息平台企业。

中国民用航空总局空中交通管理局决定投入4 700万元进行中国民航空管数据通信网的升级改造工程。该项目由神州数码作为总集成商，选用思科公司的网络设备及相关技术为民航总局空管局搭建实时、安全、可靠、统一的新一代多业务数据网络。这将是民航数据通信网继1990年分组数据网（X.25网）工程、1999年帧中继网工程之后，中国民航历史上第3次、也是最大的一次数据通信网建设工程。改造后的民航数据网将成为向全国民航相关部门提供数据通信服务的基础网络平台，它能够以统一、灵活的先进方式向全民航提供综合、方便、有特色的多种业务服务。2003年11月19日，由中国民航总局人事科教司主办、中国民航报和民航华东地区管理局等单位承办、IBM公司协办的第五届民航信息化发展论坛在上海举行。论坛的主题是“网络与信息安全和现代航空物流”，来自民航系统和IT业界的有关领导、专家、用户和公司高层主管等200余人到会并展开深入研讨。

（二）2004年航空运输发展展望

2004年我国经济将在较高水平上继续稳步增长，预计增长率达7%左右。2003年我国人均GDP首次突破1 000美元，标志着我国经济已经进入一个新的发展阶段。2004年我国旅游业将实现全面恢复与振兴，预测入境旅游9 790万人次（其中国外游客1 345万人次），增长7.6%。国内旅游 8.8 亿人次。同时,国家将开辟更多旅游目的地国家和启动更多的内地省份赴港旅游,出境旅游人数将会进一步增加。这些将对我国航空运输产生新的需求(见表 3)。

2004 年世界经济总体上将好于 2003 年,全球经济预计增长 4.1%,世界贸易额增长将由2003年的 4.3%提高至 6.1%。国际民航组织预测世界航空运输 2004 年将增长 4.4%。我国已成为世界第 4 大贸易国,随着国内外经贸环境总体趋好,2004 年我国外贸进出口将以较快速度增长。2004 年有利于航空运输发展的因素较多,主要表现在:民航体制改革后,建立起新型的管理体制和运行机制,行业经济性管理政策的逐渐放宽将促进民航生产力的发展;严格安全运行管理和重视服务质量将为行业发展提供保障;实施新的更加灵活的国内航空运价管理政策将有利于扩大社会需求;航空运输企业经过改革重组,完善经营机制,管理水平与竞争能力将有所提高(见图 2、3)。

表 3　**我国航空物流增长速度**　单位:%

年份	货邮运输量	货邮周转量	年份	货邮运输量	货邮周转量
“一五”末期	-	-	“七五”末期	89.49	97.11
“二五”末期	131.25	87.50	“八五”末期	173.49	172.62
“三五”末期	99.46	133.33	“九五”末期	94.55	125.43
“四五”末期	26.29	71.43	2001 年	-13.08	-13.03
“五五”末期	90.77	135.00	2002 年	18.18	17.91
“六五”末期	119.46	194.33	2003 年	8.38	-

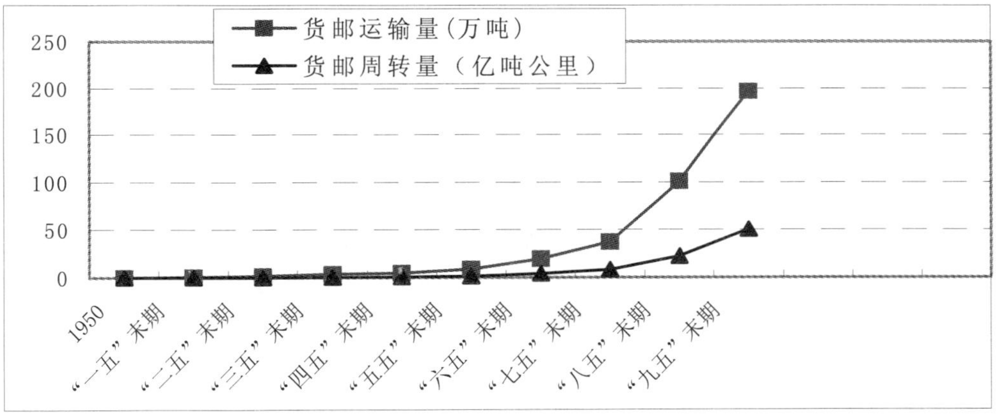

图 2　我国航空物流发展趋势

2004年我国航空运输也面临一些不利因素,主要包括受“非典”疫情滞后影响,国际和港澳航线运输量有待进一步恢复;国际恐怖主义对包括我国在内的世界航空运输造成安全上的威胁;国际航油涨价对民航效益产生影响;航空运输需求快速增长,人力资源和基础设施能力不足,增加生产和保障安全的压力增大;部分区域机场容量饱和、空域紧张,供需矛盾将日益突出等。

从总体上看,2004 年我国民航发展有利因素优于制约因素,航空运输将保持快速增长势头。预计全行业航空运输总周转量可达到 200 亿吨公里,比上年增长 17%;旅客运输量 10 380 万人,比上年增长 19%;货邮运输量 250 万吨,比上年增长 14%。预计国内旅客运量增长将快于国际航

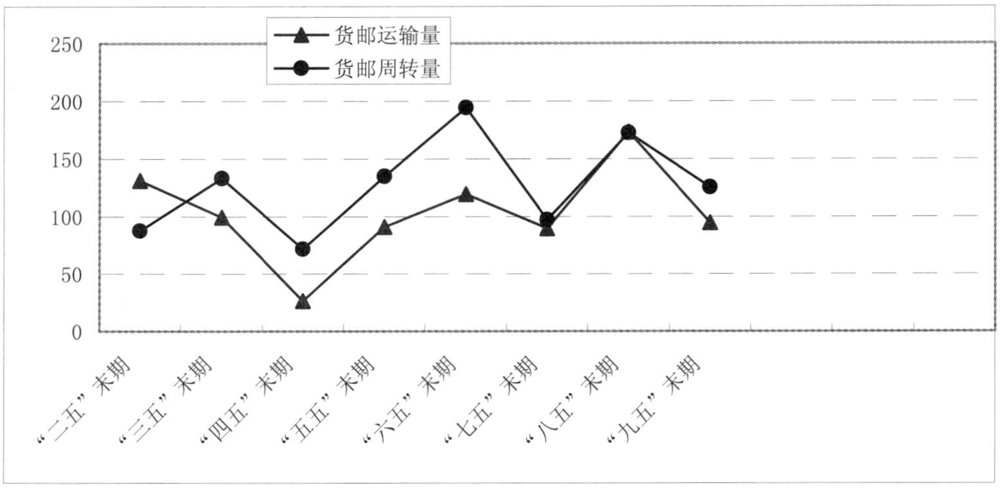

图 3 我国航空物流增长趋势

线旅客运量增长，而国际航线货运增长仍将高于国内航线。预计 2004 年我国航空运输发展速度将明显高于世界民航平均增长，也将高于国内其他运输方式的增长速度。

三、促进我国航空货运物流发展的对策措施

近年来，随着我国改革开放的进一步深化，特别是加入 WTO 以后，国民经济进入了新一轮的高速增长期，各跨国公司也纷纷来中国落户，中国正逐步渐变成“世界工厂”和“制造中心”，这给中国的航空货运企业既带来了机遇也带来了挑战。一方面，国内外贸易和经济活动的不断增加，航空货运业务量不断增长，航空货运越来越得到各航空公司的重视，都对货运在运力和基础设施上加大投入力度，航空货运的运力从过去主要利用客机腹舱的空余吨位，发展到大力引进大型全货机，并投入国内国际货运航线的运营。近年，还逐步出现了专门从事航空货运、快递和邮件运输的货运航空公司在北京、上海、深圳、广州等国际机场新建大型的航空货运中心。而另一方面，航空货运竞争形势不容乐观。在中美等国际航线上，面对国外实力雄厚的竞争对手，国内的航空公司很难赚到钱，尤其以回程航线为甚。而外航如 UPS、FedEx 和德国汉莎等却是货运收入与业务量齐头并进，在中国货运市场的利润年增长率达到 20%以上。为此，应通过冷静科学地分析、采取合理的应对策略和有效措施，使我国航空货运物流业的竞争力迅速得到提高。

（一）逐步放宽民航经济性管理政策

2004 年起将放宽市场准入，允许投资者根据市场准入条件设立新的企业或参股现有企业。对国内航线经营许可制度及与之相关的各项管理，按有序放开的方向予以调整。实行运价幅度管理政策，建立和完善反映市场供求变化、企业自主有限浮动的客货运输价格形成机制。通过试点和立法调整大型机场起降时刻的管理办法，建立航班时刻公平分配与有效使用机制。采取有效政策，促进航空货运发展。继续依法规范企业经营行为，制止各种违规经营活动，维护市场秩序。

（二）继续推进民航改革和开放

2004 年将全部完成民航机场属地化改革等工作，进一步明确总局空管局与地区管理局的职责，完善空管体制。积极促进、鼓励和支持民航企业多种形式的产权制度改革以及管理模式的创新。引导国有投资主体和非国有投资主体投资公共航空运输、通用航空、民用机场和其他民用航空相关项目。按照“积极、渐进、有序”的原则，分阶段实施航空运输市场和服务保障市场的开放。通过海南、厦门等地航权开放试点取得经验，继续发展

航空运输双边关系。支持我国航空公司采取多种方式更多地开辟区域和国际航空运输业务。建立国际航线进入和退出的评审机制，改进国际航线经营权的管理。按照外商投资民航业的政策，鼓励民航企业以多种方式利用外资，引进资金、技术和管理。

（三）树立并强化“以客户为中心”的现代物流理念

传统的运输业务，只是向客户提供固定单一的港到港运输服务，而物流服务则是根据客户的需要，提供个性化的综合物流服务。为此，航空货运物流企业必须树立“以客户为中心”的思想，设计和完善航空物流产品，强化“供应链”和“综合物流”服务理念，切实实行联合、协作、共赢方针，依靠现代信息网络技术，加强航空物流企业之间以及航空物流与其他物流企业之间的“无缝隙”衔接，真正实现航空物流时空转换的高效性。

（四）大力推进航空货运物流企业经营管理及市场营销模式创新

国内航空公司现行的货运经营模式与10年前的模式相比变化并不明显，各个航空公司在竞争手段、经营模式和赢利模式的创新方面相当匮乏。各航空公司在向顾客提供的服务方面没有多大的差别，同行间的竞争手段也大多是简单的价格战。各个航空公司服务产品的单一性以及服务范围的局限性，令航空公司在竞争中未能显示出自己的特色和优势，并由此造成货运代理可以在各个航空公司之间任意选择和压价。

国外的UPS、FedEx等大型货运航空公司由于适时开展门到门的航空快递、机场到机场的航空普货运输、为大型跨国公司提供的一站式航空物流供应链业务服务等已经完全渗透入传统航空公司的普货运输领域，而不再仅局限于文件包裹等小件物品的快递市场，已经与传统的航空公司在航空货运市场上展开了竞争。国内航空公司如果要继续生存，就必须转变经营观念，努力学习外国航空公司的服务产品和先进的经营模式，与中国的具体实际相结合，开拓出新的路子来。

（五）与客户企业建立稳定的战略联盟

货源和客户是航空公司生存的根本，航空公司只有和真正的客户——生产企业结成利益共同体，建立起长远的合作关系，才能保证得到长期稳定的货源和市场，而这只有通过逐步摆脱航空货运传统的经营思路，树立现代物流理念，为生产企业设计出有针对性的一体化物流解决方案，提供个性化服务，把客户的利益与优质的航空物流服务紧密地结合起来，才能真正形成稳定而长久的利益共同体，才能获得航空公司更大的发展机会。

与生产企业结成利益共同体和降低客户的总体物流成本是物流服务供应商能否赢得市场的关键所在。需要强调的是，降低客户的经营成本，并不是简单地通过降低航空企业的运输价格来实现的。物流服务不仅比传统货运增加了个性化服务，更是一种以客户为中心的增值服务，是通过物流供应商的高品质运输配送、信息服务和供应链管理，努力实现客户的“零库存”，从而达到减少客户资金成本、仓储成本、管理成本和风险成本等各项费用，优化客户的资金流配置和生产决策。在这个过程中，航空公司作为物流供应商由于向客户提供了优质的增值服务，帮助客户降低了总体经营成本，从而也为自己获取稳定而合理的收益。

（六）积极开展国际合作，完善航空货运物流网络体系

网络化经营是现代物流发展的基本特征和发展趋势之一。一方面，我国的航空运输也应该继续进行基础设施的建设改造，发展支线运输，扩展航线网络网点。另一方面，应该积极开展与国际货运航空联盟的合作，建立跨多行业的联盟。航空公司转型为专业的航空物流企业，优势在于航空公司原有的快捷而广泛的航线网络。但是在国际航空物流中，没有任何一个航空企业的航线网络可以覆盖世界所有地点，这就需要与其他航空企业开展密切的合作。国际航空货运联盟的特点都是服务标准统一、航线网络互补，通过合作可将所有联盟成员的货物运达世界各个城市。及时选择和加入航空货运联盟，可以令国内航空公司短期内快速进入全球航空网络和国际航空分销网络。我国航空货运物流企业要进军国际航空物流领域，应积极寻找有实力的合作伙伴组成跨行业合作联盟，甚至合资公司，做到优势互补，共同提供物流服务，这应该是航空公司切入物流服务的一条捷径。

（七）建立立体高效的航空物流信息网络

航空公司搞物流，不但需要有先进的飞机和大型的货运仓库以及卡车车队，更需要有优秀的物流管理人才和立体高效的航空物流信息技术。在现代物流中，信息流管理与管理货物流动具有同等重要的意义，没有先进可靠的IT技术，就谈不上成功的现代物流服务。目前，航空货运企业在转型中必须学习如何适应当今信息时代对航空公司的要求，建立起立体高效的信息网络，充分运用各种现代信息科技，以加强与生产企业和客户的联系，降低生产企业的运营成本和提高物流管理的效率。

（八）营造良好发展环境，推进航空物流企业重组

必须适应航空运输企业大型化、集团化、国际化、联盟化等趋势，鼓励航空物流企业间重组、兼并和多种形式的合作，改变目前我国机场规模小、数量少、能力弱的局面，集中有限的资源，整合壮大规模，取得规模效益，避免低层次的无序竞争，大力提高航空物流运营效率和市场竞争力。

航空物流业是一个跨行业、跨部门、跨地区、跨国界的系统工程，需要由国家经济综合部门牵头，相关部门参加，制定符合市场经济要求，反映航空物流内在规律，能够有效协调处理航空物流营运发展有关问题的政策法规，以营造航空物流发展的良好环境，特别要在航线经营、航权、贷款、税收、征地、通关和运价等方面，采取导向性倾斜政策，加以扶持。此外，在行业技术规范与标准方面，也应尽快整合，要普遍推行航空运单标准条形码的应用，加快空港物流公共信息的共享。

（特约撰稿：北京交通大学教授　刘　凯
中国民航学院交通工程学院　高　峰
加工整理：本刊编辑部）

2003年民航机场生产统计公报

通航城市和机场

2003年，我国民航国内定期航班通航机场126个(不含香港和澳门,下同)。国内定期航班通航城市125个(其中1个城市有2个机场)。

年内国内航线定期航班新通航的城市有四川九寨沟、攀枝花和内蒙古乌海,辽宁朝阳、山西长治和新疆且末恢复通航。由于中国联合航空公司停止营运,广东佛山和惠州、甘肃鼎新、辽宁鞍山、江西九江、湖北光化、山东济宁、安徽芜湖、江苏无锡和苏州以及青海格尔木年内停航。

主要生产指标

2003年，全国通航机场共完成旅客吞吐量17 432.5万人次,比上年增长1.9%。其中,国内航线完成15 842.4万人次,比上年增长4.5%(其中内地至香港和澳门地区航线为596.0万人次,比上年下降23.1%)；国际航线完成1 590.1万人次,比上年下降19.6%。完成货邮吞吐量451.7万吨,比上年增长12.4%。其中,国内航线完成313.4万吨，比上年增长7.2%(其中内地至香港和澳门地区航线为22.9万吨,比上年增长27.2%);国际航线完成138.4万吨,比上年增长26.5%。飞机起降架次为211.9万架次,比上年增长0.4%。其中：运输架次为193.2万架次,比上年增长0.9%。运输架次中：国内航线177.6万架次，比上年增长4.6%(其中内地至香港和澳门地区航线为5.8万架次，比上年下降13.4%)；国际航线15.6万架次,比上年增长4%。

飞机起降架次

总起降架次比上年增长0.4%,国内航线比上年增长4.6%(其中内地至香港和澳门地区航线比上年下降13.4%),国际航线比上年增长4%。

旅客吞吐量分布

所有通航机场中,年旅客吞吐量在50万人次以上的有44个,比上年增加1个,完成旅客吞吐量占全部机场旅客吞吐量的95.9%；年旅客吞吐量在100万人次以上的有33个,完成旅客吞吐量占全部机场旅客吞吐量的91.3%。北京、上海和广州三大城市机场旅客吞吐量占全部机场旅客吞吐量的36.7%。

总吞吐量比上年增长1.9%,国内航线比上年增长4.5%(其中内地至香港和澳门地区航线比上年下降23.1%),国际航线比上年下降19.6%。

货邮吞吐量分布

各机场中，年货邮吞吐量在5 000吨以上的有42个,完成货邮吞吐量占全部机场货邮吞吐量的99.0%;10 000吨以上的38个,完成货邮吞吐量占全部机场货邮吞吐量的98.3%。北京、上海和广州三大城市机场货邮吞吐量占全部机场货邮吞吐量的55.7%。

总吞吐量比上年增长12.4%，国内航线比上年增长7.2%(其中内地至香港和澳门地区航线比上年增长27.2%),国际航线比上年增长26.5%。

(资料来源:中国民用航空总局规划发展财务司)

2003年民航各运输机场吞吐量和飞机起降架次统计表

机场	旅客吞吐量排序	旅客吞吐量（人次）	货邮吞吐量（吨）	起降架次
总计		174 324 727	4 517 440.6	2 118 790
北京	1	24 283 818	662 746.2	233 776
上海浦东	2	15 063 622	1 189 303.2	134 276
广州	3	15 012 696	453 738.1	142 283
深圳	4	10 842 652	353 597.0	119 523
上海	5	9 692 386	208 524.0	109 403
成都	6	8 196 742	177 310.2	83 102
昆明	7	7 432 596	136 899.3	78 706
海口	8	6 029 249	56 969.6	64 136
西安	9	4 397 991	62 858.8	60 183
杭州	10	4 352 301	91 317.6	50 654
厦门	11	4 296 394	120 552.3	54 899
重庆	12	4 287 505	76 921.5	56 108
青岛	13	3 491 026	54 590.1	45 394
大连	14	3 420 307	74 784.0	35 248
南京	15	3 329 477	80 677.5	39 589
武汉	16	3 305 600	55 021.6	41 347
沈阳	17	3 010 752	69 509.2	33 539
长沙	18	2 992 543	34 987.5	46 993
乌鲁木齐	19	2 619 411	47 986.8	33 445
福州	20	2 543 718	46 787.0	33 450
哈尔滨	21	2 148 086	31 351.0	22 093
温州	22	1 983 464	27 555.2	27 363
贵阳	23	1 976 768	24 106.0	25 972
桂林	24	1 970 615	22 608.2	24 463
郑州	25	1 868 550	22 402.0	24 340
济南	26	1 739 838	23 558.1	27 863
三亚	27	1 694 298	11 033.5	15 611
宁波	28	1 300 934	19 878.7	16 048
长春	29	1 279 379	15 702.4	13 883
南宁	30	1 222 900	13 923.4	16 877
南昌	31	1 172 159	13 516.9	17 649

（接上页表）

天津	32	1 103 491	48 681.3	20 053
太原	33	1 032 959	37 226.7	19 799
西双版纳	34	951 341	3 886.9	9 257
合肥	35	929 053	13 271.5	12 210
泉州	36	893 023	10 682.5	9 449
兰州	37	804 955	10 444.6	13 637
烟台	38	746 105	9 571.3	11 266
汕头	39	691 935	7 982.8	9 202
张家界	40	668 814	1 871.5	8 057
拉萨	41	645 662	7 479.2	3 380
丽江	42	607 761	815.7	6 723
珠海	43	585 264	7 543.6	14 965
呼和浩特	44	507 625	13 251.8	8 625
银川	45	445 745	3 590.7	8 899
武夷山	46	384 977	474.2	4 486
延吉	47	381 849	658.8	3 964
湛江	48	329 777	1 284.6	5 529
西宁	49	320 227	2 617.7	7 088
舟山	50	260 331	1 586.8	4 472
宜昌	51	245 625	807.3	4 026
北海	52	240 101	905.8	3 321
黄山	53	238 655	1 340.1	3 240
喀什	54	216 946	748.1	1 696
大理	55	198 218	780.7	2 236
伊宁	56	193 502	169.4	3 042
石家庄	57	192 426	26 479.3	6 269
包头	58	186 560	1 188.8	2 346
库尔勒	59	181 401	90.0	3 389
九寨沟	60	174 456	18.8	1 607
常州	61	161 161	2 396.8	2 542
万县	62	151 717	448.2	2 921
芒市	63	150 593	1 221.3	1 558
黄岩	64	135 897	1 873.4	2 390
义乌	65	129 914	2 039.6	1 747
宜宾	66	128 673	1 702.6	2 106
中甸	67	110 558	355.9	1 462

（接上页表）

敦煌	68	95 490	34.6	1 914
牡丹江	69	91 694	346.3	1 110
绵阳	70	89 055	1 407.3	1 198
思茅	71	85 510	393.8	786
海拉尔	72	85 082	167.6	1 300
徐州	73	78 581	654.5	2 105
泸州	74	73 143	1 115.5	1 370
柳州	75	68 048	447.2	1 528
昭通	76	66 920	191.9	809
临沧	77	66 617	338.9	704
南通	78	64 086	807.1	1 632
阿尔泰	79	62 554	9.6	1 160
西昌	80	58 193	69.6	1 491
阿克苏	81	56 369	173.9	1 297
昌都	82	53 939	69.1	542
威海	83	52 848	347.4	948
洛阳	84	48 470	259.3	115 650
恩施	85	47 355	52.8	1 689
常德	86	46 198	26.0	947
临沂	87	45 102	396.2	4 330
连云港	88	44 527	444.3	1 704
梅县	89	44 003	10.4	618
榆林	90	43 814	67.0	1 448
保山	91	42 239	221.4	682
铜仁	92	41 510	7.0	1 159
齐齐哈尔	93	32 485	92.6	496
景德镇	94	30 799	218.7	996
佳木斯	95	29 912	19.7	411
赣州	96	28 571	52.5	1 046
吉林	97	28 160	52.8	398
赤峰	98	26 100	25.5	988
丹东	99	24 997	322.4	286
襄樊	100	24 438	35.2	478
南阳	101	23 181	292.5	391
秦皇岛	102	18 144	7.6	475
和田	103	18 007	30.6	172

（接上页表）

塔城	104	17 117	4.4	446
锦州	105	16 777	36.4	576
盐城	106	16 549	218.7	541
锡林浩特	107	16 541	8.8	496
汉中	108	16 470	44.0	650
延安	109	14 754	5.4	666
乌兰浩特	110	13 219	8.9	843
嘉峪关	111	13 149	21.4	466
通辽	112	11 531	11.8	630
库车	113	10 478	10.9	780
永州	114	9 754	0.3	614
衢州	115	8 877	12.1	378
潍坊	116	7 728	1 607.2	1 073
攀枝花	117	6 424	4.2	58
安庆	118	5 224	0.7	268
黑河	119	4 151	10.9	124
长治	120	3 633	1.2	234
且末	121	3 235	1.1	118
阜阳	122	2 957	0.6	148
广元	123	2 253	17.4	64
格尔木	124	1 445	0.1	74
东营	125	704	0.1	52
乌海	126	542	0.0	28

（资料来源：中国民用航空总局）

2003 年全球航空运输业统计

	航空客运量增长（%）	有效载客能力增长（%）	航空货运量增长（%）	有效运输能力增长（%）
欧洲地区	2.0	2.8	2.5	2.5
北美地区	-7.2	-7.3	5.2	-2.3
南美地区	9.2	1.7	5.7	3.5
远东地区	-9.4	-2.7	5.4	2.7
中东地区	13.1	16.3	15.1	19.2
非洲地区	1.2	3.3	10.4	5.9
全球	-2.4	0.1	4.9	2.5

（资料来源：国际航空运输协会）

2003 年度世界 30 家机场排名

（截至 2003 年 11 月）

排名	按旅客吞吐量(人次)			按货邮吞吐量(公吨)			按起降架次		
	机场	旅客量	增长(%)	机场	货邮量	增长(%)	机场	超降架次	增长(%)
1	(亚特兰大) ATLANTA, GA (ATL)	72 313 933	3.2	(孟菲斯) MEMPHIS, TN (MEM)	3 077 853	-0.9	(芝加哥奥黑尔) CHICAGO, IL (ORD)	845 546	0.2
2	(芝加哥奥黑尔) CHICAGO, IL (ORD)	63 443 428	4.2	(香港) HONG KONG, CN (HKG)	2 416 934	5.7	(亚特兰大) ATLANTA, GA (ATL)	832 026	2.0
3	(东京羽田) TOKYO, JP (HND)	58 394 873	3.9	(东京成田) TOKYO, JP (NRT)	1 954 881	7.1	(达拉斯/沃斯堡) DALLAS/FT WORTH, TX (DFW)	697 024	-0.6
4	(希思罗) LONDON, GB (LHR)	58 243 513	0.0	(安克雷奇) ANCHORAGE, AK (ANC)**	1 912 513	2.6	(洛杉矶国际) LOS ANGELES, CA (LAX)	568 571	-3.7
5	(洛杉矶国际) LOS ANGELES, CA (LAX)	50 115 641	-2.4	(汉城) SEOUL, KR (ICN)	1 678 467	7.3	(凤凰城) PHOENIX, AZ (PHX)	496 426	-0.5
6	(达拉斯/沃斯堡) DALLAS/FT WORTH, TX (DFW)	48 373 110	0.3	(洛杉矶国际) LOS ANGELES, CA (LAX)	1 649 757	2.3	(巴黎戴高乐) PARIS, FR (CDG)	473 410	1.1
7	(法兰克福) FRANKFURT, DE (FRA)	44 837 141	-0.4	(法兰克福) FRANKFURT, DE (FRA)	1 507 869	0.9	(明尼阿波利斯/圣保罗) MINNEAPOLIS/ST PAUL, MN (MSP)	469 527	0.8

（接上页表）

8	(巴黎戴高乐) PARIS FR (CDG)	44 326 324	-0.8	(纽约肯尼迪) NEW YORK, NY (JFK)	1 499 749	3.0	(辛辛那提) CINCINNATI, OH (CVG)	461 924	3.6
9	(阿姆斯特丹) AMSTERDAM, NL (AMS)	37 099 983	-2.1	(新加坡樟宜) SINGAPORE, SG (SIN)	1 488 700	-2.2	(拉斯维加斯) LAS VEGAS, NV (LAS)	461 327	0.4
10	(凤凰城) PHOENIX, AZ (PHX)	34 279 743	5.8	(芝加哥奥黑尔) CHICAGO, IL (ORD)	1 485 762	24.8	(丹佛) DENVER, CO (DEN)	452 865	1.2
11	(丹佛) DENVER, CO (DEN)	34 141 065	5.1	(迈阿密) MIAMI, FL (MIA)	1 481 775	-0.1	(底特律) DETROIT, MI (DTW)	450 605	-1.5
12	(拉斯维加斯) LAS VEGAS, NV (LAS)	33 335 472	3.2	(路易斯维尔) LOUISVILLE, KY (SDF)	1 472 621	5.3	(休斯顿) HOUSTON, TX (IAH)	432 609	3.2
13	(马德里) MADRID, ES (MAD)	32 962 539	5.1	(台北中正) TAIPEI, TW (TPE)	1 363 286	8.1	(洛杉矶) LOS ANGELES, CA (VNY)	426 399	-7.0
14	(休斯顿) HOUSTON, TX (IAH)	31 058 394	0.2	(巴黎戴高乐) PARIS, FR (CDG)	1 355 200	5.8	(伦敦希思罗) LONDON, GB (LHR)	426 041	-0.8
15	(明尼阿波利斯/圣保罗) MINNEAPOLIS/ST PAUL, MN (MSP)	30 366 046	2.0	(阿姆斯特丹) AMSTERDAM, NL (AMS)	1 231 319	4.8	(法兰克福) FRANKFURT, DE (FRA)	423 355	0.2
16	(底特律) DETROIT, MI (DTW)	29 918 605	0.2	(伦敦希思罗) LONDON, GB (LHR)	1 187 687	-1.0	(费城) PHILADELPHIA, PA (PHL)	408 975	-5.2
17	(纽约肯尼迪) NEW YORK NY (JFK)	28 785 419	4.7	(上海浦东) SHANGHAI, CN (PUG)	1 068 038	95.1	(夏洛特) CHARLOTTE, NC (CLT)	403 873	-4.0
18	(伦敦盖特维克)LONDON,GB (LGW)	28 041 211	1.1	(迪拜) DUBAI, AE (DXB)	871 308	22.1	(迈阿密) MIAMI, FL (MIA)	381 047	-6.6
19	(纽瓦克) NEWARK, NJ (EWR)	27 028 947	1.0	(曼谷) BANGKOK, TH (BKK)	863 595	-1.3	(阿姆斯特丹) AMSTERDAM, NL (AMS)	377 527	-2.2

（接上页表）

20	(曼谷) BANGKOK, TH (BKK)	26 984 246	-7.8	(印地安那波利斯) INDIANAPOLIS, IN (IND)	813 506	4.3	(纽瓦克) NEWARK, NJ (EWR)	370 430	-0.5
21	(迈阿密) MIAMI, FL (MIA)	26 828 731	-1.7	(纽瓦克) NEWARK, NJ (EWR)	788 270	1.3	(盐湖城) SALT LAKE CITY, UT (SLC)	367 281	-2.0
22	(旧金山) SAN FRANCISCO, CA (SFO)	26 725 387	-7.3	(亚特兰大) ATLANTA, GA (ATL)	724 203	8.2	(孟菲斯) MEMPHIS, TN (MEM)	366 633	0.4
23	(奥兰多) ORLANDO, FL (MCO)	24 926 394	2.1	(大阪) OSAKA, JP (KIX)	721 432	-2.5	(凤凰城) PHOENIX, AZ (DVT)	361 165	0.5
24	(西雅图) SEATTLE/TACOMA, WA (SEA)	24 489 867	0.3	(东京羽田) TOKYO, JP (HND)	638 004	1.5	(圣路易斯) ST LOUIS, MO (STL)	356 710	-11.5
25	(罗马)ROME, IT (FCO)	24 263 392	3.3	(达拉斯/沃斯堡) DALLAS/FT WORTH, TX (DFW)	608 431	-1.2	(桑福德) SANFORD, FL (SFB)	355 461	3.0
26	(东京成田) TOKYO, JP (NRT)	24 020 626	-9.1	(北京首都) BEIJING, CN (PEK)	594 321	-3.2	(马德里) MADRID, ES (MAD)	352 398	4.5
27	(香港) HONG KONG, CN (HKG)	23 816 000	-23.0	(卢森堡) LUXEMBOURG, LU (LUX)	579 089	10.0	(波士顿) BOSTON, MA (BOS)	344 802	-4.9
28	(多伦多) TORONTO, ON, CA (YYZ)	22 697 106	-5.1	(奥克兰) OAKLAND, CA (OAK)	562 336	-5.5	(纽约拉瓜迪亚) NEW YORK, NY (LGA)	343 685	3.5
29	(费城) PHILADELPHIA, PA (PHL)	22 604 782	-0.6	(吉隆坡) KUALA LUMPUR, MY (KUL)	538 980	13.5	(多伦多) TORONTO, ON, CA (YYZ)	340 206	-3.3
30	(慕尼黑) MUNICH, DE (MUC)	22 436 606	4.5	(旧金山)SAN FRANCISCO, CA (SFO)	526 995	-3.7	(匹兹堡) PITTSBURGH, PA (PIT)	331 300	-16.0

（资料来源：国际机场协会）

管道运输

随着科学技术的发展和人类生产技能的提高，生产资料运输的快捷、优质、低耗成为人们追求的目标，在传统的内航、铁路、汽车运输的同时，管道作为一种新型的运输手段，其范围不怕扩大的优越性日益明显。工业管道始建于19世纪60–80年代，当时管道输送石油主要是原油。到20世纪初，成品油管道输送悄然兴起，其技术水平的提高也非常迅速。以长距离成品油输送管道替代铁路成品油运输这一发展趋势是不可逆转的。

一、挑战机遇发展我国成品油管道建设

石油、石油产品作为重要的能源之一，在世界许多国家的经济发展中起到了重要的支柱作用。而我国长期以来都因为石油储运体系的不健全，尤其是成品油储运结构的不合理，在国际石油市场冲击下十分被动，甚至因此而引起国内经济滑坡。严峻的现实已迫使我国不得不把发展石油储运业放在确保经济可持续发展的战略高度来认识，因此，可以预见成品油管道的发展机遇即将来临。

（一）我国的经济增长对我国成品油资源的依赖性日益增强

近几年，我国经济持续高速发展，尤其是开发大西北，大西南战略思想的确立，对油料的需求量日益增多。尽管我国从20世纪80年代以来对成品油管道建设提到了议事日程，也已建成了几条自动化程度较高、规模较大的成品油管道，成品油管道建设有了初步的发展，但远远跟不上国内对运力需求的增长速度。根据有关统计资料显示，我国从1996年起已从石油出口国变成了石油进口国，而且根据我国目前的经济发展速度，据有关专家预测，我国成品油需求量已从1990年的5 000多万吨增长到2000年的近亿吨，到2010年预计约2.5亿吨，而到那时我国国内成品油的年产量只能达到1.6–1.7亿吨，而且由于运力结构不合理，无法适应国内各地区经济发展的需要。也就是说到那时我国成品油消费总量的1/4需要从国外进口，而国内没有足够的油料运送能力，那么国际油料价格的剧烈波动或其他国际形势的变化不仅会直接影响我国的经济发展，而且还会冲击国内石油工业的正常生产，1998年上半年因国际油价暴跌使国内几大油井限产就是一个深刻的教训。因此，加快我国成品油储运业的发展速度已刻不容缓。

（二）炼油化工企业扩大炼油规模为发展成品油管道提供了机遇

随着社会主义市场经济体制的确立和发展，并与国际接轨，为了面向世界参与国际化竞争，提高各种市场竞争能力和规模经济效益，改造和扩建现有的250–350万吨级炼油厂，使其逐渐达到500万吨至1 000万吨级的规模势在必行。另外，随着我国成品油需求量的不断增长和炼油厂规模的扩大，全国成品油的运量和运输距离都将相应增长，为成品油管道建设提供大量的油流和经济运量。此外，国内外许多专家都认为世界和我国石油资源前景不容乐观，因此对今后石油的消费结构应该优化，重点保证石油化工和交通运输的需求。而以上各方面都为发展成品油管道提供了契机。

（三）综合运输体系的发展加快了成品油管道建设的紧迫性

管道输送成品油具有占地少、连续性强，受气候地形等条件和影响小，运输损耗少，投资省，自动化水平高，便于操作管理等优势，在综合运输体系中是成品油运输的理想方式。但是，我国在这方面的发展明显滞后。据有关资料表明，仅我国东北、西北就有约2 000万吨成品油亟待外运。由此可见，单靠铁路运输，从运输结构上看是极不合理的，必须建设配套的、与之相适应的、全国规模的成品油管道系统，这也是综合运输体系发展的需要。

（四）成品油消费市场将对我国成品油管道建设注入新的活力

随着世界各国发展经济对石油资源需求的进

一步增长,国际石油营销市场的行情将会愈加变化莫测,各国都在通过建立一套完善的石油储备体系预防国际油价波动给本国经济带来的不利影响。

例如,日本、美国近几年来利用国内拥有比较完善的石油储运体系的优势,当国际油价下跌时大量购进,而当国际油价上涨时又出口赚钱。这些国家的石油储运体系不仅起到了国内能源平衡供给的保障作用,而且成了在国际石油市场中贱买贵卖的赚钱工具,而随着我国石油工业国际化经营战略的实施,建成一套调度灵活的国内石油储运体系和数条与国际石油市场接轨的跨国石油输送干线的发展步伐必然加快,这一发展动向给包括石油储运业在内的相关产业带来一次很好的发展机会。因此,在未来十多年中,我国石油储运,尤其是成品油储运等行业都将处于十分活跃的良好发展时期。

(五)迎接我国石油储运业高速发展新时期的到来

根据世界发达国家的石油储运都曾经历过一个高峰发展阶段的规律特征,可以预见从2001-2015年间将会成为我国石油储运业高速发展的时期,因此,抓住这个有利时机,做好我国石油储运尤其是成品油管道建设工作,必将使成品油储运行业在我国经济建设中发挥更大的支持作用。

随着国民经济的迅速发展,当前大力发展管道运输产业,尤其是成品油管道运输,优化配置我国的石油资源和运输资源,对促进我国经济的长期可持续发展和提高人民生活水平将产生不可估量的作用。同时,并将由此带动钢铁、冶金、石化、化工、机械制造等相关产业的进一步发展。因此,管道运输产业特别是成品油管道建设,当前在国内正面临着良好的市场机遇,并由此而得到迅猛发展。

二、对发展建设我国成品油管道的几点建议

1. 成品油管道建设是为国民经济发展服务的。为保证管道运输的宏观经济效益和成品油管道逐步形成稳定的综合运输体系,拟建成成品油管道干线的规模应当满足20-30年内发展的需求,并应充分考虑起始运行情况及管道运行过程中预期的变化,尽量延长管道在经济输送量条件下的运行年限。在管道建设前必须进行充分的调查研究,落实油源条件,作好可行性论证,充分考虑企业效益和国民经济效益。

2. 成品油管道输送是公用性的运输系统。在国外很少有为一个公司或某个炼油企业服务的专用成品油管道系统。由于管道本身具有其他运输方式所不能代替的优势,因此,应在全国范围内进行总体性的规划与建设,使成品油管道成为一种独立的运输网络系统。例如,美国和法国管道公司输送成品油的品种有几十种,甚至上百种,每个炼油企业的成品油和储油公司的油品均可进入管道输送,只要提出计划,均可参加输油,但要求严格执行计划调度的时间,才能依次顺序输送至目的地。

3. 根据国内外管道建设经验,成品油管道的管理体制应使管道的首站、中间站、末站与线路工程以及动力、通信工程形成一个完整的系统,便于实现统一管理。不能以各自的单位利益出发,各自管理管道的某些部分,在责权利上互相争执,不能达成一致意见,这对工程建设有很大影响,必须树立一个整体观念。如美国管道公司上百家,分别管理着15万多公里的成品油管道,在管理上有一套完整的管理方法,诸如编制计划、签订合同和协议,管道运行管理责、权、利的享有和分配等,虽然关系交错复杂,但能协调配合,很少发生扯皮现象。

4. 成品油管道的规划设计应从全局考虑,充分体现产、运、储、销一体化的原则,贯穿炼油厂,商业油库,转运站与销售系统,使之相联结。国外成品油管道不设集中的首站油库,而是利用各长输单位(如炼油厂、储油公司)的成品油储缸,直接用管道输送到长输管道的首站泵入口。这样简化了输油首站的流程,减少油品周转和重复储存,减少首站的缸容,节省基建投资及支营费用。

5. 新建成品油管道必须采用先进技术,实现多种油品顺序输送工艺,输油泵应用高效油泵,效率不低于80%,排量大、扬程高,高效率的油泵。目前我国还没有这样泵系列,应组织泵生产厂进

行研制，配套完善，同时在设计中应尽量提高设计压力，充分发挥管道的输送功能和效益。

成品油管道，无论在技术方面，经济方面还是在环保方面，都是一种先进的、经济的、安全的运输方式，能源源不断地、有节奏地向用户提供品种繁多的成品油。因此，它在缓解铁路运输压力，并在较大范围调剂成品油市场的供需要求方面，发挥了不可替代的作用。为此，要抓住我国经济大发展的大好时机，做好成品油管道建设的全面规划，引导和指导全国成品油管道建设的大发展。

（撰稿：中国石化集团洛阳石化工程公司
高级工程师　李允杰
中外运空运发展股份有限公司　宋令翊）

中国国际海上运输业

2003年以来，航运市场在经历了两年的低潮后迅速转暖，代表全球干散货运输市场整体走势的BDI指数(波罗的海干散货运价指数)从年初的1700点左右起步，攀升至12月初的4 500点左右，涨幅接近165%，集装箱等其他主要货种运价也出现不同幅度的上扬。在国民经济新一轮快速增长引起的对基础能源需求强劲增长和全球海运业整体复苏的共同推动下，中国海运业2003年出现了量增价涨的繁忙景象。

一、2003年我国际海运业情况总结

(一)对外贸易状况

据海关初步统计，2003年1-12月全国进出口总值为8 512.1亿美元，同比增长37.1%，其中：出口4 383.7亿美元，同比增长34.6%；进口4 128.4亿美元，同比增长39.9%，进出口顺差255.4亿美元，同比下降16.1%。12月份当月出口480.7亿美元，同比增长50.7%；进口423.4亿美元，同比增长47.4%，进出口顺差57.3亿美元，同比增长81.2%(见表1)。

表1　　全国进出口简要情况　　单位：亿美元

项目	12月当月		1-12月累计	
	绝对值	增减(%)	绝对值	增减(%)
进出口总值	904.0	49.1	8 512.1	37.1
出口总值	480.7	50.7	4 383.7	34.6
进口总值	423.4	47.4	4 128.4	39.9
进出口差额	57.3	81.2	255.4	-16.1

(数据来源：中华人民共和国海关统计)

(二)海运业发展概况

2003年，全国水路货运量15.7亿吨，同比(下同)增长10.6%；港口货物吞吐量33亿吨，增长17.9%，其中主要港口货物吞吐量26.1亿吨，增长16.9%；外贸运输9.5亿吨，增长21.6%；集装箱吞吐量4 735万TEU，为世界第一。目前，我国集装箱运量占全世界的比重已高达19.4%。

(三)海运业发展特点

1. 主要港口货物吞吐量保持较高增长：2003年，沿海主要港口货物吞吐量19.7亿吨，增长17.9%，其中外贸8.7亿吨，增长22.1%；内河主要港口吞吐量6.4亿吨，增长13.9%，其中外贸7 000万吨，增长16.4%。

2. 港口集装箱吞吐量位居世界第一：2003年，我国集装箱港口吞吐量4 735.3万TEU，增长30.9%。上海和深圳港集装箱吞吐量分别达到1 128万TEU和1 065万TEU，名列世界集装箱大港的第三和第四位。

3. 国家重点物资需求猛增：下半年，国内煤炭和原油结构性供应吃紧，各地电厂、炼油厂库存储量急剧减少，多家大型火电厂煤炭库存降至警戒线以下，纷纷要求增加煤炭供应。各级交通主管部门采取措施，紧急调运，确保沿海、长江重点电煤、原油的运输和外贸进口货物的接卸转运。

(四)各种货物运输情况

1. 集装箱运输：2003年，我国沿海港口集装箱吞吐量4 452万TEU，增长31.6%，内河港口集装箱吞吐量283.3万TEU，增长20%。2003年，亚欧和跨太平洋主干线需求保持强劲增长，第一季度，亚欧西行运量增长23%，亚洲至北美西海

岸运量增长15%。第二季度以后，随着货运旺季的到来，运输需求更加趋于旺盛。总体上，2003年运输需求增长略高于运力增长。外贸运输的大幅度增长，带动了国内集装箱支线运输的持续增长。长江内支线运输逐步成熟，上海港内支线吞吐量92.1万TEU，增长20%；南京港内支线吞吐量19.2万TEU，增长26%；渤海湾和珠江三角洲内支线发展异常迅猛，青岛港内支线吞吐量27.5万TEU，广州港内支线吞吐量1.6万TEU，增长129%。

2. 石油及其制品运输：2003年石油消费量为2.67亿吨，原油产量为1.69亿吨，进口原油9 100万吨，增长27.5%。其中，海运量8 650万吨。

3. 煤炭运输：2003年港口煤炭吞吐量5.6亿吨，增长10%。煤炭进口势头有所抑制，出口形势良好，全年9 500万吨，增长8.8%。

4. 矿石运输：2003年沿海主要港口接卸矿石1.4亿吨，增长32%。沿海铁矿石运输以长期运输协议为主，运价相对稳定。

二、国际海上运输船队情况

（一）造船业的兴旺为海上运输船队注入新力量

1. 新船成交量大幅增长。2002年10月起，在航运市场明显好转的刺激下，船东纷纷积极订造新船，新船成交量明显增长。进入2003年，国际造船市场进一步复苏，成交量大幅增长。据克拉克森研究公司统计数据，2003年1–11月，全球共成交新船订单9 800万载重吨，比上年同期增长了114%，已超过2000年造船高峰的全年新船成交量(6 760万载重吨)，并且接近2001和2002年世界新船订造量之和(9 950万载重吨)，预计全年世界新船订单量将高达1亿载重吨（近7 000万总吨）。

在三大主力船型中，油船和集装箱船是2003年两大热销船型，尤其是集装箱船订造量大幅增多。2003年前11个月，油船和集装箱船的新船订造总量达到4 380万和2 420万载重吨，分别比上年同期增长了149%和476%，已经远远超过2002年全年两大船型的新船订造总量(分别为2 100万和530万载重吨)。散货船新船订造量也比上年同期有所增长，增长幅度为24%，达到2 530万载重吨。这三大船型的成交量相当于同期世界新船成交总量的95%。

2003年造船市场的另一个特点是对大型、超大型船舶的需求旺盛。在成交的油船新船订单中，VLCC型、苏伊士型和阿芙拉型等大型油船成交吨位几乎占总量的70%。在前11个月中成交的集装箱船中，3 000箱以上集装箱船达261艘，占总量的82%。目前，箱载量超过7 000箱的集装箱船手持订单(含选择权)已经高达100艘左右。

由于大量新船订单的成交，世界船舶手持订单量迅速增加。2003年11月底，全球船厂船舶手持订单量已经增长到16 550万载重吨，比2002年底增长42%。从表面上看，当前手持订单还未超过70年代中期水平。但是，1972–1974年的手持订单中有相当大部分订单后来被撤销，所以2003年手持订单量实际已经超过历史最高记录。

2003年造船市场活跃，不仅反映在新船成交艘数和吨位的明显增加，同样反映在成交船舶合同总金额的增长。据估计，2003年1–11月签约的油船、散货船、集装箱船和液化气船合同总金额已经高达517亿美元，同比增长148.9%，已经超过2002年全年的228亿美元。其中，油船总金额为178亿美元，散货船84亿美元，集装箱船225亿美元；特别是3 000箱以上大型集装箱船，其总金额为168亿美元，相当于同期世界成交新船合同总金额的32.5%。

2. 造船产量创历史记录。由于世界造船能力的增长、新船订造量的增多和船厂造船生产效率的提高，全球新船完工量持续增长。世界造船产量在1999年突破4 000万载重吨后继续增长，2002年进一步增长到4 960万载重吨，大大超过1977–1996年20年里世界年均造船产量2 640万载重吨的水平。

进入2003年，世界造船产量增长速度明显加快。仅2003年1–11月份，全球造船产量已经达到4920万载重吨。预计全年造船产量将接近5 700

万载重吨,创历史新纪录。此外,预计2004年和2005年造船年产量分别将达到5 700万载重吨和5 800万载重吨,而2006年和2007年的造船产量也将超过5 400万载重吨。如此,年产量超过4 500万载重吨的年份至少可达8年。这次高产量持续时间远长于上世纪70年代中期那一次(4年)。

3. 船价持续回升。在国际造船市场空前兴旺的大好形势下,市场供求关系发生根本性的变化,"买方市场"完全转变为"卖方市场"。市场供求关系的变化,导致2003年初以来新船成交价格不断回升,临近年底价格加速上涨。全年涨价幅度大大超出人们预想。据克拉克森研究公司统计数据,12种主要船型的新船成交价格较年初平均上涨了18.9%,新船价格指数由年初的105点恢复到118点,已经超过2000年水平(114点)。其中,散货船和集装箱船新船价均已经超过2000年的高船价水平,17万载重吨好望角型散货船较年初上涨幅度高达33.3%。

国际船价与航运费率、全球船厂手持订单量存在一定相关性。高的航运费率和手持订单水平是此次船价大幅回升的主要原因。此外,钢材价格上涨导致造船成本上升以及日元和韩元兑美元汇率的回升,也是船价上涨的重要原因。

(二)海上运输船队

我国大陆船队总运力在世界船队总排位已升至第四位,加上香港、台湾跃居第二位。如果仅算国旗船队,我国大陆已跃居世界第二位。集装箱船队总量居世界第五位。

表2是截止到2003年底的全球20大集装箱班轮运输公司的排名,其中我国的中远集团所属中远集装箱运输有限公司排世界第8名,中海集团的中国海运集团集装箱运输公司排世界第14名。

三、有关国际海上运输的新规定及执行情况

(一)关于无船承运人的情况

2002年1月1日,《中华人民共和国国际海运条例》(《条例》)和《中华人民共和国国际海运条例实施细则》(《实施细则》)正式生效,其中呼声颇高的无船承运业务,即无船承运业务经营者以承运人身份接受托运人的货载,签发自己的提单或者其他运输单证,向托运人收取运费,通过国际船舶运输经营者完成国际海上货物运输,承担承运人责任的国际海上运输经营活动,并没有像此前想像的那么吸引人的眼球,除了主管部门由商务部(外经贸部)转到交通部外,与过去相比,没有太多变化,以前的货代企业和船代企业纷纷向交通部申请无船承运人资格,并成功取得了政府的审批,成为无船承运人。

2003年6月6日,由上海航交所组织航运界资深专家、著名学者、海事律师等制作的国内首份无船承运人范本提单在上海口岸开始使用。此次推出的范本提单要求无船承运人在印刷提单时填上自己公司的登记编号,设计项目也要符合国际航运市场的规范。采用新推出范本提单,使托运人能及时查询承运人的资格,减少纠纷和欺诈,保护货主的权益。由于在国际贸易中货运提单具有货物收据、运输合同证明、物权凭证等三大功能,还具有结汇信用等重要作用,其地位举足轻重,所以国际公约和惯例都规定签发提单的承运人都被要求承担相应责任。但是长期以来,我国的法律和规章对无船承运人签发提单的行为规范缺乏相应管理规定,提单也没有公认的标准格式,以至于发生提单欺诈纠纷。无船承运人范本提单的出台对于规范我国的航运市场、防止海事欺诈、完善上海口岸的软环境,促进对外贸易的发展具有重要意义。

(二)关于中美海运协定

2003年12月8日,备受中美两国航运界关注的中美海运协定在美正式签署。这是自1980年以来,中美两国之间签署的第三个双边海运协定。从1997年年底开始进行第一轮磋商到协议的正式签署,前后共跨越了6个年头。新协议的有效期是5年,到2008年期满。

1998年旧的海运协议逾期之后,双方的海运关系就一直有一些紧张。美国方面一直关注着中国方面对有关海运方面的竞争所设的各种限制,

表 2

公司	排名	船队规模		订单持有量	
		艘数	TEU	艘数	TEU
总计		7 298	8 229 982	610	2449 662
马士基海陆	1	326	845 566	31	132 736
地中海航运	2	210	505 947	28	188 770
长荣海运	3	153	447 844	18	132 040
铁行渣华	4	153	412 224	25	113 550
达飞-国家海运	5	142	289 508	19	120 620
韩进海运	6	74	288 535	5	38 500
总统轮船	7	75	256 180	5	24 127
中远集运	8	129	251 527	10	62 328
商船三井	9	65	200 211	5	28 424
日本邮船	10	61	199 019	4	24 914
太平洋轮船	11	80	193 944	9	38 277
川崎汽船	12	63	186 988	20	102 244
东方海外	13	55	183 282	13	88 126
中海集运	14	90	182 699	17	121 870
哈劳集运	15	42	155 950	7	50 928
阳明海运	16	52	146 409	14	71 324
Humburg Sud	17	77	144 125	9	31 386
以星航运	18	56	140 943	7	35 169
CSAV	19	61	138 760	17	75 335
现代商船	20	35	133 068	6	38 684
小计		1 999	5 302 729	269	1 519 352

比如加在无船承运人身上的法制和财力负担；而中国方面对美国加在中远、中海、中外运等国有承运人身上的严厉规则也一直耿耿于怀。新的中美海运协定简单地说就是，美国公司可以在中国开设分公司，中国的航运公司可以被免除受控制承运人的限制，例如，对于悬挂美国国旗的承运商们来说，该协议给予了他们进入中国市场，争取中国客户更为直接的途径；对悬挂美国国旗的船公司和美国的无船承运人来说，此份协议的附件增加了他们在中国开展业务的权利。由于经营执照方面的限制和资金方面的新规定，美国的无船承运人和货代企业在中国市场上做生意难度很大，比如对中国以外的货代企业来说，他们要想获得“A级”执照的惟一途径就是同中方的一家货代企业建立合资企业。对于中国船公司来说，它们将无须顾及其他竞争对手的费率变化，可以自行公布调整自己的对美国贸易货物的收费水平；其实其他的承运人实际上早就没有这种限制了，协议的实施将有助于中国承运人同其他非中国的船公司展开竞争。

此次新海运协定的签订对维持两国之间健康、积极的海运关系是非常有意义，也从另一方面充分表明了中国继续兑现 WTO 运输协议的决心，因为中国的海运领域将进一步放开，将进一步创造竞争的环境。

同时这份双边协议也要求两国都要承诺对相关的法规进行一些修改，直到美国联邦海事局对中国方面所提出的部分免除“受控承运人”限制的申请做出有利裁决，而且中国方面也根据协议对自己的有关法规做出调整，这份协议才会生效。

（三）1974SOLAS 公约修正案和国际船舶和港口设施保安规则

“9·11”后，国际海运界关注于恐怖活动对海运业构成的巨大的潜在危险。2002 年 10 月 6 日发生在也门水域的法国油轮“林堡”轮爆炸事件，证实恐怖分子已经将船舶和港口设施作为攻击目标。防止海运业成为恐怖袭击的目标，成为海上安全面临的新挑战。

1. 历史沿革。从海运业诞生的那一天起，海上武装抢劫、海盗就像它的二个孪生兄弟一样与海运业形影相随。大部分人对海盗的直观感受，仅仅局限于海盗题材之类的电影和电视剧。然而，近年卷土重来的海上武装抢劫和海盗活动，严重威胁着海上安全。根据国际海事局的最新统计，2002 年前 9 个月，全球海盗袭击案件从 2001 年同期的 253 宗增加到 271 宗，造成的损失达数百亿美元之巨。需要指出的是，由于种种原因，尚有超过 60%的海盗案件由于国际海事局没有接到报案而未统计在内。

从 20 世纪 80 年代初期开始，国际海事组织就意识到，打击海上武装抢劫和海盗活动已不是各国可单独解决的问题。有鉴于此，国际海事组织开始采取一些打击海上暴力和犯罪的措施。

1983 年，国际海事组织通过 A.545(13)决议案，采取措施来预防海盗和武装抢劫船舶的行为，解决与海盗和武装抢劫有关的特殊问题。

1985年，国际海事组织第 14 届大会通过 A.584(14)决议案，采取措施防止威胁船舶及其旅客、船员安全的非法行为。决议案敦请海上安全委员会参照国际民航组织为航空港和飞机安全制定的标准和推荐做法，制定详细和可操作的技术措施，来确保船上旅客和人员的安全。

1985 年 12 月，联合国大会敦促国际海事组织“研究船上和针对船舶的恐怖主义问题，着手制定相关措施的建议。”

1986 年 9 月，国际海事组织海上安全委员会通过“防止针对船上旅客、船员的非法行为的措施”的海安会通函 443，以便从事国际航行航程超过 24 小时的客船及其挂靠港口的港口设施在必要时实施。

1988 年 3 月，国际海事组织通过《1988 年抑止有害海上安全的非法行为公约》和《制止对大陆架固定平台安全的非法行为议定书》，并于 1992 年 3 月 1 日生效。该公约和议定书的主要目的是确保有关当事方在船舶(和大陆架上的固定平台)遭受非法行为袭击时可以采取适当的措施和行动。

1996 年，国际海事组织海上安全委员会通过有关渡轮安全的海安会 754 通函，为航程少于 24 小时的客渡轮及其挂靠码头的安全措施提供了一些建议。

2002 年 12 月 9 日至 13 日在英国伦敦国际海事组织(国际海事组织)总部召开了海上保安外交大会，讨论并通过了旨在建立一个加强海上运输安全、防止和抵制恐怖主义行动的综合性海上保安体系的规章和文件，即：1974SOLAS 公约修正案和国际船舶和港口设施保安规则(ISPS 规则)等共 11 个外交大会决议。SOLAS 公约修正案和 ISPS 规则将在 2004 年 7 月 1 日生效。这些文件的通过使海上反恐行动有了一个较完整的法律体系，可望逐步走上法制的轨道，这对于保障船舶、船员、旅客和港口设施的安全，防止和抵制恐怖主义对国际航运业的攻击，维持国际航运的正常运行，乃至整个国际社会的安全都有重要意义。

海上保安体系规章和文件是 2001 年美国“9·11”恐怖袭击事件后，由国际海事组织的海上安全委员会(MSC)的海上保安会间工作组(ISWG)历经一年的紧张工作起草的，是在美国不断要求国际社会改善船舶和港口保安状况的压力下，国际海事组织加快这方面工作进程的结果。

2. 对海上运输的要求。根据公约和保安规则的规定，缔约国政府承担的责任和义务主要有：为船舶和港口设施设定适当的保安级别；批准船舶保安计划和与原计划相关的修正；按SOLAS公约第XI-2章节和ISPS规则A部分的规定核实船舶遵守情况并颁发国际船舶保安证书；对哪些港口设施要求指派港口设施保安员做出决定；确保港口设施保安评估和港口设施保安计划及相应的修正的完成和批准；并采取控制和命令措施；负责与国际海事组织、港口业和航运界沟通信息。

具体来讲，自2004年7月1日起，从事国际航行的客船（包括高速客船）、油船、化学品液货船、气体运输船、散货船和高速货船等船舶应符合公约和保安规则的下述要求：安装自动识别系统（AIS）、标记船舶永久标识号、配备船舶《连续概要记录》、配备保安报警系统（SSAS）；做好船舶保安评估，制订船舶保安计划，经船级社认可后取得国际船舶保安证书，这一证书与其他法定检验证书一样，是国际上港口国监督检查的目标。

3. 实施保安规则的意义：

（1）美国"9·11"事件引起的反恐问题已经扩大到全球。我国政府已经多次表态，坚决谴责和打击恐怖主义，明确表示恐怖主义是全世界共同的敌人，是对世界人民的严重威胁。反恐需要全世界各国并肩合作，反恐行动任重道远，国际社会应该进一步加强协作。反恐已经成为全球性的、不分贸易区域的安全问题，海事安全也是国际上打击恐怖主义行动的一部分，意义重大。

（2）中国是联合国国际海事组织的八个A类理事国之一，肩负着履行公约和保安规则的责任，这就要求海上运输从业者一定要从全球化思维出发，积极参与国际反恐活动，认真实施船舶和港口设施保安规则，创建一个内外优良的经营环境，创造更好的效益。

（3）实施保安规则，是挑战，更是机遇。反恐和海事安全问题也是安全管理工作的延伸，不能把履约工作看成是额外负担，不能被动应付。海上运输从业者要把这些规章制度科学化，系统化，以运行有效的保安体系为载体，以先进的信息网络为手段，提高船舶营运的安全性。要以履约工作为契机，主动地把在船舶和港口设施管理上的各种零散的规章制度加以收集、整理、完善，加强安全管理力度，完善安全管理链，促进船舶和港口设施的保安管理再上一个新台阶。

四、国际海上运输展望

（一）对未来两年海运业走势的展望

2003年下半年以来，随着伊拉克局势日益明朗，美国等发达国家刺激经济措施开始发挥作用以及消费者和投资者信心恢复，世界经济复苏步伐明显加快。IMF最新预计2004年世界经济增幅可望达到4.1%，接近其长期增长潜力（2001、2002年这一数字分别仅为2.4%和3%，2003年预计也仅为3.2%）。随着世界经济快速复苏，预计未来两到三年全球海运需求依然强劲，其中作为三大基础能源的石油、煤炭和矿石仍将是未来海运需求增长的主力。在需求强劲增长的同时，运力供给增长低于需求增长。由于世界航运业对运输安全性更加重视，部分老旧船型报废速度加快。以油轮为例，根据国际海事组织海洋环境保护委员会的要求，2010年前将淘汰所有单壳油轮，各主要船公司加快此类油轮报废的同时，各造船企业未来两年也将主要精力放在新订油船的建造上，干散货船等其他船型的运力供求矛盾难以得到有效缓解。综合分析，全球海运市场景气周期至少将维持到2005年。

（二）新一轮国民经济高速增长对海运业的影响

根据温家宝总理在全国人大上做的政府工作报告，2004年中国GDP增长率保守估计为7%，宏观经济将继续向好，运输市场形势将进一步好转。政府和企业努力加快船队结构调整，改善沿海运力结构状况；积极推进内河船型标准化；进一步加强港口、航道等基础设施建设，加强国际近洋航线市场监管，改善市场竞争状况，国内水路货物运输将继续保持快速增长态势。

同时海运相关行业的稳步快速发展，将为海运业提供充足的货源：

1. 装箱运输：2004年全球新船交付量将达到66.96万TEU，总运力同比增长约10%，今明两年新船交付将进入又一轮高潮。受全球经济仍然向好的贸易形势带动，2004 年全球集装箱运量仍然会维持上升态势，估计增幅为 8%，供求基本处于平衡。但 2005 年之后运力可能会出现过剩，运输市场前景难料。从分航线来看，欧、美、日三大航线货量预计仍将保持旺盛发展势头。2004 年亚欧航线货量增长势头将最为强劲，增幅可达 13%。北美航线上不稳定因素较多，贸易保护主义为中美贸易设置的种种障碍，其阴影一时难以消除。日本航线，中日贸易不断增长仍会带动货量增加。不少船公司在 2004 年将陆续增加大量运力，市场供过于求的矛盾加剧态势不可忽视。

2. 油品运输：目前国内原油进出口量为8 000 万吨左右，成品油运输在 1 800 万吨左右。未来 5–10 年，油品运输市场空间巨大：首先，随着国民经济进入新一轮高速增长，对作为基础能源石油的需求量将持续上升；其次，根据中海油的发展规划，到 2006 年海洋油产量将由目前的 2 000 万吨左右提高到 4 000 万吨，从而增加对海洋油运输的需求；再次，战略石油储备计划的启动也将带动石油进口的增长。据国务院发展研究中心估计，到 2005 年、2010 年和 2020 年，我国原油进口量将分别达到 1 亿吨、1.5 亿吨和 2.5 亿吨。而“国油国运”战略的实施将使国内海运企业在油运总量快速增长的同时分得更大的市场份额。目前外贸油运量中 90%由外轮承运，国轮承运的仅为 10%。从战略安全考虑，“国油国运”是长期必然趋势。据了解，国家将通过出台一系列优惠政策，促使外贸油运中国轮承运的份额提高到 50%左右。根据保守预测，未来两年主要船公司外贸油运增长率将超过 20%，进口二程船运输和沿海油运增长率也将在 10%–15%。

3. 煤炭运输：电力、冶金、化工、建材四大行业用煤量占煤炭总消耗量约 3/4，伴随着钢铁、化工、建材等主要行业的强劲复苏，煤炭需求量相应出现快速增长。随着国民经济进入新一轮景气周期，预计未来两年，国内煤炭紧张的局面仍难以缓解，新出口退税政策取消了对煤炭出口的退税也从侧面反映了这一状况。根据粗略统计，目前煤炭运输中约 20%通过海运完成，假定这一比例保持不变，未来两年煤炭海运量（主要是沿海电煤运输）增长率应分别达到 17%和 11%。

4. 铁矿石：钢材需求将会持续增长，预计我国钢产量将达到 2.4 亿吨，2005 年国内钢产量将超过 3 亿吨；对铁矿石的需求总量将达 5.4 亿吨。今后几年，我国进口铁矿石的消费比例将超过 40%。2004 年国际铁矿石价格和海运运价都将有所升高。

（特约撰稿：中国远洋运输集团[公司]唐星球）

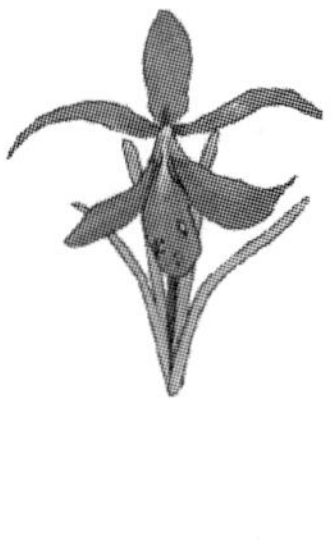

邮 政

2003年邮政物流业务发展报告

2003年,中国邮政注资2亿元人民币,成立了中邮物流有限责任公司,经营和管理全国的邮政物流业务。中邮物流公司依托和发挥中国邮政“两网三流”的资源优势,秉承“百年邮政”的良好信誉,坚持“至诚至信,精益求精”的经营理念,以一体化精益物流、同城配送、货运代理、分销与邮购等四大板块为主要业务发展方向,为国内外企业提供个性化、专业化的物流服务。

一年来,中邮物流公司按照国家邮政局提出的“打基础、理关系、拓市场、促发展”的总体要求,积极采取各种有效措施,在市场开拓、运营管理、体系建设等方面均取得了可喜成绩。全年完成物流业务收入近27亿元。客户开发工作在手机、医药、化妆品、汽车配件、牛奶、农资等行业取得了实质性进展。

一、2003年邮政物流发展概况

(一)突破体制障碍,实行公司化运作,体系建设取得重大进展

现代物流服务,是为客户提供个性化、一体化的综合性服务,需要有覆盖面广的完整、先进的网络,需要有强有力的全网控制和实时、准确、高效的运作系统,必须建立起一套适应市场需求的体制和运行机制。为此,中国邮政经过反复研究论证并广泛听取了包括社会知名的物流专家、咨询机构的意见,最终确定了全国物流组织体系框架,打破中国邮政多年来对业务实行专业局职能管理的模式,按照现代企业制度的要求成立了中邮物流公司,采取公司化、市场化的手段,统一经营管理全国邮政物流市场的开发、运营工作。

中邮物流公司成立以来,根据现代物流发展的特点和要求,结合各地业务的发展情况,按照“统一服务品牌、统一服务理念、统一服务流程、统一全网协调、统一全网结算”的“五统一”原则,在全国范围内开始建立以“母公司–子公司–分公司”为主体,以“中邮物流”为统一品牌的组织管理体系、市场营销体系、业务运营体系、信息管理体系、财务结算体系和质量监控体系。中邮物流公司对省级子公司实行控股,以确保全网的控制力度和有效的监控,确保物流运作的统一和规范,满足现代物流综合性、一体化的要求。截止到2003年底,已组建省级子公司21家,尚有10余家公司正在申办过程中。同时,在各地级市设立了分公司,初步形成了覆盖全国的邮政物流专业体系。

(二)加快资源整合、重组和改造,强化邮政物流基础能力

为了充分发挥中国邮政遍布全国城乡的实物传递网络优势,中邮物流公司对邮政的物流资源进行重组和改造,并积极整合社会物流资源,努力构建包括运输、仓储、配送三大平台组成的中邮物流的基础能力,为邮政物流的快速发展打下了坚实的基础。

结合全国邮政物流业务运作特点,中邮物流先后开通了北方(以北京为中心)、南方(以广州为中心,长沙为辅助中心)、华东(以南京为中心)等覆盖全国21个省(区、市)的三大中邮物流区域集散网,逐步建立起以7个一级邮区中心局所在城市为结点的物流骨干运输平台。并通过改造、调整以及整合社会运输资源，积极推进以省会城市为中心的省内物流网络的建设。

各省(区、市)也围绕“以项目带网络，以网络促发展”的基本思路，积极探索、努力创新，在物流专线建设和省内专网建设方面取得积极进展。结合雅芳项目的深入，目前已经开通了广州到北京、沈阳、西安、武汉的四条物流运输专线，显著提高了物流运作能力和水平。河南、广东、天津、安徽、江苏、浙江等省(市)，结合本地实际，初步建立起了省内物流快速网；北京、广东、河北等省市还开通了省际物流专线，有力地促进了物流业务的发展。

(三)创新服务理念，满足市场需求

中邮物流打破邮政传统业务自己确定服务内容、服务准则和服务价格，对不同客户提供相同服务的服务模式，坚持以市场为导向，以客户为中心，本着“至诚至信、精益求精”的企业经营理念，积极进行服务的创新。

1. 围绕客户需求，提供个性化、专业化的一体化精益物流解决方案。

公司围绕市场和客户的需求，以多批次、高时效、高附加值、小批量、小体积、小重量的物品为主，重点为IT(电子、电信)、医药、化妆品、出版、汽车配件、烟草、电子商务等行业的国内外大中型制造企业、品牌流通企业和电子商务企业提供个性化、专业化、高层次的精益物流服务。2003年，公司已签约并在全国范围内运作的一体化物流项目达到35个。其中，IT电子项目签约9家；医药项目签约12家；化妆品项目签约2家；汽车零配件项目签约9家；农资项目签约3家。全国邮政物流收入超千万元的大客户达到11个。

在努力开发新客户的同时，中邮物流还积极扩大和深度挖掘与雅芳公司的合作，为其提供包括干线运输、仓储、配送、退货处理、信息服务、代收货款在内的多项服务，进一步提高物流服务的综合化、个性化，有效提升为雅芳服务的层次和水平。双方合作以来，雅芳化妆品的销售增长势头迅猛，市场占有率明显扩大，物流成本大大降低，产品服务水平显著提高，企业的核心竞争力大大增强。雅芳为经销商的持续补货的能力也明显加强，对市场的反应速度和资金周转进一步加快。中邮物流雅芳望京仓储中心新库和北京邮政物流雅芳专卖店分别于2003年6月和10月开业，使双方的合作全面推向了新的阶段。

2. 开发邮政同城(区域)配送、邮购与分销业务，为城乡商品流通和居民生活提供各具特色的服务。

中邮物流还依托遍布城乡的配送服务网络，立足城市、农村两个市场，积极开展同城(区域)配送、邮购与分销服务。

在分销与邮购业务方面，中邮物流公司在广泛深入调查研究的基础上，提出了一条适合邮政特点的“渠道经营、要数分销、项目管理、质量监控”的基本思路，总结提出了“配送+分销”的运作模式，并将种子和液肥作为农资配送的重点，牛奶和酒水饮料作为商品分销的重点，积极协助、促动各省开发出了如“天达2116”液肥、“牛奶100万工程”等一大批重点项目，为邮政服务“三农”做出了应有的贡献。

在城市，中邮物流围绕城市分销配送业务的发展，结合社区服务，积极推进以百姓日常生活用品为主要内容的配送服务。同时，充分发挥邮政城市配送网络资源，为社会邮购企业、城市连锁店及电子商务网站，提供配送服务。

(四)提升信息化水平，强化核心竞争能力

中邮物流的信息化建设，是围绕建立基于互联网技术和现代信息技术、面向社会的开放式信息平台来展开的。建设的出发点是：在支撑内部生产作业的同时，使得物流业务委托人和收件人能够充分分享3PL信息系统带来的便利作业和增值服务。目前能够提供的物流信息服务有：

客户接入服务：满足与大客户信息系统无缝对接的要求，提供“三流合一”的供应链管理服务。同时，通过“183”电子邮政网站、“185”客户服务中心为客户提供订单受理、业务咨询和在线查询服务。

信息跟踪服务：通过GPS定位、仓储管理系统等为客户提供全程货物跟踪、库存状态查询、订单跟踪服务。

信息增值服务:通过“183”电子邮政网站、邮政绿卡系统和支付网关,为客户提供代收货款、网上商城、资金划拨、清分等服务。

为了不断提高中国邮政物流的信息化水平,对现有物流信息系统进行升级,正在开发全国统一、集中运行的邮政物流信息系统,并实现与邮政综合计算机网相关应用系统的互联互通。通过信息资源的共享实现对邮政资源的有效整合,实现流程动态定制、业务全程跟踪监控、资源统一管理和调度,实现项目方案设计、成本控制、经营决策支持等功能,使物流信息平台成为邮政物流的核心竞争能力。

经过一年来的实践表明,中国邮政已摸索出一条适合自身特点的物流发展道路。中邮物流公司将继续以市场需求为导向,以客户为中心,以信息技术为支撑,以邮政网络为依托,坚持高起点、优质服务的发展思路,加大自身能力的建设,努力构建现代化的社会公用物流服务平台,实现实物、信息、资金三流的高度融合,致力于成为国内“精益物流”的龙头企业,为国民经济和社会发展做出新的更大的贡献。

二、2004年邮政物流的发展目标及工作重点

2004年邮政物流工作的指导原则是:在保持业务相对快速增长的前提下,下力气把物流业务发展的基础性工作做好、做实;进一步抓好物流专业体系建设、核心能力建设;突出抓好规范化、科学化管理,提高邮政物流的运作管理水平;广泛利用社会资源,扩大业务合作,大力发展物流联盟。

2004年,邮政物流工作的总体思路是:夯实基础,巩固提高,扩大合作,加快发展。

(一)扎实稳妥地做好市场营销和项目开发工作

继续坚持“精益物流”的市场定位,加大一体化项目的开发力度。突出抓好零担快货业务的发展,积极拓展货代业务。努力促进分销邮购与同城配送业务树品牌、上规模。积极开展以雅芳代收货款为代表的物流增值服务,扩大网上支付业务上的规模。全力打造以中邮物流品牌为核心的服务质量管理体系。要继续围绕IT电子、医药、化妆品、汽车配件四大重点行业,积极地开发一批高层次、高质量的高端大客户。要立足巩固提高现有市场,进一步挖掘与现有客户合作的深度和广度,努力扩大现有项目业务收入规模,使邮政物流在目标行业市场占有率处于领先地位。

(二)进一步完善母子公司的专业化体系,加快公司化运作的发展步伐

在做好省级子公司、地市分公司设立工作的基础上,突出抓好规范化管理和体制创新。按照现代企业制度的要求,建立健全法人治理结构。理顺总部与各省子公司业务、行政、财务、人事方面的管理关系,加强总部在市场营销、项目运营、财务管理、信息管理和品牌宣传等方面的统一领导,提高中邮物流的全网控制、协调能力。

(三)加大资金投入,加快邮政物流基础能力建设步伐

在确保经济效益和投资效率的前提下,逐步加大对物流基础设施的投入,加快仓储、运输、配送三大基础平台建设,尤其是末端配送能力和仓储能力的建设,促进包括同城业务在内的区域物流业务的发展。

(四)加快信息化建设,努力提高中邮物流的核心竞争能力

进一步加大投入,积极促成条码技术、GPS技术、移动通信技术在物流业务运作中的应用广度和深度,全面提高邮政物流仓储、运输、配送等各个环节的信息化水平,从而带动邮政物流业务服务质量与水平的升级。

2004年是邮政物流发展的关键之年,中邮物流将继续坚持以市场为导向,以客户为中心,坚持“至诚至信、精益求精”的企业经营理念,全面提升服务能力和服务水平,为国内外企业提供更加专业化、个性化的物流服务,为积极打造中邮物流品牌,塑造邮政物流形象而努力。

(特约撰稿:中邮物流有限责任公司
牛志海　韩福文)

2003年邮政发展统计公报

2003年，中国邮政坚持以邓小平理论和“三个代表”重要思想为指导，全面贯彻十六大精神，积极开展抗击非典的斗争，在全行业广泛深入地开展邮政“效益年”活动，大力发展邮政业务，进一步夯实邮政发展基础，努力保持邮政经济持续稳定增长。

全年邮政业务总量完成541亿元，比上年增长9.4%；邮政业务总收入完成526.9亿元，比上年增长3.2%；在消化清产核资损失的情况下，实现了收支平衡略有盈余；收益质量明显提高，实现现金净流入；劳动生产率8.3万元/人，比上年增长4.6%。

一、邮政业务

2003年各级邮政部门坚持以市场为导向，以客户为中心、以调整为主线、以创新为手段、以效益为目标，重点发展以商函、速递为重点的邮递类业务；大力发展物流、代办电信、代办保险等新业务；继续稳步发展金融类业务，健康发展集邮业务。

2003年全年函件累计完成103.8亿件，比上年下降2%。其中，邮政商业信函增长迅速，全年完成17.8亿件，比上年增长9.4%；邮政商业信函占函件比重达到17.1%，比上年提高1.7个百分点；国际及港澳台函件完成0.4亿件，比上年下降14%。包裹累计完成1.1亿件，比上年增长4.7%；其中，国际及港澳台包裹完成131万件，比上年增长15.3%。特快专递业务积极应对激烈的市场竞争，适时调整政策，加快重点区域的发展，增加业务品种，努力提高服务水平，保持了较高的增长速度，全年业务量完成1.7亿件，比上年增长22.8%。全年订销报纸累计份数为166.1亿份，比上年下降3.3%，其中零售所占比重为14.9%，比上年下降0.3个百分点；订销杂志累计份数达11.3亿份，比上年下降0.7%，其中零售所占比重为50%，比上年提高1.4个百分点。

邮政储蓄业务积极应对政策调整，不断完善服务渠道和服务手段，重点发展以活期存款账户为基础、以绿卡为载体的各种业务，逐步提高邮储的自然吸储能力，大力发展中间业务，稳步提高自主运用资金收益，努力实现邮政储蓄持续稳定地增长。全年邮政储蓄期末余额达到8 988.1亿元，比上年末增长21.9%；邮政储蓄余额市场占有率达8.7%；邮政储蓄异地存取款交易笔数达到1.5亿笔，比上年增长57.6%。全年汇票完成2亿笔，比上年下降3%。

全年集邮邮票销售18.3亿枚，集邮品销售0.4亿册，分别比上年下降24.9%、10.7%。2003年国家邮政局特别发行了《万众一心抗击“非典”》邮票，邮票发行的全部收入捐赠给卫生部门（其中，500万元现金和价值500万元的邮票邮品），用以支持抗击非典战斗；国家邮政局与香港邮政、澳门邮政共同发行《中国首次载人航天飞行成功》邮票，以纪念中国首次载人航天飞行这一重大历史事件。

2003年邮政物流业务坚持以“精益物流”定位来发展，不断完善物流公司体制建设。全年物流业务收入比上年增长24.4%。

2003年中国邮政坚持走联合发展的道路，进一步完善代办电信业务营销体系，努力扩大业务发展规模。全年代办电信业务收入完成10.4亿元。

二、邮政财务

2003年，中国邮政积极应对环境变化带来的困难和挑战，努力克服非典带来的负面影响，降低运营成本，进一步强化效益意识，加大计划财务工作力度，实现各项经济目标。

全年邮递类业务收入比上年增长1.6%。其中，全年函件业务收入完成52.5亿元，比上年下降3%；包裹收入完成22.7亿元，比上年增长

8.1%;报刊收入完成56亿元,比上年下降0.1%;特快专递收入完成51.5亿元,比上年增长6.1%。

邮政金融类业务收入比上年增长13.3%。邮政储蓄收入完成207.8亿元,比上年增长14.2%;汇票收入完成18.1亿元,比上年增长4.6%。

集邮收入比上年下降24%。其他业务收入比上年下降9.1%。

全年总支出增幅低于总收入增幅0.2个百分点。邮政业务成本完成379.6亿元,比上年增长5%;管理费用支出110.5亿元,比上年下降0.5%;财务费用支出0.5亿元,比上年下降36%;其他业务支出19.3亿元,比上年下降10.2%。

三、邮政通信网路与通信能力

2003年,邮区中心局建设稳步推进。77个一、二级中心局新枢纽建设中,已经完成65个。物流网建设明显加快,实物网改造步伐加大,实现了由中心局土建项目向信息网项目和终端设施建设的过渡,网络服务水平明显提高。

中国邮政充分依托和发挥"两网三流"的资源优势和"百年邮政"的良好信誉,采用先进的物流运作模式和技术手段,顺利开通了中邮物流北方、南方、华东集散网,覆盖北方21个省、市、自治区,承载能力高达100吨。

全国拥有专用邮政运输飞机6架,邮船8艘,火车邮厢436辆,各类邮政汽车4.6万辆,其中大吨位邮运汽车1 988辆。邮政储蓄专用汽车4 807辆,速递业务专用汽车5 391辆,物流专用汽车3 514辆,投递专用汽车4 513辆。邮路总数2.1万条,其中,航空邮路1 010条,铁路邮路168条,汽车邮路1.4万条。邮路总长度(单程)327万公里。农村投递路线总长度(单程)353.2万公里,城市投递段道4.4万条。

邮政信息网整体建设稳步推进,应用系统上线推广和优化完善等工作进展顺利。2003年邮政储蓄计算机系统应用软件统一版本工程正式启动,邮政代理保险计算机系统、代理开放式基金计算机系统的建设同步推进;电子化支局建设也进一步加快;速递跟踪查询系统、报刊发行系统进一步优化和完善,邮资票品系统基本完成了市(地)级的推广工作;邮政综合计算机网省中心主机扩容完成;网络运行安全稳定。到2003年底,邮区中心局生产作业系统已经在39个一、二级中心局上线运行。信息化、机械化、自动化的组合,极大地提高了邮政网路运行能力,为网路运行服务能力和管理水平的进一步提高提供了有利条件。

邮政电子汇兑系统网络已覆盖全国31个省(区、市)的2468个县(市),邮政汇兑业务已全部纳入邮政电子汇兑系统进行处理,全国市县以上已取消邮政汇款信息的实物传递。全国邮政汇兑联网网点2.3万个,占汇兑网点比重为51.5%。遍布全国城乡的所有汇兑联网网点均可办理24小时汇款、2小时汇款和实时汇款业务,邮政汇兑业务全面提速。

邮政储蓄绿卡系统稳步运行。2003年底,邮政绿卡卡户达5 000万户以上,全国通存通兑联网网点由上年年底的2.8万处增加到3万处。ATM机达到5 831台,每日异地存取款交易量由上年年底的26.9万笔增加到42.3万笔。

四、邮政通信服务水平和服务质量

2003年中国邮政努力改善服务条件,认真履行邮政普遍服务职责,切实提高营业和投递服务质量,不断提高邮政的整体社会服务形象。

大力推广上海东方书报刊亭经验,抓好报刊配送体系建设,建立零售连锁经营机制,积极拓展服务空间;扩大185、183业务市场,挖掘服务潜力。认真解决服务中的热点、难点问题,努力做好农村通信和大客户营销服务工作;建立各项基本制度,规范服务行为。

2003年投递服务体制进一步完善。通过加大对投递的投入、强化投递业务管理、规范投递行为、加强投递队伍建设、提高投递服务质量,有力地支撑了邮政效益增长,促进了邮政可持续发展。县以上城市城区范围内包裹投递到户,用户评价邮政投递服务质量满意度达91.4分。

2003年,中国邮政大力加强合作,不断拓宽服务领域。国家邮政局与铁路、中国移动、海南航空等签署合作协议，实现了优势互补，促进了共同发展，推进了邮政体制创新和管理创新；国家邮政局所属中邮物流有限责任公司、中邮邮购有限责任公司以资本投入方式与中国出版集团组建新华发行集团，参与市场竞争，不断提高邮政的服务实力。

2003年调整了普通邮件分拣封发关系。充分发挥一、二级邮区中心局的生产能力，形成以一、二级邮区中心局为普通邮件集散中心的网路结构体系，逐步建立符合现代化邮件处理要求的作业组织模式。积极筹备开通自主航空网的“全夜航”，进一步加快邮件的传递速度，支持速递业务的发展；制定切实可行的旺季通信生产指挥调度预案，确保全网畅通。

全国邮政局所、服务网点合计 6.4 万处，其中，设在农村的局所、服务网点 4.6 万处。提供邮政全功能服务的局所 3.6 万处，电子化局所 1.8 万处。邮政信筒信箱 27.6 万个，邮政报刊图书销售点 5.1 万处，集邮品销售点 2 万处。邮政储蓄点 3.4 万处。全国邮政信报箱群 28.7 万处，邮政妥投点已达到 3 445.1 万个。人均函件量达 8.1 件，局所、服务网点平均服务人口达 2 万人，每百人报刊量为 13 份。

2003 年邮政行业管理部门工作取得积极进展。一是全面加强邮政行业的法制建设，在积极配合相关部门推动《邮政法》修订工作的同时，加快地方立法工作。2003 年全国有 7 个省出台了 8 部地方邮政法规和规章。截至 2003 年底，全国共有 26 个省(区、市)出台了 36 部地方法规和规章，为邮政发展争取到了多项优惠政策；二是积极参与了世界贸易组织有关邮政和速递服务新一轮谈判。对服务贸易部门的重新分类、服务贸易紧急保障措施等提供了邮政部门的意见，对申请加入世贸组织的国家提出市场准入的要价；三是认真按照国务院要求，妥善做好邮政委托工作，为 167 个国际货物运输代理企业办理了邮政委托手续；四是建立健全邮政执法队伍。截至 2003 年年底，全国 31 个省(区、市)全部建立了邮政执法大队，共有专兼职执法人员 7 000 余人，其中专职邮政执法人员近千人；五是坚持以整顿邮政经营秩序为目标，健全行业管理监督检查体系，切实履行好监督检查职能。2003 年全国邮政执法近 10 万人次，下达处罚决定及整改通知近 7 000 件，共查处涉假案件 48 个。为邮政发展创造了良好的法制环境。

五、邮政固定资产投资

2003 年实际完成固定资产投资额 31.8 亿元。其中，基本建设投资 12.9 亿元，占总投资比重为 40.6%；技术改造投资 18.9 亿元，占总投资比重为 59.4%。

2003 年，提出了《关于加强固定资产投资管理，促进信息网和终端设施建设的若干意见》。投资结构调整取得明显成效，土建和非生产性设施投入得到进一步压缩；严格控制土建项目建设，国家局对土建项目的审批管理逐步强化；投资重点逐步转向以提升技术含量、提升网络信息化水平及提升核心能力为中心。结合邮政建设重点的转移，加大对支持竞争性业务及终端能力建设的投资力度，满足了改善服务、发展业务、提高网路运行效率的需要，为增强邮政综合能力起到了强有力的支撑。

六、邮政劳动工资

中国邮政继续深化用工制度改革，坚持依法用工和规范用工，逐步推进并加强人工成本管理与控制，实现职工队伍的结构调整和稳定。

2003 年末全员劳动生产率 8.3 万元，比上年增长 4.6%。全部从业人员 63.7 万人，比上年减少 1 万人。其中，在岗职工 41.3 万人，比上年减少 1.4 万人。全国邮政共有保留劳动关系人员 6.2 万人。

七、邮政科技

2003 年邮政科技工作以全国邮政科技工作会议和邮政标准化工作电视电话会议精神为指导，突出创新、突出重点，在支撑改革和决策、支撑邮政信息化建设、全面推进标准化工作等方面取得了一批对邮政发展和技术进步具有重大作用和影响的科技成果，较好地支持了邮政的发展。

全国邮政科技总投入20 101.2万元，其中软科学研究投入1 475万元，标准研究投入534.5万元，计算机应用开发投入12 642.6万元，设备开发投入2 183.3万元，成果推广应用投入3 247.8万元，其他投入18万元。科技总投入中，国家局投入1 759.5万元，其中软科学研究投入793万元，标准研究投入405万元，计算机应用开发投入561.5万元。

国家邮政局下达新技术开发项目105项。其中软科学项目40项，标准及质量监督检查项目42项，科技发展项目23项。本年共完成课题84项，其中软科学研究项目15项，科技发展项目29项，发布标准40项。

全国邮政科技管理人员1 940人，其中大学以上学历1 258人，占总人数的65%；中级以上技术职称1 058人，占总人数的54%；35岁以下1 108人，占总人数的57%。

全国邮政独立科研单位17个，从业人员1 859个，其中博士17人，硕士117人，大学本科921人，大学以上学历占总人数的57%；中级以上技术职称776人，占总人数的42%。承担各类科研课题297项，其中国家级3项，省、部级177项；2003年全国邮政非独立科研机构从业人员3 130人，其中大学以上学历1711人，占总人数的55%，中级以上职称1139人，占总人数的36%。承担各类科研课题326项。

全国邮政共登记科技成果388项，其中鉴定45项，验收172项，评审136项；其中达到国际先进水平1项，达到国内领先水平30项，达到国内先进水平173项。2003年全国邮政获奖成果25项，发表科技论文386篇，出版科技著作2种，新增专利5项，拥有专利总数达9项。

八、邮政职工教育培训

2003年全国邮政共有专业技术人员7.1万人，其中，女性为2.4万人，占专业技术人员总数的33.8%，少数民族3 645人，占专业技术人员总数的5.1%。在职的专业技术人员中，具有高级专业技术职称的人员为3 843人，中级1.6万人，初级4.5万人。

2003年全国邮政企业约有23.6万人参加各类在职培训，在岗职工年培训率为57%；有3.6万人参加高、中等学历教育和文化基础教育，在学率为8.7%；用于教育培训的经费总额为1.3亿元。全国邮政职工中具有中等职业教育以上学历的人员19.5万人，约占在岗职工总人数的47.2%，其中研究生学历人员约占0.2%，本科学历人员占7.3%；大专学历人员占19.6%。中国邮政拥有各级职工培训中心221所，各类专职教师778人，校舍面积81.4万平方米。

2003年全国选派了222名中高级邮政经营管理人员和175名邮政信息技术人员赴国(境)外培训。

九、国际交流与合作

中国邮政与世界所有国家和地区建立了通邮关系，与151个国家和地区建立了邮件总包直封关系；国际邮件互换局和交换站总数达到52个；与195个国家和地区开办了邮政汇兑业务；国际邮政速递业务可以通达200多个国家和地区。

2003年，通过邮政高层互访，进一步加大了对外交流力度，增强了与世界邮政部门间的相互了解和友好合作关系。与越南邮政就中越两国邮政部门的改革与发展以及在万国邮联事务中进一步加强合作等共同关心的问题交换了意见；与俄罗斯邮政在北京共同签署了关于加强两国邮政领域合作的联合议定书；与澳大利亚邮政就物流、速递、集邮和人员交流等方面加强合作的问题交换了意见；与日本邮政、韩国邮政共商三国邮政携手发展大计；与荷兰TPG集团就进一步加强合作及共同感兴趣的问题深入交换了意见；与匈牙利邮政就两国邮政改革与发展、联合发行邮票以及加强在万国邮联事务中的合作等事宜广泛交换了意见；与罗马尼亚邮政就邮政改革与发展、第23届邮联大会的筹备情况以及中罗联合发行邮票等事宜交换了意见。2003年，与伊朗、匈牙利联合发行了2套邮票。

2004年，中国邮政将认真贯彻落实党的十六大、十六届三中全会和中央经济工作会议精神，以深化改革促进发展，以加快发展推进改革。按照现代企业制度要求，加快机制改革，推进制度创新，为邮政体制改革做好准备；突出重点，调整结构，整合资源，优化流程，做强做大各类业务；强化管理，改善服务，转变作风，夯实基础，提高效益，努力推动邮政事业持续快速协调健康发展。

备注：1. 本公报为初步统计数。2. 各项统计数据未包括香港和澳门特别行政区及台湾省。

（资料来源：国家邮政局计划财务部）

仓 储

2003年仓储业状况及2004年趋势预测

近年来,因应物流市场供需变化,我国的仓储业正在向仓储社会化、仓储产业化、仓储标准化、仓储现代化的方向发展。众多的仓储企业积极发展各项增值业务,重组业务流程,整合内外资源,提高自身的核心竞争力,努力向现代化的第三方物流企业转变。当然,总体来讲,我国的仓储业水平还不高,布局不合理、技术落后、人员素质低等的现状还没有彻底改观。

一、2003年仓储业现状

2003年,仓储业的发展是困难和成绩并存的一年,呈现以下特点:

(一)仓储企业向综合物流企业发展步伐加快

学术界对传统仓储企业向综合物流企业转变的理论研究日趋成熟,企业转变也进入实质阶段,企业战略、组织结构、业务模式及流程、人力资源、信息系统等都围绕着综合物流企业的目标发生着变化。众多的储运企业彻底摈弃了传统观念,以顾客为中心,站在客户立场上考虑自身的服务,依据自身优势和特点,发展基于仓储的增值业务,满足客户日益提高的个性化和差异化的需求。服务品种多样化、个性化、快速化成为传统储运企业发展现代物流的主要手段,提升了整个物流行业的水平。

如武汉物资储运总公司依托紧邻“中国建材第一市场”汉西建材市场的优势,大力发展现代物流业务,为市场中的100多家瓷砖经销商承担了从福州、厦门进货的上游多功能物流服务,业务量获得很大的增长。

全国拥有50多个大中型物流中心的中国物资储运总公司依托仓储平台,延伸服务链,商流与物流互动,生产资料物流与生活资料物流互补,走出了一条有中国特色的从传统仓储企业向综合物流企业转变的路子。2003年,中储的金属材料经销实现了增幅40%以上,占到了中储系统总收入的20%;仓单质押业务比上年翻了一番多,有20多家物流中心开展了此项业务,为客户质押融资的授信额度突破20亿元,包括四大国有商业银行的十几家金融机构都与中储建立了合作关系;中储的钢材现货市场发展到了11家,摊位总数达到3 500个,由市场给仓库带来的吞吐量比上年上升了37%。中储的基础物流也稳中有升,如配送增长29%,仓储业务增长20%。

(二)非资产型物流企业纷纷建设自己的仓储设施

在业务开展过程中,优化供应链,减少流通环节和作业过程,实现基于高度信息化基础上的物流管理,要求有很强的整合能力。但是非资产型物流企业只能租用外界仓库,很难实现供应链一体化管理。所以投资于基础设施成为它们的必然选择,先进的仓库设施集商流、物流、信息流、资金流于一体,能有效支持最优化的物流解决方案。我国典型的非资产型第三方物流公司的代表宝供物流集团,近年在从轻资产的物流管理公司向资产型物流企业逐步转变,计划在全国兴建十几个物流基地。据报道,2003年又启动了总投资5亿元的顺德国际物流基地建设。该基地建成后可存储货物40万标准托盘或70万立方米的商品。

（三）仓储需求增加，仓储价格上升

政府对土地面积的控制，以及土地成本和先进的仓储设备的使用所带来的仓储的比较成本的增大，造成仓储价格提高。在陕西西安，土地使用税近五年上涨幅度达到50%左右。但是，2003我国的GDP增长达到了9.1%，人均首次突破1 000美元；第二产业增长12.5%，社会消费零售额增长9%。日益扩大的生产和消费规模，仍然带动了市场对仓库需求的不断扩大，西安、咸阳、南京、沈阳等众多城市的仓库接近饱和，有的甚至出现了供不应求的局面。

（四）仓库越来越成为货物流转中心

随着我国经济的发展，市场对生产的时间要求更为严格，生产需要更加贴近市场需求，要求订单的前置时间更短；同时，由于供应链的再造和缩短，许多原来由生产企业完成的环节，开始转向仓库；另外，不同的货主、不同的货物以及不同的流向，也造成了运输工具间的转换、交接。这些因素都促成了仓库存储逐渐由静态向动态方向发展，更多的仓库开始提供加工、配送等服务，越来越成为货物的流转中心。

（五）信息技术继续得到推广，但发展不平衡

仓储业的信息化主要是信息的自动识别、自动交换和自动处理。目前，信息技术在各仓储企业受到高度重视，为数众多的企业正在着手进行仓库的信息化建设。但是，我国大约有3万家左右的仓库，但真正实现信息化的还不到5%，大量的仓库仍然以人工操作为主，作业效率相对低下，出错率较高，在承接高端及国外业务时无法提供相应的信息接口。而且我国的仓储业的信息化发展也不平衡，就目前来看，在软硬件较好的沿海地区仓库，信息化水平相对较高，在一些经济欠发达地区较低；中央级、省级的仓储企业水平较高，地县级仓储企业水平较低。

即使实施了信息化，由于业务流程、计算机应用系统以及相关名词、数据基础和应用系统功能质量方面的不同，企业与企业间的信息共享也存在着很大的困难，直接制约了企业业务的开展。具有人力和财力以及规模优势的企业，则在建立统一规范的信息网络方面有所突破。如中储下属的50余家仓库全部推行了统一的仓储管理系统，实现了在这一系统平台上，以统一的规范化的业务流程为客户提供高效率的仓储服务。

（六）物流园区和物流中心建设初见成效

2003年，在政府发展规划的指导下，由于企业的积极参与和政府的大力推动，我国物流园区建设出现了一些新的、向更高水平发展的特点。在珠江三角洲和长江三角洲，2003年上半年这两个地区GDP总值超过全国总量的30%，出口占全国的比重达到64.4%，利用外资占全国的比重达到65%。据统计，这两个地区的传统运输、仓储、货运代理、商贸和邮政等与物流相关的产业，增长速度普遍超过了GDP的增长。地区的城市物流园区建设发展步伐更快，各地的物流园区有些已经初见成效。

各物流企业也在加大力度投资建设现代化物流中心。中远物流2003年香港上市所得7.34亿资金的主要用途之一就是兴建区域分拨中心，从而为每年50%增长的目标奠定基础；大通在位于北京市顺义天竺空港工业区，投入了8 000万元开始兴建大通物流中心；大田在毗邻上海的昆山市陆家镇东部工业园区，着手建设陆捷士国际商务与物流服务中心，首期投资1 500万美元，总投入约4 500万美元，它将成为昆山最大的国际商务与物流服务平台；中储近年先后投资3亿元，建设现代化的物流中心近20万平方米。上海、河北、河南、陕西、辽宁、四川、湖北、南京、青岛等地的分公司的仓储设施水平都大幅提升。

（七）资源整合步伐加快

随着整个物流行业竞争的加剧，通过资源整合来提升企业核心竞争力的趋势明显。对于仓储行业，资源整合更成为企业应对市场竞争的手段之一。这种资源整合包括企业内部的资源整合、与其他仓储企业的整合、与社会仓储资源的整合等。中国邮政为了将资源优势变成市场优势，于2003成立中邮物流有限责任公司，并积极整合社会资源，建成了北方、南方和华东物流集散网，逐步形成了由运输、仓储、配送和信息四大平台组成的核心能力。在此基础上，国家邮政局还和铁道部签署战略合作框架协议，联手进军物流领域。铁路将列车运输能力向邮政开放，邮政将仓储、分拣、配送能力向铁路开放，以实现优势互补。

拥有先进管理理念的物流企业，开始注重对整体供应链进行管理，积极发展与客户的长期合作关系，通过提供各种增值服务来参与客户的供应链管理，降低客户的成本，从而也提高自身的竞争力。2003年，中储与河南新飞电器、中牧实业等签订了物流总代理合同，通过接收仓库或为其建立分拨中心等方式，借助外力大规模整合系统外的物流资源，为客户提供仓储、配送等物流一体化服务。

二、2004年仓储业趋势

2004年，仓储业将会随着物流行业的整体发展而进一步提升。预计第三方仓储需求将会增大，仓储现代化更进一步加快，各企业更注重核心竞争力的打造，物流园区也将在政府的支持和引导下进入良性发展阶段。

（一）基于仓储平台的增值服务迅速发展

更多的企业开始从供应链管理的角度出发，积极发展企业的核心业务；同时，在核心业务发展的过程中，积极发展基于仓储的各项增值业务，创新适合本企业的业务模式。这必将使2004年仓储行业快速发展：仓储、运输等基础业务继续保持增长；贸易、现货市场、配送、加工、货代、交割、保税等业务份额不断扩大；仓单质押等新兴的和富有创造性的业务模式更是为广大的客户所接受，业务的广度和深度都大幅提高。

（二）第三方仓储需求增大

近年来，一些企业认识到了培育、巩固他们的核心竞争力的重要性，不再为高库存专门设立存储场所，而是将这一部分业务外包，这在一定程度上促进了第三方仓储的发展。在2004年，会有越来越多的中小型企业借助第三方仓储来减少资本的投入，提高服务水平。从长期来看，第三方仓储因有众多的优点，而会成为市场主体。

（三）仓储管理现代化步伐加大

众多的仓储企业在满足客户需求兼顾成本的情况下解决实际问题，逐渐加大现代化改造的步伐。这包括两个方面：其一，加大对仓库的硬件投入。这包括库房建设和改造、购置新型货架、托盘、数码自动识别系统和分拣、加工、包装等新型物流设备，大幅度提升现有仓储自动化水平和物流运作效率，增加物流服务功能。其二，加大对仓库的软件投入，加强物流信息化建设。实现仓储管理、商品销售、开单结算、配送运输、信息查询、客户管理、货物跟踪查询等功能，为客户提供更为方便、可靠、快捷的物流服务。但是，多数的企业也逐渐意识到，并不是越先进的技术越好，真正能够成功的技术是实用的技术。我国目前的状况，市场呈现二元结构，技术的实用性更显得重要。

（四）物流园区的发展更加合理规范

国家对物流园区发展的总体指导性将加强，2003年未能出台的国家物流发展规划和政策，在相关政府部门的积极推进下，可望于2004年推出，对物流园区整体的健康发展将产生有利影响。物流园区的发展将因宏观上的调控力度加大而发展更为规范和有序。国家物流发展规划和政策的出台，将会明确对包括物流园区在内的物流基础设施项目、企业的投资导向和支持。另外，成功物流园区的示范性效应将开始显现。在物流园区建设、经营、管理上的经验将逐步形成，对后续的物流园区的建设、发展和经营管理产生积极的借鉴意义和重要影响，推动我国物流园区的良性发展。

总之，物流基地、物流中心、配送中心等物流基础设施将成为我国社会化仓储行业主要的生存状态，静态的、单一功能的仓库将逐步向货物流转中心或综合物流企业转变。

（供稿：中国物资储运协会会长　洪水坤）

商业零售

连锁配送的发展现状与趋势

中国商品配送中心的建设是伴随连锁经营的发展而成长的，配送中心作为提高商品流通效率的重要设施，为促进现代流通、带动相关产业发展起到了积极的作用，并在改造传统商业、减少物流成本、提升流通产业整体竞争力上，初步显示出了强大的生命力和发展潜力。

一、连锁商业发展与配送中心建设

（一）连锁店的快速发展为配送中心建设提供了基础条件

近年，我国连锁经营的发展，在中央和各级政府的大力支持下，在流通企业的积极响应下，取得了可喜的成绩，主要呈现以下发展特点：

1. 连锁商业快速发展。据国家统计局统计，2003年我国拥有零售连锁企业967家，占限额以上零售企业的近10%。零售连锁企业的门店数达39 089个，比2002年增加8 000多个，增长27.1%；营业面积2 150.2万平方米，比2002年增长24.1%；从业人员79.2万人，比上年增长25.1%；销售总额为3 434.4亿元，比2002年增长29.2%；零售额2 890.3亿元，比上年增长30.8%。连锁店铺的快速增加，为配送中心建设提供了基础条件。

2. 上规模的连锁企业增加。根据商务部商业改革发展司的有关统计，我国上海、北京、江苏商业零售和餐饮连锁企业的销售额已分别占到当地社会消费品零售总额的44.7%、25.37%和13.9%。销售过百亿的商业连锁企业已经由2001年的1家增加到2003年的6家。他们分别是上海联华、上海华联、上海农工商、江苏苏宁电器、广东华润万家、上海大润发。其中，上海联华销售超过了200亿元。2003年，全国前30家连锁企业销售额为2 704.2亿元，比2002年增长29.9%。30家连锁企业的店铺总数为10 321个，比2002年增长35.1%，占限额零售连锁企业店铺数（39 089店）的1/3强。这些上规模的连锁企业和店铺数的快速增加，是离不开物流和信息系统的支持的。

3. 多数连锁企业建有本企业特色的配送中心。我国目前大中型连锁商业基本拥有本企业经营特色的商品配送中心或与第三方物流、配送企业签订契约，以委托方式，实现适合连锁企业经营发展要求的物流配送业务。无论是零售企业自建的物流、配送中心，还是利用社会上的专业物流、配送企业，这些企业都是在积极吸取中外先进商业物流或配送中心运营成功经验的基础上，根据企业自身的特点，建立健全适合本企业运营管理的物流或配送体系，并且多数都有科学化、现代化管理的信息系统，通过信息系统对商品流通不同环节的时点信息进行管理、控制，促进商流、物流、信息流的多向交流与反馈，达到适合需求、提高销售、加快周转、减少库存、降低物流成本、促进经营良性循环的目的。

（二）较好连锁企业物流成本明显下降

1. 成功的连锁企业实行的现代采购模式，有效地降低了物流、配送费用。大连锁企业为了能销售低价位商品，在企业中都培养了有商品知识、计算成本能力以及谈判能力等较强的专业采购人员，加上大型连锁企业独具的销售能力和不断发展的连锁网络优势，使其采购人员能成为“价格杀手锏”，可实现“采进利润，卖出成本”的目的。大型连锁企业的现代采购模式，主要有三种：

(1)买断进货：以买断方式从制造商处拿下最低价位商品；

(2)定制或贴牌：以实际使用功能开展定制，或以本企业销售能力开展贴牌，风险自担；

(3)包销：这种采购方式类似于垄断经营，大型连锁企业根据自身的销售能力和可承受的量，与制造商谈条件，以形成低价包销进货。

这几种现代采购模式逐渐被大型连锁企业采用，有利地克服了因订货不准确而造成的退货浪费；由于这几种采购模式能减少退换货，也就不发生或少发生退换货产生的物流或配送费用，因此，能大幅度地降低物流费用。

2. 连锁经营的专业化支持了第三方物流的发展。连锁经营的规范化和规模优势，使我国发展较好的连锁企业充分尝到了甜头，在多数成功的连锁经营体系中，为实现有限经营资源合理使用，企业严格执行连锁经营进货与销售的职能分离：总部在将多数店铺标准化的基础上，对占销售40%–70%的“大合同”的全国品牌商品，实行进货统一集中化；销售地的产品由分公司集中采购；总部将经营中的主要业务进行合理分工，将物流或配送业务委托给社会上专业化的公司做；对各连锁店的经营和协调管理业务，由连锁公司分布在全国各地的分部实行集中管理；总部商品采购中心在负责进货的同时，对销售进货商品连锁店的销售和利润负责；各连锁店店长在负责本店铺的经营管理和服务外，对本店所有商品的销售和利润负责；在经营费用方面，商品采购中心负责进货者从低成本、高周转上下功夫，而销售中心和各连锁店店长更多的是从降低销售费用上下功夫。这种职能的分离和结合，是连锁企业经营的集中与分散的结合，是规模化与专业化的结合，是总部与分部、分部与连锁店的分工不同。这种连锁经营的职能分离，正是应用了现代化大生产的原理，将复杂的商业活动中的商店面积、业态、商品、服务、店名店貌等标准化；将采购、配送、销售、经营决策等职能分离，形成专业化；将经营活动中的商流、物流、资金流、信息流集中化；将各环节各岗位的商业活动尽可能程序化、简单化，最终体现出连锁经营的整体经济效益最大化。

3. 大型连锁企业物流费用明显降低。就北京而言，目前的物流费用占GDP的20%以上，上海为13.4%，如果说我国整体物流费用为20.4%的话，那么，北京的物流费用远远高于全国平均数。这与北京的消费水平、消费结构、物价指数、消费全国商品、甚至消费进口商品多等都有直接关系。如仅就商业物流、配送费用而言，北京一般较好的企业为2.5%–3.5%，较差的企业在5%以上；上海较好企业商业物流、配送费用为1.2%–2.5%。就是说，我国较好的连锁企业的物流费用，超过或接近于国际先进企业的商业物流费用率。笔者调查过的最好商业连锁企业的物流费用比沃尔玛的2%还低，这一方面说明我国的流通企业有减少物流费用的潜力，另一方面也说明我国的连锁企业多数仍以区域集中建店为主，是短距离、集中配送实现的低物流费用。从总体来看，大型连锁企业物流费用明显降低。

4. 物流、配送技术导入促进了农产品流通发展。近年，我国农产品流通也不同程度地导入物流、配送技术，使农产品流通呈现出以下变化：一是加快了农产品商品化的速度；二是促进了农产品包装标准化的进程；三是有力地提高了农产品的产品质量；四是使更多的农产品达到国际性标准；五是最大限度地降低农产品在流通过程中的损耗；六是可以最大限度地减少农产品在流通过程中产生的垃圾，利于城市环保的发展；七是促进了农产品集散功能的发挥。在农产品流通中将现代物流、配送概念加以灵活运用，使从事农产品流通的企业，将产品从产地到消费地之间形成供应链，再运用先进的组织方式和管理技术，开展高效率计划、管理、配货、运输等，并通过各种现代化信息手段，对农产品物流的各个环节，包括运输、储藏、包装、装卸、加工、配送和信息处理等，进行一体化管理，不仅可以为所需客户提供较低流通成本的商品，又可以确保一次到货齐全且产品新鲜优质，也能达到降低农产品流通成本、提高农产品流通效率、增加企业利润的目的。

现代物流、配送管理技术导入农产品流通中，使鲜活农产品的生产一改传统生产方式，由靠经验型生产向订单化生产转变。鲜活农产品的现代化生产模式正在开始形成。

5. 为农服务的农资连锁配送有所发展。根据全国供销合作总社有关数据，2003 年全国供销合作总社系统已拥有为农服务工程的农资连锁配送中心 353 个，并拥有农资连锁店 2 816 个，经营辐射地域达 1 200 多个县。四川省农资集团组建的四川邦力达农资连锁有限公司，在长江以南 14 个省市的农资商品集散地建立了 60 多个连锁配送中心，连锁经营门店达 2 000 家左右；江苏苏农农资连锁公司、新疆农资(集团)有限公司、福建省农资公司等地方农资公司也开展了农资连锁经营。另外，一些有实力的流通企业和民营企业开始进入农资连锁经营领域，如北京金色谷超市管理公司于 2000 年开始农资连锁的探索，现已在全国 8 个省市建立县级农资超市 30 多家，乡级网点 350 个，2002 年销售额超过了 20 亿元。安徽徽商集团农家福公司由安徽省最大的流通企业徽商集团于 2002 年 9 月投资创建，以加盟连锁的方式进行规模经营。山东德农农资公司由民营企业德隆集团于 2002 年 10 月投资创建，目前已在山东建成 680 多家直营店。此外，中化集团、陕西秦丰农业营销网络公司、江苏天补有机农业科技发展有限公司等也凭借各自优势进入了农资连锁领域。

(三)配送中心建设促进了连锁经营发展

在商品运输当中，商业企业以最合理的费用将短距离、多品种、少批量的商品，按连锁店要求准确、及时地交货的活动为商品配送。主要包括：包装、装卸、保管、库存管理、流通加工、市场预测、商品配送等各种活动。对于采取连锁经营的商家而言，合理地开展商品配送中心的建设，对促进连锁经营发展有着重要的意义。

1. 政府支持物流、配送设施的建设。由于在商品流通费用中，商业物流费用占据大项，因此，社会化的物流或配送设施，是以整合物流、配送资源，降低物流费用为目的的，是与连锁商业互动发展的。没有好的物流或商品配送体系对连锁商业的大力支持，难以培育出大型连锁企业，中小流通企业更难有竞争力。近年，国家流通主管部门为了促进我国连锁事业的发展，曾几次通过国债贴息贷款方式，支持流通现代化设施的建设。其中，对物流或配送中心的建设、对信息系统的建设等，都出台了相应措施或政策，有的支持项目正在建设中，有的已建成使用，政府为连锁经营的快速发展起到了积极的支持作用。

2. 配送中心的建设与经济效益。在配送中心的建筑设计及设备选择上，多数企业都特别注重先进性和实用性，在充分论证研究的基础上，选择多个方案比较，使性能价格比达到最佳。另外，许多企业对物流配送设施的建设，还加强了自有品牌战略的实施，不仅能提高物流或配送中心的经济效益，也能帮助众多中小生产企业走向市场、拓展空间。现代化配送中心的建设，既体现了长远的社会效益、远期的企业利益，也能使消费者购买到物美价廉的商品。

3. 配送中心对连锁店经营效率化的贡献。由于配送中心是流通部门联结生产和消费，使时间和场所产生效益的设施。连锁企业根据业态定位、发展规模、企业所在区域商品供应环境、相关流通形态等的不同，配送中心对店铺的作用、效果也不同，从目前发展情况看，大体有以下几方面内容：

(1)使商品流通渠道发生变化。以农产品(或鲜活商品)流通为例，设立配送中心前后流通渠道发生的变化为：

利用配送中心之前，商品流通渠道是：生产者——供货团体——批发市场(批发商、中间批发商)——零售店(零售商)。

利用配送中心以后，商品流通渠道是：生产者—供货团体——批发市场（批发商、中间批发商)——配送中心——零售店（连锁店）或生产者——供货团体——配送中心——零售店（连锁店)。

(2)商品配送实现了集约化。利用配送中心之前的商品配送的交易对方（供应商)A、B、C 等将商品直接送到零售店(或连锁店)；利用配送中心以后的商品配送的交易对方（供应商）A、B、C等将商品直接送到配送中心，并在配送中心进货、验货、加工、分货、配货，最后将商品统一配送到零售店或连锁店。

通过上述(1)和(2)可以看出，利用配送中心之前的商品配送和利用配送中心以后的商品配送，从经营成本来看，有明显的不同。利用(1)的商品运输配货，配送车次多，使零售店(或连锁店)接货次数多，增加接货时间，造成商品配送成本高，同时也造成交通拥挤。

(3)使零售店(或连锁店)经营发生变化。在没有利用商品配送中心以前，零售店经营中的商品交接货、验货、加工(鲜活商品包装等)、打价格、商品陈列等，都由每一单店独立进行。利用配送中心以后，则由商品配送中心通过专业化、自动化统一进行，店内只进行商品的交接货、验货、陈列和销售。

总之，利用配送中心前后，可以看出零售店(或连锁店)经营的不同。利用配送中心以前，店内业务操作程序多，占用时间长，人员费用大，且每一店都要有一班操作人员，使经营成本增加。而利用配送中心进行商品配送，通过集中利用专业化、自动化处理，可提高作业效率，减少劳动强度。并且，集中利用一班人马，可以为众多零售店提供配送服务。连锁店只管定时接货，按标准陈列，专心致志地从事销售就可以了。这充分体现了连锁店经营的本质特征——进货与销售的职能分离。

4. 连锁企业建立独具特色的商品供应链。激烈的市场竞争使多数企业认识到，同一商品供应链上的恶性竞争是国内零售企业的共病。于是，灵活应用本企业庞大的销售网络和所掌控的行业信息，与厂家建立独具特色的商品供应链，为本企业把握市场提供了保障，例如家电流通企业的国美，与厂家建立共用的库存，改过去两套库存为一套共用，既减少了库存，加快了周转，降低了成本，又加快了信息反馈及准确度，减少了多次搬运造成的商品损伤。另外，针对区域发展需求，建立其独特的排他性的商品供应链，不断地扩大企业在建店地区的发展空间，有效地提高了双方的经营效率，使国美电器销售在7%的毛利率中，费用为4.5%，纯利润达2.5%。国美与厂家建立共用的库存，不仅实现了经营资源共享，还将节省下的利益部分让利于消费者，实现了低价销售。

二、我国流通领域物流、配送发展模式

由于流通领域物流或配送企业是建立在商品供应商和零售、餐饮服务业间的中介，物流或商品配送中心的建设和事业的发展，取决于上下游用户的支持和需要。因此，随着流通领域不同产业、行业和业态连锁经营的发展，将对不同功能、作用的物流配送中心产生需求，尤其是零售企业接受社会化、专业化物流、配送的理念，其主要动力来自于竞争发展。这是因为我国连锁经营企业将在更大层面和范围上脱离传统商业“小而全”的做法，逐渐接受或需要社会化配送服务，这既来自于连锁店经营的利益驱使，也来自于对社会资源共享和追求更大范围的社会化协作原则的认同。因此，中国连锁经营的发展，在某种程度上，离不开物流中心或配送中心的系统支持。所以，物流或配送中心的建设发展，在中国有着广阔的市场前景，其发展模式随着多业态各种类型连锁店的发展需求，也将是多样化的。

（一）零售商配送中心模式

我国流通领域现有的物流、配送中心，多数隶属于某个连锁企业，这种物流、配送中心的业务，主要体现在为本企业连锁(或加盟)店提供商品配货，也叫零售商配送中心。随着我国中外资连锁企业的发展，驱使一些大型连锁企业向经营业态的组合发展，并且，规模的不断扩大，这种连锁商业模式的不断发展，使商品物流或配送中心将继续呈现向更加专业化派生、增长的发展趋势。

（二）批发商配送中心模式

以批发商为主的配送中心模式，体现的特点是提供综合型商品配送服务，这种模式多数是由计划经济时期国有批发企业转型而成的。随着现代流通竞争发展的需求，多网点、区域集中化、短距离、多品种、少批量、快周转、零库存的物流配送是必然发展趋势，以批发商为主的物流或配送中心模式，将以其多年积累的交易伙伴的渠道优势、

商品结构齐全和商品经营经验，通过对需求结构的重组、服务功能的重新定位和企业机制的重建，将呈现发展趋势。

入世以来，我国的批发业已开始认识到：中国连锁经营的内外资零售业将逐渐成为流通产业中的主力军，现代批发业只有增强对零售业的依附度和服务，才能求得生存和发展。因此，以批发企业为主导型的社会化配送中心的服务对象，将是我国现存的98%以上的分散经营的中小零售店铺和餐饮门店以及小规模的连锁企业等。

（三）制配销联盟的第三方物流配送发展模式

随着我国流通现代化水平的不断提高，连锁企业与供应商之间将逐渐导入现代化经营管理手段，如由POS时点销售信息管理系统、EOS的电子订货系统和EDI的（供应商与零售商之间的）电子数据交换系统的应用，将上游的生产制造商与下游的零售店需求紧密连为一体，介于两者间的物流企业或配送服务商只有专业化程度高者才能适应。所以，第三方物流或配送企业将作为“第三者”，找到生存发展空间，与前二者结成联盟，形成制配销联盟，三者优势互补，共同在市场上拓展业务。我国家用电器零售商有的就是灵活运用了这种配送模式。

（四）业态实现型配送中心模式

这种配送中心模式产生于商品流通上下游企业专业化发展的基础上。目前，在我国表现较突出的是食品流通领域，如近年出现的以食品批发企业为主导型的食品配送中心，多以经营肉类、蛋类、菜类、牛奶、面包、冰激凌等专门经营这些新鲜食品的、业态突现型物流配送企业。这种模式的物流、配送中心能充分体现出业态特性及竞争发展的差异化，因此，专门经营这些新鲜食品的物流或配送企业，随着国家对商品市场的整顿和国民对安全食品消费认识的提高，以及来自于立足主业发展的连锁企业专业化发展的要求和适应势单力薄的单体店企业生存发展的迫切需要，这种专业化、社会化及业态特点突现的物流、配送模式，有利于企业发展的高效率和简单化原则。因此，也将是不同产业、行业、业态在竞争发展中的必然产物，发展呈大势所趋。

（五）大批发商联合中小批发商共同开展配送业务的发展模式

大批发商联合中小批发商共同开展配送业务的发展模式，实际上也是社会化配送中心的一种，通过这种形式的商品配送，既可解决独立经营的单体店因规模小、投资短缺和分散、距离远而不能实现低成本经营的问题，也解决了批发企业自身在市场上的占有份额，同时也实现了有限资源合理整合利用的社会效益。这符合中国中小批发、零售业面临入世，克服经营困难，把自身做强、做大的客观发展要求。这种物流配送模式在国际上已发展到商品配送与菜单服务组合的程度。

这种组合共同配送在我国将出现：以物流配送设施作为后勤支持系统，首先由一个大批发商作为配货窗口，联合多数中小批发商，将其拥有的批发网点合理整合成为各连锁店配货的配货点，再以自由连锁方式，将众多中小生产企业、单体零售店组织化，形成自由连锁共同采购、进货的量化基础，使不能与大生产企业、大零售店竞争的中小生产制造业、单体零售店，通过自由连锁的组织化，大大地提高经营的竞争力。也使批发企业自身由价格竞争转向支持零售竞争发展，发展到一定程度，可在有实力的企业间导入顾客需求快速反应的品类管理系统，使竞争由经营商品转向经营顾客和服务，彻底脱离单纯的发货、配货，并对交易伙伴的零售店进行经营指导，以强化双方的竞争力，树立“独立零售店经营繁荣就是共同配送企业的繁荣”的现代经营理念。在实际经营中，将由商品供应中心转向以服务为中心，向中小零售店提供菜单支持。这种模式已被发达国家采用，在中国也将有很大的市场前景。

三、当前连锁配送在发展中存在的主要问题

商品配送中心的建设和运营对连锁经营的发展，起到了不可替代的作用，同时，也存在一些突出的问题：

（一）第三方物流在发展中存在的问题

从笔者了解的商业第三方物流或配送设施看，一些拥有第三方物流或配送的企业，多数为股份制或民营企业，由于没有自身的网络体系支撑，建成第三方物流或配送中心后，现有的业务量不能支持第三方物流或配送设施的正常运转，或因业务量有限或服务对象的不稳定等因素，使物流、配送经营费用居高不下；另外，也有的民营第三方物流或配送企业，充分应用现代物流或配送服务理念，与服务客户建立良好的合作伙伴关系，不断吸引社会零售店铺加入自己的服务体系，使本企业有较充足的业务量，甚至出现现有配送设施不能满足客户需求的现象，但第三方物流或配送中心的经营者却苦于进一步扩大规模投资难的问题。

（二）大部分商业企业物流成本仍较高

许多物流设施落后，设备老化，约 40%的物流企业信息化建设还是空白，将不同程度地制约了商品流通效率的进一步提高。据对一些企业的调查，大部分商业企业物流成本仍较高，一般达到6%以上（含库存管理费及损耗费）。另外，重复运输、库存时间长、商品周转率低是长期困扰流通企业提高经济效益的主要原因之一。虽然我国目前已建有数千家配送中心，但真正实力超群，竞争力强的则为数不多。大多数企业业务量低，无法达到经济规模。物流、配送企业无法分摊较高的固定成本来降低商品及服务价格，使物流或配送企业在市场上的竞争能力较低。

（三）物流基础设施落后

现有的物流配送设施，有的在选址、交通和建设方面，已不适应现代城市发展规划和现代流通发展的需要，有的缺乏与现代商品流通相适应的配套设施。有的物流、配送设施随着各种业态、业种连锁经营的发展，虽也进行过适度投资改造，但由于连锁企业的多业态快速发展，已不适应发展需求，更不适用其不同业态、业种发展对其不同配送设施设备的要求。另外，包装、贮存设备简陋，也是造成损耗的直接原因。

（四）物流、配送经营管理软件落后

主要体现在缺少物流管理专业人才，造成物流信息应用滞后。目前，一般流通企业的库存周转年均不到 10 次，这不仅造成商品的积压，而且造成大量商品的过期或过季或商品退换货浪费大，对商家和厂家的经营带来极为不利的影响。

（五）西部或中小城市严重缺少物流、配送设施

西部或中小城市地产品少，长距离的物流或配送，使商品流通成本增加，也因此制约了连锁经营的发展；物流配送企业自有品牌少，不能体现现代物流企业经营应有的附加值或体现得不充分，并直接影响了物流、配送规模的扩大。

（六）物流组织化程度低，影响整体物流效率的提高

我国现有物流业经营分散，组织化程度低，横向联合薄弱。由于我国多数物流企业属于起步阶段，与发展国家相比差距较大。主要问题是：成本高，周转慢。据有关数据显示，在我国商品的整个生产过程中，用于直接劳动成本占总成本的比重不到 10%，加工和制造的时间，不到 10%，而 90%以上的时间被物流过程所占用。产品出厂到消费者手中，要经过十几次的搬运、装卸和长时间的储存、保管。

此外，传统流通方式仍然占有相当大的比例，如在我国的工业企业中，把原材料物流交给第三方物流的占 18%，把销售物流交给第三方的仅占16%。

（七）区域利益分割，严重影响连锁企业的统一物流、配货

这些方面的差距，正是我国现代物流产业发展的巨大潜力。

（特约撰稿：中商商业经济研究中心
副主任、研究员　于淑华）

2003年全国前30名连锁企业经营情况

序号	企业名称	2003年销售额（万元）			2003年门店数（个）			2002年末排名	2003年上半年排名
		总计	去年同期	同比±%	总数	去年同期	同比±%		
1	上海百联(集团)有限公司	4 851 666	3 980 305	21.9	4 357	3 462	25.9	—	—
2	大连大商集团有限公司	1 818 260	1 278 802	42.2	96	51	88.2	3	4
3	国美电器有限公司	1 779 235	1 089 647	63.3	139	109	27.5	4	3
4	北京华联集团投资控股有限公司	1 360 000	1 030 000	32.0	62	53	17.0	5	6
5	家乐福（中国部分）	1 343 682	1 069 345	25.7	41	35	17.1	—	—
6	上海农工商超市有限公司	1 238 000	873 000	41.8	1 213	702	72.8	6	5
7	苏宁电器集团	1 209 765	841 843	43.7	148	84	76.2	10	7
8	三联商社	1 067 560	843 060	26.6	202	132	53.0	—	—
9	华润万家有限公司	1 032 359	859 107	20.2	467	456	2.4	7	8
10	苏果超市有限公司	958 000	705 400	35.8	1 162	931	24.8	9	9
11	上海永乐家用电器有限公司	876 018	486 212	80.2	55	32	71.9	13	10
12	北京物美投资集团有限公司	850 451	506 725	67.8	518	357	45.1	12	12
13	武汉武商集团股份有限公司	703 096	585 886	20.0	31	19	63.2	—	11
14	重庆商社（集团）有限公司	656 892	530 668	23.8	81	77	5.2	—	—
15	新一佳超市有限公司	590 020	380 172	55.2	46	28	64.3	19	20
16	沃尔玛中国有限公司	585 329	473 958	23.5	33	25	32.0	—	—

（接上页表）

17	江苏文峰大世界连锁发展股份有限公司	571 736	436 375	31.0	326	125	160.8	15	14
18	锦江麦德龙现购自运有限公司	562 064	531 029	5.8	18	16	12.5	11	13
19	家世界连锁商业集团	527 204	440 390	19.7	49	40	22.5	14	16
20	北京京客隆超市连锁集团有限公司	524 279	440 261	19.1	156	102	52.9	16	15
21	江苏五星电器有限公司	510 688	323 339	57.9	96	76	26.3	21	17
22	好又多超市连锁公司	470 054	536 232	-12.3	27	27	0.0	—	—
23	北京王府井百货（集团）股份有限公司	453 974	465 616	-2.5	11	9	22.2	—	—
24	武汉中百集团股份有限公司	452 302	336 490	34.4	286	189	51.3	20	19
25	重庆百货大楼股份有限公司	446 580	402 325	11.0	33	36	-8.3	17	18
26	北京超市发连锁股份有限公司	406 457	394 000	3.2	112	103	8.7	18	21
27	利群集团股份有限公司	343 429	263 068	30.5	318	115	176.5	23	22
28	深圳市人人乐连锁商业有限公司	321 360	263 140	22.1	15	9	66.7	22	23
29	江苏时代超市有限公司	271 000	203 000	33.5	52	48	8.3	28	27
30	北京新燕莎控股（集团）有限责任公司	260 758	242 685	7.4	171	189	-9.5	—	29
合计		27 042 218	20 812 080	29.9	10 321	7 637	35.1	—	—

备注：

1. 2002 年排名第 1、2 名的联华超市股份有限公司和华联集团有限公司因同属上海百联集团，已由集团合并报表。

2. 2002 年排名第 7 位的华润万佳有限公司已更名为华润万家有限公司。

3. 本次排名因新加入家乐福、沃尔玛、好又多等外商投资商业企业，2002 年排前 30 名的一些国内连锁企业未能列入，如山东潍坊百货集团股份有限公司、上海家得利超市有限公司、湖南友谊阿波罗股份有限公司、深圳民润农产品配送连锁商业公司等连锁企业销售额均超过 20 亿元。

（资料来源：商务部商业改革发展司）

口 岸

一、2003 年对外贸易和货物运输概况

口岸是国家的门户，按运输方式划分，有水运口岸、公路口岸、铁路口岸和航空口岸。口岸物流一直是物流综合系统中的重要一环。2003 年，随着我国经济持续高速发展和对外贸易快速增长，促进了口岸物流迅猛发展。2003 年我国对外经济贸易发展和货物运输具体体现为：

（一）对外贸易快速增长

全年进出口总额达 8 512 亿美元，比上年增长 37.1%。其中出口额 4 384 亿美元，增长 34.6%；进口额 4 128 亿美元，增长 39.9%（见表 1）。对主要贸易伙伴的进出口均增长较快（见表 2）。

表 1　　2003 年我国进出口主要分类情况　　单位：亿美元

指标	绝对数	比上年增长（%）
进出口总额	8 512	37.1
出口额	4 384	34.6
其中：一般贸易	1 820	33.7
加工贸易	2 418	34.4
其中：机电产品	2 275	44.8
其中：高新技术产品	1 103	62.6
进口额	4 128	39.9
其中：一般贸易	1 877	45.4
加工贸易	1 629	33.3
其中：机电产品	2 250	44.6
其中：高新技术产品	1 193	44.0

表 2　　2003 年我国对主要国家和地区进出口情况　　单位：亿美元

国家（地区）	出口额	比上年增长（%）	进口额	比上年增长（%）
美国	925	32.2	339	24.3
香港地区	763	30.5	111	3.7
欧盟	722	49.7	531	37.7
日本	594	22.7	742	38.7
东盟	309	31.1	473	51.7
韩国	201	29.4	431	51.0
俄罗斯	60	71.4	97	15.7

（二）能源和原材料进口大幅度增加

全年进口原油 9 112 万吨，比上年增长 31.3%；成品油 2 824 万吨，增长 38.8%；钢材 3 717 万吨，增长 51.8%；氧化铝 561 万吨，增长 22.6%；铁矿砂及其精矿 14 813 万吨，增长 32.9%。

（三）外商直接投资保持较大规模

全年批准设立外商直接投资企业 41 081 个，比上年增长 20.2%；合同金额 1 151 亿美元，增长 39.0%；实际使用金额 535 亿美元，增长 1.4%。

（四）对外经济技术合作保持良好发展势头

全年对外承包工程、对外劳务合作、对外设计咨询新签合同额 209 亿美元，比上年增长 17.0%；完成营业额 172 亿美元，增长 20.1%。

（五）货物周转量增长，旅客周转量下降

全年完成货物周转量 57 152 亿吨公里，比上年增长 13.1%；港口完成货物吞吐量 33 亿吨，增长 17.9%。受非典疫情的影响，旅客周转量 13 795 亿人公里，下降 2.3%（见表 3）。

表 3　　2003 年各种运输方式完成运输量

指标	单位	绝对数	比上年增长（%）
货物周转量	亿吨公里	57 152	13.1
其中：铁路	亿吨公里	17 092	10.2
公路	亿吨公里	7 010	3.4
水运	亿吨公里	32 275	17.3
民航	亿吨公里	58	12.3
港口完成货物吞吐量	亿吨	33	17.9
其中：外贸货物吞吐量	亿吨	9.4	19.8

注：各项统计数据均未包括香港特别行政区、澳门特别行政区和台湾省。

国内生产总值、各产业增加值绝对数按现价计算，增长速度按可比价计算。

二、2003 口岸物流及其发展特征

（一）口岸物流发展的环境进一步优化

1. 交通部明确提出要抢占物流制高点。交通部认为物流是现代流通方式的主要渠道和载体，是沟通生产和消费的枢纽和纽带，是今后交通行业的一个重要经济增长点。必须从战略的高度上重视和加快物流业的发展，交通要占领物流制高点。

2. 内地与香港特别行政区达成 CEPA 协议。2003 年 6 月 29 日，内地与香港特别行政区达成了《内地与香港关于建立更紧密经贸关系的安排》（以下简称《安排》，即 CEPA）。内地对香港的物流企业提前实施对世贸组织成员所作的开放承诺，273 个税目的香港原产货物进入内地市场将实行零关税。清除了香港物流企业进军内地的“关卡”，降低了开拓内地市场的成本，香港物流运输业将因《安排》受益。

3. 铁路路网和邮政网点资源将互相开放。铁道部、国家邮政局签署协议，根据协议，铁路列车行李车运能向邮政开放，邮政枢纽仓储、配送能力向铁路开放，从而将铁路的运输优势和邮政的网络优势集合成核心竞争力。

4. 民航市场准入进一步扩大。2003 年，我国与蒙古、奥地利、澳大利亚、荷兰、法国、日本等 12 个国家签署了新的航权安排协定。海南省试点开放第三、四、五航权，厦门和南京试点扩大货运第五航权的开放，标志着我国民航在扩大市场准入方面迈出新步伐。5 月 22 日，受伊拉克战争影响，新加坡航空货运公司原定 4 月 1 日停经厦门高崎国际机场，再经南京直飞美国芝加哥的首趟第五航权航班实现首飞。至此，新航货运也正式成为了在中美间提供直接货运服务的一员。由第五航权开放带动影响，南京、厦门机场国际货运量大幅加，增长势头强劲。此外，国航与美联航、南航与日航、东航与日航签署代号共享协议。审核批准外商投资企业 6 个，协议利用外资 1.1 亿美元，比上年增长 28%。办理境外投资项目 2 个，对外投资 2 810 万美元。

（二）港口物流在我国口岸物流中举足轻重

从我国口岸物流的组织现状看，港口扮演着重要角色，无论在总量和效率方面，均对口岸物流

产生具有重要影响。2003 年,全国主要港口完成货物吞吐量 26.3 亿吨，比上年同期增长 17.6%；外贸货物吞吐量完成 9.4 亿吨，比上年同期增长 22.5%，其中沿海主要港口外贸货物吞吐量完成 8.7 亿吨，内河主要港口外贸货物吞吐量完成 0.7 亿吨，与上年同期相比，分别增长 22.9%和 17.7%。国际集装箱吞吐量完成 4 766.3 万 TEU，同比增长 31.7%。沿海港口完成 4475.5 万 TEU，与上年同期相比增长 32.3%；内河主要港口完成 290.8 万 TEU,同比增长 23.2%。

(三)国际集装箱物流增长强劲

外向型经济的发展带动了港口吞吐量增长，特别是国际集装箱物流的发展。目前,我国对外贸易占国内生产总值的比重已将近 50%,加工贸易占对外贸易的一半以上。制造业中机电产品和高新技术产品在我国出口产品中所占份额不断提高,2003 年机电产品、高新技术产品增长率分别达到 44.8%和 62.6%，促进了港口国际集装箱吞吐量的持续高速增长。

2003 年我国港口完成的国际集装箱吞吐量首次超过美国,成为世界排名的第一位。上海港和深圳港集装箱吞吐量双双突破 1 000 万 TEU 大关，在世界集装箱大港排名中名列第三位和第四位。进一步提升了我国港口在世界上所处的地位和国际竞争力。我国港口国际集装箱吞吐量排名前 10 位的港口完成 4 017.56 万 TEU（见表 4），占沿海主要港口总量的 84.29%,表明集装箱物流向大港集中的趋势明显。

表 4　　**2003 年我国港口国际集装箱吞吐量排名前 10 位**

位次	港口	集装箱吞吐量（万 TEU）	比上年增减（%）	占沿海主要港口总量的比重（%）
1（1）	上海	1 128.17	31.0	23.67
2（2）	深圳	1 061.49	39.3	22.27
3（3）	青岛	423.86	24.3	8.89
4（4）	天津	301.54	25.2	6.33
5（6）	宁波	276.26	48.6	5.80
6（5）	广州	276.17	27.1	5.80
7（7）	厦门	233.11	32.9	4.89
8（8）	大连	166.93	23.5	3.50
9（9）	中山	75.61	17.7	1.59
10（11）	江门	74.42	153.3	1.56

注：( ) 内为 2002 年位次

(四)航空物流量相对增长较快,但航空口岸物流总量仍小

作为世界第四大贸易国,2003 年我国民航业也随着国内外经贸环境总体趋好，呈快速增长趋势。2003 年全行业完成运输总周转量 171 亿吨公里，旅客运输量 8 759 万人，货邮运输量 219 万吨,分别比上年增长 3.6%、1.9%和 8.4%。2003 年全行业通用航空生产完成 63 504 小时,比上年增长 10.3%。当年共有航线 1 155 条,其中国内航线 961 条(港澳 43 条),国际航线 194 条。

2003 年完成的航空运输总周转量中,国内航线运量占 67.3%(其中港澳航线运量占国内航线运量 4.9%),国际航线运量占 32.7%;旅客运输周转量占 66.1%(其中国内、国际航线各占 80.3%和 19.7%)，货邮运输周转量占 33.9%(其中国内、国际航线各占 42%和 58%)。货运增长速度增幅高于客运 6.5 个百分点，其中国际航线高于国内航线 15.8 个百分点。

2003 年航空货运市场升温,各大航空公司加大物流业发展步伐。南航全面启动以欧美航线为重心的航空货运，挺进国际航空货运。在广州、深圳、上海等地投资兴建大型货运基地的工程正在按计划进行，由南航、中国邮政共同出资的中邮航获得航空货运资格，由中国国际航空公司、中信泰富有限公司、中国首都机场集团公司共同组建的中国国际货运航空有限公司挂牌成立。

（五）铁路口岸物流量稳步发展

铁路口岸是我国对外开放的重要窗口，目前全国17个铁路口岸中有11个口岸分别与俄罗斯、蒙古、哈萨克斯坦、朝鲜和越南五个国家和香港地区连接。近年来，与俄罗斯、哈萨克斯坦和蒙古等国接壤的口岸动量逐年增长。特别是满洲里、绥芬河、阿拉山口、二连浩特四大口岸发展快速，四大口岸的过货量占全国铁路口岸过货量的91.8%强，总计达到2 530万吨。

满洲里：2003年，满洲里铁路口岸过货量突破1 000万吨。

新疆阿拉山口：截止到2003年，已累计过货3 632万吨，年过货量占全疆16个口岸总量的90%，在全国陆路口岸中仅次于满洲里口岸，已连续8年居全国陆路口岸第二位。2003年全区口岸年过货量650万吨，其中阿拉山口口岸年过货量达到580万吨，居全国铁路口岸第二。

绥芬河：绥芬河市把完善口岸基础设施、拓展对俄贸易通道功能作为重要发展战略。投资3.5亿元人民币扩能、改造绥芬河铁路口岸站工程已竣工，年过货能力可达1 000万吨，解决了进出口贸易的运输瓶颈。2003年，绥芬河口岸过货达600万吨。

内蒙古二连浩特：铁路口岸年吞吐能力达1 000万吨，居全国沿边口岸之首。二连浩特口岸位于中国正北方，与蒙古共和国扎门乌德口岸隔界相望，2003年过货能力350万吨，是中蒙两国惟一的铁路口岸。

（六）外贸大宗散货物流增长迅猛

1. 外贸进口铁矿石量增长较快。在国家持续实施扩大内需的积极财政政策的推动下，基础设施、房地产及汽车等各类机械工业发展快速，直接拉动国内钢铁产业，激发了钢铁市场需求和钢铁生产的快速增长。我国钢铁产量大幅增长，对铁矿石的需求不断上升。我国铁矿石资源虽然丰富，但是品位低，不能满足钢铁生产发展要求，只能大量依赖进口。进口铁矿石在我国铁矿石消费总量中比例越来越高，外贸铁矿石进口量猛增。

2003年，我国主要港口外贸进口铁矿石接卸完成1.4亿吨，比上年增长25%，创近年来进口铁矿石高位增长的新高，成为世界第一大矿石进口国。随着外贸进口铁矿石到港船舶的大型化，接卸进口铁矿石的港口更加集中。与2002年同期相比，沿海港口外贸进口铁矿石接卸增长较快，其中，日照港外贸进口铁矿石增幅高达82.5%；青岛港外贸进口铁矿石增长41.2%；天津港外贸进口铁矿石增长40.0%；营口港外贸进口铁矿石增长29.5%；上海港外贸进口铁矿石增长26.5%；宁波港外贸进口铁矿石增长20.5%。

2. 外贸进口原油增幅较大。我国国民经济强劲增长，与石油相关的电力、钢铁、化工、交通、旅游、汽车业等都得到了迅速发展。全国石油和化工行业经济运行继续保持良好态势，工业总产值、增加值、产品销售收入、利润总额和税金总额等主要经济指标保持了较高的增长水平。特别是全社会汽车保有量的快速增长，社会对油品的需求旺盛。

我国石油行业的快速发展，为石油水上运输提供了良好的环境，对港口发展提出巨大需求。2003年我国外贸原油水运进口量为8 800万吨，比上年增长29%。我国对能源的需求的大幅增加，最大限度地利用国际市场解决能源的供给这一现象将持续一段时间。

3. 外贸煤炭出口增幅平稳。随着我国经济进入新一轮增长周期，特别是冶金、电力、建材、化工等高能耗工业的快速增长拉动了对煤炭的需求。煤炭行业经济运行形势继续好转，煤炭产量和销量大幅增长，国内煤炭市场需求旺盛，煤炭资源供应紧张，煤炭价格一直保持在较高的水平，市场产销两旺。再加上2003年我国主要水库蓄水较往年要少，水电供应的缺口只能由火电来补充，这进一步加大了对电煤的需求。据海关统计，2003年我国进口煤炭1 076万吨，比上年下降0.5%；出口煤炭9 388万吨，比上年增长12.0%，出口远远大于进口。

2003年，全国主要港口外贸出口煤炭8794万吨，比上年同期增长8.2%，煤炭出口增幅平稳。北方的秦皇岛、天津、日照、青岛和连云港五大港口占据了我国煤炭出口的绝大部分份额。其中，秦皇岛港、天津港、日照港增幅较大，分别比上年增长8.4%、50.2%和8.9%；而青岛和连云港外贸出口煤炭有所下降。

4. 粮食出口、大豆进口增长明显。据海关统计，2003年我国出口粮食2194万吨，比上年增长48%；进口粮食208万吨，比上年下降27.0%。受国家有关政策影响，2003年我国进口大豆2 074万吨，比上年增长83.3%；出口大豆27万吨，比上年下降3.0%。

三、我国口岸物流发展存在的问题

（一）港口总体能力不足，不适应发展的需要

我国港口通过能力与港口吞吐量的不平衡关系进一步加大，由2000年的0.98下降到目前的0.8。港口总体能力明显不足，水运基础设施依然薄弱，特别是沿海部分主枢纽港公用码头已处于超负荷状态，并将进一步加剧。随着我国经济的快速发展和经济结构的调整，吞吐能力不足的矛盾越来越突出。

1. 大型外贸码头泊位吞吐能力不足，码头吨级结构性矛盾突出。目前，我国港口中小型、通用型码头泊位数量偏多，大型专业化深水泊位短缺，尤其是原油、铁矿石码头以及能够接纳第四代以上集装箱船的集装箱码头明显不足，20万吨级以上原油、10万吨级煤炭等大型深水专业化码头缺乏。不能适应国际航运船舶日益大型化、专业化的发展趋势，也无法满足我国加大战略性资源进口和对外贸易不断增长的需要。内河港口设施简陋，很多中小港口至今仍在利用天然岸坡作业。

2. 沿海港口进出港航道等级偏低，集疏运能力明显不足。长江口、珠江口公共出海航道以及部分沿海港口航道水深不足，不能适应船舶大型化发展的需要。沿海港口进出港航道等级偏低的矛盾日益显现，限制了港口的发展。

在我国主要沿海港口的集疏运系统中，铁路疏运能力明显不足，给港口生产带来了较大压力。

（二）铁路口岸综合能力不强

随着我国外贸战略的多元化，铁路国际联运货物运输量增加量日益提高，我国与周边国家之间的铁路口岸大多出现了综合能力相对不足的现象。矛盾主要表现在：

1. 进出口货物量急剧增加引发的运能矛盾日趋突出。近年来，我国各大铁路口岸，包括满洲里、绥芬河、阿拉山口、山腰、凭祥、二连等都不同程度地出现了运量大幅度上升的情况，而铁路运能相对不足的矛盾日趋严重。这种运能不足不仅仅表现在硬件设施的不足上，许多软的方面的不足也受到了业内人士的广泛关注，诸如国境站间边检时间、到发能力、编组能力、容车能力、换装能力、仓储能力以及各种配套能力均表现出明显的不足。

2. 经营管理水平亟须提高。铁路口岸站的货流不畅，与管理模式由计划经济向市场经济转轨时仍受制于计划经济模式有必然的联系。经济的发展和铁路走向市场的进程都迫切需要对铁路口岸站进行大规模的技术改造。口岸站在技术改造的同时，也要进行适应运输市场化的竞争要求的经营管理模式的配套改革，要以货主的需求、货流的需求为出发点，充分兼顾发展和变化。

（三）口岸物流运作效率不高

在口岸管理中，现行的管理体制和管理方式在很多方面不利于物流效率的提高，如通关效率较低、管理费用较高、物流组织环节较多、物流成本不合理和部分成本降低较为困难等。这些问题阻碍了我国“大口岸、大通关、大平台、大物流”战略的实施。

（四）线路能力呈现偏紧状态

外贸进口激增，尤其是初级产品进口增长较快，增幅达50%以上。因此，金属矿石、石油、非金属矿石、钢材、水泥等大宗货物运输都有不同程度的增长。由于货运需求的大幅增长，部分运输方式和线路能力呈现偏紧状态。

四、我国口岸物流发展的对策

（一）积极培育具有国际竞争能力的枢纽港口

根据口岸物流活动的特点，加大沿海港口基础设施建设力度，是口岸物流发展的重要基础条件。从国际物流发展趋势看，我国应积极培育具有国际竞争能力的大型枢纽港口，努力发挥其在推动我国现代物流跨越式发展中的重要作用。

随着我国原油进口量的大幅度增长，煤炭等大宗散货船舶向大型化发展很快，大型深水泊位接卸能力不足的矛盾日益突出。因此，要认真贯彻落实胡锦涛总书记、黄菊副总理关于加快港口发展的指示精神，加快沿海港口基础设施建设步伐，特别是加快沿海大型矿石、原油、煤炭、集装箱泊位及配套深水航道建设、继续整治长江碍航航段及长江口深水航道，加快上海国际航运中心的建设。同时，采取措施，挖掘现有设施能力，扩大码头泊位通过量，确保港口基础设施适应水运行业发展，满足国民经济和对外贸易发展的需要。

（二）加大对铁路口岸建设的投入和扶持

随着铁路改革的深入，铁路运输作为市场主体的位置愈加明确，而铁路口岸站作为路网的重要组成部分是国民经济的基础设施，各级政府责无旁贷。目前，铁路口岸设施很难得到加强和改善，这种状态是十分不合理的。

铁路口岸站是国家对外开放的重要窗口和门户，也是运输市场的主体，口岸站的接运能力不仅反映了路网输送能力，也对国民经济的发展产生越来越重要的影响。为保证口岸站货流顺畅，能从容应对急剧增长的进出口货物运量的需求，国家和地方政府就必须对铁路口岸予以政策上的进一步扶持。当然，铁路口岸要改变传统计划经济时代的思维模式，适应市场化的需要，要以货主为中心去思考问题，满足货主在国际联运货物运输中的需求。口岸经营者要以竞争的姿态，主动去占领市场，去研究市场的变化，开拓市场份额。

（三）提高口岸物流效率

口岸物流发展涉及的环节多，不仅受到通关效率的影响，还与政策环境、物流设施、市场发展、科学技术进步等方面的因素密切相关。因此，提高口岸物流效率是一个系统工程，需要各方面的协调配合。

1. 改善口岸物流发展环境。进一步建立和完善口岸物流相关的法律、法规体系，与国际惯例接轨。加强海关进出口监管、提高口岸各项管理职能，强化职能部门的服务意识。推广“口岸电子执法系统”，实现企业“网上报关”，尽量简化进出口报关手续，缩短通关时间，尽可能地提高通关效率。对于口岸的其他各项管理，应做到“一个窗口”服务的原则，使商检、卫检和动植检在一个窗口内实施检查、检疫，最大限度地为客户提供一流的口岸物流管理服务。

2. 促进口岸物流的资源整合。根据口岸的特点，加速物流产业结构调整。在对口岸物流全行业开展协调和前瞻性的规划工作的基础上，推进行业联盟和企业联合经营，逐步使物流业务向规模化、集约化方向发展，更大程度地发挥口岸物流的潜在综合优势。要引进市场机制，改善经营方式，紧紧围绕用户各种需求，提供优质高效和丰富多样的口岸物流服务，特别是强化口岸物流的货物集散功能，抓好集货、存货和配货，积极努力培育国际一流、完善的现代口岸物流服务市场，以满足口岸物流服务的需求。

3. 加快口岸物流信息化进程。信息技术是构成现代物流体系的重要组成部分，也是现代物流赖以生存的根本技术保障。要引入国外先进的信息流技术，尽快建立口岸物流信息网络，包括以物流流转数据处理为主要功能的电子数据交换系统；以物流信息系统中信息收集、仓储库存控制为主要功能的条形码系统；以物流流程监控为主要功能的全球卫星定位系统等。

在信息系统建设的基础上，尽快建立一个公正的、高效的口岸物流共同数据(公共信息)交换平台，以实现口岸物流信息资源共享的要求，提升口岸物流信息管理和服务水平。在口岸物流信息网络建设的同时，充分运用各种物流新技术手段，大力发展电子商务物流和IT物流，不断提高口岸物流技术含量。

（四）积极探索新的口岸物流发展模式

加入 WTO 后，我国的对外开放格局会发生重大变化，WTO 的相关规则将使我国现行的口岸管理面临挑战，口岸管理的方式也将呈现多元化和多样化格局。探索新的口岸物流发展模式，既是口岸在新的经济发展形势下的发展需要，也是从总体上提高我国口岸物流效率的需要，因此，要重视口岸物流发展模式的研究和探索。为提高口岸物流效率，应加强在我国建立自由贸易区的可行性研究，使口岸物流管理和口岸物流系统效率适应新时期经济发展的需要。

（特约撰稿：上海海运学院　黄有方　张丽娟）

2003 年主要港口货物、旅客吞吐量

（截至 2003 年 11 月）

	计算单位	当月完成	自年初累计	累计为上年同期（%）
一、货物吞吐量				
全国总计	万吨	22 616	239 497	118.1
1. 沿海合计	万吨	16 973	180 064	118.7
# 大连	万吨	1 082	11 487	112.4
营口	万吨	270	3 689	124.2
秦皇岛	万吨	1 015	11 360	110.1
天津	万吨	1 379	15 007	125.7
烟台	万吨	300	2 616	107.3
青岛	万吨	1 241	12 893	114.7
日照	万吨	390	4 076	117.2
上海	万吨	2 815	28 674	119.6
连云港	万吨	260	3 493	112.7
宁波	万吨	1 601	17 133	122.4
舟山	万吨	450	5 177	140.6
温州	万吨	197	2 143	142.8
福州	万吨	398	4 323	122.1
泉州	万吨	230	2 290	121
厦门	万吨	314	3 065	124.1
深圳	万吨	986	10 170	128
广州	万吨	1 497	15 465	114.1
珠海	万吨	222	2 232	106.1
湛江	万吨	200	2 555	108.4
2. 内河合计	万吨	5 643	59 4733	116.6
# 南京	万吨	502	5 937	107.3

（接上页表）

江阴	万吨	210	1 932	183.3
徐州	万吨	88	1 083	95.9
常熟	万吨	110	1 411	124.8
张家港	万吨	330	3 582	125.9
南通	万吨	420	4 420	131.2
镇江	万吨	251	2 627	111.7
杭州	万吨	350	3 076	159.9
湖州	万吨	188	2 164	108.6
南昌	万吨	16	164	10.6
武汉	万吨	150	1 775	110.1
武汉港务处	万吨	102	1 282	107.4
注：本表所列港口为2002年货物吞吐量沿海到达1 500万吨、内河达到1 000万吨的港口				
二、外贸货物吞吐量				
全国总计	万吨	8 066	85 923	122.6
1. 沿海合计	万吨	7 483	79 523	123
#大连	万吨	373	4 366	125.1
营口	万吨	95	1 353	133.5
秦皇岛	万吨	390	5 111	110.8
天津	万吨	762	8 110	125.9
烟台	万吨	172	1 312	104.7
青岛	万吨	916	9 372	123.5
日照	万吨	180	2 098	111.9
上海	万吨	1140	11 735	122
连云港	万吨	160	2 292	121.5
宁波	万吨	682	7 469	133
舟山	万吨	186	1 728	228.4
温州	万吨	15	157	88.2
福州	万吨	143	1 566	124.6
泉州	万吨	50	511	115.2

（接上页表）

厦门	万吨	205	2 078	128.4
深圳	万吨	602	6 100	131.8
广州	万吨	490	4 456	117.1
珠海	万吨	107	1 042	94.3
湛江	万吨	140	1 774	109.7
2. 内河合计	万吨	583	6 400	117.8
# 南京	万吨	62	826	101.4
江阴	万吨	25	200	197.2
常熟	万吨	50	438	156.7
张家港	万吨	125	1 518	119.2
南通	万吨	35	425	120
镇江	万吨	46	545	95.2
杭州	万吨	—	—	—
武汉	万吨	7	77	120.2
注：本表所列港口为2002年货物吞吐量沿海到达1 500万吨、内河达到1 000万吨的港口				
三、集装箱吞吐量				
全国总计	万TUE	439.3	4 308.77	131.5
1. 沿海合计	万TUE	415.26	4 049.47	132.2
# 大连	万TUE	17.5	148.82	124.1
天津	万TUE	27.66	279	125.5
青岛	万TUE	36.88	385.26	124
上海	万TUE	103	1 026.56	132.6
宁波	万TUE	24.97	250.98	148.7
厦门	万TUE	20.85	211.29	132.2
深圳	万TUE	97.92	963.25	139.5
广州	万TUE	30.51	249.62	125.8
2. 内河合计	万TUE	24.05	259.31	121.4
注：本表所列港口为2002年集装箱吞吐量到达100万TEU				

(接上页表)

四、旅客吞吐量				
全国总计	万人	611	7 009	89.3
1. 沿海合计	万人	492	5 360	94.3
#大连	万人	38	478	84.5
烟台	万人	35	356	92.1
上海	万人	108	966	99
宁波	万人	51	584	102.3
舟山	万人	58	698	102.4
深圳	万人	23	217	88.4
珠海	万人	42	392	86.9
海安	万人	33	447	100.1
海口	万人	16	211	101.8
海口新港	万人	20	277	86.6
2. 内河合计	万人	120	1 649	76.4
#重庆	万人	11	233	72.5
万州	万人	20	322	66
重庆航管处	万人	23	268	77.7
泸州	万人	30	339	90.9

(资料来源:中华人民共和国交通部)

全国沿海港口货物吞吐量前10名排序表

(截至2003年11月)

名次	港口	自年初累计(万吨)	本月(万吨)	自年初累计为上年同期(%)
1	上海	28 674	2 15	119.6
2	宁波	17 133	1 601	122.4
3	广州	15 465	1 497	114.1
4	天津	15 007	1 379	125.7
5	青岛	12 893	1 241	114.7
6	大连	11 487	1 082	112.4
7	秦皇岛	11 360	1 015	110.1
8	深圳	10 170	986	128.0
9	舟山	5 177	450	140.6
10	福州	4 323	398	122.1

(资料来源:中华人民共和国交通部)

2003年中国对外贸易形势与2004年发展前景

一、2003年中国对外贸易形势

2003年，世界政治、经济局势复杂多变。前二季度，受美伊战争和非典疫情的不利影响，世界经济复苏进程较为缓慢。从三季度起，在美国经济复苏强势的带动下，发达国家经济普遍回升，世界市场需求明显回暖。中国经济的各个层面，特别是服务业的发展，虽然在不同程度上受到非典疫情的负面冲击，但在投资和进出口等因素的带动下，依然保持了持续、快速、健康增长的良好态势。中国对外贸易的增长速度大大高于预期。进出口双双突破4 000亿美元大关，全年对外贸易总额达8 512.1亿美元，较上年增长37.1%。其中，出口4 383.7亿美元，同比增长34.6%；进口4 128.4亿美元，增长39.9%。贸易顺差255.1亿美元，较上年减少48.84亿美元。2003年中国对外贸易运行的主要特点是：

（一）进、出口贸易高速稳定增长，月度进出口额屡创历史新高

2003年，中国对外贸易继续保持2002年下半年以来的强势增长态势。除个别月份外，月度出口增幅稳定在30%以上；自9月份起，月度出口额均超过400亿美元，12月当月出口额高达480.7亿美元，增长50.7%。进口增速大部分月份保持在40%左右，其中1月份的增幅高达63.4%。进出口贸易增速创1980年以来的最高历史纪录（见图1）。

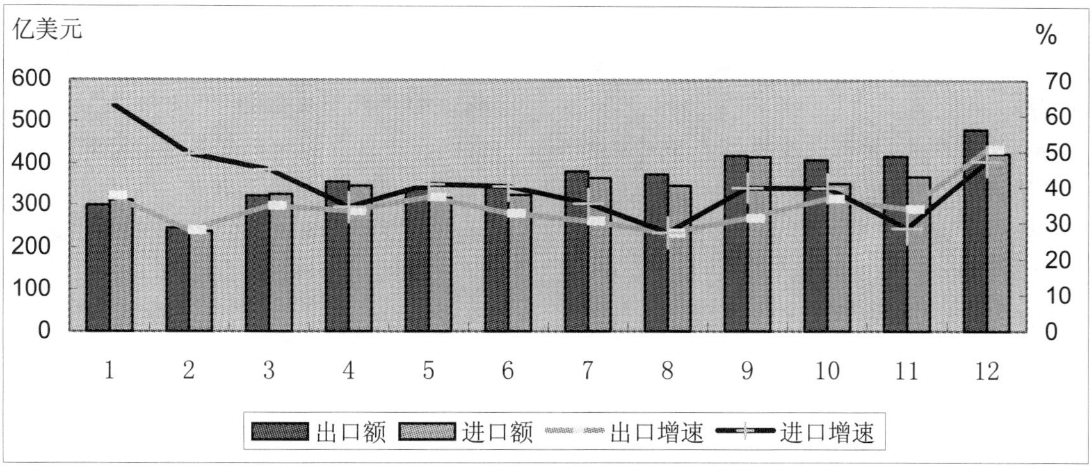

图1　2003年月度进、出口情况

（二）一般贸易增长强劲，加工贸易平稳发展

全年一般贸易进出口总额3 697.4亿美元，同比增长39.4%。其中，出口1 820.4亿美元，增长33.7%，占当年出口总额的比重为41.5%；进口1 877亿美元，增长45.4%，高出一般贸易出口增速11.7个百分点，占当年进口总值的45.5%。一般贸易项下逆差56.6亿美元（见表1）。

加工贸易平稳发展，进出口总额4 047.9亿美元，增长34%，占当年外贸进出口总额的47.6%。其中，出口2 418.5亿美元，增长34.4%，占当年出口总额的55.2%；进口1 629.4亿美元，增长33.3%，占当年进口总额的39.5%。加工贸易项下实现贸易顺差789.1亿美元。

（三）机电、高新技术产品进出两旺，成为拉动对外贸易高速增长的主要动力要素

全年机电产品出口2 274.6亿美元，增长

表 1 2003 年进出口综合情况(按贸易方式分) 单位：亿美元

项目	出口		进口	
	金额	增减（%）	金额	增减（%）
总额	4 383.7	34.6	4 128.4	39.9
一般贸易	1 820.4	33.7	1 877.0	45.4
加工贸易	2 418.5	34.4	1 629.4	33.3
其他贸易	144.8	53.8	622.0	41.8

44.8%，高出总体出口增速 10.2 个百分点。其在出口总额中所占比重达 51.9%，较上年提高了 3.7 个百分点，对当年出口增量的贡献率为 62.4%；进口总额 2 249.9 亿美元，增长 44.6%，高出总体进口增速 4.7 个百分点。高新技术产品出口 1 101.6 亿美元，增长 62.7%；进口 1 191.8 亿美元，增长 44.1%；其进、出口增速分别较总体进、出口增速高 3.2 和 28.1 个百分点。在高新技术产品出口中，计算机与通讯类产品是主力军，其占该类产品出口总额的比重高达 90%以上；进口的主要产品是集成电路类产品，如单片集成电路、计算机零附件等。

（四）初级产品、特别是资源性产品进口大幅攀升，机械设备进口快速增长

全年初级产品进口 727.8 亿美元，增长 47.7%。其中铁矿砂进口 1.5 亿吨，增长 32.9%；原油进口9 112 万吨，增长 31.3%；成品油进口2 824 万吨，增长 38.8%；大豆 2 074 万吨，增长 83.3%。工业制成品进口总额 3 400.5 亿美元，增长 37.1%。其中，机械设备进口 715 亿美元，增长 37.1%；钢材进口3 717 万吨，增长 37.1%；汽车进口 17.2 万辆，增长 35.3%。

（五）对主要贸易伙伴进出口贸易全面增长

2003 年，中国与美国、欧盟、日本三大贸易伙伴的双边贸易总额均突破千亿美元大关，其中与美国和欧盟的双边贸易首次突破 1 000 亿美元。中美双边贸易总额 1 263.2 亿美元，增长 30%；中国与欧盟双边贸易总额达 1 252.2 亿美元，增幅高达 44.4%；日本则连续 11 年成为我国最大贸易伙伴，中日双边贸易总额 1 335.8 亿美元，增长 31.1%。同时，中国与其他主要贸易伙伴、特别是对一些新兴市场国家的贸易保持了良好的增长势头，双边贸易增幅在 20%以上，其中与东盟国家和韩国的增长速度均超过 40%(见图 2)。

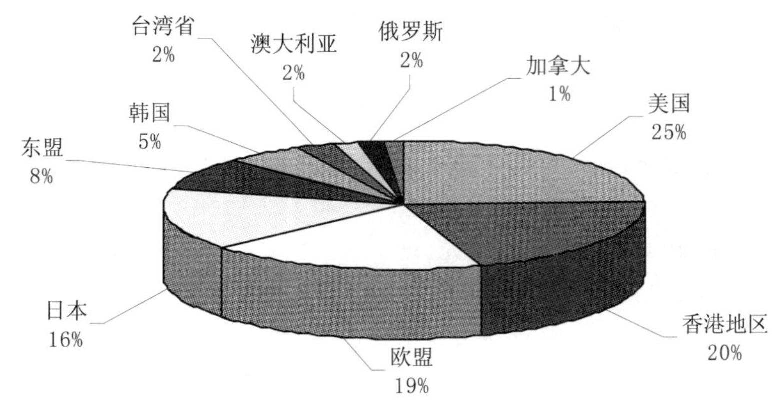

图 2 2003 年我国出口市场结构

（六）随着外贸经营权加速放开，外商投资企业和集体私营企业逐渐成为推动出口增长的重要力量

外商投资企业依然是拉动中国出口增长的主体，全年出口 2 403.4 亿美元，增长 41.4%，其占全国出口总额的比重达 54.8%，较上年提高 2.6 个百分点；进口 2 319.1 亿美元，增长 44.7%，占全国进口总额的比重为 56.2%，较上年提高 1.9 个百分点。

国有企业出口 1 380.3 亿美元，增长 12.4%，其占全国出口总额的比重为 31.5%，较上年下降 6.2 个百分点；进口 1 424.8 亿美元，增长 24.5%，占全国进口总额的比重为 38.8%，较上年下降 4.3 个百分点。

集体私营企业发展对外贸易的势头迅猛，全年出口 600.0 亿美元，同比增长高达 83.1%，其占全国出口总额的比重由上年的 10.1%升至 13.7%；进口 384.4 亿美元，增幅 88.1%，占全国进口总额的比重亦由上年的 6.9%升至 9.3%(见表 2)。

表 2　　**2003 年进出口综合情况(按企业性质分)**　　金额单位：亿美元

项目	出口		进口	
	金额	增减（%）	金额	增减（%）
总额	4 383.7	34.6	4 128.4	39.9
国有企业	1 380.3	12.4	1 424.8	24.5
外商投资企业	2 403.4	41.4	2 319.1	44.7
其他企业	600.0	83.1	384.4	88.1

（七）对外贸易增长的质量和效益逐步提高，进出口在国民经济中的作用明显增强

对外贸易的快速增长，带动了国内经济的稳步增长，促进了国内经济结构的调整、升级及新型工业化进程，特别是进口对国民经济的促进作用凸显，通过进口大量国民经济发展所急需的先进技术、机器设备和国内短缺的原材料和能源产品，优化和提高了资源配置效益，使我国经济发展继续保持健康、稳定、协调、快速增长的良好态势。进口设备占国内固定资产投资的比重大幅上升，对提高我国经济的整体技术水平和产业的国际竞争力，起到愈来愈大的推动作用。同时，原油、铁矿砂、钢材等能源、原材料产品的大量进口，在很大程度上弥补了我国自然矿产资源的不足，为国民经济的持续、快速发展提供了必不可少的资源保证。

二、2003 年中国对外贸易高速增长的主要动力要素

中国对外贸易 2003 年取得远远高于预期的高速增长，是多种动力要素共同作用的结果。

首先，随着发达国家新一轮产业结构调整和转移的进程继续深化，国际制造业、特别是一些技术含量和附加价值较高的信息产业向中国转移的步伐加快，为中国对外贸易总量的迅速扩张提供了有力的支撑。近年来，跨国公司对中国的投资出现了一些新变化，其中最明显的一点就是将中国作为制造业的生产基地，其产品纳入跨国公司全球生产和销售体系，即在中国国内生产的部分产品是直接向世界市场销售的或通过跨国公司内部交易实现的。因此，投资带动贸易的效应愈益显现。长江三角洲和珠江三角洲地区，劳动力素质高、成本低、产业配套能力强，对外商投资的吸引力不断增强，通过吸纳国际转移产业，形成一大批面向国际市场的外商投资制造企业，出口产能和进口需求均明显扩大。2003 年前三季度，广东、福建、上海、浙江、江苏、山东六省(市)的出口增量占全国出口总增量的 82.1%，进口增量占全国总增量的 74.8%。

其次，中央政府，特别是各级地方政府按世贸组织规则对进出口贸易发展继续实施支持和鼓励

措施。从中央政府看,加快出口退税速度和增加退税总量,为出口贸易的快速增长创造了良好的宏观环境。各级地方政府则根据本地的实际情况,在世贸组织规则许可的前提下,采取了一系列鼓励出口的政策措施,如向企业提供市场信息、政策咨询、业务培训,有力地促进了出口增长。

再次,中国加入世贸组织的积极效应进一步显现,新的外贸增长点不断形成。按照我国加入世贸组织的承诺,开放领域继续扩大,法律法规体系和投资环境不断改善,对外商来华投资的吸引力增强,从而使投资贸易的互动作用愈益显现。同时,随着外贸经营权的加速放开,激活了各类市场经营主体,特别是民营企业经营对外贸易的活力进一步得到释放,使企业进出口自主增长的能力明显增强。2003 年中国的关税总水平从上年的 12%下调至 11%,特别是执行信息技术协定(ITA)使 90 个税目的信息产品实现零关税。加之非关税措施进一步减少,对进口的快速增长起到明显的牵动作用。

最后,世界经济和国内市场消费需求逐步好转,为进出口快速增长奠定了重要的需求基础。

2003 年,世界经济总体上呈缓慢复苏态势,世界经济年增长率达 3.2%,高于上年水平,从而带动了国际市场需求的回升。尤其是从三季度起,发达国家,首先是美国经济复苏势头加快,国际市场对中国出口产品的需求进一步上升,为中国出口的快速增长创造了较好的外部环境。

中国经济持续快速增长,经济结构调整和产业结构升级进程加快,带动了进口需求大幅增长。在投资方面,对先进技术设备、能源、原材料的进口需求旺盛。与此同时,国内居民收入不断提高,消费结构逐步升级,国内市场容量明显扩大,对扩大一般消费品和少数高档耐用消费品(如汽车)的进口需求起到相当大的促进作用。

还有一点应指出,2003 年 9 月以来出口贸易的超常增长,特别是 12 月份当月出口增长率高达 50.7%,致使全年贸易顺差额大大超出原先预期,在某种程度上可能与国家调整出口退税税率的政策实施期限有联系。换言之,不排除有些企业为了避免 2004 年部分出口产品退税率下调所造成的不利冲击而采取“突击”出口行为的可能性。客观分析,“最后期限”出口贸易的超常增长,将对 2004 年出口发展带来一定的不利影响。

三、2004 年中国对外贸易的发展前景

总体看来,2004 年中国对外贸易发展的外部国际环境将继续有所改善。据国际货币基金组织和其他一些国际著名经济研究机构预测,2004 年世界经济的年增长率将超过 4%,明显好于 2003 年。世界贸易增长率将达 5%–7%,较 2003 年提高 2.5 至 3 个百分点。国际资本流动趋向活跃,全球跨国直接投资将止跌回稳,有可能出现温和复苏。这意味着,世界市场对中国出口产品的需求将继续增长。

中国经济将继续保持较快增长势头,为对外贸易发展奠定较雄厚的物质基础。同时,内需不足问题仍未从根本上得到解决,从而使对企业出口的“挤压效应”继续存在。此外,随着产业结构调整升级,中国企业的劳动生产率逐步提高,将进一步增强中国出口产品的国际竞争力。

与此同时,必须看到,在 2004 年中国对外贸易发展的外部和内部条件方面,存在着诸多不利因素。

从外部国际环境看,发达国家经济复苏的基础尚不稳固,国际政治局势动荡对经济发展带来的负面影响愈益加大。国际贸易保护主义进一步抬头,对国际贸易的正常发展形成障碍。随着美国“大选”年的来临,经济问题政治化的趋向将有所强化,有可能引发新一轮要求人民币升值的国际压力。

对外贸易发展的国内环境亦不容乐观。首先,部分出口产品退税率调低,将增加出口企业成本,削弱中国部分出口产品的国际竞争力,从而对出口贸易的发展带来一定程度的负面影响。其次,随着发达国家经济逐步回升,国际资本的流向将重新回到以发达国家为主的格局,从而使中国吸收外商直接投资的增长势头受阻。2003 年下半年以来中国吸收外资增速大幅下滑在很大程度上表明了这一点。换言之,2004 年外商对中国直接投资

的增长速度将有所减缓，从而减低投资带动贸易效应。第三,2003 年对外贸易高速增长造成进出口基数偏高,大大增加了 2004 年进出口增速保持较高水平的难度。

由于上述种种不利因素的存在,2004 年中国对外贸易将保持平稳发展态势,进出口贸易、特别是出口增速将明显回落。

预计 2004 年中国对外贸易总额将达 9 300–9 500 亿美元水平,年增长率为 8%–11%。其中,出口贸易额 4 700–4 900 亿美元,增幅为 7%–11%;进口贸易额 4 600–4 700 亿美元,增幅 11%–14%。贸易顺差将进一步减低。

有一点应指出，若世界经济回升速度超出预期,或进出口发展的国内环境得到有效改善,2004 年中国对外贸易增长速度进一步提高的潜力和可能性是客观存在的。

（特约撰稿:商务部国际贸易经济合作研究院副院长、研究员　李雨时）

国际货代

中国物流行业在历经了 2002 年的激情、冲动历程之后,可谓洗尽铅华,逐渐由狂热归于理性与平静。中国物流行业伴随着我国“十五”计划的实施正以更成熟的步伐迈入新的时代。

现代物流发展趋势已经由以往简单模式渐渐演变成多模式、多渠道、无国界的方向发展。伴随着我国世界制造中心地位的进一步确立，相信在未来一段时间内，我国将可成为全世界物流增长最高的地区之一。同时面对着制造业利润源泉的枯竭,制造企业纷纷将目光转向第三方物流,希望通过第三方物流来提升服务水平,增加利润空间。作为我国物流行业中坚力量的国际货运代理企业纷纷抓住机遇,积极向现代物流企业转型,为客户提供增值化服务，在一定程度上促进了我国现代物流业的进步。

一、2003 年中国物流行业有以下变化特征和发展态势值得业内关注

(一) 政府对现代物流发展宏观导向作用日益凸现

我国政府对现代物流的重视程度不断提高，物流在国家经济规划中的地位不断加强。各级政府部门纷纷出台物流相关政策。

我国“十五”规划中明确提出“改造提升传统物流业、运输业和邮政服务业”,这为我国物流业的发展提供了政策依据；各有关政府部门积极制定了行业规划,并联合下发文件,为物流业的发展提供指导性意见；各地方政府相继在推出的城市规划，把现代物流产业和建设物流基地进行了明确。这在一定程度上促进了现代物流的发展。

2003 年 5 月份,商务部组建,职能之一是“拟订我国国际物流发展的政策、参与多双边运输协定的谈判;拟订国际货运代理企业资格标准,承担法律法规规定的资格审定等”。商务部积极制订有关促进现代物流发展的相关政策，代表物流企业加强与相关政府部门间的协调以及与国外政府的谈判,支持培育本土物流巨头,为促进我国现代物流发展积极发挥导向性的作用。

(二)国内物流企业经营管理取得成效显著

国内大型物流企业如中外运、中远物流、大田等已经成功地向第三方物流转型，并可提供增值化的物流服务。

中外运于 2003 年 2 月 13 日在香港挂牌上市,凭借其强大的人才和资金优势,可为客户提供全方位的综合物流解决方案以及个性化的物流服务。中远物流成立两年多来,在物流领域树立了自己的品牌,已经得到了业界的广泛认可。大田集团 2003 年重拳出击国内快递市场并获得了广泛的市场认可度。

上述公司凭借其网络、资金、人才等优势,在细分市场的基础上,重点开拓目标市场,不断扩大业务范围和改进服务手段，已能为客户提供多样化的服务,形成了稳定的客户群。相信上述企业将不负众望,在参与制订物流行业相关标准,促进我国现代物流的发展方面发挥一定的作用。

(三)外资企业进入国内,通过整合其组织方式取得了更多的发展机遇，并进一步挤占了国内货代物流企业的利润空间

随着我国政府入世承诺的逐步兑现，有关国际货运代理行业的政策限制也进一步放宽。

2002年 12 月 11 日,原外经贸部修订了《外商投资国际货物运输代理企业管理办法》。2003 年 1 月 29 日,首家外资控股的国际货代企业获准成立,中外双方的出资比例分别为 30%和 70%，标志着外国货代企业进入中国市场又向前跨了一大步。

2004年 1 月 1 日,商务部发布公告对国际货运代理企业的设立条件做出新的规定，自然人首次被允许投资国际货代企业。即“国际货代企业的股东可由企业法人、自然人或其他经济组织组成。与进出口贸易或国际货物运输有关、并拥有稳定货源的企业

法人应当为大股东，且应在国际货代企业中控股。企业法人以外的股东不得在国际货代企业中控股。”至此，自然人持股的货代企业纷纷相继成立，有关行业经营主体的限制开始有所放宽。

2004年1月1日实施的《内地与香港更紧密的经贸关系的安排》以及《内地与澳门更紧密的经贸关系安排》已允许港澳企业在内地按内资国际货运代理企业的注册资金要求，独资提供国际货代业务。

同时，国家有关外商投资商业领域的限制进一步放宽。即将于2004年6月1日施行的《外商投资企业领域管理办法》规定：外商投资商业企业可以经营商品零售、自营商品进口、采购国内产品出口、商品批发、佣金代理(拍卖除外)、商品进出口及其他相关配套业务和授予他人以特许经营方式开设店铺。

国外货运代理企业的进入必将加大我国货代市场竞争的激烈程度。外资企业纷纷整合其在国内的供应链，加大了对国内的投资和控制力度，并重组其在国内的企业结构，部分企业已经充分暴露其甩开中方单干的意图。目前，全球50家大型零售企业大部分都已进入我国并急速扩张，对我国传统零售业形成渗透和挤压之势。伴随着其扩张，国外的第三方物流公司的扩张也在加剧。世界著名咨询企业麦肯锡公司甚至预测，未来几年，中国零售业大部分市场将被几家大型国际巨头掌控。我国加入世贸组织时曾承诺，商业流通业的开放时间为4年。许多外资商业巨头纷纷在华提速扩张，利用各种手段涌入我国，这必然会进一步加速外资商业巨头以及外资第三方物流商在我国的扩张，并进一步挤占第三方物流商的利润空间。

（四）国内生产企业向物流行业的渗透将进一步挤压第三方物流企业的生存空间

目前国内生产企业参与第三方物流的趋势日益明显，特别是海尔、美的、TCL等家用电器厂商对第三方物流的渗透，被看作是我国本土企业向第三方物流进军的信号。其目的是凭借其强大的网络优势组建物流子公司或物流本部，加强对物流的控制，以期形成新的利润增长点和增加企业未来发展的核心竞争力。例如，海尔宣布将组建物流本部，青岛啤酒基于分销考虑加大了对电子商务的投入。生产企业对第三方物流的参与将进一步加大第三方物流市场的竞争。从另外一个角度来看，这对于第三方物流企业或许是一件好事，表明第三方物流已经获得了生产企业的广泛认可，同时由于大型生产企业的参与，中小型生产企业也将会更加关注其供应链整合，第三方物流企业可借此扩展其服务范围。

（五）物流行业协会的桥梁作用日显重要

伴随着现代物流的飞速发展，相关的行业协会也迅速增加。中国国际货运代理协会(以下简称货代协会)是全国性的物流中介组织，拥有会员近600家(包括22家各省、市、自治区国际货运代理行业组织作为团体会员)，其中理事96家，常务理事32家。成立三年多来，她积极发挥国家级物流协会的带头作用；在发挥政府和企业之间的纽带和桥梁作用；在倾听、反映货代物流企业呼声，坚决维护其合法权益方面做了大量的工作；为促进我国货代及现代物流的发展做出了开创性的贡献；其桥梁作用越来越突出和重要。

2003年，货代协会为促进我国现代物流的发展进行了诸多方面的促进工作：

1. 与《中国外资》杂志社共同承办了“中国物流节”委托的“中国物流万里行”活动，并取得了显著的社会效果。此举不仅有助于政府部门、社会各界深入了解我国现代物流的现状、存在问题、发展前景及重大意义，同时也为业界提供了一个相互借鉴与交流的平台。

为了成功举办此次活动，中国国际货运代理协会和《中国外资》杂志社联合成立了专门的“万里行”工作组委会，对活动每一个细节的组织、策划、执行和服务工作都做了精心的安排，同时该活动得到了商务部领导的大力支持。

2003年11月2–12日，在“万里行”组委会的组织下，由中央电视台、报刊、杂志、网站等媒体记者组成考察团，分成3个小组，从北京出发，分别沿我国珠江三角洲、长江三角洲、环渤海地区进行考察、采访，途经20多个城市，历时10天，考察企业近

90家,其中涉及海陆空运输或代理、快递、仓储、区域和城市配送等有代表性的专业和综合物流企业以及著名的IT、家电、医药、消费品、商业零售等物流客户,同时还包括已成规模的物流园区、大型采购中心等。组委会还组织了物流业知名的专家、学者和“万里行采访团”的记者们共同编撰了《中国物流万里行论文集》。此次活动通过对目前我国一些有代表性的物流客户、物流企业和相关政府部门进行考察、采访,客观真实地反映中国物流的需求和发展现状,为货代物流业界人士提供一个借鉴和交流的平台,为学术界提供一手的研究素材,为政府部门提供行业规划和政策决策的参考。

2. 为我国首次夺得了FIATA年会的举办权,年会举办地为上海。2006年FIATA(上海)年会的举办将为我国现代物流的发展带来巨大的发展机遇。

经过艰苦不懈的努力,货代协会代表中国夺得了国际货运代理协会联合会(法文缩写FIATA)2006年年会的举办权,这将为我国现代物流带来难得的发展机遇。通过举办FIATA年会,不仅可以向世界展示我国货代行业的整体形象,进一步提高我国货代行业及现代物流的国际地位,也预示着我国货代行业将迎来一个快速发展的大好时机。

3. 协会积极参与《邮政法》、《货代管理规定》等对我国现代物流的发展具有重大影响的法规的修改,为政府和企业间搭建沟通平台。中国货代协会作为行业中介组织的桥梁和纽带作用得到了国务院法制办、商务部等政府部门的充分肯定。

快递市场的健康发展呼唤一部公正、公平,真正体现各方利益的《邮政法》尽快出台。2003年,国务院法制办多次召开座谈会就《邮政法》的修改工作听取中外快递企业的意见。货代协会代表中外快递企业积极配合《邮政法》的修改工作,并认真提出了修改建议。目前有关《邮政法》的修改工作已经引起了社会各界的广泛重视。

4. 为促进两岸四地(中国内地、香港、澳门、台湾)货代物流业的大发展,2003年11月25、26日,货代协会与香港货运物流业协会在香港共同主办了“海峡两岸暨港澳地区货运物流研讨会”。中国货代协会等行业中介组织均表示将为两岸四地货代及物流企业搭建交流与咨询的平台。

研讨会的主题是“联合大中华物流优势,迈向全球”。研讨会就“内地与香港更紧密经贸关系安排”对两岸四地货代及物流企业当前所面临之挑战及机遇、“粤港澳在大中华之空运发展、协调及长远策略”等内容进行了广泛深入的探讨和交流。

5. 协会作为商务部的直属社会团体,认真履行着其委托的职能。

中国货代协会负责对在京的各有关中央企业申请成立货代公司或申请扩大经营范围、增资扩股、股权变更等进行初审;对在京的各有关中央企业申请在异地设立子公司或分支机构进行审核并出具审核意见;负责在京的各有关中央企业的年审工作,并负责对全国范围内货代行业的年审情况进行汇总、统计、分析和调查核实;负责《中华人民共和国国际货物运输代理企业批准证书》的发证及换证工作。

同时,货代协会还负责组织国际货代从业人员资格培训和考试并代发上岗证书工作,并成功组织了2002年、2003年资格考试,在行业内推行持证上岗,通过组织资格考试,为企业输送合格的货代专业人才。

6. 加强对会员的服务力度,为促进行业发展贡献力量。

协会通过成立专业性的工作委员会,为会员开展有关业务提供专业化的指导;积极向政府部门反映业界呼声,促进政府部门修改相关法规;通过组织出国考察学习交流,引起先进的管理经验;通过会刊和网站为会员提供行业动态、政策资讯、协会动态等信息。

经过近四年持续不断的努力,协会已经成为在业界内外有良好口碑的行业中介组织。随着我国现代物流的发展,货代协会的作用将日显突出。

二、我国货代行业目前存在的问题

(一)行业投资总体规模和企业规模小,综合竞争力弱

据最新数据统计,我国经商务部批准的国际货代企业已达50 000多家,但大部分公司规模小、营销能力弱、国际化程度低，企业信誉有待建立，难以与外资物流企业竞争。企业只能揽货报关并依靠在国外寻找代理机构代办国外的货运代理业务。这种业务处理能力上的缺陷极大地影响了我国货代企业的揽货能力，目前国内80%的进口货物由国外客户直接指定代理，由外资货代企业或外商代表处安排运输报关等。

另外，由于货源、电子商务、人才等方面的原因，本土货代物流企业在国内也难以与国外物流公司竞争。甚至由于优厚的待遇，造成本土物流公司的人才流失，并造成企业经营发展上的极大困难。伴随着外资企业的进入，由其指定的物流商直接占有新组建的物流公司的股份，进而为其提供全程的物流服务。而我们本土的物流公司，由于FOB指定货，难以揽到较大的货源，直接影响其生存。

（二）目前大部分生产企业对其供应链的整合仅局限于如何为其最终客户提供更优质的服务，如奶品企业的关注点是如何提供鲜度更高的奶品或节约成本

物流企业有望通过加强营销扩大其服务范围，为消费者提供更加便利的物流服务，同时其增值服务将有望得到社会各界的广泛认同。

（三）物流产业的发展仍面临着较多的制度约束

由于我国政府传统的条块管理，政府部门间尚未形成高效的协作机制，法规之间有时不一致甚至相互抵触，在一定程度上制约了物流业的快速发展。各部门交叉管理，政策法规之间的不统一甚至相互抵触给企业的经营造成了很大的混乱，增加了企业的经营成本，不利于企业的网络化建设，削弱了我国货代企业的整体经营实力。

（四）第三方物流企业对于电子商务（如互联网、电子数据传输、电子邮件）等便捷的沟通手段的重视程度不够

订单处理系统是物流系统的神经枢纽中心，而客户订单是引发物流过程运转的信息。信息流的速度与质量对整个动作过程的成本与效率具有直接的影响作用。电子商务正在对现代物流的运作方式产生深远的影响。但我国大部分中小型货代企业难以提供有效的电子商务沟通方式。目前大部分的货代企业均拥有自己的网页，但这些网页却无法为企业的经营活动带来便利。“重投入轻管理”造成了第三方物流在电子商务投入上的一个惊人的浪费，这也从另一个方面暴露了企业管理者成本控制能力的低下。

总之，由于规模小，不具备国际化的经营网络等原因，我国货代物流企业难以在国外与外资企业进行竞争；在国内，也由于先天不足，在竞争中处于劣势，这些方面应引起我国政府的高度重视。

三、传统的货代业向现代物流转化的建议

（一）货代企业要向规模化、专业化、网络化、物流化方向发展

要加快运输信息技术的推广应用，推动物流信息平台的建设发展，加快物流管理人才培养，以期达到促进物流业跨越式发展的长远目标。

（二）货代协会要继续关注国际货代行业以及现代物流业的发展，在推动我国货代企业向现代物流转化方面更好地发挥作用，提供专业化的中介服务

为此，货代协会需从以下几个方面去努力：

1. 积极促进传统货代向现代物流的转化，为传统货代企业融入现代物流大市场提供必要的指导和帮助。

2. 加强与国际物流行业的联络，发挥协会的桥梁作用，沟通国内外企业间的联系；通过组织研讨会、出国考察学习交流等，来增进中国货代市场对于企业的了解。

3. 继续加强培训。要充分利用FIATA的平台资源，传播物流发展的最新理念和先进经验；通过开展货代从业人员资格培训工作，提高货代及物流从业人员的业务素质，提高企业的经营管理水平。

4. 充分发挥协会在政府与企业间的桥梁作用。将政府有关政策及时向企业传达；同时积极收集企业反映的问题和困惑，与政府部门及时沟通，努力创造促进物流业健康发展的市场环境。

（特约撰稿：中国国际货运代理协会）

中国国际货运代理总营业额前 100 名排序

总部所在地	名次	企业名称	企业总营业额(万元)
北京	1	中国对外贸易运输（集团）总公司	2 241 069
北京	2	中远国际货运有限公司	1 995 307
北京	3	中国远洋物流有限公司	1 242 500
北京	4	五矿国际货运有限责任公司	385 209
北京	5	中国物资储运总公司	356 825
大连	6	锦程国际物流集团股份有限公司	355 090
上海	7	中海集团物流有限公司	347 820
上海	8	东方国际物流有限公司	295 631
北京	9	大通国际运输有限公司	253 720
上海	10	上海锦海捷亚国际货运有限公司	201 485
天津	11	天津中通国际货运代理有限责任公司	171 997
上海	12	丹沙中福货运代理有限公司	157 736
天津	13	天津大田集团有限公司	150 805
北京	14	中成国际运输有限公司	120 822
重庆	15	民生国际货物运输代理有限公司	108 700
北京	16	北京近铁运通运输有限公司	94 698
陕西	17	陕西捷迅国际货运有限公司	81 795
江苏	18	江苏恒通国际货运有限公司	72 248
上海	19	上海东浩外服国际物流有限公司	70 301
山东	20	源诚（青岛）国际货运有限公司	70 108
北京	21	中新国际运输服务有限公司	64 754
上海	22	环亚（上海）国际货运公司	64 356
宁波	23	宁波雅戈尔国际贸易运输有限公司	63 364
上海	24	上海亚东国际货运有限公司	61 530
江苏	25	江苏省翔宇国际货运代理有限公司	59 195
北京	26	中艺国际储运公司	59 019
上海	27	上海东环国际货运有限公司	57 886
山东	28	海程邦达国际货运代理有限公司	57 541
上海	29	泛成国际货运有限公司	55 516
北京	30	怡达货运有限公司	54 822

(接上页表)

上海	31	嘉宏国际运输代理有限公司	50 842
上海	32	上海天原国际货运有限公司	47 627
上海	33	上海经贸国际货运实业有限公司	47 481
深圳	34	中国南航集团客货代理有限公司(原深圳市白云航空服务有限公司)	47 323
山东	35	青岛交运陆海国际货运股份有限公司	47 064
北京	36	新时代国际运输服务有限公司	46 204
北京	37	中集物流有限公司	39 000
北京	38	中铁快运有限公司	38 632
浙江	39	浙江远洋宁波国际货运有限公司	37 486
上海	40	上海佳达国际货运有限公司	36 391
深圳	41	深圳市海格物流有限公司	35 728
深圳	42	深圳市森邦国际货运有限公司	35 703
山东	43	山东泛亚国际货运有限公司	35 130
山东	44	青岛环球国际货运代理有限公司	31 909
北京	45	金鹰国际货运代理有限公司	31 454
天津	46	环发（天津）国际货运代理有限公司	30 719
上海	47	上海通运国际物流有限公司	30 179
北京	48	中铁外服国际货运代理有限公司	29 489
广东	49	广东长运国际货运有限公司	29 478
上海	50	上海太平洋星辉国际货运有限公司	29 322
江苏	51	江苏苏亚国际货运有限公司	27 920
北京	52	金源航空运输服务公司	25 640
福建	53	福建空港货运代理有限公司	25 611
天津	54	长青国际贸易运输服务（天津）有限公司	25 343
江苏	55	江苏鹏程国际储运有限公司	24 865
大连	56	大连华迅国际运输有限公司	24 610
江苏	57	昆山飞力国际货运有限公司	24 340
大连	58	大连经济技术开发区民航客货运输销售代理有限公司	22 330
北京	59	中钢集团国际货运公司	22 067
上海	60	上海三星国际货运有限公司	21 603
北京	61	北方物流有限公司	20 105
广州	62	广州越秀物流有限公司	19 859
上海	63	上海经贸山九储运有限公司	19 835
福州	64	福州万全物流有限公司	19 443
宁波	65	宁波集发国际货运有限公司	18 968
北京	66	中国铁路对外服务北京公司	18 826

（接上页表）

广州	67	广州盈海国际货运代理有限公司	17 324
广州	68	广州润通国际货运有限公司	16 878
福建	69	福建省国际贸易运输有限公司	16 393
天津	70	天津振华物流集团有限公司	16 130
北京	71	中外运-欧西爱斯国际快递有限公司	15 938
浙江	72	浙江航空开发总公司	15 248
大连	73	大连京大国际货运代理有限公司	14 074
山东	74	山东华鑫国际货运代理有限公司	12 443
上海	75	上海晟隆国际货运代理有限公司	12 388
北京	76	天宇客货运输服务有限公司	12 064
上海	77	上海华兴国际货运公司	11 930
江苏	78	江苏远东国际货运代理有限公司	11 849
厦门	79	厦门华商纵横物流投资有限公司	11 504
上海	80	上海密尔克卫国际集装箱货运有限公司	10 991
浙江	81	杭州航通国际货运有限公司	10 227
陕西	82	陕西易通国际货运有限公司	9 261
大连	83	大连日通外运物流有限公司	9 127
广东	84	江门外海运输实业有限公司	9 045
大连	85	大连宇航国际运输代理有限责任公司	8 600
上海	86	上海原华国际货运有限公司	8 581
辽宁	87	辽宁中旅国际货运有限公司	8 210
大连	88	大九国际流通有限公司	7 977
上海	89	上海威得集装箱服务有限公司	7 305
天津	90	渤海石油运输公司	7 255
深圳	91	深圳市景华峰国际货运代理有限公司	6 915
北京	92	志勤美集（北京）国际货运代理有限公司	6 826
北京	93	华力环球运输有限公司	6 742
上海	94	中海环球空运有限公司	6 466
江苏	95	连云港凯达国际货运有限公司	5 764
天津	96	天津天海空运代理有限公司	5 652
广东	97	广东陆海国际货运代理有限公司	5 609
天津	98	铁宇国际运输（天津）有限公司	5 605
江苏	99	南京禄口空港国际货运有限公司	5 600
安徽	100	安徽宇环储运有限公司	5 482

（资料来源：中国国际货运代理协会）

中国国际货运代理海运前 50 名排序

总部所在地	名次	企业名称	海运营业额合计（万元）
北京	1	中远国际货运有限公司	1866 794
北京	2	中国对外贸易运输（集团）总公司	1449 328
北京	3	中国远洋物流有限公司	698 838
上海	4	东方国际物流有限公司	252 717
大连	5	锦程国际物流集团股份有限公司	243 190
天津	6	天津中通国际货运代理有限责任公司	171 604
北京	7	五矿国际货运有限责任公司	125 318
北京	8	中成国际运输有限公司	114 974
重庆	9	民生国际货物运输代理有限公司	108 074
北京	10	大通国际运输有限公司	85781
江苏	11	江苏恒通国际货运有限公司	65 258
北京	12	中艺国际储运公司	54 360
上海	13	泛成国际货运有限公司	53 976
北京	14	中新国际运输服务有限公司	53 567
山东	15	源诚（青岛）国际货运有限公司	46 508
上海	16	嘉宏国际运输代理有限公司	46 081
上海	17	丹沙中福货运代理有限公司	45 269
上海	18	中海集团物流有限公司	40 400
江苏	19	江苏省翔宇国际货运代理有限公司	39 220
浙江	20	浙江远洋宁波国际货运有限公司	37 444
山东	21	山东泛亚国际货运有限公司	32 050
山东	22	青岛交运陆海国际货运股份有限公司	34 280
上海	23	上海东浩外服国际物流有限公司	31 802
天津	24	环发（天津）国际货运代理有限公司	30 719
山东	25	海程邦达国际货运代理有限公司	30 209
上海	26	上海天原国际货运有限公司	30 000
上海	27	上海亚东国际货运有限公司	29 756
江苏	28	江苏苏亚国际货运有限公司	27 517
广东	29	广东长运国际货运有限公司	27 193
山东	30	青岛环球国际货运代理有限公司	26 028
宁波	31	宁波雅戈尔国际贸易运输有限公司	25 613
天津	32	长青国际贸易运输服务（天津）有限公司	25 343
深圳	33	深圳市森邦国际货运有限公司	24 563

（接上页表）

上海	34	上海锦海捷亚国际货运有限公司	23 147
北京	35	中钢集团国际货运公司	22 067
上海	36	上海佳达国际货运有限公司	21 442
陕西	37	陕西捷迅国际货运有限公司	20 626
北京	38	怡达货运有限公司	19 675
宁波	39	宁波集发国际货运有限公司	18 968
广东	40	广州越秀物流有限公司	18 503
北京	41	北方物流有限公司	17 895
深圳	42	深圳市海格物流有限公司	16 856
上海	43	上海经贸国际货运实业有限公司	16 735
福州	44	福州万全物流有限公司	16 110
广东	45	广州盈海国际货运代理有限公司	14 749
北京	46	中国物资储运总公司	12 882
广东	47	广州润通国际货运有限公司	12 497
上海	48	上海晟隆国际货运代理有限公司	12 388
上海	49	上海通运国际物流有限公司	12 227
北京	50	北京近铁运通运输有限公司	12 199

（资料来源：中国国际货运代理协会）

中国国际货运代理陆运前10名排序

总部所在地	名次	企业名称	陆路运输营业额（万元）
北京	1	中国远洋物流有限公司	157 326
上海	2	中海集团物流有限公司	139 344
北京	3	中国对外贸易运输（集团）总公司	87 211
北京	4	中远国际货运有限公司	37 030
北京	5	中铁外服国际货运代理有限公司	28 338
大连	6	锦程国际物流集团股份有限公司	20 300
深圳	7	深圳市海格物流有限公司	12 905
北京	8	中国铁路对外服务北京公司	10516
江苏	9	江苏鹏程国际储运有限公司	5 943
天津	10	天津振华物流集团有限公司	5 174

（资料来源：中国国际货运代理协会）

中国国际货运代理空运实力前50名排序

总部 所在地	名 次	企业名称	空运营业额合计（万元）
北京	1	中国对外贸易运输（集团）总公司	199 560
上海	2	上海锦海捷亚国际货运有限公司	178 338
北京	3	中国远洋物流有限公司	142 500
北京	4	大通国际运输有限公司	132 388
上海	5	丹沙中福货运代理有限公司	104 699
北京	6	北京近铁运通运输有限公司	72 928
陕西	7	陕西捷迅国际货运有限公司	58 844
上海	8	上海东环国际货运有限公司	57 322
上海	9	环亚（上海）国际货运公司	55 122
北京	10	新时代国际运输服务有限公司	46 204
大连	11	锦程国际物流集团股份有限公司	45 600
天津	12	天津大田集团有限公司	45 494
上海	13	东方国际物流有限公司	37 585
北京	14	中铁快运有限公司	37 052
北京	15	怡达货运有限公司	34 605
上海	16	上海东浩外服国际物流有限公司	30 398
北京	17	金源航空运输服务公司	25 640
福建	18	福建空港货运代理有限公司	25 314
大连	19	大连华迅国际运输有限公司	24 525
上海	20	上海亚东国际货运有限公司	23 486
上海	21	上海太平洋星辉国际货运有限公司	22 362
山东	22	海程邦达国际货运代理有限公司	20 140
江苏	23	江苏省翔宇国际货运代理有限公司	19 975
山东	24	源诚（青岛）国际货运有限公司	19 800
大连	25	大连经济技术开发区民航客货运输销售代理有限公司	19 000
上海	26	上海天原国际货运有限公司	17 627
上海	27	上海经贸国际货运实业有限公司	15 705
北京	28	金鹰国际货运代理有限公司	15 097
江苏	29	昆山飞力国际货运有限公司	12 941
上海	30	上海佳达国际货运有限公司	11 901
上海	31	上海通运国际物流有限公司	11 510

（接上页表）

北京	32	中新国际运输服务有限公司	11 181
上海	33	上海三星国际货运有限公司	9 475
北京	34	天宇客货运输服务有限公司	9 430
大连	35	大连京大国际货运代理有限公司	9 186
深圳	36	中国南航集团客货代理有限公司（原深圳市白云航空服务有限公司）	8 618
大连	37	大连宇航国际运输代理有限责任公司	8 600
上海	38	上海华兴国际货运公司	7 883
辽宁	39	辽宁中旅国际货运有限公司	6 800
福建	40	福建省国际贸易运输有限公司	6 600
上海	41	中海环球空运有限公司	6 466
北京	42	华力环球运输有限公司	5 971
天津	43	天津天海空运代理有限公司	5 652
江苏	44	江苏鹏程国际储运有限公司	5 212
天津	45	天津市太平洋国际运输服务有限公司	4 958
上海	46	嘉宏国际运输代理有限公司	4 761
大连	47	大连日通外运物流有限公司	4 727
浙江	48	浙江航空开发总公司	3 848
北京	49	北京经贸客货服务公司	3 546
北京	50	中艺国际储运公司	3 504

（资料来源：中国国际货运代理协会）

中国国际货运代理综合实力前 100 名排序

总部所在地	名次	企业名称	综合指数
北京	1	中国对外贸易运输（集团）总公司	2 231 254
北京	2	中远国际货运有限公司	1 938 411
北京	3	中国远洋物流有限公司	1 135 132
北京	4	五矿国际货运有限责任公司	385 209
大连	5	锦程国际物流集团股份有限公司	355 090
上海	6	中海集团物流有限公司	347 820
上海	7	东方国际物流有限公司	295 631
北京	8	大通国际运输有限公司	232 293
上海	9	上海锦海捷亚国际货运有限公司	201 485
天津	10	天津中通国际货运代理有限责任公司	171 997
上海	11	丹沙中福货运代理有限公司	157 737
天津	12	天津大田集团有限公司	150 805
北京	13	中成国际运输有限公司	120 822
重庆	14	民生国际货物运输代理有限公司	108 700
北京	15	中国物资储运总公司	98 902
北京	16	北京近铁运通运输有限公司	94 698
陕西	17	陕西捷迅国际货运有限公司	81 795
江苏	18	江苏恒通国际货运有限公司	72 248
上海	19	上海东浩外服国际物流有限公司	70 301
山东	20	源诚（青岛）国际货运有限公司	67 408
北京	21	中新国际运输服务有限公司	64 754
上海	22	环亚（上海）国际货运公司	64 281
上海	23	上海亚东国际货运有限公司	61 530
江苏	24	江苏省翔宇国际货运代理有限公司	59 195
北京	25	中艺国际储运公司	59 019
上海	26	上海东环国际货运有限公司	57 886
山东	27	海程邦达国际货运代理有限公司	57 541
上海	28	泛成国际货运有限公司	55 516
北京	29	怡达货运有限公司	54 822
上海	30	嘉宏国际运输代理有限公司	54 822

（接上页表）

上海	31	上海天原国际货运有限公司	47 627
上海	32	上海经贸国际货运实业有限公司	47 481
北京	33	新时代国际运输服务有限公司	46 204
山东	34	青岛交运陆海国际货运股份有限公司	41 617
宁波	35	宁波雅戈尔国际贸易运输有限公司	41 368
北京	36	中集物流有限公司	39 000
北京	37	中铁快运有限公司	38 591
浙江	38	浙江远洋宁波国际货运有限公司	37 486
上海	39	上海佳达国际货运有限公司	36 391
深圳	40	深圳市森邦国际货运有限公司	36 383
深圳	41	深圳市海格物流有限公司	35 728
山东	42	山东泛亚国际货运有限公司	35 130
北京	43	金鹰国际货运代理有限公司	31 454
天津	44	环发（天津）国际货运代理有限公司	30 719
上海	45	上海通运国际物流有限公司	30 179
北京	46	中铁外服国际货运代理有限公司	29 489
广东	47	广东长运国际货运有限公司	29 478
上海	48	上海太平洋星辉国际货运有限公司	29 322
江苏	49	江苏苏亚国际货运有限公司	27 920
山东	50	青岛环球国际货运代理有限公司	27 498
北京	51	金源航空运输服务公司	25 640
福建	52	福建空港货运代理有限公司	25 611
天津	53	长青国际贸易运输服务（天津）有限公司	25 343
江苏	54	江苏鹏程国际储运有限公司	24 865
大连	55	大连华迅国际运输有限公司	24 610
江苏	56	昆山飞力国际货运有限公司	24 340
大连	57	大连经济技术开发区民航客货运输销售代理有限公司	22 330
北京	58	中钢集团国际货运公司	22 067
上海	59	上海三星国际货运有限公司	21 603
北京	60	北方物流有限公司	20 105
广州	61	广州越秀物流有限公司	19 859
深圳	62	中国南航集团客货代理有限公司（原深圳市白云航空服务有限公司）	19 594
福州	63	福州万全物流有限公司	19 443
宁波	64	宁波集发国际货运有限公司	18 968
广州	65	广州盈海国际货运代理有限公司	17 324

（接上页表）

上海	66	上海经贸山九储运有限公司	17 110
广州	67	广州润通国际货运有限公司	16 878
福州	68	福建省国际贸易运输有限公司	16 391
天津	69	天津振华物流集团有限公司	16 130
北京	70	中外运-欧西爱斯国际快递有限公司	15 938
大连	71	大连京大国际货运代理有限公司	14 074
北京	72	中国铁路对外服务北京公司	12 609
山东	73	山东华鑫国际货运代理有限公司	12 443
上海	74	上海晟隆国际货运代理有限公司	12 388
北京	75	天宇客货运输服务有限公司	12 064
上海	76	上海华兴国际货运公司	11 930
江苏	77	江苏远东国际货运代理有限公司	11 849
厦门	78	厦门华商纵横物流投资有限公司	11 504
上海	79	上海密尔克卫国际集装箱货运有限公司	10 991
浙江	80	杭州航通国际货运有限公司	10 227
陕西	81	陕西易通国际货运有限公司	9 261
大连	82	大连日通外运物流有限公司	9 127
广东	83	江门外海运输实业有限公司	9 045
大连	84	大连宇航国际运输代理有限责任公司	8 600
上海	85	上海原华国际货运有限公司	8 581
辽宁	86	辽宁中旅国际货运有限公司	8 210
浙江	87	浙江航空开发总公司	8 138
大连	88	大九国际流通有限公司	7 977
上海	89	上海威得集装箱服务有限公司	7 305
天津	90	渤海石油运输公司	7 255
深圳	91	深圳市景华峰国际货运代理有限公司	6 915
北京	92	志勤美集（北京）国际货运代理有限公司	6 826
北京	93	华力环球运输有限公司	6 713
上海	94	中海环球空运有限公司	6 466
天津	95	天津天海空运代理有限公司	5 652
广东	96	广东陆海国际货运代理有限公司	5 609
安徽	97	安徽宇环储运有限公司	5 482
天津	98	天津市太平洋国际运输服务有限公司	5 140
山东	99	山东嘉佳国际货运有限公司	5 030
北京	100	中设国际商务运输代理有限责任公司	5 027

（资料来源：中国国际货运代理协会）

保税区

随着中国加入 WTO,全国保税区逐步形成区域性格局,南有以广州、深圳为主的珠江三角洲区域,中有以上海、宁波为主的长江三角洲区域,北有以天津、大连、青岛为主的渤海湾区域,三个区域的保税区成为中国与世界进行交流的重要口岸,并形成独特的物流运作模式。

保税区具有进出口加工、国际贸易、保税仓储商品展示等功能,享有“免证、免税、保税”政策。按照“境内关外”模式封闭管理,从境外运入保税区或从保税区运往境外的货物, 不需报关只需电子备案,免关税、免许可证;货物从保税区运入国内非保税区,视同进口,从国内非保税区运入保税区,视同出口。保税区是中国对外开放程度最高、运作机制最便捷、政策最优惠的经济区域之一。

在华南,特别是以深圳、东莞为龙头的珠三角东岸地区,加工贸易额(以来料加工和进料加工为主)占据了进出口总额的大半壁江山,星罗棋布的加工贸易企业从国外进口原料,在国内加工成成品后再返销国外,既解决了大量劳动力就业,培养了大批技术管理人才,为国家创造了外汇收入,同时又未对民族工业造成冲击,极大的繁荣了当地经济。

但是,由于此类型企业模式特殊,虽然享受国家诸多优惠政策,但其从原料进境、工厂生产、临时存储, 直到成品出境的全过程都要在海关的严格监管之下运作, 一旦预先设置好的生产系统与供应链系统之间出现调整, 企业往往在政策的限制下缺乏物流供应系统的应变能力, 尤其是在近几年, 加工型企业间转厂, 企业来料 QC 不符退运,加工手册无法在期限内核销,对原料及成品多点对多点供应的配送要求越来越高等情况的出现, 不但使得加工型企业所消耗的物流成本越来越多,对时间和企业资源的浪费也非常巨大,极大的限制了相关企业的发展。

在以上种种情景的推动下, 深入了解并大力开发保税区物流,有效利用保税区物流凸现亮点,用保税区物流来创造新的利润源越来越引起社会各方的关注。

一方面, 加工贸易企业的保税物流包括有通关业务、储运、保税物流策划与管理三方面的内容,其最核心的内容是保税物流策划与管理。所谓保税物流策划与管理是指针对加工贸易企业的实际经营需要, 结合实际的国家政策而制订的企业实际保税物流运营模式的策划修改与实施管理,关务是指实际进行的海关备案、手册管理、报关报备、核销、转厂、进出口等关务工作,储运是指实际货物的仓储、分拣、包装运输工作,这三方面必须相辅相成,缺少任何一样,企业的保税物流一定不顺畅。

企业要想自己的保税物流顺畅, 首先应该完成好自己的保税物流策划与管理, 最好是聘请长期合作的保税物流策划与管理服务公司作为战略合作伙伴, 然后再根据专业的策划完善关务与储运工作。

另一方面, 目前加工贸易企业的保税物流有以下几个基本运作模式:

第一种基本模式“两头在外模式”。即生产所用原材料全部海外采购,生产的产品全部销售海外。

例如:某香港公司在宝安、东莞均设有工厂,国外的原材料到香港码头后, 在毋须报关文件的情况下, 由香港车辆提柜并经福田保税区一号通道拖运至保税区存放。待国内工厂需要用料时,派国内厂家的理货员到保税区指定需要的货品,填报好准确的报关文件, 由国内的车辆经福田保税区二号通道直接报关进口或转关至东莞海关拆关。如此不仅可节省可观的仓租和拖车费用,而且国内厂家的报关员无须出境即可根据实物填报报关单,可完全确保报关数据准确无误。

某日资大型集团在东莞设立了一家电子器件加工厂, 原料全部由其设在日本的另一家下属工厂提供。由于产品技术含量高,料件要求的精度也非常严格。以前原料经多次转运后再报关进境入厂,总会发现有一定比例不能符合生产要求。此种料件单位价值很高,工厂想将不合格品退回换新,但由于原料是由合同手册报进,一旦退港需要向海关层层申报,逐级审批,操作起来很不现实,即使工厂接受损失放弃退料,可生产出口的成品数量就无法达到合同手册的规定,仍需要向海关进行大量的解释举证才能避免走私嫌疑。后来工厂货到码头后直接运进保税区存放,在保税区进行QC质检,合格品报关入工厂,不符品退港,既保证了原料质量,又避免了不必要的麻烦。

第二种基本模式"两头在内模式"。即生产所用原材料全部在国内其他加工贸易企业处采购,生产的产品全部销售给国内的其他加工贸易企业。

例如:某东莞公司和宝安公司都是来料加工厂,东莞公司生产的成品如电阻要卖给宝安公司作料件,以往办理这种跨关区的"转厂",手续很繁琐。现在他们选择了保税区后一切都变得简单了:东莞公司办理东莞至福保的出口转关交货至保税区视同出境,再用宝安公司的进口报关单办理货物的进口手续,货物的运输都是由国内车辆完成,省钱省心。

第三种基本模式"保税内销模式"。即生产所用原材料全部海外采购,生产的产品全部销售中国国内。

第四种基本模式"非保外销模式"。即生产所用原材料全部中国国内采购,生产的产品全部销售海外。

例如:某跨国公司在国内有遍布各地的数十个原材料供应商,他选择了福田保税区作为东南亚地区的配送中心。每天用国内车辆将各地供应商的货品或转关或直接出口交货至保税区存放,而海外供应商的货品则由香港拖车经一号通道入境交至保税区。所有的货品在这里根据全球各地工厂的需要整理、重新包装后,装上集装箱交香港码头或转关至盐田/蛇口码头上船送达全球各地。

第五种基本模式"委托加工模式"。这种模式又包含"接受委托模式"和"委外加工模式"两种,所谓"接受委托模式"就是接受其他企业的生产所用原材料并生产的产品全部返回给该企业的模式,所谓"委外加工模式"就是委托其他企业生产产品并提供全部原材料的模式。

数以万计的加工企业其实在业务操作上并非孤立的存在,一家工厂的成品恰恰就是另一家工厂所需的生产料件,这种情况比比皆是,形成了适合企业生存的一条条产业链。按照海关对加工企业的监管规定,工厂生产出的成品必须限期出口核销,如果转为内销或做深加工结转,必须办理相关的申报审批手续。目前一般国内加工企业的做法都是先将产品出口至香港,再由内地的销售商或厂商用手册兜圈申报入境,从香港进口到内地,虽然达到了出口转内销的目的,但整个过程必须用香港车辆运载,其运输费用比内地监管运输费用要高出三分之二,昂贵的成本给客户造成巨大压力。

有鉴于上述种种,深圳有信达物流公司利用福田保税区开辟了出口转内销及上下游工厂转厂的快捷通道。上游工厂办理出口报关手续将产品运进福田保税区即可实现核销。如需福田保税区海关出具出口退税证明联,货品可经福田保税区出境取得货物实际离境证明后复入境(俗称兜圈,需时约一个小时即可完成全部手续),下游工厂可凭自己的合同手册直接从福田保税区提货。有信达完成了区内通关运作之后,再利用自身保税区内海关监管车辆为客户承担主力运输,那么对比费用较高的香港车可极大限度地降低运输费用,这样,就为加工企业省下了一笔可观的费用,有效地减低制造商的物流成本。

2002年,有信达公司分析了市场的需求,并结合了华南、华东聚集巨大物流商机的两大片区,大胆开拓两地市场,进行华南/华东干线海关监管货物的配送项目。同时在保税区内率先进行了保税区转关大连的业务运作,快捷运作、廉价费用、优质服务取得了客户的认可和好评。

由上述可知,保税物流因其政策的优惠和运作形式的多样性以及为客户节省时间成本和资金成本,具有广阔的市场前景和发展潜力。

(供稿:深圳市有信达物流有限公司　邵以健)

生产资料

2003年的生产资料

一、2003年的生产资料市场运行特点

分析2003年生产资料的物流，呈现以下特点：

一是内需大幅度增长，生产资料产需两旺，价格攀升，成为国民经济的热点领域。由于我国已经进入了新的发展阶段，温饱问题初步解决后，住行等最终需求迅速上升，房地产、汽车等成为支柱产业；国家的战略基础设施建设如三峡工程、西气东输、南水北调、交通网络建设等也带动了生产资料需求的增长。据统计，2003年全国生产资料销售总额达到8.72万亿元，剔除价格上升8.14%的因素以后，增长速度仍高达19.5%，远高于国民经济的增长速度。

二是世界制造业向中国转移，生产资料的进出口急剧增长，对国内的产业布局、结构升级和流通方式等各方面，均产生着深刻的影响。2003年一批生产资料的进口比重已达到历史高位：据统计，天然胶占资源总量的68%，原木占62%，原油35%，铁矿石36%，铜47%，塑料原料47%等等。与此同时，跨国公司在华的采购和贴牌生产也大幅度增加，如通用汽车、通用电气、IBM、宜家、百安居、联合利华等。据统计，近年来外商投资的70%集中在制造业，外贸出口的一半是加工贸易，这个领域成为现代物流发展最快的部分，并在推动我国的物流现代化中发挥着示范效应。

二、生产资料物流的新进展

生产资料多数属于中间产品，其物流的发展趋势应大体遵循“信息化——整合优化——供应链管理”的发展模式前进。在2003年里值得关注的有以下几个领域：

（一）汽车物流

2003年我国的汽车产销规模突破400万辆，成为世界第四大市场。据国际权威机构预测，10年内中国市场将突破1 000万辆，并在20–25年内成为世界第一大市场。在国际汽车制造商纷纷进入中国的潮流中，也看到了国际资本对于尚未成熟的汽车物流市场的关注。已经占据整车物流市场半壁江山的安吉天地汽车物流有限公司，就是上汽集团与荷兰天地集团（TNT）合作的产物。但是由于运力的空载率问题，使得整车物流的成本居高不下。中国物流与采购联合会在安吉天地等汽车物流企业的支持下，召开了运力整合研讨会，决定组织企业合作，促进汽车物流的整合，目前有关网站已经建成。与此同时发展起来的是汽车配件的供应链管理，一汽、二汽、上汽等各大汽车制造企业在信息化的同时，注重流程改造和整合优化，取得显著效益。其中一汽的采购、东风汽车的仓储等信息系统均被评为全国优秀案例。上海虹鑫物流公司以其汽车配件供应的一流服务获得全国物流试验基地的称号。汽车物流也是国家最重视的领域之一，相关的标准化建设已经纳入计划，第一个整车物流的标准《乘用车运输装载与服务规范》正在制定中。

（二）钢材物流

2003年我国钢材产量突破2亿吨，进口超过3 000万吨，成为世界市场的“巨无霸”。但是我国钢铁流通的水平和效率却仍比较落后。一是带有明显地自给自足的色彩，未完全形成社会化专业

分工的格局。以2002年钢材产需的地域分布示意图可以看出这一点。区域性自给自足的格局在市场需求上升的情况下容易诱发投资过热,2003年钢铁行业的高利润导致各地普遍投资增长,被国家列为投资过热的行业加以控制。二是流通效率稳步改善。据测算,2003年我国黑色金属材料流通行业流动资金的平均周转率是2.7次,比1998年提高近1次,其原因除了市场环境改善之外,物流管理特别是库存优化的作用不容忽视。但与发达国家相比差距仍很大。

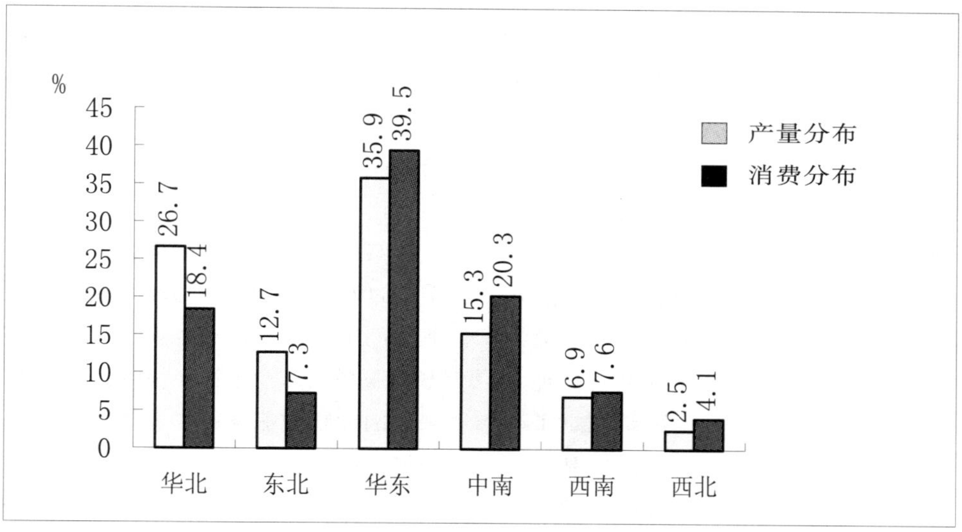

图　2002年钢材产销地区分布

2003年主要的变化发生在钢厂,通过企业之间的整合和信息化,钢材的生产、销售、物流有了明显的改进。与此同时,中国钢铁工业协会抓了行业标准化和公共平台的建设,促进了钢铁物流的发展。其中既有宝钢、武钢等这样的特大型企业,也有像湘钢集团、大连钢厂这样的中型企业,通过信息化项目,在内部推行ERP的基础上,延伸到分销网络、采购系统以及物流系统的现代化改造。最瞩目的是宝钢完成了与汽车三巨头"一汽"、"上汽"、"东风"的战略合作协议,建立了我国最大的钢铁供应链。在流通领域中,天津物资集团采用"贸易加物流"的方式,延伸服务领域,探索供应连管理的发展道路,取得突出的效果,不仅市场份迅速扩大,经济效益也成倍增长,成为钢铁物流领域的一个典范。

(三)建材物流

促进建材物流发展的因素主要有两个方面,第一是国际巨型建材分销企业进入我国,深刻地影响建材的采购、分销模式。以百安居(B&P)、好美家、家福特等为代表的特大型建材连锁超市,采用大批量集中采购的方式,不仅保证质量,还压低了市场价格,甚至提出"双倍差价补偿"的承诺,引起市场极大关注。国内建材市场也随之初现整合的动向,一批大型建材城显示出极强的竞争力,无序分散的各类建材展销会也开始向大型化、专业化、品牌化转变。第二是建材配送服务的体系开始逐步形成。在激烈的市场竞争中,建材供应不仅要追求成本低,还有保证质量、配套服务、标准化、环保等要求。一批建材供应商建立起配送中心,或者与合作的装修公司建立配送服务体系,取得双赢的效果。其中北新建材集团是一个成功的典型,他们甚至已经把物流配送服务延伸到国外。建材物流的发展清晰地反映出建材生产、分销模式的整合是如何带动物流服务的供给发展的。由于分销业的整合、连锁化和配送服务已经成为建材流通的发展趋势,建材物流将有极大的发展空间。

(四)石油化工物流

由于石油化工产品多是中间产品,生产企业

之间的直销占有极大比例，据统计，全国的石油及制品、化工材料的生产企业每年销售规模近1.5万亿元，其中只有一半左右是通过批发商流通的。由此大型生产企业的动向对市场影响极大，其中中石化、中石油、中海油三家已经占据石油和基础石化材料的大部分市场，产业的整合度起点较高，并由于其销售的产品多来自于本集团的炼油厂，所以决定了内部整合与最终产品销售网络的建设成为发展的战略重点。2003年行业的物流发展大体反映在三家企业巨头的电子商务、内部信息化和流程整合。例如中石化和中石油的成品油输油管系统改造后提高了加油站连锁化的经营管理水平，两大集团所属4万多家加油站网络奠定了我国成品油分销与物流体系的基本格局。在基础石化产品方面主要是结合电子商务发展配套的物流服务体系。但是也要看到，石化行业的企业尚有较多"大而全"、"小而全"的计划体制影响，物流仍存在环节多，周期长，费用高，效率低的问题，物流的社会化、现代化还有许多路要走。

三、思考和展望

从上述几个主要市场的物流发展趋势来看，有以下几点是值得进一步关注的：

（一）生产资料流通领域的物流发展是与该产业的销售、生产的布局、模式等发展紧密地联系在一起的，前者要适应、支持、服务于后者

例如，我国已经成为石油第二消费大国，2004年起我国取消成品油的进口配额管理，改为自动许可制，进口石油将成为一种主要资源，国内开采石油资源的战略重点也将西移，这样的格局将对我国石油和相关产品的生产、销售布局产生重大影响，物流服务必须适应这样的战略变化才能发展。

（二）供应链管理将成为生产资料物流发展的方向

由于生产资料多数属于中间产品，是供应链上联系上下游企业的纽带。一个行业不断发展、升级的过程往往就是形成供应链的过程，上下游企业之间形成稳定的合作关系，物流服务必须向全方位服务发展，资金流、商流、信息流将会结合起来。因此物流服务的核心竞争力应该是整合资源的能力。

（三）生产资料物流和生产资料市场一样需要一个稳定的发展环境

2003年由于投资规模和国民经济的迅速增长，生产资料市场十分火暴，以致一些行业出现过热，如钢铁、电解铝和水泥被纳入限制发展的名单中，这不仅影响产业本身的发展，也对其物流的现代化极为不利。此外这些行业的许多企业市场环境好转，产品供不应求，利润大增，结果反而放松了内部管理改造优化的要求。所以从宏观来看，保持一个相对稳定的经济环境也是促进物流现代化的重要条件。

（特约撰稿：中国物流与采购联合会副会长　戴定一）

工业企业（制造业）物流

在中国物流快速发展的大潮中，工业企业物流走的路似乎更加坚实而有力。虽然有成功也有失败，不过从成功企业的身上确实看到了企业“第三利润的源泉”。而失败的教训也使得更多的企业对物流管理有了更加深入的了解。可以说，物流管理在中国工业企业（制造业）中已经逐步被提升到了一个前所未有的境地。

一、2003 年中国工业发展概况

（一）2003 年我国国民经济继续快速增长

2003 年，全年国内生产总值 116 694 亿元，按可比价格计算，比上年增长 9.1%，加快 1.1 个百分点。其中，第一产业增加值 17 247 亿元，增长 2.5%，减慢 0.4 个百分点；第二产业增加值61 778 亿元，增长 12.5%，加快 2.7 个百分点；第三产业增加值 37 669 亿元，增长 6.7%，减慢 0.8 个百分点。从上面的数字不难看出，目前我国工业持续快速发展，相比之下第一、第三产业增幅较慢。另外，2003 年第二产业的增幅也是最近几年最快的（见表 1）。中国的工业化进程不断加快，以制造业为主的工业仍然是经济增长，拉动物流产业发展的主要力量。

表 1　　我国第二产业的增幅

年份	2000 年	2001 年	2002 年	2003 年
第二产业的增长	9.6%	8.7%	9.9%	12.5%

随着我国经济的不断发展，工业生产高速增长。2003 年全部工业增加值 53 612 亿元，比上年增长 12.6%，其中规模以上工业企业（即国有工业企业及年产品销售收入 500 万元以上的非国有工业企业）增加值增长 17.0%（见表 2）。工业产品销售率 98.1%，比上年提高 0.1 个百分点。

表 2　　2003 年工业增加值情况

指标名称	单位	累计	12 月	比上年同期增长（%）	
				累计	12 月
工业增加值	亿元	41 045.00	4 351.00	17.0	18.1
其中：轻工业	亿元	14 653.00	1 562.00	14.6	16.8
重工业	亿元	26 392.00	2 789.00	18.6	19.0
其中：国有及国有控股企业	亿元	19 408.00	1 895.00	14.3	15.3
其中：集体企业	亿元	2 787.00	263.00	11.5	10.4
股份合作企业	亿元	918.00	94.00	13.9	17.7
股份制企业	亿元	16 878.00	1 830.00	18.3	19.0
外商及港澳台投资	亿元	11 174.00	1 193.00	20.0	21.8

（资料来源：国家统计局）

2003年，我国的经济发展活跃，不同经济类型的工业企业都大幅度增加，外商和港澳台企业投资增加最为明显，企业的改制也取得了明显的成效。一份来自于国家统计局的图表很容易见到这一点（见图 1）。仅从一份来自于日本对东京证券市场1 000多家上市公司进行调查可以看到：日本制造业一半以上企业准备在三年内把生产线移往国外，70%以上的企业首选目标是中国。从大量的数据不难看出，中国的制造业正在飞速发展。同时，也对中国工业企业的物流发展提出了更高的要求。

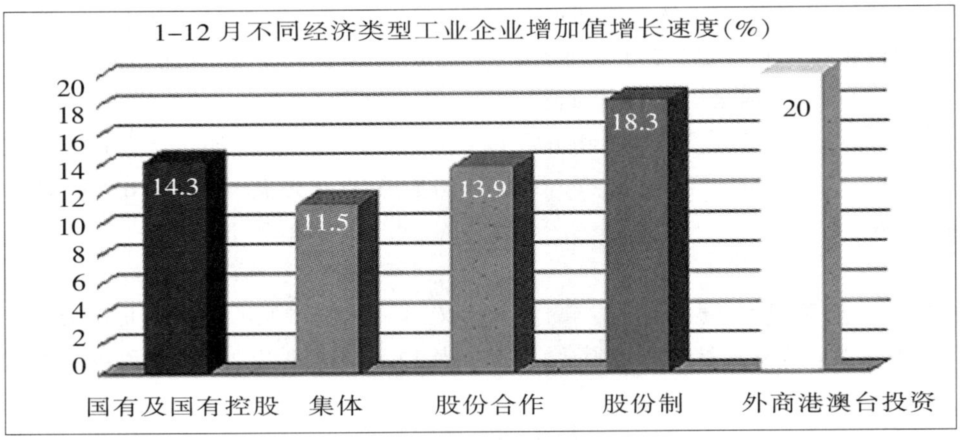

图 1　2003 年不同经济类型工业企业增加值增长情况

（二）2003 年主要工业产品的产、销、存情况

2003 年高技术产业增长较快。规模以上工业中，高技术产业增加值比上年增长 20.6%。光通信设备、程控交换机、移动电话机和微型电子计算机等信息通信产品产量分别增长 25.9%至 1.2 倍。主要的重工业产品，钢产量 2.22 亿吨，增长 21.9%；钢材产量 2.41 亿吨，增长 25.3%；十种有色金属增长 19.1%；氧化铝增长 11.2%；烧碱增长 7.7%；水泥增长 18.9%。

汽车工业增势强劲。全年交通运输设备制造业增加值比上年增长 22.0%。汽车产量 444.4 万辆，增长 36.7%，其中轿车产量 202.0 万辆，增长 85.0%。从表 3 中可以看到 2003 年我国主要工业产品的生产情况。

表 3　**2003 年主要工业产品产量及增长率（12 月）**

指标名称	单位	累计	12 月	比上年同期增长（%）	
				累计	12 月
软饮料	万吨	2 374.40	197.11	16.8	37.5
纱	万吨	928.41	83.90	16.1	13.3
布	亿米	246.72	23.40	8.8	8.8
丝织品	万米	632 755.81	64 922.99	19.9	26.3
化学农药	万吨	86.30	6.49	1.2	-11.1
水泥	万吨	81 319.36	7 553.04	16.8	18.2
平板玻璃	万重量箱	25 243.12	2 420.95	11.1	16.8
生铁	万吨	20 231.19	1 888.41	19.7	25.7
钢	万吨	22 011.53	2 015.80	21.2	20.9
成品钢材	万吨	23 581.58	2 175.64	21.5	19.8
十种有色金属	万吨	1 171.27	107.49	19.1	13.3

（接上页表）

氧化铝	万吨	618.78	54.37	12.7	16.6
铜加工材	万吨	324.69	37.80	25.1	17.5
铝材	万吨	362.86	38.96	25.3	33.9
工业锅炉	蒸发量吨	114 281.51	9 920.86	25.8	37.3
内燃机	万千瓦	33 010.08	3 055.41	17.1	35.9
金属切削机床	万台	30.69	3.04	34.6	36.3
电动工具	万台	12 629.42	1 338.34	27.1	37.9
冶炼设备	吨	164 385.12	14 278.86	103.4	76.3
化工设备	吨	260 615.70	28 475.98	33.0	45.5
包装机械	台	55 789.00	4 322.00	15.6	-17.5
大中型拖拉机	台	48 544.00	4 428.00	-6.1	556.0
小型拖拉机	万台	186.46	16.49	-2.3	42.2
机车	万千瓦	322.84	46.76	-3.9	108.8
汽车	万辆	449.65	41.72	33.3	28.6
发电设备	万千瓦	3 700.62	647.27	74.9	87.1
交流电动机	万千瓦	8 920.03	860.48	26.2	26.4
家用洗衣机	万台	1 942.64	266.81	27.8	32.5
家用电冰箱	万台	2 207.50	260.27	37.2	182.6
冷冻箱	万台	563.52	57.91	11.7	54.8
房间空气调节器	万台	4 812.50	451.03	47.4	105.7
载波通信设备	部	4 764.00	94.00	11.7	-19.7
光通信设备	部	84 351.00	9 563.00	53.2	53.9
程控交换机	万线	7 378.92	1 277.22	25.5	68.0
传真机	万部	417.41	55.88	39.7	167.1
移动通信设备	万部（信道）	487.45	121.50	20.9	157.7
电子计算机	部	53 595.00	4 689.00	101.3	65.9
微型电子计算机	万部	3 083.94	398.85	83.2	72.8
半导体集成电路	万块	1391 243.83	160 496.81	38.3	40.1
大规模半导体集成电路	万块	536 528.10	64 571.42	29.4	39.1
彩色电视机	万部	7 089.37	822.43	29.6	35.0
电工仪器仪表	万台（套）	5 035.36	591.42	-8.1	13.0
复印机械	台	2 543 157.00	236 679.00	24.2	52.0

（资料来源：国家统计局）

主要工业产品中的绝大多数产品产量增加迅速，但是，由于社会需求的增加，产品销售情况很好。2003年工业产品销售率98.06%，比上年提高0.09个百分点。从各地区的工业产品销售率来看（见表4），多数省份产品的销售率比上年的有所增加。

表 4　　2003 年各地区工业产品销售率(12 月)

地区	工业产品销售率（%）		比上年同期增减	
	累计	12 月	累计	12 月
全国总计	98.06	100.47	0.09	-0.53
北京	98.23	100.64	1.00	1.72
天津	98.88	102.17	-0.21	-0.40
河北	98.70	100.33	0.10	-2.08
山西	97.69	99.68	0.42	-1.22
内蒙古	98.74	104.79	0.68	-2.51
辽宁	97.99	103.17	-0.30	3.65
吉林	97.60	101.36	-0.29	-0.05
黑龙江	97.89	105.11	-0.09	-3.10
上海	99.02	99.67	0.12	-4.52
江苏	97.87	99.66	0.32	-0.84
浙江	97.69	101.48	0.52	2.23
安徽	98.66	100.65	0.22	-0.65
福建	97.60	99.87	0.16	0.72
江西	98.13	100.77	0.23	2.29
山东	97.90	99.19	0.25	0.38
河南	98.52	100.79	0.06	-1.95
湖北	98.35	102.26	0.59	-1.02
湖南	100.07	105.21	0.34	0.98
广东	97.44	97.54	-0.53	-1.73
广西	97.43	96.75	-0.49	-1.23
海南	96.16	92.13	-1.23	-3.21
重庆	97.83	101.98	-0.19	1.27
四川	98.74	105.22	-0.43	1.54
贵州	96.80	96.82	1.12	-0.86
云南	99.10	109.39	0.52	-3.85
西藏	92.62	94.64	0.51	-3.54
陕西	97.72	104.43	0.20	-0.54
甘肃	97.90	100.28	1.03	0.03
青海	97.20	100.20	-2.10	1.69
宁夏	96.83	108.22	-1.42	3.91
新疆	98.57	102.93	-0.77	-1.83
注：工业产品销售率按现行价格计算。				

（资料来源：国家统计局）

从产品的产销率,考虑特殊情况可以很清楚地判断企业产品的库存情况,不难看出,2003 年企业库存保持正常。第四季度,工业企业产成品库存景气指数为 126.2, 比三季度和上年同期提高 4.8 和 26.9 点。2003 年工业企业利润创历史新高,也为工业企业物流的进一步发展奠定基础。重视物流是工业化结果,物流在生产制造企业激烈竞争中变得重要起来。当制造企业普遍认为物流是企业"第三利润源泉", 物流功能在企业经营决策变量中的重要性前移时,就使物流发展成为一个相对独立的产业成为可能。

二、2003 年中国工业企业物流的发展概况

随着市场竞争的不断加剧, 提高物流管理水平,降低物流成本,增强市场竞争能力似乎成为了企业永恒的主题。据有关部门统计,在我国工业企业生产中, 直接劳动成本占总成本的比重不到 10%,而物流费用占商品总成本的比重,从账面反映约为 40%。商品在整个生产销售中,用于加工和制造的时间仅为 10%左右,用于物流过程的时间几乎为 90%。在面临着巨大竞争压力的情况下,更多的企业逐渐把目光转向物流管理上来。无论是在企业的局部, 还是站在供应链的高度去加强物流管理, 应该说, 物流已经从单纯的概念炒作,转向了具体的应用实施阶段。下面为 2003 年中国的工业企业物流的发展状况。

(一)企业供应链管理的实施动向

1. 2003 年国内供应链管理市场现状。据相关统计显示:2003 年第一季度中国 SCM 软件市场的销售总量为 0.75 亿元, 同比 2002 年第一季度增长 11.3%, 增幅一般。2003 年第二季度中国 SCM 软件市场的销售总量为 0.82 亿元, 相对 2002 年第二季度,同比跌幅达 10.6%。其中,高端 SCM 软件受到"非典"因素影响,第二季度跌幅在 20%以上; 而低端的物流软件市场日趋成熟、饱和。总体说来,国内 SCM 软件的应用环境还不成熟。SCM 软件的市场集中于大型企业、中小型企业。其行业用户主要集中在制造、流通、能源三个行业。

目前,在我国真正建立了完整的 SCM 系统的企业并不多,上海光明乳业股份有限公司、雅戈尔集团等少数企业已经建设或正在尝试。其他的一些企业如宛西制药、新华制药、长空机械、安徽叉车机械厂、广东美的、江苏春兰、上海烟草集团等都表示对 SCM 比较感兴趣或正在建设日程上。而更多的企业,由于自身信息化基础比较薄弱,目前还没有 SCM 需求。总之,SCM 市场在国内仍处于启动期。SCM 系统正在为越来越多的企业所采用,其中大中型企业成为市场需求主体。尤其是,随着不少企业尝试实施并应用了 ERP 系统,业务系统必将继续向上、下游扩展,因此 SCM 必将是企业信息化的下一个重点方向。

2. 供应链系统集成商的两大阵营。目前,国内 SCM 市场大概分成两大阵营,高端大型企业被国外 I2、SAP 等厂商所占据;中低端企业则是国内 SCM 厂商的客户群。像联想、华为等大企业采用的都是 I2 的产品, 海尔采用的是 SAP 的 A-POSCM 产品;而四川华西德顿塑料管道工程有限公司引入的是招商迪辰 SCM 管理系统,上海光明乳业股份有限公司等企业则选择了上海博科的 SCM 产品。从我国应用 SCM 的相关软件来看,从总体来说, 国外厂商 SCM 软件产品比较成熟、性能较优越,但价格昂贵、实施难度大;国内 SCM 软件产品相对不太完善、功能不太齐全,但却小巧灵活、使用方便,而且价格便宜,更具有适应性。中国的企业正在期待成熟的 SCM 产品。

随着中国企业对 SCM 认识的不断成熟,企业对供应链管理系统的需求也日趋多样。除了传统的支持、维护和实施之外,咨询服务也成为一个新的需求。因此,用户将会更加重视咨询服务在系统实施中的地位, 希望通过制定个性化的信息化方案,帮助自己进行硬件、软件和网络方案的选型,信息化建议和项目实施计划以及项目实施和监理等,进而提高项目实施成功率,增强企业的综合竞争力。

3. 供应链发展前景广阔。2003 年国际知名数据调查机构 IDC 对外发布中国物流供应链市场

报告，表明中国在未来5年的物流供应链软件市场销售额保持37.3%的高速稳定增长，预计到2007年将达到3.1288亿美元。IDC的数据还显示了中国物流供应链市场的行业分布、区域分布、供应商分布等信息。中国的物流供应链市场中，制造业所产生的市场比例最大，占73.0%，其中流程型制造企业和离散型制造企业分别占了37.1%和35.9%；以上海为中心的华东地区成为物流供应链市场的应用焦点区域，占整个市场份额的33.1%；物流供应链软件市场份额主要集中在几家大型的专业厂商手中，以上海博科为代表的物流供应链市场前10强，占有了整个市场总共70.6%的份额；除上海博科外，深圳金蝶、深圳迪辰、山东浪潮等国内软件供应商均位列中国物流供应链软件市场前10强，列入中国物流供应链市场前10强的另外6家国际厂商分别是：Oracle、SAP、I2、SSA、QAD、SoftBrands。

IDC预期供应链管理(SCM)服务市场将最具发展机会，2007年可达405亿美元，2005年即超过企业资源管理(ERM)服务市场规模。客户关系管理(CRM)服务则将维持在电子商务服务(ecommerce services)之前，拥有第三大商机的领域，复合年增长率为8.5%。最后，是内容管理(CM)服务、知识管理(KM)服务及全球化与本地化(globalization&localization，G&L)服务，则将是增长最快速、但所占商机比例最小的领域，平均增长率分别是12.8%、16.8%、与13.9%。供应链管理(SCM)服务市场最具潜力，至2007年达405亿美元。根据IDC研究调查报告显示，供应链管理(SCM)之IT服务市场年增长率将从2002年261亿美元市场规模扩张至2007年405亿美元，5年复合年增长率(CAGR)达9.2%。同时，不愿落于人后的心态也将使企业们愿意向新的领域探索，如供应商关系管理(supplier relationship management，SRM)、产品生命周期管理(PLM)、及新兴技术如射频辨识(RFID)技术。这些“探索型”计划在近期内促使SCM中咨询顾问领域前景看好。

（二）企业的物流分离、外包及第三方物流的联合

一份对来华跨国企业的调查显示，绝大部分受访企业物流业务都有外包，比例高达90%左右，只有不到10%的受访企业物流业务没有外包。而国内生产企业真正寻求第三方物流总代理的仅在10%左右。大部分企业仍自己出资出人搞仓储、运输等，不仅费力还把成本“摊”大了。既要管生产，又要忙运输，导致不少企业在物流上花费的时间几乎占整个生产过程的90%，物流费用约占商品价格的40%。显然，自营物流不可避免地将面临两大风险。一是投资、成本风险和企业物流专业管理能力的薄弱可能会造成物流资源的闲置浪费；二是存货风险，企业由于专业配送能力有限，为了防止缺货，多采取保证充足库存的方式，而库存随着时间推移，变现能力减弱，将会造成资金风险。

企业自营物流还是外购物流，并没有惟一的决策标准。自营物流给企业节约了成本，带来了竞争力，但是企业要花费大量的人力、物力和财力，主业的发展相对就要受到一定的影响，而且，单个企业建立的物流系统很难达到一定的规模。而取得规模效益，正是第三方物流的优势所在。从具体细节而言，决策依据一是能否提高企业运营效率，降低运营成本；二是专业物流企业的服务能否满足企业的要求。除此之外，企业物流方式还与企业在供应链中的位置、营销策略和自身的物流特性有关。最终产品制造商对供应、营销渠道的控制力较强，多倾向于选择自营物流，自行组织全程物流和制订标准。市场范围较广的企业则宜选择地区性的专业物流公司为其提供服务。控制了产品的核心技术，或拥有知名品牌，或具有很强的研发实力的企业，宜通过整合市场资源获得物流服务，如戴尔、沃尔玛、麦当劳等。企业采取何种方式组织物流，要根据具体情况具体分析。工业企业可以自营物流，但要充分认识到物流的运作主要还是由工业企业自己来组织的。物流服务的需求来自工业企业（包括作为工业企业产品营销渠道的批发零售企业）。第三方物流服务商是工业企业物流功能外化的产物。所以，要加快我国物流产业的发展，应当紧紧抓住工业企业自营物流这个龙头。

目前工业企业“外包”物流集中于传统项目，生产企业的外包物流主要集中在干线运输，其次是市内配送，物流系统设计、物流总代理等高增值、综合性服务未出水面。不同性质的企业对3PL物流和自理物流的满意度，已形成明显差距。根据调查结果发现，生产企业对自理物流的满意度要比第三方物流的满意度更高。综合来看，物流运作质量和物流信息成为企业对现行物流运作不满意的主要原因。一项调查表明：在采用第三方物流的需求企业中，约有67%的生产企业对第三方的物流服务感到满意，约有23%的生产企业对第三方的物流服务不满意。

传统物流企业当前最重要的工作之一就是向工业企业学习。要了解生产制造过程，了解物料和产品的物流特性，了解企业在供应链中的位置，发现企业物流服务的真实需求所在，要通过服务的互动与工业企业结成市场竞争的战略联盟。中远集团下属的中远航运公司与全球500强企业之一、全球最大的汽车船物流公司日本邮船株式会社（NYK）合资组建了中远日邮汽车运输有限公司，新公司旨在进军国内整车物流市场。在中国，汽车物流的成本占汽车生产成本的比重超过20%，而在欧洲这个数字是10%-15%。中国巨大的汽车消费市场吸引了诸多国际巨头，而国内不成熟的汽车物流市场也为它们的进入提供了足够的空间。但据业内人士分析，目前国内已有不少公司在做汽车物流的业务，但它们更多的是擅长于整车物流这样一个相对简单的领域，没有哪个第三方物流商能够接手汽车制造商的整个供应链。汽车制造商在并未完全接受第三方物流时，仍然自建仓库和运输网络，造成工厂有库存，在运输、中转过程中有库存，客户也有库存，而这样的库存是难以被物流商整合的。不过，中国的第三方物流企业存在的通病是，基础设施薄弱，物流信息系统不健全，管理不完善，不能够满足制造企业的多方位的需求。据中国仓储协会组织的全国物流状况调查显示，工业企业汽车空驶率高达34.7%，企业汽车资源严重闲置，造成企业运输成本的直接上升。物流外包的案例：目前，北京东方信捷物流有限责任公司已与青岛海尔、春兰电器、德国汉高、日本松下、三菱、TCL王牌等50多家国内外知名家电企业建立了良好的合作关系，形成了优势的客户资源，实现了出租率100%的目标，更被北京市确定为重点发展的四大物流企业之一。从表5可以看到第三方物流供应商提供的服务的大体情况。

表5 **第三方物流供应商所提供的服务情况**

服务项目	是（%）	否（%）	不需要（%）
满足业务在地理覆盖范围上的要求	89	11	0
促进供应链的改善	61	34	5
提供国际供应链解决方案	42	46	12
提供供应链整合方案	42	51	7
提供电子商务解决方案	28	59	13

（资料来源：《中国航务周刊）

在国内，目前真正能够介入企业的全面供应链管理，尤其是生产物流管理的第三方物流公司，在中国还是凤毛麟角。其中主要的原因有三个：第一，由于涉及企业的核心商业机密，很多企业，特别是国内的企业还不习惯于将生产物流和采购物流外包出去；第二，国内多数第三方物流公司的业务发展都局限于简单的仓储和运输管理，缺乏对整个供应链管理的理解和实际操作经验，尤其缺乏经验丰富的从事过跨国公司供应链管理的人才；第三，多数第三方物流公司在同客户结成长期合作伙伴，并投入相当的资金以完善专用仓储设施和信息系统方面，缺乏前瞻性和果断性。除了以上三个主要的原因，客户原有的物流管理人员的安置、核心的物流业务流程的优化和重组等难题也阻碍第三方物流公司更加深入的参与客户的供应链管理，尤其是其中的生产物流和采购物流管理环节的因素。

物流子公司的运作模式也是现在许多企业看好的方式。事实上目前一般企业的物流运作都是自营与外购交叉结合。除了企业在具体义务上进行相应分割外，一种将自营与外购特性相结合的组织形式应运而生——物流子公司。这一形式对物流管理体制进行了变革，改变了传统企业的物流部门被动、机械地顺应生产销售，没有物流成本管理的缺陷。同时在物流产业化发展还不充分的阶段，物流子公司的出现可以整合物流市场的优质资源，从而更好地为企业服务。

（三）企业的信息化进程不断加快

对于制造业企业而言，大部分制造业企业对企业信息化的认识趋于清晰，也更加理性。国内大型制造业企业已普遍进入信息化建设的成熟发展期，企业关注的焦点从以往重硬件轻软件，转变为根据自身需求确定软件，从单纯关注产品的功能，转变为关心企业级的信息化解决方案。来自《计算机世界》的调查比较清晰的显示了我国在2002-2003年度制造业信息化的应用情况(见图2)。

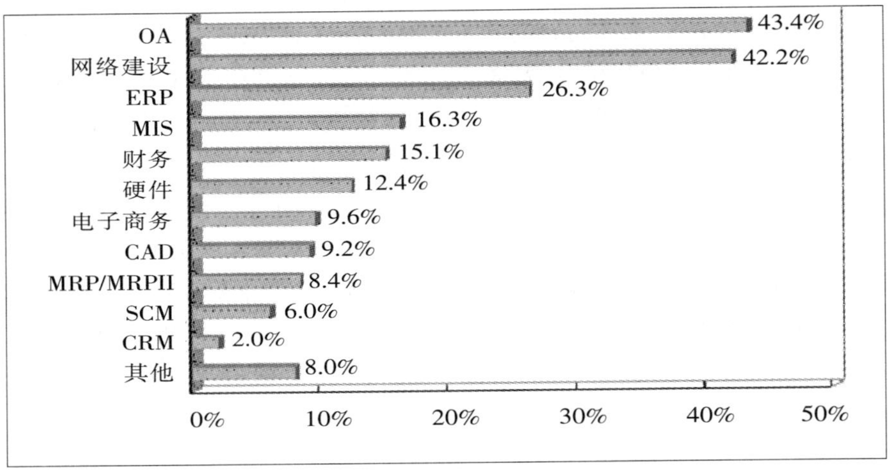

图2　2002-2003年制造行业信息化投资结构

2003年，在中国物流与采购联合会开展的“2003年物流与采购信息化优秀案例”的评介活动中，共评出2003年物流信息化十大优秀案例，其中制造业信息化优秀案例为TCL、双汇集团。从评出的优秀案例来看，主要有以下几个特点：第一，信息化效益突出。第二，流程整合优化特征明显。在这方面，TCL销售公司物流一体化信息平台、宝供全面订单系统、秦凌医药物流系统等均是成功的案例。第三，标准化、模块化是信息系统建设的重要因素之一。另外，中小企业物流信息化也有成功的案例。易通物流公司自行开发、自行应用的物流信息系统，具有成本低、简明实用的特点，目前已经在信息的跟踪服务和数据挖掘应用等方面进行了有益的探索，是中小企业物流信息化成功的案例之一。

在冶金行业中，宝钢、武钢等大型钢铁企业都加大信息投入，加强信息化管理，提高企业的竞争能力。其中，武钢建成了世界一流的整体产销资讯系统。2003年武钢整体产销资讯系统一期工程宣告竣工。这标志着我国冶金行业的信息化管理达到了世界先进水平。这一系统的上线，将用信息化改造武钢传统的经营模式，实现武钢的销售管理、生产管理、技术质量管理、产品出货管理和财务管理等生产经营管理的计算机化，使武钢生产经营的物流、信息流和资金实现有效的结合，做到产品产量最高、成本最低、质量最好、服务最佳，实现以时常为主导、合同为主轴的产销集成管理和追踪功能，从而使武钢的管理高度集中、产销高度衔接、数据高度一致、信息高度共享、系统高度安全、人员精简高效，满足客户的弹性需求。据介绍，产销资讯系统的销售子系统在上线调试过程中，已经接收2003年合同订货66.59万吨，生产子系统的炼钢部分已产出5 725块钢坯计11.24万吨，产销财务系统已成功接收销售货款10.99亿元。

另外在其他的行业中，如烟草、家电、医药等，也都开始加大信息系统的投入，期望企业的信息化能够给企业带来新的发展动力。

（四）东北工业基地振兴给企业物流和区域物流带来新的发展契机

东北工业基地的振兴，给物流发展带来的机遇与挑战，东北地区老工业基地振兴面临着新的经济环境。东北地区老工业基地振兴的必备条件是商流、物流、资金流、信息流畅通。东北地区老工业基地要提高产品质量，则必须进行老旧设备更新改造，要扩大产品销路，则必须降低售价，周到服务。质量、服务、价格、成本相互间是矛盾的统一体。生产成本降不下来，商品的售价难以降低，商品价格降不下来，则缺乏市场竞争力。反之，如果生产成本降下来，就可以低价出售，企业的竞争力自然增强。那么，目前企业的主要利润空间在哪里，靠什么增强企业竞争力呢。这就是“第三利润源泉”的现代物流。生产企业，特别是钢铁、机械、石油、化工等重化学工业企业，运输和装卸搬运成本占有很大比例。只要企业生产成本降下来，产品售价降低，产品销路就会扩大，如果每个企业都能做到这一点，地区的市场就会活跃起来，地区经济也会繁荣发展。不过，这只是问题的一个方面，因为企业的物流搞得再好也是局部的，还必须有良好的宏观物流环境和现代化的物流基础设施做后盾。东北地区老工业基地的振兴，或者说东北地区的经济发展离不开现代物流的支撑。

三、未来发展需要注意的问题

（一）引进专业物流管理咨询公司

对于物流管理来说，由于企业自身专业力量的不足，因而有必要借助相关的管理顾问公司或者相关研究机构来制定企业科学的物流战略规划、实施战略和管理体系。而在咨询中不仅要了解先进的企业是怎么做的，更要了解它们为什么那么做，在做的过程中，它们的物流服务理念是怎样变化的，是怎样与市场竞争和客户需求以及企业经营战略相衔接的。我国的中小企业只有充分利用专业管理顾问公司的优势能力，才能够更快捷地搭建先进的物流系统及管理平台，才能够全面提升企业物流运作与管理的整体水平。

（二）慎选第三方物流或者外包，真正形成供应链联盟

从企业竞争战略的角度来考虑，最重要的决策变量之一是对渠道的控制力要求。越是竞争激烈的产业，企业越是要强化对供应和分销渠道的控制，往往就会倾向于自营物流。在自营物流的时候，又往往在市场营销战略的统筹规划下，专注于关键物流网点如地区性配送中心或分销中心的设置，物流服务标准的制定和物流信息资源的协调配置等。从企业竞争战术的角度来考虑，最重要的决策变量有两个：一是看是否能够提高企业运营效率；二是看是否能够降低企业运营成本。前提是社会物流企业的服务是否能够满足所要求的物流服务标准。很多跨国公司在拓展中国市场时，之所以要从本土带物流企业甚至是配套企业到我国来为其提供物流服务，主要就是因为我们的物流企业在服务理念和服务水平上无法达到客户所要求的服务标准。实际上，国内工业企业的物流服务需求也面临同样的问题。工业化程度低是制约我国物流产业发展的最根本的原因。工业企业是否自营物流还与企业在供应链中的位置、营销渠道战略和产品自身的物流特性等因素有关。工业企业是自营物流还是外购物流，并不存在惟一的决策标准。对于企业而言，无论是自营还是外购物流，只要符合企业自身情况，都能有效提高企业的运营效率。据调查，目前使用第三方物流的企业，超过30%的客户对第三方物流的服务不满意。第三方物流商提供的物流服务85%是运输、仓储等基础服务，而信息、加工处理和财务等增值性服务只占15%；而且由于区域性和经营范围的限制、规模化程度不够以及经营手段不够先进，储运等方面的基础服务效率也不高，利润率低下。但是在实际的运营中还存在着许多问题。首先，物流服务提供商个体和服务整体之间的利益冲突。由于大范围地域和行业的物流运作，单个服务商为了实现自身利益最大化，而不考虑其他服务商的运作时间和进程，很难与整个物流网络的计划和步调保持一致。谁来保证整体服务质量？这主要取决于各成员的友好合作程度。第二，物流服务提供商和客户服务之间的利益冲突，主要体现在服务时间和服务规模上。如何提供可行的解决方案，如何去协调柔性+信息共享+4PL+标杆管理。

（三）信息化注意的问题

通过对大量企业ERP的企业实施情况不难发现，要想项目成功：第一，由公司“一把手”挂帅，成

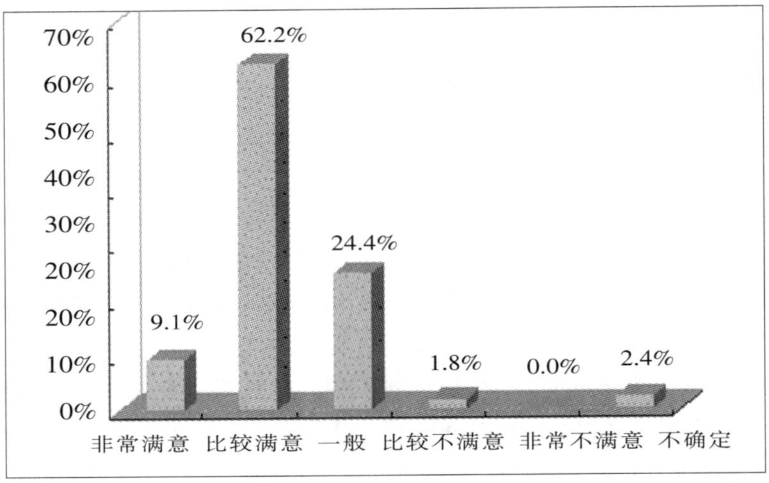

图3 制造企业对于IT合作伙伴的总体评价

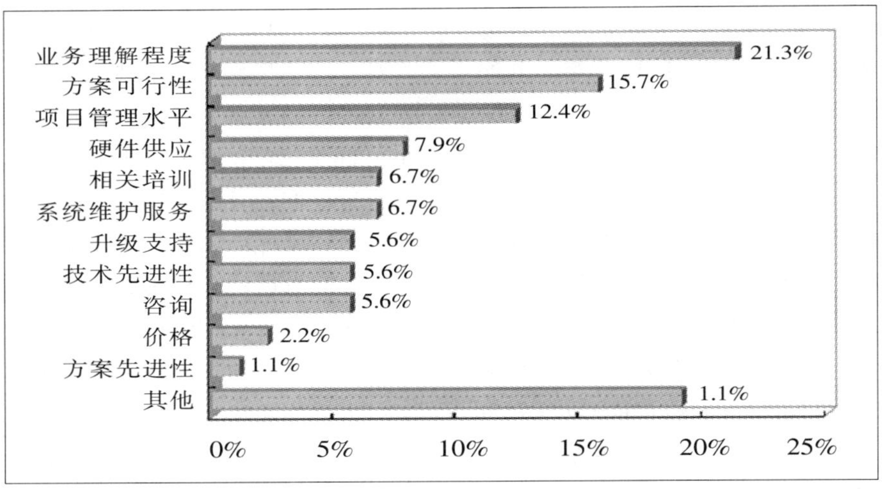

图4 项目实施伙伴的不满意因素分布状况

立由各部门主要领导组成的实施投运领导小组；第二，当现有系统管理的惯例与ERP/MRPⅡ的管理原理不一致时，尽可能地不去改变软件结构，而是严格按照ERP/MRPⅡ的原理来组织数据结构，开展管理规范的制定、工艺文件的改进、物料分类调整、清仓查库等工作，把ERP/MRPⅡ的经营思路确实学到位、学到手；第三，培训、培训、再培训。分别对车间和部门一把手、生产计划员、生产统计员、仓

库管理员、购销人员、财会人员等进行贯穿于实施全过程的培训，定期和不定期地召开研讨会，了解系统实施的最新成果，集思广益解决存在的问题。上面也只是在众多的项目实施中总结出来的成功的共同点。一个项目就是一个复杂的系统工程，要想成功就要站在前人的肩膀上，不断的探索成功的方式、方法，赢得项目的最终胜利。

另外，在信息化项目的整个过程中，存在着许多观念上，方法上的偏差。给项目的顺利实施带来了巨大的障碍。目前，国内的多数客户企业对自己的需求不是很了解。不论是国企还是私营的企业很少能够提供出非常明确的需求报告，这是一种非常普遍的现象。由于没有需求报告，许多的企业在选择软件的时候也就无法找到一个基准。而在系统的供应商方面，很多销售人员为了赢得订单。在不是很了解客户需求的情况下，也喜欢作出一些兑现不了的承诺。这样就为后续的项目的实施埋下了产生摩擦的隐患，项目的难度也由此增大。企业需要对自己的需求、项目作出界定。这样，企业才能够在供应项目的实施过程中判断项目的实施的进度和承诺的履行程度，对系统项目的实施做到心中有数。还需要注意的是，企业做项目需要“量入而出”，这样也就有了一个选择软件供应商的层次，毕竟不同的软件的投入不一样。必要时，要进行项目的风险评估，引入项目监理机制和绩效评估机制，减小项目实施的风险。

企业还需要防止信息化的负面影响。一般情况下，系统上线后的6个月内，是最辛苦，也是最脆弱的时候。有时，整个公司两套系统并行，工作压力将会很大。这段时间是项目的成败关键，如果没有坚持，很容易功亏一篑。上线后，常常也会有失落感。软件用起来不是很便利，而且效果也没有马上显现出来。不要对信息化，信息系统持有太大的希望。IT系统是个管理架构的效率工具，是一个管理辅助工具，如果运用的好，也是战略上的利器，但绝对不是一个可以解决企业所有问题的“法宝”。

（四）BPR的实施注意事项

目前，很多企业都在计划或者已经实施业务流程重组（Business Process Reengineering,BPR），但是据相关的统计，有60%-80%的BPR项目是失败的，BPR并没有帮助企业实现期望的改进目标。BPR项目的成功与否，很大程度上取决于公司是如何将新的流程方案付诸实践的，也就是企业如何进行BPR项目的变化过程的。

BPR项目一旦失败将付出沉重的代价，许多企业不愿意承担这样大的风险。但是，在实践的过程中，一些企业发现对企业流程管理采用持续改良的方法将更有益。所以目前理论界比较普遍认同的变化有革命性变化和渐进性变化两种。渐进性变化就是要使企业的变化适应人们的接受能力，变化应该在适当的范围内逐步进行。而革命性变化则是要彻底的组织变化，不可能零碎地、间断地完成，企业的变化必须迅速展开，要在短时期内建立新的运作规则和流程。至于说革命性变化和渐进性变化哪个更加适合具体的企业，是一件很困难的事。这样就需要企业在BPR项目实施的之前做好系统的分析，减小企业项目实施的风险。

另外，一些软件提供商以及咨询公司对项目成功的上线与客户企业对成功的定义有很大的差别。软件提供商以及咨询公司可能认为，只要把软件设计好，系统可以运行，就算成功的了。如果，软件提供商以及咨询公司一松手，企业用户就像断了线的风筝一样随风飘流。对企业用户而言，IT项目的战略价值必须体现，这样才算是成功。

（五）供应链实施注意的问题

任何一个企业只有与别的企业结成供应链才有可能取得竞争的主动权。在激烈的市场竞争中，企业必须将物流活动纳入系统化的统一管理，一体化物流既提高顾客服务水平又降低物流总成本，进而提高市场竞争力。但是，如果企业内部实现不了一体化，就谈不上与供应链上下游企业之间合作形成一体化供应链。并不是每个企业都成立物流服务部或物流子公司，只有那些物流活动具有相当规模的企业，才有必要成立物流服务部或物流子公司。但对于新成立的企业，就应该将精力集中在自己的核心业务上，将物流给第三方经营。而对于一些大规模的制造企业来说，要拿出几个亿来自己做物流，依据国际的经验，仍值得认真思考。所以在不需多大投资的情况下，整合内部物流，把外部物流交由第三方去做，会获得更好的效果。通过物流战略联盟使众多企业的集约化运作，降低了企业物流成本。从社会效益来看，由于采用第三方物流机构作为同盟，统筹规划、统一实施，减少了社会物流过程的重复劳动。要积极寻求与核心企业的战略合作，成为核心企业长期的、稳定的战略伙伴。结成战略联盟，实行供应链管理，以供应链参与国内、国际竞争，提高中国产品在国内、国际市场的竞争能力和市场份额已是大势所趋。由于企业内部一般没有足够专业的技术人员，因此，难以自行评断个别解决方案的利弊与适用性。事实上，信息技术应用的好坏，最大的难点在于管理和业务流程两方面。一个项目的实施过程，最大的障碍有时并不是来自于IT技术本身，而是来自于对自身管理问题的理解和对先进管理思想的消化，来自于对业务流程规范化和数据标准化的认识。因此，建设SCM必须意识到这更是企业管理改革的一种手段。

过去20世纪初的那种“大鱼吃小鱼、小鱼吃虾米”，到20世纪90年代的“活鱼吃休克鱼、快鱼吃慢鱼”的竞争方式，已被人类进入21世纪的“大鱼吃大鱼、活鱼吃活鱼”的鲸吞方式所替代。中国电子商务协会供应链管理委员会在上海举行了“供应链管理绩效评测参考模型SCPR1.0”新闻发布会。这一绩效评测模型对企业的供应链管理水平提供了科学、定量的评价办法，在国内供应链管理领域中尚属首次。SCPR1.0是CSCC针对中国供应链管理模式和中国企业供应链管理的现实需求，组织国内供应链管理相关专业机构、专家学者，充分吸收国外供应链管理，历时近一年，经过多轮研讨、修订并推出的。SCPR1.0模型是目前中国第一个自主的、具有知识产权的、以供应链订单反应为核心的绩效管理模型。在供应链的建设中，注重绩效评价，也是供应链运营效果的一个有效的反馈。

（六）加强物流成本管理

目前，我国企业物流成本普遍偏高，判断一个物流系统是否实现了整体最优，不是看物流系统中进行了多少作业，而是看物流系统为生产和销售降低了多少成本，物流作业进行得越少的物流系统才是好的物流系统。在保证生产和销售目标实现的前提下，尽量进行较少的物流作业，降低物流作业总成本。物流成本受多方面物流费用的影响，在进行物流系统设计时，必须掌握总成本最低的原则。中国仓储协会的一项调查显示，中国有45.3%的企业面临物流成本过高的压力。传统的会计核算法掩盖了物流成本的真面目，一般情况下，企业会计科目中，只把支付给外部运输、仓储企业的费用列入成本，实际上这些费用仅如冰山的一角。因为，物流基础设施建设费和企业利用自己的车辆运输、利用自己的库房保管货物、由自己的工人进行包装、装卸等费用都没有列入物流费用科目内。尤其是花费在保存货物的库存费用也没有单独的科目。在美国，库存费用除了仓储、残损、人力费用及保险和税收外，还包括库存占压资金的利息。其中利息是当年美国商业利率乘以库存总金额。只有把库存占压的资金利息加入物流成本才能将降低物流成本和加速资金周转从根本利益上统一起来。中国现有的会计项目对物流费用的核算和管理，不能揭示物流费用的分布，掩盖了物流费用的真面目，无法唤起企业对物流的重视。企业的物流成本可分为显性成本和隐性成本，显性成本主要有：运输费用、配送费用、仓储费用、装卸费用、货物保险费用、退货回收与废物处理成本、从事物流作业与管理的人工成本（工资、奖金、津贴）等；隐性成本主要有：存货资金成本，如利息、机会成本损失、跌价损失、变质、灭失等，1. 订单处理成本，如洽谈、单据票据、传真电话费等，2. 信息系统成本，如信息购置费用、维护成本、信息处理成本，3. 缺货成本等。只有真正的认识物流成本的内涵，并根据具体的情况加强企业物流成本的控制，才可能使企业在物流管理中得到更加明显的成效。

（特约撰稿：北京科技大学物流研究所
王国华　马志新　葛拥军）

2003 年度中国石油和化工百强企业名单

序号	省市区	企业名称
1	北京	中国石油天然气集团公司
2	北京	中国石油化工集团公司
3	北京	中国海洋石油总公司
4	北京	中国昊华化工(集团)总公司
5	北京	中国蓝星(集团)总公司
6	天津	天津大沽化工有限责任公司
7	天津	天津乐金大沽化学有限公司
8	天津	天津渤海化工有限责任公司天津化工厂
9	河北	中国乐凯胶片集团公司
10	河北	石家庄双联工集团有限公司
11	河北	唐山三友碱业(集团)有限公司
12	河北	中国-阿拉伯化肥有限公司
13	河北	河北沧州化工实业集团有限公司
14	山西	山西省天脊煤化工集团有限公司
15	辽宁	沈阳石蜡化工有限公司
16	辽宁	米其林沈阳轮胎有限公司
17	辽宁	普利司通(沈阳)轮胎有限公司
18	辽宁	大化集团有限责任公司
19	辽宁	辽宁华锦化工(集团)有限责任公司
20	辽宁	盘锦北方沥青股份有限公司
21	辽宁	锦化化工集团有限责任公司
22	黑龙江	齐化集团有限公司
23	上海	上海石油天然气有限公司
24	上海	上海轮胎橡胶(集团)股份有限公司
25	上海	上海氯碱化工股份有限公司
26	上海	立邦涂料(中国)有限公司
27	上海	巴斯夫染料化工有限公司
28	江苏	南京锦湖轮胎有限公司
29	江苏	无锡格林艾普化工股份有限公司
30	江苏	江苏澄星磷化工股份有限公司
31	江苏	江阴市新和桥化工有限公司

（接上页表）

32	江苏	江苏三木集团公司
33	江苏	江苏江东化工股份有限公司
34	江苏	江苏亚邦集团公司
35	江苏	江苏化工农药集团有限公司
36	江苏	江苏华昌集团有限公司
37	江苏	正新橡胶(中国)有限公司
38	江苏	昆山沪铼光电科技有限公司
39	江苏	美孚(太仓)石油有限公司
40	江苏	南通江山农药化工股份有限公司
41	江苏	江苏扬农化工集团
42	江苏	镇江国亨化学有限公司
43	江苏	江苏陵光集团
44	江苏	江苏梅兰集团有限公司
45	浙江	杭州中策橡胶有限公司
46	浙江	杭州龙达差别化聚脂有限公司
47	浙江	宁波乐金南兴化工有限公司
48	浙江	华峰集团公司
49	浙江	韩泰轮胎(嘉兴)有限公司
50	浙江	浙江龙盛集团股份有限公司
51	浙江	浙江闰土化工集团有限公司
52	浙江	巨化集团公司
53	浙江	东港工贸集团有限公司
54	安徽	安徽佳通轮胎有限公司
55	安徽	铜陵市化学工业集团有限公司
56	安徽	安徽淮化集团有限公司
57	福建	翔鹭石化企业(厦门)有限公司
58	福建	厦门正新橡胶工业有限公司
59	山东	山东聊城鲁西化工集团有限公司
60	山东	双星集团有限责任公司
61	山东	青岛黄海橡胶集团有限责任公司
62	山东	青岛海湾集团有限公司
63	山东	山东齐鲁增塑剂股份有限公司
64	山东	山东宏信化工股份有限公司
65	山东	山东石大科技有限公司
66	山东	山东垦利石化有限责任公司

（接上页表）

67	山东	山东胜通集团股份有限公司
68	山东	山东利华益集团股份有限公司
69	山东	山东广饶石化集团股份有限公司
70	山东	山东华星石油化工集团有限公司
71	山东	烟台万华聚氨酯股份有限公司
72	山东	山东玲珑橡胶有限公司
73	山东	潍坊弘润石化助剂有限公司
74	山东	山东海化股份有限公司
75	山东	山东联盟化工集团有限公司
76	山东	三角集团有限公司
77	山东	山东成山轮胎股份有限公司
78	山东	山东滨化集团有限责任公司
79	山东	山东省鲁北企业集团总公司
80	山东	山东京博石化有限公司
81	山东	山东东明县石化集团有限公司
82	山东	山东泸河集团总公司
83	河南	风神轮胎集团有限责任公司
84	河南	河南灵化集团有限公司
85	湖北	武汉葛化集团有限公司
86	湖北	湖北宜化集团有限责任公司
87	湖北	沙隆达集团公司
88	湖北	湖北楚源精细化工股份有限公司
89	广东	广州金发科技发展有限公司
90	广东	美国通用电器塑料中国有限公司
91	广东	广州市华南橡胶轮胎有限公司
92	广东	珠海碧阳化工有限公司
93	四川	川化集团有限责任公司
94	四川	自贡鸿鹤化工股份有限公司
95	四川	泸天化集团有限责任公司
96	四川	宜宾天原股份有限公司
97	贵州	贵州轮胎股份有限公司
98	贵州	贵州西洋肥业有限公司
99	贵州	贵州宏福实业开发有限总公司
100	云南	云天化股份有限公司

（资料来源：中国石油和化学工业协会、国家统计局工业交通司）

中国汽车物流的现状与发展前景

一、中国汽车物流发展现状

（一）汽车物流市场增长态势

中国的汽车物流业同其他国家一样，也是随着整个汽车工业的崛起而发展起来的。随着我国经济的持续快速发展和人民生活水平的日益提高，中国市场的汽车消费迅速膨胀，尤其是在某些人均 GDP 超过 3 000 美元的经济发达城市和地区，汽车消费更是出现爆发式增长。这种惊人且持续的高速增长带动了中国汽车物流业的蓬勃发展，巨大的市场吸引着无数物流企业，无论是随着汽车行业成长起来的物流新锐，还是国内外物流巨头都纷纷登场，欲在中国汽车物流大舞台上进行角逐。

从总体上分析计算物流市场规模是一个十分困难的问题，因为社会经济活动中的物流过程非常复杂，物流活动的不同内容和形式决定了采用不同的方法分析物流规模结果不同，也会导致不同结果。现代汽车物流发展的过程是从物流成本中心到利润中心发展到服务中心，最终发展成为战略中心的过程模式。从目前我国汽车物流所提供的服务功能看，运输、仓储等传统性业务还占相当大的比重，物流服务的收益 85%来自于这些基础性服务、增值服务。我国属于发展中国家，相应的第三方汽车物流的发展还处于起步阶段。针对我国第三方汽车物流业务来说，主要是：1. 要提高资源的利用率（设备、基础设施、技术、IT 人才等）；2. 要在第三方物流企业通过实施专业化、规范化、标准化运作（效率提高、作业流程优化、标准化、稳定性提高、过程透明化、可控化），从而增强企业核心竞争力来提高整个供应链的可视化，最终实现提高资产运作效率，并具有国际竞争力的第三方汽车物流管理企业，是我国汽车物流企业今后 3-5 年的发展战略方向。我国的物流产值增长率的变化趋势与 GDP 的增长趋势大体相同，自 1995 年以来已超过 GDP 的增长率，预计我国第三方物流业产值仍将持续快速增长。

（二）汽车物流市场主体变化

新的观念、新的思维、新的管理给中国汽车物流业注入了新的活力，尤其是随着外部竞争压力的加剧，汽车厂商对企业物流管理的重视，物流企业自身内部对现代物流运作的渴望与迫切，这一切的一切均使得目前中国的汽车物流企业无论从物流运作的规模化、网络化还是服务功能和范围、综合实力上都得到了质的提升。随着中国汽车物流市场这块大蛋糕的迅速膨胀，一些传统实力较强的非汽车物流企业也开始酝酿进入。目前，中国汽车物流企业主要有四种形式：一是从传统的运输企业转变来的；二是从汽车制造企业中分离出来的；三是伴随市场崛起的民营企业；四是中外合资的物流企业。虽然企业体制及性质相异，但有一点是相同的，那就是对现代物流和供应链理念的认识在加深，在完善。从发展的角度来看，尤其是那些仅依靠自身的物流管理经验，通过管理物流储运企业为厂商提供专业化服务的管理型汽车物流企业和以自身拥有的物流储运资源为厂商提供物流服务的实力型企业通过市场的磨炼，已从众多的汽车物流企业中脱颖而出，占据了中国汽车物流业务的半壁江山。从另一方面也可看出，在现代物流理念的指引下，具备物流供应链系统策划能力和物流管理能力的汽车物流企业才是汽车物流市场的真正的主流。

（三）汽车物流市场存在的主要问题

1. 体制、区域壁垒。中国各品牌汽车集团相互之间竞争激烈，区域保护政策而引发的市场的公开度和竞争度还不强。很多汽车企业都没有采用公开招投标的方式来采购物流服务，由于地方保护主义严重，任何一块业务都背靠着或这或那的体制/区域壁垒，而非单纯的以竞争实力为标榜。

2. 有效价格体系尚未形成。各大主要物流企业各自为战，信息保密思想较浓，未能进行有效合作。而社会闲置资源拥有者通常会抛出单程运价甚至更低的报价来获取业务，这样对原有的价格体系形成了很大的冲击，从一定程度上促进了行业内部的竞争，客观造成了各汽车发包方的运输价格相差较大的现实。

3. 物流服务形态需改进。相当多的汽车物流企业主要靠自己组织，这是造成整个汽车物流总体运行效率低下的重要原因。虽然已有较多的汽车物流公司开展了物流资源共享与合作，但这种合作只是为了缓解短时期内的物流资源不足，而非抱着持续改进，降本增效的目的。因此要成为具有竞争力的市场主体，就必须用信息化、智能化、服务综合化及个性化塑造先进的物流服务形态。

4. 物流标准化工作进展缓慢。目前，汽车物流标准化工作滞后于整个汽车工业的生产总量的增长及汽车物流的发展。物流企业管理、服务规范及运输工具均未形成统一的标准，而当整个供应链环节出现问题时，往往会显得无所适从。俗话说：无以规矩，不成方圆。在物流行业一致呼吁标准化的同时，标准化工作的推行势在必行。

如果单从中国汽车物流目前的业务总量来说，物流规模已经相当可观，汽车物流正处于快速成长阶段；但如果从整个汽车物流行业运作的成熟程度来衡量的话，甚至可以这样认为：汽车物流服务还处于刚刚起步阶段即孩提时代。虽然，近年来汽车物流公司如雨后春笋般的冒出，但大部分充其量只是一些传统的运输服务，还远远达不到现代化汽车物流服务的标准。

（四）安吉天地汽车物流有限公司能力介绍

上海安吉天地汽车物流有限公司是由上海汽车工业销售总公司和荷兰 TPG 集团属下 TNT 物流控股有限公司各出资 50%组建而成的国内首家汽车物流合资企业，TPG 是全球邮递、快递和物流领域的领头羊之一，TNT 物流是 TPG 属下成长最快的业务板块，TNT 物流全球年平均收入为 2 533 百万欧元，业务遍及 26 个国家，拥有 392 个仓库、4 500 万平方米仓库面积、7 500 辆专用车辆。而安吉汽车物流（合资方）是中国整车物流的最大供应商之一，主要业务整车分拨，年吞吐量 500 000 万辆，9 500 万欧元收入，90 000 平方米仓储面积分布在全国各地，拥有大型的网络资源。公司成立于 2002 年 6 月 12 日，是一家专业化运作（集物流策划、物流技术咨询、规划、管理、培训等服务于一身），能为客户提供一体化、技术化、网络化、可靠的、独特解决方案的第三方汽车物流供应商。

众所周知，发展战略在一个企业中具有至关重要的作用，而安吉天地之所以能在竞争的浪潮中脱颖而出，完全得益于企业的强强联合，整合资源，并具有超前的战略方针：

1. 管理领先战略。“满足用户需求，提高用户满意”是安吉天地向每一位客户作出的承诺。基于这样的理论，安吉天地在企业内部积极开展“用户满意工程”，在企业中导入 CS 理念。积极开发 ISO9001:2000 质量管理体系、ISO14000 环境管理体系和 OHSAS18000 的综合管理平台，并以六西格玛为工具，BPD 目视墙为监控手段，采用平衡记分卡使安吉天地的管理透明化，可视化。

2. 信息技术战略。安吉天地深知现代汽车物流的发展离不开信息技术的支持，不断升级现有技术才能不断满足、超越顾客需求。调度系统、仓储系统、OA 系统、分供方管理系统、GPS 全球定位系统、Call center 系统的建立确保了安吉天地的服务质量，使安吉天地在行业中处于领先地位。

3. 服务创新战略。安吉天地物流在整车物流的基础上，其业务触角将向零部件入厂及售后市场板块进行拓展，并最终成为集整车、零部件入厂及售后物流业务的一体化供应链管理和供应链的重新设计的汽车物流供应商。

4. 运输网络完善战略。运输体系方面，安吉天地与安吉物流在整车运输领域结成战略联盟关系，从而拥有全国规模最大的整车运输网络。就全国范围内而言，具有公路、水路、铁路综合运输体系的物流企业只有上海安吉物流一家。完善的运输网络使安吉天地能最大限度地满足顾客多样化的需求。

合资后，安吉天地更是凭借自身在物流理念、管理、仓储和运输资源、物流策划和开发系统等方面的优势，已开始运作技术含量极高的零部件供应和生产物流、售后零部件物流过程。其中有来自于TNT的6人专家小组开展业务支持，已启动上海大众3个主要项目。至此，安吉天地已完全涉足汽车物流领域的各个环节。因此，合资公司的战略意义在于登陆亚洲广阔市场，获得潜在客户，在不成熟的物流市场中孕育强大的商机，取得与整车生产商合作管理，成为中国市场的开拓者。

二、2004中国汽车物流发展趋势及展望

（一）汽车产业环境分析

2003对于中国汽车物流行业应该是成功的一年，大发展的一年。就全国范围内来讲，运力供给基本上与物流需求相持平。而2004年对于中国的汽车物流业务将是最具挑战的一年：从宏观经济分析，经济周期进入上升期，WTO的进入将进一步推动景气；对于汽车物流的产业环境而言，汽车物流无疑已是朝阳产业。从微观经济分析，各汽车物流采购方随着自身产量的快速上升，对物流的需求也快速上升。跨国公司将更多的业务转向中国，并通过外包物流能动降低供应链成本，国内现代制造业企业为了降低制造成本，更加关注自身高核心竞争力，而增加物流外包的需求，必将大大刺激第三方物流市场的发展。

（二）汽车物流发展的主流

近年来，现代物流管理理念已经在各大企业中得到了推广，众多的汽车物流发包方一方面期望能进一步下降物流费用，从而降低销售成本，另一方面又想获得更好的物流服务以满足销售的需要。2004年，该如何来“降本增效”呢？

1. 中国汽车物流行业协会由“设想”到“实施”。由行业协会牵头，联合全国目前有实力的汽车物流企业，共同订立相关的管理标准、服务标准等规范，结束目前行业“各自为政”局面，为各汽车物流企业提供一个可衡量的平台。对内有利于加强企业间的沟通与交流；对外则由协会统一协调政府与企业、企业与消费者等多方面的关系，形成汽车物流行业可持续发展的有利环境。行业协会的成立将会有力的推动“协作物流”的进程。在中国，汽车销售的大区主要分布在华东、华南、东北、华北、华中、西南六大区域，这种格局非常有利于区域间物流对流的形成。此外迫于价格竞争的压力，个别具有现代物流意识的汽车物流企业已在2003年进行了尝试，与同行进行了初期的合作，如安吉物流与华航物流的合作，并取得了丰厚的利润。因此，要在行业协会的基础上，构建一个运力资源整合交易平台，将各个区域的运力资源共享，实现优化配置资源，这将会最大限度的提高回程业务的稳定性，提高运输效率，从而通过优化整条供应链实现降低成本的目的。行业协会的建立将为采购物流服务提供一个可衡量的依据。由行业协会负责对各物流服务企业实行考核分级制度，针对实际物流服务质量、现行价格标准及其他各项考评标准，以第三方的名义对会员给出综合评分。而当采购方需采购物流服务时，只需将采购要求提供给行业协会，由行业协会负责推荐合适的物流承包方供选择，这样有利于促进行业内的良性竞争，提高综合物流服务质量。

2. 物流外包运作的升级。不可否认的是，近年来汽车物流成本同其他行业的物流成本一样，一直处于上升趋势，因为随着企业通过提高物流服务水平来提高市场竞争力的不断追求，必然会对物流系统注入更大的投资，从而提高了物流成本。各汽车物流企业的老总均已充分认识到了这一点，企业的资产投资回报率并不一定是随着资产的增加而增加，而衡量一个物流公司的标准也绝不是它有无实际的物流资产。一方面企业既不想追加投资，另一方面又要不断提高服务，获取高利润，那么惟一的出路只能是将物流业务外包。但中国的汽车物流业绝大部分是从传统的仓储、运输业转化而来，本身拥有大量的仓储运输资源，惟有当现有资源不能满足不断上升的汽车运输业务量时，才会采用外包的方法来满足需求。而对于企业来说，只要对分供方进行管理而无需增加额外的投资，作业的灵活性得到加强。相信在即将到来的2004年，汽车物流外包的现象将愈发普遍，尤其是对于那些自有资源缺乏，但物流管理经营丰富，进入中国汽车物流业的先进的国外企业。从长远发展的角度来看，物流管理、仓储与运输势必会

剥离，但对于中国的汽车物流企业还需要一个过程。

3. 服务质量竞争。当价格竞争趋于相对稳定且合理的前提下，企业的发展战略必然会转向物流的另一个关键要素——服务质量，通过服务质量在整个汽车物流行业中的提升来创建企业自身的物流品牌。如果物流企业能以相同的价格而提供高于或略高于同行业水准的服务，那么它的竞争优势就会完全的显现出来；同样，如果企业以同样的价格而提供低于同行业水准的服务，那么在这个领域里只能步履维艰，迫使企业进行优化组合或重组，那么对于整个汽车物流行业的优化也会是“百利而无一害”。

当然，不同的顾客会有不同的服务要求，想要以一种服务水平让所有顾客都满意是不可能的，这势必要求企业能提供不同的服务来满足他们的需求即服务差异化。根据著名的帕托累 20/80 原理，20%的顾客创造了企业 80%的利润，所以提供给 20%顾客的服务必然有别于其余 80%的顾客，但这并不意味着企业提供给 80%的顾客的服务可以低于行业水平，前提依然是在行业水平的基础上。在今后的一段时间内，汽车物流企业必然会将“服务差异化”纳入自身的体系，将顾客明确分类、服务明确分类，并尽量在行业水准的基础上超越顾客的需求，提高相应的客户关系与服务水平，只有这样才能扩大客户群体，占领竞争优势。

4. 零部件汽车物流的兴起。如果整车物流是物流行业中的一个新兴行业，那么汽车零部件物流就是一座尚未开垦的“金矿”。由于零部件物流技术含量极高，目前在中国汽车物流领域，只有为数不多的几家物流公司可以从事零部件物流服务，如安吉天地、中信物流等。随着现代物流步伐的加快，一些实力较强的物流企业及外国先进物流企业纷纷开始涉足零部件物流，可以说零部件物流的发展将是汽车物流的另一个闪光点。

零部件物流业务量的增长是随着整车销售量的增长而增长，业务量的增长使整车厂原本已不畅的物流供应链处于负压状态，高库存、高成本、资源利用率低。寻找合适的第三方汽车物流供应商已是整车厂当务之急。由第三方物流供应商整合整条物流供应链，提高资源利用率、确保信息传递的有效性和物流控制及管理的一体化和连贯性。在业务整合中，建立多功能物流中心，架构高效的仓储管理系统，以实现简单快捷的物流配送尤为重要。物流中心提供排序、改包装等增值服务，并进行短驳车辆的运输规划与零部件装载计划，做到“高频、少量”的供货方式。针对不同供货体积的供应商采取不同的供货频次和集货方式，如直接供货、Milkrun 等方式。总而言之，从事零部件物流运作的第三方供应商需要具备供应链的整体策划和规划能力，高效的物流网络、高素质的物流人才等多方面因素的结合体。

（特约撰稿：安吉天地汽车物流有限公司
龙少良　孟琰霆）

2003年全国二手车交易经营情况

据对全国141家旧机动车交易中心(市场)统计,2003年共交易二手车87.89万辆，同比增长20.23%,交易额309.72亿元,同比增长1.84%,其中载重车18.65万辆，同比增长11.59%，轿车32.89万辆,同比增长32.27%,客车21.91万辆,同比增长24.52%。从统计情况看,交易量列前5位的省市是:上海、山东、北京、湖北、辽宁。同比增长30%以上的省市有:北京、天津、内蒙、长春、南京、湖北、湖南、重庆、青海等。

2003年全国二手车交易的主要特点:

一是政府部门务实求稳，规范二手车市场。2003年商务部组建后,责成中国物流与采购联合会牵头,组织北京、上海二手车市场,一汽集团、一汽大众、上海通用、上海大众、神龙、东风裕龙等公司参加,对中国二手车市场进行了较深入的调研,寻求探索适合中国二手车流通发展的解决方案。2004年1月,商务部、中国物流与采购联合会、大众汽车(中国)投资有限公司在北京联合举办了中国二手车流通国际研讨会。近期商务部等九部委又联合开展了汽车市场专项整治工作。武汉、广东等地方政府为规范二手车交易市场，相继出台了《武汉市旧机动车交易管理办法》、《广东省旧机动车流通管理办法》。

二是二手车交易的增长速度明显慢于新车增长速度。2003年新车销售总量同比增长34.21%,其中载货车同比增长10.35%，客车同比增长15.15%,轿车同比增长75.28%。二手车交易总量与新车销售总量同比增长相差14个百分点,轿车相差40个百分点,只有二手载货车和客车交易量的同比增长幅度高于新车。从全国二手车交易市场的动态变化情况看，北京二手车市场进入四季度交易量有减缓趋势，上海全年二手车交易量同比增长20.7%,低于全国新车销量的增长速度。特别是广东、河南等部分地区二手车交易量同比出现负增长。

三是二手轿车降价幅度大于新车降价幅度。2003年新轿车价格的平均降价幅度大约在8%左右,二手轿车平均降价幅度为10%,这是造成交易数量增加，但是交易金额却几乎未变的原因。2003年是新车品种上市最多最快的一年,也是新车降价幅度最大的一年。在新、旧汽车市场中,轿车所占总量比重最大，是拉动汽车市场总体销量增长最大的动力。新轿车降价幅度以及降价范围的波及,是影响二手车价格下降,同比增长速度减缓的主要因素。在某种程度上由于新车降价抑制了二手车的交易，导致二手车间接贬值、库存增加,影响了消费者对降价品牌的信任度。

四是二手车交易流向从经济发达的城市向经济发展相对滞后的地区发散。特别是北京、上海两大城市环保指数在提升,使得未达环保要求的30万辆黄标车退出北京汽车市场,逐步流向东北、山西、内蒙以及山东、安徽、贵州等地。同时北京市政府5 000辆更新下来的公务车，利用北京二手车市场与全国14个省市网络信息互动平台，公平、公开、广泛、快捷、方便安全的流向全国。上海以上海二手车交易市场为核心,以5个交易市场、7家经营公司为依托，以连锁经营的营销方式稳步地向全国辐射。

五是年限短、档次高、价格低、质量佳的进口车和“老三样”的二手车最受消费者青睐。由于新车上市频率快,消费者换车的频率也在加快,在北京二手车市场,2000年以后的二手车约占市场份额的70%,使用1年左右POLO、广本飞度、丰田等“准新车”约占市场份额的9%。档次高、质量佳的本田雅阁、丰田佳美、花冠、尼桑风度等进口车和价格低的捷达、桑塔纳、富康供不应求。

六是百姓关注的二手车交易中的车况、诚信以及售后服务等问题得到政府、市场以及经营者重视,并逐步加以改进。2003年10月北京市公安局为方便群众办理丢失车辆保险理赔，简化盗抢车辆查询和消案手续，建立了公安——保险——交通互动信息平台。北京、广州二手车交易市场，针对交易中的法律纠纷分别出台了《北京市旧机动车买卖合同》、《广州旧机动车销售合同文本》，北京二手车市场中7家经纪公司率先提出了二手车售后服务的承诺，消费者在购车一年内，由经纪公司承担售后服务。同时北京中联市场推出了“诚信指数”，规范了二手车经营者行为。上海二手车交易市场在借鉴美国、日本二手车发展经验的同时，结合中国特点，选择交易频率较高的车型，分别制订了出售车辆的技术标准、清洁标准和售后安全运行标准，努力做好二手车售前、售中、售后服务。

七是多元化的经营主体和多元化的营销方式将加快二手车快速发展。2003年上海通用、上海大众、一汽大众、神龙等品牌汽车企业都在积极推进新旧车的置换业务，北京二手车网上拍卖和上海异地连锁，以及租赁、寄售、典当、消费信贷等多种营销方式为二手车市场的发展注入了新的活力。有形二手车交易市场的“一站式”服务和汽车品牌专卖店置换业务的开展，为消费者购买二手车提供了方便的环境。

八是二手车流通体制、营销理念、交易方式等诸多问题，仍制约着中国二手车市场的发展。从我国汽车生产和汽车销售水平看，目前分别位居世界第四位和第三位，国外二手车的销量通常是新车销量的2–3倍，而我国二手车交易量仅为新车销量的三分之一，中国二手车孕育着巨大的潜在市场。而目前法规的滞后，以及经营理念、经营主体、经营方式的落后是阻碍我国二手车发展的主要原因。但自2003年政府换届以来，有关部门对二手车市场的重视程度和扶植力度在提高，北京、上海、广东等一些有形交易市场和一批汽车品牌供应商在积极努力的推进二手车流通体制的改革，新、旧车交易分割局面，单一的经营模式，将被新、旧交叉经营融通等多元化的经营模式所打破。二手车流通行业迫切呼唤政府有关部门尽快出台促进二手车市场发展的有关政策。

（资料来源：中国物流与采购联合会
生产资料市场专业委员会）

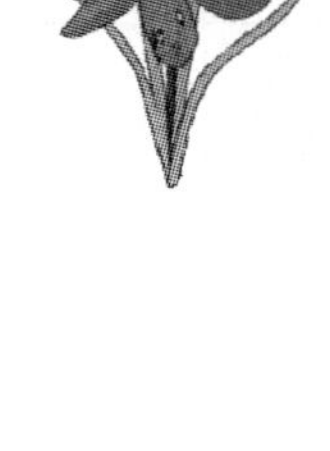

医　药

2003年中国医药企业100强

名次	企业名称	销售收入（万元）	名次	企业名称	销售收入(万元)
1	上海医药(集团)有限公司	1 506 788	23	天津药业集团有限公司	232 257
2	上海复星高科技(集团)有限公司	1 011 695	24	天津中新药业集团股份有限公司	221 574
3	中国医药集团总公司	991 339	25	南京医药股份有限公司	206 869
4	广州医药集团有限公司	881 467	26	广州白云山制药股份有限公司	204 032
5	天津市医药集团有限公司	838 888	27	云南医药集团限公司	198 391
6	三九企业集团	714 694	28	上海新先锋药业有限公司	194 584
7	哈药集团有限公司	655 860	29	航卫通用电气医疗有限公司	169 256
8	华北制药集团有限责任公司	629 926	30	天津太平(集团)有限公司	163 181
9	新华鲁抗药业集团有限责任公司	462 558	31	丽珠医药集团股份有限公司	160 121
10	广州医药有限公司	454 866	32	无锡山禾集团有限公司	157 300
11	南京医药产业(集团)有限责任公司	448 143	33	吉林修正药业集团	156 671
12	石家庄制药集团有限公司	424 720	34	汇仁集团有限公司	153 846
13	北京同仁堂(集团)有限责任公司	412 096	35	万基药业有限公司	145 012
14	江苏扬子江药业集团	405 420	36	中国(杭州)青春宝集团有限公司	140 922
15	北京双鹤药业股份有限公司	370 000	37	河北省高营企业集团公司	124 875
16	江西省医药集团公司	344 508	38	珠海联邦制药股份有限公司	121 431
17	东北制药集团公司	306 972	39	利君集团有限责任公司	115 600
18	杭州华东医药集团有限公司	285 881	40	上海白猫有限公司	105 862
19	重庆医药股份有限公司	277 895	41	浙江海正集团有限公司	105 305
20	陕西华远医药商业集团有限责任公司	255 821	42	东港工贸集团有限公司	101 754
21	西安杨森制药有限公司	248 547	43	浙江医药股份有限公司新昌制药厂	92 600
22	上海雷允上药业有限公司	243 472	44	常州药业股份有限公司	92 361

（接上页表）

45	横店集团康裕药业有限公司	91 390	73	上海市药材有限公司	60 965
46	湖南九芝堂股份有限公司	90 513	74	秦皇岛骊骅淀粉股份有限公司	60 902
47	正大青春宝药业有限公司	89 054	75	上海新亚药业有限公司	60 769
48	中美上海施贵宝制药有限公司	88 224	76	大连辉瑞制药有限公司	56 068
49	浙江尖峰药业有限公司	87 900	77	江中药业股份有限公司	56 013
50	太极集团有限公司	87 226	78	罗氏(上海)维生素有限公司	55 824
51	中美天津史克制药有限公司	87 105	79	石家庄神威药业股份有限公司	54 329
52	天津天士力集团有限公司	86 886	80	华瑞制药限公司	53 850
53	上海罗氏制药有限公司	85 667	81	云南医药工业股份有限公司	53 589
54	成都地奥集团	84 583	82	浙江九洲药业股份有限公司	53 056
55	陕西东盛集团有限公司	84 376	83	成都康弘制药有限公司	52 620
56	金花企业集团股份有限公司	84 375	84	广州中药一厂	50 818
57	浙江新和成股份有限公司	83 016	85	昆明制药集团股份有限公司	50 486
58	深圳市海王生物工程股份有限公司	82 943	86	齐鲁制药厂	49 810
59	鲁南制药股份有限公司	81 340	87	深圳市制药厂	49 427
60	阿斯特拉(无锡)制药有限公司	76 366	88	浙江仙琚制药有限公司	49 181
61	江苏宏宝集团有限公司	76 133	89	武汉春天生物工程有限公司	48 781
62	中国乐凯胶片公司	76 100	90	苏州惠氏-百宫制药有限公司	48 184
63	江苏恒瑞医药股份有限公司	75 826	91	浙江康恩贝股份有限公司	47 857
64	欧姆龙(大连)有限公司	75 373	92	广东省威尔医学科技股份有限公司	47 327
65	张家口制药集团有限责任公司	71 444	93	浙江海力生集团有限公司	47 187
66	四川科伦实业集团有限公司	67 000	94	深圳太太药业	45 423
67	桂林三金集团股份有限公司	66 305	95	无锡健特药业有限公司	45 000
68	杭州默沙东制药有限公司	66 103	96	北京通用电器华伦医疗设备公司	44 927
69	葛兰素史克制药(苏州)有限公司	64 581	97	广西金嗓子有限责任公司	44 237
70	上海信谊药业有限公司	64 034	98	力斯顿听力技术(苏州)有限公司	43 286
71	山东东阿阿胶股份有限公司	63 699	99	江苏正大天晴药业股份有限公司	41 602
72	河南省天方药业集团公司	61 069	100	浙江家园药业有限公司	41 263

（资料来源：中国医药报）

2003 年医药零售连锁 20 强

排序	企业名称	销售总额（万元）
1	辽宁成大方圆医药连锁有限公司	101 722
2	上海华氏大药房有限公司	78 390
3	重庆和平药房连锁有限公司	73 450
4	湖南老百姓大药房连锁有限公司	72 500
5	重庆桐君阁大药房连锁公司	71 600
6	深圳市海王星辰医药有限公司	70 060
7	深圳市三九医药连锁股份有子公司	61 500
8	上海第一医药股份有限公司	52 368
9	哈尔滨人民同泰医药连锁店	52 102
10	深圳市中联大药房有限公司	49 700
11	广州医药公司健民医药连锁店	49 000
12	北京金象大药房医药连锁有限责任公司	42 600
13	嘉事堂药业股份有限公司	40 000
14	深圳市一致医药连锁有限公司	36 000
15	北京医保全新大药房有限责任公司	30 000
16	广州采芝林药业连锁店	29 284
17	上海汇丰医药药材有限责任公司	27 141
18	云南鸿翔药业有限公司——心堂连锁店	26 500
19	山东新华鲁搞药业零售连锁有限公司	20 167
20	南京医药合肥百信连锁有限公司	16 896

（资料来源：中国医药商业协会）

IT

IT行业供应链的发展

IT是一个全球一体化的行业，供应链模式、相关的技术、物流运作均体现了非常明显的全球化特征。

近2-3年，IT行业在中国的供应链发展将围绕在三个方面展开：分销网络与消费类电子产业逐渐融合、零部件库存管理普及应用VMI模式、长江三角洲及珠江三角洲物流环境日趋完美。

一、分销网络的变革：3C渠道的逐步融合

随着PC与家电、通信、数码产品零售终端的逐渐融合，IT企业的供应链管理模式也将发生实质性的变化。

以往说了很多年的IT渠道扁平化在这种融合的大趋势下很快会成为真正的主流，这基于供应链各方的角色变化，首先，终端从以电子市场为主转化为以连锁零售为主，信息系统及物流能力均有本质的提升，例如：三联、国美等大型消费类电子产品零售商完全具备库存可视化以及整合配送的能力，这些终端商家的供应链管理能力对于厂商实现渠道扁平化将起到极大的促进作用；其次，很多传统的分销商将核心价值从营销拓展转化为运作服务，甚至明确、直接定位为供应链服务商，把自己从一个中间贸易环节转化为一个信息、资金、物流的服务平台；第三，厂商不再把经销商库存视为自己的销售，越来越意识到作为品牌企业，需要对整条链条上的库存进行管理。

2004年，联想已经开始实施新的渠道策略，估计在未来一年内，联想将通过设立若干个区域分拨中心来建立直接控制的全国物流网络，实现直接配送到终端的物流能力，从而控制全过程的库存。传统分销商向供应链服务商的转化，深圳市怡亚通则将成为一个典型。怡亚通成立于1997年，公司成立之初，以提供代理进口等商贸物流服务业务为主。在2003年初，怡亚通毅然做出了“做中国全面、专业的供应链服务商”的战略选择，开始整合原有的服务项目，打造完整的供应链服务体系。如今，怡亚通在整体的供应链服务方面已成功地迈出了坚实的一步，形成了集通关物流、配送物流、JIT采购/销售为一体的，以现代电子商务技术为依托的全方位的供应链服务体系，并充分利用现代化的经营管理手段，实现了商流、物流、信息流、资金流，四流合一的创新经营。怡亚通在全国拥有七个现代化的一级仓储配送中心，形成了以深圳为中心、辐射全国七大区域，网点覆盖全国的高效的物流网络体系，可以为客户解决国外厂商与国内生产销售企业之间整条供应链上的全程门到门服务，包括通关物流、配送物流、资金结算等。目前怡亚通已经得到了包括一些厂商的认可，如思科系统、西门子等。

二、VMI模式：面向订单的精益生产

VMI意为供应商管理库存，是目前国际领先的物流管理模式。它要求供应商等上游企业通过信息手段掌握其下游客户的生产与库存信息，并对下游客户的库存调节作出快速反应，最大限度地降低供需双方的库存成本。

采用VMI模式一方面可以大幅度降低物流总成本，也是客户定制生产的重要条件。对于跨国

IT企业,VMI模式已经十分普及,但是,由于信息系统、供应商关系、物流服务商等等多方面的限制条件,国内企业一直没有采用。

2003年6月,联想开始采用VMI模式来管理零部件物流。这标志着国内IT企业的供应链管理模式进入了一个新的阶段。估计在未来2年左右的时间中,其他大型IT企业均将完成从现有零部件物流到VMI模式的转移。

三、长江三角洲及珠江三角洲:高效的物流环境

无论从中国还是世界的角度来看,珠江三角洲和长江三角洲都不再是具有劳动力成本优势的区域。然而,长江三角洲和珠江三角洲已经越来越成为全世界最大的IT制造基地。

供应链环境的优势将成为这两个区域的核心竞争优势,也是全球化IT制造业在这两个区域长期发展的根本保证。

这两个区域物流环境的建设从最初的快速通关已经提升到了形成完整的高效物流服务平台的阶段。

苏州工业园是高效物流平台的成功典范。其物流服务平台包括了几个层次:

(一)高效的区域运输模式

苏州在国内第一个实现了SZV模式,并以SZV空陆联程方式,直接将上海机场监管仓库延伸到园区,使货物出口封关与进口检验启关全部在主管地区海关完成,这样的模式使得浦东枢纽机场与苏州联为一体,最大限度上提升了国际运输的速度。

(二)以现代化仓库为主的物流基础设施

苏州物流园区与跨国物流地产商prologis合作,投资建立超过10万平方米的现代化保税仓库,为高效的库存运作提供了物质基础。

(三)供应链一体化运营服务商

近几年来,EXEL、APLL、UPS、BAX等全世界几乎所有最优秀的物流服务商均已经完成了在长江三角洲的基础建设,包括人力资源、信息系统、本地合作伙伴等等,完全具备了与全球其他地区相同的运作能力。

在未来两年左右的时间中,苏州的物流环境将使这个城市成为全世界效率最高的IT制造基地及供应链枢纽。

东莞将是珠江三角洲IT产业高效物流平台建设的主力。2005年,东莞物流基础设施的建设将取得突破性的进展。

由于珠江三角洲与长江三角洲在IT产业的分工定位的历史差异,两个区域作为物流服务平台尽管存在竞争,但是更大的机会还在于协作和互动。

(特约撰稿:快步易捷[广州]信息服务有限公司首席执行官 翟学魂)

粮食及农副产品

2003年农副产品物流

我国是个农产品生产大国，农产品物流在国民经济发展中具有举足轻重的作用，它涉及到整个国民经济的运行效率和运行质量，关系到农业产业化和农民的根本利益。2003年，整个农产品市场受到了“非典”的冲击和影响。据统计，2003年第一季度农林牧渔业总产值为3 893.2亿，比2002年同期增长6.9%；而在“非典”肆虐的第二季度，农林牧渔业总产值为5 771.6亿元，比2002年同期增长3.4%，增长势头明显放缓，制约了农副产品流通和贸易开展，造成了农产品流通受阻，库存增大，价格下降。一些国家借机取消合同推迟货物过关，甚至提高贸易门槛，加大检测力度，使我国农产品出口受到严重冲击。针对这一情况，农业部市场与经济信息司发布了《关于做好农产品市场预防“非典”工作和维护农产品流通秩序的通知》。非典过后，农产品贸易恢复正常，在国家和地方各种促销手段的拉动下，农产品进出口开始活跃起来，总体上保持了良好的发展势头。农产品物流总体上保持了顺畅，顺应了2003年中国物流业全方位快速推进的趋势和发展。

一、2003年农产品状况及物流市场的发展

（一）农产品状况

2003年农产品结构继续调整。粮食、棉花、油料、糖料等大宗产品减产，蔬菜、水果在调整品种、优化品质的基础上稳定增长。全年粮食种植面积9 941万公顷，比上年减少448万公顷，产量为43 067万吨，同比减少5.8%；糖料种植面积165万公顷，减少17万公顷，产量9 670万吨，同比减少6.1%；棉花种植面积511万公顷，扩大92万公顷，产量487万吨，同比减少0.9%；油料种植面积1 497万公顷，扩大20万公顷，产量为2 805万吨，同比减少3.2%；蔬菜种植面积1 791万公顷，扩大56万公顷，产量53 960万吨，同比增长2.1%；烤烟全年产量201万吨，同比减少5.7%；茶叶全年产量78万吨，同比增长4.5%；水果全年产量14 470万吨，同比增长0.3%。

畜牧业、渔业生产稳步发展。全年肉类总产量达6 920万吨，比上年增长5.1%。其中牛、羊肉产量分别增长12.9%和10.8%。牛奶产量增长迅速。全年水产品产量达4 690万吨，增长2.8%。

（二）农产品物流市场的发展

1. “农改超”发展遇到许多困难，“农加超”等模式出现。2003年初，广州市政府决定对全市387个肉菜市场进行全面超市化改造；2003年2月，杭州市政府公开表示了年内全市主城区全部完成“农改超”工程，全面实现老百姓进超市买菜的梦想；到2003年3月底，畜牧大市江苏省东台市已在上海、常州等地设立5个专销窗，全市近20家企业与市外10多家超市和数十家知名企业建立了正常的产销合作关系，打入超市的农产品及加工产品50多个，年销售额达1.5亿元；福州模式的“农改超”已走在全国前列；深圳家喻户晓的民润超市正在珠三角掀起新一轮的“菜篮子超市化”运动；2003年7月天津和南京分别开设了各自第一家生鲜超市，标志着已拉开他们“农改超”的序幕。上海联华超市股份有限公司在2003年底实现300家生鲜超市登陆沪上。

2002年开展得轰轰烈烈的“农改超”在经历了

一年多运作后,2003年已转入相对低调调整期。广州市2002年“农改超”搞了80家,2003年上半年只开了10来家,主要是进入实际运作阶段后,种种矛盾、阻力接踵而来,武汉、福州、杭州、苏州等城市的“农改超”也显现出许多困难,有的已经停止改建。自2002年以来,浙江省义乌市市场开发服务中心经过反复调查论证,决定在农贸市场中增设超市,即“农加超”经营方式。为此,2003年先后在9个农贸市场实施了“农加超”的经营方式。

2. 农产品批发市场仍是主要分销渠道。2003年全国有农副产品批发市场4 862个,交易额达到4 219.6亿元(见下图)。

3. 拍卖销售基本成熟。作为一种新型的农产品交易模式,拍卖销售逐渐走向成熟。福田农产品批发市场是中国内地第一家尝试农产品拍卖的专业市场,经过五年发展,在农产品拍卖方面积累了丰富经验,建立了一套既符合国际惯例又符合我国国情的农产品拍卖机制。截至2003年,它已与国内100多个农产品生产基地建立了密切联系,培育了一支有100多个供应商和200多个销售商的供销队伍,拍卖交易的农产品品种达100多个,交易量稳步上升,在市场彻底实行委托拍卖的时机已成熟。这种以生产者委托代理拍卖销售为基本特征的“福田模式”已逐渐成形,成为联结农产品市场上农业小生产与大市场的重要一环。此外,于2002年底成立的云南花卉拍卖中心在2003年成为云南花卉流通的主要通道,缓解了云南花卉业的“瓶颈”。山东寿光也推出了蔬菜电子拍卖的新模式。

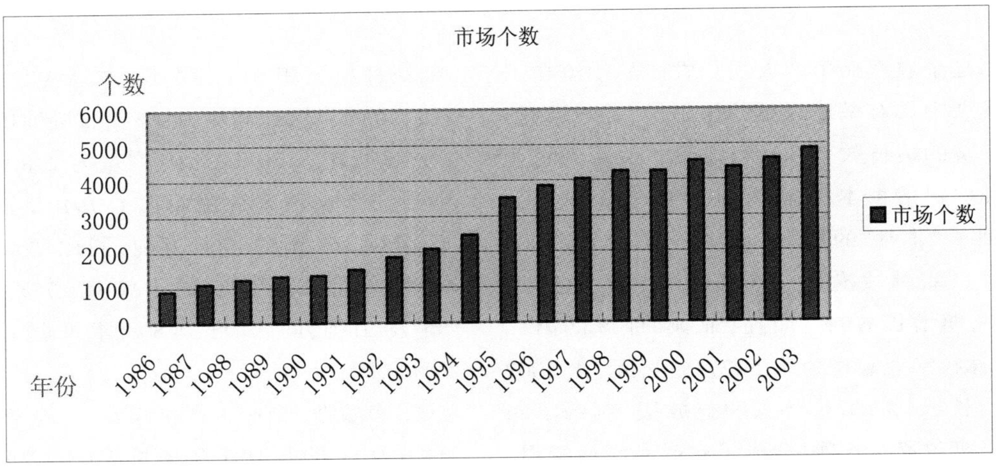

图　我国农产品批发市场发展状况

4. 农产品电子化进程加快。农产品电子商务迅速发展,除了布吉农产品网上批发市场外,2003年北京八里桥农产品中心批发市场将2001年建成的八里桥市场网站进行彻底改版,建立有20多台微机的“八里桥商务网站”,北京还对500多种农副产品的安全信息实施网络数字化监控;湖北基本建成农村市场信息服务网络;广西农产品也乘上网络快车,实行农产品网上展销洽谈会,使广西农产品的产销模式由实物流转向电子流,由局部性活动向网络化全球化转移;深圳农产品公司入主中国最大食糖批发市场,以计算机网络交易为手段,以电子商务为平台,在国内首创“周合同”模式组织现货交易。

二、农产品进出口状况

由于受“非典”影响,农产品进出口贸易在一定程度上受到了冲击,但是从总体上看保持了良好的发展势头。2003年,我国农产品进出口总额继续保持双增长的局面,实现贸易顺差25亿美元。全年农产品进出口贸易总额为403.6亿美元,同比增长31.9%。其中出口额为214.3亿美元。同比增长18.1%,进口额为189.3亿美元,同比增长

52.1%。农产品实现贸易顺差25亿美元，同比下降56.1%。农产品进出口总额占全国贸易进出口总额的4.2%，同比下降0.7%。其中粮食行业出口大幅增长，进口下降，呈现出净出口格局。2003年中国累计出口粮食总额2 200.4万吨，同比增长48.3%；粮食累计进口208.7万吨，同比下降26.8%，累计净出口1 991.7万吨。山东居全国农产品出口首位，而广东进口额最大。亚洲依然是中国农产品出口第一大市场，全年对亚洲的出口额为148.5亿美元，同比增长13.6%，占农产品出口额的69.3%，同比减少2.7%。对欧洲、北美的出口市场份额有所增长，北美、南美是主要的进口市场。大豆出口29.5万吨，同比下降3.5%，进口2 074.1万吨，同比增长83.3%。

虽然从总体上看农产品的出口大于进口，但顺差下降幅度超过了50%，进口总额的增幅超过了50%，远远大于出口总额的增长。在出口方面鱼类、谷物及制品、蔬菜水果等保持了较快的增长势头；在进口方面，活动物、蔬菜水果及肉制品增长较快，但并未出现外国农产品大量冲击我国市场的情形。

三、农产品"三绿工程"

我国改革开放25年来，经济发展取得了举世瞩目的成就，人民群众生活水平大幅度提高，为适应不断提高生活质量的要求，政府于1999年实施了被称为"民心工程"的"三绿工程"。实施4年以来，以提倡绿色消费、培育绿色市场、开辟绿色通道为内容的"三绿工程"已形成了绿色消费渐成趋势，绿色市场粗具规模，绿色通道四通八达的局面，三绿工程2003年取得了明显效果。

（一）培育绿色市场进展顺利，"放心肉""放心菜"明显增多

为了加快绿色市场培育，一部分食品经营企业应用现代技术加强了食品质量管理，完善了食品进货索证制度，商品台账和经营商商品卫生质量跟踪系统。有的市场还建立了无公害食品、绿色食品、有机食品专柜、专区、专卖店。有的地区还开展了菜篮子产品质量认证。北京市以蔬菜和猪肉为重点，实行"厂场挂钩""场地挂钩"等市场准入措施。福建、江苏、深圳、青岛等地也都建立了市场准入和退出机制，有效杜绝了有害物残留超标食品流向市民餐桌，"放心菜"、"放心肉" 明显增多。此外全国年销售额2亿元以上的农副产品批发市场已普遍配备了卫生质量检测设备和专职人员，开展检测的零售市场数量也在不断增加，定点屠宰率也明显上升。

（二）开辟了铁路和公路绿色通道，逐步采取了保鲜、冷链对接、运输等现代运输方式

现代交通的发展使绿色通道变得更加方便快捷。各地都在大力开辟绿色通道，配备鲜活食用车辆和设备，实行保鲜运输和冷链对接运输，减少了运输损耗，防止了流通环节鲜货食品的二次污染，缩小了我国与发达国家的差距。市场上鲜活食品的季节性差异正逐步消失，反季节的蔬菜和水果都与绿色通道不无关联。湖北省于2003年5月1日规定，省内绿色农产品及持有机认证的农产品外运在优惠时段只收取40%的关卡费用，而四川省规定，自2003年6月起省内农产品外运不征收任何费用。在铁道部、交通部的支持下，全国已开通3条铁路和4条公路绿色通道，上海、天津、海南等8个地区已开通12条省际间绿色通道，18条市内绿色通道，全国共开通了省际间绿色通道130多条。

（三）绿色消费氛围正逐步形成，消费者食品安全意识明显加强

培育绿色市场，开辟绿色通道为消费者的绿色消费创造了条件，消费者对绿色和有机农产品表现了极大热情。有人统计，在北京和上海等地，有近79%到84%的消费者有购买绿色食品的意向。另有调查表明目前已有82.3%的消费者希望或很希望能够消费到绿色食品，其中65%的消费者表示曾经购买过绿色食品。在北京、上海、天津、广州等地举行的绿色食品展览会所受到的空前欢迎表明绿色消费正逐步形成，广大群众的食品安全意识大大加强。传统的"价格优先"的观念正逐步向"价格与质量并重"的观念转变，自觉购买无公害食品、绿色食品、有机食品的人数也不断增多。这从北京惟一专门的绿色食品超市 "中绿之窗”就可窥见一般。

四、农产品的物流通道

农产品种类繁多，物流数量特别大，品种特别多。因此需要畅通的物流通道。批发市场仍然是农产品流通的主要枢纽，全国4 500多家农产品批发市场是农产品的主要通道，尤其是在农村边远小城镇批发市场的作用更是不可替代。另一方面在城市尤其是大城市农产品的超市化发展已成为主流趋势。北京实行的“厂场挂钩”“场地挂钩”保证了其流通通道的畅通。海南邮政物流有限责任公司利用其庞大的网络优势，针对海南热带经济的特点，开展了反季节瓜菜、槟榔、稻种等具有海南特色的跨省运输业务。这种悄然兴起的农产品物流和已渐成熟的福田农产品拍卖模式为农产品物流开辟了新的通道。山东寿光在2003年还开始了蔬菜电子拍卖，广西农产品也在网上实行了展销、展卖。此外，五省区9家企业组成的大连北方国际粮食物流中心于2003年12月9日正式挂牌成立。这艘粮食航母是我国最大的跨地区、跨行业、跨所有制的粮食经营集团，对粮食物流产生深远影响，基本上解决北方粮食主产区与南方粮食主销区80%以上的粮食运销问题，并可把粮食的流通费用降低25%左右。广西也构筑现代粮食流通体系，成为西南粮食流通的枢纽和“北粮南运”“南粮西进”的主要通道。当前我国农产品物流损失严重，据有关方面统计，我国食品工业成品在运输和储存方面的损失每年高达750亿元，食品物流不均和手段落后已成为制约我国食品工业发展的瓶颈。

五、农产品物流的质量安全

2003年的非典、禽流感使农产品物流质量安全得到社会的重视。农产品既有在产后不需深加工的蔬菜、水果、粮食等，也有需要深加工的各类食品、棉花以及鱼、肉、禽等肉类食品。农产品大多属于生命周期短的产品，保质、保鲜困难，运输储存需要具有专门的低温保存措施。2003年2月，中国物流与采购联合会在北京中国科技会堂召开了《货运汽车厢体技术与安全》标准专家论证会，讨论农产品物流运输工具的标准化。2003年4月2日，国家农产品保鲜工程技术研究中心（天津）主持的冬枣贮藏保鲜技术的研究和果品减压贮藏技术研究成果通过鉴定。这些都有利于保证农产品的质量安全，2003年国家食品质量安全的标准体系框架已形成。北京从2003年2月1日起实施“食品放心工程”，对500多种农副产品的安全信息实行数字化监控，从3月1日起对12类食品实施市场准入制度；2003年3月11日起，云南质量技术监督局开始对云南新五类食品进行QS(质量安全)认证工作；2003年5月1日，福建实施《集贸市场食品卫生管理规范》；2003年8月1日，河北对小麦、大米、食用植物油、酱油、食醋等五类产品实行市场准入制度；山西也同时实行市场准入制度，采取QS认证；江苏也对15类食品实行市场准入制度。农业部产品质量安全中心制定颁布了《无公害农产品标志管理办法》、《无公害农产品认定程序》和《无公害农产品检测机构选定委托管理办法》；卫生部也颁布了《食品安全行动计划》和《集贸市场食品卫生管理规范》指出九类食品不能进入集贸市场。2003年10月23日国家颁布了《绿色市场认证管理办法》，各省市、自治区发布了76个与食品安全有关的地方法规条例、210多项地方相关食品安全标准。2003年全国清理评估加工流通方面标准612项，新制定发布《农副产品绿色批发市场标准》和《农副产品绿色零售市场标准》等7项，这些标准加强了食品质量安全。

农产品物流的QS虽已取得阶段性成果，但各地工作仍不平衡，食品安全形势仍不乐观。还需要通过“正弹琵琶”和“反弹琵琶”相结合来解决食品污染和加强食品安全，完善食品安全法制体系和食品安全检测体系，建立健全市场准入、认证体系和食品安全社会信用体系，加强管理和信息服务体系建设，使食品安全设施环境得到改造。

虽然遭受了“非典”的影响和冲击，2003年农产品市场依然做到了物畅其流，服务了广大群众，满足了消费需求，推动了市场进一步发展！

（供稿：北京工商大学　洪　涛　刘武兵）

中国粮食物流发展的现状与展望

随着粮食购销市场化、产业化、国际化程度的提高,以及现代第三方物流的发展,目前中国粮食物流发展的机遇与挑战并存。因此,研究粮食物流发展变化的一般规律,总结分析我国现阶段粮食物流发展状况,探讨新形势下粮食物流发展趋势,具有重要的现实意义。

一、粮食物流的特征

粮食物流活动早就存在了,但粮食物流的提法在国内只是近几年才逐渐流行起来,目前对粮食物流术语还没有一致看法。一种观点认为,粮食物流是粮食从生产领域向消费领域转移过程中粮食商品实体形式的流通,是创造时间性、空间性价值的经济活动,具有运输、储存和加工等主要功能。有的认为,粮食物流是粮食从生产、收购、储存、运输、加工到销售整个过程中的实体运动以及在流通环节的一切增值活动。还有的认为,粮食物流就是粮食的散装、散卸、散运、散存即“四散化”活动。这些描述实际上更多地源于一般性物流定义的描述,体现粮食物流本身特性不突出。粮食物流属于物流范畴,既具有物流的一般属性,又不同于其他行业物流,具有自身特点。

(一)从粮食物流的特性看

由于粮食是关系国计民生的特殊商品,直接关系到人类和动物健康、安全状况,粮食物流各环节必须体现保持粮食质量良好,不能污染粮食,这就客观上要求对粮食进行绿色包装、绿色运输、绿色储存、绿色加工,表现为粮食物流绿色性。另一方面,粮食生产地域的相对稳定性,粮食消费地域的广泛性、领域的扩大性,以及消费的偏好性,决定了粮食物流在一定时期的稳定性、取向性,表现为粮食物流由主产区域流向主销区域,由主产区域流向突发事件区域。因此,粮食物流更加体现的是以人为本的理念,具有绿色性、取向性。

(二)从粮食物流的功能看

粮食商品生产的季节性和消费的常年性,粮食商品的农村分散性生产和城镇集中性消费,决定了粮食流通时空矛盾的解决必须经过运输和储存过程。粮食生产供应的原粮和消费需求的成品粮,决定了满足消费者需求也得经过粮食加工环节。粮食质量的完好和消费的放心,决定了经过运输、储存、加工等活动的粮食必须经过粮食营养品质、食用品质和卫生指标的检验,粮食质量检验成为粮食物流不可或缺的环节。粮食商品的颗粒状、粉末状,也使得粮食装卸环节具有特殊要求,装卸功能的高低直接影响到粮食商品损失的多少。因此,粮食物流的主要功能表现为粮食运输、储存、加工、检验、装卸。

(三)从粮食物流的现代化看

实现粮食物流功能所需的基础设施,主要包括粮食物流网点和粮食物流技术现代化。粮食物流网点是粮食物流系统中从事粮食储存保管、运输、配送、装卸搬运、包装、加工的作业场所。粮食物流技术现代化,包括粮食储存保管技术、运输技术、装卸搬运技术、检验技术、包装技术、加工技术的现代化。诸如安全储粮技术与设备,粮食收储现代化仪器与设备,粮库管理信息系统,粮食检验化验仪器与设备及技术。粮食加工技术与设备,包括粮食深加工技术与设备,加工过程控制技术和机电一体化装备,如粮油主食品工业化生产技术,粮油加工副产品综合利用技术,粮食饲料资源高效利用和绿色加工技术,玉米资源转化综合利用技术,大豆深加工应用技术。因此,粮食物流现代化的主要标志是看粮食“四散化”、加工和检验技术与设施水平,包括标准化、一体化、合理化、网络化和信息化。

二、2003 年中国粮食物流发展现状

(一) 建立了中央和地方分级粮食储备调节制度

粮食储备用于调节粮食供求总量，稳定粮食市场以及应对重大自然灾害或其他突发事件等情况。国家实行中央储备粮垂直管理体制,地方人民政府支持和协助中央储备粮管理。地方实行粮食省长负责制，按照“销区保持6个月粮食销量”、“产区保持3个月以上的粮食销量”的要求,建立地方粮食储备。2003年《中央储备粮管理条例》的颁布施行,确立了中央储备粮管理“三个严格、两个确保”原则,即严格制度、严格管理、严格责任,确保中央储备粮数量真实、质量良好,确保国家急需时调得动、用得上,维护国家粮食安全;建立了中央储备粮的动用预警机制。这些规定,对于维护粮食市场稳定、充分发挥中央储备粮在国家宏观调控中的作用、应对重大自然灾害和其他突发事件,起到保障作用。粮食主销区根据国家发展改革委、国家粮食局等四部门的要求,加快了健全地方粮食储备制度进程，进一步加强和充实了地方储备,优化储备布局和品种结构,同时结合本地情况储备适量的能应急供应的粮食品种。

（二） 初步形成了现代化散粮运输网络和粮库网络

2003年9月29日经国务院批准建设的世界银行贷款粮食流通项目通过了国家验收，标志着粮食由传统的包装运输向散粮运输方式的转变。目前已在东北、京津、长江沿线和西南地区建成了282个港口库、中转库、收纳库、码头和船舶等,新建粮食仓容484万吨,形成了15个省、市、自治区的现代化散粮运输网络。例如广东省政府加大了粮食仓储设施建设的投资，加快了粮食物流资源整合力度,以中央直属新沙港机械化粮库为龙头,沿“一系(珠江水系)三线(京广、广茂湛、广梅汕铁路沿线)”选点布局,初步建成了新型105万吨粮库网络的“珠江粮食走廊”。

（三）初步建立了粮食质量检验体系

国家粮食局设有标准质量管理办公室,各省、市、自治区粮食局(厅)设有粮食检验机构,形成了国家、省、地、县、库、站检验网。具有技术监督部门授权的粮食质检机构还承担着全社会的粮食质量检验工作。2003年9月成立的全国粮油标准化技术委员会,促进了粮食标准化工作的开展。原代号“GB”、“SB”、“ZB”代号的粮食行业标准126项转化为“LS”编号,废止了23项行业标准。吉林、辽宁、黑龙江、江苏、河南、河北、陕西、湖北等粮食主产省开展了粮食质量信息服务体系试点工作,包括小麦、稻谷、玉米和大豆的收获质量调查,优质商品粮品质测报和收购(入库)质量监测,质量数据库和信息服务网站建设。

（四）提升了粮食流通设施和技术现代化水平

1998年以来，国家加强了粮食仓储设施建设,在粮食主产区及主销区、交通枢纽建设一批规模较大的现代化储备库，配备了诸如粮情检测系统、熏蒸系统、通风系统、配套冷却低温储藏系统、电子计算机粮食管理系统等技术安全保障系统，极大地提高了国家储备粮库设施和技术现代化水平。如大连北良港粮食运输枢纽在大连开发区投资建设年中转能力1 100万吨、仓容130万吨的现代化的大型粮食中转枢纽工程，包括新建3万吨级、5万吨级、8万吨级3个散粮专用泊位,2万吨级、3万吨级2个多用途泊位,40万吨粮食中转库以及2 083辆散粮专用铁路车皮等，成为目前世界上技术先进、中转能力最大的现代化散粮运输码头。

（五）区域性粮食物流中心正在兴起

随着我国“物流热”的兴起,部分地方以仓库为依托,已经新建、扩建或改建一批集粮食贸易、仓储和加工于一体的粮食园区、物流中心。如浙江省目前形成了粮食批发市场、粮食储备中心、东北及浙江周边地区的粮食仓储、加工和购销网络的物流中心。在杭州、宁波、温州市,粮食批发市场解决了70%左右的市民口粮需求,建成了3条日加工能力300吨的米厂，建立了乌苏里江绿色食品物流中心和300多个粮食销售网点，形成了远近结合的粮食购销、加工、仓储体系。2003年12月9日成立的大连北方粮食物流中心,是跨地区、跨行业、跨所有制的国内规模最大的第三方物流企业,标志着整合粮食物流资源工程的启动。该粮食物流中心组织体系分三个层次：由东北三省一区粮食、铁路企业组建的“大连北方国际粮食物流股份有限公司”为运营主体,由环渤海湾的大连港、北良港、营口港、锦州港和秦皇岛组成的粮食流通过程中港口转运,由东北地区 120 个主产县(市)粮食仓储企业、75 家南方沿海主销区较大的用粮企业组成的利益相关的物流联合体。

三、2004 年中国粮食物流发展态势

2004 年是粮食流通体制改革深化年,国家将全面放开粮食收购和销售市场, 实行购销多渠道经营,进一步推动粮食物流发展。

(一)研究粮食物流发展规划进程加快

国家粮食局将于 2004 年组织编制 “十一五”(2005-2009 年) 粮食基础设施专项建设规划,全国粮油加工业发展规划。规划的重点内容包括现代粮食物流体系、粮食监测预警系统、粮食检验检测体系、粮食应急设施系统、粮食加工体系等。

(二)政府引导粮食物流资源整合

一是粮食加工和转化。2004 年开始,按照国家产业政策要求, 扶持粮食主产区发展以粮食为主要原料的农产品加工业,重点是发展精深加工。二是粮食产销区关系进一步密切。国家对粮食销区的经营主体到产区建立粮食生产基地、藏储设施和加工企业给予主产区有关的扶持政策; 销区政府对产区粮食企业到销区建立仓储、加工等设施,开拓粮食市场,给予支持和必要的优惠政策。

(三)区域性粮食物流中心发展势头看好

一是清理和修改不利于粮食自由流通的政策法规进程加快,严禁地区封锁,为跨区域性粮食物流中心形成营造良好环境。二是国有粮食购销企业改革步伐的加快, 将会推动中小型国有粮食购销企业改组改造和兼并、租赁、出售、转制,以原有仓储设施为依托,充分利用社会现有的粮食加工、运输设施等资源,形成紧密型、松散型的社会化粮食物流中心。三是粮食订单的快速发展,将带动区域性粮食物流中心的发展。如安徽省 2004 年粮食订单面积预计 1 200 万亩,订单收购粮食 20 亿公斤(占收购总量的 40%)。

(四)粮食应急物流网络建设受到重视

随着中国粮食由供过于求向供求基本平衡的转变, 国家在最大限度地发挥市场机制作用的同时,将会加强粮食宏观调控,促进粮食生产恢复和发展,完善粮食储备体系。为应对粮食市场异常波动和其他突发性事件, 国家将加快制定和完善粮食应急预案,包括粮食应急加工网络、粮食应急供应网络、粮食应急储运网络等。

(五)“藏粮于地”与“藏粮于库”并存

国家在优化粮食储备布局、品种和规模的同时,2004 年起将实施优质粮食产业工程, 在粮食主产省区按照生态适宜、商品率高和地域上集中连片的原则,建设以小麦、玉米、水稻和大豆为主的优质粮食产业带和基地县, 全面实施优质专用良种繁育项目、标准粮田建设项目、农机装备推进项目、病虫害防控项目、粮食加工转化项目,以及西部粮食综合生产能力建设项目。

(特约撰稿:国家粮食局政策法规司
处长　韩继志)

东北经济区粮食物流

加入 WTO 后，东北地区的粮食生产、销售市场将面临更加严峻的挑战。主动适应经济全球化和粮食市场国际化大趋势，及时调整粮食生产结构、改革粮食流通体制和创新粮食经营方式，按照全球化、系统化、网络化和信息化的现代物流模式，整合现有流通资源，是发展东北粮食经济的必由之路。

一、东北经济区粮食物流基本现状

东北经济区是我国主要的商品粮生产基地，多年来，以其粮食产量高、商品量大、外调数量多而享誉全国。1993–2003 年的 11 年间，东北经济区共生产粮食 84 710 万吨，占全国粮食产量的六分之一，其中辽宁省 16 692.1 万吨，吉林省22 935.9 万吨，黑龙江省 35 182.2万吨，内蒙古东四盟9 899.8 万吨。

从图 1 可以看出，全国粮食产量 1993–1999 年间稳中有升，1999 年以后呈逐年下降趋势。相反，东北经济区的粮食产量却一直比较稳定。

由图 2 可知，除黑龙江省 2003 年粮食减产外，内蒙古东四盟、吉林省和辽宁省的粮食产量一直比较稳定。

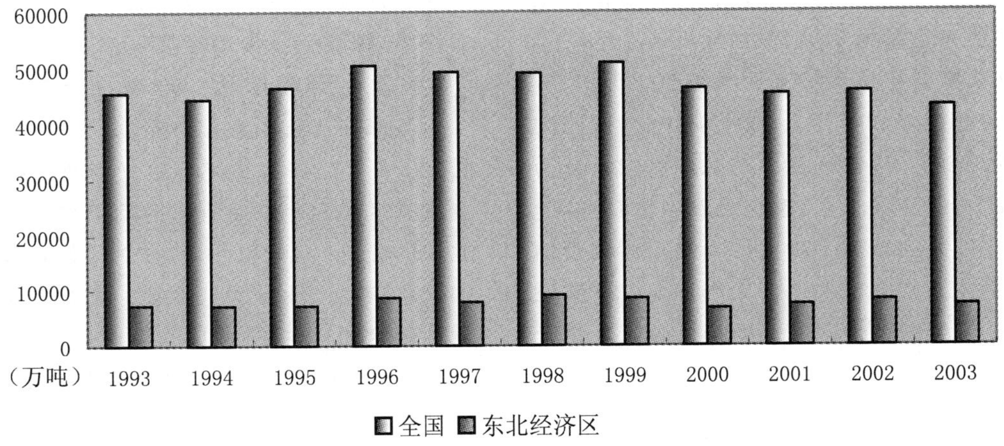

图1　全国与东北经济区粮食产量比较图

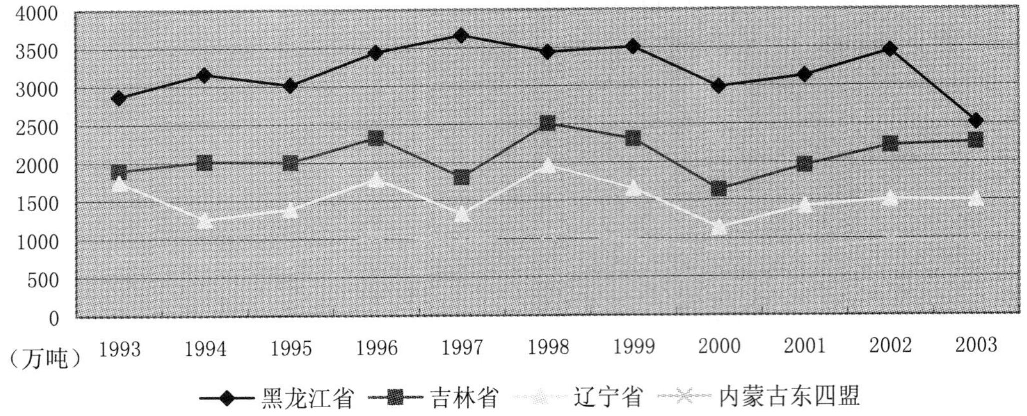

图2　东北经济区粮食产量变化图

1993–2003 年东北经济区粮食商品量合计 58 513 万吨，其中辽宁省 11 919.22 万吨，吉林省 17 126 万吨，黑龙江省 22 636.92 万吨，内蒙古东四盟 6830.9 万吨。

从图 3 可以看出，东北经济区粮食商品量前 7 年处于波动增长阶段，后 4 年趋于平稳势态，年平均粮食商品量在 5 000 万吨左右。

1993–2003 年，东北经济区共出口和国内销售粮食 42 244.1 万吨，其中辽宁省 10 532.3 万吨，吉林省 13 641 万吨，黑龙江省 13 474.68 万吨，内蒙古东四盟 4 596.1 万吨。

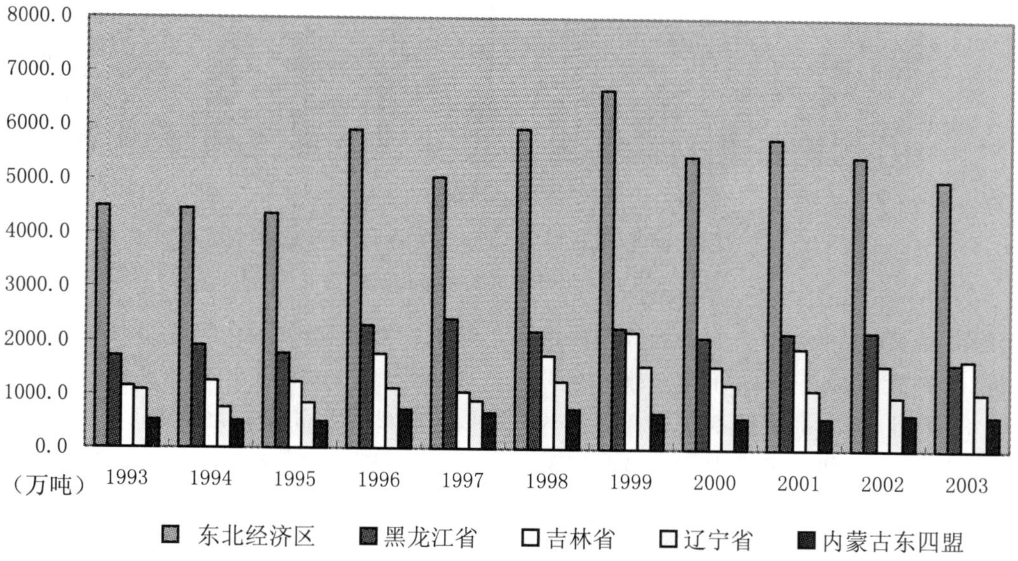

图3　东北经济区粮食商品量变化图

从图 4 可知，自 1999 年以来，除辽宁省有所下降外，内蒙古东四盟、黑龙江和吉林两省稳中有升。

从图 5 可以看出，东北经济区粮食港口流向近 10 年有较大幅度增长，其中大连地区港口的增幅比较明显。

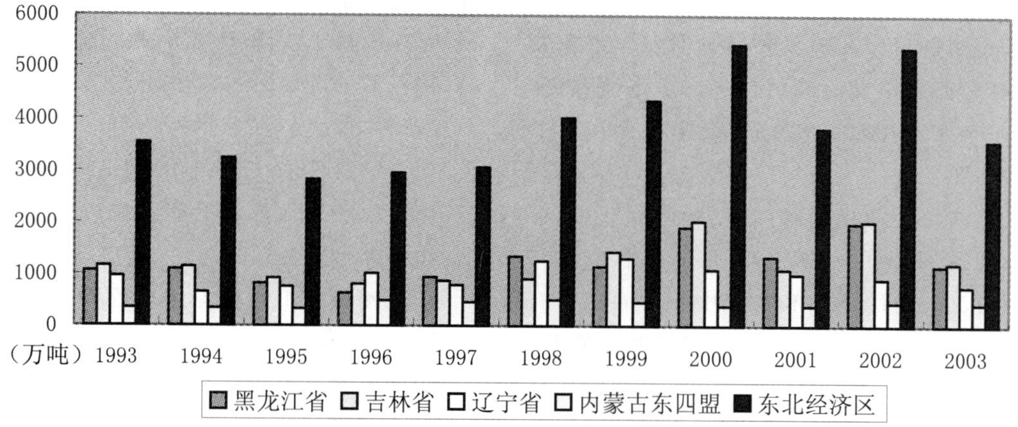

图4　东北经济区粮食出口和国内销售变化图

从今后的发展趋势看，由于进一步落实党中央、国务院关于粮食增产和农民增收的战略部署，东北经济区粮食总产量将会保持在 8 500 万吨的阶段性水平。特别是主要品种玉米，正常年景产量 4 200 万吨，占全国玉米产量的 35%，商品量3 150

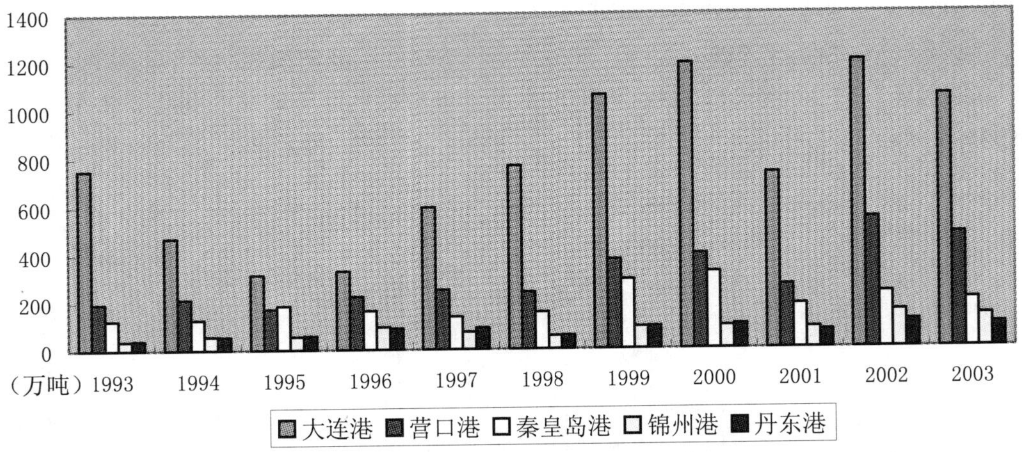

图5 东北经济区粮食港口流向变化图

万吨，占全国商品量的65%，不会有大的改变。这对发展畜牧业、粮食深加工、出口创汇，都具有举足轻重的作用。另外，东北经济区水稻生产潜力很大，总产量超过1 800万吨，将成为东南沿海城市居民重点口粮供应基地。东北经济区稳定的粮食生产和较高的商品率，在过去的十年间对保证全国粮食需求，平衡粮食收支，稳定粮食市场做出了巨大贡献，将来也必定起到重要作用。

二、东北经济区粮食物流存在的问题

多年来，国家在东北经济区投入大量的人力、物力和财力，努力打造东北粮食流通走廊，先后利用世界银行贷款和国债投资建设了一批中转库、收纳库和储备库，在粮食外运方面发挥了重要作用。同时为促进粮食流通出台了许多条例和法规，但是，完全实现粮食的“四散”运输还存在以下几方面的问题：

一是涉粮企业隶属部门多，协调利益难。在调查中发现，在制定中长期发展规划时，各个部门都在规划自己的各级枢纽和物流中心，而很少有跨行业综合规划。与粮食转运紧密相关的铁路、交通、港口企业，各有各的工作任务，各有各的计划安排，很难协调统一起来，因而不能最大限度发挥现有运输资源的效率。以铁路为例，出于经济利益的考虑，一方面铁路部门不愿意购买散装粮食专用车。另一方面又不愿意安排粮食购销企业的自备车运营。除此之外，粮食购销企业使用自备车除缴纳运费外，还要负担车辆的折旧、维修成本、管理费等。加上铁路部门的不合理收费，使散粮运输成本仍然处于相对较高的水平。

二是散运化设施不配套。产区的主要问题是粮库仓房结构、储粮性能不能适应“四散”作业的需要；中转库，码头没有散装、散卸设备；粮食购销企业没有与“四散”相适应的仓型和仓储设施。

三是东北粮库布局不合理，库点之间缺乏有机联系。粮库建设缺乏总体规划，往往按照行政区域分配库容，缺乏科学依据。从单仓规模看，25 000吨以下的库点个数占库点总数的86%，使粮库不能实现规模经济。另外，世行项目设计的中转库中转速度偏高，与储备库没有进行有效的对接。国储库在设计上注重了储粮条件的改善，而忽视了中转环节的配套。虽然在世行项目系统内可以实现散粮作业，但在与世行项目系统以外的项目发生交接时又变成了包粮作业。从而使已经具备现代化接收和发放能力的库点难以发挥出“四散”化运作的综合效益。

四是散粮运输专用车返程空载问题至今不能解决。散装粮食专用车具有较强的专业性，购置成本高，而且粮食返程运输量不同程度地小于去程运输量，出于经济利益的考虑，有关部门不愿意购置。如果能够有效解决空载问题，那么就会大大降低散粮运输成本。

五是粮食市场的信息化程度不高，合理流通难。主要是信息渠道不通畅，信息处理水平低，反映不及时,缺少科学的超前分析预测,使粮食经营企业无所适从,掌握不住经营的最佳时机,使粮食流通带有很大的盲目性。

六是粮食产品质量检验检测水平低,执行标准难。农产品加工、包装、储运、检测手段落后,已经成为制约现代粮食物流快速发展的一个重要因素,这不但与国内、国际粮食市场的要求不相适应,而且也造成资源的巨大浪费。

七是法规体系尚未建立起来。行业缺少自律,企业缺乏自我约束机制,彼此诚信度不高,不但阻碍交易的顺畅进行,而且增加交易风险。

三、东北经济区粮食物流模式

狭义地讲,粮食物流就是根据不同需求,选择最佳运输路线、最适宜运输工具进行的粮食实物移动的过程,以达到最佳的经济和社会效益。广义地讲,粮食物流是指从生产、收购、储存、运输、加工到销售服务整个过程中实体运动以及在流通环节的一切增值活动。改革开放以后,东北地区粮食流通经历了以下三种模式:

(一)粮食收储、加工企业自营型

党的十一届三中全会后,按照建立有中国特色的社会主义市场经济的要求,逐步引入竞争机制,不断扩大市场调节的范围,先后实行"双轨制"(计划调节与市场调节)、"两线运行"(政策性经营与商业性经营)、"两化三放开"(粮食商品化、经营市场化,放开市场、放开价格、放开经营)等购销体制。粮食收储企业除按计划搞好平价粮食收购、供应、调拨运输外,积极经营议价粮食,而且比重不断增大。为实现更多的利润,粮食收储企业纷纷在外地成立办事处,经营粮食流通业务。随后的几年,粮食供需市场发生了变化,粮食加工企业为了稳定生产、降低成本,也开始在外地成立办事机构,从事粮食流通业务。这一阶段的特点表现为粮食流通业务从属于企业的主营业务。粮食往往从价格低的区域向价格高的区域流动,从而打破按经济区域形成的粮食流向,不可控因素变得更加复杂,科学组织粮食物流的难度越来越大,不合理运输越来越多,造成社会运力、费用的浪费。总的看,这一时期的粮食物流是多头的、无序的,原来的粮食物流定式被打破,新的物流模式处于探索阶段。

(二)交通、口岸企业代理型

20世纪90年代以后,粮食流通出现了新方式,交通企业、口岸企业利用自身优势开展延伸服务,开始为粮食生产商,加工商代理购销业务。粮食生产、加工企业出于成本—效益考虑,也愿意把运输任务交给专业的运输企业来做,或者是将运输职能从主营业务中分离出来。这种模式的特点表现为:一是空间上的局限性,单个部门只能完成供应链运输的一部分,其余的业务要由其他部门来完成。二是粮食主管部门对粮食物流的调控逐步被削弱,许多问题想管而管不了,在管理上比较混乱,国家和企业对粮食物流都存在一个重新认识的过程。三是以企业为主体的粮食物流开始显现,但规模比较小,社会效益不突出;四是只注重实物的移动,没有从粮食的产、购、销、加工、电子商务方面来统一进行考虑。总的看,这一时期的粮食物流有了一定的发展,但是仍然处于无序状态。

(三)第三方物流企业服务型

市场经济体制改革的深入,使得企业间的竞争由生产成本、价格领域转向物流成本领域。企业为进一步降低成本,开始寻求个性化物流解决方案。物流作业开始由独立于买方和卖方的第三方统一安排。这一时期粮食体制以"四分开、一完善"(政企分开、中央与地方责任分开、储备与经营分开、新老财务账目分开、完善粮食价格形成机制)为改革原则,以"三项政策、一项改革"(按保护价敞开收购农民余粮、粮食收储企业实行顺价销售和粮食收购资金实行封闭运行三项政策,加快粮食企业自身改革)为主要内容。粮食企业的市场职能进一步得到发挥,国家的具体调控职能进一步弱化。国家已不可能像计划经济时期那样包办粮食物流,也不可能像经济体制过渡时期粮食"双轨制"那样来调整部分不合理运输,而以单一企业为主搞粮食物流又有很大的局限性。与此同时国外一些先进的物流概念和做法开始被逐步接受,突破了企业单一以实物移动为主要内容的物流模式，而向产、购、销、加工、电子商务为一体的物流转变。粮食行业实行粮食购销市场化改革后，除国家掌握的中央储备粮源和地方政府掌握的地方储备粮源外，定购粮食逐步放开，并最终走向市场。粮食企业也认识到物流带来的经济和社会效益，开始积极行动起来研究和实践第三方物流。

第三方粮食物流运营的优势表现在：

1. 促进粮食产销结合，使粮食生产与流通良性发展。入世对我国弱势农业的冲击主要反映在粮食主产区，而东北又首当其冲。东北粮食主产区面临的主要问题是生产成本高，流通费用大，竞争能力低。发展第三方粮食物流可以在产区和销区之间搭建一条快速通道。在运输上做到统筹安排，科学调度，使粮食运输更加均衡，效率大大提高，有效缓解主产区卖粮难、储粮难和运粮难的问题，促进粮食经济步入良性循环轨道。

2. 整合提升现有资源，最大限度发挥存量资源的效率。目前东北地区粮食流通基础设施已经具有了一定的规模，但由于管理、技术等原因，没有达到设计能力。第三方物流就是要与这些资源建立广泛的联系，利用先进的管理技术和物流理念重新构造这些设施的功能布局，充分发挥它们在粮食转运方面的潜力和优势。真正起到“四两拨千斤”的作用。

3. 催生大型现代化粮商，提高市场竞争力。目前，无论是国有粮食企业还是私营粮商，都未能形成较大规模。在粮食经济全球化、信息化的新形势下，很难与发达国家的大粮商竞争。第三方粮食物流，以其新型的组织形式和优势互补的强大实力，实现物流、商流、信息流、资金流一体运营，逐步催生超级现代化粮食企业集团，形成有实力参与国际粮食商战的“航母”，占领国际粮食竞争制高点。

四、东北地区新型粮食物流企业

（一）大连北方粮食交易市场

大连北方粮食交易市场是按照国家计委、国家粮食局、辽宁省政府的指示精神和有关要求，经大连市政府批准于 1998 年 6 月成立，是一个集粮食交易、信息发布、综合服务功能于一体的区域性粮食现货交易市场。市场占地面积 3 500 平方米，总建筑面积 34 000 平方米，建筑主体 26 层（含地下 2 层），市场内设有交易大厅、大屏幕显示系统、计算机交易系统、信息系统、结算银行、会员写字间，同时还具备四星级客房及餐饮、娱乐等配套服务设施。

大连北方粮食交易市场已建成近 1 000 平方米的展销中心，采用长期性粮油精品展览的形式，宣传、推介东北经济区农产品加工企业和名牌粮食产品，加强与国内外粮食企业的交流沟通，增进了解，推进东北三省一区农业和农村经济的产业化进程。

大连北方粮食交易市场已经建成比较先进的交易系统、现代化的交易大厅和高素质的员工队伍。市场采取会员制管理，凡从事粮食经营的全民、集体、个体企业都可以申请成为会员。来自全国各地会员已达到 423 家，7 年共累计完成交易量 1 700 多万吨，实现交易额 180 多亿元。在东北地区粮食流通中发挥了龙头作用，为建设国家级新型粮食批发市场奠定了物质基础（见下表）。

为了积极应对加入世界贸易组织后所面临的挑战，大连北方粮食交易市场将发挥大连地区乃至东北地区粮食生产、运输、仓储、加工和销售等资源优势，力争成为国家级新型粮食批发市场。粮食交易市场是国家粮食宏观调控的载体和支点，作为区域性市场，大连北方粮食交易市场将充分发挥各种优势，在市场功能、交易方式、信息交流、管理模式等方面起到示范作用，做到交易规范化、手段现代化、管理科学化，力争成为辐射东北乃至影响全国的粮油交易中心和信息中心。

（二）大连北方国际粮食物流股份有限公司

2003 年 12 月 8 日，由吉林粮食集团、大连良运集团发起，铁路、港口和东北主产区粮食集团企业、民营粮食企业和南方销区加工企业参加，共同出资筹建大连北方国际粮食物流中心。在组织体系上，中心分为三个层次：核心层，由东北粮食主产区粮食集团企业、铁路部门、民营企业共同出资，组建“大连北方国际粮食物流股份有限公司”，

大连北方粮食交易市场历年交易情况一览表

年份	交易量（万吨）	交易额（亿元）
1998 年	34	3.4
1999 年	106	11.7
2000 年	206	21.7
2001 年	361	35.7
2002 年	520	51.6
2003 年	490	54.9
2004 年 6 月	269	30.9
1998 年至 2004 年六月累计	1986	209.9

这是一个跨地区、跨行业、跨所有制的股份制企业；紧密层，由环渤海湾的港口企业组成，与核心层紧密合作，共同做好粮食配送过程中港口转运工作；松散层，由东北粮食主产区 120 个县(市)粮食部门、8 家南方沿海港口企业和 75 家主销区较大型的饲料加工企业及 4 家海运企业，组成一个利益相关的粮食物流联合体，形成统一的粮情信息、物流配送、商贸关系网络。

公司旨在用现代物流理念与技术，改造传统的粮食流通模式，通过资源整合，流程再造，功能提升，机制创新，搭建一条东北主产区与东南主销区粮食流通高速通道，实现物流、商流、资金流和信息流一体化，产区和销区任何粮食企业进入这条高速通道，都会获得全过程服务和可观的经济效益。

大连北方国际粮食物流有限公司的运作方式是：

1. 积极支持粮食产区尽快形成大型粮食经营主体，巩固发展粮源基地。努力争取国家的优惠政策，积极支持东北三省一区粮食集团企业，通过订单农业、粮食出口、运输配送、信誉保证及营销网络等手段把东北地区 120 个粮食主产县联合起来，形成一个高效率的供给网络。通过东北粮食物流信息平台将粮食信息晓谕千家万户，更好地为生产服务。

2. 充分发挥世行项目东北粮食流通走廊设施的骨干作用。物流公司作为东北粮食流通走廊的配套项目，在组织粮源，协调铁路、公路和海上运输，联系国内外客户并建立网络，共享各种粮油和物流信息方面将发挥主导性作用。同时，物流公司运用自身优势把北良项目和东北腹地项目结合起来，使东北粮食流通走廊成为高效运转的有机整体。

3. 开辟公路散粮运输的新方式。粮食物流中心根据粮源分布情况，对于运距较近又分散的港口周边的粮食，用大吨位散粮汽车直接上港，建立公路散粮运输网络，以实现粮食散运的系统化。

4. 合理利用北方港口现有中转设施。物流公司与港口企业密切合作，共同创新粮食储存机制，建立银行式的粮食储存管理方式，按粮食质量、等级和水分储存，统一安排接卸、出库、装船。缩短流转周期，加快周转时间，最大限度发挥散粮中转设施的作用。

5. 创新资金运营保证机制。为保证粮食物流的资金需求，物流公司积极与银行协商，建立粮食信用担保基金，对重义守信的会员单位提供贷款担保，会员内部粮油贸易实行信用证结算制度。

6. 发挥粮食物流协会的行业自律作用。粮食物流运作的过程，既是粮食市场化建设的过程，也是市场信用体系建立的过程。粮食物流中心将充分发挥中介组织的作用，加强信用制度建设，搞好行业自律。

大连北方粮食物流公司作为第三方物流企业，其优势表现为可以在粮食资源、流通资源间穿针引线，充分发挥它们的潜力。运作方式上也主要是以市场手段为主，但在目前行政管理体制下达到上述目标仍然面临众多困难，今后，只要国家在企业发展的关键环节上给予适当扶持，那么，实现东北地区粮食流通现代化的进程将大大缩短，实现国家对粮食的完全调控就会早日实现。

（三）大连北良有限公司

北良港是中国世行贷款粮食流通项目之一。目前，北良港已经形成了200万吨粮食仓储能力。拥有2083辆散粮专用车皮及配套的大型铁路车场，拥有数十台散粮集装箱运输车辆。

北良港先后开辟了至深圳蛇口港、赤湾港、吗湾港、广州黄埔港、广西防城港等南方港口的内贸散粮运输固定班轮航线。目前，北良港已经开辟了发往东北各地的散粮铁路运输业务，形成了覆盖80%以上县、市商品粮供应基地的散粮铁路运输网络。

北良港散粮系统实现了港口作业物流信息化管理，散粮港口装卸船作业、皮带传输系统、进出仓作业、装卸车系统、计量、在线检验等全部实现了电子信息化管理和实时监控，并通过因特网实现了与大连商品交易所、大连北方粮食交易市场、美国芝加哥大豆期货交易所、铁路部门及东北各地散粮中转库、收纳库的联网，可以进行国内外粮油市场价格实时查询，对散粮车皮运营状况、各地粮库粮食库存情况进行查询，并引进了美国超大信息显示屏，实现了多种信息的同步查询和显示，极大地提高了港口物流管理水平。

北良港已经具备世界一流的散粮运输设施，在东北粮食流通走廊中具有举足轻重的作用。

（四）大连港集团有限公司

大连港位于辽东半岛最南端，是中国北方最大的国际贸易港口之一。港口三面环山，一面环海，港阔水深，终年不淤不冻，自然条件非常优越，是驰名中外的天然良港。

大连港以中国东北和内蒙古东部地区为经济腹地，不仅是连接东北、华北、华东等地区的水陆交通枢纽，也是东北亚、东南亚与欧洲各国通连的最佳海陆交汇点。大连港通过建立和完善海上航运网络，已与世界上160多个国家和地区、300多个港口建立了经贸航运往来关系。

大连港自1899年开港以来，几经扩建改造，港口年通过能力接近1亿吨，已经成为拥有集装箱、原油、成品油、煤炭、散粮、散矿、化肥、滚装等73个现代化专业泊位、集疏运条件优良、设备设施配套齐全、服务功能完善的大型现代化综合性港口。

大连港大窑湾新港区是国家重点开发建设的国际深水中转港之一，已建成泊位11个，远期规划建设80至90个泊位，拥有集装箱专业化码头，为开展粮食集装箱运输提供了基础保障。

大连港正致力于多功能、全方位、现代化国际大港的建设，预计未来几年将成为东北亚区域性航运中心，为中外用户提供更优质、更高效的服务。

四、未来几年粮食“四散”运输的重点建设工程

（一）建设东北粮食物流信息平台

坚持以信息技术为先导，在大连北方粮食交易市场信息平台的基础上进行扩建和功能提升，建立粮食物流信息平台。计划扩建粮食物流大厦4.5万平方米，其中：信息平台0.2万平方米，检测中心0.3万平方米，市场展销、交易和商务工程1万平方米，客户商住间3万平方米。扩大、提升粮油电子商务平台和物流信息平台，完善粮油信息网络系统、物流配送调度系统，更新、配齐检验、认证、结算中心技术装备，以满足交易展示、运输配送、结算检测、科研培训的需要，更好地为粮食生产者、经营者和消费者提供粮食交易和物流服务。同时通过信息平台的强大作用，支撑东北三省一区粮食集团更有效地运用订单农业、粮食出口、运输配送、信誉保证及营销网络把120家粮食主产区县级粮食企业联合起来，通过县级粮食企业把东北经济区2 789家粮库连接在一起，形成一个辐射大，无障碍的粮食信息网、交易网、配送网、结算网，并以此带动广大种粮农民进入市场，确保农业增产、农民增收。

（二）改善东北主产区沿线中转库设施

东北经济区近10年来，国家投资利用世行贷款和企业自筹资金，建设国家粮食储备库、世行中转库和改造铁路沿线库334个（包括125个世行中转库配套的收纳库），新增仓容1 500万吨，散粮装车能力1 200万吨，据调查全区还有47个粮食收购量和中转量比较大的铁路沿线中转库，需要新建散粮仓容112万吨，散粮装车发放设施47座，增加散粮装车能力500万吨。以满足1 500万吨散粮外运的需要。

（三）增加铁路散粮运量，构建粮食运输的快速通道

解决从产地到口岸的铁路运输问题是物流的关键环节。目前，要密切配合铁路部门深化货运体制改革，推动粮食大宗货物快运模式，重点搞好五定班列（定装车站、定卸车站、定空车到站、定线运行、定货物到达时间），争取在哈大线常年开通。同时，针对华北、华东地区用粮大户，实行行包专列、阶梯直达等运输模式，变零散运输为集中发运，变包粮作业为散粮作业。但散粮专用运输车辆严重不足，制约了物流工作的开展。东北经济区今后每年外销的3 000万吨商品粮中，铁路运输量占90%，即2 700万吨，其中，散粮2 400万吨，包粮300万吨，共需要散粮专用车7 000辆，目前只有散粮车皮2 583辆，远远满足不了散粮运输的需要，需新造4 417辆，并保证及时上线运营。

（四）开辟公路散粮运输的新方式

从实践看，港口周边的粮食，由于运距较近又分散，不适宜铁路运输。用大吨位散粮汽车直接上港，既方便又省费用，不失为一种理想的运输方式。据调查有300万吨，需要购买300辆散粮运输汽车，作为铁路散运的补充，以实现散运的系统化。同时，在南方主销区港口也要购买一部分散粮运输专用车，使到港后的粮食及时配送到饲料厂和粮食加工厂，确保四散作业的完整性。

（五）提升北方港口设施功能

目前，大窑湾、北良港、营口港和秦皇岛港共有散粮仓容208万吨，完全可以满足散粮中转需要。但是，因进港的粮食分属于不同的货主，港口不能统筹协调，严重影响了仓容利用率。创造新型粮食储存流转机制，建立银行式的粮食储存管理方式，按粮食质量、等级、水分储存，统一安排接卸、出库装船。缩短流转周期，加快周转时间，最大限度发挥散粮中转设施的作用。现在看，除北良港外，其他港口需要配置储粮电子测温监控系统、粮食质量检验设备和粮食储存自动化管理网络。

（六）建立散粮运输专业船队，掌握海运的自主权

东北经济区每年需要组织1 500万吨粮食通过水路运抵到东南沿海八省市的终端用户。目前我国没有散粮运输专业船队，现有运粮船舶不仅运力严重不足，而且船舶结构不合理，船龄老化，航运市场秩序混乱。有时运费过低，船务公司也难以为继；有时暴涨，粮食客户又难以承担，还经常造成市场粮价忽涨忽落。因此，建立散粮运输专业船队是十分必要的。在最大限度降低运输成本和提高装船港、卸船港中转效率的前提下，选择适宜的船型，在大连到上海、大连到深圳、大连到厦门之间开辟班轮航线，其他航线采取灵活便利的不定期船运输。需要船舶39艘，总运力127.5万吨。

（七）进一步完善销区港口散粮接卸设施

在“四散”作业中，销区散卸是比较薄弱的一个环节。初步调查，东北地区粮食转运到南方主销区，涉及到43个沿海和内河港口，只有部分港口有散粮接卸能力，年接卸能力在500万吨左右、散粮仓容更是有限。按照东北经济区的粮食转运量，还需要增加1 000万吨散粮接卸能力。需要进一步改造完善销区港口散粮接卸设施，以满足粮食物流的需要。在未来的五、七年后，江苏省、浙江省、上海市有可能成为我国最大的粮食进口和调入地区，总量可能超过3 000万吨。国家应在上海口岸建设一个年吞吐量2 000万吨以上的现代化粮食专用港；在广东蛇口港新建10万吨仓库；海南海口港新建2万吨仓库；同时再利用好其他港口25万吨仓库。特别是要充分发挥沿海、沿江的国家粮食储备库的作用。平时作为接卸中转库，特殊情况下发挥粮食储运“蓄水池”作用，以保证粮食均衡运输和市场供应的需要。

（八）建设东北水稻糙米仓储配送体系

“九五”以来，东北经济区稻谷产量稳定增长，年产量达到1 600万吨以上。近几年来，东北稻谷运往南方销区的数量逐年增多。因此，建设东北糙米仓储运输配送系统取代传统的运输方式已势在必行。一是运费在大米流通中的比重很大，在产区将稻谷加工成糙米再运往南方，既降低了运输成本，又减轻了铁路、公路和海运的压力；二是稻壳在南方大中城市没有市场而作废弃处理，还造成环境污染，如在产区脱壳可集中进行深加工和综合利用，变废为宝；三是产区收储企业增加糙米加工设备投资很小，一般不需要扩建厂房、增加电容，而销区城市大多用地紧张，直接用糙米加工大米可减少原粮储存仓容和厂房面积；四是产区可按销区加工不同品种、等级大米的要求，在稻谷收购、储存和糙米加工时以市场为导向，逐步实现糙米加工专用化。因此，建设东北糙米仓储运输配送系统取代传统的运输方式已势在必行。具体内容应包括以下几个方面：

开辟糙米运输通道，为产销区双方客户提供糙米转运配送服务网络，在目前铁路篷车严重不足的情况下，开发铁路集装箱、公路集装箱运至口岸，并组织一部分集装箱海运直达南方销区。

产区口岸糙米低温储存仓库近期可在大连港建5万吨仓容，在鲅鱼圈港建1万吨仓容。

销区口岸糙米低温储存仓库目前应在上海、厦门、广州分别建2万吨、1万吨、1万吨糙米低温储存仓容。

长江北岸内陆地区糙米低温储存仓库在南通、南京、武汉各建1万吨糙米低温储存仓容。

（九）推动大连国际粮食物流园区建设

大连市有关部门正筹划建设临港粮油食品加工区，通过招商引资搞好玉米深加工、小麦深加工、大豆卵磷脂分离蛋白、大麦、燕麦、荞麦深加工等科技含量高、附加值高、市场前景好的项目，使大连成为国际性的粮食加工基地。粮食物流中心通过整合资源，提升功能，更好地推动大连临港工业区的建设。

五、结论

第一、发展现代粮食物流业可以促使东北粮食流通走廊成为高效运转的有机整体通过粮食物流基础设施的进一步投入、整合各种粮食流通资源，充分发挥1998年以来国家储备粮库项目和1991年以来世行项目建设所形成的设施的整体功能，使东北经济区粮食物流体系高效运转起来。

第二、发展粮食物流可以促进东北经济区产业结构的优化发展粮食物流能够推动区域经济一体化进程，满足产业结构调整的要求。通过物流供应链的运行，带动新的粮食市场链和产业链的形成，促进交通运输业、金融保险业、餐饮服务业和中介机构等相关产业的发展，完成产业结构的升级换代。

第三、发展粮食物流可以提高综合国力 在入世保护期内，迅速建立起高效的粮食物流体系，不仅能够确保农业在国民经济中的基础性地位，而且可以增强中国粮食在国际市场上的竞争力，提高综合国力。

第四、振兴东北 农业先行 振兴东北涉及到产业结构的全面升级和换代，农业是国民经济的基础，没有农业的发展就没有其他产业的发展。东北三省一区农业人口占总人口的48.72%，没有任何一个行业可以像农业那样具有广泛的影响力。坚持大力发展粮食生产，积极推进粮食流通体制改革，突破非市场化因素制约，建立与国际粮食市场接轨的流通体制，确保农业增产和农民增收，为振兴东北老工业基地夯实基础。

（供稿：大连北方国际粮食物流中心
顾问 李玉玺）

军　事

推动中国军事物流事业蓬勃发展

2003年是中国军事物流事业蓬勃发展的一年,面对中国特色军事变革的挑战,各方面都取得了很大成绩:军用物资联勤体制改革走向深入,军用物资保障社会化继续深化,军用物资采购制度改革取得明显成效,军事物流信息化建设取得一定突破,军事物流教育也迈上了一个新台阶。全军物流战线上的广大官兵,及时总结军事物流改革与发展的成功经验,精心谋划2004年中国军事物流发展规划,推动我国军事物流的跨越式发展。

一、军队物资联勤体制改革走向深入

联勤是一种与现代社会化大生产相适应的军事后勤保障模式,其特点是三军一体、多边协作、矩阵管理。我军自2000年实行联勤体制以来,在保障关系方面改变了条块分割的体系,逐步形成了统分结合、以统为主的保障模式,为组织平时及战时军用物资联勤保障奠定了良好基础。2003年,军队物资联勤体制改革进一步走向深入。

(一)建立了有效的协调机制

加强协调,是做好军用物资联勤工作,提高军用物资联勤保障质量的重要前提和保证。2003年,军用物资联勤体制总体来说运转顺畅,保障效益明显,部队基本满意,改革进展良好。平时落实好军用物资联勤工作会议、军用物资联勤联席会议等制度,同时利用联勤检查调研、双方走访慰问等时机加强协调沟通,共同协商解决有关问题,并充分发挥军用物资联勤机关军兵种干部在协调中的作用。军用物资联勤系统和军兵种部队在协调上都比较积极主动,经常通报情况,交换意见,既各负其责,又密切配合;对重大保障任务,能够做到早协调、早计划、早安排,确保对方有一个准备和反应的时间。另外,坚持灵活性和原则性相结合,遇到特殊情况随时协调,出现问题及时处理,理顺计划传递、供应保障、信息反馈渠道,确保军用物资联勤工作的各个环节紧密衔接、环环相扣。

(二)推行了计划与保障两线分流的保障方式

即计划由保障对象后勤机关逐级上报总部汇总审批,总部再逐级下达,联勤机构根据上级下达的计划实施保障。计划通常是一次性下达,而保障则是多批次实施,联勤机构按计划组织供应,确保及时、准确、优质、高效,从有利于提高军队战斗力、增强后勤保障力建设出发,采取直达保障、就近保障、越级保障等形式,减少保障环节,避免损失浪费,提高保障效益。

(三)军用物资联勤部门加强了"统"的力度

2003年,在后方仓库、军交运输等通用军事物流设施建设上,军用物资联勤部门按照总部"整体筹划、统管共用"的要求,进一步优化通用军事物流资源优化配置,避免重复建设,减少不必要的浪费。在战略物资备储建设上,军用物资联勤系统充分考虑各军兵种部队未来作战需求,研究确定科学的储备标准、储备结构、储备布局以及储备周期,确保战储物资适量、配套、质优。

(四)提高了军用物资联勤标准化保障水平

制度标准化使军队物资联勤保障活动有一把客观的尺度,可以实行公开、公平和公正的供应和管理。联勤条例和有关法规是在军用物资供应保障的标准体系特别是各项业务保障和管理的标准

体系的基础上建立起来的，经过配套与完善，基本上符合联勤要求，2003 年，军用物资联勤部门进一步提高了军用物资联勤标准的配套水平及覆盖范围，尽量减少军用物资供应过程中的不确定因素。对凡是能实施标准化保障和管理的经费、物资器材、设施设备，初步建立起了较为完备的标准体系，尽量减少随机性供应保障的范围，从而减少了部门之间的利益冲突。

二、军用物资保障社会化继续深化

2003 年，军用物资保障社会化始终坚持以新时期军事战略方针为指导，以提高军队战斗力、后勤保障力为目标，优化结构，理顺关系，突出重点，讲究效益，积极推进，稳步实施，坚持效益优先、市场运作、军民两利、平战结合的基本原则，逐步形成具有我军特色的军用物资保障社会化体系。深化军用物资保障社会化改革，走出一条投入较少、效益较高的军用物资保障新模式，确已成为重点关注的课题。

（一）通用物资供应保障社会化

2003 年，越来越多的部队对军民通用物资及器材实行军地联供保障。除比较成熟的军粮供应保障模式以外，对建材、日常用品、医药器材、运输工具、机械设备、普通油料、燃料等通用物资，由地方有关部门在部队驻地就近指定供应网点，实行军队统筹、军地联供，使军队物资供应与市场流通有机结合，达到就近就便供应的要求，从而减少物资周转环节，提高物资供应保障效益。

（二）军事物流通用设施建设使用社会化

本着军地结合、平战结合的原则，在规划军事物流设施建设和地方经济建设时，应统筹考虑军民兼用问题。例如公路、铁路、机场、港口、码头、输油管道的建设及仓库及物流中心布局，既考虑平时军队保障和国民经济建设的双重需要，还需考虑战时征用的应急需求，如公路、铁路网的建设应考虑到主要作战方向军队机动的需要；机场、站台的建设考虑到军用飞机的起降、军用物资装卸的需要；仓库布局应考虑到军队战略战役物资储备的需要等等，避免军地重复建设。同时，现有军用公路、铁路、机场、港口、码头、仓库、军工企业等，也在优先保障部队和确保军事保密要求的前提下，逐步向社会开放，积极为社会提供有偿技术服务。对一些军事意义已经不大的军事物流设施，直接转交地方，以压缩军队后勤的“摊子”。

（三）通用装备物资生产与储备社会化

2003 年，逐步推行了军工企业生产民用化和军品生产社会化。现有军工企业除保留必要的专业化工厂和生产线外，其余可视情转隶地方，尽量压减军工生产的“摊子”。对军队所需的通用技术装备、物资器材、食品、被装等，直接向社会企业招标、订货与采购。根据物资通用程度、市场供应能力、战时可能需要量，确定各种物资在各级部门的订购权限，做到军队后勤保障与社会经济最大程度的融合。在物资储备上，通用物资可以地方储备为主。军队除保留一定的战略储备和必要的战备储备外，应尽可能地减少物资库存，避免积压和储备浪费。

三、军用物资采购制度改革取得明显成效

近年来，适应国家建立政府采购制度的形势和军队建设发展的需要，军用物资采购制度改革已经起步。当前亟需对军用物资采购制度改革的理论与实践进行认真研究，从而统一认识，努力构架高效合理的具有我军特色的军用物资采购制度。2003 年，军队物资采购主要有以下做法：

（一）试运行“三权分离”的运行机制

军用物资采购工作实现高效运行，在军用物资采购制度建设上必须实现明晰的权力划分，这既是军用物资采购制度高效运行的必要前提，也是军用物资采购制度创新的核心目标。对于军用物资采购相关权力的划分，总部在推行军用物资采购改革过程中早已明确规定——建立军用物资采购计划权、资金拨付和结算权、组织采购和招标权相对分离又相互制约的机制。通过这种“三权分离”的方式，形成相互依赖、相互配合、相互制约的军用物资采购运行机制和监督机制。

（二）提高了军队集中采购比重

军队采购模式的选择,应根据采购规模、采购对象、市场货源、价格水平、供应商等各方面的差异,灵活选择招标采购、竞争性谈判采购、集中采购和分散采购等方式。特别是根据军队集中统一的特点,强调"集中采购",注重提高军用物资采购的规模效益。规模效应是军用物资采购制度改革的一个主要目标,2003 年,军队采购把集中采购权限和扩大采购规模作为改革重点目标,充分提高军费使用效益。在确定物资采购目录时,对于联勤体制要求进行统供统管的物资和勤务,已被列入集中采购的范围,从而满足联勤保障的需要。

(二)完善了军用物资采购方法体系

采购方法是采购主体在规定的采购模式下进行采购活动时使用的方法、依据的程序和采用的手段。2003 年,军用物资采购主管部门进一步完善采购方法体系,确定科学的招投标采购模式,并加快采购对象编目和采购程序编目为主要内容的采购编目工作的进程,为全面推行编目管理打好基础。目前军队已逐步建立起较为科学的军用物资采购程序,坚持以完备的军用物资采购流程规范军用物资采购行为,引导军用物资采购过程中物流、信息流、资金流合理流动,缩短军用物资采购周期,提高军用物资采购效益。

(四)推进了军用物资采购信息化建设

地方政府和外军采购工作的经验表明,综合运用军队信息化建设成果和地方的电子商务系统,军用物资采购工作可以大幅度提高信息处理能力,提高军用物资采购速度,缩减军用物资采购周期;借助于网络传输技术与自动识别技术,能够实现物流、资金流的透明化,从而强化对军用物资采购活动的过程控制;通过大力发展电子商务则可以简化采购手续,实现"无纸化"作业,节省军用物资采购费用。

四、军事物流信息化建设取得一定突破

当今时代,科学技术的发展正在把人类推向信息化社会,军事领域面临有史以来最深刻、最根本的一次信息革命。抓住机遇,迎接挑战,加快我军军事物流信息化建设步伐,是顺应时代发展趋势,保障我军打赢高技术条件下局部战争的一项战略任务。2003 年,在军事物流信息化建设方面主要有以下特色:

(一)树立了军事物流信息化的先进理念

目前军事物流战线的广大官兵已经解放思想,转变传统观念,突破传统机械化战争模式的束缚,从新军事革命的高度看待信息化战争,真正树立了"军事物流信息保障是军事物流保障的重要内容"、"军事物流保障需要'信息流'的驱动或牵引"等先进理念。

(二)加快了信息化军事装备建设步伐

2003 年的伊拉克战争中,美军武器装备的自动化、信息化和智能化程度相当高,战争事实昭示了没有信息化作战装备,就不可能打赢信息化战争;没有信息化军事物流装备和与之相适应的基础设施,也同样不可能实施及时、准确的军事物流保障。因此,当前我军正逐步加大对军事物流信息化的投入力度,加快信息化军事物流装备研发速度,实施对现有军事物流装备、军事物流设施进行信息化改造和跳跃式隔代研制新军事物流装备并举的方针,从而推动我军军事物流信息化的跨越式发展。

(三)加大了军事物流信息系统的开发力度

由于传统计划经济的影响及绩效考评制度的局限,曾一度出现重"硬"不重"软"的现象。2003 年逐步加大了对军事物流软件的投入力度,统一组织力量研制和开发全军军事物流通用应用软件,统一全军各种通用物资、器材、装备等资源编码,建立军事物流资源数据库。各军兵种也积极组织力量研制开发其专用军事物流应用软件,建立其专用军事物流数据库。

五、军事物流教育迈上一个新台阶

加强军事物流教育,是时代发展的必然要求,尤其我军物流系统尚处于改革调整的初级发展阶段,更应加强军事物流理论研究,加快军事物流人才培养。2003 年,军事物流教育方面成果显著。

(一)深入展开军事物流及应急物流理论研究

2003 年 10 月,第二届中国物流学术年会在

北京中苑宾馆召开，后勤指挥学院物流专业师生与北京工商大学、北京交通大学等高校的物流专家学者及物流专业博士、硕士研究生参加了应急物流与军事物流专题的讨论，并就应急物流与军事物流基本理论及当前亟待解决的问题等进行学术研讨，提出应正确认识应急物流的内涵、加强应急物流基础设施建设、加强应急物流保障队伍建设，建立通畅顺达的应急物流信息系统、应急物流的组织指挥、应急物资的筹措、应急物流中的交通运输保障，加强准军事化物流组织建设等新的研究内容。

（二）军队系统物流师培训考试工作与地方同步进行

2003年底，中国物流与采购联合会、劳动和社会保障部及全国标准化技术委员会共同制定物流国家职业标准，这是中国物流行业的水平资质，也是与国际物流行业接轨的基础。中国物流与采购联合会与全国物流标准化技术委员会授权后勤指挥学院军事物流工程实验室组织军队系统物流师职业资格认证工作，军队代表参与了物流国家职业标准的制定。按照国家物流师资格认证工作考培分离的总要求，由后勤指挥学院军事物流工程实验室全面负责全军物流师的考试工作，军事经济学院、后勤工程学院、装甲兵工程学院、空军后勤学院等院校负责军队物流师的培训工作。今后应充分利用并逐步完善军队物流师资格认证系统，实现军事物流人才的标准化认证，努力打造军队物流师的金字品牌，使我军军事物流人才培养及管理走上规范化、系统化的轨道，为跃升军事物流保障能力提供人才支撑。

（三）军事物流工程实验室正式运行

全军第一个物流综合实验室正式成立。他成为目前全国惟一的军事物流博士后流动站、国家物流师职业资格认证军队分中心，主要从事军事物流理论、技术的开发与应用，以及军队中高级物流指挥、物流管理军官和硕士、博士、博士后等高素质物流人才的培养。军事物流工程实验室由模拟仿真室、技术集成室、信息资料室和学术研讨室组成，拥有先进的用于物流科研开发与教学的硬件设备、软件系统和丰富的军地物流信息资料，能承担大型科研教学任务。军事物流工程实验室现有一支由30余名教员、博士研究生、硕士研究生为骨干的高素质、高效率的人才队伍，拥有一支由军内外著名专家、物流专家组成的专家顾问团队。军事物流工程实验室的建设任务可概括为“八个一”：一套完善的实验设施设备系统；一支特别能战斗的教学科研队伍；一套适应时代要求的专业教材；一本有影响力的中国军事物流杂志；一套齐全的物流信息资料系统；一套完善的实验室管理规章制度；一个高水平的博士后科研流动站；一批高质量的教学科研成果。军事物流工程实验室的成立，为促进军事物流的理论研究、科研开发、人才培养、部队服务等实现跨越式发展提供一个新的平台。

展望2004年军事物流的发展前景，应重点抓好以下几项工作：1. 继续深化军队物资联勤体制改革，提高军队物资联勤效益；2. 努力拓宽军用物资保障社会化的适用范围，扩大军队集中采购的规模；3. 继续加强现代军事物流理论研究，进一步完善军事物流学科体系；4. 大力促进先进物流技术在军事物流领域中的推广应用，加快军事物流可视化进程；5. 继续加强军队物流师资格认证工作，深化军事物流教学改革；6. 继续推动军地物流一体化建设，实现军民兼容，军地互补。

（特约撰稿：中国人民解放军后勤指挥学院
王宗喜　龚卫锋）

装备物流研究现状及发展趋势

2003年底至2004年初，装甲兵工程学院军事物流学科带头人王树礼教授，首次就装备物流理论进行了系统研究，提出了“装备物流”的概念，并系统论述了我军装备物流的发展，及研究对象、内容、方法及与相关学科的关系等，标志着装备物流理论体系的初步建立，为装备物流研究奠定了基础。

近年来的几场局部战争清晰地说明，现代战争对装备保障的依赖程度越来越高，装备物流在很大程度上影响着，甚至是决定了战斗的进程。因此，在当前环境下开展装备物流研究具有非常重要的现实意义和军事意义。

一、装备物流概念与现状

“装备”是指用以实施和保障军事行动的武器、武器系统和其他军事技术器材的统称。“保障”是“军队为遂行各种任务而采取的各项保障性措施与进行的相应活动的统称”。装备保障就是组织实施军事装备的申请、补充、调拨供应、换装、调整、交接、退役、报废、储备、使用、维护、修理和管理等各项措施与活动的统称。装备物流是指装备通过采集、运输、包装、修理(生产)、仓储、供应等环节及相关信息处理，最终抵达部队而被使用消耗，从而实现其时间和空间转移的全过程。

由于历史原因，我军装备保障基本上是参照原苏军进行体制和编制建设。1998年成立了总装备部，在军区、集团军、师(旅)、团各级建立了独立的各级装备部，统一组织实施装备保障，基本实现了装备保障分散型向集中统一型的转变。装备保障已经作为一项重要的保障工作独立于后勤保障之外，并形成了相对独立的装备物流系统。

从现代物流的观点看，装备保障领域的工作都属装备物流的研究范畴。我军对装备物流领域的研究，一直落后于装备建设，这也是影响我军装备形成实际作战能力的根本性制约因素。虽然我军在装备物流领域进行了大量的研究工作，并推动了装备物流的形成与发展。但从系统的观点看，用现代物流理论来分析，这些工作还是处于相对的割裂状态，缺乏有机联系和紧密的衔接。

二、装备物流与相关领域的关系

(一)装备物流与军事物流的关系

以美军为代表的占主导地位的西方诸国，军事后勤包含了后勤管理和装备管理两项内容，其军事物流的概念是一个相对宽泛的概念。我军分为装备物流与后勤物流两项基本内容。也就是说，我军的装备物流与后勤物流共同构成一般意义上的完整的军事物流。装备物流既是军事物流的有机组成部分，也应是军事物流研究的核心和重点。

(二)装备物流与装备保障的关系

我军的装备保障分为战略、战役和战术三个基本层次，共同构成军事装备保障体系。从现代物流的观点看，三级装备保障学研究的内容实质上是装备物流的三个层次。三级装备保障是从不同横断面研究装备保障问题，装备物流则是纵向综合研究装备保障工作问题。

三、装备物流研究的重点内容

审视当前的形势，特别是考虑到我军武器装备保障的任务以及面临的挑战，应当下大力在以下几个方面对装备物流理论进行研究：

(一)加强装备物流的理论研究，构建完整的军事物流体系

加强装备物流理论研究，要求系统研究装备物流的运行规律，系统总结我军装备保障建设经验，深化装备保障和管理体制改革，实现高效能的联勤保障。条块分割、多头管理的物流体制，已经不能适应现代化战争装备保障的任务。以后方仓库为中心的装备物流基地，应着手拓展物流功能，其上游物流的改革重点应放在采集环节上，其下游的物流改革，应下大力搞好装备的配送环节，运

用各种先进的运输手段，实现快速、高效、顺畅的物流保障。

（二）研究装备的重点内容，抓紧解决制约装备战斗力的关键因素

从当前我军任务出发，要重点研究和解决三个方面的问题：首先是要密切关注装备物流知识化发展。深刻分析和全面认识装备物流知识化的主要特征，总结归纳装备物流知识化的发展趋势，形成实施装备物流知识化的基本思路。其次是要加快装备物流可视化建设进程。我军装备保障领域的信息化建设已经取得了一些成绩，但还不足以保证需要，也不能适应装备物流的建设需求。要在信息化建设的基础上，实现跨越式发展。要从装备物流可视化的本质认识出发，分析可视化装备物流的主要特点，提出装备物流可视化建设的基本思路；运用具有显著的军事应用特点、军事应用价值的关键技术，加快可视化进程。第三是高度重视装备物流"一体化"建设。要着眼于战争需要，立足于社会主义经济发展和军队改革，从不同侧面和不同方式，研究三军装备物流一体化、军民物流一体化、装备物流与作战指挥一体化、人才培养一体化的重点问题，建立装备物流体系，保证体系效益。

（三）重点研究影响装备物流的关键因素，高度重视战时装备物流的建设

在完整的军事物流体系内加强装备物流建设，一是要实现后勤物流与装备物流的相互协调、"无缝联接"，形成有机的整体。二是要系统研究装备物流特有的规律和要求，准确把握装备物流的发展方向，以装备保障法的研究成果为基础，加强自身的体系建设。三是要立足知识经济时代，顺应新军事变革的要求，高起点地研究装备物流，特别是装备物流的发展战略，在总部指导下开展长远规划，进行系统建设。四是要重点研究装备物流的知识化、一体化和信息化建设，实现装备物流建设的高起点建设、跨越式发展。

立足我军的当前任务，还必须首先把战时装备物流建设放在特别重要的地位来认识，视为特别紧急的任务来完成。要根据不同作战任务，结合装备物流各个环节的特点和要求，积极开展各项研究，抓紧进行建设。

（四）深入研究物流场理论，优化装备物资储备

物流场理论的开发已经取得了阶段性的研究成果，它集中表现在以下几个方面：一是初步确立了物流场的基本概念。二是初步确立了物流场强、场势的基本概念及其计量方法。三是对物流复合场强的计算进行了初步、概略的探讨；四是对战时物流介质系数的推算也作了初步研究。物流场理论的研究，为装备物流理论的发展开拓了一个崭新的思路，为合理谋划军队物资的储备布局，优化仓库布局以及合理确定储备量都提供了理论支持。

（五）借鉴"第三方物流"理论，实现装备物流配送专业化

第三方物流既是现代物流业的发展重点之一，也标示着我国物流业的发展趋势。经营第三方物流，可以更有效地完善物流机制，更顺畅地实现物流目标。

目前，我军正处于装备保障体系不断完善、期待突破的大好的"历史机遇期"，装备保障改革也处于不断深化的阶段。我军装备物流的建立，理所当然地应借鉴现代物流和后勤物流改革的经验，发展军内第三方物流，走专业化的道路。一是可考虑在军内建立物资配送体系，以后方装备物流基地（装备仓库）为依托，将各种装备物资源源不断地配送到部队。二是可考虑委托地方物流企业完成军地通用装备物资的供应任务。这既有利于装备物流队伍的成长壮大，有利于提高装备物流的整体效益，又可以有效地挖掘地方物流的资源，军民共同振兴我国的物流事业。

四、装备物流发展展望

研究装备物流的建设与发展，既需要按现代物流理论梳理、提高装备保障的理论与实践，以最终形成完整的科学体系；更需要根据我军后装分离的实际，着眼高技术战争对装备物流的需要、军队长期建设对装备物流的需要，在更高的起点上，站在更高的层次上建设装备物流。可以预见，随着高新科技广泛应用于我军装备建设和我军配备高技术装备（即高科技的装备与装备的高科技），装备的供应与保障、维护等装备物流所关注和需要重点研究的问题将更显重要和紧迫。高起点建设装备物流,要解决好四个方向性问题。

(一)物流体制一体化

装备物流体制一体化建设包括四个方面的内容:即三军装备物流一体化,军地物流一体化,指挥与物流一体化,人才培养一体化。

1. 三军装备物流一体化。主要体现在体制上的一体化改革和各业务功能的一体化衔接。要实现三军装备物流一体化,首先必须打破现有的既得利益关系,如以现有的以军区为基础的军种联勤为基础,将三军相关业务部门的所属业务单位重新组合,功能统一整合,按战区成立三军统一的联勤部门,总部各业务部门负责制定业务保障计划并监督实施,联勤部队具体实施保障业务。实现三军装备物流一体化,还必须走专业化的道路,建立专业化的装备保障部队,由各专业化的保障部队为部队提供装备物资供应和各类物流服务。专业化的优势是,各专业部队专注于自身业务,提高物流水平;形成不同的物流服务功能模块,按模块化保障结构建设,战时发挥其组合优势;具有较大的独立性和灵活性,便于管理;具有较强的自我完善、自我发展的优势。

2. 指挥与物流一体化。我军实施指挥与物流一体,关键是在于把装备物流提高到战略的高度,使装备物流同军事指挥处于同一层次,物流方案与作战方案同步设计;战略决策者、战争组织者和战术指挥者都应学习物流理论、装备物流与装备保障知识,及时建立并不断强化装备物流意识;各级指挥员要充分认识装备物流的作用,把装备物流作为遂行战斗行动的有机组成部分和重要环节,结合各种演练、演习,或者是组织装备物流与作战指挥的协同专项训练或图上推演,建立“装备物流就是作战,作战就是装备物流”的概念,综合提高作战指挥能力。指挥与物流一体化,还就体现在作战指挥方案与物流保障方案同步制定;物流建设水平与作战指挥能力同步提高;装备物流体系和作战指挥体系同步建设。

3. 军地物流一体化。主要是将一些军民兼容的物流业务外包给地方企业,使用地方资源为军队提供物资保障和物流服务,有效地提高装备物流的反应速度和军事经济效益。要实现军地物流一体化,首先必须制定出相应的规章制度以及法规,确定军地物流一体化的业务内容、保障要求、保障范围、合同履行、双方权力与义务等,使其在一体化的过程中有章可循;其次,要在军地合作的过程中做好各业务环节及信息系统的连接,实现军地物流保障过程中的信息共享和业务动作的一体化衔接。第三,探索建立战时军地物流一体化机制,使之在战时能较早进入战时装备物流保障体系,增强装备保障能力,直接为战争服务。

4. 人才培养一体化。培养和造就大批物流专业人才、既懂军事又懂物流的复合型人才,实现装备物流人才的现代化、知识化,是装备物流建设的客观需要,是信息技术、物流技术不断发展的要求,也是21世纪知识经济时代和高技术战争的客观需要。装备物流人才队伍建设,应以灵活精干、协同高效的知识型物流队伍为目标。实现物流人才规模化,需要培养方式的社会化,但装备物流人才队伍建设,应立足于军队培训为主,并形成院校、科研单位、部队三位一体的人才培训体制。

当前开设物流专业的军队院校较少,且培训的层次、规模、内容,都远远不能满足装备物流建设的客观需要。

(二)物流装备现代化

物流装备是指用于物流服务的设施设备。物流装备现代化,主要指物流装备必须要使用最先进的科学技术,提高其技术含量。物流装备现代化还包括物流装备标准化、物流装备系列化和物流装备系统化的内容。

1. 物流装备标准化。使不同的物流装备之间保持接口,提高物流装备的通用性,有利于物流过程中装卸、包装、运输等物流作业的顺利实施。物流装备的标准化,还需要与军事物资的标准化与物流信息的标准化同步实施。

2. 物流装备系列化。同一类作业用途的物流装备要具有不同的型号,满足不同的作业要求,同一系列的物流装备作业应是倍乘的关系,方便相互的作业转换。

3. 物流装备系统化。物流装备之间要相互协调,相互搭配。这种搭配,一方面要求各类物流装备的型号要相互协调，另一方面要求物流装备的功能要保持一致，避免因物流装备的不匹配而形成不应有的资源浪费。

在实现物流装备现代化的过程中，一方面在物流装备设计时既要考虑运用先进的技术，又要考虑作业的实际需要，最大限度地提高功能效益比;另一方面,在添置、购买物流装备时,必须考虑整个物流装备的体系功能，要使新添置的物流装备与现有装备相匹配，不能盲目追求单一功能与技术的先进性。

(三)物流信息可视化

物流信息相当于人的“中枢神经系统”研究。现代战争对装备物流保障的时间响应和有效性要求越来越高，装备物流对信息技术的依赖更为突出,可视化物流是未来装备物流发展的必须趋势。物流信息可视化包括物流资源可视化、物流需求可视化、物流管理可视化三个方面的内容。

1. 物流资源可视化。只有充分掌握资源状况,才能科学地使用资源。一方面要掌握军队物流资源及可利用的地方物流资源，包括所有物资的数量、状态、位置、归属等详细的信息和分布状况，一方面必须准确掌握所能使用的物流设施设备。在实现资源可视的过程中，要大力推广各种先进的识别技术和信息采集技术，做到物流信息的实时收集与处理,实现装备物流的全程可视化。

2. 物流需求可视化。主要解决需求信息的及时反馈问题。物流需求是装备物流的原动力,也是装备物流的目标和归宿。只有通过先进的信息手段与部队进行适时的信息互动，才可能及时掌握部队的需求。

3. 物流管理可视化。先进的装备物流管理,应以由当前的结果管理转变为过程管理。装备物流的发展资源和需求的可视,是从物流的技术层面上实现了可视。更重要的应是通过物流全过程的可视，实现物流管理的可视。过程的可视,要求以数码或图像的形式展现物流全过程,并及时地将各种管理信息或指令传达到物流操作人员。这就要求开发、建立系列配备的、具有辅助决策功能的装备物流信息系统,使之通过对过去物流信息的分析,寻求装备物流的需求规律，并对未来的需求做出预测,提供决策依据。

(四)物流特性装备化

武器装备是装备物流的主要对象之一。但是在武器、装备的设计上很少考虑装备物流的需要，设计参数指标里往往容易忽视甚至遗漏它们的物流参数指标,使武器、装备的尺寸、形状极不规范，增加了运输、包装、储存的难度,增加了保障难度，也就大大降低了装备物流的效率和效能。

物流特性装备化,就是要将武器、装备的物流特性作为重要的设计参数指标,加以认真考虑和严格规范、严肃对待。其预期效果是:提高武器、装备的保障速度,从而提高装备物流的保障效率;有利于武器、装备的维护与修理,提高武器、装备零配件的可获得性;有利于减少运载、存储工具的种类和数量,节约经费,提高装备物流的效率和效益;有利于不同的装备对同一装备物流资源的共享。

物流特性装备化要考虑的主要因素是：同一系列的武器装备,应考虑其外形尺寸、形状的设计标准化,并保证与运输车辆的配套。减少武器装备的种类，功能相同或相近的武器装备可能使用统一型号或相近替代品。装备标准化,减少零部件的种类,使用标准零配件。装备的设计与物流,如零配件要与托盘及装载集装箱设计配套等。

(特约撰稿:中国人民解放军装甲兵工程学院
王树礼　杨学强　黄　俊)

2003年中国第三方物流发展回顾与2004年展望

2003年，中国第三方物流进入更加理性、健康的发展阶段，第三方物流客户需求稳步增长，第三方物流服务企业逐步成长，第三方物流合作关系日趋成熟，第三方物流市场环境有所改善，为2004年的进一步提升、发展奠定了基础。

一、第三方物流客户需求稳步增长

2003年，中国第三方物流客户需求从更多企业、更大范围和更高层次释放出来，预计第三方物流市场规模在600–700亿元，比上年增长20%以上。

（一）需求企业增多

1. 外资企业：到2003年9月，全国累计批准设立外商投资企业453 735个，合同外资金额9 072.67亿美元，实际使用外资金额4 882.04亿美元；世界500强中除少部分公司因为中国限制外资进入某些行业而不能在中国投资外，几乎都在华进行了投资，共设立了3 000多个项目，涉及所有制造领域以及多数服务领域，分布在全国除西藏和宁夏的其他所有省区市；为最大限度地降低成本和扩大市场份额，外资企业逐步实施本地化采购与销售战略，超过42%的工商企业在中国20个以上省份销售产品。外资企业进入中国正呈现数量多、规模大、分布广的特点，使90%左右的外资企业都选择物流外包，占全部物流外包企业的70%左右，通用汽车、戴尔、摩托罗拉、麦当劳、雅芳等跨国公司，构成了第三方物流服务需求的主体。

2. 新兴企业：以高新技术、连锁经营和电子商务为代表的新兴企业，产品具有小批量、多批次、高附加值的特点，对物流服务的及时性、准确性要求较高，正成为第三方物流服务需求的重要来源。2002年，中国高技术产业总产值达到15 099亿元人民币，比上年增长21.8%，其中份额最大的电子计算机及办公设备制造业实现总产值3 478.8亿元，比上年增长39.7%；2003年上半年中国连锁经营前30家企业的销售额达到1 074.47亿元，同比增长40.83%，增幅是同期全社会消费品零售总额增长率8%的5倍，其中联华超市以2 259家店铺、总共119.77亿元销售额的业绩名列首位。据调查，中国的5 000万网民中1/3有网上购物需求，电子商务网站和大型门户网站的电子商务业务在2003年都有所增长。随着经营规模的扩大，联想、国美电器、搜狐等一批新兴企业，纷纷借助第三方物流在网络、管理和规模化方面的专长，在激烈的市场竞争中寻求优势。

3. 传统企业：随着国有企业改革的深入，全国14 000多家国有大中型企业中，1/3以上实行了公司化改造，部分国有大型企业开始打破“大而全”的传统观念，着手对传统物流管理模式进行改造，逐步剥离物流资产，实现物流外包。特别是汽车、家电、医药、饮料等行业的大型企业，如济南重型汽车、长虹电子、石家庄制药、青岛啤酒等，由于市场覆盖面宽、成本与服务竞争压力大，越来越多地加入第三方物流服务需求企业行列。

（二）需求范围扩大

随着中国产业集中度的提高，拥有全国乃至国际品牌的企业不断涌现，企业经营规模和范围不断扩大；特别是在致力于消费产品的制造企业中，越来越多的企业采用直接面向零售终端进行销售的深度分销模式，如戴尔、雅芳、波岛、TCL、青岛啤酒、李宁体育用品等，这些企业对物流服务的深度与广度提出了更高的要求。为了降低物流成本、改进服务水平，许多企业都把分散在经营点的库存管理、仓储管理、配送管理等等物流功能从经营点剥离出来，建立一个集中控制的物流平台来运转整个分销体系中的物流问题。从干线运输到区域配送中心的管理再到区域配送，每一个环节的物流运作都寻找服务可靠、价格合适的外包物流服务商，从而使第三方物流服务的客户需求在服务地域与服务范围上不断扩大。比如联想等多家手机厂商在将物流外包给中邮物流时，都是要求中邮物流发挥全程全网优势，通过对运输、仓储、配送和逆向物流的一体化管理，实现了从客户端到零售终端的全程物流服务，并为客户提供手机串号信息监控，使客户能及时掌握区域销售情况，有效进行销售区划管理，从而提高客户对物流过程的控制能力，进而使客户改进服务质量，促进产品销售。

（三）需求层次提高

尽管运输、仓储等基本物流服务仍然占第三方物流服务的80%左右，但在汽车、电子、快速消费品等典型行业，越来越多的企业将物流外包的需求提高到增值服务乃至一体化服务的层次。

1. 汽车物流：如华晨汽车将物料采购订单执行监控、到货接收、包装拆分和再包装、库位管理、根据生产计划的物料准备和搭配、生产线的JIT物料配送等进厂物流以及维修零配件物流整体外包给中国物流，并着手构建供应链协同平台；同时，将成品车零公里运输和中转库的管理与控制，包括售前预检增值服务（PDI）、维修零配件的库存管理、包装、配送，成品车的储存等，外包给中远物流，形成比较典型的成品车一体化物流服务。

2. 电子产品物流：如联想集团为打造一个高效供应链，由伯灵顿物流负责联想集团国外市场的物流业务，嘉里物流负责国内的物料物流业务，中外运和金鹰国际货运负责在北京和上海的成品物流业务，志勤美集物流负责联想集团广东惠阳生产基地的成品物流业务，形成了高水平的物流服务团队。

3. 快速消费品物流：如雅芳公司对中邮物流的服务需求，包括提供从雅芳产品库一直到全国专卖店的运输、仓储与配送，实现中邮物流信息系统与雅芳信息系统的实时对接以及依托中国邮政绿卡系统和支付网关为雅芳提供网上代收货款，形成了实物流、信息流与资金流“三流合一”的供应链服务。

二、第三方物流服务企业逐步成长

第三方物流客户需求的增长，对第三方物流服务企业提出了更高的要求。目前中国约有10 000–15 000家第三方物流企业，但没有一家企业能占2%以上的市场份额，大多数物流公司只是局限在供应链功能的一小部分，无法满足客户的一体化物流服务需求。经过几年的发展，中国第三方物流服务企业形成了四类企业竞争的格局：一是传统储运转型的物流企业，如中邮物流、中外运、中铁快运、中远物流、中海物流、中国储运、招商局物流等，约占市场份额的50%；二是新兴民营物流企业，如宝供、大通、大田、宅急送等，约占市场份额的25%；三是外资物流企业，如DHL、TNT、EXEL、APL、OOCL等，约占市场份额的15%；四是源自生产流通企业的物流企业，如海尔物流、安得物流等，约占市场份额的10%。2003年，传统企业加快业务重组与资源整合的步伐，新兴企业努力扩大规模和提升水平，外资企业在中国完全开放物流市场前夕加紧在中国抢滩登陆，各类企业的佼佼者建立了相对成熟的商业模式、核心能力和服务产品，并着重在珠江三角洲、长江三角洲和环渤海地区等中国物流市场热点地区投资布局，逐步成长为特定领域的主流企业。

（一）传统企业重组整合

1. 中邮物流：为了将中国邮政的资源优势变成市场优势，国家邮政局于2003年1月18日正式挂牌成立中邮物流有限责任公司，并按照“母公司–子公司–分公司”的模式，在全国范围内设立了20多家省级子公司和众多地市分公司，初步形成了覆盖全国的邮政物流专业体系；通过对中国邮政的物流资源进行重组和改造，并积极整合社会物流资源，逐步形成由运输、仓储、配送和信息四大平台组成的核心能力；围绕市场和客户需求，结合自身核心能力，形成了一体化物流、同城（区域）配送、快货运输与货运代理以及分销与邮购四大业务板块，并重点面向电子通讯、医药、化妆品、汽车零配件等行业，以多批次、高时效、高附加值、小批量、小体积、小重量的物品为对象，提供一体化、定制化的精益物流服务，形成了由戴尔、雅芳、联想等一批知名企业组成的客户群，2003年一体化物流收入将超过6亿元，已成为领先的物流企业之一。

2. 中远物流：2003年9月，在香港上市的中远太平洋宣布以11.8亿元人民币向母公司收购中远物流49%股权，中远物流公司将更名为中远物流有限公司，使中远物流一只脚踏进了香港资本市场。中远物流将把收取的7.34亿元现金主要用于兴建区域分拨中心、开发物流信息系统和完善销售网络，目标是使第三方物流业务每年以50%以上的速度增长，在3-5年内取得中国物流市场5%的份额，实现中远从"全球承运人"到"全球物流经营人"的目标。

3. 中外运：2003年9月，中外运与全球领先的端到端供应链管理解决方案供应商i2科技公司达成了全方位战略合作意向，i2凭借在供应链与物流解决方案领域多年的全球行业领先经验及资深人才优势，将为中外运的物流解决方案服务提供培训与咨询业务支持，协助中外运打造个性化物流服务。作为上述服务的重要延伸，中外运将成为i2解决方案系统的重要渠道伙伴与实施服务商/合作伙伴。这种由物流服务商与IT服务商的资源整合，必将进一步满足客户对物流服务的个性化与套装化要求，提升中外运的整体物流与供应链管理水平。

（二）新兴企业扩张升级

1. 宝供：作为新兴物流企业的代表，宝供在形成一个覆盖中国并延伸至亚洲的运作网络后，开始在物流信息技术和物流设施上加大投入。2003年年初，全球领先的仓储管理及供应链执行软件解决方案供应商EXE的EXCEED仓库管理系统开始在宝供的苏州物流中心投入运行，取代了宝供自主开发的仓储管理系统，并实现与原有工作流程的无缝集成，可以使端到端库存管理更完善，提高库存控制能力，最大程度地提高设备和库区面积的使用效率。2003年10月，宝供启动总投资约5亿元的顺德国际综合物流基地建设，建成后可储存货物40万标准托盘或70万立方米的商品，每天可以处理6 000张订单、2万个标准托盘，年周转货物达到700万托盘。

2. 大通：自2002年与上海实业重组以来，大通在中国大陆和香港地区已设立了近百家分公司和办事处，服务范围覆盖国内1 100多个城市，正成为上海实业发展物流产业的主要平台。2003年9月，位于北京市顺义区天竺空港工业区，占地67亩，总投资8 000多万人民币的大通物流中心开始兴建，这是上海实业与大通进行股权重组以来至今，大通在物流基础设施方面最大的一次投入，该项目的启动，意味着大通在北京、上海、广州、厦门等战略区域加大核心资源投入的序幕已经拉开，大通物流网络建设也会由此提高到新的水平。

3. 大田：在花巨资打造一支国际化管理团队后，大田公司开始加大物流设施投入。2003年10月，大田在毗邻上海的昆山市陆家镇东部工业园区，着手建设陆捷士国际商务与物流服务中心，首期投资1 500万美元，总投入约4 500万美元，将成为昆山最大的国际商务与物流服务平台。大田位于北京空港的仓储分拨中心也已建成投入使用，使其货物分拨能力达到国内先进水平。

（三）外资企业抢滩登陆

1. DHL：2003年2月，DHL以5 250万欧元购入中外运5%的权益，成为中外运最大的外国战略性投资者。10月，DHL宣布在未来5年内，DHL在中国的合资公司——中外运敦豪将向中国市场新增投资2亿美元，以全力支持中国市场未来的高速增长。在抢占速递市场的同时，中外运-敦豪开始发展"快递物流"业务，在快递的基础上加了一些短期仓储的服务（时间一般不超过一个星期），组建快件策略配送中心；在中心内部有一套自动补货系统，客户委托中外运-敦豪为他们快递包裹，并以中外运-敦豪的配送中心为临时的货物存放地；客户给中外运-敦豪一个货物周转的稳定值，如果出现缺货，自动补货系统会马上补货，从而实现对客户的物流管理服务。

2. APLL：APL、MAERSK、OOCL、MOL等跨国航运公司，近年来纷纷组建物流公司提供陆上服务(INLAND SERVICE),以实现从承运人到物流服务商的转变,提高对货主的服务水平。随着中国对物流市场的逐步开放,这些物流公司加紧在中国抢滩登陆。2003 年 3 月,APLL(美集物流)与联想控股合资组建的志勤美集科技物流公司挂牌,联想控股、APLL 分别占 51%、49%的股份,注册资金为 1 400 万元,致力于为 IT 领域的客户提供网络化、多功能、一体化的供应链管理服务。

3. EXEL:2003 年,EXEL(英运物流)将其在中国的分公司——金鹰国际货运代理有限公司,原英文名称 Golden Eagle International Forwarding Co. Ltd. 改为 Exel-Sinotrans Freight Forwarding Co. Ltd.,彰显了卧薪尝胆 18 年的 EXEL 加快抢滩中国物流市场的勃勃雄心。在广度上,公司准备将服务领域从高科技拓宽到汽车、消费品零售和医药健康品等领域。与此同时,金鹰公司正在坚持不懈地拓展业务网络,通过对 USCL 的并购,海运业务力量获得了极大的增强和扩展。在深度上,金鹰公司通过分享最佳示范行为,将 EXEL 全球领先的管理和操作方面的知识技术引入到中国。另外,金鹰公司将继续在人力资源方面投资,以确保一段时间后能在中国建立起自己的专业技术力量,为迎接不断变化的商业环境所带来的挑战做好准备。

三、第三方物流合作关系日趋成熟

经过几年来现代物流理念的传播,特别是随着第三方物流成功案例的不断涌现,越来越多的客户能够比较清晰地定义物流外包需求,比较完整地理解第三方物流服务价值;第三方物流的客户关系,也从此消彼长的价格博弈关系,向双赢的合作伙伴关系转变;客户与物流服务企业的合作,不再局限于单一的合同服务,而是出现了委托管理、资产接收以及资本运作等多种形式;这些都表明中国的第三方物流合作关系日趋成熟。

(一)客户价值多元化

尽管物流服务还没有摆脱传统的以运输费、仓储费为指标的结算方式,但已有不少客户不再局限于与物流服务商就功能性服务收费进行讨价还价,而是系统提出物流需求,比较各物流服务商定制的解决方案,由物流总监或更高层管理人员全面评估物流服务在物流成本节省、物流资产减少、订单周期缩短、库存水平下降、资金周转加快等方面所带来的价值,一些企业甚至由董事会来做出物流外包的决策。当然,这些企业也确实从与物流服务商的合作中得到多方面的收益,比如雅芳公司通过与中邮物流的全方位合作,一方面,由 77 个省市分公司仓库减少为 8 个区域分拨中心,物流人员由 600 人减少到 182 人,降低了物流成本和物流资产占用;另一方面,将专卖店到仓库自提产品改为由分拨中心向专卖店配送产品,加上信息跟踪和网上代收货款,提高了对专卖店的服务水平,加快了公司的资金周转;与此同时,各分公司专注于市场开拓,一年间产品销售量平均提高了 45%,其中北京地区达到 70%,市场份额不断扩大。

(二)客户关系伙伴化

与前两年客户拥有多个物流服务商并频繁更换物流服务商不同,2003 年在一些已经外包物流的企业中,出现削减物流供应商数量和延长物流合同期限的趋势。一方面,是由于第三方物流公司服务能力与服务质量的提高,逐步赢得了客户的信任;另一方面,是由于客户认识到只有与物流服务商长期合作,才有可能通过从战术配合到战略交互的演变,不断挖掘物流改善潜力;同时,物流服务商通过提供增值服务越来越深地参与客户供应链管理,也提高了客户更换物流服务商的成本。所以,越来越多的客户与物流服务商寻求建立长期伙伴关系。如 2003 年 6 月,海信与中远物流签订 10 年服务合同,中远每年为海信配送 300 万台家电,约占海信总产量六成,估计可为中远每年带来 2 亿元人民币收入。

(三)合作形式多样化

在汽车、信息通讯、家电等行业,不少大客户与服务商采用合资组建物流公司的方式进行合作,既使客户保留物流设施的部分产权,并在物流作业中保持参与,以加强对物流过程的有效控制;又注入了第三方物流的资本和专业技能,使第三方物流服务商在目标行业的物流服务市场竞争中处于有利地位。2003年7月,第一汽车集团进出口公司以60%的股份,大通国际运输有限公司和德国ALG公司以各占20%的股份,合资组建斯普利汽车物流公司。2003年,由上汽集团与荷兰TNT合资的安吉天地汽车物流公司在上海大众、上海通用的进厂物流、整车物流和维修零配件物流服务上接连获得大合同,显示出这种合作形式的优势。

四、第三方物流市场环境有所改善

(一)物流基础设施

2003年,中国继续以干线铁路、高速公路、枢纽机场、国际航运中心为重点,大力推进物流基础设施建设;与此同时,各地仍在规划建设具有集散效应、规模效应和整合效应的物流园区,其中北京、上海、天津、深圳、大连等城市的一些规划合理、环境优越的物流园区已经吸引了不少国内外著名物流企业的入驻;电子口岸与大通关工程也在继续推进,使国内外物流的无缝对接成为可能;这些都为第三方物流进行资源整合和综合服务奠定了基础。

(二)物流政策法规

尽管条块分割管理、超载等不正当竞争、重复纳税等等困绕第三方物流发展的问题还没有得到有效的解决,但为促进现代物流产业的发展,各地纷纷出台和落实对物流企业在土地、税收、资金、行业管理、路桥收费、市内配送、对外合作等方面的有关鼓励性政策。2003年10月,交通部确定上海交运集团、北京市大型物资运输公司、酒泉钢铁(集团)有限责任公司汽车运输公司、中国物资储运总公司、中国远洋物流公司、中国对外贸易运输(集团)总公司和中海集团物流公司8家运输企业为道路运输行业发展现代物流的试点企业。在试点工作中,交通部还将对道路运输行业现行的管理法规、规章和政策法规中存在的问题进行全面梳理,并对不适应经济社会发展甚至制约现代物流发展的部分规章和政策进行修改调整,形成适应现代物流发展的法规和政策体系。

(三)物流技术与人才

国内外物流技术提供商的激烈竞争,为中国第三方物流市场创造了良好的技术环境。物流系统规划、优化与仿真等系统化技术,条形码及其自动识别技术、手持终端技术、电子数据交换(EDI)技术、卫星定位技术(GPS)、人工智能(AI)技术、基于互联网的物流信息系统等物流信息化技术,集中各种装卸搬运设备、自动存取设备、流通加工设备以及电子标签、射频(RF)等技术的自动化物流中心,及时制(JIT)、快速响应(QR)等供应链管理技术在物流企业中不断得到应用,提升了物流运作效率和客户服务水平。2003年成立的全国物流标准化技术委员会和全国物流信息管理标准化技术委员会,无疑将推进中国的物流标准化工作,进而促进第三方物流的发展。为了解决物流人才短缺问题,中国物流与采购联合会制定了物流师职业资格认证标准,并由劳动部发布施行。

五、2004年展望

在2003年良好发展的基础上,2004年中国第三方物流将迈上一个新的台阶。预计客户需求将进一步增长,服务企业将进一步成长,合作关系将进一步成熟,市场环境将进一步改善。

(一)客户需求进一步增长

随着中国逐步向“世界制造工厂”发展,将会有更多的企业通过物流外包来满足市场急剧扩张的需要;已经外包物流的客户将会不断扩大物流需求范围,提高物流需求层次,充分利用物流服务商的网络与技术能力,挖掘物流外包带来的效益潜力;典型行业的外资企业和新兴企业仍将是物流需求的主要来源,预计2004年第三方物流的客户需求将继续保持20%以上的高增长。

(二)服务企业进一步成长

客户需求的范围扩大与层次提升,要求第三方物流服务企业必须拥有独特的技术、全域性覆盖和有经验的人员。预计2004年,传统企业将进一步突破体制障碍进行资本运作,外资企业将加大投入以实现在中国的控股或独资经营,各类物流企业中的佼佼者将在一系列重组与购并后逐步形成自己的核心能力,确立在特定物流市场的领先地位;而大多数区域性物流企业,则可能成为物流巨头的购并对象,或通过专业化发展,成为物流巨头在供应链物流服务中的分包伙伴。

(三)合作关系进一步成熟

为了与客户及其供应链伙伴形成长期战略伙伴关系,预计2004年,将有更多的客户与第三方物流服务商之间达成利益共享(GAIN SHARING)或风险共担(RISK SHARING)协议,从而使客户及其供应链伙伴与物流服务商之间合理分享效益、降低合作风险。与此同时,一些物流企业会根据客户需求,结合自身的发展战略,与目标行业的大客户共同寻求最佳合作形式。

(四)市场环境进一步改善

2004年,预计由国家发展与改革委员会制定的现代物流业发展规划纲要和促进物流企业发展的有关政策措施都将出台,国家物流服务业科技发展中长期规划将完成,物流标准化体系及重要标准将不断制定出来,全国物流师职业资格培训与认证工作将全面启动,从而为第三方物流市场创造出良好的设施、政策、技术和人才环境。

(特约撰稿:中邮物流有限责任公司
总经理 李 雄)

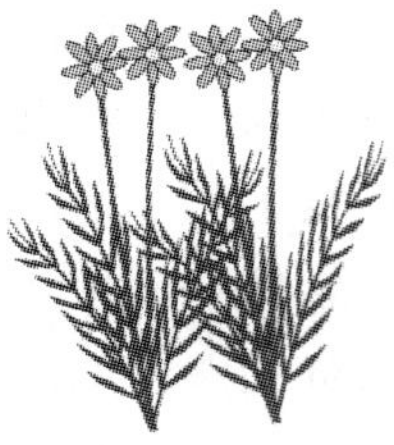

保险业

中国人民财产保险股份有限公司物流责任保险条款

（2004 年 3 月 12 日经中国保险监督管理委员会核准备案）

总　则

第一条　本保险合同由保险条款、投保单、保险单、批单、特别约定和物流业务申报材料组成。凡涉及本保险合同的约定，均应采用书面形式。

第二条　凡在中华人民共和国境内经营物流业务的企业，均可作为本保险合同的被保险人。

第三条　本保险合同所称物流是指被保险人接受委托，将运输、储存、装卸、搬运、包装、流通加工、配送和信息处理等基本功能实施有机结合，使物品从供应地向接收地实体流动的过程。

本保险合同所称物流货物是指被保险人接受委托进行物流的物品。

保险责任

第四条　在本保险期间，被保险人在经营物流业务过程中，由于下列原因造成物流货物的损失，依法应由被保险人承担赔偿责任的，保险人根据本保险合同的约定负责赔偿：

（一）火灾、爆炸；

（二）运输工具发生碰撞、出轨、倾覆、坠落、搁浅、触礁、沉没，或隧道、桥梁、码头坍塌；

（三）碰撞、挤压导致包装破裂或容器损坏；

（四）符合安全运输规定而遭受雨淋；

（五）装卸人员违反操作规程进行装卸、搬运。

第五条　下列费用，保险人根据保险合同的约定负责赔偿：

保险事故发生后，被保险人因保险事故而被提起仲裁或者诉讼所支付的仲裁费用、诉讼费用以及事先经保险人书面同意支付的其他必要的、合理的费用（以下简称“法律费用”）。

责任免除

第六条　下列原因造成的损失、费用和责任，保险人不负责赔偿：

（一）自然灾害；

本保险合同所称自然灾害是指雷击、暴风、暴雨、洪水、暴雪、冰雹、沙尘暴、冰凌、泥石流、崖崩、突发性滑坡、火山爆发、地面突然塌陷、地震、海啸及其他人力不可抗拒的破坏力强大的自然现象。

（二）被保险人的故意或重大过失行为；

（三）战争、外敌入侵、敌对行动（不论是否宣战）、内战、反叛、革命、起义、罢工、骚乱、暴动、恐怖活动；

（四）核辐射、核爆炸、核污染及其他放射性污染；

（五）执法行为或司法行为；

（六）公共供电、供水、供气及其他的公共能源中断；

（七）大气、土地、水污染及其他各种污染。

第七条　下列原因造成的损失和费用，保险人不负责赔偿：

（一）被保险人自有的运输或装卸工具不适合运输或装载物流货物，或被保险人自有的仓库不具备存储物流货物的条件；

（二）物流货物设计错误、工艺不善、本质缺陷或特性、自然渗漏、自然损耗、自然磨损、自燃或由于自身原因造成腐烂、变质、伤病、死亡等自身变化；

（三）物流货物包装不当，或物流货物包装完好而内容损坏或不符，或物流货物标记错制、漏制、不清；

（四）发货人或收货人确定的物流货物数量、规格或内容不准确；

（五）物流货物遭受盗窃或不明原因地失踪。

第八条　下列物流货物的损失，依法应由被保险人承担赔偿责任的，保险人不负责赔偿。但由被保险人向保险人事先提出申请并经保险人书面同意的不在此限：

（一）金银、珠宝、钻石、玉器、贵重金属；

（二）古玩、古币、古书、古画；

（三）艺术作品、邮票；

（一）（四）枪支弹药、爆炸物品；

（五）现钞、有价证券、票据、文件、档案、账册、图纸。

第九条　下列损失、费用和责任，保险人不负责赔偿：

（一）被保险人及其雇员的人身伤亡或所有的财产损失；

（二）储存在露天的物流货物的损失或费用；

（三）盘点时发现的损失，或其他不明原因的短量；

（四）在水路运输过程中存放在舱面上的物流货物的损失和费用，但集装箱货物不在此限；

（五）精神损害赔偿；

（六）被保险人的各种间接损失；

（七）罚款、罚金或惩罚性赔偿；

（八）发生在中华人民共和国境外的财产或费用的损失；

（九）本保险合同中载明的免赔额。

第十条　其他不属于保险责任范围内的损失、费用和责任，保险人不负责赔偿。

责任限额

第十一条　本保险合同的责任限额由投保人自行确定，并载于保险单明细表中。

保险费

第十二条　保险人以本保险期间内被保险人预计发生的物流业务营业收入为基础计收预付保险费。

保险合同期满后，保险人根据被保险人申报的实际发生的物流业务营业收入作为计算实际保险费的依据。实际保险费高于预付保险费的，被保险人应补交其差额部分；实际保险费低于预付保险费的，保险人退还其差额部分，但实际保险费不得低于保险单明细表中列明的最低保险费。

保险期间

第十三条　除另有约定外，保险期间为一年，以保险单载明的起讫时间为准。

投保人、被保险人义务

第十四条　投保人应履行如实告知义务，如实回答保险人就被保险人的有关情况提出的询问，并如实填写投保单。

投保人故意隐瞒事实，不履行如实告知义务的，或者因过失未履行如实告知义务，足以影响保险人决定是否同意承保或者提高保险费率的，保险人有权解除本保险合同且本保险合同自保险人解约通知书到达被保险人之日起解除。

投保人故意不履行如实告知义务的，保险人对于本保险合同解除前发生的保险事故，不承担赔偿责任，并不退还保险费。

投保人因过失未履行如实告知义务，对保险事故的发生有严重影响的，保险人对于本保险合同解除前发生的保险事故，不承担赔偿责任，但可退还保险费。

第十五条　投保人应按本保险合同的约定预付保险费。若投保人未按照约定预付保险费，保险费预付前发生的保险事故，保险人不承担赔偿责任。

第十六条　被保险人应严格遵守国家法律、法规、规章和制度，加强管理，采取合理的预防措施，避免或者减少责任事故的发生。

对于因被保险人未遵守上述约定而导致责任事故的，保险人有权拒绝赔偿；对于因被保险人未遵守上述约定而导致责任事故扩大的，保险人有权拒绝赔偿责任扩大的部分。

第十七条　在保险期间内，若保险单所载事项或相关物流合同发生变更的，被保险人应及时书面通知保险人。对于本保险合同危险程度增加的，保险人有权要求增加保险费或解除合同。

在保险期间内，对于物流货物的物流情况，被保险人应按照与保险人的约定填写物流责任保险申报单，及时向保险人申报。保险人根据物流责任保险申报单计算实际保险费。

被保险人未履行通知或申报义务，因变更事项导致保险事故的，保险人不承担赔偿责任。

第十八条　发生保险责任范围内的事故后，被保险人应该：

(一)立即通知保险人，并书面说明事故发生的原因、经过及损失程度；

(二)尽力采取必要、合理的措施，防止或减少损失，否则，对因此扩大的损失，保险人不承担赔偿责任；

(三)被保险人获悉赔偿请求人可能会向法院提起诉讼时，或在接到法院传票或其他法律文书后，应立即以书面形式通知保险人；

(四)未经保险人书面同意，被保险人不得自行对赔偿请求人作出任何承诺、拒绝、出价、约定、付款或赔偿。

被保险人如不履行上述约定，保险人有权不承担赔偿责任，或从解约通知书到达被保险人时解除本保险合同。

第十九条　被保险人向保险人申请赔偿时，应提交保险单正本、索赔申请、损失清单、责任认定证明、支付凭证、有关的法律文书(裁定书、裁决书、调解书、判决书等)或和解协议以及其他保险人合理要求的有效的、作为索赔依据的其他证明材料。

被保险人提供单证不及时，导致保险人无法核对单证及其记载事项的真实性的，保险人有权对不能核实部分拒绝赔偿。

第二十条　发生本保险责任范围内的损失，应由其他有关责任方负责赔偿的，被保险人应行使或保留行使向该责任方索赔的权利。保险人自向被保险人赔付之日起，取得在赔偿金额范围内代位请求赔偿的权利。保险人未赔偿之前，被保险人放弃对有关责任方请求赔偿的权利的，保险人不承担赔偿责任。保险人向有关责任方行使代位请求赔偿权利时，被保险人应当积极协助，并提供必要的资料和有关情况。

赔偿处理

第二十一条　发生保险责任事故，保险人对物流货物每次事故赔偿金额不超过保险单中列明的每次事故责任限额，对被保险人在每次事故中实际发生的法律费用在每次事故责任限额之外计算赔偿，但最高不超过每次事故责任限额的30%。

在本保险期间内，保险人对物流货物的累计赔偿金额不超过保险单中列明的累计责任限额。对被保险人实际发生的法律费用在累计责任限额之外计算赔偿，但累计不超过保险单中列明的累计责任限额的30%。

第二十二条　保险人的赔偿以仲裁机构裁决的或法院判决的或经赔偿请求人、被保险人双方协商并经保险人认可的应由被保险人承担的赔偿责任为依据。

第二十三条　收到被保险人的索赔通知后，保险人应及时做出核定并将核定结果通知被保险人，对属于保险责任的，保险人应在与被保险人达成有关赔偿协议后10日内，履行赔偿义务。

第二十四条　发生本保险责任范围内的损失，应由其他有关责任方负责赔偿的，保险人自向被保险人赔付之日起，取得在赔偿金额范围内代位请求赔偿的权利。保险人未赔偿之前，被保险人放弃对有关责任方请求赔偿的权利的，保险人不承担赔偿责任。保险人向有关责任方行使代位请求赔偿权利时，被保险人应当积极协助，并提供必要的资料和有关情况。

第二十五条　本保险人负责赔偿损失、费用和责任时，如有重复保险的情况，保险人按照本保险合同的相关责任限额与所有有关保险合同的相关责任限额总和的比例承担赔偿责任。

其他保险人应承担的赔偿金额，本保险人不负责垫付。

第二十六条　被保险人对保险人请求赔偿的权利，自其知道保险事故发生之日起二年不行使而消灭。

争议处理

第二十七条　因本保险合同发生争议，由当事人协商解决。协商不成的，提交保险单载明的仲裁机构仲裁；保险单未载明仲裁机构或者争议发生后未达成仲裁协议的，可向中华人民共和国人民法院起诉。

第二十八条　本保险合同的争议处理适用中华人民共和国法律。

其他事项

第二十九条　本保险合同成立后，投保人可随时书面通知解除本保险合同。保险责任开始前，投保人要求解除本保险合同的，应当向保险人支付预付保险费的5%作为退保手续费，保险人应当退还保险费；保险责任开始后，投保人要求解除合同的，自通知保险人之日起，本保险合同解除，保险人根据保险责任开始之日起至合同解除之日止期间的实际营业收入计收实际保险费。

除另有约定外，保险人也可提前15日向投保人发出解约通知书解除本保险合同，本保险合同解除后，保险人根据保险责任开始之日起至合同解除之日止期间的实际营业收入计收实际保险费。

（供稿：中国人民财产保险股份有限公司）

中国人民财产保险股份有限公司物流货物保险条款

（2004年3月12日经中国保险监督管理委员会核准备案）

总　则

第一条　本保险合同由保险条款、投保单、保险单明细表或保险凭证、批单、特别约定和物流货物申报材料组成。凡涉及本保险合同的约定，均应采用书面形式。

第二条　本保险合同所称物流是指被保险人根据实际需要，将运输、储存、装卸、搬运、包装、流通加工、配送和信息处理等基本功能实施有机结合，使物品从供应地向接收地实体流动的过程。

本保险合同所称物流货物是指被保险人进行物流的物品。

保险标的

第三条　除本条款第五条列明的货物外，凡以物流方式流动的货物均可作为本保险合同的保险标的。

第四条　下列物流货物在事先申报并经保险人认可并明确保险价值后，可以作为特约保险标的：

（一）金银、珠宝、钻石、玉器、贵重金属；

（二）古玩、古币、古书、古画；

（三）艺术作品、邮票。

第五条　下列物流货物不在保险标的范围之内：

（一）枪支弹药、爆炸物品；

（二）现钞、有价证券、票据、文件、档案、账册、图纸。

保险责任

第六条　在保险期间内，若保险标的在物流运输、装卸、搬运过程中由于下列原因造成损失，保险人依照本保险合同的约定负责赔偿：

（一）火灾、爆炸；

（二）自然灾害；

本保险合同所称自然灾害是指雷击、暴风、暴雨、洪水、暴雪、冰雹、沙尘暴、冰凌、泥石流、崖崩、突发性滑坡、火山爆发、地面突然塌陷、地震、海啸及其他人力不可抗拒的破坏力强大的自然现象。

（三）运输工具发生碰撞、出轨、倾覆、坠落、搁浅、触礁、沉没，或隧道、桥梁、码头坍塌；

（四）碰撞、挤压导致包装破裂或容器损坏；

（五）符合安全运输规定而遭受雨淋；

（六）装卸人员违反操作规程进行装卸、搬运；

（七）共同海损的牺牲、分摊和救助。

第七条　在保险期间内，若保险标的在物流储存、流通加工、包装过程中由于自然灾害或意外事故造成损失的，保险人依照本合同的约定负责赔偿。

本保险合同所称意外事故是指外来的不可预料的以及被保险人无法控制并造成物质损失的突发性事件。

第八条　下列损失和费用，保险人也依照本合同的约定负责赔偿：

（一）保险事故发生时，为抢救保险标的或防止灾害蔓延，采取必要的、合理的措施而造成保险标的的损失；

（二）保险事故发生后，被保险人为防止或减少保险标的的损失所支付的必要的、合理的施救费用；

（三）经保险人书面同意的，被保险人为查明和确定保险事故的性质、原因和保险标的的损失程度所支付的必要的、合理的费用。

责任免除

第九条　下列原因造成的损失、费用和责任，保险人不负责赔偿：

（一）被保险人的故意行为或重大过失行为；

（二）战争、外敌入侵、敌对行动（不论是否宣战）、内战、反叛、革命、起义、罢工、骚乱、暴动、恐怖活动；

（三）核辐射、核爆炸、核污染及其他放射性污染；

（四）执法行为或司法行为；

（五）公共供电、供水、供气及其他的公共能源中断；

（六）大气、土地、水污染及其他各种污染。

第十条 下列原因造成的损失、费用和责任，保险人不负责赔偿：

（一）被保险人自有的运输、装卸、搬运工具不适合运输或装卸搬运保险标的，或被保险人自有的仓库不具备存储或流通加工保险标的的条件；

（二）保险标的设计错误、工艺不善、本质缺陷或特性、自然渗漏、自然损耗、自然磨损、自燃或由于自身原因造成腐烂、变质、伤病、死亡等自身变化；

（三）保险标的包装不当，或保险标的包装完好而内容损坏或不符，或保险标的的标记错制、漏制、不清；

（四）发货人或收货人确定的保险标的数量、规格或内容不准确；

（五）保险标的遭受盗窃或不明原因地失踪；

（六）在保险标的物流储存、包装、流通加工过程中发生地震、海啸。

第十一条 下列损失、费用和责任，保险人也不负责赔偿：

（一）保险期间开始前已运离起运地存储仓库或存储处所的保险标的的损失和费用；

（二）在水路运输过程中存放在舱面上的保险标的的损失和费用，但集装箱货物不在此限；

（三）储存在露天的保险标的的损失或费用；

（四）盘点时发现的损失，或其他不明原因的短量；

（五）被保险人的各种间接损失；

（六）发生在中华人民共和国境外的财产或费用的损失；

（七）本保险合同中载明的免赔额。

第十二条 其他不属于保险责任范围内的损失、费用和责任，保险人不负责赔偿。

保险价值和保险金额

第十三条 本保险合同的保险价值为：

（一）保险标的的保险价值为保险标的买卖合同价格加上按保险合同双方约定的加成比例计算的加成部分。

（二）特约保险标的的保险价值为被保险人申报并经保险人确认的价值。

第十四条 本保险合同的保险金额与保险价值相等。

保险费

第十五条 保险人以保险期间内被保险人预计发生的保险金额为基础计收预付保险费。

保险合同期满后，保险人根据被保险人申报的实际发生的保险金额作为计算实际保险费的依据。实际保险费高于预付保险费的，被保险人应补交其差额部分；实际保险费低于预付保险费的，保险人退还其差额部分，但实际保险费不得低于保险单明细表中列明的最低保险费。

保险期间和责任起讫

第十六条 除另有约定外，保险期间为一年，以保险单载明的起讫时间为准。

不同批次保险标的的保险责任自保险期间开始后各批次保险标的运离其买卖合同上注明的起运地存储仓库或存储处所开始，至该买卖合同上注明的目的地存储仓库或存储处所时终止。

保险期间结束时，如果保险标的的物流过程尚未结束，该保险标的的保险责任自动延长至该保险标的运至对应买卖合同上注明的目的地存储仓库或存储处所时终止。如果有关收货人未及时提货，则该保险标的保险责任的延长以该保险标的卸离运输工具后 15 天为限。

投保人、被保险人义务

第十七条　投保人应履行如实告知义务，如实回答保险人就被保险人的有关情况提出的询问，如实填写投保单。

投保人故意隐瞒事实，不履行如实告知义务的，或者因过失未履行如实告知义务，足以影响保险人决定是否同意承保或者提高保险费率的，保险人有权解除本保险合同且本保险合同自保险人解约通知书到达被保险人之日起解除。

投保人故意不履行如实告知义务的，保险人对于本保险合同解除前发生的保险事故，不承担赔偿责任，并不退还保险费。

投保人因过失未履行如实告知义务，对保险事故的发生有严重影响的，保险人对于本保险合同解除前发生的保险事故，不承担赔偿责任，但可退还保险费。

第十八条　投保人应按本保险合同的约定预付保险费。若投保人未按照约定预付保险费，保险费预付前发生的保险事故，保险人不承担赔偿责任。

第十九条　被保险人应当遵守国家有关消防、安全、生产操作等方面的规定，维护保险标的的安全。

保险人可以对保险标的的安全状况进行检查，向投保人、被保险人提出消除不安全因素和隐患的书面建议，被保险人应该认真付诸实施。

对于因被保险人未遵守上述约定而导致保险事故的，保险人有权拒绝赔偿；对于因被保险人未遵守上述约定而导致损失扩大的，保险人有权对扩大的损失拒绝赔偿。

第二十条　在保险期间内，若保险单所载事项或相关物流合同发生变更的，被保险人应及时书面通知保险人。对于保险标的危险程度增加的，保险人有权要求增加保险费或解除合同。

在保险期间内，对于保险标的的物流情况，被保险人应按照与保险人的约定填写物流货物保险申报单，及时向保险人申报。保险人根据物流货物保险申报单计算实际保险费。

被保险人未履行通知或申报义务，因保险标的危险程度增加而发生的保险事故，保险人不承担赔偿责任。

第二十一条　发生本保险责任范围内的事故后，被保险人应该：

（一）立即通知保险人，并书面说明事故发生的原因、经过和损失程度；对因未及时通知导致保险人无法对损失原因、经过、程度进行合理查勘的，保险人对无法查勘部分的损失不承担赔偿责任；

（二）尽力采取必要、合理的措施，防止或减少损失，否则，对因此扩大的损失，保险人不承担赔偿责任；

（三）保护事故现场，允许并且协助保险人进行事故查勘；对于拒绝或者妨碍保险人进行事故查勘导致不能核实损失情况的，保险人有权对不能核实部分的损失拒绝赔偿。

第二十二条　被保险人向保险人申请赔偿时，应提交保险单正本、提货单或其他货运单据、损失清单、运输或储存机构出具的损失数量证明、损失程度鉴定证明以及保险人合理要求的有效的、作为索赔依据的其他证明材料。

被保险人提供单证不及时，导致保险人无法核对单证及其记载事项的真实性的，保险人有权对不能核实部分拒绝赔偿。

第二十三条　发生本保险责任范围内的损失，应由其他有关责任方负责赔偿的，保险人自向被保险人赔付之日起，取得在赔偿金额范围内代位请求赔偿的权利。保险人未赔偿之前，被保险人放弃对有关责任方请求赔偿的权利的，保险人不承担赔偿责任。保险人向有关责任方行使代位请求赔偿权利时，被保险人应当积极协助，并提供必要的资料和有关情况。

第二十四条　被保险人应当如实向保险人说明与本保险合同保障范围有关的其他保险合同的情况。否则，保险人有权向被保险人追回应该由其他保险赔偿的损失部分。

赔偿处理

第二十五条　保险标的发生保险责任范围内

的损失，保险人根据保险标的的损失程度计算赔偿金额,但最高以保险金额为限。

第二十六条 本条款第八条第(二)项约定保险人负责赔偿的费用，保险人按实际支出在保险标的损失赔偿金额之外另行计算，最高以受损保险标的的保险金额为限。

若本保险合同项下的赔偿金额因重复保险的存在而减少时，保险人对上述费用的赔偿金额也按同样的比例减少。

第二十七条 本条款第八条第(三)项约定保险人负责赔偿的费用，保险人按实际支出在保险标的损失赔偿金额之外另行计算。

若本保险合同项下的赔偿金额因重复保险的存在而减少时，保险人对上述费用的赔偿金额也按同样的比例减少。

第二十八条 收到被保险人的索赔通知后，保险人应及时做出核定并将核定结果通知被保险人,对属于保险责任的,保险人应在与被保险人达成有关赔偿协议后 10 日内,履行赔偿义务。

第二十九条 如保险标的有重复保险的情况，保险人按照本保险合同的相关保险金额与所有有关保险合同的相关保险金额总和的比例承担赔偿责任。

其他保险人应承担的赔偿金额，本保险人不负责垫付。

第三十条 被保险人对保险人请求赔偿的权利，自其知道保险事故发生之日起二年不行使而消灭。

争议处理

第三十一条 因本保险合同发生争议，由当事人协商解决。协商不成的,提交保险单载明的仲裁机构仲裁；保险单未载明仲裁机构或者争议发生后未达成仲裁协议的，可向中华人民共和国人民法院起诉。

第三十二条 本保险合同的争议处理适用中华人民共和国法律。

其他事项

第三十三条 本保险合同成立后，在首批次保险标的的保险责任期间开始前，投保人可随时书面通知解除本保险合同，保险人在收取预付保险费的 5%作为退保手续费后,退还剩余保险费。在上一批次保险标的的保险责任期间终止至下一批次保险标的的保险责任期间开始前，投保人可随时书面通知保险人解除本保险合同，保险人按保险期间开始之日至合同解除之日止实际发生的保险金额计收保险费。

在每一批次保险标的的保险责任期间内,本保险合同不得解除。

（供稿: 中国人民财产保险股份有限公司）

彩色广告目录

上　册

下　册

广汇美居物流园
中国物流与采购联合会
北京昊鼎物流科技有限公司
湖南全洲医药食品物流中心
ILT中国大陆认证总部
广东西樵轻纺城
中国物流与采购
酒钢物流公司
新时速运递有限责任公司
北京交通大学现代物流研究所
北京物资学院
湖南星沙国际物流园
瓦房店轴承运输有限责任公司
中国物流信息中心
物流技术与应用
中国物流与采购网
上海现代物流投资发展有限公司
上海亿马物流系统有限公司

黑白广告目录

哈尔滨商业大学
安吉天地汽车物流有限公司
新海丰物流(集团)有限公司
上海外高桥保税物流园区
耀欣数位科技股份有限公司
中国海事仲裁委员会
广东外语外贸大学
一力企业集团有限公司
上海诚通香山金属交易有限公司
江西省物资集团
沈阳工程学院
景德镇瓷都物流中心
广东省金属材料公司
北京市物资贸易学校
北京西南良乡物流基地
北京邮电大学自动化学院
西南交通大学物流工程系(物流研究所)
福建省物资(集团)有限责任公司
贵州汽车城
长春工程学院
贵州中邮物流有限责任公司
航铁物流
湖北省物流与采购联合会
后勤工程学院现代物流研究所
湖南大汉集团
荆州市物资行业协会
宅急送
南京东扬物流有限公司
新华书店总店
重庆市物资(集团)有限责任公司
易通交通信息发展有限公司
清华大学深圳研究生院现代物流研究中心
山东东大化学工业集团公司
九广铁路公司
四川宏盛国际物流有限公司
武汉大学
中国远洋物流有限公司
武汉旧机动车交易市场
浙江科技学院经济与管理学院
无锡市南方不锈钢市场
南京生产资料中心批发市场
浙江物产
同济大学物流管理学科
中交第三航务工程勘察设计院国际物流研究中心
中国诚通金属(集团)公司
襄樊市物资行业协会
中国民航学院交通工程学院
新疆阿凡提物流有限公司
长庆石油勘探局运输处
广东技术师范学院
江广物流有限公司
天津理工学院经济与管理学院
运一物流
重庆交通学院交通运输学院
云南电力物资储运有限公司

TNT
安天吉地物长流……
Let's make things better

www.anji-tnt.com

安吉天地汽车物流有限公司 是由上海汽车工业销售总公司(SAISC)和国际著名跨国集团——TPG集团下属的荷兰天地物流控股有限公司(TNT Logistics Holdings B.V)各出资50%组建而成的汽车物流合资企业，注册资本为3000万美元。

公司主要从事汽车、零部件物流以及相关物流策划、物流技术咨询、规划、管理、培训等服务。是一家专业化运作，能为客户提供一体化、技术化、网络化、可靠的、独特解决方案的第三方物流供应商。

合资双方

上海汽车工业销售总公司是国内知名的汽车服务企业，公司业务覆盖物流、汽车租赁、汽车贸易、汽车俱乐部等领域。2001年销售收入达19.5亿元。公司控股的安吉汽车物流有限公司是国内目前较大的汽车物流服务供应商，在国内拥有船务、铁路、公路等6家专业化的轿车运输公司以及 25家仓库配送中心，仓库面积近80万平方米，年运输和吞吐量超过50万辆，并且全部实现联网运营。公司共有雇员2,500人，目前主要服务于上汽大众(SVWSC)、上海通用(SGM)、上汽通用五菱、金杯等汽车厂商。2001年物流销售收入达7.2亿元。

TNT Logistics Holdings BV(以下称天地物流控股公司)是TNT Post Group(以下简称TPG)的子公司，专业提供物流服务。TPG是一家主要提供邮政、快递和物流服务的全球供应商。TPG目前拥有138,000多名雇员，在59个国家开展业务，范围遍及200多个国家，服务的重点在汽车，电子，制药，轮胎、出版等行业。TPG连续三年被评为财富500强，2001年TPG销售额为112亿欧元，其中汽车板块超过10亿欧元。

TNT物流公司作为TPG的子公司，在收购美国CTI后成为全球较大的汽车物流供应商。TNT物流公司共签订了1,070份物流合同，客户遍布31个国家，拥有341个仓库，可支配的仓储面积达520多万平方米、专业化运输车7,500多辆，雇员30,000多人。其主要客户为DAIMLERCHRYSLER,GM,FIAT,HONDA,BMW,RENAULT,VW等世界知名的汽车生产商。

安吉天地汽车物流有限公司

地　　址：上海市曹杨路595号

邮　　编：200063

电话(Tel)：+8621 62609090

传真(Fax)：+8621 62222824

呼叫中心：+8621 62226293

新海丰物流（集团）有限公司

SITC LOGISTICS(HOLDINGS) CO.,LTD

SITC GROUP

新海丰物流（集团）有限公司（SITC LOGISTICS (HOLDINGS) CO.,LTD）是山东海丰国际航运集团旗下的全资物流企业，中国货运代理协会理事单位，是一个以国际货运代理、国际船舶代理和综合物流为主业，全面发展的企业。1998年公司通过了ISO9002国际质量标准认证。在全国历届货运业大奖评选中均获得“十佳物流公司”的称号。公司在2002年获交通部批准无船承运业务经营资格。在全国各大口岸城市和部分内陆城市以及香港特区、日本、韩国均有分支机构，为客户的物流服务奠定了良好的基础。

新海丰物流除具有优良的基础设施及优质、高效的服务体系，还拥有港、日、韩航线优势，并具完备的国内／国际网络以及多式联运操作能力。通过NVOCC业务，陆上运输及仓储，特色的船公司代理、专业拼箱、专业冷藏、专业报关及保险代理、专业船舶代理以及覆盖全国的服务网络，新海丰物流将充分满足特定客户的不同需求。

货运代理服务

作为国内领先的物流服务商，新海丰物流可提供项目多样的货运代理服务，并具完备的国内／国际网络以及多式联运操作能力，我们灵活可靠的服务及解决方案将满足特定客户的不同需求。无论您需要整箱、拼箱或其他特殊的货运服务，我们专业化的多样服务将以高效节省的方式协助您顺利完成每一笔交易。

我们的服务包括：海运服务、空运服务、买方集运服务、散货运输、清关代理服务、NVOCC、项目物流、门到门运输服务、陆运拖车服务。

仓储／分拨服务

如今，供应链管理绩效已被公认为企业的核心竞争力之一。我们的分支机构在各地拥有大型仓库、集装箱堆场。在青岛前湾集装箱港区拥有约700000平米的现代化物流工业园区，优越的地理位置及先进的服务设施将充分满足您的仓储及配送需求。服务范围：库存管理、供应商管理、转运服务、过站式仓储服务、客户直运服务、其他增值服务。另外，我们在上海、天津、大连、宁波、烟台、深圳等口岸的集装箱堆场、仓库等前沿性物流项目的投资已经陆续建成或正在建设中。

国际货运报关服务

我们的专业报关行，为“无纸化通关”试点报关行，目前已与中国各大电子口岸的成员企业签订了网上通关协议-拥有与海关联网的预录系统，为客户提供进出口业务的报关、报验检、中转、转关、验货、企业年审备案等服务，是青岛关区首批“无纸通关”试点报关行，并在2004年初，被海关推荐为首批“信用通关”报关企业。

www.sitc.com.cn

www.sitc.com.cn

航空货运服务

海丰航空货运业务以青岛、上海、北京、广州为国内主要空运枢纽港，并在杭州、南京设有货物集散中转站。目前在国内及国外等20个城市设有分公司，结合遍布全球的代理服务网络，涵盖货物的机场至机场、门到门等不同服务要求，为客户提供高效、专业、准时的货运服务。我们拥有优秀的专业团队和全球同步的计算机管理系统，开展货运包机、包舱、集货中转等业务。

船舶代理服务

在中国沿海主要口岸大连、天津、烟台、威海、青岛、日照、连云港、上海、宁波、厦门、深圳等拥有代理网络，能够为国内外客户提供“一站式”的总代理服务。公司的信息化系统能在任何一个口岸安排网络内各口岸的代理业务操作、备用金收支、账单制作、对外结算等。这种操作可以节省客户的人力、加快资金周转、减少成本支出。海丰国际船舶代理有限公司是中国船舶代理行业协会的理事。

网络介绍

经营中国－日本、中国－韩国、内地－香港、内地－台湾等40多条航线。物流服务体系覆盖的港口有：天津、大连、烟台、青岛、连云港、上海、宁波、泉州、厦门、福州、汕头、香港、日本的东京、横滨、名古屋、博多、门司、神户、大阪、四日及松山等多个偏港和韩国的釜山、光阳、仁川及台湾的基隆、高雄、并通过铁路及支线船将航线延伸到西安、郑州、成都、重庆、南京、扬州、镇江、南通、张家港、杭州、日照、威海、射阳、营口、锦州、秦皇岛等国内城市。

坚持“以客户为中心”的服务理念，公司将充分运用完善的服务网络和先进的技术设施，凭借良好的信誉和严格的管理，为广大客户提供全方位、多层次、高质量的综合物流服务。

地址：青岛市东海西路41号海悦世家
电话：0532－2661000
传真：0532－2661008
邮编：266071
网址：www.sitc.com.cn

◎ 业务流程

在创新业务流程方面，我们结合物流园区的政策框架和营运需求，设计了8种业务流程，包括：

1. **进区出口退税、分拆集拼、集运离境：**国内采购货物以视同出口方式先进入物流园区实现退税（增值税、消费税），经过货物的增值服务和综合处理，通过园区外卡口的海运直通道装船离境。

2. **进区出口退税、增值服务、进口征税：**国内采购货物以视同出口方式先进入物流园区实现退税（增值税、消费税），经过货物的增值服务和综合处理，征税后通过园区内卡口进口。

3. **进区出口退税、凭手册出区、保税加工：**国内部件以视同出口方式进入物流园区退税后，再通过手册进口或电子联网方式结转至区外保税工厂加工后复出口。

4. **进口配送、分批出区、集中报关：**在物流园区内储存的保税货物，在担保金制度下，以分批出区、集中报关的方式进口，通过内卡口进入国内市场。

5. **国际中转、两次拼箱：**境内（外）不同启运港的拼箱货物在物流园区中转，进行拆箱重组，二次拼箱后，向境外（内）同一目的港发送。

6. **国际中转、延迟转运、进出口集运：**国际集装箱在物流园区进行保税堆存，待国际、国内市场买家确定后快速运往国内外指定目的港。

7. **国内进口中转：**不同国际启运港进入物流园区的货物经过拼箱重组后，向国内海关监管区，通过水水联运、水陆联运实现保税状态移动。

8. **国内出口中转：**不同国内启运港已结关货物，进入物流园区作为国际中转货物，与物流园区的货物进行拼箱重组，发送至国际同一目的港。

◎ 招商引资

2004年4月15日，在上海国际会议中心举行了上海外高桥保税物流园区土地转让、仓库租赁合同、业务合作协议签约仪式，并引进了物流园区第一批进区投资企业。上海外高桥物流中心有限公司向15家企业共计转让土地：10万平方米；出租仓库：10万平方米；出租商务楼：4000平方米。其中有从事国际、国内商品采购、配送及分拣、分配、分销的跨国采购中心，如荷兰世天威鹿特丹总公司；从事国际国内中转、多国多地区快速集并和国际联合快递业务的国际航运集团，如商船三井、东方海外、韩进、太平；从事仓储自动化、包装标准化和配送高效化的现代物流服务和临港增值服务的第三方物流企业，如日本阿尔卑斯物流株式会社、日本山九株式会社、日本近铁株式会社、日本通运株式会社、DHL丹沙、怡亚通、高信、东方嘉盛、外高桥国际物流、盟通。

一个“开放、合作、联盟、繁荣”的外高桥保税物流园区已经确立起全方位的服务理念，正在开辟中国对外开放历史的新纪元。我们将通过功能开发、加快与国际规则接轨；通过合作联盟、实现区域共同繁荣；通过探索实践、创新业务流程。这里必将成为国际港航集团、跨国采购中心和第三方物流企业投资的热土。热情友好的外高桥保税物流园区必将为每一位投资者提供更切实、更广阔、更成功的发展前景。

联系人：郑卫华

EMAIL：SELF@263.NET.CN

电　话：021—58645181　58647042（传真）

地　址：上海外高桥保税物流园区申亚路1号

邮　编：200137

迈向世界级的优质物流信息顾问团队
——耀欣数位科技股份有限公司

以商流的角度来看物流设计是物流集成规划成功的关键！耀欣公司是一个清楚认识物流本质的全方位服务公司。耀欣团队中集合了仓储、物流、工业工程、信息、企管、交管等各种物流相关专业领域菁英，致力于物流产业技术之研究开发。研发触角由独立的仓储操作系统出发、进而结合外部派车系统、以及跨平台整合技术发展出多仓整合管理系统再利用电子商务技术扩及于上下游需求链整合管理系统提供企业完整的电子商务物流〈e-logistics〉解决方案。耀欣公司本着创意、诚信、负责的企业理念以提升企业物流之效率与效益为目标，不断地追求突破与创新。耀欣公司具备自动化物流中心经营实务、需求链管理软件开发及自动化设备设计、制作等专业知识及先进技术，秉持「创造价值」、「专业规划」、「优质控制」、「永续传承」的经营理念，提供物流集成规划与咨询顾问的最佳服务，深入了解产业之商业特性，并就客户的商业模式拟定物流策略，设计作业程序并整合适当的信息技术、物流设备等等，提供客户实现商业价值之整体物流运作方案。

随着电子商务的急速发展，信息流、金流争相电子化的同时，物流成本反而节节升高。有鉴于此，耀欣公司在拥有丰富物流规划及电子商务经验的背景下，整合出e-LMS系统（e世代电子商务物流管理信息系统），作为「提升业界物流中心效率；减少作业错误；降低企业成本；提高投资报酬率」的一项利器。并开发需求链整合的接口(tHUB)，提供一个传输安全、记录完整的接口平台。tHUB是一种信息集中交换的机制，适应多种通用的数据库格式，简单三个步骤就可以完成讯息接口，可随时修改所需传递的内容。此外可根据作业命令，直接将相关讯息传递给不同的接收单位，在第一时间或是指定时间内，将中枢命令直接传达给神经末梢每一个环节，让整个需求链同步同调，运作更加顺畅，轻易的达到协同商务运作模式，让客户的企业更具竞争的能力、具体实现电子商务的商业价值。

中国海事仲裁委员会

ZHONG GUO HAI SHI ZHONG CAI WEI YUAN HUI

中国海事仲裁委员会是1959年1月22日设立于中国国际贸易促进委员会内，受理国内外海事争议案件的常设仲裁机构。设立时名为中国国际贸易促进委员会海事仲裁委员会。

中国海事仲裁委员会以仲裁的方式，独立公正地解决海事、海商、物流争议以及其他契约性或非契约性争议，以保护当事人的合法权益，促进国际国内贸易和物流的发展。

中国海事仲裁委员会自成立以来的几十年里，坚持以事实为根据、以法律为准绳、参考国际惯例、尊重合同约定、独立公正地解决海事争议的原则，审理了大量的案件，有力地维护了中外当事人的正当权益。其裁决的公正性得到了国内外的肯定，在国内外的航运、保险、贸易、法律等各界赢得了信誉，大大推动了中国与世界其他国家和地区之间的经贸往来及海上事业的迅速发展。

经中国国际商会批准，中国海事仲裁委员会物流争议解决中心于2004年2月1日在北京正式成立，这是一家由物流专家、技术专家和法律专家组成的专门处理物流争议的专业机构，受案范围包括国际国内各种类型的物流或与物流有关的一切争议。

中国海事仲裁委员会具有40多年海事海商领域的专业仲裁经验，拥有雄厚的人才储备。用仲裁的方式由专业人士解决相关纠纷，具有权威性、灵活性、裁决执行便利性等优越性，又可为当事人节省费用和时间。

中国海事仲裁委员会物流争议解决中心有权受理海运，陆运（公路、铁路），空运，多式联运，集装箱的运输、拼箱、拆箱，快递，仓储，加工，配送，仓储分拨，代理，物流信息管理，运输、搬运、装卸、工具、仓储设施的建造、买卖和租赁，物流方案设计与咨询，与物流企业和物流有关的保险，与物流服务有关的侵权以及其他与物流有关的争议。

物流合同各方只要在其合同中载入有效的仲裁条款，或者在发生争议后签订单独的仲裁协议，约定将争议提交中国海仲裁委员会仲裁或中国海事仲裁委员会物流争议解决中心仲裁，即产生选择由中国海事仲裁委员会仲裁管辖的法律效力。

中国海事仲裁委员会物流专业仲裁员名单

姓名	专长
林国龙（上海）	现代物流管理、供应链管理
戴定一（北京）	物流信息化统计、物流标准体系
王学锋（上海）	航运物流
孙　林（北京）	铁路货运法规
高　岭（北京）	物流方案分析及问题解决、仓单质押担保研究
李　昕（北京）	快件运输
解兴权（北京）	国际航空运输、航空事故责任
丁俊发（北京）	流通经济
何明珂（北京）	物流与供应链管理、物流与配送中心建设
田学军（北京）	物流企业运作，物流方案设计
翟学魂（北京）	供应链战略咨询、信息系统规划
姜超峰（北京）	仓储、装卸、配送
王守仁（北京）	租船，海运市场调研
郭　峰（北京）	物流运输合同
韩立德（北京）	国际货运代理法规
李政明（北京）	保险
梁智敏（香港）	仓库的分布与建设、运输路线的确立
叶启明（香港）	物流运输管理、企划，多式联运
王　佐（北京）	第三方物流项目管理，企业物流管理和运作
吴清一（北京）	物流搬运系统设计，物流园区规划
何铁夫（北京）	物流企业管理与运作
马士华（武汉）	仓储分拨、配送中心业务优化
郑庆跃（天津）	水运经济管理
孙亚一（北京）	海关业务
茅士家（北京）	航运物流
张文杰（北京）	物流系统体系规划
张启中（北京）	集装箱运输，保险
海连成（北京）	航空保险
高本河（深圳）	物流设施规划与分析
陈功玉（广州）	供应链管理、物流配送与运输管理
崔　光（澳门）	航空货运及国际机场管理
缪立新（深圳）	物流信息技术，物流基础设施规划与设计
魏　东（北京）	公路、水路运输法规
翁　垒（北京）	道路货物运输

地址：北京市亮马桥路32号高斓大厦6层　　邮编：100016
电话：010-64646688/2488　　传真：010-64643500/3520

上海诚通香山金属交易有限公司
暨香山钢市

总经理:王能

上海诚通香山金属交易有限公司是由中国诚通金属（集团）公司控股企业，所属香山钢市是融合现代物流、集交易多元服务功能的现代化商品交易市场。入驻市场的企业遍及全国各地，交易量、交易额近几年来持续名列全国金属材料交易市场前茅。

公司注重企业文化建设，在不断优化股权结构的基础上，按照现代企业制度，激活经营管理激励机制，培育学习型组织，形成了一支受过良好教育德才兼备、敬业务实高效的员工队伍，不断提高了企业的整体素质。公司坚持聚焦客户需求为己任，不断围绕交易而完善服务功能，丰富商品市场的经营管理内涵，以品牌市场引进品牌企业，以品牌企业促进品牌市场的发展。“德为上、信为本、情为重”的经营理念已成为市场的共识。近几年来，公司推进诚信市场建设，涌现出一批守法诚信经营的品牌企业——香山钢市A级和AA级企业。在整顿规范市场的过程中，香山钢市被社会誉为名副其实的“精品钢市”。2003年被确定为全国推进流通现代化重点联系批发市场，并被授予上海市AA级信用等级企业。2004年被国家商务部确定为重点监测单位，并授予“市场运行监测工作先进单位”。

公司倾力于诚信经营、规范管理，打造具有中国特色的要素市场。在实践中不断摸索、总结、提高，逐步形成具有自身特色的市场管理模式，称之为“香山钢市模式”，并在此基础上贯彻ISO9001标准，建立质量管理体系，于2001年9月通过质量管理体系认证，围绕“以人为本、重德守信，文化兴市、情理交融，注重实效、求索创新，服务至上、祥和文明”的质量方针，持续改进、不断完善。

在规范有形市场的基础上，适时邀IBM公司开发网上信息咨询服务平台——中国e金属网，把信息咨询服务和市场管理标准化融入网络，构筑网上市场，为交易提供更大的空间。并于2003年下半年起向天津宝储菱物资配送有限公司实施管理输出。2004年上半年网上推出“诚通现货市场钢材价格指数”，与《中国冶金报》和《上海经济报》联手，在这两张行业性较强的媒体推出《上海钢市》和《钢市周刊》，成为业内外企业了解钢市动态的重要依据。我们深知，发展和完善商品交易市场要走的路还很长，但要求我们踏踏实实地走好每一步。

注重文化建设

交易大厅

香山钢市和中国e金属网恭候您，携手共创未来

我们将永远“真诚与您同行”

地址：上海市徐家汇路679号　　邮编：200023

电话：021-64150858 64669085　　传真：021-64733368

江西省物资集团

江西省物资集团公司是一家国有大型物资流通企业，拥有1家全资子公司，12家控股公司，专业经营重油、石油液化气、二手车、废钢铁、塑料、轮胎、玻璃、钢材、化工、汽车等重要物资，开展拍卖、储运、配送、报废车回收折解业务；集团公司有被评为全国推进流通现代化重点联系批发市场、全省重点商品市场的钢材市场，还有被评为省文明市场、市民喜欢的品牌、交易规模较大的旧机动车交易中心（市场）以及年吞吐能力100万吨的仓储设施，有初具商务信息功能的江西物资商务网和正在建设的集商流、物流、信息流为一体，运输、储存、装卸、搬运、包装、加工、配送、信息等多功能的物流中心。

集团公司坚持以市场为导向，以经济效益为中心，以改革创新为动力，加强经营战略研究，调整经营和组织结构，重构多元投资、要素和机制市场化企业。自2001年起连续3年经营保持两位数增长，实现3年销售翻一番，2003年销售额18.6亿元，物资吞吐量110万吨。

改革创新增活力，加快发展谋崛起。集团公司已实施新一轮改革，正朝着经营结构合理、功能配套、网络健全、核心竞争力强的现代化物流集团方向发展，为江西在中部地区崛起和流通现代化作出努力。

江西省物资储运总公司
地址：南昌市青山北路13号
电话：0791—8623838
传真：0791—8634043
邮编：330039

江西省化工建材有限公司
地址：南昌市八一大道436号十一楼
电话：0791—8651136
传真：0791—8620564
邮编：330006

江西旧机动车交易中心（市场）
地址：南昌市青山北路18号附1号
电话：0791—8605710
传真：0791—8602075
邮编：330039

江西省金属材料有限责任公司
地址：南昌市洪都北大道218号
电话：0791—8653596
传真：0791—8653513
邮编：330077

江西省燃料有限公司
地址：南昌市八一大道436号六楼
电话：0791—6806951
传真：0791—6820810
邮编：330006

江西钢材市场
地址：南昌市青山北路18号
电话：0791—8626342
传真：0791—8603947
邮编：330039

沈阳工程学院

学院成立庆典

一、学院概况

沈阳工程学院是2003年4月经相关部门批准成立，由原沈阳电力高等专科学校与辽宁商务职业学院合并组建的一所省属本科院校。学校文理兼备，覆盖工、经、文、管、法等5个学科门类，是一所含普通本科教育、高等职业技术教育、高等函授教育、国际合作办学和各种岗位技术培训兼容的省属全日制普通高等本科院校。

学院位于辽宁省省会——沈阳市，新校区地处沈北大学城，规划征地1150亩。现有专业49个，其中本科专业11个，教学改革示范专业4个，教学改革试点专业2个。学院面向全国招生，现有各类在校生近万人。

学院具有完善的办学条件和实训设施。拥有27个基础实验室和专业实验室、35个校内实习基地和55个校外实习基地，其中600MW火电机组仿真装置、汽轮机调速系统等6个百万元以上的大型实训设施处于国内领先水平。

学院拥有一支高水平的师资队伍。教授、副教授占40.3%，具有硕士、博士学位的教师占34%；其中享受国务院、省政府特殊津贴的专家4人。省级“高校教学名师”2人。

学院具有较强的科研实力，初步形成了以博士、硕士为骨干的科研梯队。近年来，共承担科研项目20余项，获国家重大科技攻关项目成果奖和省部级科技进步奖10余项，教学成果奖23项，并承担了联合国世界银行等国际科研项目。2002年，发电厂及电力系统专业教改成果获“国家级教学成果一等奖”。

二、物流管理专业介绍

物流管理专业设立于2003年，并于2004年开始招收本科生，该专业设在沈阳工程学院工商管理系。

现配备物流管理专业教师16名，其中教授3名，副教授8名。硕士以上学历11名，长期从事教学实践活动，近几年承担科研课题共十余项，撰写论文200余篇，撰写专著及教材50余部。

学院物流管理专业现已建成多媒体实验室、EDI模拟实验室、物流成本管理实验室、语音室以及已签约的多家校外实习基地。现有物流管理及相关专业的图书资料8000余册，电子文档资料100件。

物流管理专业主要定位于物流企业中具有较强创新、管理能力的现代应用型中高层管理人才，即在物流企业中从事运输、配送、仓储、包装、装卸搬运、流通加工和物流信息处理等管理工作。

该专业将开设物流学概论、企业战略管理、项目管理、国际物流、供应链管理、仓储学、包装学、运输学、物流经营管理、物流系统设计技术、电子商务与物流、物流战略规划与模式等。通过专业教育、物流企业业务活动实习、配送中心规划设计、主干课程设计、物流系统分析实验、第三方物流业务与信息系统调研和设计、毕业实习及毕业论文等环节将实践教学内容贯穿于学习从入学到毕业的整个过程。

新校区图书馆

地址：辽宁省沈阳市东陵区文萃路94号　　邮编：110015

电话：024-24532556　　传真：024-24506021

景德镇市物资局局党委书记、局长：俞永红

景德镇瓷都物流中心

项目单位：景德镇市物资局

项目承办单位：景德镇市现代物流园区项目经理部

项目简介：景德镇瓷都物流中心项目已由江西省和景德镇市发改委批准立项，并列入景德镇市政府的重点项目。建设内容为：建立一个硬件平台（信息平台）；二套软件系统（管理信息系统和电子商务系统）；三个物流部门（陶瓷仓储配送部、生产、生活资料综合配送部、农特产品配送部）及加工贸易区、保税仓库等。项目部与香港物流协会合作制作出了项目“可行性及商业模式研究报告”。中心坐落在交通便利的金岭大道（高新开发区内），占地面积800亩，首期规划用地392亩红线及设计条件已确定。

景德镇是江西省主要的外向型经济城市，地处赣、浙、皖三省交界的区域中心城市，拥有交通区位优势。景德镇市委、市政府在基础设施建设、土地使用、引进人才、财税等方面制定了一系列优惠政策，大力支持现代物流业的发展。

经济效益：从景德镇社会整体经济效益来看，景德镇物流产业发展规划实施后，在良好的状态运行中，可带来社会流通费用下降5%，景德镇2003年国内生产总值达141亿元，则可节约社会流通费用7亿多元，经济效益相当可观，仅仅是物流中心直接创收的三个配送部、每年可获得利润达7500万元，项目总投资3.1亿元，其静态投资回收期约为4年。

投资规模：3776万美元（3.1亿元人民币）

合作方式：专项贷款、独资、合资或合作、入股

电　话：0798—8231966　8668111　13879804661　邮　编：333000

传　真：0798—8225750　联系人：李传宏、赵志立　地　址：JDZSWZJ@sohu.com

广东省金属材料公司

GUANG DONG SHENG JIN SHU CAI LIAO GONG SI

广东省金属材料公司是一家有40多年历史的大型国有企业，主要经营钢材、生铁、有色金属和矿石，拥有进出口权，并已获得广东省流通企业首批ISO9001：2000质量认证，销售规模连续多年在全国同行中名列前茅，被广东省委、省政府及有关部门授予“文明单位”、“守合同重信用”称号。

广东省金属材料公司主办的广东金属物资市场，是广东省政府批准的大型中高级批发市场，在全国同类批发市场中连续多年进入前三名，被授予“全国争创百城万店无假货示范市场”、“推进流通现代化重点联系批发市场”称号，并被广东省委、省政府授予“文明窗口单位”。

欢迎国内外广大客商前来洽谈贸易与合作！

电话：(020) 82295626

传真：(020) 82295636

北京市物资贸易学校

财会模拟中心

数字化教室

商务模拟中心

北京市物资贸易学校是一所市属财经类全日制中等专业学校，始建于1963年，学校坐落在二环路内南护城河畔，交通便利，环境优美。学校除进行中等职业学历教育外，还设有高中部和培训部，分别负责普通高中学历教育、大专教育和社会培训工作。学校现有教职工106人，专任教师61人，中专在校生1334人，高中在校生313人，培训部1992－2003年面向社会、社区的各类培训共13000余人次。

目前，学校设有物资经营与管理、现代物流技术与管理、市场营销、电子商务、会计、计算机网络技术、计算机应用、计算机软件等11个专业，涵盖了生产资料流通、管理及大商品流通的商流、物流、信息流、资金流等各个领域。学校拥有一支专业水平高、实践经验丰富的专任教师队伍，其中，市级骨干教师7名，具有中高级职称的教师占74%，取得硕士学位或研究生班毕业的教师占50%，专业教师“双证率”达96%。

学校以先进的教育理念为指导，以一流的教育、教学质量为目标，在全面育人的同时，注重基础、强化技能、发展特长，努力使学生人人成才，不断满足社会、家长、学生的需求，从1998年开始，学校连年被授予“首都文明单位”、“北京市体育达标先进单位”称号，同时，学校还是“北京市骨干特色专业学校”、“北京市排球传统学校”、“北京市中小学百所课间操优秀学校“及“北京市中职学校校园网评估合格学校”。

地　址：北京市宣武区右安门西街5号　　邮　编：100054　　电　话：010－63544553（传真）
网　址：www.wzmy.edu　　邮　箱：bjwmxx@263.net　　联系人：郝庆

北京西南 良乡物流基地

北京西南良乡物流基地为大型公铁联运型物流基地，作为北京市商业物流发展规划的重要组成部分，2003年、2004年连续两年被列为北京市重点建设项目。

基地紧临京广铁路、京石高速公路、城市六环路，107国道南北纵穿物流基地，是华北、华中、华南、西南等地的进京要塞。基地是北京集装箱中心站首选方案所在地，届时将同时修建直达天津港的集装箱专用铁路线。优越的地理位置，便捷的交通条件，良好的人文环境和科学的经营管理，良乡物流基地将创建物流行业全新的经营理念和运作模式。

北京国际商品物流中心位于北京西南良乡物流基地商贸功能区，2004年将作为基地的龙头项目首先启动。项目计划占地25万平方米，预计项目总投资为4.95亿元，与北京西南公路货运主枢纽遥相呼应。它的建成将是传统专业市场与大型主题商城的完美优势组合，且可为北京利用国外资源、资金、技术和参与国际竞争提供新机遇。

地址：北京市房山区良乡政通路8号
邮编：102488
电话：010－89369763
传真：010－89369312

北京邮电大学自动化学院

北京邮电大学自动化学院从1963年开始从事邮政机械等方面的研究，先后完成国家“211”建设项目“自动化分实验室物流自动化系统”、北京国际邮电局项目“北京航空交换站推式悬挂分拣计算机网络管理控制系统”、中国邮电博物馆项目“计算机集成控制柔性运输包裹分拣演示系统”、北京西客站邮件处理项目“北京西客站邮件分拣系统计算机网络管理控制系统”、邮电部项目“扁平件分拣机基本单元技术的研究”、国家经贸委国家技术创新项目“高速扁平件分拣机网络控制系统”等物流方面的项目近40项，经费近千万元。2004年正式设立“物流工程”本科专业，现正在申请“物流工程”工程硕士点。

我校参加项目“信盒输送系统”获1998年信息产业部科技进步一等奖；主持项目“动态称量基本技术研究”，获1997年邮电部科技进步二等奖；主持项目“蓄电池牵引车获1998年信息产业部科技进步二等奖”；主持项目“邮政技术设备与管理”获1998年信息产业部科技进步二等奖；主持项目“电机停放器”获1996年信息产业部科技进步三等奖。

通过国家“211”一期项目的建设，我校建成了邮电部“邮电机械自动化与智能化”重点实验室，先后建立了现代邮件处理中心综合实验系统、计算机集成控制智能化物流传输存储系统、邮政综合业务网模拟实验系统和邮件物流系统的计算机仿真平台等，为学生在物流工程方面的教学实践打下了良好的基础。学院正在筹备“物流工程”专业实验室。该实验室将为学生完成从物流工程装备应用与开发，物流信息系统开发与维护，物流系统设计、仿真、管理等一系列专业实验提供良好的环境和条件。

欢迎各位专家莅临指导，我们愿与朋友们广泛交流合作。

地址：北京市海淀区西土城路10号北京邮电大学自动化学院　　邮编：100876
电话：010-62282629　　传真：010-62282629　　邮箱：zdhxy@bupt.edu.cn

西南交通大学物流工程系（物流研究所）

西南交通大学校长周本宽教授、交通运输学院党委世灵书记、副院长张锦教授等与日本大阪产业大学中山英明教授、三木循彦教授等出席物流领域的学术交流协议签字仪式

西南交通大学是一所具有108年历史的“211工程”建设的重点大学。全校各类学生五万余人，其中在校研究生5600余人。学校师资力量雄厚，现有教师1800余人，教授和副教授近1000人。学校有61个本科专业，拥有6个一级学科博士和硕士学位授权点、45个二级学科博士学位授权点、91个二级学科硕士学位授权点和4个专业学位授权点，拥有7个博士后科研流动站。

交通运输学院是我国较早开始物流研究和物流人才培养的教学科研单位之一，1997年即设立了物流研究所，并在交通运输规划与管理专业招收和培养物流方向的博士和硕士研究生。2001年设物流工程系，并试办物流管理本科专业，2003年经教育部门批准开办物流工程本科专业，2004年经西南交通大学学位委员会批准并报国务院学位委员会同意设立物流工程博士学位授权点和物流工程硕士学位授权点。

物流工程系现有教授6人（其中博导4人），副教授3人，讲师3人。承担了从专科，到本科、硕士、博士的物流专业教学任务。并承担了大量的物流领域的科研项目，年均科研经费超过200万元。特别是在物流规划、物流信息系统开发、物流运输合理化等领域处于国内先进水平，承担了深圳、重庆、成都、上海、绵阳等地区及其企业、物流中心的可研、详规，和物流企业的信息平台构建、运输企业的物流发展规划等。出版有多部教材和学术专著，如《物流系统规划》、《现代物流学》、《铁路货运物流化对策研究》、《物流需求预测理论》，以及编写多本物流专业讲义，如《仓储技术与管理》、《物流技术经济学》、《物流系统工程》等，在各类刊物上发表物流研究论文累计近百篇，培养了100多位物流专业（方向）的博士和硕士。

张锦教授在重庆西南物流中心项目论证会上汇报

地址：成都西南交通大学　　邮编：610031
电话：028-87600753 87634588　　传真：028-87601148

福建省物资（集团）有限责任公司

董事长：陈永庭

福建省物资(集团)有限责任公司是由福建省物资厅转制改组而成的大型综合性国有独资企业，直属福建省人民政府管理，是国有资产授权经营单位。集团公司注册资本1.2亿元，现有资产9.3亿元，拥有包括三星级酒店在内的大楼4座、占地18.6万平方米的仓库、4条总长2.02公里的铁路专用线、以及2个总面积1250平方米的汽车展销厅。经营范围为：受福建省人民政府委托，依法经营所属企事业单位的国有资产，行使资本权益管理；经营工农业生产资料和生活资料（包括汽车、小轿车），各类商品的进出口、代理进出口业务，承办中外合资经营、“三来一补”和易货贸易及转口贸易；经营宾馆、餐饮、旅游、娱乐、仓储、拍卖、运输等业务及相关的电子商务和配送业务；开展信息技术咨询、服务与合作。

集团下属企业有主营金属材料、机电产品、化工产品、建筑材料、汽车、物资储运等专业公司，由于长期从事物资贸易活动，有的已有近50年历史，具备丰富的经验，高素质营销人才，良好的工商关系，完善的经营设施和较强的经济实力，能够统筹组织国家和省级重点建设项目的物资配套供应，保供项目涉及大型工业厂房、公路、铁路、港口、电站、桥梁、邮电通讯等。

近年来集团公司大力推广代理制、配送制等现代流通技术手段，经营方式灵活多样，阔步向市场化、多元化、外向型方向万进，增强核心竞争力，做大做强主业。同时积极寻找新的经济增长点，新建的拍卖公司已初见成效；兴办的福建省旧机动车交易市场、再生资源市场、福建省闽中物资综合市场等多个大型综合性市场和专业市场，扩大了市场辐射力；集团公司正在整合物流资源，发展现代物流业，筹建的“福建省恒盛现代物流中心”，已列入省重点建设项目和现代物流业重点联系与示范项目。公司遵循信誉、互利、优质、服务的原则，诚信经营，优化服务，在海内外享有良好声誉。

进入新世纪，福建省物资（集团）有限责任公司今后的发展战略是：抓住中国加入世贸组织和西部大开发的机遇，进一步调整产业结构，加强内部管理，吸收应用现代先进的贸易形式，促进现代物流产业和其它新兴产业的同步发展。“十五”时期，集团公司将坚持以经济效益为中心，以资本经营为主线，在认真履行资产经营公司职能的基础上，注重资本经营和贸易经营的有机统一，促进集团公司的整体发展，预期到2005年，集团公司的年销售额达到15亿元，出口创汇1500万美元，利润总额达到1000万元，使集团公司成为具有较强竞争实力的现代物流企业集团。

福建省物资（集团）有限责任公司董事长陈永庭携全体员工竭诚欢迎海内外客商共谋发展，并肩合作，为海峡西岸经济区建设，为我国综合国力的增强，作出更大的贡献。

地址：福建省福州市五四路239号
编码：350003
电话：0591-7853496

贵州汽车城

董事长：龚世煊

总经理：刘传鼎

贵州汽车城是根据贵州省人民政府黔府专议（1994）54号文《关于研究落实贵州汽车城市场建设有关问题的会议纪要》确定兴建，贵州省计委以黔计市场（1994）521号文件将贵州汽车城列为省“九五”计划的重点建设项目，由贵州汽车城有限责任公司投资建设，汽车城占地113亩，总投资规模7280万元，总建设规模36600平方米。

贵州汽车城成立8年来，先后建立了3个市场，1995年12月28日建成占地20000平方米的新车交易市场，1999年5月28日建成占地11000平方米的国家级贵州旧机动车交易中心，2000年3月28日建成占地10000平方米的农用车市场。2001年7月投资200多万元的办证大厅建成投入使用，2003年3月投资150万元建设的汽车检测线正式开通。在贵阳地区已形成一个规模较大，管理规范，服务配套的大型综合机动车交易市场。

8年来，市场逐步活跃，成交量与成交额都大幅度增长，交易量由1996年的1500辆增至2003年的12495辆，占全市总销量3万辆的1/3以上，交易额由1996年的1.5亿至2003年达到7.67亿元。二手车2003年交易8909辆，交易额2.13亿元。占全省总销量1.7万辆的50%以上。每年交易额以1–1.5亿元幅度递增。汽车城直属汽车销售单位有长安专卖店、北京吉普专卖等，2003年销售汽车400多辆。

贵州汽车城为了更好地为消费者服务，市场实现了工商、税务、公安车管、保险、银行一条龙服务，在汽车城一天内即可办完购车贷款、工商验证、新车上牌、旧车评估、质量检测、旧车过户等手续，深受商家和购车者的欢迎。

贵州汽车城新车、农用车市场具有商家多、品牌多，便于消费者挑选、比较、讨价还价、反复比较的优势。市场结构由超市型，逐步向三位（四位）一体的品牌专卖方向发展，随着贵州汽车城知名度的不断提高，贵州汽车城已成为商家经营汽车的理想场所，是消费者购买各种汽车的理想去处。

贵州汽车城正在扩建、改造的二期工程，将使贵州汽车城一展新貌。一个占地（含第二阶段的老市场改造）62790平方米，总建筑面积192050平方米，商场面积98200平方米，住宅面积61723.68平方米，宾馆面积4800平方米，办证、检测、驾驶培训场等面积27326.32平方米的集新车交易、精品展示、配件供应、汽车检测、汽车维修、装饰美容、餐厅住宿、商品住房、休闲娱乐、停车服务于一体的，崭新的贵州汽车城将为贵州这条著名的汽车市场走廊带来新的繁荣。

电　话：0851–3810271　3811811　　网　址：www.gzqcc.com.cn
传　真：0851–3810455　　地　址：贵阳市中曹司
联系人：陈仕祥　　邮　编：550006

后勤工程学院现代物流研究所

后勤工程学院现代物流研究所是专业从事物流教学、研究与开发的科研机构，成立于1987年1月，1992年取得物流专业硕士授予权，现有研究人员25名，其中教授3名、副教授8名，博士4名、硕士18名，硕士生导师6名，其研究方向涵盖自动控制、信息技术、流程管理、成本控制与优化决策等各个领域。该所是一个知识结构、学历结构、职称结构和年龄结构较为合理的高素质人才群体。

后勤工程学院现代物流研究所主要承担物流管理本科专业（军队生）、仓储自动化本科专业（军队生）和物流管理本科专业（地方生）的教学任务。现代物流研究所形成了物流管理与自动化、物流管理信息系统、智能决策理论与技术和军事物流4个具有特色的研究领域。管理科学与工程学科具有硕士学位授予权，是重庆市重点建设学科，设有管理信息系统、物流管理、工程管理和项目管理4个研究方向，军队生和地方生均可报考；后方专业勤务（军事物流）是全军重点建设学科，具有博士学位授予权，设有军事物流基础理论、军事物流管理和物资储备3个研究方向，只招收军队现役军官。

经过20多年的发展，后勤工程学院现代物流研究所已具备较完善的实验研究条件，建有物流信息研究室、物流仿真研究室、物流安全技术研究室、物资养护研究室和物流教学科研实习基地等，形成了日臻完善的实验教学科研体系。

后勤工程学院现代物流研究所具有建筑工程规划设计甲级资质，主要从事军队、地方物流领域的各项科学研究、技术开发、规划设计、工程咨询、人才培养和业务培训等业务。近5年，完成了仓库网络化系统建设工程、仓库综合管理应用平台、仓储管理辅助决策系统和仓库自动化工程项目设计等重大任务，主持或合作承担军队和地方企业各类科研及工程项目40余项，开办了6期物流人才培训（研讨）班，开展了4期国家物流师培训。目前，承担国家自然科学基金项目2项、全军重点科研项目5项、重庆市重点项目4项、国家大型物流技改项目2项。

我们热诚希望与社会各界联手，就现代物流领域的科学研究、可行性论证、工程设计、技术改造、信息系统集成、管理咨询和人才培养等诸多方面开展广泛合作，共同促进中国物流现代化进程。

系列化的物流信息系统

现代化的物流实验室

地　址：重庆市马家堡长江二路174号
邮　编：400016
电　话：023－68589845、68589746、68589847
传　真：023－68589847
联系人：王丰，姜大立
邮　箱：wangfeng2100－2@163.com，jiang2100－2@163.com

湖南大汉集团

湖南大汉集团是一个跨地区、跨行业的大型综合性民营企业，是娄底率先成立企业党委的非公有制企业。集团创立于1993年，现以钢材贸易和房地产开发为主业，涉足家电贸易和汽车贸易，现有总资产3亿元，员工450人，年销售收入15亿元，先后跻身于全国民营企业500强、全国钢材营销企业前16强、湖南省民营企业500强综合类前3强行列，钢材销售列湖南省前茅。

集团下辖湖南大汉、邵阳大邦、长沙大兴、长沙大富、湖南大圣、武汉大汉、广州大泰、贵阳大汉等8家物资贸易子公司和娄底巨龙、双峰大楚、株洲大江、溆浦大盛、株洲大帝、邵阳宝庆、永州宁远、永州道县、湘潭双马工业园等9个房地产子公司。其核心企业湖南大汉物资集团有限公司设立衡阳公司、建材公司、型材公司、优钢公司、运输公司等16个分支机构。集团在行政管理上实行职能中心制，业务管理上实行事业部制，采取四轮齐驱、优势互补的发展战略，在短短的时间内集团取得了飞速发展。集团建立了年销钢材70万吨的营销网络。同时，以钢材贸易为资金依托，采取滚动式开发战略，从小城镇开发，逐步向大、中城市房地产开发和高等级公路建设发展，先后开发建设了娄底市娄星北路、九亿商业步行街、株洲智超时尚广场、双峰320国道绕线工程、新城开发区、溆浦屈原大道、道县商业城、宁远商贸城、宝庆汽车超市、株洲国际服装城等项目，取得了令世人瞩目的成果。集团是韩国电器湖南总代理商，并举足向汽车贸易领域迈进。集团以“纳贤、守信、勤奋、俭朴”为经营理念，在人力资源开发、财务、信息、资源计划、采购、销售、仓储、物流、配送等方面全方位实行计算机管理，坚持诚信经营，不断创新，着力打造“湖南大汉”品牌，多次被评为省、市“优秀私营企业”、“十佳私营企业”、“AAA级信用企业”、“重合同守信用单位”、“诚信纳税示范单位”。

展望未来，湖南大汉集团将立足物流、房地产、电器贸易，举步向资本经营、金融市场、高科技产品等领域迈进，实现多元化经营的格局。计划在3年内建立一个全国性的物流配送网络，完成企业改制并上市。

地址：湖南省娄底市娄星北路
电话：0738－8518710
传真：0738－8518710

南京东扬物流有限公司

客户为尊
诚信为贵

南京东扬物流有限公司是为了满足国内物流市场需要而建立的一家现代化物流企业，在南京物流市场以及华东物流市场均占有重要地位。公司建有华东地区规模较大的货运配载市场和停车场—南京玄武湖货运市场，公司拥有员工260多人，年上交利税600多万元，是江苏省、南京市的重点扶持企业。

东扬物流主要定位于第三方物流供应商，为客户提供货物运输、货运代理、仓储管理、区域配送、物流外包等物流服务，同时提供企业物流方案设计、物流培训等。

目前，东扬物流拥有4万平米的现代化大型仓库，自有车辆80余部，可调度车辆700余部，能够协调全国各地400多家专线货运公司，使公司拥有极为便捷的信息来源和强大的车辆调度优势，物流业务覆盖全国各地。

公司员工都经过了现代物流理论与运营的高级培训，并且长期从事车辆调度和运输管理业务，熟悉物流市场运作规律，有着丰富的物流操作经验。

公司采用现代化的物流信息管理系统，建设了有形物流操作信息平台和车辆调度系统，积极发展电子商务。

东扬物流坚持通过规范性的操作立足于物流市场，通过优质的物流服务赢得信誉，公司的每一位员工都将以最大的热情服务于每一位客户。

地 址：南京玄武区东阳坊130号　　邮 编：210042　　网 址：www.dy56.com
电 话：025-85578185　85078088　85579338　85078089　85078086　　传 真：025-84023591　84023590

新华书店总店启动
建设全国出版物发行信息网二期工程

由新华书店总店建设的“全国出版物发行信息网一期工程”已于2003年7月份通过新闻出版总署验收并开通运行，到目前为止，运行状态良好。二期工程日前已经开始启动。

全国出版物发行信息网，是以提高整个出版发行行业图书商品供应链效率为目的，基于国际互联网技术与设施建设的联结图书生产、供应、销售、团体客户、社会读者的行业性电子商务系统工程。

项目一期工程是基于行业内大型单一图书供货商而设计开发的联结上游出版社、下游零售书店、图书馆的数据交换与电子商务的解决方案。

二期工程是在一期运行的基础上，从为单一供货商服务的模式向为整个行业服务模式过渡。二期模式面临的重大困难是：发达的电子商务应用技术与尚未真正启动的行业对电子商务的需求之间的巨大差距。需求不足，导致应用不足，电子商务的投入面临长期亏损运营的状态。这是二期工程建成后所要面对的风险。但是，电子商务因其具备的各种优势，必将逐步为行业所认识，应用必将逐步充分，发达国家同业的经验已经证实了这一点。所以，我们必须未雨绸缪，进行电子商务建设的准备，这是新华书店总店作为面向全国的中央一级图书、音像、电子出版物的大型批发企业，和在图书发行领域作为电子商务应用的开拓者，所必需做出的战略投入，以取得市场先机。

所以，全国网二期工程的定位就是以行业多对多交易模式为研究对象，以信息与数据的交换为侧重点的网上交易市场的建设。在“行业”意义上的电子商务建设中，迈出第一步。

该系统原名“全国新华书店电子联销网”，是在20世纪90年代初期我国政府大力推广信息化工作的大背景下，新华书店系统自发形成的项目。它最初的目的很朴素，就是把信息和订单从网上传送，克服纸载体的诸多缺陷，提高批发、零售书店的效率。近两三年，信息技术迅速发展，这种理念得到了更高层次的提升和更广泛的拓展，被赋予了更加先进的含义。

全国出版物发行信息网，在新华书店总店依靠自身力量的建设下，取得了阶段性的成功，并正在积极努力探索新的应用。这是在互联网热潮之后理性的电子商务的建设，这一建设是图书企业信息化过程中的重要一步，也是行业信息化的一个里程碑。人们坚信整个行业一定会在不久的将来实现在网络上的协同商务，促进中国的出版发行行业达到更高的水平。

地址：北京市西城区北礼士路135号　　邮编：100037　　电话：010-68368595　　传真：010-68348424

九广铁路公司

联系内地、香港与世界之大陆桥

九广铁路公司提供香港唯一的铁路货运服务来往香港与内地之间运载集装箱、一般货物、特种货物和禽畜。

与广深铁路股份有限公司和铁道部合作下，九广铁路公司铁路系统连接在内地超过70,000公里的铁路系统，深入直发内地心脏办理报关及清关手续，发挥"大陆桥"作用及提供「一条龙」服务。

九广铁路公司并且是一个国际货物运输业者和辅助服务提供者；在内地设立7个办事处，为内地及海外货运代理安排「换单提货」服务。货物可安排经铁路、海运和空运，来往内地、香港和世界其他地方。

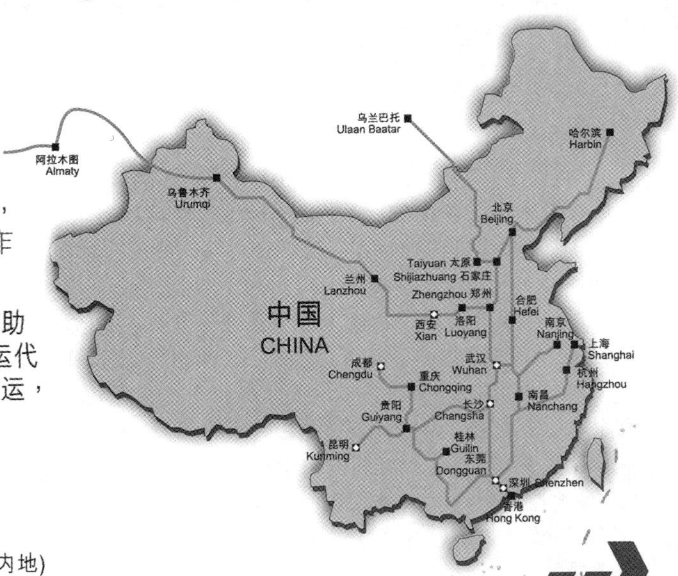

九广铁路公司城际客货运处

香港九龙红磡康运径九广铁路货场
客户服务电话：852-2356 9310 (往香港) • 852-2687 5888(往内地)
快达聆自动回答查询系统电话：852-2690 0010
传真：852-2690 9070 • 电邮：llwng@kcrc.com • 网页：http://www.kcrc.com/freight

KCR 九廣鐵路

四川宏盛国际物流有限公司

公司简介

☆ 原中国对外经济贸易部门批准的一级货代企业
☆ 交通部门批准的国际集装箱中转站
☆ 四川省政府部门批准的成都公路口岸
☆ 海关总署部门批准的监管场站
☆ 通过ISO9001：2000国际标准质量体系认证
☆ 完整的第三方物流运作

服务项目

- 进出口货物代理：报关报检、订舱、租船、集装箱拆拼箱、签发提单等。
- 多式联运、公路联运、公铁海联运、铁海联运
- 集装箱门到门运输
- 仓储及配送
- 流通加工、包装、装卸
- 信息服务：EDI、网上订舱配载、信息反馈、信息监控、报表生成
- 堆场服务、集装箱管理、冷藏箱管理
- 供应链策划及实施

→ 客户

"重德为善、诚信合作"是宏盛秉承的理念，"满足客户需求"是宏盛人不懈的追求！

电话：028-86085158-8068(8006)　地址：成都市成华区建材路11#　网址：www.scgpil.com

新疆阿凡提物流有限公司

新疆阿凡提物流有限公司是一家集货运、仓储、保管、代购、代运、送货上门为一体的综合性物流企业。公司凭其卓越的领导才能、雄厚的资金实力、别具一格的经营模式、广布全国的经营网点、优质安全的服务体系，成为拥有28个分公司的大型物流企业。

现总公司位于乌市西过境公路西山三角地，投资300万元，占地面积7000平方米，其中新建库房3000平方米，大型货运停车场3000平方米，办公场地2000平方米，成为永久的经营基地。

公司成功的做法是以诚为本，坚持"信誉第一、客户至上"的原则，以"珍惜您的每次委托"的经营理念，坚持"方便、快捷、优质、安全"为服务宗旨。

新疆阿凡提物流总公司快速的发展、优质的服务、严格的管理，在物流市场独树一帜。

阿凡提物流总公司

北京 010-67741834	西安 029-84623229	北京二部 010-67376917	沈阳 024-88126938
广州 020-81768399	佛山南海 0757-83669958	南京 025-85473506	深圳 0755-82451709
广州东莞 0769-2908677	上海 021-66163080	重庆 023-67650006	阿勒泰 0991-8235099
武汉 027-83733247	济南 0531-8770015	重庆二部 023-67518313	杭州 0571-86034410
天津 022-23790944	广州西城 020-81990469	长春 0431-2684797	大连 0411-2932348
广州同德 020-36488841	内蒙 0471-6552263	郑州 0371-6726583	石家庄 0311-6016594
长沙 0731-4024861	十堰 0719-8310950	库尔勒 0996-2217126	成都 028-83531818

地址：新疆乌鲁木齐市外环路西山路段
邮编：830006
传真：0991-7733166
网址：www.aft56.com

业务部：0991-8779896
分流部：0991-8779658
市场部：0991-8775828
广告部：0991-7733166

长庆石油勘探局运输处

长庆石油勘探局运输处是隶属中国石油天然气集团公司长庆石油勘探局的国有专业运输企业，主要从事集装箱、大型物件、油品、油田产建等物资运输吊装和钻井搬迁工作，并提供客车改装、汽车维修、修井试油、PVC管材和防盗门制作及驾驶员资质培训等综合服务。

长庆石油勘探局运输处位于甘肃省庆城县境内，主要工作区域在鄂尔多斯盆地及周边地区，共有员工3818名，管理人员365人，下设市场开发部、经营财务部、质量技术安全部等6个管理部门和7个专业运输公司；拥有固定资产5.1亿元，现有各类运输车辆1210台、13520个吨位，具有年货物周转量6.5亿吨公里的生产能力；2002年实现收入5.29亿元。

经过33年努力奋斗，长庆石油勘探局运输处建设了一支经验丰富、勤奋敬业的专业管理队伍，形成了"创新、开放、简捷、明确、责任、自信"的企业理念和完善的HSE管理体系，2002年顺利通过了ISO9001质量体系认证，同时获得国家道路货运一级企业资质，并被甘肃省评为"守合同、重信用"企业。

长庆石油勘探局运输处愿广交国内外朋友，友好合作、互惠互利，以良好的企业形象和信誉、一流的工作质量，竭诚为国内外客户提供优质高效的服务。

地　址：甘肃省庆阳市育才路4号
邮　编：745100
电　话：0934-8592154 8592321 8592352 3226277
传　真：0934-8592154
联系人：吕利华　栾虎

广东技术师范学院

广东技术师范学院物流管理专业创办于2002年。为了适应我国特别是广东经济发展对物流管理人才的迫切需要，该院管理学系于2002年在工商管理专业基础上拓宽专业方向，增设物流管理方向，并招收了57名本科生，2003年经国家教育部门批准，正式以物流管理专业招生。目前该专业在校本科生100多人。根据2004年物流管理专业计划，将继续招收本科生60名、专科生60名。

该系现有一支以中青年为主的高素质师资队伍，其中教授3名，副教授10名。建有稳定的实训基地和软硬件设施一流的电子商务与物流管理模拟实验室。现正在筹备成立物流研究中心并与物流企业建立多种联系，寻找校企联合、产学研一体化的办学新路子，充分发挥该专业点的社会服务功能。该系渴求有志于物流事业的高层次人才加盟，为把该专业点建成南中国有一定影响和特色的人才培养基地共同奋斗。

该专业培养目标：本专业旨在培养系统掌握经济学、管理学基础知识，熟练运用现代管理方法和管理手段，既能适应现代物流管理需要，又能从事物流系统优化设计和物流经营与管理的应用型与创新型人才。

主要专业课程：运筹学、物流基础、物流采购管理、生产与运作管理、仓储与配送管理、供应链管理、条码技术与应用、物流与电子商务、物流信息管理、物流成本管理、国际物流、物流设备与技术、逆物流管理等。

就业方向：学生毕业后可到交通运输、邮电、航空、建筑、商贸等流通领域以及工业企业和物流中心等从事现代化物流系统的设计、维护和管理工作。

地址：广东广州石牌中山大道293号
邮编：510665
电话：（020）38256726、（020）38256727
传真：（020）38257699
邮箱：gsglx@gdin.edu.cn

江广物流有限公司

江广物流有限公司总部设在天津，是一家以公路运输为主，铁路、海运、民航为辅，集货物运输、仓储、配送于一体的大型物流企业。

公司具有雄厚的实力和规模，目前已在广州、上海、哈尔滨、无锡、大庆、沈阳、德州、淄博、临沂、西安、石家庄、太原、北京等城市已建立了分公司，货仓面积达20000平方米，具有10000吨的运输能力，成立了一支训练有素的运作队伍，实行了网络化管理。

成功地与光明乳业、恒康乳业等知名企业建立了仓储、配送、货代等业务关系。

本公司将以"客户至上、信誉第一、严格管理、优质服务"为宗旨，竭诚为客户提供最满意的服务。

地址：天津市东丽区钟河大街小振东668号
电话：86-22-26330441　86-22-26332046
总经理：邓小毛
传真：86-22-26336707

JIANG GUANG WU LIU

天津理工学院经济与管理学院

天津理工大学经济与管理学院在2000年由原天津理工学院管理系和造价工程师培训中心合并组建而成。合并以后学院进入快速发展时期，先后组建五系，七个专业：信息管理与信息系统系、工业工程系、投资与工程管理系(工程造价专业,工程管理专业,工程保险专业、工商管理系、广告学系，中加合作（mpm）项目管理硕士教育。组建经济与文化研究所和应用数学研究所；建立了全国电子商务工程师（天津）考试认证管理中心中国物流与采购联合会物流师培训认证中心、现代物流研究中心。现有计划内本科生1600人,研究生145人。

经济与管理学院拥有一支高素质的学术队伍，现有教职工84名，其中教授7名，副教授28名，教师队伍中95%以上具有硕士及以上学位，其中博士后3名、博士及在读博士18名。2000年以来，经济与管理学院完成了一批高水平的学术成果，出版学术专著、教材20余部，在核心期刊上发表论文170余篇，先后承担了100余项国家及省部级教学科研课题，其中2项获国家级教学成果二等奖，有4项科研成果获科技部等省部级三等奖，科研总经费达305万元。

经济与管理学院是天津理工大学首批获得硕士学位授予权的单位之一，设有三个硕士点,技术经济及管理硕士点,管理科学与工程硕士点，企业管理硕士点。学院还经国务院学位办批准，与加拿大UQ(魁北克大学)合作培养项目管理硕士（MPM),有学生85人。

经济与管理学院重视学术交流。近几年来先后主办大型学术会议10次，20多人次出国访问、学习进修和参加国际学术会议，与韩、日、加、英等国的著名学府和研究机构建立了稳定的学术交流关系。

随着天津理工大学“十五”规划的实施，经济与管理学院将继续坚持“关心学生，关心教师，关心发展”的办学理念，不断完善学科建设，逐步形成“育人中心”“研究中心“咨询与培训中心”的办学模式。

电话：022-23679753　传真：022-23680541

运一物流

运一物流公司为大型民营企业集团——湖南省平安轻化科技实业有限公司的全资子公司，集团现有员工2000多人，固定资产达6亿元，自购各类运输车辆400余台，建立了GPS计算机控制中心，配载网点已发展近200家，主要分布在湖南、广东、福建、浙江、上海、江苏、安徽、湖北、江西、广西、海南等省、市、自治区，是一家规模宏大、装备精良、管理科学、服务一流，具有核心竞争力的现代物流企业。运一集团将以雄厚的实力、健全的网络为您提供安全和快速的专业运输服务;运一人将以完善的配套设施和先进的信息平台为您提供异地采购、代收货款、一站式中转延伸的超值服务。面对激烈的市场竞争，我们始终坚持以创新为先导，全新推出国际流行的货物运输模式——公共货车，为所有客户提供前所未有的现代物流服务。

运一物流长三角公司

上海配送中心　电话：021-52232762　传真：021-52232761
公司地址：上海市闵行区刘范路390号
杭州配送中心　电话：0571-82878672　传真：0571-82870107
公司地址：通惠北路5号104国道入口处（萧山宁围镇宁新村直走）
温州配送中心　电话：0577-88410406　传真：0577-88410409
公司地址：新桥镇六虹桥路89号（金叶宾馆后面）
无锡配送中心　电话：0510-2444005　传真：0510-2444005
公司地址：无锡市金阳停车场66号
南京配送中心　电话：025-85567100　传真：025-85567100
公司地址：南京市栖霞区尧化门海子口拥军路民兵训练基地汇信达仓库

重庆交通学院
交通运输学院

重庆交通学院交通运输学院办学历史悠久，教学科研力量雄厚，学科梯队健全。学院在交通运输和交通工程领域有较高的研究水平，近几年来承担科研项目50余项，完成科研经费575万元，发表论文200多篇，出版专著7部，教材6部，获省部级以上奖励9项。现有重庆市惟一的“载运工具运用工程”硕士点和“交通运输工程”工程硕士点，有“交通机电研究所”、“巴士快速交通研究中心”和“交通工程研究所”，开设“交通运输”、“交通工程”、“轮机工程”、“船舶与海洋工程”4个本科专业。

交通运输专业培养具有汽车运用、运输规划与管理、物流组织、汽车销售、技术服务和汽车贸易服务等综合能力的高级应用型人才。交通工程专业培养具有交通工程规划与设计、交通运输规划与管理、公路勘测设计、施工组织管理、交通控制系统开发及交通管理等综合能力的高级应用型人才。轮机工程培养符合国际海事组织制定的国际海员培训发证值班标准（STCW78/95），具有轮机操纵、维修、管理和船舶维修、监造、检验等综合能力的高级应用型人才。船舶与海洋工程专业培养具有现代船舶与海洋结构物系统设计与管理、船舶贸易与经营、船舶检验、海上保险、海事仲裁等综合能力的高级应用型人才。

电话：023-62652284　传真：023-62652674

云南电力物资储运有限公司

云南电力物资储运有限公司是中国南方电网、云南电力集团公司直属云南电力物资公司组建的股份制企业，位于云南省昆明市东郊凉亭，紧靠昆明铁路局东货场，具有良好的仓储区位优势和较强的物流服务吸纳吞吐能力，公司注册资金888.38万元。主要经营仓储服务、物资配送、汽车货运、大件起重、装卸运输及中转业务，同时为客户提供铁路提货等综合物流服务。通过ISO9001:2000国际质量体系认证。

云南电力物资储运有限公司具有完善的管理体系和组织机构，其主管云南电力物资公司多年来承接了云南电力系统大中型电力基建项目及生产运行的物资供应工作，具有招标、订货、采购、仓储、运输、装卸等较强的综合管理能力和一条龙配套服务功能，在多年的大中型电力基建、生产的物资供应中，经受考验，积累了丰富的经验。

公司坚持“诚信为本，服务第一”的宗旨，以一流的质量、先进的物流管理和精湛的技术，为各方客户提供便捷、高效、优质的服务。

地址：云南昆明凉亭电力总库
电话：0871-3925610　0871-3924656
邮编：650215
传真：0871-3924484
网址：wz.yn.sp.com.cn

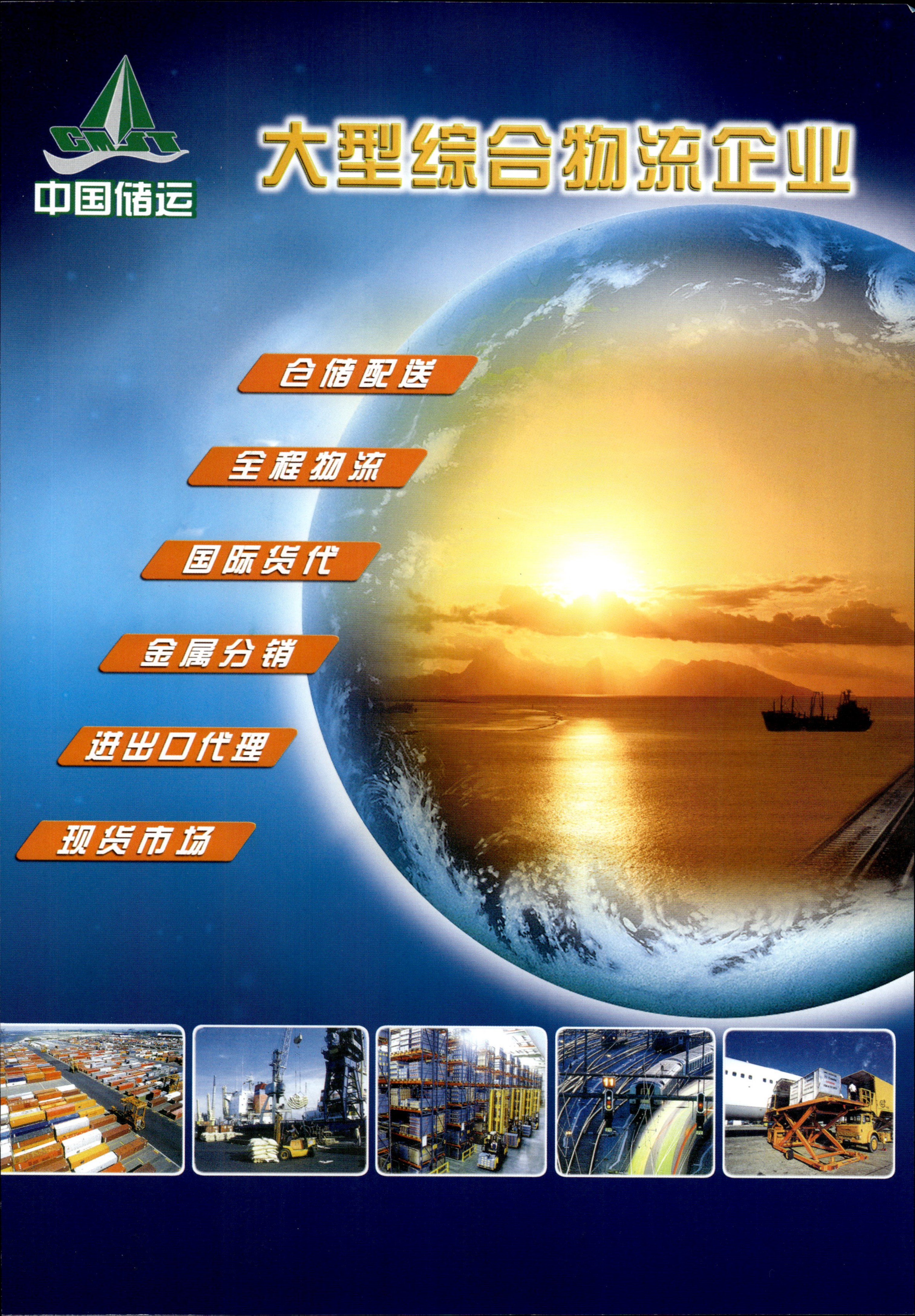
CMST
中国储运
大型综合物流企业
仓储配送
全程物流
国际货代
金属分销
进出口代理
现货市场

与世界同步
FOTON
欧曼雄狮

嘉里物流....
强化供应链效能
“嘉里物流的全方位物流方案，
保证货物妥善运送，优质的服务
每次足令客户称心满意。”
想找一个理想物流伙伴，把握商机适时推出货品，快人一步满足市场要求，持续赢尽客户信任与支持，商贸强势，由嘉里物流带动。
今天就与我们联络
+852 2211 9898
CYB/10/2004
www.kerrylogistics.com
Supply Chain Management 供应链管理
Integrated Logistics 综合物流
International Freight Forwarding 国际货运
Network Distribution 网络配送
• Vietnam 越南 • Philippines 菲律宾 • Korea 韩国 • Thailand 泰国 • Australia 澳洲 • USA 美国 • Germany 德国 • UK 英国
© 2004 Kerry Logistics Network Limited. All rights reserved.

南宁市商业贸易局

南宁市商业贸易局党委书记、局长唐志喜到物流企业讲课

一、 概况

2003 年，南宁市经济有了较大发展，物流量进一步加大。据统计，2003 年南宁市公路、铁路、航空、水运的货运总量为 11775 万吨。但是，目前南宁市物流业的发展无论从总体规模、企业数量、物流量、还是信息技术上看，仍处于传统物流阶段。目前南宁市的物流企业多是计划经济时代的仓储、运输企业更名发展而来，还算不上真正意义上的现代物流企业。

南宁市委、市政府提出了建设“大南宁”的战略发展目标，把商贸流通服务业作为南宁市的支柱产业，提出通过加快发展现代物流业，来强化商贸流通服务业的发展。发展南宁市现代物流业，加快南宁市物流基础设施和市场体系建设，把南宁市建设成为我国西南重要的物流中心和东南亚的物流中心。

二、 物流园区建设

自治区政府确定了5年内大力发展广西物流业的目标，提出在南宁、柳州和防城港三市建立现代物流园区；南宁市也确定了在“十五”期间建设的江南物流区、玉洞物流园、金桥物流园和城北物流园四大现代物流园区的战略计划，计划在2005年前要建成交易额30亿元以上的市场5个，交易额10亿元以上的商场、交易场2个；工农业额2—5亿元以上的商贸流通企业8个；交易额100亿元以上的物流配送中心2个。

四个现代物流园区将根据各自的地理位置、产业优势来确定各自物流发展的重点。 江南物流园区具有公路、铁路、航运和航空优势，又是南宁市传统的工业区和仓储运输中心，将通过对传统仓储和交通设施加以改造、提升，发展综合物流；金桥物流园区位于南宁市的两条环城公路——快速环道和外环高速公路之间，进出市区方便，将发展面向市区、以配送市民日常生活必需品和其他消费品的物流服务；玉洞物流园区与江南物流园区紧邻，可享受沿海经济开发区的土地、税收等各项优惠政策，园内外资企业较多，地价相对便宜，将着力引进国内外实力雄厚的第三方物流企业，与江南物流园区形成连片的规模优势。城北物流园位于城北区，是南宁市的老工业区之一，将利用老国有企业如重型机械厂等的闲置土地，发展钢材、汽车、机电产品等生产资料和大型消费品的物流配送。

协同、互动、共振、共赢

重庆新港装卸运输公司

重庆新港公司于1998年2月工商注册，其中，重钢（集团）有限责任公司占总额的55%，中国长江航运集团占总额的45%。公司注册地址：重庆市大渡口区李子林钢铁路34号。公司于1998年12月经重庆市港航管理局批准获得经营水路运输服务许可（许可证号：CSF0012）。

重庆新港港区位于长江北岸重庆市大渡口区大渡村，紧邻大渡口火车站，通过铁路专用线可装卸成渝铁路线上的各类货物，具有集水路、铁路、公路三位一体的交通运输枢纽和物流集散地的雏形。

重庆新港公司1999年元旦正式运营5年来，通过一手抓经营管理，一手抓码头建设，已发展为设施齐全、功能完善的现代化内河港埠企业。至2004年5月止，重庆新港公司有资产总额8347万元，固定资产7203万元，累计营业收入5503万元，累计利润总额达1689万元。

重庆新港公司在现有3号码头的基础上，为适应重庆直辖市的发展需要，充分发挥重庆作为长江上游港口城市的区域优势，于2002年5月开始动工修建1、2号码头，经过近4年的不懈努力，投资在6000万元左右的1、2号码头已于2004年6月完工。至此，重庆新港港口拥有能靠泊3000吨级船舶的码头泊位3个，其中，1、3号码头为滚装式多功能码头，设施为20吨和40吨吊机的双浮吊趸船。2号码头为直立式“T”型预应力钢构砼梁码头，配置100吨的桥式行车。在正常情况下，重庆新港港口集装箱的年吞吐能力在5万个标箱左右，堆场周转3万个标箱。件杂货、散货、机电设备、汽车等货物的吞吐能力在300万吨左右。

重庆新港公司新码头的建成，将为改变重庆港口装卸行业的落后现状，建立公平有序的市场竞争秩序，改善投资环境，发挥区域优势，促进现代物流事业的发展发挥重要的作用，将会缓解目前重庆市港口装卸紧张的矛盾，有力促进重庆市经济及重钢集团非钢产业的发展。

电话：023-68843109

传真：023-68843593

邮编：400084

重庆新港装卸运输公司

我们的追求

为客户创造价值，为股东创造价值，为员工创造价值。

铁道部党组书记、部长刘志军出席快运班列开行仪式

我们将以强：市场开拓能力强、经营管理能力强、产品创利能力强；

新：技术新、产品新、观念新、思路新；

快：反应快、行动快、变化快、企业成长快为目标。

中铁特货运输有限责任公司（简称特货公司）作为全国铁路特种货物专业运输公司，注册资本10亿元，由中铁特货运输中心及全国14个铁路局共同参股组建。主要经营特种货物的铁路运输及货物的装卸、仓储、配送、流通加工、包装、信息等相关物流业务；铁路运输设备、设施、配件的制造、安装、维修；铁路特种货物专用车及相关用具的租赁；铁路特种货物专用车装卸、加固用具的生产、销售、租赁。兼营货物运输及代理；国际多式联运；与上述业务相关的经济、技术、信息咨询和服务。

特货公司拥有雄厚的技术力量和经济实力，目前共有各型车8976辆。其中，大型车425辆，冷藏车7829辆，家畜车722辆。最大的车辆能够运输380吨重的大型设备，并能按照委托人的要求迅速做出装载加固及运输组织方案，对承揽的特大型货物运输实行一次签约、一票结算、一次代理、全程负责的方式，为客户提供周到、安全、快捷、优质的服务。2004年以来，组织开行了昆明到兰州、广州到成都的两趟冷藏运输班列，创立了铁路特种货物公司独有的运输品牌。

上海外高桥保税物流园区

SHANGHAI WAIGAOQIAO BONDED LOGISTICS ZONE

上海外高桥保税物流园区是上海市“十五”期间重点规划的项目，是国家促进国际港航产业与现代物流产业联动发展的先行先试示范区，是海关总署特定监管的物流园区，实现“监管合一”的管理模式，享受保税区和出口加工区的特殊政策，实施封关运作，被列入2003年、2004年上海市重大工程。物流园区东接上海港外高桥港区，西至外环线浦东北路，南连外环线绿化带，北靠港区码头，封关面积1.03平方公里。按照“统一规划、功能定位、适度超前、协调发展”的建设方针，项目从2003年1月正式投入开发建设，总投资28亿元，其中2003年~2004年6月基础建设和基础营运投资为16亿元；2004年7月~2005年12月产业开发和全面营运投资为12亿元。经过基础开发与功能提升、产业开发与项目引进、产业联动与市场开拓三个同步建设，建设70万平方米的现代化仓库，14万平方米的集装箱转运区，完成信息网络技术和综合配套设施建设，实现集装箱年综合处理能力100万TEU。建成具有资源优化配置、功能定位科学、产业结构合理、环境保护达标，区内外运行优势互补、经营专业化、规模化、集约化的国际化保税物流园区。

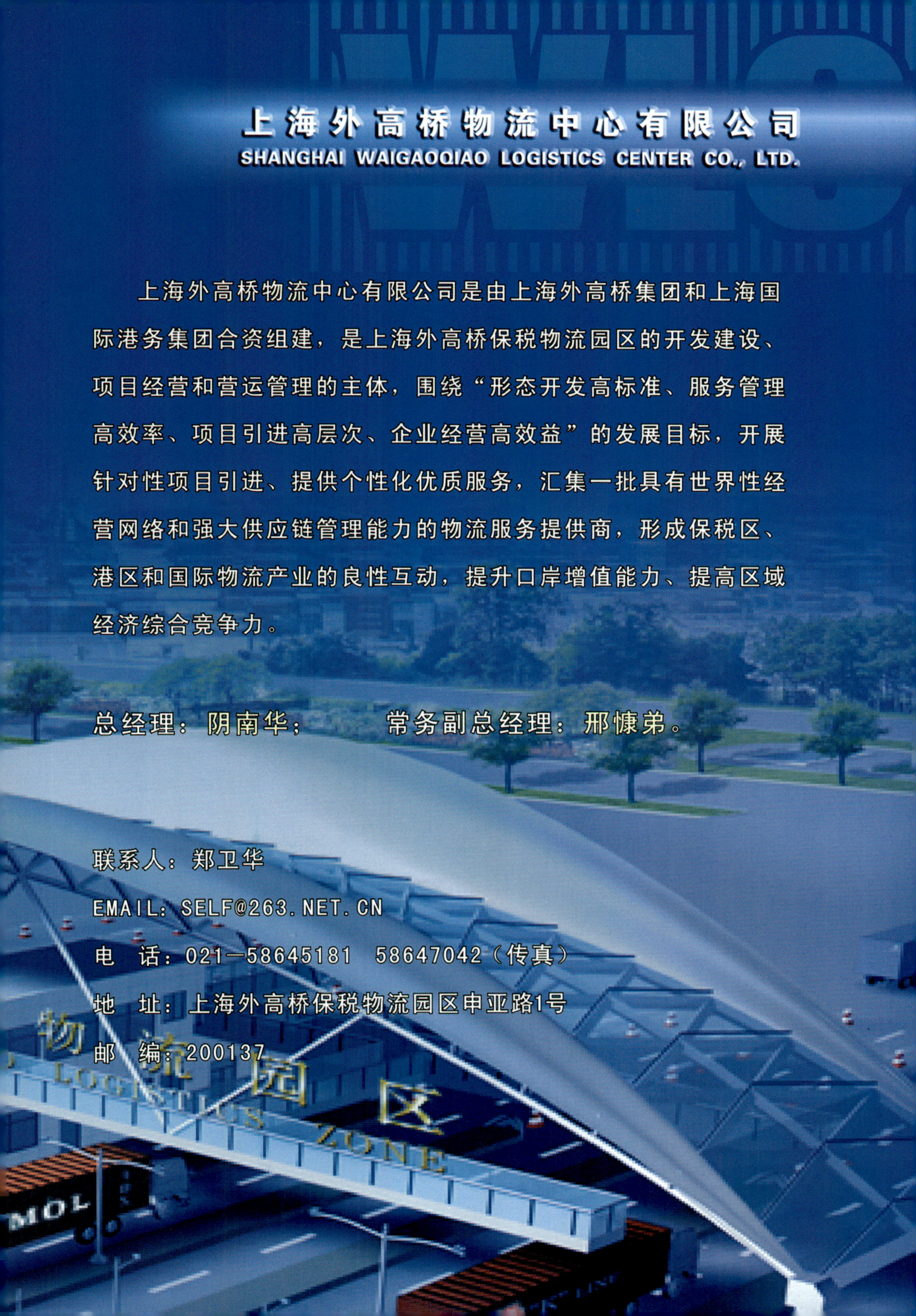
上海外高桥物流中心有限公司
SHANGHAI WAIGAOQIAO LOGISTICS CENTER CO., LTD.
上海外高桥物流中心有限公司是由上海外高桥集团和上海国际港务集团合资组建，是上海外高桥保税物流园区的开发建设、项目经营和营运管理的主体，围绕“形态开发高标准、服务管理高效率、项目引进高层次、企业经营高效益”的发展目标，开展针对性项目引进、提供个性化优质服务，汇集一批具有世界性经营网络和强大供应链管理能力的物流服务提供商，形成保税区、港区和国际物流产业的良性互动，提升口岸增值能力、提高区域经济综合竞争力。
总经理：阴南华；
常务副总经理：邢慷弟。
联系人：郑卫华
EMAIL：SELF@263.NET.CN
电　话：021－58645181　58647042（传真）
地　址：上海外高桥保税物流园区申亚路1号
邮　编：200137
物流园区
LOGISTICS ZONE
MOL

1层 家用电器
2层 家用电器 音响 音像制品
通讯产品
3层 精品家具
4层 房产超市 家装超市

D座

E座

-1层 灯饰 灯具
1层 工商银行

美居电动车、自行车专业市场
室外日杂市场（F街区）

F座

L座

1层 水暖 PVC
2层 鱼市 宠物

N座

玻璃市场
美居货运市场

O座

铝型材 铝塑板 不锈钢
铁艺 广告喷绘公司
装饰材料

就一个完美の大“家”

的必然，市场经济的必然，也是大众消费取向的必然。

西部大开发的日益推进，16个路陆口岸的开放，独联体经济特别是中亚五国经济的复苏，以及阿富汗战后重建的展开，新疆对国内外知名企业投资吸引力度的日益增大，都昭示着一个巨大的国际建材市场的广阔需求空间。

可以自豪地说，美居物流园在目前全国同类项目中，建设规模、建成速度、软硬件设施、周边环境等均占领先；广汇人在各界同仁的帮助下，又一次创造了新疆经济发展史上的“奇迹”，为实施自治区党委提出的突出重点、扶优扶强、率先发展天山北坡经济带，带动全区经济发展的战略要求，实现乌鲁木齐市委提出建经济强市、创旅游名城，充分发挥首府城市在区域经济中的“龙头”作用的战略目标，做出了积极的贡献！

石材 大化工
防水材料 货运市场

M座

中国物流实验基地——**中国物资储运总公司**

中国物流示范基地——**海尔集团**

中国物流示范基地——**宝供物流企业集团**

会员代表大会 — 理事会 — 常务理事会 — 会长、副会长 / 秘书长、副秘书长

专业委员会

物流技术与装备专业委员会	68391255
政府与企业采购专业委员会	68392226
生产资料市场专业委员会	68392229
托盘专业委员会(筹)	82535690
二手车市场专业委员会(筹)	68575955
医药物流专业委员会(筹)	63351699
汽车物流分会	68392227

秘书处职能部门

办公室	68391389
会员部	68391421
行业事务部(法律事务部)	68391310
标准化工作部(物流标委会)	68391311
国际合作部	68391416
科技信息部	68391323
培训部	68391413
事业发展部	68391321
网络事业部	68391312
会展部	68392228
研究室	68391422
财务部	68391316
人事工作部	68391419

实体单位

北京中物联物流规划研究院	68392231
北京中物联物流采购培训中心	68391413
北京中物联会展有限公司	68392221
北京博凯迪科技发展有限责任公司	88392081
中国物流与采购杂志社	68391393
中国物流与采购网(中国物流联盟网)	68391314

68582957 传真(Fax):86-10-68391256 68391388 68391350 68391415 68392774 网址(Website):www.chinawuliu.com

湖南全洲医药食品物流中心

公司董事长：周求华

物流创造价值
服务改变未来

湖南全洲医药食品物流中心是由湖南全洲药业有限公司秉着高起点、高标准、高要求投资建造的集药品、医疗器械和糖酒副食品批发，产品代理、物流配送、信息处理、电子商务及第三方物流为一体的大型现代化物流中心。

该中心是通过原国家经贸委[国经贸投资（2003）86号]审批并被纳入国家“双高一优”的重点项目，湖南省[湘建（2003）47号]的重点建设工程。物流中心总投入为4.8亿元，总征地面积47910.15平方米，总建筑面积49150.49平方米。

湖南全洲医药食品物流中心物流设备主要采用积层式货架、自动立体仓库、驶过式货架、堆垛机、传送带、无人搬运车、全自动拣货系统、红外线遥感温控系统等先进的物流设备；以及条形码、电子订货系统、销售网点管理系统、电子数据交换与增值网络、无线通讯拣货系统及数字显示提货等现代化、高科技物流技术和一流的管理。

库存量为50万箱，日吞吐量4万箱、日处理定单2000单的物流中心能为全国各地医药及糖酒副食品制造商、代理商提供产品下线后运输、验货、入仓、储存、分销、分装、整包、配送及信息处理等流通领域中的全程服务。销售收入近期可达30亿元，远期可达100亿元，年利税税额可达9270.03万元。并且能为国家、政府预防疾病救灾药品、急救药品的贮备及紧急调配作快速配送，同时确保农村各医疗合作单位的药品供给，是中南地区规模较大、设备较先进、信息交流较快、业务往来繁忙的医药食品物流交汇中心。

图1：托盘式立体自动仓库

图2：高速自动分拣系统

图3：有轨式自动分配搬送车

图4：移动货架

地址:湖南省长沙市中意一路518号
邮编:410116
电话:0731-5633606 5636287
传真:0731-5637730

广东西樵轻纺城

GUANG DONG XI QIAO Textile City

中国纺织工业协会会长杜钰洲（中）与广东省副省长游宁丰、佛山市长梁绍棠在西樵启动产业升级项目

广东西樵是中国纺织工业协会授予的＂中国面料名镇＂，也是中国纺织工业协会全国产业升级示范区。西樵轻纺城是中国三大纺织品批发市场之一，有＂家纺名城＂的美誉，分为面料、装饰布、牛仔布、纺织原料等销售区域，产品开发、检测认证、银行、网络、物流、进出口等配套服务完备。杉杉、雅戈尔、恒源祥、花花公子等300多家知名服装企业及欧美韩日、东南亚客商都锁定西樵面料。

西樵面料开发领先，拥有一批＂中国流行面料＂产品品牌、入围企业以及纺织开发基地企业和纺织科研开发机构。

拥有600多家商户的家纺市场，以品种领先、系列配套、圆网印花等优势，吸引着来自国内外乃至欧美客商，成为我国家纺产品的重要集散地之一。

在权威纺织展上西樵面料大受欢迎

加盟中国面料名镇

与世界同布

地址：广东省佛山市南海区西樵镇新城区
邮编：528211
电话：0757-86891133　86892232
传真：0757-86891132
网址：www.gd-textile.com
邮箱：xqfabric@21cn.net

北京交通大学现代物流研究所

Institute of Modern Logistics, Beijing Jiaotong University

刘凯教授

北京交通大学是国家重点大学，有108年的办学历史。该校交通运输学院拥有国家级重点学科，是交通运输规划与管理学科领域较早具有硕士、博士学位授予权和设有博士后流动站的单位。近年来向现代物流和供应链管理领域拓展，设立拥有硕士、博士学位授予权和博士后流动站的运输与物流学科，组建北京交通大学现代物流研究所，负责现代物流领域的科学研究、规划设计、技术开发、管理咨询、人才培养和业务培训，取得突出的成绩，深得业界好评。

现代物流研究所拥有雄厚的高水平的研究开发队伍，现有教授4名、副教授6名、讲师6名、博士生26名、硕士生20名。研究所所长刘凯教授是知名的运输与物流规划管理专家。现代物流研究所主要从事以下各种业务：

《大庆物流园区建设发展战略规划》项目评审会

1. 科学研究及管理咨询

承担有关省、市级政府及各类企业委托的有关物流业发展战略规划、交通运输发展规划、物流园区、物流中心发展规划、企业诊断及物流解决方案、物流系统设计、管理信息系统开发等各类科研、管理咨询和技术开发项目。例如，研究所主持完成《我国集装箱运输发展政策和系统配套技术》、《内地与香港间过境运量预测分析》、《平湖物流中心市场及可行性研究》、《在新疆建设中国西部商贸中心发展战略研究》、《大庆物流园区建设发展战略规划》、《山东省交通现代物流发展规划》、《河北省交通现代物流规划与政策措施》、《铁路运输业向现代物流拓展的总体规划与实施措施》、《中国机车车辆工业现代物流及供应链管理创新研究》、《江铃汽车集团物流外包解决方案》、《青钢集团物流管理解决方案研究》、《安庆帝伯格茨活塞环有限公司（ATG）供应物流解决方案研究》、《合肥物流中心建设发展方案研究》等。

2. 教学和人才培养

在现代物流与供应链管理、物流系统规划与设计、交通运输规划理论与方法、市场营销理论与实践、集装箱运输与多式联运等多个研究方向招收博士后、博士和硕士研究生；为本科生和各类研究生开设系列物流及供应链管理专业课程；编著出版该领域的学术专著和专业教材，为国家和企业培养该领域高级专门人才。

3. 学术交流及业务培训

广泛参与国际国内现代物流及供应链管理领域的学术交流，与美国、德国、澳大利亚等国家和香港、台湾地区及国内相关学会、协会组织机构保持良好的交流合作关系，跟踪学科前沿，促进学科和产业发展。与境内外相关机构共同举办多种形式及不同专门领域的现代物流培训、高级研讨班及物流项目考察，为广大企业提供智力及技术支持和服务，受到业界的好评和欢迎。

与香港生产力促进局共同举办“中国现代物流管理”高级培训班

《内地香港间过境运量跟踪预测及平湖物流中心选址方案》项目审查会

地址：北京北京交通大学交通运输学院
邮编：100044
电话：010-51686746，51686742
传真：010-51686881
邮箱：KLiu@center.njtu.edu.cn

湖南星沙国际物流园

HUNAN SINSA INTERNATIONAL LOGISTICS PARK

Http://www.sinsa56.com

湖南星沙国际物流园有限公司简介

湖南星沙国际物流园有限公司是一家致力于构建以海关功能、物流基地功能、商品展示功能、信息港功能、金融服务功能于一体的现代化物流平台服务运营企业。

该公司由湖南省星沙实业发展有限公司与长沙经济技术开发有限公司共同投资建设。公司注册资金1亿元人民币；园区位于长沙经济技术开发区内，总体规划占地3000亩，第一期规划近1000亩，总投资10.8亿元。

公司将以先进的管理理念，卓越的管理实践，国际化的视野，运用现代物流管理技术和设备，配合功能强大的物流园电子公共信息系统，整合社会物流资源，建立一个基于INTERNET技术、智能化、服务方式柔型、运输方式综合多样、集多功能物流服务于一体的现代物流园。

先进的物流结点、物畅其流

物流园位于湖南省长沙经济技术开发区内，京珠高速、107国道、319国道在此交汇，距黄花国际机场、长沙火车站、湘江码头均约十公里，地理位置优越，交通十分迅捷。

强劲物流需求、市场前景巨大

长沙经济技术开发区已经形成了以远大空调、三一重工为主体的先进制造工业，以LG曙光、长海视听、中芯数码为主体的电子信息产业，以华天铝业、长沙力元、为主体的新材料产业，以中粮、可口可乐、长沙娃哈哈、荷兰泰松、喜瑞来速冻系列为主的食品饮料产业，以金沙利彩印、金和包装、星沙包装为主体的轻印产业等五大产业格局。长沙市2004年总体经济规模(GDP)将超1000亿元，长沙经济技术开发区将超200亿元，按照物流产值占GDP15%计算，长沙市和开发区物流产值将分别达到150亿元、30亿元，具有巨大的市场前景。

三大平台构建、低成本运营

1、物流设施平台：形成集集货、仓储 、分检、配送、信息处理为一体的配送中心；提供货物露天堆场与集散区、不同功能的配送仓。

2、物流信息平台：集物流基础信息、物流供需信息、物流综合信息以及客户服务系统于一体的公共共享信息平台。

3、物流政策平台：入园企业将享受税收、海关、外汇、工商管理等优惠政策，开发区将对入区企业的审批、注册、登记、立项等一系列手续实行“一站式”办公流程，以简化企业入区程序、提高办事效率，为企业提供最大的便利。

五大功能量身打造零距离服务

1、海关功能：园区建有湖南二类公路口岸、快速监管中心，长沙海关入驻园内，按照国际惯例简化通关手续，货物进出口实行备案制和报关制相结合的申报制度，与海关之间实行EDI联网保报关，园区的进出口货物实行“直通式”通关模式。

2、物流基地功能：拥有中心管理区、仓储配送区和海关监管作业区，建设有办公楼、宾馆、公寓、商贸中心、会展中心、教学培训中心，满足入园企业全方位的需求。

3、金融服务功能：园区内设有服务于物流企业的商业银行网点，提供仓单等动产抵押 ，专业的担保机构为园区企业提供贷款担保。

4、物流信息港功能：园区的信息平台拥有强大的数据交换、信息发布、会员服务、在线交易、智能配送、货物跟踪、库存管理、决策分析、 金融服务等功能， 为园区企业提供一个开放、 可接受、共享的公共信息平台。

5、教学科研培训功能：物流园区拥有会展中心、教学培训中心，它将是湖南省内一个大型理论联系实际的物流人才培训基地。

联系我们

邮政编码：410100

电话号码：0731-4023396
4023496

传真号码：0731-4023296

网站地址：www.sinsa56.com

企业邮箱：server@sinsa56.com

通讯地址：长沙经济技术开发区
蒸湘中路新农行四楼

速度创造价值 • 合作成就未来

中国物流信息中心

CHINA LOGISTICS INFORMATION CENTER

中国物流信息中心是全民所有制全额拨款事业单位，由国务院国有资产监督管理委员会委托中国物流与采购联合会管理。业务范围和主要工作职能：一是负责全国物流信息统计工作、物流科技评审管理和物流信息化推广工作。二是负责对生产资料市场供需和我国物流发展运行情况进行监测、分析和预测，定期发布相关信息和分析报告。三是经原国家经贸委和国家统计局授权，承担全国生产资料流通行业统计职能。四是负责全国生产资料信息网络的建设与管理。中国物流信息中心组建十六年来，依托政府和行业，以统计信息为基础，以分析预测为重点，采用先进的信息技术和科学的分析方法，致力于对全国生产资料流通和物流行业进行定期监测和分析研究，建立了比较完善的监测、分析、预警预测体系和行业统计信息系统，在市场信息、网络、网站和数据库建设等方面取得了卓有成效的进展，为我国宏观调控、生产资料流通与物流行业发展和企业进步提供了决策依据和信息服务，成为生产资料流通领域和物流领域集信息采集、加工、分析与咨询于一身的权威行业信息部门。

联 系 地 址：北京市西城区月坛北街25号
邮 政 编 码：100834
办 公 室：010－68391427 E－mail：bxj@cflp.org.cn
综 合 信 息 处：010－68391223 E－mail：cxx@cflp.org.cn
物 流 信 息 处：010－68392173 E－mail：wzx@cflp.org.cn
科技奖励办公室：010－68391335 E－mail：yws@cflp.org.cn

中国物流年鉴

2004（下）

CHINA LOGISTICS YEARBOOK 2004

CFLP

中国物流与采购联合会

中国社会出版社
China Society Press

第四部分

区域物流与省、市、区物流

物流基础设施

流通速度、特别是物流速度，是目前制约我国产业升级的瓶颈。加快我国现代物流服务业的发展，将从整体上扩大流通规模，提高流通速度，降低流通成本，提高流通效率，从而改变经济运行的方式，增强我国的国际竞争力。我国现代物流基础设施的超常发展，为此提供了跨越式发展的基础。

一、物流基础设施的重要意义

现代物流的最大价值就是建立高效的供应链体系。没有以高效物流运作为目的的物流枢纽、配送中心等新型物流基础设施，所有的物流新概念都是空中楼阁，也很难实现高效的物流运作。

对于发展中国家的经济发展来说，完善其物流基础设施具有重要意义。其中狭义的物流基础设施，即交通、运输设施的完善，能使新的资源开发及已有资源有效的分配成为可能，通过原材料供给范围的扩大、产品销售市场的扩大、直接或间接与交通运输有关的工业的发展等促进经济发展。另外，交通运输基础设施发展，具有扩大社会分工范围的效果，以这种社会分工为基础形成经济区。

我国的物流基础设施近年来虽有较大改善，但仍不能适应现代物流发展的需要。改革开放以来，中国对交通运输基础设施已投入 1.5 万亿元人民币，从绝对数来讲，铁路、公路、港口、机场都处于世界前列，但每平方公里、每万人的运输网络密度就大大落后于发达国家，也比不了有些发展中国家。

继续加强物流基础设施的规划与建设，尽快形成配套的综合运输网络、完善的仓储配送设施，先进的信息网络平台等，为现代物流发展提供重要的物质基础条件，是我国目前物流业发展的重点。

二、我国物流基础设施建设现状

尽管近年来国家加大了对物流基础设施的投资力度，但相对于我国庞大的物流市场来说显然是捉襟见肘，多少有点苍白无力。我国的经济水平普遍较低，现代化水平不高，物流企业还处于起步和发展的阶段，基础设施专业化、社会化程度还不高。与国外相比较，物流基础设施不足仍然是制约我国现代物流发展的薄弱环节。

（一）物流基础设施建设逐步健全

长期以来，我国铁路密度小、复线和电气化率不高、行车速度慢；公路里程少、等级低，全国没有一条贯通南北和东西的高等级公路，港口吞吐能力低、规模小。这些基础设施落后的状况，不仅使我国长期以来物流方式严重落后于世界发达国家，而且也是制约我国经济发展的瓶颈。从硬件上讲，铁路、公路、港口、机场及物流中心、仓库等是物流业发展必不可少的固定设施，我国曾一度忽视物流，所以长期投资不足，物流硬件总体不发达。物流的基础设施极为分散，交通、铁道、航空、仓储、外贸、内贸等众多部门各把一块，单纯的物流企业很难整合这些资源，而且每个部门都在兴建物流设施，使得物流设施的建设过多、过热，造成物流设施的闲置。而且，由于地方的保护政策，使得物流的发展存在着相当的障碍。1998–2002 年，是我国公路、铁路、机场、港口等交通基础设施建设发展最快的时期。在实施积极的财政政策过程中，通过运用国债资金带动银行配套贷款，加大投资力度，多年来加大道路、铁路、港口、机场的投资建设力度，已初步建立起以铁路为骨干，公路、民航等多种运输方式协调发展的运输网络，促进了交通基础设施建设的快速发展，现代综合运输体系初步形成。2003 年全国交通统计主要指标如下表所示。

表　　2003 年全国交通统计主要指标

指标名称	计算单位	2003 年	2002 年
一、全国公路里程	万公里	180.98	176.52
（一）按技术等级分			
1. 等级公路	万公里	143.87	138.29
#高速公路	万公里	2.97	2.51
2. 等外公路	万公里	37.11	38.23
等级公路占总里程比重	%	79.5	78.3
#二级及以上公路	%	15.0	14.1
（二）按路面等级分			
1. 有路面里程	万公里	164.74	160.18
#高级、次高级路面	万公里	78.81	72.18
2. 无路面里程	万公里	16.24	16.34
有路面里程占总里程比重	%	91.0	90.7
#高级、次高级路面	%	43.5	40.9
（三）全国公路桥梁、隧道			
1. 桥梁：数量	万座	31.08	29.94
长度	万米	1 246.61	1 161.22
2. 隧道：数量	处	2 175	1 972
长度	米	1 000 790	835 144
（四）公路密度及通达情况			
公路密度	公里/百平方公里	18.85	18.4
通公路的乡镇比重	%	99.6	99.5
通公路的行政村比重	%	91.9	92.3
二、全国内河航道通航里程	公里	123 964	121 557
（一）等级航道	公里	60 865	63 597
#一级	公里	1 346	2 946
二级	公里	2 512	1 917
三级	公里	4 195	3 359
（二）等外航道	公里	63 099	57 960
等级航道占总里程比重	%	49.1	52.3
#三级及以上航道	%	6.5	6.8

（接上页表）

三、全国港口码头泊位			
生产用码头泊位个数	个	34 289	33 500
#沿海	个	4 274	3 322
按靠泊能力分			
#1 万吨级以上(含 1 万)	个	899	835
四、公路运输汽车拥有量	万辆	924.6	826.3
客车	万辆	352.2	289.6
货车	万辆	572.5	536.8
五、运输船舶拥有量			
艘数	万艘	20.4	20.3
净载重量	万吨位	7061.6	5705.6
集装箱位	万 TEU	57.1	48.6
载客量	万客位	100.2	97.9
总功率	万千瓦	2615.7	2199.6
六、全社会公路、水路运输量			
（一）全社会公路客运量	亿人	146.43	147.53
占全社会客运量的比重	%	92.24	91.74
全社会公路旅客周转量	亿人公里	7 696	7 806
占全社会旅客周转量的比重	%	55.72	55.26
（二）全社会公路货运量	亿吨	116.00	111.63
占全社会货运量的比重	%	74.29	75.29
全社会公路货物周转量	亿吨公里	7099	6 782
占全社会货物周转量的比重	%	13.18	13.42
（三）全社会水路客运量	亿人	1.71	1.37
占全社会客运量的比重	%	1.08	1.16
全社会水路旅客周转量	亿人公里	63	82
占全社会旅客周转量的比重	%	0.46	0.58
（四）全社会水路货运量	亿吨	15.81	14.18
占全社会货运量的比重	%	10.12	9.56
全社会水路货物周转量	亿吨公里	28 716	27 511
占全社会货物周转量的比重	%	53.32	54.43

(接上页表)

七、港口生产			
(一)全国港口货物吞吐量	万吨	329 646	279 939
#沿海	万吨	206 360	171 595
(二)全国港口外贸货物吞吐量	万吨	97 117	78 496
#沿海	万吨	88 410	71 200
(三)全国港口集装箱吞吐量	万 TEU	4 867	3 721
#沿海	万 TEU	4 455	3 376
(四)主要货类吞吐量	万吨	329 646	279 939
液体散货	万吨	45 486	38 548
干散货	万吨	177 530	152 996
件杂货	万吨	48 295	41 602
集装箱	万 TEU	4 867	3 721
滚装汽车	万辆	997	751
八、交通固定资产投资			
投资总额	亿元	4 136.16	3 491.47
占全社会固定资产投资比重	%	7.50	8.08
按使用方向分			
(一)沿海建设	亿元	240.56	138.42
(二)内河建设	亿元	53.80	39.95
(三)公路建设	亿元	3 714.91	3 211.73
(四)其他建设	亿元	126.90	101.36
九、水上安全			
水上交通事故	件	633	735
死亡和失踪人数	人	498	463
沉没或全损船舶	艘	343	384
事故直接经济损失	万元	38 009	16 135

1. 公路建设突飞猛进,形成了贯通全国的公路网。

(1)公路总量继续增加。2003 年底,全国公路总里程达到 180.98 万公里,比上年末增加 4.46 万公里。路网结构进一步改善。全国公路总里程中,国道里程 127 899 公里、省道 223 425 公里、县道 472 935 公里、乡道 898 300 公里、专用公路 87 269 公里,分别占公路总里程的 7.1%、12.3%、26.1%、49.7%和 4.8%。

(2)公路技术等级和路面等级不断提高。2003 年底,全国等级公路里程 143.87 万公里,占公路总里程的 79.5%。其中二级及二级以上高等级公路里程 27.16 万公里,占公路总里程的 15.0%,比上年末提高 0.9 个百分点。按公路技术等级分组,各等级公路里程分别为:高速公路 29 745 公里、一级公路 29 903 公里、二级公路 211 929 公里、三级公路 324 788 公里、四级公路 842 373 公里,等外路 371 090 公里。全国有路面公路里程

164.74 万公里，占总里程的 91.0%。其中高级、次高级路面里程 78.8 万公里，占总里程的 43.5%，比上年末提高 2.7 个百分点。按公路路面等级分组，各等级路面里程分别为：高级路面 344 271 公里、次高级路面 443 846 公里、中级路面 425 983 公里、低级路面 433 312 公里，无路面里程 162 416 公里。

高速公路里程增长迅速。2003 年全国新增高速公路通车里程 4 615 公里。其中山东新增通车里程 607 公里，广东新增通车里程 562 公里。另外，江苏、江西和云南三省全年新增高速公路通车里程也都超过了 300 公里。年底时，全国高速公路突破千公里的省（区、市）上升到 15 个。分别是：山东（3 018 公里）、广东（2 303 公里）、江苏（2 004 公里）、河北（1 681 公里）、辽宁（1 637 公里）、四川（1 501 公里）、浙江（1 438 公里）、河南（1 418 公里）、湖南（1 218 公里）、山西（1 211 公里）、湖北（1 074 公里）、安徽（1 070 公里）、云南（1 064 公里）、江西（1 040 公里）和广西（1 011 公里）。

（3）县乡公路里程大幅增长，公路密度进一步提高，公路通达情况有所改善。2003 年底，全国县道、乡道里程达到 137.12 万公里，比上年末增加 3.44 万公里，占全国新增公路里程的 77.1%。全国公路密度为 18.85 公里/百平方公里，比上年末提高 0.45 公里/百平方公里。全国通公路的乡（镇）占全国乡（镇）总数的 99.6%，通公路的行政村占全国行政村总数的 91.9%。全国还有 173 个乡镇和 56 693 个行政村不通公路。

（4）各地区公路里程持续增长，公路技术状况进一步改善。2003 年底，东部地区公路里程 57.91 万公里，比上年末增加 1.79 万公里，增长 3.2%；中部地区 62.38 万公里，比上年末增加 1.65 万公里，增长 2.7%；西部地区 60.69 万公里，比上年末增加 1.02 万公里，增长 1.7%。东、中、西各地区分别占全国公路总里程的 32.0%、34.5%和 33.5%。2003 年底，东部地区高速公路 15701 公里，二级及二级以上公路 13.05 万公里，分别比上年增加2 245 公里和8 479 公里；中部地区高速公路 8 315 公里，二级及二级以上公路 9.28 万公里，分别比上年增加1 320 公里和 9 248 公里；西部地区高速公路 5 729 公里，二级及二级以上公路 4.83 万公里，分别比上年增加了 1 050 公里和 4 109 公里。

（5）公路桥梁和隧道建设取得新成果。2003 年底，全国公路桥梁达 31.08 万座、1 246.61 万延米，比上年末增加 1.14 万座、85.4 万延米。其中特大桥梁 2 155 座、196.26 万延米，比上年末增加 255 座、24.41 万延米。其他桥梁情况分别为：大桥 17 417 座、306.17 万延米，中桥 6.35 万座、346.64 万延米，小桥 22.77 万座，397.54 万延米。全国公路隧道达 2 175 处、100.1 万延米，比上年末增加 203 处、16.6 万延米。其中特长隧道 27 处、9.97 万延米，比上年末增加 6 处、2.39 万延米。其他隧道情况分别为：长隧道 242 处、38.56 万延米，中隧道 746 处、38.07 万延米，短隧道 1 160 处、13.47 万延米。全国公路渡口有 514 处，其中机动渡口 434 处。

（6）公路养护和绿化里程不断增加。2003 年底全国公路养护里程达 170.58 万公里，占公路总里程的 94.3%，比上年末增加了 4.5 万公里，增长 2.7%。全国公路绿化里程达 95.8 万公里，占公路总里程的 52.9%，比上年末增加 18 099 公里，增长 1.9%。

（7）我国“五纵七横”国道主干线建设的进展速度也大大加快。“五纵”，同江至三亚公路、北京至福州、北京至珠海、二连浩特至河口、重庆至湛江；“七横”即绥芬河至满洲里公路、丹东至拉萨、青岛至银川、连云港至霍尔果斯、上海至成都、上海至瑞丽、衡阳至昆明；12 条国道总长 3.58 万公里，据 2004 年 3 月 28 日消息，刘江立交桥已经建成，标志着国家“五纵七横”国道主干线连成一体。

2. 铁路建设成就斐然，铁路运力快速提高。我国幅员辽阔，内陆深广，东西跨越 5 400 公里，南北相距 5 200 公里，各省会城市之间平均距离1 500 公里左右，铁路这种具有中长距离运输优势的陆上运输方式，在国民经济中占有举足轻重的地位。

我国铁路营运里程大幅度提高。我国铁路营运里程已经由 1997 年的 65 969 公里增加到 2002 年的 71 500 公里，居世界第三，亚洲第一。近五年建成新线 5 944 公里，到 2002 年末，全国铁路复线总里程 23 800 公里，电气化总里程18 300 公里。2002 年全国铁路完成货物发送量 20.4 亿吨，比 1997 年增加 3.2 亿吨；完成货物周转量 15 476.8 亿吨公里，比 1997 年增加 2 223.5 亿吨公里；完成旅客周转量 4 968.8 亿人公里，比 1997 年增加 1 383.9 亿人公里。

1997 年至今，我国既有线路先后进行了四次大面积提速，初步形成了“四纵两横”的提速网络，提速延展里程已经达到 13 000 公里，覆盖了全国大部分地区和城市。目前，我国铁路总营业里程排世界第三，完成任务量居世界第二，运输效率跃居世界第一。铁路经过四次大提速，客车平均旅行速度提高了 25%，特快列车最高时速从 120 公里提高到目前的 140 公里至 160 公里。2004 年 4 月 18 日，我国铁路进行第 5 次大提速，全国范围内时速 160 公里及其以上的线路将达到 7 700 延长公里，提速网络总里程将达到 16 000 多公里。

新建一批路网干线。由于大规模建设新线，加速改造既有线路，使铁路西南北通道、东通道、南通道及内部通道得到强化，五年间进出西南的通道能力比 1998 年翻了一番。煤运通道能力进一步加强，“三西”煤炭外运总能力增加近亿吨。铁路客运能力与机动性增强。北京至广州、深圳方向，实现了客运以京广线为主，货运以京九线为主；京沈方向形成新的客运专线通道。西部地区铁路网得到进一步发展，路网骨架基本形成。

3. 民航机场建设改造加大，空运能力明显增强。1998 年以来，我国新建、改扩建机场 50 个。建成竣工上海浦东、南京禄口、福州长乐、厦门高崎、海口、深圳、郑州、兰州、乌鲁木齐、延吉等 35 个新机场；完成首都机场航站区扩建、天津机场改扩建、上海虹桥机场飞行区改造、沈阳桃仙机场改扩建、大连机场改扩建、哈尔滨太平机场航站区扩建、石家庄机场跑道延长、合肥骆岗机场扩建、湖北襄樊机场改扩建、宁波机场改扩建、烟台机场航站区扩建、湛江机场扩建、太原机场改扩建等一批重点项目。

4. 航运设施建设长足发展，航运能力迅速提升。

(1)内河航道通航里程继续增加。2003 年底，全国内河航道通航里程 123 964 公里，比上年末增加了 2 407 公里。其中等级航道 60 865 公里，占总里程的 49.1%；三级及三级以上航道 8 053 公里，占总里程的 6.5%；五级及五级以上航道22 840 公里，占总里程的 18.4%。各等级内河航道通航里程分别为：一级航道 1 346 公里、二级航道 2 512 公里、三级航道 4 195 公里、四级航道 7 003 公里、五级航道 7 784 公里、六级航道 19 228 公里、七级航道 18 797 公里。全国内河航道通航里程超过万公里的省(市、区)有四个，分别是江苏(2.48 万公里)、广东(1.18 万公里)、湖南(1.16 万公里)、四川(1.07 万公里)。

2003 年底，全国有库区航道 8548 公里。全国通航河流上永久性构筑物中：有船闸 821 座，升船机 43 座，碍航闸坝 1 813 座。

(2)港口码头泊位继续增加。2003 年底，全国港口拥有生产用码头泊位 34 289 个，比上年净增 689 个，其中万吨级及以上泊位 899 个，比上年净增 64 个。全国沿海港口拥有生产用码头泊位4 274 个、其中万吨级及以上泊位 748 个；内河港口拥有生产用码头泊位 30 015 个，其中万吨级及以上泊位 151 个。内河港口万吨级泊位主要集中在长江干流和珠江水系，其中长江干支流万吨级泊位 139 个，珠江水系 12 个。

(3)港口码头泊位继续向大型化、专业化方向发展。全国沿海港口万吨级及以上泊位中，1–3 万吨级泊位 464 个，3–5 万吨级泊位 128 个，5–10 万吨级泊位 125 个，10 万吨级以上泊位 31 个；全国内河港口万吨级及以上泊位中，1–3 万吨级泊位 105 个，3–5 万吨级泊位 32 个，5–10 万吨级 14 个。全国万吨级及以上泊位中，通用件杂货泊位 273 个，通用散货泊位 109 个，专用泊位 472 个。专用泊位中原油泊位 49 个、成品油及液化气泊位 88 个、煤炭泊位 100 个、粮食泊位 26 个、集装箱泊位 134 个，均比上年有所增加。到 2003 年末，我国亿吨大港达到 8 个，分别是上海、宁波、广州、天津、青岛、秦皇岛、大连、深圳。其中上海港和深圳港集装箱吞吐量双双突破 1 000 万标准箱(TEU)，分列世界集装箱大港的第三、第四位。全国港口集装箱吞吐量连续5年以30%速度递增,2002年完成3 700万标准箱,比1997年增长3.7倍。2003年,我国港口集装箱吞吐量比2002年增长了1 100万标准箱,达到4 800万标准箱,跃居世界第一。

5. 公路、水路运输装备稳步增长。

(1)公路运输能力稳步增长。2003年底,全国在运管部门登记注册的公路运输汽车达924.6万辆,比上年增加98.3万辆。其中载客汽车352.19万辆、3 430.64万客位,分别比上年增加62.64万辆、458.3万客位;载货汽车572.45万辆、1 941.52万吨位,分别比上年增加35.67万辆,133.07万吨位。

(2)运力结构进一步调整。2003年底,全国拥有大型运输客车15.25万辆,比上年减少0.81万辆;大型普通载货汽车187.52万辆,比上年增加4.01万辆;专用载货汽车19.22万辆,比上年增加2.71万辆,其中集装箱车4.08万辆,同比增加0.79万辆。

(3)水上运输装备总量有所增加。2003年底,全国拥有水上运输船舶20.4万艘,比上年末增加0.1万艘;净载重量7 061.6万吨位,比上年末增加1 356万吨位;平均净载重量345.7吨,比上年末增加64.6吨,载客量100.2万客位,比上年末增加2.3万客位;集装箱位57.1万标准箱,比上年末增加8.5万标准箱;船舶功率2 615.7万千瓦,比上年末增加416.1万千瓦。水上运输船舶中,集装箱船1 432艘,集装箱位51.3万标准箱,分别比上年增加243艘和7.8万标准箱。

(4)内河、沿海、远洋运能进一步调整。2003年底,全国拥有内河运输船舶194 352艘,比上年末增加1 699艘,净载重量3 034.78万吨位,比上年末增加623.30万吨位,载客量86.29万客位,比上年末增加2.7万客位,集装箱位2.79万标准箱,比上年末增加1.78万标准箱;全国沿海运输船舶7 878艘,比上年末减少109艘,净载重量1 289.51万吨位,比上年末增加311.59万吨位,载客量12.84万客位,比上年末减少0.36万客位,集装箱位3.19万标准箱,比上年末增加0.69万标准箱;全国远洋运输船舶2 040艘,比上年末减少297艘,净载重量2 737.34万吨位,比上年末增加421.18万吨位,载客量1.08万客位,比上年末减少159客位,集装箱位51.12万标准箱,比上年末增加6.04万标准箱。

6. 交通基础设施建设投资迈上新台阶。2003年全国交通固定资产完成投资突破4 000亿元,达4 136亿元,比上年增长18.5%。其中公路建设完成3 714.9亿元,占总投资额的89.8%;水运建设完成294.4亿元,占7.1%;其他建设完成126.9亿元,占3.1%。

(1)公路建设投资规模继续加大。全社会完成公路投资比上年增加503.2亿元,增长15.7%。

(2)县乡公路投资快速增长。公路重点项目完成投资1 359.41亿元,比上年增加65.68亿元,增长5.1%;路网改造完成1 538.03亿元,比上年增加115.04亿元,增长8.1%;县乡公路完成817.47亿元,比上年增加322.45亿元,增长65.1%。

(3)中部地区投资增长显著。全年东部地区完成投资1 605.18亿元,比上年增长12.0%;中部地区完成1 247.63亿元,增长25.7%;西部地区完成862.09亿元,增长9.7%。

(4)公路建设资金以国内贷款和自筹资金为主。全年公路建设到位资金3 443.6亿元,同投资完成额相比,资金到位率为92.7%。其中东部地区资金到位率为97.3%、中部地区为86.4%、西部地区为93.3%。到位资金中,国家预算内资金占3.8%,车购税占11.5%,国内贷款占41.6%,利用外资占2.2%,自筹及其他资金占40.9%。

全年公路建设投资突破200亿元的省有五个,分别是浙江(281亿元)、江苏(271亿元)、河南(237亿元)、山东(209亿元)和广东(208亿元)。此外,全国还有13个省的公路建设投资超过100亿元,分别是:河北(118亿元)、山西(131亿元)、内蒙古(131亿元)、上海(114亿元)、安徽(140亿元)、福建(128亿元)、江西(152亿元)、湖北(156亿元)、湖南(128亿元)、重庆(101亿元)、四川(135亿元)、云南(140亿元)、陕西(131亿元)。全年新建公路6.3万公里,其中高速公路4592公里;改建公路 9.7 万公里。

2003 年全国港口及内河航道建设完成投资 294.4 亿元，比上年增加 116.0 亿元，同比增长 65.0%。其中沿海港口建设投资有所增加,内河港口和航道建设投资有所减少。全年沿海港口建设完成投资 240.56 亿元，比上年增加 102.13 亿元，增长 73.8%；内河港口及航道建设完成 53.80 亿元,比上年增加 13.84 亿元,增长 34.7%。

2003 年其他交通建设完成投资比上年增加 25.5 亿元，同比增长 25.2%。其中海事系统完成 3.99 亿元,救助打捞完成 2.26 亿元,科研教育完成 4.72 亿元,通信信息完成 0.59 亿元。

7. 交通行业 IT 投资前景广阔。2003 年中国交通行业 IT 投资市场规模为 83.5 亿元，与 2002 年相比增长 21%。交通行业作为派生需求性行业，以提供客运和物流服务为主的交通行业直接受宏观经济的影响,虽然受到 SARS 疫情的冲击,但在中国经济持续稳步增长的背景下，交通运输行业无疑仍具备广阔的发展前景。

2003 年铁路行业企业信息化建设主要围绕着网络平台的建设、基础信息系统建设和电子商务建设三大部分展开。民航业网络建设规模不断扩大,应用系统进一步完善,对 IT 产品、技术和服务需求持续上升。

公路信息化着重于高速公路机电工程建设,即通信、监控、收费三大机电系统,同时有不少省份逐渐进入交通网络的系统整合阶段，公路运输企业的 IT 应用向物流企业转化,信息化进程明显加快。水运企业 IT 应用中,沿海大中型港口和骨干水运企业目前主要业务已实现了办公自动化和网络化,运输企业在实现网络互通,信息共享的基础上,重视自身 IT 资源的增值服务,积极发展电子商务。

2003 年交通企业信息化建设以全行业总体系统建设和完善为重点，企业自身建设主要围绕着办公自动化、内部和外部网络建设以及业务系统(客运售票系统、运输管理系统、运营管理系统、财务管理系统、电子商务等)建设和完善。

2004 年中国交通行业预计 IT 投资额将达到 100 亿元,与 2003 年相比增长 19.8%。2004 年交通行业 IT 投资结构将进一步得到优化。总体表现在：全行业 IT 系统建设带来的机会。如铁路的 TMIS(铁路运输管理信息系统)和 DMIS(铁路运行指挥调度系统)、民航的全球分销系统(GDS)建设以及交通 EDI(电子数据交换系统)系统建设;行业建设发展带来的市场机会，如交通行业的电子商务、高速公路建设及区域网络化管理、运输企业向第三方物流企业转化等；已有系统升级换代带来的市场机会;区域智能交通(ITS)建设。与 2003 年相比,2004 年交通行业信息化建设表现出快速增长状态,从投资金额看,交通行业企业信息系统建设将围绕着办公自动化、网络建设、CRM、ERP、电子商务、人力资源管理和物流管理等展开。

另外,在中国,传统的仓库、码头和港口日益成为物流行业发展的瓶颈，基础设施的增值服务能力,生产力和商业价值正逐渐被人认可。虽然,各个行业供应链的压缩和新型商业业态的崛起使得物流基础设施的建设和投资成为新的商业机会，中国市场的独特性和政府在政策导向方面的影响使得物流枢纽和园区的投资和建设无固定规律可循，成功模式的建立尚需时日。负面的效果是，投资物流基础设施的热潮也加剧了中国物流行业流行“重资产,轻运作”问题的加剧。

因此,建立起一个全国性的、高效的和低成本的物流设施网络体系是中国物流产业实质性进步的重要前提之一。

（二）物流基础设施现代化和物流技术应用水平

物流基础设施和装备发展初具规模，但总体上看，物流设施的现代化和物流技术的应用水平还不高。

与我国经济发展的要求和发达国家相比,我国的物流设施与技术水平仍有很大的差距。

1. 交通运输基础设施总体规模小,按国土面积和人口计算的运输网络密度仅为美国的 19.6% 德国的 9%、印度的 25%和巴西的 71%,不仅远远落后于发达国家,而且落后于印度、巴西等发展中国家,特别是在主要运输通道上,客货运输能力严

重不足,交通运输的结构性矛盾也比较突出,没有充分发挥各种运输方式市场各自的优势,影响了运输效率的提高;

2. 现代化物流集散和储运设施不足,能够有效连接不同运输方式的大型综合货运枢纽和服务于区域经济或城市内部的各种物流基地、物流中心建设明显滞后;

3. 设施结构不尽合理,不能充分发挥现有物流设施的效率。如在运输设施方面,一是运输设施的区域布局不尽均衡,东部地区交通比较发达,而中西部地区特别是西部地区交通设施比较落后;其次,各种运输方式之间尚未形成合理分工关系,市场范围交叉严重,在同类货源上进行盲目竞争,使得各种运输方式不能合理地发挥各自的优势;

4. 技术装备水平较低,交通运输技术状况的参差不齐和运力结构的不合理,严重影响了运输效率的提高,如铁路在货运重载、客运高速、自动化管理方面,目前仍处于起步阶段,高等级公路仅占公路总里程的1%多一点,内河航道基本上处于自然状态,大部分港口装卸设备及工艺落后,效率低下,民航航空管制、通信导航技术及装备落后;在仓储设施方面,第三方物流企业拥有的仓库70%是普通平房仓库,现代化立体自动化仓储设施比例较低,具有冷藏、保鲜、气调的仓库更少。在使用的搬运工具中,人工搬运车、手推叉车和普通起重设备占到70%以上,而可视屏叉车等现代化的搬运工具却很少采用;第三方物流企业拥有的运输车辆中,普通车辆占到70%以上,现代化的箱式货柜和集装箱拖头及特种运输车辆却很少。

5. 物流标准化程度低,不同运输方式的装备和物流器具之间的标准都不一致,影响各种物流功能和要素之间的有效衔接与协调发展,影响物流效率的提高。

(三)物流基础设施建设规划存在问题

一方面,我国公路、铁路、仓储、商贸、交通等部门近年分别研究和制定了中、长期发展规划。这些部门的规划,在许多方面都和实现资源配置的物流过程有关,但由于独立制定本领域的发展规划,未能从完善物流系统的角度综合解决问题,这将会给以后的发展带来影响。

另一方面,现有规划的主要着眼点是纵横的交通系统,偏重于线路的建设,"结点"的规划和建设问题没有提到相应的高度。对"结点"的认识,还停留在枢纽、车站、码头、货场的水平,没有看到现代物流"物流基地"、"物流中心"对我国的重要性,大规模的物流基地建设还没有提到重要的议事日程上来。同时,规划中还出现了不少相对位置、布局、衔接、任务分担不合理的状况,一旦按规划建成,许多地方将面临极为严重的不合理物流局面,不但会造成交通问题和尾气、噪音污染问题,而且会大幅增加运输成本。

而就物流结点而言,公路、铁路、水运、空运规划还存在严重的脱节,缺乏综合的一体规划。例如,交通部门在北京市规划了6个公路"一级枢纽"和几十个二、三级枢纽,铁道部门也规划了自己的枢纽,但二者却没有考虑下世纪铁路、公路一体化枢纽(实际上就物流基地)的必然趋势。枢纽的建设费用相当高,大规模进行建设,需要耗费上千亿的投资,一旦建成之后,再行改变就会造成巨大的浪费。

此外,几十年形成的我国铁路运输格局至今没有发生重大改变。因当初公路运输不发达,需要广泛建立铁路小货站、专用线进行货物集散,再经凑整车皮、编组、编列及相反的拆解过程才能和铁路干线运输衔接,铁路不仅负担干线运输,而且负担集散运输,这是当前铁路货运费用高、时间长、服务水平低,不能满足企业现代生产方式的重要原因。

由于规划和管理的不合理,同时缺乏对不同物流方式进行衔接的"物流基地",许多不同物流方式不能在各自优势领域里运行,各种集装方式其联运的发展也不令人满意;同时存在过远距离的公路运输和过近距离的铁路运输等严重问题,浪费了国家大量的运输资源。

(四)物流设备

从物流设备上讲,我国的集装箱生产能力和国际市场份额都已居世界首位。各种物流设备制造企业及附属配件制造企业达3 000多家,一些企业积极引进国外技术消化吸收，提高技术水平，已可以独立制造自动化仓库、AGV、搬运机器人等产品。但总的来看，我国的物流现代化水平还不高，物流的整体装备存在不足，交通运输工具的装载能力、物流的自动化处理能力还比较缺乏，立体仓库、条码技术的应用还比较少。我国物流设备制造企业的规模一般偏小，承担大型项目及成套设备制造的能力不足，高技术产品的质量不够稳定，因而国外物流技术设备厂商如西门子、大福等纷纷进入我国市场。由于我国在物流基础设施以及烟草、家电、IT等制造企业和连锁商业企业的物流系统建设中对先进物流技术设备的需求越来越大，物流技术设备市场竞争非常激烈，一个物流中心或自动化仓库的建设项目经常有国内外多家企业参与竞标。

（五）物流软件

从物流软件上讲，随着互联网技术的发展，物流信息系统成为降低成本、提高效率、完善服务的基础。目前，我国电子信息产品制造业已成为制造业的老大，2002年我国固定电话和移动电话用户由8 354万户增加到4.21亿户，居世界首位，分别占世界总量的18%和19%。一些省区市实现了村村通电话。近5年，国内国际互联网用户由16万户增加到5 910万户；长途光缆线路长度由1997年的15万公里增加到2002年的47万公里。我国在程控交换、光纤通信等重要领域取得了群体突破，开发出一大批与世界先进水平同步的技术装备，包括数字移动通信、密集波分复用光通信系统等。电话交换实现了程控化，长途传输实现了光缆数字化。全国形成了“八纵八横”格状光缆干线，移动通信网、数据网、IP电话业务覆盖全国所有地(市)。世界各个国家和地区中，与我国建立直达电路及经接转开放电信业务的有200多个，开通移动漫游业务的有90多个。还建成开通了中日、亚欧、中美等多条国际陆地和海底光缆。

为了加快信息产业发展，我国采取直接引进、合资生产与自主开发三个层次互为推动的技术政策，依靠科技进步，走高起点、跨越式发展道路，通信网技术装备基本实现了由引进为主向国产为主的转变，通信网络综合能力实现了由小容量向大容量、由模拟技术向数字技术、由单一业务向多样化业务的转变。在信息技术领域，智能计算机、大型软件、光电子器件和微电子光电子系统集成以及通信等关键技术取得了重要突破，为国家信息基础设施建设和高性能公众信息平台的构建做出了贡献。特别是高性能计算机关键技术、通信网络技术以及具有自主知识产权的数字程控交换机技术的突破，不仅使我国在激烈竞争的世界计算机领域占有了一席之地，而且带动了我国整个信息产业的迅速发展。

与此同时，全国很多企业开始了再造企业流程，以市场需求为起点，以创造企业订单为经营原点，以信息化改造传统的产业存在模式和生产经营过程为主体，以推行电子商务为手段，积极导入现代物流理念和技术手段，为在全社会加快建立现代物流体系创造了微观基础。四大骨干网络的覆盖范围包括全国地市以上城市和90%的县级市及大部分乡镇，并连通世界主要国际信息网络，从而使EDI、ERP、MRP、GPS等一些围绕物流信息交流、管理和控制的技术得以应用。由于建立物流信息系统是传统物流企业向现代物流企业转变的基础，我国的物流软件市场正稳步增长。

但是从整体看来，我国绝大多数的物流企业还处于传统的手工作业阶段，不可避免地存在着误操作，信息技术应用水平较低。以信息系统建设滞后为例，一是工商企业内部物流信息管理和技术手段都还比较落后，如条形码技术、全球卫星定位系统(GPS)、物资采购管理(MRP)和企业资源管理(ERP)等物流管理软件，在物流领域中的应用水平较低；二是缺乏必要的公共物流信息交流平台，以EDI、互联网等为基础的物流信息系统在我国还没有得到广泛的应用。

三、加强物流基础设施的建设

我国政府已承诺加入WTO后，从2001年起，中外合资的道路货运及仓储服务企业将允许外商控股；2003年允许外商独资经营。由于道路货运加上仓储服务，再加上现代化的管理技术几乎就是现代物流的全部内涵，这就意味着外资将全方位地进入我国的物流领域。意味着外资将全方位进入道路货运市场。外资进入道路货运市场重点是物流服务、快件运输、集装箱多式联运、汽车维修等技术含量高、附加值高、市场潜力大的业务领域。事实上，全球有影响的几家物流企业如马士基、铁行渣华等公司凭借雄厚的资金已于1999年在上海建立内陆物流中心，一年后，已在全国多数中心城市设立公司，在重庆也设立了办事处，在我国迅速建立起物流网络。

因此，我们如若不加快民族物流业的发展，那么加入WTO之后，面对资金雄厚且具有丰富物流实践经验的外资企业，我们的运输企业或物流企业将很可能在物流领域的竞争中处于劣势。

（一）物流基础设施的建设要充分发挥市场机制的作用

在全面规划和充分论证的基础上，鼓励国内不同所有制投资者和外商投资企业参与物流基地(物流中心)的建设。物流基地的建设，要兼顾近期需要与长远发展，注重硬件建设与软件管理相结合。政府部门对公益性物流基础设施的建设，应在土地、资金、税收等方面提供优惠政策。物流基地(物流中心)的建设，一定要遵循市场经济规则，防止出现贪大求洋和盲目重复建设。

应重视对物流基础设施的规划，特别要加强对中心、交通枢纽、物资集散和口岸地区大型物流基础设施的统筹规划。规划工作要充分考虑物资集散通道、各种运输方式衔接及物流功能设施的综合配套。

（二）重视对物流基础设施建设的统筹规划

由于物流对于国民经济的发展具有十分重要的作用，建立现代物流体系是我国经济发展的必然要求，而现代物流体系建立的前提是必须要有先进的物流基础设施。因此，国家应该继续加强在物流基础设施方面的投资力度，并从宏观方面入手，作好总体的物流规划，以达到我国物流的合理化和物流整体效益的最优化。

建设完善的基础设施是发展现代物流的重要物质条件。从发展战略的角度看，对于交通枢纽、工业基地、商贸中心、物资集散以及口岸地区等重点区域，均需要建设综合配套的物流基础设施，包括具有一定规模和区位优势的物流园区、物流基地和物流中心。

当前，国内各界在发展物流建设方面的积极性很高，与物流相关的部门和企业都在规划建设自身发展所需要的物流中心，如工业部门规划建设物流仓储中心，商贸部门规划建设物流配送中心，运输部门规划建设物流货运中心等，这种各自为政的建设，容易造成物流设施功能单一，投资分散，重复建设和资源浪费。对此，政府主管部门要重视对物流基础设施建设的统筹规划，特别要加强对中心城市、交通枢纽、物资集散口岸等大型物流基础设施规划建设的统筹与协调工作。

我国应该及早制订出物流业发展的近期规划、中期规划和长期的战略规划，将有限的资金合理规划，权衡使用，投入到一些亟待解决的领域，改变目前我国物流业各部门互不协调、重复建设的现状。同时充分利用大中城市的地理优势和经济实力，建立一些大型的物流中心和配送中心，形成一个比较完整的全国性物流网络，从而推动物流业向集团化、联合化、规模化方面发展。

我国物流设备、特别是基础建设薄弱，而且在地区、行业、企业间分散着。建设物流设施是当务之急，但一兴起“物流热”，就到处建“物流中心”“物流基地”，令人想起20世纪90年代前期在全国到处兴建“批发市场”，花了不少钱，但布局混乱，重复建设。结果是建成了过多凌乱的初级市场，有的是有场无市，而且许多是政府行为。张皓若说，不少人认为我国物流设施短缺，但实际上，有许多码头、仓库、专用线利用率很低，目前全国仓库面积利用率平均不到40%。因此，在新建物流设施的同时，要重视现有设施的盘活和整合。现代化物流也是资本密集型产业，进入成本和退出成本都比较高，大规模投资要谨慎，尤其要避免在经营初期过度投资而造成负担过重。

目前深圳加强了对物流中心的建设，并将物流中心列为未来深圳经济结构的三大支柱之一，至今深圳已成为中国南部地区航运和物流中心的老大。另外,上海在浦东地区加强了对大型物流中心的建设,预计将成为全国乃至东亚地区最大的物流中心。

(三)资源整合

在积极引导推进企业物流设施建设时,要注重对现有资源进行有效整合,根据已有的运输、仓储、信息平台以及专业市场发达的优势,对现有的基础设施加以必要的改造和提升。

一是现有货运站场加大资金投入,完善仓储、装卸、包装、配送车辆等配套服务设施。在此基础上逐步开展运输代理、仓储转运、接取送达等与运输配套的服务业务。二是加强与加工制造企业的合作,充分利用这些企业现有的仓储、货物配送的服务。三是打破部门、行业界限,充分发挥加工制造和商业企业自备车辆和仓储设施的作用,鼓励他们充分利用自身货源优势,积极开展物流业务。四是根据地区发展规划,引进资金,建设一批现代物流中心,加快重庆物流设施建设,促进地方经济发展。

在硬件方面,要以大、中型货运站为基础,建立若干个物流中心和配送中心,完善仓储功能,构筑物流运作的物质基础。软件方面,以现有通信设施为基础,建立全国联网的物流服务信息系统,构筑物流运作的信息平台。

四、总结

目前我国物流的基础设施(交通运输、仓储设施和大型物流中心)和物流技术设备都比较落后,成为制约现代物流发展的主要瓶颈之一。可以预见,随着各地物流规划的全面实施和各种物流企业向现代物流企业的转型,对物流基础设施建设和现代化物流技术设备会有强劲的市场需求。

(供稿:华中科技大学管理学院
林 勇 马士华)

区域物流

环渤海区物流

以北京为中心的环渤海区以其无可比拟的政治中心优势和雄厚的经济实力，成为我国最重要的产业基地、消费市场和物流区域之一。在2003年区域经济整合的主旋律下，环渤海区各省市开始着眼于在区域经济的框架下发展物流，区域物流中心初步显现，国内外物流企业也加紧在该区域投资布局，区域内跨省市物流合作在探索中有所推进，环渤海区物流在整体上呈现出良好的发展态势。

一、区域物流中心初步显现

2003年，环渤海区内的北京、天津、大连、青岛等城市继续采取措施优化物流系统结构、构建物流服务平台，初步显现出区域物流中心的地位。

（一）北京：优化城市物流

以奥运物流的探讨为契机，北京不断明晰物流发展定位，从首都和国际大都市的经济特征、区位特征、消费特征以及对物流综合性服务的需求出发，以优化城市物流为主要目标。

目前北京市的物流系统主要存在如下问题：一是物流基础设施规模化与现代化程度低，很少有称得上物流中心的结点；二是物流信息化水平不高，工商企业内部物流信息管理和技术手段都还比较落后，缺乏必要的公共物流信息平台；三是物流服务水平与国际化大都市要求尚有差距，城市交通压力大，国际物流不通畅。为此，北京明确发展以服务商品消费为重点、以共同配送为主要形式的终端型物流；以服务商品生产与流通为重点，立足北京、面向环渤海区域、辐射北方地区的集散型物流；以及为商品进出口提供高效、有效服务的国际物流。

2003年，北京市对原来的货运枢纽系统规划进行了修编，新规划的货运枢纽站场从23个减少至10个，5个一级货运枢纽和13个二级货运枢纽的位置全部调到了四环路以外，地区分布也更为集中。调整后的一级货运枢纽主要分布在放射性公路主干线与六环路交会处，二级货运枢纽主要分布在城市主干道与五环路交会处。与此同时，拟投资110亿元的中国内地最大物流港北京物流港，由于位于东南四环、京津塘高速路的左右两侧，建成后将有大量载重卡车24小时往来于高速路上，这将会加重京津塘高速路的负担，进而影响亦庄和东南区域居民的生活。为此，北京市修订了物流规划，将物流港占300万平方米总建筑面积1/3的物流部分外迁到通州六环路的马驹桥，将马驹桥发展成为京东物流中心，依托区位及交通优势，建设口岸功能区、民用物流区、工业物流区三个发展分区。口岸功能区定位于提供一体化的国际货物流通服务，以口岸贸易为依托，提供集海关监管通道、集装箱业务、转口贸易、进出口报关等国际进出口贸易服务，力主把该区域建设成口岸设施及管理区、集装箱堆场区、保税区、监管库房区，为北京提供国际物流服务。

北京首发物流枢纽有限公司于2003年成立，开发、建设、经营北京西南公路货运主枢纽，定位于连接全国干线运输和城市物流配送的衔接点，为入驻的各种业态的物流公司、货运企业提供公共的物流设施平台，为北京乃至华北区域提供物流信息平台,为入驻企业提供集货、分拨和配送服务。与此同时,中关村数码物流港通过了国内外专家的研究与论证,力图为中关村的科技企业打造物流公共信息平台和交易平台。北京市商务局与北京海关等相关部门协商,将在大兴亦庄、朝阳电子城、顺义空港三地建立保税物流中心,为企业进出口提供便捷的国际物流通道。

(二)天津:打造物流城市

以海港、空港为基础的物流业是港口型城市竞争、创新和整体发展的基础,航运、航空业的发达会带动国际贸易的发展,而港航服务和国际贸易的发达又会带动投资的扩大和临港区域产业群和贸易链的形成,进而对国际金融服务产生巨大的需求,推动城市经济的繁荣和国际化进程的加快。处于环渤海区海岸中心的天津,正遵循这一港口型城市国际化发展规律寻求振兴之路。

在国务院发展研究中心的大京津经济圈总体规划中,天津市被列为“制造中心和物流中心”,天津市提出要举全市之力,用高标准、在高起点上加快发展现代物流,把现代物流作为天津市经济发展的五大支柱产业之一,每年将投资过百亿元用于物流基础设施建设,要在10年内使天津市现代物流体系从基础设施到管理体系均与国际接轨,力争成为我国和东北亚地区重要的物流中心城市。为了调动各方面的力量,以联合求发展,天津在国内率先成立了由26个委、局、办、物流企业、科研院校组成,主管市长任组长的现代物流组织推动领导小组。在政府机构改革“三定”方案中,明确由市交通委员会作为全市现代物流发展的统一的组织推动和行业管理部门,并建立了现代物流业管理办公室。

2003年,代表天津现代物流发展水平的八大示范工程进展顺利,保持了良好发展势头。天津港散货物流中心总投资已超过10.5亿元;天津港集装箱物流中心正加紧建设;邮政物流中心已经平稳运行一年多;天津市物流货运中心入驻企业已达到268家;开发区物流园区已全部完成基础设施建设;保税区在已经完成2.7亿元投资的基础上,又建成1.3万平方米的保税区世界精品直销中心;占地1.2平方公里的空港国际物流区正式投入运营,首期20家物流公司入驻;总面积43平方公里、首期规划23.5平方公里的天津空港物流加工区在建设之中。

天津港保税区是我国规模最大的保税区之一,经过13年发展,已经形成了多层次、多元化的国际物流运作体系,并借助跨国物流公司的先进理念、运作经验和市场渠道,形成了较完整的物流产业链和以信息化为代表的第三方物流服务平台,提高了保税区物流运作的层次和集约化水平。同时,对船代、货代公司、进出口贸易和仓储配送等企业的整合,增强了中国北方进出口商品在保税区的聚集度,进出区货物一直保持平均30%以上的增长速度。区内已有500多家物流企业和3 000多家贸易公司,与世界100多个国家和地区保持贸易往来,形成了汽车及零配件、电子信息、钢材、工程机械、石油化工等多种产品的分拨配送中心。2003年进出区货物突破210万吨,货值超过92亿美元,同比增长42%;完成进出口总额36亿美元,同比增长70%。德国奔驰、日本丰田通商、韩国现代等国际知名企业纷纷在保税区建立区域物流中心,成为推动保税区现代物流快速发展的引擎。

(三)大连、青岛:构建区域物流中心

位于环渤海区海岸两端的大连、青岛,以港口资源和条件为依托,围绕港口集疏运系统、港口保税及工业加工区、国际性贸易分拨中心的建设等途径,带动城市及区域物流的发展,通过港口物流组织的规模化、高效化,形成围绕港口发展的物流组织体系,构建区域物流中心。

大连的城市功能定位是区域性国际航运中心、商贸中心、金融中心、旅游中心和信息中心,这要求大连必须具备集散功能、生产功能、服务功能、管理功能、创新功能和辐射功能。为此,大连把发展现代物流业作为城市产业发展的重点,并将着重发展以港口优势为依托,以大进大出的保税物流为特征,辐射东北、面向世界的国际物流业。在全市发展现代物流的整体规划中,在大窑湾港二期附近辟建大连国际物流园,由大连保税区管委会与大连港务局联合建设,作为大连市发展现代物流业的主要载体。大连国际物流园具有由保税区、海港联合组成的多方位、立体化、快捷便利、政策优惠的物流运作平台和服务体系，可充分发挥保税区的政策优势，把保税区的功能延伸到大窑湾港区，港口与保税区的功能互补，充分发挥各自的优势，强强联合，将逐步发展成为融航运中心、商贸中心、信息中心、运营中心于一身的综合性国际物流中心。

2003年，由吉林粮食集团、大连良运集团发起，南北方铁路、港口和东北主产区粮食集团企业以及南方销区粮食加工企业共同组建的大连北方国际粮食物流中心，对于改造传统的粮食流通模式，实行资源整合、流程再造以及搭建一条南北粮食流通和链接国际市场的高速通道将起到极大的推动作用。东北地区是我国最大的粮食主产区，在粮食生产和流通方面有着举足轻重的地位。而大连在发展粮食物流方面则具备国内独有的区位条件和便捷的交通网络、良好的港口中转设施、宏大的仓储规模、健全的市场体系、较强的加工能力以及先进的信息平台等综合优势。整合并充分发挥东北地区粮食流通资源优势，用物流理念和技术，构筑新型的现代化粮食流通体系，对于深化我国粮食流通体制改革，加快我国粮食物流与国际接轨的步伐，对于在开放的市场环境下，进一步拓展粮食产区和销区的合作空间，对于充分发挥大连市的环境、口岸和基础设施等优势，促进粮食产业的发展，都具有十分重大的意义。

山东半岛投资规模最大的国际港口物流开发项目——青岛前湾现代国际物流园，2003 年在青岛保税区内破土动工。青岛前湾现代国际物流园位于青岛前湾湾底，是青岛第一个具有港口国际物流业概念的大型投资开发项目。项目总投资 5 亿多美元，包括由 7 个码头组成的集装箱综合港区和物流园区。集装箱综合港区包括 2 个 10 万吨级、3 个 5 万吨级集装箱专用泊位，3 个 3 万吨至 5 万吨级多用途泊位。物流园区由国际中转及转口区、综合物流配送区、物流增值区及展示交易区四大功能区组成，由青岛保税区与香港招商局国际有限公司共同开发建设，港方的投资比例在50%以上。整个项目的开发将分阶段进行。2005 年底前先期建成投产 2 个 5 万吨至 10 万吨级集装箱泊位及其物流园区，形成 100 万 TEU 的年通过能力；其余 6 个泊位在 2010 年底前全部建成投入使用，最终形成整个港区 200 万 TEU 的年通过能力及保税物流园年处理通关货物 2000 万吨的能力。这个项目的主要特色和优势是实施“港区联动”，开展港口保税物流业务。项目建成后园内企业将享受保税区优惠政策，充分发挥保税区的自由贸易、国际物流分拨等功能优势，依托前湾深水港，延伸港口服务链，着力发展集装箱中转、转口贸易、物流分拨、跨国采购、简单加工及服务贸易等业务，最终建成具有国际水平的港口物流园和东北亚地区国际物流中心。

二、物流企业着手区域布局

由于环渤海区正处于中国辽阔的北方内地与东北亚交汇的中心点，连接中国华北、东北、西北，面向太平洋，是一个理想的物流中心，也是中国物流市场热点区域之一。2003 年，国内外物流企业着手在环渤海区设点布局，构建各自的物流平台。

（一）中邮物流

2003 年 10 月，中邮物流开通了以北京为集散中心的北方集散网，网络覆盖区域包括北京、天津、河北、内蒙古、山西、山东、河南、辽宁、吉林、黑龙江等 10 个省、市、自治区，公路频次为每天一班，其中河北线包括石家庄市、邯郸市、邢台市、保定市、张家口市、承德市、唐山市、秦皇岛市、沧州市、廊坊市、衡水市地区。该网以干线为结点，以省内网为链接，充分利用北京良好的经济环境和优越的地理位置，以环渤海区为基础，构建一个北方区的物流大平台，实现货物区域分拨，车辆区域调配，达到综合效率最高，成本相对较低，迅速提升中邮物流在北方地区的整体运作能力。

（二）佐川急便

2003 年 10 月，北京京泰投资管理中心、住友商事（中国）有限公司与佐川急便亚洲株式会社共同投资成立的北京住商佐川急便物流有限公司进军北京市小件货物配送业。公司在北京市设立了

10个货物运输中转站，配送范围辐射北京市所有区域，实行 24 小时到达服务，并通过省际普通货物运输、快速货运等服务逐步扩展到环渤海区及其他区域。

（三）大通国际运输

2003 年 9 月，位于北京市顺义区天竺空港工业区，占地 67 亩，总投资 8 000 多万元人民币的大通物流中心开始兴建，这是上海实业与大通进行股权重组以来至今，大通在物流基础设施方面最大的一次投入，该项目的启动，意味着大通在北京等战略区域加大核心资源投入的序幕已经拉开，大通物流网络建设也会由此提高到新的水平。

（四）中远物流

2003 年 9 月，在香港上市的中远太平洋宣布以 11.8 亿元人民币向母公司收购中远物流 49% 股权，中远物流公司将更名为中远物流有限公司。中远物流将会把收取的 7.34 亿元现金中约 80% 的部分用于兴建北京、大连和青岛等地的地区分拨中心、仓库和堆场，并开发物流信息系统，另有约 16%的资金将用于提升和发展销售网络，投资和改良物流支援资产。

三、区域物流合作有所推进

随着环渤海区经济一体化的趋势不断加快，京津空港已经实现了一体化，海港和信息港也在走向一体化，整个环渤海区经济一体化趋势在加快发展。没有现代化的物流业，就不可能有高效的区域合作，推动港口、交通合作正成为环渤海城市间合作的突破口。2003 年，天津提出了三个“靠近”北京的交通项目，同时开辟新京沈通道、建设大连至青岛的跨海铁路也在筹划中。这些项目势必为环渤海区域尤其是京津冀的物流合作开辟新天地。

经国家发改委、建设部、交通部同意，天津、北京两市决定，除京津塘高速公路外，将增建京津高速公路南、北两个通道。即将建设的京津高速公路南通道起自北京，与河北省相关地区城镇布局和综合交通运输网络相衔接，终至天津，与京沪高速公路相连。该通道主要解决北京至华东方向的过境交通问题，兼顾京津之间的联系功能。北通道起于北京，止于天津北塘，主要为加强京津两市经济发展重点区域的联系，加强天津港为北京市的服务，加强天津为在北京举行的 2008 年奥运会服务，实现京津两大机场共同发展，并兼顾北京至华东方向的过境交通功能。2003 年，京津两市高层已就此签署一份会谈纪要。双方均表示，将以该高速公路通道一体化建设为契机，进一步加强两市间经济和社会发展的全面合作。

2003年，天津规划将滨海国际机场扩建至 12 万平方米，其中 6 万平方米和相应配套设施已于年内动工。天津城市地铁、京津城际客运专线、京津塘高速公路二、三通道等也将逐步引入天津机场。京津机场一体化进程加快。根据扩建规划，天津机场将坚持“以货为主、客货兼营”的原则，充分发挥国内干线机场、国际定期航班机场的作用，努力建设中国北方地区航空货运中心，加快京津机场分工协作、优势互补的一体化进程。

环渤海地区具有四个亿吨大港，区域一体化使得加快港口合作成为必然。2003 年，津、冀两省、市达成共识，以天津海滨大道与河北省沿海高速公路相接，将天津港、黄骅港、京唐港、秦皇岛港四大港口连接起来，使之成为渤海之滨连接港口、沟通水陆物流动脉的新干线，以有效缩短环渤海四大港口之间的通行距离，从而在促进环渤海区大物流圈的形成中发挥积极作用。

（供稿：中邮物流有限责任公司 田学军）

长江三角洲物流

已跻身世界六大城市圈的长江三角洲（长三角）经济圈，正在加速推进现代物流的协调发展。2003年是长三角区域物流快速、协调发展的一年；打造无障碍区域物流圈，正在逐渐成为长三角各级物流主管部门的共同愿望。2003年长三角物流的快速推进，受到了国内外的广泛关注。

一、长江三角洲物流发展特征

（一）区域物流协作进一步具体深入

进入21世纪以来，长三角经济的协作发展受到了各级领导、各级政府的高度重视，

以上海为龙头的区域物流协作格局已基本显现。2003年更是区域物流协作全面发展的一年，2003年8月在杭州举行的《长江三角洲物流合作高层论坛》进一步推动了长三角物流协作的具体深化。截至2003年底，长三角各地区在以下几个方面开展了切实有效地合作：

1. 物流人才方面：2003年4月，长三角19个城市在上海共同发表了《长江三角洲人才开发一体化共同宣言》。宣言要求，通过长三角人才开发的资源共享，建立长三角区域人才开发新机制，逐步形成统一的人事制度框架、人才大市场和人事人才服务体系，最终实现区域内人才的自由流动。此次，南京、杭州、宁波、苏州、无锡、上海等6个城市共同发起成立的"长江三角洲紧缺人才培训服务中心"，率先拉开区域内证书互认、人才共育的序幕，其中物流人才培训项目是这次紧缺人才培训的六个最重要项目之一和推广的最深入的项目之一。在《长江三角洲物流合作高层论坛》上还形成了"长三角物流人才开发一体化研讨会纪要"，更是促进了长三角地区物流人才的统一培养步伐。

2. 物流信息化方面：2003年9月，长三角16个城市确定在长三角城市建立一个统一的信息平台，各城市商贸物流的数据资源都将纳入这一集成的信息平台。该信息网已经确定了有效运作的协作机制，并已经开始着手建立《长江三角洲市场信息数据库》，和制订《长三角电子地图的建设方案》等。

3. 物流基础设施规划方面：2003年的16个城市协调会议上确立了将基础设施规划作为长三角五大专题协作之首，协调做好区域内公路、航道、港口等交通基础设施项目规划，并着手具体研究长三角城际快速轨道交通线的规划工作。尽管物流基础设施规划协调才刚刚起步，但对长三角物流发展的促进作用非常大的，它必将刺激物流需求与物流供给的大幅度增长，大大改善企业物流的运营环境，有效推动长三角区域物流的快速协调发展。

除此之外，长三角区域在物流标准化认证方面、在资金流方面也打破了原来的行政壁垒，加强了区域内的互动与协作。

长三角物流协作的具体深入，提升了人们合作共赢的新理念；通过建构"长三角物流合作经济圈"，实现了物流资源的大整合，带动了区域内物流的蓬勃发展。温家宝总理2003年8月视察上海时针对长三角提出的16字方针："突出特色、优势互补、密切合作、共同发展"，更是进一步为长三角区域物流协作指明了发展方向。

（二）港口物流发展迅猛

尽管经历了SARS的严峻考验，长三角物流需求还是在稳步增长，航空、公路和铁路货运量在2003年上半年有一个小幅回落，但到了下半年SARS危机以后，各类货运量迅速回升。从全年来看，航空、公路和铁路货运量均保持了正常的增长势头，增幅均在5%–15%之间。

应该特别指出的是，长三角港口物流不但没有受到SARS的影响，反而出现了迅猛增长，体现了长三角国际物流需求的快速增长。

2003年上海港货物吞吐量突破3亿吨大关，位居世界第二大港。港口集装箱吞吐量完成1 128

万标准箱，位居世界第三位，同比增长高达31%；宁波港也不甘示弱，全年共完成集装箱吞吐量275万标准箱，同比增长48%以上，货物吞吐量也突破1.85亿吨，同比增长20%以上，其增幅已连续5年居我国沿海主要港口首位，充分显示了宁波港强劲的发展势头。

除上海、宁波港口以外，长三角的其他港口，例如南京、苏州，温州等港口其货物吞吐量和集装箱吞吐量也均有较大幅度的增长。随着近几年长三角港口群的统筹规划、合理布局、优势互补和共同发展，以上海、宁波为核心的港口群优势已初步体现，长三角已初具全球集装箱运输中心优势，加快了上海国际航运中心的建设速度。

（三）口岸物流信息化水平不断提高

在2002年上海大通关的基础上，2003年上海又推出EDI完全无纸通关，海关计算机系统利用信息化技术和联网监管的优势，对进出口货物报关单证和报文进行自动处理，在确保专业化审单、物流监控和实物放行三大环节相互衔接、连续作业的基础上，实现了联网申报、联网付税、联网核查、联网验放、联网监控的电子通关（完全无纸化通关）。由于快速、便捷、安全以及能实现在“家”办理通关等特点，无纸通关正日益受到进出口企业的青睐，大大刺激了国际物流的有效需求和供给。

更进一步，从2003年10月1日起，在市政府的统一部署下，上海口岸在全国率先实行了“5+2天”工作制，包括节假日、双休日在内天天通关。目前上海口岸通关效率已与世界先进水平相当，上海通关效率的提高，带动了整个“长三角”地区的经济和物流的发展。上海市目前正在努力建设国际航运中心，为上海的国际货运代理企业开展物流业务创造条件。其中最重要的两大举措就是提高口岸工作效率、建立一个基于因特网的电子报关系统和加快电子商务在物流业中的应用、开发建设物流管理信息系统。

宁波海关也大胆推出了新举措。在提高通关信息化水平的基础上，宁波海关还与宁波所有的船代公司全面推广“提前报关，实货放行”的通关模式。在该模式下，操作流程从原来的“串联式”变为“并行式”，大大提高了通关速度，缩短了货物在港滞留时间，减少了企业储存、租箱等造成的货物滞港费用。

南京的港口物流信息平台也有长足发展。南京已全面建立了工业产品交易信息平台、面向长江流域的多式联运物流信息平台以及面向国际口岸的公共物流信息平台。南京的王家港物流中心耗资1 000多万元建立起了计算机网络处理平台，这是南京市第一个以先进的计算机网络技术为支撑，以物流为载体，进行电子商务交易的综合物流信息中心。

（四）物流基础设施建设如火如荼

2003年，长三角地区的物流基础设施建设延续了2002年的火暴场景。

上海市2003年掀起了高速公路建设的又一个高潮。上海市“15、30、60”高速公路网建设推进迅速，A30、A2、A6、A7等高速公路建设进入施工高潮；A5、A9（西段）高速公路开工建设，全年新增高速公路240公里。《上海市高速公路网规划》中规划的上海市立体交通网络轮廓已初步显现。2003年也是江苏、浙江高速公路建设的“高速年”，特别是宁杭高速公路的初步建成，将为长三角物流产生重要影响。除此之外，江苏省的过江通道建设、沿江高等级公路网建设，沪杭甬高速公路的拓宽、上海与浙江之间的沪杭高速公路复线（杭浦高速，杭州直接到上海浦东）建设，以及将连接上海、浙江、江苏安徽等省市的申苏浙皖高速公路建设等重大公路建设工程也都在紧锣密鼓的进行之中。

另外，举世瞩目的杭州湾大桥、一期总投资超过3亿美元的江苏南通洋口港基础设施工程、世界第一斜拉桥苏通（苏州–南通）长江公路大桥、沪通（上海–南通）铁路等重大基础设施也都也都拉开了开工建设的新阶段。

江、浙、沪运管主管部门已初步达成推行长三角区域运输一体化的协作意向，并于2003年8月签署了《长江三角洲道路运输一体化共同宣言》，贯通长三角区域的综合立体交通网络已进入实质性运作阶段，长三角各地区的物流园区2003年已开始进入实质运作阶段，中外资企业已开始进驻或投资上海西北物流园区、上海浦东国际机场物流园区、南京王家湾物流园区、南京禄口空港物流园区等大型物流园区；另外，2003年8月，依托洋山深水港的巨大发展空间，洋山深水港物流园区正式开工建设，上海将着力打造亚洲最大的集装箱物流园区，并与洋山深水港码头同时投入使用运营。长三角物流园区建设已进入全面建设和投入运营的关键阶段。

（五）外资大举进军长三角物流

随着加入WTO后的逐步开放、祖国内地与香港《内地与香港关于建立更紧密经贸关系的安排》(CEPA)的正式实施以及长三角投资环境的进一步改善，外资和港资大举进军长三角，而其中的大部分资金投资于物流基础建设和物流园区的建设。欧美和香港企业家在长三角地区的物流投资布局呈现出开发园区和交通线路相结合并向四面扩散的特点，投资领域正在不断扩大。

例如江苏目前实施的沿江开发战略和东陇海线开发项目，就为引进外资（港资）开拓了广阔空间。江苏充分利用了这一有利条件，进一步加强了与欧美、香港之间的物流合作，启动了一大批新的物流项目，这些项目中既有综合性的物流园区和专业化的物流加工配送，也有为沿江经济开发而配套的物流基础设施项目，这些项目普遍投资规模较大、技术水平较高。例如，苏州白洋湾物流园投资规模达到30亿人民币，张家港保税物流园区投资规模20亿人民币，无锡现代金属物流园区投资规模11亿元人民币，南京丁家庄物流中心投资规模6.8亿人民币，南通国际物流及国内配送中心投资规模2亿人民币，这些项目的建成运行必将对江苏和长三角物流的发展产生积极深远的影响。上海、杭州以及沪杭高速沿线也是外商（港商）非常青睐的投资区域，该区域的外资引进数量均有较大幅度的增长，上海、苏北、浙北等地区已经成为又一轮外资的聚集地。

另外，2003年也是跨国物流巨头蜂拥而至的一年。由于世界五百强公司中已有400多家在长三角投资，世界上最主要的电脑、电子产品、电信设备、石油化工、汽车等制造商已将其生产网络扩大到长三角，长三角已经成为了世界级制造基地，因此像马士基(MAERSK)、德国邮政物流（DHL）、英运物流(EXEL)等几乎所有的物流巨头均纷纷登陆长三角，开始了对外商独资企业、中外合资企业、进出口企业、连锁超市企业、甚至中国本土企业的物流咨询和综合增值物流服务。

（六）行业物流形成激烈竞争市场

2003年，长三角的第三方物流也有了较大程度的发展，第三方物流市场细分已经凸现，市场格局日趋清晰。特别是汽车物流、石化物流、家电物流、冷藏物流、医药物流等行业物流分别形成一定的市场竞争空间，在市场竞争中优胜劣汰的规律已逐步明显。

例如，随着我国汽车消费市场的迅速扩张，汽车物流市场空间也在不断扩大。但从2003年下半年开始，外资进入长三角汽车物流市场的步伐明显加快，至年底，长三角汽车物流市场已经形成了群雄割据、激烈竞争的局面。由于国内大多数汽车厂商产销各成体系，汽车物流企业各自为战，造成运输车辆空载率高，仓储成本居高不下等问题，已有多家汽车物流服务提供商感到了压力，遇到了挑战。

二、长三角物流发展存在的问题

2003年，长三角物流保持了健康快速发展的良好势头，但在发展中也存在一些问题：

（一）物流园区建设缺乏协调，低水平重复建设情况较多

在江苏、浙江提出“融入大上海、接轨长三角”以后，长三角各地市纷纷作出自己的物流规划，着力构建自己的物流中心，都想“做大做强”本地物流业。然而，从整体来看，各地的物流园区依然呈现规模小、分布散、运作乱、层次低等的特点，星罗棋布的物流园区的背后是欠缺长三角区域整体规划的物流发展战略。江浙多数地市要真正融入长三角物流圈，尚有多重壁垒亟待突破，其中很重要的一个方面就是进行长三角一体化的物流规划和物流中心建设，只有这样，才能遵循“突出特色、优势互补、密切合作、共同发展”的发展方针，发挥各自优势特点，各地区协调配合，真正形成流畅快捷的物流圈，才能共同培育现代物流市场体系，扩大物流需求、改善物流供给，共同提升长三角物流的区域竞争力。

（二）本土物流企业竞争力不强，竞争无序化程度加重

尽管长三角物流需求正在快速增长，但目前仍然是物流供给大于物流需求的时代，加之外资物流企业纷纷抢占物流市场，因此，长三角物流市场竞争非常激烈！而本土物流企业大多从传统的仓储、运输、货代企业转型而来，缺乏自己的核心竞争力。因此，他们在竞争中只能通过降价、欺骗、降低服务水平等手段来进行无序竞争。现在长三角超过80%的外资和合资制造企业的物流业务都由跨国第三方物流企业来承担的，目前本土物流企业还没有实力同他们进行有效竞争。这一点可能中国其他地区与长三角情形相似，但长三角的表现更为突出。因此，这应该引起政府的高度重视，长三角地区主管部门可以进行统一协调，加强宏观导向与调控，合力培育出能与国际物流企业竞争的大型本土企业。

（三）物流人才协作培训还停留在较低层次

2003年，长三角物流人才协作进入了实质性操作阶段，但其协作培训的人才还仅仅停留在具体操作人员或初中级管理人员的水平上，目前制约本土物流企业发展的一个重要因素就是物流人才、特别是高级管理决策人才的匮乏，目前已经成为本土物流企业快速发展的一个瓶颈。随着物流市场竞争的日趋激烈，高级物流人才的缺乏将更加突出，因此，长三角政府应该加快推进物流人才一体化培养步伐，特别是规范建立高级物流人才培养和引进机制，促进长三角物流宏观环境的改善和微观物流企业竞争力的提升。

三、长江三角洲物流发展展望

（一）港口物流竞争将更加激烈

2003年是长三角港口物流大发展的一年，也是港口规划和基础设施建设大发展的一年，上海洋山深水港一期工程的全面建设、宁波港口建设的加大投资，都加速上海、宁波两大港口的竞争步伐。特别是浙江省正式进行了宁波、舟山港口的整合规划，规划后的宁波—舟山港年吞吐规模将毫不逊色于上海洋山深水港，加上杭州湾大桥的建设，苏南、浙北的广大地区将直接成为宁波—舟山港口的直接腹地，因此上海与宁波—舟山港的竞争将空前激烈。

另外，总投资3亿美元的南通洋口港基础设施整体开发项目也已正式开工。洋口港离长江口仅100公里，隔海与韩国、日本相望；洋口港又具有深水良港的许多特征，可建设10-15万吨大宗干散货泊位、三至四代、五至六代集装箱泊位。因此，洋口港集河港与海港优势于一身，建成后的深水大港，近连新长铁路、宁启铁路、沪崇苏铁路，形成水铁运输网络；借助沿海高速、宁通高速以及江阴大桥和建成后的苏通大桥，与长江三角洲经济带构成水陆运输通道。因此，洋口港将在为长江流域经济发展服务的同时，可以辐射整个华东、华北，乃至全国大片地区。

长三角地区共同组成的中国乃至世界最大的港口群，将大大促进长三角和整个中国经济和物流的发展，但港口之间的竞争也将会空前激烈。

（二）航空物流将有快速发展

从2003年下半年开始，长三角航空物流就有了一个快速增长，但其总量仍然不大，在国际物流中的比重还很小。随着各航空口岸的扩建和扩大开放，随着航空通关效率的大大提高，随着物流需求的不断扩大和物流服务时间的不断缩短，航空物流将有一个快速的增长。

南京和上海机场获得第五航权，杭州航空口岸扩大对外开放已经刺激了南京、上海、杭州航空物流的激增，宁波-南京空运“直通关”模式的开拓也宽了宁波空港物流的进出口渠道。目前，长三角地区已初步实现空港互动，并将逐步形成以上海浦东机场为枢纽机场，以杭州、南京、宁波等机场为中型枢纽机场的航空运输物流网络群，长三角航空物流在未来几年内将会进入一个跨越式的快速增长期。

（三）企业物流资源整合将迅速提速

长三角物流市场竞争在加剧。物流市场竞争不仅仅是看企业拥有多少资源，还要看企业如何整合、协调调动企业内外部资源，为客户提供个性化和增值服务。长三角物流服务企业已经开始进行资源整合，正在苦练内功，在理念、管理、运作机制等方面与国际物流服务企业看齐。

长三角物流企业资源整合将迅速在以下两个方面迅速提速，一方面是企业内部资源的整合，包括企业管理模式、运作机制和企业内部资源的协调等方面，其中基于供应链管理的企业物流信息系统将在各企业快速建设和提升功能；另一方面是企业外部资源的整合，这又主要包括两种类别：一类是不同服务类型的物流企业之间的资源整合（例如运输服务企业、仓储服务企业与货代服务企业之间的资源整合），另一类是物流服务企业与金融服务企业、资本运营企业之间的资源整合，走物流资本综合运营道路，提高物流综合服务质量，增强企业综合竞争能力。

（供稿：复旦大学现代物流管理研究中心 朱道立）

珠江三角洲物流

一、珠江三角洲经济发展概况

珠江三角洲包括广州、深圳、珠海三大中心城市，加上佛山、江门、东莞、中山和惠州市的市区、惠阳市、惠东县、博罗县，肇庆市的端州区、鼎湖区、高要市、四会市等，总面积4.16万平方公里，占广东省面积的23.4%。2002年年末人口2 365万，加上香港和澳门特别行政区，总人口3 088万人。

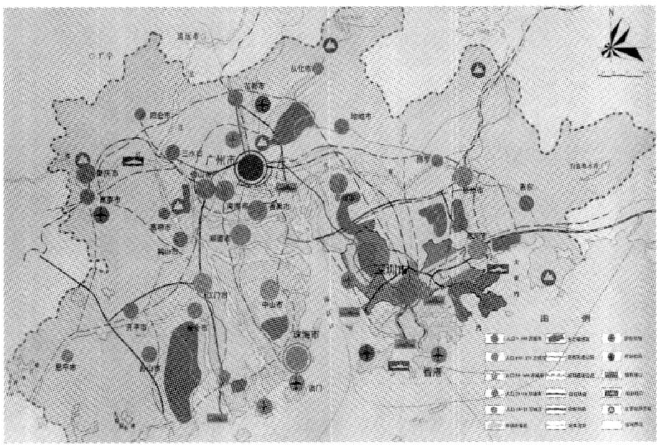

图1　珠江三角洲经济分布呈东强西弱的格局

自20世纪80年代中国改革开放、珠江三角洲的工业化启动以来，珠江三角洲已经成为中国经济发展最快的地区之一，并保持持续快速发展的势头。1996–2002年GDP年均增长13.3%，2002年达9 749亿元(约合1 179亿美元)人民币，约占广东全省的73%；人均GDP达40 008元人民币(约合4846美元，根据《长江和珠江三角洲及港澳特别行政区统计年鉴2003年数字核算》，分别是广东全省和全国平均水平的2.3倍和4倍。珠江三角洲的发展还体现在产业结构不断调整优化方面。2002年，三次产业比例为4.9:49.8:45.3。工业方面，高新技术产品产值占工业总产值比重为28%，高出广东省8个百分点；珠三角地区已成为重要的制造业基地，尤其是电子信息产业发展十分迅猛，已成为当今世界最大的电子信息产业生产基地之一，如珠三角地区电脑部件的产量已超过全球产量的10%。2002年，珠江三角洲对外开放进一步扩大，外贸出口达1 126亿美元，约占广东外贸出口额的95%，占全国外贸出口额的34%；珠江三角洲2002年实际利用外商直接投资达116亿美元，约占广东省实际利用外商直接投资的88.6%。

经济发展为物流产业提供了需求基础，珠江三角洲物流基础设施的建设和完善，为发展现代物流提供了必要的条件和有利的保障。随着CEPA的签署、深港西部通道的建设，珠江三角洲的物流产业，正在区域经济一体化的过程中，发挥越来越重要的作用。同时，珠江三角洲的影响逐渐扩大到江西、湖南、广西、贵州等华南、西南地区等泛珠三角地区，物流产业，将在更大的范围发挥作用和影响。

二、珠江三角洲物流需求分析

(一)总体需求与制造业物流分析

珠江三角洲2002年的国内生产总值达9 749亿元，按物流成本占GDP的18%计算，珠江三角洲2002年总体物流需求为1 755亿元；如果物流需求的外包比例为20%，则珠江三角洲的物流产业，2002年应达到350亿元的规模。

从产业物流需求的角度，制造业构成珠江三角洲的主导产业，制造业物流构成物流产业需求的主要部分。

从广东和珠江三角洲制造业分布来看，广东省电子信息产业和电气机械制造业在全省地位突出，2003年，珠三角地区集中了全省93.4%的电子信息设备制造企业，实现工业总产值5 728.74亿元，同比增长31.3%，对全行业增长的贡献率为97.5%，拉动全行业增长30.7个百分点。电子信息产业主要集中在珠江东岸，含广州、东莞、惠州、深圳等市。其中，深圳的龙头地位更为明显，实现工业总产值2 932.32亿元，增长33.1%，占全行业的比重上升到50.3%。广州、珠海发展势头强劲，增速分别达到37.7%和68.4%。传统产业分散到上百个专业镇中，如南海西樵(纺织印染)、盐步(内衣)、石湾环城(童装)、张槎(针织)、中山沙溪(休闲装)、东莞虎门(服装生产和贸易)、大朗(服装)、云浮罗定(针织)、佛山石湾(陶瓷)、南海南庄(陶瓷)、云浮云城(石材)等。家具业集群分布在顺德伦教、龙江、乐从等几个镇。信息技术产业、电气机械制造业和传统劳动密集型产业中形成了产业配套能力。

从制造业物流外包的比例分析，根据2003年9月综合开发研究院物流管理研究中心在珠江三角洲制造业和商业企业所作的问卷调查，生产企业选择外包的比例为16.13%，商业企业选择物流外包的比例为4.3%，物流外包的比例仍然较低。从已经外包的物流业务统计，调查显示最多的外包业务为运输，占调查企业的26.82%，其次为配送，占15.16%，以后依次为货物集运、物流信息系统和仓储。制造业企业的外包需求分析表明，珠江三角洲的配送外包业务，处于物流外包业务的第二位，显示该区域传统的物流外包正在向多功能、一体化的现代物流外包转化，外包的层次在提高。

(二)外贸进出口与国际物流需求

珠江三角洲经济区的外向型经济发展得较早，该区对外贸易在全国占有重要地位。目前已基本形成了以国际市场为导向，带动国内市场发展的外向型经济格局。

2002年，珠江三角洲进出口总额为2 117.74亿美元。从出口结构分析，珠江三角洲出口以加工贸易为主流，制造业企业成为区内出口的主体。

2002年，珠江三角洲出口总额为1 125.4亿美元，从珠江三角洲出口的商品种类分析，排在前10位的商品分别为：工业制成品、高新技术产品、电器及电子产品、计算机与通讯技术、机械及设备、金属制品、初级产品、仪器仪表、运输工具、电子技术。从货物种类分析，珠江三角洲出口商品基本上为适箱货。按国际贸易平均每集装箱的货值计算，2002年珠江三角洲国际贸易的出口集装箱箱量，约相当于592万出口重箱，产生1 184万集装箱吞吐量。按照加工贸易和进出口额的预测，采用回归分析的方法，可以预测未来珠江三角洲国际物流需求的总量(见图2)。

按照上述回归分析，2005、2010和2020年，珠江三角洲进出口额将分别达到2 372、3 100、3 828和4 556亿美元，生成的集装箱量分别为2 496万、3 263万、4 029万和4 795万标准箱。

根据交通部集装箱运输的统计分析，全国内贸航线集装箱吞吐量占25%。以此测算，珠江三角洲地区2005、2010、2015、2020年全部集装箱生成量分别为3 292、4 350、5 372、6 393万标准箱。

(三)商业物流需求

对于零售和批发商业，以供应链管理技术和物流信息技术为代表的综合物流系统，能够以零库存、零停顿、零差异、最小成本、最短时间完成商品从生产到消费到的全部过程。中国商业正在继发达国家之后，进入了商业物流化的过程。物流正在改变中国商业模式。

中国商业正在经历由分散经营向集约经营和连锁经营发展的过程。连锁商业发展的核心是物流。当沃尔玛在世界各地的卖场中都实践着自己“天天低价”的口号的时候，人们想到的是它强大的采购能力降低了进货成本。然而，低价背后是沃尔玛强大的物流管理系统。沃尔玛在全球范围运作管理已经采用了供应链管理系统，将供应商、零售店、配送中心连接成为实施互动的网络。不仅大型百货超市依靠物流模式获得成功，小型便利连锁店同样依靠物流系统。日本7-11的成功还是依靠物流体系的支撑。物流网络和物流信息系统准确、快速地处理店铺、厂家、供应商、总部之间的信息流、物流和资金流，配备车载计算机和GPS卫星定位技术的共同配送系统则能够将商品以最新鲜的状态提供给顾客。物流成为便利连锁形式的利润源泉。

因此，连锁经营的核心，是物流与供应链管理技术。在全球化生产和全球化资源配置的今天，零售商业取胜的关键是产品到客户手上的供应链过程，零售商业物流化的时代已经来临。

根据广东连锁商业协会的统计，至2002年末，广东省共有各类连锁企业800多家，门店数量

（单位：亿美元）

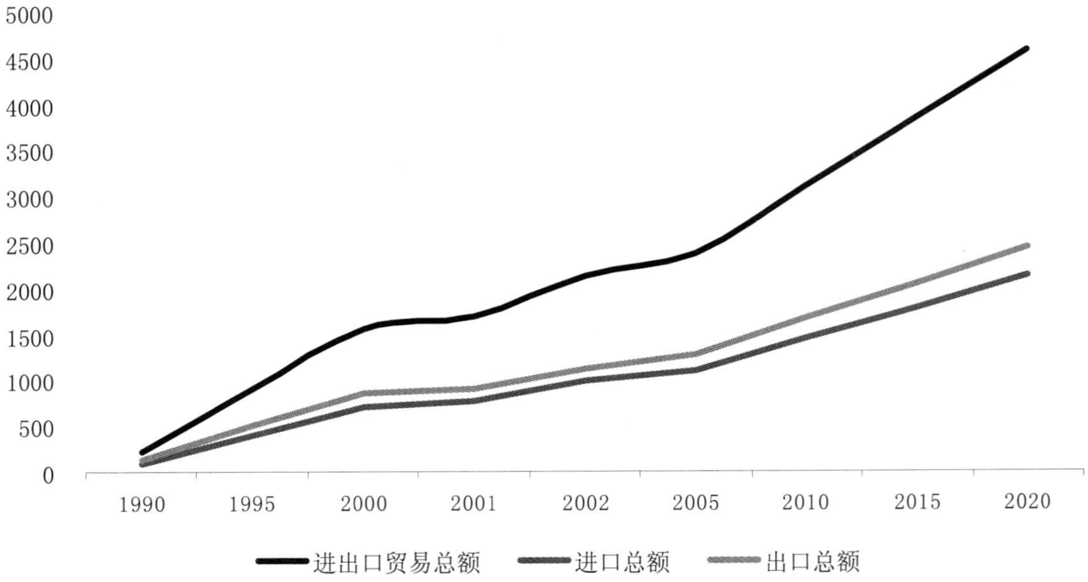

图2 未来20年珠江三角洲进出口贸易预测

资料来源：1990-2002年数据来源《长江和珠江三角洲及港澳特别行政区统计年鉴-2003》，2005、2010、2015、2020年数据采用回归法预测。

19 000多间，分别比上年增长18%、39%。各类连锁企业销售额超过1300亿元，增长43%，占全省社会消费品零售总额的26%，比上年提高6个百分点。超级市场、大型综合超市、货仓式商场、便利店、购物中心、电子商务等新业态也发展迅速。

广东省连锁经营企业主要集中在广州、深圳、东莞、佛山等珠江三角洲地区。从2002年12月广东省政府确认批准的25家流通企业中的12家连锁龙头企业来看，有6家在广州，4家在深圳，1家在江门，1家在佛山。

2002年，珠江三角洲12家连锁经营龙头企业销售总额300.77亿元，比上年增长29.3%，占广东省连锁经营总额20%以上的比重。销售额超10亿的有7家：广东物资集团汽车贸易公司(97.77亿)，华润万佳(62.19亿)，新一佳投资发展有限公司(38亿)，广东新华发行集团(26亿)，深圳民润农产品配送连锁商业有限公司(21亿)，广东新协力集团有限公司(20.36亿)，广州市广百股份有限公司(12亿)。另外5家连锁经营龙头企业分别是：台山市长江食品有限公司(7.3亿)，深圳海王星辰药业有限公司(4.7亿)，广州市医药公司建民医药连锁店(4.4亿)，广弘公司本草药业连锁有限公司(4.2亿)，宏城超市公司(2.8亿)。

2002年，广州、深圳连锁企业在本市销售额占社会消费品零售总额比重分别为13%和36%。

至2003年底，广州、深圳连锁商业所占的比重分别上升到16%和40%。

三、珠江三角洲物流供给

珠江三角洲的物流供给可以从物流产业政策、物流基础设施和分类物流量、物流园区、物流信息系统与第三方物流发展几个方面来阐述。

（一）物流产业政策

近年来，广东省和珠江三角洲各城市纷纷出台了各种大力扶持和鼓励物流产业发展的政策，其中：

广东省涉及物流的主要政策：《国民经济发展“十五规划和2015远景规划》《广东省现代物流业

“十五”计划》(广东省人民政府[2002]71 号,2002 年 9 月 10 日);

广州市的主要政策:《广州市国民经济和社会发展第十个五年计划纲要》;

深圳市的主要政策:《深圳物流十五计划及 2015 远景规划》(深圳市交通局,2001)和《关于加快发展深圳现代物流业的若干意见》(深圳市人民政府[2002]174 号,2002 年 10 月 15 日);深圳市的物流政策,还包括政府通过物流专家委员会,对重点物流项目和重点物流企业进行评审,按照重点项目和企业标准,确定优惠政策的实施对象;

同时,中山、汕头、东莞、南海、都制定了物流专项发展规划。

此外,物流的专项规划和政策正在落实到物流园区和市属的区镇一级政府。物流的作用得到了基层政府的重视,有些区镇的物流规划正在制定之中。

(二)物流基础设施和分类物流量

1. 港口及港口吞吐量。珠江三角洲区域的港口设施、货运量在世界上位居前列。2003 年,集装箱吞吐量世界排名前 5 位的港口,本区域内就有两个国际及大港–香港(第一位)和深圳(第四位)。

截至 2002 年底,珠江三角洲地区共有万吨以上泊位 89 个;至 2003 年底,本区域内有万吨级港口泊位 100 多个。目前,珠江三角洲港口由东部港群、北部港群和西部港群三大港群构成,其中香港港、深圳港和虎门港构成了东部港群,2002 年该港群处理标准集装箱近 3 000 万个。广州港属于北部港群,2002 年全港货物吞吐量达到 16 772 万吨,集装箱吞吐量 272 万标准箱。中山、珠海、澳门港构成了西部港群,2002 年集装箱吞吐量超过 100 万标准箱。

从珠江三角洲主要集装箱泊位供给分析,到 2010 年,南沙港将形成 150 万标准箱的吞吐能力;香港将于 2004 年建成 9 号码头,新增吞吐能力 260 万标准箱。此外,香港特区政府正在规划未来 10 年的港口发展计划,目前正对 10 号、11 号码头选址进行可行性研究,预计到 2010 年集装箱处理能力将超过 2 500 万标准箱;在深圳,第 11 个五年计划期间,深圳港将重点建设蛇口集装箱三期的 3 个专用泊位、盐田四期的 4 个集装箱泊位,并将在大铲湾新建 5 个集装箱泊位,共新增集装箱泊位 12 个,新增吞吐能力 450 万标准箱。届时,深圳港集装箱运输可形成东部盐田港区,西部蛇口、赤湾和妈湾整合体港区,大铲湾新集装箱港区并驾齐驱的格局,2010 年全港集装箱吞吐量可达1 800万标准箱以上;综合三个主要港口的发展规划,2010 年珠江三角洲将有 4 450 万集装箱的吞吐能力。

2. 机场及航空物流量。目前珠江三角洲拥有港、穗、深、澳、珠五大国际机场,及佛山、惠州二个中型机场、深圳中信海直一个小型机场;有大型飞机跑道九条、停机位 250 多个、候机楼面积 106 万平方米。五大机场有国内航线 250 多条,国际和地区航线 100 多条,航线网络连接国内外 200 多个大、中城市,形成了以香港、广州、深圳、澳门等为中心,覆盖全国、辐射亚洲、连接欧美澳等地的航线网络。本区域五大机场 2002 年航空客运量6 500.1 万人次,在世界排名次于亚特兰大、芝加哥、洛杉矶、伦敦、达拉斯沃斯堡、东京六个城市和地区,航空货运量 301 万吨,超过世界第一的孟菲斯机场。

五大机场中,香港新机场投资 200 亿美元,投资额位居世界前列。其客运量在世界机场百强排名第 20 位,客运量为 3 340 万人次;货运量第二,逾 224 万吨;按起降架次排名世界第 89 位;航线通达 100 多个城市。

广州新机场总投资 200 亿元人民币,是新中国一次性投资最多的机场;总投资 200 亿,面积约 166.81 平方公里,其中机场用地 14.39 平方公里,总建筑面积 200 万平方米,航站楼建筑面积 30.4 万平方米,停机坪面积约 90 万平方米,可同时停放客机 59 架,货运站 2003 年白云机场客运量达到 1382.92 万人次,位于全国第二,预计 2005 年,客运量将达到 2 500 万人次,与 19 个国外城市通航,国内通航城市达到 82 个,开通国内国际航线 145 条。白云机场 2003 年货邮吞吐量为 45.6 万吨,其设计货、邮、行最大吞吐量 100 万吨。

深圳机场是世界上客运量上升最快的机场。

2003年，深圳机场客运量已超过1 000万人次，净出港的航空货运量突破27万吨，航空器起降10.7万架次。

珠海机场2002年完成客运63.7万人次（设计年最大吞吐量1 100万人次），完成货邮吞吐量1.11万吨（设计年最大货邮吞吐量60–200万吨）。

3. 公路和公路物流。根据广东省“十五”计划，2005年，全省通车里程将达到108 000公里，其中高速公路里程1 500公里，一级公路6 500公里，二级公路15 000公里，三级及以下公路84 000公里。届时，以高速公路为主的公路主骨架网、区域干线公路网、县乡公路网、公路运输服务四个网络将基本形成。

“十五”和今后一段时期，广东省公路建设规划的主要目标和任务是加快和完善公路网络建设，尤其是高速公路方面，将全面实现全省地级市通高速公路；2005年建成与相邻各省（区）的主要高速通道，基本满足“泛珠三角经济区”的协作交往；至2007年，10条高速主干线连接全省各地市，8条高速出省通道直达毗邻省（区），全省高速公路里程将突破4 000公里，全省高速公路网主骨架基本形成，珠江三角洲经济区公路交通实现“半日工作圈”（即区内任何一个市、县之间，基本实现半日往返），2010年整个珠江三角洲经济区高速公路网络趋于完善，届时，国家“五纵七横”主干线将形成较为完善的“大华南”高速公路网。

截至2002年底，珠江三角洲公路通车里程33 982公里，完成公路货运量46 615万吨。

在区域交通网络方面，兴建连接香港、澳门、珠海的珠港澳大桥计划渐趋明朗，预计2007年建成通车。规模浩大的深港西部通道口岸也已进入前期建设阶段，预计于2005年左右建成，从而使深圳一线口岸过境车辆“东进东出，西进西出”的格局将得以实现。据预测，经西部通道口岸出入境的车辆占全部公路口岸出入境车辆的63%，而深港之间的公路货运运输，将主要经过西部通道。按照海关统计，近年来进出深圳香港之间的集装箱货物运输量，在366万标准箱（2000年）和268万标准箱（2003年）之间。如果按63%的比例测算（实际货运车辆所占比例应高于这个比例），西部通道建成后经过深圳第三方物流基地的货物量，应在每年230万和169万标准箱之间。

上述两个项目的建成无疑对促进香港和珠江三角洲的之间物流发展乃至区域经济一体化都有重要的现实意义。

4. 铁路。珠三角铁路网非常密集，有京广、京九、广梅汕、广深、三茂及在建的广珠铁路等，铁路的技术等级较高。这几条铁路辐射大陆10多个省、市、区，服务人口5亿多。特别是京广、京九铁路是广大的北方内陆物流南下港澳、越洋过海的重要通道。通过全国的铁路网，更可以连接30多个省市自治区及中亚、欧洲，是亚欧大陆桥的组成部分。

铁路物流发展的新的动向是海铁联运又有新的发展。2004年1月31日，深圳市和成都市两地政府签订了《深蓉海铁联运合作协议》，正式启动了深蓉海铁联运实施工作。实施海铁联运，一方面将有助于珠江三角洲与内陆各大城市，尤其是400公里以外城市的快速、便捷、高效的物流大通道，从而增强本区域与内地腹地经济的物流联系，使珠江三角洲物流业的影响范围向中南、西南、西北等内陆地区延伸。

（三）物流园区

珠江三角洲的物流园区建设在全国也处于领先地位，尤其是广州、深圳等地的物流园区建设发展迅速，为全国各地起到了“示范”作用。

目前广州有四大物流中心正处于建设之中：北部地区，结合新白云国际机场、铁路、公路等对外交通优势，建设商贸物流中心；南部，结合龙穴岛深水港、疏港铁路、疏港公路等重大工程的建设，发展仓储物流中心；西部地区，在芳村建设商品物流中心；东部地区，利用现有的黄埔港、新沙港等设施，建设生产资料物流中心。广州市物流园区建设的重点将是南沙地区，目标是建成珠江三角洲的物流中心，建成集物流产业、临海工业、高新技术产业为一体的现代化产业基地和联结珠江出海口两岸城市群的交通枢纽，成为新的粤港直接联系重要通道。

深圳市按照总体规划，目前正在进行西部港口物流园区、盐田港口物流园区、笋岗-清水河物流园区以及航空城、平湖、龙华等六大物流产业园区的建设，其中盐田港物流园区、西部港口物流园区属于枢纽型物流园区，今后的目标是成为国际货物中转中心。笋岗-清水河物流园区、平湖物流园区属于配送型物流园区。主要为深圳市工商企业、市民提供物流服务。航空城物流产业园区、龙华物流园区是深圳市发展国际物流的重点建设园区，今后的发展目标是分别成为华南地区空运物流中心和华南国际物流中心。深圳物流园区2003-2004年发展的重点是盐田港与盐田保税区区港联动试验区的建设，将对港口发展和保税区功能的可持续发展发挥重大的影响，并将在制度建设、总体规划等方面进行一系列新的探索。

东莞和别的城市也正在积极进行物流园区的规划和建设，如常平地区物流基地的打造就在有条不紊地进行当中；广东龙骏大型流通中心已建成为国内一流的物流基地。

（四）物流信息网络

珠江三角洲的信息网络建设在全国处于领先地位。珠江三角洲所属各市现有信息化基础设施较好，大部分企事业单位建有局域网，并实现了互联网接入，具有了一定程度的数据共享。但是，信息化共享程度不高，互动应用水平有限。

2001年广东省颁布了《国民经济和社会信息化十五计划》，提出："十五"期间，重点建设好"一个平台、两个中心、三个基地"。一个平台是建设好广东信息网络基础传输平台；两个中心是把广东建设成华南区域信息交换枢纽中心和电子商务中心；三个基地是把广东重点是珠江三角洲地区建成国际主要的电子信息产品制造业基地、国内重要的软件产业基地和国内先进的信息技术推广应用示范基地。预计到2005年，广东省信息化指数将达到53；网络用户将超过1 000万户；企业上网率达60%。

在物流信息平台建设方面，深圳走在全国前面。深圳市现代物流信息平台作为交通部深圳市交通运输EDI中心，也是深圳智能运输系统示范工程的一个重要部分，于2002年5月通过了由国家科技部组织的，10个部委共同参加的全国智能交通系统(ITS)技术示范工程论证，成为ITS系统重要的一部分；平台建设项目于2002年8月通过了深圳市科技局认定的"深圳市高新技术项目"，提供平台功能、网络建设、客户服务、技术支持等方面的综合物流信息服务。

（五）第三方物流

第三方物流是物流产业创造价值增值的主体，第三方物流的发展代表物流产业的发展水平。珠三角的第三方物流产业整体起步较早，发展较为迅速，是全国第三方物流产业最发达的地区之一。由于产业基础雄厚，分工发达，第三方物流外包的条件相对成熟。本区域的第三方物流主要有三个组成部分。首先是外资企业。由于本区域的对外开放度较高，外资物流企业进入较早，出现了以空运、海运为主的跨国公司，如马士基、APL、联邦快递、联合包裹等；其次是国有的物流企业，包括中资在香港的物流企业，在改革开放过程中成功转型，形成了较为有影响的现代物流企业，如招商局物流集团、广东邮政物流、广东物资集团等；第三是民营物流企业，包括民营为主体的股份制物流企业，在竞争中逐渐崭露头角，形成了一定的影响力，如宝供、共速达物流等。从珠江三角洲第三方物流企业物流服务功能和供应链管理技术水平来考量，本土的第三方物流企业已经在向真正意义上的第三方物流转型，并且在全国范围构建物流服务的网络。

四、CEPA与珠江三角洲物流发展

中国加入WTO后，面临着更高层次上的开放，珠江三角洲则面临全力市场国际化、机制创新、引入国际规则等加快改革的机遇，港澳与珠江三角洲各城市间扬长避短，优势互补，提高区域竞争力的趋势日趋明显。

2002年开始了中国内地与香港、澳门建立"更紧密经贸关系安排"的探索及运作，2003年6月29日，《内地与香港关于建立更紧密经贸关系的安排(CEPA)》在香港签署，2003年底，澳门与中国内地也签署了紧密经贸安排。香港、澳门与内地建立比一般世贸组织成员更紧密的经贸关系，这对于推进特区与内地贸易自由化及投资便利化，加快珠江三角洲经济整合及经济一体化进程，产生了积极作用及影响。

CEPA的签署，使香港和澳门与内地经济关系从天然经济联系走向理性的协调与交融，使区域资源配置朝整体化方向发展，生产要素在区域内自由流动，形成合理的产业布局和配套的交通、运输、信息网络；关于中长期发展规划，尤其是大型基础设施建设规划的制定，将要从各自进行走向配合、协调和统筹。

对于物流产业来说，CEPA 的签署，将使珠江三角洲地区与特区之间的物流关系更加密切，跨境物流的制度影响因素，将随着 CEPA 的签署和政府间的协调逐渐缩小，珠江三角洲与香港、澳门之间区域物流发展的主要障碍将逐步消除，使经济衔接、基础设施建设进行无缝对接；珠江三角洲将形成海陆空立体交通、通讯网络，粤、港、澳经济区将发挥出越来越大的系统效能和合作效应，逐渐成为全国乃至世界上的"物流中心"。

（综合开发研究院物流管理研究中心
王国文博士）

中西部物流

国家实施西部大开发战略以来,西部经济得到迅速的增长，这极大促进了西部地区物流需求的增长,同时,中部地区经济的平稳发展以及中部地区作为中西部地区的连接带，也促进了中部地区物流需求的增长。由此,中西部地区物流业的发展如何能够适应经济发展的要求，是各级政府应该考虑的重要问题,也是本文探讨的主要问题。

一、西部物流与区域经济发展的关联度

本部分主要研究中西部物流与中西部区域经济发展，确认真正的影响中西部物流乃至通过物流影响经济发展的因素。

以西部地区的数据为例。

为了定量地说明物流对西部地区经济发展的趋势性作用，我们用 2000、2001 两年的 GDP 数据和相应年度西部地区的物流总量做一个简要的对比,同时与全国水平的指标做一个比较,以期发现交通运输对西部经济发展的推动作用(见表 1–4)。

表 1　西部国内生产总值　单位：亿元

	2000	2001	增长率%（按绝对值相除）
全国	89 442.2	95 933.3	7.3
西部地区合计	14 604.48	16 017.25	9.7

表2　西部货物周转量　单位：亿吨公里

	2000	2001	增长率%
全国	44 452.3	4 7591	7.1
西部合计	4 716.2	5 079.4	7.7

表3　西部社会零售总额

	2000	2001	增长率（%）
全国	34 152.6	37 595.2	10.1
西部合计	5 138	5 655.5	10.1

表4　西部进出口总额

	2000	2001	增长率（%）
全国	47 429 628	50 976 813	7.5
西部合计	1 513 250	1 504 594	9.9

数据来源：《中国统计年鉴》，《西部各地区统计年鉴》，《西部大开发指南–统计信息专辑》

西部地区的物流量与同期全国的物流量基本同比变化，而国内生产总值确已高于全国的水平增加，说明目前西部的物流还未起到促进西部地区经济增长的作用，这与西部地区的物流设施水平较低(运输网络密度、仓储设施水平、物流信息设备、运输设备等)、运营效果不高有关,主要原因

为:西部地区的物流系统尚不健全,形成的对经济的促进作用较弱，同时西部地区的物流管理还受到物流系统的协调性、物流制度的合理性、物流的管理水平、技术水平、物流人才等的影响。

加快中西部地区的交通基础设施建设,为中西部大开发打下了良好的基础,但在进行交通基础设施建设时,应该不仅注重交通线路的建设,更应注重交通节点的建设。因为多年以来,我国在中西部交通运输线路的建设上已花费了大量的人力物力,虽然交通线路的建设仍是制约我国中西部经济社会发展的一个“瓶颈”,但更缺乏交通节点的建设,只有根据物流和经济发展的关系入手,依据经济发展对物流供给的要求出发,对物流和经济之间的相互关系做出定性和定量的解释,我们才能适度发展中西部物流,并制定相应的物流发展政策。

中西部地区物流的结构和功能对经济区域的结构和功能都会发生影响。物流涉及到交通运输、仓储、批发零售、对外贸易等行业,既有经济区域内的各个物流“点”的问题,又有经济区域内的各物流点的连接“线”的问题,还有经济区域内整体物流的“面”的问题，物流的空间结构即指这个“点”-“线”-“面”的结构,其构成及其运营直接影响着对物流依赖性强的部门或企业，同时也影响着区域经济的发展。

二、西部物流的现状

从中西部物流的流量、发展物流的投资、物流运输设施状况以及物流节点状况四个方面，可以基本分析出中西部物流的现状。

(一)中西部地区的物流数量

一个地区的物流数量，可以由该地区的社会商品库存总量、对外贸易量、社会商品零售总额、全社会货物周转量分别描述。中西部地区的上述统计数据如表5所示：

表5 2001年各地区物流量统计

	批发零售贸易商品库存总额（亿元）		社会消费品零售总额（亿元）		全社会货物周转量(亿吨公里)		进出口商品总值(万美元)	
	数量	占全国的比例	数量	占全国的比例	数量	占全国的比例	数量	占全国的比例
西部	637.25	17.61%	5 655.5	15.04%	5 126.36	10.77%	1 504 594	2.95%
中部	783.32	21.65%	10 160.1	27.02%	7 978.57	16.76%	2 279 968	4.47%
东部	2 197.46	60.74%	21 779.6	57.94%	34 485.97	72.47%	47 192 251	92.58%
全国	3618.03		37 595.2		47 590.9		50 976 813	

数据来源:《中国统计年鉴》,《西部各地区统计年鉴》,《西部大开发指南-统计信息专辑》

由上表所见，中部地区的物流量占全国物流量的比例小于30%,西部地区的物流量占全国物流量的比例小于20%,这与中部地区作为东西部的连接带、与西部地区矿产资源丰富,已成为中国重要的能源、原材料工业基地的地位极不适应。因此,大力发展现代物流,是中西部经济发展中应首要考虑的问题。

(二)中西部地区有关物流的投资状况

中西部地区的物流投资状况，可以由该地区的交通运输仓储业、批发零售贸易业的基本建设投资情况以及更新改造投资情况等侧面反映。中西部地区的上述统计数据如表6和表7所示：

从表中看出，中西部地区的物流及相关投资远远小于东部地区的相应的投资，这也是造成中西部地区物流发展滞后的一个重要原因。

(三)中西部地区的物流运输设施

交通线路里程及民用货车拥有量是衡量一个地区物流运输设施的主要指标。表8是2001年全国分地区的交通线路里程表,表9是2001年全国民用货车统计表。

表6　　2001年全国基建资产投资　　单位：亿元

	西部	东部	中部	全国
基本建设投资总额	3 117.53	7 154.65	3 445.30	14 820.10
交通运输仓储及邮电通信业	939.56	1 605.44	904.76	4 116.43
批发零售贸易和餐饮业	77.23	176.22	89.00	342.45

数据来源：《中国统计年鉴》，《西部各地区统计年鉴》，《西部大开发指南-统计信息专辑》

表7　　2001年全国更新改造投资　　单位：亿元

	西部	东部	中部	全国
更新改造投资总额	1 002.27	3 447.89	1 454.62	5 923.76
交通运输仓储及邮电通信业	329.74	1 092.77	401.83	1 825.32
批发零售贸易和餐饮业	9.52	35.93	10.27	55.72

数据来源：《中国统计年鉴》，《西部各地区统计年鉴》，《西部大开发指南-统计信息专辑》

表 8　　2001 年交通线路里程　　单位：公里

公里	西部	东部	中部	全国
国家铁路营业里程	23 162.6	21 579.6	25 315	70 057.2
内河航道里程	17 938	63 609	37 181	121 535
公路里程	644 184	546 597	507 231	1 698 012
其中：高速	3 696	10 878	4 863	19 437

数据来源：《中国统计年鉴》，《西部各地区统计年鉴》，《西部大开发指南-统计信息专辑》

表 9　　2001 年民用货车统计

项目	西部	东部	中部	全国
民用货车拥有数量(万辆)	168.49	403.56	193.17	765.24
民用货车拥有吨位（万吨）	647.46	1 552.4	856.8	3 056.67

数据来源：《中国统计年鉴》，《西部各地区统计年鉴》，《西部大开发指南-统计信息专辑》

从表 8 看，民用货车拥有量看，中西部地区的民用货车拥有量相对较少，制约了中西部地区物流满足经济发展中物流需求的灵活性要求；而从表 9 看，交通线路里程的绝对值上比较，中、西部地区似乎不少，但与之辽阔的国土面积相比，要比东部地区相对较少，尤其在高速公路的建设上，远远落后于东部地区。

（四）物流节点

在中西部的物流节点现状中，存在着各物流领域各自规划自己的发展现象。公路系统在 1998 年就规划了全国的一、二级货运枢纽，铁路部门也规划了自认的主要货站。就位置而言，规划中的一些公路枢纽对城市货物的集散要越过铁路圈，使这些物流系统的规划缺乏沟通、协调，没能很好的系统化、一体化。

在各物流领域的内部，中西部地区的干线公

路路边有大大小小许多装卸点，各铁路局及分局管辖内的铁路货站也很多，铁道专用线连接的工厂货站、货场、仓库众多，但绝大部分规模过小，技术水平低，管理水平也很难进行提升，处于散、乱、小的局面。这些广泛建立的铁路小站和专用线虽然使铁路能够更贴近货主，但是同时也增加了大量的车辆凑整、列车编组等工作，这些工作减缓了铁路运输速度，增加了运费，并且和有灵活、到户、机动等优点的公路运输形成了激烈的竞争。

总体上，中西部地区除了在省府所在地的航空货运枢纽、铁路路网编组枢纽外，很少有成规模的称得上现代化水平的节点；各种小而散的物流节点无论是技术、功能还是规模已不能满足中西部地区经济发展对现代物流服务的需求；各物流领域分离的物流发展规划也将严重制约了中西部地区经济的发展。

三、中西部实施物流系统规划的对策与建议

物流系统中，存在着线(LINK)和结点(NODE)的关系，长期以来，由于我国计划经济体制的影响，物流系统中的各职能分别被不同机构和行政部门所管理。因此，纵向分割使得对“线”的研究更深入、更细致，而“结点”则需要各部门的协调和配合，在现有体制下，还难以进行，使得我国对结点的建设、管理和研究滞后于其他领域。可喜的是，近几年，政府部门、专家学者和一些企业已意识到结点问题在物流系统中的作用，已开始系统研究和实践。

由于物流系统涉及很多职能部门，以至于到目前为止，还没有出台一部物流中心建设、管理法规，但政府已意识到政策对物流中心发展的推动作用，正在与各有关部门制定相关政策、法规、标准等。

尽管政策还没有完全到位，但各地政府已经意识到综合物流中心的建设问题对整个经济的影响。我们相信随着经济的进一步发展，中西部物流中心的建设将会兴起新的高潮。

中西部在制定面向 21 世纪物流发展规划时，应从以下几个方面予以考虑。

（一）政策措施

1. 破除行业、地区分割，对物流进行系统规划。虽然几经改革，但在我国经济领域中，部门分割的问题、地区分割的问题是阻碍包含综合物流中心在内的物流大系统得以建立和完善的重要原因。我国重要的大城市在制定下一个世纪的发展规划时，公路交通领域在规划自己的各级枢纽和物流中心，铁路部门也在规划自己的货运站、场及线路、编组站，而很少有统筹几个方面的综合规划。

值得重视的是，如果交通、铁道都按各自的规划，投入巨资建成了独立运行的物流中心，而不事先综合规划，一旦建成之后，就会更加促使不同运输方式的分割，使不同运输方式的有效衔接更加困难，届时，再提出综合物流中心这样的“综合设施”或“综合枢纽”的问题便为时已晚。因此，对于建设综合物流中心，政府应该把物流作为一个系统进行规划和研究，而不能仍按纵向分割的计划体制将物流系统人为地割裂成单一功能的部门。

2. 体制创新与国有流通企业的改革。中西部地区的国有物流部门在物流市场中所占份额逐渐减少，民营甚至私营的物流部门的市场份额逐渐增多，在经济全球化浪潮下，中西部的物流还会受到外资甚至跨国公司的关注。因此，对中西部国有物流部门而言，改革的进一步深入是刻不容缓的，政府应鼓励和促进国有物流部门的改革，使国有物流部门通过体制创新，达到增强竞争力的目的。

3. 重视并加强对流通领域的投入。发展流通现代化，首先有赖于基础设施的健全和完善。中西部地区一直以来对包括物流设施、设备在内的流通生产力的投入严重不足，直接造成流通设施和装备陈旧、流通手段和交易方法落后，使流通难以突破低层次的数量扩张、粗放型增长的模式，在竞争中无法形成优势，发展缺乏后劲。

从根本上说，流通生产力是决定流通质量、效益和效率的基础性因素。现代化流通方式和体制需要现代化流通手段的支撑，比如，在配送中通过采用现代远程通信手段随时了解顾客需求，通过自动化分拣设备及仓库管理系统、运输管理系统

等缩短交货时间、提高交货准确率从而提高对顾客的服务水平，同时可以降低配送成本。在提倡流通现代化的过程中，不仅要重视现代交易方式、观念等“软”因素，同时也不能忽视对流通中的硬件设施及有关技术等物质性因素的投入。这是流通发展方式向集约型转变、实现长期发展的基础保证。现代物流业是一项投入大、回报慢但综合效益和社会效益高的特殊产业。建设物流基础设施因投资巨大，必然要求政府作为投资主体，为流通创造基础条件。

4. 通过政策引导，鼓励物流发展。政府在推动物流现代化进程中，应考虑从政策上给予物流产业支持与鼓励。政策引导在现阶段，是促进物流产业的发展最行之有效的办法。

例如，在资金来源上，依靠企业自有资金、政府支持以及社会资金是不能满足需求的。如果在明确政府投资主体地位的同时，政府采取一定优惠政策，吸引民间投资特别是外资向中西部地区的这一领域的流动无疑是有很大好处的。一方面可以减轻政府的财政压力及弥补因投资不足而造成的经济损失；另一方面可以在经济活动中培育和完善竞争机制，进而提高这一领域的运行效果。

在技术方面，政策鼓励引进的好处更加明显。如果由我们自己开发，投入巨大、周期长、而且结果难以预料，很可能与东部地区的差距越来越大。将外资、国外先进技术和东部的资金及技术引为中西部所用，是发挥“后发优势”的捷径。

在交易形式上，政府可以采取具体措施鼓励网上交易。例如对生产资料的政府采购，可以率先在网上运作，政府可以制定一系列有关网上采购的优惠政策。同时，政府完善现有法律法规，保证电子交易的合法性，建立电子商务安全认证的法律机制。此外，应为电子商务发展提供宽松的经济政策环境，遵循网上交易自由原则和不额外征税原则。

在物流中心建设上，政府应该统一规划，协调好各部门之间的关系，并在引进外资、贷款、税收等方面提供便利条件。建设物流设施需要巨大投资，外资是一个不应忽视的筹资渠道。我们应该看到这些设施的固定资本比重大、投资额高，尤其是现代化配送中心的设施、设备以及运营管理广泛采用了包括信息技术在内的现代科技成果，具有相当高的科技含量。如果没有政策上的支持，我们所希望的提高流通集约化程度、提高流通效率、提高整个经济运行效率的目标在近期是不可能实现的。

另外，物流基地规划建设是一项庞大的系统工程，除了中西部各省有关方面自身的努力之外，还需要得到社会各方面的支持。首先是争取国家机关各部委在相关政策方面的支持。

5. 尽快出台鼓励物流产业发展的政策和法规。国外发达国家早在几十年前，就已认识到物流产业的重要性，并加大国家宏观的调控能力，在政策、税收等各方面促进物流业的发展。我国由于计划经济的影响，物流业被分割在各个职能部门，造成缺乏统一规划、统一调控、统一协调的局面，严重影响了中西部的物流发展，同时也影响了国民经济的进程。因此，建议中西部各省应当尽快出台法律、法规，协调、规划物流产业 21 世纪的发展，逐步建立和完善商品物流业的行业法规和规章制度，制定物流市场经营规则，使物流业务活动有法可依、有章可循，从而保证物流业沿着法制化轨道健康发展。

（二）协调措施

1. 设立专门机构统一协调物流业。由政府部门出面，统一领导协调中西部物流发展，减少人为的部门分割，并且可避免重复建设。在制定相关政策时广泛听取专家学者、行业协会、物流企业的意见，共同为中西部物流现代化作贡献。

2. 鼓励多式联合运输。提倡公路、公铁、航空部门的联运，是“一举两得”的好事。它不仅有助于物流合理化，及社会资源的节约，而且可以使各部门加深了解、增进感情，便于今后的协调。通过联运使双方均获得利润，在这样的基础上，双方会主动发展团结协作关系，这比硬性指定合作的效果要好很多。简单地说，如果有共同的目标、利益即使不同的部门行动也会一致。

3. 鼓励发展流通行业协会等民间组织。在流通管理中，行业协会具有不可忽视的重要作用。目前，西方国家的商品流通主要是通过行业协会进行自律管理的。我们可以借鉴发达国家的经验，改造和充实目前的行业协会，进一步明确其职能，充分发挥协会功能。通过协会，拟订行规行约，规范行为，维护行业秩序，树立行业声誉，协调行业利益，沟通政企联系，提供有关信息，开展人员培训，以加自律管理，并协助行政管理机构进行宏观管理。

发挥行业协会及其民间组织的服务、沟通、监督作用，作为企业之间、企业与政府之间的桥梁和纽带，维护健康的流通秩序，引导生产资料流通企业规范经营，健康发展。

（供稿：北京交通大学经济管理学院
物流研究所　鞠颂东　李伊松）

省、市、区物流

北京市

物流业是现代流通的重要组成部分，是加快经济循环，提高流通效率的重要环节。北京作为我国的首都、政治文化经济中心和超大型城市，人口迅速增长、土地资源稀缺、交通压力巨大，虽然北京物流业目前已拥有了一定的仓储、运输等物流基础设施，并形成以高速公路为基础，铁路、航空为远程辐射，海运为重要补充的交通运输网络，但物流发展的滞后性与城市经济发展的高速度之间的矛盾仍很突出。提升北京市物流总体水平，推动北京市现代物流业的发展对促进北京市经济发展具有非常重要的意义。

一、北京物流业发展现状分析

为了全面了解北京市物流发展现状，掌握物流发展规模和经营结构数据资料，北京市商委、北京市统计局于 2002 年 10 月至 2003 年 1 月联合进行了一次物流业现状专项调查。调查范围涉及专业物流企业、货物运输业、仓储业和制造业、批发业、零售业以及连锁企业配送中心等具有物流业务的企业 4 500 多家。调查结果显示，北京市物流业近年来得到快速发展，物流资源丰富，具有广阔的发展前景，但同时也存在着一系列问题。

（一）物流资源充足、分布基本合理、平衡性仍需调整

北京的物流设施和资源的分布基本上符合从中心向周围扩散的合理分布要求。四环以外的仓库数量占 76.9%，其中位于朝阳区、海淀、丰台、房山、大兴、顺义区域范围内的仓库个数占 60%，仓储面积占总面积的 57.4%。除了仓储资源的分布以外，其他如装卸设备、货运车辆和仓库资源的分布基本上是相似的。

北京市物流资源分布基本合理，但资源的分配和利用方面存在不平衡性，如朝阳区与丰台区之间的仓储面积比是 2.9:1，而两个区的仓储量大致相等；朝阳区与石景山区的货运车辆数量大致相等，而这两个区域之间的货物运输量之比为 1:4。

（二）主营物流企业（第三方物流）有待进一步发展

在调查的企业中，主营物流企业所占的比例比较小，仅为 21.46%。虽然北京物流行业中专业物流企业和自营物流企业的比例处于基本平衡的状态，但是发展第三方物流的任务仍应加强。

（三）物流行业的营业收入增长速度快，但物流成本较高，行业经济效益较低

2002 年主营物流企业实现营业收入 107.1 亿元，比 2001 年增长 16%。然而，2002 年主营物流企业实现利润总额却只有 3.33 亿元，只占到营业收入的 3.1%，这也正体现出当前物流业利润率较小的事实。这种局面的出现与我国传统物流企业的弊端有很大的关系。传统的物流企业更多注重的是物流活动中单一活动的利润，仅仅在物流系统的某个环节上追求利润的最大化，而忽视了物流系统的综合成本最小化和整体物流利润的最大化。

从目前情况来看，北京流通加工的发展正处于一个快速增长的阶段，2002 年货物流通加工量 163.3 万吨，比 2001 年的 149 万吨增长 9.6%。在工业企业中，流通加工的费用占总物流费用的 0.4%，而批发零售业已经达到了 10.1%。流通加工作为一种在物流活动中起到增加附加值的途径，将会越来越受到企业的重视。

（四）资产状况以国有资产为主

当前北京的物流业以国有资产为主，虽然传统的国有企业在发展物流业上存在很大的局限性，但同时也存在一定优势。首先一个优势就是国有资源的充足性，作为一个物流业刚刚进入快速发展阶段的国家来说，拥有比较集中国有物流资源是物流业发展的一个很好条件。另外，传统的国有企业在发展中也已经积累了一定的经验，在向现代物流业发展的过程中将发挥重要作用。国有资产虽然占有很大比例，但在实际使用中存在较大浪费现象。有一部分资源不仅没有在物流发展中起作用，反而成为一些企业的包袱。比如北京的货运市场，由于高度的竞争导致了货运业空载率居高不下；在仓库资源方面，据初步估计大约有30%-40%处于闲置状态。

（五）就业人员素质偏低、物流人才匮乏

主营物流企业从业人员中，学历在大专以上的占 19%，而且物流专业毕业的人员不足 1%，物流人才的匮乏限制了物流业发展的步伐。

（六）物流标准化水平偏低

集装箱运输是运输业运输水平和标准化的标志之一。本次调查 4 544 家企业集装箱货运总量为 130 817 个标准箱，其中制造业为 48 389 个标准箱，运输业为 55 574 个标准箱，商业为 100 个标准箱，服务业为 26 754 个标准箱。从国际城市的集装箱运输来看，世界平均集装箱货运量占货运总量的 65%，我国不足 40%，北京的集装箱运输占货运总量的比例仅有 1%，处于很低的水平。除了在运输方面能很好的体现出北京的物流标准化水平外，在企业之间的物流运作规范统方面标准化程度也不高。

（七）信息化程度不高

在调查的企业中有不少的企业已经开始使用计算机作为企业管理、决策、运作的信息系统，但是，大部分企业仍然只是将计算机作为一种操作工具，只用来进行一些简单的单证和表格的处理，这样的企业还不能称为信息系统的使用者。

二、政府为推动现代物流发展所做的主要工作

近年来，现代物流的发展引起了北京市政府的高度重视。北京市商委、计委于 2002 年初制定了《北京市商业物流发展规划（2002-2010 年）》，提出 2005 年北京市要初步建立以大型物流基地为核心、以综合性及专业性物流配送区为节点的物流体系框架，到 2010 年计划建成 3 个大型物流基地、17 个物流配送区，形成高效、成熟的物流网络体系，总体上达到国际先进水平。2002 年《北京市人民政府关于推进流通现代化的意见》中，将大力发展现代物流配送业作为流通现代化的发展重点，并提出要加大支持物流发展的政策扶植力度。政府初步制定了相关的政策，包括将物流园区明确为市级开发区，参照经济开发区的政策建设物流园区，优先吸收国际知名的物流企业、流通企业入园；鼓励外商以多种方式在物流技术、管理模式、服务体系、信息管理、人才培养等方面与北京市展开合作。同时，市政府明确北京市商务局为物流工作的主管部门（机构调整前由市商委负责），负责全市物流发展工作，并要求相关政府部门按各自职责加强协调和管理。北京市物流协会也已成立。

北京市物流发展规划采取“政府引导、企业投资、市场运作”的模式予以落实，政府引导方面，主要通过制定和落实规划，引导物流资源合理布局和物流企业健康发展，形成科学合理、先进高效的城市物流体系。物流规划自去年起已进入实施阶段，按照规划加快物流基地、综合物流配送区和专业配送区的建设和发展，近几年重点推进通州马驹桥、顺义天竺、房山闫村-丰台王佐物流基地的开发建设和招商运营。这几个项目已列为北京市 2003 年 60 项重点建设工程之一，目前正在抓紧基础设施建设和招商，其中马驹桥、天竺物流基地经北京市政府批准为市级开发区。按照“优化存量，提高质量，适度发展”的原则，我们主要通过重点物流园区项目的建设，加快北京市物流资源的整合，同时鼓励现有物流企业特别是第三方物流企业进行自身改造和做大规模。自去年起，我们每年从商业结构调整资金中安排一定比例扶持资金

用于物流园区建设和物流企业贷款贴息或补助，两年来已安排近 4 000 万元。

三、今后工作思路

根据党的十六大以及十六届三中全会关于“适应经济全球化和科技进步加快的环境，适应全面建设小康社会的新形势，建成完善的社会主义市场经济体制和更具活力、更加开放的经济体系的战略部署”以及“完善市场体系，发展电子商务、连锁经营、物流配送等现代流通方式”的决定，北京市正在抓紧统筹经济发展，推进城市现代化进程，特别是筹办 2008 年奥运会，“新北京，新奥运”为北京的物流业发展带来了良好的商机，显示出广阔的前景。在未来北京市的流通业乃至整个经济发展的格局中，物流业将居于更加重要的地位。作为政府主管部门，我们提出以下几点工作思路。

（一）进一步明确北京现代物流发展的定位

北京作为首都和国际大都市，现代物流业发展定位必须结合北京市的城市特征和功能特点，从北京的经济特征、区位特征、消费特征以及对物流综合性服务的需求出发，对首都现代物流业发展进行准确定位。

第一、应发展以服务消费为重点、以物流配送为主要形式的终端物流。北京是特大型消费城市，经过近几年的健康快速发展，城乡居民消费水平稳步提高，消费结构日益丰富，已从千元级、万元级进入了十万元级消费阶段。消费结构的升级换代，促进了首都消费市场流通规模的持续扩大。2002 年，全年实现社会消费品零售额 1 744.8 亿元，已连续六年呈现两位数增长，在国民生产总值中，消费率已达到 52.9%，每年以 2 个百分点的速度增长。消费需求成为促进首都经济增长的重要动力。作为国际化大都市，国际交往活动日益增多、2008 年要成功举办奥运会，居民生活从小康要向更加富裕阶段过渡，社会公共消费、居民生活消费将构成首都庞大的潜在消费力量。同时，在现代制造业的发展中、在流通现代化的推进过程中，供应链管理、连锁经营、电子商务等现代生产及流通方式，也迫切需要物流配送业给予支撑。所以，首都现代物流业发展，应紧紧围绕城市的性质和特点，围绕产业部门的发展需要、围绕消费需要的变化，构建以服务消费为重点、以物流配送为主要形式的终端物流。

第二、应发展具有集散功能的辐射型物流。随着大市场、大流通的不断发展，北京已基本形成了买全国、卖全国的市场格局。2002 年，全市商品购进总额和销售总额分别达到 3 445.4 和 3 708.3 亿元。其中，市外购进和进口额达到 1 871.8 亿元，占商品购进总额的 54.3%。以北京丰台区为例，目前，丰台区在农副产品、服装纺织品、花卉、建材、图书、医药等六大类商品经营方面，具有较强的集散能力。如农副产品辐射到 28 个省市和地区；服装纺织品从浙江、广东、福建、江苏等地集货，45%经由丰台后，辐射到华北、西北和东北地区；玉泉营花卉市场辐射到亚洲地区；图书和医药的集散和辐射能力也很强。同时，北京的高科技产品也已向国内外辐射。发挥首都城市功能优势，北京应发展具有较强集散功能的辐射型物流，一方面可以将北京的优势产品通过物流带动，实现向全国的商业辐射，为首都现代制造业实现工业辐射创造条件。另一方面，可以汇集国内外名优商品，调整首都消费市场的供给结构，依靠连锁经营和物流配送辐射周边地区，为北京成为亚太地区重要的物流枢纽城市打好基础。

第三、应加快发展集中与分散相结合的物流系统。集中与分散相结合的物流体系，可以实现物流设施在布局、功能、业务方向等环节的优化，达到在城市总体范围内实现物流体系的高效运营，提高物流活动的集约化和共同化水平，促进环境效益的提升，减少由物流活动不经济造成的城市发展中的矛盾。目前，作为首都城市功能性基础设施、体现集中功能的物流基地建设进展顺利，计划 2005 年，建成投入使用，同时承担分散功能的物流配送区将为终端配送提供专业化的物流平台。

（二）充分发挥政府在物流发展中的作用

1. 加强立法。适合现代物流发展的法规建设是社会化生产的客观要求，对经济发展起着重要的作用。北京市物流法规的建设随着北京市经济的发展必须紧紧跟上，否则不规范的物流行为将严重影响北京市物流的发展，尤其会成为北京市物流水平升级的障碍。

2. 加强政策的导向。物流具有一定公益性质，为加快促进完善的物流市场体系的形成，要加强政策的导向，加快社会物流基础设施的规划、建设，争取在土地占用、资金扶持、税收政策等方面给予更大的支持，并制订有利于物流发展的技术政策。

3. 加大对物流企业的扶持力度。重点要扶持第三方物流。调查显示，北京市自营物流占物流总量的70%，一方面说明主营物流承载能力低，另一方面说明第三方物流具有十分广阔的发展空间。北京第三方物流发展水平较低，第三方物流企业经济效益较差，针对此现象政府应考虑如何在“自营物流企业”和“第三方物流企业”比例失调中起到调控作用。考虑到第三方物流企业在中国发展的初期阶段，许多方面还相当脆弱，政府作为社会的主导，应制定相关的优惠政策重点扶植第三方物流企业的快速发展。

4. 引导国有传统物流企业向现代物流企业转型。传统物流企业在具备相对充分物流资源的条件下，向现代物流企业转型具有很大优势。政府需要加强以下几方面的引导：

(1)提高信息化程度。信息化程度的提高已成为传统物流业发展物流服务的关键，只有依靠物流服务体系的信息化和网络化才能加快我国物流业实现现代化。

(2)向专业化发展。向专业化发展也是现代物流业发展的一个主要条件。形成专业的运输体系，如整车运输企业、零担运输企业、快件运输企业、邮政运输企业和特种运输企业等。仓储业也可形成专业的钢材、建材、化工、服装、小商品的仓储中心。

(3)向多元化发展。从提供单纯的运输或仓储服务向物流多功能、多元化服务转变。有条件的运输、仓储企业要抓住机遇，扩充物流技术，增加物流功能，为用户提供更综合的物流服务。并争取逐步从提供单项、部分物流服务转向全部物流承包。具有综合物流能力的物流企业可进一步与用户建立长期合作关系，参与供应链的运作和管理。

(4)重视经营的规模化。从物流发达国家的发展情况分析，运输、仓储业通过竞争、兼并和强强联合，一方面可形成少数大型、特大型物流企业集团，并集中力量，采用现代化科学技术和现代化管理手段，提供高质量服务，满足社会需求，抵御风险，领导行业发展新潮流；另一方面，筛选出一大批运作灵活的小型企业，以拾遗补缺，满足社会各层次的需求。同时，增加社会就业机会。面对物流的发展和国内外企业的竞争，我们需要形成有强大实力的、现代化的，有能力参与国际竞争的物流集团。

(5)引进外资，建立中外合资物流企业。国外物流业已经有了较为快速的发展，我国物流业起步较晚，学习和引进国外先进的物流理念和技术，建立中外合资物流服务企业，是我国物流企业尽快掌握现代物流管理和物流技术的有效途径。

5. 整合物流资源。我国物流资源分属不同主管部门和行业，应打破它们之间的界限，按照客观经济关系和市场需要集中使用物流资源，最大限度地发挥现有资源的作用。在这方面，还应提倡和鼓励物流、仓储、运输企业跨部门、跨行业联合、竞争和并购活动，以促进物流产业的发展。

(1)空间整合。以集约化为原则，加快规划中的物流基地、综合物流配送区和专业配送区的建设与发展，研究制定相关政策，吸引企业入驻，通过物流企业和资源的空间集聚、整合，逐步形成合理有序的空间布局。

(2)制度整合。按照市场规律和现代企业制度，加大物流资产重组力度。鼓励以物流业务或资源充沛的企业为主导，组建若干新型的现代物流公司或集团。

(3)信息整合。必须通过建立高效物流信息平台，有效统领分散的物流活动，实现物流系统的再造和集约化经营。

(4)协作整合。按照物流业务内容与功能，通过建立战略合作伙伴关系，将专业仓储企业、运输企业、物流信息服务企业进行系统化组合，发挥各自专长，积极开展多种物流业务合作。

6. 培育物流市场。目前,北京城市物流市场的一个大问题是供需矛盾突出。物流市场的有效需求不足以及物流企业服务整体水平不高是导致供需失衡的重要原因。这就需要政府培育和壮大物流市场,引导工商制造企业外包非核心业务,强化物流资源配置的市场化程度,同时引导并扶持一批专业物流企业迅速成长。

7. 加强物流业人力资源开发和培训。首先,应加强高级在职物流人才(干部、经理等)的培训工作。组织各种长期和短期的培训班、研讨班,解决短期物流人才急需的问题。其次,加强对物流高等教育、中等教育的投入,扩大物流专业的招收数量,抓好抓紧物流高等和中等教育人才的培养工作,经过3–5 年,使北京物流人才匮乏问题得到较好的解决。在物流决策的重要岗位,可以引进人才,必要时可以引进国外高级物流技术和管理人才。

8. 加强物流标准化体系建设。物流标准化体系的建设和完善是一项庞大的工程,是影响物流顺利发展的全局性问题,涉及到全国多个领域以及与国际标准接轨。希望国家有关部门尽快完善物流标准化体系,北京将结合本市的具体情况和物流发展的需要贯彻物流标准,推动物流规范化发展。

(供稿:北京市商务局助理巡视员　阎立刚)

上海市

发展现代物流业,是上海加快建设国际贸易中心、国际航运中心的战略选择,对于促进产业结构调整,增强城市综合竞争力具有十分重要的意义。上海“十五”计划将现代物流业确定为重点发展的新兴产业之一。

一、上海物流业发展目标和发展情况

2001年 11 月市政府颁布了《上海市“十五”现代物流产业发展重点专项规划》。规划中提出:“十五”期间,上海现代物流业发展要以商贸流通和航运航空为依托,以充分发挥海陆空枢纽和大口岸的综合优势为抓手,大力构筑以现代综合交通体系为主的物流设施平台,以互联网信息网络技术为主的物流信息平台,和以政府引导、协调、规范、扶持为主的物流政策平台。积极发展第三方物流,培育建设物流园区,努力保持物流业发展速度略高于全市 GDP 增幅。“十五”期末,基本形成现代物流业的发展框架;基本成为全球现代物流业发展供应链中的重要枢纽和节点。近三年来,上海的物流基础设施和设备、物流园区建设、物流市场培育、物流信息系统、教育培训等方面做了很多工作,取得了可喜的进展和成绩。

(一)物流产业已成为支撑上海经济增长的重要力量之一

2002 年上海物流产业总产出为 1 589 亿元,增加值为 703 亿元,占全市 GDP 比重为 13%,比 2001 年增长 11.9%。2002 年上海货运总量已达 5.7 亿吨,其中港口货物吞吐量 2.64 亿吨、空运总量 131.7 万吨,增幅达 1.7%;集装箱吞吐量 861 万标准箱,居世界第四位,2003 年上海货运总量达 6.11 亿吨,比上年增长 7.7%,其中港口货物吞吐量 3.16 亿吨,比上年增长 19.9%,空运总量 161 万吨,增长 21.9%;集装箱吞吐量突破千万大关,达 1 126.2 万标准箱,增长 31%,跃居世界第三大集装箱港。

(二)重点物流园区开发建设工作全面展开,初步建成物流产业的核心基地

1. 外高桥物流园区。外高桥物流园区正在重点建设北区 1.03 平方公里国际物流中心项目,总投资 10 亿元人民币,该项目已列入上海市重大工程项目。位于高桥——航空港——洋山港三点之间的 2.56 平方公里外高桥物流园区开发于 2003 年 9 月初启动。外高桥已初步建成国际物流集聚的核心基地。2002 年实现增加值 50.7 亿元,仓储面积达107万平方米，物流企业收入567.86亿元,700多家物流企业入住,其中第三方物流企业有78家。

2. 浦东空港物流园区。浦东空港物流园区已开发建成占地22万平方米的一期货运区和占地38.5万平方米的海关监管仓库区、已建成全中国最大、最先进的美国联邦快递——大田快件处理中心,吸引了数十家国际著名物流企业入驻,已建成占地20多万平方米的中货航浦东物流中心和投资所2亿的中外运浦东机场物流中心。从长远发展考虑，园区正与浦东新区和南汇区政府共同研究西货运区的开发利用事宜。

3. 西北物流园区。西北物流园区以未来岛为核心的首期1平方公里已经初具规模,2.6平方公里的槎浦地块和1.5平方公里的江桥地块规划设计已经完成。目前,园区已有800多家物流企业入住,其中物流类企业120多家,货代配载企业700多家,美国、法国、日本、西班牙等著名物流企业有13家。

2002年物流进出量达1.98亿吨,营业总收入达43亿元,政府税收1.1亿元,园区物流企业就业人数1.86万人。

4. 深水港物流园区。随着洋山深水港一期工程进入全面施工建设阶段，作为重要支撑的深水港物流园区也加快了建设进度，园区详细规划正在编制之中。

（三）物流招商引资形势喜人,国际物流中心地位初见端倪

国际著名物流企业和货运公司代表着现代物流业发展方向和发展水平,最近纷纷落户上海。美国UPS和FedEx、英国EXEL、德国邮政DHL、荷兰TNT等全球10大物流企业和丹麦马士基、英国P&O、美国总统轮船和香港东方海外等全球20大船公司已经全部进驻上海。UPS和EXEL已分别把各自在中国的总部从香港和北京搬到上海,香港嘉里物流总部也在考虑搬到上海。上海已建成了亚洲最大的跨国采购中心,吸引了70多家跨国采购商,其中42家跨国公司在上海设立总部，这为上海国际物流发展创造了广阔的发展空间。

（四）推进“大通关”工程建设,提高口岸工作效率

为提高上海口岸工作效率，增强城市综合竞争力,上海实施“大通关”工程,其基本目标是海运货物通关在24小时完成，空运货物通关在12小时内完成。目前,海关已实行“5+2”通关工作制,外高桥保税区空运货物可控制在6小时以内，松江出口加工区空运货物最快达4小时，使原先每到周五出现的信息流、人流、货物流拥塞的“星期五现象”基本消除,天天通关有效地降低了企业商务成本,推动了上海和长江三角洲地区经济的发展。

（五）企业物流受到关注,专业化物流服务需求开始凸现

随着国内外市场竞争的加剧，无论是生产企业还是流通企业,对物流是“第三利润源”有了较深的认识,开始学习、掌握和运用现代物流理念与运作模式,优化企业物流管理,重视物流流程,采用物流外包形式以降低企业物流成本和提高企业核心竞争力，已成为不少企业的强烈愿望和迫切要求,并将逐步成为社会物流活动的重点。这不仅是外资、合资企业有专业化物流服务需求,国内企业也有这样的要求和行动,如宝钢企业物流、冠生园销售物流、商业连锁超市物流、光明乳业和快递服务等是典型的事例。

（六）专业化物流企业开始涌现,第三方物流服务方兴未艾

由于专业化物流服务需求的迅速增加,出现了一大批提供储运代理、供货分销、配送、多式联运、流通加工、信息服务、物流管理等服务功能的企业,在此基础上,已有上百家具备物流服务多功能、拥有物流信息系统和掌握现代物流理念、服务方式和手段的第三方物流企业。这些企业的构成,一是从主干运输和储存的国有企业延伸服务功能的第三方物流企业，如国字号的上海中远、中海、中外运等物流企业,属国营的交通大众物流、商储全方物流、铁路铁联物流;二是新兴的民营第三方物流企业,如虹鑫物流、北芳物流、百岁物流等等；三是中外合资的第三方物流企业,如安吉天地物流、大众佐川急便物流、东昌西泰克物流、熙可物流等等；四是外商独资第三方物流企业，如前面讲的世界物流巨头企业和香港嘉里物流等。需特别指出的，在这些企业中，有的已具备世界先进水平和成绩显著的典型，如虹鑫物流属非资产的管理型第三方物流企业、全方物流和东昌西泰克物流提供供应链管理服务的第三方物流企业。

二、存在的主要问题

（一）内资企业对现代物流服务的需求仍有不足

上海有一定数量的工商企业仍然保留着“大而全”、“小而全”的经营组织方式。这种以自我服务为主的物流活动模式在很大程度上限制和延迟了对高效率、专业化、社会化的现代物流服务的需求。

（二）能够提供专业化物流服务的现代物流企业数量仍较少

上海绝大多数物流企业服务方式和手段比较原始单一，只能简单地提供运输(送货)、仓储或货运代理服务，尚未形成完整的物流供应链服务；而且，物流企业组织规模还比较小，技术装备和管理手段仍比较落后，缺乏必要的竞争实力，也影响了物流服务的准确性与及时性。

（三）目前的行政管理体制不适应现代物流产业的发展需要

从国家层面看，由于货代、进出口、运输、无船承运人等资质审批分属商务部、交通部等部门、审批手续复杂、时间较长，影响了物流企业的积极性。从地方层面看，各区县之间在物流设施衔接和协调上缺乏统筹考虑，容易造成重复建设；各类物流园区的规划建设也都遇到需要多部门协调、统一的难题。

（四）发展现代物流的外部环境仍需优化

目前，物流行业标准尚无法统一。信息化环境和电子商务交易的网络平台建设刚起步，实际应用有限。国际航班东移后，也给物流发展带来新的挑战。此外，发展现代物流业所需要的高素质人才也十分紧缺。

三、建议

上海现代物流业的发展，要在当前“起好步”的基础上，以开拓创新为主线，以枢纽型交通运输体系为依托，以信息化为手段，继续推进物流园区开发建设，优化物流运作环境，进一步培育第三方物流发展，努力提高上海现代物流业的综合发展水平。

《上海市“十五”现代物流产业发展重点专项规划》对上海现代物流产业的发展目标、指导思想、发展重点和相关政策措施等都作了明确的阐述和规定，我们要按规划的要求去努力落实，并要根据新的发展形势要求去完善、创新。这里，特别提出和强调的问题是，要注意物流系统的整合问题。具体地说，大致要注意二个方面的整合。

一是注意政府职能的整合。现代物流业是跨部门、跨行业、跨地区的产业，其要求政府职能部门及相关行业各个方面共同努力打破部门、行业、地区的界限，统一协调，相互配合和支持，形成整体合力。而现实的情况是，由于体制、理念和管理上存在一定的问题，往往从各自不同的角度去考虑问题，出现政出多门，各自为政的状况，影响着上海现代物流业的整合力度，影响着现代物流业的创新与发展，这种体制性的障碍必须尽快纠正，切实把市政府规划落实到实处。

二是注意社会物流资源的整合。上海的运输、仓储、信息等物流资源还是比较丰富的，但这些社会资源分散在交通、工业、商业、外贸、供销等各个部门，存在着各自分割、忙闲不均、一面闲置、一面新建的状况，资源利用率低，浪费积压严重，这是社会物流资源整合不够的必然结果。国内外的实践证明，只有实现社会物流资源的有效整合，才能降低物流成本，提高物流效率和效益。

如何实现社会物流资源的整合？

一要加强政府的引导、协调和扶持；

二要宣传、推广、掌握和运用供应链管理原理等现代物流理念；

三要大力发展专业化、社会化的第三方物流服务体系；

四要采用多式联运、连锁配送等现代物流方式和物流运作模式；

五要变革企业物流运行机制和重视物流流程，优化企业物流管理。

三是注意物资流通行业协会功能的整合。上海要注意物资流通行业协会功能的整合，就是要加快组建上海市物流协会，使之成为物流企业，行业与政府部门的一个重要桥梁和纽带。目前上海已成立的物流链中某一环节的行业协会(学会)有10个以上，而组建上海市物流协会，可以改变原有的分散、独立、各自为战的状态，有利于功能、作用的发挥，有利于物流整个发展的需要。

（资料来源：上海物资流通行业协会）

天津市

近年来，在天津市委、市政府的正确领导下，天津市的现代物流发展很快，从组织机构建设、政府引导、政策支持上为天津市现代物流的发展提供了广阔的支撑平台。近年来推动现代物流工作的实践说明，在天津经济发展的新的历史时期，加速天津现代物流业的发展是非常重要的。因此，在2004年的政府工作安排中，把推动现代物流发展再次列为天津市的一项重点工作。

一、对现代物流的认识和所做的工作

（一）从认识上看，进一步推动现代物流发展，是保持天津经济持续高速增长的需要

在天津市委、市政府的高度重视下，天津市现代物流业发展迅速，效果显著。几年来，至少在以下几个方面作了大量的实际工作：

1. 在全国较早的制订了《天津市现代物流发展纲要》，并在十五期间，将现代物流业列为了“五大经济支柱产业”之一。

2. 较早地建立了天津市现代物流组织推动的领导机构–天津市现代物流组织推动领导小组；较早的明确了天津市现代物流组织推动的归口管理部门–天津市交通委员会；较早的成立了天津市现代物流的行业管理部门–天津市现代物流业管理办公室；较早的成立了现代物流行业协会。

3. 与高校研究机构相结合，建立了全国独具特色的“官、产、研”相结合的物流发展模式。

4. 不断完善全市的物流人才培训体系。根据天津市经济发展的实际和对现代物流人才的需求，由天津市现代物流业管理办公室牵头，市人事局、市交委和南开大学共同配合，初步建立了一套完整的天津市现代物流人才培训工作体系。制订了《天津市现代物流专业技术水平考试办法（试行)》，该办法及与之相配套的培训、考试办法将从2004年下半年起正式运行。

5. 率先制定了《天津市现代物流业综合政策意见》，从政策支持上鼓励现代物流企业在天津的发展。

6. 以港口为依托，天津开发区和保税区已经成为全国投资环境最好，最具有吸引力的开发区和保税区之一。

7. 物流基础设施建设的力度大，2002年以来每年用在物流基础设施建设上的投入均超过了100亿元，并收到了明显的效果。以天津港散货物流中心、集装箱物流中心、保税区国际物流运作区、开发区国际物流园区、空港国际物流区、天津空港物流加工区、天津邮政物流中心、天津物流货运中心等为标志的天津市现代物流业发展的重点示范工程发展较快。

8. 加强了现代物流的规划调研工作，对全市的综合运输力、仓储、公路货运专卖场所、农副产品交易场所、工业产品交易场所等情况，进行了综合调查分析。提出了《2003–2007年天津市交通邮电业、物流业发展实施意见》，制定了天津市现代物流信息化建设规划。目前，正在着手编制《天津市物流业发展“十一五”规划》。

9. 充分利用中央给予天津试点城市的优势，大力吸引外资，鼓励国外物流企业来津合作。一年多来，德国大众中国物流中心、新加坡叶水福物流中心、日本冈谷钢机、美国明尼苏达矿业、C·H罗伯逊、韩国现代、三星爱商网、香港亚洲物流、嘉里物流、昌京物流、绿源物流、北亚渤迪、新世界、克运物流等一大批世界知名物流公司，纷纷抢滩保税区，并在此建立了其亚洲的物流中心。

10. 加大了对外交流力度。先后举办了天津市发展现代物流推动会、第三届PECC国际贸易投资博览会暨2003中国(天津)计算机软件网络与通信产品展览会现代物流与IT产业论坛等活动。对外，通过组织国内外物流考察、接待国内外物流考察团组来宣传天津。对内则通过宣传先进经验，树立先进典型，表彰优秀企业，促进天津市现代物流业的发展。2003年天津市成功开展了评选“百强十佳”物流先进企业活动。

（二）从效果上看，进一步推动现代物流发展，是天津现代物流实现跨越式发展的需要

2003年，天津市领导准确把握国内外形势，在抗击非典的同时，仍紧紧抓住经济建设不放，保持了全市经济的快速增长，达到人均国内生产总值3 000美元，迈出了全面建设小康社会，率先基本实现现代化的坚实步伐。国内外的经验证明，达到这一目标，其国民经济就进入了一个加速增长期。从总体上看，天津的经济已经迎来了新一轮的发展高潮，这为各行各业的发展提供广阔的发展空间。

从全市物流工作看，2003年天津港口货物吞吐量完成1.6亿吨，集装箱吞吐量完成301万标准箱，增幅达25%以上。铁路货运量完成1亿吨，增长11%以上。公路货运量完成1.9亿吨，货物周转量完成70亿吨公里，分别增长23.5%和45.4%。水运货运量完成8036万吨，增长37%以上，货物周转量完成4136亿吨海里，增长28%以上。民航客运量110万人次，货邮行李吞吐量完成5.5万吨，分别增长1%和13.4%。天津市经济持续快速增长，带动了货物流通量的增加，物流产业增加值占GDP的比重达到了10%以上，物流成本占GDP的比重下降到了20%以下，重点工商企业自营物流剥离量超过了5%。

因此，进一步推动现代物流的发展，对于加速天津市的国民经济的发展具有重要的意义。天津市大力发展现代物流，不仅有利于进一步完善口岸的物流功能，而且还有利于建立完善的城市流通体系，增强其北方经济中心的功能。同时，通过推进现代物流的发展，更好地发挥其资源配置的作用，还能有效地带动天津传统企业的改造、升级与换代，实现全市产业结构的进一步调整和优化、促进投资环境的进一步改善，从而提高全市的宏观经济运行质量，提高天津经济的整体影响力和辐射能力。因此说，进一步推动天津现代物流的发展不仅顺应了当今世界和我国经济发展的潮流，而且还是实现天津市“三步走”战略目标，加速天津经济发展的一项重要战略举措。

（三）从发展上看，进一步推动现代物流的发展，是建设北方国际物流中心的需要

在中共天津市委八届五次会议上通过的《中共天津市委2004年工作意见》中明确指出，商贸服务业要加快发展专业市场，使天津成为我国重要的商品及物资集散地；大力发展物流、金融业、旅游房地产业、通信、社会服务业；加快天津港集装箱物流中心、开发区工业物流中心和保税区海空港为重点的国际物流体系建设，扶持发展大型第三方物流企业，扩大物流配送；建立国际化的中国采购基地；要立足天津，辐射“三北”，服务全国，面向东北亚，把天津建成现代化的世界性加工制造基地和物流中心；努力建设服务中国北方的国际物流中心。在2004年人代会上，戴相龙市长在《政府工作报告》中，对加快推进辐射北方的国际物流，建设国际现代物流中心也作了具体部署。市委市政府的工作部署，不仅为天津市的现代物流发展确定了明确的发展目标，而且也提出了今后现代物流发展的具体任务。

总之，天津市要进一步确立环渤海地区的经济中心、现代化港口城市和现代国际物流中心的重要地位，提高天津市经济的综合竞争力和影响力，增强城市综合服务功能，就必须加速发展现代物流。

天津市作为我国北方重要的港口城市，其辐射内地，连接“三北”的区位优势非常突出，公路和铁路也是连接南北的重要枢纽和通道。目前,天津市以其完善的综合运输体系和独特的区位优势,已经具备了建设北方现代国际物流中心的有利条件。特别是近年来天津市下大力量加大了基础设施建设力度,连续三年,每年用于物流基础设施项目的投资都超过了100亿元。基本形成了公路、铁路、航空、水运、管道运输五种运输方式并存,四通八达的快速交通网络,在发展物流的硬件设施方面已经具备了一定实力。下一步的问题是,如何通过发挥组织和管理功能,通过进一步完善规划来创造与经济高速发展相适应的现代物流发展软环境,从而推动天津市建设北方国际物流中心目标的实现。

二、今后的规划打算

中共天津市委八届五次会议提出,要按照"发展大商贸,促进大流通"的工作思路,进一步完善规划,加强天津市的物流信息化建设;加大物流培训和对外交流的力度;改善和创造良好的政策环境和戴相龙市长在《政府工作报告》中指出的:要采用电子信息技术,加快推进辐射北方的国际物流,鼓励发展现代商业物流,支持发展第三方物流的要求,以"国内领先、世界一流的标准"来推动全市的现代物流工作。根据天津市委、市政府的要求,天津市2004年乃至今后一段时间的物流工作将重点抓好以下几个方面:

(一)进一步统一认识,形成合力

近几年来,天津市委、市政府高度重视发展现代物流。中共中央政治局委员、市委书记张立昌同志多次深入物流企业调研,对天津市物流工作作过多次重要批示,他指出:"发展现代物流业是实现现代化大生产的客观需要,是提升经济中心城市功能的必由之路,是增强城市综合竞争力的重要举措"。在全市的"十五"规划中,天津市政府把现代物流作为全市经济发展五大支柱产业之一。市政府还专门成立了现代物流组织推动领导小组,编制下发了《天津市现代物流发展纲要》。在政府的强力支持和推动下,近年来,天津现代物流业已经涌现出了一批物流骨干企业,建立了一批高水平的物流三资企业。第三方物流服务企业的数量和规模成倍增长。有近三分之二的物流企业将业务拓展到全国范围,三分之一的物流企业将业务拓展到国外,实现了与国际物流系统的对接。

但是,也应该看到,目前我国的物流发展程度、速度和发展水平与发达国家相比还存在着比较大的差距。一是整体水平不高,规模小而分散。资产分散、人员分散、企业分散、指挥系统分散。从而导致企业扩张能力弱,经济效益低。二是很多物流企业为工商企业自营物流,社会化、专业化水平低,服务理念和管理手段落后。由于信息化水平低,大多数物流企业无法提供高品质、专业化、网络化、信息化的现代物流服务,有近50%的物流企业还主要从事传统的运输和仓储业务。三是发展环境需进一步改善。物流服务、物流信息、物流设备还缺乏统一的标准,口岸通关速度慢,收费标准高,审批环节多,工作效率不高。许多重要物流基础设施的规划、管理,还处于条块分割、自成体系的封闭落后阶段。这些,都必将制约天津市物流网络的形成和发展。四是缺乏高水平物流人才。目前,全市能够掌握现代物流管理和技术的专业人才非常匮乏,很多从事物流业的领导也是似懂非懂,这也是制约现代物流发展的重要因素。因此,天津市物流的发展一定要统一思想,统一规划,充分认识加速发展现代物流业的重要性、迫切性。要使全市形成合力,才能促进天津市现代物流业的大发展。

(二)改善物流投资环境

1. 进一步改善现代物流发展的政策环境。政策环境是现代物流业发展的保证。现代物流是一项涉及行业和部门较多、综合协调性较强的工作,必须使各部门、各行业的政策协调一致。今年天津市将在去年制定现代物流发展综合政策的基础上,下力气调整和理顺各行业部门的关系,使各方面的政策协调一致,并落到实处,为物流业的发展创造更为宽松的政策环境。

2. 改善口岸环境,提高物流效率。改善口岸环境,加快口岸物流速度,是把天津市建成北方国际物流中心的关键。天津口岸是天津市及腹地省市对外开放的窗口,口岸环境直接关系到全市经济的跨越式发展和物流业的发展。为此天津市要求各部门一定要高度重视,树立以港兴市和大口岸、大通关、大物流的观念,参照国内外先进港口的成功做法,改进每一个环节的工作,努力将天津口岸建设成为成本低、服务好、速度快的一流口岸。

3. 完善城市物流的规划配套工作。今后天津市将紧紧围绕贯彻《天津市现代物流发展纲要》,对全市物流园区、物流中心的建设进行统一规划。结合天津市确定的未来经济发展目标,在加快建设开发区工业物流园区、保税区国际物流运作区、天津港散货物流中心、天津港集装箱物流中心、天津空港国际物流园区、天津空港物流加工区、天津邮政物流中心和天津市物流货运中心的基础上,瞄准国际上先进的基础设施建设标准和先进的管理技术,建设一批为专项工业或为工业区综合服务的物流中心:

(1)坐落于天津市东丽区的东部物流基地,位于海河以北,公路环线与唐津公路之间。它将为机场、港口、公路过境运输及海河下游工业区服务。该基地内设公路配载物流中心,航空物流中心、海港物流中心和工业生产物流中心。它具有信息服务、保税、仓储、加工、分拨等多项功能。

(2)坐落于天津市西青区的西部物流基地,位于京沪高速公路与津同公路、津保高速公路之间。主要为北京至上海方向、石家庄至天津或经天津至唐山方向和通过津同公路至西北方向的过境运输提供服务,也为天津市西部工业生产,特别是汽车生产企业服务。它具有运输配载、中转换装、仓储、配送、信息服务等项功能。

(3)位于海河下游的多功能物流加工园区,主要开展国际贸易、出口加工、保税仓储以及与上述主体功能密切相关的运输、包装、整理、货运代理等业务。就发展模式而言,物流中心应依托港口优势,努力发展具备运输功能、装卸搬运功能、仓储功能、配送功能、流通加工功能、信息处理功能、市场交易功能、产品展示功能的第三方物流。

(4)建设为连锁商业服务的配送中心,为农业生产资料和产成品服务的流通加工、配送、集散中心、为国际物流服务的具有存储、集散、中转、加工等不同功能的物流中心。

另外,为进一步加快港口物流的发展,以最大限度的拉动天津经济的发展,天津市政府已决定,从今年起到2010年,投资270亿元,安排港区10大建设项目和港区外部20项配套项目建设。现该项目已经启动。

(三)加快物流科技进步

物流业科学技术的应用是物流业向现代化、科学化、标准化迈进的体现。今后,天津市将下大力气加强城市的物流信息化建设。根据《天津市现代物流发展纲要》和《天津市国民经济"十五"发展计划》以及港口、民航、公路、铁路、电信、邮政等行业"十五"和未来发展规划。天津市要紧紧围绕实现各项规划的发展目标,结合天津物流信息发展实际情况,以电信公网为依托,在充分利用现有网络资源基础上,以信息资源开发利用为中心,以应用促进发展,以信息化带动工业化,加快工业、商业、运输业经济结构调整,推动天津现代物流信息化全面发展。

同时,要推广信息技术在口岸大通关、公路配载、物流中心运营以及工商业物流等领域的应用,使全市的现代物流在高科技、信息化的支撑下,高效运作。同时要广泛推广条码技术、EDI电子数据交换技术、GPS货物跟踪技术等先进技术的应用,以提高现代物流运作的整体效率。

(四)提高物流服务企业的整体素质

加快天津市现代物流业的发展,必须有一批高水平的物流服务企业。这也是一些外商投资企业、跨国公司选择投资环境的一个重要因素。近年来,天津市涌现出一批具备了一定规模和实力的物流先进企业。今后仍将大力推广他们的经验,同时,要借鉴国内外先进物流企业的经验,力争再培养出更多的服务好、实力强的优秀物流企业。今后,天津市将把评比、表彰物流先进企业作为一项制度坚持下去。

(五)培养并引进现代物流人才

要建成一流的国际化的物流体系,必须有一流的、国际化的物流专业人才。天津要充分依托高校优势,在我国率先形成物流学高级人才的培养基地。同时,还要认真抓好物流从业人员的岗位培训认证工作,推行持证上岗制度,提升全市物流行业人员的整体素质。2004 年下半年天津市将抓紧实施已经建立的《天津市现代物流专业技术水平考试办法(试行)》培训,以强化激励竞争机制,尽快优化物流企业人才队伍结构,增强物流企业的竞争实力。与此同时,天津市还将采取措施,引进国内外物流专业的人才,以其先进的理念、先进的管理经验和先进的技术,为推进全市物流业的发展服务。

(供稿:天津市委员会物流发展处 康群网 于会清)

重庆市

一、重庆发展物流业规划的指导思想

重庆市物流业整体水平落后,物流成本较高,交通基础设施和仓储设施不适应现代物流业发展需要,运输组织多、小、散、弱,工商企业供应链管理没有实现一体化,第三方物流薄弱,电子商务尚未广泛使用,物流管理体制滞后,物流法规政策缺乏,物流人才供应困难。针对重庆市物流业存在的问题,《重庆市现代物流业发展规划》(以下简称《规划》)的指导思想是:以提高供应链管理水平为核心,以实现物流资源整合为出发点,建立现代物流体系。即以政府为主导,加强政府宏观调控和政策支持力度;以企业为主体,支持第三方物流企业发展壮大,全面提升工商企业核心竞争力;以现代物流理论为指导,形成快速便捷的供应链服务体系,建立高效物流行政管理机制;以先进物流技术为支撑,建成信息互通的公用信息平台,大力提高企业生产效率。通过科学分工明确相关职能部门职责任务,通过倾斜政策引导物流产业健康发展,通过公用设施建设降低物流产业成本,通过物流社会化降低全社会物流成本,充分调动相关行业的积极性,形成责任明确、导向清晰、政策合理、措施明确的现代物流业发展规划。

二、重庆市发展现代物流业的总体目标和量化指标

会议确定了 2010 年前重庆市交通基础设施建设的总体目标:构建综合运输主通道,建成长江上游的交通枢纽。其中高速公路主要打造公路主通道,形成“两环八射”的高速公路主骨架;地方公路全面完成“8 小时重庆”和县际公路及出口公路建设,形成较为完善的干线公路网络;水路三峡库区复建全面完成,嘉陵江实现全面渠化,形成较发达的水运体系,初步建成长江上游航运中心。

自 1997 年重庆直辖 6 年来,在国家实施积极的财政政策和稳健的货币政策,实施西部大开发,加大以交通为主的基础设施建设等一系列有利于交通发展的战略举措的基础上,重庆市委、市政府把交通建设作为直辖后经济发展的切入口,将交通放在了优先发展的突出位置上,先后提出了“一年起步打基础,10 年渝州变通途”、“5 年变样,8 年变畅”、“8 小时重庆”的奋斗目标,并革除体制弊端,建立了综合大交通管理体制。

按照规划,2003-2010 年 8 年期间,重庆市公路、水路建设计划总投资 944 亿元,其中公路 797 亿元,水路 147 亿元。

(一)公路建设

在 8 年投资的 797 亿元公路建设资金中,高速公路投资约 546 亿元,地方公路投资约 251 亿元。到 2010 年重庆市将初步形成“二环八射”的高速公路体系,高速公路总里程接近 2000 公里。其中二环即环线和西部通道重庆绕城高速公路,环线高速公路由国道主干线在我市主城区的过境路段组成,西部通道绕城高速将我市主城区外围主要组团连接成一个整体。八条射线分别是重庆至成都、重庆至四川遂宁、重庆至四川南充、重庆至四川邻水、重庆至武汉、重庆至长沙大通道、重庆至贵阳、重庆至四川泸州八条高速通道。并增加万州至湖北刘家垭口、垫江至湖北利川、万州至开县

等三条高速公路。就具体项目而言，近期主要是确保在建的重庆至四川邻水(重庆段)、长寿至梁平公路、梁平至万州公路、渝黔路二期和綦江至万盛公路在“十五”期全部建成。同时加紧开展前期工作·，力争2005年前开工，2010年前建成合川至四川南充高速公路(重庆段)、重庆至四川遂宁高速公路(重庆段)、重庆至长沙通道、万州至湖北刘家垭口高速公路、垫江至湖北利川公路(重庆段)、西部通道重庆绕城高速公路、万州至开县公路等7段高速公路。同时在“十五”期推进前期工作，力争开工或”十一五”初开工建设重庆至泸州公路(重庆段)、万州至苏拉口段高速公路。

地方公路主要加快“8小时重庆”、县际公路、农村公路、山区公路的建设，尽力提高现有公路等级。同时增加公路在我市农村地区、移民地区和贫困地区的通达深度，增加公路网密度，在2010年实现所有的县际之间、高等级、出境公路有一条二级以上的公路相连，新增高等级公路2 000公里以上，所有行政乡镇及90%以上的行政村通公路，形成较为完善的公路网络。为加强不同运输方式的交汇或转换，我们还将建设一批节点枢纽，特别是客货运输量较大的站场设施。

(二)水路建设

以发展重庆、带动周边和实现共同发展为出发点，以长江、嘉陵江和乌江航道及寸滩港区等基础设施建设为重点，通过结构调整和实施信息化战略，形成统一、开放、竞争、有序的航运市场体系，力争在2010年把重庆建设成长江上游航运中心。从今年开始到2010年，重庆市水路建设总投资约147亿元(其中船舶技术改造约27亿元)。

(三)航道建设

以长江干线、嘉陵江、乌江水运主通道和渠江、小江、大宁河等四级以上“三主三干”航道为骨架，其他五、六级航道为基础，形成干支相通、通江达海的叶脉型航道体系。其中建设重点项目11个，包括航道整治工程和梯级综合开发项目。

(四)港口建设

以重庆主城、万州2个主枢纽港和涪陵、江津、奉节、合川、彭水5个重要港口为中心，以其他县城港及集镇港等中小港口为基础，形成层次分明、布局合理、大中小结合的港口群。为适应旅游的发展，除对客运码头进行技改外，规划在丰都、忠县、奉节、巫山等景区和三峡成库后水域较为宽阔的地区建设游艇基地。通过港口发展规划的实现，全市港口将新增能力4 800万吨，使全市港口货物吞吐能力突破1亿吨大关。

2002年，重庆全社会货运量31 176.6万吨，其中公路、水路、铁路、航空分别为26 076万吨，1 907万吨，3 191万吨，2.6万吨，分别占全社会总货运量的83.64%，6.12%，10.24%，0.01%。全社会货物周转量4 008 230万吨公里，其中公路、水路、铁路、航空货物周转量分别为899 108万吨公里，1 442 723万吨公里，1 662 899万吨公里，3 500万吨公里，分别占全社会货物周转量的22.43%、35.99%、41.49%、0.09%。航空吞吐量9万吨。港口货运吞吐量3 004万吨。集装箱完成8.75万标准箱，其中50%的生成量来自四川、贵州等周边省份。近3年来，重庆全社会货运量和货运周转量分别以5.5%和4.2%的年均增长速度递增，既有力地支撑了重庆国民经济持续健康快速的发展，又提高了重庆对周边省市地区的辐射和吸引能力。

三、重庆发展现代物流业的8项战略

为实现重庆发展现代物流业的总体目标，《规划》提出了8项战略，即8个方面的工作任务，包括航运中心战略、一体化战略、信息化战略、物流基地战略、龙头企业战略、零税开放战略、军民共建战略、人才战略。8项战略贯穿《规划》中的各专项规划，通过专项规划的具体措施实现。

四、实施《规划》的战略步骤

战略步骤分三阶段。

第一阶段为2002-2005年，环境建设阶段。初步建成符合现代物流发展的政策法规体系，推广统一物流标准，完成物流基地详细规划，启动物流基础设施建设，争取物流基础设施初具规模。本阶段以政府为主导，为我市现代物流业的健康发展提供良好行政服务和政策法规环境，解决物流业缺乏规范和政策导向问题。

第二阶段为2006-2010年，基础设施建设阶段。完成物流基地、信息网等物流基础设施建设，初步实现物流社会化。本阶段在政府完成物流基地、物流中心详细规划后，吸引企业自主投资建设进行。为我市现代物流业发展提供大型场所和信息基础设施，解决物流业缺乏大型场所和公用信息平台问题。

第三阶段为2011-2015年，规模化发展阶段。全面实现物流的动态跟踪与监控，全面实现宏观管理一体化、企业供应链管理一体化和物流全程优化。本阶段以企业为主体。在物流外部环境基本形成后，企业遵循市场规律自由发展。

五、物流基础设施规划

物流基础设施包括物流基地、物流中心、配送中心、运输场站、仓储设施和门店等。物流基地是地域概念，是一定数量的物流中心、配送中心和行政服务设施的集合，是大宗物资长距离流通的场所。物流中心可以在物流基地内建立，也可在物流基地外建立，是具体从事大宗物资长距离流通的经营实体。配送中心是物流基地、物流中心与门店、消费者之间的中间层，是某一特定种类物资短距离流通的场所。物资流通的一般途径是物流基地——物流中心——配送中心——门店——消费者。

发展现代物流需要庞大的物流基础设施体系支持，政府应对物流基地、物流中心、运输场站进行宏观调控，而配送中心、仓储设施和门店等交由市场自由建设。政府不直接投资物流基地、物流中心，而是通过土地控制规划、优惠政策、行政服务吸引企业投资建设。

建设物流基地可以方便大宗物资快速流通，迅速形成大型物流市场，加快物流资源整合，促进物流产业的规模化和集约化，实现客货交通分流，缓解城市交通压力。《规划》设计了上桥-团结村(含二郎新区)、寸滩、涪陵、万州、九龙坡-大渡口5大物流基地。主城区在物流基地之外，还规划了南岸四公里、黄桷坪(含九龙坡港区)、江北人和三大物流中心，目的是弥补物流基地的不足，方便这些地区的大宗物资就近集散。

各区县(自治县、市)的物流基地规划原则上由区县(自治县、市)政府参照市《规划》和物流基地详规自行制定。

六、物流企业规划

分为工业企业供应链发展规划、商业企业供应链规划、第三方物流企业发展规划，电子商务企业发展规划。基本思路是鼓励工商企业加强对供应链的全程管理，鼓励工商企业剥离自有物流系统接受第三方物流服务。大力扶持第三方物流企业，不断增加第三方物流企业整体物流供应能力。提出对物流领域内的电子商务企业给予行政支持和严格管制，解决目前存在的电子商务信用不足问题。

七、物流电子信息系统规划

提出建立公用型信息平台，减少全社会对物流电子信息系统的重复投资。逐步实现公用型信息平台与政府机构联网，开展网上办公，提高公用型信息平台的吸引力。

八、物流行政管理规划

通过调整政府部门职能改变行政方法建立高效的服务型物流管理体制。指出政府在现代物流发展过程中应该发挥的作用一是制定现代物流发展规划，确定我市现代物流发展宏观战略。二是规划物流基地，提供配套行政服务，吸引企业进入物流基地创建物流设施。三是管理第三方物流企业和物流中心，建立市场准入、行为监督等完整管理体系。四是推广物流标准。在全社会推广统一的物流标准，确保物流畅通。五是制定倾斜政策，引导物流业发展。六是提高行政效率，减少行政审批。如可以将道路货运代理审批、水路货运代理审批、道路运输许可、水路运输许可、联运行业许可、危险货物运输许可、特种商品运输许可纳入第三方物流开业审批(条件许可还可以考虑将铁路货运代理审批、民航货运代理审批、外贸货运代理审批一并纳入)。七是提供相关服务。如建立公用型的GPS系统，减轻企业负担；建立公用型的电子商务系统，方便企业信息流通。

物流涉及众多行业，发展现代物流需要相关职能部门协同并进。《规划》提出了政府职能部门分工的初步意见。

九、发展现代物流业的主要政策

现代物流在重庆尚处于起步阶段，政府应通过科学的政策引导现代物流健康发展。《规划》提出了倾斜性政策建议，总的思路是支持物流社会化，不支持工商企业发展自用物流系统；支持工商企业剥离自有物流系统发展成为独立的第三方物流企业，支持运输、储运企业发展成为主导型第三方物流企业；支持公用型物流基础设施、电子商务网络、现代技术支撑系统，不支持自用型物流基础设施、电子商务网络、现代技术支撑系统。《规划》提出的政策是宏观的，通过三个途径实现，一是目前的《重庆市人民政府发展现代物流意见》，二是由各政府职能部门根据《规划》确定的职责，结合规划的要求另行制定，三是根据形势的变化适时调整。

（供稿：重庆市交通委员会）

辽宁省大连市

建设国际航运中心是一个城市总体功能的概括，涉及方方面面。发展大交通，建设大口岸，促进大物流，是建设大连东北亚重要国际航运中心的基础条件和重要内容。实践证明，没有四通八达的现代化海陆空综合交通运输体系、符合国际惯例的口岸综合服务系统以及发达的现代物流业为支撑，是难以承担区域性国际航运中心之重任。在建设大连东北亚重要国际航运中心的进程中，交通口岸作为基础性、先导性、公益性产业和对外开放的前沿，占有举足轻重的地位，肩负着特殊的历史使命，必须走在前面，当好先行。

一、发展大交通，构筑现代化的海陆空综合交通运输体系

海陆空协调发展的现代化综合交通运输体系是建设东北亚重要国际航运中心的基础。因此，要按照东北亚重要国际航运中心的要求，进一步搞好交通口岸发展规划，不断加大交通口岸基础设施建设力度，努力创造良好的口岸集疏运条件，构筑以海空“两港”为主体，以公铁“四路”（哈大电气化铁路，沈大、丹大、土羊高速公路）为主骨架，以城乡高等级公路为网络，以烟大铁路轮渡为纽带的现代化海陆空综合交通运输体系，使大连成为连接东北与华东、华北、华南，东北与东北亚，东北亚与世界的交通枢纽和重要的物流结点。

（一）建设现代化国际大港

不断完善和提升港口功能，加快建设大窑湾集装箱码头二、三期工程以及30万吨级原油码头和20万吨级进口矿石码头，搞好大连港老港区改造和功能置换，提升北良港等专业码头的功能，快速推进庄河港改造工程和长海县陆岛码头建设，形成以大连港为主体，以北良港、旅顺新港、庄河港、皮口港和长海县诸港为辅助，布局合理、功能齐全的现代化港口群，实现港口跨越式发展，使大连港可以停靠第六代超巴拿马型集装箱船舶，尽快确立东北亚集装箱干线枢纽港地位，力争成为环球航线的基本挂靠港和集装箱干线枢纽港，建成东北亚乃至亚洲最大的粮食、油品中转港，我国滚装运输枢纽和最大的海上客运中心。大力发展集装箱运输，努力拓展海向和陆向腹地，多开集装箱班轮干线，加快建设干支线相结合、内外贸并举、覆盖世界的海上集装箱运输网络。同时，发挥大连港对辽宁其他港口的带动作用，在合理分工的前提下，搞好资源整合，发挥辽宁港口群的整体优势。

（二）全面提升空港功能

抓紧完成周水子机场二期扩建工程，加快启动三十里堡新机场建设，开辟国内外新航空线，全面提升空港的功能和服务水平。形成以国内干线和区域性支线为依托，以通往美国、日本、韩国、朝鲜、泰国、新加坡、欧洲、澳洲及俄罗斯新西伯利亚

和远东地区的国际航线为主通道的航空运输网络，成为国际知名、国内领先的区域性枢纽空港。

（三）进一步完善铁路网布局

加快烟大铁路轮渡建设和与其配套的旅顺铁路线改造，尽快实现东北铁路网与华东铁路网的衔接。启动丹东至大连铁路，形成纵贯东北东部地区新的铁路通道。建立甘井子陆港综合物流园区铁路专线，使全市五大物流基地全部与铁路连接，完善区内铁路网布局。进一步提高铁路运行速度，建设安全高效的快速客运系统，开发快速货运系统和重载系统，实现大宗货物重载直达化，普通货物集装直达化。

（四）大力修建快捷的城乡公路网

重点加快干线公路尤其是高速公路建设，沈大高速公路、后盐互通立交桥改扩建工程2004年竣工通车，丹庄高速公路、大庄高速公路西段、沈大与大庄高速公路连接线2005年竣工通车，新建土羊高速公路、大窑湾集装箱快运通道等6条高速公路以及盖亮线、城八线等8条一级公路，实现大连市高速公路相互连接、贯通各区市，一级公路直通邻近区市、重要港口、物流园区和工业基地，二级以上公路连通各主要乡镇，村村通油路。形成以沈大高速公路、丹大高速公路、土羊高速公路和黑大路、永青路、海皮路、城八路、金七路为主骨架，“三纵四横”、四通八达、便捷快速的市域公路网，以及以市区为中心，两小时可通达任何区市县的经济活动圈。建成以大连为结点，以沈大、丹大和土羊高速公路为通道，辐射东北、连接华东和通往朝鲜半岛的对外公路大动脉。

（五）实施管道建设工程

近期建设从大连新港至大连石化公司全长约42公里、年输油量达1 500万吨的原油输油管线。在中俄原油管线项目实施后，对大庆至大连输油管线进行全面改造，为增强大连原油进口、转运及加工能力打下基础。

二、建设大口岸，形成符合国际惯例的口岸综合服务系统

优良的口岸综合服务是建设东北亚重要国际航运中心的保障。因此，要着眼于创建国际一流口岸的目标，继续实施“大通关”工程，加快推进口岸国际化、信息化、规范化、法制化水平，建立与国际惯例接轨、快速、便捷、高效的口岸服务体系，全面提升口岸综合服务功能，使大连口岸成为监管最规范、通关最便捷、收费最合理、服务最高效的口岸，增强口岸的国际竞争力。

（一）构建便捷的通关系统

积极探索监管模式改革，合理前置和后移口岸业务，进一步完善“快速通关”模式及其配套措施，对进出口商品、进出口企业和进出境旅客实施分类管理，完善风险管理和企业分类管理机制，构建便捷的通关系统。学习借鉴国际先进经验，利用互联网等高新技术手段，改革业务流程，积极推进联网报关、网上支付、无纸报关、出口退税、外汇核销等信息系统的扩大试点工作，提高报关、报验的现代化、自动化、电子化水平，加快查验速度，提高通关效率，降低通关成本，为进出口贸易提供全天候服务。

（二）建设数字口岸

借鉴发达国家和地区口岸电子化经验，组织制定大连数字口岸总体规划，加快口岸信息化建设步伐，尽快达到国际先进水平。以大连口岸公共信息平台为基础，整合口岸系统的信息资源，建设统一开放的数字口岸，实现口岸信息化建设的统一协调、统一标准、信息共享和通关物流数据的集中处理，扩大口岸公共信息平台服务功能的覆盖面，实现与东北腹地主要口岸的物流信息联网，构建以大连为枢纽的东北经济区域物流信息网络，逐步实现与国际主要口岸的联网。

（三）优化口岸软环境

加快建设大连航运交易市场，确保2004年竣工投入使用，实现交易、通关、信息、物流、支付等服务功能，为海运进出口客户和船、货运公司及其代理提供货源、运力、港口能力、交易价格等航运市场信息和“一站式”的口岸综合服务，使大连口岸的“集中办公”、“一站式”服务水平再上一个新台阶，逐步使其成为我国北方地区中介服务中心乃至世界著名的航运中介服务机构。同时，在机场监管库筹建空港通关验放中心，提供便捷的“一站

式"服务。还要按照与WTO规则接轨的要求,制定实施相关配套的交通口岸法律法规和政策措施,创建公平合理的法制环境,坚持依法行政,切实加强交通口岸行业管理,大力培育和依法规范港口、航运、船货代理、公路运输等交通运输市场秩序,完善金融、保险、贸易、代理、法律和海事、船务等服务体系,为国际航运中心建设创造有利的外部环境和条件。

(四)扩大口岸辐射力

加强大连与腹地、铁路、船公司及环渤海地区的多层次、全方位的合作,扩大口岸对腹地的辐射范围,建立利益共同体,互惠互利,共同发展。会同腹地政府和铁路部门改善现有内陆港基础设施,扩大吞吐能力,并争取在货源丰富地区合作新建内陆港。结合东北经济区域腹地辽阔、铁路网密集的特点,完善以哈大电气化铁路为主通道,以东北内陆港为依托,以集装箱直达班列为载体,以东北地区主要城市为节点,"点"(内陆港)"线"(集装箱班列)结合、车船互动、海铁衔接的大连口岸内陆集疏运网络,将大连口岸的功能延伸到内陆广大地区。建立从俄罗斯中东部经我国满洲里、绥芬河至大连口岸的过境运输通道,将大连口岸腹地扩展到俄罗斯远东主要城市。积极支持船公司在大连发展内贸集装箱和中转业务,争取与国外大商社合作开发陆桥运输,通过开辟黄渤海内支线以及建设以大窑湾港为中心的环渤海国际集装箱公共运输网,扩大大连对周边沿海地区的物流集散功能,并增强对韩、日、俄等国海外腹地的辐射能力。

(五)推动口岸开放和港区一体化

超前做好口岸开放规划,扩大口岸开放范围,以新建集装箱、原油和矿石码头为重点,同步建设口岸查验设施,确保新建项目竣工投产后同步验收开放,逐步将非监管区码头转为监管区管理。将保税功能逐步向港区延伸,实现大连港和保税区的功能互补、联动发展,形成港口装卸、保税加工、分拨配送、国际中转、过境运输等综合服务优势,扩大保税区的辐射力,力争成为符合国际惯例的自由港和国家首批自由贸易区,实现港区共同繁荣。

三、促进大物流,打造发达的现代物流产业

现代物流业是关联度较高、带动作用较强的朝阳产业之一,是建设东北亚重要国际航运中心的支撑。因此,要从服务东北亚大市场的高度,把发展现代物流业作为航运中心建设的战略任务来抓,全面实施《大连市现代物流业发展规划》,学习借鉴国内外物流发展的先进经验,加紧制定促进大连市现代物流业发展的政策措施,加强行业管理和指导,培育和规范物流市场,大力发展第三方物流,整合各种资源,充分发挥大连在东北经济区、环渤海地区、东北亚地区的物流集散和辐射功能,把现代物流业打造成大连市的新兴支柱产业,使大连成为东北亚地区的国际物流中心。

(一)加快建设物流基地

构筑大孤山半岛国际物流园区、甘井子陆港综合物流园区、大连港老港区市域物流园区、旅顺羊头洼综合物流园区和金州铁路编组站物流园区等五大物流基地,建设空港、石油、粮食、汽车、水产品、农副产品、建筑材料、机电产品等八大专业物流中心,形成以五大物流基地和八大专业物流中心为主要节点,综合性和专业性相结合,集仓储、分拣包装、展示、交易、信息浏览与交换、结算、中转、保税、商务服务等功能为一体,功能完善的现代物流网络。力争使大连成为亚洲规模最大的粮食中转储运中心、东北亚最大的原油、成品油和化工转运中心,东北最大的矿石、钢材转运基地,东北亚粮油及食品加工、转运基地,东北地区机电产品及零配件现代化仓储中心、分拨配送中心,东北乃至东北亚最大的国际汽车展示、交易、分拨、配送中心,适应国际跨国企业全球经营战略发展需求的跨国企业当地补货中心和海外组装中心。

(二)开发物流信息平台

基于电子信息技术开发物流公共管理信息平台、物流业务信息交换平台和企业物流信息处理平台,建立融合GIS/GPS/GSM技术的载运工具动态监控系统和GIS地理信息数据库应用系统,实现信息交换、信息发布、会员服务、在线交易、智能配送、货物跟踪、金融服务、库存管理、决策分析等九大信

息服务功能，整合海关、检验检疫、海事、海港、民航、海运、铁路、公路、加工贸易企业、流通领域企业、金融、保险、税务等社会公共信息资源，形成统一、高效的物流信息网络服务体系，确保整个物流运输系统资源得到最大利用，为建立适应现代物流市场需求的，与国际通行规则接轨的，快捷准时、经济合理、客户满意的现代物流网络打下基础。

（三）引进和培育物流企业

要以市场为导向，以企业为主体，以降低物流成本和提高综合服务质量为中心，打破地域、部门和行业界限，最大限度地整合和优化物流资源配置及各种运输手段，促进多式联运快速发展，加快物流产业的结构调整，不断做大物流产业规模。拓展大连市港口、仓储、运输、货代等相关企业的功能，促进其向物流企业转化，尽快融入现代物流业。加强与国内较发达地区以及日本、韩国等国家和香港、东南亚地区物流业的交流与合作，大力引进国内外著名的第三方物流企业，吸引一批国际航运集团、国际综合物流骨干企业等大型物流企业集团来连经营，共同开发大连物流市场，共同建设大连东北亚国际航运中心，并充分发挥其示范带动作用，增强大连物流企业参与国际物流市场竞争的能力，形成以国际物流为特色，以大宗骨干品种为重点，带动本地和区域生产物流及消费物流的现代物流业发展格局，把大连建成国际物流供应链网上的重要节点。加大招商引资力度，引进、培育世界重量级开发主体。大力吸引国际资本及国内民间资本，建立多元化的投资主体，形成多元投资、多元经营、多元竞争、共同发展的良性局面，进而实现产业聚集、资本聚集、人才聚集、功能聚集和货源聚集。

（四）推进工商企业物流业务外包

引导和鼓励工商企业将仓储、运输、加工、包装、配送等物流业务剥离出来，外包给专业物流企业，大力发展第三方物流，促进物流专业化、社会化的形成。深化国有企业改革，推进体制和管理创新，加速实现企业经营的市场化，激发国有企业开展物流业务外包的积极性。鼓励大型工商企业按照现代物流的经营理念和业务流程，推进企业主辅分离，对企业物流业务进行重组，组建专业化的物流公司。支持具备条件的企业内部物流公司对社会开展物流服务，使其逐步成第三方物流企业。

（供稿：大连市交通口岸管理局局长　汪集刚）

吉林省

改革开放20多年来，吉林省的经济建设和社会事业取得了长足的发展。商品物资的生产和消费不断增长，大中城市的商品物资集散功能不断增强，货运量即物流流量增大，物流活动的产业特征日益明显。省委、省政府对发展现代物流工作也很重视，出台了相应的规定和相关政策。

一、吉林省物流业发展的现状及分析

（一）整体经济实力增强，发展物流条件具备

概括起来，有以下三点：一是截至2003年末，全省国内生产总值（GDP）完成2 500亿元，增长10%，是1997年以来的最高增幅和首次两位数增长；规模以上工业实现净利润160亿元，增长65%，总量超过上个世纪后10年的总和；一般预算全口径财政收入达到289.2亿元，增长18.1%。二是规模以上工业完成增加值近800亿元，增长19.5%；粮食获得较好收成，总产量达到451.9亿斤；三是城镇居民人均可支配收入达到7 000元，农民人均纯收入达到2 530元，均创历史最高水平。与吉林省的经济发展形势相比，物流业发展还比较粗放，距离国际经济一体化和先进发达省份还有很大差距，可以看出吉林省发展现代物流还有很大空间。

（二）商贸企业发展较快，连锁经营粗具规模

几年来，以大型商业企业为龙头、特色化商业街和中小商业网点为补充的商业流通体系基本形成，门类比较齐全，功能比较完备，超亿元销售额的大型商贸企业已经达98家。中小商业企业已有90%完成改制，活力很强；连锁经营也得到了较快发展，譬如，长春的恒客隆、吉林的华客隆、白山的方大等连锁企业都有相当的规模。目前全省连锁企业已超过100户，门店超过2 000个，还引进了如上海联华、北京华联、美国沃尔玛、台湾大润发等国内外比较知名的连锁企业。

（三）商品市场发展较快，市场体系建设成效很大

吉林省的市场建设经过改革开放20多年，特别是进入20世纪90年代以来，得到了飞速发展。初步形成了大中小型并存，综合与专业性兼有，批发与零售业结合，城市与农村相衔接的市场网络。吉林省现有城乡商品交易市场1 769处，其中，城市824处，乡村945处。长春果品中心批发市场、长春蔬菜中心批发市场、长春汽车中心批发市场、吉林玉米中心批发市场、长春粮油中心批发市场、长春钢材中心批发市场等六家市场已成为国家级市场。白山市长白山山货市场、抚松万良人参市场、梅河口果仁市场和太平川油料市场等一批专业市场，依托当地资源优势，形成了各自的特点，粗具规模。市场建设的迅速发展，对吉林省的生产建设和人民生活等各方面产生了积极的影响。

（四）交通运输事业健康发展，基础设施建设步伐加快

吉林省的经济发生了重大变化，交通运输业完成了运输结构的再次调整。目前，吉林省铁路正线延展里程3 844公里，是我国铁路运输较为发达的省份之一。公路的建设和发展速度是建国以来从未有过的，公路通车里程35 216公里，全省范围内大中城市之间的铁路、公路的交通运输已经比较发达。

（五）企业制造业物流已有起步，经营管理水平不断提高

省内的大中型企业对降低采购成本、减少资金占用、降低销售费用等关键环节都比较重视，几年来在这方面采取了很多措施，效果明显。吉林化纤、吉林化工、长春客车、长铃摩托等相当一部分企业逐步实现了财务概念上的零库存管理。特别是一汽大众在生产制造部设有物流管理机构，通过对生产制造物流的全面管理，实现了50公里配套半径内的准时化供货，并把简单的零部件组装交给了第三方物流公司来完成，有效地降低了生产成本。

（六）加工业的迅速发展，促进了农副产品的流通

吉林省是农业大省，也是国家的玉米生产基地，无论是粮食产量，还是粮食商品粮、人均占有量、粮食调出量、玉米出口量等多项指标，多年来位于全国的前列。吉林省农业耕作方式在全国是一流的，玉米深加工和粮食转化在全国也是名列前茅。随着种植业和养殖业的结构调整，特别是生产加工的迅速发展，粮食和玉米的深加工和转化产业发展较快，形成了吉粮集团、德大、皓月、吉发、大成等农副产品加工、贸易龙头企业集团，促进了农副产品的流通。

同时，我们也应看到，吉林省的现代物流产业目前尚不发达，许多地方还存在不尽人意的地方；一是全社会物流市场有待进一步培育，物流活动还没有从企业生产经营中实现真正意义上的分离。二是物流活动的信息化程度和电子信息技术在物流行业还没有得到广泛的应用，传统落后陈旧的经营理念和经营方式还程度不同地制约着现代物流的发展。三是企业经营的规模化、专业化水平低，现代物流特别是第三方物流群体和龙头作用不明显。四是企业生产制造业物流水平落后，部分企业经营者尚未建立现代物流管理的概念。五是有大量的商贸储运资源被闲置起来，仓库、车辆、铁路专用线利用水平低下。造成这种局面的原因是很多方面的，但主要还是思想僵化，观念陈旧，经济欠发达等因素的影响。

二、发展的指导思想

物流业是一个新兴的产业，是由服务分销业、运输业、装卸业、仓储业、邮政业、流通加工业、物流信息业、货运代理业、包装业组成的复合型或聚合型产业。我们要紧紧围绕降低物流总成本占国内生产总值的比重,推动经济增长向质量效益型转变这个中心,从抓物流企业和企业物流入手,逐步实现物流的现代化。以发展第三方物流和培育物流供应链为切入点,促进传统商业储运企业向现代物流企业转变;以强化企业采购“零库存”管理、减少物流活动的费用为突破口,结合企业信息化改造,促进企业降低成本,挖掘“第三利润源泉”。

三、发展目标

吉林省发展现代物流总的目标是:逐步提高吉林省的社会化、专业化物流配送在商品流通领域的比重,初步建立起全省范围内分布合理、运行高效、现代化水平较高的商品配送体系;树立市场品牌意识,进行扩张性、差别化的市场建设,进一步提高生产资料、工业物资、日常消费品等有形市场在东北地区的辐射能力,依托现有储运资源,积极整合,形成一批服务范围广、配送能力强的现代物流企业群;与企业信息化改造同步,积极引进新的物流技术和手段,提高传统生产制造业的物流管理水平。

2005年前,培育成长春百货大楼、长春欧亚集团、吉林省明日恒客隆仓储百货有限公司、长春中东集团等年销售收入 20 亿元的大型商贸企业 4 个;白山方大、延边国贸、吉林东北亚、吉林江山、吉林玉米、长春汽贸、长春蔬菜、长春果品、长春绿新、长春钢材、公主岭温州商城、长春华正、延吉西市场、长春北方、通化集贸等年销售收入 10 亿元的商贸企业 15 个;吉林省商贸物流公司、吉林省机电股份公司、长春市商业储运公司、吉林市沙子河子货运市场、一汽四环、吉林西关旧货市场、长春联运物流公司、吉林省金大公司、吉林省农贸股份公司、吉辉储运等年物流储运收入 5 亿元的物流企业 10 个;延边现代物流中心、辽源市物流园区、长春市物流公司、白山物流园区等年物流储运收入超亿元的物流企业 30 个。

再经过 5-8 年的努力,培育成年销售收入 30 亿元的大型商贸企业 6 个,年销售收入 10 亿元的商贸企业 30 个,年物流储运收入 10 亿元的物流企业 10 个,年物流储运收入超亿元的物流企业 50 个。

具体目标:

(一)建设长春、吉林两个物流中心区。

吉长两市是吉林省的重要工业城市,总人口超过 1 000 万,地理位置优越,产业优势明显,铁路、公路等基础设施建设比较完善,城市向周边县市的辐射能力强。鼓励两个城市在政府规划的前提下,建设自己确定的物流园区,允许制定扶持现代物流发展的土地、税费等方面的政策。扶持物流企业迅速扩张,降低扩张壁垒。

(二)建设七个物流结点

四平、辽源、通化、白山、延吉、白城、松原是吉林省较大城市,有一定工业基础,人口较多,商品和物资的集聚作用明显,具备建设物流结点的基本条件,物流结点也是小的物流中心区,也要完善商品和物资的流进流出功能。

(三)建设三个信息平台

依托长春通、欧亚商都等企业构造全省的消费品信息平台;依托吉林省物资集团构造全省的工业物资流通的信息平台;依托省供销社构造全省的农业生产资料和农副产品的信息平台。

(四)完善四大物流体系

1. 消费品配送体系,拟建 10 个以上消费品配送中心,鼓励实施大中型商贸企业的采购联盟。

2. 工业物资流通体系,完善钢材、建材、机电产品等重要工业物资的市场建设。

3. 农业生产资料及农副产品流通体系,依托省供销社这个农业生产资料供应的主渠道,结合促进农产品的销售,进一步加大省供销社的物流流量。

4. 生产制造业物流体系,先从机械加工行业入手,逐步实现企业供应的及时化,分离国有大中型企业的储运设施,积极引进第三方物流,引进代理、专营等新型销售方式,降低企业采购和销售的费用。

四、发展措施

(一)提高现代物流认识,加强组织领导和部门协调

现代物流是一项新兴学科,现代物流发展的产业特征逐步明显。各级党委和政府都要把现代物流提到议事日程上来并放到重要位置,制定规划,出台政策,采取措施,加强领导。既要充分利用现有的基础设施,整合物流资源和物流企业,又要在交通要道、商品集散地、城乡结合部、开发区建设大型物流园区。

(二)依法行政,建立相应的法律法规体系和标准

市场经济条件下的现代物流是一项系统工程,要建立健全完善的法律法规体系,使现代物流工作健康发展有法律保障。

(三)引进新型流通方式,引进扩张性的市场建设

鼓励吉林、长春等大中城市,结合城市发展定位,根据东北地区的市场布局,依托铁路、公路等基础设施和本地的产业优势,差别化地选择市场形态,多渠道引进资金,突出专业市场形态,搞好经营品种定位,进行扩张性的市场建设,积极发挥这两个物流中心区对东北的辐射作用。

(四)积极培育物流市场,逐步分离大中型企业的储运功能

从大中型企业入手,先行分离其运、储环节,使其独立出来,在承担本企业任务的同时逐步向全社会服务,提高这部分资源的使用效率,并逐渐成为物流企业,从而降低本企业的物流成本。

(五)面向中小企业,发展第三方物流

吉林省中小企业众多,物流活动频繁,第三方物流发展潜力很大。同时省内的传统储运企业资源闲置比较严重,经过转制改革,提供第三方物流服务的功能的条件还是具备的。关键是首先要大力发展第三方物流企业,具备为中小企业提供物流服务的功能,然后不断推动第三方物流企业与中小企业的物流活动相结合,从而提高中小企业的物流管理水平。

(六)加大物流产业发展的扶持力度,培育现代物流龙头企业

按照国家政策和有关文件精神,政府要对物流企业采取灵活的发展措施,在企业改制、组建集团、历史包袱、人员分流等方面给以更多的支持。

培育吉林省物资集团、吉林省供销社、吉粮集团、德大公司、长春通配送中心、长春市商业储运公司、吉林省商贸控股公司、吉林市东北亚商贸公司、长春中东集团、吉林东方家园、长春钢材市场、吉林市江山大市场、绿新大市场、顺风大市场、延边国贸、吉林市义德源钢材市场、吉林市西关旧货市场、吉林市沙河子货运市场、辽源市物流园区、长春果品批发市场20户企业成为吉林省的物流龙头企业,不断完善其储存、运输、装卸、简单加工等物流功能,与相应的信息平台嫁接,扩大其辐射范围和服务半径。

(七)积极提高制造业物流管理水平,降低企业物流成本

抓物流管理实际上是抓住了企业降低成本、费用的核心的新的切入点。在企业中要设立物流管理机构,通过强化物流活动的科学管理,减少运输、储存、装卸、简单加工、包装等方面的物流费用,减少从事物流活动的人员,减少储运等物流资源的配置,消除一切浪费,从而降低生产成本。

(八)促进传统商业企业向现代物流企业转变

传统的商业储运企业在计划经济条件下对物资和商品的配置起到了巨大的作用。在市场经济条件下,向现代物流企业转变势在必行。传统商业企业向现代物流企业转变要扩大服务市场、提高服务水平和延伸服务功能,逐步增加现货市场交易、简单加工、配送服务、信息服务等功能,不断开拓省内、国内和国际市场,由据点式经营向网络化经营发展,促进其管理和技术的升级、硬件设施的改善。

(九)有目的地培养物流人才

培养人才既要培养城市物流管理人才,又要培养企业的经营人才和服务人才。一是鼓励和允许高等学校按照市场需求开办和设置现代物流专业和课程,为现代物流培养高级管理人才和专业人才;二是鼓励和引导企业、行业组织及民办教育机构参与现代物流人才的培训和教育工作;三是借鉴国际先进经验,逐步实行现代物流产业从业人员职业资格制度;四是开展物流知识普及工作,让公众逐步了解现代物流这一与千家万户有着千丝万缕联系的新兴的产业。

(供稿:吉林省物流与采购联合会
秘书长　王世堂)

江苏省

在全国经济一盘棋中，江苏省是具有举足轻重地位的经济大省。近年来，江苏省经济持续快速健康发展，经济总量和货运量不断增加，对物流业的发展提出了新的要求。在全国物流大发展的浪潮中，江苏物流业有许多可圈可点之处，在推动江苏物流业发展方面，江苏省计委制订了高起点的现代物流业发展规划，提出了促进现代物流业发展的政策要求，为江苏现代物流业的大发展描绘了美妙的蓝图。

改革开放以来，江苏省经济规模不断扩大，经济运行态势平稳，经济结构不断改善，外向型经济发展迅速。2001 年，全省实现国内生产总值 10 631.75 亿元，外贸进出口总额 703.05 亿美元，占全国进出口总额的 10.3%，货运量 8.86 亿吨，货物周转量 1 549.12 亿吨。原材料供应和产品销售“两头在外”的结构性特点决定了我省物流量巨大，对物流业的发展提出了新的要求。按照现代物流和供应链管理理论，构筑信息化的现代物流网络体系，对提高全省物流系统的运作效率，降低经济运行成本，促进全省经济社会发展，提高综合竞争力具有十分重要的战略意义。

江苏省现代物流发展的总体目标是：充分发挥我省在交通、流通、信息等方面的比较优势，积极采用现代物流管理技术和装备，建设现代化的物流基础设施和物流公共信息平台，大力培育和发展具有国际竞争力的现代物流企业，构筑与国际接轨的现代物流网络体系，使江苏成为现代物流产业大省。

到 2005 年，通过整合社会物流资源，全省建成 14 个综合物流园区和一批专业物流中心，初步建成较完善的物流基础设施和物流公共信息平台，创建 2–3 个在全国具有较高知名度的物流服务品牌，培训 3 000–5 000 名物流专业人才，为物流业的快速健康发展奠定坚实基础。到 2010 年，全省基本建成与经济发展相适应的现代物流体系，物流区域、物流枢纽城市、综合物流园区、专业物流中心和城乡快递系统五个层次的网络构架初步形成运作顺畅、功能完善，高效、便捷、与国际接轨的现代物流公共信息平台。第三方物流企业成为物流业的主体，社会化、专业化、信息化、规模化成为我省现代物流业的基本特征。2002–2010 年，全省现代物流业增加值增长率快于国内生产总值增长率 20%–30%。

江苏省物流网络体系采取“物流区域—物流枢纽城市—综合物流园区—专业物流中心—城乡快递系统”的模式。

综合考虑江苏省交通运输、经济区域及与周边省市的相互关系等因素，分为 3 个物流区域，即宁镇扬物流区域：包括省内南京、镇江、扬州 3 市，辐射南京区域经济区内苏皖赣 18 个城市。徐连盐淮宿物流区域：包括省内徐州、连云港、盐城、淮安、宿迁 5 市，辐射淮海经济区内鲁豫皖其他各市。苏锡常通泰物流区域：包括苏州、无锡、常州、南通、泰州 5 市，辐射长江三角洲内其他各市。

物流枢纽城市是江苏省三大物流区域的中心，必须加快物流基本设施和物流公共信息平台的建设，构造多层次、货畅其流、快捷便利、经济合理的社会化、专业化、信息化、规模化现代物流服务网络体系，在全省范围起到物流及信息枢纽的作用。

其中，南京物流枢纽的功能定位：长江中下游重要物流枢纽城市。徐州物流枢纽的功能定位，淮海经济区重要物流枢纽城市。连云港物流枢纽的功能定位：新亚欧大陆桥重要物流枢纽城市。苏州、无锡物流枢纽，其中苏州市功能定位为以区域性国际物流为主的物流枢纽城市；无锡市功能定位为以国内物流为主的物流枢纽城市。到 2005 年，基本建成 14 个综合物流园区，即宁镇扬物流区域，规划建设 5 个综合物流园区。徐连盐淮宿物流区域，规划建设 2 个综合物流园区。苏锡常泰物流区域，规划建设 7 个综合物流园区。

现代物流业的发展有赖于各种生产要素的投入和法制保障，其中资本土地、高素质劳动力、技术进步与公平有序的竞争环境是发展的重要基础，因此，不能把现代物流业作为一般产业对待，特别是在起步阶段，要用相关政策促进其成长和发展。江苏省对现代物流业的发展将给予政策上的支持。

首先，坚持现代物流产业的整体协调发展。现代物流业是全社会的服务行业，涉及国民经济大多数产业，要坚持整体协调的发展方针，按照大流通的思路，破除行业垄断和地区垄断，建设和管理物流基础设施和物流公共信息平台。

其次，综合物流园区、专业物流中心建设要立足于政府统筹规划，对综合物流园区、专业物流中心所征用土地，在土地出让金等方面进行政策性减免，地方政府根据初期开发建设需要，提供低息贷款或贴息贷款用于园区基础设施建设；对进入物流园区企业，在引进国内外先进物流装备、扩大服务功能、信息系统建设等方面的投资，给予财政贴息或融资支持，在一定时期内，实施适度税收优惠或减免政策；营造吸引国内外第三方物流企业进驻的政策环境，降低进入综合物流园区的第三方物流企业的准入门槛，鼓励国内外物流企业与综合物流园区、专业物流中心的建设。

再次，大力培育各类物流企业。充分利用传统物流业的设施与市场网络，鼓励现有仓储企业通过改制、创新向物流配送企业转化。鼓励运输企业加强信息系统建设，增添集装箱车、厢式车、冷装箱车及其他专用车投入物流服务。坚持以第三方物流为重点，鼓励中小企业采用第三方物流服务，加快现代物流业的社会化进程。

最后，加强现代物流业法规制度建设。研究制定适应社会主义市场经济体制和现代物流业发展要求的物流管理制度，规范物流业的市场准入、竞争行为、行业技术标准，以保障现代物流业在公平有序的市场竞争格局中健康发展。加快现代物流专业人才的培养。

（供稿：江苏省发展计划委员会）

连云港市

一、连云港市积极为推动新亚欧大陆桥运输发展作贡献

作为新亚欧大陆桥东方桥头堡，连云港市一直致力于发展大陆桥运输，并取得了显著的成效。

陆桥理论研究成果颇丰，首列试运取得圆满成功。不仅协助铁道部铁道科学研究院开展了《新亚欧大陆桥运输前期研究》等课题的研究，还对新亚欧大陆桥沿桥国家和地区的经济贸易状况、新亚欧大陆桥对亚欧经贸合作的影响、中国段运价构成和价格政策等课题作了全面的研究。协助国家有关部门制定了《关于亚欧大陆桥国际集装箱过境运输管理试行办法》等有关文件。连云港市先后 10 多次组团赴国外进行考察调研，掌握国际多式联运知识，学习先进的管理方法和科学的管理规范，招揽过境货源，为新亚欧大陆桥开通和正常运营奠定了基础。1992 年 12 月 1 日，首列过境集装箱专列从连云港发出，从而向世界宣告，新亚欧大陆桥从此开通运营。1995 年 11 月，又成功的组织了连云港至乌兹别克斯坦的整列集装箱过境运输。对大陆桥运输涉及到的港口卸船、装车交接、运行时间、信息跟踪、运价确定、过境交接换装等一系列操作环节提供了全面的经验，为大陆桥进入规模运输奠定了基础。

揽货网络不断完善，“五定”班列开行良好。十多年来，连云港口岸先后在哈萨克斯坦、乌兹别克斯坦、韩国、日本等国家和中国香港特别行政区派驻了代表，并设立了阿拉山口、兰州、郑州办事处和集装箱货物配装点，加强了陆桥沿线的东西联动、站点衔接、互相补充的揽货和信息管理体系。揽货网络的建立，为宣传大陆桥、揽取上桥货物、

组织境外运输、加强信息反馈等方面发挥了重要作用。1997年4月1日,首列大陆桥运输“五定”(定点、定时、定线、定价、定车次)班列成功开行,途中运行123小时15分,比原来运输时间缩短了10天左右。“五定”班列进一步增强了新亚欧大陆桥的吸引力和竞争力。

班轮航线密度逐年增加,陆桥信息系统逐步完善。1992年连云港集装箱班轮航线只有3条,月始发班轮不足10班,远远不能满足大陆桥运输发展的需要。现在每月从连云港始发的集装箱班轮达110班以上,连云港以其独特的地理位置和良好的港口条件,已成为新亚欧大陆桥运输的桥头堡。1997年1月17日,新亚欧大陆桥国际信息中心在连云港市正式成立。经过多年建设,该中心已经逐步成为收集、整理、加工、发布沿桥各国、中国沿桥省、区、市的政策法规、城市建设、区域发展、交通运输、文化旅游、投资机遇、资源利用、环境保护、商品贸易、经济技术合作科学技术交流等方面的信息中心,并可为陆桥沿线国家和地区之间的经济贸易合作和科学文化交流提供咨询服务。

宣传交流影响深远,友好合作广泛深入。1996年5月5日,连云港市在北京亚运村国际会议中心召开“新亚欧大陆桥过境运输座谈会”,与会各国及香港特别行政区代表对利用陆桥开展合作表现出极大兴趣,并对连云港的东桥头堡作用给予肯定。1997年12月9日,为纪念大陆桥开通五周年,市政府举行记者招待会,中外媒体争相报道。2002年10月,连云港市成功举办2002年新亚欧大陆桥区域经济合作国际研讨会。重视沿桥合作,当好中西部地区的最佳出海口。2002年1月连云港市政府和中外运集团签订了《关于巩固发展新亚欧大陆桥国际联运业务的合作备忘录》。合作备忘录的签订,标志着中国外运与连云港市联手巩固发展新亚欧大陆桥运输业务进入了新的阶段。

二、建设陆桥物流枢纽,继续推动陆桥运输发展

连云港将凭借区位优势、交通优势和陆桥运输优势,以现代物流、供应链理论为指导,以市场为导向,以先进的物流、信息技术为支持,以国际物流为主,着力拓展运输枢纽功能、仓储保税功能、信息服务功能、出口加工功能、临港产业功能、商贸服务功能、金融服务功能、结算服务功能等“八大功能”,配套形成“六大系统”,把连云港建设成为功能完善、设施先进、布局合理、管理科学的大陆桥国际物流枢纽。

(一)加快港口建设,形成更加通畅的陆桥运输系统

“十五”期间完成庙岭三期和10万吨级码头泊位改造,提升港口泊船能力和等级,增加集装箱航线、航班,开辟国际国内客运航线,扩大港口人流,加快港口技术改造步伐,不断改进港口技术设备,提高港口堆存能力。建设连云港至盐城、南通高速公路,实现南、西、北各向畅通。东陇海铁路争取实施电气化改造。加强机场基础建设,开辟新航线,增加航班密度,积极争取航空口岸列入对外开放计划。继续推进陆桥运输向西扩展,逐步实现全程无阻碍运输。大力发展国内铁海联运,为中西部大开发服务。加强与沿桥国家的合作,使连云港成为中亚国家的主要出海口。到2005年,努力实现港口吞吐量5 000万吨、集装箱吞吐量50万标准箱的双跨越,把连云港口岸建设成为集疏运系统较为完善,口岸查验快捷高效,口岸服务优质规范,综合能力显著提升的全国重要的国际贸易枢纽港。到2010年,力争实现港口吞吐量1亿吨,基本建成以港口为枢纽的现代综合交通运输体系,基本建成区域性国际商务中心、物流中心和加工增值中心。

(二)建设更加完善的信息服务系统

进一步提升大陆桥信息中心的综合服务水平,扩大网络连接,使物流、商流、资金流等方面信息,通过信息中心汇集、转发、交换、共享。加快口岸计算机信息系统的建设,形成不同层次,不同系统的信息应用平台,为发展口岸电子商务提供支撑。

(三)建设更加全面的口岸综合服务系统

以提供一条龙全程服务为目标,大力发展货运代理、船舶代理和货运保险代理业务,营造良好环境,吸引国际知名物流企业来连开展口岸物流业

务。面向西部大开发，建设完善的沿桥场站设施，开通更多的连云港至沿桥城市的直通式转关运输和五定班列运输，实现货主在当地报关报验、当地退税、当地结汇、当地清关，使口岸功能延伸到内地。大力发展集装箱多式联运，开辟“绿色通道”，建设集装箱场站，发展拆装箱、仓储、分拨、中转等物流综合业务，实现物流全过程全方位的服务。

（四）建设更加高效的口岸查验服务系统

改革通关作业模式，实行口岸“大通关”，提高口岸工作效率。运用风险管理方法、现代化的查验手段、信息网络技术等改革口岸管理制度，提高服务质量和管理水平。建立“一站式”、“一条龙”、“一个窗口”等形式的口岸联合办公模式，实行办事限时，政务公开，服务承诺制度，通过努力使连云港口岸的查验管理达到全国先进水平。

（五）建设更加集中的国际商务系统

加快区域性国际商务中心的建设，采用多元化投资建设以国展中心及其周边地域为主的中心商务区，形成功能完善、设施先进、服务规范、环境优美的国际商务中心雏型，使之成为苏北和陆桥沿线省区开展国际商务活动的集中区域，为沿桥国际物流和外向型经济发展服务。

（六）建设更加便捷的配送分拨系统

建设连云港港口综合物流园区，充分利用高速公路、铁路、内河、港口进行货物集散。建立区域性物流配送中心，通过加强港口、铁路、公路、水运等部门的横向联合，发展口岸大宗散货配送，集装箱拆装配送以及产品加工配送等，构筑覆盖苏北及沿桥广大腹地和国际市场的国内外物流分拨网络。

三、发展新亚欧大陆桥运输的有关建议

当前，新亚欧大陆桥运输主要存在以下两方面的问题。1. 沿桥各国缺乏统一的陆桥运输发展战略，没有应对竞争的优惠政策和有效措施，组织协调工作机制还不完善，亟待加强对陆桥运输的宏观指导。2. 在运输实践中，一是铁路运输存在运费高，运时长，不能提供货物运输实时信息等问题。另一方面还需进一步简化通关手续，搞好各种运输方式之间的衔接，开拓货源市场，提高全程服务质量。三是国家间的协调缺乏力度，衔接不够。因此，我们建议：

（一）完善新亚欧大陆桥国际协调机制，加强对新亚欧大陆桥运输的组织协调。在协调机制下成立三个专门工作组，及时研究解决某一方面的重要问题。一是陆桥经济合作组，由商务部牵头，加强与沿桥国家间的经贸合作，将新亚欧大陆桥区域经济合作纳入“上海合作组织”的各项机制中，使之成为政府间协商机制的一项工作。二是陆桥运输畅通组，由铁道部牵头，制定有利于陆桥运输发展的优惠政策和措施。设立专门机构，协调陆桥的营销、生产组织和国际合作，保证铁路运输畅通、便利、价低、安全。三是陆桥能力建设组，由国家发展与改革委员会牵头，加强东西桥头堡及沿桥站点的能力建设，以适应国内国际货物运输的需要。

（二）建议有关新亚欧大陆桥国家的政府、铁路和大陆桥运输经营企业合作建立“新亚欧大陆桥信息服务中心”，制定有关运输信息的采集、汇总、联接和服务的管理办法。将铁路、海关、港口、口岸的运输服务信息，通过“新亚欧大陆桥信息服务中心”向客户提供信息服务，以满足客户的需求，适应信息化时代要求。为加快“新亚欧大陆桥信息服务中心”的建设，保证其正常运转，建议以目前设立在连云港市的“新亚欧大陆桥国际信息中心”为基础，采取国家、铁路和大陆桥运输经营企业联合投资经营的办法加快启动。

（三）请求铁道部把大陆桥运输作为铁路运输重点项目，给予以下特殊政策扶持：对连云港——阿拉山口陆桥箱运价在现有基础上下调；指示沿桥铁路部门保证连云港——阿拉山口集装箱“五定”班列按运行图运行，途中不解编，不滞留；协调哈国铁路部门与我铁路部门共同努力，保证陆桥箱在阿拉山口与德鲁日巴优先换装、优先发运，缩短换装时间。

（供稿：连云港市口岸管理委员会副主任　潘立刚）

常州市

常州位于全国经济最发达地区之一——苏南城市群的中心，地处长江三角洲的北翼部位，北倚长江，南溯太湖，东与上海相望，西与南京、镇江两市接壤。常州恰好处在南京、上海连线中部，同时受到上海城市圈和南京城市圈的辐射，处在这两个特大型城市物流服务辐射范围的边缘。境内交通便利：沪宁铁路、沪宁高速公路、104 国道、312 国道及京杭大运河穿境而过；河道纵横交错，湖塘星罗棋布，长江常州港是国家一类开放口岸；民航常州站有通达国内 20 多个大中城市的航线。便利的交通条件和优越的地理位置为常州发展现代物流业提供了良好的先天基础。

在全球经济一体化的背景下，物流服务水平和物流成本已经成为影响当地产品市场竞争力和投资环境的重要因素，现代物流发展的差距即意味着企业竞争能力的降低和进入成本的增大。为顺应这种发展趋势，各地都将发展现代物流企业视为增强综合竞争力的基础要素和重要战略措施。而目前常州市的物流服务水平和运作质量都不高，物流发展的滞后已经成为常州社会经济发展的“瓶颈”，并对常州市社会经济的进一步发展构成制约。常州市计委有关负责人坦言，常州与南京、苏州、无锡等城市尚有一定差距，市场需求的不足成为常州物流发展的“瓶颈”，一些企业特别是国企还处在物流观念的转型阶段，缺乏把现代物流理念与产业链有机衔接的方法和经验，迫切需要一批先进企业发挥示范带头作用。

根据实际现状和长远发展战略，常州市把机械制造业、纺织服装业及农副产品流通业等特色产业作为发展现代物流的突破口，对这些行业及其专业市场以现代物流的理念进行重组和改造。在这个过程中，物流业的发展为常州的特色产业提供了良好的服务；与此同时，特色产业的凸现也为常州物流提供了一个特色发展的平台。

同时根据便利的交通条件和优越的地理位置重点建设 5 大物流走廊：一是通往无锡、苏州、上海的东南方向物流走廊；二是往镇江、南京及以远的西北方向物流走廊；三是往苏北及以远的往北方向物流走廊；四是往杭州及以远的往南方向物流走廊；五是往皖南及以远的西南方向物流走廊。其中第一条是常州国际物流的主要通道，其余则是常州区域物流与国际物流的重要生产带。

为了更好地突出特色产业在发展现代物流中的突破口地位，在物流规划方面常州市采取了特殊“物流园区——物流中心”二层模式。比如以“长江三角洲地区现代制造业基地”为战略目标的横山桥物流中心，以农副产品为专业特色的凌家塘物流中心，以及较多考虑为纺织服装行业服务的湖塘物流园区等等。

根据常州的物流发展现状，未来社会经济发展对现代物流服务的要求，并考虑与江苏省物流发展规划相衔接，常州将建设两个物流园区和 7 个物流中心。由于在物流园区或者物流中心大都包含了配送中心的功能，因此，在常州的物流规划中将不再单独规划设置配送中心。

——常州新区物流园区：2001 年常州高新区实现国内生产总值 71.3 亿元，实现财政收入 11.6 亿元，完成工业总产值 166.9 亿元，实现利税 12.3 亿元，新批合同利用外资 5.3 亿元，实际利用外资 1.66 亿元。

高新区具有综合的交通优势：京沪铁路和即将建成的京沪高速铁路从区内经过并设有中心站。沪宁高速公路横穿新区中部，设有大型出入口；高新区南侧的 312 国道和北侧的沿江公路通达省内外各地；新区内的常州航空港是沪宁连线城市群中三个民用航空港之一；著名的京杭大运河傍区而过，通江运河纵贯高新区南北。

常州高新区开发区内聚集了大量的外资企业、高新技术企业，截至 2001 年底，已经有 4 000 多家企业进区注册，其中外商投资 400 多家，累计利用外资20亿美元，一批国际知名公司如现代工程机械、依维柯客车、东芝变压器等在常州设立了制造基地。常州新区已经成为常州市高新技术产业化和出口加工工业的产业基地，已经基本形成以工程机械制造、精细化工、生物医药以及软件和通讯设备为主的支柱产业。功能定位：主要为常州新区的制造产业提供运输、仓储、展示、交易、配送、库存管理、准时制(JIT)服务、信息服务等物流服务。

——湖塘物流园区：常州南部的武进区是常州经济发展最快的地区之一，座落在这里的湖塘物流园区主要为纺织服装业和高新技术业提供一系列物流服务。作为常州六大支柱产业之首的服装纺织业产值占常州市工业支柱产业构成的40%左右。规模大、数量多、产业相对集中、产销两头在外的产业特点促成了常州纺织服装类市场的大发展，在武进湖塘尤为集中。

常州市计委为常州现代物流的发展描绘美好的蓝图：

——到2005年，通过新建与整合社会物流资源相结合，初步建成常州新区物流园区、湖塘物流园区和1-2个专业物流中心，构建较完善的物流基础设施和国内领先的物流公共信息平台，形成第三方物流企业的良好生存环境，创建1-2个在国内具有一定竞争力的物流企业。

——到2010年，全市基本建成与社会经济发展相适应的现代物流体系。物流园区、物流中心、配送中心的网络构架基本形成，现代物流公共信息平台运作顺畅，第三方物流企业市场的比重经过逐年上升后不低于16%。

——到2020年，在全市形成物流园区、物流中心、配送中心相配套的现代化社会物流服务网络，第三方物流市场比重达到25%，基本实现物流现代化，物流产业成为常州市的支柱产业。

——2002-2020年，全市现代物流业增加值、增长率快达到国内生产总值20%-30%。

常州将现代物流业发展目标定位为：长江三角洲区域物流中心之一及江苏省现代物流中心城市。常州将利用上海和南京两个物流枢纽城市的物流功能难以充分辐射到常州的有利区位条件，充分发挥铁路、公路、水路和航空的综合交通优势，通过特色产业的示范带头作用，大力发展国内区域物流与国际性物流，形成南京上海连线中部的物流高地，吸引苏北地区及国内其他地区货物在常州集散中转。

附：常州市物流园区和物流中心概况见表1、2所示：

表1　常州市物流园区和物流中心的投资、估算与建设

	占地规模（公顷）	建设类型	建设时间
新区物流园区	80	新建	近期
湖塘物流园区	50	新建	近期
新闸物流中心	30	改扩建	近期
横山桥物流中心	25	新建	中远期
凌家塘物流中心	10	改扩建	近期
奔牛物流中心	20	改扩建	近期
常州港物流中心	40	改扩建	近期
金坛物流中心	20	新建	中远期
溧阳物流中心	25	新建	近期
总计	300		

表 2　　常州市物流园区与物流中心对应的物流通道

新区物流园区	沪宁高速、新机场路、西环一路、西环二路、西环三路、西绕城市高速公路、沪宁铁路、京杭运河等
湖塘物流园区	常武路、312 国道、京杭运河、沿江高速、新长铁路等
新闸物流中心	沪宁高速、新机场路、312 国道、沪宁铁路、新岱路、京杭运河等
横山桥物流中心	沪宁高速、常澄高速、312 国道、沪宁铁路、东外环线、京杭运河等
凌家塘物流中心	312 国道、常宁公路、西外环线、沪宁高速、京杭运河、沪宁铁路等
奔牛物流中心	沪宁高速、312 国道、西外环线、省道 239、京杭运河、沪宁铁路等
常州港物流中心	西绕城市高速公路、通江大道、省道 338、新藻江河等
金坛物流中心	常溧公路、常宁公路、扬溧公路、金宜线、金武线、镇广线等
溧阳物流中心	104 国道、宁杭高速、扬溧高速、省道 239、镇广公路等

(供稿:江苏省常州市计委)

浙江省

现代物流业是浙江省“十五”规划纲要中明确提出的重要培育和发展的产业之一,省委、省政府高度重视现代物流工作，随着经济全球化持续发展、科学技术水平不断提高,以及专业化分工进一步深化,浙江省的物流发展进入一个新的阶段。

一、充分认识发展现代物流的重要意义和现实基础

(一)发展现代物流已成当务之急

现代物流是利用先进信息技术和物流装备,整合传统运输、储存、装卸、搬运、包装、流通加工、配送、信息处理等物流环节,实现物流运作一体化、信息化、高效化运营的先进组织方式,也是降低物质消耗、提高劳动生产率以外的第三利润源泉,其发展水平已成为衡量一个国家和地区综合竞争力的重要标志。在经济全球化、信息化加快推进的背景下,供应链竞争已成为市场竞争的重要形式,发展现代物流已成为推进浙江省工业化、城市化、信息化、市场化和国际化进而提升综合实力和国际竞争力的重要举措。加快发展现代物流,有助于优化物流成本和商务成本,提高物流效率,有助于推动浙江省的比较优势转化为竞争优势,有助于改善发展环境和满足社会多样化的服务需求,实现集约式发展,提高经济竞争能力和人民生活质量。

(二)发展现代物流浙江省具有较好的基础条件

浙江省是“贸易加工型经济”,产品“两头在外”,商品大进大出,经济持续快速增长,物流市场发育具有较大潜力。已形成以杭州为中心,高速公路为骨架，至各地级市的 4 小时交通圈的综合运输网络。全省高速公路通车里程 1438 公里;全省公路通车里程 4.62 万公里,公路密度达到 45.4 公里/百平方公里,已基本形成由高速公路网、国省道区域干线公路网、农村公路网的三级公路网络。铁路总营运里程 1 172 公里。沪杭线、浙赣线、宣杭线、萧甬线和金温铁路贯穿省内,由温福铁路和甬台温铁路组成的沿海铁路,将开工建设,浙赣线也将实施电气化改造。全省内河水运网络发达,内河航道里程达 1.05 万公里;基本形成以宁波港为中心,舟山港、温州港、嘉兴港、台州港为骨干的沿海港口海运体系。全省有杭州萧山、宁波栎社、温州永强等 7 个民用机场。民用航空线 160 多条。杭州萧山国际机场为国内重要干线机场，并已向外国飞机开放。信息基础设施规模、技术等水平居国内前列。港口优势得天独厚,2003 年,全省沿海主要港口货物吞吐量达 2.90 亿吨；宁波港 2003 年

货物吞吐量1.85亿吨，仅次于上海港居国内港口第二位，集装箱吞吐量已达275万标准箱，比上年增长48%。比较发达的专业市场和产业集群和强劲增长的进出口贸易等都为现代物流发展创造了良好的市场需求。浙江省现代物流发展已经起步，传统运输、仓储、货代企业和专业市场开始引入现代物流理念加快转型提升，工商企业开始注重通过优化内部物流管理来提高竞争能力，一批现代物流设施加快建设。

（三）发展现代物流还碰到一些问题

全社会的现代物流理念有待提高，对现代物流重要性的认识和对现代物流理念的把握还亟待加强；有效地引导和扶持政策缺乏；物流服务企业规模小、服务方式和手段单一、技术装备水平不高，企业物流管理社会化、专业化、现代化水平还比较低；信息技术在物流领域的应用程度还不高，物流标准化推广缺乏力度；物流设施的布局和建设距现代物流发展需要还有不小差距，条块分割、技术标准不统一、现代物流管理和工程技术专业人才短缺等问题还影响着现代物流的发展。

二、浙江省推进现代物流工作的基本做法和成效

（一）建立协调机构

2001年，浙江省政府就建立了由分管副省长牵头、省有关部门参加的现代物流发展联席会议制度，成员单位包括省计委、省经贸委、省公安厅、省财政厅、省政府发展研究中心、省经济建设规划院、省人事厅、省国土资源厅、省建设厅、省交通厅、省信息产业厅、省外经贸厅、省环保局、省统计局、省工商局、省质量技术监督局、省体改办、浙江出入境检验检疫局、杭州海关、省邮政局、杭州铁路分局、浙江省民航管理局等22个部门，办公室设在省计委，由省计委、经贸委共同牵头推进。省现代物流发展联席会议制度建立后，分别于2001年8月、2002年6月、2003年1月召开联席会议全体会议，研究推进全省现代物流发展的工作思路和措施。协调、决策全省现代物流发展的重大问题。各市也相继建立组织协调机构并有效开展工作。

（二）开展课题研究和规划编制工作

2002年，分管副省长亲自组织调研并完成了《推进浙江现代物流发展对策研究》，同时还组织有关部门开展专题研究，奠定了基础。2003年1月，颁发了《浙江省现代物流发展纲要》。各市也相继开展了现代物流规划编制工作。完成了为《环杭州湾产业带规划》提供支撑服务的《环杭州湾产业带现代物流支撑服务专题研究》；组织有关厅局联合开展了《加快浙江省现代物流发展的政策研究》、《加快浙江省现代物流人才培养和引进，提高浙江省现代物流可持续发展能力研究》、《浙江省现代物流统计体系研究》、《推进浙江省现代物流标准化建设研究》。

（三）加强宣传和人才培训

多形式、多层次开展交流和人才培训。省市政府及有关部门先后举办了“2001现代物流与经济发展国际论坛”、“甬港经济合作论坛现代物流研讨会”、“港口与现代物流论坛”、“长三角现代物流高层论坛”及“浙港物流对接论坛”等，组织了赴美国、欧洲、日本等国家和中国香港、台湾地区学习培训活动。利用省物流办的《浙江物流动态》和《浙江日报》“现代物流”专版，宣传普及现代物流知识。同时鼓励、支持协会和大专院校开展物流人才培训和中长期人才培养。

（四）引导企业发展和现代物流设施建设

省物流办确定了23家企业为省现代物流发展重点联系企业，加强引导，发挥典型示范作用。浙江省工业企业物流优化管理工作启动，一些有实力企业开始实施企业资源计划（ERP）工程并采用立体仓库投入企业物流管理。第三方物流企业发展势头良好，中国外运（集团）浙江分公司、杭州富日物流有限公司、杭州八方物流有限公司已能够提供包括运输、仓储和其他增值服务的一条龙物流服务，浙江八达物流有限公司、义乌市联托运开发总公司、浙江天波物流有限公司、桐乡濮院物流有限公司等积极向第三方物流企业转型。浙江化瑞化纤信息有限公司、杭州佑康电子商务网络有限公司的网上交易和物流配送业务成倍增长。全省新华书店系统、邮政系统、烟草系统等物流配送工作成效明显。一批物流设施项目加快规划建

设，传化物流基地、义乌国际物流中心（一期）、中国轻纺城国际物流中心第一、二期工程、杭州联华华商集团有限公司超市配送中心等项目建成投入使用，上海-萧山国际集装箱海陆联运中转业务开通，浙江富阳口岸国际物流有限公司已设立海关监管点和检验检疫局现场办公室，已实现上海口岸转关到富阳口岸的进出口货物，海关、检验检疫都在富阳口岸同步实施查验、消毒熏蒸、通关、放行，3-5 天就能完成整个进口通关操作流程。一些粮食、钢材、水泥、煤炭等大宗产品物流中心也在规划建设中。欧美、日本及中国台湾等优势物流企业已在浙江省宁波等地区落户；中国物资储运总公司、炎黄在线物流等国内著名物流企业在浙江省设立公司或建设基地。

总的看，浙江省现代物流发展联席会议制度建立以来，各单位、各地区做了大量的工作，也取得了积极成效，国家有关方面领导和专家给予了较高的评价。李岚清同志 2001 年来浙召开市场座谈会，在会上专门听取了杭州富日物流公司的工作汇报和省现代物流发展情况的书面汇报，给予了充分肯定；吴仪同志也曾直接关心浙江的物流发展。2003 年，全国政协经济委员会副主任石万鹏一行 17 人来浙江调研现代物流发展情况，对浙江现代物流发展工作给予了高度评价。

三、2004 年工作思路

紧紧围绕省委、省政府提出“八·八战略”，认真抓好《浙江省现代物流发展纲要》的贯彻落实。在指导思想上，应发挥浙江省比较优势，以需求为导向、企业为主体、优化物流成本和商务成本，提高物流效率为核心，按照现代物流理念，统筹规划，整合资源，加快培育现代物流市场体系，加快完善现代物流设施网络体系，加快建设现代物流信息体系；努力构筑具有国际竞争力的物流服务系统，构筑有效减轻环境负荷的绿色物流服务系统，构筑满足居民多样化需求的高效便捷物流服务系统；促进物流运作的一体化、信息化、高效化、规模化，不断提高产业和环境竞争力。

（一）加强现代物流宣传和知识普及工作

办好《浙江物流动态》，办好浙江日报的《现代物流》专版，组织做好物流到境外——新加坡培训和在省内举办的“2004 年继续教育高研班——现代物流发展政策研究”。

（二）规范物流市场秩序

组织认定一批物流培训、咨询机构，依托各培训机构组织开展物流培训。加强市场监管，加大物流市场监管和执法力度，严格规范企业行为，合法经营，制定物流企业市场准入条件。

（三）选择试点，示范带动

分市县、分行业、分企业进行现代物流规划（工作）试点。各选择一个市、县进行规划试点，分行业、分企业进行现代物流示范试点。重点抓一批制造业企业优化物流管理试点，抓一批第三方物流企业试点，抓一批产业集群物流服务平台建设试点，抓一批专业市场接轨现代物流试点，抓一批城市综合物流中心、配送中心建设试点。

（四）推动课题研究和规划编制

加强课题研究，在完成《加快浙江省现代物流发展政策研究》基础上，根据国务院办公厅即将转发国家发改委等部门《关于促进我国现代物流业发展若干政策措施的意见》，做好《浙江省现代物流发展纲要》政策意见配套调研工作，出台一个指导全省物流发展的政策意见文件。开展《浙江省国际物流中心规划》编制。根据浙政办发[2003]94 号《浙江省“大通关”建设实施方案》要求，在如何促进浙江省国际物流中心的发展作调研的基础上，争取年底编制完成浙江省国际物流中心规划初稿。会同有关部门完成物流人才、标准化、统计体系等课题研究。抓好粮食物流专项工作，按照国家发改委统一要求，在做好调研的基础上，提出浙江省粮食物流规划编制初步思路，为下一步浙江省规划编制做好相关前期工作。

四、几点建议

（一）尽快出台我国现代物流发展纲要和加快现代物流发展的若干政策意见（如在用地、税收、投融资方面给予政策扶持，对物流企业从事运输、仓储、信息技术等标准化应用扶持、对生产流通企业信息技术和物流装备技术标准化应用扶持)。

(二)尽快从托盘、集装箱、各种物流装卸设施、条形码等通用性较强的物流技术和装备的标准化出发,推动物流标准化建设。

(三)抓紧修订《全国统一联运发票》,促进物流企业发展。

(四)以国家开展第三产业普查为契机,探索建立并开展现代物流业统计指标体系试点。浙江省海宁市已被列入全国第三产业普查试点城市,建议将浙江省列为国家现代物流业统计指标体系试点省份。

(五)鉴于目前物流人才培训、职业资质认定、岗位证书颁发等比较混乱的问题,建议:一是国家职称系列和职业技能岗位系列中增加物流专业,使物流人才和职业纳入国家相关序列,增强物流人员等级证书的权威性和全社会认可度;二是从国家层面确定物流各类考试题库,统一考试大纲,实行统一大纲、统一发证,分级考核(在题库中随机选题),保证物流人才质量和物流人才培养健康有序发展。

(供稿:浙江省计划委员会)

杭州市

杭州市对现代物流发展的基本思路是“科学规划、企业运作、市场主导、政策促进”的发展原则。2003 年,在杭州市推进现代物流产业发展领导小组的督导下,市贸易局等有关部门组织完成了《杭州市现代物流发展规划》的研究编制,于年底通过了市政府常务会议的审查,由省现代物流发展联席会议审查批准后组织实施。

杭州市物流发展的定位和目标是把杭州建设成为长江三角洲重要的现代物流枢纽城市和浙江省的综合物流中心。杭州要加快形成以城市配送物流、中转物流和航空物流为特色的全省重要的综合物流枢纽。

杭州市推进现代物流业发展突出了物流市场培育的核心地位。根据杭州商业经济繁荣、工业基础扎实,外向型经济发达和省域经济的中枢优势,确定了物流发展的三大重点领域:都市配送型物流、产业基地型物流、行业分拨型物流。根据城市空间布局,以及工业基地分布现状和发展趋势,杭州现代物流业将重点围绕下沙、江南、临平、江东、康桥等五个区域发展。下沙区域因依托优越的交通地理区位和良好的对外辐射条件以及蓬勃发展的现代物流产业氛围,该区域将有条件成为近中期杭州现代物流业发展的示范功能区。

杭州发展现代物流业的近期目标是“建设一个示范功能区、培育若干示范企业、完善物流市场体系、提高物流运作效率”。到 2005 年底,下沙物流功能区初具规模;杭州市农副产品物流中心、杭州物流配送中心、杭州富日物流中心等物流发展重点建设项目顺利实施并启动运营;杭州富日物流、浙江传化物流、杭州八方物流等重点物流企业快速发展;康桥区域物流业在整合中得到提升;内陆口岸直通关服务平台基本形成,功能不断完善;物流资源整合初见成效,物流成本在 GDP 的比重有所下降。

杭州是浙江省社会经济中心,股份制、民营企业等多元化经济的发展非常活跃,其进军物流业的脚步也是迅速、稳健的,短短几年,浙江传化物流基地有限公司、杭州富日物流有限公司、杭州八方物流有限公司、浙江杭州三里洋港口装卸有限公司等民营企业、杭州祐康电子商务网络有限公司等已成为开拓杭州现代物流市场的先行者。如浙江传化物流基地有限公司 2002 年辟地 560 亩兴建,不到二年时间,已吸引了来自省内外 300 余家物流企业进驻基地,为 4 700 多家工商企业提供货物仓储、运输、配送等服务。2003 年实现营业收入超过 7 亿元,上缴税收超过 2 000 万元。杭州富日物流有限公司作为一家以都市生活用品配送为主的企业,在创建的 2002 年上缴税收 30 万元,而到 2003 年上缴税收258万元;杭州祐康电子商务网络有限公司以BtoB、BtoC双平台运作,目前已有6大类2 000多种国际国内著名品牌与祐康网络开展合作,为企业客户和家庭客户提供食品配送服务,2003年实现销售配送额1.5亿元,其中网购4 580万元。作为市场主体的物流企业积极运作,为杭州市现代物流市场的培育打下了坚实的基础。

为发挥行业中间组织的作用,促进行业自律管理,在杭州市贸易局的牵头协调下,由6家物流企业作为发起人,筹建了"杭州市现代物流协会",于2003年1月24日经市民政局批准成立,到年底拥有会员企业40余家。协会将在普及物流行业管理规范、推广技术标准、交流行业发展信息、沟通和联系行业内企业等方面发挥积极的作用。配合政府、服务企业,加快推进杭州现代物流业的发展。

(供稿:杭州市贸易局)

福建省

一、物流业发展的良好环境

(一)经济发展势头良好

2003年福建省国内生产总值达5 242亿元,同比增长11.5%。全社会固定资产投资1 500亿,比上年增长22%。外贸进出口总额352.8亿美元,比增24.2%,财政总收入552.73美元,比增16%,城镇居民人均可支配收入比增9%。其中,工业持续快速增长较为显著;外商投资继续增加;金融运行总体呈现稳定、较快发展的势头,存贷款大幅增长,现金投入增加,外汇保持净结汇。

(二)政府重视是物流发展的重要保证

各级政府对物流业的发展普遍都很重视。2003年4月中旬,由李川副省长主持召开省政府专题会议,研究加快我省现代物流业发展的有关工作。

会议指出,要以结构调整为主线。坚持以市场为导向,以企业为主体,以信息技术为支撑,引导社会资源的有效整合和利用,推动现代物流业特别是"第三方物流"的形成和壮大,降低物流成本,提高综合服务质量,最终达到切实增强我省企业及其产品在国内外市场竞争力的目的。

会议要求各地、各部门要充分认识现代物流业在经济发展中的重要作用, 把发展现代物流业作为推进新型工业化的重要手段,提高国民经济信息化应用水平的重要内容, 要抓住有利时机,充分发挥社会各方力量,政府搭台,市场引导,企业运作,顺势推进,加快物流业的发展步伐。

专题会议以后,政府各相关部门对会议议定的各项工作进行了落实。

2003年6月8日,福建省现代物流业发展促进协调小组成立。协调小组由分管副省长任组长,副组长由省政府副秘书长和省经贸委副主任担任。协调小组成员由省计委、省财政厅、省交通厅、省信息产业厅、省改革开放办、省口岸与海防办、省外经贸厅、福州海关、厦门海关、福建出入境检验检疫局、厦门出入境检验检疫局、省国税局、省地税局、省工商局、省民航局、福州铁路分局、省交警总队、福州市人民政府、厦门市人民政府、泉州市人民政府等相关领导以及福州大学物流研究院等组成,下设办公室由省经贸委、福州大学物流研究院、省物流协会组成。

省现代物流业发展促进协调小组和办公室成立后,即积极开展工作。

(三)培训现代物流人才

为了加快福建省现代的物流业的发展,培养物流人才,2003年3月26日,在省政府的重视和直接领导下,成立了"福州大学物流研究院"。

(四)福建省物流协会成立

为了促进物流产业资源整合,提高市场配置效率,规范物流服务市场,协调市场主体利益,维护行业公平竞争,推动物流产业发展,有效应对经济全球化的趋势。2003年6月9日,根据省政府《关于研究加快我省现代物流业发展有关工作的会议纪要》([2003]61 号文)的精神,由省经贸委组织召开省现代物流业发展研讨会,会后由中国外运福建有限公司、福建省物资(集团)有限公司、厦门建发物流有限公司、厦门中远物流有限公司、中海福建物流有限公司联合发起,并由发起单位与部分第三方物流企业、省经贸委有关人员共同组成福建省物流协会筹备组,就协会成立的相关事宜开展工作。经过充分准备,并经福建省民政厅批准,于 2003 年 11 月 24 日举行福建省物流协会成立暨第一次会员代表大会,讨论通过协会章程,选举产生协会第一届理事会成员等各项议程。首届物流协会团体会员和个人会员来自物流服务供应商、物流技术与装备厂商、电子商务服务商、工商企业、贸易商、大中专院校及科研机构工作人员。

(五)厦门市物流协会成立

2003 年 12 月 30 日,厦门市物流协会成立,这对厦门地区物流业的发展无疑是个喜讯。近年来,厦门现代物流业的发展方兴未艾,厦门市优先确立发展现代物流业的战略和目标,并具备良好的基础设施环境和市场环境,出台了一系列加快发展现代物流业步伐的政策措施。

2003 年 8 月 3 日,厦门市人民政府出台了《关于加快发展厦门现代物流业的意见》,其战略目标明确指出,坚持科学规划,政府引导,企业运作,重点扶持,加快发展的原则,并指出信息、市场、发展第三方物流作为工作重点。该《意见》对物流用地、财税政策,重点扶持的项目和企业、信息化和标准化建设、开展对外物流协作、专业人才培训和引进等都有明确的规定和政策倾斜。目前大批传统的运输、仓储、贸易、商业流通企业向现代物流服务型企业转变,出现了一大批专业的第三方物流服务企业。

(六)广泛深入宣传物流业发展的大好形势

为了促进物流业的发展,福建省利用各种媒体,采取多种形式,广泛深入地开展宣传活动,鸣锣开道,大造声势,为普及现代物流理念,引导生产企业理解和应用现代物流技术,形成全社会促进现代物流发展的浓厚氛围。

二、抓住机遇,推动物流发展

(一)福建省物流业现状

1. 福建省具有较好的发展现代物流的区位优势。福建省在历史上曾有过航运辉煌的时期,泉州港早在唐代就是中国外贸四大港口。

福建做大现代物流业具有其它省市无法替代的区域优势。福建与台湾一衣带水,区域优势得天独厚。目前,台湾已成为福建省仅次于香港的第二大贸易伙伴;其次,福建处于上海、广州和台湾的金三角经济圈中心,是沪、港两大航运中心辐射吸引均衡点,将形成新的货流集散地和航运生长点,使全省的经济实力进一步增强,现代物流领域进一步扩大;第三,从全球角度看,福建处在日韩和东南亚的中间,西太平洋区域、我国中北部的船只进入南中国海和印度洋必须经过福建。东亚和东南亚地区与福建素有密切关系。随着我国与东盟经济自由化的进程,福建可融入东亚及东南亚经济圈。据统计 2003 年,全省各种运输方式完成货物运输周转量1 224 亿吨公里,增长 21.8%,沿海港口吞吐量达 1.25 亿吨,增长 22.5%。全球制造业中心转移后,福建省作为制造业主要的引进省份,又处于几个经济圈的核心位置,发展物流业的潜在市场巨大。

2. 全省物流流量较大,商品市场繁荣,且潜在市场可观,这是发展物流业的基本保证。自 2001 年以来,全省交通运输货运量、沿海港的货物、国际集装箱吞吐量、外贸吞吐量等年增量均接近 20 个百分点。

福建省港口在国民经济和综合交通运输中具有极其重要的战略地位。省内工业品市场活跃,商品流通加快,连锁企业遍地开花统一配送达八成之多。2003 年福建省社会消费品零售总额达1 740 亿元,增长 12.8%,消费需求进一步加强。

福建省已形成以海洋运输为龙头,以空港快捷运输为窗口,以铁路运输为骨干,内河运输网络和各大型场站为集疏枢纽的运输体系:海运航线四通八达,港口建设规模不断扩大,海运龙头作用明显;公路"二纵三横"覆盖城乡,衔接港站,为中心城市物流业的规模经营奠定基础;铁路新增进出省通道,拓展与周边省及国家主干网联网;民航航线初具规模,空运物流基本条件具备。

近年来,福建省各级政府大力扶持、多方帮助,促使传统的交通运输、仓储、流通加工与配送以及信息等企业纷纷向现代物流业进军。地方政府进一步出台一系列措施和优惠政策,鼓励其加强基础设施建设和投资,壮大规模,从而使物流市场网络迅速扩大,福建省物流产业已初步形成。

(二) 加快福建现代物流业发展的指导思想和目标

大力提高全社会对现代物流理念的认识,营造现代物流发展的良好环境,坚持以市场为导向,以企业为主体,以现代信息技术为支撑,以降低全社会物流成本和提高社会综合服务质量为中心,深化改革,扩大开放,整合资源,加快福建现代物流业的发展,切实增强福建经济的整体素质和产业竞争力。

通过制度建设,政策支持,形成与市场经济相适应的物流健康发展机制,完善物流基础设施,扶持一批综合性物流企业,积极发展第三方物流,建立起适应福建省情的社会化、专业化、规模化的物流网络体系。

(三)闽港联姻,共同发展物流业

近年来,闽港两地为发展物流业,频频往来。中央政府与香港特区政府签署了《内地与香港关于建立更紧密经贸关系的安排》(CEPA),这为内地与香港间投资的自由化、便利化创造更为有利的条件,为协助两地物流企业相互开拓市场,提供了无限商机。

2003年8月下旬,在福州举办“福建·香港周”活动,香港特区政府有关官员来闽,这是香港物流业第一次组团前来内地,福建是第一站,这也是“CEPA”签署后香港首次组团前来内地进行经济合作和高层会谈、共商两地物流业发展的大型活动。

双方在会谈中表达了进一步加强两地经济合作的共同愿望,并达成了“抓住机遇,优势互补,逐步推进,实现双赢”的共识。双方认为闽港经济合作具有良好的基础,前景十分广阔。

“福建·香港周”期间,闽港两地就业界开展互相学习、互通信息、交流经验、业务合作、咨询调研、信息标准化、会员会籍互认、人才教育培训、资质体系认证等方面进行协调,并签署了《闽港物流协会合作意向书》、《合作开展物流人才资质培训意向书》和《闽港两地现代物流信息标准化合作意向书》。

福建省现代物流业刚刚起步,物流企业存在分散、功能单一、服务水平较低,特别是“第三方物流”供应商发展缓慢、增值服务薄弱等问题。

福建省的物流业在各级政府相关部门的关心支持下,全省物流业同仁齐心协力,共同奋进,进一步改善全省物流发展环境,启动现代物流市场,迈向现代物流的新时代!

(供稿:福建省物流协会)

厦门市

在福建省委、省政府提出的建设海峡西岸经济区战略构想中,把厦门定位为海峡西岸经济区的重要中心城市。为实现这一目标,厦门开始加快实施“海湾型城市建设”战略,力争在2010年把厦门建设成为区域性航运物流中心。

2003年厦门港全年港口货物吞吐量完成3 403.88万吨,全港集装箱吞吐量完成233.11万标准箱,其中对台试点直航集装箱吞吐量32.4万标准箱,已经成为我国沿海第七个超过200万标准箱的港口,并跻身世界集装箱港口30强之列。目前,世界前二十大班轮公司在厦开辟了68条国际集装箱班轮航线,其中2003年新增集装箱航线16条,国际集装箱航线每月班轮航班密度为469班次,与世界300多个港口建立业务联系,并与160多个国家和地区建立了经贸关系。种种迹象表明,厦门已逐步成为国际性集装箱干线枢纽港。日前已着手制订东渡–象屿区港联动的规划、整合与建设工作。

航空货运受“非典”影响，上半年货物吞吐量有所下降，但各航空公司在下半年积极开拓市场，快速恢复生产，使航空运输最终扭转下降局势，年终累计货物周转量和货邮运量均增长 6.1%和 3.0%，2003 年完成货物吞吐量 15.02 万吨，居全国百家机场前列。2003 年还新增了新加坡、槟城国际航线，并国内首试第五航权，开通新加坡–厦门–南京–芝加哥的国际货运航线，加强了厦门成为区域性航空枢纽的地位。

公路运输网络对内已成为衔接港口、铁路、机场的重要纽带，对外通过高速公路、高等级公路与国道相连接可北达上海、北京，南到昆明，西至成都等各大中城市，为厦门成为区域经济中心和物流规模经营提供了基础。2003 年公路完成货运量 1 673.36 万吨。

铁路在 2003 年完成发送量 322.51 万吨，完成货物到发量 849.03 万吨，比上年增长 13.82%。主要增长原因是海沧铁路积极开拓港口物资运输，厦门北站开通了厦门至浙江、上海的城际货运列车，有效吸纳水路资源和周边物资。

目前，厦门市已初步建成了物流信息平台网络中心，目前该平台上正在建设运行“运输作业数据交换联动系统”、“通关数据支持系统”、“物流公共信息服务系统”等三大应用系统。截止 2003 年 12 月底，物流信息平台已经覆盖到了厦门、泉州、漳州、龙岩等厦门海关关区主要的口岸物流作业点，运行了 8 个应用系统，为海关、国检、码头、机场、报关行、船代、货代、加工贸易企业等近 90 个用户提供服务。为确保物流信息平台的良性发展，2003 年 11 月，市物价局、市交通委联合出台《厦门市物流信息平台 EDI 服务收费标准（试行）》，2004 年 2 月，市政府又正式发布《厦门市物流信息平台管理暂行规定》。

2003 年 8 月，市政府出台《关于加快发展厦门现代物流业的意见》，在土地、财税、信息化、人才、鼓励招商投资以及重点发展一批物流项目和企业等方面提出了建设性的政策意见。2003 年底，为进一步落实该《意见》，《厦门市重点物流项目和企业认定（试行）办法》及相关配套政策分解方案也已制定完成提交市政府审议。

一、物流市场方面

规模以上工业产值居福建第一，2003 年规模以上工业总产值达 1 318 亿元。外商独资、中外合资等三资企业创造了全市 85%以上的工业总产值，全市 50%的工业产成品用于出口，其中机电产品占 50%以上。有 33 家《财富》500 强企业，如戴尔、柯达、松下电工、TDK、ABB 开关、瑞声达、联想、太古飞机、沃尔玛、麦德龙等大批跨国公司在厦门投资，给厦门物流业的发展带来了强大的需求和动力。另一方面，一大批传统的运输、仓储、货代、贸易、商业流通企业等开始向现代物流服务型企业转变；一批专业的第三方物流服务企业如雨后春笋般涌现；一大批国内外知名物流企业，如伯灵顿、联邦快递、大通、中远、中外运、中海等纷纷落户厦门；厦工、厦华、柯达等工业企业开始采用或利用物流技术和物流服务。目前厦门市具有一定服务水平的物流服务企业和物流服务相关企业已有上千家，据 2002 年底对 733 家物流企业的专项调查显示，物流企业从业人员达到 54 091 人，拥有资产 450.4 亿元，固定资产 142.72 亿元，全年完成物流增加值占 GDP 比重达 6.4%以上。因应厦门市物流行业的蓬勃发展，2003 年 12 月厦门市物流协会成立。加快发展厦门现代物流业成为海湾型城市建设的推动器，这对提高厦门市城市综合竞争力至关重要。

二、商贸口岸地位日益凸现

2003 年，厦门市进出口贸易总值 190 亿美元，进出口货运量 2 300.16 万吨，在国内大中城市中居于前列。对台贸易的优势地位：是两岸经济交流的前沿阵地和直航的首选口岸之一，自 1997 年 4 月率先开通与台湾高雄港集装箱试点直航以来，截至 2003 年，实现 32.45 万标准箱集装箱运输量，占两岸“试点直航”集装箱运输量的 70%以上。

三、厦门物流业腹地资源条件方面

是闽西南五地市区域经济合作和闽粤赣十三

地市经济协作区的主要出海口和货物进出聚集地。例如,2003年5月22日,厦门高崎国际机场成为了中国对外开放第五航权的首个试点机场。经由该航线出口的货物的货源地既有厦门关区、福州关区等省内货物,也吸引周边湖北武汉、浙江宁波、广东东莞等地区货物,逐步形成了较为稳定的出口货源。2004年3月,开通梅州至厦门海铁联运,也加大了各式联运的工作力度,进一步拓展了厦门物流业的腹地资源。

(供稿:厦门市发展现代物流产业协调小组办公室)

江西省南昌市

一、加快南昌市现代物流业发展的必要性

物流是指物品从供应地向接收地的实体流动过程。根据实际需要,将运输、储存、装卸、包装、流通加工、配送、信息处理等基本功能实施有机结合,形成完整的供应链,为用户提供多功能、一体化的综合性服务。现代物流已被广泛认为是企业在降低物质消耗、提高劳动生产率以外创造利润的第三个重要源泉,也是工商企业降低流通成本,提高产品竞争力的重要环节。

近年来,南昌市加快了现代物流业的发展步伐,但仍处于初步阶段,主要有以下几个因素:一是对现代物流理念的认识较肤浅;二是物流服务企业规模小,发展水平低;三是大多数物流企业提供的仍然是仓储、运输等单项服务;四是企业物流管理社会化、专业化、现代化水平较低;五是信息技术在物流领域的应用程度还不高,物流业专业人才匮乏。因此,加快南昌市物流业的发展,对降低企业经营成本,提高企业竞争力,加速南昌市产业结构的调整、优化、升级,实现在中部地区率先崛起的目标,具有重大的战略意义。

目前,南昌市具备诸多发展现代物流业的条件和优势。

(一)地域优势强

南昌市位于东南沿海腹地中心,是我国长江三角洲、珠江三角洲、闽南三角洲进入内地的重要中转地之一,是京九铁路中段最大中心城市。

(二)交通基础好

南昌市航空、公路、水路、铁路的基本建设初步构成了南昌市发展现代物流业的立体交通基础。昌北机场与国内20多个城市通航;以南昌市为中心的“米”字型高等级公路干线网已经建成,南昌市铁路已经与东北、华东、华南、华中、西南等形成了连接网络,在建的白水湖国际集装箱码头可用1 000吨级货轮沿赣江入长江至上海港。

(三)市场潜力大

随着南昌市经济发展速度的不断加快,工业园区建设和现代制造业的发展为物流业提供了庞大的市场需求。

(四)南昌市招商引资增长幅度大

近几年来,南昌市大力发展开放型经济,国内外知名工商企业纷纷进入南昌,物流市场潜力巨大,为现代物流企业投资南昌奠定了良好基础。

二、指导思想和工作目标

(一)指导思想

以南昌市实现在中部地区的率先崛起为契机,把握南昌市加快建设现代制造业重要基地的机遇,按照促进物流资源的优化组合和生产要素合理配置的发展要求,遵循现代物流业发展的内在联系和市场经济规律,坚持“政府规划,企业运作”的发展原则,发挥南昌市区域优势,多功能、多层次、多类型地发展南昌市现代物流业,使南昌市现代物流业在我国中部地区区域经济中发挥更强的辐射和带动作用。

(二)工作目标

南昌市物流业的发展要以培育和完善“结构合理、设施配套、技术先进、运转高效”的现代物流体

系为目标，发挥区位优势，努力构筑以政府引导和宏观调控为主的政策平台；物流基础设施结构合理、设施配套；以具有较大规模、较强竞争能力的市场主体平台，积极扶持和发展产、学、研一体化的第三方物流龙头企业；规划建设现代物流产业基地和功能性物流配送中心。初步建设功能健全的物流信息平台和物流运输平台，逐步形成四个区域性综合型物流基地和一批综合型物流中心及配送中心，初步建立以大型物流基地为核心、以综合性及专业性物流基地为节点的现代物流体系框架。

到 2005 年，通过充分整合和优化配置南昌市现有的传统物流企业的土地、人才、业务网络等资源，结合南昌市交通条件，努力实现现代物流业健康起步，各物流基地基本建成，为现代物流产业发展奠定基础；物流成本占南昌市 GDP 的比重下降 2–3 个百分点；扶持和建立 1–2 家业务辐射整个中部地区的大型第三方物流企业。

到 2010 年，初步形成以现代物流产业基地、功能性物流中心和多层次配送中心为节点的现代物流框架，形成“结构合理、设施配套、技术先进、运转高效”的现代物流体系，使南昌市成为我国中部地区现代物流业的重要枢纽；物流成本在 2005 年的基础上争取再下降 3–5 个百分点，做大做强 2–3 家辐射全国范围的第三方物流龙头企业集团。

三、现代物流业发展的工作重点

（一）构筑现代物流业发展平台

1. 建立政府引导和宏观调控为主的政策平台。加大物流业的管理力度，研究制定扶持物流产业发展政策措施和法律法规，为物流业发展提供竞争公平、运作规范、服务优良的外部环境。

2. 高水平、高起点的建设物流基础设施要素平台。要进一步加快城市运输基础设施的建设，提高铁路、公路、水路、航空之间协调配合和服务社会功能；要建立积极有序、布局合理、功能完备、运转高效的现代物流配送系统，使物流基地——物流中心——配送中心等设施建设均衡，功能互补；要以信息化带动南昌市现代物流发展，充分利用南昌市现有的信息基础设施和资源，高起点规划、高标准、跨越式建设全市统一的物流信息共用（综合）平台；要以昌北机场、南昌铁路货运站、公路主枢纽货运站、集装箱货场及港口码头为依托，以城市主干道为配送道路体系，全面构建由空港、铁路货站、港口码头、公路主枢纽货运站系统构成的物流运输平台，形成公路、铁路和航空、水运综合运输体系。

3. 培育、发展建立具有较大规模、较强竞争能力的物流市场主体。积极扶持一批现代物流专业公司和配送公司，并做强做大 1–2 家具有较强竞争实力的第三方物流企业。重点引进国内外品牌连锁、物流企业在南昌市设立物流配送中心，入驻物流基地以及与南昌市企业联手开展现代物流经营；采取积极的扶持政策，鼓励国内外品牌企业投资物流基础设施建设；鼓励物流开发（或运营）公司进行物流基地的一级开发和后续的招商引资，以专业化的运作，按照国际通行办法，建设、管理、运营物流基地和物流中心。

（二）推进现代物流业体系的建设

针对南昌市作为东西部商品聚散中枢的区位优势，结合生产资料和生活资料多为东进西运的流向特点，以及公路、铁路交通运输为主，航空、水运交通运输为辅的实际情况，按照城市总体规划布局要求，到 2010 年，分步建设四个物流基地、若干个物流中心和配送中心。物流基地和物流中心应按照商品流通规划、交通运输规划和商品自然属性的规律去规划选点，做到全面规划、合理布局、科学论证、分步实施，防止贪大求洋，重复建设。

1. 物流基地的建设。物流基地的选址应遵循以下原则：(1)位于城市中心区的边缘地区，一般在城市道路网的外环线附近。(2)位于内外交通枢纽中心地带，至少有两种以上运输方式连接，特别是铁路和公路。(3) 位于土地开发资源较好的地区，用地充足，成本较低，留有发展余地。(4)位于城市物流商品的集散地，以市场需求为导向。现有物流资源基础较好，一般有较大物流量产生，如重要制造业基地、工业园区、大型卖场等，可利用和整合现有的物流资源。(5)有利于整个地区物流网络的优化和信息资源利用。

按照南昌市到2010年城市面积发展为300平方公里、人口为300万的规划目标和"城内大商场、城中特色街、城郊大市场、城外大物流"的商贸规划要求，以及目前南昌市的交通设施状况和物流需求状况，本着统筹规划，突出重点，分步实施，逐步完善的原则，将在城南、城北、城东、城西等4处各规划建设一个大型物流基地。

(1)城南物流基地。昌南工业园区、小兰工业园区、向塘工业园区毗邻铁路货站和国道，主要依托京九铁路、高速路、国道和城市迎宾大道便利的交通条件，可改造成铁路——公路货运枢纽物流基地，主要为各工业园区内企业及周边商品市场提供服务。

(2)城北物流基地(含口岸物流)。充分发挥南昌市在长江三角洲、闽南三角洲、珠江三角洲进入内陆的重要中转地、"京九"铁路中段最大中心城市和"水、铁、公、空"综合性交通枢纽的重要作用，主要依托昌北机场、南昌港、昌九高速公路、铁路专用线、国道，链接国内国际两个大市场，具有口岸通关功能、综合运输功能、保税仓储功能、流动加工和信息处理功能，可以建成集储存、运输、装卸、搬运、包装、配送、流通加工、信息处理等功能为一体的航空——铁路——水运——公路货运枢纽型物流基地，可为全省进出口贸易、转口贸易服务及南昌经济技术开发区内企业提供服务。

(3)城东物流基地。该区域公路与国道相通，现有统一集团、清华泰豪等多家大型合资企业，可依托该地区的新兴产业，形成以高科技产品为主导的公路枢纽型、高科技信息服务型物流基地，主要为南昌高新技术产业开发区、京东开发区、民营科技园内企业提供服务。

(4)城西物流基地。城西区域位于红谷滩新建城区以西，有高速公路、国道和即将建设的昌西客站新铁路支线，待规划中的占地为40平方公里的大型城西工业园区建成后，再规划建设一个工业品及其原材料的铁路-公路货运枢纽型物流基地。

2. 物流中心的建设。根据南昌市现有城市道路交通状况和物流基地位置，在充分利用现有场地及物流设施资源的基础上，在规划的外环线之内可建设若干个物流中心，作为联系物流基地和生产企业、商贸流通企业和最终消费者的纽带。(1)综合性物流中心：配合规划建设的2-3个物流基地，在青云谱区、南昌高新技术产业开发区、南昌经济技术开发区等区域范围内各规划建设一个综合性物流中心。(2)专业性物流中心：为满足不同行业或不同业态的要求，建设的专业性物流中心，服务半径可为"半小时经济圈"。

3. 配送中心的建设。主要由商流、物流企业自行建设连接消费终端的配送中心，服务半径可为3-5公里。

四、发展现代物流业的政策措施

(一)加强组织领导

对现代物流业的宏观政策引导是当前物流业健康发展的必要保障。在市政府的领导下，由市商贸委牵头，成立南昌市现代物流业发展领导小组，市经贸委、市交通局、市规划局、市国土局等市直有关部门为成员。领导小组的工作职责是建立和完善发展现代物流业的协调管理体系，统一规划、协调、管理全市现代物流业发展的有关事宜。领导小组下设办公室，办公地点设在市商贸委。

(二)制定物流基地政策

政府对四大物流基地用地应尽快规划、控制，并实行一定时期的预留制度，预留地保持启动期的优惠价格。对符合规划的物流基地、物流中心的建设参照工业园区的政策执行，将其列为城市经济高效率运行的重点设施和政策试验区。同时，针对当前南昌市因交通管制使市内货物配送与外围物流基地、货运站、批发市场衔接难的问题，在特定时间和特定区域放宽对货车进入的交通管制。

物流中心与物流配送中心适用于物流基地政策。

(三)鼓励物流业的区域调整

为避免物流设施分散布局而造成城市土地功能区划混乱，在重视现有(存量)物流设施的盘活和整合的同时，鼓励物流企业积极调整布局。

(四)市场开放政策

要大力提倡与国内外物流企业携手合作，优

势互补。实行所有投资主体都应享受相同的国民待遇。积极支持国内外物流企业进入南昌市场,鼓励国际国内著名物流企业在南昌建设大型区域性物流基地。物流基地及物流中心的开发建设和运营,按现行的土地供应政策,鼓励国内不同所有制投资者和外商投资企业以多种方式积极参与,进行市场化运作,以确保物流设施的开发和运营严格按照国际惯例和国际标准运作。

(五)财政税收政策

通过制定出台相应的财政和税收政策,采用经济手段,调整社会资金的流动方向,引导企业的经营策略,加大对现代物流业的投入,以促进南昌市大型物流企业快速发展。

(六)人才培养政策

通过多种形式聚集、培养一批物流人才,与大专院校和外地专家合作,用智力投资方式帮助解决南昌市现代物流领域运筹组织、经营管理人才短缺的问题。制订切实有效的政策措施,吸引国内外物流人才加盟到南昌市现代物流行业中来。

(七)成立行业协会

针对当前国内很多知名专业物流企业纷纷进入南昌市,本地新兴物流企业快速成长的实际,积极鼓励物流业中的大型骨干企业作为发起人,联合相关企业,共同组建南昌市现代物流业行业协会。支持协会按"自愿入会、自理会务、自筹经费"的原则,依法开展各项活动,搞好行业协调、自律和规范,为政府决策、企业运作和人才培养提供服务。

(供稿:南昌市人民政府办公厅秘书处)

山东省临沂市

一、临沂市的物流发展现状

近年来,临沂市的经济得到了快速发展,2003年,全市完成国内生产总值834.6亿元,增长17.8%。人均国内生产总值8 264元,增加1 290元。全市有105家企业利税过千万元,17家企业利税过亿元。城乡市场交易活跃,2003年,全社会实现消费品零售总额263.3亿元,同比增长16.2%。城乡商品交易额531.15亿元。全市物流业以前所未有的速度健康发展。

(一)物流设施粗具规模,交通环境大为改善

临沂市已形成海上、空中、公路、铁路相衔接的立体网络。已经复航的临沂机场为国家三级机场,是鲁南地区最大的民航机场,可起降波音737、麦道82等机型,现已初步开辟了通往全国各地的15条航线。境内以4条过境国道和14条省道干线为主,形成四通八达的公路网,公路总体水平和每平方公里密度超过全国平均水平。兖(州)石(臼所)铁路、胶新铁路、坪(上)岚(山)铁路和即将建的哈尔滨至长江三角洲的沿海铁路大通道在境风交汇贯穿东西。京(北京)沪(上海)高速公路和日(照)东(明)高速公路在临沂市通车里程达到340公里。全市公路通车里程7 830.4公里,全年完成公路货运周转量16.97亿吨公里,公路客运周转量为22.87亿人公里。全市共有18条铁路专线,2003年货物发送达到2 000多万吨,临沂飞机场开通12条航线,全年航空货邮量844.5吨,增长13.7%,客运量6.2万人次,增长7.6%。

(二)物流市场出现了一批各具特色的物流企业,开始形成了服务模式多样,各种经济成分并存的现代物流企业群体

工业流通企业开始重视企业采购系统与物流系统的流程再造,内部物流发展较快。全市已有金锣集团公司、红日集团公司等19家工业企业、九州集团、临沂医药集团等26家流通企业建立了自己的配送中心。

传统的国有交通运输与仓储企业实行资产管理费用与流程再造,加速向第三方物流转移。

1. 中邮物流公司临沂分公司作为临沂市发展现代物流的典型代表,具有网络齐全、服务功能完善的优势。自2003年4月30日成立以来,业务快速发展，已经投资1.5亿元建成了综合信息网，“185”客户服务中心和临沂邮政在线电子网站。下设13个县区配送中心，300个配送站，9 500个配送点，200多辆大中小型物流运输专用车，与省内中邮物流公司和省外邮政物流公司共同覆盖全国、沟通城乡网络。通过上门揽收、发展协议客户的方式不断拓展市场。目前，全市已与新华印刷、鲁南制药、国人西服等多家企业达成了配送协议。现全市每月发运快递邮件600多件，月均投送各类物流快件5 000多件。

2. 市交通运输公司制定并实施了《发展现代物流实施意见》，利用多年形成的经营网络和信息网络，对现有的场站进行资源整合。充分发挥公、铁、水、公联运、临沂公路口岸国际集装箱中转站和参股的山东省快速货运有限公司的网络优势，大力开展干线运输和配送业务。主要抓好两个项目的建设一是临沂货物快运总站，为临沂市区批发市场内的货物提供仓储、分拣、运输批发等多功能的商品流通快运和GPS信息通讯服务。二是临沂国际集装箱中转站的迁址扩建工作。由于现有的厂址受周转客观环境的限制，不能满足经济发展的需要，急需迁址，扩建后，达到年吞吐10万标准箱的规模。

（三）第三方物流迅速兴起

全市已形成6大配载市场，共有配载业户460余家，年配送载量为3万吨。形成了与临沂市经济结构相适应第三方物流公司7家，其中澳大利亚金龙基公司投资的澳龙公司，计划投资62亿元，建设占地8 600亩的物流园区。现已投资到位1 650万美元。香江集团投资35亿元，占地6 000亩的临沂香江商贸物流园区。华药物流投资15亿，占地2 000亩的药材物流基地。鲁信公司投资78亿元，占地万余亩的物流园区，这些大的物流项目的建设必将带动临沂市物流业更上新的台阶，提升全市物流业的档次。青岛中远物流、青岛海尔物流、安信物流等外地物流公司也纷纷在临沂市设立了办事处。

（四）信息化带动物流现代化成为一种共识

电子数据交换（EDI）、销售时点信息管理系统（ERP）、条形码识别系统、无线通讯（WAP）以及互联网技术（WEB）、电子订货系统（EOS）、信息网络技术、供应链管理技术（SCM）、全球卫星定位系统（GPS）、地理信息系统（GIS）等现代物流技术在临沂市的企业中逐步得到应用，促进了企业管理水平的提高。

二、临沂市发展现代物流的措施

（一）更新观念，将现代物流业作为支柱产业来抓

发展现代物流是社会化在生产的必然要求。发展现代物流对于促进经济增长具有重要的作用；发展现代物流是提高经济运行质量和效益的有效途径。目前全市仍有不少企业沿用传统的物流管理模式，职能分散，自我服务比重过大，资金占用较多，影响了经济运行质量。发展现代物流是交通运输企业结构调整的重要任务，有利于解决经营粗放、业务单一、机制不活等问题；发展现代物流是改善城市环境和投资环境的客观要求。发展现代物流，不仅可以使物资和商品有序流动，改善城市环境，还有利于改善投资环境，为招商引资创造更好的条件。

（二）构筑物流信息平台

根据总体规划、分步实施、逐步完善的策略，整合利用现有资源和开发应用先进技术并举的策略，尽快建成物流业务公用网、电子数据交换平台和空间数据公用平台等物流信息基础设施和高效的物流营运信息化体系，并运用信息技术对现有的传统物流业进行改造和整合，加强各物流企业、物流客户、政府管理部门之间的联系，促进物流信息、物流基础设施的共享，强化管理部门对物流企业、物流市场等的宏观调控能力和规范化管理，提高物流企业营运效率，降低物流企业成本。

（三）加快物流园区的规划建设

以澳龙和香江两大物流公司为龙头，建设物流园区。做到开发区建设与物流园区建设同步，在新规划的临沂经济技术开发区做好物流基础设施的建设，在开发区内布置小型铁路货场，建设铁路专用线、国际集装箱转运站等基础设施，为入园企业做好准备。将澳龙物流园区建设成为集货物集散功能、货物中转功能、社会化仓储功能、配送功能、流通加工功能、口岸功能、物流信息服务、物流系统设计、咨询与培训、商品展示的商流功能、电子商务的辅助功能为一体的现代化物流基地。

大力发展第三方物流。采取走出去,请进来的办法,大力兴办第三方物流企业。按照建立现代企业制度的要求，建立股权多元化的股份制企业和完善的法人治理结构,激发企业活力,促进现代物流发展;以信息技术应用为核心,加强网点建设。通过自建或共建经营网点与物流技术的应用,实现物流企业与客户共享资源;根据市场需求,广泛开展加工配送、货代、通关报关等各项业务,强化物流增值服务;打破业务范围、行业、地域和所有制的限制,利用中外合资、合作以及各种经济成分强强联合等形式，培育具有国际竞争力的物流集团。重点扶持澳龙物流、中邮物流临沂分公司、临沂市交通运输有限公司等企业。争取用 5 年的时间,培育若干个规模大、资金雄厚,有良好物流服务企业及货代企业到临沂设立分支机构，全面提升临沂市现代物流业水平。

三、今后的工作思路

(一)加强对全市物流行业的管理

成立由市经贸委牵头的临沂市物流业管理办公室。负责制定全市的物流行业发展规划,制定物流业发展的优惠政策并组织实施。形成全市物流行业有序、健康发展的协调机制。抓住香江、澳龙、鲁信三大物流公司在临沂市落户的时机，提升临沂市的仓储、运输、加工业等物流行业,提升档次和水平。大力发展公铁联运。联缔各种不正当竞争行为,促进临沂市公铁联运市场的正常有序开展。加强对全市联运行业及联运代理服务市场的规范整顿,严厉打击欺行霸市,强装、强卸、强扣等不正当的经营行为。加强对全市货车出租业务的管理;经贸、交通、铁路等部门制定《临沂市货车出租业管理办法》,制止恶性竞争行为。

(二）给各种所有制成分的企业以平等的国民待遇,促进物流市场的繁荣与发展

明确责任，建立和完善发展现代物流业的协调管理体系,统一规划、协调现代物流发展的有关问题。正确引导工商企业的物流需求和物流企业的物流供给。鼓励工商、生产制造领域以外的原材料采购、运输、仓储和产成品流通领域的加工、整理、配送等业务有效分离出来,按照现代物流的要求进行整合或重组或者采取公开招标的方式将物流业务委托出去,交给专业物流公司承担。对于工商企业整合或重组出来的有效物流资源，应支持其组建专业物流公司,实行专业化经营。

(三）制定临沂市现代物流发展的规划和目标,鼓励各种资本进入物流市场,放宽资本限制,在物流企业的设立等方面提高审批的透明度和公正公开程度

加快物流领域对外开放的步伐，大力提倡与国内外物流企业携手合作,优势互补。有选择地吸引国外物流进入临沂市，对国内著名物流企业在临沂市建立大型区域性物流基地的要给予当地企业相同的待遇。对外商独资、中外合资(合作)以及各种经济成分的内资企业兴建物流项目，在土地出让金管理等方面实行国民待遇，实现物流联网互通,分工合作,优势互补。

(四)加强物流基础设施的规划建设

尽快形成功能设施完善的物流园区及仓储配送设施,配套的综合运输网络,先进的运输网络平台等，为现代物流业发展提供重要的物质基础支撑。提高物流基础设施的规划水平,充分考虑物资集散、各种运输方式的衔接及物流功能设施的综合配套。对列入规划的物流园区内的物流项目和列入全市计划的物流重点项目,在规划、使用土地审批上,开辟绿色通道,特事特办。鼓励在统一规划的物流园区内兴办物流企业。

(五)进一步放开贸易与服务市场,优化物流发展的环境

加快传统运输企业、物资企业、商业企业、供销企业向现代物流企业转变。支持大型连锁、批发代理、第三方物流和大型工业企业进行物流配送中心建设，加快建立综合性与专业性并存的多层次、全方位、宽领域的物流配送体系。采取扎实的措施扶持具有集成化、全过程物流服务功能的第三方物流企业和为中小企业服务的物流配送企业,形成一批规模大、功能强、信息化和标准化程度高、技术先进的大型物流企业集团。凡在临沂市兴办的物流企业,由市政府牵头,组织经贸委、发展委、交通、铁路等部门联合审查同意后,方可办理注册登记与营业执照。物流经营项目按运输、仓储、配送、货代、流通加工等具体项目审批,除国家有统一管理规定外,属本市管理的,各有关管理部门要简化审批手续,提高办事效率。支持大型物流扩大经营范围,取得包括运输和国际货运代理在内的各类经营权,简化办证手续。国际物流业务量大的物流基地、物流企业或物流配送中心,可申请设立海关监管点或监管仓库、保税展馆等,支持和鼓励物流企业、批发代理企业、连锁经营企业开展国际业务。

(六)加大人才培养力度

要通过各种形式聚集和培养一批物流专业人才,与大专院校和外地专家合作,用智力投资方式帮助解决现代物流领域运筹组织,经营管理人才和技术人才短缺的问题。制订切实的政策措施,吸引国内外物流人才到临沂市建功立业。经贸、人事部门要开展物流人才专业资格证的发放及培训工作,通过举办培训班、物流研讨会等形式,培养一批熟悉物流业务,具有跨学科能力的物流人才。

(七)成立临沂市现代物流发展协会

架起政府和企业之间的桥梁,充分发挥协会的中介作用,在物流园区规划、人才培训、政策宣传等方面提供智力支持,为临沂市现代物流的发展提供保障。

(供稿:山东临沂市经贸委主任　宋法亮)

湖北省武汉市

武汉作为华中地区特大中心城市,位于长江黄金水道与京广铁路连接点、京珠高速和沪蓉高速公路交汇处,历来是商家必争之地。改革开放20多年来,武汉更逐步成为中部地区的客运、货运中心和商品集散地。

一、武汉物流产业发展现状

武汉市物流产业的发展呈现三个特点:一是物流企业门类齐全,数量众多。据统计,在国民经济行业分类中涉及物流及其相关产业的2个大类、50个中类和82个小类中,武汉都有自己的基本单位。截至2001年末,武汉市各类物流业单位18.27万个,其中法人单位5 842个、产业活动单位3 754个、个体活动单位17.31万个。二是传统物流产业在国民经济中的比重较大。物流产业在全市国民经济中占有重要地位。2001年全,市物流业基本单位数18.27万个、占全市基本单位数的59.3%;从业人员76.55万人,占全市从业人员的26.6%;法人单位实收资本354.2亿元,占全市法人实收资本的16.9%,物流业增加值219.59亿元,占全市GDP的16.29%。三是物流产业市场具有一定规模。2002年,全市社会商品零售总额770亿元,居全国大城市第5位,外贸进出口总额22.02亿美元;2001年,全社会各种运输方式完成的货运总量为1.6亿吨;货物周转量为1 153万吨(具体结构详见附表)。

然而,有资料显示,目前武汉市企业注册名称中带有“物流”的约120余家,其中第三方物流企业约30余家,平均资本金仅为606.32万元,固定资产原值1 077.96万元,年均营业收入也只有1 955.91万元。这些企业大多是从传统的运输、仓储企业转化而来,按照现代物流企业的标准衡量,他们中绝大多数还不具备现代物流企业的资质,至多只能算是新瓶装旧酒而已。另外,武汉市对物流企业和物流市场的发展还缺乏有效引导,特别是负责物流产业的政府主管部门几经变更,致使《物流发展规划》等政策措施迟迟未见出台。这些都使武汉的物流产业发展严重滞后于其他同类城市。

附表

2001年武汉市交通运输结构表

	运输方式							
	铁路		公路		水运		航空	
	数量	比重（%）	数量	比重（%）	数量	比重（%）	数量	比重（%）
货运总量 16 000（万吨）	5 253	32.3	7 133	43.9	3 852	23.7	4	0.02
货运周转量 1 153（万吨）	431	59.8	54	7.5	236	32.7	0.4	0.06

二、发展武汉现代物流亟待解决的问题

发展武汉现代物流产业必须解决下述五个方面的问题。

(一)要培育和开发社会化物流市场

据调查，在武汉市的工业企业中，由企业自身和供应方企业承担的原材料物流比率分别是36%和46%，而由第三方物流企业承担的仅为18%。与此同时，多数企业内部各种物流设施的保有率都比较高。这种以自我服务为主的物流活动模式在很大程度上制约和迟滞了工商企业对高效率的专业化、社会化物流服务的需求，也是当前制约武汉市物流产业快速发展的瓶颈。由于市场被极度分散，无法形成社会化的物流大市场，也难以产生能够提供综合服务的、规模化经营的物流大集团。由于武汉市物流市场发育尚不成熟，企业内部运输和仓储设施、各种物流装备、传统物流从业人员等资源，还不能在全社会范围内实现合理的流动和配置。物流设施、人员和组织无法有效剥离，企业只能继续沿用传统的物流方式，社会化、专业化物流需求难以转化为现实。

事实上，发展现代物流产业归根到底就是要培育一个成熟和完善的社会化物流市场。这就要求武汉市政府及其职能部门更新观念，摒弃那种规划园区、增加规模、扩大外延、扶持企业的做法，切实地采取政策措施，积极培育现代物流大市场。

(二)要全面提高信息化和标准化水平

信息化是现代物流的发展趋势和主要特征。但目前武汉市工业企业内部物流信息管理和技术手段还比较落后，条码技术、全球卫星定位系统等先进的科学技术和物流管理软件，在物流领域中的应用水平很低。以电子数据交换、国际互连网为基础的物流信息系统在武汉市还没有得到广泛的应用。另外，武汉市物流设施和装备的标准化程度较低。现有托盘标准与各种运输装备、装卸设备标准之间缺乏有效衔接，降低了托盘在整个物流过程中的通用性；物流包装标准与物流设施标准之间缺乏有效衔接，增加了物流的整体成本。

提高武汉市物流产业的信息化和标准化水平，是武汉市实现从传统物流向现代物流转变的前提条件。因此，政府应在构筑物流信息平台和推进物流标准化工作上加大投入。

(三)要建设增量和盘活存量并重，硬件与软件并重

目前，武汉市为规划和兴建物流“中心”、“基地”、“园区”等项目已花了不少钱，但结果是布局混乱、建设重复、有场无市。政府对物流设施建设无疑需要进行统筹规划，但重点应当放在现代物流基础设施，其他设施应当给企业留下余地，而不要由政府大包大揽。在新建物流设施过程中，要重视存量资源的整合，进行有效的改造，提高投入产出比。

物流产业建设不仅要重硬件，更要重软件建设，而软件建设的关键是人才培训。针对武汉市现代物流人才短缺的情况，武汉市有关部门应采取多种方式，积极培养各类物流人才。

(四)注重形成完备的城市产业链和供应链

由于武汉市制造业整体规模和水平不高，特别是终端产品不足，导致城市产业链相对较短，供应链的增值空间受到很大制约。具体而言，工业企业以原料输出为主，而流通企业以成品输入为主，都

是单向流动,采购、生产、销售各个环节分属不同的经济主体,并缺乏整合,相对独立,因而无法形成现代物流所需要的供应链网络。由此可见,武汉市发展现代物流不能局限在产业内部作文章,更应在国民经济尤其是制造业的全面发展中寻求出路。

(五)要立足于政府指导、调控下的市场机制

现代物流是覆盖全局的产业,关系各个行业和部门;物流业又是资本密集产业,基础设施相对集中,不是某个局部、一个行业和少数企业能独行其是的,这就需要市政府的正确指导和大力支持,尤其需要政府为物流产业发展创造宏观政策环境,并对物流布局进行科学规划,营造全市物流大市场。

(供稿:中共武汉市委调研室)

广东省

随着现代科学技术的迅猛发展、全球经济联系日益紧密以及专业分工的不断深化,生产、销售效益充分提高,人们将降低成本、提高生产效率的途径放在了提高物流效率上。在这种发展趋势下,传统简单的运输、仓储、保管等物流活动提升为现代化的物流产业。现代物流业将物流各要素和功能重新整合,组成了运输、保管、配送、加工、装卸、信息处理等一系列基本活动,并将其统一起来;将生产至流通之间各环节包括供应商、中间环节、企业内部环节、客户纳入物流产业链条上,作为有机整体予以全方位考虑;以计划和控制为核心任务,充分利用以现代信息技术进行组织和管理,从而降低企业物耗、提高劳动生产率,快速推动经济增长。现代物流业在发达国家是一项重要的产业,取得显著成效,被誉为"第三利润源泉"。在我国,现代物流产业尚处于起步阶段,但已得到各地的高度重视,成为经济发展的热点。广东省在发展现代物流也方面具有良好的基础条件,并取得了很大进步。

一、广东省发展现代物流业的主要优势

1. 广东具有强大的物流需求。全省社会消费量大,2000 年全省社会消费品零售总额 4 071.95 亿元,占全国的 12%,年均增长 20.0%;珠三角地区工业生产加工企业密集,是全国乃至全球重要的工业生产基地,大量原材料输入、成品半成品输出;同时,广东省进出口贸易活跃,2000 年进出口贸易总额 1 701.08 亿元,其中外贸出口 919.24 亿美元,约占全国的 37%,此外,还有 1/3 商品销往省外。1999 年交通运输、仓储、邮电通信业实现增加值 745.15 亿元,约占全国的 1/10,年均增长 15.4%。广东的商品、生产资料消费规模和发展速度均居全国首位,庞大的消费量和生产资料供给产生强大的物流需求。

此外,许多企业意识到现代物流降低成本、提高效益、增强企业竞争力的重要作用,纷纷优化企业内部物流管理,建立内部物流部门或选择专业物流公司。尤其广东有许多中小型企业,自身无力拓展内部物流,倾向于选择外部专业物流公司、第三方物流,这为发展物流业提供广阔空间。

2. 广东基础设施条件良好。通过 20 多年的建设,广东已基本建立起海、陆、空立体的交通运输网络体系。至 2000 年底,全省公路通车里程 102 604 公里,其中等级公路 93 693 公里,占总通车里程的 91%,高速公路 1 186 公里,公路密度为 57.7 公里/百平方公里,通车总里程、高速公路、公路密度等指标均名列全国前茅。全省公路网发达,公路运输成为货物运输的主要手段;铁路营业里程 2 022 公里;沿海主要港口泊位 932 个,集装箱吞吐量达 430 万标准箱,地方港口码头泊位1 212 个,货物吞吐量达 1.55 亿吨;民航航线 303 条,以广州为枢纽辐射省内外;生产资料集中交易市场,如汽车、钢材、汽车配件、建材、煤炭、木材、有色金属、机电产品、电子配件、船舶、装饰材料等,遍布各地,商业网点 130 万个。汽车、火车、船

舶、飞机的数量和运力快速增长，各类型仓储设施齐备，仓储、装卸、包装也逐步实现机械化、自动化。完善的基础设施为物流提供良好的硬件。

3. 广东具有毗邻港澳的区位优势，港澳地区金融、贸易、资讯交流发达，可为广东省提供丰富的物流信息和良好的物流导向。

4. 广东省各类流通组织反应迅速，又具有较强的体制创新能力和强烈的改革意识，有助于减弱现代物流业发展的冲击，并推动现代物流业在全省迅速发展。

二、广东省现代物流业发展的现状水平和特点

目前广东省现代物流业发展尚处于起步阶段，但发展迅速。发展现代物流也已成为各界关注的焦点，各种专题讨论会都对此作了探讨。

1. 物流企业服务呈现多样化，产生了一些具有一定实力和知名度的本土的物流企业。

传统的运输、仓储、加工等部门和企业已经或正在向现代物流公司转变，这些企业依据其传统业务而侧重提供物流业中的某个环节的服务，如运输、仓储或加工等，因而产生了多种服务形式的物流公司。而提供物流全过程管理、一体化服务的专业物流公司——第三方物流应运而生。如龙骏物流有限公司，在全国建立了一整套从订单处理、运输、仓储、流通包装、配送的实物网络，建立了一套快速响应的海、陆、空联运服务体系。著名的宝供物流公司也建立了全国性的业务运作网络，向客户提供从生产中心至销售末端中间所有环节和运输方式的全过程服务。传统的大型企业也在向现代物流公司迈进。如广州商业储运公司，正整合资源，与全国十多个城市的储运公司结成同盟，致力于成为第三方物流供应商。这些公司已发展成为国内同业中具有较强实力水平、较高知名度的大企业。

2. 物流领域内的信息技术开发水平居全国领先地位。

现代物流业要降低成本，提高物流效率，就要优化企业内部资源，对订单、库存、运输、配送、仓储、加工等物流各环节或全过程实施高效的管理计划和控制。采用先进的物流信息管理系统是提高企业内部管理水平和物流服务水平行之有效的手段。深圳的招商迪辰系统有限公司研制了国内首个“物流及供应链管理综合服务系统”，这个结合 GPS、DIS、GSM、Internet 技术为一体的数字系统为国内交通物流、客货运输领域提供全方位多层面解决方案，是国内技术最先进、应用最成熟的物流服务系统。其他各种物流服务软件系统也在研制开发中，包括物流中心管理、货运、配送、仓储、商场超市管理，码头综合作业、集装箱拼拆箱、电话服务、电子商务数据交互系统。这些软件系统还为国外大型企业提供服务。广东省物流信息技术的开发和迅速发展已引起国内外同行业的关注和认可，并吸引外资进入。据报道，美国宝信亚洲基建投资基建将入股招商迪辰系统有限公司，美国系统工程商 cyber-net 也将与其合营开发物流技术系统集成及相关的增值应用服务。国际一些大型物流公司如惠普、亚洲物流科技有限公司、新华驿站等还与省内一些高科技企业结成战略联盟。

此外，相关的物流设备也开始采用信息化管理手段，如深圳海关采用了“联网监管”模式，将多家企业统一为一个管理对象，全封闭电子管理，远程监控，大大提高通关速度，为降低物流成本起了积极作用。

广东在物流领域内的信息管理技术开发上取得了引人注目的成绩。

3. 企业和政府重视发展现代物流，积极规划建设物流设施。

广东已将发展现代物流业纳入“十五”规划中，并提出建设物流基地、物流配送中心，开展物流配送业务，建设现代物流网络，促进物流的产业化和现代化等目标。目前，以广州、深圳为中心，东莞、中山等珠三角产业群基地都在全面规划现代物流产业布局，完善产业政策和法律法规，积极促进现代物流产业发展。广州市拟规划东、西、南、北四大物流中心，集商贸、仓储、商品、生产资料于一体，辐射海内外，在“十五”期间建设成为物流中心城市；今年还将投资 140 多亿元建设道路、港口、

地铁、新机场等基础设施。深圳市把发展现代物流与高新技术、金融并列为经济发展的三大支柱产业，规划了八大物流园区。而东莞、中山市利用其国际性的加工制造业基地的地位，发达的交通网络，都在着力打造现代化、全国性的物流中心。由原国家计委和日本经济产业省共同组织开发了综合物流信息系统，以深圳为基地，成立一个综合物流发展有限公司，以连锁经营形式建立全国性的物流配送网络。全国工商联五金商会物流中心也落户南海。大型物流公司业在着力拓展规模。宝供物流公司已在广州投建一个综合性的现代物流配送基地，向生产制造、分销代理、连锁零售企业提供服务。

4. 外资物流企业增加。广东具有良好的基础设施条件，发达的经济发展水平，巨大的物流需求潜力，吸引了众多外资物流公司进入。如世界物流巨头——新加坡港务集团与广州港合作成立集装箱码头有限公司，使广州港的集装箱吞吐量增长2倍多；日本知名物流企业东京镔兼公司也在珠海设立公司，从事工业零部件的生产、加工、检验及相关技术咨询、商品展示、仓储及贸易；一些大型跨国速递公司也在考虑将其设于香港的亚洲运营中心迁至广东省；许多外商企业也纷纷来粤设厂。广东的物流竞争力正在提高。

5. 广东省目前还与香港多方合作，共同采取措施促进两地物流发展，最近在中央、广东、香港各级政府努力下，出台了一项加强通关服务、简化通关手续的新政策，这一政策对广东至少134家高技术企业给予优惠，大大提高了这些企业在粤港之间的通关速度。

此外，广东省各界还举办各种培训讲座、展览会等，介绍物流知识、推广现代物流业。

三、广东现代物流业发展存在的问题及制约因素

广东物流业发展迅速，但仍处于起步阶段，社会化、专业化、系统化、标准化程度低，与现代化要求相比有很大差距。

1. 从企业内部来看，多数物流企业服务方式和手段原始、单一，组织规模小，管理水平、服务质量低。较突出的问题是：

(1)专业化、高水平的企业特别是第三方物流公司屈指可数，经营管理水平待提高。多数企业的原材料采购、送货、仓储保管、产品销售等物流活动仍由内部组织自行完成。从企业中分离出来或从传统运输、仓储企业转型而来以及新型的物流公司服务形式单一，仍局限于简单的运输送货、仓库保管；而流通加工、库存管理、物品配送乃至物流方案设计、全过程供应链管理等可提供物流附加值的服务尚未全面展开。各类物流公司繁多，规模、水平参差不齐，妨碍物流资源的优化整合和结构上的协调发展，影响大型专业物流服务的拓展。

(2)企业纵、横向联合薄弱。物流是一个多环节相连的复杂过程，往往牵涉到跨地区、跨行业服务，完成一个物流全程需要所有环节包括地区之间、行业之间合理衔接、统一管理，否则整个物流过程被分割为几个独立环节，缺乏协调、衔接，同样造成物流效率的低下。我们大多数企业没有实力单独完成所有操作流程，非常需要不同地区、从事不同业务的物流企业共同合作，特别是对于当前我国许多物流企业提供的服务方式还比较单一的情况下，更应加强横向联合。从纵向角度来看，物流企业与供应商和顾客之间也应建立一种业务伙伴关系，在以减少重复劳动、共同获益的共同目标之上相互配合，提供有效的作业系统。这种企业之间、企业与客户之间的策略性联盟是物流服务的一种重要方式，但目前广东省的企业还未形成这种联盟。

(3)缺乏对客户信息的研究。现代物流是一个纯粹的服务性行业，并且在全球经济一体化背景下，客户特性、需求也处于动态变化中，比如生产地、销售地的变化，客户属性的转变等，为提供令客户满意的物流方案，必须主动对客户需求、特性进行详细研究。但省内许多企业尚处于起步阶段，没有意识也没有实力进行客户信息研究，对客户要求处于被动反应中。

2. 物流设施和装备水平低，缺乏统一、规范的标准。物流设施和装备的标准化是各种物流功

能、要素之间有效衔接和协调发展的基础保证。但广东省各种运输方式之间装备标准不统一，如海运与集装箱标准不同，限制了多式联运的实现；此外物流器具标准不配套，物流包装标准与设施标准之间缺乏有效衔接，致使物品在运输、装卸、仓储环节中难以实现一体化、全过程的流动。

3. 信息技术应用未普及。一方面是企业内部的信息技术管理水平和手段落后。尽管已开发了不少先进的物流管理系统 GPS 等高新技术，但许多企业还是不敢贸然采用，主要考虑到对原有的管理模式的转换，对设备、人员培训的再投入、所花费的费用昂贵。另一方面，社会信息化建设滞后，电子商务未普及。许多企业、部门没有实现信息技术管理，社会信息化网络未搭建起来，使现代信息技术在社会中的应用缺乏载体，物流缺乏相应的信息交换平台。

4. 流通业发展滞后。流通是物流的终端，流通业畅达，物流之“流”才有方向。大型零售业产生的大规模的物流需求是推动现代物流发展的重要力量。但广东省的流通业发展远远滞后于制造业。传统的流通方式占主导地位，外资超市、便利店、专卖店、购物中心等新型、大型连锁流通组织未充分发展，致使物流形式单一、规模小。据报道，在全国连锁企业 100 强中，广东虽占有 11 席，但前 20 名中，只有深圳“万佳”位居第 13 位，其年销售额与首位的上海联华超市相差近 10 倍。流通业滞后限制了现代物流的服务方式及物流规模。而物流配送中心的缺乏限制了大规模大范围内的物流，制约流通业发展。美国沃尔玛公司在全国设立了 30 家配送中心，为 18 个州的 2 500 家商店服务；全国连锁业百强之首的上海联华超市已建立了智能型配送中心，实现 24 小时服务，可同时为 30 家超市 40 分钟内配送到位。而广东省尚未建立这种大型配送中心，限制了大型连锁业的发展。

5. 我国当前的管理体制约束了现代物流业的发展。不同部门管理不同运输方式，从中央到地方又有相应的管理部门和层次，各地区间又分头管理，由此造成基础设施重复建设，地区结构不协调；开展跨区域、跨行业、多式联运的社会化物流服务困难重重；地方、行业保护主义产生不公平竞争，影响物流系统的协调发展。另外，投资渠道窄，投资主体不能多元化，企业发展缺乏资金，特别是传统储运企业转变而来的物流公司发展受限很大。

6. 海关的严格监管、繁琐的审查手续造成物流时间延误和成本增加，降低了物流效率。

7. 对现代物流的研究落后，缺乏专业人才，实际操作经验少。现代物流作为一个产业的概念刚刚为人所认识，我国、广东省在这方面的研究也才刚刚起步；近来人们对物流的认识只是停留在概念的炒作上，极少企业真正实现完整的现代物流活动，物流实际操作经验不足，相关统计资料、专业理论、管理和技术人才匮乏。

四、广东发展现代物流业的策略、措施

1. 积极引进与物流有关的外资企业投资，根据其需求发现广东省物流业存在的问题，学习借鉴国外物流企业的经验、技术予以改进。

2. 运用财政、税收等政策措施鼓励发展第三方物流，提倡打破行业、企业界限的物流联合，大力推进以综合物流代理人形式出现的第三方物流运行模式。抓好重点大企业，实施“大集团”战略。通过兼并重组，实现资源优化，培育一批在国内外市场都具有很强竞争力的大企业。

3. 加快建设物流配送中心，改造原有的功能单一、设施落后的批发市场、中转货场等，根据物流需要确定配送特点，相应提高其装备水平、合理布局配送中心。提倡共同配送，不要各企业、部门单独建设配送中心，应积极联合广大中小型企业发展共同的区域配送中心，或借助于专业物流企业、大型物流中心进行配送，共享物流规模效益。

4. 大力发展信息技术，将电子商务与现代物流业充分结合。电子商务、信息技术的应用是物流业实现现代化的技术基础，而电子商务需要靠物流业提供内容予以实现，两者相互联系，共同促进。不仅要在社会上构建信息网络，还应采取措施鼓励企业实现信息化管理，使整个物流活动能在一个信息化网络中实现物流的社会化。

5. 政府应树立服务意识，部门之间加强协调，

逐步打破部门分割、区域界限，在设施建设、区域发展中以建设全社会的大物流体系的战略眼光统筹规划。同时充分利用现有设施，避免重复建设。

6. 努力加强粤港澳合作。广东省拥有广阔的市场、物流需求以及完备的交通运输网络体系，港澳拥有优良的物流基础设施、现代化的资讯手段、国内外物流信息的快速互动，三地合作具有良好的互补空间。目前粤港两地正在积极制定发展现代物流业的措施，应从社会化、规模化的角度来考虑，共同建设国际性、区域性的物流中心。

7. 积极学习现代物流理论、技术，加快人才培养。引导组织各类学院、研究机构、行业组织等开展多层次的物流教育、培训。

（供稿：广东省计委研究所　韦东庆　赖丽芳）

深圳市

2003年深圳物流业继续呈现蓬勃发展态势。随着促进物流业发展的相关措施稳步推出，以海港和空港为龙头的现代物流业快速发展，深圳港集装箱吞吐量排名全球第四，基本确立世界级集装箱枢纽大港地位。与此同时，六大物流园区建设稳步推进，物流业信息化水平不断提高，物流企业持续增加，第三方物流服务粗具规模。从总体上看，2003 年深圳现代物流业以加速放量态势快速发展，支柱产业地位进一步增强，有力地推动了全市经济快速增长。

一、以海港和空港为龙头的现代物流业持续快速发展

2003 年深圳全年货运量、货物周转量以及港口、机场吞吐量持续增加，确保了以海港和空港为龙头的现代物流业继续保持快速发展趋势。

在货运量方面，全年货运量达到 6 478.58 万吨，比上年增长 14.0%。其中公路运输 5 433 万吨，增长 12.74%；水路运输 720.5 万吨（在深注册船舶运输量），增长 23.58%；铁路发送货运量 315.7 万吨，增长 15.47%；民航运输 9.38 万吨（南航、深航运输量），增长 23.26%。

在货物周转量方面，全年共完成 243.78 亿吨公里，同比增长 15.51%。其中水路运输 203.34 亿吨公里，增长 16.27%；公路运输 36.86 亿吨公里，增长 11.63%；铁路发送 2.17 亿吨公里，增长 9.6%；民航运输 1.41 亿吨公里，增长 20.51%。

在港口与机场吞吐量方面，全年港口货物吞吐量 11 219.54 万吨，同比增长 27.98%。其中，港口集装箱吞吐量首次超过 1 000 万标准箱，达到 1 065.16 万标箱，增长 39.83%，在全球港口集装箱吞吐量的排名升至第四位。全年机场货邮行吞吐量达到 40.66 万吨，增长 21.7%。此外，全年邮政业务量达到 9.83 亿元，增长 26.03%。

从总体上看，包括道路运输、铁路运输、海洋运输、航空运输等运输业以及仓储业、配送业、货代业等行业在内的物流业快速发展，确保了深圳物流业健康成长。从物流相关行业发展来看（参见表 1），近年来深圳物流业相关行业增加值不断增长，2002 年达到 388.8 亿元，比 2001 年增长 20%，在当年全市 GDP 的比重为 17.2%，比 2000 年上升了 0.6 个百分点，表明深圳物流业形成持续发展的良好趋势。

二、以运输平台和信息平台为支点的现代物流设施功能进一步增强

2003 年，深圳物流设施的规模与实力进一步增强，以现代综合交通体系为主的物流运输平台和以邮电通讯及网络为主的物流信息平台，共同构成深圳物流业快速发展的运行平台。

在物流运输平台方面，以国际港口、国际机场建设为先导，形成符合国际惯例的综合交通运输体系和立体运输网，深圳海陆空综合交通运输网络的规模与实力显著增强。其中，海港已形成以集

表 1　　深圳物流业相关行业生产总值

年份	物流业相关行业生产总值（亿元）				占 GDP 比重
	交通运输和仓储业	邮电通信业	批发、零售贸易与餐饮业	合计	
1997	38.8	51.5	122.8	213.1	18.9
1998	42.9	56.9	131.4	231.2	17.9
1999	48.2	62.6	143.6	254.4	17.7
2000	54.7	76.9	156.3	287.9	17.3
2001	61.8	88.1	174.1	324.0	16.6
2002	62.2	130.0	196.6	388.8	17.2

（根据《深圳统计年鉴》历年数据整理。）

装箱为主的盐田东部港区以及由蛇口、赤湾、妈湾等集装箱及散杂货并举的西部港区。2003 年，世界上知名船公司纷纷到深圳港开辟国际班轮航线，目前共有 39 家世界著名集装箱船公司在深圳开辟近远洋国际集装箱班轮航线 106 条，其中美洲线 47 条(北美 45 条、南美 2 条)、亚洲线 31 条、欧洲线 25 条、澳洲线 2 条、非洲线 1 条，形成了一个以深圳港为枢纽、覆盖世界 12 大航区主要港口的国际集装箱班轮网络。

深圳机场成为国家民航总局明确支持的 4大航空货运中心之一，航空货运发展潜力巨大，充沛的货源和深圳机场本身独特的地理位置优势引得各大航空货运公司纷至沓来，2004 年初深圳机场与德国汉莎航空鉴定协议建立航空货运处理中心。

此外，公路和铁路继续发挥原已形成的网络优势，以高速公路为骨干，利用京九、京广两条大动脉和平南、平盐两条疏港铁路，以海港、空港、铁路、公路场站及陆路口岸为接点，将珠江三角洲、东西部港区、机场及市内交通连为一体，并积极探索海铁联运，2004 年 2 月深圳与成都签订海铁联运合作协议，为扩展深圳物流产业服务腹地开辟了新的途径和空间。

在物流信息平台方面，借助深圳发展迅速的信息网络与城市信息平台建设，逐步把网络技术应用于物流业，电子商务迅速发展，物流信息平台建设取得可喜成就。2003 年深圳市 EDI 系统已初步建成并逐步完善，28 家往来深圳的全部中外集装箱航运公司和港口企业都接入了 EDI 中心平台。市公路客货运输服务中心引进的美国摩托罗拉数字无线集群通信系统组成的交通通信专网。此外，支撑网上交易的金融结算体系、支付体系、信息交换体系和配送体系等逐步形成。2003 年 9 月，国内首个物流信息公用平台“深圳现代物流信息公用平台”正式启动，计划在 2004 年完成规划设计工作，用一年时间完成平台布设工作，三年内投入运营。该平台以深圳数字城市建设总体框架为基础，构筑统一的现代物流空间与时间坐标体系结构，从而为深圳物流业提供全新的运作平台。

三、重大物流项目与物流园区建设进程加快

2003 年深圳重大物流项目建设顺利推进，六大物流园区建设加快，不但有助于进一步完善深圳物流服务功能，而且为增强深圳物流业持续快速发展后劲提供了可靠保证。

一批重大物流项目顺利进入建设阶段。2003 年，包括西部通道在内的一批重大交通设施开始建设，同时按《深圳市重点物流项目认定试行办法》认定的首批 5 个重点物流项目也顺利启动。2003 年启动的 5 个重点物流项目是：(1) 位于平湖物流园区内的华南国际工业原料城（一期)，占地 150 万平方米，投资规模 26 亿元(人民币)，项目类型为交通运输、商贸流通、物流资讯、综合物流；(2) 位于前海物流园区内的集装箱联运中心，

占地120万平方米，投资规模11.2亿元（人民币），项目类型为交通运输（含仓储、配送、货代等）；(3)位于龙华物流园区内的华南国际物流中心，占地面积67万平方米，投资规模9.03亿元，项目类型为交通运输（含仓储、配送、货代等）；(4)位于盐田港物流园区内的盐田港20号地块物流仓储项目，占地面积4.18万平方米，投资规模0.98亿元（人民币），项目类型为交通运输（含仓储、配送、货代等）；(5)位于机场物流园区内的国际货运村，占地面积3.6万平方米，投资规模0.9亿元（人民币），项目类型为交通运输（含仓储、配送、货代等）。

一批重大物流项目顺利竣工并投入使用。2003年4月，华南国际物流中心开始启用，通过整合货流、箱流、车流和信息流，利用海关对园区有效监管，从而构筑珠三角地区跨境集装箱运输的快速通道，增强深圳作为华南地区国际集装箱转运、联运中心。2003年底，盐田港第三期工程6号、7号泊位相继交付使用，填补了深圳港10万吨级泊位的空白，极大地提升了盐田港区集装箱吞吐能力。

六大物流园区建设顺利推进。深圳六大物流园区总建设项目共43项，其中基础设施项目25个、产业发展项目18个，总投资规模为89.63亿元。据不完全统计，2003年累计入园的产业项目投资额已达70多亿元。除上述5个首批重点物流项目外，六大物流园区还提出并启动了一批重大物流项目，如西部集装箱码头整合项目、深圳邮件处理及物流配送中心项目等。随着这些项目顺利启动，将对深圳现代物流业持续快速发展提供强有力的支持。

四、本地物流企业迅速成长，国际物流业务不断拓展

随着深圳物流业快速发展，深圳物流企业也迅速成长，2003年，深圳物流企业和货运企业总计达到3 000余家。据深圳市物流办统计，截至2003年7月，深圳市登记注册的物流企业达2 748家（参见表2）。其中，全市以物流公司命名的企业有320家，经营含物流业务的企业111家，经营含仓储、配送业务的企业共897家，从事运输（含货运代理业务）业务的企业共1 210家，经营邮政迅递业务的企业共209家。

2003年，深圳积极采取引进外资、股份合作、调整重组等方式，吸引跨国物流公司落户深圳，实施外向带动战略，为深圳周边珠江三角洲地区庞大的制造业提供物流服务，使深圳成为第三方、第四方物流服务基地和供应链管理中心。据统计，2003年，深圳市物流企业中资产过亿元的有32家，大约65%的企业注册资金在300万到500万元人民币间。列为重点商贸流通配送企业有30多家，物流配送品种近两万种。随着以第三方物流业务和第四方物流业务为重点的综合型专业物流企业迅速成长，推动了包括采购分拨、批发配送、展览配送、拍卖配送、代理批发和网络批发等物流配送业务和专业市场的快速发展，一些物流企业开始为全球著名跨国公司提供专业物流服务，跻身全国同行前列，为深圳现代物流业发展迈出了坚实步伐。同时，以一致药业公司重组为标志，表明在日益激烈的市场竞争环境下，深圳物流企业开始借助资本市场拉开资产重组与产业链优化配置的序幕（见表2）。

2003年，国际知名物流企业继续进入深圳投资注册成立物流企业，开展包括采购在内的各项物流服务。CEPA签署后，这一趋势更为明显。目前，包括联邦快递、百安居、欧倍德、美国普尔控股、UPS、嘉理物流等跨国公司来深圳投资注册物流企业的达50多家。另外，包括IBM、沃尔玛、家乐福、索尼、通用等30多家跨国企业在深圳设立全球或区域采购中心，有300多家跨国采购机构在深圳运作。根据国际知名跨国公司在深设立物流企业、开展包括全球采购在内的各项物流业务来分析，结合2003年深圳进出口额超过1 000亿美元、港口集装箱吞吐量超过1 000万标准箱来看，深圳物流业已初步形成以“国际物流为重点、区域物流为基础”的产业特点。随着国际、区域中转辐射能力不断增强，深圳物流业将进一步集成和增强产业供应链功能，逐步成为全球化、多功能、高效率的现代物流枢纽城市。

表 2 深圳物流企业概况

企业类别	企业数	比例（%）	备注
物流公司	320	11.64	指注册名称为物流公司的企业
经营含物流的公司	111	4.04	
经营含仓储业务的公司	802	29.18	
经营含配送业务的公司	95	3.46	
运输公司（含货代）	1 210	44.03	
邮政速递企业	42	1.53	指企业名称含速递的企业
经营邮政速递的企业	167	6.08	含经营快递业务的公司
合计	2 748	100	

（数据来源：深圳市现代物流业发展领导小组办公室，统计截止时间 2003 年 7 月 11 日）

五、完善物流政策体系，优化物流运营环境

按照建设国际化城市的总体要求，依托深圳率先建立起来的社会主义市场体制，探索和培育有助于物流业快速发展的制度条件和成长环境。在体制层面上，积极探索物流业体制改革，不断培育现代物流企业，努力形成政府扶持、市场引导、企业运作的物流业成长新机制；在政策层面上，积极探索政府在推动物流业发展中的引导作用，为物流业发展提供良好的政策空间；在物流经营层面上，通过大胆引进外资参与商贸市场经营，着力建设开放型物流市场格局，并为国内物流企业开拓物流市场提供经营理念和技术手段支持。同时，积极推动相关制度改革与创新，特别是在海关监管模式方面大胆改革创新，设立了物流园区海关监管模式，推进安检制度改革等。

在 2002 年 10 月出台的《关于加快发展深圳现代物流业的若干意见》基础上，进一步探索和创新物流业体制，出台和实施物流业发展政策与具体措施。2003 年 3 月，成立内地首个物流业发展咨询委员会——深圳市现代物流业发展咨询委员会；正式实施重点物流项目认证办法，出台物流园区配套等措施。通过引进专家参与物流业发展咨询，认定重大物流项目和重点物流企业，对加快深圳物流业发展产生了重要作用。

（供稿：综合开发研究院　谭　刚）

广西壮族自治区

广西在地理区位、交通产业等方面具有许多有利于现代物流业发展的优势条件，又面临西部大开发和建立中国—东盟自由贸易区历史性机遇，发展物流前景广阔。自治区党委、区政府已经明确提出“把现代物流业培育成新的支柱产业”。要求各地按照把广西建成中国—东盟自由贸易区物流中心的目标，充分发挥区位优势，依托大通道和中心城市，统筹发展信息、运输、仓储、包装等物流经济，大力发展连锁经营、电子商务等现代流通方式，加快建立多种形式的物流配送体系。加快推进南宁、沿海港口、柳州、玉林、贵港、凭祥等物流设施建设。加强与国内外大型物流集团合作，推动广西现代物流的发展。

一、广西物流现状

自 20 世纪 90 年代初期实施市场为导向的经

济改革以来,广西国民经济和社会发展取得了显著成就,经济总量已初具规模,互联网和信息技术得到广泛应用,立体交通网络日趋完善,已初步建立起具有地方特色的三次产业共同发展的国民经济体系,使物流产业得到了一定的发展,为现代物流的进一步发展建立了良好的宏观环境和微观基础。

(一)物流业地位逐步提高

2002年,广西实现GDP2 455亿元,三次产业的比重为24.3:35.2:40.5。据统计,2002年交通运输、仓储和批零商业等物流业实现增加值490亿元,占GDP比重20%,比1990年提高2.8百分点。完成社会商品零售总额1 124.15亿元,外贸进出口总额31.92亿元,公路货运量23 663万吨,铁路货运量5 706万吨。

(二)综合运输网络建设全面加强

2002年,全区公路里程达56 297公里,其中高速路822公里;铁路营运里程3 116公里,其中国家铁路营业里程2 417公里;全区对外港口泊位数399个,其中海港合计72个;全区共有机场四个,航线里程13.7万公里。此外,沿海港口、交通枢纽、商业系统、物资系统还拥有一批堆场和仓库。

(三)信息通信业发展迅速

2002年电信运营企业全年完成业务总量114亿元,比上年增长39.8%,广西移动网间互相电路由549条增加至1 537条,接通率由32%提高到42%。全区固定电话用户达54 656万户,普及率达10.7%,移动电话用户432.2万户,普及率达到9%。邮路网路已基本实现邮政信息的电子化采集与处理,并开展电子邮政及配送等新型业务。

(四)物流企业逐步成长

2002年底,全区从事公路货运的运输户逐渐增多,拥有营运货车159 918辆,总吨位137.9万吨,其中:大型车79 080辆,总吨位118.1万吨。限额以上批零商贸企业569家,其中:年销售净额超过5亿元的有12家。一些传统物流企业和商业批发零售企业都对原有的购、销网络进行改造和完善,提升和强化服务社会功能,拓展服务范围,积极向现代物流转化。

(五)物流发展存在的主要问题

1. 物流系统效率低,成本高。物流企业实力不强,缺乏国际性的物流企业。

2. 物流基础设施配套性、兼容性差。尤其是物流园区、物流中心建设发展缓慢。

3. 物流技术装备水平低,标准化、信息化水平低。与发达地区相比,广西大型企业少,在物流专用装备及物流信息网络配套方面仍有很大差距。

4. 物流人才缺乏。广西地处西部经济欠发达地区,现有人才条件较差,又缺乏吸引人才的经济发展环境和经济实力,人才不足将严重制约广西物流发展。

5. 物流发展政策不清晰。尤其在土地使用、用水用电及运输方面没有明确的扶持政策。

6. 物流管理体制和机制上存在不少障碍。物流涉及部门很多,但目前有效的协调机制尚未建立,如交通业、铁路、公路、航空分别由不同部门管理,使多式联运难以有效开展。

二、物流发展规划与展望

(一)总体战略目标

通过"十五"后3年和2006-2010年期间共计8年左右的时间,努力完善综合运输网络和以南宁为中心的南北、东西运输通道,充分发挥沿海港口资源优势和面向东南亚的地理区位优势,加快枢纽港口和经济中心城市物流园区、物流中心等物流服务基础设施的建设,发展以枢纽港口为中心的国际区域物流组织及服务系统,积极引进管理技术和资金,加快培育物流服务品牌和有国际竞争力的物流产业,促进物流体系向规范化、规模化、网络化方向发展,逐步形成与国际通行规则接轨的物畅其流、快捷准时、经济合理、用户满意的社会化、专业化现代物流服务网络体系,使广西成为我国西南地区重要的区域物流中心和面向东南亚的区域国际物流中心。

(二)"十五"后两年发展目标

主要是为今后现代物流发展开好头,起好步,奠定坚实基础。到2005年,具有现代物流产业特征的第三方物流服务企业完成的增加值占整个物流业增加值的10%，对经济增长的贡献率达到10%。全社会物流成本占GDP的比重较目前下降3个百分点，在规划新建和通过整合的物流基础设施的物流服务支持下，全区物流服务的组织化程度得到提高，通过物流园区、物流中心、配送中心和货运场站组织的物流量占总量的比重达到20%，物流服务企业的服务效率与经营效益明显提高，物流服务环境明显改善。

（三）推进重点物流园区项目建设

重点推进中心城市南宁、柳州、桂林、沿海港口等城市物流园区或物流中心设施建设。

三、主要任务

以构建物流通道、完善运输枢纽、实现快捷大通关、构筑产业支撑平台、加强商品市场体系建设等五个方面为重点，着力打造广西区域性国际物流中心。

（一）构建快速通畅的物流通道体系

交通网络设施的完善是促进物流发展的基础条件。在建立中国—东盟自由贸易区的进程中，应在进一步完善和提升西南出海大通道的同时，把交通基础设施放到中国—东盟自由贸易区的大格局中去统筹规划，进一步加强区域交通网络建设，加快建设形成东西贯通、北进南下的最便捷和综合效益最佳的陆海空国际物流大通道体系。

（二）建设开放完善的运输枢纽体系

运输场站是物流的重要载体，是商品集散以及为物流提供深层服务的重要环节。要根据建立中国—东盟自由贸易区物流需求的新变化，统筹考虑并加快运输枢纽建设。“十五”后期，通过加大运输场站建设力度，装备现代运输工具，基本建成以南宁、柳州、桂林为综合性主枢纽，以沿海港口城市、梧州和百色为二类枢纽，并与其他各市和大部分县城互相连接的综合运输枢纽网络体系，形成设施配套完善，适应国际规则的海运、公路、铁路、航空等多式联运枢纽和货物集散中心。

（三）构建方便快捷的物流“大通关”体系

以建设“数字南宁”和“电子口岸”为重点，以南宁、北海、钦州、防城港、崇左、凭祥、东兴为中心，依托广西互联网，构筑广西物流信息平台，全面汇集我国与东盟各国的经济、贸易、产业、投资及合作等各方面信息，建立和完善博览会网络，逐步开展网上商品交易，发展电子商务，为现代物流发展提供技术支持。以实现便利、快捷、有序的“大通关”为目标，加快建设广西电子口岸平台，进一步完善口岸功能。

（四）构筑强大坚实的物流发展产业支撑体系

物流发展的产业支撑体系建设，重点是加快发展园区经济，为物流产业提供发展平台。通过物流园及其他产业园的建设，大规模扩大物流需求，强化物流集聚效应，提高物流效率。

（五）建设健全有序的商品市场体系

以适应中国与东盟各国之间商品大流通需要为目标，以建立一批区域性的国际化商品市场为重点，合理规划布局建设大中型商品批发市场，逐步形成以自治区首府南宁市为龙头，各经济区中心城市为支撑，各交通要道为重点，县城乡镇为基础，服务覆盖全区，面向全国，联系粤港澳，辐射西南地区和东南亚国家的多层次类型、城乡一体化和现代化的商品市场体系。

（供稿：广西区计委经贸流通处）

四川省

近年，在世界范围内，现代物流作为一种先进的组织形式和管理技术，日益成为企业生存发展的新增长点和利润源泉。在科学技术迅猛发展、专业分工不断深化、生产销售效益充分提高的大背景下，传统的运输、仓储、保管等物流活动正逐步被整合、提升为现代化的物流产业。现代物流业把生产、流通、消费各个环节有机地连接起来，加速社会再生产过程，以最快速度、最佳时间、最优组合完成商品从生产领域向流通领域、消费领域的转移过程,最大限度地节省流通费用。现代物流业作为一项重要的产业,被誉为“第三利润源泉”。因此,在新的形势下加快四川省现代物流业的发展,对于降低企业成本,提高流通效率,增强竞争能力,迎接加入 WTO 后服务业逐步放开的挑战具有十分重要意义。

一、四川物流业发展现状和态势

(一)发展概况

改革开放以来,四川国民经济保持了持续快速增长的态势,整体经济实力不断增强,已初步勾画出我国西部区域性金融、贸易、运输、信息中心和高新技术产业基地的雏形。2001 年,全省国内生产总值达到 4 421.76 亿元,比上年增长 10.26%,比 1995 年增长 76.52%;全省社会消费品零售总额达到 1 680.40 亿元,比上年增长 10.28%,比 1995 年增长 79.46%,生产、生活资料摆脱了长期存在的短缺状态。在此期间,全省社会、经济、文化、人民生活等各方面的基础设施建设也取得了重大进展,多年来能源、交通、通信等“瓶颈”制约初步得到缓解。

伴随着经济的高速增长,四川省物流业迅速发展。

1. 物流业增加值快速增长。2001 年,包括交通运输、仓储、邮电通讯及批发零售业在内的物流业增加值为 630.6 亿元,自 1995 年以来年均增长 8.9%,占国内生产总值的比重由 14.6%提高到 15.7%,处于快速增长阶段。

2. 物流基础设施日益完善。到 2001 年,四川省铁路通车里程已达 2 751 公里,成渝、宝成、襄渝、成昆、内昆、达万等铁路干线与毗邻各省市相连;公路里程达 10.9 万公里,成渝、成广、成灌、成南、成乐、成雅、内宜等高速公路相继通车;全省有长江、岷江、金沙江、大渡河、沱江等大小通航河道 120 条,通航里程达 7 300 多公里;航空运输已开通航线 140 条。2001 年,全省完成的货运量为57 140 万吨,完成的货物周转量为 636.8 亿吨公里。各种交通运输装备和工具门类齐全,更新周期缩短,数量和质量基本适应需要。全省各类仓储设施先进,容量巨大。城乡商业网点密布,大中城市内新型商业经营业态不断出现,连锁化经营粗具规模,各种配送机构正在兴起。

3. 传统物流业开始向现代物流业转变。随着物流基础设施和装备的现代化、物流信息网络的建设以及集中配送等新的生产组织方式的广泛采用,四川省传统物流业正开始向现代物流业转变,并在加快物流速度,减少库存,降低成本,延伸服务等方面显示出良好的发展前景。

(二)存在的问题。从全局看,四川省物流业的发展仍不能适应国民经济发展的要求

目前,制约四川省现代物流业发展的主要问题有:

1. 第三方物流发展滞后。受“小而全,大而全”的传统经营模式的影响,不少企业习惯于自办物流,专业化、现代化的第三方物流发展缓慢,阻碍了物流成本的降低和物流效率的提高。

2. “条块分割”影响了物流资源的优化配置。由于运输、仓储等设施分属不同部门管理,加之企业之间协作配合不够,使物流整体系统全程化优势难以充分发挥。

3. 物流专门人才不足和信息平台建设滞后,使物流业的标准化、信息化进程滞后,服务内容、服务质量和服务效率都远不能适应国民经济发展的客观需要。

(三)发展条件

进入新世纪,四川省现代物流业已具备了快速发展的基本条件。

1. 市场需求旺盛。随着改革开放和西部大开发的深入,四川省经济将继续保持快速的增长势头,对物流业的有效需求也相应快速增长。

2. 现代物流业成为新的利润增长点。面对激烈的市场竞争,越来越多的企业在继续降低生产成本和销售成本,扩大生产过程和营销过程这两大利润源泉的同时,都力图通过降低物流成本,积极开拓物流过程这个第三利润源泉,因而使现代物流业的发展具备了强大的内在动力。

3. 支持现代物流业发展的各类基础设施不

断改善。20年来，特别是近几年国家实施积极的财政政策以来，四川省基础设施建设有了长足的发展，已初步形成了四通八达的铁路、公路、水运、航空立体交通网，成为我国西部地区重要的交通枢纽。以成都通讯枢纽、光纤电缆建设和互联网的发展为标志，方便快捷、价格低廉的信息网络已基本形成。全省各类仓储设施、运输装备状况也有较大的改善。四是对外开放迈上新台阶。加入WTO，不但为现代物流业的发展提供了更加广阔的市场空间，而且外资企业的进入也发挥了强烈的示范作用，四川省物流业为迎接国内外市场竞争的挑战，加快从传统经营方式向现代经营方式转变。

二、指导思想和发展目标

（一）指导思想

“十五”期间及到2010年，四川省现代物流业发展的指导思想是：培育市场主体，推广先进技术，扩大专业分工，提高物流效率，降低物流成本。

培育市场主体。引导、激励和扶持各类物流企业上档升级，做强做大，在为社会提供优质高效物流服务的同时提高自身经济效益，从而壮大物流市场主体，推动现代物流业的发展。

推广先进技术。积极采用现代信息技术和先进的物流管理技术，不断提高装备水平和加快人才培养，依靠先进技术支撑现代物流业的高速成长。

扩大专业分工。加大物流组织形式的创新，促进现有资源的整合。积极推进物流服务的专业化和社会化，大力发展第三方物流。

提高物流效率。通过压缩在途时间和储存时间，大力提高物流业的生产效率，配合生产方式和营销方式的变革，共同构建对市场的快速反应体系，努力增进区域经济的竞争能力。

降低物流成本。一是降低宏观物流成本，通过提高物流业的生产效率和发展专业化分工，不断降低物流业营业收入占社会商品销售收入的比重。二是降低微观物流成本，通过推广先进技术和改进经营管理，降低生产企业、流通企业的物流成本和物流企业自身的运营成本，不断提高物流业的经济效益。

（二）发展目标

“十五”期间及到2010年，四川现代物流业的发展要努力构筑以综合交通体系为主的物流运输平台，以网络技术为主的物流信息平台，以规模仓储和自动化管理为主的物流储存配送平台，促进物流市场和物流产业的健康发展，不断提升对国民经济发展的支撑力度。降低物流成本，增加利润来源。努力发挥现代物流业在提高经济效益方面的重要作用，到2005年，全省物流业营业收入占商品销售收入的比重在现有基础上下降10%左右；到2010年，进一步在2005年的基础上下降10%左右。

加快物流业自身的发展。力争物流业以高于国内生产总值的增速增长，初步形成现代物流业的发展框架。到2005年，全省物流业增加值达到1 015亿元左右，年均增长10%，占国内生产总值的比重为16.3%；货运量达到6 700万吨，年均增长4%；货运周转量达到800亿吨公里，年均增长5%。到2010年，物流业增加值达到1 635亿元左右，年均增长10%，占国内生产总值的比重为16.9%；货运量达到8 150万吨，年均增长4%；货运周转量达到1 020亿吨公里，年均增长5%。

提高专业化水平。全省物流业社会化、专业化水平不断提高，一批物流园区建成并不断完善，第三方物流在全部物流业务中的比重大幅上升。

三、完善物流运输平台

交通设施是货物位移的前提条件，为促进现代物流业的发展，四川省要继续下大力抓好物流运输平台的建设。

（一）公路设施建设

“十五”期间及到2010年，公路建设要以通达工程、联网工程、通乡工程以及主要城市过境路工程为重点，进一步优化完善路网结构。建设以成都为中心，通达16个市的省内高速公路主骨架。除已建成的成渝、川陕等3条出川通道外，开工并建成南充至广安高速公路、大竹至邱家河高速公路、都江堰至汶川公路、二郎山至康定二级公路、海子山至竹巴笼公路等项目。开工建设西昌至攀枝花高速公路、宜宾至云南水富高速公路（四川境内段）、邻水至垫江高速公路（四川境内段）、遂宁至双龙庙高速公路、川主寺至郎木寺（川甘界）公路、雅安至西昌和攀枝花至田房公路、南充至重庆高速公路、广元至巴中高速公路、乐山至宜宾高速公路、达州至铁匠垭高速公路。

继续建设与周边省市区联结的高速公路或高等级公路，形成多条畅通、快捷的出川通道。

完成省内市州之间、市县之间的二级公路改造和县际公路建设及二级路网与主骨架线路的连接，全面提高路面等级和通过能力。搞好农村公路规划，建设农副产品运输绿色通道，基本实现乡乡通公路，加快通村公路建设。

抓紧少数民族地区的公路建设，在阿坝、甘孜、凉山3个少数民族自治州开工建设通县油路49条，总长4 397公里。

（二）铁路设施建设

“十五”期间及到2010年，铁路建设要以加强和新增进出川通道和运输能力为主攻方向，继续完善省内路网结构。

建设遂渝铁路，完成达成铁路遂宁–成都段的改造。

积极争取宝成铁路北段复线工程早日上马，以形成联结欧亚大陆桥的大能力北通道。

抓紧建设成渝快速通道，促进川渝之间的经济交流。

加快新的西南西北铁路通道（兰渝线）和隆黄百铁路的前期工作，争取尽快开工建设，以形成新的进出川通道。

继续完善内部网络，加快建设金筠、泸纳等地方铁路，争取新开工峨宜铁路、遂内铁路等。通过以上铁路建设，形成以成都为中心，通过宝成线、达成–襄渝线连接连云港、上海等出海港口，通过成昆线、内昆线、渝怀线连接北海、广东等出海港口，建立畅通快捷的铁路运输平台。

（三）航空设施建设

“十五”期间及到2010年，航空设施建设要进一步完善枢纽，合理规划支线机场，形成干支合理布局、密切配合的航空运输网络。

进一步完善成都双流国际机场的枢纽功能和设施，建设北指廊工程，使其发展成为全国的区域性枢纽机场。

在合理布局和严格掌握建设标准的基础上，进一步完善现有支线机场的设施，建成九寨黄龙、攀枝花等支线机场，完成达州等机场的扩建工程和乐山、康定机场的前期工作。目前，已开通成都至香港、澳门，经澳门至台北、新加坡、泰国、汉城、日本（东京、大阪）地区和国际航线，为进一步促进对外开放，规划进一步完善东南亚航线，争取开通成都至北美、欧洲航线，逐步建立安全、快捷的空中运输平台。

（四）水运设施建设

“十五”期间，以渠化嘉陵江水运主通道为重点，继续以航电结合，联合建设。计划开工建设嘉陵江金银台、新政、金溪场、小龙门、凤仪场等枢纽，金银台枢纽已于2002年开工建设；港口已开工建设南充港一期工程、宜宾港菜园沱码头、广安港邓家湾、东门口码头，力争完成水运建设总的投资50亿元，实现四川水运基础设施建设追赶型、跨越式发展。通过上述港口建设，依托长江直达上海港建立水运运输平台。

（五）发展综合运输

促进各种运输方式的合理分工。按照建设综合运输体系的总体要求，对各种运输方式进行统筹规划，充分发挥整体优势，实现协调发展。

加强综合运输网络建设。做好站点布局规划，形成公路、铁路、水路、航空联运网络。

在成都等中心城市规划建设集装箱车站。

改进运输组织方式，促进铁路、公路、航空、水运协作，加快从散货运输向集装箱运输、从单一运输向多式联运的转变。

四、建设物流信息平台

信息化是现代物流业发展的技术支撑，推进信息化建设是加快现代物流发展的必要前提。四川物流信息平台的建立，要充分利用现有基础设施，促进物流与信息流的结合。

（一）信息基础设施建设

以高性能的信息网络传输平台为重点，完善信息基础设施。推进信息交换枢纽建设，努力使成都成为西南地区的信息交换枢纽和电子商务中心。

建立电子商务认证体系，完善网上支付系统和物流配送系统，实现信息流、资金流和商品流的有效结合。

以大型商贸企业为依托建设专业化的电子商务平台，发展以数据库为核心的决策支持及运营系统，加强信息的收集、整理和开发，实现物流信息共享。

（二）企业信息化建设

以推进企业信息化为基础，加快建立各类物流信息系统。生产型、销售型企业要重点建立从计划、采购、生产、配送到销售管理的集成化信息系统。物流型企业要重点搞好业务处理全过程的信息化，实现企业与业务伙伴和客户间的信息自动交换。

采用现代信息管理技术，促进包括ERP（企业资源计划）、MRP（原材料需求供应计划）等在物流企业和其他工商企业内部物流管理中的应用，全面提高企业的信息管理水平。

（三）信息技术推广

充分利用信息资源、网络平台和信息技术，实现物流各环节的有效控制和全程管理。

积极采用条形码、卫星定位系统、电视监控等先进技术，提高物流信息的传输和管理水平。

积极推广和开发“口岸电子执法系统”，建立口岸信息管理平台。

五、发展物流存储配送平台

在全省形成一级枢纽、二级枢纽、物流中心和配送中心相互衔接的网络结构，为提高物流效率，提供强大的存储配送平台。

（一）一级物流枢纽

成都作为全省乃至西南地区重要的科技、金融、商贸中心和交通、通信枢纽，具有发展现代物流业的有利条件和突出优势。四川省现代物流业的发展要充分依靠和发挥成都的独特作用，坚持高起点建设、高标准运作，努力使其成为全省乃至西南地区的一级物流枢纽。

根据区位条件和现有设施，成都物流园区的功能定位是：运输、仓储、装卸、加工、包装、配载、配送、运输方式的转换及信息服务等。园区由以下几个重点区域组成：八里庄仓储区。通过对现有基础设施进行改造、整合、提升，形成以铁路运输、仓储、物品集散为特色具有现代化功能的物流园区。圣灯仓储区。建设新型的仓储设施，配套提供维修、配载、业务管理等专业化服务，形成以公路运输为特色的物流园区。龙潭寺仓储区。建设高标准的集装箱装卸和仓储设施，形成以集装箱运输为特色的物流园区，并对附近的龙潭科技工业园区提供包装、加工和储运服务。城北商贸区。在三环路与川陕路交叉处建设大型商贸市场，形成以工业品批发为特色的物流园区。二仙桥贸易区。建设货运信息交换中心、货运代理业务中心、货运联检中心和仓储业务管理中心，并结合粮食仓储区建设设置农副产品交易及配送中心，形成以信息服务和农产品交易为特色的物流园区。

（二）二级物流枢纽

在全省若干重要区域按照交通方便、区位适中、集散能力强的原则，重点建设几个具有较强辐射和吸纳能力的二级物流枢纽，形成层次分明、结构合理、联结省内外的物流框架体系。“十五”期间及到2010年，将泸州、内江、广元、达州、攀枝花等城市作为二级物流枢纽的建设重点。

泸州市要利用地处长江主航道和川滇黔渝接合部的区位条件，充分发挥出海快速通道和集装箱码头的强大功能，进一步加快泸叙铁路等基础设施建设，建立物流配送中心，尽快形成川南地区的重要物流枢纽和四川通江达海的重要节点。

内江市要充分利用地处川渝腹地的区位条件，依托成渝、内宜、隆泸高速公路和成渝、内昆铁路等交通干线，重点建设一批具有一定规模和档次的仓储设施及商贸网点，形成川中地区的物流枢纽。

广元市要利用联结川陕的地理区位，依托宝成铁路和国道主干线两大战略通道，以商兴市，成为川北地区重要的物流枢纽。达州市作为川渝鄂陕接合部的重要中心城市，要利用襄渝铁路、成达铁路、达万铁路和达渝高速公路形成的经济走廊，加强仓储设施和信息平台建设，成为川东北地区的物流枢纽。

攀枝花市要利用联结川滇的区位条件，依托成昆铁路，形成主要为冶金工业服务的攀西地区物流枢纽。

（三）物流中心

各市、州政府所在地作为本行政区域的中心城市，在物流业发展中具有重要的地位。要紧紧依托这些城市，形成各市、州的物流中心，进一步完善物流框架体系。

（四）发展多形式的配送中心

按城市规模和发展方向定位，合理布置物流配送中心，增强城市的服务功能。

以克服网上购物瓶颈为切入点，促进现有配送中心、连锁企业与电子商务的对接，加快传统物流模式向现代物流模式的转变。

建立综合性与专业性相结合、多层次的物流配送体系。加强连锁企业内部物流配送中心的建设和管理。

六、健全物流市场

（一）壮大市场主体

充分利用国家政策和自身优势，加大对外开放力度，通过招商引资、合资合作、强强联合、强弱兼并等多种方式，改组、整合现有物流企业，壮大市场主体。充分利用物流领域的存量资产，通过资产重组和技术改造，鼓励和引导企业努力发挥现有仓储设施和运输工具的潜力，打破行业界限和地区封锁，有计划、有步骤地完善和发展社会化的物流企业。同时，各级政府要搞好规划与协调，促进物流相关行业的配套发展。积极引进和利用外资，加快对物流存量资产进行调整。引入国际标准，规范物流市场，推进物流服务形式的多样化，努力满足不同用户和不同层次的物流需求。

（二）加强物流配送中心建设

鼓励和引导企业根据市场需要，合理确定企业内部物流配送中心的建设规模和水平。鼓励和引导企业加强物流配送中心的管理，逐步实现仓库立体化、拆零商品配货电子化、物流功能条码化、配送过程无纸化，建立自动补货系统。

（三）大力发展第三方物流

促进物流服务社会化。鼓励和引导工商企业调整组织结构，将原料采购、运输仓储、简单加工、商品包装和配送等物流业务剥离出来，通过释放物流外包业务和剥离低效物流部门，提高企业的经济效益并加速物流服务的社会化。

扩大对第三方物流的有效需求。一是充分利用方便、快捷、低库存的第三方物流建立企业供应链，实现虚拟制造模式与第三方物流的良性互动；二是积极发展电子商务，加快物流供求信息的传输和整合，利用专业化分工的优势，进一步满足用户需求和降低物流成本；三是鼓励大型商业连锁企业与第三方物流企业合作，优化连锁企业的物流链，提高四川省商业连锁经营的水平。努力提高第三方物流的服务质量。按照快捷、准时、安全和低成本的要求，全面提高物流服务质量，培育具有较强竞争力的大型物流企业。

“十五”及到2010年期间，重点发展以下第三方物流企业：

一是以工业原材料和零部件采购为主的物流企业；

二是以产品贸易批发为主的物流企业；

三是以运输、仓储和货代为主的物流企业；

四是以农副产品流通为主的物流企业。

（四）健全市场物流服务体系

完善批发市场的物流服务功能，强化商流、物流、信息流、资金流的管理，积极推进拍卖、代理、配送、邮购、网上交易等现代交易方式，提高批发市场物流配套服务体系的运转功效。

七、政策措施

现代物流是一个涉及面广、庞大而复杂的系统工程，为加快四川省现代物流业的发展，必须有针对性地在政府引导、法规建设、市场运作、项目规划、协调服务以及行业政策、行业标准、技术支持等诸方面制定一系列政策措施。

（一）改进政府管理

制定行业规划。研究和制定促进现代物流业发展的中长期规划和产业政策，加快物流基础设施建设，优化物流市场结构，促进物流枢纽合理布局。建立政府协调机制。现代物流业的发展涉及计划、经贸、外经贸、口岸、交通、铁路、民航、海关、工商、税务、国土等众多部门，建立由省计委会同省经贸委牵头、相关部门参加的联席会议制度，负责协调物流产业的相关政策及其他重大问题。发布投资指南。政府计划部门通过定期发布物流业投资指南，向企业提供产业政策、行业规划、技术标准、办事程序等方面的信息服务。改进管理方式。工商部门对连锁经营范围的核定，在不违反现行法律、法规的前提下，改为按行业大类核定。建立物流行业协会。鼓励协会编制物流业发展规划，加强行业咨询、调研、培训等工作，使行业协会成为连接政府与企业的桥梁，支持政府加强对行业的监管和协调。在政府指导下，行业协会负责制订行业规范，加强行业自律，自觉维护用户和企业自身的合法权益。建立统计指标体系。由省统计局牵头，按照国家的统一口径，会同有关部门建立健全科学的物流业统计指标，形成现代物流的信息收集和监测体系。提供便利服务。对在省内实行跨区域统一配送和核算的连锁企业，由总店向所在地税务机关统一申报缴纳增值税和所得税。

（二）加快物流业的改革和开放

扩大物流市场准入。在规范市场准入标准的基础上，加大所有制结构调整的力度，倡导多元化投资主体进入物流服务市场，鼓励外商和民营资本投资现代物流业，参与改造现有物流企业，大幅提高非国有经济成分在物流业中的比重。支持大型物流企业扩大经营范围，取得包括运输和国际货代在内的各类经营权，简化办证手续。加快国有企业改革的步伐。以资产重组为突破口，加大国有物流企业产权改革和组织结构调整的力度。为妥善安置职工和化解历史包袱，国有物流企业在资产重组中可享受国有工业企业优化资本结构试点的优惠政策。鼓励物流企业参与国际竞争。积极促进四川省物流企业与外资、外企合作，加快“走出去”战略的实施，建立沟通海外的物流网络体系，拓展“川货”进入国际市场的分销渠道，扩大对外贸易。

（三）加强物流法规建设

改进对物流相关领域的管理方式。对各个物流环节上存在的无序竞争、暗箱操作、索要回扣、欺行霸市等问题进行认真地清理整顿，努力营造一个公平竞争、规范有序、有利于物流企业健康发展的市场环境。制定物流法规。研究、制定物流业地方性法规，以保证现代物流业在健全、规范、配套的制度环境中不断发展。制定物流技术标准。按照国家的统一口径，尽快制定适应四川省现代物流业需要、与国际接轨的物流技术标准和工作标准；借鉴国际上比较成熟的物流技术和服务标准，对托盘、集装箱、各种物流搬运和装备的标准进行全面的梳理，并进行适当修改和完善；建立以物流信息分类编码和信息技术标准化为主要内容的物流技术标准化体系。

（四）推进大通关工程建设

加强统筹协调。充分发挥“大通关”工作协调小组的职能，加强通关工程相关部门的工作协调。完善相关制度。坚持和完善服务窗口“5天上班，7天服务，24小时预约通关”制度，海关、边防、检验检疫口岸联检制度，多式联运制度，关贸、检贸、银贸、税贸联系配合制度，口岸各部门负责人联席会议制度等。整合信息资源。建立全省“大通关”信息管理平台，实现互联互通，数据共享。改进服务形式。推进口岸管理由“多站式”向“一站式”的转变，大幅度缩短通关时间；实行“无纸化”管理，提高通关效率。实现全程“大通关”。加强与沿海主要口岸的联系，组织好“二程运输”和“多式联运”，形成出口快速通道。

（五）加快技术创新和人才培养

加强技术开发。加强物流应用技术的开发，充分调动企业、院校和科研机构的积极性，积极支持物流科研工作，加强物流应用技术的开发和推广。加快人才培养。鼓励和引导有条件、有积极性的大中专院校开办物流专业，加速培养物流专业人才。

营造人才“柔性流动”的政策环境，积极引进国内外优秀人才。鼓励企业与院校、物流咨询机构、科研单位等进行多种形式的资本与技术融合，加快物流系统产学研联合发展的步伐。

（供稿：四川省人民政府办公厅）

成都市

一、成都市物流业发展现状

（一）物流业总体发展情况

成都市现有储运企业300余家，各类仓库423个，规模运输企业1 000余个。2002年成都市交通运输、仓储业完成增加值163亿元，占GDP9.8%，形成了一批具有现代物流特征的物流企业。但总体来看成都市物流业还处于传统物流业向现代物流业过渡的起步阶段，物流成本较高，物流企业的经营业态、组织方式、管理技术水平还不能满足工商企业对现代物流的要求，物流业的规模、仓储设施、配送体系与成都作为西南地区“三中心、两枢纽”城市的地位极不相称。物流业发展没有统一规划、集散地布局过于分散，基础设施滞后、技术装备落后、信息化水平低、物流标准化体系尚未建立、物流产业发展政策不配套等突出问题。

（二）物流基础设施状况

1. 铁路。2002年成都铁路货运量达到4 565万吨，比2001年同比增长4.26%；货物周转量达到3 835 800万吨公里，比2001年同比增长了14.58%。成都目前有四大铁路主干线——成渝、宝成、成昆、达成，连接中国的华北、西北、华南、西南地区，形成了以成都为中心的西南最大的铁路枢纽。成都的铁路货运站场有成都东站、成都南站以及成都西站。成都东站是西南地区最大的编组站、货运站、半自动化驼蜂编组站，年货运吞吐量达到700万吨，年货物周转量145亿吨公里、日均装车约130辆，日均卸车约550辆；货场面积32万平方米，有59条专用线，目前将规划改建为成都集装箱结点站。成都西站是行包专列装卸站，拥有铁路专用线4条。成都目前的出海的铁路通道主要有天津、青岛、连云港、上海和深圳等。

2. 公路。2002年成都公路货运量达到21 314.5万吨，比2001年同比增长了11%，货物周转量达到890 179万吨公里，比2001年同比增长了13.5%。经过成都和以成都为起讫点的国道主干线和国道干线共八条，其中国道主干线两条（内蒙二连浩特至云南河口公路、上海至成都公路），国道干线六条（108线北京至昆明公路、213线兰州至磨憨公路、317线成都至那曲公路、318线上海至樟木公路、319线厦门至成都公路、321线广州至成都公路），境内里程468公里。在四川省公路网布局中，成都是四川省公路网的支撑点，共有省道七条（S101线成都至巴中公路、S102线成都至双流机场公路、S103线成都至美姑公路、S104线成都至乐山公路、S105线成都至青川公路、S106线川西旅游环线公路、S107线成都至攀枝花公路），境内总里程335公里。此外还有成渝、成绵、成乐、成雅等多条高速公路建成通车，三环路和外环路以及其他多条城市道路的建成，使成都中心城区道路已初步建设成了市中心区为方格网状、向外为环状加放射的基本道路网络格局。成都经济的快速发展与公路数量和质量的重大突破密不可分。另外，成都市还有两条公路出海通道：第一条公路出海通道是成都–北海出海通道，第二条公路出海通道是成都–上海出海通道。这两条出海通道可以承担公路集装箱的出海重任。

3. 航空。成都双流机场2002年的货邮吞吐量居全国第六位，达到20万吨，在西部十大机场中居第一位，2002年比2001年同比增长了26 326吨。2010年成都双流机场的货邮吞吐量预计将突破40万吨，2020年的货邮量预计将达到120万吨左右。成都双流机场的目标是到2020年把成都双流国际机场建设成为设备、设施、管理水平、服务质量达到国际先进水平，并能满足区域经济发展需要的中国西部最大的航空枢纽机场，候机楼面积达到40万平方米，跑道2条。

4. 水运。距离成都市最近的主要港口有乐山港、泸州港和重庆港。乐山港距离成都144公里，有成都-乐山高速公路相相连接；泸州港距离成都290公里，有成都-泸州高速公路相连接；重庆港距离成都360公里，有成都-重庆高速公路相连接。

二、构建西部重要物流中心的指导思想

以国家实施西部大开发战略为契机，依托成都作为西南地区"三中心、两枢纽"优势，把现代物流业作为成都经济跨越发展的"第三利润源泉"。整合物流资源，培育现代物流市场，降低全社会物流成本，创造成都服务业的新优势，为工业、商业企业大发展创造良好的配套环境。以建设现代物流基地为重点，构筑全市现代物流体系，使物流业成为成都经济的主导产业，建成西部重要现代物流中心。

三、成都物流业发展的五年工作目标

建立物流产业发展政策环境、物流基础设施和信息平台，形成面向西南、辐射西部、与国际接轨的物流体系。启动成都现代物流基地的建设，培育一批具有典型性、导向型的大型骨干物流企业和现代物流企业协作群体。用五年的时间把成都建设成为西部重要的现代物流中心。到2007年，物流业实现增加值300亿元，培育10户以上业务辐射西部地区、经营收入20亿元以上的大型物流企业，物流成本占GDP的比重下降到15%以内。

四、物流业发展工作措施

（一）制定高质量的成都物流发展总体规划

拟聘请国际著名物流专业规划公司，整合各部门现有物流规划资源，在城市发展总体规划指导下，结合商业网点布局规划、工业园区布局规划、道路交通建设规划、数字化成都的建设规划，科学合理设计成都市物流体系框架、基础设施平台和物流信息平台。拟形成成都市现代物流业发展规划，指导成都现代物流业的发展。

（二）制定物流业发展政策

1. 拟出台《关于加快成都市现代物流业发展的若干意见》。重点解决：引导工商企业转变观念，采用现代物流管理，促进企业的主辅分离；在财政方面扶持物流园区的基础设施建设；扩大开放，大力引进国内外知名的物流企业；建立物流业发展专项资金，扶持重点物流企业的发展；整合资源，建立公共物流信息平台；发挥物流行业协会在市场准入、市场监管、业务标准、质量监督、价格自律等方面的积极作用。

2. 有关部门将联合制定一系列配套文件。解决几方面政策：规划和土地的使用政策；投融资政策；税收政策；快速通关政策；用电政策；人才政策；其他相关政策。

（三）加快几个重点物流园区建设

成都市将重点建设以公铁联运为主的成都物流基地（成华）、以物流配送为主的西南物流中心（武侯）、以航空快递货物为主的航空物流中心（双流机场），形成不同功能特色、错位发展的四个现代物流园区。

1. 成都物流基地（成华区）。依托成都铁路东站、八里庄、二仙桥、龙潭寺铁路车站的货运优势和铁道部正在建设的亚洲最大的集装箱节点站，以成绵、成南、成渝、三环路、绕城高速为物流通道，选择火车东站与三环路之间的适当区域规划建设成都现代物流基地，形成以铁路公路联运为特色，发展运输中转、仓储、专线货物运输、集装箱拆拼加工为主的枢纽型物流基地。基地设置集装箱集散中心、货物转运中心、货物仓储中心、货物运输代理服务中心、集装箱拆拼加工企业中心等功能，采取先建新区、后改造旧区的建设模式。

2. 西南物流中心（武侯区）。利用通往城市中心和城市副中心便利的交通条件，以人民南路、机场高速、成雅高速、成乐高速、川藏公路、三环路、绕城高速为物流通道，规划建设以公路货运为主，以市域物流配送服务为特色的西南物流中心，发展物流配送、分销、仓储、专线货物运输、供应链管理业，设置各类专业物流配送中心、分销中心、仓储中心、工商企业物资采购中心等功能。

3. 航空物流中心。依托双流国际机场空港货源优势，以国内50多条航线、机场高速、三环路、成都市高速公路交通网为物流通道，在成都双流国际机场附近地区规划建设航空快递货物运输、快递货物配送、鲜活货物快运、高附加值产品货物运输为主的航空专业型物流中心，采取留足发展空间、分期逐步建设的方式进行。

（四）争取开通蓉深铁路货运五定班列，打通蓉深海铁联运通道

（五）推进物流信息平台建设

按照市场化运作方式，围绕完善物流系统，减少物流信息的传递层次，实现物流资源最佳配置，不断推进具有信息服务、资源整合、在线交易、决策支持功能的综合物流信息平台的建设。

（六）大力引进和培育大型第三方物流企业

抓住我国加入WTO后将同步开放运输和分销服务业的有利时机，进一步扩大市场的开放，加大对外招商力度，吸引国内外知名的第三方物流企业来蓉发展现代物流业，通过这种方式来学习和借鉴发达国家和地区在发展现代物流业方面的先进理念和管理模式，整合传统仓储、运输企业，促进传统物流向现代物流的转变。

加大扶持力度，培育大型第三方物流企业。积极帮助大型第三方物流企业做好争取国家、省、市政府财政、信贷资金扶持的申报工作，做好大型第三方物流企业新增投资建设项目的协调、服务工作，帮助大型物流企业做好地区之间、城市之间物流业务、物流通道的协调工作。

五、市物流办开展的主要工作和2004年工作目标

（一）开展的主要工作

1. 物流政策：制订了现代物流重点项目用地的实施意见、正在代市委、市政府起草关于加快现代物流发展的意见。

2. 物流通道：打通蓉深海铁联运通道。

3. 统一物流业发展的认识：请美国毕博管理公司、深圳物流协会的专家给市级有关部门的人员讲解现代物流的发展知识；积极争取2004年国际现代物流技术大会在成都召开。

4. 物流园区建设：在成华区进行了成都物流基地布局方案论证会，在双流航空物流园区召开了机场与双流县共建航空物流园区的研讨会，在武侯区两次研讨西南物流园区的建设协调会议，提出了2004三个物流园区的工作目标。建立了物流园区的定期报表制度。协调物流园区的土地报批手续进程。

5. 协调市规划局、市国土局将三个物流园区规划用地纳入成都市城市建设总体规划和土地利用规划。市物流办、市规划局已向市政府提交了编制成都市物流发展规划的招标方案，已联系国际著名的物流规划编制单位参与规划的招标工作。

6. 两次协调落实宏盛物流企业的土地解决方案。正在收集全市的重点物流建设项目。

7. 积极推进招商迪辰、德力西两个公司分别与西南物流中心、成都物流基地的合作，接待日本三菱商事会社、杭州富日物流、美国联邦快递公司的来蓉投资考察，跟踪INTEL、中芯、欧尚等企业的物流投资项目。

8. 成立成都现代物流业专家咨询委员会。

（二）2004年工作目标

1. 编制的高质量成都市现代物流总体规划。

2. 制定成都市现代物流业发展政策。

3. 打通两个通道：开行蓉深铁路货运“五定班列”。

4. 启动成都物流基地、西南物流中心、航空物流园区的建设。

5. 引进2–3家投资上亿元的大型第三方物流企业。

（供稿：成都市现代物流业发展领导小组办公室）

陕西省

一、2003年陕西省现代物流发展形势喜人

（一）陕西发展现代物流的基础条件基本具备

近年来，陕西省交通运输业、物流基础设施、物流信息技术建设投资加大，服务功能比较齐全，发展步伐加快。

1. 交通运输业发展迅速，“九五”期间，陕西公路建设投资218亿元，“十五”投资计划安排560亿元，增长近57倍。“两纵五横四个枢纽”向铁路网架构建步伐加快，现有13条铁路干线，2002年营运里程达3 462公里，并全部实现了电气化和内燃化牵引，西安火车站及12个编组站已构成西北最大的铁路交通枢纽。民航定期航班航线149条，通航国内外城市93个。公路通车里程稳步增长，到2002年全省公路里程达50 080公里，其中高速公路目前超过1 000公里。已形成了铁路、公路、航空立体交通网络，基本可适应现代物流发展的需要。

2. 物流基础设施雄厚。陕西省除省属企业外，还有三、四十家中央部属、国防军工大中型企业。西安地区有大型仓库30多家，仓储面积100多万平方米，发展物流所需的货运场地、仓储库房、大型批发市场资源十分丰富，在西北地区独具优势。

3. 物流信息技术发展快、实力强。到2003年全省数据网和分组交换网用户分别达到10 200户和7 380户，已经覆盖了全省所有市、县部分乡镇，INTERNET用户达到192 208户，具备了全省范围内计算机网络的应用条件。物流信息化管理软件、移动监控信息技术成熟，能为现代物流提供各种技术服务。

（二）物流企业发展迅速

近两三年来，随着现代物流业的快速发展，一大批各种形式的物流企业应运而生，诸如：西安中储物流中心、中铁物流西安分公司、陕西众瑞物流、西安紫薇大卖场、陕西智圣物流、中电陕西物流、西安金花药业配送中心、大一物流、西安宅急送、榆林三愚有限公司等等。这一批现代物流企业实力强、发展快，具有较强的社会影响。西安中储物流中心经过近十年的努力，逐步实现了封闭型仓储企业向开放型物流中心的转变，现已成为西北地区规模最大的钢材交易中心和家电配送中心。

目前，陕西的货运物流企业发展快速，比较有影响的有西安贝斯特、西安华清路货运中心、西安大唐运输集团、延安王家坪汽运公司等。这一批传统的运输企业已初步实现了由传统的运输业务向现代物流企业的转型，他们可免费为客户提供代收、垫付货款、代理采购、免费送货上门等服务。

（三）加快物流人才培训步伐

为了满足物流发展对物流人才的迫切需求。陕西物流协会把培训物流人才作为一项重要工作来抓。2003年8月，该协会向中国物流与采购联合会物流培训中心申请并获批准，组建了“陕西物流协会西部现代物流培训中心”。截止目前已举办了一期英国皇家ILT（二级）培训班。举办了3期物流师培训班，参加培训的学员已达100多人。并参加了全省首批物流师考试。为了做好培训服务，协会还建立了“陕西西部现代物流培训中心资讯网”，为社会提供培训、师资、学习内容、培训计划、收费标准、联系方式等咨询服务。从目前的发展态势看，社会各界人士对培训学习的热情非常高张，物流人才需求市场广阔，前景十分看好。

（四）陕西物流协会社会影响力越来越大

陕西物流协会在政府有关部门和中国物流与采购联合会的指导下，在各会员单位的支持下，紧紧围绕推进陕西省现代物流发展和溶化国企改革两大中心任务积极开展各项服务工作，协会与政府、协会与企业的联系更加紧密，社会影响力越来越大。2003年，我们开展的主要工作有：

1. 积极推进陕西省现代物流发展：

积极建议并参与了省政府有关综合部门研究制定现代物流发展规划。

应邀参加了西安市《西安现代物流业发展规划》的研讨论证工作。

积极组织并参与了三次现代物流发展研讨会，物流专题讲座。

组建了“陕西物流协会西部现代物流培训中心”，已开展了培训学习，发展势头很好。

组织会员单位赴西欧进行现代物流考察学习。

组织成立了由物流专家、教授、物流企业老总组成的“陕西物流协会现代物流专家委员会”，开展物流讲座、研讨、培训、评审、咨询等工作，社会反响很好。

2. 促进国有企业的改革和发展。学习宣传国务院、省委和省政府关于国有企业改革的方针政策。搞好调查研究，了解企业改革情况。

协会召开国企改革座谈会，交流先进经验，推进国企改革深化。

3. 努力做好服务工作。邀请政府有部部门领导向会员单位介绍陕西省宏观经济形势及基本建设重点工程项目安排，为会员单位提供参与项目招投标服务。

举办电脑知识培训班及公文写作讲习班。

“开展不经销假冒伪劣商品活动”。并进行评比表彰。

参与省储运总公司现代物流配送示范工程的策划和评审工作。

办好协会会刊《陕西物流通讯》，积极做好信息交流。

二、陕西省发展现代物流业的基本思路与目标

（一）发展现代物流的基本思路

陕西物流基地建设要坚持集中化的战略思想，在大中城市郊区、主干公路枢纽区域，规划建设区域性的物流基础，将主要工业原材料、产成品及大型农副产品集散地，发展成为综合物流园区和专业物流中心。重点是在沿新亚欧大陆桥的中心城市及主要辐射城市建立国际物流中心、区域物流中心及物流配送中心体系。完善基础设施、信息技术网络和商贸流通三大物流平台。加快发展区域、城市、企业三个层次，布局合理、功能齐全、专业化的物流服务体系。

（二）合理规划物流体系

1. 建议以西安市为中心、以宝鸡、杨凌等城市为网络节点的物流配送网络体系。西安建设具有连接铁路、航空、公路、港口功能的物流园区，把沿海港口的进出口门户功能延伸到内陆，横贯新亚欧大陆桥主干道，东可出港口连接沿海各大城市以至国外，西可出阿拉山口，进入中西亚并可直达西欧各国。西安市的《西安现代物流业发展规划》已出台并开始实施。西安市已规划并开始建设以生产资料工业品、生活消费品、汽车及零配件、高科技产品及软件、农副产品、批发交易等物流园区、物流中心。

2. 关中地区重点发展宝鸡和杨凌。宝鸡市是连接西南、西北的交通枢纽，工业基础雄厚，正在规划并建设自己的物流中心。杨凌区发挥农林科技优势，建设以农业科技产品、冷藏运输、农副产品加工的物流园区。咸阳、渭南、铜川等市根据区域的工矿产品及农副产品建立自己的物流中心。

3. 陕南汉中、安康市的农特产品、矿产、药材具有一定的优势，建设具有特色服务的物流中心。

4. 陕北延安、榆林是煤炭、石油、天然气及化工产品的资源富集区，近年来经济发展势头十分强劲，又具有良好的交通基础设施，要建设富有特色的物流中心。

（三）有效整合物流资源

充分发挥陕西铁路、公路、航空、邮政、仓储等区域优势，对物流资源实行存量整合和市场化的重组调整，增强交通运输、仓储、邮政资源综合能力，形成战略合作联盟，积极支持民营企业，多元化股权结构的物流企业发展。通过整合，达到优势互补，资源共享。这样既可克服重复建设，又能发挥社会资源的综合优势、形成规模化经营。

（四）大力发展第三方物流企业

随着市场化进程的加快,发展社会化、专业化的第三方物流是社会化分工和现代物流的发展方向,因此,要大力推进工商企业向社会专业物流的转变。第三方物流企业要充分发挥其专业化、规模化的优势,加快经营调整,加大联合重组,根据自身优势,依据社会需求,向上游下游双向延伸,提供优质高效、快捷的物流服务。第三方物流企业应同时建立信息管理系统,完善服务功能,提高综合配套服务能力。

(五)加快信息化网络体系建设

信息网络技术是现代物流体系的重要组成部分,也是提高物流管理和服务水平的重要技术保障。要充分利用"陕西省商务信息中心",推进公共信息平台的建设。要加快现代物流与电子商务的融合,加快条形码技术、卫星定位技术、扫描技术、电子监控等技术的应用,将生产企业、供应商、用户联接起来,实现各个环节的全程连接,全程管理,达到资源共享,信息共用。

(六)建立物流标准化体系,加快物流人才培养

认真执行国家制定的物流标准,是陕西省现代物流发展规范化、高效化的重要保证。陕西省物流企业要利用好物流编码、物品条形码、托盘、GPS 等先进技术,确保物流信息统一、有序、高效的运行。充分利用我省高等教育的优势,采取教学和委托培养相结合的形式,加快物流人才的培养。陕西物流协会西安物流培训中心,要加快培训步伐,满足社会对物流人才的需求。同时,要利用研讨会、论坛会或组织出国考察学习等形式,提高物流管理人才的水平。总之,通过各种形式、各种渠道,造就一批高素质的人才队伍,满足陕西省现代物流快速发展的需要。

三、陕西发展现代物流存在的主要问题

近几年来,陕西省现代物流业发展较快,但与经济发达的省、市相比,还有较大的差距。

(一)管理体制分割,企业机制陈旧

跨地域、跨行业,网络化、信息化是对现代物流发展的基本要求。由于陕西省市场化程度不高,现代物流所涉及的交通运输、通讯、各相关工商企业,依然是条块分割、分级管理;各区域、各部门、企业间地区封闭,行业垄断,自成体系,缺乏协作,严重地制约着现代物流业的顺利发展。企业长期形成的"大而全"、"小而全"的生产方式,使得物流企业"散、小、差"现象普遍存在。铁路、航空、公路、邮政通讯等自成体系,独立发展,造成物流资源配置不合理。工商企业自办运输、仓储、配送,造成资源的巨大浪费。

(二)缺乏统筹规划、资源难以有效整合

社会化、系统化、集成化是发展现代物流的一个重要特点。目前,由于缺乏统一、有效的规划指导,一些地方、一些企业不顾自身客观条件,竟相搞自己的物流中心,存在着较大的盲目性。一些物流企业普遍存在着经营规模小、服务功能低下、货源结构单一,市场竞争无序,竞争能力弱小,信息化水平低等现象。因此,政府的统筹规划、企业的资源有效整合势在必行。

(三)物流基础设施落后

近年来,陕西省交通运输业发展较快,但依然赶不上经济快速发展的需求。公路数量不足,等级不高,密度偏小,布局不够合理。省际间公路快速大通道少,省内公路交通条件亟待改善。物流基地功能单一,物流集散设施明显落后,这些都严重影响物流运行效率的提高。各种物流设施技术水平低,布局不够合理,关中地区汽车拥有量占全省的76.4%,而地域广阔的陕南、陕北仅占23.6%。

(四)物流信息化水平低

陕西的电子信息技术比较发达,但是社会对物流信息化的重视程度不高,人们对信息化的运用能力很低。物流企业只在仓储管理上实现了计算机管理,而其他领域使用上还很差。

(五)缺乏实力强、服务水平高的物流企业

陕西物流市场和物流企业普遍存在"散、小、弱"现象。由于部门、条块分割现象严重,传统的物流企业规模小,实力弱,目前还没有形成有规模的、服务功能齐全的大型物流企业。另外,绝大多数物流基础设施陈旧,信息技术水平不高,网络组织能力差,专业化服务水平低。

(六)政策法规建设相对滞后

目前,陕西省现代物流管理体制尚未建立。各行政主管部门、各地区都按现行管理体制实行多头管理,政出多门、环节太多,极不适应现代物流发展需要。同时,需要政府在政策、法规上大力予以扶持,并制定实施细则与办法,改善物流产业的投资环境。

四、推进现代物流发展的政策和措施

(一)成立组织协调机构

《陕西省现代物流发展规划》正在制订并即将出台。为了顺利推进现代物流的发展,应在省政府的领导下,成立一个由政府综合部门牵头,由交通、铁路、航空、邮政通讯、金融、财政、商贸、工商行政等主管部门及物流行业协会组成的一个协调指导小组,协调机构下设办公室,负责全省物流发展的规划、政策及措施的制定、重大物流项目审批。统一领导、组织、协调,明确部门分工,加强协调配合。各市(区)亦应结合实际,成立相应的指导机构。

(二)制定扶持政策,加快现代物流发展

省政府应根据现代物流发展需要和财力可能,制订一些扶持政策。一是建立现代物流发展引导资金,用于支持重点物流企业、重大物流设施和重要物流信息服务系统建设。二是对以"三农"为服务对象的物流建设项目,可设立专项资金,通过贴息、补助、参股等形式予以支持。三是加快制订土地使用、税收、收费等相关政策。四是引导社会资金投入,积极运用财政贴息手段,引导信贷资金投入,支持重点物流项目和"三农"服务项目。

(三)坚持规划引导,鼓励物流资源整合

近两年来,现代物流发展很快,应当说这是一件好事。但,"遍地开花"、竞相建设物流项目,贪大求洋、贪大求全现象已有显露,应引起各级政府的高度重视。陕西省上的现代物流发展规划出台后,各市区政府应结合本区域物流需求和物流基础,尽快制订本地区的发展规划,明确物流发展方向和任务。制订发展规划既要结合城市发展、交通发展、土地利用总体规划,做到高瞻远瞩,又要结合当地实际,充分利用现有土地、仓储等物流资源,注意资源整合、市场重组,充分论证,防止重复建设,造成社会资源浪费。

(四)明确重点,分步推进

发展现代物流,应当把培育现代物流市场和建立高效畅通的各类商品物流体系作为重点。首先,要大力鼓励工商企业树立现代化大生产、大流通意识,逐步将原材料采购、运输、仓储、加工、配送等物流服务业从本企业分离出来,按照现代物流方式进行重新组合,发展第三方物流企业,培育和发展物流市场。二是重点培育粮食及主要农副产品,日用生活消费品和煤炭、钢铁等重要生产资料的流通通道的建设。三是完善批发和商品流通网络,规划、规范、改造商品批发市场,加快农村商品流通市场建设。四是大力培育重点物流园区和物流中心,发挥典型示范作用,带动全省现代物流业快速有序的发展。

(五)制定政策法规,营造发展环境

省政府应根据国家有关部委即将出台的政策法则,制定陕西省扶持发展现代物流的相关政策法规,财政、税收、土地、工商、商检、交通等部门应给予政策扶持,为物流企业的经营和发展提供宽松的宏观环境。要打破部门和行业界限、行业垄断、地区封锁,加强对不规范经营行为的限制,规范市场准入条件,营造公平、公正、公平的环境,使各类物流企业平等地进入市场。物流企业要加强物流标准化建设,引导企业规范、有序、健康的发展。

(六)陕西物流协会要为政府做好服务工作

陕西物流协会成立于1994年,现有会员单位110多家,其中民营企业和中央驻陕企业近50%,这部分企业实力强、机制活,大多是近几年发展起来的现代物流企业。协会作为社会中介组织可为这一大批企业的横向协调和联系做服务工作,为政府及有关部门起到一定的拾遗补缺的作用。在政府有关部门和中国物流与采购联合会的指导下,协会应在制定物流产业管理规划、推广物流技术标准、开展物流咨询服务等方面做好工作,以促进陕西省现代物流业的快速、规范、健康的发展。

(撰稿:陕西物流协会 曹 岗)

甘肃省

现代物流产业的发展是我国经济发展的重要热点和新的经济增长点，现代物流将成为21世纪流通领域变革的基本内容，也是甘肃省调整经济结构，培育现代流通体系，实现工业强省的重要先导产业之一，已引起政府相关部门、流通企业及各界的重视和关注。

但是，甘肃省的经济和产业结构正处在一个调整和整合的历史时期，现代物流产业尚未真正起步，但计划经济年代的工业基础和改革开放20年取得的经济成就为发展现代物流奠定了坚实的物质基础。甘肃省发展物流业还存在较多的问题：物流管理体制不合理，政府财力支持不足，政策相对滞后，信息化水平较低，专业化、社会化程度低等问题。据初步统计，甘肃省全社会年支出流通费用为250亿元左右，约占全省GDP的25%，高于全国平均水平5个百分点。2000年末，全省货物发送量为2 885.5万吨，货物周转量达到552.9亿吨公里。如果流通费用下降1个百分点，就可以节约资金2.5亿元。全省90%的仓库、80%的铁路专用线、60%的运输车辆分散在商业、物资、粮食、供销、外贸五大系统的批发和零售企业里，据有关部门测算，全国汽车空驶率在37%左右，其中生产企业为34.7%，商业企业为38.5%，物资企业为39.8%。这种条块分割、各自为政、“大而全、小而全”作坊式的经营方式，不是社会的合理分工，而是一种分散、低效率、高耗能的物流组织形式，也是阻碍甘肃省现代物流产业发展的主要障碍，具体存在六个方面的问题：

1. 企业对物流重视不够，推广缓慢。全省大部分企业还没有充分意识到发展现代物流的重要性，缺乏对企业内部物流业务进行主动整合重组的热情。企业管理模式和思想意识还没有从传统的计划经济下的产、运、销一条龙的模式中转变过来。

2. 服务方式和手段比较原始和单一。目前从事物流服务的企业只能简单地提供运输（送货）和仓储服务，而在流通加工、物流信息服务、库存管理、物流成本控制等物流增值服务和物流方案设计以及全程物流等更高层次的物流服务方面还没有全面展开，物流企业组织规模较小，缺乏必要的竞争力。包括传统的运输和仓储等流通企业和新兴的专业化物流企业，规模和实力都比较小、网络化的经营组织尚未形成。

3. 企业经营管理水平较低，面对经济全球化、信息化以及加入WTO带来的挑战，有许多方面很不适应。首先是观念上的不适应。传统的流通企业在走向市场经济过程中还缺少竞争意识以及市场需要、用户至上的经营理念。其次是人才队伍的不适应。过去主要是从事简单的购销业务，现在要与国际市场接轨，要搞现代物流，需要大批的具有信息、金融、管理、法律等复合型专业人才，而过去的营销队伍整体素质较低，知识结构很不全面，很难适应形势发展的需要。三是管理制度不适应：多数从事物流服务的企业缺乏必要的服务规范，内部管理规程也没有形成，经营管理十分粗放，很难提供规范化的物流服务。

4. 物流行业的管理机构不健全，政策法规不完善。甘肃省物流体系大多是在计划经济体制下建立的，管理体制比较分散，由于物流活动各环节分属于不同的部门管理，涉及商贸、铁路、公路、民航、水运等多个领域，与传统物流相关的各部门制定的法规、政策等多数体现的都是本部门、本行业的利益和管理方式，在这种条块分割体制下，传统的企业物流普遍追求“大而全”、“小而全”的自成体系的经营组织方式，重复布点，重复投资，不仅带来了严重浪费，还由于市场垄断，造成物流服务低质量和低效益：不能适应现代物流业务流程跨行业、多元化的需要，而目前全省缺乏集中的行业领导机构和完善统一的政策体系，在物流规划、建设中难以科学、有效、统一地配置资源，管理和协调难度较大。

5. 各种物流设施及装备的技术标准化程度低，设施结构不尽合理，物流作业效率不高。如货物运输设施和装备方面、铁路的货运重载、高速、自动化管理目前仍处在起步阶段；运输设施的区域布局不尽均衡，与发达省区相比，甘肃省交通设施比较落后，各种运输方式之间尚未形成合理分工关系，企业在同类货源上进行盲目竞争，各种运输方式之间装备标准不统一，物流器具标准不配套，物流包装标准与物流设施之间缺乏有效衔接等等，这些因素均在一定程度上延缓了物流运输、储存、搬运过程中机械化和自动化的提高，对运输工具的装载率、装卸设备的荷载率、仓储设施的利用率方面影响较大。

6. 信息技术应用水平低，信息系统建设滞后，一方面，工商企业内部物流信息管理和技术手段都比较落后，多数企业没有建立完善的物流信息管理系统(MIS)、电子数据交换系统(EDI)和货物跟踪系统，甚至连最基本的条形码技术、物资采购管理和企业资源管理等物流软件，在物流领域中的应用水平也比较低；另一方面，缺乏必要的公共物流信息平台，造成服务与需求信息不能在全社会范围内有效共享、共用的目标。

一、明确甘肃省发展现代物流的指导思想和发展目标

发展现代物流是应对经济全球化和与世贸组织规则接轨的需要，也是甘肃省实施西部大开发战略，实现工业强省，促进全省产业结构调整，加快企业管理现代化进程、深化企业改革和流通体制改革的必然选择。积极推进甘肃省现代物流产业的发展，培育新型物流企业，对传统物流业进行升级改造，对整体提高甘肃省经济运行质量，改善全省投资环境，吸引国内外投资者参与西部大开发都具有极为重要的意义。因此，要充分利用甘肃省地处西北地区中心的区位优势，发挥甘肃省有较好工业基础和交通枢纽的条件，抓住契机，加快发展。甘肃省发展现代物流的总体指导思想是：以加快工业化进程和经济大发展为目标，以市场为导向，以企业为主体，以信息技术为支撑，大力推进物流业的社会化、电子化、多元化，全面降低物流成本，大幅度提高服务质量，增强企业竞争能力，推动全省物流产业快速、健康发展。在此基础上，确定以下奋斗目标：力争经过五年时间的努力，在全省主要城市建成功能比较完善的物流基础设施平台、物流信息技术平台和物流政策平台，培育一批大型骨干现代物流企业和人才队伍，形成以兰州为中心的覆盖全省、辐射两北地区的多层次、多功能、专业化、社会化、信息化的现代物流服务网络体系，达到物畅其流、快捷准时、经济合理、用户满意的目的，把甘肃建设成为西北地区的现代物流中心。

二、整合社会物流资源，力争在五个方面有所突破

1. 观念上突破，树立现代物流意识。我国已加入WTO、物流领域对外开放势在必行，市场竞争将越来越激烈，发展和建立与国际接轨的物流体系迫在眉睫。同时，现代物流业发展水平也是衡量一个地区综合经济发展实力的重要因素之一，是吸引投资的决定性因素。各地区和企业要有责任感、紧迫感，要把发展现代物流当作推进流通现代化的主要内容予以高度重视，加强对现代物流的调查和研究工作，以市场为导向，以社会需求为目标，改革传统流通方式，对社会资源进行优化整合，最大限度地降低企业产品成本，提高服务质量和服务效益。特别是传统商贸、仓储、运输企业，更要充分挖掘和发挥自身比较优势，大胆实践和探索，赢得发展主动权。

2. 组织管理上突破，积极培育现代物流服务市场。工商企业要转变传统观念，改变传统的自我服务模式，逐步实行物流业务剥离和外包。首先要加强舆论宣传。要集中一定力量，通过宣传导向和工作交流，介绍和引进先进的物流发展经验、技术，形成加快物流发展的良好氛围。二是要正确引导工商企业的物流需求和物流企业的服务供给。鼓励工商企业逐步将原材料采购、运输、仓储和产成品加工、整理、配送等物流服务业务有效分离出来，按照现代物流管理模式进行调整和重组。有条件的地方

和企业,可以采取公开招标的方式将物流业务委托出去,交给专业物流公司承担。鼓励工商企业组建专业物流公司,经营分离出来的有效物流资源,实行专业化服务,同时也可以向社会提供物流服务。三是积极培育一批主营业务突出、核心竞争力强的物流公司,特别是要鼓励第三方物流企业的发展,推动现代物流的社会化、专业化和现代化。四是要加大物流产业的开放力度,吸引国内外物流企业进入,营造国际国内双重竞争环境,消除瓶颈环节,改善市场环境,建立起开放、竞争、公平、有序的跨地区、跨行业、统一的现代物流大市场。

3. 政策上突破,努力营造现代物流发展的宏观环境。发展现代物流是一项长期的系统工程,各地应加强本地区物流发展的领导和政策引导,为发展现代物流业创造良好的外部环境和法制环境。一是要结合甘肃省实际,抓紧研究制定促进物流发展的政策措施。二是尽快清理废除不利于现代物流发展的法律规章。三是要切实采取措施,打破地区封锁和行业垄断,建立统一的大市场。四是要进一步转变政府职能。强化服务意识,帮助企业解决发展中遇到的突出问题。五是要加强各地区、各部门之间的协调,逐步建立有效联动的协调工作机制,形成合力,共同推进现代物流发展。

4. 功能上突破,大力提升物流基础设施建设水平。完善的基础设施是现代物流发展的重要条件。现代物流基础设施建设,必须从甘肃省的实际出发,合理规划,按照区域经济特点和经济发展要求,整合社会资源,重新规划和构筑仓储、铁路、公路、水运、空运一体化的物流系统,切忌"一哄而起"。同时要因地制宜,采取不同的发展形式。要把新建与现有物流基础设施的改造、重组、挖潜相结合,鼓励现有企业利用原有的设施建设物流仓储中心、物流配送中心,以较小的投入和代价,尽快形成配套的综合运输网络、完善的仓储配送设施、先进的信息网络平台等,为现代物流发展提供重要的物质基础条件。应当将综合物流基地建设作为现代物流系统公共设施建设的核心来抓,使现代物流系统对全省国民经济的发展和小康社会建设有更大的支持作用。

5. 用人机制上突破,广泛吸纳优秀人才。现代物流是一个技术和人才密集型行业。物流企业的竞争实质上是人才的竞争。物流产业要实现跨越式发展,尽快培育物流人才,尤其是复合型人才是当务之急。人才培训要采取正规教育和在职培训相结合、两条腿走路的方针:一方面,要动员各方力量呼吁教育主管部门在高等院校设置"现代物流管理"等专业,培养高中级物流专业化人才。另一方面,全省要开展统一的物流人才培训工作:有计划、分步骤地开展多层次、多方面的物流教育和培训,尤其要加强物流企业、物流部门经理、物流策划人员和物流信息系统开发人员的培训,以适应现代物流发展的需要。

(撰稿:甘肃省政协副主席　崔正华)

新疆维吾尔自治区

新疆是一个拥有16个一类口岸、10个二类口岸的省区,地处欧亚大陆中心,与蒙古、俄罗斯、哈萨克斯坦、吉尔吉斯斯坦、塔吉克斯坦、巴基斯坦、阿富汗、印度8个国家接壤,边境线5 400多公里。中国与哈萨克斯坦、吉尔吉斯斯坦和塔吉克斯坦有3 350公里的共同边界线(与哈为1 700公里,与吉1 100公里,与塔550公里),中国与乌兹别克斯坦和土库曼斯坦虽不临界,但也相距不远。哈萨克斯坦、吉尔吉斯坦、塔吉克斯坦、乌兹别克斯坦、土库曼斯坦堪称中亚五国,中亚五国不仅拥有发展经济的资源潜力和雄厚基础,而且在欧亚地缘政治和地缘经济中占有重要地位,中国与中亚诸国政治经济状况和性质不仅对各自的安全和国内的发展具有重要意义,而且对亚洲乃至世界和平与稳定都将产生深远影响,在中国与中亚国家关系的发展中,经贸关系占有重要地位,2 000多年前的"丝绸之路"就是这一见证。中亚五国地处内陆,都在积极寻求出海口,都希望与我国开展运输。

新亚欧大陆桥在我国境内长约4 131公里,国内段西行途径江苏、安徽、河南、陕西、甘肃、新疆等六省区,周边毗临山东、山西、湖北、四川、青海、宁夏和内蒙等地,辐射地域近360万平方公里,约占国土总面积的37%,区域内人口约4亿,约占全国总人口的30%,并贯穿辐射我国以外的亚欧两洲40多个国家和地区。利用新亚欧大陆桥过境运输,对没有出海口的中亚、西亚国家尤为重要。

随着国家西部大开发战略的实施,贯通东西部地区,连接中亚、太平洋经济区的新亚欧大陆桥战略作用日益显现,业务不断巩固和发展,越来越为国内外从事现代物流业务的知名企业所关注。

过境运输箱从新亚欧大陆桥的东桥头堡——连云港港口上岸后,经国内段西出新亚欧大陆桥西桥头堡——新疆阿拉山口,运往中亚各国至欧洲地区,其距离比由俄罗斯东部港口经西伯利亚大陆桥至上述目的地,运输里程可缩短2 000多公里。以东亚、中亚、东南亚国家和地区为主要货源,东联西出、西进东销的实质性运作阶段,东桥头堡连云港的优势虽为明显,但西桥头堡阿拉山口的地理优势和战略地位更不容忽视。

阿拉山口位于新疆博尔塔拉蒙古自治州境内,是我国西部地区惟一的铁路、公路并举的国家一类口岸,始建于1990年6月,1992年12月1日,经国家口岸办验收,正式向第三国开放,阿拉山口口岸辖区面积为155平方公里,城市建设规划面积为15平方公里,口岸总建筑面积30万平方米,现口岸常驻人口约8 000人,在大通关等综合助推力的作用下,作为中国西部第一口岸的阿拉山口已历史性地从通道经济跨进了区域经济的行列。历史上阿拉山口曾有"黄金通道的支点"之称。阿拉山口的大通关,不仅表现了它的发展地位,同时也体现了它的口岸战略地位,从1994年的过货量47万吨到2002年的580万吨;从1996年以来,过货量连续7年居全国第二,这组数据足以体现它的潜能。

阿拉山口口岸去年进出口货物总量超过了580万吨,过货量占全疆过货量的90%,占新疆进出口贸易额的65%。近年,阿拉山口口岸进出口货运增长迅猛,据阿拉山口海关统计,截至9月18日,阿拉山口口岸进出口货运量突破500万吨,达504.5万吨,比去年同期增长36%,创历史同期最高水平。其中进口货运量为457.3万吨,同比增长34%,出口货运量为47.2万吨,同比增长63%。在前几个月的重点进口商品中,机电产品、钢材、原油、成品油、大豆、汽车产品和铁矿砂的进口增幅都远远超过平均水平。其中,1–8月口岸原油进口86万吨,实现贸易额1.5亿美元,分别是去年全年原油进口量和贸易额的4.5倍和5.7倍。针对原油进口猛增的实际,乌鲁木齐海关自5月起对阿拉山口口岸进口原油实施了"直通式"快速通关,大大加快了进口原油的通关速度。进口原油通关时间由原来的平均每列17.2小时缩短至夜间2.5小时,白天3.5小时。随着口岸"大通关"模式的推进,阿拉山口让资本嗅到了久违的利润,各路资本抢滩黄金口岸,中亚地区丰富的矿产资源、石油、天然气、木材、废钢等,使阿拉山口成为企业资本扩张最理想的载体,各行业单位纷纷努力实现行业优势与资本市场的对接。比如,已经上市的新疆八一钢铁集团利用中亚地区废钢等冶金资源,全力扶植其地处阿拉山口的控股子公司进入资本市场,建造金属原料加工基地;一直在运输上做文章的北疆铁路公司则利用中亚地区石油、天然气等资源,将资本的火车头对准了能源领域;美克集团则凭借阿拉山口黄金口岸借道伐木俄罗斯,扩展自己的产业链,美克欧亚国际木材制造物流中心已在阿拉山口奠基。长期以来,美克公司的木材原料基本来自遥远的新西兰和芬兰,经天津港运至乌鲁木齐,家具制造出来后再由天津运往世界各地,运输成本自然高。美克集团充分利用新亚欧大陆桥的地缘优势,锁定俄罗斯的森林资源,西进东销,苦心打造的基洛夫—阿拉山口—天津—亚洲—大洋洲木材供应链初具雏形。

一、推进流通现代化的任务和目标

流通业作为社会大生产过程的重要环节,是

决定经济运行速度、质量和效益的引导性力量。现代流通业通过广泛采用现代技术手段和先进的经营管理形式，对传统流通业进行改造、创新和发展，代表了流通业的发展方向。加快推进新疆流通现代化，对于优化资源配置、调整经济结构、促进流通企业改革与发展，增强企业竞争力，提高经济运行质量和效益，促进新疆国民经济持续健康快速发展，具有十分重要的意义。

推进流通现代化的主要任务：结合自治区国民经济和社会发展第十个五年计划纲要，抓住国家实施西部大开发战略和发展流通现代化的机遇，以加快发展为主题，以结构调整为主线，以信息技术为支撑，以资产、品牌为纽带，通过多种形式进行资源整合、优化配置，加快提升新疆流通业的现代化水平，建立物畅其流、方便快捷、经济合理、用户满意的社会化、专业化的流通网络体系，为实现社会化的大生产、大流通服务。

推进流通现代化的总体目标:实现两个转变、提高两个水平、培育一批集团、构建一个体系。两个转变即由传统商业经营向现代化流通方式转变，由传统流通格局向统一开放的大市场、大流通转变；两个水平即流通业信息化水平和服务水平；一批集团即10家左右主业清晰、管理科学、具有一定核心竞争力的现代化流通企业集团；一个体系即以乌鲁木齐为中心，以昌吉、石河子、奎屯、伊宁、塔城、吐鲁番、库尔勒、哈密、阿克苏、喀什为支点，覆盖全疆、辐射全国的现代化流通网络体系。“十五”期间，发展连锁经营网点2 500个左右，2005年实现连锁经营销售额200亿元，占社会消费品零售总额的比重达到25%以上。推进第三方物流配送中心的建设和发展，积极稳妥地培育和发展电子商务，建立信息管理系统，完善服务功能，初步确立新型流通业态在该商业和服务业中的主体地位。

二、推进流通现代化的工作重点

（一）积极推行新型流通组织形式和经营方式，加快构建现代流通体系

1. 大力发展连锁经营。在城市，培育壮大连锁企业集团，大力发展便民连锁，鼓励发展以社区为中心的连锁超市和便利店，逐步提高超市生鲜食品经营比重；在农村，大力探索集农资销售、工业品下乡和农副产品收购于一体的连锁经营方式，开拓、培育农牧区市场。

大力推行特许加盟、自由连锁新形式。支持具有一定核心竞争力的企业，运用品牌、技术、管理、商品输出手段，探索多业态、多行业的新型连锁方式。

积极扩大连锁经营范围。鼓励连锁经营进入石油、家电、汽车和各种生产资料的销售领域。推动连锁经营从零售业、餐饮业向第三产业领域渗透拓展，不断扩大连锁经营范围，探索不同地区、行业、企业的发展模式。

2. 积极推进物流配送。根据市场需求，统一规划，合理确定区域性配送中心的建设规模和水平。在乌鲁木齐重点培育自治区级第三方物流加工配送园区，打破行业界限和地区封锁，鼓励区内外强势企业通过资产重组和专业化改造整合现有资源，建设集市场信息、仓储、配送、多式联运、加工包装、商品展示、交易等功能于一体的大型综合性现代物流配送中心；在主要商品集散地或地产品主产地的地州所在城市培育建设一批辐射力强、专业性突出的现代化物流配送中心；在一些区域性中心城市建立特色鲜明的物流配送中心，从而形成综合性与专业性并存的多层次物流配送体系，满足流通业和工农业生产及中小企业发展需要。

3. 稳步推进电子商务。加快流通企业信息化建设和现代信息技术的推广应用。在连锁经营企业中广泛推广条码技术，引入时点销售系统、管理信息系统和电子定货系统，形成连锁企业总部、门店和配送中心的信息网络管理系统，逐步引进品类管理和供应链管理等现代化技术，不断提高管理的科技含量。在物流配送企业推广物流管理信息系统，鼓励发展人工和机械分拣组配现代化仓储设施，提高物流管理现代化水平和自动化、机械化程度。引导大中型流通企业加快实现内部商务活动电子化、标准化、信息化、网络化。通过优化信息网络资源配置，逐步建立以标准为前提、以数据为基础的社会化电子商务基础网络服务平台，努

力促进商流、物流、信息流和资金流的结合，稳步开展电子商务。

4. 积极发展专业化批发市场。大力发展新型批发业，有利于提高商品流通效率。按照统筹规划、调整布局、强化功能、规范管理的原则，加快提升改造现有批发市场，鼓励发展专业批发市场，限制新建各类初级批发市场。在主要商品集散地，通过升级改造，逐步建立发展一批专业突出、功能完善、连接城乡、辐射国内外的农副产品、工业品和大宗原材料专业批发市场，努力培育一批专业化的总经销商和总代理商。同时，要不断加强对批发市场的治理整顿和规范监管，推行市场开办单位对商品质量先行负责制和对经营业户责任追踪制，逐步把新疆建成西部最大的商品集散中心、加工配送中心、价格形成中心、信息发布中心之一。

（二）加快改革，支持多种所有制流通企业共同发展

流通企业要加快改革步伐，实现观念、机制、管理和技术的创新，建立现代企业制度，完善公司法人治理结构，推动内部组织体系、核算体系和三项制度改革，提高科学管理水平。要创商誉，创品牌，实现企业文化与管理制度的有机融合，完成企业特有的业务流程再造，增强核心竞争力。采用兼并联合、资产重组、托管经营等方式，改组、改造、改革国有流通企业，实现企业经营主体、投资主体的多元化。广泛采用现代流通经营模式、管理手段和信息技术，整合和优化配置各项资源，实现企业的超常规发展。

要进一步解放思想、转变观念，把支持非公有制流通企业发展与深化改革、调整结构、推进流通现代化工作结合起来，鼓励非公有制企业以参股、控股、收购、租赁等形式参与国有和集体所有制流通企业的改革、改组和改造。促进跨地区、跨行业的各种所有制流通企业相互渗透、相互促进、相互融合，形成新的经营实体。非公有制企业要牢固树立法制观念和信誉观念，自觉规范经营行为，实现公司制改革，促进经营方式创新，走现代化发展道路。

（三）培育发展大型流通企业集团

培育和发展一批主业突出、技术先进、管理严格、经营规范、辐射面广、核心竞争力强的大型流通企业集团，争取到“十五”期末培育出3–4个年销售额20亿元以上的企业集团，6–8个销售额在10–20亿元的企业集团。通过这些企业的辐射带动作用，促进该区流通产业管理技术的升级换代和现代流通网络体系的形成，提高流通产业综合服务质量，提高流通企业的市场竞争能力。

支持大型流通企业集团运用现代营销理念和先进技术，改造传统零售业和批发业，发展大型综合超市、大卖场、仓储超市、现代化购物中心及商品批发配销和物流配送中心。

支持连锁经营企业在实现直营连锁的同时，通过品牌、服务和管理技术输出，发展特许连锁，加快向区内外辐射、扩张。鼓励有实力的流通企业积极参与国际国内市场竞争。扶持培育大型贸工农和牧工商一体化连锁经营企业集团，以经营农资商品、特色绿色食品和农副产品深加工为主业，兼营生活消费品。通过参股控股、合同定购、公司加农户等方式推动农村经济发展，以市场需求带动加工业发展，以加工需求刺激农牧业生产，提高我区优质农牧产品的商品化规模，提高农村人口收入水平，培育和开拓农牧区市场。

各地要结合实际，创造条件，培育和发展一批推进流通现代化的骨干企业，尤其要支持和引导中小流通企业加快改制步伐，通过加盟连锁或自由连锁将其进一步做大、做强；培育发展与农村经济发展密切相关的种植、养殖和加工销售一体化企业及其他农村流通组织，在大型流通企业集团的带动下，形成城乡交流通畅、信息反应快捷的较为完善的现代化流通网络体系。

（四）坚持对外开放，鼓励公平竞争

进一步加大流通领域对外开放力度，提倡和鼓励区内外流通企业携手合作，优势互补，增强流通的活力与动力。加强对外经济交流与合作，充分利用国外的资金、设备、技术和智力，学习借鉴国际现代流通企业先进的经营理念和管理模式，建立符合国际规则的服务体系和企业运行机制。积极引进国内外知名的大型流通企业和物流企业，嫁接、改造该区流通企业，实现经营方式、营销技术和管理创新。鼓励有实力的企业"走出去",参与区外市场和国际市场竞争。

积极引进并学习运用国内外比较成熟的科学技术、管理方式和服务标准,加快对新疆流通业服务技术标准的研究制定工作。采取多种形式,加速人力资源的引进、开发和培养。鼓励国内外优秀人才以兼职、短期服务、信息咨询、承担委托项目、合作研究、技术入股、承包经营等方式,参与流通现代化的推进工作。

有关部门要切实转变职能,逐步建立起与国际接轨的服务管理体系,贯彻落实对外开放的优惠政策,调整管理方式,强化服务意识,创造公平、公正、公开的市场管理环境。依法保护各类流通企业的合法权益,鼓励公平竞争,在竞争中实现优胜劣汰。

三、推进流通现代化的政策措施

(一)规范市场准入,改进市场监管

各级政府要依法行政,简化相关程序和手续,增强行政的透明度。按照公平公正和非歧视性原则,规范市场准入条件与标准。要加强规划、合理布局,对自治区流通现代化重点项目予以扶持,促进业态结构的合理化和多样性,避免盲目发展、重复建设。对收费项目进行全面清理和严格控制,严禁搭车收费。对连锁经营企业的各种检查要依法进行,严禁重复检查、重复处理。打破地区封锁和行业垄断,不得干预连锁经营企业总部跨区统一采购、配送各类商品。

连锁总部、配送中心和分店要向各自所在地工商行政管理机关申请登记注册。由总部办理企业法人登记。对于尚未取得某种专营商品经营资格的连锁店,总部及其门店需要办理有关经营批准文件(或许可证)可由总部统一申请,审批机关在一个批件中予以办理。对于已取得某种专营商品经营资格的连锁店,其门店不需要办理同样的经营批准文件(或许可证),但需持有加盖总部印章的相关商品经营批准文件(或许可证)复印件,由总部负责向有关部门备案,由门店向工商行政管理机关申请办理相关的登记。新开办的直营连锁经营企业办理经营资格审批和各类专营、专卖手续,实行由总部向主管机关统一办理、统一年审的办法。各分店持总部的批准文件(或许可证复印件)到所在地有关部门备案,并在当地工商机关办理登记手续。

公安、交通管理部门对连锁经营、物流配送企业已登记的送货车辆,提供市区通行、装卸货物停靠的便利。

烟草专卖局对连锁企业的直营店可统一办理各门店的烟草零售许可证,由总部或配送中心在连锁店所在地烟草公司统一定货,连锁门店所在地的烟草公司负责送货。

药监、文化、新闻出版部门准许连锁企业在主业经营的基础上,以便民为目的,经营药品(非处方药)、书籍、报刊、音像,并简化有关手续;邮政部门允许其代售邮票、信封、明信片,电信部门允许其代办公用电话等项业务。

(二)加强财税政策支持

推行流通现代化的重点企业可享受国家和自治区西部大开发优惠政策及相关税收优惠政策。自治区自 2002 年起每年从技术改造专项资金中拿出一定比例,对推行流通现代化重点企业的技术改造予以支持。自治区计委每年从国家和自治区服务业发展引导资金中安排一定比例,用于专项支持流通现代化基础设施建设。自治区经贸委每年安排一定比例的项目,列入国家贴息计划。

对发展前景好,但归还自治区财政借款暂有困难的重点国有流通企业,报经自治区财政厅批准后可将借款转增国家资本金。

城市规划和土地管理部门对用于发展便民服务的连锁店用房、设立配送中心(店)用地,按城市规划要求优先安排,按商业用途优先供地。

对自治区国有和国有控股的重点流通企业可按有关规定,采用授权经营或国家作价出资(入股)的形式,将国家应收土地出让金作为国有资本金注入企业。

税务部门对直营连锁企业按税法规定,实行由总部向所在地主管税务机关统一申报缴纳增值税、所得税。自治区财政会同税务等部门制定相关办法,鼓励连锁企业发展,以保证分店所在地的财

政利益在纳税地点变化后不受影响。

(三)拓宽融资渠道,支持企业进行产权改造

加强商业银行与流通企业的银企合作，对企业发展流通现代化给予信贷支持。对信誉评级A级以上(含A级)、有发展潜力的流通企业发展连锁网点、建设物流配送中心、推行电子商务所需资金,按贷款条件予以优先放贷、重点支持,可采取签定银企合作协议、确定授信额度、贷款封闭运行的方式进行运作。

鼓励大型流通企业加快股份制改造步伐,符合条件的,优先推荐在国内外上市或发行债券。自治区推进流通现代化重点企业、中高级批发市场及连锁经营、物流配送、电子商务企业的条件和认定,由自治区经贸委确定,并实行动态管理。

四、加强流通现代化工作的领导

(一)统一思想,加强领导

成立自治区推进流通现代化工作办公室,办公室设在自治区经贸委，在自治区人民政府的领导下指导、协调全区推进流通现代化工作。各级政府和有关部门要切实加强对推进流通现代化工作的组织领导，把发展新型流通业态列入重要议事日程,认真解决企业经营发展中的问题。各地要按照自治区的统一部署和规划,结合本地实际,制定推进流通现代化发展的实施方案，落实相应政策及配套措施。

(二) 认真做好流通规划体系建设和规划实施工作

各级经贸主管部门要根据《自治区流通现代化“十五”发展规划》和《自治区市场建设规划》,拟定本地市场建设及商业发展计划，同时按照规划要求推进流通现代化。各有关部门要大力支持流通现代化工作,确保规划有效实施。

(三)加强法制建设,规范市场经济秩序

自治区经贸委(贸易行办)要积极会同有关部门抓紧流通法规的研究、制定工作，加快流通立法进度,保证各执法部门有法可依、依法行政、规范执法,依法维护市场经济秩序,创造公平、公正、公开的市场竞争环境,保护经营者和消费者的合法权益。

(四)加强队伍建设

加快培养高素质的复合性人才和经营管理队伍是推进流通现代化的迫切需要。由自治区经贸委负责,根据市场和企业的实际需求,通过长期培养与短期培训、在校培养与在职培训等多种方式,培养造就一批熟悉流通业务、综合素质高的新型管理人员和专业技术人员。

(供稿:新疆维吾尔自治区推进流通现代化办公室)

台湾省

台湾近十多年来零售业的物流配送由传统的制造厂、总经销、批发商、地区分销商、零售店等各自为政的零细分散作业，转型为运用信息科技及物流中心为核心的整合型配送作业。而物流的发展也由以台湾消费品为主轴的物流发展到全球化资材供应链的物流,甚至各行各业都在谈物流,物流不但在工商界被看成未来的明星产业、在学术界、各大学也设有物流的课程,经建会、“经济部”亦非常重视积极推动，制定并发展全球运筹管理计划,形成一股发展物流产业的热潮。

最近两年多来，台湾的经济发展受挫,2002年经济增长率为-1.91%,2003年虽然转为3.27%,主要得自于外贸的贡献，民间消费则因失业率攀升而增幅缓慢,仅有小幅增长2.58%,厂商投资意愿持续不佳,全年负增长0.3%,政府消费及固定公共投资分别为负增长1.5%及10.1%，未来忧心有走上通货紧缩的物价趋势，在大环境面临剧烈挑战的时刻,本文拟就当前全球物流趋势,台湾物流现况之SWOT分析,两岸物流发展商机之探讨,来思考台湾物流的发展机会，同时提出若干建议与期待。

一、当前全球物流趋势

(一)物流外包方兴未艾

导入专业物流(3PL)服务不但可以降低企业营运成本，更因能专注于本业以增强核心竞争力使订单、客户及营收都呈现成长的趋势，因此全球各地，只要是有专业物流服务公司(3PL)的地方，自然掀起物流外包的风潮，此一风潮不但方兴未艾，甚至因国际化发展及全球供应链管理盛行，未来还将扩及至4PL服务为客户提供供应链整合服务。

(二)信息科技(IT)的大量应用

信息科技(IT)是推动物流前进的一大动力，甚至可以说是将传统物流蜕变为现代物流的一个促成者，其应用不但构成现代物流体系的重要部分，更大大提高整体物流服务之绩效。业者利用EDI、XMLRFID、网际网络等技术，将企业经营据点连结起来，既可以改善企业内部资源配置，又可以透过网际网络与客户、制造商、供货商及相关单位连结，实现资源共享、信息共享、流程追踪、有效掌控与全程管理。尤其在全球竞争的时代，IT应用可快速消弭空间的距离并极速缩短时间的浪费，其范围已经由公司内部经营管理层面，拓展至所有合作者的供应链，进而跨越国界做为全球运筹的有效工具。

(三)供应链管理思潮盛行

如果将前述信息科技喻为物流运作体系的神经中枢，那么供应链管理可以说是物流体系的灵魂，是指挥神经中枢的大脑，指挥、价值判断的功能。物流发展迄今已跳脱了以企业为本位的思维，不仅要将下游的通路伙伴纳入“供应链”中，更要将上游的供货商也纳入其中，透过上、下游的整合，使每个生产配送的环节能结合起来，如此透过上游厂商、物流业者、配销商及下游客户更紧密的合作，可以提升顾客服务的品质并降低成本，进而创造市场占有率。今后，全球竞争会从企业对企业的竞争，发展至供应链对供应链的竞争。

(四)实体通路与虚拟通路结合

现在的实体通路不但不排斥虚拟通路的竞争，反而将虚拟通路与实体通路结合在一起，增加客户选择管道，使客户更有弹性打破时间、空间、情绪、交通、紧急状况、公共安全等限制，沟通接口不论桌上型计算机、Notebook、手机皆可自由选择，透过各种电子商务的型态包含B2B&B2C，使得各种饶富创意的商业点子、物流创意皆可在此发挥，虽然在技术上对物流服务的要求，远比传统交易环境要高出许多，但也刺激物流的改善作业，同时凸显物流服务的重要性，在后SARS时代，这种结合更会日趋明显。

二、台湾物流现况分析

台湾物流业面临的优劣态势、发展机会及外来威胁分析如下：

(一)S(优势)

1. 运筹战略地位优势。台湾的国际港位于亚太地区之中心，高雄港为泛太平洋航线必经之地，在亚太地区六大主要港口中，以高雄港航行至新加坡、东京、上海、马尼拉、香港等五大港口的平均航行时间最短仅需53小时，明显较其他港口之平均航行时数少。以空运而言，亚太地区航空货运成长快速，台北至西太平洋七大城市的平均飞行时间最短，只要2小时55分。可见无论海运或空运，台湾都具有距离最短、速度最快、成本最低之优势。(参照表1、表2)

表1　亚太六大港口平均航行时间　单位：小时

港口	新加坡	东京	上海	马尼拉	香港	高雄
航行时间	124	110	78	68	64	53

表2　亚太八大城市间平均飞行时间　单位：小时、分

主要城市	悉尼	新加坡	东京	汉城	马尼拉	香港	台北	上海
飞行时间	6:15	4:55	4:15	4:00	3:30	3:05	2:05	3:25

2. 对内地尚保持优势。两岸的经济发展各有所长，随着全球化的趋势及彼此的互补，基本上是既合作又竞争。在物流方面，台湾的经济发展起步较早，通路变革跟随世界潮流，在物流规划及作业管理方面，不可讳言还是保持某种程度的优势，大陆由于受限于传统运输及仓储作业方式缺乏效率，既有物流设施及物流能力还不能充分满足要求，第三方物流产业的发展相对较台湾落后。

3. 台湾高科技产业的全球供应链表现突出。过去10年来台湾电子及高科技产业结构完整且富弹性，生产的计算机与外围设备供应给Dell、HP与IBM等高科技巨人，发展了紧密的伙伴关系，其产业供应链机制与物流效率也随着信息业A计划、B计划的完成而加强，未来继续推展“产业全球运筹电子化扩散计划”后，可以全面建立国际大厂对台湾的国际采购供应链，强化企业运筹管理能力，提升整体产业链运作成效与价值。

4. 政府推动物流相关政策。新政府延续扩大“亚太营运中心计划”的架构，推动“全球运筹发展计划”，在物流方面，改善货物通关作业环境，提升货物在不同管制区域的流通效率，机场通关作业时间配合业者需求，健全保税货物作业环境，促进物流效率，提供适用土地，检讨因全球运筹作业而衍生的营利事业所得税课征之问题，简化商品检验程序，改善台湾物流配送系统以及加强台湾全球运筹人才培育。

(二)W(劣势)

1. 物流规模，效率不及跨国企业，缺乏全球性物流业者。台湾的物流业者主要以台湾市场为服务对象，故规模不大，多由传统运输公司或仓库业蜕变而来，其推动现代化物流管理也是近十年来之事，因此在效率上不能与跨国物流公司相提并论。欧美由于市场规模大，再加上跨国企业多需要跨国物流服务，全球性物流业者自然应运而生。

2. 缺乏国际知名的本土企业依附。台湾的产业结构主要是以中小企业为主，以本土为市场的大型企业有些自设物流部门或独立子公司承揽自己公司的物流工作，另外，本土具有国际品牌及全面推动国际化的大型企业有限，在这样的环境下，自然不易培育出身强力壮的本土国际型物流业者，这也是台湾物流公司往往必须向各行各业招揽业务，而无法定位于某一物流领域以强化核心竞争力之原因。

3. 物流业者彼此进行不当的价格竞争。去年物流业的价格及利润双双下降，其原因不外产业外移，货源随着流失，供需产生变化，价格自然有下降压力，再加上大部分的业者并未做定位清楚的市场区隔，若干不注重品质及服务水准的业者，在竞争压力下不但不思改进，反而以不当的价格竞争来讨好客户，而客户在商言商，在大环境困难下，能省则省，或有不明究理者、或有心存侥幸者，一旦渐成风气，加上媒体报导的断章取义、推波助澜，往往更加助长不当的价格竞争的气焰，这对物流业的长期发展而言是一项弱点，值得业界去深思与改善。

4. 产业外移，台湾市场小，物流商机不断流失。产业外移是进入已开发国家的正常现象，日本也曾经如此，但程度不似今日台湾的严重，其中一项重大的原因是两岸无法直航，这项因素造成两岸产业分工因无法直航而扭曲，两岸市场供需因无法直航而失调，两岸人才交流因无法直航而僵化，迫使不必或不急外移的产业也必须做“选边靠”及“分散风险”的思考，进而影响在台产业长期经营的发展方向。产业外移的现象持续扩大后，台湾业者物流商机自然流失。

5. 缺乏跨国物流人才。物流是新兴整合性产业，1990年“经济部”委托工研院执行之“物流问题总体调查报告”中发现，企业界将物流人才与物流用地取得并列为最头痛的问题，时至今日，用地问题已有改善，但随着全球化竞争及台湾自2002年进入WTO后，“生根台湾、布局全球”的跨国物流人才需求更强烈，但能同时具备跨国企业工作能力及熟稔海陆空物流运作人才实在是缺乏。

6. 物流责任风险高于国际水准，影响物流的发展。以赔偿相关法规为例，运输与仓储适用的法条不同，运输在民法之外，还依公路法64条规定，赔偿金额以每件不超过3 000元为限，但对于“一件”货物的价值与规格并无统一明确的规定，而国际间物流运输业依蒙特娄条约的IATA标准，每公斤最高赔偿20美元。物流运输业收取的是服务费，风险负担成本却相对高出许多，如此竞争条件，是台湾物流业者与跨国业者最难竞争的，将影响物流的发展。

(三)O(机会)

1. 整合跨国领域的运筹物流管理。在全球化竞争下，台湾产业未来的发展重点，除了传统产业加值化与创意研发，最重要的关键就是运筹管理全球化的推动，因此企业应思考如何善用散布全球各地的原料、人力、市场与资金等资源，并透过企业内部整合与供应链体系的建立，以建立富竞争力的国际运筹管理体系。其中除了据点与配销通路的整合，生产与消费者需求的紧密连结，不只降低成本，更重要的是，如何透过生产据点与企业资源的整合，建立生产规划与消费者需求相互配合的实时服务系统。因此企业与委外物流业者结合成伙伴关系共同完成上述目标即是一大商机。

2. 台商登陆及全球布局。2000年中国国务院有关报告显示，在内地167 000家贸易加工厂中，有四分之一厂家为台商所占有，因此，内地台商的市场基础是台湾物流业的一项重要资产。现在我国内地已成为全世界发展最快、潜力最大的市场，如果台湾当局以更开放的态度制订两岸政策，让台湾企业引用内地市场为奥援，建立起属于台湾的世界级物流品牌并非梦事。

3. 建立信息等各种运筹共同平台，协助企业降低成本。在全球供应链管理趋势下，供应链计划物流业者，面临了自行建置其私有物流信息平台，或运用政府机构或由ASP业者(如关贸网络公司)所建立的公众物流信息平台，来作为物流信息化的应用平台。私有与公众平台各有其优缺点，但一个供应链计划物流业者必须具备全方位的服务平台，才能符合客制化物流及信息流的服务机制，这需要政府协助民间物流业及信息业共同规划，否则，将会浪费许多人力与物力，甚至电子资料交换的标准都可能不是标准，尤其国际物流业行之多年的UN/EDIFACT标准后，又兴起XML标准，甚至Rosetta Net及ebXML标准等，已让物流业界不知如何适从。

4. 电子商务发展，促使物流业有机会透过虚拟合作架构，进军国际市场。电子商务经营模式的发展，使得企业经营逐渐无国界，由国际化经营造成的成本下降与绩效提升的效果，则更进一步地推动了企业全球化的经营。在电子商务环境中，物流扮演虚拟网络世界与实体世界中的桥梁角色，因为交易过程中的信息流、金流、商流都能够透过网络媒介完成，惟有物流必须回归实体面，才能完成商品由卖方至买方的空间移转。

(四)T(威胁)

1. 内地积极发展物流，物流基础建设逐步完成。内地近几年积极推动物流，各级政府、企业和学术界皆认为推动物流为促进经济全面发展的一项重要工作，不但在第十个五年计划有明文表白，2001年3月国家经济贸易委员会会同六部(铁道、交通、信息产业、外、经贸)及民航总局座谈会议布置工作，各级政府也有制定推动物流的政策，一些高等学院投入培养物流学士、硕士和博士人才，政府、企业、及新兴培训组织也设立了各种各样的物流人才培训班。而学术界除了介绍国外先进的物流理论和经验，并结合实务做物流各方面的研究。必要时，也常与英、美、日、澳洲之专业机构进行物流项目的需求调查与规划。其他如上海、广东、北京等国际港口，在挟带物流量充足条件之下，若再加强物流进出口整体环境建设及法令修正，将直接与全世界其他国际性港口贸易，对台湾物流业者拓展市场不利。

2. 东亚各国发展深水港。目前内地出口运输物流还不成熟，台湾出口运输物流仍有很大优势，这也是高雄港去年货运量仍有成长，转运量占五成的原因，但东亚各国都在抢建深水港，港口势必供过于求，台湾的转运价值将在内地积极建设完成之后递减，由此看来，政府建深水港等硬件投资不见得能建立长期竞争优势，因应整合跨国领域知识的运筹管理才是台湾企业的机会，也是必走之路。

3. 在台湾物流外商实力雄厚。在台湾的物流外商系拥有全球性网络的跨国物流业者，不论在人才、资金、信息科技的应用皆强于本土业者，而且外商物流业者也有跨国企业依附，其实力如虎添翼。

4. 华人地区物流市场面临香港、新加坡的竞争。华人地区物流市场以东南亚各国为主，其中越南、泰国、菲律宾、马来西亚、印尼等地区有台商的踪迹，不失为物流国际化的目标市场，但必须面对香港、新加坡业者的强力竞争，寻求突破之道。

三、台商在内地物流市场的商机

（一）内地物流市场的潜力

内地已是世界的工厂，持续7%左右的经济成长率，加上拥有13亿人口，人民所得日渐提高，而连锁业的快速发展也带动物流市场需求，加入WTO后其物流市场与内销市场将逐渐开放，因此目前世界500大企业已有300多家进入中国市场。根据中国仓储协会进行的第三次物流市场调查分析，有57%的生产企业和38%的商业正在寻找新的物流代理商。根据美智(Mercer)管理顾问公司与中国物流与采购联合会，对中国第三方物流市场进行研究，2001年的市场规模在400亿人民币以上。70%的物流服务提供商在过去的3年中，平均业务增幅都高于30%，整个中国第三方物流市场2000–2005年的年增长率将达到25%。

（二）台湾的条件

在台湾与内地的互动上，台湾业者占有语言能力的沟通优势，不论英语、日语、闽南语、国语等都能沟通无碍、畅所欲言，过去所累积的国际商务经验与国际人脉也能适时发挥，信息技术应用能力不成问题，再配合十余年来所累积的现代物流经营管理经验及能力皆是业者在内地发展物流的有利条件。

（三）台湾的竞争定位

为避免与当地业者产生价格竞争，台湾的竞争策略应走市场区隔化路线，以整合型物流服务为导向，与当地业者保持差异化策略，锁定台商或外商为服务对象，由此基础再延伸服务来深耕市场。

（四）台商在内地的布局

台商在内地已成群聚效应的分布，不论在上中下游的产业分工或地理位置的就近便利皆自成一格，若能对此有深入了解即具备服务台商的现成优势。

四、物流服务业的发展机会

从物流服务业的供过于求，价格恶性竞争，更面临产业外移，货源空洞化的危机，物流服务业的经营似乎陷入泥沼，期待着转机的出现，另一方面，工商企业界也因面临剧烈竞争而开始重视物流，将物流服务视为行销组合功能及差异化策略的重要环节。再者有鉴于结合电子商务及应用信息通讯科技的新供应链管理系统，可提高需求预测及管理的精确度，提升整体经营附加价值，达成现代化供应链管理的目标，专注本身的核心竞争力活动，以提升竞争力。因此对物流服务业而言，此刻的大环境是危机也是转机，物流服务业应积极思考如何突破困局及转型升级。

（一）由合并或策略整合，寻找生存空间

运输与仓储是物流的最主要的活动，台湾的运输及仓储业普遍零细，体质健全者不多，面临货源减少趋势，业界生存将日益困难，惟有由合并及策略整合，提高营运规模，减少互相竞争家数，或可寻得一线生机。

（二）由传统的物流服务转型为提供整体解决方案且能支持执行现代化供应链管理的物流服务

物流服务业应从单纯实体提供各物流活动的作业服务，扩展到能支持供应链管理相关的采购、信息、收款、贸易、库存管理、交货等的操作或代行服务。

（三）由本土物流走向全球化物流

台湾厂商外移，导致台湾货源减少，而欧美日台韩新等国家和地区厂商的全球化的分散生产布局，导致全球货源仍能持续成长，根据英国著名海运咨询公司Drewry最新发表预测2001年世界海运物流量比2000年成长8.1%，因此台湾的物流服务业不能困在货源有限或减少中的台湾互相残杀，应跟随企业外移的机会配合厂商走出台湾，学习提供区域或全球的物流运筹服务。

（四）由实体物流专业导向走向软性物流专业导向

进入21世纪，顾客厂商为提升竞争力无不卯

足马力积极投入信息系统的建置，全力迈向现代化供应链管理系统，追求快速反应，零库存及上下游供应链全体最适化。物流服务业必须要更具弹性，不但要拥有能与客户衔接配合的信息系统能力及运用国际贸易、国际运输、海关及税务相关法规，提供解决方案，也不能完全依赖计算机而忽略“人”的信息传递角色，以与上下游客户密切沟通，为客户谋求最大利益，才能积极扮演物流运筹代工的角色以与客户厂商做最适化的整合。

五、物流业对政府的建议

过去十年来台湾的物流产业在政府与民间的努力合作下，打下了良好基础，但受到美国、欧盟、日本三大经济体连袂走弱，及台湾经济结构再升级调整的困难，及长期不断垫高而形成的高成本结构，加上如前所述的危机不易解决，此波的台湾景气衰退是否会步入日本不景气后尘而陷入长期泥淖化，关系到物流产业未来发展的希望。做为物流业者，热烈地期盼政府朝野与民间能通力合作，不断改善投资环境，来恢复经济的活力，使台湾的货源能继续安定成长，在此提出对政府的建议。

（一）重视开放直航的正面效益

开放直航可缩短运输里程，提高时效，降低成本，如厦门港至台中港直航里程 244 海哩，弯靠第三地石垣岛或香港则里程至少增加到 1 000 海哩以上，无论时间与成本都大幅增加，故开放直航可缩短人货行程，减少两岸间的运输成本，降低外销大陆商品价格，降低从内地进口零组件、原料价格，增加市场占有率。台商在内地的投资有许多中间投入仍依靠台湾，直航有利于台湾继续扩展中间产品市场或中间产品产能而抵销西进的诱因，促进台湾货源成长。

（二）修改劳动基准法

面对目前劳基法对投资环境所造成的负面，人事成本就无法经由市场机制反应调整，不但厂商继续被逼出走，失业率更会升高，欧盟各国一直是高失业率的国家，近年来在各国纷纷强调以人力资本主义取代福利国家主义，以松绑劳动法来解决失业问题，欧盟的失业率也就明显降低。荷兰的失业率由 1994 年的 7.1%下降至 2000 年的 2.5%，同期间英国的失业率由 9.6%降到 4.7%，到今年五月已下降到 3.3%，爱尔兰的失业率由 15.6%降到 4.6%，相较之下，未进行劳基法松绑改革的法国、德国、西班牙等失业率则犹在 9%左右的高水平，从此可以得到证明，因劳基法僵化违反市场机制而形成过高的劳动人事成本，可说是台湾厂商出走的最大原因，更会降低吸引外人的投资意愿。

（三）交通部应加强对物流产业的了解、研究与关心

物流的核心领域运输与仓储，前者须取得特许执照由交通部管辖，后者不须取得特许执照由“经济部”管辖，货物的通关则由“财政部”管辖，台湾是高度依存进出口贸易，通关的效率直接影响物流活动效率，必须在运输、仓储、通关三者有系统及时的协调配合下，物流效率才能发挥，但现状是物流活动的三大领域分属三个部会管辖，在日本则因仓储业牵涉仓库设备、仓储营业及仓单流通而须特许执照并有“仓库业法”规范，故运输业与仓储业均由运输省(交通部)管辖，运输省下设有“货物流通局”及“运输政策局”负责主导并规划有关物流策略、愿景、行政措施等，而能不断提升日本物流的国际化、效率化、信息化、标准化的水准。交通部必须要改变观念，调整组织，吸收人才，从台湾经济日益成熟的结构，产业全球化，知识经济及全球竞争的立场，将运输、仓储、通关等物流相关活动，加以整合出击，配合基础建设、能源效率、人才培养，信息通讯科技应用，工业工程技术及自动化设备的应用等来提升整体物流效率，降低物流成本，减少社会成本，强化物流交通安全，兼顾环境保护，提升台湾竞争力。具体而言，交通部可以从以下角度扮演积极物流领航者的角色。

1. 加强与物流发展相关部门及地方政府的沟通联系，积极主导物流政策的推行。如与“财政部”共商通关效率化，与“内政部”、农委会共商土地供给利用，与“经济部”共商电子商务之物流配套及供应链管理等。

2. 都市物流、区域物流、国际物流个别存在的问题及互相整合的观点面对瓶颈障碍，积极介

入解决问题，如：都市货车装卸货停车位置，建筑物货车装卸区配套规划，交通阻塞，排气公害，共同输配送，15米以上深水货柜码头扩建、机场货运站扩建等。

3. 检讨台铁轨道能量的再开发利用及环岛航运的弹性化以配合国际全球物流运筹的效率整合，不但可替代公路长途货运减少公路交通负荷，提高长途干线运输效率，提升国际物流运作灵活度更可减少排气公害，维护环境品质。

4. 物流站场据点的规划建设，物流站场据点包括货卡车停车场，铁路公路转运站场，物流园区等，特别是在高雄与桃园适当车站地区各设一高效率铁路公路转运站场，以发挥铁路运输优势，及在大台北都会区高速公路交流道外围规划仓储据点，及奖励民间投资物流中心以利用共同配送，提高物流配送率。

（四）强化物流政策

除落实优惠奖励政策、税赋减免等外，应促使相关法规与国际接轨，例如有关赔偿的相关法规(如民法、公路法)缺乏统一明确的规定，与国际无法接轨。

（五）公平奖励物流产业

开放外来投资时要兼顾本土业者是否也享有同等公平之待遇，以促使本土业者能在物流服务国际化时有一公平竞争的舞台。提升物流技术与奖励物流发展时要兼顾大企业的物流绩效及专业物流公司的发展。

六、物流业对工商企业者的期待

物流业的服务对象主要是工商企业界，对于有关物流的决策，工商企业界握有主控权，所以工商企业对物流的认知程度及其思维决策可说是影响整体物流效率的主要关键因素，物流服务业的努力如果没有工商企业界的支持，往往结果是事倍功半，而在整体成本效益上得不到应有的成果，令人惋惜。

物流业者有三点期待：

（一）重视供应链管理，积极建置现代化供应链管理体系，以提高竞争力

供应链整合运作管理的改善可明显改善公司财务绩效提升股东权益，由较少原料与成品的库存、较短的前置时间来减少营运资本的投入，较少的实体资产如车辆、仓库、搬运设备来减少固定资本的投入、由提高预测准确度及提升供应链能见度能提升及稳定与合作伙伴的关系，提高整体附加价值，进而提高市场占有率及毛利率，增加收益。

（二）物流外包

与专业(3PL)的物流业者合作可协助完成及改善现代化供应链体系，并由集中资源于研发、生产、行销等核心事业，来发挥正面竞争力量，避免负面拖累；经由第三方物流业者专业操作的整合式库存管理、订单处理、共同配送系统及实时物流信息提供，可加速反应速度，降低运输费用，降低库存，缩短订单处理周期时间，减少人事包袱，提升配送网络效率并创造顾客服务附加价值。

（三）从研发设计与包装阶段着手降低物流成本

在研发设计阶段就对产品或装配零组件的尺寸、重量等做最适当的设计，才能配合栈板、容器、货柜、车辆尺寸、载重、堆高机、料架等的模块化，发挥装卸、装载效率化、安全化，兼顾环保及与上下游厂商、伙伴的物流作业整合。适当的包装方式须在包装设计阶段对包装型态、规格、构造、材料、资材、尺寸等予以标准化，在包装执行阶段对包装作业及包装测试予以标准化。美国P&G公司只将采购原物料的包装尺寸改变1/16英寸，就能节省50万美元，从研发与包装设计阶段着手降低物流成本应是最扎实的做法。

七、物流业者的因应

综合上述全球物流发展趋势，台湾物流的优劣势与机会、威胁，及台湾在内地物流市场的发展商机等分析看来，个人对于物流业者应如何“继往开来，全球接轨”提出三点看法：

（一）以内地为市场踏板，进军全球物流市场

过去十年来本土物流已有成绩，市场也趋饱和，基于两岸在物流上尚有交流合作的空间，且对台商而言，物流是继生产、行销之后尚未发挥的领域，在台专业物流业者在地利、人和与专业上都拥有可以发挥的条件，实在要善加把握，好好发挥，若能在内地市场占有一席之地，以两岸市场所建立的基础，进而逐步扩张至全球物流市场应该是一项稳健而可行的策略。

（二）物流专业的升级

今天在 WTO 架构下，物流外商一样可以进入台湾的市场，事实上，今年已有拥有悠久历史的外商第四方物流业者进入台湾，因此本土的物流也要有产业升级的抱负，至少物流业者本身的体质应加强，同时应与工商业者密切合作，发挥伙伴关系，以协助工商企业开发商机。

（三）与国际同业策略联盟

物流业是需要结合大量资金、人力与专业技术的新兴行业，尤其要涉入全球运筹更是如此，而今天的市场竞争激烈，时时要讲究速度，处处要创新商机，业者缺乏全球运筹的运作实务，目前尚在摸索中边做边学，因此当机会来临时，与合适的国际同业策略结盟，不失为一可行的方法。

八、结语

今日为企业全球化的时代，台湾加入 WTO 后，面临了来自全球的竞争，近年来台湾企业积极展开全球布局并大举跨海西进，其间供应链结构的延长及变化，对物流业者而言，带来了服务的挑战，但也带来了商机。未来的活动规划及会务推广将考虑前述的趋势及实况，从协助企业建构全球运筹机制的角度出发，以满足工商企业的需求。

在全球化竞争的环境下，做为专业的物流业者，能提供专业的物流服务并有效协助工商业执行供应链管理，成为今后立足的必备条件，所以专业的物流业者必须不断地追求物流技术的提升。物流协会自成立以来常带领业者赴外考察观摩先进国家的物流技术，足迹远至日本、欧洲、澳洲等国，近年也持续邀请专家顾问来台讲习现身说法，得到会员厂商的好评，为协助业界建立全球运筹的机制。

另外，在全球竞争的时代，物流业者本身的服务也必须配合企业国际化的脚步，而将物流服务延伸国际，物流服务国际化是当前业者必须省思的重要课题，为了促进本地业者与国外业者交流以创造合作空间，物流协会除了与日 MH 协会、荷兰物流协会、澳洲物流协会相互交往外，去年正式加入“国际仓储物流协会世界联盟”(FWLA)组织，使大家有一个国际活动的舞台，能认识更多国际的专业人士。

鼓励企业根留台湾并吸引外资企业在台湾投资，以台湾为营运总部，为台湾当局的重要政策，可以促使企业发挥运筹帷幄的优势，如此一来，企业能将重要的研发、接单、行销、创新等活动放在台湾，生产、组织则因地制宜，各种活动再透过物流网络的整合，全球供应链管理策略便可落实。政府与民间若能紧密合作，将台湾打造成亚洲的荷兰并非空想，而是一个可以追求及落实的构想。做为一个专业的物流组织，台湾物流协会将积极持续地扮演好业界与政府沟通、协调者的角色，为促使台湾物流业更大发展而努力。

（供稿：台湾物流协会秘书长　钟荣钦）

香港特别行政区

香港是全球最兴旺繁华的都市之一，700 万港人精力充沛，孜孜不倦地追寻新的发展机遇。正因如此，使香港成为理想的经商之地，对运输和物流领域而言更是如此。香港与国际市场联系紧密，而且地处亚洲区中心，因此是各类企业建立据点、进军国际舞台的首选之地。

香港是世界十大贸易经济体系之一，具有强大的竞争优势。香港的深水良港和现代化机场日夜运转，货流、人流川流不息。而且，作为一个贸易城市，香港的商业环境日臻完善，为运输和物流公司提供最鼎力的支持。

香港的金融、法律、保险和电信行业高度发达,熟悉普通话和英语的双语人才云集,信息、资金、人员和货物可自由流通,世界一流的服务已令众多大型中国企业受益匪浅。

特区政府营造有利环境,进一步加强了香港的优势。为了巩固香港作为亚洲区首选国际物流枢纽的地位,政府专门成立了香港物流发展局,全力推进香港物流的发展。

内地为多大型运输公司已在港设立据点,其中包括航空公司东方航空与南方航空、集装箱航运公司中远集团与中海集团以及物流服务供货商中外运与中国诚通等。

进入国际市场的跳板

总部云集——众多跨国企业在选择亚太区总部时,总是首先考虑到香港。目前,香港拥有超过3 200家跨国公司地区总部和地区办事处,高级决策人可随时相互联系,使生意往来和商业决策更具效率。

信息流通——进入信息时代,香港在电子商务和供应链管理方面一路保持领先,使物流信息流动更为畅通。2003年香港在IT方面的投资超过25亿美元,人均投资额为亚洲之冠。

国际商业标准——香港的服务业十分发达,会计、法律和金融服务快速便捷,并且达到国际水平。由于众多国际大公司(如英国空运(Exel)、马士基(Maersk Sealand)、敦豪(DHL)等)在港均有业务,因此运输公司的业务与国际标准接轨。在开发现代物流的软件方面,香港企业擅长供应链管理,能提供迅速可靠的服务。

国际合作平台——香港政府致力以珠江三角洲为经济发展腹地,进而向全国辐射,香港政府制订了政策配套方案,鼓励珠江三角洲以至其他地区的内地企业,利用香港的优良投资环境,设立销售中心或亚太地区办事处,发挥最大企业优势,进而迈向国际。

理想的集资地

香港是国际金融中心,资本市场成熟发达,法律机制与监管架构透明公正,融资工具灵活多样,而且拥有大批专业人士。香港是全球最自由的经济体,国内企业到港融资,可以更好地把握中国入世带来的商机,对于开拓国际市场具有战略意义。

内地物流企业需要大量资本扩大其发展规模,例如投资于基础设施、IT和人力资源等方面,以保持在国际市场的竞争力。

众多中国内地企业将香港作为融资中心,进行银行贷款和开展上市集资活动。自1986年起,已有百多家内地企业在香港股票市场上市,筹集资金超过946亿美元。在2003年,在H股和红筹股市场筹集的资金便达68亿美元。

地区性合作,特别是最近加强与广东和上海的联系,使香港更具综合优势。此外,中央人民政府同意香港银行办理个人人民币业务,进一步巩固香港作为国际金融中心的地位。

便利的交通

香港的地理位置得天独厚,地处亚洲的中心,交通极为便利,为内地和国际企业提供往返各地的快捷航运服务。2003年,香港的集装箱码头已能处理2 000多万个20呎标准集装箱,是世界最繁忙的港口;而香港国际机场的货运处理量也超过264万吨,反映香港早已具备完善的货玛设施和强大的处理能力。

香港的运输网络四通八达,例如机场、铁路、公路、集装箱码头、内河码头和跨境运输等不但提供完善的基建设施,而且使香港和华南地区紧密连在一起,促进华南地区商贸和物流发展。此外,香港拥有高效率的政府、低税制、政府对贸易采取不干预政策和完善的司法制度等,都促进香港和跨国企业在港发展国际性和地区性物流业务。

香港与珠三角地区融合

港深实施24小时通关和一站式过关检查,港珠澳大桥和深圳西部信道也正在修建之中,使香港和珠三角地区的货物运输更加便捷,双边关系的加强，也有利于两地的物流货物追踪。中央政府与特区政府签订了《更紧密经贸关系的安排》，加强香港与珠三角的商贸关系，更有利于货物流通。

海陆空运输的未来发展

据行政长官发表的2004年施政报告，在物流方面，香港与国家发展和改革委员会合作进行的一项研究，肯定了内地与香港加强物流合作的策略重要性。由于超过30%的大陆国际贸易经由香港处理，更使香港具有区域物流枢纽的地位。

空运

香港要充分发挥香港国际机场的优势，稳步推进航权的开放，积极研究加强竞争力，维持空运方面的领先地位。

海运

海运设施方面，新九号集装箱码头余下的4个泊位将于今、明两年陆续投入运作。为了提升长远竞争力，政府将建议兴建更多集装箱码头。

陆运

为配合物流业的长远发展，香港将继续改善跨境货运的硬件设施和软件配套。香港积极扩展运输网络：深港西部信道已经动工，预期建造工程明年底完成。兴建港珠澳大桥的必要性和迫切性得到肯定后，由三地代表组成的协调小组已展开前期工作。广深港高速铁路计划会继续推进。陆路口岸的通关能力虽已明显增强，但将继续加建信道和采用新科技，进一步促进货流。软件方面，政府积极发展一个方便供应链参与者共享的电子平台，准备明年推行数码贸易运输网络系统。

2003香港物流发展回顾

2003年香港物流业是充满挑战及机遇的一年。香港共约处理2 000万标准箱，比起2002年增长约4.5%，仍是世界最繁忙的集装箱港口。但比起上海港、深圳港处理量超过20%来说，香港还应当降低成本，加强竞争力，拓展泛珠三角货源来保持增长。

2003年，香港国际机场共处理空运货约260万吨，稳守全球第二位，比起2002年增长约7%。在非典期间很多航班取消导致货物处理量一度减小；犹幸非典过后，航空运输很快便回复正常，全年取得不错升幅。

香港特区政府物流发展局有关官员于年初曾说，2003年是实干的一年，回顾起来并非空话。香港物流发展局就数码贸易运输网络(DTTN)系统已达成初步协议，预计很快便开展工作，亦会与香港贸易发展局于2004年3月在广州举办第二届香港物流服务博览及5月在香港举办一国际物流会议来推广香港物流业。

与珠三角连合，西部通道连接深圳蛇口与香港西部已于2003年动工，预计2005年落成。粤港澳大桥前期规划工作已展开。这所有的项目希望能有助香港维持作为世界物流运输中心地位。

内地与香港特区政府于2003年6月29日签订《内地与香港建立更紧密经贸关系安排》以下简称《安排》；其后于9月29日亦进一步签署《安排》的六个附件。《安排》将于2004年1月1日实施。

签署《安排》的目标是希望

1. 逐步减少或取消双方之间实质上所有货物贸易的关税和非关税壁垒；

2. 逐步实现服务贸易自由化，减少或取消双方之间实质上所有歧视性措施；

3. 促进贸易投资便利化。

为达成以上的3个目标双方将在以下领域加强合作：

1. 促进贸易投资；
2. 通关便利化；
3. 商品检验检疫、食品安全、质量标准；
4. 电子商务；
5. 法律法规透明度；
6. 中小企业合作；
7. 中医药产业合作。

《安排》的内容

《安排》提出自2004年1月1日起,内地将对273种原产香港的进口货物实行零关税。《安排》还提出自2004年1月1日起,内地将进一步对以下18项香港服务及服务业开放:

1. 管理咨询服务;
2. 会展服务;
3. 广告服务;
4. 会计服务;
5. 建筑及房地产服务;
6. 医疗及牙医服务;
7. 分销服务;
8. 物流服务;
9. 货代服务;
10. 仓储服务;
11. 运输服务;
12. 旅游服务;
13. 视听服务;
14. 法律服务;
15. 银行服务;
16. 证券服务;
17. 保险服务;
18. 电讯服务。

《安排》对物流服务业的承诺

在18项开放的服务业中有关物流业的有4项共占约22%,为物流服务业在国内市场提供更多商机。在未签署《安排》前,香港物流服务提供商如需发展国内市场,必需以合营方式进行,其所占的股份不超过50%。独资经营物流业务在落实《安排》前对中小型物流服务商业说是不可能的。由于合资经营及欠缺主导权及容易引起争端或纠纷,过往很多香港中小型物流企业对国内这片金矿是无法去发掘的。

现在将《安排》对物流有关行业的优惠列举如表1:

其中值得一提的是内地政府首次于《安排》中对物流服务业有更详细的阐释:物流服务,包括道路普通货物的运输、仓储、装卸、加工、包装、配送及相关信息处理服务和有关咨询业务,国内货运代理业务,利用计算器网络管理和运作业务。以往对物流一词及其所涉业务是欠缺详细阐释的。

《安排》与中国加入世贸组织时所作的开放承诺比较

中国于2001年12月加入世贸时其实已承诺向其他世贸会员开放市场及部分行业,其中也包括物流货运业。现将中国开放物流货运业的时间列出以作比较(见表2)。

《安排》对物流服务业的商机

比较可知,香港物流服务供货商较其他外资物流服务供货商可说是早占先机,可更早抢占市场,而允许香港物流服务供货商经营有关服务令香港企业有更灵活的管治方法及更容易推行港式管理。外资物流服务供货商如欲利用《安排》抢滩中国市场,可透过并购香港公司进入也会令香港公司得益。由于《安排》适用于所用香港物流服务供货商,不论资产,特别对中小企业说可说是降低准入门坎,提供更多、更广之发展空间。另外《安排》对273种港产成品实行零关税将何增加港货内销之机会,由于物流是倚靠商流的,更多商流会导致更多物流服务需求。综合上述因素,《安排》对香港整体物流业发展是正面的,有利的。

香港物流协会对《安排》的第一次调查

香港物流协会(HKLA)于签署《安排》后向会员发出第一次问卷调查,并成功获得136个会员回复。超过98%受访的会员欢迎此项“安排”,认为“安排”会为香港物流业带来新的商机,其中42%的会员会考虑将公司部分运作搬回国内或在国内独资或合资设立据点。有50%的会员认为“安排”会对内地的物流企业增添竞争。超过78%的会员认为国际性的物流公司会透过并购香港物流公司而进入内地物流市场。而超过92%的受访会员希望国内及香港的有关机构可以提供一份在内地开展物流业务的内地服务机构(如申请牌照,开立银行户口)的资料。有超过60%的会员认为

表 1

运输服务	具体承诺
海运服务 辅助服务 ●国际运输（货运和客运） 不包括沿海和内水运输服务 ●集装箱堆场服务 ●其他	1. 允许香港服务提供者以独资形式在内地设立企业，经营国际船舶管理、国际海运货物仓储、国际海运集装箱站和堆场以及无船承运人业务。 2. 允许香港服务提供者在内地设立独资船务公司，为其拥有或经营的船舶提供揽货、签发提单、结算运费、签订服务合同等日常业务服务。 3. 允许香港服务提供者利用干线班轮船舶在内地港口自由调配自有和租用的空集装箱，但应办理有关海关手续。
公路运输服务 ●公路卡车汽车货运 ●公路客运	1. 允许香港服务提供者在内地设立独资企业经营道路货运业务。 2. 允许香港服务提供者经营香港至内地各省、市及自治区之间的货运“直通车”业务。 3. 允许香港服务提供者在内地的西部地区独立独资企业，经营道路客运业务。
所有运输方式的辅助服务 ●仓储服务	1. 允许香港服务提供者以独资形式在内地提供仓储服务。 2. 对香港服务提供者在内地投资设立仓储企业的最低注册资本要求比照内地企业实行。
●货代服务	1. 允许香港服务提供者以独资形式在内地提供货代服务。 2. 对香港服务提供者在内地投资设立货代企业（国际货代）的最低注册资本要求比照内地企业实行。
●物流服务	允许香港服务提供者以独资形式在内地提供相关的货运分拨和物流服务，包括道路普通货的运输、仓储、装卸、加工、包装、配送及相关信息处理和有关咨询业务，国内货运代理业务，利用计算器网络管理和运作物流业务。

表 2

物流服务	中国加入世贸组织时所作的开放承诺
公路运输服务	允许外资于入世后 1 年以主要股权合营方式及 3 年后以全资附属公司方式经营
海运服务	允许外资于入世后以小股权合营方式及以中国船期经营； 允许外资于入世后合营方式经营货物处理，集装箱堆场及船务等辅助服务。
储运服务	允许外资于入世后 1 年以主要股权合营方式及 4 年后以全资附属公司方式经营
货代服务	入世后允许拥有 3 年经验的外资货代成立合营公司； 允许外资于入世后 1 年以主要股权合营方式及 4 年后以全资附属公司方式经营； 合营公司经营 1 年后可开设分公司； 允许外资货代合营公司有 5 年中国经验者可成立第二间货代合营公司。（入世后 5 年降为 2 年）

（资料来源：香港贸易发展局）

《安排》是一个大指引，更期待于未来 3 个月内可以有更详细更清晰的指引如何在国内成立及申请有关牌照。也有约 17%的受访会员认为《安排》会带来负面影响，其中包括会削弱香港竞争力；国内城市会认为中央对香港给予太多优惠；如果太多物流公司直接进入中国而减低香港投资，会影响香港经济，还会影响香港就业市场。这忧虑并非无故的，观近年中国物流业，特别是国际海运、港口处理、集装箱处理、空运、快运、速递业业绩有可观升势。反之香港市场表现平平。很多同业对未来发展忧心不无理由。

对有效落实最紧密经贸关系安排的若干意见

得到会员意见后，香港物流协会认为要有效地落实《安排》，国内及香港有关机构应尽早公布详细指引，及时对香港物流企业提供如何在内地投资及申请牌照等资信。香港物流协会向香港特区政府提出 9 项建议，加快及更有效落实《内地与香港最紧密经贸关系安排》。

该 9 项建议包括：

1. 设立督导委员会，鼓励内地官员支持；

2. 增加政策透明度，珠三角的政策要有沟通，CEPA 需透明度，双方要互相了解大家的市场；

3. 加强推广和增加优惠，政策须清楚，并有严谨法律制度；

4. 香港要有物流代表与内地一起开会，制订规则，香港企业才可详谈细则，在国内及香港同时成立中介机构（性质与贸易发展局类同），协助本地公司进行业务开展及/或拼购行政安排，安排业界代表去参与 CEPA 招商团，同内地倾谈。

5. “零”关税应推广至更多产品，令更多企业受惠；

6. 解决内地与香港的付款、汇款等资金流问题；

7. 开放空运市场；

8. 尽快兴建港珠澳大桥；

9. 简化报关手续及缩短过关时间。

签署《安排》后有较多香港中小物流企业向香港物流协会询问如何在内地设立独资物流公司及内地物流牌照的问题。这表明香港中小企业非常有兴趣利用《安排》所提供的优惠开拓内地物流市场，但另一方面，显示很多同业对《安排》不熟识，不知怎去做，不知那些政府机构可提供协助，不熟识内地物流制度，物流市场。

香港特区政府行政长官非常重视落实《安排》，并指令有关部门于每一服务业设立一”指导委员会”，由一行政长官针对该行业作出协调并落实安排。“指导委员会”与香港物流协会所建议成立的“督导委员会”作用一样，本会非常支持。

粤港合作联席会议

广东省省长黄华华先生 9 月份率团抵港，与香港特区政府行政长官董建华先生及特区官员召开粤港合作联席会议。会后双方发表的公报强调香港作为国际贸易、金融、航运、物流等服务业中心的地位；广东省作为世界工厂突出“前店后厂”的概念。粤港合作联席会议并达成下列共识：

1. 设立港珠澳大桥前期工作小组；

2. 建立防疫通报机制；

3. 争取在 2003 年底前落实广东全省居民以个人身份赴港旅游；

4. 加强粤港服务业及投资合作；

5. 香港物流服务的中小企业在广东省登记注册设立独资物流公司手续。

根据黄华华省长指出香港物流服务的中小企业在广东省登记注册设立独资物流公司手续应如下图，而有关部门应于 5 工作天内完成有关批准程序。

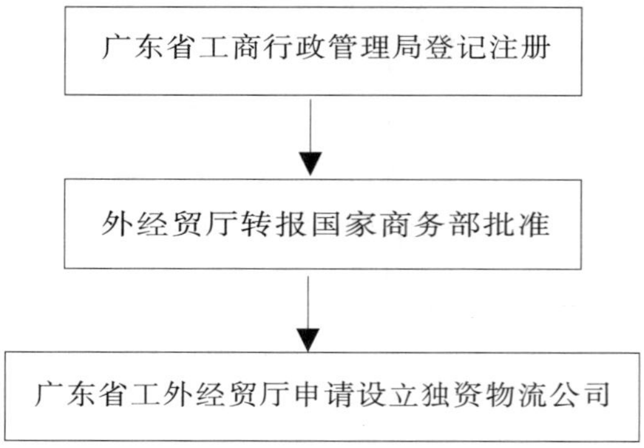

香港公司在广东投资

1. 海上货代为500万元人民币

2. 航空货代为300万元人民币

3. 陆路货代为200万元人民币

4. 仓储服务为50万元人民币

香港物流协会对落实最紧密经贸关系安排的第二次调查

《安排》已于2004年1月1日正式实施。香港物流协会（HKLA）于2003年12月用电话向75名会员作出调查并得出下列结果。

调查显示超过90%受访会员知道《安排》于2004年1月1日正式实施，其中56%的会员认为《安排》能为其企业拓展国内市场。只有3%的受访会员已向工贸处申请证明，39%仍在查询阶段，而58%未采取任何投资行动。对于为何其企业仍未决定采取任何投资行动，有13%不知道申请手续，也有10%受访会员认为《安排》对物流业的优惠不足以吸引他们作出投资决定。有30%的会员于2004年《安排》实施后重新考虑投资行动。其中70%受访会员考虑以独资方式经营，23%考虑以合营方式但占大股经营。而85%的会员会考虑由其企业成立自营公司并自己申办。有67%的受访会员认为香港特别行政区政府并未提供足够的所需支援，助其利用《安排》为物流业带来的商机。有69%的会员不知道香港其他机构为落实《安排》提供什么支持的服务。

会员更需要香港特区政府提供下列协助以助，他们凭CEPA之利进军国内物流市场：

1. 希望有更多关于CEPA的书刊、杂志，指引以供参考；

2. 协助提供员工培训以助面对环境之改变；

3. 提供法律协助；

4. 提供多点CEPA讯息；

5. 提供有关申请CEPA手续的资料、宣传；

6. 政府应多咨询、设立热线及教导申请；

7. 提供有关法律、章程、资料；

8. 应发展到各行业都可申请。

根据香港工业贸易署的消息，在已获发60多份之香港服务提供者证明书，其中物流业超过半数占30多份。这足以证明CEPA对物流业有一定的吸引。

但根据以上的调查，明显反应出虽然香港政府工业贸易处、香港贸易发展局、香港物流发展局等机构已作了很多宣传工作，仍有很多香港物流业者对CEPA存观望态度及对CEPA仍有很多不明之处，故未能决定CEPA是否能对他们带来更多好处。他们对开拓国内物流市场仍存保守态度。

如何协助落实《安排》

与香港特区政府比较，内地各省市县政府则显得着力多了。由6月签署《安排》后到目前为止，该会接待了不少内地省市县区政府或物流企业，物流协会，招商代表团到港交流。其中包括与中国物流与采购联合会。香港生产力促进局及澳门空运暨物流业协会主辨2003海峡两岸暨香港、澳门物流合作与发展大会，为中国、香港、台湾、澳门介绍《安排》对物流业的商机。香港物流协会还接待了广州花都区、越秀区、江门市、大连、天津等地的物流代表团，向他们介绍香港物流发展。香港物流协会会长及常务副会长还参与国内物流研讨会介绍香港物流业商机，其中包括厦门、北京等地之物流研讨会。

香港物流协会与下列省市地区物流有关单位签署合作意向书，其中包括：

大连保税区物流发展局；佛山市；中国贸易促进委员会广州分会；广州市越秀区；上海市闸北区；上海市同济大学；福建物流协会。

为协助香港物流企业进入国内市场香港物流协会与内地单位所签署的合作意向书主要强调2点：

1. 为双方业界提供一交流平台令国内及香港物流企业共创商机；

2. 为香港及国内单位，企业提供现代物流培训，提升人才素质。

根据香港物流协会调查及所接触的企业仍有很多香港物流企业，特别是中小型企业仍对国内市场，领牌手续，物流技术发展不甚熟识。香港特区政府工业贸易署，香港贸易发展局，香港总商会,香港工业总会皆对《安排》有详细解释及有专人解答,但并无针对协助物流业在内地拓展市场。香港物流协会在国内享有较强品牌,与国内各物流有关协会,企业有良好关系,故愿意尽力去协助香港企业拓展内地市场。所以香港物流协会特向香港工业贸易署中小企业该蓝图包括指南、研讨会,以便香港物流中小企更了解中国物流市场。该蓝图预计 2004 年底完成。

(资料来源:香港投资推广署 香港物流协会
香港贸易发展局 香港工业贸易署)

澳门特别行政区

目前,物流业的发展一日千里,很多因素促使澳门对物流业的服务需求急剧提升。好像《内地与澳门建立更紧密经贸关系的安排(CEPA)》、本地博彩及旅游业发展亦进入另一阶段,加上跨境工业区将于短期内正式投入生产等有利因素,使澳门物流业发展再不是单一的概念,而是可以持续发展及演变的行业。现在澳门物流业之运作还属于初步阶段,但是,在澳门特区政府及本行业共同努力下,澳门之物流业会很快地发展至较成熟的阶段。而过去一年,澳门于空运及海运业的成绩亦标志着澳门物流业之发展情况理想。

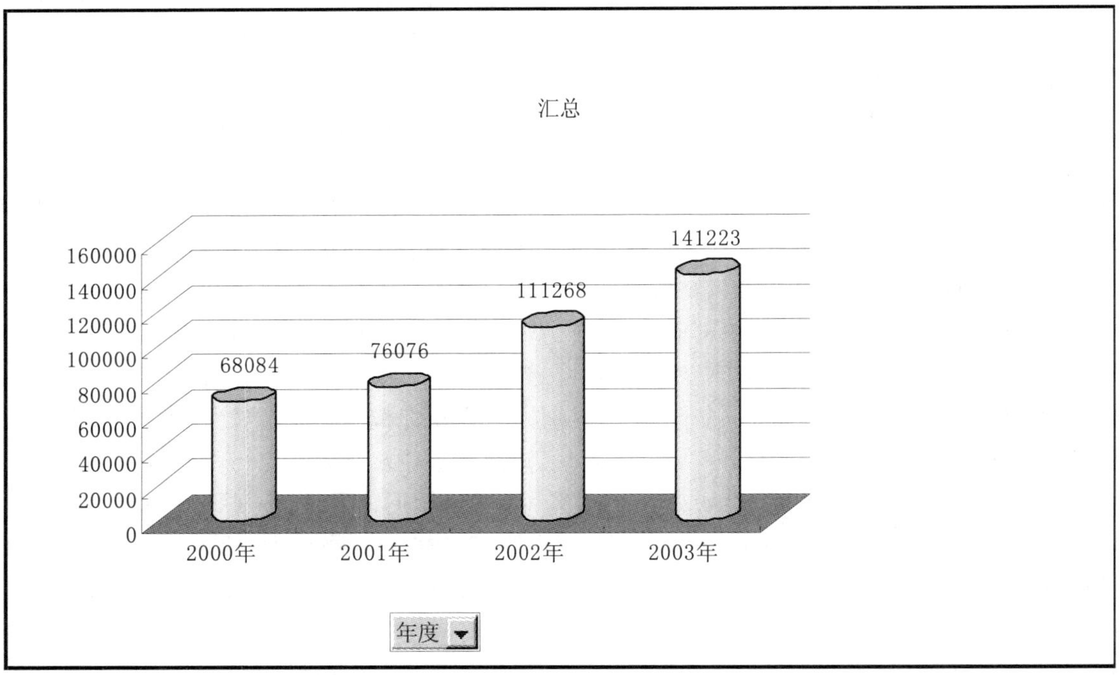

在 2003 年,澳门国际机场处理了 141 000 多吨的货物,比前年增长 27%,这成绩是特区政府、海关、民航局、机场专营公司、航空公司及我们业界等共同努力的成果。足以证明空运业全方位的合作模式已初步得到认同,我们将上述不同的机构及单位统称为"梦幻组合"。

回想去年 SARS 期间,特区政府各部门的应变方法,航空公司对服务的坚持,业界全天候 24 小时配合,机场专营公司、民航局及海关对业界的体谅,以致前线工作人员处变不惊同时又紧守岗位的工作态度,实在令人感动。因此在 SARS 事件以后的数个月,我们分别取得 7 月份 13%、8 月份

51%、9 月份 63%及 10 月份 38%的骄人增长。加上其他月份亦有不错的表现，所以全年才有 27%升幅。而增幅大部分是欧洲、美国等地区的货物。在刚过去的本年 5 月 12 日，澳门国际机场于"亚洲货运及供应链颁奖典礼 2004"上获授"亚洲最具潜质货运机场"荣誉，分别击败海口机场及菲律宾 Cebu 机场获得这项殊荣。如果没有以上组合任何一方的合作，相信历史会改写，但同时证明业界、政府及航空公司等各方组成的"梦幻组合"已发挥出应有的作用。就以 2004 年首季为例，澳门国际机场共处理了 39 686 吨的货物，比 2003 年相同季度增长了 43%。另外，厦门至澳门再转飞世界各地的货运专线亦将于 6 月份开始投入服务。如果此模式得以延续，相信今年定能比去年有更好的成绩。

海运方面，2003 年本澳的进出口货运业务，总体表现算是理想。以海运通过香港接驳世界各地港口，仍是主要运输模式。其中主要出口市场，往北美洲的货运量增长了约 10%，往欧洲的货运量亦增长约 7%、加上往日本、台湾、澳洲及香港等地区之出口货有较大增幅，导致出口总货运量较去年上升约 14%，有 34 000 个 20 尺货柜。本地港口货运量也上升约 3%，总计达 29 800 个 20 尺货柜。总括来说，全年的表现较为理想。

展望今年本澳进出口货运业务，一般预计表现，可能微升。往欧洲的货量，则较为乐观。另外进口方面，由于自由行的带动，加上众多建设继续进行或开展，估计进口货量会更进一步提升。

未来数年，澳门物流业前景将是乐观的，加上澳门本身于地理位置上的优势，市场日渐的扩大，澳门更是一个自由港，除烟酒及汽车外，进出口都是免税，适合物流业发展。而且赌权开放，新大型赌场相继的落成，估计旅客每年可达 1 500 万以上。再加上澳门政府已落实构建葡语国家商贸平台、欧盟地区与中国商贸发展平台等项目，因此只要好好把握，相信商机无限。

（撰稿：澳门空运暨物流业协会理事长　潘国庆）

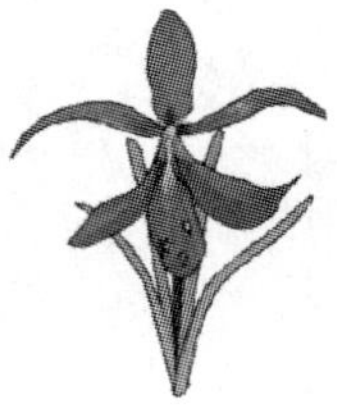

第五部分

物流科技与信息化

2003年中国物流信息化状况及2004年发展趋势

一、2003年中国物流业信息化的新进展

(一)工业企业

开始专注物流带来的效率和效果，在领先的企业里，开始重视物流策略，通过物流信息系统、物流组织结构、业务与物流流程改造、物流外包等手段，成功地使物流总成本降低，达到前所未有的水平并提升服务水平，突出企业的核心竞争力，从而为企业带来明显的经济效益。

由国家信息化测评中心公布的2003年度“中国企业信息化500强”中，前100名企业总销售收入达到2.48万亿元，这是令人吃惊的数字，它超过中国2003年GDP的1/5。在入选的前十名企业中，如宝钢、上海通用汽车、一汽大众、中国惠普、海尔、联想等工业企业的信息化建设已成为该企业发展战略的重要组成部分，其中物流信息化也呈现新水平。如宝钢的产供销一体化管理系统、海尔以订单信息流为中心的“一流三网”、联想进军物流与世界物流业巨头APPL公司联合投资，成立“志勤美集”，构建物流公用平台，为客户提供网络化、多功能、一体化的供应链管理服务。

同时，通过对原有流程进行电子化，将业界规范、标准流程与企业实际运作相结合，提供专业的物流服务，打造一流品牌。此外，工业企业在进行新上马的ERP项目实施时，也能从企业内部扩大到整个供应链来考虑，即ERP系统向下游延伸，为供应链物流一体化奠定基础。

(二)商业企业(包括零售业)

由于其业态变革剧烈，加上连锁企业的崛起和国外各种类型的零售企业的大举进入，物流变革已成为最迫切的需求，如何提高供应链管理效率及降低成本，并建立一体化的物流信息平台已成为商业企业的迫切课题。2003年上海联华超市以信息技术为突破口，先后建立“品类管理系统”，“门店自动补货系统”，“集中要货系统”及“供应商综合服务系统”，在零售商与供应商之间建立交换机制，实现信息共享，从而提升外部供应链的运作效率和管理水平。又如，山东三联电子的“物流与电子商务平台”，在家电流通领域中，上游连接了海尔、厦华、LG等50余家家电生产厂商，下游连接了全国上百家家电分销商。此外，以信息技术为支撑的物流配送系统成为专业分销、连锁经营的亮点。如全国新华书店建立图书配送管理系统，不仅大大节约人力，提高了市场响应速度，而且扭转了多年的亏损经营局面，首次获得净利一亿元。又如，深圳建立起一个集采购、储运、装卸、配送、整理、加工、信息为一体的现代药品物流配送体系，目标是覆盖珠三角，辐射全省乃至华东、华南地区。

(三)传统的运输、仓储、货代企业

经过资产重组后，一批超大型的国有物流企业，利用其资源、规模、实力优势，加大信息技术的投入，成为国内第三方物流市场份额的最有力竞争者。如中远、中外运、中海、中储、中邮、中铁等，在2003年度“中国企业信息化500强”中，前100名企业中就有上述公司的身影。广东省邮政局2003年开发并投入使用的“物流管理与动态调配系统”，就是利用信息网络技术武装邮政，走电子化、信息化的发展道路，以信息化改造传统邮政产业。不仅完成邮政普通传统业务，同时向社会提供商函与广告、速递与物流、邮政金融、电子商务、分销代理等商业化服务。中海物流斥巨资开发物流信息系统，构筑了立足沿海、辐射全国、连接全球的网络化物流供应链立体网络，与国内一批知名企业建立战略合作关系，从而在国内物流领域处于强势地位。

(四)外资物流企业

2003年加速在中国市场布点，其竞争向网络实力、服务能力等方面深化。如UPS、FedEx、Exel、DHL、三井、马士基等一批世界级的物流企业，充分利用其雄厚资金、优秀人才、物流技术应用等优势，对物流过程管理、物流信息管理、物流系统设计等方面为客户提供量身定制、增值服务、优化的供应链解决方案，从而推动并提高中国物流业的信息化水平。

(五)民营物流企业

虽然规模都不大，但为了在竞争剧烈的物流市场中能占有一席之地，不得不在网络化、信息共享、服务个性化等方面寻求信息技术服务商的支持。而对于具有规模和品牌实力的一批领先企业，2003年步入快速成长期，如宝供物流企业集团，2003年进行战略转型，投资建设大型物流基地，成为轻资产型的物流企业。目前已建成广州南岗基地、苏州基地、合肥基地，并计划五年内在全国将建成16个大型物流基地，在基地中为管理大型的货架式仓库，必须引入并实施先进的仓库管理系统WMS(如Exceed4000)，以提高仓库运作效率，同时为提高客户满意度，必须从原来物流信息的采集、跟踪、存储、共享系统发展深化到对物流信息的分析、管理、决策的阶段，开发并实施TOM(全面订单管理)系统，为客户提供供应链物流一体化的解决方案。又如，大田集团在致力于发展综合物流的基础上，通过信息技术激活了整个网络，将集团的运作重点放在快递业务上，并以快递为主导，带动空运、海运、陆路运输和仓储业的发展。

(六)长江三角洲、珠江三角洲及环渤海地区物流一体化

在制订长远发展规划的基础上，2003年对现代物流业，不断加大投入力度，并重点利用信息技术加强对传统物流产业的改造，分别以上海、广州、天津为龙头城市，推动物流信息化规范建设。如上海大口岸\大通关物流平台，基于长江流域的多式联运EDI系统物流通道建设。并出台了物流信息化示范项目，目标是:研究并开发一整套包括订单管理、计划调度、作业管理、成本核算、过程跟踪、决策支持、客户关系管理、业务协同等功能在内的现代物流信息系统。珠江三角洲的“物流热”持续升温，把信息化当作物流企业的灵魂已被普遍认同，广州市口岸物流信息公用平台的建设也已进入实施阶段。

综上所述，2003年物流信息化已取得了可喜的进展，可以说凡是发展得快的工商企业，乃至物流业，无不都是在物流信息化中做了较多的投入和细致的工作，在近几年逐年升温的“物流热”中，信息化已成为物流业的核心，是不容置疑的。换句话说，没有物流信息化，就没有现代物流业，这是已被大量的事例所证明了的。

二、对2003年中国物流信息化存在问题的思考

(一)中国物流信息化离不开目前中国企业信息化的应用水平

据世界经济论坛(WorldEcnomicForum)最新发布的“2003-2004年世界各国信息技术发展排行榜”显示，2003年我国信息能力指数(NRI)得分仅3.38分，在全球102个国家和地区中，我国排名第51位。荣登全球IT排行榜首位是美国(NRI得分5.50)，次席为新加坡(5.40分)，日本排名第12位，我国台湾和香港分别排在第17和18位。尽管媒体对我国信息化的报道很多，但计算机应用程度及应用水平与国外的较大差异是不容争议的事实，因此目前中国物流信息化水平还是比较低的状况，有赖于中国企业信息化应用水平的提高。

(二)中国物流软件供应商状况

中国物流软件供应商虽有好几百家，有的是涵盖整个供应链的大而全式的管理系统，有的是从原来的ERP系统或财务软件中扩展出来的，很难找到适合中国国情，既符合实际运作状况，又能提升到供应链管理层次的物流软件。其中重要原因是，大部分软件公司不熟悉物流业务及其运作，像具有世界级仓库管理软件WMS功能EXE的Exceed4000实在太少了，能适应中国物流实际运作管理的软件就更少了。

(三)物流标准尚未形成

从订单开始到运作作业，包括物流设备，运载

工具及数据交换等都缺乏统一标准，传统EDI，现流行的ebXML，还有Rosettanet等，使中国物流信息化的进程发展缓慢，作为第三方物流企业为了快速、准确、有效地处理订单，有时数据交换要面向七八种不同的模式，这样就制约了物流信息化的进展，很不利于信息化的开展。

这几方面物流信息化存在的问题，不仅是当前的问题，也将会在相当长的一段时间内制约物流信息化的进展。希望能通过有关各方的协同和支持，以促进企业信息化应用水平的提高和大力开发适合中国国情的物流应用软件。至于物流标准化则有待于国家发改委等有关部门的重视，配合国家标准委员会，能尽快出台相关的物流标准与法规，以利于物流信息化的顺利开展。

三、2004年中国物流信息化发展趋向

(一)工业企业

工业企业在实施ERP时，更注重向两头(上游原材料采购与下游分销商)扩展，即形成有效供需链。而物流一体化运作将是重点要解决的问题，将会出现一批“物流与供应链信息化解决方案”的优秀案例。

(二)商业企业

商业企业(特别是大型连锁企业)信息化程度将更加普及与深化，会构建一个现代化的管理平台，含客户关系管理、优化配送调度、动态库存管理、在线交易处理等功能。并延伸到商品管理、销售分析、成本核算、购销核定等，真正把物流、资金流、信息流集成一个能支持电子商务的统一平台。

(二)物流企业

物流企业信息系统将从简单信息采集、存贮、传递、共享的层次过渡到对信息加工、分析、管理、决策的阶段，从实施供应链物流一体化的解决方案中，不仅要实现与客户物流信息的对接交换，而且将延伸到资源(运输与仓储)供应商的数据对接与交换，这样才真正体现第三方物流企业作为一个集成物流供应商的“链主”的地位。

(三)物流信息交换平台

一批符合并按照ebXML与ROSETTANET标准建设的具有权威性、安全可靠、廉价的公用数据交换平台，将会相继出现在物流领域中，从而使物流信息化的步伐大大加快。

总之，在送走发展的2003年，迎来可喜的2004年，作为一个在物流信息化领域摸爬滚打了六七年的我，对未来充满信心。但是路还是要一步一步走，信息化更是一个长期艰苦的进程，在中国尤其如此。如同“中国足球”一样，中国物流信息化之路同样是漫长但充满希望的。

(供稿：宝供物流企业集团有限公司
CIO\信息总监　唐友三)

物流信息化

ANCC全球统一标识系统与现代物流管理

条码技术是在计算机应用发展过程中，为消除数据录入的“瓶颈”问题应运而生的。作为产生最早，应用最广，又非常经济实用的自动识别与数据采集（Automatic Identification and Data Capture, AIDC）技术之一，成为现代物流管理的“宠儿”。尤其是以商品条码为核心的ANCC全球统一标识系统，简称ANCC系统，更是在这个兴起时间不长，却越来越讲求国际化、高效率的现代物流领域中占据越来越重要的地位。

一、引言

随着物流产业自身的发展以及信息技术的迅速推广应用，物流管理（Logistical Management）已由单纯的对流动过程中实物的管理，发展成为在优化装卸、配送、运输、仓储等物流作业功能的同时，实现对实物流和与之相伴的信息流的一体化管理，如图1所示，即通常所指的以信息网络为核心的现代物流管理。

图1中，实物流是通过许多物流环节完成从源头“流”向终点；信息流则是在计算机及计算机网络中“流动”。怎样实现信息流、实物流二者的“互通”呢？此时，条码技术的威力就大大显现出来，主要表现在两个方面：首先，条码技术作为一种标识技术，它通过一套科学严谨的编码方法，对在物流过程中出现的不同形态的包装单元，如零售贸易单元、非零售贸易单元、物流单元等编制不同的标识代码，以确保在某一应用环境中，乃至全球范围内，包装单元上的条码符号所表示的标识

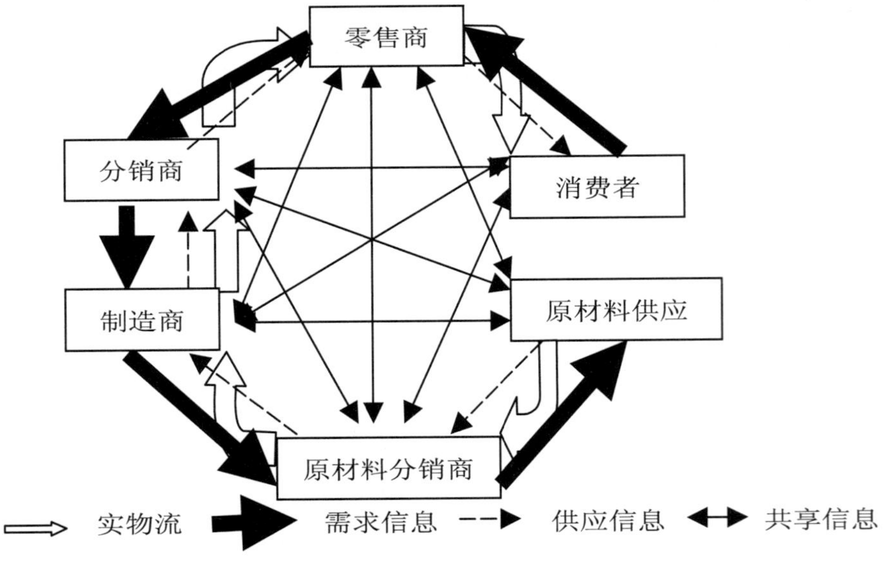

图1 现代物流管理中的实物流与信息流

代码与所标识的对象一一对应。这样，标识代码便成为连接实物与实物信息之间的纽带，并在整个物流信息系统中发挥着重要的“关键字”作用。其次，作为AIDC技术的一种，条码技术解决了重复性手工键盘录入的问题。采用条码标识的物品的所有预定义的信息和特征都可以在数据库中找到。供应商在进行第一次交易前提供该物品的数据库信息。一旦在数据库中发现相匹配的数据，被扫描的物品就被清楚地识别出来，所有与之相关的信息和数据也会显示出来。在物流过程中，生产、仓储、运输等作业环节中对数据自动采集的要求很高，条码技术正是应用在基本的物流作业环节，准确、省时、高效地采集到基础数据，并记录下物品的实物转移过程，进而达到节省人力，提高物流作业中信息的采集速度与准确性的目的。

中国物品编码中心（ANCC）是于1988年经国务院同意成立的，负责统一组织、协调、管理全国物品编码和条码工作的专门机构，隶属于国家质量监督检验检疫总局。1991年，代表我国加入国际物品编码协会（EAN，现更名为GS1），成为其101个成员组织之一。依据EAN制定的EAN-UCC通用规范，ANCC经过十余年的不断探索，研究制定了一套适合我国国情、技术上与国际EAN-UCC系统接轨的产品与服务关系标识系统——ANCC全球统一标识系统，简称ANCC系统。

ANCC系统最初只用于标识出现在POS终端的零售商品，如今它已形成了一套适用于物流供应链上的参与方以及各级包装单元的编码及条码符号表示的完整方案，并通过自动数据采集（ADC）、电子数据交换（EDI/XML）、无线网络技术等，实现物流信息在物流信息系统中的传递与处理，最终影响物流决策。ANCC系统的技术体系如图2所示。

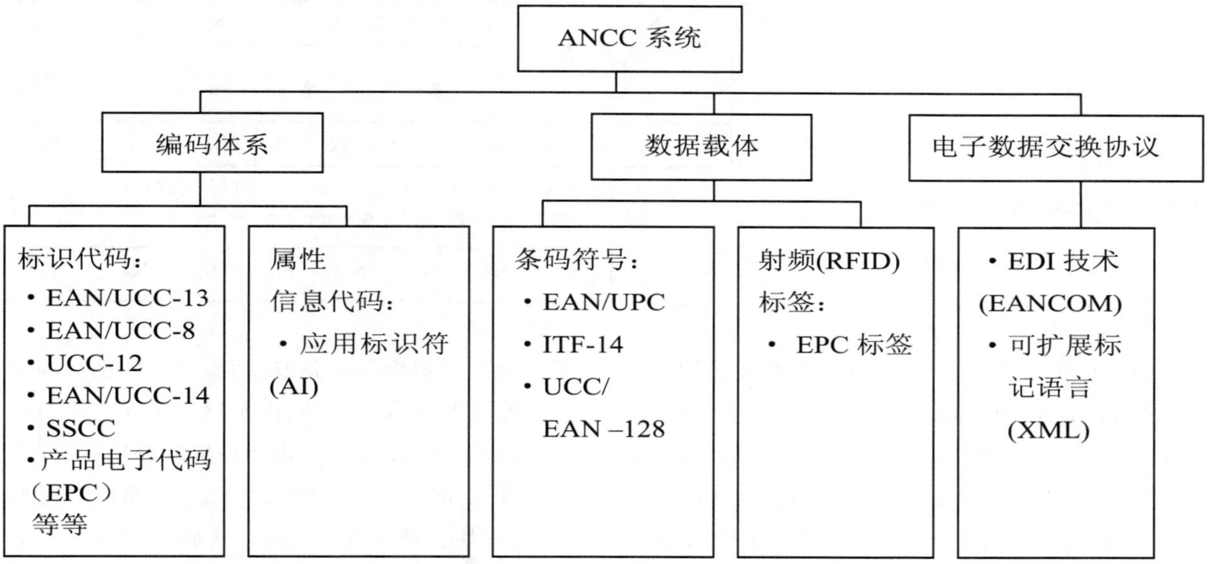

图2 ANCC系统的技术体系

二、ANCC物流编码体系

代码作为产品或服务关系的数字化表示，在整个信息系统中起着“关键字”的作用。条码符号只是代码的具体数据的载体，其表示的信息与供人识读的代码完全一致，只是起到了自动识读的作用。可见，在信息系统中，一切信息的索引、查找及处理，都始于物品的编码工作。毫无疑问，编码体系是ANCC系统的核心，同时也是条码标识系统的核心。

ANCC编码体系提供了一整套涵盖物流过程中各种形态的产品所需的全球惟一的标识代码和属性信息代码，作为产品与服务流通过程信息的代码化表示。在ANCC编码体系中,全球贸易项目代码(Global Trade Item Number, GTIN),可以惟一地标识商业交易中的任何一项产品或服务,是其生命周期内的全球惟一的“身份”识别代码。GTIN并不包含被标识物品的任何信息,它只是提供一把进入数据库访问相关数据和信息的钥匙。这些信息和数据可以在广泛的商务范围内使用,诸如用在库存管理、自动重新订货和销售分析上。使用 GTIN,可以大大简化贸易过程。

在世界范围内,GTIN的分配是标准化的,由国际物品编码协会、其国家或地区成员组织(注:在我国由ANCC行使权力)、系统成员(厂商)三方共同管理和维护。具体讲,由EAN负责统一分配给其国家或地区成员组织2-3位前缀码;再由其成员组织负责在EAN分配的前缀码的基础上向系统成员统一分配厂商识别代码;最后,由系统成员自行分配项目代码。这种分级管理方式,非常科学、实用,确保了编码“惟一性”的原则。

GTIN是固定结构、无含义、全球统一的全数字型代码,共有4种数据结构,即EAN/UCC-14、EAN/UCC-13、UCC-12和EAN/UCC-8,如表1所示。

表1 GTIN的数据结构

EAN/UCC-14 数据结构

指示符	内含项目的GTIN(不含校验位)												校验位
N_1	N_2	N_3	N_4	N_5	N_6	N_7	N_8	N_9	N_{10}	N_{11}	N_{12}	N_{13}	N_{14}

EAN/UCC-13 数据结构

厂商识别代码 →								← 项目代码				校验位
N_1	N_2	N_3	N_4	N_5	N_6	N_7	N_8	N_9	N_{10}	N_{11}	N_{12}	N_{13}

UCC-12 数据结构

厂商识别代码 →							← 项目代码				校验位
N_1	N_2	N_3	N_4	N_5	N_6	N_7	N_8	N_9	N_{10}	N_{11}	N_{12}

EAN/UCC-8 数据结构

EAN•UCC 前缀 →			← 项目代码				校验位
N_1	N_2	N_3	N_4	N_5	N_6	N_7	N_8

在ANCC系统中,系列货运包装箱代码(Serial Shipping Container Code,SSCC)专门用于标识单个物流单元,其编码结构如表2所示。由于需要跟踪和记录每个物流单元的流向,因此必须给每一个物流单元分配一个不同的18位数字的SSCC标识代码。SSCC是无含义、定长的18位数字代码,不包含分类信息,因此SSCC也可理解为“运输容器序号”。另外,由于物流单元是临时性的组合包装,因此在其内容物被拆装分销后,标识代码SSCC就完成了它的历史任务。物流单元周转速度很快,使用过的SSCC代码只需隔较短的一段时间即可被重复使用(见表2)。

表2 SSCC数据结构

扩展位	厂商识别代码 →							← 系列参考代码									校验位
N_1	N_2	N_3	N_4	N_5	N_6	N_7	N_8	N_9	N_{10}	N_{11}	N_{12}	N_{13}	N_{14}	N_{15}	N_{16}	N_{17}	N_{18}

另外,ANCC 系统还提供表示物品属性信息的编码方案，用于传输那些无法在计算机文件中查到或无法用电子方式传输的数据，以满足不同物流作业环节的信息获取需求。ANCC 系统通过一个 2-4 位数字的代码,即应用标识符(AI),以确定的含义和标准的格式反映物品的属性信息,如批号、保质期、重量、生产日期等。例如:应用标识符“00”,所定义的后续数据的含义为 SSCC,数据长度为 18 位(不包括应用标识符本身)。

物流过程中常用的应用标识符有:

物流单元标识符 AI(00):指示数据段的含义为系列货运包装箱代码 SSCC。

物流单元内贸易项目的标识符 AI(02):指示该物流单元内含的贸易项目的 14 位标识代码。

物流计量标识符 AI:指示该物流单元的物流数量或尺寸数据及计量单位。

客户订购单代码标识符 AI(400):指示数据段的含义为客户订购单代码。

交货地的全球位置码标识符 AI(410):指示数据段的含义为交货地的全球位置码。

物流过程中应用到的 AI 还很多,就不一一列举了。具体见 GB/T 16986-2003 《EAN·UCC 系统应用标识符》。

三、ANCC 物流条码符号系统

目前,ANCC 系统主要提供 EAN/UPC、ITF-14、UCC/EAN-128 三种条码符号（即数据载体)。这三种符号基本上能够满足全球物流行业对物流作业对象的条码标识需求。

三种条码符号

1. EAN/UPC 条码。EAN/UPC 条码，包括 EAN-13、EAN-8、UPC-A 和 UPC-E 条码符号,如图 3 所示，用于表示 EAN/UCC-13、EAN/UCC-8 和 UCC-12 数据结构,主要标识零售贸易项目。其中,EAN-8 用于标识小包装零售商品。

6 901234000016　　6900 0010　　0 12345 67890 5　　0 123456 5

EAN-13　　EAN-8　　UPC-A　　UPC-E

图 3　EAN/UPC 条码

EAN/UPC 条码主要应用于两个方面:一是用于商店 POS 系统,二是进行商品信息的电子数据交换。

一般地,单个大件商品,如电视机、电冰箱、洗衣机等商品,既可以直接销售给用户,同时又可以直接用于运输、仓储环节。这类单元的包装箱往往采用 EAN-13 条码。

2. ITF-14 条码。ITF-14 条码只用于非零售渠道的商品装卸、仓储、运输等配销过程中贸易单元的条码标识,是定长的条码符号。该条码比较适合直接印制于瓦楞纸或纤维板包装箱上。符号示意如图 4 所示。

0 6 9 0 1 2 3 4 5 6 7 8 9 2

图 4　ITF-14 条码

当定量贸易项目由相同种类的零售单元组成时,可用 EAN/UCC-14 代码进行编码,一般采用 ITF-14 或 UCC/EAN-128 条码标识。EAN/UCC-14 代码的编制只需在内含单元的 13 位标识代码前加一位包装指示符即可,指示符的取值范围为“1”

–“8”。

当定量贸易单元内含有不同种类的零售单元时，应分配一个不同于它所含的零售单元代码的EAN/UCC–13代码。一般采用EAN–13条码或ITF–14条码标识。如果采用ITF–14条码标识，应在13位代码前补“0”凑足14位数字代码，然后用ITF–14条码的编码规则进行符号标识。

对于变量贸易项目，采用以“9”打头的14位数字的EAN/UCC–14代码标识，必要时可添加变量计量信息(如重量、尺寸、体积、直径等)的附加信息。变量贸易项目可用ITF–14表示，也可用UCC/EAN–128条码表示。

3. UCC/EAN–128条码。UCC/EAN–128条码是Code128的子集。它是ANCC系统中惟一可用于描述标识对象属性信息的条码符号，属非定长条码。符号表示如图5所示。

(01)93067280205495(3103)018750

图5　UCC/EAN–128条码

UCC/EAN–128条码字符集不仅包括数字，还包括字母、特殊字符等，因此所表示的信息量大，且无固定数据结构。UCC/EAN–128可编码的信息范围广泛(项目标识、计量、数量、日期、交易参考信息、位置等)，可通过应用标识符定义数据，用于开放的供应链。

SSCC产品属性信息代码及AI必须采用UCC/EAN–128条码标识。使用AI，可以将不同内容的数据表示在一个UCC/EAN–128条码中，不同的数据不需分隔，既节省空间，又为数据的自动采集创造了条件。

在ANCC系统中，物流标签主要标识物流单元及有关承运商、客户和供应商的信息。标签上表示的信息有两种基本形式：由文本和图形组成的供人识读信息和为自动数据采集设计的机读信息。机读信息一般采用UCC/EAN–128条码表示。标签制作者决定标签的内容、形式和尺寸。但是，对所有ANCC物流标签来说，SSCC是惟一的必备要素。如果贸易伙伴都能读取SSCC，并能通过EDI获取SSCC标识的物流单元的全部信息，那么该物流单元除了SSCC外，就不需要标识其他信息了。但就应用现状看，很难做到这一点。因此除SSCC外，还需以条码形式标识出物流单元的一些其他属性信息，如发货地、收货地等。物流单元在组成之前，通常无法得知有关信息，因此也就无法预先打印物流标签。一般来说，物流标签都是在物流单元组成后才贴附在物流单元包装表面上的。

四、ANCC系统物流数据交换

现代物流管理主要包括仓储过程和配送、揽收过程的管理。仓储过程要提高效率必须保证货物的数量准确。降低成本必须有效地利用仓库的容积。配送、揽收过程的管理，其核心在于控制时间提前量，有效应对过程中的各种突发事件，快速响应客户需求，在达到客户满意度的同时节约成本。

ANCC物流编码体系的全球惟一性，确保了全球供应链各参与方都可利用它来访问或交换存放在计算机数据库中的有关信息。

如图6所示，在物流数据信息系统中，相同的产品具有相同的信息，包括产品的名称、规格、包装规格等与产品直接有关的产品基本特征信息，以及其他与该产品相关的信息，如产品的制造商

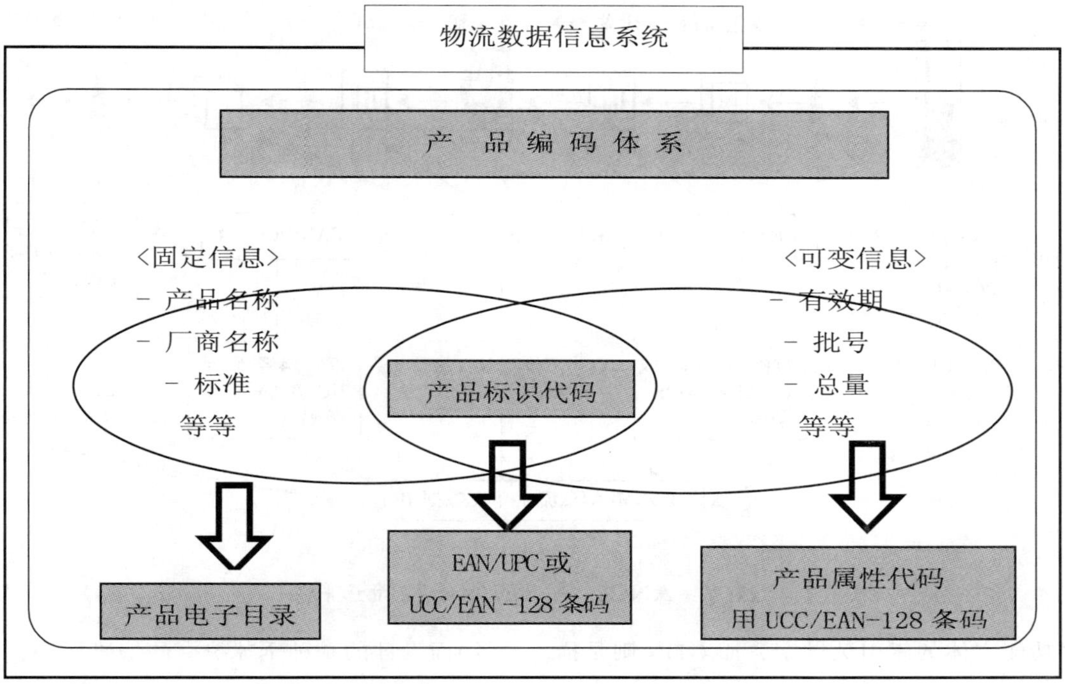

图 6　产品代码与产品信息的关系示意图

名称、价格、产品管理分类等。此类信息在确定的管理系统中相对固定不变，我们称之为"固定信息"。不同的管理系统，固定信息数据项的设置并不相同，特别是在产品流通的不同环节，因其管理需求不同而设置不同的数据项。采用无含义的标识代码及相应的条码符号表示作为纽带，在产品电子目录(E-catalogue)中获取信息是最佳解决方案。

在物流过程中，虽然包装单元的内容和形式可能一样，但每一个单元具有其独有的信息，这些信息因具体的包装单元不同而发生变化，如产品的有效期、批号、包装数量等。这些可变信息只与具体包装单元有关，不是信息系统的通用数据，我们称之为"可变信息"。

从图 6 我们不难看出，ANCC 编码对于整个物流信息系统中数据的查询起到了何等重要的作用。同时，通过 ANCC 条码符号技术与 EDI 和 XML 的结合使用，进行数据采集、通讯与交换，将信息流和实物流有机地连接起来，实时反映货物的流通过程，大大提高了货物装卸、运输和接收效率。

ANCC 系统在产品从出厂、再包装及运输、仓储，到拆装分销，直至最终到达消费者手中的整个物流过程中的应用，如图 7 所示。

近年来，中国物品编码中心着力依据全球商业联盟(Global Commerce Initiative, GCI)新近制订的全球数据字典 (Global Data Dictionary, GDD)以及全球产品分类(Global Product Classification, GPC)标准，在原有的中国条码商品信息服务数据库的基础上进行改建，以建成中国商品数据池，为我国经营活动的供货商产品数据发布以及零售商产品数据订阅提供公共的信息交换平台，并为今后进一步实施全球注册(Global Registry, GR)，实现全球供货商与零售商之间的全球数据同步(Global Data Synchronization, GDS)做好前期准备工作。

显然，只有应用于全球商务信息交换中，中国商品数据池才能发挥出最大效力；反之，没有中国数据池的加盟，全球数据池注册也就失去了一份有生力量，其目标也将大打折扣。那么，要想使中国数据池在全球电子商务中运转起来，除了要求数据池必须符合国际商务标准 GDD 和 GPS 外，GTIN 和 GLN(全球位置码)是必不可少的。在这里，GLN 是描述全球范围内具体供货商或零售商

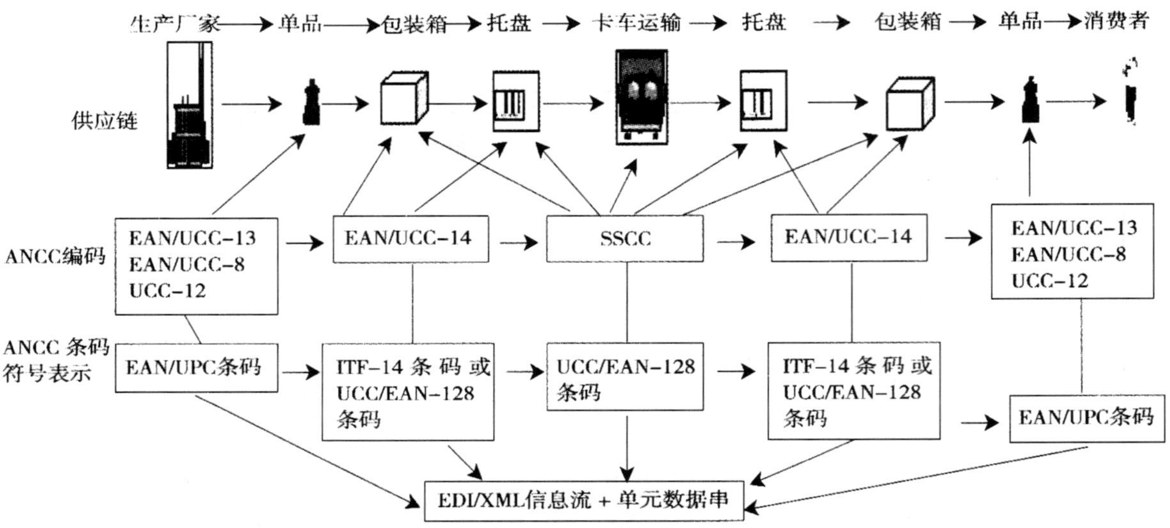

图 7 ANCC 系统应用于物流过程中

等物理功能实体的索引关键字，而 GTIN 则是描述全球产品信息的索引关键字。离开这两个关键字，数据的自由交换将无从谈起，全球电子商务也就失去了它的根基。

五、ANCC 系统的新发展——EPC 系统

在过去的 15 年中，ANCC 系统在各领域中的应用大大提高了供应链的生产效率，成为了通用标准。

随着全球经济一体化及信息网络化进程的加快，在技术革新迅猛发展的背景下，为满足部分行业供应链管理中对单个产品的标识和高效识别要求，如生产贵重产品的电子及服饰行业，或极为强调产品安全问题的医药行业以及产品需要批量跟踪的某些特定食品加工行业等，美国麻省理工大学 Auto ID 中心在美国统一代码委员会(UCC)的支持下，提出了产品电子代码(EPC)的概念，随后由 EAN 和 UCC 主导，实现了 ANCC 系统中 GTIN 与 EPC 的整合，从而确立了 EPC 在 ANCC 系统中的战略地位，成为继条码技术之后，再次变革商品零售结算、物流配送及产品跟踪管理模式的一项新技术，是条码技术应用的延伸和拓展。

产品电子代码(EPC)是为惟一标识所有实体对象单品(包括零售商品、物流单元、集装箱、货运包装等)而设计的一种全球统一的编码标准，与 ANCC 系统中的 GTIN 兼容。EPC 系统，即全球“物联网(Internet of Things)”，由 EPC 代码、EPC 标签、射频识读器及信息网络系统(包括 Savant，担当管理作用；ONS，担当指针作用；PML，担当存储作用)组建而成。它通过将存储着 EPC 代码的标签附着在产品或运输包装上，由射频识读器读取存储在标签中的数据，通过无线数据通信网络把它们采集到中央信息系统，完成对每个物品的自动识别和全程实时追踪，实现物流供应链的透明化管理，从而提高供应链管理水平，减少产品缺货率及灭失率，防止产品伪造，降低成本。

EPC 系统的出现，更能优化物品管理的先进性与高效性，被誉为由新技术所带来的具有革命性意义的新业务模式。全球共有 6 个包括中国复旦大学在内的自动识别技术实验室 (Auto-ID Labs)联合开展 EPC 技术的研发工作。同时，这项技术的研发与应用还得到了可口可乐、吉列、强生、宝洁、沃尔玛等 100 多家国际大公司的支持，其研究成果也已在一些公司进行测试，如宝洁公司及雀巢公司等。

2003 年 11 月，EAN 正式接管 EPC 系统在全球的推广应用工作，并成立了全球产品电子代码管理中心(EPC global)，负责管理和实施全球的

EPC工作。EPC global 授权 EAN 在各国/地区的成员组织，负责该国/地区的 EPC 系统推广工作。2004 年 1 月，EPC global 授权 ANCC 为其在中国内地的惟一代表。4 月，全球产品电子代码中国管理中心（EPCglobal China）成立，负责在中国内地开展 EPC 系统的注册、管理、维护及推广应用等工作。EPC 系统必将成为 ANCC 系统在物流应用领域中的新亮点。

六、综述

现代物流只有应用新的信息技术才能真正地提高效率，降低成本。现代物流的核心是信息网络，而不再是物理设施。

NCC 系统以条码技术为核心，为各个物流作业环节中不同级别的包装单元提供了一揽子的适用于全球开放系统的物品编码体系以及条码标识方案，是一套对全球多行业供应链进行有效管理的国际标准。它在物流领域中的应用，不仅消除了数据的重复录入，大大降低了物流作业环节发生差错的可能性，加快了物品运输流通过程中数据处理的速度和准确性，实现对物品在物流过程中的全过程实时跟踪与管理，而且降低了企业物流运作成本，提高了物流效率，增加了企业收益。特别是，它通过实行国际组织、其在各个国家（或地区）成员组织以及系统成员三级分权管理与维护制度，实现产品标识代码在全球范围内不重码，确保了物品可以携带信息在全世界范围内自由贸易和流动。

无疑，如果现代物流系统离开了 ANCC 系统将不可想象。随着计算机技术及网络技术的不断发展及应用，ANCC 电子数据交换技术也将得以更充分的应用。在新的商业需求的驱动下，ANCC 系统也在不断地发展壮大，必将成为包括物流领域在内的“全球商业的通用语言”。

（供稿：中国物品编码中心）

物流技术装备及应用

物流包装分拣技术及应用

一、面向现代物流的包装技术

在制造企业和商业企业面临日益激烈的全球化竞争的新形势下，降低物流成本已经成为企业的第三利润来源。现代物流系统，以信息技术为核心，集合包括包装技术在内的多种技术，使得物流效率大大提高，成本大幅度降低，风险进一步减少，服务水平得到提高。包装设计将直接影响物流活动的生产率，没有合理而科学的包装将零散的商品成组化和信息化，就没有现代的物流系统。

包装技术是一种高度综合、交叉的技术；涉及产品的包装过程、流通、废弃处理；相关学科包括材料学、化学、农学、机械学、电子学、艺术、经贸、管理、环境、法律、心理、文化等。包装以保护产品、方便流通、促进销售、提高产品附加值、节约资源和保护环境为目的。包装技术具有某些有别于其他技术的特色内涵，如运输包装中的破损边界、运输过程的载荷谱与非线型振动以及材料缓冲性能表征等包装动力学问题；存储过程中的压稳定非线型静力学与蠕变等问题；销售包装中的产品货架寿命、包装生命周期评价以及包装系统设计等的理论与方法；高速包装机械开发中的机构学、机电一体化以及与包装工艺密切相关等技术问题；包装材料及其容器开发中的强度、刚度、透气性能、人机工学、环境保护以及综合经济评价的设计理论与方法等；包装装潢设计中的艺术、人文、市场以及心理学等方面的问题。

目前针对物流的包装技术，主要集中在解决减少装卸、运输和储存等过程中的产品破损和降低成本等问题上。现代物流呼唤新型包装系统的出现，降低包装的费用已成为传统产品利润的重要来源。

通常用于物流系统的包装技术包括：

（一）缓冲防振包装技术

缓冲包装是指在产品与包装形成的包装系统中选择具有良好能量吸收性或耗散性的材料作为包装容器或衬垫材料，使系统内的产品或元件受到的冲击为最小。防震包装是指在产品与包装形成的包装系统中采用科学的方法，以隔离与减少外界振动对产品振动响应的包装结构，避免共振发生。

缓冲防震包装主要有以下方法：

1. 全面缓冲与固定。是指内装物和外包装之间全部用采用现场发泡等缓冲材料填满的包装方法。

2. 部分缓冲或支撑固定。对于整体性好的产品和有内装容器的产品，仅在产品或内包装使用角垫、侧垫或棱垫等部分缓冲元件即可，能节省缓冲材料。

3. 浮动缓冲。对于某些贵重易损的的物品，为了有效地保证在流通过程中不被损坏，外包装容器比较坚固，然后用绳、带、膜、弹簧等将被装物悬吊在包装容器内，在物流中，内装物都被稳定悬吊而不与包装容器发生碰撞。

4. 大型物件的缓冲与支承固定。大型物件的重心和外力施加方向受到严格限制，包装的重点应考虑防止物件在运输过程中因偏离平衡位置与相邻物件碰撞的方法上。

（二）防破损保护技术

缓冲包装有较强的防破损能力，因而是防破损包装技术中有效的一类。此外还可以采取捆扎及裹紧技术、集装技术和选择高强外包装材料来防止内装物受外力作用破损。

（三）防锈包装技术

常见的防锈包装技术有以下两种：

1. 防锈油防锈蚀包装技术。用防锈油封装金属制品，要求油层要有一定厚度，油层的连续性好，涂层完整。不同类型的防锈油要采用不同的方法涂。

2. 气相防锈包装技术。气相防锈包装技术就是用气相缓蚀剂(挥发性缓蚀剂)，在密封包装容器中对金属制品进行防锈处理的技术。气相缓蚀剂是一种能减慢或完全停止金属在侵蚀性介质中的破坏过程的物质，它在常温下即具有挥发性，它在密封包装容器中，在很短的时间内挥发或升华出的缓蚀气体就能充满整个包装容器内的每个角落和缝隙，同时吸附在金属制品的表面上，从而起到抑制大气对金属锈蚀的作用。

（四）防霉腐包装技术

在运输包装内装运食品和其他有机碳水化合物货物时，货物表面可能生长霉菌，在流通过程中如遇潮湿，霉菌生长繁殖极快，甚至伸延至货物内部，使其腐烂、发霉、变质，因此要采取特别防护措施。

包装防霉烂变质的措施，通常是采用冷冻包装、真空与充气包装或无菌包装等方法。冷冻包装的原理是减慢细菌活动和化学变化的过程，以延长储存期，但不能完全消除食品的变质；高温杀菌等无菌包装方法可消灭引起食品腐烂的微生物。有些经干燥处理的食品包装，应防止水汽浸入以防霉腐，可选择防水汽和气密性好的包装材料，采取真空和充气包装。采用最新开发出来等活性包装材料或生命支持材料，有利于延长产品的货架寿命。这类材料包括吸氧包装材料、控制二氧化碳包装材料、吸收乙烯包装材料、控制释放保存剂包装材料、吸水系统材料、脱氧剂、水果保鲜膜等。

（五）防虫包装技术

常用的是驱虫剂，即在包装中放入有一定毒性和嗅味的药物，利用药物在包装中挥发气体杀灭和驱除各种害虫。常用驱虫剂有萘、对位二氯化苯、樟脑精等。也可采用真空包装、充气包装、脱氧包装等技术，使害虫无生存环境，从而防止虫害。

（六）危险品包装技术

危险品有上千种，按其危险性质，交通运输及公安消防部门规定分为十大类，即爆炸性物品、氧化剂、压缩气体和液化气体、自燃物品、遇水燃烧物品、易燃液体、易燃固体、毒害品、腐蚀性物品、放射性物品等，有些物品同时具有两种以上危险性能。这类物品的包装应严格按有关标准进行设计。

（七）特种包装技术

1. 收缩包装。收缩包装就是用收缩薄膜裹包物品(或内包装件)，然后对薄膜进行适当加热处理，使薄膜收缩而紧贴于物品(或内包装件)的包装技术方法。

2. 拉伸包装。拉伸包装是20世纪70年代开始采用的一种新包装技术，它是由收缩包装发展而来的，拉伸包装是依靠机械装置在常温下将弹性薄膜围绕被包装件拉伸、紧裹，并在其末端进行封合的一种包装方法。由于拉伸包装不需进行加热，所以消耗的能源只有收缩包装的二十分之一。拉伸包装可以捆包单件物品，也可用于托盘包装之类的集合包装。

3. 防辐射包装。根据防光辐射、电磁辐射、射线辐射等的不同要求采用不同的包装方法。

4. 防静电包装。采用具有导电性的薄膜裹包产品，或用抗静电材料制成容器将内装物封闭起来。

5. 军用包装。它有其特殊性：由政府直接管辖，保密；包装要求高于商业包装；安全可靠高于一切；要求更高的轻便性和耐用性。

无论那种包装技术，为了适应现代物流自动分拣的需要，包装件上都必须印有条形码。条形码应尽量安排在包装件的右下方，便于扫描器读取条形码的数据。粘贴条形码的包装件部位应该尽可能平整，以免造成曲面上的条形码被扫描器拒读；对于瓶罐等圆筒形包装容器，条形码应顺曲面垂直方向粘贴，与扫描线方向一致。袋包装如有足够底面，条形码可粘贴在底面上；如果包装袋没有底面，条形码则应粘贴或印刷在包装袋中部平坦部位，避开接缝或变形部位。总之，条形码在包装件上的位置应按国家标准GB/T14257-93进行设计。条形码尺寸选择与包装件的大小有关，大型包装件应选大密耳值的条形码，小型包装件则应选小密耳值的条形码。当然，密耳值越小，要求印刷的分辨率越高，扫描器远距离识读越困难。因此，在可能的条件下，条形码的密耳值应尽可能大一些。对于要求在室外进行条形码读取的包装件，应考虑能承受各种恶劣气候环境的影响，具有一定的耐高温、耐酸碱盐腐蚀、抗冲击、不受磁场干扰等特性，选用金属条形码。在自动搬运系统上，包装件的位置是可变的，因而包装件上的条形码相对扫描器的扫描位置也是可变的。为了解决条形码相对什么线的方位可变的问题，可采用数据重组技术，即每次扫描所得数据与上一次扫描数据进行比较，只添加新内容，经多次扫描，便可获得完整的信息。为了识别随机的条形码符号，一般应安装8-12个扫描器，连到1-2台多路器上，由多路器汇总识读的信息后再连到计算机上，使得系统可靠性大大提高。

为了适应自动化立体仓库需要，必须大力发展托盘组合包装。设计时，包装件的尺寸应在国家标准GB4892-85上推荐的71种中选取，按其所提供的表面利用率各异的120种堆码方式图谱中设计堆码方式。

伴随现代物流发展而兴起的现代配送中心，在现代物流系统中正在承担着越来越重要的作用。不少主要为超市服务的现代配送中心，正在担当着商品加工、包装、装卸、运输和储存的五位一体的角色。在这种情况下，为促进销售的包装功能将逐渐弱化，某些纯粹为了展示以吸引顾客购买的外包装可以省去；由于集中运输与储存，某些运输包装箱也可以不用，代之以大量采用简易的托盘组合包装，从而最大限度地减少包装成本。在流通过程中，推广可重复使用的包装容器，也可以大大降低物流费用。某些需要储存一段时间才能食用的食品，如松花蛋等，配送中心自身的储存，完全代替了工厂的储存，从而可以节省这部分储存费用。

电子商务的发展，给包装提出了许多新的研究课题，使大幅度简化包装成为可能。例如，当理性的消费者从网上选择好某个品牌的电视机，具有网上售货功能的物流公司，将可以从电视机生产厂家直接定购的没有外包装的可复用的托盘组合包装的一批电视机进行拆垛，然后再用可重复使用的包装将电视机运到消费者家中。如果电视机的销售按上述这样的流通渠道完成销售，必然会大大降低包装成本，大幅度减少包装废弃物对环境的影响。事实上，过去消费者从商店买回电视机后，体积庞大的瓦楞纸箱和泡沫塑料都给当垃圾扔了，形成资源的浪费。在美国，已经出现配送中心使用可复用的保鲜箱直接向网上购物的消费者配送鲜肉和果蔬等商品的销售方式，省去了超市中常见的销售包装。

二、面向现代物流的自动识别技术

自动识别技术主要有：光符识别技术（OCR）、磁字符识别技术(MICR)、磁性条识别技术（MBR）、机器视觉系统（MVS）、条形码自动识别技术和射频输入技术等，其中以性能价格比最佳的条形码自动识别技术在现代物流系统中应用最为广泛。

评价自动识别技术好坏有个重要指标，即首读率和误码率。首读率是指对一组数据进行一次性识别时，一次性识别成功的概率，记为FRR。误码率是指对一组数据进行识别时，可能出现一个错识的概率，记为SER。

光符识别技术曾被美国经销商协会选为标准自动识别技术，后因首读率低、设备成本高和误码率高，现已被条形码自动识别技术所取代。

磁字符识别技术长期以来主要应用于银行业务，由于其涂料特殊，读取设备复杂，在物流系统中未得到推广。

磁性条识别技术也只是应用在银行信用卡的存取现金业务中，同样因为成本高、设备复杂和对环境要求高而未被物流系统采用。

机器视觉系统采用高分辨率摄像机获取产品的外形或光学标志信息，通过计算机对这些信息进行处理和比较，完成对产品的自动分类和自动检查等功能。

条形码自动识别技术的特点是快速、准确、成本低、可靠性高，误码率小于百万分之一，首读率可达98%。条形码已经出现60余年，但实际应用和发展主要集中在最近20年里，成为现代物流系统首选识别技术。自从1973年美国统一编码协会(UCC)建立标准化的UPC条形码系统至今，已出现40多种条形码码制，条形码符号的信息密度不断提高，相应的自动识别设备和印刷技术也得到了长足的发展。1976年欧洲共同体在UPC-A码基础上制订出欧洲物品编码EAN-13和EAN-8码，成立了欧洲物品编码协会，简称EAN。1981年EAN已经发展成为国际性组织，改名为国际物品编码协会，简称IAN。物流系统成为条形码技术最大的应用领域。1974年由日本最先在EAN基础上建立的POS系统，现已成为销售流通领域普遍采用的自动设备系统。我国于1988年便成立了“中国物品编码中心”，申请加入了国际物品编码协会，1990年制订出了我国的条形码标准。近年来，EAN与美国统一编码协会(UCC)合作建立了全球统一的开放系统的物品编码体系及条码标识，为全球供应链物流环节的条码应用提供了解决方案。90年代二维条码的出现，大大提高了自动设备技术的可靠性、保密性、防伪性和信息储存量，还具备错误修正功能。根据PDF417二维条码不同的条空比例，每平方英寸可以容纳250到1 100个字符。在国际标准的证卡有效面积上(相当于信用卡面积的2/3，约为76mm×25mm)，PDF417条码可以容纳1 848个字母字符或2 729个数字字符，约500个汉字信息。这种二维条码比普通条码信息容量高几十倍。PDF417条码的误码率不超过千万分之一，译码可靠性极高。PDF417条码修正错误能力强，采用了世界上最先进的数学纠错理论。在八级安全的情况下，如果破损面积不超过50%，则条码由于沾污、破损等所丢失的信息，可以照常破译出来。PDF417条码容易制作且成本很低，利用现有的点阵、激光、喷墨、热敏/热转印、制卡机等打印技术，即可在纸张、卡片、PVC、甚至金属表面上印出PDF417二维条码。由此所增加的费用仅是油墨的成本，因此人们又称PDF417是“零成本”技术。条码符号的形状可变，同样的信息量，PDF417条码的形状可以根据载体面积及美工设计等进行自我调整。PDF417条码编码范围广，可以将照片、指纹、掌纹、签字、声音、文字等凡可数字化的信息进行编码。PDF417条码保密、防伪性能好，具有多重防伪特性，它可以采用密码防伪、软件加密及利用所包含的信息如指纹、照片等进行防伪，因此具有极强的保密防伪性能。组合条码正在被探讨应用于现代物流系统。例如，将EAN-13一维条码与PDF-417二维条码进行组合而构成的组合条码，可能特别适合仓储与运输管理。一维条码简洁与数据库连接性好，表达的信息可以包括生产厂商、产品项目、商品分类、生产日期、保质期、内装物数量等；二维条码容量大，可表示汉字，防伪性好，重点表示此商品在仓储与运输过程中的注意事项，如抗冲击性能、禁用手钩、湿度要求、堆码极限、温度极限、总体积、重量、危险物注释(爆炸品、易燃气体、压缩气体、有毒气体、易燃液体、易燃固体、自燃物品、遇湿危险物品、氧化剂、有机过氧化物、有毒品、剧毒品、有害品、感染性物品、放射性物品、腐蚀性物品等等)。条形码的印刷技术好坏直接影响识别效果和整个系统的性能。条形码的印刷对宽度公差、反射率、对比度和条空边缘粗糙度等均有严格要求。条形码自动识别系统的硬件主要包括识读器、译码器、计算机、打印机和显示器等。识读器要求景深长和首读率高，分辨率能达到0.15毫米以上。条码识读器包括光笔、电荷耦合式(CCD)扫描器和激光识读器。光笔识读器一般需与标签接触才能识读条码信息，而CCD扫描器只能近距离(识读距离一般在10cm以下)对标签进行扫描，激光识读器识读时可在距标签较远的距离进行，长距离识读的激光识读器识读距离可达1米甚至更远。不同类型的识读器可供不同物流应用选择。

射频识别技术RFID(Radio Frequency Identification)是相对"年轻"的自动识别技术。20世纪80年代出现,90年代后进入实用化阶段。射频识别的标签与识读器之间利用感应、无线电波或微波能量进行非接触双向通信,实现标签存储信息的识别和数据交换。射频识别技术最突出的特点是:可以非接触识读(识读距离可以从十厘米至几十米),可识别高速运动物体;抗恶劣环境能力强,一般污垢覆盖在标签上不影响标签信息的识读;保密性强;可同时识别多个识别对象等。应用领域广阔,常用于移动车辆的自动识别、资产跟踪、生产过程控制等。由于射频标签较条码标签成本偏高,目前在物流过程,很少像条码那样用于消费品标识,多数用于物流器具,如可回收托盘、包装箱的标识。射频识别识读器与标签之间的耦合方式有三种:静电耦合、感应耦合和微波。静电耦合系统,识读距离在2毫米以下,我们常见的"信息钮"就是以静电耦合方式获取信息的,可用于固定货物的巡检等。感应耦合系统,识读器天线发射的磁场无方向性,可以不考虑货物上射频标签位置和方向,常用于移动物品的识别、分拣。微波射频识别系统,识读微波方向性很强,一般用于高速移动物体,如运输车辆的识别等。物流过程应用的射频识别一般是感应耦合方式的系统,其工作原理是:射频识读器的天线在其作用区域内发射能量形成电磁场,载有射频标签的物品在经过这个区域时被读写器发出的信号激发,将储存的数据发送给识读器,识读器接收射频标签发送的信号,解码获得数据,达到识别目的。由于射频识别技术应用涉及使用频率、发射功率、标签类型等诸多因素,目前尚没有像条码那样形成在开环系统中应用的统一标准,因此主要是在一些闭环系统中使用,如能了解托盘重量等货物实时信息的智能托盘系统,能自动识别不同包装箱人为错误信息、损坏信息和订货信息等的通道控制系统,能防止货物被盗和错放的配送过程保护系统等。

三、面向现代物流的自动分拣技术

配送中心的作业流程包括"入库、保管、捡货、分拣、暂存、出库"等作业,其中分拣作业是一项非常繁重的工作。尤其是面对零售业多品种、少批量的订货,配送中心的劳动量大大增加,若无新技术的支撑将会导致作业效率下降。与此同时,对物流服务和质量的要求也越来越高,致使一些大型连锁商业公司把拣货和分拣视为两大难题。

在物流配送中心作业范围中,拣货作业是极为重要环节,其目的在于正确而迅速地把用户所需商品集中起来。实践证明,物流成本约占商品最终售价的30%,其中包括配送、搬运和储存等成本。拣货成本约是其他堆叠、装卸和运输等成本总和的9倍,占物流搬运成本的绝大部分。从人力需求的角度来看,目前大多数的物流中心仍属于劳力密集型的产业,其中与拣货作业直接相关的人力占50%以上,且拣货作业的时间投入也占整个物流中心作业的30%–40%。由此可见,规划合理的拣货作业方法,对于物流中心的运作效率具有决定性的影响。

在设计拣货系统时,我们应尽量采用EIQ分析法,以正确选择拣货方式,计算拣货作业人员数量,合理选用物流设备,从而提高配送中心的生产率。订货件数用E表示,每一种货物的发货量用Q表示,货物的种类用I表示,即E=订货件数(order entry),I=种类(item),Q=数量(quantity)。如果仅对订货件数和数量的EQ及种类和数量的IQ进行分析是很不充分的,还必须对每次订货(E)的种类(I)和订货量(Q)进行分析,即EIQ分析。常常采用称之为订货内容箱的三维空间棒形图表来表示各个用户E和每一种订货种类I和订货数量Q三者之间的关系。根据订单可制作EIQ表,由EIQ表可知各用户E的订货种类(I)和每种物品的数量(Q),即EIQ表是订货传票一览表。此外,通过此表还可知道用户订购几种物品(EN),哪种物品时被重复订购(IK)的。EIQ表既是订货的传票,也是出库传票。

提高拣货效率的根本方法是充分利用拣货信息,缩短拣货员寻货的路程和时间,并提高拣货准确率。拣货信息是拣货作业的原动力,主要目的是指示拣货的进行,而其资料的源头是客户的订单,为了使拣货人员在既定的拣货方式下正确而迅速的进行拣货，拣货信息成为拣货作业规划设计中重要的一环。拣货系统的方式有传票、计算机条形码以及自动化传输的无纸化系统。

拣货设备的优良与否直接影响着拣货效率的高低。在拣货过程中所使用的设备很多，包括储存设备、搬运设备、分类设备、信息设备等。由于客户多品种少批量订货已是流通业面临的不可避免的趋势，适用于多品种少批量的拣货设备也逐渐被研发。附加显示装置的流动货架一般被用于多品种少批量的拣货。旋转货架自动仓库是属于“物就人”的拣货设备，利用计算机操纵控制，让欲存放或拣货的货架储位，自动旋转至拣货员的面前，此种系统使存取效率提高许多，且与计算机连线，可大幅减少人为过失。除此之外，旋转自动仓库的设计不需走道，储区空间也就相对的节省许多。旋转货架适用于电子零件、精密机件等少批量、多品种、高频率入出库的小物品的储存管理。计算机辅助拣货台车是在拣货台车上设置辅助拣货的计算机系统，拣货前在台车上输入货号，经由红外线通信，主计算机会将拣货信息(储位、数量等)显示于台车的终端机上，拣货人员就可按计算机屏幕上的指示行进拣货货品，可以不用拣货单，同时功能完备的计算机辅助拣货台车，可检测拣货商品的重量或数量，当有拣货错误发生时会自动发出警告信号。更甚者，在国外也有拣货人员可直接站在拣货台车上，输入货号启动按钮后红外线会引导台车自动运转，在欲拣货的货架前停止，拣货员只要依数量指示取出所需的商品即可，省去行走找寻的工夫。

随着科学技术日新月异的进步，特别是感测技术(激光扫描)、条码及计算机控制技术等的导入使用，自动分拣机已被广泛用于配送中心。我国的邮政等系统也已多年使用自动分拣设备。由于我国商品包装箱(指运输包装)上基本没有印刷条码，故商业系统至今尚没有认真研究过运用自动分拣机。

应该看到，自动分拣机的分拣效率极高，在日本和欧洲自动分拣机的使用很普遍。特别是在日本的连锁商业(如西友、日生协、高岛屋等)和宅急便中(大和、西浓、佐川等)自动分拣机的应用更是普遍。可以肯定，随着物流大环境的逐步改善，自动分拣系统在我国流通领域大有用武之地。自动分拣机种类很多，而其主要组成部分相似。基本上由下列各部分组成：

(一)输入装置

被拣商品由输送机送入分拣系统。

(二)货架信号设定装置

被拣商品在进入分拣机前，先由信号设定装置(键盘输入、激光扫描条码等)把分拣信息(如配送目的地、客户户名等)输入计算机中央控制器。

(三)进货装置

或称喂料器，它把被拣商品依次均衡地进入分拣传送带，与此同时，还使商品逐步加速到分拣传送带的速度。

(四)分拣装置

是自动分拣机的主体，包括传送装置和分拣装置两部分。前者的作用是把被拣商品送到设定的分拣道口位置上；后者的作用是把被拣商品送入分拣道口。

(五)分拣道口

是从分拣传送带上接纳被拣商品的设施。可暂时存放未被取走的商品，当分拣道口满载时，由光电管控制阻止分拣商品不再进入分拣道口。

(六)计算机控制器

是传递处理和控制整个分拣系统的指挥中心。自动分拣的实施主要靠它把分拣信号传送到相应的分拣道口，并指示启动分拣装置，把被拣商品送入道口。分拣机控制方式主要是脉冲信号跟踪法。

近年来，连锁超市和便利店的发展势头很猛，对物流作业的"拆零"需求越来越强烈，拣货、拆零作业的劳动力已占整个配送中心劳力的80%；订货商品的多品种、小批量化，使得配货作业人手不足的矛盾非常突出。如何提高这个物流环节的作业效率，已成为配送中心机械化、自动化的研究重点。目前，医药行业、化妆品制造行业已广泛使用全自动拣选系统(如日本资生堂、花王、大木等株式会社)；而流通领域，特别是连锁超市、便利店的配送中心都广泛使用电子票签拣货系统。只要把客户的订单输入操作台上的电脑后，存放各种商品的货架上的货位指示灯和品种显示器，会立刻显示出拣选商品在货架上的具体位置(即货格)及所需数量，作业人员便可从货架里取出商品，放入批发输送带上的周转箱，然后揿动按钮，货位指示灯和品种显示器熄灭，配齐订单商品的周转箱由输送带送入自动分拣系统。

分拣、分流、合流和输送机是按照位置信息把包装物运送到指定位置集中的输送机，有近百种形式和系统，主要包括以下 11 种：

1. 浮动式分类输送机。皮带、辊子、轮子和小轴等分类装置从搬运面的下面向上浮出来，从而送出包装物。

2. 推杆式分类输送机。在输送线外设计有推出装置，当需要推出物品时，则推杆把物品推出输送线外。

3. 导向器式分类输送机。在输送线外设计有可旋转导向板，当转动导向板而改变输送线路时，包装物则沿新的导向壁运动，从而实现分类输送的目的。

4. 导向块式分类输送机。在输送面上设计有导向推出机构，物品随导向块改变输送路线的同时被推出分类。

5. 皮带台式分类输送机。随导轨移动的工作台是一个小型的皮带输送机，根据分类信号，驱动它时，可在导轨垂直方向上把包装物推出去，从而实现分类动作。

6. 摆盘式分类输送机。随导轨移动的料盘根据分类信号往上倾斜一定角度时，则使包装物滑向分类方向的导轨。

7. 底开式分类输送机。当接收到分类输出信号时，随导轨移动的料盘底部自动打开，包装物自然掉下，从而实现分类输送的目的。

8. 倾斜皮带式分类输送机。倾斜式输送机的侧面是可开闭的，当接收到分类信号时，侧面自动打开，包装物自动下滑出去，从而实现分类输出的目的。

9. 连续输送式分类输送机。把连续输送机的一部分改成导向器式等分类输送机，便可实现分类输送的目的。

10. 空中分类输送机。吊挂在空中输送机上的包装物，当接收到分类信号时，在分路处自动落下，从而实现分类的目的。

11. 垂直分类输送机。这是在垂直方向上分类的输送机。

交叉带式连续输送式分类输送机效率最高，速度可达 2.3 米/秒，分拣能力可达 27 000 件/时。自从云南红河项目使用穿梭车，海尔项目使用环形穿梭车后，改变了个别专家的认识，对其代替多辊式、链式输送机的功能，评价良好，其速度空载已可达 160 米/分钟，移载 30 米/分钟，具有广阔的发展前景。

四、结束语

包装分拣技术在物流配送中心占据重要的地位。利用先进的包装分拣技术，科学、合理、经济地设计物流配送中心的包装分拣系统，将有利于发挥物流配送中心的功能，提高物流配送中心的工作效率，大幅度降低物流的成本。

（特约撰稿：陕西科技大学 彭国勋
中国包装技术协会 车相福
陕西科技大学 杨 玮 刘昌琪）

物料搬运设备及应用

一、物料搬运设备生产经营快速增长，主要产品进出口量成长较快

2003年，我国国民经济高速发展，GDP增长达9.5%，物料搬运设备的需求非常的旺盛，无论从出货量还是从效益看，都有较大的增长，2003年是物料搬运设备制造业发展值得关注的一年。

据对全国物料搬运制造业全部国有企业和销售收入在500万元以上非国有企业的统计数据显示，2003年物料搬运设备制造业工业总产值（不变价）已突破700亿元人民币，达到751.09亿元，同比增长39.94%；产品销售收入711.20亿元，同比增长39.29%；利润总额38.20亿元，同比增长35.09%。行业新产品产值达到141.12亿元，同比增长54.71%(见表1)。

表1　　**2003年全国物料搬运设备典型产品产量**

产品名称	单位	2003年1-12月产量	同比增长（%）
起重设备	万吨	102 216	32.84
输送机械	万米	86.25	15.02
装卸机械	台	9 426	-5.09
升降移动机械	台	18.27	30.13
给料机械	万台	11 035	61.00
叉车	台	45 482	37.90
手动液压托盘搬运车	台	941 160	49.00
工矿车辆	辆	15 300	10.19
木质托盘	万只	1 750	-
塑料托盘	万只	200	-

2003年，物料搬运设备在进出口方面也有较快的成长。据国家海关总署月报资料统计显示，2003年物料搬运设备主要产品进出口均有较大增长，但进口额大于出口额。全行业2003年进出口总额为34.02亿美元，其中出口14.44亿美元，进口19.59亿美元，进出口差额5.15亿美元(见表2)。

二、科技创新推进物料搬运设备快速发展

2003年行业内科技创新取得进步，一批科研成果应用于实践，获得较好的经济效益和社会效益。

由太原重型机械集团有限公司研制，用于长江三峡水利枢纽的两台1 200/125t桥式起重机，是我国自行设计、自己制造的超大型起重机械。安装在左岸电站主厂房内，主要担负着左岸电站14台单机容量为700MW巨型水轮发电机组及关键设备的安装、运行维护和检修的吊装。桥机跨度为33.6m，起升高度为34m，单机最大起重量1 200t，两台桥机并车起重量为2 200t，是当今世界上单钩起重量最大的大型桥式起重机。它的研制成功，标志着我国超大型起重机的设计制造水平处于世界领先地位。1 200/125t桥式起重机应用了多项新技术，如：

采用三主梁双小车结构，首次采用行星减速

表 2 2003 年物料搬运主要产品进出口情况 单位：万美元

海关货物名称	实物单位	出口数量	出口额	进口数量	进口额	进出口总额	进出口差额
滑车、提升机（葫芦）、卷扬机、千斤顶	台	24 178 210	32 407	291 286	17 888	50 295	14 519
其中：千斤顶	台	19 255 412	20 338	230 302	3 538	23 876	16 800
卷扬机及绞盘	台	1 928 044	3 418	15 040	10 890	14 308	-7 472
起重机、吊运机、装卸船机	台	8 712	53 479	3 673	52 364	5 105 843	1 115
其中：集装箱装卸桥	台	87	36 817	39	10 906		25 911
龙门式起重机	台	172	11 480	119	9 185	47 723	2 295
履带式起重机	台	23	44	245	8 340	20 665	-8 296
桥式起重机	台	176	332	1 101	5 602	8 384 5 934	-5 270
叉车及其他升降搬运车辆	台	5 544 494	11 904	15 394	17 002	28 906	-5 098
牵引车、短距离运货机动车辆及零件			549		1 802	2 351	-1 253
其他升降、输送、装卸机械	台	421 869	17 593	60 156	82 940	100 553	-65 347
其中：连续输送机	台	15 426	3 605	34 620	47 039	50 698	-43 488
载客电梯	台	1 243	2 847	1 885	13 717	16 564	-10 870
未列名升降、输送、装卸机械	台	400 502	3 575	19 949	15 153	18 728	-11 578
物料搬运设备零件			28 454		23 863	52 317	4 591
合计			144 386		195 859	340 245	-51 473

器主传动，主起升机构采用电制动、工作制动器、辅助制动器、安全制动器，使制动过程十分平稳、可靠，且确保所吊载荷不会因意外事故而坠落；

研制开发了单联、双层缠绕卷筒和多根钢丝绳受力自平衡系统；

电气系统首次采用“上位工业控制计算机+PLC+变频调速”三级结构控制方案，PLC 通过 PROFIBUS 现场总线实现自动控制；

首次在起重机上自行设计、成套、实现了公用直流母线能量回馈制动。全数字矢量型交流变频调速系统，实现大范围无级调速；

首次设置了并车用的平衡梁调平系统，采用了主从控制技术，保证在整个扬程范围内平衡梁两端的水平高低差控制在 5mm 以下；

在司机室内的上位计算机具有桥机运行状态和故障监控系统，可对各种运行信号、保护信号、检测信号、故障信号进行综合显示等等。

多项新技术的综合集成应用，使 1 200/125t 桥式起重机结构合理、技术先进、运行稳定、安全可靠、噪音低、检修维护方便，并车后两台起重机动作协调。结构采用优化设计、有限元分析、三维造型，使结构具有足够的强度、刚度和稳定性；使用行星减速器、安全制动器、两组电机两套控制、综合监测、故障显示，使得起重机工作安全可靠；采用先进的设计方法和合理的结构形式及多项新技术，显著减轻了整机自重。该起重机是目前国际上起重量最大的桥式起重机，在水电站厂房桥机中跨度最大，扬程最高，调速性能最优越。安全措施及检测手段齐全，自动化程度高，控制技术先进。该起重机在规格参数、多项新技术的集成应用等方面填补了国际空白，取得了较好的应用效果，整体技术达到国际领先水平。长江三峡水利枢纽用1 200/125t桥式起重机获2003年度中国机械工业科学技术奖一等奖。

获2003年度国家科学技术进步奖二等奖的CIMS实验系统的软件开发及信息集成项目是国家863计划自动化领域的重点项目。该工程建在清华大学，项目总投资3 000多万元。CIMS(计算机集成制造系统）是主要用于制造业工厂的综合自动化大系统。它在计算机网络和分布式数据库支持下，把各种局部的自动化子系统的信息和功能集成起来，从而缩短产品开发周期，提高质量，降低成本。它是工厂自动化的发展方向。CIMS实验工程包括两个集成实验室和7个分系统。两个集成实验室是:信息系统实验室(它主要包括联网运行的30多台多厂家生产的计算机)和制造系统实验室（它主要包括若干台加工中心，自动运输车，立体仓库，测量机等)，两个实验室之间通过光纤相连。7个分系统是：系统设计方法，CAD/CAPP/CAM，递阶规划与控制柔性制造，系统仿真，分布式数据库管理和网络管理，整个系统已实现了总体集成。该项目的完成，建成了我国第一个CIMS实验研究与应用基地.该项目1994年11月荣获美国制造工程师学会颁发的国际大奖–“大学领先奖”，这表明CIMS实验工程的研究开发与应用水平已进入世界先进行列，记项目的技术成果已在十多家工厂得到了应用，并取得了明显的经济效益，CIMS实验工程将会带动我国更多的工厂应用CIMS技术，发挥重要的示范和指导作用。

由贵阳普天万向物流技术股份有限公司研制的带式高速包刷分拣机是光机电气一体化的物流传输设备，采用了直线电机多点闭环调速驱动，自带电机和变频装置及智能控制系统的智能型带式托盘小车，它能主动接卸物件，具有很强的承载能力和卸载能力，极高的入格准确率；采用了智能母线通信系统、可编程实时控制、计算机通信系统和统计、分析控制管理系统组成了智能控制系统，实现高速运行、高分拣效率。带式高速包刷分拣机可广泛应用于邮政、机场、码头、港口、物流配送中心。该项目获2003年度中国机械工业科学技术奖二等奖。

“制造业企业电子商务示范工程”其攻关目标是研究基于电子商务的制造业企业经济业务模式、整合企业的各种资源，在Intranet/Extranet、Internet平台上构筑企业电子商务系统，为制造业企业提供电子商务的业务模式、实施方法和经验。华立集团完成的“制造业企业电子商务系统”项目通过Intranet/Extranet、Internet平台，联结企业内部分布在各地的销售部门、生产工厂和供应商。系统由销售管理子系统、客户关系管理子系统、在线计划与物流子系统、技术管理子系统、采购供应子系统、质量控制子系统组成，最后由协同办公子系统进行集成，建立协同工作平台，快速可靠地传递信息，方便及时地提供综合查询，使业务管理职能部门及领导决策机构能及时了解公司分散在各地的业务信息，可更好地为销售、生产、采购、研发和企业管理服务，使客户和供应商通过网络方便快捷地进行信息沟通和网上业务。以B2B采购供应和销售为切入点，完善在线计划与物流、协同办公、客户关系管理等，可为各类中小企业提供灵活简便、可靠安全的产品化电子商务平台，通过向供应链上下延伸形成行业B2B网上集市。结合现代供应链理论，采用文件共享和数据交换技术，通过与企业ERP的集成为中小企业提供B2B企业电子商务集成解决方案。该项目获2003年度中国机械工业科学技术奖二等奖。

西气东输工程成套设备国产化研究是原国家经贸委西气东输工程的重点攻关项目，随着我国西部大开发战略的实施，西气东输工程的建设全面开工，我国步入了大口径、厚壁、高强度管道建设时期。中国石油天然气管道局针对西气东输工程施工的需求，研制成功了卧式长构架形式、由扩小组长装置、行走装置、扩小组长导向及操纵装置、气动系统等部分组成的PPC3 640气动内对口器；由自动涨园定心装置、切销主传动机构、刀盘轴向进给机构、导向机构、液压系统等部分组成的 PFM3 640 管端坡口整形机；大口径管道环缝焊接专用设备 PAW2 000 管道全位置自动焊机。这些管道施工关键设备的研制成功和实际推广应用，大大提高了焊接质量和效率，在西气东输工程新疆段(Φ1 016×14.7)创造了日平均焊接 66 道口的国内最高记录，用户反映其各项性能指标与总体技术均优于国外同类产品。该项目获 2003 年度中国机械工业科学技术奖二等奖。

由沈阳起重运输机械有限责任公司制造的 BY 型深槽系列带式输送机根据现有的 U 型带式输送机的特点首次提出了“半圆形”设计理论，充分考虑输送带的弯曲性能，将输送带截面由托辊组导成半圆形，通过改变托辊的布置结构和不等长托辊的采用，改善了输送带的截面形状，增加了输送量，提高了输送物料的高度。具有输送角度大，输送能力大，运行稳定，不易跑偏，不易撒料，可减少粉尘飞扬，并可实现水平转弯。该项目获 2003 年度中国机械工业科学技术奖三等奖。

（特约撰稿：中国机械工程学会物流工程分会秘书长　周　云）

电子商务与物流

一、电子商务发展概况

2003年，中国电子商务仍然处于蓬勃发展的阶段。主要体现在：

第一，网民及网站数量持续增长

第二，网上购物方式深入人心。

（一）网民及网站发展概况

2004年1月15日，中国互联网络信息中心(CNNIC)发布了第十三次中国互联网络发展状况统计报告。该报告主要内容为对中国互联网络发展的宏观概况和中国互联网络用户的相关情况。统计结果显示，中国上网用户人数已达7 950万，总数仍稳居世界第二。

“中国互联网络发展状况统计报告”中的主要数据，可直观地体现电子商务的参与者的数量情况。

1. 网民情况：

（1）上网用户数。2003年上网用户总人数为7 950万，其中专线上网的用户为2 660万人，拨号上网的用户为4 916万人，ISDN上网的用户为552万人，宽带上网的用户为1 740万人。

2002年上网用户总人数为5 910万，其中专线上网的用户为2 023万人，拨号上网的用户为4 080万人，ISDN上网的用户为432万人，宽带上网的用户为660万人。

同2002年相比，上网用户总数增加了2 040万人，增长率为34.52%；专线上网用户增加了637万人，增长率为31.49%；拨号上网的用户增加了836万人，增长率为20.49%；ISDN上网用户增加了120万人，增长率为27.78%；宽带上网的用户增加了1 080万人，增长率为163.64%。

与2002年同期的上网用户总数增长率相比，增长率下降了40.85%（2002年的上网用户增长率为75.37%）。上网用户总数的增长率的下降，说明上网用户数量有明显的减少趋势。同时，宽带上网用户的增长率明显高于其他方式，达到了163.64%，可见，随着个人网民对网络的使用率的增长，对上网速度也更加重视。

（2）地域特点。在上网用户当中，北京的上网用户占到本市总人口数的28%，上海占到26.6%，排在第三位的天津占到14.4%。可见，北京和上海上网的普及率遥遥领先于其他城市。

（3）其他特征。上网用户中，男性占60.4%，女性占39.6%，18岁以上用户占81.2%，用户上网的主要地点仍然以家庭(66.1%)和单位(43.6%)为主。用户平均每周上网时间为13.4小时，平均每周上网天数为4天，用户上网目的仍然以获取信息(46.2%)和休闲娱乐(32.2%)。51.9%的用户对互联网总体满意。74.6%的用户使用免费邮箱，使用收费邮箱的仅有12.7%。使用收费邮箱的用户最看重安全稳定(28.9%)，用户能够接受的邮箱收费标准不高于5元。用户最能接受的网络广告形式为横幅式广告(又名“旗帜广告”)(35.6%)，有78.5%的用户经常以网络广告作为自己选购物品或服务的参考，并且网络广告的影响(18.1%)已经仅次于电视广告(56.1%)。访问购物网站的用户达到60.8%，购买物品主要是书刊(61.7%)、电脑及相关产品(32.4%)和音像器材及制品(27.9%)。用户喜欢的网络游戏的类型为角色扮演(50.4%)。

在网民的特征结构方面，男性、未婚、25岁以下、大专及以下、月收入在2 000元以下(含无收入)网民的比例继续在网民各特征数据中占据相对主要地位，所占比例分别为60.4%、56.8%、52.9%、70.2%、77.6%，但男性网民所占比例和半年前相比有所上升；在未来是否可能上网的问题上,7.4%的非网民表现了一定的兴趣，表示一年内有可能上网。

在对待互联网的态度上,86.7%的网民赞成使用互联网可以提高工作/学习和生活的效率,60.6%的网民不赞成使用互联网容易暴露隐私的观点,43.8%的网民不赞成“使用互联网容易受不良信息影响”的观点,网民中选择信任互联网的比例为55.8%。

2. 设施设备情况：

(1)上网计算机数。2003年我国的上网计算机数为3 089万台，其中专线上网的计算机数为595万台,拨号上网的计算机数为1 945万台,其他方式上网的计算机数为549万台。

2002年我国的上网计算机数为2 083万台,其中专线上网的计算机数为403万台，拨号上网的计算机数为1 480万台，其他方式上网的计算机数为200万台。

上网计算机比2002年增加了1 006万台,增长率为48.30%。与2002年同期的上网计算机总数增长率相比,增长率下降了17.18%(2002年的增长率为66.1%)。这一数字与上述的上网用户增长率降低的趋势是相吻合的。拨号上网的方式仍然占主导地位。

(2)CN下注册的域名数。2003年域名总数为340 040个,比2002年增加了160 496,增长率为89.39%,2002年同期的增长率为41.02%。是1997年第一次调查总数4 066个的83.63倍。

2003年注册的域名数的增长突飞猛进,在2002年下半年就已经有这种趋势。从调查报告里与CN域名相关的数据中,可以看到两个特点:一是以CN域名下二级域名的增长量最为惊人。CN二级域名数为158 072个，与半年前相比增加63 603个,增长率为67.3%。从CNNIC公布的其他具体数据上看,二级域名在CN域名总量中所占的比例,从5月份到11月底，已从37%逐月攀升到42%,每月都保持了一个百分点的高水平增长率。可见显示了2003年3月17日开放的二级域名的勃勃生机;二是在众多二级域名中,以GOV.CN结尾的域名总数为11 764个，与半年前相比增加2 436个,增长率最快(26.1%),这显示出近年来电子政务发展速度之快。

CN域名增长如此之快主要有以下几个原因,第一,用户更容易获得贴切的域名和网络品牌,这是重要的内在原因。其次,规范化、科学化的管理措施，给CN域名提供了获得快速发展可能性的外部条件。从去年9月底开始实施的《中国互联网络域名管理办法》,重新建构了我国国家域名管理体系,CNNIC完成了域名注册管理者与经营服务者的分离(见表1)。

表1 **截至2003年12月31日的域名统计表**

	AC	COM	EDU	GOV	NET	ORG	行政区域名	二级域名（.CN）
数量	666	140 779	1 915	11 764	16 189	7 369	3 286	158 072
百分比	0.2%	41.4%	0.5%	3.5%	4.7%	2.2%	1.0%	46.5%

(3)我国国际出口带宽。国际出口带宽总量为27 216M,连接的国家有美国、加拿大、澳大利亚、英国、德国、法国、日本、韩国等。分布情况如下：

中国科技网(CSTNET):155M。

中国公用计算机互联网(CHINANET):16 500M。

中国教育和科研计算机网(CERNET):447M。

中国联通互联网(UNINET):1 490M。

中国网通公用互联网(网通控股)(CNCNET):3 592M。

宽带中国CHINA169网(网通集团):4 475M。

中国国际经济贸易互联网(CIETNET):2M。

中国移动互联网(CMNET):555M。

中国长城互联网(CGWNET):(建设中)。

中国卫星集团互联网(CSNET):(建设中)。

2002年我国的国际出口带宽为9 380M,2003年比2002年增加了17 836M，增长率为

190.15%，是1997年第一次调查结果25.408M的1071倍。去年同期的增长率为23.46%。可见，在2003年，我国的国际出口带宽发展迅猛。

（4）我国网站数量与分析。2003年，我国WWW站点总数为595 550个，网站域名分类统计见表2。

表2 网站域名分类统计表

	AC .cn	COM (.cn)	EDU .cn	GOV .cn	NET (.cn)	ORG (.cn)	行政区域名.cn	.CN
数量	467	411 185	略	10 051	77 692	33 913	2 096	60 146
百分比	0.1%	69.0%		1.7%	13.1%	5.7%	0.3%	10.1%

截止到2003年12月31日，我国WWW站点数为595 550个，半年内增加121 650个，增长率为25.7%，和去年同期相比增长60.3%。WWW站点的快速增长进一步说明了我国互联网产业正稳步发展。北京的网站总数位居第一，占到了20.7%，排在第二位的上海为8.8%。可见北京有明显的领先优势。华北、华东、华南的WWW站点数比例仍占85%左右，东北、西南、西北WWW站点数所占的比例同以往调查结果相比略有增长，但所占比例还是较小。同CN下注册域名的地域分布情况一致，这也在一定程度上说明我国地区之间的互联网发展水平的差距。

（5）IPv4地址数。截止到2003年12月31日，中国内地IPv4地址数已达41 456 128个，与半年前相比增加9 371 648个，增长率为29.2%，和去年同期相比增长42.9%。可见，中国的IP地址资源近几年增长较快，在数量上达到了一定的规模。但是这些IP地址资源目前仍不能完全满足中国互联网络运营单位发展的需要。随着我国网民人数的大幅增加，网络应用的逐步加强，这种IP地址发展与我国互联网络发展的不匹配会更加明显。因此我国各ISP应积极了解APNIC及CNNIC的IP地址分配政策，大力推进我国IP地址资源的发展。

（二）网上购物发展概况

根据CNNIC的调查，已网络购物为主要目的的上网用户为0.1%，经常使用网络购物的用户为7.3%，对网络购物非常满意、比较满意、一般、不太满意、不满意的用户分别为6.2%，25.9%，45.1%，17%，5.8%。可见满意度一般的用户占大多数。

用户是否经常访问购物网站（包括“网上商城”、“网上商店”等），经常访问和有时访问的总和占到60.8%。购买过商品和服务的为40.7%。可见一部分人访问网站但未购买商品。在购买的物品当中，书刊占到了61.7%，为网上购物的主要消费品。

2003年，受非典影响，越来越多的网民认同了网上购物的方式。很多购物网站重新兴起。但是网上购物仍有许多不尽如人意的地方。最近中国消费者协会发布的2003年全国投诉情况显示：据全国30个省市自治区消费者协会的汇总统计，2003年，共计受理了消费者投诉近70万件，与去年同期相比上升了0.7%。解决了67万件，为消费者挽回经济损失11.6万元。在投诉增幅居前的商品和服务中，消费者对于互联网服务的投诉增幅非常惊人，2003年比2002年整整增长了117.5%。

推广网上购物的方式任重而道远，最重要的是建立诚信体制。

二、电子商务与物流发展概况

（一）物流发展概况

本部分从政府管理机构、协会组织和企业发展的宏观层面上分析我国2003年物流业的发展概况

1. 政府对物流发展的导向规范化、制度化。2003年十月，党的十六届三中全会通过了《关于完善社会主义市场经济体制若干问题的决定》指出：要“发展电子商务、连锁经营、物流配送等现代

流通方式”。首次站在国家未来经济发展的战略高度明确了物流的重要性。

国家发展和改革委员会已将物流发展规划、发展政策制定和管理等职能列入相关司局，确保了我国物流发展中所需要的宏观管理与协调职能的到位和机制的建立。同时，国务院有关部委也把推进现代物流的发展列入议程。

2003年9月，全国政协成立现代物流专题组，对我国部分地区现代物流发展情况开展了调研，并在调研的基础上提出了发展现代物流政策建议。

同时，部分省、经济中心城市的政府部门也根据各地发展现代物流的需要，制定了物流发展规划，并出台了实施规划的许多优惠政策。

2. 协会组织发挥作用。2003年，我国各地成立的物流社团达到26个，有效壮大了协会等组织的队伍，这些物流相关协会组织在物流发展中的地位更明确、作用更明显。

2003年，全国物流管理标准化技术委员会和全国物流信息管理标准化技术委员会成立，共同启动建立全国统一的物流标准体系。

3. 物流市场需求量分析。2003年预计的物流量都比2002年数据有较大的上升，处于增长状态；

物流需求市场潜力巨大，增长较快，第三方物流业有较大发展空间；

电子、医药、烟草等生产企业和商业企业的平均物流量小于机械及原材料企业的平均物流量，但单位物流量的物流费用支出远远大于一般大宗原材料企业，企业间与行业间的差距较大；

生产企业的供应物流一般都由生产企业或供货方来承担，第三方物流公司担任的较少，物流从业者要把握这一特征。

4. 物流供给市场分析。物流供给能力。现有的功能性物流普通运作供给能力要大于物流市场需求；物流供给企业规模还不大，供给企业运输能力要小于需求企业对运输需求规模及网络分布的要求，运输能力分散，规模集成度较低。

物流服务水平分析。与物流需求企业相比物流供给企业的单据准确率和运输及时率略高，可以满足物流需求企业的要求，这一结论与第三次调查所得结论有较大区别，也说明随着近两年物流企业加强服务意识，物流作业质量水平有所提高。

物流信息系统建设情况有了很大改善。根据调查结果分析，近两年物流企业对建设物流信息系统很重视，企业拥有物流信息系统的企业比例由2001年调查的的不足40%，提高到了接近60%的比例。而且没有建设物流信息系统的大部分企业也都有开发、外包或购买物流信息系统的打算。

物流企业信息的功能模块中，业务管理模块及查询功能模块拥有比例有较大增加，这也是物流管理系统的核心模块。但物流管理信息系统具有决策分析功能的模块比例还不高，说明智能化的物流管理系统拥有比例还较低。

随着信息技术的发展，物流信息系统日益成为社会物流企业的重要工具，物流信息资源整合能力也是需求企业对物流服务供应商的主要需求。从调查结果来看，我国物流企业信息系统还不能满足客户需求，业务功能不完善，远程通信能力低，缺乏必要的决策功能。

（三）电子商务时代的物流发展

1. 物流企业电子商务平台建设分析。企业网站是物流企业开展电子商务的窗口。本部分从物流企业电子商务平台建设的角度分析电子商务时代物流的发展情况。

通过对多个物流企业的网站调查发现，与国外物流公司的网站进行对比可以发现，国内物流公司的网络营销网站更像是消息发布网站，在线服务很少，基本上无法与企业进行沟通。所以，网络营销对转型中的物流企业最大的挑战就是发挥互联网的优势，对企业的业务流程进行重组，通过业务流程再造为企业创建核心竞争优势，创造新的利润增长点。

虽然有些网络公司为企业网络营销开辟了功能栏目，但物流企业怎样迈入网络营销行业，将自己的产品放在网上，利用网络功能参与购销，在世界范围内进行竞争和销售呢？许多企业仍感到有点迷惑。另外，网络公司所开设的栏目及功能有些满足不了客户的需求。

国内专业化的物流企业如中国物资储运总公司、中外运总公司、大通等近年来各公司的营业额均在亿元以上,营业范围涉及全国配送、国际物流服务、多式联运和邮件快递等,而且,上述公司都已经在不同程度上进行了综合物流代理运作模式和网络交互式功能的探索实践,在强大的信息处理技术和全面的顾客资料数据库的基础上,企业完全可以根据自身优势开展网络营销,尤其是一些与外方合资或合作的物流企业要充分发挥国外公司在物流管理经验、人才、技术、观念和理论上的优势,率先进行电子化的网络营销运作。

在网站建设方面可以参考世界排名前十位的物流企业依次是:UPS (美国联合包裹公司)、FedEx (美国联邦快递)、Deutsche Post World Net (德国邮政世界网)、Maersk/A.P. Moeller(丹麦马士基)、Nippon Express(日本通运)、Ryder (美国瑞德系统公司)、TNT Post Group (荷兰邮政集团)、Expeditors (美国货运后勤代理商)、Panalpina(泛亚班拿)、Exel (英运物流)。其功能表如表 3 所示。

功能 \ 网站	交互式功能	运输资源					服务指南				采购信息	电子商务												客户服务			简介				职业指南	业务领域	投资人链接						公司资源
	根据追踪编码/参考编码/电子邮件追踪	运输时间	取件方式	集装箱/车船等	投递地点	订购	国际的	可选的	递送包裹	进口信息		在线工具	热点链接	包裹追踪	国际关贸工具	签名追踪	地址确认	物流解决方案	在线工具常见问题解答	媒体	电子托运工具	无线解决方案	增值服务	联络公司	工作日	一般常见问题	联络各国公司	联络公司总部	新闻发布会	简介			数据报表	公司管理	投资人新闻	财政报告	股东大会	股票资讯	
UPS	★	★	★		★	★	★	★	★	★		★		★		★	★	★	★		★	★	★	★	★	★	★	★	★	★									
FedEx						★	★	★	★			★		★	★			★			★			★	★		★	★	★	★	★								
Deutsche													★					★						★			★	★	★	★	★		★	★	★	★	★		
PostWorld				★							★													★					★	★	★	★	★			★			
Net				★				★				★		★				★	★					★			★			★									
Maersk				★			★	★			★	★		★				★	★	★	★			★			★		★	★	★			★		★			★
Nippon													★						★	★				★		★			★	★		★		★	★	★		★	
Express				★											★			★						★			★		★	★	★			★		★		★	★
Ryder												★		★													★		★	★	★	★				★			
TNTPost					★	★	★	★	★			★	★	★				★	★	★			★	★			★	★		★	★	★		★	★	★	★	★	★

从这张表格中,可以清楚地看到各物流企业的网站功能。因为是“对比表”,所以它的重要性就在于可以很明了地看到有些物流企业不具备,而其他物流企业所具有的许多特色功能。图中每颗星代表对应网站所具有的功能。

从功能上来看,国外物流企业的网上交互式功能比较多,而且很先进、方便。比如包裹追踪、在线订购等。在这十佳物流企业中,具有货物追踪功能和在线服务功能的就有六家。这种服务的开通不仅为物流企业网络营销的运营提供了可靠、精确的保证,而且对于用户也很方便。国外大多数物流企业在开发、开通这种交互式功能,如 EDI(电子数据交换)等,都在初期投入大量资金和人力进行开发研究。相对的,从表中可以看出,具有静态服务(如公司消息发布和公司财务报表等)的公司占 80%。出现高于动态功能比例的原因就在于静态信息的投入成本和更新率低,而且简易的消息网页制作也使大多数企业为之倾心。然而,这种功能的回报率也远远低于动态信息的发布。

2. 物流企业信息化状况分析。我国物流企业的信息技术应用水平较低,其主要表现是：

第一、企业内部物流信息管理和技术手段都还比较落后，如条形码技术、全球卫星定位系统(GPS)、物料资源管理 (MRP) 和企业资源管理(ERP)等物流管理软件,在物流领域中的应用水平较低,能进行系统化、信息化管理的物流企业较少。

第二、缺乏必要的公共物流信息交流平台,以EDI、互联网等为基础的物流信息系统在我国还没有得到广泛的应用。一个高速畅通,动态互联的标准化信息系统，是第三方物流企业保证其各项职能相互协调并高效运作，实现与其他企业联盟使得物流服务整体化的必要条件。由于我国的网络普及率较低,EDI 技术落后,难以实现不同计算机系统之间数据的传递和交换，致使大多数的物流企业信息数据系统处于孤立的状态。一些现代化的物流手段：计算机网络技术，机电一体化技术,语音识别技术,全球卫星定位系统(GPS)、卫星通讯、射频识别装置(RF 这直接影响了物流中心与用户各方的沟通和协作,阻碍物流)、电子数据交换系统(EDI)、管理信息系统(MIS)等等的使用还不是很广泛。

服务质量的提高。现代物流已成为跨部门、跨行业、跨地域的以现代科技管理和信息技术为支撑的综合性物流服务。在现代物流中,信息已成为提高营运效率、降低成本、增进客户服务质量的核心因素。在信息平台上,信息流的处理和利用水平决定整个物流过程的运作水平。信息平台的建设,信息平台的建设是建设现代物流的核心内容。

(特约撰稿: 中国物流与采购联合会
物流规划研究院院长
21 世纪中国电子商务网校校长　张　铎)

托盘与托盘共用系统

一、建立托盘共用系统的意义

在中国经济持续稳定发展的过程中，物流现代化的重要意义已成为人们的共识。近年来，中国物流现代化在基础设施建设、物流技术与装备的改善、理论研究等诸方面都取得了很大的进展。但是，就总体来看，中国物流系统仍然存在效率低、成本高的问题。据最新的统计数据，发达国家物流总成本约占 GDP 的 9%-11%，而在中国这个比例是 20%左右。数据对比表明：完成同等规模的国民经济的运行，我们的物流成本要比发达国家高出一倍。多消耗的物流费用并不创造价值，而是由于迂回运输、重复搬运、物资损坏或丢失等因素造成的结果。若按 GDP 的 10%计算，我国多余消耗的物流费用应该是每年 10 000 亿元左右。因此建立高效率低成本的物流系统，不仅是我国经济稳定持续发展的杠杆，而且具有巨大的经济意义。

产品在供应链中的流通是从采购开始经过生产、分配、销售最后到达用户。如何使物流供应链顺畅的流动成为一个很重要的问题。将货物组成托盘集装单元是解决问题的最佳方法之一，但是中途多次更换托盘会大大降低工作效率和提高成本。应该使托盘货物单元从源头直至最终的用户过程中始终保持不变，实行托盘作业一贯化，这样才能发挥托盘作业的优越性。

(一)托盘作为集装单元化的器具能将零散的货物归置成规格统一、具有一定体积和重量的货物单元，可以显著提高装卸效率。

托盘货物单元和在物流系统中要处理的绝大部分对象单件杂货相比，单件杂货的形状各异、大小不一，托盘货物单元形状规则、具有足够的体积和重量，可以用叉车进行装卸搬运大大提高作业效率；可以利用单元货格式货架进行保管存储提高仓库的容积效率。但是，托盘必须合理使用才能发挥其效能。在高效率的现代物流系统中，托盘货物单元应该作为一个整体，实行托盘作业一贯化，托盘随同货物直至送到最终用户手中，如果在中途反复倒盘就会造成人力浪费，而且货物容易受到伤损。

(二)托盘的使用可以整体提高物流工作效率使物流系统能够更加顺畅的运行，同时影响着物流相关方面的改进。

托盘作业不仅能显著的提高装卸作业效率，同时使仓库建筑的形式，船舶的构造，铁路及其他运输方法，装卸设施以及管理组织都发生巨大的变化。在货物包装方面，促进了包装的规格化和模数化，甚至对装卸以外的一般生产活动方式也都产生着显著的影响。有资料显示除高级工厂外，物料搬运费平均占生产成本的 40%。托盘作业是迅速提高搬运效率和使材料流动过程计划化的有效手段，经过努力被应用到现代企业管理方面，在降低生产成本和提高生产效率方面起着巨大的作用。

(三)托盘作业一贯化必须要有相应的托盘回收系统做支持。

在物流实际的运作中要实现托盘作业及托盘一贯化运输，有一个前提条件就是托盘的回收。由于制造厂很难回收发往四面八方的空托盘，我国企业目前通常的做法是将托盘的使用范围只限于厂内。发货时，在厂内形成的托盘货物单元被拆散，以人力将货物一件件装上运输车辆；当然，到达受货地卸货时，又要将货物一件件地码放到对方的托盘上再行入库。在此过程中的拆垛和码垛都属于无效劳动，徒然增加物流成本、降低了效率。

如果实施托盘作业一贯化而将托盘随同货物送到最终用户，则不能回收的托盘其价值也要计入物流成本，而且对于受货方来说，空托盘只是难以处理的废物，任意丢弃，造成了资源的浪费。所以解决托盘的回收和循环使用问题长期以来是物流界需要研究的难题。

共同回收的策略就是解决托盘回收的有效途径。长期实践表明，只靠一个企业本身的力量解决托盘回收问题是不可能的。要使托盘能回收并循环使用，必须建立企业间的合作机制，依靠社会的力量组建托盘共同回收系统。

首先，共同回收系统的范围应该限于一个国家或地区，包括近邻国家之间。对于远距离运输，回收托盘的费用太高，不如用一次性托盘。一次性托盘价格较低，即使不回收，其成本在长距离运输线路上均摊后对单位运价的影响很小。比如对中国来说，对美洲和欧洲的货物运输使用一次性托盘比较合适；对日本、韩国的货物运输，建立国际托盘共用系统将能有效地降低物流成本并加强贸易合作关系。托盘共用系统其回收体制的主要形式有交换制和租赁制两种。

交换制的实施方法是：在发货时，托盘货物单元可以保持原状态托盘随货发出。但是，前来提货的车辆（不论车辆属于何企业）必须留下与货物单元数量相同的空托盘以作为交换；当卡车到达铁道车站进行转运时，铁道方面也要以同等数量的托盘来交换；最终受货方提货时，也必须交出同等数量的托盘才能取货。这样，托盘货物单元在物流系统各个环节中运行，同等数量的空托盘也在物流系统中逆向运行，每个企业都保持一定数量的托盘，不必要再进行托盘回收工作。在交换制系统中，每个企业都拥有一定数量的托盘，但是对托盘来说，要在各个企业之间流动，它的归属是不固定的。带来的主要问题是：由于企业对托盘没有固定的主权，系统中的托盘得不到必要的维护与修理；新托盘和旧托盘、好托盘和次托盘没有明确标准，交换时只考虑托盘的数量，大家都把将要损坏的托盘拿出来交换，导致系统中的托盘寿命很短；此外，系统运行一旦发生不平衡时，很难采取有效对策。由于上述原因，交换制没有被推广，只是在较小的范围内实行。

另一种共同回收的方式是租赁制。托盘系统可以由一个托盘公司运作，它拥有一定数量的托盘，在全国各地建立托盘回收点，负责托盘的回收和维护。使用托盘的企业，可以向托盘公司租用所需数量的托盘，在受货地点将空托盘还给就近的托盘回收点并付给必要的租金即可。这种方式克服了交换制的缺点，托盘全部归属于托盘公司，托盘的质量控制、维护修理都是由托盘公司进行。制造企业、运输公司、受货企业都不需要拥有托盘，免去了管理托盘的麻烦。

（四）建立国托盘共用系统是解决托盘回收的有效办法。

在发达国家采用建立托盘共用系统的方法来解决托盘作业一贯化中托盘回收的问题。实践证明托盘共用系统的建立可以有效地实施托盘作业一贯化，合理使用托盘，显著提高物流系统的效率和降低物流成本，也是物流系统现代化不可或缺的部分。企业通过托盘共用系统解决了托盘回收问题，使得托盘一贯化作业成为可能，同时使用托盘的企业不必购买大量托盘，免去了存放、管理和维修托盘的麻烦，而且更为经济。这些国家在建立共用系统时采用的主要是租赁形式，同时在特定行业内采用的是交换形式。

（五）建立托盘共用系统可以节约三分之一左右的托盘。

由于托盘数量巨大而且使用寿命有限，因此经济效益十分显著；此外，现在90%左右的托盘是木制的，一棵成材大树只能制6个标准托盘，节约托盘对于保护森林自然资源也很有意义。

（六）托盘共用系统的建立可以促进托盘制造业和相关机械制造业的发展，代用材料的研究也会促进新材料的发展。

（七）通过建立托盘共用系统可以同时引导我国整个物流系统的标准化。

随着共用系统的普及，使用共用系统内标准化托盘的企业逐渐增加可以促使相关配套物流产品逐步向标准化靠拢，进而带动整个物流行业的标准化。

总之随着我国经济的持续发展，对物流现代

化要求越来越高，托盘共用系统的建立已是刻不容缓而且必须要加以解决的问题。

二、托盘共用系统的构成

托盘共用系统一般是以股份制公司的形式运作。根据日本和韩国的经验，系统的建立要投入大量的资金，历经3–5年才能开始赢利。在此之后，由于系统规模不断增大，将会有长期稳定的利润。为了减轻投资者的负担，本着风险分散的原则，同时考虑到这个系统服务的广泛性，公司股东数量较多而且股本分布比较平均。股东的构成也是多方面的，有托盘用户、托盘生产厂家、银行以及其他对托盘投资有兴趣的企业。

根据国外经验，我国托盘共用系统公司也应该采用股份制，但是根据国情，具体有3种可能的选择。

(一)国家投资为主，吸收民营企业参加，组建股份制的托盘共用系统公司。由于托盘系统是为全民服务的组织，其社会意义大于其经济价值，以国家投资为主将能保障其经营方向的正确性。由于存在投资回报期较长、缺乏经验等问题，这种方式的抗风险能力较强。此外，托盘公司在我国是新生事物，将要面临很多新问题，以国家资本为主在争取政策支持方面也比较有利；

(二)民营企业组建的股份制公司。特点是在经营方面具有更大的灵活性，能更好地根据市场变化和客户要求制定对策，提供高水平的服务。这种方式必须有好的协调机制，充分发挥行业组织的作用。股东的构成要具有多方面代表性，要使所有股东了解这个项目的社会意义、近期的负担和风险、远期稳定的回报等内容，首先在思想上统一认识；

(二)投资参加的股份制合资公司。日本和韩国的托盘系统公司已有多年的运作经验和成熟的经营模式，他们的加盟将有助于我国托盘公司更快地成熟，同时有利于将来建立国际托盘联营体系。当然这一做法也会带来一些政策方面的问题需要加以研究。此外在股本组成方面应该保障中方的绝对控股地位。

中国托盘共用系统公司将来以何种方式组建，需要有关各方协商、研究才能决定，但是中国经济的发展速度和对物流现代化的要求已经不容许我们久研不决。

三、建立中国托盘共用系统的有关问题

托盘共用系统的建立可以合理使用托盘，显著提高物流系统的效率，但是这也是一项规模大、困难多、牵涉面广的项目。有许多问题需要解决。

(一)建立有效的托盘共用系统，必须使用统一规格的托盘。

托盘作业和产品、集装箱、货架、运输车辆的货台以及搬运设施等都有直接关系，因此，托盘的规格尺寸是考虑其他物流设备规格尺寸的基点。特别是要建立有效的托盘共用系统，必须使用统一规格的托盘，托盘标准化是托盘作业一贯化的前提。

国际标准(ISO)原规定有4种托盘规格，现列表如下：

规格尺寸	普遍使用地区	备注
1200×1000	欧洲	长方形
1200×800	欧洲	长方形
1140×1140	澳洲	正方形
40英寸×48英寸	美国	长方形

注：尺寸单位未注明者均为mm，以下同。

每个国家都希望自己国内已普遍使用规格成为国际标准，以便在国际经济交流中更为有利，现在ISO规格中含有英制就是美国坚持的结果。国际标准组织无法统一，只能接受既成事实，列出四种，做到相对统一。我国国标目前套用ISO规定的4种并列的标准。

以上四种托盘规格都是在海上集装箱标准制定以前就已存在的。海上集装箱国际统一标准制定以后，日本经过大量调查研究提出了1 100×1 100新的托盘标准规格。这种规格的主要优点是：

1. 和集装箱的规格匹配性好。海运集装箱内宽为2 300，正好适合1100×1 100托盘两排并放，可以提高集装箱的装载效率；

2. 是正方形，可以是两向进叉，在结构方面强度较好，使用寿命比较长；

3. 统计分析表明，对于各种产品包装规格的包容性较好，也就是说，这种托盘能适应多种尺寸包装的产品，保持较高的承载率。

研究报告认为，亚洲国家以海洋经济立国，托盘和海运集装箱的匹配是至关重要的。因此建议将 1 100×1100 规格的托盘作为亚洲国家的代表规格，并向国际标准组织提出申请列入国际标准。经过分阶段审议，2003 年国际标准化组织已通过新的托盘标准，除保留原有 4 种规格以外，又增加了两种，其中一种就是 1 100×1 100 的规格。新的国际标准如下：

规格尺寸	普遍使用地区	备注
1 200×1 000	欧洲	长方形
1 200×800	欧洲	长方形
1 140×1 140	澳洲	正方形
40 英寸×48 英寸	美国	长方形
1 100×1 100	亚洲	正方形
1 067×1 067	澳洲	正方形

对应于新的国际标准，我国托盘标准的修订工作尚未进行。但是在修订工作中应该遵循以下原则：

1. 与国际接轨，我国新的托盘标准不应超出国际标准的范围，没有必要提出上述 6 种以外的规格；

2. 国际标准中列出的规格都是在各地区已普遍使用的规格，每个地区仍然在推行自己传统的规格，而不可能 6 种并用。我国也不宜同时推行 6 种规格，应根据国情确定推行的重点；

3. 根据托盘专业委员会的调查，我国前流通中的托盘规格比较多。主要包括：2 000×1 000；1 500×1 100；1 500×1 000；1 400×1 200；1 300×1 000；1 200×1 000；1 200×800；1 200×1 100；1 100×1 000；1 100×1 100；1 100×900；1 000×1 000；1 000×800；1 200×1 200；1 300×1 600；1 300×1 100 等几十种规格。其中 1 100×1 100 和 1 200×1 000 两种规格相对比较多。在塑料托盘中这两种规格约占 50%左右。

在实际中多种规格并存的情况还会存在下去，但是为了提高物流系统的效率，国家标准必须选定 1–2 种规格作为推行的标准，逐步加大标准托盘在使用中的比重。目前日本的标准化托盘的使用率是亚洲国家中比较高的为 35%，其次是韩国约为 26.7%。此外，澳大利亚为 95%、美国为 55%、欧洲为 70%。可见我国标准化托盘使用率的提高还有很长的一段路要走。

（二）托盘共用系统企业是一种公益性的企业，国内没有同类企业可以比较，在政策方面有一定的特殊性。

托盘共用系统企业既不是制造企业也不是物流企业。如果按一般租赁企业对待，既有的规章制度将使托盘共用系统企业难以经营；

托盘随商品流转，不断变换货主，如果是国际性托盘系统的托盘还要随货物进出海关，对这种流通中的托盘，关税和税收也应有相应的政策。

（三）关于托盘共用系统的经营体制。托盘共用系统要依靠规模效益。根据国外经验，要投资数亿、耗时数年、建成网络系统并拥有大量托盘时才能获得效益。而一旦开始获得汇报，将有稳定和良好的利益。也就是说，这是一个投资大、短期无回报，但是却具有重大社会价值和长期稳定经济效益的项目。

为了分散初期阶段的负担与风险，一般采用多股东的股份制来组织企业，可以由银行、托盘用户、托盘制造企业和有兴趣的投资者共同组建托盘共用系统企业。根据我国国情，设立国家级大公司也可以作为一种选择。

由于要考虑规模效益，应该实行垄断性经营。如果一哄而起，必然众败俱伤。为了国家利益，政府应该给予政策支持。

四、建立托盘共用系统的策略

（一）争取国家支持。托盘共用系统企业没有同类企业可以比较，在政策方面有一系列的难题。

首先，企业成立注册、登记时，企业分属类型难以确定。首先要得到政府的特别许可，给以必要的优惠政策。

其次，托盘随商品流转，不断变换货主，而托盘是属于托盘公司的，它的所有权并没有变化，在税收要考虑其特殊性；如果是国际联营托盘系统的托盘还要随货物进出海关，对这种流通中的托盘，关税也应有相应的政策。

此外，托盘共用系统达到一定的规模使才能产生经济效益，规模越大，效益越好。由于要考虑规模效益，系统应该是垄断性的，全国应该建立统一的托盘共用系统。如果一哄而起、各自为政，都搞自已的托盘系统，必然众败俱伤。这也需要政府加以引导和政策扶持才能健康有序地发展。

上述表明：政府支持是托盘共用系统公司得以生存和发展的必要条件。在发达国家，政府对托盘事业的支持力度非常强。在日本和美国，都把托盘事业看成是一个巨大的产业，政府为了推进物流标准化，提高托盘的利用率相继出台了多项鼓励政策与优惠措施。比如制定托盘的国家标准并大力推广使用、减免从事物流标准化企业的所得税、资助运输企业购买和使用标准集装箱运输卡车、奖励推进物流标准化的优秀企业，扩大其影响。并且由银行、托盘制造业、个人共同出资组建托盘联营公司，从事托盘租赁服务等。

（二）依靠行业组织。发展托盘事业可以提请有关部门加以重视，可以通过专家学者的呼吁和舆论的宣传来推进，但是最重要的是要有一个专门的组织始终不懈的为托盘事业进行活动。这个组织就是托盘行业组织，它可以在政府部门、托盘企业、用户和相关行业之间起到联系作用、桥梁作用。中国的托盘行业组织就是中国物流与采购联合会托盘专业委员会。

托盘共用系统的建立涉及多方面问题：要进行宣传教育，在舆论方面通过各种媒体宣传其重要意义、相关理论知识等；要和政府沟通，积极反映事业发展的进程和存在问题，争取得到政府有关部门的支持；要协调有关企业的思想、利益，统一其规划和实施步骤。这些工作只有依靠行业组织的中立性、中介性才能顺利完成；

（三）调动相关企业的积极性，利用现有服务网络。托盘共用系统的运作方式一般是由总公司统一经营，负责开拓市场、客户服务、财务结算、系统的日常管理和对外的业务联系等；此外要在全域建立网点即托盘回收站，负责向用户发送所需的托盘、回收空托盘、对托盘进行修理和维护等工作。

实际上我国许多物流企业已经建有全国性的运行网络，网点遍布全国。在建立托盘共用系统公司时，可以利用已有的网点，这样可以加快发展速度、节约投资、起到事半功倍之效；

（四）发展托盘制造业及相关产业。托盘共用系统的建立需要大量的托盘，日本的托盘系统拥有近千万个托盘。由于系统内的托盘是循环使用的，托盘的质量必须有一定的标准，才能保证其寿命。这就对托盘制造业提出了要求，我国托盘制造业还很不规范，需要发展和规范托盘制作业。当前木制托盘占托盘总数的90%左右，需求量最大的木制托盘在市场上大多以低价为竞争的主要手段，而质量标准没有保障。塑料托盘虽然比较规范，但是材料性能不稳定仍然是存在的问题。目前一种以废塑料和稻壳、木屑为原料的塑木托盘具有良好的性能价格比，在我国也有一定发展前途。

因此，各种材质托盘的质量标准的制定、托盘性能测定和鉴定技术以及相关机构的设立、托盘制造设备以及托盘作业相关设备的研究开发都是具有现实意义的项目。

经过这几年的发展，建立高效低成本的物流系统已经成为物流界的共识。很多有规模和有实力的物流企业、托盘生产企业及托盘使用企业都很关注托盘共用系统的建立，呼吁托盘共用系统尽快建立，并且表示非常希望能为托盘共用系统的建立做些工作。可以说在中国建立托盘共用系统的时机和条件已经具备了。作为中国惟一的托盘行业组织——中国物流与采购联合会托盘专业委员会多年来一直在努力推动托盘共用系统的建立。2004年更将建立托盘共用系统作为全年工作的重中之重，现在正积极联络和组织有兴趣致力于中国托盘事业的企业为尽快建立中国托盘共用系统做准备,相关部门的协调工作也已经开始了。

托盘共用系统是一项具有重大社会价值和长期稳定经济效益的项目，为了更快提高我国物流现代化的水平,必须高度重视这一事业的发展。建立我国的托盘共用系统应该是我国物流现代化议题的首选项目。

（供稿: 中国物流与采购联合会托盘专业委员会副秘书长　王晓雷）

物流基金

中国物流发展专项基金简介

中国物流与采购联合会是由国务院批准设立，受国务院国有资产监督管理委员会业务指导，经民政部社团登记管理的具有社团法人资格的全国性行业组织。联合会的主要任务之一，是推动中国现代物流事业的发展。

光华科技基金会是依法经中国人民银行核准，民政部注册登记，共青团中央主管的，具有独立社会团体法人地位的非营利性公益基金组织。基金面向海内外接受捐赠。主要对科技、教育、创新事业进行支持和推动。

中国物流发展专项基金是由中国物流与采购联合会依托光华科技基金会发起的公益基金。本专项基金作为公益性质的社会辅助形式，通过多层次、多方位对社会资源进行整合，对物流业的发展给予推动与支持，促进我国物流的发展。

一、中国物流发展专项基金的设立背景

近年来，现代物流在我国得到了蓬勃发展，物流市场迅速扩大。可以预见，随着我国加入WTO，世界制造业逐渐向我国转移，现代物流的地位和作用将日益突出，现代物流面临着更加广阔的发展新机遇。当然，我国现代物流发展才刚刚起步，在发展过程中还有诸多需要不断完善的方面。最为突出的就是要充分运用现代科学技术、管理技术的成果，推动技术创新、管理创新、服务创新。这是发展现代物流，推动流通现代化的一个非常重要的基础。解决这个问题需要政府部门的重视和支持，需要物流企业增强创新意识，更需要社会力量的支持和扶持。为此，中国物流与采购联合会依托光华科技基金会发起设立了“中国物流发展专项基金”。

二、中国物流发展专项基金的资金筹措

1. 接受海内外的机构捐赠；
2. 接受海内外的团体捐赠；
3. 接受海内外的个人捐赠；
4. 组织各种公益活动向社会募集。

三、中国物流发展专项基金的管理

本基金由中国物流与采购联合会和光华科技基金会共同组成的专项基金管理委员会负责管理。管委会下设专项工作部，负责宣传专项基金的宗旨；积极实施专项基金的各项职能；执行管委会的各项决议。按照《公益事业捐赠法》和《基金会管理办法》的有关规定，并充分体现捐赠人的意愿，对该基金的资金按照专项用途进行使用。

四、中国物流发展专项基金主要用于支持中国现代物流事业的发展

1. 奖励在物流领域做出突出贡献的机构和个人；
2. 推动物流产品、物流技术和服务的开发、应用和推广；
3. 推动物流教育工程的实施与发展；
4. 促进物流领域的科技创新；
5. 促进物流业的国际交流与合作。

中国物流发展专项基金“宝供物流奖”章程

第一章 总 则

第一条 宝供物流企业集团有限公司（以下简称宝供物流企业集团）为支持和促进我国物流业的发展，奖励在物流理论、物流技术及物流管理工作中取得突出成绩和贡献的各类人才，在“中国物流发展专项基金”下，设立“宝供物流奖”。

第二条 “宝供物流奖”由中国物流与采购联合会和宝供物流企业集团共同组织实施，作为全国物流行业奖，每两年评审一次(其中物流奖学金每年评审一次)。

第三条 由“宝供物流奖”办公室负责具体运作。办公室设在中国物流与采购联合会，由联合会出任主任，宝供物流企业集团出任副主任。

第四条 “宝供物流奖”遵循“自愿申请、公正评审、实事求是、行业选优”的原则，由“宝供物流奖”办公室聘请全国有代表性的权威专家(9–11人)成立“宝供物流奖”评审专家委员会，并公开公告评审结果。

第二章 资金来源及宗旨

第五条 “宝供物流奖”于1999年10月由宝供物流企业集团独家发起并出资，从2004年起，每两年宝供物流企业集团向“中国物流发展专项基金”出资100万元，专项用于“宝供物流奖”。该项资金的使用按“中华人民共和国公益事业捐赠法”与国务院“基金会管理办法”执行。

第六条 “宝供物流奖”属社会公益性质和非赢利目的，其宗旨为：

1. 以物流技术创新带动物流产业升级，促进物流科研及创新成果的转化与应用；

2. 普及物流科学知识与技术，促进我国物流人才的培养及从业人员素质的提高；

3. 传播物流管理技术与经验，促进我国物流行业整体管理水平的提高；

4. 对物流领域的进步和发展有促进作用的项目课题进行资助。

第三章 奖项及奖励对象

第七条 在“宝供物流奖”下，设宝供物流科技创新奖、宝供物流理论创新奖、宝供物流管理创新奖、宝供物流推动贡献奖、宝供物流奖学金等奖项。若新增其他奖项由办公室确定后公布。

第八条 奖励在物流理论、物流管理、物流技术与装备等方面取得具有重大推广和应用价值的优秀物流科技成果的主创人员，奖励通过各种方式在推动全国与地方物流业发展作出贡献的机构和人员，同时也奖励优秀的物流技术推广人员和在校的优秀物流专业学生。

第九条 对于推动我国物流业发展的重大项目经自愿申报并经奖励办公室审定，每年选择3–5项进行资助，具体资助金额由办公室按实际需要与可能商定。

第四章 奖励申请

第十条 申请“宝供物流奖”的项目必须具备章程规定的条件。

第十一条 任何个人、单位均可随时申请，当年来不及评审的申请项目自动转入下一届的评审，不必重复申请。

第十二条 申请人必需填写《“宝供物流奖”申请表》，表中各项内容均要如实填写，字迹要清晰。所涉及的申请内容必须客观和准确。申请人必须对所申请内容的客观性、准确性承担相关法律责任。

第十三条 申请人可向“宝供物流奖”办公室索取或从中国物流与采购网或宝供网站下载《“宝

供物流奖”申请表》,表格复印、打印有效。

第五章　奖励的评审

第十四条　奖励办公室收到正式申报材料后，要对申报材料是否符合章程的评审或资助范围、手续是否完备等各项进行初步审核,决定是否受理。收到正式申请后15天内发出“受理通知”或“不受理通知”。

第十五条　奖励办公室在受理申请后，将有关材料一份提交“宝供物流奖”专家委员会进行评审,一份提交宝供物流企业集团。

第十六条　通过专家评审的项目即为获奖项目,获奖项目通过不同方式向社会公告。

第十七条　申请人可在网站上或通过打电话查询申请受理、评审或获奖事宜。

第六章　颁　奖

第十八条　获奖项目由奖励办公室统一印制“**** 年度宝供物流奖”证书。

第十九条　所设奖励项目一等奖为5万元，二等奖为3万元,三等奖为1万元,奖学金奖每人5 000元。

第七章　附　则

第二十条　按章程规定,制定并发布“宝供物流奖”申报与评审办法。

第二十一条　本章程的解释权、修改权属于中国物流发展专项基金“宝供物流奖”办公室。

中国物流发展专项基金“宝供物流奖”评审办法

按照中国物流发展专项基金“宝供物流奖”章程，制定“宝供物流奖”申报与评审办法。

一、申请和评审流程

请申请人按照下图的指引完成您应该完成的申报工作。

二、奖励项目及要求

宝供物流奖针对个人、单位或集体进行奖励，集体成果项目的申报必须在申报奖前获得本单位的同意否则不予受理报奖。如项目的研究成果归

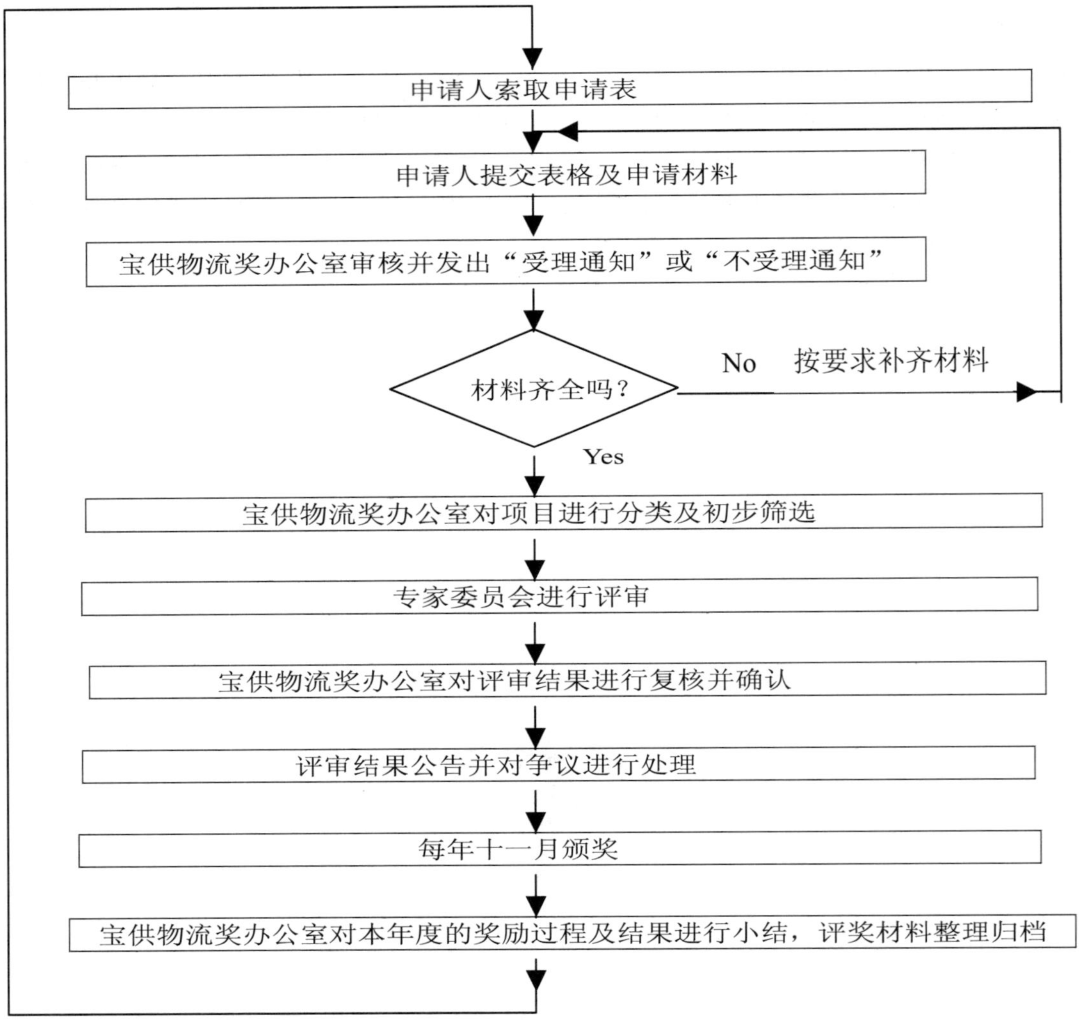

“宝供物流奖”申报和评审流程图

单位或集体所有，本奖励只针对项目负责人颁奖，不负责报奖人的排名和奖励的分配，奖金由项目负责人进行二次分配，并报办公室备案。如拟奖励项目在颁奖前发现有真实性或知识产权划分及对所颁奖金的分配存在重大分歧时，办公室有权暂缓颁奖，一经查实，取消拟获奖人员、单位（集体）

的获奖资格；对于已颁奖项，如申请人和受益人在申请过程中存在重大舞弊或欺诈行为，办公室负责启动法律程序进行追索，并予以公告。

（一）“宝供物流奖”有五个奖励项目，详见下表1。

表1　“宝供物流奖”奖励项目与金额一览表

<table>
<tr><th colspan="3">奖励项目类型</th><th>奖励数量</th><th>奖励金额</th><th>奖励金额累计</th><th>备注</th></tr>
<tr><td rowspan="3">1</td><td rowspan="3">宝供物流科技创新奖</td><td>一等奖</td><td>1项</td><td>5万元/项</td><td>5万元</td><td rowspan="15">指定申报物流奖学金高校共20所，每年对其中10所，每所学校奖励2人，合计奖励20人。
20所高校为：北京物资学院、长安大学、北京交通大学、同济大学、北京工商大学、济南大学、沈阳工业大学、上海海运学院、江西财经大学、中山大学、武汉大学、浙江大学、郑州工程学院、武汉理工大学、大连海事大学、华南理工大学、西南交通大学、山东大学、北京师范大学珠海物流学院、解放军后勤指挥学院。</td></tr>
<tr><td>二等奖</td><td>1项</td><td>3万元/项</td><td>3万元</td></tr>
<tr><td>三等奖</td><td>2项</td><td>1万元/项</td><td>2万元</td></tr>
<tr><td rowspan="3">2</td><td rowspan="3">宝供物流理论创新奖</td><td>一等奖</td><td>1项</td><td>5万元/项</td><td>5万元</td></tr>
<tr><td>二等奖</td><td>1项</td><td>3万元/项</td><td>3万元</td></tr>
<tr><td>三等奖</td><td>2项</td><td>1万元/项</td><td>2万元</td></tr>
<tr><td rowspan="3">3</td><td rowspan="3">宝供物流管理创新奖</td><td>一等奖</td><td>1项</td><td>5万元/项</td><td>5万元</td></tr>
<tr><td>二等奖</td><td>1项</td><td>3万元/项</td><td>3万元</td></tr>
<tr><td>三等奖</td><td>2项</td><td>1万元/项</td><td>2万元</td></tr>
<tr><td rowspan="3">4</td><td rowspan="3">宝供物流推动贡献奖</td><td>一等奖</td><td>1项</td><td>5万元/项</td><td>5万元</td></tr>
<tr><td>二等奖</td><td>2项</td><td>3万元/项</td><td>6万元</td></tr>
<tr><td>三等奖</td><td>4项</td><td>1万元/项</td><td>4万元</td></tr>
<tr><td>5</td><td>宝供物流奖学金</td><td>2人/校</td><td>40人</td><td>5000元/人</td><td>20万元</td></tr>
<tr><td colspan="4">评选费用（聘请专家、宣传资料、证书制作、评审会及颁奖会费用等）</td><td colspan="2">25万元</td></tr>
<tr><td colspan="4">物流软件科学研究课题费</td><td colspan="2">以上剩余部分</td></tr>
<tr><td colspan="4">合计</td><td colspan="2">100万元</td><td></td></tr>
<tr><td colspan="7">注：表中各项奖励金额为含税金额。</td></tr>
</table>

（二）“宝供物流奖”各奖项评奖条件，详见下表2。

三、申请人需要提交的材料

申请人需提交的材料，详见下表3。请申请人按照相应奖项的要求提供齐全的材料，材料不齐全者的申请将不被受理。申请人必须保证所提供材料的真实性，如本办公室需要申请人提供其他附加材料，申请人有义务提供。

四、“宝供物流奖”申请表及其截止期限

1. 申请人必须填写《宝供物流奖申请表》中的相关栏目，可向中国物流发展专项基金宝供物流奖办公室索取，或从中国物流采购网：http://www.cflp.org.cn/、宝供网：http://www.pgl-world.com/下载，表格复印有效。2. 宝供物流奖逢双年度评审，全年可接受申请，评审年度的申报截止日期为8月30日（以邮戳时间为准）。3. 提供表3所列的相应的材料，通过邮寄方式将表格寄至中国物流发展专项基金宝供物流奖办公室收。4. 本年度来不及评审的项目，将转入下一年度评审，不需再次申报。

表 2 **各奖项评奖条件**

<table>
<tr><th>奖励项目类型</th><th>评奖条件</th><th>说明</th></tr>
<tr><td>宝供物流科技创新奖</td><td>1. 研究发明物流新技术、方法和设备等，已投入使用并取得实效；
2. 首次成功、系统地引进国外先进的物流技术、方法和设备等，并根据中国实际有所创新，在使用中取得实效；
3. 物流科技研究成果达到国内领先水平；
4. 物流科技研究成果具有重大的推广和应用价值。</td><td rowspan="3">1. 从事物流科技开发与研究、物流管理、物流教学等工作并符合评奖条件的专业人士均可申报；
2. 申请人申报时须明确申报的奖项；
3. “宝供物流奖”评审委员会将根据申请人申报的奖项进行评审。</td></tr>
<tr><td>宝供物流理论创新奖</td><td>1. 首次提出先进的物流理论，并在国家一级报刊上发表；
2. 被主管部门所采纳，为国家决策提供依据的研究成果；
3. 某一领域的物流理论研究成果达到国内领先水平；
4. 研究成果对全国物流理论与实践的发展具有重大的指导意义。</td></tr>
<tr><td>宝供物流管理创新奖</td><td>1. 在宏观、中观、微观层面的物流管理进行重大创新并有良好业绩；
2. 在物流战略规划、物流企业经营、物流运作管理、物流系统设计、物流咨询等方面取得突出成绩；
3. 物流管理成果具有重大推广和实际应用价值。</td></tr>
<tr><td>宝供物流推动贡献奖</td><td>1. 推动全国物流业发展作出特殊贡献；
2. 通过媒体进行物流知识普及与重要新闻报导作出杰出贡献；
3. 在物流信息化、标准化推进中作出贡献；
4. 在物流人才培养方面作出贡献；
5. 在推进中外物流合作与交流方面作出贡献。</td><td></td></tr>
<tr><td>宝供物流奖学金</td><td>1. 必须是物流管理、物流工程专业学生；
2. 获得过“三好学生”或“优秀学生干部”或“优秀团干部”；
3. 物流硕士和博士生必须有科研论文发表；
4. 获得学校正式推荐。</td><td>2 年中每年由 10 所大学各推荐 2 名，由宝供物流奖办公室通知学校。</td></tr>
</table>

表 3 **申报人需提交的材料**

<table>
<tr><th colspan="2">奖励项目</th><th>需要提交材料</th></tr>
<tr><td rowspan="5">宝供物流奖</td><td>宝供物流科技创新奖</td><td rowspan="2">1. 申请表一份，复印件一份；2. 项目成果介绍或论文作品原件一份，复印件一份；3. 专家推荐书、鉴定证书、获奖证明等原件一份，复印件一份（如无法提供原件，请说明原因，则提供二份复印件）</td></tr>
<tr><td>宝供物流理论创新奖</td></tr>
<tr><td>宝供物流管理创新奖</td><td>1. 申请表一份，复印件一份；2. 个人简历及主要业绩介绍一份，复印件一份；3. 历年科研成果清单及代表作原件；4. 获奖证明（如无法提供原件，请说明原因，则提供三份复印件）</td></tr>
<tr><td>宝供物流推动贡献奖</td><td>1. 申请表一份，复印件一份；2. 个人简历及主要业绩介绍一份，复印件二份；3. 社会评价（社会获奖）原件一份，复印件二份；4. 体现贡献的作品一份，复印件二份。</td></tr>
<tr><td>宝供物流奖学金</td><td>1. 申请表一份；2. 学习成绩单、获奖证明、发表的论文、学校推荐书等（如无法提供原件，请说明原因，则提供二份复印件）。</td></tr>
</table>

物流科技奖

物流科技奖项目简介

中国物流与采购联合会科学技术奖是经国家科技部批准，全国物流与采购行业的最高科学技术奖。2003年(首届)评出科技进步奖和科技发明奖16项,其中推荐2项参加国家科技进步奖的评审,受到社会各界和业内人士的广泛关注。设立中国物流与采购联合会科学技术奖的目的在于促进物流与采购行业及生产资料流通领域的科技进步,调动广大科技工作者的积极性和创造性,表彰在行业科技工作中作出突出贡献的科技人员和单位。中国物流与采购联合会向获奖单位或个人颁发获奖荣誉证书,并通过媒体、网站和出版物进行大力宣传,有关成果将向教育、培训机构推荐,组织专题研讨会或现场会推广应用，其中水平突出的项目优先推荐参评国家科学技术奖。

一、中国物流与采购联合会科学技术奖设立以下奖项：

(一) 中国物流与采购联合会科学技术进步奖；

(二) 中国物流与采购联合会科学技术发明奖。

二、奖励范围：

在全国物流与采购以及生产资料流通领域中做出的：

(一)技术发明成果；

(二)科技进步的应用开发成果；

(三)科技成果转化的推广应用成果；

(四)软科学研究成果；

(五)标准化工作研究成果；

(六)著作及教材。

其中软科学研究成果、标准化工作研究成果和著作及教材是2004年度新增加的申报范围。

中国物流与采购联合会科学技术奖管理试行办法

第一章 总 则

为了奖励在物流与采购科技工作中作出突出贡献的单位和个人，调动科技工作者的积极性和创造性，促进物流与采购行业科技进步，加快实现物流与采购行业的现代化，国家科技部批准，设立中国物流与采购联合会科学技术奖。

第一条 根据《国家科学技术奖励条例》和国家科技部《社会力量设立科学技术奖管理办法》，结合本行业的具体情况，制定本办法。

第二条 中国物流与采购联合会科学技术奖设立以下奖项：

（一）中国物流与采购联合会科学技术进步奖；

（二）中国物流与采购联合会技术发明奖。

第三条 为维护奖励的严肃性和权威性，中国物流与采购联合会科学技术奖奖励工作实行公开、公平、公正原则，不受任何组织或个人的不正当干涉。

第二章 奖励范围和条件

第四条 下列科技成果可以申报：

在全国物流与采购以及生产资料流通领域中的技术发明成果、科技进步的应用开发成果、实现科技成果转化的推广应用成果。

下列科技成果不可以申报：

（一）涉及国防、国家安全领域的保密项目；

（二）已获国家级科技奖励项目；

（三）仅依赖个人经验和技能、技巧又不可重复实现的技术；

（四）争议未解决的项目。

第五条 申报条件：

（一）技术发明成果应当同时具备以下条件：

1. 技术成果是国内外所没有的，或者虽然国内外已有但其相关技术内容尚未在国内外公开发表，也未曾公开使用；

2. 具有显著的技术特点和明显的技术进步，与已有同类技术相比，技术经济指标优于同类技术；

3. 经一年以上实践，证明可以应用并取得良好效果；

4. 已申请国家发明专利。

（二）推动技术进步的应用开发成果，是指为提高生产力水平而进行的研究、开发、试验所产生的具有实用价值的新技术、新产品、新工艺、新材料等，应当同时具备下列条件：

1. 技术上有重要创新，解决了行业发展中的关键技术问题，对推动物流与采购科技进步有显著作用；

2. 项目经一年以上生产应用，实现了技术创新的市场价值或社会价值，为物流与采购发展作出重大贡献；

3. 近三年内通过鉴定、验收或技术评估的项目。

（三）实现科技成果转化的推广应用成果应当同时具备以下条件：

1. 技术水平应当国内领先；

2. 在本专业技术领域得到广泛应用；

3. 对物流与采购行业科技进步产生较大影响，取得重大经济效益或社会效益。

第六条 本办法是为奖励在物流与采购科技工作中作出创造性贡献、推动物流与采购科技进步、提高经济效益和社会效益的个人或组织。

（一）项目主要完成人应当具备下列条件之一：

1. 提出、确定或实施项目的总体技术方案，为项目完成在技术上起决定性作用者；

2. 解决关键技术和疑难问题的直接贡献者；

3. 在成果转化和推广应用中作出创造性贡献者；

4. 在解决试验、投产及高新技术产业化方面作出重要贡献者。

(二)项目主要完成单位是指在科技成果的研制、开发、推广应用过程中提供技术、设备、资金和人员等条件，对项目的完成起到组织、协调作用的主要单位。

第七条 中国物流与采购联合会科学技术奖的奖励等级和标准：

(一)中国物流与采购联合会科学技术奖设一等奖、二等奖、三等奖3个等级。每年度评一等奖3项，二等奖10项，三等奖20项，共33项。

(二)一等奖项目：应达到或接近国际先进水平（需提供国家确认的查新单位出具的查新报告），技术难度很大，对促进行业科技进步或国民经济建设具有重大作用，经实践验证有重大经济效益和社会效益。

(三)二等奖项目：应达到国内领先水平，技术难度大，对促进行业科技进步或国民经济建设有较大作用，经实践验证有很大经济效益和社会效益。

(四)三等奖项目：应达到国内先进水平，有一定技术难度，对促进行业科技进步或国民经济建设有一定作用，经实践验证有较大经济效益和社会效益。

第八条 本办法对单项授奖人数和授奖单位数实行限额。

(一)一等奖项目主要完成人不超过15人，单位不超过10个。

(二) 二等奖项目主要完成人不超过9人，单位不超过7个。

(三) 三等奖项目主要完成人不超过5人，单位不超过5个。

第三章 申报程序

第九条 申报程序：

(一)独家完成的项目由单位组织申报；

(二) 两个或两个以上单位合作完成的项目，由主持单位与其他完成单位协商一致后，由项目主持单位组织申报；

(三)个人项目，需有5名以上具有高级技术职称（其中需有3名非本单位）的专家书面推荐后，由个人申报。如该项目完成人是在职人员，需项目完成人所在单位提供申报项目证明。

第十条 申报中国物流与采购联合会科学技术奖需填写《中国物流与采购联合会科学技术奖推荐书》，并附以下附件：

(一)科技成果鉴定证书、验收报告或评估报告、专利证书；

(二) 已获经济效益证明（有财务公章的证明）；

(三)用户使用或社会效益证明；

(四)科技成果研究报告；

(五)科技成果查新报告。

科技成果研究报告一式三份，推荐书及其他附件一式五份，附件按上述顺序排列，与推荐书一并装订成册。

第十一条 中国物流与采购联合会科学技术奖，每年奖励一次。

第十二条 中国物流与采购联合会科学技术奖申报日期为每年的元月1日至5月31日。申报单位于每年5月31日前，按第十条规定将申报材料报送或邮寄(以邮戳为准)到中国物流与采购联合会科技奖励工作办公室，逾期一律不予受理。9月1日前公布评选结果。

第四章 管理机构和评审办法

第十三条 中国物流与采购联合会科学技术奖管理委员会(以下简称管委会)是中国物流与采购联合会科学技术奖的最高决策机构，下设中国物流与采购联合会科学技术奖评审委员会（以下简称评审委员会）和中国物流与采购联合会科技奖励工作办公室(以下简称办公室)。

第十四条 管委会主要职责：

（一）聘请有关专家组成中国物流与采购联合会科学技术奖评审委员会；

（二）审批年度获奖项目；

（三）研究、解决中国物流与采购联合会科技奖评审工作中出现的重大问题；

（四）审定推荐申报国家科学技术奖励项目。

第十五条　评审委员会主要职责：

（一）评审专业评审组经初审推荐的一等奖、二等奖、三等奖项目；

（二）推荐申报国家科学技术奖励项目。

第十六条　办公室主要职责：

负责中国物流与采购联合会科学技术奖的归口管理及日常工作。办公室设在中国物流与采购联合会科技信息部。

第十七条　中国物流与采购联合会科技奖采取会议评审制，对于符合申报条件的推荐、申报材料，由办公室形式审查合格后提交评审委员会进行评审。

第十八条　会议评审采取计分方式进行，评审会会议实际到会委员数不得少于应到委员数的三分之二。评审委员为报奖项目完成人时，在讨论和表决该项目时应回避（该委员不计入到会人数）。

第十九条　专业评审组和评审委员会委员要本着科学、公正、独立的原则行使评审权力，并对评审结论负责。

评审委员应具备下列条件：

（一）具有高级技术职称，长期从事技术、科研工作或行业管理工作，熟悉本专业国内外现状和发展方向；

（二）热心科技奖励工作，正确掌握评审标准，秉公办事；

（三）具有良好的科学道德和职业道德。

第二十条　评审委员会评审委员由管委会聘任，聘期一年。

第五章　授　奖

第二十一条　获得中国物流与采购联合会科学技术奖的项目，由中国物流与采购联合会向项目主要完成人和完成单位授予获奖证书，并从中择优向国家科技部推荐参评国家科学技术奖励项目。获奖项目奖金暂由项目申报单位参照有关标准发放，待条件成熟时，制定统一的奖励标准与奖励办法。

第六章　附　则

第二十二条　获奖项目由中国物流与采购联合会公布。未获奖项目不发通告，申报材料不予退回。

第二十三条　获奖项目如发现有弄虚作假或剽窃他人成果者，经查属实，撤销其奖励，退回获奖证书，取消该个人或单位以后的申报资格。

第二十四条　本办法解释权属中国物流与采购联合会科学技术奖励工作办公室。

第二十五条　本办法自2002年11月23日发布之日起施行。

（资料来源：中国物流与采购联合会）

2003年中国物流与采购联合会科技奖评奖说明

中国物流与采购联合会科学技术奖是2002年10月由国家科技部批准设立的。这是我国物流与采购行业的最高科技奖项。目的在于促进我国物流与采购行业科技进步，加快实现物流与采购行业的现代化。中国物流与采购联合会按照国家科学技术奖励条例的有关要求，制定了《中国物流与采购联合会科学技术奖管理试行办法》，并开展了首届科学技术评奖工作。

一、项目申报和审查

2003年度中国物流与采购联合会科学技术奖的申报工作自3月份开始启动，整个申报工作进展顺利。到8月31日，共有100多家单位与科技奖励办取得联系，咨询、申报报奖事宜。根据《中国物流与采购联会科学技术奖》的申报条件，联合会奖励办公室进行了资格、文档格式和报奖必要条件的审查，经筛选共受理合格申报项目24项，项目包括物流信息系统、物流技术应用和物流设备应用等方面。项目主要分布在北京、上海、广东、山东、云南、吉林等省区市，申报单位包括企业(国有、民营、股份制)、部队、院校及研究单位，具有一定的行业和地区代表性。

二、加强组织管理

为做好物流与采购联合会科学技术奖的评审组织管理工作，联合会成立了科学技术奖评审工作委员会，由9位国内著名物流专家组成，委员会主任由中国物流与采购联合会陆江会长担任。委员会负责评奖的指导工作和奖项的审批工作。同时，联合会建立了物流专家库，评审专家从专家库中根据申报项目情况随机选定，并组成专家评审组，负责项目的评审工作。2003年成立了以戴定一副会长为组长的科学技术奖专家评审组。

科技奖评审的日常管理与服务工作由科技奖励办公室承担。科技奖励办公室设在联合会科技信息部。

三、制定评审细则和标准

为了保证评审项目的质量和水平，中国物流与采购联合会严格按照国家科学技术评审的原则和标准来制定《中国物流与采购联合会科学技术奖评审细则》，对评审原则、标准、方法以及奖励等级和数量等作了具体规定。对评审项目主要从科学技术创新水平、经济与社会效益、推动科学进步作用等方面进行评价，并实行评分制的方式，使评审工作进一步细化。

四、规范评审程序

本次科技奖评审包括以下几个阶段：

1. 资格审查：由科技奖励办公室对申报项目的资格、文档格式和报奖必要条件进行了审查，经筛选共受理合格申报项目24项。

2. 专家初评：由专家独立审阅参评项目资料，分析、了解项目材料的真实性并给予初步评分。

3. 集中评审：由奖励办组织召开专家评审会议，按AB制形式，各专家对主评和辅评的项目进行介绍和评论，经全体专家综合评比、各自打分并最后汇总，得到各项目的总分和获奖等级。

4. 核实审批：由评审委员会核实批准。最终评出科学技术进步奖一等奖1项，二等奖5项，三等奖9项；技术发明奖二等奖1项。

整个评审过程按照相关的文件要求，按照公平、公正、公开，质量优先、宁缺毋滥的原则进行，体现了对报奖项目的高水平要求，也体现了本行业全国最高科技奖项的权威性。

五、获奖项目特点

本次获奖项目共16项。其中57%为物流信息系统项目，31%为物流设备应用项目，12%为物流技术应用项目。它们共同的特点是除了科技含量较高外，在经济效益和标准化方面成绩明显，处于行业领先水平。

在经济效益方面，获奖项目大多数有较好的收益，例如青岛海尔集团，通过统一采购，每年可节约资金上亿元，通过统一配送，每年可节约资金上千万元。又如深圳市中海咨讯科技有限公司2002–2003年物流管理信息系统销售收入400多万，4年间给用户之一的海福(深圳)公司带来净增营业额5 000多万，资产利用率提高近10陪。

在流程优化和标准化方面，获奖企业花费了大量的人力、财力整合和规范物流环节的业务流程，如北京中软冠群软件技术有限公司结合国外先进物流软件和自身的开发能力，在为湖北东风汽车，天津中新药业等单位实施物流信息化时，总结出标准的业务流程和功能模块。又如军事经济学院和总后物资油料部联合开发“军用物资采购服务系统”时，在总结原有的系统模型的基础上建立新的模型，特别是在多种招标管理模式上进行了业务流程上的规范化设计，使系统更加有效和易于管理。

现在越来越多的物流企业认识到，物流某环节的优化是一种二级优化，全程物流环节的综合优化才是高效的优化。因此，一些企业对原有的管理方式进行了改造，如青岛海尔集团提出的，以订单流为驱动源，以全球供应链、全球配送和计算机三个网络为其提供全程服务的物流管理模式，给企业带来实实在在的效益。

评审进程中可以发现，不但物流企业注重流程改造，物流管理信息系统的开发商也在探索开发流程的优化。北京佳软信息技术有限公司在这方面做了很好的尝试，他们把对某一行业服务的知识积累、流程优化经验和功能管理模块按规范和标准化的要求进行层次分析分类，然后，融于开发的结构体系中，使新建和重建系统的速度高于以传统手段建设信息系统的数倍。

获奖的物流设备应用项目和物流技术应用项目也具有领先水平。如昆明昆船物流信息产业有限公司开发的“龙岩卷烟厂自动化物流系统”集声、光、机、电、信息技术于一体，应用于自动化仓储、输送、分拣、发货、LGV激光导引、机器人自动作业等各物流控制和操作环节。在企业的生产效率提高、人员劳动强度降低、资金节约等各方面效果显著。如广州市再生资源利用研究所的“废轮胎生产RU–橡胶关键技术研究”项目，发明了新型的废胶再生工艺，解决了原此工艺中能耗高、污染环境、产品质量低等缺点，使废胶再生率提高20倍以上，在国内和国际的汽车工业市场上有广阔的应用前景。

当然，本次入选和获奖的项目不能说已经全面的反映了目前国内物流现代化现状，一些优秀的项目由于各种原因没有申报。工作中需要改进的地方：

1. 物流科技奖的推广工作还要进一步加强。由于是科学技术奖评奖的第一年，加之物流科学技术的行业跨度较大。联合会虽然通过文件、会议、报纸等形式进行了广泛推广和宣传，但直到申报截止日，仍有一些单位不知道物流科技奖的有关情况，使得一些好项目错过了申报机会。

2. 时间紧，有些申报项目的材料准备不够充分。由于申报时间从3月份开始，期间又经历“非典”干扰，因此，要求企业在8月底前完成所有材料准备，时间相对紧迫。从所报的材料可以看出，不少企业材料准备仓促，缺少了一些必需的报奖要素(如经济效益、用户使用证明等)，因此，需要修改补充后重报，而那些没有继续改进而重报的项目，则难以通过报评资格要求审查。

3. 项目不平衡。在这次申报的项目中，物流信息系统项目比重偏大，物流设备和物流技术应用等方面的项目比重偏小。

六、关于2004年评审工作

按照《中国物流与采购联合会管理试行办法》，科学技术奖的评奖工作每年进行一次。2004年度的申报工作将于2004年2月份开始。2004年将考虑增加物流软科学的有关项目。可以肯定，明年的评奖的项目，无论在数量、质量等各方面比今年更出色。

"中国物流与采购联合会科学技术"奖励办公室设在中国物流与采购联合会科技信息部，我们将在近期拟定2004年度中国物流与采购联合会科学技术奖评审工作的有关文件，并尽快启动这项工作。希望业内同行积极参与并和我们联系。

（资料来源：中国物流与采购联合会科技奖励办公室）

2003年中国物流与采购联合会科学技术奖获奖项目名单

科技进步奖15项

序号	等级	项目名称	项目单位
1	一等奖	海尔现代物流技术的研究与应用	青岛海尔零部件采购有限公司 青岛海尔国际贸易有限公司 青岛海尔物流有限公司
2	二等奖	E6药品物流管理系统	北京佳软信息技术有限公司
3		龙岩卷烟厂自动化物流系统	昆明昆船物流信息产业有限公司
4		远望物流综合管理系统	深圳市远望软件技术有限公司
5		中海物流	深圳市中海资讯科技有限公司
6		第三方物流配送系统 V2.0	上海市博科咨询股份有限公司
7	三等奖	系列装卸过桥	广东省邮政局邮电通信设备厂
8		面向运输及物流企业的 PUMA 运输管理系统	上海浦东运输汽车公司 快步易捷（广州）信息服务有限公司
9		高性能双立柱巷道式堆垛起重机	云南昆船第二机械有限公司
10		激光引导自动输车系列化	云南昆船第一机械有限公司
11		军用物资采购服务系统	军事经济学院军用物资系 总后勤部物资油料部
12		车辆调度管理决策系统	复旦大学现代物流管理研究中心 上海尼奥计算机系统有限公司
13		玉溪红塔集团中试车间烟叶配方、成品辅料自动化物流系统	昆明昆船物流信息产业有限公司
14		ES/1 物流信息管理系统	北京中软冠群软件技术有限公司
15		内燃机车柴油低温流动改进剂	北京铁路局机务处 北方交通大学交通与环境工程研究所

科技发明奖1项

序号	等级	项目名称	项目单位
1	二等奖	废轮胎生产 RU-橡胶关键技术研究	广州市再生资源利用研究所

第六部分

采购与供应链管理

2003年中国供应链管理的进步与发展

一、综述

在2003年，供应链管理表现出了更强的实践性，越来越多的企业参与进来，并且取得了良好的成效。企业所采取的各项措施，也经常考虑到为供应链服务、提升供应链地位。随着全球化进程的持续，企业对于全球化的供应链管理表现出了更大的兴趣。埃森哲中国公司的专家称："供应链已经成为中国企业首席执行官及高层管理人员明确关注的重要问题。事实上，在亚洲各国，供应链服务的市场需求正以23%的速度逐年递增。"

2003年，继续举行了各种主题为供应链管理的会议。本年度会议的一大特点，是偏重于针对某一具体行业的会议主题。其中，具有代表性的包括：

（一）第二届中国企业采购国际论坛（2003年10月14日，北京）

本届论坛由中国物流与采购联合会和国务院发展研究中心共同主办，以"经济全球化与中国企业采购发展战略"为主题，以传播国际先进的采购理念和知识，分享世界500强和其他知名企业在全球采购、营销及供应链管理等诸方面的成果和经验，提供中国企业与国际合作与交流的平台，促进中国企业采购制度的变革与创新，提升中国企业在国际市场的竞争力为宗旨。

参加会议的代表分别围绕着先进的采购理念和成功案例，就经济全球化对采购的影响、全球化采购战略、采购与供应链管理、跨国公司在中国的发展、跨国采购与物流、全球采购与电子商务、中国企业采购的现代及发展趋势等专题，作了精彩演讲。

（二）2003汽车物流与供应链管理高峰论坛（2003年5月22-23日，上海）

由上海艾恒商务咨询有限公司、普华永道咨询（中国）有限公司和世纪联融企业咨询有限公司等单位主办，随着汽车业竞争加剧，汽车产销市场进一步细分，各大汽车厂商纷纷精干主业，将物流外包给专业的物流公司。但是长期以来，由于中国国内汽车厂商产销各成体系，汽车物流企业各自为战，造成运输车辆空载率高，运输成本居高不下，严重制约了汽车物流市场的专业化发展。同时，中国入世以后，汽车服务贸易领域逐步对外开放，国外汽车服务商迫不及待地抢滩中国物流市场，中国汽车物流业面临着越来越严峻的挑战。此次论坛就是基于这种背景，着眼于在全球化的市场竞争中，中国汽车物流与供应链管理的运营与发展，并积极寻求中国汽车物流在未来几年的发展之道。

在两天的论坛活动中，业内众多知名的汽车企业和物流服务企业的高级专家作为演讲嘉宾出席了论坛，论坛所设计的演讲题目立体而全面：既涵盖了汽车物流与供应链管理的宏观层面，又体现了具体的实施与控制；同时，来自于行业内的各位专家共同描绘中国汽车物流业的现状并勾画未来的美好蓝图。

（三）跨国采购与供应链管理系列研讨会（2003年）

由亿通国际上海美华系统有限公司主办、上海计算机用户协会外贸和物流工作委员会协办的"跨国采购与供应链管理"研讨会2月份在沪开幕，来自生产企业、进出口企业、加工贸易企业及港航货代企业的中高层管理人员出席了会议，宣告了亿通网自主开发的"口岸物流"系列研讨会正式开始，其余7个系列自3月份起每月举办一次，特邀国内外物流业界具有丰富实践经验和系统理论知识的专家教授授课。

（四）首届中国食品物流与供应链高层论坛（2003年9月4-5日，北京）

由中国食品工业协会主办，北京物资学院物

流协会、北京邦恩方达信息技术有限责任公司、中国食品工业杂志社协办，本次会议主题是降低流通成本，整合业务链条，开创中国食品行业物流发展新思路。

（五）中国——欧洲家电供应链高层研讨会（2003年9月27日，北京）

由国务院发展研究中心市场经济研究所举办，本次研讨会上表现出，目前中国家电企业迫切需要学习借鉴国际家电企业的先进经营管理模式，特别是供应链管理与运作方面的经验，以加速中国家电供应链的整合和形成，从整体上改善家电行业的运作效率和国内外市场竞争能力。

由于中国家电行业特征结构性变化不是渐进的，而是突变的，因此，在中国家电销售渠道环节供应链整合上曾经出现、现在仍然维持着一些误区。本届论坛针对这些问题进行了多方研讨，取得了很好的效果。

二、供应链管理取得实质性成果

2003年，有关供应链管理理论与实践的研究更加深入与细致。其中，有代表性的成果当属供应链管理绩效评测参考模型SCPR1.0。

2003年12月，中国电子商务协会供应链管理委员会(CSCC)在上海举行了“供应链管理绩效评测参考模型SCPR1.0”新闻发布会。这一绩效评测模型对企业的供应链管理水平提供了科学、定量的评介办法，在国内供应链管理领域中尚属首次。

SCPR1.0是CSCC针对中国供应链管理模式和中国企业供应链管理的现实需求，组织国内供应链管理相关专业机构、专家学者，充分吸收国外供应链管理，历时近一年，经过多轮研讨、修订并推出的。SCPR1.0模型是目前中国第一个自主的、具有知识产权的、以供应链订单反应为核心的绩效管理模型。

SCPR1.0由五大类指标组成，从5个方面科学、定量地评价企业的供应链管理水平。据了解，目前SCPR模型可以通过三种途径进行使用：企业可以登录CSCC的官方合作网站进行企业自我测评；或者通过第三方评价，由CSCC组织相关的供应链管理专家，对企业的供应链管理绩效进行全面的评价；另外，企业也可以在供应链管理工程实施过程中，依据SCPR定量地监督、监理供应链管理服务商的服务过程。

业内人士认为，SCPR1.0模型的出台，将有利于科学判断企业的供应链管理绩效水平，改变中国企业信息化、特别是跨企业的供应链管理系统缺乏价值衡量的现状。同时，SCPR1.0还能科学地指导企业的供应链管理工作，引导中国本土企业更加重视跨企业供应链管理的业务协同和反应速度，并规范中国供应链管理行业的服务行为，有效地避免IT黑洞。SCPR不仅为企业提供了一套科学、定量评价供应链管理水平的指标体系，同时提供了基于评价结果、针对单项指标的改进措施，使得企业在实施运用SCM工具的同时能够不断对其进行持续的优化和管理提升。

三、企业供应链行为更加理智、有序、有目的

2003年，企业在供应链管理方面所做出的努力更加具体而有针对性，对于合作伙伴的选择、联盟的建立等问题都表现出了实际的操作行为。

其中，具有代表性的行为如下：

（一）通过建立采购联盟优化供应链

2003年10月31日，在武汉举行的第五届中国连锁业会议上，6家企业签订协议，成立了中国第一家自由连锁采购联盟——上海家联采购联盟有限公司。

这6家企业是湖南步步高连锁超市有限责任公司、山东家家悦超市有限公司、宁波三江购物俱乐部有限公司、沈阳佳美隆跳蚤市场连锁有限公司、广西佳用商贸股份有限公司和深圳市全家乐商业发展有限公司。进入联盟公司的这6家企业将有100亿元左右的销售额，进入中国连锁百强前五名。根据协议，该联盟公司注册地初步定在上海浦东，注册资本为180万元。据悉，联盟公司将通过联合采购，优化供应链，降低采购成本，提升联盟成员在供应链中的地位。

（二）实施应用先进的供应链管理系统软件

2003年，国美连锁经营将与全球著名的数据管理及企业集成解决方案供应商赛贝斯公司和武汉金力软件有限公司合作,在全国范围内实施"金力供应链系统 JLSCM。该系统中采用了赛贝斯最新版本的企业智能型关系数据库产品 ASE12.5 及复制服务器产品 Sybase Replication Server，由武汉金力软件有限公司开发并协助实施。

该系统已在国美杭州分公司、青岛分公司和济南分公司成功启用,并计划在 2003 年内将其实施遍及武汉、沈阳、北京、上海、天津、重庆、成都、西安、香港等全国其它所有分公司和门店。通过该系统的实施,可以提高整合企业“集团-分公司-门店-加盟店”的管理模式、管理职能、经营方式、经营手段、核算水平以及信息共享等问题。同时，优化重组企业的“物流、资金流、信息流、服务流”，为企业的低成本扩张提供保障。

“金力供应链系统 JLSCM”，从现代企业理念、物流体系和全方位服务的角度,完全解决了企业的决策、计划、管理、核算、经营、物流、服务、人事及电子商务等问题,为“集中管理、分散经营、库存共用、集中配送、规范服务、资源共享”以及实现低成本扩张的集团化管理模式奠定了技术基础。该系统的启用直接导致了 2003 年五一期间青岛公司的销售额首创五月业绩最高。这次系统的实施转换，从管理的角度来讲，优化了集团-分公司-门店之间的工作流程、业务流程、物流流程、服务流程以及核算体系和单据流转环节；从直接运用效果来讲,理顺并提高了从销售开单、提货、配送、安装、维修,到进货、结算的速度和效率。它的应用,得到了国美决策层的充分肯定。

国美认为,由于金力供应链系统 JLSCM 采用了 SybaseASE12.5、ReplicationServer 等优秀的产品,使系统实施效果满足当初的设想。青岛国美这次能够首创佳绩，和这个项目的实施是密不可分的。在一年之内,国美电器集团和所有分公司都能借这个系统的力量,创造出更好的成绩。

（三） 实现供应链的增值管理提升企业竞争优势

拥有快速物流配送的能力和超低的物流成本，是一家现代连锁商业企业取得自己竞争优势的关键一环。在这方面,联华曾对外界发布过一个引以为豪的数字——联华物流的配送费率,一直被控制在 2%以内,这甚至低于沃尔玛 4.5%的水平。

目前，上海联华通过供应商平台采购的商品数量大约在 20 000-40 000 种左右,涉及的供应商有 3 000 多家。其中,像上海家化、达能饼干、雀巢公司等在内的 1 000 多家供应商已通过供应商平台自动供货。通过联华所构建的“供应商服务平台”，外部供应商可以清晰地看到自己商品的销售、库存情况,以便进行下一步的及时供货。

与外部供应链不同，联华的内部供应链系统致力于解决企业总部与分支机构、下属门店、分公司、代理商之间的业务管理问题。现在联华在几乎所有连锁店间建立起统一的信息系统，总部可以通过网络对所有门店进行业务监控和管理。供应链管理使得上海联华的总运营成本下降了 10%。上海联华苦心构建的这条供应链不仅是一条连接供应商和用户的信息链、物流链和资产链,更是一条增值链——它使联华“订货-生产”周期缩短成为原来的 25%-30%。

（四）优化供应链中的销售物流

中国石油化工股份有限公司（中国石化）于 2003 年 9 月 10 日与美国艾斯苯技术股份有限公司共同宣布，就采用艾斯苯油品销售解决方案优化中国石化成品油二次配送系统签署了协议。中国石化是在天津石油分公司进行试点成功后,决定全面推广艾斯苯的油品销售解决方案。中国石化目前运营了 29 000 多家加油站,通过实施艾斯苯成品油优化方案，中国石化将能够基于准确的需求预测，并计算出把成品油运送到每个加油站的最经济的方式,从而优化补货调度,确保加油站适时地收到油品。该解决方案将按地区分批实施,首期将先在山东、北京、上海、深圳、浙江和广东的石油分公司实施。

实施艾斯苯的油品销售解决方案，将提高中国石化成品油零售供应链的效率，实现库存的最小化,确保用户可靠地获得成品油。在另一个独立协议中，中国石化还将实施艾斯苯的二次配送解决方案、聚合物供应链管理和管道调度解决方案。

中国石化实施二次配送优化，是为了通过优化油品的采购、销售、交换与库存等主要业务，实现一次配送总体效益的最大化。该解决方案主要基于艾斯苯协同预测与需求管理、艾斯苯 DPO 分销计划优化两大模块。前者利用先进的统计方法，通过历史数据和协同预测数据来预测油品的需求。而后者则是在生产装置能力约束下，对油品来源、油品分销所有油品与进料的合理库存进行优化。

聚合物供应链管理系统则将在燕山石化和仪征化纤两家中国石化的子公司实施，为其提供基于市场需求的生产计划和生产调度决策支持系统，以提高两公司对市场变化的应变力，提高客户满意度，降低库存和生产成本，实现产供销平衡。

管道调度解决方案则将用于甬沪宁原油管道网，将为中国石化提供一套决策支持系统，为管道模拟、储罐模型化、批次排序和配送网络供需优化以及异常情况处理等管道业务提供支撑。

四、国际合作趋势更为明显

（一）与国外企业的合作更加具体，开拓新的供应链物流领域

2003 年 12 月 10 日，大田集团与捷富凯公司签署合资意向书，宣告了大田将与捷富凯携手，挺进中国物流市场的处女地——汽车及零备件供应链物流市场。

捷富凯作为法国 PSA（标志雪铁龙）集团全资子公司，目前已成为年营业额 200 亿元人民币的法国第三大物流公司和欧洲最大的汽车物流公司，除雪铁龙之外，还为大众等著名汽车制造商提供汽车物流服务，服务范围遍及世界上 55 个国家。中国经济和国际贸易的大幅增长，中国汽车工业的跳跃式发展，早已吸引了专营汽车物流的捷富凯的目光。

据了解，目前，中国汽车物流市场除了几家超大型物流企业正在尝试整车运输项目之外，高端的零备件和产前物流尚无人涉足。大田由 73 家分公司组成的服务网络已覆盖全国 192 个城市，良好的网络体系正是捷富凯所需要的。同时，“国际化的合作与联盟”也正是大田的经营理念。

据了解，大田-捷富凯合资公司将主要在中国从事国内和国际物流服务，服务对象主要是汽车制造商和国内其他行业的制造商和分销商，将为供应链环节提供高端服务。

合资公司将以捷富凯投资 1 亿多欧元研发的 IT 技术和大田遍布 192 个城市的服务节点做支撑，为中国汽车制造商提供汽车零部件、零备件和产前物流服务。这项业务属于汽车物流领域的高端产品，涉及多种行业知识和规则，连接形形色色的零件供应商，承运数以万计的零部件，技术、网络、资金门槛都很高，目前这项服务在国内尚属空白。

（二）与国际供应链管理专家建立强强组合，携手打造最佳物流服务

2003 年 9 月，中国外运股份有限公司与供应链管理解决方案供应商 i2 科技公司达成了全方位战略合作意向。

物流的灵魂是信息系统，中外运近年来在物流信息系统的建设上结合公司业务实际，先后建立了强大的物流管理系统、仓储系统等。作为中国具有领先地位的物流服务提供商，中外运核心业务包括货运代理、快递服务、船务代理；支持性业务包括仓储和码头服务、汽车运输和海运等。此次与 i2 的合作，旨在加强供应链管理方面的整体优势。作为在供应链和物流管理的解决方案与咨询服务的领先供应商，i2 始终致力于在中国的业务发展。对中国物流市场的共识以及自身业务发展的共同需要，构筑了 i2 与中外运合作的良好基础。

在这一合作项目中，i2 凭借在供应链与物流解决方案领域多年的行业领先经验，将为中外运的物流解决方案服务提供培训与咨询业务支持，协助中国外运股份有限公司打造个性化物流服务。作为上述服务的重要延伸，中外运将成为 i2 解决方案系统的重要渠道伙伴与实施服务商及合作伙伴。双方的联合必将进一步满足客户对于物流业务的个性化与套装化的要求，并提升中国市场的整体物流及供应链管理水平。

（特约撰稿：北京交通大学　张文杰　田　源）

2003年中国供应链管理实践

引　言

2003年，供应链管理在中国的实践开始从少数行业拓展到几乎所有行业，从观念革新为主深入到逐渐形成可资借鉴的成功模式。

行业领先的大企业及其供应链管理伙伴始终是推动行业供应链变革的主要力量，他们整合自身供应链效率，形成一体化供应链管理体系的过程基本上也就是整个行业形成新型价值链体系的过程。

信息技术、组织变革及物流基础设施投资的交替促进是供应链管理实践的主要旋律。

一、供应链策略：海尔物流的教训使得企业摆脱了以自建物流公司替代供应链变革的误区

海尔物流历经两年的努力仍然未能在外部市场上取得显著进展，几位高层干部相继离职。从市场的角度，海尔物流公司已经失去了发展的最佳时机，不再具备明显的优势和特点。

与海尔相比，美的创办的安得物流从一开始就引入了完全市场化的机制，与国际化物流企业及宝供等大型物流企业相比，安得以中低档物流品牌的定位及低廉的价格迅速扩大了市场，已经基本站稳了脚跟。

其实，自己的物流公司是否能够在市场上生存及发展对于海尔和美的并不是一个具有战略意义的事情，真正具有战略意义的是作为一个行业的领袖企业，是否建立领先的供应链管理模式，从而获得高于竞争对手的服务水平，低于对手的供应链总成本。

然而，自办物流公司却把企业决策者对供应链战略问题的关注转移到了物流公司本身的盈亏上，而实际上，无论是美的还是海尔，物流公司是否赢利和有发展，并不那么重要；另外，成立物流公司后，一批对物流及供应链有知识有热情的人的身份从职能部门变为供应商，再也没有能力协调内部各个部门，推动业务流程重组，实施供应链变革，只能是在现有模式下于日常运作。

所以，把自办物流公司作为获取第三利润源泉的主要手段对于整个企业的供应链提升都有非常现实的负面影响。这就是海尔和美的在成立物流公司之后，没有显著的供应链提升的根本原因。

相反，TCL、青岛啤酒等企业一直把供应链战略的关注点放在如何提升供应链效率上，从而在供应链总成本以及服务水平的改进方面取得了巨大收益，建立了更加高效、先进的供应链管理体系。

二、供应链信息化：ERP在大多数供应链整合过程中贡献甚微

引入相关的供应链信息系统是企业供应链管理实践最重要的方式。与很多企业最初的期望不同，在绝大多数供应链管理提升中的起主要作用的都不是ERP软件，也不是国外的大型供应链软件，而是针对企业供应链模式的定制开发系统。

为了明确ERP在供应链方面的作用，快步易捷对11家制造及分销企业进行了调研，这11家企业具有如下特点：

1. 公司在所在行业营业规模均在国内前五名；
2. 均采用了全球最著名的ERP系统软件；
3. 公司管理层均认为ERP的实施是成功的；

调研主要关注了供应链管理三个主要的层次，即供应链计划、供应链执行、供应链协作中ERP所起的作用。

调研的结果如下图：

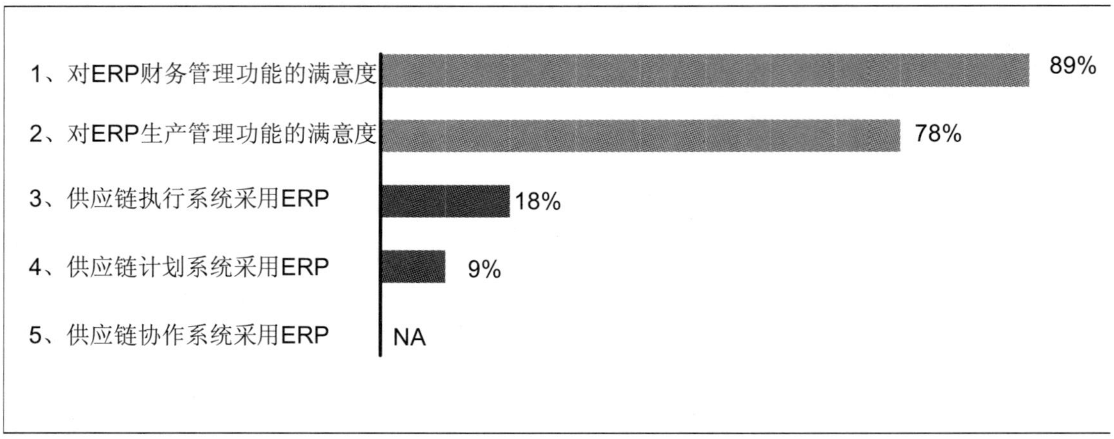

从调研结果可以看出，只有2家企业满意ERP的供应链执行功能（仓储、运输、订单履约等），并打算接着应用；只有1家企业运用了ERP的供应链计划模块，而所有的企业均没有打算运用ERP来实现与供应链伙伴的协作。

这项调研基本上表明，ERP在供应链应用中并没有起到关键性的作用。除了ERP的财务功能及生产管理功能外，ERP在供应链管理中的价值显然在过去被软件商和企业领导者大大高估了。

三、领袖企业缔造的成功模式：上海通用、TCL、三联商社分别代表了制造、分销、零售三个领域的标杆水准

汽车制造业是2003年供应链变革最活跃的行业，而上海通用与TNT安吉的合作则创造了未来3–5年内国内汽车行业生产端供应链的运作典范。

这样的制造供应链体系突出了整车厂作为供应链管理者的控制地位，并下降了50%以上的零部件入厂物流成本，主要有如下特点：

1. 零部件库存管理采用VMI模式；

2. 零部件生产的订单计划、运输配送、仓储全部由整车厂负责，零部件厂商只需要按计划在自己的厂门口备货；

3. 采用MilkRun模式优化运输；

4. 采用现代化仓库管理技术集中管理零部件缓存；

5. 全部入厂物流环节外包给一家资本关联的物流企业（TNT安吉）。

继上海通用之后，上海大众紧接着开始了同样的生产端供应链整合，两家上海最大的合资轿车制造商均在2003年完成了基本的整合工作。相比而言，一汽、东风、福田、奇瑞等国内汽车制造企业的落后局面显得更加突出。

全国范围内的分销管理一直是国内外消费类产品企业最大的难题。而TCL作为中国最成功的分销网络专家则为采用深度分销模式的大型企业建立了完整的标准体系，以全行业最低的成本获得了全行业最高的服务水平。主要有如下特点：

1. 面向零售终端提供全国统一的隔夜订单配送服务；

2. 面向所有的产品事业部建立统一的物流管理平台及物流网络；

3. 建立一体化的分销供应链管理信息平台来实现制造、分销、客户、物流服务商之间的协作；

4. 与一家供应链管理企业（快步易捷）合作，完成整个供应链变革实施及供应链信息系统；

5. 将全部物流运作外包给多家物流企业，企业只管理信息、成本及服务水平。

当前，TCL的分销网络已经开始为Philps等跨国公司提供分销服务，可见其运作效率达到相当的水准。

供应链体系的效率对零售行业的影响极其重大。无论是家电、还是日用消费品、医药，拥有区域

性竞争优势的连锁零售集团已经成为零售行业发展的主力军。这些零售集团几乎面向同样的挑战和问题：

1. 面向实力强大的供应商必须应用多种采购模式；

2. 面向家乐福、麦德龙等实力强大的跨国公司大型卖场的进攻必须采用基于网络深度的、立体的多种业态模式来保护自身市场份额；

3. 面向其他区域的机会必须建立一个可快速拷贝的扩张模式以支持有效扩张。

建立一个低成本、高效率的供应链体系是回答上述三个挑战的主要战略手段，因而，连锁零售企业对供应链变革的关注相比制造业来得更加紧迫。三联商社是这些企业中的一个典型：

1. 在山东等区域家电零售市场占有巨大的竞争优势；

2. 面临国美等国内外大卖场型对手的进攻；

3. 建立了中心百货、直营、加盟、电子商务、店中店等多种业态模式；

4. 与海尔、TCL等大型供应商相比实力悬殊；

5. 周边地区存在大量的扩张机会。

三联的供应链体系突出了连锁零售商的核心价值：即通过一体化的供应链流程来实现消费及制造两端最大限度上的灵活性，从而以效率吸引流量。三联的供应链体系具备如下特点：

1. 通过定制的供应链信息平台来实现多种业态、多种采购模式环境下的一体化高效供应链流程；

2. 基于一体化供应链信息平台提供的准确、及时经营信息，实现以品类经理为核心的总部端业绩管理；

3. 建立以现代化配送中心为核心的，B to B及BTC整合的物流服务网络；

4. 建立针对每种业态模式的下端物流标准；

5. 建立内部物流价格机制以协调供应链对物流资源的合理利用。

尽管上海通用、TCL、三联商社规模差距很大，但是分别代表了全球环境下的复杂制造、全国范围内的多产品快速分销、区域环境下多业态连锁零售三个最关键的供应链管理应用，他们在供应链方面的实践为同类企业的供应链提升提供了极其宝贵的标杆模式，也为本行业的价值链优化提供了最重要的尺度。

（特约撰稿：快步易捷　翟学魂）

中国政府采购的现状与发展趋势

一、2003 年中国政府采购概况

2003 年是我国政府采购法制建设和工作推进最重要的一年。从 1 月 1 日开始，中国正式实施《中华人民共和国政府采购法》。中央国家机关政府采购中心以及 11 个省(市)的政府集中采购机构按照规范要求，相继脱离了财政部门，政府采购的管理与执行职能已经开始科学地分离（管采分离)。从此，中国政府采购工作进入了政府采购制度发展的第二阶段——法制化推行与经验积累阶段，也预示着我国政府采购工作开始进入法制化、规范化、科学化的公共财政管理历史时期。

2003 年全国政府采购规模超过了预定的目标，实际采购的预算为 1 856 亿元，实际支付(政府采购规模)1 659.4 亿元，节约预算资金 196.6 亿元，资金节约率为 10.6%；采购规模比上年增加 650 亿元，增长 64.4%。分别占当年财政支出和 GDP 的 6.7%和 1.4%，比上年同期分别增长 2 个百分点和 0.4 个百分点。其中，全国公开招标的采购金额为 950 亿元，占采购规模的 57.23%。另外，中央单位和地方分别为 262.8 亿元和 1 396.6 亿元，分别占全国采购规模的 15.8%和 84.2%。2003 年就集中采购机构考核、政府采购评审专家管理办法做出了规定，同时废止或修订了一些原有的规章制度，并开始进行政府采购政策功能研究。

二、政策功能、法制建设和管理体制的调整

（一）政策功能建设

政府采购不同于一般的商务活动，它承担着纳税人的共同追求和全民、全面、长远、持续的利益需求。在《政府采购法》中规定：〈第九条〉政府采购应当有助于实现国家的经济和社会发展政策目标，包括保护环境，扶持不发达地区和少数民族地区，促进中小企业发展等。〈第十条〉，政府采购应当采购本国货物、工程和服务。有学者认为政府作为世界最大的单边消费者，承担着国家核心竞争力建设、保护环境、保护弱者、均衡发展、平衡利益的社会最高追求，政府采购政策功能应该是实现政府最高目标最直接、最有效的手段。财政部肖捷副部长也指出："政策目标要优先考虑，除特殊情况外，必须采购本国货物、工程和服务，同时兼顾其他经济和社会目标"(注：2004 年 4 月 15-16 日，中央国家机关政府集中采购工作会议上的讲话)。为此，2003 年，财政部会同发改委，着手研究制定不同行业的国货认定标准、政府采购支持中小企业的措施、政府采购政策功能研究、支持国内软件业发展的具体办法等等。2003 年，财政部、发改委着手的政府采购政策功能的研究，预示着我国政府采购工作在 WTO 框架下已经进入自主、自立，较为成熟的发展阶段。

（二）法制建设

1. 从 2003 年 1 月 1 日起，全国政府采购工作按照 2002 年 6 月第九届全国人大常委会第 28 次会议正式通过并颁布的《中华人民共和国政府采购法》，开始贯彻实施。为此，全国各地相关部门开展了 2 万多人次的培训活动，相关媒体也做了深入的报道和宣传工作。

2. 在 2003 年，为了配合《政府采购法》的实施，全国开展了"制度建设年"活动。国务院办公厅转发了财政部《关于全面推进政府采购制度改革意见的通知》，明确了贯彻实施政府采购法的重点和要求，发布了《中央预算单位 2003 年政府集中采购目录及标准的通知》，财政部与监察部联合制定并颁布了《政府采购评审专家管理办法》、《集中采购机构监督考核管理办法》。

3. 为了在政府采购工作中真正做到有法可

依,依法可行,执法有效,财政部还组织起草了《政府采购法实施条例》、《政府采购货物和服务招标投标管理办法》等10余个与《政府采购法》相配套的法规和制度办法,目前这些规定正在按照法定程序申报与审议。

(三)管理体制的调整

2003年政府采购工作最显著的特征是管理、监督和执行部门明确了各自的责任,逐渐形成了合力。按照《政府采购法》及国务院有关规定,财政部负责政府采购的监督管理、指导工作,不参与、不干预具体商务工作。采购单位和采购中心要签订委托代理协议,将政府采购集中采购目录中的项目,委托采购中心实施采购。采购中心按照委托的事项和权限,开展采购活动。纪检、监察和审计部门依据各自职责进行监督管理。这一年,中央国家机关政府采购中心以及各省(市)的政府集中采购机构按照权责统一、运转协调的原则和上级的部署,开始实现政府采购管理与执行职能分离(管采分离),财政部的政府采购职能已正式分拨给了中央国家机关政府采购中心,有11个省(市)的政府集中采购机构也相继脱离了财政部门。

三、2003年中国政府采购工作的进展及存在问题

(一)2003年中国政府采购工作分析

1. 延伸了采购资金的管理。以财政性资金为切入点带动配套的其他资金管理。2003年使用财政性资金开展采购的规模为1 225.7亿元,占全国政府采购规模的73.9%,节约资金143.6亿元。配套的自筹资金为433.7亿元,占全国政府采购规模的26.1%,节约资金53亿元。

2. 扩大了政府采购范围。2003年货物、工程和服务项目明显增加,采购规模分别为897.3亿元、658.3亿元和103.8亿元,占全国政府采购规模的比重分别为54.4%、39.3%和6.3%,分别比上年增长43.3%、115%和34.3 %。由于政府采购法将工程纳入了政府采购范围,2003年工程政府采购项目增幅最快,比2002年增长了115%。成为全国政府采购规模扩大的主要因素之一。

3. 初步形成了多种采购组织形式相结合的局面。2002年的政府组织形式主要是政府集中采购和单位分散采购,实现的采购规模分别为735.3亿元和274.3亿元,政府集中采购规模占全国政府采购规模的比重高达72.8%。2003年出现了部门集中采购形式。政府集中采购、部门集中采购和分散采购分别为1 024.9亿元、283.2亿元和351.2亿元,占全国政府采购规模的比重依次为61.8%、17.1%和21.2%。2003年政府集中采购占采购总规模的比重比2002年下降了11个百分点,主要是一部分集中采购转为了部门集中采购。

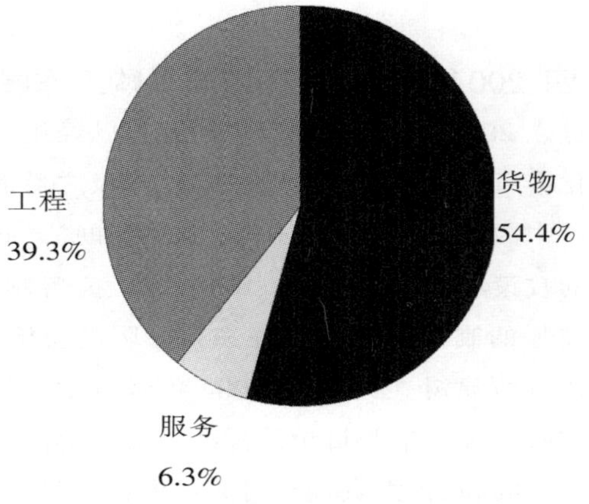

政府采购货物、工程比重图

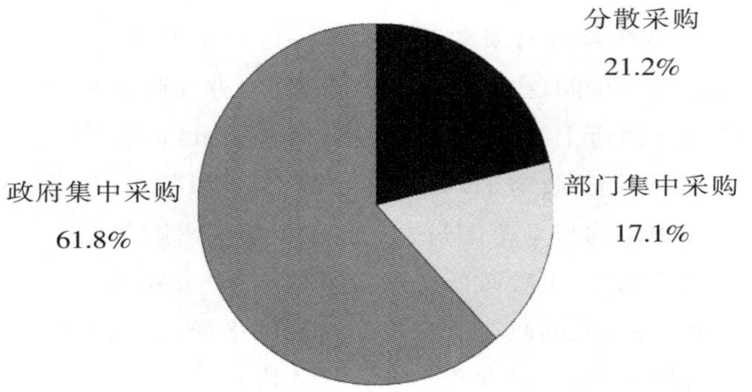

政府采购组织形式结构图

4. 基本确立了公开招标采购方式的主导地位。2003 年全国采用公开招标方式的采购规模为 949.7 亿元，占全国政府采购规模的 57.2%，比上年提高了 9 个百分点。采用邀请招标、竞争性谈判、询价和单一来源方式的采购规模分别为 223 亿元、154 亿元、238.9 亿元和 93.8 亿元，分别占全国政府采购规模的 13.4%、9.3%、14.4%和 5.7%。

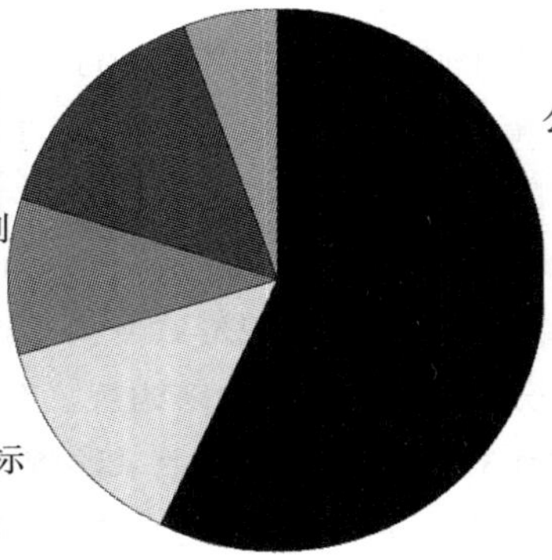

5. 政府采购信息发布量成倍增加。2003 年在财政部指定媒体“中国政府采购网”上发布的政府采购公告数量为 11 588 条，比 2002 年的 5 765 条增加了一倍多。其中，中央单位公告信息 2 745 条，比上年增加 454.5%；地方公告信息 8 843 条，比上年增加 67.8%。

（二）2003 年中国政府采购工作存在的问题

2003 年政府采购工作取得一定成绩的同时，也存在不少问题，总的来讲，中央和地方在政府采购目录执行上都不到位，一些部门和地区的管理工作跟不上，政府采购效率不高。主要问题有：政府集中采购目录范围过宽，超过了集中采购机构的实施能力；工程政府采购规模偏小；中央和地方之间、各地之间政府采购工作进展不平衡；直接支付规模不大；信息发布不全。具体讲：

1. 政府采购范围较窄，采购规模偏小。政府采购法明确规定应该纳入政府采购范围的采购项目未做充分。主要是使用财政资金的工程、修缮项目，由于管理渠道、技术性问题，其没有很好地纳入政府采购的范围。另外，为政府服务的内容是丰富广泛的，但使用政府采购制度购买政府服务的行为、内容还没有形成规范和气候。

2. 管理体制没有完全理顺。一方面，部分省级地区没有完成管理机构与执行机构的分离工作。另一方面，管理机构与执行机构的职责很明确，但是落实不到位。再者，采购组织形式比较单一，采购的效率和社会性不足。

3. 条块分割依旧，规避法律问题突出，利益群体和权威群体还需要继续学习和实践“三个代表”重要思想。比如，中央国家机关在 2003 年采购规模仅为 263 亿元，离预期 400 亿元的目标还很大。目前，由于一些利益集团、领导的模范作用消失，甚至其潜意识和行为失当，致使国内暗标、串标、分标、假标等现象比较突出，这说明监督的内在动力不足，制度完善的空间还很大。这些现象提出一个沉重的话题：在中国现阶段，过分相信法的制定和完善，忽略诚信守法的制度体系建设和内动力——道德、信仰、文化等“潜件”的发挥，将为制度建设、社会发展留下缺憾。

4. 政府采购的准备、计划、预算、运行、签约、支付、使用、管理、后评估不细、不足、不准、不精。管理与执行队伍普遍存在对法律领会不透、对政策执行不准、对程序把握不到位，职责定位不足、行为不够规范。反映出制度、机制、素质、能力、经验整合的缺失。

四、2004 年以后中国政府采购工作展望

进入 2003 年之后，政府采购工作已经进入了法制化推行与经验积累阶段。2004 年及之后的十余年，中国的政府采购工作重在完善和提高政府采购的政策功能、执行效率、细化法规、完善制度、发挥监督的制约威力以及加强与国际的交流、谈判工作有所建树。具体讲：2004 年将科学合理制定新的政府集中采购目录及标准；切实解决工程政府采购问题；扩大直接支付的规模；做好信息发布工作；进一步加强统计工作。

（一）上规模是 2004 年政府采购的首要任务

政府采购规模是检验政府采购法实施力度的

试金石，也是实现其经济效果的基础。在2004年，我国GDP的总量将突破12万亿元，按国际上通行的计算口径10%安排，我国的政府采购规模至少也应实现1.2万亿元。目前，实现这一目标潜在的空间巨大，因此，下一阶段的目标，就是尽快达到国际水平线。

（二）重点加强政府采购的政策功能研究与工作推进

政府采购政策功能，关系到国家利益和社会的公众利益。如何利用WTO预留的空间，用好此项政策功能，是我国放开国内市场，走向国际社会的一张王牌。政府采购中，除特殊情况外，国家的各项政策目标要首先实现。主要包括：1. 利用政府采购调控国家经济运行。2. 利用政府采购保护本国产业。3. 促进中小企业发展。4. 协助三农问题的解决，加快城镇化建设。5. 保护环境。6. 照顾弱势群体。7. 支持国家开展技术创新，打造核心竞争力。8. 保护人权和实施人权政策等。

（三）完善制度、强化机制、规范行为、提高水准

首先是继续建章立制。2004年在《政府采购条例》公布的同时，要制定与《政府采购法》相配套的法规细则。如制定《政府采购货物、服务招投标管理办法》、《国货认定标准》、《中央单位政府采购运行规程》、《软件政府采购管理办法》等。其次全面履行审计监督工作，从立项、预算、计划、运行、签约到履行，全过程监督检查。注重管理审计、实效审计，将审计和其他各项监督日常化、制度化、规范化。

（四）继续理顺政府采购管理机构与执行机构的工作关系

在2003年管采已经分离的基础之上，继续推进其余23个省（市）及有关部门的集中采购机构从财政部门的分离工作。加强社会中介力量，打破行业垄断行为。另外，继续加强透明度建设，从采购环节上提高政府采购的工作效率。

2003年政府采购工作大事记：

1月1日，《中华人民共和国政府采购法》正式实施，标志着我国政府采购工作进入法制化推行与经验积累阶段。

1月10日，国务院系统成立中央国家机关政府采购中心，中央单位以此为契机，顺利完成政府采购管理与执行职能分离工作。

2月25–26日，贯彻落实国务院《振兴软件产业行动纲要》工作会议在北京召开，会议内容之一是讨论由财政部会同有关部门起草的《软件政府采购管理办法（讨论稿）》。

3月14日，国务院办公厅印发《中央单位2003年政府集中采购目录及标准》，规定中央单位2003年政府集中采购目录、部门集中采购项目、部门采购限额标准以及政府采购货物和服务公开招标数额标准。

8月13–16日，财政部代表团赴泰国分别参加APEC“亚太地区促进小企业准入政府采购市场和建立电子采购市场”研讨会和政府采购专家组第17次会议。

8月18日，国务院办公厅转发财政部《关于全面推进政府采购制度改革的意见》，对贯彻实施政府采购法做出全面部署。

9月26日，财政部就北京印钞厂对新闻出版总署“记者证印刷”项目的投诉做出处理决定。这是自政府采购法实施后财政部处理的第一件投诉事项。

10月10–14日，财政部启动政府采购合同范本编写工作，由政府采购货物、工程和协议采购3个小组分别承担相关领域的具体编写事务。

10月20日，财政部办公厅印发《关于征求〈中华人民共和国政府采购法〉实施条例（征求意见稿）意见的通知》，请地方财政部门提出修改意见和建议。

10月24日，财政部与发展改革委员会共同成立课题组，研究政府采购支持中小企业的制度措施。

11月17日，财政部与监察部联合下发了《政府采购评审专家管理办法》、《集中采购机构监督考核管理办法》。

12月9–29日，财政部在美国组织“政府采购政策与实务培训班”，财政部及13个地区的政府采购管理人员参加了这次培训活动。

12月29日，中编办批准中直系统成立中央直属机关政府采购中心。

（供稿：北京物资学院　倪东生）

中国企业采购现状与发展趋势

一、2003 年中国企业采购综述

2003 年,是中国企业采购管理进一步向纵深发展的重要一年。面对突如其来的非典疫情、多种自然灾害和复杂多变的国际形势,中国国民经济仍然保持 9.1%的增长速度,全年生产资料销售总额达 8.72 万亿元,这一数字从一个侧面反映了 2003 年企业采购生产资料的总体规模。

(一)企业采购总量增长迅速

据商务部市场运行调节司发布的“2003 年生产资料市场发展状况及 2004 年展望报告”数据显示,2003 年 32 种重点生产资料市场需求总量(近似于采购总量)同比增长 19.7%。在重要生产资料中,煤炭消费(相当于采购)增长 16%,钢材消费增长 24.56%,水泥消费增长 21.46%,国内轮胎需求(采购)同比增长 24%。

采购总量增长迅速的原因有三:首先工业生产快速增长。2003 年全年规模以上工业企业累计完成增加值 41 045 亿元,比上年增长 17%。特别是汽车、钢铁、高技术产业的快速发展,对采购总量的增长作出了积极的贡献。其次,固定资产投资保持高速增长。2003 年全年全社会固定资产投资总额 42 673.42 亿元,比上年增长 28.4%。基本建设投资、更新改造投资和房地产投资均对生产资料采购量的增长起到重要作用。第三,出口总额的增长。2003 年全年出口总额 4 384 亿美元,增长 34.6%。外贸出口的增长,有力地支持了国内生产,从而拉动了企业采购量的增长。

(二)采购价格总水平持续攀升

根据国家统计局发布的“2003 年国民经济和社会发展统计公报”数据显示,2003 年价格总水平有所上涨。与企业采购相关的原材料、燃料、动力购进价格上涨 4.8%,固定资产投资价格上涨 2.2%,棉花上涨 35.3%,油料上涨 19.4%。究其原因,主要是市场供需形势特别是生产资料的供需形势已由长期供略大于求转变为需求略大于供给,32 种主要生产资料的需求增长快于资源增长。如原油生产量 1.7 亿吨,增长 1.8%,而消费量 2.52 亿吨,增长 12%;钢材生产量 2.41 亿吨,增长 25.3%,而消费量 2.71 亿吨,增长 28.6%。

(三)跨国采购的规模扩大

随着经济全球化进程的加快,企业跨国采购的规模逐年提高。根据国家统计局发布的“2003 年国民经济和社会发展统计公报”数据显示,2003 年进口额 4 128 亿美元,增长 39.9%,特别是能源和原材料进口大幅度增加。全年进口原油 9 112 万吨,比上年增长 31.3%;成品油 2 824 万吨,增长 38.8%;钢材 3 717 万吨,增长 51.8%;铁矿砂及其精矿 14 813 万吨,增长 32.9%。

(四)企业采购的研究更加广泛和深入

随着市场竞争的加剧,企业采购的质量和效率对企业最终产品的价值和市场竞争能力的贡献越来越的大,使企业采购成为政府、企业、学者普遍关注的热点问题,对企业采购问题的探讨、研究的角度、层次更加广泛和深入。

2003 年 10 月 14–15 日,由中国物流与采购联合会和国务院发展研究中心主办的“第二届中国企业采购国际论坛”在北京举行,主题是“经济全球化与中国企业采购发展战略”。本次论坛与 2002 年首届论坛的成功举办,使该论坛在采购领域具有相当的影响力和知名度,已成为采购领域国际化、高层次的品牌会和交流平台。

二、企业采购面临的问题

(一)企业采购成本下降空间缩小

近几年来,企业对采购管理的重视程度提高。许多企业更新观念,通过采购管理体制的变革,规范了采购的流程，采购活动更加制度化、公开化，在一定程度上减少了采购中的黑箱操作，挤掉了采购价格中的水分，降低采购成本的工作卓有成效。如今，要进一步降低采购成本，仅仅依靠加强内部管理不行，还要从采购战略和战术上下工夫。加之近两年原材料、燃料价格的攀升，使企业降低采购成本的工作难上加难。

（二）重形式轻实效

随着市场竞争的加剧，降低成本、提高对市场需求的反应速度，已成为企业竞争力的主要表现形式。市场变了，采购管理体制不变，则无法使企业在市场竞争中立于不败之地。因此，企业的采购管理也要从粗放型向集约型转变，建立起与市场经济相适应的采购管理体制。从企业采购管理体制的改革历程看，总是遵循着“集中–分散–集中–分散……”的规律循环往复，正所谓“合久必分，分久必合”。采购管理体制和采购方式是企业经营自主权范围内的事情，集中采购能最大限度地获得规模经济的收益，这一点是毋庸置疑；招标采购公开、公平、公正，其优点不容否认；但切忌“一刀切”和以偏概全，只是形式上的改变而不注重实效。

（三）重短期利益轻长期共同利益

供应链管理的思想近年来在企业中的认同度逐渐提高，但在采购工作的具体实施中，在短期利益的诱导下，“双赢”的理念则抛到了脑后。当采购方处于优势地位时，就会通过合同中的霸王条款压榨供应商，无限期的拖欠货款，向供应商乱摊派等。当供应商处于优势地位时，违约现象也屡见不鲜。如钢材价格持续上涨，少数钢厂出厂价像发“请柬”一样，更有个别钢厂对已经签了合同，需方付了全款，提货时还要补收“追涨费”，否则不发货或少发货。市场经济体制下，企业信用应被视为企业的商业生命和立业之本，但目前我国每年订立的经济合同约 40 亿份，合同履约率仅有 60%左右，信用缺失现象仍较为严重。

三、企业采购管理发展的对策

针对目前企业采购中存在的问题，本人认为应从以下几方面加以解决：

（一）建立符合企业自身特点的采购管理体制

权利的集中与分散各有利弊，关键在于度的把握。采购管理体制改革必须着眼于改善而不是削弱企业的管理，有助于提高而不能降低企业的经营效果。具体选择哪种体制，应遵循以下几项原则：

1. 有利于资源的合理配置，保证和促进生产经营活动的开展；

2. 有利于减少层次，加速周转，简化手续，满足需求；

3. 有利于节约，提高综合利用率；

4. 有利于调动各方积极性，促进企业整体目标的实现；

5. 有利于加强管理，提高经济效益。

（二）应从战略的高度研究解决采购中的问题

企业之间竞争的日趋激化，不仅体现在参与竞争的企业越来越多，更重要的是竞争的程度越来越深。这种竞争程度上的变化既反映在多样化经营，即外延上；又反映在企业运作中的高技术、高效率，即内涵上。在这一背景下，企业该如何根据自身特点，制订采购战略规划，适时、有效地开展采购工作，已成为企业谋求长远发展的重大课题。

在确定采购战略目标时，可以通过对标过程，帮助企业辨别最优秀企业及其优秀的管理功能，并将之吸收到企业的采购战略规划中，以此改进采购工作绩效。采购管理人员通过与优秀企业的比较，找出本企业采购管理中深层次的问题和矛盾，发现过去没有意识到的采购技术或管理上的突破，发挥出更大的创造性，推动采购管理迈上一个新的台阶。

（三）采取多种采购方式降低采购成本

企业应结合自身的特点，进一步挖掘降低采购成本的潜力。

石化行业利用其集中度较高的优势，在集中采购方面成果显著。如中石化股份有限公司每年的采购额在 600 亿左右，他们实行“归口管理、集中采购、统一储备、统一结算”的物资采购管理体制，并利用电子商务网搭建了网上采购平台，2003 年网上采购达到 246 亿元，使采购成本降低2%–3%，节约 10 亿元的采购资金。为进一步确保供应，降低采购成本,中石化 2004 年初中石化与宝钢集团旗下的宝钢股份、鲁宝钢管、五钢和浦钢 4 家企业在北京签订了《钢材保供战略框架协议》,进一步加强与宝钢的战略合作,2004 年向宝钢采购技术含量高、附加值高的优质钢材有望突破 20 万吨。

钢铁行业受铁矿石、煤、电力等资源短缺的瓶颈制约,降低采购成本的压力不小。相对于国外的钢铁行业,我国钢铁行业的集中度较低。因此,尽管我国铁矿石需求量全球第一,但却无法左右铁矿石的国际市场价格。应尽可能采取联合采购方式,通过采购规模的扩大,进一步增加采购中的讨价还价能力,以获得更加优惠的采购价格。在传统的采购模式下,由于横向信息沟通不畅,联合采购操作起来沟通成本较高。而通过网上采购技术,可有效地将各钢铁企业的采购需求结合起来,完成更大规模的联合采购。目前中国联合钢铁网正在运作网上联合采购,技术上的条件已基本具备。

IT 行业由于零部件更新换代频繁、产品降价速度快、客户的个性化和多样化需求强烈等特点,导致 IT 企业采购物料种类多、复杂度高、特殊定制材料多,采购数量难以预测,库存积压压力较大。由于供应商往往掌握着核心技术,且集中度较高,因此 IT 企业采购时的讨价还价能力相对较弱。所以,降低采购成本的难度很大。联想集团采取供应链管理的方式,与占采购总额 85%的供应商建立供应链管理系统,供应商可实时上网查询采购信息。联想在网上公布 3 个月的需求预测,每两周滚动一次。与某些供应商联网,实时查看供应商的生产过程和库存情况等。通过供应商协同,有效实施采购质量和成本的控制。

集中采购也是家电行业降低采购成本的法宝,但采购产品种类的减少是实现集中采购的前提。生产资料的涨价和家电产品的降价的双重挤压,家电行业的利润越来越薄。针对这一形势,海尔集团提出“四大”的集中采购策略,即“大订单、大客户、大市场和大资源”。如电缆是海尔集团众多产品都要使用的部件。为了做到集中采购,采购部门、产品设计部门通力合作,对空调、洗衣机、电冰箱等产品所用的电缆进行了统一的重新设计,能够标准化的尽量标准化,能采用通用部件的尽量使用通用部件。通过这些措施,海尔集团所采购的电缆由原来的几百种减少到十几种。仅此一项,使海尔集团在电缆采购上节约了约 20%的成本。

(四)建立全方位的采购风险防范体系

在市场经济条件下,企业的经营风险是客观存在的。特别是加入 WTO 之后,企业所面对的采购市场范围进一步扩大,不确定因素增多,采购风险加大。特别是 2003 年非典疫情的暴发,自然灾害的增加以及伊拉克战争的影响,加强采购环节的风险管理成为企业采购管理中的新课题。在这样错综复杂、突如其来的事件面前,仅仅是启动应急采购方案是不够的,应从三个层面建立起全方位的采购风险防范体系,即加强内部管理控制风险、实施供应链管理分散风险和利用期货市场转移风险的整套解决方案,从企业内部和企业外部,从现货市场到期货市场,将采购风险减少到最低限度。

四、中国企业采购发展趋势的展望

目前中国经济发展已进入一个新的持续上升阶段,经济发展将继续保持较高增长态势。随着西部开发、振兴东北老工业基地的深入发展,企业采购的总体规模将继续扩大。由于国家已采取宏观调控措施,将在一定程度上抑制钢铁、汽车等行业的低水平重复建设和房地产投资过热,预计企业采购总额增长幅度将保持在 12%左右。根据商务部市场运行调节司的预测,由于生产资料市场供需仍会保持基本平衡的格局,生产资料价格总水平进一步上涨的空间,受 2003 年高价位的影响将表现为高位回稳,2004 年价格总水平将呈现前升后稳的走势。在这种形势下,企业必须进一步加强对采购活动的全面管理,特别是加强与供应商的合作,并建立行之有效的供应商绩效考核体系,将供应链管理落到实处,携企业内外之力,共同提升企业的竞争力。2005 年 9 月,国际采购领域最高级别、每两年一届的盛会——第 14 届国际采购联盟(IFPMM)世界大会在北京的召开,将进一步推动企业采购管理迈上一个新台阶。

(供稿:北京物资学院　沈小静)

第七部分

物流研究与教育

物流教育

2003年中国物流教育与培训状况分析

2003年是中国物流业全方位向前推进的一年。在这一年,中国的物流教育业取得了长足的发展。面对着物流市场物流人才的缺乏,国家、社会、学校和企业都加大了对物流教育业的投资。即使这样,2003年还是有两个数字值得大家关注,一个是600亿,另外一个是1 500万。前者是2003年物流市场的规模,后者是中国物流岗位的空缺,这么大的反差必将迅速扩大物流教育市场的规模,催生不少社会上的物流培训班。可是,我们必须要对2003年的中国物流业的发展进行理性的回顾,对物流教育的加强进行合理的分析,从而将中国的物流教育业推往良好的发展方向,恰如其分地满足物流业发展的要求,而非紧随着物流市场的火热而盲目地进行物流教育业的投资。

一、2003年中国物流教育步入正轨

2003年,中国物流业的发展进一步得到了国内外以及社会各界的广泛关注,成为中国经济发展的热点之一。与此同时,中国的物流教育逐步步入正轨。这体现在以下几个方面:

(一)中国的物流人才培养多层次体系逐步健全

目前,中国物流人才的培训主要通过三种形式:一是高等学校的学历教育;二是社会上各类资格认证培训;三是各类无证书的短期培训。在不同的教育形式下,我国开始了多层次的物流人才的培养。

1. 高等教育的规模不断扩大。2003年,各高校的博士、硕士和本科招生目录上,有47所大学招收物流管理(110210W)或物流工程(081207W)专业的本科生,至少有70所重点大学招收物流管理、物流工程、供应链管理或相关方向的博士或硕士研究生,比2002年又有所增加。2002年以前,国家教育部批准且已经正式招收物流管理专业本科生的大学有:北京工商大学、北京交通大学(原北方交通大学)、北京物资学院、哈尔滨商业大学、同济大学、四川工业学院、长安大学、上海财经大学、中山大学岭南学院、西南交通大学;国家教育部批准并且已经正式招收物流工程专业本科生的大学有两所:大连海事大学和武汉理工大学。2003年,又有30所大学经过国家教育部备案或批准设置了物流管理专业:北京航空航天大学、中国民用航空学院、河北经贸大学、沈阳工业大学、东北财经大学、东华大学、上海海运学院、上海对外贸易学院、华东船舶工业学院、浙江大学、宁波大学、安徽大学、安徽财贸学院、华侨大学、江西财经大学、中国海洋大学、山东财政学院、郑州工程学院、郑州航空工业管理学院、武汉大学、武汉理工大学、中南财经政法大学、中山大学、暨南大学、广东工业大学、广东技术师范学院、广东外语外贸大学、广东商学院、重庆交通学院、重庆工商大学;有8所大学设置了物流工程专业,其中包括大连大学、沈阳建筑工程学院、同济大学、山东大学、山东交通学院、长沙交通学院、华南理工大学、西南交通大学。

虽然有一些大学没有物流管理或物流工程专业,但是却在交通运输或者市场营销等专业下面设立物流管理或物流工程方向,也有一些高校以

物流管理或者物流工程专业方向招生，比如北京科技大学、大连铁道学院、兰州交通大学(原兰州铁道学院)等。同时，为了适应人才市场对学生知识结构的要求，也为了方便一些非物流专业的毕业生就业，一些学校将物流管理作为第二学士学位专业，例如北京物资学院，还有70多所学校在经济、管理、交通等相关专业的教学计划中增加有关物流的课程。此外，有更多的高校通过网络开展远程学历教育，例如：西南交大2003年开始在深圳等地开展物流管理专业本科远程学历教育。

显而易见，2003年，中国的高等物流教育的规模仍在逐渐扩大，而且还有一些省鼓励和支持有条件的学校设置物流管理专业，例如广东省教育厅公布的四类专业中就包括物流管理专业，足见物流人才的培养受到了社会极大的重视，目前这个趋势还在上升。

2. 职业教育开始受到关注。一直以来，物流理论界和实务界比较关注物流概念和相关的物流活动，并对此做了非常详细的论述和深入的探讨，却很少论及将来具体从事物流技术和管理工作的学生的职业教育。职业教育与高等教育并不相同，它是一种大众化的教育，在保证基本理论教育的基础上，更加注重对学生的应用能力的培养。由于社会对学历的重视程度加大和各高校招生规模的扩大，人们在相当大的程度上忽略了职业教育。这导致了物流所缺人才与市场所供人才并不完全相符。2002年，上海将物流列为紧缺的12类人才之一；2003年，北京将物流列为10类紧缺专业，全国各地与上海和北京状况相同的省市满目皆是。与此同时，虽然每年各个学校都在扩招，可是物流专业的学生似乎并不符合市场的需求，其中的一个原因就在于对职业教育的忽略。如今，学校和企业开始认识到了这个问题。很多职业技术学校开始开设物流专业的课程，同时在社会和企业的协助下，建立教学实践基地或者物流实验室。在实践基地和实验室当中，学生能够真正的了解企业物流的实际运作过程。经过这样的培训之后，学生到了企业就能够很快的熟悉和适应环境，成为适应物流业发展的应用性人才。

3. 高级物流管理人才的培训列入日程。2003年，我国的物流人才市场特别是高级人才更加供不应求。面对这样的情况，我国开始了高级物流人才的培训，很多行业性协会开设了职业经理人培训班等诸如此类的物流培训班，通过学习，给物流从业经理提供更新知识体系，提高技能的机会。除此之外，一些重点大学的MBA、EMBA培养计划中也增加了物流管理方向，例如，香港大学和复旦大学共同创建的专业继续教育学院推出物流及供应链管理国际iEMBA课程，浙江大学研究生院推出现代物流管理EMBA课程，清华大学国家CIMS工程研究中心针对企业中高层管理人员开设了供应链课程，等等。交通部还根据中德两国政府有关部门在道路货运和物流领域进行交流与合作的有关协议，每年从道路运输行业选拔10名同志赴德研修。

目前，中国已经形成了不同层次的人才培养体系。对于希望从事物流行业的人员来说，他们可以根据自己的需要，选择学历教育或者是职业教育。对于已经在物流行业内从业数年的管理人才，他们可以选择进一步培训，提高自己的管理能力。这种多层次的培训体系有助于按照物流发展的需求培养不同类型的人才。

(二)中国开始建立并完善物流职业资格认证及培训体系

几年来，虽然中国的物流业在快速的发展，物流人才的培养规模也在与日俱增，但是在物流人才培养这方面却没有形成规范的机制，特别是社会培训这一部分。这种现象从2003年开始将逐渐得到改善。2003年1月23日，劳动和社会保障部发布了《物流师国家职业标准》，首次将“物流师”纳入国家职业标准。中国物流与采购联合会与全国物流技术标准委员会在全国全面启动物流师(包括高级物流师、物流师、助理物流师三个级别)国家职业资格的培训、考试与认证工作，采用“六统一”的认证制度，即统一标准、统一教材、统一培训、统一考试、统一阅卷和统一认证，并借鉴了国际通行做法，具有相当权威性。物流师职业资格的出台，填补了中国国家级物流师认证与考核体系的空白，将使物流人才培训与认证工作走向规范发展。

目前，除了物流师国家职业认证和考核体系之外，中国还有 5 种认证体系：

1. 国际物流职业资格认证(ILT)。这是由中国交通运输协会引进的英国皇家物流与运输学会(ILT)的国际物流资质认证体系。这个认证体系包括四个级别：物流人员基础证书(适合于一般物流管理人员)，物流部门经理专业证书(适合于物流与运输企业部门经理)，物流运营经理证书(适合于物流与运输企业运营经理)，物流战略经理证书(适合于物流与运输企业总经理)。ILT 体系是基于物流专业人员应该具备的能力模型设计的，从一级到四级实行阶梯式的培养方式，着力于实践型物流人才的培养。

2. 国际采购经理认证(CIPS)。该认证体系由中国交通运输协会从英国皇家采购与供应学会引进。CIPS 英国皇家注册采购与供应经理认证是国际上通行的认证标准，在全世界 100 多个国家得到认可和实施，得到联合国、世界银行、亚洲开发银行和跨国集团的信任。CIPS 认证主要面向采购和供应专业人员和管理人员，共分为四个级别：一级(CIPS 采购与供应证书)；二级(CIPS 采购与供应高级证书)；三级(CIPS 采购与供应文凭)；四级(CIPS 采购与供应高级文凭)。目前我国共有 100 多人拥有 CIPS 证书。

3. 世界贸易组织国际贸易中心的采购与供应链管理认证。2003 年，世界贸易发展会议(UNCTAD)和世界贸易组织(WTO)下属国际贸易中心(ITC)《国际采购与供应链管理》职业证书培训项目在我国正式启动。ITC “采购与供应链管理(PSCM)资格认证”是由采购与供应链管理国际考试委员会(LEB-PSCM)实施，该机构由加入该体系的不同国家的专业性采购与供应的公共机构组成。高级采购与供应链管理(PSCM)资格证书和文凭是国际性的资格认证和文凭，反映了从事采购与供应链管理的人员所具备的各种能力和水平。中国物流与采购联合会承担 ITC 在中国内地进行的“采购与供应链管理国际资格证书和文凭”认证考试项目。

4. 物流职业经理认证。物流职业认证体系由中国物流与采购联合会推行，分为三个级别，初级面向职业高中、中专在校生以及具有两年以上工作经历者；中级面向大专以上学历，且有两年以上工作经验者；高级面向本科以上学历，在企业中担任物流总监、企业副总以上职务者。该认证主要是为了提高物流行业管理层水平。

5. 物流职业资格认证。物流职业资格认证体系由中国商业技师协会市场营销专业委员会推行，证书级别有四个级别：物流管理员、高级物流管理员、助理物流经理和物流经理。

物流从业人员的整体素质的提高是物流业长期快速发展的基础。如今，我国的物流职业培训以及认证体系已经开始建立并逐步完善，该体系涵盖了物流涉及到的各方面人才，能够满足不同的需求者的要求。在这样一套资格认证以及培训体系当中，物流的从业人员能够根据自身的发展以及自己的需求寻找相应的培训课程进行学习，不断提高自己的能力。在完善的职业认证体系的指导下，我国物流从业人员的素质将会不断提高，成为符合现代物流业发展所需的专业人才。

(三)企业与物流教育机构的合作力度加大

随着社会对物流人才的重视程度逐渐提高，社会和企业对物流教育的扶持力度也逐渐加大，主要有两种方式：一是通过与高校合作办学来共同培养人才。2003 年，上海第二工业大学与我国大型现代物流企业集团——中国外运(集团)总公司合作建立了中外运国际物流学院，中外运提供专业实验室设备、实习基地及“中外运奖教学金”。新的校企合作不仅有力地推动了学科与专业建设，增强了技术应用型人才的培养，而且也为中外运的职工培训以及校企联手科研开发提供了有利条件。二是通过进一步完善物流教育设施。例如，北京交通大学与中铁现代物流科技股份有限公司共同筹建国内高校第一个综合物流实验室，上海外高桥保税区开发股份有限公司与复旦大学管理学院共同帮助复旦大学现代物流管理研究中心建立现代化的开放型物流实验室。相得益彰，物流学术界也成立了一些学术团体，例如上海市物流学会成立了跨国企业物流管理学组，该学组的建立旨在探索、交流和总结跨国公司物流在中国的发展经验和未来的发展模式。企业与学校的合作将带动教育产业化，在促进教育发展的同时，提高企业的经营水平。

（四）中国的物流教育培训开始具备理论指导

2003年8月19日，中国物流与采购联合会在井冈山主办了第三届全国高校物流教学研讨会，出席大会的有来自全国各高校、高职、技校、中专院校及部分企业代表100多人。这次研讨会重点对以下几个问题进行了讨论：1. 物流专业自身建设、物流主干课程的设置、物流人才的培养与使用；2. 如何多层次、多样化培养各类物流人才；3. 当前我国物流界理论与技术研究的趋势和方法，并请有关学者介绍美国物流专业教育的相关问题。研讨会上宣布成立了"中国物流人才培训专业委员会"。委员会主要有五项职责：一是开展全国物流人才现状调查、研究、分析，提出对策建议；二是组织有关学校开展物流教学与科研的交流与合作；三是指导物流从业人员的知识更新与证书教育；四是组织物流教材编辑出版与师资培养；五是走出去与请进来相结合，开展与国外相对应机构的交流与合作。委员会由国内著名专家以及物流教育界杰出人士组成三个工作指导小组组成：1. 全国高等教育工作指导小组；2. 全国职业教育工作指导小组；3. 全国中专和职高教育指导小组。该委员会主要开展全国物流专业学历教育、非学历教育及资格认证的指导工作，通过定期和不定期活动，从而进一步交流情况、统一认识、完善物流学科体系，推动我国物流教育的发展。此外，为了推动我国现代物流人才的培养，加强高等学校专业教师队伍建设，国家教育部高等教育司还在深圳主办了"高职高专电子商务与现代物流教师讲习(研讨)班"。

由此看来，2003年，中国的物流教育与培训事业取得了长足的进步和发展。不过，同中国物流产业升级、物流业对外开放和物流业的迅速发展所产生的人才需求相比，中国物流教育的总体规模依然很小，中国物流业的发展缺乏高素质的专业物流人才的状况还不可能根本改变，中国还没有形成足够的物流人才储备，因此还必须继续大力发展中国的物流教育事业。

二、2003年中国物流教育业有待完善

2003年中国物流教育存在的问题很多，但是最主要有三个：

（一）理论基础较薄弱

中国的物流业发展起步晚，真正的物流研究还处于起步阶段，物流理论基础还比较薄弱，而培养领域内的专家并非朝夕可成。一些高校在开设物流专业之前，没有做好充足的理论探索，还有一些授课的教师出身于机械、运输、仓储等专业，对物流的概念并没有透彻的理解，对物流专业涵盖的内容也没有系统的考虑。同时，尽管中国从国外引进了不少先进的物流理论，从国外企业的经营当中总结了不少优秀的经验，但是并没有将这些理论和经验本土化，从而也就不能将这些理论应用于实践当中。对中国而言，高等院校应该加大力度进行本土化的物流理论研究，将国外的理论和经验与国情以及企业实际相结合，对中国物流市场的特征、物流产业的规模和组织以及政策进行理论探索。

（二）师资力量有待加强

目前，中国物流教育的师资力量非常薄弱。主要有两个原因：一是缺乏物流专家，自然也就不能够培养出足够的师资力量。二是青年教师缺乏实践，还不能够完全承担起物流教育的重担。随着物流业的发展，社会和企业对物流人才的需求越来越大，在很多高校当中，物流专业的招生人数逐年增长，但是教师的数量并没有成比例的增加。一些高校几年来，物流专业招生规模扩大了几倍，教师的数量却依然如故，师生比达到了1:50。这些教师不仅要给物流专业的学生讲授专业课，还要给其他的专业开设物流课，乃至于参与社会上的物流培训课程。与此类似，职业教育与学历教育面临着相同的情况，社会上物流从业人员的职业培训力量也比较薄弱。为此，2003年，中国物流与采购联

合会设立了物流专项科研基金，支持开设物流管理科学的高等院校或科研机构，开展高级培训项目或科研项目，从而鼓励物流研究和物流人才的开发培养。

（三）培训市场需要完善

2003年是中国流通进行现代化建设高速发展的时期，物流业的蓬勃发展必然会对人才的需求产生极大的影响。目前各类大专院校物流专业年培养规模约5 000人左右，远远跟不上现代物流业发展的需要。在高校办学力量不足的情况下，物流短期培训和研讨将是对人才培养的极大补充，各种企业培训课程、海外培训考察、研修课程纷纷浮出水面，同时其他全国以及地方行业协会也组织了大量培训，有的还邀请国外专家进行培训。其他各类公司自己组织的内部物流培训数量更多，估计每年的培训规模在2万人左右。不过，即使这么多的培训项目也并不能够满足社会的需求，使得不少培训班的规模不得不临时扩大。而且很多原来并不具备做培训的单位和个人看到中国物流专业人才的巨大缺口之后，也开始做起与物流相关的培训和资格认证，培训市场极不规范。从物流的培训体系上讲，很多培训项目根本没有形成规范的课程设置，还有不少物流培训项目受到商业操作的影响，存在短期行为，培训质量不能得到保证。可是，物流需要实际的操作能力和理论基础，强调管理实务与操作能力的结合，它所需要的人才的能力并非一纸文书就可以证明的。

除此之外，2003年的中国物流教育和培训领域还存在着以下问题：物流教育与培训资源匮乏，高校物流教育与企业所需物流人才有差距，物流教育与培训的发展不均衡，物流教育存在盲目性等。这些问题如不解决，对中国物流教育与培训市场的发展不利，对中国物流业的发展也是不利的。

三、2004年中国物流教育发展建议

针对我国目前物流教育的状况以及不足之处，笔者认为2004年中国的物流教育应该在以下几方面加以重视：

（一）加大物流教育实践力度

中国大专院校和科研机构人才集中、知识密集，在培训物流人才、加强物流研究方面具有独特优势，在推动物流发展中起着重要的作用。但是在物流研究和人才培训中，应注意物流理论与实践的有机结合，要深入企业进行实践，解决实际问题，培养实用人才。首先，物流作为一门应用性极强的科学，离不开理论与实践的结合，各高校、各地的物流研究中心与物流研究所一定要积极地把研究成果拿到企业去推广应用。其次，目前以及将来，我国迫切需要更多具有多学科背景、具有很强的创新能力和策划能力、具有丰富的行业经验的高级物流管理人才，这种人才必须要在实践中培养。因此，一定要重视理论与实践相结合，让学生掌握物流管理实践的实用性技能，提高学生在实际工作中的操作能力。2003年，确立了中国物流示范基地与中国物流实验基地，它们既是行业中的排头兵，也是教学实习基地。另外还有一些省市也设立了物流实习基地，这种做法需要大力提倡并继续开展下去。

（二）完善物流培训体系和市场

虽然中国目前的培训认证体系已有所改进，但是针对目前物流培训认证市场中存在的问题，我们应该加以重视并予以解决。从培训课程的内容上来讲，不同行业和个体对物流培训的需求是不相同的，我们要充分研究培训对象的情况，从实用性的角度出发，根据不同培训对象的需求，有针对性的制定培训目标、培训计划，设计合理的培训内容和培训方式。从培训市场的状况来看，执法部门应加大对物流职业培训的监督和查处力度，在规范培训市场的基础上，鼓励和引导企业、行业组织及民办教育机构参与现代物流教育和培训工作；由行业组织来执行现代物流从业人员执业资格制度，健全我国物流从业人员职业教育、培训和从业资格认证制度以及相应的认证体系。

（三）进一步加强物流高等教育

与中国目前物流业的发展速度相比，中国的高等教育水平比较落后：一是理论水平比较低，二是培养规模不够大。高校应该进一步扩大物流专业的招生规模，同时也应该提高物流教学水平和

学生培养质量。在传统的物流理论专业知识的传授中,定性分析占主导地位,定量分析比较少。随着计算机与网络技术的发展,物流信息系统的使用,物流活动与量化分析方法结合得十分密切,而且物流活动的管理和评价都需要进行量化分析。因此,中国的高等教育要在将来的教学中加强定量分析。除此之外,中国物流专业的高等教育因学校不同而各有差异,例如,原来运输学院下的物流专业侧重于运输方面的教学,机械学院下的物流专业侧重于机械方面的教学等等,而物流是一个整体,它更重视整个系统各个部分的整合,所以各院校应该注意完善自己的学科。

(四)加速人才职业化进程

物流专业人才的缺乏已经成为制约中国物流发展的重要因素。《物流师国家职业标准》的出台以及国外权威的职业认证的引进,建立和完善了物流职业人员业务技术资格培训认证体系,使得我国的物流业具有了统一的考核和统一的认证标准,可以较快地提高物流产业及相关企业各层次从业人员物流经营管理的业务技术水平,但是物流人才的职业化进程与市场需求差距仍然十分大。市场对物流人才的要求不断提高,但是无论是在学历教育方面,还是在非学历教育方面,中国目前的物流教育和培训方面都不能很好地满足市场对物流人才的需求。不少院校已经开设了物流管理专业,然而这种人才并不能立即使用。而且,即使这些毕业生全部进入人才市场,也不能满足市场对人才的需求,特别是对于高级物流管理人才的需求。因此,我国要加快人才职业化的进程,从而为物流业的发展提供坚强的后盾。

2003年,在各级政府、行业协会的推动以及各地物流企业的积极参与下,中国的物流教育和培训事业发展得非常迅速。2003 年 10 月 14 日,党的十六届三中全会通过了《关于完善社会主义市场经济体制若干问题的决定》,指出:发展电子商务、连锁经营、物流配送等现代流通方式。《决定》以国家未来经济发展的战略高度明确了物流的重要性,将使物流的发展纳入各级政府的管理职能,并在政府的强有力的组织下得到推进。2004 年,我国的物流业将继续全面推进,中国的物流教育与培训事业定会更上一层楼!

(特约撰稿:北京工商大学 何明珂 王晓艳)

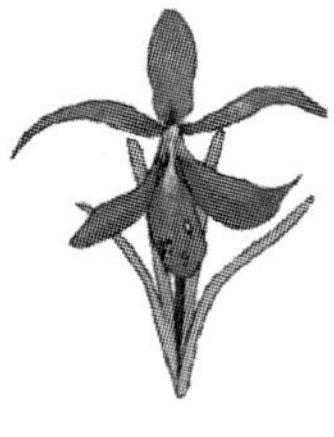

物流职业教育

职业教育直接依存经济发展，直接为经济发展提供适应需要的人力资源。从根本上讲职业教育是直接为就业服务的教育。2003 年，由于物流产业发展对物流人才需求的拉动，中国物流职业教育有了较大的发展。

一、中国物流职业教育体系的概述

中国物流职业教育可分为高等物流职业教育和中等物流职业教育两个层次。其中高等物流职业教育可分为高等专科教育，高等职业技术教育和高等技工教育，中等物流职业教育可分为中等职业教育和中等技工教育。

同时，还有在职人员及从业人员的培训教育，根据劳动和社会保障部中国物流与采购联合会共同制订的《国家物流师职业标准》，分成高级物流师、物流师、助理物流师三个等级。

高等物流职业教育的专业设置，根据各院校的自身特点，一般分为物流管理、物流经济、物流工程三个专业。大部分院校是在本校工商管理、市场经济、国际贸易等专业下设物流管理方向。还有院校根据用人单位需要专门化方向，如武汉工交职业技术学院就开设了“汽车销售物流”专业。

中等物流职业教育承担者培养物流企业一线操作人员的任务。由于一线操作人员的不同岗位，企业的不同要求，因此，各校都制订了专业教学指导方案（不同于教学计划），一般侧重于具体的职业工种，如仓储保管、理货、包装等。

二、我国物流专业高等职业技术教育发展预先现状

最近几年，在各方面的推动下，各高等职业技术院校纷纷开设物流专业，尤其是 2002 年我国加入世界贸易组织后，物流在国民经济中的地位进一步确定，作为“第三利润源泉”的新的经济增长点和企业核心竞争力的物流产业推动着物流专业高等职业教育事业的发展，并表现了以下特点：

（一）开设物流专业的学校（学院）的数量快速增长，规模明显扩大，据不完全统计，全国高等职业技术学院中开设物流系或专业的学校有 160 余所，开设较长时间的不超过三、五年，一般仅二、三年，而准备今年秋季开设的占较大比例。同时，都把物流专业作为主导专业，作出发展规划，投入人力物力。在已开设的院系或专业中，大体有三种情况：1. 由高等院校相关专业如运输（包括公路、水运、铁路等）仓储、电子商务、市场营销专业演变转化过来的。也有普通高等院校的二级学院举办的。2. 大专院校改造过来，依托制造企业，物流行业、行业协会支持开设的。3. 由一些中等职业学校改制，合并组建升格为高等职业技术学院所开设的，上述各种模式，各有利弊。

（二）地方政府，相关部门，行业系统对开设物流专业的积极性很高，尤其是一些目前急需物流专业人才的地区如上海、江苏、浙江、广东等地十分重视物流人才的培养，对物流专业予以重点扶持。特别是中国物流采购与联合会在教育部高等教育司支持下先后三次召开全国高等学校物流专业教学研讨会，从行业角度，科学、客观、权威地指明了物流专业建议中必须注意的问题，指明了方向，为高等物流职业教育起到了积极推动和引导作用。

（三）学校分布受地方物流产业发展程度影响极大，据不完全统计，目前在高等职业技术院校中开设物流专业的，广东省有 11 所，上海市有 15 所，天津市有 9 所，湖北省有 12 所，江苏省有 18 所，而不少省只有一、二所。

（四）市场配置物流专业高等职业教育资源的作用得到了初步发挥。近年来物流专业高等职业技术院校招生呈现出“买方市场”的特点，报考、咨询者十分火暴，初步形成了一种新的办学机制，也体现了考生、家长对物流专业的认同。

（五）部分院校在专业设置和教育教学等方面，注重与当地经济建设，行业需要相结合，注意加强学习，实训等教学环节，初步形成了自己教学特色和专业特色。

（六）师资力量奇缺，高职院校师资要求即懂理论，又有丰富的实践经验，有的是仓促上阵。

（七）课程设置中存在问题：

1. 没有职业特色，且照搬中专、大专或本科院校课程的教学体系。

2. 不注意强化学生的技能训练，或没有外部条件安排好学生的技能训练，这样下去，势必会导致毕业生技能上还不如以前的中专毕业生，理论知识面有无发与本科毕业生相比。

3. 课程内容不注意培养学生的发展后劲，没有给学生创造一个进一步发展的空间。

4. 课程设置上只强调物流的专业没有考虑个性化发展和培养复合型人才的需要。

三、我国物流专业高等职业教育发展面临的困难和问题

（一）发展过快，学校与学校之间得教学条件和管理水平存在着明显差异，（二）社会对高职教育在认识上存在偏差，认可度不高，他们把高职教育看成是层次、而没有把它看成是一种新的办学类型和办学规格，由此对物流职业技术教育也发生影响。

（三）由于发展快，而物流产业总体上仍处于起步阶段，因而在实习实践基地建设（这是高职学院本身性质所决定的必备条件之一），案例收集，尤其是计划教育，课程开设，教材建设等方面严重滞后。

（四）经费有如不足仍然是制约高等职业技术教育发展的重要因素，一些地方政府和主管部门对物流专业高等职业技术教育经费投入不到位，其他金融渠道投入又不畅通。有人被火热的招生形势所动，想依靠招生收入来作为物流专业教育的必要投入，可行性和可靠性都成问题。

（五）少数院校没有办出自己的特色，和特色不鲜明，办学水平不高，管理水平和质量也不高，这主要是师资力量严重不足造成的。

四、近期我国高等职业技术物流专业教育的发展趋势

（一）发展的指导思想

今后，我国高等教育的发展将以高等职业教育为主要途径和主要形式，将高等职业教育作为实现高等教育大众化的重要基础，我国高等职业技术物流专业教育发展的指导思想是：全国职业教育工作会议精神，以市场为导向，以培养具有必要的理论知识和较强实践能力的，能在第一线从事基础管理工作的应用型、技能型专门人才为目标，坚持积极发展的方针，注重办学质量和特色，加强规范化管理，坚持多元化的投资体制和办学体制，探索发展充满活力的运行机制，形成适应地方经济和社会发展需要，特色鲜明，结构合理的高等职业技术物流专业教育体系。

（二）发展的几个原则

1. 积极发展高等职业技术院校物流专业的原则。发挥地方政府行业，企业和社会组织投资举办物流专业的积极性，注重现有教育资源的优化配置和充分利用，继续保持数量和质量的适度增长。

2. 大力发展民办高等职业教育的原则。努力发展民办物流专业高等职业技术院系或专业，形成民办高等职业教育公平竞争的群体。

3. 注重规范，质量和特色的原则，注重办学条件，突出办学特色，不断提高办学质量和水平。

4. 政府统筹、行业管理与市场调节相结合的原则。政府做好统筹、规划，行业协会（中国物流与采购联合会）配合政府做好综合制定标准大纲，监督评估等工作，引导高等职业教育规律运行，并在政府核定的办学规模内，以市场为导向，逐步实现自主办学。

五、对我国物流专业高等职业教育的若干建议

（一）科学规划，正确定位

跨入新世纪，我国进入了全面建设小康社会，加快推进社会主义现代化建设的新的发展阶段，职业教育改革与发展也正处在一个重要的历史时期，我国目前尚处于社会主义初级阶段，面临着加快实现工业化和迎接知识经济的双重任务。不同地区、行业、企业的技术结构和生产水平，生产组织方式都很不相同，因而对人才的层次、规格、类型的要求也是多样化的。自 1999 年起高等职业技术学院的审判权下放道各省市，并明确了在省市政府领导下，分级管理、地方为主、政府统筹，社会参与的管理体制。同时强调市(地区级政府要加强领导、统筹规划、促进本地区职业教育与经济建设和社会发展的紧密结合，促进职业教育与普通教育和其他教育的协调发展。教育部门对学校的管理由过去一贯沿用的直接管理向更多的运用立法，政策导向，质量评估等宏观调控手段转变。同时，进一步扩大职业技术院校的办学自主权、增强其自主办学和自主发展的能力，依法保障职业技术院校在专业设置，招生规模确定，学籍管理，教师聘用及经费使用等方面享有充分自主权。

国家在职业技术教育方面的方针政策为我们在建设发展物流专业职业高等技术教育方面提供了机遇和挑战，物流专业高等职业技术教育的发展不应急功近利，其发展规划应从实际出发，遵循教育规律，在充分调查研究的基础上正确定位本院本系或本专业的人才培养目标和发展方向。

（二）走创新之路，建特色专业

随着我国加入世界贸易组织以后的一系列变化，经济全球化趋势更加明显，使高等教育面临全新的机遇和严峻的挑战。以培养应用型，技能型人才为己任的高等职业教育，应自觉采取相应的对策与之接轨，必须走创新之路，力求办出鲜明的特色，特色是职业技术学院的生存之本，创新是职业技术学院的崛起之路。

物流是大生产、大流通前提下特有的经济运动，人们对于这种运动的认识从上个世纪中叶以来才开始有突飞猛进的发展，但在这几十年里人们对这种经济运动的了解可以说是应用多于理论，现有物流学的理论尚很不成熟，物流经济理论体系尚未真正形成，从目前已经开办或今年开始招生(这部分院校占相当大比例)来看，师资力量是从相关专业转过来的，教学计划，教学大纲是从普通院校的模式体系借鉴过来的，这就需要在教育观念、教育体制、教育结构、人才培养模式，教育内容及方式适应时代的需要。

党中央指出，教育必须同经济、科技、社会实践紧密结合，必须改革当前脱离社会主义实际的教育思想和教育模式，建立起教育与经济、科技密切结合的新机制，职业技术学院的产生和发展，就是这一新机制的标志。新专业、新机制、新体制必须有自己的特色，否则是没有出路的，建设特色学院是求生存，求发展的迫切需要即各地的高等职业技术院校必须牢牢根植于所在地区，以为本地区物流产业的发展，输送适合本地所需要的人才为己任，不可能也不应该是全国物流院系同一个模式，同一个教学计划，应允许按本地需要增设某些课程或内容。

（三）积极推进办学模式改革

必须建立起与劳动力市场密切联系的机制，通过企业举办或联合举办职业教育机构，邀请物流企业领导参与制定物流专业发展规划、培养目标、专业设置和教学方案等多种途径加强职业技术院校与企业的联系，要建立一批物流专业的实习实践基地，并逐步使学校成为企业的技术研发和推进中心。

根据《中共中央国务院关于深化教育改革全面推进素质教育的决定》中关于“在全社会推行学历证书和职业资格证书并重的制度的指示精神，我们要主动做好物流专业学历教育与国家物流师职业资格证书制度及就业准入制度的衔接工作，使职业技术学院的专业设置，教学内容与劳动力市场紧密结合，与国家物流师职业资格标准相衔接，要实行灵活的教学形式，推行学分制和弹性学制，为学生半工半读、工学交替，分阶段完成学业创造条件。依托中国物流与采购联合会及时总结

职业资格证书与学历证书“双证沟通”的试点经验，同时鼓励各校发挥各自创造性，在公平竞争的环境下，不断探索新的办学模式。

目前，应下大力气抓好有中国物流与采购联合会与劳动和社会保障部联合制定的国家物流师职业标准及助理物流师，物流师和高级物流师的职业标准及助理物流师，物流师和高级物流师的职业资格培训，鉴定、发证工作，尽速由点到面向全国推广，各高等职业技术学院物流专业是培训的主力军，应积极主动担负培训工作。与此同样，物流专业中等职业学校承担初中级物流培训任务也应同时抓紧抓好。

我国高等职业技术教育物流专业的建设发展正处于全面上升状况，但在教育体系中尚处于薄弱的环节，我们要抓住新一轮大发展的机遇，加快发展速度，更新发展观念，创新发展机制，确保发展质量，初步建立起适应社会主义市场经济体制与市场需求和劳动就业紧密结合、结构合理、灵活开放、特色鲜明、自主发展的现代物流高等职业教育体系，为物流产业发展服务。

我国开设物流专业的学校统计

学校名称	邮编	通讯地址	专业名称
华中科技大学管理学院（一批本）	430074	湖北省武汉市武昌珞瑜路 1037 号	
武汉大学（一批本）	430072	湖北省武汉市武昌珞珈山	本科 1 物流管理
武汉理工大学（一批本）	430070	湖北省武汉市武昌珞狮路 122 号	本科 1 物流管理 2 物流工程
中南财经政法大学（一批本）	430060	湖北省武汉市武昌武珞路 114 号	本科 1 物流管理 9 月第一届
湖北经济学院（二批本）	430079	湖北省武汉市武昌珞瑜路 33 号	本科 1 工商管理（物流管理）
湖北汽车工业学院科技学院 [三批本（二）]	442002	湖北省十堰市	本科 1 工商管理（物流管理方向）
湖北师范学院文理学院 [三批本（二）]	435002	湖北省黄石市磁湖路 82 号	本科 1 工商管理（物流管理方向）
武汉科技学院外经贸学院[四批（一）]	430073	湖北省武汉市武昌纺织路 1 号	1 物流管理
武汉船舶职业技术学院[四批（一）]	430050	湖北省汉阳区月湖街	1 物流管理
武汉科技大学外语外事职业学院 [四批（一）]	430081	湖北省武汉市青山区和平大道 947 号	1 国际物流与报关
武汉商贸职业学院[四批（二）]	430070	湖北省武汉市洪山区珞狮南路 292 号	1 物流管理
武汉交通职业学院 [四批（二）]		湖北省武汉市	1 物流管理
武汉冶金管理干部学院[四批（二）]	430081	湖北省武汉市青山区和平大道 1248 号	1 物流管理
武汉职业技术学院[四批（二）]	430074	湖北省武汉市关山一路 463 号	1 物流管理
湖北交通职业技术学院[四批（二）]	430079	湖北省武汉市洪山区楚雄大街 455 号	1 现代物流管理
武汉铁路职业技术学院	430063	湖北省武汉市武昌区和平大道 1004 号	1 计算机与物流管理
武汉军事经济学院军用物资系	430035	湖北省武汉市汉口罗家墩 122 号	1 军用物资管理
武汉工交职业学院	430074	湖北省武汉市武昌关山路 378 号	1 物流管理
华东交通大学	330013	江西省南昌市双港路	本科 1 物流管理
江西财经大学	330013	江西省南昌市庐山中大道双港路口	本科 1 物流管理
江西师范大学商学院	330027	江西省南昌市北京西路 437 号	
江西经济管理干部学院[四批（一）]	330200	江西省南昌市老福山	1 国际物流与报关（成人高校）
江西财经职业学院[四批（一）]	332000	江西省九江市青年路 96 号	1 国际物流与报关
南昌水利水电高等专科学校	330029	江西省南昌市北京东路 59 号	1 物流管理
山东财政学院	250014	山东省济南市舜耕路 40 号	1 本科试办物流管理
山东交通学院（二批本）	250023	山东省济南市高校路 5 号	1 物流管理
烟台师范学院	264025	山东省烟台市世学路 184 号	1 物流管理
青岛滨海职业学院[四批（一）]		山东省青岛经济开发区嘉陵江西路 425 号	1 物流管理
青岛远洋船员学院[四批（一）	266071	山东省青岛市江西路 84 号	1 国际物流管理
济南大学应用技术学院	250022	山东省济南市济微路 106 号	
山东省商业职业技术学院	250013	山东省济南市历山路 10 号	1 物流管理

（接上页表）

山东外贸职业学院	266071	山东省青岛市江西路 62 号	1 物流管理
宁波大学[一批本]	315211	浙江省宁波市宁镇公路	本科 1 物流管理
杭州商学院计算机与信息工程学院	310035	浙江省杭州市教工路 149 号	
浙江科技学院经济与管理学系	310012	浙江省杭州市学院路 85 号	
浙江交通职业技术学院	311112	浙江省杭州市莫干山路金家渡	1 现代物流
浙江经贸职业技术学院	310012	浙江省杭州市文二路 138 号	1 现代物流
浙江经济职业技术学院	310012	浙江省杭州市文一路 199 号	1 国际物流方向
浙江商业职业技术学院	310014	浙江省杭州市德胜路 238 号	
温州职业技术学院	325035	浙江省温州市茶山高教园区高科路	2003 年 4 月 24 日联系准备开设
宁波职业技术学院	315800	浙江省宁波市北仑区经济开发区 新大路 1069 号	2003 年 4 月 24 日联系已经申办
宁波大红鹰职业技术学院	315175	浙江省宁波市高桥镇芦港村	1 现代物流
宁波高等专科学校	315016	浙江省宁波市文化路后河巷 20 号	1 现代物流管理
嘉兴职业技术学院	314000	浙江省嘉兴市大新路 131 号	1 物流管理（在成教部）
江苏大学汽车交通工程学院	212013	江苏省镇江市学府路 301 号	
华东船舶工业学院管理工程系 [二批本]	212003	江苏省镇江市环城路 2 号	本科 1 物流管理
苏州科技学院	215011	江苏省苏州市滨河路 298 号（校本部）	1 物流管理（高职）
金陵科技学院		江苏省南京市白下路 314 号	本科 1 现代物流管理 2 现代物流技术
连云港职业技术学院	222002	江苏省连云港市苍捂路 51 号	1 现代物流管理
明达职业技术学院	224300	江苏省射阳	1 物流管理
南通航运职业技术学院	226006	江苏省南通市新建路 1 号	1 现代物流管理 2 现代物流设备与计算机
南京化工职业技术学院	210048	江苏省南京市大厂区葛关路 625 号	1 物流管理
江阴职业技术学院	214433	江苏省江阴市滨江西路 1 号	1　物流管理
正德职业技术学院	211100	江苏省南京市江宁开发区将军中路 18 号	1 现代物流管理
常州纺织服装职业技术学院	213004	江苏省常州市丽华路 2 号	
常州信息职业技术学院	213015	江苏省常州市荆川东路 23 号	1 现代物流管理（信息管理）
钟山职业技术学院	210049	江苏省南京市马群街 169 号	1 商贸与物流管理（管理系）
无锡南洋职业技术学院	214081	江苏省无锡市大湖山水城旅游区	1　物流管理（工商系）
硅湖职业技术学院	215332	江苏省苏州昆山曹安开发区 1 号	1 物流管理（工商管理）
苏州工业园区职业技术学院	215021	江苏省苏州工业园区苏茜路 68 号	1 现代物流技术
培尔职业技术学院	214405	江苏省江阴市锡澄路 2 号	1 现代物流与报关
无锡商业职业技术学院	214063	江苏省无锡市容巷阵巷 90 号	
复旦大学现代物流管理研究中心	200433	上海市邯郸路 220 号	

(接上页表)

上海对外贸易学院（一本）	200336	上海市东北路	经济学[中澳合作物流管理方向（本科）]
同济大学（一本）	200092	上海市四平路 1239 号	物流管理（本科）
上海电力学院（二本）	200090	上海市平凉路 2107 号	工商管理[物流管理方向（本科）
上海海运学院高等技术学院[四批（一）]	200134	上海市浦东大道 1550 号	物流管理
上海医疗机械高等专科学校[四批（一）]	200093	上海市营口路 101 号	物流管理
上海海关 高等专科学校	201204	上海市浦东新区华夏西路 5677 号	国际物流与报关
东海职业技术学院	200241	上海市虹梅南路 6001 号	
上海邦德职业技术学院	200436	上海市宝山区锦秋路 105 号	物流管理
上海建桥职业技术学院	201319	上海市浦东康桥路 1500 号	物流管理
上海中侨职业技术学院	201319	上海市浦东川周路 2788 号	物流管理
上海商业职业技术学院	200235	上海市中山南路 2271 号	
上海信息技术学院物流教研组	200331	上海市真南路 1008 号	
上海东方国际继续教育学院	200051	上海市长宁区虹桥路 1060 弄 2 号 504 室	
上海市宝山区业余大学（成人高校）	200940	上海市宝山区永乐路 737 号	A 业余制物流管理 B 业余制物流 C 全日制
上海市卢湾区业余大学（成人高校）		上海市建国西路 154 号	物流管理
上海市长宁科技进修学院（民办高校）	200050	上海市长宁区宁西路 35 号	A 现代物流管理 B 国际货运与报关 C 集装箱运输管理
上海市 沪东科技进修学院（民办高校）	200093	上海市杨浦区风城路 101 号	A 国际货运与报关 B 集装箱运输管理
上海市信息管理专修学院（民办高校）		上海市曹杨二村 148 号	
华南理工大学（一本）	510641	广东省广州市天河区五山路	物流工程（本科）
广东外语外贸大学（一本）	510420	广东省广州市白云大道北 2 号	物流管理（本科）
深圳大学	518060	广东省深圳市南山区粤海门	
中山大学岭南学院现代物流技术与管理研究中心	510278	广东省广州市新港西路 135 号	
广州航海高等专科学校	510725	广东省广州市黄埔区红山三路 101 号	港口物流设备与自动控制
广东交通职业技术学院	510650	广东省广州市天源路 29 号	物流管理
广东白云职业技术学院	510450	广东省广州市白云区江高镇大田南路 13 号	物流管理
广东农工商职业技术学院	510507	广东省广州市天河区粤垦路 198 号	2003 年 4 月 15 日联系准备开设
深圳职业技术学院	518055	广东省深 圳市南山区西丽湖	
番禺职业技术学院	511483	广东省广州市番禺区沙湾青山湖	物流管理
广东机电职业技术学院	510515	广东省广州市沙太路麒麟岗	物流管理

（接上页表）

广东工贸职业技术学院	510510	广东省广州市广州大道北1098号	物流管理
广州民航职业技术学院	510403	广东省广州市白云国际机场白云西街10号	
广东轻工职业技术学院	510300	广东省广州市海珠区新港西路152号	2003年9月第一届
广东行知专修学院	510445	广东省广州市白云龙归一环路28信箱	报关与国际货运
长安大学（一本）	710064	陕西省西安市南二环路中段	物流管理（本科）
西安交通大学	710049	陕西省西安市咸宁西路28号	
陕西科技大学	712081	陕西省咸阳市人民西路49号	
陕西工业职业技术学院	712000	陕西省咸阳市文汇西路12号	物流管理系（物资经济物流管理）
陕西交通职业技术学院	710021	陕西省西安市经济开发区文景北路19号	物流管理
西安石油大学东方亚太分院（四批一）			物流管理
西安外事职业学院（四批一）	710077	陕西省西安市文八北路408号	物流管理
西安思源学院（民办）	710038	陕西省西安市东郊水安路28号	物流管理（自考本科，专科）
西安高新科技职业学院（民办）	710305	陕西省户县	现代物流技术与管理
西安石油学院	710065	陕西省西安市电子二路东段18号	
西安欧亚学院（民办高校）	710065	陕西省西安市电子城欧亚路1号	物流管理
西安铁路运输职工大学（成人高校）	710016	陕西省西安市北郊未央区铁一村4号	物资管理
四川工业学院汽车与交通系（二批本）	610031	四川省成都市西门（四川工业学院校区）	物流管理（本科）
西南交通大学交通运输学院	610031	四川省成都市二环路北一段111号	物流工程（本科）
成都信息工程学院	610041	四川省成都市人民南路三段三号	物流管理
成都纺织高等专科学校	610023	四川省成都市高新三瓦窑	物流管理
四川天一学院	610066	四川省成都市大观堰5号	物流管理
四川交通职业技术学院（四批一）	611130	四川省成都市温江区麻市街142号	物流管理
大连海事大学（一本）	116026	辽宁市大连市甘井子区凌海路1号	物流工程（本科）
东北财经大学（一本）	116025	辽宁市大连市沙河口区尖山街217号	物流管理（本科）
沈阳工业大学（二本）	110023	辽宁市沈阳市铁西区兴华南大街58号	物流管理（本科）
沈阳建筑工程学院（二本）	110168	辽宁市沈阳市浑南新区	物流工程（本科）
大连铁道学院管理学院		辽宁市大连市黄河路794号	
辽宁交通高等专科学校（四一）	110122		物流管理（物流管理实务）
广西大学	530004	广西南宁市大学路100号	
广西商业高等专科学校	530003	广西南宁市农院路8号	物流管理
柳州职业技术学院	545006	广西柳州市社湾路28号	物流管理
广西机电职业技术学院	530007	广西南宁市大学西路55号	物流管理
广西交通职业技术学院	530023	广西南宁市园湖北路12号	物流管理
广西国际商务职业技术学院	530007	广西南宁市大学西路34号	

（接上页表）

安徽工程科技学院	241000	安徽省芜湖市赭山东路	物流管理（本科）
万博科技职业学院（四批一）	230031	安徽省合肥市高新技术产业开发区创业西路 1 号	物流管理
安徽工贸职业技术学院	232001	安徽省淮南市国庆西路 48 号	物流管理
安徽省交通职业技术学院（四批一）	230051	安徽省合肥市太湖东路	物流管理
集美大学	361021	福建省厦门市集美学村	物流管理[交通运输专业（本科）]
漳州职业技术学院	363000	福建省漳州市马鞍山路 1 号	物流管理
福建交通职业技术学院	350007	福建省福州市仓山区首山路 80 号	物流管理
福建经济管理干部学院职教部	350002	福建省福州市洪山桥上店 62 号	
重庆工学院（二本）	400050	重庆市九龙坡区杨家坪兴盛路 4 号	物流管理（本科）
重庆交通学院（二本）	400074	重庆市南岸区学府大道 66 号	物流管理（本科）
重庆工商大学（二本）	400067	重庆市南岸区学府大道	物流管理（本科）
解放军后勤工程学院	400016	重庆市马家堡长江二路 174 号	
重庆职业技术学院	400712	重庆市北碚区	物流管理（五年一贯制高职）
重庆电力高等专科学校（四批一）	400053	重庆市九龙坡区电力四村 9 号	物流管理
中南大学交通运输工程学院	410075	湖南省长沙市韶山南路 22 号	
湖南工程学院	411101	湖南省湘潭市书院路 17 号	
湖南商学院科研处	410205	湖南省长沙市岳麓区望城坡	
湖南工业职业技术学院	410007	湖南省长沙市绍山中路 376 号	2003 年 4 月联系马上申办物流专业
湖南交通职业技术学院	410004	湖南省长沙市韶山南路 129 号	物流管理
哈尔滨商业大学（二本）	150076	黑龙江省哈尔滨市道里区通大街 138 号	物流管理（本科）
佳木斯大学（四一）			物流管理
黑龙江农业工程职业学院	150088	黑龙江省哈尔滨市南岗哈双路 348 号	物流管理
乌鲁木齐职业大学（四批一）	830002	新疆乌鲁木齐幸福路 72 号	物流管理
新疆工业高等专科学校	830091	新疆乌鲁木齐南昌路 17 号	
乌鲁木齐石化广播电视大学（成人）	830019	新疆乌鲁木齐石油化工总厂职工培训总校	物资管理
甘肃工业大学经济管理系	730050		
兰州铁道学院经济管理学院	730070	甘肃省兰州市安宁区西路 22 号	
酒钢职工大学（成人高校）	735100	甘肃省嘉峪关市五一南路 3 号	
吉林建筑工程学院	130021	吉林省长春市朝阳区红旗街 27 号	现代物流（高职）
吉林省交通职业技术学院	130012	吉林省长春市朝阳区新台街 63 号	物流管理
郑州工程学院	450052	河南省郑州市嵩山路 140 号	
郑州航空工业管理学院（二批本）	450005	河南省郑州市金海大道 2 号	物流管理（本科）

（接上页表）

保定金融高等专科学校（四批一）		河北省保定市	物流管理
石家庄外经贸职业学院	50061	河北省石家庄市学府路 236 号	国际物流与报关
山西省交通职业技术学院		山西省太原市武宿	物流管理（三年制高职、五年制高职）
海南职业技术学院（四批一）	570216	海南省海口市南海大道东 95 号	国际物流与报关
云南交通职业技术学院	650101	云南省昆明市西郊昆沙路 35 号	现代物流（三年制高职）
中国民用航空学院（二批本）	300300	天津市	物流工程（本科）
南开大学	300071	天津市南开区卫津路 94 号	
天津师范大学经济管理学院	300070	天津市和平区河沿路 25 号	
天津职业大学	300402	天津市河北区志成路 7 号	物流管理
天津交通职业学院（四批一）		天津市西青区西青道 154 号	1 国际物流与报关 2 物流管理
天津开发区职业技术学院	300457	天津市经济技术开发区第三大街 22 号	物流管理
天津对外经济贸易职业学院（四批一）	300221	天津市河西区珠江道 86 号	物流管理
天津工业职业技术学院	300134	天津市北辰区光荣道千里堤交口	
天津滨海职业学院（四批一）		天津市	物流管理（国际物流管理）
天津机电职业技术学院（四批一）		天津市	物流管理
天津物资管理干部学院（成人高校）	300171	天津市河东区七纬路 84 号	
清华大学机械系		北京市海淀区	
北方交通大学经管学院（一本）	100044	北京市海淀区上原村 3 号	物流管理（本科）
北京工商大学商学院	100037	北京市	
北京物资学院（二批本）	101149	北京市通州区西富河园	物流管理（本科和高职）
北京师范大学物流学院 珠海教育园区（二批本）			工商管理（物流管理方向）本科
北京联合大学商务学院	100025	北京市朝阳区延静东里甲 3 号	
北京经贸大学经贸学院		北京市朝阳区西坝河东里 18 号三元大厦	
北京市西城区科技大学	100035	北京市西城区西直门内南草场 22 号	
北京石油化工学院		北京市	市场营销（现代物流方向）
北京吉利大学	102202	北京市中关村昌平科技园	工商管理（物流管理方向）
解放军后勤指挥学院军事物流仓储教研室	100858	北京市太平路 23 号	
装甲兵工程学院技术保障 工程系器械管理教研室	100072	北京市丰台区杜家坎 21 号	
对外经济贸易大学	100029		
北京市财贸职业学院物流系	100010	北京市东四礼士胡同 41 号	

（撰稿：武汉商贸学院物流系主任、
物流研究所所长　周建亚）

物流教学机构

（排名不分先后）

北京师范大学珠海分校物流学院

一、概况

北京师范大学珠海分校是经教育部批准，由北京师范大学和珠海市人民政府共同举办，按照独立学院的机制进行本科层次教育的办学机构。校区坐落在美丽的广东海滨城市珠海，依山傍水，青山绿水，环境优美，设施先进。校区占地面积7 500余亩，目前已完成建筑面积26万平方米。分校现设有16个学院，物流学院是其中的一所。

物流学院由北京师范大学珠海分校和北京物资学院联合创办，是我国第一所以独立学院的完整架构组建的、直接为我国新兴的现代物流行业培养人才的高等教育机构。有着百年历史和光荣传统、丰富教学管理经验和雄厚师资力量的北京师范大学，与全国第一个创建物流专业、有丰富物流专业教育资源的北京物资学院，通过创办物流学院，实现了优势互补，达到教育教学资源的有效整合。同时，北师大珠海分校地处物流十分发达的珠江三角洲地区，毗邻港澳，使物流学院办学具有得天独厚的地理优势。

北师大珠海分校物流学院名誉院长为丁俊发研究员（中国物流与采购联合会常务副会长、中国物流学会常务副会长）、陈宏教授（北京物资学院院长）、刘木春研究员（北京物资学院党委书记），院长沈志莉教授（北京物资学院副院长），常务副院长陈训声教授。

二、培养目标

物流学院整合北京师范大学、北京物资学院、物流行业管理部门、物流企业及国内外各种优秀教学资源，面向21世纪物流产业蓬勃发展的需求，坚持产、学、研结合的教育模式，培养具有战略思维和世界眼光，综合素质高，实践能力强，富有创新意识的现代物流高级人才。

三、专业设置与课程

物流学院现招收物流管理专业本科生。物流管理专业培养物流经营管理和物流系统设计的复合型、应用型高级专门人才，毕业学生可以在生产、商贸和第三方物流企业从事物流以及相关的运输、仓储、配送、流通加工、系统设计等经营管理工作，也可以在国家各级经济管理部门以及学校、科研系统从事教学和研究工作。

物流学院于2003年招收本科生200名；2004年计划招收320名，分为三个专业方向：物流管理专业方向、采购与供应链专业方向、国际物流专业方向。三个专业方向的服务领域、专业必修课和培养模式各有不同侧重点。

（一）物流管理专业方向

毕业学生的服务领域侧重于国内各类企业的物流经营管理和各级经济管理部门的物流综合管理与调控。专业必修课主要包括：物流学、运输学、仓储学、包装学、流通加工实务、配送中心理论、物流标准化管理、物流成本管理、物流与贸易法规等。这一专业方向拟采取“3+1”的办学模式，即学生1、2、4年级在珠海分校学习和完成毕业实习、毕业论文（设计），第3学年到北京物资学院接受部分专业课教学，并参加物流实践、实验和学术活动。

（二）采购与供应链专业方向

毕业学生的服务领域侧重于企业和各级政府供应部门的采购规划与组织、供应链的设计与运作。专业必修课主要包括:企业物流学、城市物流学、采购与库存控制、政府采购理论与实务、生产运作与物料供应、供应链设计与管理、商品检验、商品运输与配送、市场法规与经济合同等。这一专业方向将依托国内知名物流企业,加强产学研结合,探索培养高素质应用型人才的新模式。

(三)国际物流专业方向

毕业学生的服务领域侧重于跨国公司与从事国际生产、储运和贸易的企业经营活动。专业必修课主要包括:国际物流学、国际物流经营战略、国际物流实务、国际市场采购、国际物流业务代理、国际货物储运与保险、国际物流供应链管理、国际物流成本核算、国际物流法规与标准化等。这一专业方向将采取提高英语(或双语)专业教学的比重,聘请境外专业教师授课,组织学生到香港物流企业参观实习等措施,体现外向型的办学特色。

四、师资力量与办学方式

物流学院整合各方面的优秀教学资源,师资力量强大。公共必修课和公共选修课由分校校区统一安排,以北师大雄厚的师资力量为主体;物流学院自身已建立一支职称结构和年龄结构比较合理的专业课教师队伍,是完成学科基础课、专业必修课和专业选修课教学的基本力量;专业课教学还依托合作办学单位北京物资学院的一流教师队伍。除规定的课程学习外,学院还经常邀请知名专家、学者和企业家为学生开设讲座课,这也列为有学分的课程。2003 级学生入学半年多时间,就已开设了 13 次讲座课。

在学生培养上贯彻厚基础、宽口径的原则,以实践能力和创新意识为核心,通过多种途径实现学生的合理知识结构和能力结构,培养具有复合型、外向型、应用型特色的人才。学院实行学分制、弹性学习制和二次专业选择等制度,以学生为本,为学生自主学习提供广阔的选择空间。学院强调教学与实践的紧密结合,现正积极筹建学生实习基地和产学研基地,在校内筹建物流实验室。物流学院的发展,得到中国物流与采购联合会等全国性行业组织的指导和支持,丁俊发常务副会长亲自担任物流学院的名誉院长,为学生开设讲座课;物流学院还积极加强与相关企业、学校、行业组织、学术机构的交流协作,现已与香港物流协会、澳门南光贸易公司以及珠海、深圳地区的一些物流企业建立了紧密的协作关系。确定学院在全国近百所开设物流专业院校中的定位,发挥办学优势,办出特色,为我国物流业的发展输送更多更适用人才,是物流学院当前要着重研究的课题。

(供稿:北京师范大学珠海分校物流学院)

对外经济贸易大学

对外经济贸易大学成立于 1951 年,是全国重点大学,1997 年成为首批高等教育“211 工程”重点建设学校。1951–2000 年,对外经济贸易大学隶属于国家外经贸部管辖,2000 年 6 月合并原中国金融学院,并划归教育部直属。对外经济贸易大学现实行校、院、系三级管理体制,国际经济贸易学院的运输与物流系是学校最早创办的院系之一,多年来立足引进西方现代物流管理概念,并形成自己的特点。

对外经济贸易大学的运输与物流系,原名国际运输系,曾经主要面向外经外贸行业,为国家培养了大批国际运输领域的专业人才。1997 年,该专业首次与国外院校合作在硕士研究生课程中引进现代物流及相关的课程,取得很好的效果。现每年在校学习的物流方向全职硕士、本科学生约 200 人。

2000 年起,对外经济贸易大学以自有师资力量为主率先在北京推出现代物流管理方向研究生课程进修班，这是首次面向社会推出的以运输与物流管理为核心课程的在职研究生课程进修班，在社会上引起极大反响。截止到2003年底，仅在北京的研究生班就已成功举办八期，招收学员700多名，活跃在各相关专业领域。

当今时代，经济全球化的影响已经遍及各个角落，对外经济贸易大学的物流专业教育积极利用自身多年来国际经济、国际商务教学的经验，以经济学的视角、方法，结合企业管理的传统理论提出优化物流管理是当前物流发展的主要趋势。在教学中，以运输经济、物流管理、供应链管理、物流系统设计等为核心课程的现代物流课程体系辅助以国际经济、国际商务类基础知识，体现了与国际接轨的思路，志在培养既掌握现代物流管理专业知识，又熟悉国际商务规则的复合型人才，以适应开放经济和我国加入WTO的时代要求。

（供稿：对外经济贸易大学）

广东外语外贸大学国际经贸学院

我院是在原隶属国家对外经济贸易合作部的广州对外贸易学院属下的外贸经济系的基础上逐步发展而成。原广州对外贸易学院于1979年创办，从学科的发展过程看，本院国际经济与贸易学科（原对外贸易专业）是我国创办最早的该学科办学点之一，已有23年培养国际贸易本科学生的历史，与外经贸部门有着长期的密切联系，具有获得信息快、把握政策方向准、了解新业务及时的优势。

我院是全国国际贸易学科协作组成员，是最早参与制定该学科的办学方向、培养目标、学科体系改革方案等工作的高校之一；我院的老专家教授曾参与我国外经贸系统第一套国际贸易系列教材的编写工作；我院又是原国家外经贸部指定的全国大中型外经贸企业领导干部岗位培训单位，并于1996年再次被委托承担大中型外经贸企业领导人员的培训任务，广东省（含各市、县）各专业进出口公司及有进出口经营权的生产企业的领导干部和经理人员大部分都曾到我院接受培训；我院教师曾参与全国外销员考试的命题、阅卷和培训工作，对广东省（含各市、县）各专业进出口公司及有进出口经营权的生产企业的进出口业务员进行了培训；在原外经贸系统4所高校的统考中，我院学生曾取得专业考试第一名、英语考试第二名的优异成绩。

本学院旨在培养能熟练应用外语从事国际经贸与金融经营管理及理论研究的高素质复合型人才。本院与外经贸部门有着长期的密切联系，具有获得信息快、把握政策方向准、了解新业务及时的优势。经多年努力，国际经济与贸易学已成为校级重点学科和广东省重点学科（D类）。

本院下设三个系：国际贸易系、国际金融系和国际经济系。设有本科和研究生两个办学层次。本科层次有国际经济与贸易、电子商务、金融学、保险学、经济学、物流管理等六个专业。研究生层次有国际贸易学专业。该硕士点现设有三个研究方向：国际贸易理论与政策、国际经济合作、国际金融。另外还招收国际贸易专业“4+1”双学位班。本院现有学生1 790余人。

本院师资力量雄厚，现有教职工59人，其中教授9名，副教授16名，博士6名，讲师18名。多名教师荣获国家和省级优秀教师称号，10人被评为广东省、校级的学术带头人和学术骨干。此外，本院还常年聘请10多名外国专家教授及国内知名教授学者担任兼职或客座教授。

本院设有两个校级科研机构：国际经贸研究所、WTO研究中心。实行与学院合署办公。本院教师积极开展科研活动，为我国与广东经济发展出谋献策，主持了国家、外经贸部、广东和广州市等多项课题。出版了一批专著与教材，发表了大量的论文。

为提高学生理论联系实际的能力，本院设有一个国际贸易全景仿真实习中心，可供学生模拟对外贸易的全过程。本院还与万联证券公司共建金融与证券投资实验室，供同学进行证券投资研究和实战操作。

本院与中国对外贸易中心(集团)合作,建立了广州出口商品交易会实习基地,与广发证券有限公司合作,建立广发金融实习基地。根据专业特点的需要,我院学生在校期间将被安排到上述实习基地实习。

本院毕业生由于具有明显的专业特色和外语优势,广受外经贸、外事、国企和私企等用人部门的欢迎。就业去向主要在外经贸部、外贸企业、金融机构、外资企业等单位。

广西交通职业技术学院

广西交通职业技术学院前身是创建于1958年10月的前国家级重点中专广西交通学校,隶属于广西壮族自治区交通厅，是广西壮族自治区目前惟一的交通高等院校，是培养交通建设人才的摇篮。学院目前全日制在校生4 832人,总占地面积1 205亩,建筑面积84 663平方米,教学楼、图书馆、实验楼、礼堂、体育馆、学生公寓、食堂等教学及生活设施,配套齐全。

学院拥有一支素质高、业务精、结构合理、爱岗敬业的师资队伍。在现有的300多名教职工中,教师183人,其中高级职称62人,中级职称101人,“双师型”教师超过50%,研究生已达30%,享受政府津贴专家和部级教学带头人3人。学院设有土木工程系、机电工程系、管理工程系、信息工程系、外语系、驾驶学校等22个部门。

广西交通职业技术学院管理工程系开设的高职物流管理专业是学院重点专业和院级示范性专业。1998年与上海职业技术研究所联合共同开发了面向第三方物流企业的高职物流管理专业教学计划和教学大纲等相关教学文件,高起点地筹建物流管理专业，并于2000年秋季开始招生,2003年根据广西的实际情况,结合用人单位的要求,从培养模式和培养方案,到课程体系的设置、教学计划和教学大纲等做了一定的调整。新的培养模式和培养方案更加充分地兼顾了市场需要和本校高职高专的办学特色,注重学生实际应用能力的培养。

为提高教师在物流管理专业方面的理论知识水平和实践能力,学院非常注重师资建设,在加大内培力度的同时，不断地引进物流管理专业的新教师。管理工程系现有在职教师24人,其中副教授3人,高级讲师3人,中级职称8人,同时具有中国注册会计师资格2人,会计师1人。

物流管理专业于2000年开始招生，于2003年7月首届学生毕业,连续两年就业率达96%以上。其中一些毕业生已经成长为用人单位的骨干力量,并深受好评。学院将以西部大开发、广西作为西南出海大通道、大力发展物流为契机,不断完善物流管理专业的建设,培养更多的合格人才。继2003年11月成为中国物流与采购联合会在广西的物流师职业资格培训中心后,2004年开始成为广西交通运输企业在职干部培训基地，为物流业的在广西的发展做出了自己应有的贡献。

(供稿:广西交通职业技术学院)

哈尔滨商业大学

哈尔滨商业大学是2000年10月经国家教育部批准组建的中国第一所多科性商业大学。学校现有经济学、管理学、工学、法学、理学、文学六大学科门类，设有15个学院、2个教学部，设有39个本科专业。其中,物流管理专业落户于商品检验与管理工程学院。

商品检验与管理工程学院前身是1958年成立的商品系，新中国最早在该系成立了商品学本科专业，为原商业部部属重点专业，2002年开始招收物流管理专业本科生是全国首批黑龙江省惟一物流管理专业本科招生授予权教学单位，1956年起为全国商业、物资系统输送各类人才10 000余名。学院综合了工学、理学和管理学等多个学科，是国内高校目前少有的既有商科特色又有商品管理技术优势的教学单位。

对于新开设的物流管理专业，学院给予高度的重视，教学宗旨是培养综合素质的物流人才，以适应现代物流市场的需求。学院本着学历教育与资格教育相结合的宗旨，教学计划分为三部分：第一，物流管理专业本科段教育；第二，物流管理方向的研究生教育；第三，物流资格认证教育。

一、物流管理专业本科段教育

（一）物流管理专业全日制本科

本专业培养具备物流技术和管理方面的人才，掌握现代管理科学理论、方法和手段以及物流管理专业技能，熟悉并掌握物流商品的成分、性能、检验、养护、包装、运输、配送、采购、仓储、报关、国际货运等基本知识与本领。本专业的研究领域有：企业物流系统规划、供应链管理、配送中心运作管理、商品质量检验、商品配送、仓储管理、物流设备规划与应用等。

本专业的主要课程是：电工学、数据库、EDI与电子商务、供应链管理、采购决策与库存控制、物流设施规划与设计、管理信息系统、运筹学、商品检验学、商品包装学、管理学原理、现代物流管理学、运输技术与管理、物流机械与应用技术、物流配送技术与管理、国际货物与通关。

经过四年的学习，物流管理专业的毕业生将获得管理学学士学位，并能从事物流企业技术管理、经营管理、国际物流以及教学、科研等业务工作。

（二）物流管理专业自考本科段

经教育部、黑龙江省高教委批准，根据中国物流与采购联合会、信息产业部等部委有关规定，学院招收物流管理（及报关与国际货运方向）自考本科学员，考试合格颁发国家通用的大自考本科毕业证书，授予管理学学士学位。学制两年，一年半完成课程考试，半年实践活动及论文撰写答辩。每年4、10月参加全国统一自考。

招生专业分为物流管理、物流管理（报关与国际货运方向）两个方向。

课程设置：

物流管理方向共设置10门专业课：物流运筹学、电子商务、海关商品学、物流管理、国际货物与通关、物流信息系统、运输与配送、采购与库存管理、供应链管理、物流成本管理。

报关与国际货运方向设置11门专业课：报关英语、运筹学、海关商品学、物流管理学、国际贸易理论与实务、国际货运代理与海上运输、电子商务、国际货物与通关、报关实务、国际陆空货物运输、采购与库存管理。其中报关英语可取代公共外语。

二、物流管理研究生教育

（一）统招研究生教育

1994年学院取得了商品学硕士学位授予权，学院按照学校制定的研究生教学计划培养研究生，迄今为止已经培养了八届30余名硕士研究生，1999年起开始培养企业管理专业（物流管理方向）硕士研究生，现已有3名优秀毕业生，7名在读研究生。

（二）在职研究生教育

经教育部、黑龙江省高教委批准，根据中国物流与采购联合会、信息产业部等部委有关规定，学院于2003年开办企业管理（物流管理方向）专业在职研究生班。学制两年，采取自学与集中学习相结合，国内一流标准物流网络中心上机。毕业后，符合国家“关于在职人员申请硕士学位”的相关规定者，可颁发管理学硕士学位。

教学计划：学位课：自然辩证法、社会主义理论与实践、第一外国语、管理学、企业战略管理、财务管理、市场营销；专业选修课：物流管理、供应链管理、运输与配送、采购与库存管理、物流运筹学、物流成本管理、物流信息系统。

三、物流师资格认证教育

中国物流与采购联合会全国物流师资格培训授权黑龙江省商品学会为黑龙江省指定的培训中心。

黑龙江省商品学学会是依法成立的由全省商品学工作者、物流管理工作者以及相关单位自愿结成的学术性、非赢利性、全省性的社会团体。接受业务主管单位黑龙江省贸易厅和社会登记管理机关黑龙江省民政厅的业务指导和监督管理。

黑龙江省商品学学会的业务经营范围是:开展商品学学术研究与交流，从事商品学学科的教学理论方法和途径研究,进行商品质量、包装、运输及管理经营的科学研究工作以及收集和编发国内外商品学科科技情报等。

黑龙江省商品学学会师资力量雄厚，聘请的培训教师均是哈尔滨商业大学具有多年教学经验、扎实专业基础以及培训资格的教师。可以适应多种层次的教育要求。

自成立以来，学会已经面向黑龙江省各高等院校和企业团体,先后成功地举办了多次内审员、报关员以及国际货运代理员等多种职业教育和资格考试的培训,考试通过率位居全国前列,学员人数也在逐年稳步上升。可以说,黑龙江省商品学学会举办的各种职业教育和资格培训在省内乃至全国已具有较高的知名度和信誉。

培训计划:

物流师职业资格认证的级别分别为助理物流师、物理师、高级物流师三个级别,该证书可在全国同行业通用。物流师每年进行两次全国统一考试,我会一般在考前一个月内进行培训,聘请的教师都是在物流领域有所造诣或有实践经验的资深人士。每一位老师专授自己所专长的物流领域,力求再使学员掌握基础知识的前提下接触该领域的前沿,培训以来受到学员的一致好评。

培训内容:

助理物流师课程:现代物流概论、物流实务;物流师课程:现代物流概论、物流管理。

(供稿:哈尔滨商业大学)

湖北省贸易科技学校

湖北省贸易科技学校(原物资学校),是中国物流与采购联合会会员单位，是一所集中高等学历教育与职业培训鉴定为一体的多功能、多层次、多规格的省级重点中专学校。

学校设有国家职业技能鉴定所，国家信息化计算机教育认证培训中心，国家物流师职业资格认证培训中心。有省级教育专家 3 名、国家信息化计算机教育认证师 4 名、国家物流师职业资格培训认证师 4 名、国家职业技能鉴定考评员 12 名。学校现开设的《现代物流与连锁经营》专业为省级重点专业,教学设施和实习实训基地齐全。

学校秉承“着眼发展上规模，着眼内涵挖潜力,着眼效益抓管理,着眼质量出特色”的理念,强化内部管理,狠抓教学和学生管理。坚持“专业围绕市场设,课程围绕市场开,工作围绕市场做,效益围绕市场要”的办学指导思想,加强对外联合，与高校联合,开通中职与高校之间的直通道;与行业、企业联合,建立稳固的协作关系;与劳动人事部门联合,拓宽学生的就业渠道。

校长吴元佑为中国物流与采购联合会理事、兼任中国物流学会物流专业人才培训委员会副主任、全国物流人才培训中专和职高教育工作指导组组长、湖北省贸易科技学校国家职业技能鉴定所所长、湖北省中专学校学生工作研究会常务副理事长、全国中专学校学生工作研究会理事。近年来教职工公开发表论文 200 余篇，学校多位教师承担了多门类全国中专教材的主编、编审工作和“湖北省 “九五”《中等职业学校德育工作评价体系》、“十五”《关于我国现代物流人才培养》职业教育科研规划立项课题研究及其他相关部门组织的科研课题工作。

(供稿:湖北省贸易科技学校)

江苏海事职业技术学院

江苏海事职业技术学院坐落在钟灵毓秀、虎踞龙盘的历史文化名城南京，拥有江宁、白下校区和板桥、玄武湖两个实训基地。其中江宁新校区总投资5.8亿元，占地1 200余亩，总建筑面积34万平方米，办学规模1.5万人，2005年完成总体规划建设。

学院前身为南京海运学校和南京航运学校，两校均有50余年的办学历史，久负盛名。学院是中国政府向国际海事组织(IMO)推荐并得到承认的，具有船员教育与培训资格的院校之一。半个世纪以来，学院培养的10万余名毕业生遍布海运、航运、港口、造船等海内外大中型企业集团和国家机关、事业单位。中远、中海、长航三大集团及所属各大公司、长江中下游各大港务局、航道局、长江引航中心、江苏海事局等单位领导和技术骨干中，两校的毕业生占有很大比例，历届毕业生表现出的突出成绩为母校赢得了荣誉，成为母校建设和发展的宝贵资源。

学院秉承"以市场为导向、以学生为主体、以师资为关键、以质量为生命"的办学理念，现开设航海、船舶工程、经济贸易、管理、外语、机电工程、信息工程等7大专业门类，30多个专业，在校学生数已达8 000余名。学院努力实现人才培养与人才使用的"零距离"、职业教育与职业标准有机性衔接。坚持终身教育的办学思想，实施多证制教学方案，注重学生综合素质养成和专业技能成长，保证学生在校期间具有足够的素质储备，成为一专多能的复合型人才。毕业生一直以"专业技术过硬，基础知识扎实"深受用人单位欢迎。

进入21世纪，随着全球经济一体化进程的不断加快，世界物流业正得到空前发展，我国的对外经济交往赢来了前所未有的发展机遇，物流职业技术人才越来越紧缺，学院及时抓住这一机遇，开办了国际物流管理专业。

学院所设物流专业旨在依托航海院校的办学特色和航运市场的就业优势，培养在现代物流管理方面具有现代企业管理理念、管理技术，掌握进出口贸易商务洽谈、市场营销、信息传输、运输成本分析、英语函电、货运代理、船务代理等应用技能，能够适应市场经济建设的需求，适于从事国际贸易运输业务和服务工作的高素质的专门技术人才。

学院走产学研相结合的道路，突出自身办学优势与特色，与产业界共同努力，促进我国的物流管理行业的健康有序发展。

（供稿：江苏海事职业技术学院）

上海第二工业大学中外运国际物流学院

为适应现代物流新兴产业发展的需求，上海第二工业大学中外运国际物流学院于2000年新开设物流管理专业，同年招收一个班43名学生。在以后的几年中随着物流的升温，每年都招收4个班200人左右，为进一步适应社会对高质量物流人才的需求，从2003年秋季开始招收物流管理本科。以后将在保持总招生规模平稳的前提下，本科与高职平衡发展。

本专业的人才培养目标，旨在培养具有创新精神和现代意识的德智体美全面发展的、掌握物流的基础理论和专门知识、具备物流组织管理能力和市场开拓能力、能优化实施物流方案的中高级技术应用型人才，其中本科生应具备初步的物流项目策划能力和初步的物流理论研究能力。

学院将高等教育定位于一种大众化的教育，在保证基础理论含量够用的同时，更加注重应用能力的培养。它不以取得学历证书为主要目的，而是学历证书与资格证书并重。专业教育计划的系统性与以能力为中心的课程模块并重，专业教学计划的完整性与专业课程的相对独立性相结合。它更突出表现为通过一门专业课程或一级模块课程的学习，有一技之长的获得或更多知识的扩展。通过课程设置，建立起既符合经济建设和社会发展目标，又切合学校自身优势，同时又能满足市场需求的具有高职教育特色的课程体系。课程内容先进，理论上、技术上与社会发展同步或略有超前。其中，将高职专业的培养目标定位于以国际货运代理为主的国际物流服务方向，并将本科的培养目标定位于国际物流管理方向，同时注重系统规划能力的培养。具体在专业建设方面主要做了以下一些工作。

一、加强师资建设，努力建立一支高素质的专业教师队伍

师资队伍建设是高职人才质量的保证。为此，一方面在每位教师课程方向定位的基础上，选派教师到有特色的高校进行专业进修学习。另一方面安排教师到企业进行挂职锻炼，使教师不断了解行业运作情况、标准和操作惯例，使学院培养的人才不仅具有扎实的理论基础，而且还具有较强的应用性、技术性和职业针对性。目前，学院有专业教师71名，其中具有副高级以上专业技术职称的教师26名。平时学院以开展制度化的专业教师活动为抓手，建立了一个“稳中求进”的良性循环，所谓“稳”是指坚持教学工作的日常检查，及时将总结出的教学经验制度化。所谓“进”是指积极探讨并解决教学过程中的问题，在规范教学过程中倡导教学的创新并及时总结新的经验。这样，可以做到在引进人才的同时，还在教学与科研实践中提升教师队伍的素质。

二、加强实践性教学基地和实验室建设，突出专业教学的针对性和适用性

建立学院产学实践基地可充分依托企业先进的技术、设备、工艺等以提高教学质量。在保持和发展校外的企业实训基地的基础上，学院还将在2004年内建成一个具有教学演示，模拟试验、企业员工培训和满足职业资格考试需要的社会培训四大功能的同行业中处于先进水平的物流实验室。并以此确保学生在专业知识学习、专业课程实习和毕业实习中不断学习并掌握行业标准及操作惯例等。使学生能较快进入角色，缩短适应期以满足企业的期望，充分体现技术应用型人才的优势。

三、加强专业课程建设以提高专业建设的内涵

理论课程体系的基本内容：

1. 公共基础知识。德育、体育、大学英语、计算机应用基础、英语函电与外贸英语、管理信息系统、高等数学(包括运筹学)、经济法、管理学原理、经济学、市场营销、会计学、统计学、实用文书等。

2. 物流基础理论知识。物流学、物流设施与设备、物流技术、国际贸易理论与实务“物流法规及其税收制度”、商品检验与包装、仓储、运输、运输地理、运输工程等知识。

3. 物流专业能力知识。国际货运代理、通关实务、集装箱运输技术、集装箱运输实务、多式联运、运输保险、供应链管理、数据库应用基础、可视化编程、物流信息管理、物流项目规划基础等。

同时，开设公共及专业选修课，提供一些人文学科方面的实用课程和专业发展方面的实用课程，培养学生的专业素质、文化素养和综合素质，为毕业后多渠道择业提供方便。

四、教材建设和主要科研活动

学院在总结教学实践的基础上编写出版了现代物流教学系列教材一套13种，以满足教学的需要。其中《现代物流管理学》、《物流英语》、《物流运输管理》、《物流法规》、《供应链管理》等五本教材已在教学实践中使用，并取得了良好的效果。

在科研活动方面，学院一方面组建了经济研究所并确立了应用经济和物流为研究所的主要研究方向，这样为科研活动提供了组织保证。同时，学院也注重结合物流企业实际开展科研活动，先后调集学院的主要研究力量参与中外运高新物流(苏州)有限公司二期物流项目规划工作以及中外

运华东公司物流资源重组的策划工作。

五、注重物流行业准入，积极培养学生一证多能的综合素质

为突出教育的针对性和适用性，专业建设中注重物流行业准入和获得职业资格的要求，组织学生参与物流能力上岗证书、国际货运代理、报关员证书的考证。

（供稿：上海第二工业大学
中外运国际物流学院）

天津滨海职业学院

天津滨海职业学院是一所建校45年，占地600亩，投资近两亿元人民币的新型高职院校，是天津滨海新区惟一的一所高等学府。现有全日制在校生4 000人。学院商务系共设：商务经济、国际物流、金融三大专业。2001年，该院创办了国际物流专业，现共9个班，近500在校生。

随着滨海新区中国北方最大国际物流中心战略规划的实施，国际物流管理、国际商务等外向型应用性人才越走越俏。2004届国际物流专业毕业生已全部找到了较理想的工作。许多物流企业纷纷“预订”明年的物流专业毕业生。如今学院已经成为天津滨海新区国际物流大市场培育高级应用型物流“银领”阶层的摇篮。

作为区域性高等职业院校，学院确定了“服务地区、针对行业、适应职业群”的办学模式和“多品种、小批量、复合型、涉外性、保重点、出特色”的开放式专业建设模式，并逐步建立起学校与地区行业发展互动的产学研一体的人才培养模式。

为加强国际物流专业师资队伍的建设，近年来，学院招贤纳士，一方面招收具有较高专业技术水平的物流专业、运输专业、国际贸易专业的年经人才作为物流专业骨干教师；另一方面吸纳行业专家组成教学理事会，参与专业设置、教学计划调整、实训基地建设等规划的制定，并聘请企业经理人担任专业课程兼职教师。为不断提高教师素质，学院始终贯彻“走出去、请进来”的指导思想。“走出去”即鼓励青年教师参加国家教委组织的“骨干教师”培训，参加物流博览会、研讨会等活动，与企业交流；“请进来”即不定期聘请学术名家、企业名人进校园为师生讲座。

为突出高职教育培养应用型人才的特点，学院格外重视教材建设和实验室建设。近几年来，由学院教师主编、参编的高职高专物流、国商专业教材有：《货运代理》、《国际贸易理论》、《国际贸易实务》、《企业物流管理》、《仓储与配送》、《供应链管理》等，并分别在东南大学出版社、上海高教出版社出版。

根据学院的物流专业特色，自2002年起，连续投资建设了三个实训实验室，分别为ERP实验室、模拟公司、物流实验室。ERP实验室，由ERP软件支持，分为七大区域，即IT部、商务中心、财务部、物流部、计划部、生产部、总经理办公室，每个区域对应一个模块功能。模拟公司由国际贸易模拟系统支持，分为信息服务部、业务服务部、市场开发部、企业合作部四大部分。物流实验室，由第三方物流模拟软件系统支持，设置物流进出库的所有必经环节，分为交易中心、调度中心、仓储中心、运输中心、货托中心、结算中心、认证中心、财务统计、客户管理七大功能区，每个功能都有相应的操作软件支持。

目前，学院已经形成了理论教学体系与实际教学体系平行。公共基础课精简够用、专业课程强化重点，技能课培养动手能力与取证结合的人才培养特色，近75%的学生能够在毕业前取得“报关证”、“国际货运代理人员从业资格证”，成为拥有“双证书”的合格人才。

学院还同坐落在天津经济技术开发区、保税区的10多家大型国际物流企业、货代企业、外贸企业有着良好的合作关系，并成为学院物流专业

重要的实习实训基地。通过实践,使学院国际物流专业的毕业生具有了良好的外贸实际操作的能力、初步的物流组织能力、物流策划能力、物流运作和营销管理能力，成为符合现代国际物流发展需要的既懂现代物流理论,又有管理技能、操作技能的外向型、复合型、应用型人才。

（供稿:天津滨海职业学院）

同济大学

同济大学是经国务院批准的首批建有研究生院和进入国家“211”工程建设的教育部直属全国重点大学。同济大学经济与管理类专业教育始于1956年，是我国最早开办经济管理专业教育的高等院校之一，也是国务院学位办认定的MBA、MPA、EMBA教学正式单位。学院现有教职工202人,其中教授40人、副教授54人。在校本科生2 300余人,硕士和博士研究生1 700余人,学院汇集了经济、管理类的主要学科,设有8个本科专业、10个硕士点、3个博士点和一个博士后流动站。

物流管理是同济大学即我国加入WTO之后,应物流产业迅速发展而设置的专业。2001年经教育部批准，成为首批设置物流管理本科专业的学校之一。2002年9月迎来了同济大学首批物流管理专业的本科新生。同时,同济大学在管理科学与工程一级学科及工商管理一级学科下设置了物流管理的博士学位研究方向和硕士学位研究方向。在MBA、EMBA和物流工程硕士中也开设有“现代物流管理”研究方向。初步形成了培养本科、硕士、博士三个不同层面的高层次物流管理学历教育的结构体系。

学院在充分发挥院内各经济、管理学科综合优势的基础上，积极开展物流管理领域的科研活动以培养既有扎实的理论，又有丰富实践的物流管理师资队伍及科研队伍,实现以科研带动教学、提高教学质量的方针。1998年以来,在相关领域先后承担了国家自然科学基金项目3项，国家863项目1项,省部级项目10余项、上海市重大科技项目1项，并承接了一批有影响的国内外横向项目。先后为美国UTC集团、上海外高桥、联华超市、宝钢集团、上汽大众汽车销售总公司、汽车整车物流企业等多家国内外知名企业进行了物流咨询、信息系统设计及实施,得到了广泛的好评。通过多年的努力，已形成了将物流管理理论方法与信息技术紧密结合的特色。

同济大学物流管理专业人才培养目标是:培养具有管理学、经济学和信息技术基础知识,熟悉相关法规,掌握现代物流管理理论,能运用信息技术、信息系统的方法、手段,在物流管理领域从事物流系统策划、物流经营管理和物流信息化工作的高级复合型管理人才。目前开设的主要课程有:管理学原理、经济学、运筹学、统计学、现代物流学、生产运作管理、供应链与客户关系管理、电子商务、现代仓储管理、现代运输管理、管理建模与仿真、计算机网络与WEB技术、数据库原理及应用、物流管理信息系统、国际贸易、经济法等。

（供稿:同济大学）

武汉工业学院

一、专业背景

武汉工业学院曾于1991-1993年开办了物流管理专科教育,1995-1997年物流管理专业升为本科。国家教委于1998年调整了高等学校专业目录,该校也相应撤销物流管理专业,并入工商管理专业。但考虑到物流管理专业毕业生存在着广泛的市场需求,学院从2001年起在工商管理专业下设置物流管理专业方向招生。学院开设物流管理专业已有12年历史,积累了丰富的办学经验。同时,开设有相关的专业:工商管理、市场营销、信息系统与信息管理、计算机科学、自动化、机械制造、包装工程等专业。

二、目前教学状况

目前,担任该专业的专业基础课和专业课教学的教授4人,副教授3人,讲师3人。其中具有博士学位的教师5人,硕士学位的教师3人。

学院已培养了600余名物流专业毕业生,在校生有300人。

学院目前已有良好的教学设施,其中经贸管理学院有管理科学实验室、电子商务实验室、物流专业实验室等专业实验室面积达400平方米,实验设备价值达200余万元。为加强实践教学环节,培养学生的动手能力,引进了第三方物流、电子商务和企业资源计划等教学软件。同时,已有较好的物流管理类和技术类教学所需的教学资料和图书资料,教学计划的进一步完善,专业课的建设和部分专业课师资的引进和培养等也正在有序进行之中。

三、发展方向

高素质人才是发展现代物流的关键因素。目前,我国物流专业人才匮乏,管理水平较低,因此加速物流专业人力资源的开发与培养是高等学校义不容辞的责任。学院将建立物流教育和物流人才培养的基本体系,努力通过各种方式培养造就一大批熟悉物流业务,具有跨学科综合能力的物流管理人才和专业技术人才。

(一)学正规学位教育

抓好大学正规学位教育是学院主要的发展目标和方向。在今后的一段时间里,学院物流管理教育主要以培养优秀的本科生为主,目前物流管理专业已经初具规模。良好的办学基础以及较强的师资力量,为搞好大学正规学位教育打下了坚实的基础。为了加强物流管理专业本科教育,学院将会继续引进高学历的物流管理专业人才和资深专家。与此同时,将与物流企业、研究咨询机构以及其他兄弟院校保持紧密联系,进行资本与技术的融合,发挥高等学校的特长和优势,形成利益共同体,实现物流产学研紧密结合、相互促进,面向市场和企业的实际需求,切实搞好物流管理专业本科教育。

在搞好本科教育的基础上,学院将会努力推进物流管理专业研究生教育,这既是适应学校的发展规模的需要,也是满足社会对高层次物流管理人才的需要。

(二)物流管理职业教育培训

物流管理职业教育与培训的任务主要有两个:一是高等院校面向社会物流从业人员的在职教育与职业培训,二是社会物流组织、机构、团体面向物流从业者进行的职业教育与培训。高等院校的物流管理职业人员的在职教育与继续教育,社会机构的物流管理职业教育主要是面向物流从业者的从业能力与资格培训,通常与相应资格认证相联系。

目前,我国物流从业人员总体素质不高,这是导致我国物流水平较低的主要原因之一,也是限制我国物流发展的一大瓶颈。因此,推行物流职业的人员的在职教育与继续教育就显得非常重要了。学院将采取灵活多变的形式来搞好物流管理职业教育培训,既可以进行长期的培训(授予相应的在职学位),也可以组织灵活的短期职业培训。组织物流管理职业教育培训一方面可以为社会培训更多的物流人才,能更快地推进我国物流事业发展,另一方面也可以从在职物流人员那里获得多方面信息,能更好地开阔学生视野,能更好地抓好大学正规学位教育,为学生就业提供更多的信息和机会。

(三)物流相关资格认证体系

目前,国外物流从业资格及相关专业水平论证体系已经较为完善,有国家有关部门授权一些权威性机构进行的,也有一些权威性机构以其在专业领域的权威性而组织有关认证得到社会承认的。我国相关的资格认证体系可谓凤毛麟角。学院将采取与国外某些权威机构合作的方式建立物流相关资格认证体系，这对提高学校物流管理专业的知名度不无益处。物流领域的认证名目很多，学院将根据该校的综合实力、专业情况以及发展方向等来合理选择相应的权威机构，以更好发展学校物流管理教育。

（供稿：武汉工业学院）

武汉商贸学院

武汉商贸学院是经湖北省人民政府批准设立，教育部备案，具有独立颁发文凭资格的全日制普通高等学校。学院物流系于1997年筹措，经过7年时间的调查论证，在专业定位、人才需求、师资力量、实习实践基地建设、毕业生就业去向及教材建设等方面充分准备的基础上，于2002年9月经湖北省教育厅批准设立。

一、培养目标

本专业以适应社会主义市场经济和现代化建设的需求为目标，培养具有创业意识，人本意识，市场意识，质量意识，开发意识，德、智、体、美全面发展的创新型、复合型、技能型、协作型高等物流职业人才。

学生经过3年的学习与实践，应掌握现代化物流专业主要岗位的基本操作流程及专业技能、掌握现代物流管理的基础理论和专门知识，具有较强的分析问题、解决物流管理实际问题的能力，能在第三方物流企业、企业物流管理部门、连锁企业从事现代物流实践工作。

（一）专业设置及就业方向

1. 物流管理专业：

（1）在第三方物流企业中的大型物流中心、配送中心从事物流计划、调度、组织、策划及控制等工作。

（2）在专业物流企业从事仓储、运输、装卸、搬运、包装、流通加工、物流市场营销、市场开拓、客户关系维护等工作。

（3）在物流企业、事业单位从事报关、通关、国际货运代理等工作。

（4）在政府物流职能部门、物流行业组织从事物流信息收集、分析、处理等基础工作。

2. 企业物流管理专业：

（1）在生产、制造企业的物流管理部门从事供应链过程中的采购、运输、储存、供应、核算、装卸搬运、配送等工作。

（2）在商贸企业、流通企业中从事与物流相关的工作。

（3）在现代货运企业（包括汽车运输、民航、铁路、水运）从事物流管理工作。

（4）从事其他与物流相关的工作。

3. 电子商务物流专业：

（1）从事物流信息管理及物流网站建设工作。

（2）协助高级程序编辑人员从事物流软件开发工作。

（3）运用计算机及网络技术从事物流决策分析。

（4）在商业、贸易、金融等企业运用电子商务技术从事物流管理工作。

4. 连锁企业物流专业。

在商业贸易、连锁经营企业从事物流中心、配送中心的建设、经营、管理工作。

二、教学及课程特色

（一）以就业为导向，坚持正确的办学指导思想

职业教育是直接为就业服务的教育。学院坚持认真落实全国职教工作会议精神，积极贯彻《国务院关于大力推进职业教育改革与发展的决定》，为社会输送大批优秀的物流职业技术人才。

（二）以能力为本位，努力满足物流职业岗位的实际需要

能力培养是职业教育实施素质教育的核心。学院将努力借鉴德国“双元制”职业教育，加拿大

社区和初级学院教育及澳大利亚技术与继续教育等教学模式和课程开发模式，以能力为本位，走出一条适合于中国特色的，培养适应我国当前由传统物流向现代物流过渡阶段所需要的高级物流技能人才的道路。

物流专业的主要能力结构为：

1. 外语能力。要求熟练掌握一门外语。

2. 业务能力。具有较强的物流业务组织能力，物流业务推广能力，物流销售能力以及计算机物流系统操作、管理、优化能力。

3. 适应能力。具有良好的心里素质，健全的人格，较强的心理承受能力和人际交往能力以及公关、协调、谈判能力。

4. 创业创新能力。即运用所学专业知识技能，解决企业实际问题的能力。

（三）密切物流行业协会与用人单位的合作，努力推行“订单式”培养模式，走产学研相结合的道路

为建立招生培养就业直通车，为学院长远发展着想，学院接受中国物流技术协会的委托2003年11月3–7日，承办“全国高等职业院校现代物流专业教学研讨及教材编写会”全国十多所高等职业院校、七所普通高等学校、两所军事院校参加了会议。会上达成两项共识：1. 由武汉商贸学院物流系牵头，组织编写了全国高等职业院校物流专业教材，中国物流技术协会、中国物资出版社、机械工业出版社予以全力支持；2. 中国物流技术协会在武汉商贸学院设立现代物流校企协作会，常设机构设在学院现代物流研究所，学院涂宏斌校长任理事长，物流系主任周建亚任办公室主任，杨芬芳任办公室副主任。

现在，学院物流学院已与第三方物流企业、生产企业、交通运输企业、商业企业建立了实习实践基地，已先后与中国物资储运总公司汉口公司、江北公司、中海集团、红桃K集团、上海锦江麦德龙现购自运有限公司武汉洪山商场、中百仓储、武商量贩公司、武铁物流公司、湖北省储备局三三七处等签订实习实践协议。学校按实习实践单位的要求培养人才，实习实践单位优先招聘我校毕业生。

（供稿：武汉商贸学院）

浙江科技学院经济与管理学院

浙江科技学院是一所以工科为主，集理、工、文、经济、管理、职教师资为一体的多学科全日制本科院校。根据中国国情借鉴德国应用科学大学办学经验，积极探索社会欢迎的具有国际化背景的高素质的应用研究型科技人才培养之路是学院的办学特色。现有两个校区，共占地2 500余亩。学院路校区位于杭州西子湖畔的高新技术开发区内，交通便利，环境优美；小和山校区位于风景秀丽、空气清新的杭州西部旅游区、浙江省小和山高教园区内。目前学校有全日制在校生13 500余人，成教学生8 000余人，现有本科专业31个，高职专业15个。

经济与管理学院的前身是管理科学与工程学系，成立于2000年4月，9月开始招生。经过近5年的学科建设，现有“管理科学与工程学科”的工业工程、信息管理与信息系统2个本科专业和“经济学科”的国际经济与贸易1个本科专业；成人教育的物流管理、信息管理信息系统、国际经济与贸易、会展管理、工业工程5个专科和专升本专业。现有全日制本科学生人数1 000多人，成教学生300多人；现有教职工50名，其中主任1名，书记1名，50名专任教师中教授5名、副教授8名、讲师等中级职称13名，95%以上的教师具有博士、硕士学位，3位教师具有德国留学和一年以上访问学者工作学习经历。

学院现下设工业工程、信息管理与信息系统、国际经济与贸易三个系，并成立了工业工程研究所、物流技术发展中心、浙江大学德马物流工程技术研究中心浙江科技学院研发基地、企业发展管理研究中心、信息管理技术研究所、中德合作贝克会展管理研究所、全国物流标准化委员会的“物流师资格认证”考试中心、杭州市“十万家庭网上行”定点培训机构、IBM 杭州定点“电子商务和电子政务”培训中心等 9 个科研及对外服务机构。为推动工业工程的学科发展，建立了“浙江工业工程在线”网站。近五年来，学院参加或主持了多项国家自然基金、国家“863”计划、浙江省重大科技攻关项目及地方企业研究开发项目。科研经费总额达到了 700 多万元，在各级刊物发表论文 70 余篇，完成著作 6 部。

学院与德国奥斯纳布吕克应用科学大学、肯普腾应用科学大学等相关院校一直保持良好的合作关系和互派留学生以及教师交流计划，从 2000 级学生开始实行中国和德国“2+3”(国内学习 2 年，赴德学习 3 年)联合培养；现已派出 4 批学生留德学习。

为适应社会需求，学院积极开展了大量物流管理和物流工程专业的建设工作。并从战略角度开展了大量务实的科研、教学工作。

自 2002 年起，学院引进长期从事物流技术研究的博士后 1 位，引进长期从事电子银行及其交易系统研究的博士 1 位、从事工业工程研究的博士 1 位、从事供应链管理的博士 1 位，培养信息管理博士 1 位，5 位博士的研究方向涵盖了现代物流研究的关键领域；引进物流工程和管理研究方向的教授 1 位、硕士 6 位，同时，选派 1 位副教授到德国从事物流管理方向的研究一年。

学院制定的以工业工程、信息管理和国际贸易为支撑的学科发展方向明确，科研工作扎实，有利于促进教学和科研的结合，有利于提高教师的教学科研水平。自 2002 年起，开办了成人教育的物流专业，并已经为物流人才奇缺的浙江省输送了第一批毕业生。为满足学生对现代物流的求知欲，学院于 2003 年在全校范围内开设了物流辅修专业，近三年来，该专业相关教师开始主持物流相关领域的浙江省重大科技攻关项目等课题，目前，该专业教师主持的与物流相关科研项目经费总和为 400 余万元。同时，部分教师参加了浙江大学主持的物流基础领域的国家自然基金、国家“863”等项目的研究，开拓了仓储自动化设备、电子标签、物流信息技术等研究方向，具备较高水平的师资队伍和人才储备。仅近两年时间承担了国家级、省部级、市厅局级攻关项目 10 项；承接物流横向课题 10 项；发表论文近 30 篇，出版或在编的教材和工具书 6 部。作为中国物流与采购联合会物流师职业资格认证专家委员会成员，承担中国物流与采购联合会的“浙江省物流师职业资格认证”组织与管理工作，已经完成了浙江省第一批物流师的认证考试。作为中国会展研究会的筹备委员和会展理论与会展教材编纂委员，承担了会展教材的编写工作。

2002 年以来学校投入了 100 多万元建设企业物流实验室，可从事物流工程、物流管理、工业工程、信息管理、国际贸易的相关教学和科研工作，与此同时，学院还积极促进产、学、研的良好结合，开展一系列物流方面的社会服务。

2002 年起学院与浙江省邮政局等签署合作协议，建立了浙江省邮政局、东方通信、湖州德马物流等教学实习基地，有效地促进了校企合作，取得了良好的经济效益和社会效益。

浙江科技学院经济与管理学院坚持“以人为本”的教学方针，优化资源配置，注重提高教学质量和科研水平，发扬创新精神，开拓进取，与时俱进，已形成有较强理工背景的经管学科特色。

（供稿：浙江科技学院经济与管理学院）

郑州航空工业管理学院

郑州航空工业管理学院的前身为“平原省省立财经学校”(建于 1949 年 10 月), 原隶属于中国航空航天部,现为国家国防科工委与河南省联合共建的以管理学科为主的全日制普通高等学校,在长期的办学过程中,形成了“管理为本,管工结合”的特色。学院目前设有会计学系、工商管理系、物资经贸系、信息科学系、工业工程系、机电工程系、外语系、法律系、建筑工程管理系、计算机科学与应用系、基础课部、体育教学部等 12 个教学系部和成人教育学院, 开设 26 个普通本科专业,即经济学、物流管理、国际经济与贸易、会计学、财务管理、统计学、工商管理、市场营销、人力资源管理、旅游管理、档案学、信息管理与信息系统、公共事业管理、工业工程、工业设计、机械设计制造及其自动化、电气工程及其自动化等专业。

一、物资经贸系

物资经贸系是学院的主要教学系部之一,始建于 1978 年,作为当时全国仅有的 13 家开设的物资管理专业,数十几年来一直注重企业物流、采购与物料控制方面的研究。20 多年来,物资经贸系为我国航空工业和河南省培养了 5 000 多名懂经济、会管理、擅经营的经济管理人才。尤其在航空工业领域,物资经贸系培养的许多人才已经成为了业务骨干、商海精英,不少人走上了领导岗位,正在为各行各业的建设发挥着重要的作用。物资经贸系已成为培养物流师、经济师、商务师的摇篮。经过数十年的发展,学院物资经贸系已设有物流管理、经济学、国际经济与贸易三个专业, 并拥有物流管理教研室、经济学教研室、国际商务教研室、金融学教研室和应用经济研究所。

二、物流管理专业

学院从 1978–1990 年就设置了物资管理专业(是全国仅有的 13 家之一),1991 年将物资管理专业改为物资管理工程(在企业物资管理的基础上加大工业工程、信息管理的比重),1992 年又增设了物资经贸专业(从生产企业物流扩大至流通企业物流)。由于 1998 年国家教育部第四次本科专业目录修订中取消了物流管理专业, 所以从 1999 年被迫撤消了物资管理工程及物资经贸专业。然而,随着物流业的快速发展、物流人才需求量的上升,物流教育滞后于物流业发展的问题日益显著,而学院在长期的物流管理类课程教学与科研的基础上,积累了丰富物流管理专业的办学经验。所以向教育部申请增设(恢复)物流管理本科专业,2002 年教育部批准了物资经贸系关于重设物流管理专业的申请。经过多年的发展,学院在物流管理专业人才培养方面积累了丰富的办学经验,已经建立起较系统完善的教学科研体系, 在我国物流领域发挥了重大作用,已取得的科研成果达数十项。

物流管理专业是在研究商品的生产、流通、消费各环节规律的基础上, 寻求获得最大空间和时间效用的管理技术。学院结合数十年企业物流、流通经济、物流工程教学和科研的经验与学院内物流管理专家和相关教授的研究成果, 将重点研究我国加入 WTO 后与国际物流相关的技术与系统、工商企业物流管理、供应链管理与金融风险控制、电子商务的物流支持系统、物流信息系统等现代技术和管理方法等问题。

学院物流管理专业师资力量雄厚, 汇集了一批国内知名的物流专家和学者, 积累了丰富的物流管理专业课程的教学与科研工作经验。

(供稿:郑州航空工业管理学院)

物流研究机构

（排名不分先后）

北京中物联物流规划研究院

（中国物流与采购联合会物流规划研究院）

北京中物联物流规划研究院是中国物流与采购联合会物流规划研究院在北京注册的法人实体，作为中国物流与采购联合会的直属单位，专业承担物流规划、物流咨询以及物流项目研究。

研究院与多家具有甲级工程咨询、设计资质的设计院、国内外知名的物流咨询公司、国内外物流专业研究院所和高等院校建立了密切的合作伙伴关系，可为客户提供高效、卓越的物流服务。

研究院的专家团队由擅长物流宏观分析、物流发展与战略规划、物流系统分析与设计、物流信息系统设计与集成以及物流标准化制订等多方面的专家组成，可为客户切实解决实际问题，提供导向服务。

研究院的业务范围包括：物流发展战略研究，区域物流规划以及物流园区、配送中心、物流中心的规划与设计，企业物流战略与管理咨询，第三方物流、第四方物流服务、监理与实施，物流信息系统设计与集成，物流系统分析与仿真等。

近年来先后承担了《郑州市现代物流业发展规划》、《邯郸现代物流发展规划》、《山东省潍坊市物流发展战略规划》、《北京市平谷区物流发展报告》、《天津市武清区物流发展战略规划》、《江阴市长江港口物流园区规划》、《吉林省现代物流基地可行性研究》等规划研究项目，以为政府提供区域性物流发展规划和物流园区建设规划而享誉业内。此外，还为鲁北化工、天发控股等多家上市公司及其他企业提供了企业物流战略与管理咨询服务。

研究院张铎院长提出，规划研究院的信念是服务社会、追求卓越，宗旨是务实、严谨、可靠、高效，目标是成为国内一流的物流专业咨询服务机构。

（供稿：北京中物联物流规划研究院）

长安大学物流管理研究所

长安大学物流管理研究所隶属于长安大学经济与管理学院，是一所以开展物流管理与工程研究、供应链物流全程监控实验、供应链物流运作方案设计、物流管理咨询等为主的科学研究机构。

一、科研实力

目前，从事物流相关领域研究工作的师资力量有教授6名(其中博士生导师4名)、副教授12人(其中硕士生导师10人)。研究所依托健全的学科体系支持，具有物流工程与管理硕士与博士、交通运输规划与管理(物流管理方向等)硕士、企业管理(供应链管理方向等)硕士、交通运输工程学(一级学科，物流与供应链管理方向等)博士的学位授予权，拥有国内先进的物流工程与管理实验室，配置有供应链物流运作全程动态监控系统(包括 GPS 与 GIS 系统、POT 条码系统、RFID 系统等)、专用车辆等实验平台。

二、研究方向

研究所重点研究物流高级化理论、供应链管理等前沿性学术问题以及物流实践方面的内容，诸如：物流工程与管理的理论与应用研究、物流经济与政策研究、企业供应链物流集成方案研究、第三方物流方案设计、物流管理咨询等科研工作，并重点依托物流工程与管理实验室开展物流相关领域的研究，通过真实再现物流企业实际运作流程，充分挖掘供应链物流的实时数据，为供应链管理和物流高级化理论与实践的深入研究、优化并持续改进供应链物流运作流程提供科研依据和实验平台。

结合学校自身的学科设置与科研实力，目前研究所借助物流工程与管理实验室开展的研究方向主要有以下四个方面内容：

1. 供应链物流网络全程动态监控、物流可视化管理以及流程优化研究。该方向重点研究供应链物流高级化运作和供应链物流的可视化管理实现与物流链全程的动态优化，包括运输、配送、仓储、包装、流通加工等物流作业环节管理过程可视化与作业内容可视化的实现模式以及物流作业流程集成优化等内容。利用供应链物流运作全程动态监控系统全真再现供应链物流运作过程，为供应链物流科研和教学提供平台支持。主要软硬件包括：供应链物流全程动态监控系统、计算机网络设备、实验专用车辆、GPS接收设备、条形码及其识别系统、RFID系统、成像系统等。

2. 供应链物流系统规划设计研究。重点研究物流中心（包括运输场站）规划设计研究、物流需求与供给动态平衡系统分析、物流作业流程工艺设计研究等内容。

3. 交通运输组织与管理研究。重点研究物流领域运输与配送的组织与管理，该方向包括智能运输系统设计与控制系统分析、物流运作安全控制与检测系统、城市交通规划与动态监控系统、运输与配送组织优化等内容。

4. 物流与交通信息采集与分析研究。该方向重点研究供应链物流数据挖掘技术、物流信息采集与分析（包括商流、物流、资金流等各种信息的采集、传输与分析）、物流管理信息采集与分析、客运信息采集与分析等内容。

三、近期研究成果

研究所依托强大的师资力量和硬件条件，先后承担了多项省部级横向课题研究工作，近期具有代表性的研究成果有：

1. 科研项目：陕西省第三方物流发展战略研究、公路客货枢纽等级条件及布局（陕西省科技进步二等奖）、道路运输发展政策研究（中国公路学会科学技术一等奖）、陕西省物流业发展战略研究、公路建设与区域经济发展研究（中国公路学会2003年度科学技术三等奖、河南省交通科技进步二等奖）、陕西省高速路网与道路运输一体化发展战略研究、焦作市区域物流系统研究（河南省交通科技进步三等奖、焦作市科技进步二等奖）、玉林市新团物流园区工程可行性研究、嘉峪关市物流发展规划研究、运城市物流中心研究、Q企业第三方物流方案研究、新乡市汽车运输总公司发展战略研究、徐州客货运“十五”发展规划、厦门公路主枢纽总体布局规划、高速公路产业化问题研究等，其中获省部级及其他科研奖20余项。

2. 著作论文：出版《高级物流学》（陕西省高等学校科技进步三等奖）、《供应链管理》、《物流现代化实践》教学片（陕西省现代教育技术成果二等奖）、《道路运输组织学》、《运输经济学》、《现代物流基础》、《物流企业运作与实务》等一系列物流管理专著（教材），在《中国软科学》、《交通运输工程学报》、《交通运输系统工程与信息》、《综合运输》等学术刊物发表与物流和供应链相关的论文近400篇。

四、有关物流的产学研实践活动

研究所依托其强大的科研实力，在对物流高级化理论、供应链管理的前沿发展进行深入研究的基础上，把握物流与供应链管理最新发展动态。近年来，结合社会需求，积极开展产学研相结合的社会实践活动，为第三方物流企业、工商企业和政府行业管理机构等，提供物流工程与管理研究、物流经济与政策研究、企业供应链物流方案设计、物流运作管理咨询等方面的科研支持。仅在2003年下半年，研究所的专家就先后应邀参与"首届西部物流发展规划研讨会"、"西安空港物流加工基地项目论证会"、"西安新筑物流园区专题项目论证会"、"宝鸡陈仓物流园区项目研讨会" 等咨询活动；应邀到玉柴集团、北车集团西安车辆厂、新国线物流等多家企业传播物流理论和实践途径，为供应链物流的有效运营提供强有力的理论支持。

研究所秉承长安大学优良的教学与科研传统，努力实践并创新物流高级化理论，研究并解决我国物流发展中出现的新问题，为我国物流业实现"跨越式"发展提供物流理论与实践的多层次的智力支持。

（供稿：长安大学物流管理研究所）

后勤工程学院现代物流研究所

后勤工程学院现代物流研究所是专业从事物流教学、研究与开发的科研机构，成立于 1987 年 1 月。1992 年取得国家首批物流专业硕士授予权，现有研究人员 25 名，其中教授 3 名、副教授 8 名，博士 4 名、硕士 18 名，硕士生导师 6 名。其研究方向涵盖自动控制、信息技术、流程管理、成本控制与优化决策等各个领域，是一个知识结构、学历结构、职称结构和年龄结构较为合理的高素质人才群体。

研究所主要承担物流管理本科专业（军队生）、仓储自动化本科专业（军队生）和物流管理本科专业（地方生）的教学任务，是我军中高级物流管理人才的主要培养基地，也是西部地区重要的物流人才培养中心。作为管理科学与工程学科和后方专业勤务（军事物流）学科建设的主要承担单位，研究所形成了物流管理与自动化、物流管理信息系统、智能决策理论与技术和军事物流 4 个具有特色的研究领域。近年来，公开出版教材、专著 20 余部，发表论文 200 余篇，出席国际国内学术交流会议 30 余次，为国内外同行所关注。管理科学与工程学科具有硕士学位授予权，是重庆市重点建设学科，设有管理信息系统、物流管理、工程管理和项目管理 4 个研究方向，军队生和地方生均可报考；后方专业勤务（军事物流）是全军重点建设学科，具有博士学位授予权，设有军事物流基础理论、军事物流管理和物资储备 3 个研究方向，只招收军队现役军官。

经过 20 多年的发展，研究所已具备较完善的实验研究条件，建有物流信息研究室、物流仿真研究室、物流安全技术研究室、物资养护研究室和物流教学科研实习基地等，形成了日臻完善的实验教学科研体系。

研究所具有建筑工程规划设计甲级资质，是中国物流与采购联合会授权的国家物流师培训中心，是全军仓库机械化自动化学会自动化专委会所在单位、重庆市物流协会会员（常务理事）单位和重庆市现代物流生产力转化中心发起单位，主要从事军队、地方物流领域的各项科学研究、技术开发、规划设计、工程咨询、人才培养和业务培训等业务。近 5 年，完成了仓库网络化系统建设工程、仓库综合管理应用平台、仓储管理辅助决策系统和仓库自动化工程项目设计等重大任务，主持或合作承担军队和地方企业各类科研及工程项目 40 余项，积极开展物流管理咨询活动，开办了 6 期物流人才培训（研讨）班，开展了 4 期国家物流师培训，为西部地区和重庆市培训物流人才1 000 余人，获军队科技进步二等奖 4 项、军队科技进步三等奖 10 项以及地方省部级二等奖 2 项、三等奖 5 项。目前，承担国家自然科学基金项目 2 项、全军重点科研项目 5 项、重庆市重点项目 4 项、国家大型物流技改项目 2 项，有力地支援了地方经济建设和西部大开发。

研究所热诚希望与社会各界联手，就现代物流领域的科学研究、可行性论证、工程设计、技术改造、信息系统集成、管理咨询和人才培养等诸多方面开展广泛合作，共同促进中国物流现代化进程。

（供稿：后勤工程学院现代物流研究所）

鲁东大学（筹）现代物流工程研究所

鲁东大学(烟台师范学院)现代物流工程研究所于2001年在交通学院交通运输教研室基础上组建而成，是目前烟台高校中惟一的专业性物流研究机构。研究所现有成员7人,其中教授3人、副教授3人、讲师1人，其中具有博士学位的2人,硕士学位3人。根据成员各自的特点,研究所有如下几个主要的研究方向：生产企业物流优化技术研究；物流仿真技术和物流系统信息化技术研究;区域物流经济学及区域物流系统规划研究;物流供应链及其整合技术研究。

人才培养是研究所的主要任务之一。研究所自成立以来，广泛开展和相关高校的合作和学术交流活动，积极从事物流与供应链管理方面的咨询、教育和培训工作。迄今为止已为社会培养物流工程专业毕业生近80人,培训物流人才500余人次。目前物流工程专业在校生人数320人。

在学术研究方面,研究所已在国内外各种学术刊物发表论文60余篇，国际及国内学术会议论文多篇,其中部分论文被ISTP和美国金属文摘收录。

研究所在努力做好物流教育和学术研究的同时,积极开展纵、横向科研课题研究。近年来,承担并完成科研项目4项，申报国家和省部级项目多项,其中部分项目正在审批之中。

蓬勃发展中的鲁东大学现代物流工程研究所将以我国物流业迅猛发展为龙头，发挥学校传统交通运输专业办学优势,求真务实,开拓进取,善于创新,勇于实践,不断的提升自身的科研水平和实力,以科学扎实的工作态度在学术研究、物流学科建设、人才培养和推动我国物流业快速发展方面做出贡献!

（供稿:鲁东大学现代物流工程研究所）

武汉商贸学院现代物流研究所

武汉商贸学院现代物流研究所是针对高等职业院校办学特色,依托学院物流系,集教学、科研、实习实践、咨询服务于一体的现代物流研究机构,主要从事物流产业政策、区域物流规划、物流园区建设、第三方物流、企业物流、供应链管理及物流人才教育培养等方面的研究开发。

自研究所成立以来主要做了以下工作：

一、组织制定了《湖北省超市营业员职业标准》

随着流通现代化的不断推行，商品流通企业越来越趋向连锁经营模式。商品流通方式的变革引发了从业人员基本素质要求的变化，超市营业员这一全新岗位与传统商品营业员的截然不同。湖北省劳动和社会保障厅针对超市营业员从业人员日益增多的实际情况，责成武汉商贸学院培训部负责制定《湖北省超市营业员职业标准》,在武商量贩公司,上海锦江麦德龙武汉洪山商场,中百超市等企业的支持下,此标准已基本完成,正转向实施阶段。相应的教材也将完成。

二、江南物流园区稳步发展

武汉江南物流园区是研究所受武汉市武昌区人民政府委托，整合武昌区徐家棚街辖区范围三大仓储企业(湖北省储备物资管理局三三七处、武汉武铁物流公司、武汉万吨冷储物流公司)三大市场(武汉万吨生鲜食品成、武威建材超市、欧亚达家居博览中心),一铁路交通企业(武铁武北货运中心),一物流设备制造企业(武昌车辆厂),在利用各企业现有物流资源优势，利用环徐东路商贸流通业迅速发展的机遇,实施优势整合,嫁接改造盘活存量,抓住机遇,所组成的物流园区。武汉江南物流园区的成立，促进了传统物流企业向现代物流业转变，推动了武昌地区的经济发展，形成了具有一定特色的江南物流园的品牌。

三、承办全国高等职业院校现代物流教学研讨及教材编写会

研究所受中国物流技术协会委托，于2003年11月在武汉举办了全国高等职业院校现代物流教学研讨会及教材编写会，共有十五所高职院校，六所普通高校，两所军事院校与会。会议在充分讨论交流的基础上，决定成立中国物流技术协会现代物流校企协作会，作为高职院校物流专业与物流企业相互沟通的常设机构。该协作会常设办事机构设在研究所，周建亚任办公室主任，杨芬芳任办公室副主任。一年来，有10多家物流企业、30余所职业院校成为首批现代物流校企协作会成员。

四、参与策划、编撰中国物流与采购联合会指定现代物流系列教材

由中国物流与采购联合会、中国物资出版社主持，组织编写现代物流系列教材，以满足高等学校物流专业及相关专业的教学需要。研究所参与该系列教材编审委员会，策划、编撰了中国物流与采购联合会指定现代物流系列教材第二套：第三方物流企业经营管理、绿色物流、物流企业客户服务、物流企业仓储管理与实务、回收物流、冷冻仓库设备安装与运用、食品保鲜技术、物流企业信息资源管理、国际货物与通关、物流包装实务、物流企业分销网络战略管理、商贸企业物流、超市物流；中国物流与采购联合会指定现代物流系列教材第三套：物流管理学、物流系统工程、物流英语、物流成本管理、城市物流系统规划与建设、国际物流学、物流装卸与搬运、货物采购与检验、流通加工技术。

两年来，研究所按照高等职业教育以就业为导向，产学、研相结合的方向不断努力，为今后更好开展物流研究开拓了广阔的前景！

（供稿：武汉商贸学院现代物流研究所）

中国人民大学中国医药物流研究中心

中国人民大学在海虹控股公司和几家大型医药生产经营企业的支持下创办了中国人民大学中国医药物流研究中心。研究中心成立的目的是面向中国的医药和物流行业，为政府加强医药监管服务，为医药企业完善物流建设服务。

随着中国医疗体制改革的深入，医药流通领域也将发生巨大的转变，集中物流配送成为发展趋势。中国入世后，医药行业所面临的冲击和电子商务的蓬勃发展也使得现有的药品流通领域充满了挑战和机遇。目前，针对我国医药物流的研究机构比较少，只有国务院经济贸易委员会与卫生部等政府部门有少量的研究机构对医药行业的物流进行研究。在这种情况下，中国人民大学顺势而为，联合具有医药电子商务平台优势的海虹企业控股公司，以及具有实践运作优势的大型医药生产经营集团，针对中国医药产品流通运作模式的统一化、标准化进行研究。

研究中心主要借助中国人民大学学术理论方面的优势，结合中国医药生产经营企业的实际问题，对医药行业的物流情况进行实地调研，深入了解国内外医药物流的发展趋势，在第三方物流的基础上研究供应链管理技术，为政府制定医药物流方面的战略规划、技术标准以及法律法规等提供参考意见和可行性建议，同时帮助中国医药生产经营企业提高竞争力完善其物流解决方案，进而在整体上推动中国医药行业的发展。

研究中心隶属于中国人民大学，实行中国人民大学领导下的主任负责制。研究中心主任现由中国人民大学商学院副院长、中国物流协会副会长宋远方同志担任。研究中心还设有管理与业务

指导委员会，该委员会是研究中心的顾问和监督机构。委员会会员除知名专家学者外，基本上由对医药管理和物流建设感兴趣的企业单位组成，如海虹控股和杨森制药。在管理与业务指导委员会的指导和监督下，研究中心得以将理论与实践结合起来，本着“务实”的精神，为降低医药行业的整体运作成本从而增强中国企业的竞争能力尽一份力。

中心现有教师7名，其中教授6名、副教授1名，硕士生40名，博士生18名。

近年来主要研究课题有：

1. 中国医药物流的现状与发展趋势；
2. 中国医药经营企业的角色演变；
3. 医药连锁药店在物流体系中的作用；
4. 中国医药物流与连锁经营的现状与发展前景；
5. 国家医药物流及医药物流连锁经营宏观政策分析；
6. 医药物流中心、配送中心的建设与运营；
7. 医药企业供应链管理；
8. 医药连锁经营、物流配送及其控制；
9. 医药物流企业的合作及其联盟；
10. 物流成本管理及绩效控制；
11. 国外医药物流与连锁经营成功案例；
12. 现代物流与中国医药物流平台的建立；
13. 电子商务与中国医药电子商务；
14. 国外医药物流体制比较研究；
15. 中国医药体制改革政策研讨。

（供稿：中国人民大学中国医药物流研究中心）

中国物品编码中心(ANCC)

中国物品编码中心于1988年经国务院同意成立，是统一组织、协调、管理全国条码工作的专门机构，隶属于国家质量监督检验检疫总局。1991年4月代表我国加入国际物品编码协会（即EAN International，现更名为GS1)，成为其授权的我国大陆地区惟一的成员组织，负责推广国际物品编码协会建立并在全球推动实施的开放式的国际多行业供应链管理标准——EAN·UCC系统，在我国称为ANCC全球统一标识系统（简称ANCC系统)。中国物品编码中心在全国设有46个分支机构，负责ANCC系统在当地的管理和推广工作。

一、主要工作范围

1. 贯彻执行我国商品条码、物品编码、产品电子代码工作的方针、政策、法规和标准；

2. 负责全国商品条码和物品编码的登记、管理、维护、信息咨询和技术培训等工作；

3. 提供我国全球位置码(GLN)的登记、管理、维护及推广应用等服务；

4. 负责研究、推广和发展以商品条码为基础的ANCC系统，并推动其在物流、供应链管理、电子商务等方面的应用；

5. 根据全球产品电子代码管理中心(EPC-global)的授权，负责我国产品电子代码(EPC)的注册、管理和推广工作，提供技术支持和培训；

6. 依据全球商务联盟(GCI)的授权，负责全球产品分类(GPC)、全球数据字典(GDD)、全球数据同步(GDS)的研究及推广应用工作，建立和维护我国与全球数据中心信息同步的商品信息服务平台，并开展相关服务；

7. 依据UCC的授权，以UNSPSC China的名义，负责联合国标准产品与服务代码(UNSPSC)中文版的维护及在我国的推广应用工作；

8. 负责物品编码、产品电子代码及条码、射频等自动识别技术国家标准和技术规范的制修订工作；

9. 承担中国条码技术与应用协会、中国自动识别技术协会、全国供应链过程管理与控制标准化技术委员会(中国ECR委员会)、全国信息技术标准化技术委员会自动识别与数据采集分委会、全国物流信息管理标准化技术委员会等5个组织的秘书处工作；

10. 参加国际物品编码协会的各项活动，对口联系EPCglobal、国际标准化组织/国际电工委员会第一联合委员会的第31分委会(ISO/IEC JTC1/SC31)、国际自动识别制造商协会(AIM Global)、亚洲ECR委员会(ECR ASIA)等国际组织，跟踪世界条码、射频等自动识别技术的发展；

11. 出版发行《条码与信息系统》杂志；

12. 举办每年一度的“SCAN-CHINA国际自动识别技术展览会”。

二、科研成果

编码中心积极跟踪国际条码自动识别技术的最新动态，先后制定了条码、二维条码、商贸EDI等方面的国家标准40多项；圆满完成了科技部、国家计委、原国家技术监督局下达的《二维条码技术研究与应用试点》等国家重点科研任务20多项。此外，还开辟了物流标准化、EDI、供应链管理、高效消费者响应(ECR)、全球产品分类(GPC)、全球数据同步(GDS)和产品电子代码(EPC)等研究领域，并取得了在我国开展全球产品分类和数据同步工作及EPC的注册、管理和推广应用的惟一授权。

承担并完成的国家“八五”、“九五”“十五”重点攻关项目及相关部委的科研项目有：

1. 二维条码技术研究与应用试点；
2. EDI位置码的研究与应用；
3. 商贸EDI报文标准规范的研制；
4. 交通运输、仓储、物流条码的研究；
5. 流通领域信息化基础规范与标准研究；
6. 典型城市商贸EDI综合应用示范系统的研究与开发；
7. 物流配送系统关键标准研究；
8. 中国商品条码信息服务系统；
9. 供应链管理标准体系及运作模式优化的研究。

制订的主要国家标准有：

GB 12904-2003 商品条码；

GB/T 12905-2000 条码术语；

GB/T 14257-2002 商品条码符号位置；

GB/T 15425-2002 EAN·UCC系统128条码；

GB/T 18127-2000 物流单元的编码与符号标记；

GB/T 18347-2001 128条码；

GB/T 16830-1997 储运单元条码；

GB/T 16828-1997 位置码；

GB/T 16986-1997 条码应用标识；

GB/T 17233-1998 订购单报文；

GB/T 17537-1998 订购单应答报文；

GB/T 17536-1998 订购单变更请求报文；

GB/T 17231-1998 发货通知报文；

GB/T 17232-1998 收货通知报文；

GB/T 17705-1999 销售数据报告报文；

GB/T 17706-1999 销售预测报文；

GB/T 17709-1999 库存报告报文；

GB/T 17708-1999 报价请求报文；

GB/T 17707-1999 报价报文；

GB/T 18124-2000 质量数据报文；

GB/T 18125-2000 交货计划；

GB/T 18129-2000 价格/销售目录报文。

编写的主要技术出版物有：

《流通领域电子数据交换规范——EANCOM》、《QR Code二维码技术与应用》、《电子商务》、《现代条码与自动识别技术》、《商品条码应用技术》、《供应链管理技术与方法》、《ANCC系统用户手册》、《现代自动识别技术与应用》、《条码与射频标签应用指南》、《全球电子商务标准——ebXML标准技术规范》、《条码技术与应用》、《全球统一标识系统——EAN·UCC通用规范》、《EPC与物联网》。

编码中心以推进我国标识系统和商务运作的信息化、标准化、国际化为己任，集研发、标准化及系统服务为一体的，向社会提供标准化解决方案和公共服务平台。目前，商品条码系统成员已逾十万家，发展速度居世界之首；上百万种产品包装上使用了商品条码标识；使用条码技术进行自动零售结算的超市已超万家。条码自动识别技术已广泛应用于零售业、制造业、物流、贸易、军工、医疗药品、政府机关、学校、邮政、税务、海关、金融等诸多领域,极大地推动了我国的信息化发展。

面对入世给中国经济带来的巨大挑战和机遇,编码中心将努力实施中国条码推进工程,实现我国条码工作的跨越式发展, 并将继续跟踪研究全球统一标识系统和相关商务标准的发展, 积极向包括物流企业、零售商在内的广大用户介绍供应链管理技术研究的最新成果, 向社会提供满意的服务,为国民经济信息化建设做贡献。

(供稿:中国物流编码中心)

物流培训机构

（排名不分先后）

北京中交协物流人力资源培训中心

（ILT 中国认证中心、CIPS 中国认证中心）

北京中交协物流人力资源培训中心是在中国交通运输协会领导下的从事物流与采购专业的培训机构。

2002年 8 月中国交通运输协会引进了世界上最具权威的物流与运输专业认证体系，即英国皇家物流与运输学会（简称 ILT）国际物流职业证书。英国皇家物流与运输学会是在 1999 年 6 月由两所具有百年历史的英国物流学会和英国运输学会合并而成的。英国皇家物流与运输学会是目前世界上最具有权威性的物流专业组织之一，其设计的职业资质证书标准和短期培训课程在很多国家被广泛采用，ILT 的职业认证体系已经得到了世界上大多数国家和地区以及物流专业组织的广泛认可，还得到了世界著名学府的广泛认可，并已成为国际物流公司聘用物流专业管理人才的尺度。

培训中心是英国皇家物流与运输协会指定的中国地区 ILT 项目惟一执行机构。拥有由业界知名专业人士组成的讲师队伍，致力于将世界上先进的物流管理理念和管理技术介绍给国内同行，使国内更多的专业人士通过培训学习，了解掌握当今世界上最先进的物流管理体系和最完整的物流操作技能，为物流行业的发展提供高素质的管理人才，同时为业内人士提供更好的职业发展道路。采取面授培训和网络远程培训等多种培训方式，已在国内各地通过培训了数千名各层次的物流专业管理人员，并举办了 7 期全国统一认证考试，已有 2 000 多人取得了不同等级的证书。这些学员是我国物流走向世界与国际接轨的先锋队。

中国交通运输协会于 2004 年元月又成功引进了英国皇家采购与供应学会（简称 CIPS）的国际注册采购与供应经理认证。英国皇家采购与供应学会已有近 80 年的历史，是欧洲最大的采购与供应专业组织，也是国际采购与供应链行业的研究与职业教育认证中心。CIPS 采购与供应职业道德标准成为国际通用的行业标准，已被世界上 100 多个国家所采用。

CIPS 注册采购与供应经理认证是英国皇家采购与供应学会在其 80 年的发展进程中对采购和供应专业发展贡献的结晶。CIPS 认证分四个等级，每个级别都有相应的培训课程。CIPS 认证体系注重实际技能的培养与评估，其职业标准的评估体系来自多年的行业实践，并为行业发展服务。由于 CIPS 认证体系的科学与严密，该认证在国际上享有盛誉，得到世界五大洲 120 多个国家的普遍认可；也得到众多国际专业组织（如国际采购与供应物资管理联盟 IFPMM，联合国，世界银行，世贸组织等）的广泛认可，是全球跨国公司聘用、衡量和提升其采购与供应专业人员和高级管理人员的尺度。CIPS 教育与培训课程及认证为采购和供应专业人员和管理人员提供了全方位的职业发展途径，是采购与供应专业人员和管理人员提升职业技能、融入国际网络、发展职业生涯的必由之路。

培训中心是英国皇家采购与供应学会指定的中国地区 CIPS 项目惟一执行机构。CIPS 的专业资格考试采用全球统一标准，即统一教材、统一考试、统一评卷，统一证书。已于 2004 年 5 月组织了 CIPS 国内首期认证考试。培训中心已陆续在北京、上海、深圳、广州、武汉、南宁、青岛、大连、合肥等十几个城市开设了 CIPS 采购与供应经理认证培训课程。随着 CIPS 认证的开展，我国将有更多的业内人士系统地了解、掌握国际上采购与供应的管理运作模式，有助于机构和企业提高管理效率和经营业绩。

（供稿：北京中交协物流人力资源培训中心）

清华大学继续教育学院

清华大学继续教育学院成立于 1985 年，目前作为清华大学面向社会在职经理人提供职业管理培训的主要机构，以"教育服务社会"为办学宗旨，以社会需求为导向，整合清华大学工程、管理等院系的优质教育资源，与国内外知名专家和行业精英共同打造清华大学精品学习项目，致力于为成功人士学习研讨和交流合作搭建平台。

高效的社会物流体系是支撑商品经济高速发展的基础。20 世纪 90 年代初，清华大学就预见到国内必须加强对物流管理科学的重视，以便使其更好地服务于经济建设。因此，那时就开始组织力量发展物流管理学科，同时与国际一流物流学术机构进行了广泛的学术交流，并实施了学者派出学习计划。1993 年，学院第一批获准设立工业工程硕士专业，后又获准按"管理科学与工程"一级学科授予硕士和博士学位，在"管理科学与工程"一级学科下，设有"工业与系统工程"和"物流工程与管理"两个研究生培养二级学科。经过十余年的积累，清华大学已经在物流领域有了一批知名专家，并推出了一批有特色的科研成果。

清华大学继续教育学院已经并将继续致力于为中国经济的发展培养一批具有全球战略眼光和实际运营能力的现代物流高级管理人才。秉承学院开放式、研究型的办学特点，通过对校内外物流专业教学资源的优化整合，已经成功开展了面向物流高级管理人员的全面培训，并得到了社会积极认可。特别是面向社会公开招生的"清华大学现代物流经理(CLO)高级研修班"项目，自 2003 年 4 月推出后，已经举办了四期，共 170 余人参加了学习，90 人顺利结业。

（供稿：清华大学继续教育学院）

上海物流职业技能培训学校

上海物流职业技能培训学校是由上海盛达企业发展有限公司投资，上海物资集团扶持，上海市劳动和社会保障徐汇区劳动局业务主管的综合性培训学校。学校业务主要涉及企业人力资源服务、企业发展咨询、物资贸易、企业内训；物流师、电子商务师、人力资源管理师、营业经理和废水处理等国家职业资格证培训。同时，又是上海市青年职业见习基地，为青年见习者提供了诸多见习岗位，并解决了部分见习青年的就业岗位。

自 2002 年学校成立以来，已为数百家国内知名企业和有关部门政府部门提供了人力资源、发展规划、技术等服务；又为众多企业实施企业内训，如上钢三厂、武汉钢铁公司、原上海物资集团(现上海百联集团)、上海交运集团、长桥物流基地、农业部城乡司、上海盛彤实业有限公司等。目前，学校与乐惠物流有限公司联合开发并策划中国粮食物流和外高桥保税区粮食物流供应链管理方案；同时正努力开发新的物流项目并正与欧洲物流培训学校洽谈合作办学。

2003 年，学校被上海市劳动和社会保障局徐汇区劳动局评为"2003 年度徐汇区职业技能培训先进单位"，年培训量在全区 100 多所学校中名列第四,中高层次项目占90%以上,在同行和物流行业中享有一定的盛誉。

目前,学校已经粗具规模,现有教学场地约3 000多平方米,共有容纳面积大小不等的教室15间,每间教室都配有空调、投影、多媒体设备,新制式的课桌椅。其中大教室2间,每间教室可容纳120名学员;中等教室9间,每间教室可容纳70–80名学员;标准教室4间,每间教室可容纳40–50名学员;配有计算机机房一间,面积为80平方米,拥有奔III、奔IV计算机50台,机房内均配有空调、投影设备、苏亚星多媒体教学软件,符合各类培训的全部教学要求。

为保证教学质量,学校在师资方面充分利用物资集团内部优势和社会优良资源,常年聘请上海交通大学、上海海运学院、复旦大学、上海师范大学、上海计算机行业、物流行业、外经贸行业、物资行业等资深教授、学者和业内有实际经验的人士进行教学并开发新项目,同时学校以上海某物流公司作为学生的实训基地,让学员掌握更多的操作技能,学有所用、学有所成。学员对学校的师资质量甚为满意,学校考证合格率高出市平均合格率20到30个百分点,深受学生好评。

学校还有一支敬业和充满活力的开发市场队伍和优秀的教务管理队伍。市场开发部的人员均为大专以上学历的年轻人,他(她)们主动出击、灵活招生,同时兼任班主任,辅导学员,并起到学员和教师之间的桥梁作用。在整个教学管理过程中,校教务处负责控制全过程,督促班主任做好考勤工作,每班的教务资料实行动态、有序的积累方式,为教师和学员建立完整的档案,实施"培训–鉴定–指导–就业"的一条龙服务。

(供稿:上海物流职业技能培训学校)

沈阳智源职业经理人培训中心

沈阳智源职业经理人培训中心成立于2001年,秉承"知识改变思维,人才创造未来"的理念,整合国内外优秀教育资源,专业从事现代管理与教育以及其他各类专业人才的培训事业。近年来,根据社会发展需求以及企业实际情况,为适应全球经济一体化,结合国际管理的最新理念,先后举办了:物流管理研究生班、物流师资格认证、物流高峰论坛等培训项目。

中心为培养懂经营、会管理的物流高层次人才,2003年与北京交通大学合作在沈阳开办了辽宁首期"现代物流管理研究生班",吸引了中外运、辽宁国际货运有限公司、金杯客车公司等单位的老总和物流主管。

2003年4月25日在沈阳举办了"中国·沈阳现代物流产业高峰论坛",此论坛得到了中国物流与采购联合会及沈阳市政府的关注。丁俊发副会长及郭允冲副市长均到会致辞,丁会长作了主题演讲。2003年末,中心被中国物流与采购联合会和中国物流标准化技术委员会授予"物流师职业资格"指定培训机构。2004年,党中央、国务院做出全面振兴东北老工业基地的战略部署,在此引导下,中心受"中国物流与采购联合会"及沈阳市政府的委托,全力承办"2004振兴东北老工业基础与物流发展论坛暨商贸洽谈会",此次盛会是2004年中国物流界最具影响的一次专业盛会,它的成功举办将为振兴东北老工业基地注入新鲜的活力。在沈阳市地区物流企业的建议和支持下,中心正在筹备沈阳市物流协会,在企业与政府之间,企业与企业之间架起沟通交通的桥梁。加强行业自律,推进沈阳现代物流产业健康有序发展。

注重创新、注重实战经验,抓住操作流程细节,掌握物流系统的实效,使企业以实现市场经营目标为出发点,提高物流企业市场竞争力。几年来,前进中的"智源"培训不断得到社会各界人士的深度关注与强力支持,有近2 000余名各界人士从中受益。部分项目引起了众多媒体的极大关注,并做了深入而细致的新闻报道。

(供稿:沈阳智源职业经理人培训中心)

中国物流专家名录

（按姓氏笔画排序）

姓名	工作单位	职务/职称	联系方式
丁以中	上海海事大学 经济管理学院	教授	
丁克义	深圳招商局物流集团	董事长	
丁俊发	中国物流与采购联合会	常务副会长	电话：010-68391205
马士华	华中科技大学管理学院	副院长、教授、物流与供应链管理研究所所长	电话：027-87556485 E-mail:shihuama@public.wh.hb.cn
王　丰	中国人民解放军后勤 工程学院	现代物流 研究所所长	
王　佐	中国北方工业公司	投资部副总经理、高级工程师	电话：010-63529988-11426，63539378 传真：010-63538936 E-mail:wangzuo1@263.net wzuo@norinco.com.cn
王之泰	北京物资学院	教授	
王国文	中国综合开发研究院	物流管理研究中心主任、主任研究员	电话：0755-82471497 传真：0755-82410997 E-mail:cwang@cdi.com.cn wangc@clmchina.org
王国华	北京科技大学	物流研究所副所长	
王宗喜	中国人民解放军 后勤指挥学院	教授、军事物流工程实验室主任	电话：010-66849765
王法兴	大田集团	总裁	
王树礼	装甲兵工程学院	教务处处长	
王晓东	对外经济贸易大学 国际经济贸易学院	运输与物流系主任、副教授	电话、传真：010-64493309 E-mail:wangxd@uibe.edu.cn
王铁宁	装甲兵工程学院	技术保障工程系教授	
王笑京	交通部公路研究所	副所长、研究员	
王　微	国务院发展研究中心	研究员	
王耀球	北京交通大学 经济管理学院	物流科学研究所所长、教授	电话：010-51687079 传真：010-51687079 E-mail:yaoqiu_wang@263.net

(接上页表)

韦先义	武汉军事经济管理学院	教授	电话：027-83448258
冯　浩	国家发展和改革委员会	综合运输研究所物流研究室主任、副研究员	
包起帆	上海国际港务（集团）有限公司	副总裁	
龙军生	北京大学光华管理学院	物流与电子商务系副主任	
田学军	中邮物流有限责任公司	业务总监	电话：010-68434215 传真：010-68477555 E-mail: tian_xj@cnpl.net.cn
任兴洲	国务院发展研究中心	市场经济研究所副所长、研究员	
刘　伟	上海海事大学	教授、博士生导师	电话：021-38760201，58855200-2501 传真：021-38760201，58853909 E-mail:weiliu@shmtu.edu.cn weiliush@hotmail.com
刘　凯	北京交通大学	教授、现代物流研究所所长	
刘　武	宝供物流企业集团	董事长	
刘仲英	同济大学经济与管理学院	教授、博士生导师	
刘志学	华中科技大学管理学院	教授、生产运作与物流管理系副主任	电话：027-62559796（M）87556456（O） 传真：027-87556437 E-mail:lsy868@hust.edu.cn lsy868@sina.com
刘秉镰	天津南开大学	教授、现代物流研究中心主任	
刘联辉	湖南工程学院	经济管理系主任	0732-8680245
孙宏岭	郑州工程学院	教授、经济贸易系主任	电话：0371-7789478 传真：0371-5934395 E-mail:prof-sun@tom.com
孙家康	中远香港集团	副总裁	
朱道立	上海复旦大学	现代物流管理研究中心主任	
王德荣	中国交通运输协会	常务副会长	

(接上页表)

汝宜红	北京交通大学经济管理学院	教授	电话：010-51683651 传真：010-51687079 E-mail:ruyihong@sina.com.cn
邬　跃	北京物资学院	物流研究中心主任、教授	
牟惟仲	中国物流与采购联合会	物流委员会负责人、教授级高级工程师	
许胜余	华联超市股份有限公司	总工程师	
何明珂	北京工商大学商学院	院长、教授	
何铁夫	中国物流学会	常务理事、高级经济师	电话：010-82384142-106 传真：010-68392010 E-mail:htf56@vip.sina.com
吴润涛	中国物流学会	顾问	
吴清一	北京科技大学	物流研究所所长、教授	
吴耀华	山东大学	现代物流研究中心主任、教授	电话：0531-8392269 传真：0531-8392269 E-mail:mike.wu@263.net
宋远方	中国人民大学工商管理学院	副院长、教授	
张　锦	西南交通大学交通运输学院	副院长、教授	
张文杰	北京交通大学经济管理学院	教授	电话：010-51688238 传真：010-51688038 E-mail：zhangwenjieli@vip.sina.com.cn
张声书	北京物资学院	教授	
张建卫	中国外运股份有限公司	总裁	
张海燕	北京工商大学商学院	物流管理教研室主任、副教授	电话：010-68985937，68985472
张智文	国家科学技术部	高新技术发展及产业化司处长	
李　川	深圳市中海物流有限公司	总经理	
李力谋	中国国际货运代理协会	副会长兼秘书长	电话：010-64917613
李允杰	中国石化集团	高级工程师	
李伊松	北京交通大学	物流研究所副所长、副教授	
李汇泰	北京东方大学	副教授	

(接上页表)

杨长春	对外经济贸易大学	物流研究中心常务副主任	电话：010-64492204，64496805，64494637 传真：010-64494637 E-mail:ycc@uibe.edu.cn
杨东援	同济大学	副校长、教授	
杨西龙	中国人民解放军后勤工程学院	教授	
汪 鸣	国家发展和改革委员会	综合运输研究所副所长	电话：010-63908665，传真：010-63908675 E-mail：wangming@amr.gov.cn
沈绍基	华运通物流有限公司	总经理	电话：010-68535150
苏雄义	台湾东吴大学	企业管理学系教授兼供应链与物流管理研究室召集人	电话：886-2-23111531-3600 传真：886-2-23813348 E-mail:sisu@webmail.scu.edu.tw
陈一雄	大荣集团（台湾大荣货运／中国连运物流）	董事长	电话：886-4-23501888 传真：886-4-23501877 E-mail:pheobe@tw.tjoin.com
陈文玲	国务院研究室	综合司副司长、研究员	
陈自业	中国民航协会	秘书长、高级工程师	电话：010-67319887 传真：010-67354852
陈春益	长荣大学	航运管理学系教授	电话：886-6-2785123 转 2261 传真：886-6-2785056 Email: cychen@mail.cju.edu.tw
陈梅君	中国物流学会	物流人才培训专业委员会副秘书长	
陆大明	北京起重运输机械研究所	所长、教授级高级工程师	
陆 江	中国物流与采购联合会	会长	
周乃如	郑州工程学院	副院长、教授	电话：0371-7789813 传真：0371-7788993 E-mail:nrzhou@zzit.edu.cn
周 云	中国机械工程学会物流工程分会	秘书长、高级工程师	电话/传真：010-64002961 E-mail:mhi-bjhd@263.net
周建亚	武汉商贸学院	物流系主任、现代物流研究所所长、教授	
周溪召	上海海事大学经济管理学院	教授、副院长	电话：021-58606090，58855200-2315 E-mail:xzzhou@sem.shmtu.edu.cn
季建华	上海交通大学管理学院	党委书记兼副院长、教授	电话：021-62932568 传真：021-62933659 E-mail:jhji@sjtu.edu.cn

(接上页表)

范　棣	招商迪辰集团有限公司	董事长	电话：0755-33301330 传真：0755-33301258 E-mail:frankfan@dichain.com
施　欣	上海海事大学 交通运输学院	院长、教授	
洪水坤	中国物资储运总公司	总经理	
宗蓓华	上海海事大学	教授	
钟荣钦	台湾物流协会	秘书长	
骆温平	上海海事大学 经济管理学院	教授、物流研究中心副主任	电话：021-58855200-2114 传真：021-58606090 E-mail:wluocn@yahoo.com.cn
姜大立	中国人民解放军 后勤工程学院	现代物流研究所副所长、副教授	
凌大荣	武汉经济学院	物流与采购系主任、教授	
徐天亮	华中科技大学管理学院	副院长、教授	电话：027-87556454 传真：027-87556465 E-mail:xu_tianliang@21cn.com
徐寿波	北京交通大学	教授、中国工程院院士	电话：010-51687047 传真：010-51687048
桂寿平	华南理工大学交通学院	副院长、教授	电话：020-87111030-3502 E-mail：spgui@21cn.net
真　虹	上海海事大学	教授	电话/传真：021-58850999 E-mail:hongzhen@shmtu,edu.cn
秦明森	湖北物流技术研究所	总工、教授级高级工程师	电话：0710-3252162，3252340 传真：0710-3252094，3223608 E-mail:q-ms@163.com , cl@cl-ppc.com
索沪生	中海集团物流有限公司	副总经理	电话：021-65951241(直线)，65951122 传真：021-65961464 E-mail:suo@moc.gov.cn suohs@cnshipping.com
翁心刚	北京物资学院	研究生部主任、副教授	E-mail:wongxingang@263.net
程国全	北京科技大学	物流研究所副所长	
陶德馨	武汉理工大学	副校长、教授	
高伟杰	中国远洋运输 （集团）总公司	副总裁	

(接上页表)

崔介何	北京物资学院	教授、物流系物流管理教研室主任	
康　宁	中邮物流有限责任公司	副总经理	
梁海山	海尔集团	副总裁	电话：0532-8939977 传真：0532-8938290
梁智敏	香港物流协会	会长	电话：852-27779656，27789030 传真：852-21945082 E-mail:president@hkla.org.hk
阎　洪	香港理工大学 工商管理学院	物流系教授、副系主任	电话：852-27667365 传真：852-23302704 E-mail：lgthyan@inet.polyu.edu.hk
黄有方	上海海事大学	副校长、教授	
黄国雄	中国人民大学经济学院	教授、博士生导师	电话：010-80713671
黄福华	湖南物流研究中心	主任	
戢守峰	沈阳工业大学	现代物流发展中心主任、教授	电话：024-25653070 E-mail:jisf@vip.sina.com
董千里	长安大学	教授、博士生导师、系主任	电话：029-82334506 E-mai：dongql169@vip.sina.com
靳　伟	中国物流与采购联合会《中国物流与采购》杂志社	总编、高级经济师	电话：010-68392136
缪立新	清华大学	深圳研究生院物流研究中心主任、教授	电话：010-62795988（北京） 0755-26036775，26036005（深圳） E-mail:lxmiao@mail.tsinghua.edu.cn
翟学魂	快步易捷（广州） 信息服务有限公司	首席执行官	电话：010-65082828 传真：010-65932249 E-mail: zhai@egistics.com
黎基雄	香港理工大学	物流学系助理教授	
霍佳震	同济大学	研究生院副院长、教授	
戴定一	中国物流与采购联合会	副会长、高级经济师	电话：010-68391255 E-mail:ddy@cflp.org.cn
鞠颂东	北京交通大学 经济管理学院	教授、教务处处长	电话：010-51688444 传真：010-51688444 E-mail:sdju@263.net
魏　凤	交通部公路科学研究所 交通物流工程研究中心	主任	电话：010-82020864 传真：010-62016944 E-mail:weifeng@cltc.com.cn
魏际刚	国务院发展研究中心		E-mail:weijigang@263.net

物流师职业资格认证文件资料汇编

物流师职业资格认证管理办法（试行）

第一章 总 则

第一条 为进一步促进物流产业发展，满足不断增长的物流人才市场需求，提高从业人员的素质，根据《物流师国家职业资格标准》和其他相关职业资格管理条例，制定本办法。

第二条 本办法适用于从事物流及相关行业的专业技术人员。

第三条 本资格共分为助理物流师、物流师和高级物流师三个级别。

第四条 全国物流标准化技术委员会、中国物流与采购联合会共同负责本办法的组织实施工作。

第二章 组织管理

第五条 为保证本资格认证工作的顺利进行，中国物流与采购联合会联合和全国物流标准化技术委员会责成中国物流与采购联合会培训部（以下简称培训部）负责认证的具体工作。

第六条 培训部在全国物流标准化技术委员会、中国物流与采购联合会的领导下，负责物流师职业资格认证的具体工作。主要包括标准的修订；教材与教学文件编写、印刷和发行；组织专家对培训师资进行培训和评审；制定培训大纲、考试大纲与建立题库；组织统一评卷和论文答辩；组织对各地培训中心、考试中心进行资质审查和认证管理等。

第七条 根据本资格培训工作需要，培训部在各地授权设立培训中心，授权各地符合要求的机构按照本办法具体实施本地区的培训工作。

第八条 根据本资格考试工作需要，培训部授权各地符合要求的机构，按照本办法组织实施本地区的考生资格审核、汇总以及考试组织工作。

第九条 各培训中心和考试中心，应自觉接受培训部的管理、监督和检查。

第三章 资格等级与申报条件

第十条 助理物流师（具备以下条件之一）

1. 经本助理物流师资格正规培训达规定标准学时数，并取得合格证书。

2. 连续从事本职业或相关职业 5 年以上。

3. 具有相关专业大专学历。

第十一条 物流师（具备以下条件之一）

1. 取得本助理物流师资格后，连续从事本职业工作 3 年以上，经本物流师正规培训达规定标准学时数，并取得合格证书。

2. 取得本助理物流师资格后，连续从事本职业工作 5 年以上。

3. 取得大专院校物流专业学历的毕业生，连续从事本职业工作满 2 年。

4. 取得相关专业学士学位。

第十二条 高级物流师（具备以下条件之一）

1. 取得本物流师资格后，连续从事本职业工作 3 年以上，经本职业高级物流师正规培训达标准时数，并取得合格证书。

2. 取得本物流师资格后，连续从事本职业工作 5 年以上。

3. 取得相关专业学士学位，连续从事本职业或相关职业 3 年以上。

4. 取得相关专业硕士学位。

第四章　培训与考试

第十三条　本资格认证实行“考培分离”的原则。

第十四条　本资格认证实行“统一标准、统一教材、统一培训、统一考试、统一阅卷和统一认证”的认证制度。

第十五条　助理物流师资格认证内容分为基础理论知识和基本技能两部分，均采用卷面考试的方式进行。

第十六条　物流师资格认证考试分为系统知识和熟练技能两部分，均采取卷面考试的方式进行。

第十七条　高级物流师资格的认证考试分为综合知识和高级技能两部分。综合知识考试采取标准化试卷测试方式，高级技能考试采取完成论文答辩或物流系统方案设计的方式进行。

第十八条　本资格认证统一考试每年为四次，时间分别安排在三、九、十二月份最后一周的周六和六月份的第三周的周六。

第五章　证书颁发

第十九条　认证考试结束，培训部统一组织对考生试卷进行评分及相关材料进行审核，并对考试合格人员情况进行汇总。

第二十条　培训部根据汇总情况，制定证书编码，将印有全国物流标准化技术委员会、中国物流与采购联合会印章的证书配发至考试中心。

第二十一条　考试中心收到证书后，应及时通知有关培训中心或学员本人领取。

第六章　认证费用

第二十二条　培训费用实行全国统一的指导收费标准，可上下浮动 10%。同一地区的培训费执行统一的收费标准。

1. 助理物流师资格培训费为 1 600 元/人。

2. 物流师资格培训费为 2 100 元/人。

3. 高级物流师资格培训费为 4 800 元/人。

第二十三条　三个级别的考试费均为 350 元/人。

第二十四条　高级物流师资格的论文答辩或物流系统工程设计指导费均为 1500 元/人。

第二十五条　本资格的认证费均为 200 元/人。

第七章　附　则

第二十六条　本办法的解释权属培训部。

第二十七条　本办法自发布之日起生效。

关于《物流师职业资格认证管理办法》的补充说明

各培训中心、考试中心：

为进一步推进物流师培训认证工作，经研究对《物流师职业资格认证管理办法》(物联培字2003[116]号文，下称“办法”)执行过程中的相关问题作如下补充说明：

一、关于“办法”中“学历、学位”的确认：

“办法”中所涉及的学历、学位是指我国现行国民教育系列中相应的学历、学位(含在境外获得的，我国教育主管部门正式承认的学历与学位)。

二、“办法”中的“本专业”是指：

申报人员所持毕业证书(或学位证书)所注明的专业名称必须以“物流”命名，如“物流管理”、“物流工程”等。

三、“办法”中的“相关专业”是指：

同时具备以下两个条件方可视为相关专业：1. 所学专业为“电子商务”、“交通运输”、“交通管理工程”、“国际贸易”和其他专业(物流方向)；2. 所学课程中必须有“物流”课程，并成绩合格。

四、“办法”中的“本职业”是指：

申报者本人直接从事以下各类岗位的作业，该类岗位是企业的储存、运输、配送、装卸搬运、包装、流通加工、物流信息管理岗位。

五、“办法”中的“相关职业”是指：

申报者本人对以下岗位的作业过程予以直接管理或对以下岗位的作业流程予以设计规划的职业，该类岗位是企业的储存、运输、配送、装卸搬运、包装、流通加工、信息管理岗位。

六、关于持各类学历、学位人员的申报：

若以上补充说明与前期管理办法中有出入的地方，以本说明为准。希望各培训中心、考试中心严格执行。执行过程中出现新的问题，请及时与中国物流与采购联合会培训部联系。

2004年1月30日

培训中心资质认证管理办法

第一章　总　则

第一条　为加强物流师职业资格培训中心的管理，根据《物流师国家职业资格标准》和《物流师职业资格认证管理办法》，制定本办法。

第二章　认证程序

第二条　申请从事本资格认证的培训中心，需向培训部提交书面申请，并提供以下材料：

1. 认真填写《培训中心申请表》

2. 培训办学机构资格证明文件（大、中专院校无需提交该文件）；

3. 单位机构简介（含名称、法人代表、师资配备和培训市场开发能力等方面情况说明）；

4. 用于培训的相对稳定的教学场地和教学设备的证明文件；

5. 相关的管理制度（包括机构管理、财务管理等制度）。

第三条　培训部在收到培训中心的申请后，立即组织对申请单位的材料进行审核和考察，对经考核合格的单位，培训部将为其颁发本资格认证培训专业资质证书和牌匾，并在“中国物流采购联盟网”公布。

第四条　获得专业培训资质的机构，应不少于2名经过培训部认可的培训教师，方可开展培训工作。

第三章　工作职责

第五条　各培训中心在开展认证培训的过程中，应遵守国家法律法规和本资格认证管理办法，自觉维护物流师职业资格认证的声誉。

第六条　严格按照培训部核定范围内组织开展培训工作。

第七条　培训中心在招收学员过程中，不得使用不正当竞争的手段，抢拉生源，不得进行虚假宣传。

第八条　根据教学、考试大纲要求，制订科学、规范的教学计划。

第九条　加强对培训教师和学员的管理，建立完备的学员档案，做好培训教师的考核工作。

第十条　协助当地考试中心，做好每学员考试报名工作。

第十一条　协助考试中心做好学员证书的发放工作。

第十二条　自觉接受培训部的监督检查。

第四章　机构管理

第十三条　培训中心如没有严格按照有关管理规定，造成不良社会影响，严重损害本资格认证声誉，培训部有权取消其从事本资格认证培训的资格。

第十四条　培训部每两年对培训中心复审一次，对不合格的机构，培训部限期整改，仍不符合要求，则取消其培训资格。

全国物流师职业资格认证培训中心一览

省份	单位名称	联系人	联系电话	网址
北京	北京东方大学	李汇泰	010-62404185、62481251、62481248-8035	www.bdfu.edu.cn
	北京恒信高科管理科学研究院	王胜利	010-62193880、62193881、62186366	www.ph-yx.com
	北京市物资贸易职工学院	刘春明	010-63184127、63168631	
	北京物资学院成人教育学院	游振强	010-81525553、86951653 传真：010-81527993	www.bmi.edu.cn
	北京中关村学院	程　丽	010-82373339、82376331	www.zgcxy.com.cn
	北京航空航天大学创业管理培训学院	刘国甫	010-82313397-828、829 82319636 传真：010-82315488	www.21training.org
	北京市经济管理干部学院房山分院	倪学义	010-61359158	www.bjiem.edu.cn
	中国水利电力物资流通协会	郭丙年	010-63548050	www.cweme.com
福建	厦门培因教育培训中心	黄文安	0592-5165165、5165265、5166188、5166166 传真：0592-5166075	www.paying-edu.com
	福建经济管理干部学院	刘瑛华 裘超美	0591-7890079、7890399-0509	
	林德-厦门叉车有限公司培训中心	王志刚 高丽芳	0592-5533647、5533292 传真：5533242	www.linde-xiamen.com.cn
广东	广东外语外贸大学国际贸易学院	张良卫	020-36207057	www.gdufs.edu.cn
	广东经济管理学院	方　敏	013922469099	
	广东新世纪物流管理培训中心	单　华	020-87605699、87604656、87695453 传真：020-8760569	www.21cn56.com.cn
	广州昊鼎物流科技有限公司	李柏武	020-87381308 013822213128	www.headlogistics.com

（接上页表）

	广州万博现代职业技能培训中心	王　平	020-88461268 13928719163	
	广东珠海市清华科技园宝供物流培训管理中心	刘　宇	0756-3612918、 020-38482112	www.tspgl.cn
	广东深圳市博维企业管理咨询有限公司	谢　青	0755-83929776、83923866	www.bv-logistics.com
	广东深圳特区华侨城培训中心	王敏捷	0755-26902584、26919966	
	广东深圳市思美达企业管理咨询有限公司	曾　黔	0755-83283906、83283905 013502843090	www.56zone.com
广　西	广西交通职业技术学院	田　晓	0771-5623964	www.gxjzy.com
河北	河北省交通运输协会	徐群芳	0311-8616691、8616700、 7893258　013180094519 传真：010-8616700	
	河北省石家庄邮电职业技术学院	吴建民	0311-5998341、 13081128359	
河南	河南郑州中之杰咨询服务有限公司	靖安奇	0371-7269601、7269602 传真：0371-7269602	
湖北	湖北省贸易科技学校	陈于胜 李松漳	027-87399766、50459302、 013908653246 传真：027-87399766	
	湖北省达信管理培训学院	李绫瑜	027-86794502、 013907181672	
	湖北商贸职业学院培训部	周建亚	027-87386597	
湖南	湖南长沙同行企业管理顾问有限公司	赵晓玲 何建琦	0731-5168398 传真：0731-5167398	
黑龙江	黑龙江省商品学会	刘　莉	0451-86763775 传真：0451-84603232	
	黑龙江省圣华对外科技咨询培训中心	郑春萍	013895759987	
	黑龙江大庆职工大学培训部	孟祥友	010-84927548、 13801232677（北京办）	
江苏	南京晓庄学院	沈　毅	025-86569244、86569243 传真：025-86569136	www.njnc.edu.cn
	江苏无锡前程培训部	江　华	0510-2712886	www.qcpx.com

（接上页表）

江苏	苏州思文科技有限公司	宋　方	0512-65234270、62091887 传真：0512-65234270	
	苏州工业园区职业技术学院	傅永华	0512-62520114-2308 传真：0512-67611909	
江西	江西省人才市场开发经营部	邓育苗	0791-6371580、13037207960	www.jxrencai.com
重庆	后勤工程学院现代物流研究所	卢宝亮	023-68589845、68756385、68756383、13983412233	
	重庆中集物流有限公司	胡　莉	023-65210870 传真：023-65210365	
	重庆市民营企业家联合会	邹　衡	023- 61687913、66132881、63855131	www.cqml.com
辽宁	辽宁省文华培训中心	唐孟照	024-23872212	
	辽宁大连智丰物流咨询服务有限公司	钟安军	0411-2820960、2820980 13909860091	
	辽宁大连力泰文化教育科贸有限公司	赵书娴	0411-83708986、83607986	
	辽宁省发展计划委员会培训中心	罗振格	024-22821461、23911116	www.lndp.com.cn
山东	山东欧美工商管理专修学校	赵荣水	0531-8510091、013065073638	
	山东青岛海思特高级执业资格培训学校	王丽君	0532-5728634	
	山东淄博专业技术培训中心	庄国文	0533-3171029(传真)	www.zibo56.com
山西	太原市鑫科泰联管理咨询有限公司	武晓钊	0351-3337100、013801052030	
陕西	陕西物流学会	马临宝	029-7294539、7293841 传真：029-7293841	www.xbwl.org
	西安培英人力资源开发中心	李　峰	029-87517799	
上海	上海海运学院物流研究中心	朱梅华	021-58855200-4507 传真：021-58601317	
	上海东部软件园有限公司	张晓晶	021-68021133、68025222 传真：021-68020058	www.topgroup.com
	上海社科博大教育中心	陆东平	021-53510970、63840024	

（接上页表）

上海	上海现代物流人才培训中心	陈　霖 李昌浩	021-52713059、52713069	www.logistic-training.net
	上海复桥物流管理咨询有限公司	苏　锴	021-55666051	www.shwgq.com
四川	四川联合高等职业学院	万　里	028-85492236、85492238 传真：028-85492236	
	成都隆天国际	陈　陶	028-86968818 86968686 传真：86968898	www.worldlongway.com
	西南科技大学	王小东	0816-6088458、2419251	
天津	天津理工学院经济管理学院	马　静	022-23132276　　　、 23132275、013820566148	www.tjut.edu.cn
	天津市财贸管理干部学院	蔡南珊	022-24020437	
	天津华豪英杰企业管理咨询有限公司	陈　罡	022-24160189、24160190	
浙江	浙江杭州市现代物流协会	钱超英	0571-87031371	
	浙江省现代物流培训中心	郑　梁	0571-85023927 传真：0571-85025096	
安徽	中电科技（合肥）电子信息发展有限公司	柏光东	0551-5163988	www.logistics-cetc.com
吉林	吉林吉大物流管理咨询有限公司	朱子荣	0431-5261356 13196001978	
	长春物业管理学校	刘雨华	0431-4628237、8884554	
云南	昆明空港企业管理咨询服务有限公司	马小姐	0871-7116671、7116672	
新疆	新疆天力达科技有限公司	蔡雪梅	0991-4310950	
香港	香港生产力促进局	李启伦	852-98669089	
	中国人民解放军后勤指挥学院军事物流工程实验室	马宏伟	010-66849409	

考试中心资质认证管理办法

第一章 总 则

第一条 为了加强对本资格认证考试中心管理，依据《物流师国家职业标准》和《物流师职业资格认证管理办法》，特制定本办法。

第二章 认证程序

第二条 本资格认证考试中心原则上每个省只设一个，开设物流专业的高等院校有优先权。

第三条 申请本资格认证的考试中心，需向培训部提交书面申请，并提供以下材料：

1. 认真填写《考试中心专业资质申请表》；
2. 办学机构资格证明文件（大、中院校勿需提供该证明文件）；
3. 考试中心简介；
4. 用于培训及考试的相对稳定的场地和相关设备的证明文件；
5. 相关的管理制度。

第四条 培训部在收到考试中心的申请后，立即组织对申请单位的材料进行审核和实地考察，对经考核合格的单位，培训部将为其颁发本资格认证考试专业资质证书和牌匾。

第五条 获得考试资质的考试中心，应安排具有相关资格的主考人员一名，副主考和其他考务人员若干名，并上报专委会批准备案。

第三章 工作职责

第六条 自觉遵守国家法律法规，积极维护物流师职业资格认证的声誉。

第七条 在培训部核定的范围内，严格执行《物流师职业资格考试管理办法》，认真履行职责，做好各考区考试组织工作。进行每年四次统一考试的组织工作。

第八条 加强对考试管理人员的业务培训和思想教育。

第九条 负责在当地做好考试报名工作。

第十条 配合培训部做好学员证书的发放工作。

第十一条 自觉接受培训部的监督检查。

第四章 机构管理

第十二条 培训部每两年对考试中心复审一次，对违反国家法律法规和本资格认证管理办法，造成重大工作失误的，限期整改，仍不符合要求，则永久性取消其考试的中心专业资质资格。

全国物流师职业资格认证考试中心一览

省份	单位名称	联系人	联系电话
北京	北京交通大学 (西直门外上园村 3 号)100044	刘艳君	010-51688601、51688606、13661398810
	北京物资学院 （通州区西富河园）101149	赵丽娟	010-89534636、13681016525
上海	上海海运学院 （埔东大道 1550 号）200135	黄美菊	021-58855200-2600 传真：021-50282856
天津	天津师范大学管理学院 （和平区河沿路 25 号）300070	吴景波 田鸿芬	022-23541015、23541536、23542084、13820411912
哈尔滨	哈尔滨商业大学 （道里区通达街 138 号）150076	徐　倩	0451-84867667、86841324、13904650228
辽宁	沈阳工业大学管理学院 （铁西区南 13 路 1 号）110023	唐　琦	024-25691570、25524072、81607837、13953152148
河北	石家庄法商职业学院 （红旗大街 568 号法商学院）050091	赵冬梅	0311-7668659、6733985
山东	山东科技大学经济管理学院（青岛市开发区前湾港路 579 号）266510	吴　宁	0532-6057035、13589338765
浙江	浙江科技学院 （杭州学院路 85 号）310012	任志宇	0571-85126394
陕西	西安交通大学管理学院 （西安咸宁路 28 号）710049	邸德海 叶　俊	029-82665096、13909292158
湖北	华中科技大学管理学院 （武昌珞瑜路 1037 号）430074	彭竹敏	027-87543354 传真：027-87557019、87556437
河南	郑州工程学院 （嵩山南路 140 号）450052	王爱玲	0371-7789906-3、7789891、13673716886
湖南	湖南商学院 （长沙望城坡商学院科研处）410205	黄福华	
广东	中山大学岭南 （大学）学院（新港西路 35 号）510275	韦静灵	020-84113480、013711590209
江苏	南京财经大学 （铁路北街 128 号）210003	宫　丽	025-3495921、13951965801
四川	西南交通大学交通运输学院	帅　兵	028-87628351、13808028678
江西	江西财经大学	蔡定萍	0791-3816428、13870967054

（接上页表）

福建	厦门大学管理科学系	孙见荆	0592-2187260
吉林	吉林大学现代物流研究所 （长春市人民大街 142 号）130022	张连富	0431-5704779\5705080、13196008235
广西	广西物资学校 （南宁大岭路 75 号）530007	金建成	0771-3213270
安徽	中国科技大学商学院 （合肥金寨路 96 号）230026	余玉刚	0551-3628375\3601733、13083003920
云南	云南财贸学院商学院 （昆明市龙泉路）0650221	何国瑞	0871-6400675 传真：0871-5114586
香港	香港物流协会	梁智敏	0852-27779656
北京	解放军后勤指挥学院	马宏伟	010-66849765

培训教师任职资格管理办法

一、教师任职资格

凡从事本资格教学工作人员必须具备良好的职业道德和个人信誉,同时符合下列条件之一:

(一)高等院校、大(中)学校从事物流教学工作一年以上,具备副教授以上职称的教学人员。

(二)高等院校、大(中)学校从事物流教学工作五年以上,具备讲师以上职称的教学人员。

(三)具有相关专业中级以上(含中级)职称或高级物流师资格,通过参加培训部统一组织的培训并通过结业考试。

二、任职与管理

(一)符合以上条件的人员,经培训部的认证后,统一颁发的颁发从事本资格培训教师聘书。

(二)本资格的培训教师应接受培训中心和培训部的双重监督和管理,认真履行其职责,遵守各项规章制度,做好本职工作。

(三)从事本资格培训教师的相关资料在培训部备案,培训部每两年进行一次资格复审,并在www.chinawuliu.com.cn网站上公布,接受公众监督。

(四)取得从事本资格培训聘书的教师,应接受培训中心每年一次的工作业绩考核,如有下列情形,培训部有权取消资格,收回聘书。

1. 违犯国家法律法规,造成不良社会影响。

2. 违犯规章制度及其职责,造成恶劣影响及严重后果的。

3. 连续两年考核不合格。

物流师职业资格认证考试工作管理办法

第一章　总　则

第一条　考试是检验培训教学成果的主要手段,是保证人才质量的重要途径。

为了进一步严格本资格考试管理工作，保证本资格认证的严肃性和公正性,根据《物流师国家职业标准》和《物流师职业资格认证管理办法》,制订本办法。

第二章　报名管理

第二条　凡符合报名要求的人员，可直接到当地考试中心报名参加认证考试。

第三条　考试中心在进行考试报名登记工作时,应按照《物流师国家职业标准》规定的申报条件,对考生资格材料严格审查，并将符合申报条件的考生名单汇总,于统一考试 20 天前以书面报告(含考生总人数、考区分布、考务管理人员安排等)上报专委会。没有按要求上报的,一律不配送试卷。

第四条　考试中心根据考生区域分布情况负责安排考场,制作准考证,并于考试前 10 天将准考证发送到考生手中。

第五条　准考证上应有以下内容:(1)姓名及性别;(2)二寸黑白/彩色免冠近照;(3)身份证号;(4)准考证号;(5)参加考试的等级类别;(6)考场编号;(7)考试时间与地点;(8)考生须知。

第六条　考试中心工作人员应认真履行职责,不得在报名工作中弄虚作假的,一经发现坚决查处,并追究有关人员责任。

第三章　考区、考场设置

第七条　考试中心应根据考试学员分布情况在考生集中的地区就近设置考区,并以地区名称命名。

第八条　考场应选择适宜成人教育的场所，具备充足的人工照明设施。冬、夏两季的考场应具备空调设施和完善的应急救生设施和疏散通道。

第九条　考试现场应在明显处书写“物流师职业资格认证考试区”。

第十条　在考区的门口应注明考试中心名称、考区名称,考区内考场应进行编号,并分别标注考场考生的起讫编号。

第十一条　考生单人就座，相邻考生之间应有宽度不小于 50 厘米的走道间隔。

第十二条　考试中心应在各考区设置专用的考务办公室、学员休息室、医务室并有明显标识，考场外应大幅张贴考试纪律，在考区与考试中心之间应设有指定的通讯方法和工具。

第四章　考务管理人员职责

第十三条　每次统一考试，考试中心应设主考人员一名,在各考区分别设置副主考一名,巡考人员若干名。

1. 主考职责:负责考试方案制订,监督各考点考试情况,批复副主考现场处理意见,沟通与专委会关系。

2. 副主考职责:分别负责各自考区内具体事务,处理报批突发事件处理意见,签收保存考场情况记录单。

3. 巡考职责:监督监考人员工作质量,协助副主考解决考区突发性问题。

第十四条　每个考区设专门的医务人员 1 人并配备常用急救药物，每个考场的考生人数应在 30–50 人范围内,监考人员配备不得低于 2 人。

第十五条　考试中心所有考务工作人员,应严格按照《物流师职业资格认证监考要求》履行职责,认真执行《物流师职业资格认证考场规则》。

第五章　阅卷与质量管理

第十六条　培训部负责统一组织评卷工作。

第十七条　阅卷人员必须严格按照统一标准答案和评分标准阅卷评分，做到客观公正，量分准确，标准统一，确保全国统一认证的公正性和权威性。评卷人员一律采用红色钢笔或圆珠笔评卷，计分数字和签名必须清楚，不得涂改。

第十八条　评卷人员要严格遵守本办法中的规定，不得泄漏评卷情况，不得涂改答卷和分数，不得将评分标准和标准答案带出评卷场所。如有违者，坚决查处，并视其情况，否决相关的认证结果并追究有关责任人的责任。

第六章　认证统计与查询

第十九条　试卷的登分工作应遵循“如实登录，准确无误”的原则，由培训部按照统一要求和程序进行。

第二十条　登分工作结束后，培训部将认证合格人员详细情况进行汇总统计，在中国物流采购联盟网（http//www.chinawuliu.com.cn）公布，同时将结果通报各地考试中心。

第二十一条　各考试中心在收到认证结果后，应立即通知当地培训中心以及考生，以便考生查询。

物流师职业资格认证考试规则

第一章　考场规则

第一条　考生在考试前15分钟,凭准考证进入指定考场,入座后将准考证放在桌面左上角。

第二条　考试开始后15分钟,迟到考生不得进入考场,开考后30分钟内和考试结束前15分钟考生不能交卷出场。

第三条　考生进入考场不得携带任何书籍、笔记本、报刊和移动通讯工具,一经发现监考人员有权没收,并可根据具体情况决定进行处罚。

第四条　考生一律使用蓝色或黑色的书写钢笔或圆珠笔答卷。

第五条　对于标有装订线或密封线的试卷,只能在装订线或密封线外答题,不得作任何标记,否则作废卷处理。

第六条　考场内必须保持安静,不准吸烟,不准喧哗。

第七条　考试过程中不许交头接耳,左顾右盼、打手势、做暗号、不准偷看、抄袭或有意让他人抄袭,不准传抄答案或交换试卷。

第八条　考试结束,在场考生应立即停笔,将答卷反扣桌上,待监考人员收齐试卷后,依次离开考场,不得将试卷等带出考场,交卷后不得在考场周围逗留。

第二章　监考要求

第九条　监考人员应具备良好的思想品德,坚持原则,办事公正,责任心强。

第十条　监考过程中,认真执行考试管理规定、监考工作程序、注意事项,在考区监考时佩带标志。

第十一条　按规定领取试卷,考试前15分钟到达指定考场。核对准考证并清点参加考试人数,宣布《考场规则》。

第十二条　提前5分钟启封、分发试卷,认真核对,做到准确无误,准时宣布开始考试。考试结束前15分钟,提醒考生注意时间。

第十三条　不读题,对试题内容不作解释。对于试卷印刷不清之处所提出的询问,应当众解答。

第十四条　监考人员在考试结束后,应按要求收集、整理、清点答卷,认真核对,并按规定封装试卷,认真填写考场情况记录单,并签字连同回收考卷一同交付主考清点密封后,由考区所有监考人员签字在规定时间内交主考保管。

第十五条　监考人员应遵守考场纪律,不徇私情,不得以任何形式营私舞弊。如有违纪,则视情节轻重严肃处理。

第十六条　违犯考场规则,私自携带通讯工具参加考试者,监考人员

有权当场取消其考试资格。

物流师资格认证专家委员会成员

主任委员

陆　江(全国政协委员　中国物流与采购联合会会长)

王忠敏(国家标准化管理委员会副主任　全国物流标准化技术委员会主任　教授级高工)

副主任委员

丁俊发(中国物流与采购联合会常务副会长　研究员　政府特贴专家)

徐寿波(中国工程院院士　北京交通大学　教授)

李京文(中国工程院院士　北京工业大学　教授)

吴清一(北京科技大学物流研究所所长　教授)

何明珂(北京工商大学商学院　教授)

陈学如(中国人民解放军总后司令部综合计划局副局长　中国仓储协会副会长)

委员（按姓氏笔画排列）：

丁俊发(中国物流与采购联合会常务副会长　研究员　政府特贴专家)

王忠敏(国家标准化专业委员会副主任　全国物流标准化技术委员会主任　教授级高工)

王宗喜(中国人民解放军后勤指挥学院少将　军事物流工程实验室主任　教授　中国物流学会副会长)

王海晨(北京市顺义区副区长)

王耀球(北京交通大学物流科学研究所所长　教授)

王盈嘉(交通部公路司　副司长)

田　野(新华通讯社《经济参考报》流通导刊　副主编)

田学军(中邮物流有限责任公司　业务总监　研究员)

叶怀珍(西南交通大学交通运输学院教授　博士生导师)

邬　跃(北京物资学院物流系主任　博士)

龙军生(北京大学物流与电子商务系副主任　副教授)

刘志学(华中科技大学　教授)

刘仲英(同济大学经济与管理学院　教授)

刘秉镰(天津南开大学物流研究中心主任　教授)

牟惟仲(中国物资流通技术开发协会理事长　高级工程师)

任豪祥(中国物流与采购联合会副秘书长兼培训部主任)

任志宇(浙江科技学院物流技术发展中心主任　副教授)

江义军(中国集装箱控股集团公司　副总裁)

何明珂(北京工商大学商学院　教授)

何黎明(中国物流与采购联合会副会长兼秘书长)

许胜余(华联超市股份有限公司　总工程师)

朱道立(国务院学科评议组成员　复旦大学管理学院　教授　博士生导师)

陆　江（全国政协委员　中国物流与采购联合会会长）
沈绍基（华远物流实业公司总经理　中国仓储协会副会长）
陈文玲（国务院研究室综合同副司长　博士）
陈功玉（中山大学现代物流技术与管理研究中心　主任　博士）
陈学如（中国人民解放军总后司令部综合计划局副局长　中国仓储协会副会长）
陈梅君（北京物资学院　教授）
杨　赞（大连海事大学　教授　博士生导师）
林国龙（上海海事大学物流研究中心副主任　教授）
程国全（北京科技大学　教授）
李京文（中国工程院院士　北京工业大学　教授）
吴清一（北京科技大学物流研究所所长　教授）
吴润涛（中国社会科学院　研究员）
宋如华（托普集团　总裁）
张　锦（西南交通大学　教授）
张文杰（北京交通大学　教授）
张良卫（广东外语外贸大学国际经济贸易学院系主任　教授）
汪　鸣（国家发展和改革委员会综合运输研究所副所长　副研究员）
孟国强（全国物流标准化技术委员会秘书长　副研究员）
郑　梁（浙江省现代物流人才培训中心　副主任）
洪水坤（中国物资储运总公司总经理　高级经济师）
胡剑萍（商务部市场体系建设司　处长）
高伟杰（中国远洋运输(集团)总公司　副总裁）
隽志才（吉林大学　教授　博士生导师）
海　峰（武汉大学商学院　教授）
徐寿波（中国工程院院士　北京交通大学教授）
唐友三（宝供物流集团物流信息总监　教授）
桂寿平（华南理工大学　教授）
崔介何（北京物资学院　教授）
崔忠付（国家发展与改革委员会经济运行局　调研员）
耿书海（国家发展与改革委员会经济贸易司流通发展处　处长）
谢如鹤（中南大学交通运输工程学院副院长　教授）
黄有方（上海海事大学　副院长　教授）
黄福华（湖南商学院　副教授）
戢守峰（沈阳工业大学　教授）
霍　红（哈尔滨工商大学　教授）
戴定一（中国物流与采购联合会副会长　高级经济师）
鞠颂东（北京交通大学　教授）

物流师职业资格认证组织结构框架图

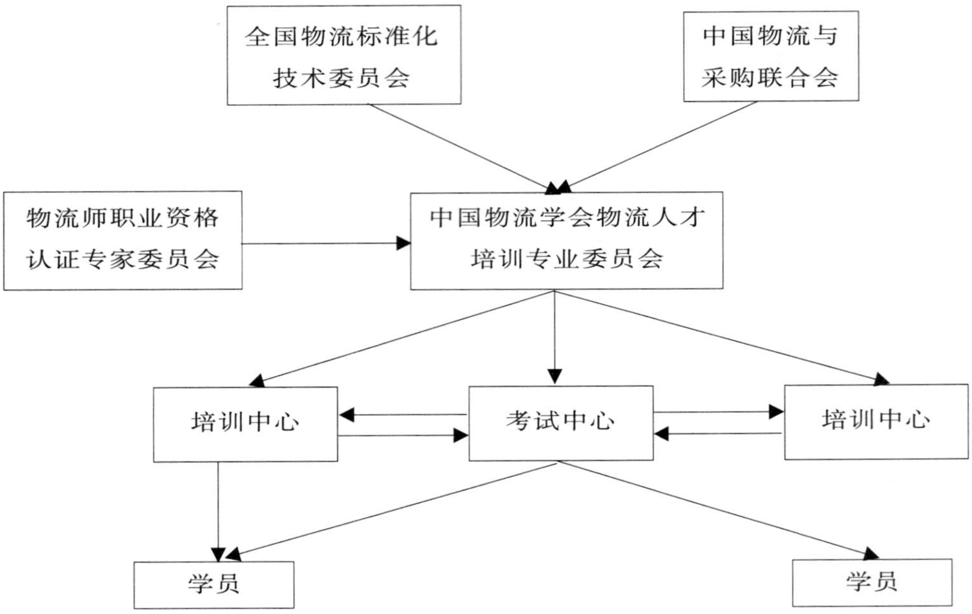

第八部分

企业物流及知名企业案例

2003年中国现代物流配送系统的发展与企业物流亮点回顾

随着中国经济的快速发展，中国的物流业正在迅速崛起，物流业成为广受关注的一个经济热点。愈来愈多的企业已经开始或者通过各种方式涉足物流业，业内竞争愈演愈烈，赢利难度也将越来越大。企业为了求存创新，必须不断地开拓新市场、新业务。

虽然中国的现代物流业与发达国家尚有一段差距，但在自动化立体库系统集成技术的应用方面，以北京起重运输机械研究所为代表的一些科技开发型的企业，已经取得了令人瞩目的成就。

自动化物流配送系统是随着大规模生产和流通的实际需求而产生的。早在20世纪70年代，发达国家已开始应用物流配送技术，90年代已得到普遍应用。主要是由于随着生活水平的提高，对物流配送的要求所决定的。从技术方面讲，主要得益于两方面技术的快速发展：其一是微电子技术的发展，如计算机设备、自动控制设备、数字识别装置、光电设备等；其二是计算机软件技术的发展，如数据库系统、网络技术和信息系统（如ERP系统、SCM系统）等。

发达国家的物流配送技术，以欧洲和日本为代表。主要设备及技术包括：

自动化立体库系统：包括高度达到30–40米、货位数超过50 000个的大型仓储系统；

自动化输送系统：包括单元化输送系统和拣选系统等，是构成物流配送系统的重要部分。快速分拣系统的应用（每小时超过10 000个物流箱）则成为配送系统的标志；

电子拣选系统：基于RF、电子标签的所谓电子拣选系统是物流配送中心的又一个标志。也是当前倡导的物流系统无纸化作业的基础技术。

计算机技术及网络技术：自动化物流配送系统的基本支撑体系。随着个人计算机的普及，包括数据库和分布式操作系统的普及化和以InterNet为代表的网络技术的发展，计算机技术构成了物流配送系统核心。

ERP的接口技术：这是最近几年才出现的专门技术，是物流配送中心真正向外延伸的必由之路。ERP系统所表现的不仅是管理系统本身，它更是信息化的基本体现。与其类似的系统包括SCM（供应链管理系统）系统和CRM（客户关系管理系统）系统等。

中国的物流技术的发展则经历了一个缓慢且漫长的过程。从20世纪70年代开始引入“物流”概念，到2000年才发展到建设有一定规模的物流配送系统。相比日本和欧洲（他们分别用了10–15年左右），这段时间显得过长。虽然在个别技术（如自动化立体库技术）有比较清晰的发展轨迹，但总体看来，无论是关键技术（单机设备和技术）还是系统集成技术，均远远落后于发达国家。

于2002年底建成的神州数码物流配送中心，反映出我国现代物流配送系统的发展水平。本文将以该系统为典型案例，全面介绍自动化物流配送系统的构成、基本流程、专门技术。

一、物流配送中心基本构成

神州数码作为国内最大的IT分销商，2001–2002年年度分销总额约70亿元人民币。随着分销业务的增加，企业感到以前的配送方式已不能满足业务的需求。2001年，神州数码在北京建设物流中心，采用高架仓库进行存储，没有配置自动化物流设备。由于上海业务的快速增长，神州数码意识到上海将取代北京成为全国的物流中心，于是在2001年底投资兴建上海物流配送中心，并将自动化物流作为一个重点内容，旨在提高系统的处理能力，并期望3年后达到北京的业务能力，日处理能力达到 750 份订单，并要求在市内配送 2 小时完成。

设计后的神州数码物流配送系统是一个典型的自动化物流配送中心。

各区作业描述如下：

（一）自动化立体库系统

自动化立体库系统是构成物流配送中心的重要组成部分。神州数码物流中心自动化立体库系统存储能力为 7 384 个标准托盘位。配置 4 台快速堆垛机进行托盘的存取作业。8 小时存取能力约 1 600 托盘。

自动化立体库系统设计入库输送系统和出库输送系统。其中入库输送系统主要由辊子输送机和链条输送机构成，出库输送系统则由链条输送机和穿梭小车构成。

与传统的设计不同的是：自动化立体库系统不仅作为一个储存中心，还具有货到人在线拣选和 AA 区的快速拣选功能。

（二）快速拣选系统

为了应付快速物料的出库配送，神州数码物流中心的创新之一是自动化立体库的快速拣选区设计。根据物料的拣选特点，系统定义 54 种特别频繁的拣选物料作为快速拣选物料，储存在立体库一巷道的第一层。并设计专门的拣选辅助设备和 RF 设备，完成物料的拣选。物料的补充则自动在立体库中完成。

（三）货到人托盘在线拣选系统

货到人托盘在线拣选是自动化物流配送中心的又一重要特征。对于拣选不频繁的物料，神州数码物流中心设计 6 个在线拣选点，配置 RF 系统完成拣选操作。在线拣选具有很多的优点。如拣选的便捷、集中拣选、柔性拣选等，实际运行表明，目前有 30%–40%的物料通过货到人在线拣选完成。

（四）散件物料和小件物料拣选系统

对于物流中心来说，除了托盘货物外，还有散件货物和小件货物，本类货物的储存一般采用搁板式货架或流力式货架。神州数码物流中心共配置 8 000 个搁板式拣选位置和 126 个流力式拣选位置。并配置条码打印机和 RF 系统，完成小件物料的拣选操作。

（五）平置堆放区

有两类物料通过设置平置区解决，一类是大件物料，由于尺寸太大，无法储存在货架之中；另一类是直入直出的物料和临时存放的大宗物料，为了加快出库速度，没有必要再从分拣系统进行分拣。神州数码物流中心对于大件物料，如服务器、机柜等以及大宗物料，如笔记本电脑、打印机等，设计平置堆放区。通过设计虚拟货位号和提供 RF 辅助拣选手段，极大的丰富了物流系统作业的灵活性。

（六）拣选输送机系统

各拣选区的物料运输通过一套拣选输送机完成，在物料缓存区，操作人员通过标签识别不同单据的物料。

（七）集成化物流管理系统

集成化物流管理系统是本系统的灵魂。软件系统不仅提供各拣选作业的后台支持和数据分析手段，集成化物流管理系统还提供与 SAP R/3 的接口，提供 RF 系统的支持等。

二、物流配送中心的主要工作流程

（一）物料的接收、注册及入库

收货员根据采购订单在 ERP 系统中进行收货。ERP 系统将自动根据采购定单生成收货单并打印，如果 ERP 系统暂时不能运行，可以由模拟终端执行该任务。WMS 的 ERP 接口系统将收货单转换成入库任务，该入库任务将实时传输到 LOG++的数据库系统，并为入库用户工作站所识别。

收货组盘在 RF 上进行。组盘操作时应录入物料号和入库单号，并与托盘建立关系。组盘结果通过接口程序传到 ERP 系统，进行物料确认和地址分配。本系统最终确定的技术方案是由 ERP 负责生成入库货位地址。

码盘结束后的托盘，将由系统指定一个库存区。目前系统设计 4 个库存区：AS/RS 区、平置区（含大件区）、小件物料区和 X–Docking 直入直出区。

确定物料库存区由系统自动完成。对于一种物料来说，存在放置多个库存区的可能。但库存区的选择有优先原则。对于具体物料来说，通过设置库存区上限来防止大量的物料被堆放在某一区域。

RF服务器将托盘码盘信息放置在公用区，RF终端将扫描该公用区的数据以便获得实时的作业信息。在RF终端上，操作人员浏览到库存区的提示后(AS/RS，平置区，小件拣选区，直入直出)，叉车司机可按区域提示将托盘暂时放置在与库存区对应的临时存放区，也可以直接送到相应的库存区。

对于AS/RS库存区-叉车放入输送机后，入库自动执行。

平置区(含大件区)-叉车送货。该区设有分区网格提示。

小件库存区-叉车送货到小件暂存区，对于搁板式货架，叉车送货确认后，位于小件作业区的RF将接收相应任务。当货物码放到空位置后，手持终端应扫描货位和物料号建立库存档案。对于已经建立货箱与物料联系的情形，将扫描货箱号与货位号，确认完成小件物料的入库上架。

(二)物料的拣选及配送

物料的拣选及配送是物流中心的主要业务。具体操作如下：

ERP系统根据用户订单生成出库任务后，将该订单传到WMS系统。货位的指定在ERP中完成。出库指令(包括发货单、物料、货位、托盘、数量、客户等信息)通过接口程序发送到WMS后，任务调度系统首先将根据客户信息将任务分类，并附加缺省优先级。优先级的缺省值如下：

市内客户：30；外埠客户：20；紧急客户：50

紧急客户是指要求加急的客户。在一般情形下，出现紧急客户时会导致相关部分客户的订单提前。

为了实现对客户优先级的控制及调节，系统在调度过程中控制下发的定单数，该数量可以由操作人员控制。任务调度系统还负责分解出库指令和生成自动化设备的指令。并将操作指令送到WMS系统中管理。具体操作分为在线拣选、AA区拣选、小件区拣选、平置区拣选和整托盘出库。

拣选操作均通过RF完成。RF上显示出库的具体指令，包括：订单号、货位号、托盘号、拣选数量、总数量、门等。其中“门”的概念是指对应于提货货车对应的门的编号。WMS系统根据客户信息定义“门”分配规则。

完成拣选的物料在配送缓存区合单，拣选完毕的订单将触发系统自动打印发货单，RF操作人员将根据发货单的提示最后核对拣选物料，并根据需要扫描物料的序列号(SN)。操作无误的订单将在ERP系统中确认(称为过账操作)。等待装车运输。整个操作至此结束。

(三)其他流程

物流系统中除了入库操作和出库拣选操作外，还有很多其他的业务流程，如补货、退货、借用、流通加工、空托盘处理等。这些流程共同构筑了完整的物流系统业务流程，是系统正常、高效运转的必要组成部分。

三、物流配送中心的专门技术

与传统的物流配送中心不同的是：自动化物流配送中心需要高度的信息化和适度的自动化，需要应用与此适应的专门技术。神州数码物流配送中心在设计中广泛应用了现代物流配送的专门技术。这些技术包括：

(一)物流系统的任务调度

物流中心的任务，一般通过ERP系统下达。分为两部分：

其一是自动化系统执行的任务：需要自动化立体库设备及自动输送设备。

其二是RF系统执行的任务：由RF直接执行的拣选任务。

任务优先级问题：解决优先级问题是调度的主要问题。该问题的基本描述是：任务本身具有优先级，用户需要有更改优先级的权利。

神州数码物流中心的任务优先级划分为99个级别。其中1表示最低，99表示最高。高级别优先级的任务比低级别优先级的任务优先处理。

在实际处理过程中，有两方面的问题需要特别注意：多任务问题和重复拣选问题。对于多任务问题，即一个订单具有多于一行的任务，优先级更改将针对所有行才有意义；重复拣选问题即对于一个托盘而言，存在被多个订单进行拣选的问题，调度中应充分考虑到整托盘问题和零托盘问题，确保拣选顺利进行。

（二）拣选分区问题

配送中心的地理位置分散，有时一个订单具有多行，拣选任务几乎覆盖中心的各个物理区域。若采用按订单拣选的策略，势必导致效率低下、劳动强度增加和成本增加等问题，无法满足客户的需求。神州数码物流中心采用区域分解原则求解该问题。基本原理是根据物流中心的地理布局和逻辑关系，划分作业区。如：

AA拣选区：负责自动化立体库54个频繁选物料的拣选；

在线拣选区：负责其他自动化物流系统货到人托盘的拣选和返回；

小件拣选A区：负责阁楼式货架1层的拣选（包括流力货架的拣选）；

小件拣选B区：负责阁楼式货架2层的拣选；

平置A区：一层平置区的拣选（大件物料和频繁拣选物料）；

平置B区：一层平置区的拣选（大件物料和流通加工物料）；

每个作业区有其惟一标识，拣选任务将自动分解作业到各拣选区，操作人员仅需要根据RF的提示完成相应的拣选任务即可，充分体现了并行作业的快捷与方便性。

（三）RF的工作原理

现代物流系统的重要特征之一就是无纸化作业。无线射频装置（RFID）是实现无纸化作业的重要工具，它有多种形式，其工作原理在物流系统的不同作业区域是不一样的。

对于收货区，RF负责组盘操作。组盘根据采购订单、转储订单等进行。系统通过扫描供应商代码获得物料信息。组盘完毕后的托盘将进入管理系统，WMS系统将为托盘分配存储空间（存储区域和存储货位）；

对于入库区，RF将通过扫描托盘获得作业指令（如托盘的目的区域和目的地址），并通过扫描目的仓位号获得对任务的确认。实际操作中，不同的作业区域其作业原理会有不同。

对于拣选区。RF将根据不同的作业区，采取主动获取作业任务和被动获取作业任务两种不同方式。对于在线拣选区和整托盘区，主动扫描托盘获取作业任务是较好的选择；而对于其他作业区（如AA区或小件存储区），则由系统分配作业指令较位适宜。

（四）SN序列号扫描

神州数码物流系统是一个跨平台的分布式系统。除上海物流中心外，由包括北京、广州等在内的12个销售平台均将共享物流信息。物流（包括库存）信息不仅可以在异地浏览，并具有一定的权限可以进行操作。对于SN，要求全国各平台的数据相容。因此作为工作内容覆盖全国的SN扫描系统，RF应完成每次扫描数据的合法性核对。实时性和可靠性是本问题的焦点。

（五）接口问题

神州数码ERP系统采用世界著名的SAP R3系统，配送中心与ERP系统的实时连接是本系统的基本需求。总的来说，接口软件应解决以下问题：

接口方式：采用SAP提供的BC连接技术，数据引入和导出均采用XML文档形式；

数据格式：SAP引出数据的基本方式分为I-DOC文本方式和RFC远程调用方式，其中IDOC采取主动下发策略，而RFC则是类似的API函数调用方式。通过BC中间软件，SAP的数据均转换为XML文档形式。WMS系统向SAP返回的数据也采用XML格式，通过BC返回SAP。

平台问题：对于采购订单、发货单等数据，需要在多平台调用，所以接口软件应解决多平台的分发和从多平台申请数据的问题。系统根据电话区号定义各平台的编号。

（六）其他专门技术

对于自动化物流配送中心来说，除了上述专

门技术外，还有一些技术可以应用。如电子标签技术，在有些情形下，可以提供更简单和更快捷的拣选。标签拣选技术，在一定情形下，可以代替RF或与RF、电子看板等一道完成拣选任务。拣选小车就是结合了RF和电子标签特点的一个产物，并成功应用在许多配送系统之中。对于一个特定的系统来说，有些技术是合适的，而有些则并不合适，关键在于灵活运用。

现代物流中心的强大功能，也许只有在实际应用中才能感受得到。神州数码物流配送中心于2002年底建成，2003年月1日正式投入使用。与预期业务不同的是，业务量在系统上线运行不久，即已超过北京的业务量，高峰日单量超过700份订单。实际运行的结果表明，经过系统的调度处理，90%的订单在30分种以内完成（从下单、调度、拣选完成），市内配送完全可以做到2小时内完成。从目前的情况看，80%的订单集中在下午4点-7点之间，如果订单到达的分布均匀一些，系统日处理订单能力将超过1 000份。神州数码2002-2003年度的配送额达到104亿元，上海已经成为神州数码的物流中心。

此外，神州数码上海物流中心的关键技术，已经迅速扩散并应用到其他许多物流中心，如北京双鹤药业物流配送中心、新疆新特药物流配送中心等。随着我国经济的快速发展和物流配送中心需求的迅速增长，以神州数码物流配送中心为代表的自行建设的自动化物流配送中心将具有广阔的应用前景。

回首2003年这一年，我们不得不注意到业界内几个亮点的出现。

亮点之一　汽车物流升温

商机

2003年，伴随着中国汽车工业的飞跃，汽车物流在中国悄然启动。中国的汽车行业2003年有着非常强的增长势头。2003年1-10月中国累计生产汽车356.10万辆，累计销售汽车347.88万辆，已超过2002年全年水平。中国贸促会等机构在召开的第二届中日韩商务论坛上发布预测，到2005年中国汽车年产量将达到600万到700万辆。这些让汽车制造商眼红的数字，在汽车物流业眼中还只是需要仓储、配送的整车，对物流有需求的汽车零配件数量是它们的10 000倍。此外，新建或改扩建旧生产线所需生产设备的引进，跨国汽车公司对中国汽车市场的觊觎，都将给汽车物流带来新的增长空间。更甚者，据统计资料显示，在中国，汽车物流的成本占汽车生产成本的比重超过20%，而在欧洲这个数字仅是10%-15%。

国内首家汽车物流合资企业是2002年6月12日由上汽工业销售总公司与荷兰TNT公司投资组建的安吉天地汽车物流公司。此后影响较大的还有2002年10月25日由中远集团下属的中远航运公司与全球500强企业之一、全球最大的汽车船物流公司日本邮船株式会社(NYK)合资组建的中远日邮汽车运输有限公司，该新公司旨在进军国内整车物流市场。2003年12月10日，欧洲最大的汽车物流服务商捷富凯在北京与中国大田集团签署合资意向书，准备组建中国最大的汽车物流企业。

现状

在物流领域，汽车物流是需要各个环节的衔接十分平滑的高技术行业，是国际物流业公认的最复杂、最具专业性的领域，其专业性和复杂性尤其体现在汽车零部件向汽车生产商的发送上，包含了对汽车1万多种零配件的供应链管理。

目前虽然国内已有不少公司在做汽车物流的业务，但它们更多的是擅长于整车物流这样一个相对简单的领域，没有哪个第三方物流商能够接手汽车制造商的整个供应链。而实际运行中的供应链多是供产销一体化的自营物流，随着物流业务的不断扩大，供应全球化和电子商务对汽车产品物流的信息化、自动化和柔性化提出了全新的要求，要求制造商具有更加强大的物流实力，不断加大对物流的投入以适应电子商务发展的需要。这些变化对自营物流而言，不但加重了制造商的资金负担，而且也不能充分发挥分工的经济优势，会降低汽车产品的总体物流效率。同时，自营物流居于整车生产企业自身，往往只从整车生产企业的利益出发，过多地强调保障整个生产企业生产的连续性，会要求零配件生产企业提供远大于实际需要的库存。

发展趋势

汽车行业的未来趋势是加强行业分工，零部件生产功能和物流配送功能都将从制造企业中剥离出来，把物流管理的部分功能委托给第三方物流系统管理，以降低作业成本，减少投资，将资源集中配置在核心事业上，促进汽车新产品的开发与产品质量的提高。因此，作为供应链集成的一种手段——第三方物流模式将成为未来的主导型汽车物流形式即汽车制造企业将一部分或主要物流业务委托给外部的专业物流公司来完成。

“WTO带给我们的既是机遇又是挑战”，国人虽已耳熟能详，但如何应对则是永无止境。它在带给汽车市场持续扩张的空间的同时，也给物流业的发展带来了前所未有的契机。谁能做好汽车物流，谁能将整个供应链做下来，谁就能在未来占领更多的市场。

亮点之二　中邮物流有限责任公司的成立

随着市场经济的深入发展，市场客户的需求发生了重大的变化，也促成了以客户为中心的全新服务理念的出现。这无疑也对物流服务提出了巨大的挑战。目前中国很多物流企业都是由传统的物流企业转型而来，很多企业都具备了开展物流业务的基础设施，但仅有这些是不够的。

2003年1月18日，中邮物流有限责任公司作为邮电分营之后中国邮政的第一家公司诞生了。邮政此举的目的是要跻身现代物流大市场，让物流成为邮政新的业务增长点。预计到“十五”期末邮政物流产值将达100亿元以上，其中第三方物流占邮政物流产值的50%以上。

历史回顾

自古以来，邮政就是传统的专业物流企业，网络覆盖全国，优势无与伦比。在中邮物流成立之前，中国邮政其实已经做了多年的物流业务，取得了宝贵的经验，只是一直没有做大，原因主要是物流业务定位不明和其中利润最丰厚的一体化物流发展不快。所谓一体化物流，简单来说就是物流提供商着眼于客户的企业供应链全过程，通过自行承担、联合、外包等多种方式进行运作，向客户提供全方位的物流服务。由于一体化物流业务的开展往往需要一点接触、全网联动，所以全程全网、联合作业的邮政应该说最具有经营这种业务的优势。

市场定位

中国邮政进军物流市场的总体市场定位是：作为一体化物流解决方案（第三方物流提供商）和功能（环节）性物流服务的提供商，运用先进的物流理念和技术手段，为客户提供定制的物流服务；逐步向企业供应链推进，最终成为企业供应链的参与、组织和整合者。市场定位是：市场层次方面，以高层次物流市场为主，为社会提供精益化的物流服务；市场对象方面，以高附加值、小体积、小重量、多批次、高时效的物品为主；涉足行业方面，以电子、医药、出版、汽车配件、高档消费品、烟草、电子商务等高附加值行业为主；客户群体方面，以国内外大中型制造企业、具有良好品牌的流通企业及电子商务企业为主。

基础配送网络和技术支撑

实物传递网方面，目前，中国邮政在全国设立了201个大型物流配送中心，已拥有现代化的大平面新枢纽17个；中国邮政拥有一个由飞机、火车、汽车等不同运输工具组成的，覆盖华北、东北、华东、中南、华南、西北、西南28个省（区、市）304个地市的集散式立体快速运输网络，连接国内所有城市及国外200多个国家和地区；开通了干线夜间汽车邮路117条，使汽车运输网路调度组织更加合理。中国邮政还拥有一个覆盖全国各地的投递网。最新统计资料表明：中国邮政邮路总长度已达310.3万公里，共有邮路21 369条（航空邮路1 047条、铁路邮路177条、汽车邮路13 293条以及若干条其他邮路），农村投递路线总长度达349.3万公里，城市投递段达到41 035条；专用邮运船只达15艘、火车邮厢有481辆、各类邮政汽车计46 161辆。2002年6月18日，国家邮政局又与南方航空公司，就重组并合资经营中国邮政航空有限公司达成协议。中国邮政航空公司和南方航空公司，将在航线布局上统筹规划、统一安排，实现国际、国内航班的相互衔接，形成国际、国内航线与地面运输相连接的运输网络。目前,全国大部分省(区、市)已成立了专业的物流配送投递局或投递公司。中国邮政在县以上城市城区,实行包裹免费投递到户。

信息传递网方面,中国邮政拥有一个全方位的信息接入平台和信息处理系统。中国邮政183电子商务网站可以为客户提供网上接入服务,今后还将逐步完善在线支付功能,为企业客户提供在线支付、友好链接网页、企业产品广告宣传等全方位的服务;185客户服务中心已在全国大部分中等以上城市开通,可提供电话接入服务;覆盖全国遍布城乡的6.7万处邮政局所,提供了传统的柜台式信息接入服务。今天,邮政电子汇兑系统已完成第二阶段工程,覆盖了全国所有县以上城市,邮政绿卡网为实现电子商务网上货币交易创造了条件。

中国邮政在物流配送方面的实力,得到了众多大公司的青睐。目前,中国邮政已与海尔、戴尔、IBM、施乐、中国惠普、新浪网络公司等10多家国内外大公司签订了物流合作协议,其中一些合作取得了实质性进展。

赢得市场得关键

解密这一业绩的由来,在于中邮物流精心选择并全力实践的——破立法则,也就是打破传统邮政的管理模式和经营理念,瞄准现代化邮政的发展方向,建立起全新的体制和机制,走上了公司化运作的新路。

中邮物流虽然是国家邮政局旗下的全资子公司,但在具体业务发展上基本上是按物流的个性化、一体化特征实行公司化运作,正是这种彻底的公司化运作,使得中邮物流能够弱化行政管理,专注于提升服务和开拓市场。也就是说,中邮物流的职责不是居高临下地管理各个省(区、市)局物流业务的经营,而是和大客户谈合作、签订单、开拓市场,然后将业务交到相关的省(区、市)局去运作,同时协调好各局之间的利益关系,使全网运行能够畅通无阻,树立邮政物流的良好品牌形象,以吸引更多大客户。中邮物流上上下下颇为自豪的是,仅在去年3月12日这一天,就签了7家大客户,其中包括科健、迪比特、联想和熊猫这4家手机大厂;6月6日,中邮物流又与全球500强企业之一的雅芳公司签订了进一步扩大在物流、信息流、资金流方面合作的协议。

市场的需求呼唤现代物流企业,然而现代物流就如同一个完善的操作系统一样,不仅仅要有现代化的硬件设施支撑,更要有现代的管理理念和运行机制。适应市场的需要,逐步向现代物流企业迈入,是大势所趋,但是没有由里及内的思想和观念上的彻底转换,那就只能上演一出“皇帝的新衣”。

回想当初,中邮物流的成立引起了物流界、大客户和新闻媒体的广泛关注。为什么?因为大家都想看看——“邮老大”要办公司了,这个公司能改变“老大”作风吗?这个公司能活得好吗?转眼一年过去了,中邮物流用自己的行动作出了回答:邮政变了,变了的邮政在物流领域里开辟了属于自己的一片新天地,并在继续耕耘,继续做大!

亮点之三　仓单质押融资业务

产生背景

众所周知,股权融资与债权融资是企业腾飞的“双翅”。但由于两者在参与管理、控制方式、风险分担与利益分配等方面的不同特点,使得那些正处于快速发展阶段、且拥有着优质项目来源与良好盈利模式的中小企业,往往偏好于寻求银行融资。这是为了避免股权被过早或过度稀释而丧失公司控制权。然而,中小企业却因普遍缺乏能为银行所接受的固定资产或有实力第三方担保,当企业以常规的方式向银行申请融资,其结果多半是到处“碰壁”。因此,为了突破中小企业的融资难的“瓶颈”,一些仓储公司或物流公司勇于创新,与国内部分银行合作,适时推出监管仓,仓单质押贷款服务。相比传统的房地产抵押贷款或第三人保证贷款,这类创新型融资方式,在很大程度上是对担保法上所规定的典型性融资担保方式的突破,从而形成若干“非典型担保”模式。

中储已将发展质押业务作为历史机遇来把握,据统计,截止到2003年底,中储系统内已有20多家仓库开展了此项业务。通过与十余家银行合作，中储质押贷款规模已达每年10亿元，质押产品涉及黑色、有色、建材、家电等七大类。

什么是仓单质押融资业务

仓单是指物流、仓储公司（以下简称仓储方）签发给存储人或货物所有权人的记载仓储货物所有权的惟一合法的物权凭证，仓单持有人随时可以凭仓单直接向仓储方提取仓储货物。传统的仓单质押贷款，由于质押物无法参与市场流通，从而难以真正为企业解决流动资金不足的问题。监管仓，仓单质押贷款服务是对传统的仓单质押贷款业务的升华，核心在于企业以在库动产（包括原材料、半成品、产成品等）作为质押物向银行申请贷款，物流企业经银行审核授权后，以第三方的身份承担监管责任，受银行委托提供代理监管服务，对质押物进行库存监管。质押仓单的仓储方原则上必须是银行认可的具有一定资质的专业物流、仓储公司。质押货物的存放地点可以是仓单出具方的仓库，也可以是具有一定仓储能力和仓储管理经验、良好行业信誉的第三方或出质人自办的仓库，但后者须由仓单出具方派人照管并承担监管责任。企业质押物灵活多样，原材料、半成品、产成品均可以作为质押物。

优点

监管仓，仓单质押贷款服务使质押物可正常进入市场流通、库存即时变现，加快资金周转，改善现金营运状况，减少库存资金占用额，从而从根本上满足了企业对流动资金的需求。使许多经营发展势头良好的中小企业有足够的现金流，支持业务的快速发展。使用该服务，企业可根据自身经营需要，在保证仓内质押存货总体价值不低于银行融资额度的情况下，可以采用以物易物和以保证金置换两种方式，使质押物可持续流动更新，企业资产得以正常周转。对企业正常产销活动几乎没有影响。这一创新为需要扩大流通规模的企业，提供了便捷易行的贷款融资、仓储管理、运输配送一体化的服务。银行选择有信誉、有专业技能、有规范地操作、有控制风险经验的物流、仓储公司与之合作，有效地为银行提供保障并为银行带来新的经营业务项目和获利途径；融资方能顺利获得银行的资金贷款，从而支持企业的业务扩大和发展；物流、仓储公司在融资方获得贷款的同时也促进了自身业务的发展，达到共赢的目的。

结束语

透过这许许多多的现象，我们看到了那只无形的手——市场！市场让我们学会迎接挑战，也让我们学会把握机遇。“审时度势，量体裁衣”，每个企业在选择自己的发展策略时都要依据自身特点和实力，或者选择进入新的市场，或者拓展新的业务，不断根据市场的变化转化经营思路，努力在激烈的市场竞争中打一场不败之战。

（供稿：北京交通大学经管学院物流所
王耀球　王　艺）

企业物流案例

物流公司案例

传统仓储企业改造提升为现代物流企业的实践
——记中国物资储运总公司

中储是一家典型的传统仓储企业。它是原国内贸易部直属大型国有仓储物流企业。公司始建于1962年,原为国家经委仓库管理局,曾先后隶属于物资部、国家计委物资局、国内贸易部、国内贸易局。

改革开放前,中储采取的是高度集中的计划体制,生产上实行指令性计划,劳动工资上实行统配统调,财务上实行统收统支,这与我国当时大一统的计划经济是相适应的,中储也为当时的社会稳定和经济发展做出了巨大的贡献。

十五大以后,国企改革的方针得到了明确。中储及时掌握国家的改革方针,与时俱进、不断进取,积极适应外部环境的变化,从企业战略方针、管理体制与运行机制、业务模式、软硬件的改造等多方面入手,提高本企业在市场上的竞争力,满足客户日益提高的要求,使自己从传统仓储企业的行列步入了国内屈指可数的超大型的现代物流企业。

一、与时俱进,根据经济发展进行企业改革

企业只有与所处的环境相适应,才能获得良好的发展。在企业面对的外部环境因素中,经济的运行方式是非常重要的一方面。企业的管理体制与经营机制只有与社会整体的经济运行方式相适应,企业才能得到长期的发展。而在我国,经济体制的改革正在进行当中。经济体制的不断变革,要求企业必须更加注重自身与环境的协调问题,把企业的变革和发展作为一项企业长期的发展战略。

中储正是这种善于进行动态调整的代表。中储是计划经济时期国家为了统一调拨生产准备的生产资料而在全国设立的,是个典型的以仓储业为主的大型国有物流企业。那时,中储主要承担国家计划内金属材料、机电产品、轻化工产品、建材等各类生产资料的储存保管、质量检验、验收、发运和中转运输任务。企业目标是完成政府下达的任务,总公司通过下指标、下命令的方式来管理分布在各地的分公司。这种方式,是与我国当时整个的经济环境相适应的,中储也因此为我国的社会稳定、经济发展做出了巨大的贡献。

实行市场经济后,中储所面对市场环境发生了巨大的变化,整个企业的任务也从主要完成政府下达的指标,转变成了面向社会,为客户提供各种生产、生活资料的储存、加工、配送、运输、货运代理、代销分销等物流服务。市场环境的变化,企业目标的变化,使得中储产生了不适应性和镇痛,大量仓库出现资源枯竭。但是,这种状况也提醒了锐意改革的中储人,建立现代企业制度,理清产权关系,建立多元投资主体,恢复企业盈利能力,被提上了日程。

理顺企业管理体制,首先应从明晰产权和建立新型的业务组织形式着手,改变计划经济时期形成的以行政管理为主的上下级关系。就中储而言,就是要改变投资者承担无限责任而利益却难以保障的管理形式,调整原来总部、二级公司、仓库的三级管理体制,直接把仓库的资本金上划。在总部与基层企业之间建立一条资本纽带,并通过逐步淡化行政管理,充分发挥资本纽带的作用,形成以资产投资关系为核心的全国物流业务网络。

彻底打破由计划经济体制形成的产权和系统条块分割的局面。

1996年底，财政部批准中储系统资本金上划，这在当时内贸企业中尚属首家。这是中储系统开始向现代企业迈进的里程碑。总公司与下属企业建立了资产纽带关系，起着“国有资产投资主体”的作用。这是现代企业制度中“产权明晰”要求的一种具体体现。这一重大突破为中储后来的一系列改革重要基础。

为了建立一套科学的组织管理体制，公司总部针对大部分原二级公司债务大、包袱重、经营和管理职能混淆等状况，决定将原二级公司改造为子公司，组建地区事业部，形成总公司本部、事业部、子公司及总公司、控股公司的组织领导体制，并相应确定职责、权限、义务。

2003年，中储根据诚通集团发展战略以及市场环境的变化，实时调整，再一次对企业体制进行了改革。3月，总部调整机构，管理部室由原来的11个减为6个。运营部门职能得到强化，运输部成立，资产经营部转变为经营部门。10月，运营二部改组，质押监管部成立。改革后总部各部门的工作职责重新确立，相关规章制度也得到完善，这为总公司实现从管理中心向运营中心转变奠定了基础。

近年中储系统还按公司制企业的要求，在投资多元化的公司制改造方面，进行了一些有益的探索。对发展前景好的业务，建立新的企业组织形式，促其加速发展。如中储国际货代公司由总公司货代部改制而成，总公司持股40%，经营者和职工个人持股60%。

二、对硬件进行改造

（一）投入重资建设现代物流中心，体现国有物流企业的改造价值

中储近5年的时间内，先后投资1.38亿元，建设现代化的物流中心面积近14万平方米。上海、河北、河南、陕西、辽宁、四川、湖北、吉林等地的分公司的仓储环境都得到了很大的提高。

通过建设新型库房，并对老库房进行翻新改造，中储增强了仓库的功能，全面提升了仓储物流能力，满足了客户多方面的需求，同时吸引了更多的客户入驻，使企业的储运业务大幅度提高。并且，以储运业务的提升为前提，企业的配送、货代、经销、仓单质押等业务也有了很大的发展。

中储在建设和改造库房的同时，十分注重业务能力的提高以及现代化工具的应用。为了满足客户日益提高的需求，中储投入了巨额资金用于购置新型货架、托盘、数码自动识别系统和分拣、加工、包装等新型物流设备，大幅度提升现有仓储自动化水平和物流运作效率，增加物流服务功能。另外，公司还购置了各类叉车、起重机、堆码机、输送机等库内装卸、搬倒、输送设备，对老设备进行了技术改造、提高机械化作业水平。各种先进物流设备不但降低了人工成本、提高了劳动效率，还直接提升了物流过程的精细化水平，从而大幅度提高了企业的效益。

另一方面，中储还紧紧抓住各种机会，来改造中储、发展中储，提高中储的市场竞争力。

首先，以土地置换为契机，全面提升企业业务。客观上，由于城市建设的发展，有的仓库逐渐被商业区和居民区包围，而市区对货车的交通管制越来越严格，仓库向交通便利、有利于为目标客户降低成本的位置转移势在必行。通过置换土地进行老库改造，还耗时短、耗资少、见效快，且可以与城市规划相结合，使选址更合理、设计功能更符合现代物流对信息化和流转功能的需要，实现社会效益和企业效益的“双赢”。中储近年来先后对石家庄物流中心、成都物流中心、上海事业部、辽宁事业部等进行了土地置换，不仅改善了城市的面貌，而且还获得了大量的置换资金、拓宽了物流中心的功能、提高了物流中心的服务能力。

其次，中储还积极与国外先进的物流企业合作，充分利用国外的资金和先进的管理理念和技术。去年，由中储全资子公司中国(天津)物资国际招商总公司与天津天保控股有限公司、日本冈谷钢机株式会社三方合资组建的天津天保冈谷国际物流有限公司在天津保税区正式签约。公司充分利用了天津保税区的区位、政策优势和良好的国际物流环境，借助中储总公司遍布全国的物流网

络资源，引进外方现代物流管理技术和产业运营经验，为客户提供了专业化、网络化、国际化的全程物流服务。

（二）建设物流信息网络，打造强健的数字神经

信息技术的运用程度是现代物流企业的重要标志之一，现代物流与传统物流最大的区别就是以各种信息技术为核心。现代物流条件下，以现代电子网络为平台的信息流，极大地加快了物流信息的传递速度，为客户赢得最宝贵的时间，使货物运输环节、方式科学化和最佳化。以快节奏的商流和先进的信息为基础的现代物流，能够有效地减少流动资金的占压，加速资金周转，充分发挥资本的增值作用。

中储十分注重信息系统的打造，并且已经独立开发了仓储信息管理系统。这个系统以中储标准化业务流程为基础，运行情况总体良好。公司通过管理信息系统，实现了仓储管理、商品销售、开单结算、配送运输、信息查询、客户管理、货物跟踪查询等功能。利用信息系统平台，公司还能够获取供求信息，提升企业信息流的速度，这样就大大地省去原有的人工劳力，使公司在有限时间里不仅广泛地获得大量有用信息，而且还为客户提供了更为方便、可靠、快捷的物流服务，也为实现网上交易、电子商务提供了必要的技术保证。

三、人才的引进与培养

现代物流是货物流、信息流和资金流的统一。货物流、信息流和资金流的统一动作离不开高素质物流人才的筹划与实施。吴邦国副总理指出："现代物流是一项跨行业、跨部门、跨地区甚至跨越国界的系统工程。"因此，现代物流需要掌握现代知识的复合型人才。

中储在一贯提倡的人性化管理前提下，十分注重人才的引进。公司领导层大专学历从76%上升至87%。近两年，中储又引进大学本科以上学历人员600余人。另一方面，中储也注重内部人才的培养，通过举办多期物流高级培训班，聘请知名学者授课，来培养金融、外贸、保险、运输等多方面的复合型人才和操作型人才。到现在为止，全系统共有500多名中层骨干得到专业培训，其中100多人参加国外培训，一些年轻干部已充实到领导岗位，为中储开拓全程物流组织等业务起到了重要作用。另外，中储还大力推行人事制度市场化改革，坚持"职能落实、精简高效、积极稳妥"原则，对人事、劳动、分配三项制度进行改革，建立起了有效的激励、竞争机制，调整了管理层、运营层和作业层组织结构比例，压缩了非经营性机构和人员。几年来整改企业达到了30多家。

四、业务创新

传统物流企业要想在物流服务市场的激烈竞争中取得优势，就必须以客户为中心，充分发挥自身优势，在运输、仓储、配送等功能性服务基础上不断创新业务内容。传统物流业务是通过运输、仓储、配送等功能实现物品空间与时间转移，是许多物流服务商都能提供的基本业务，所以不容易提高服务收益。而只有通过提供差异化的业务，为广大的客户提供更多的便利，物流企业才能立于不败之地，获得长足的发展。

（一）经销业务

经销业务目前已成为中储的重要业务支柱之一。仅2003年，中储经销业务收入预计达30亿元。在业务发展过程中，中储形成了多种经销模式，衡阳公司的统进分销、南京分公司的重点项目供货、上海事业部和经销分公司的钢厂代理，各有特色，成绩卓著。在经销业务的开展过程中，中储注重从以下几个方面把握：

准确定位，特色经营。选准代理品种，明确市场定位是经销工作良好发展的关键，而市场调研又是确定代理品种的关键。在选择品种上中储尽量做到不撞车、少撞车，减少同一钢厂在同一地区的资源竞争，减少所在地区的价格竞争，形成人无我有、人有我大的特色经营。

研究市场，抓住机遇。经销工作必须随时关注市场变化，关注国家形势，才有可能规避风险、抓住机遇。中储利用开会、电话、网络、巡查等方式，组织经销人员对市场进行研究、分析，找出钢材市场的一般规律及特殊规律。

建章立制，规范管理。从进货到销售，各个环节都制订了严格的管理制度，出台了统一的经销业务管理办法。这使得公司的经销业务制度统一、有章可循、有法可依，达到了风险控制、良性发展的目的。近几年来，中储的经销业务没有发生一笔不良债权。

优质服务，诚信第一。中储的经营讲究优质、高效、便捷、周到的服务，经销部门24小时作业，全程服务，送货上门。中储还始终坚持诚信第一，多次被评为质量、计量信得过企业。

财务监控，确保安全。完善财务管理制度，强化监控职能，是确保经销资金安全、实现经济效益的关键环节。

（二）仓单质押业务

仓单质押在目前社会信用体系不健全、社会库存量大的情况下，扫除了企业融资的许多障碍，加速了生产——流通——消费的过程，非常适合我国实际情况。目前中储质押贷款规模每年近10亿元，质押产品涉及黑色、有色、建材、食品、家电、汽车、纸张、煤炭、化工等七大种类。质押贷款所涉及的银行有包括四大国有商业银行在内的数十家。

中储对仓单质押，不仅仅投入了热情，而且还在具体实践当中进行不断摸索，探求适合我国实际情况的业务模式。在国外，仓单质押是在一个成熟的市场环境下成长起来的，关于仓单质押的法律条文也比较全面，而在我国，这方面的规定还不健全。另外，我国国有企业仍然和银行有着千丝万缕的关系，而广大的中小企业，仍然以家族企业为主，管理理念落后，管理不规范。凡此种种，由于我国的实际情况与西方发达国家有着很大的不同，仓单质押在我国的开展有自身的特点，不能完全照搬国外的模式。这就需要一定的创新。中储正是凭借着自己锐意改革和勇于创新的精神，不断在业务的开展过程中，满足客户需求，发展适应我国市场的仓单质押，同时，对目前的商品质押市场起着规范的作用。

目前，中储开展的业务已不局限与中储的自有仓库存货的质押，还发展到中储以外仓库的质押监管；不仅限于货物的仓储环节，已涉及从原材料采购到产品生产和产成品销售的供应链全过程。具体的业务模式主要有现有存货质押贷款，异地仓库监管质押贷款，买方信贷等形式。另外，围绕国际货代、仓储保管、金属分销等业务，中储还开展有不同方式的质押监管业务。对于这些业务模式的开展，中储的原则就是要以客户的需求为导向，根据客户的不同的实际情况，为其提供灵活、方便和低成本的仓单质押服务。

中储不仅根据不同企业的不同特点采取不同的质押模式，而且，针对目前质押贷款手续复杂、所需时间长的问题，还进行了有益的探索，并成功的运用了统一授信的方式，把仓单质押变成了一种简便、可控性好的融资模式，也间接再造了企业的信用。

统一授信也就是把贷款额度直接授权给中储，再由中储根据客户的需求和条件进行质押贷款并进行最终结算。中储向银行按企业信用担保管理的有关规定和要求提供信用担保，银行授予中储一定的信贷额度。中储直接利用这些信贷额度向相关企业提供灵活的质押贷款业务，由中储直接监控质押贷款业务的全过程，银行则基本上不参与质押贷款项目的具体运作。该模式有利于企业更加便捷地获得融资，减少原先质押贷款中一些繁琐的环节；有利于中储拓展服务范围，加强同企业的客户关系管理，提高对质押贷款全过程监控的能力；也有利于银行更加灵活地开展质押贷款服务，优化其质押贷款的业务流程和工作环节，降低贷款的风险。到目前为止，仅中信实业银行对中储的授信额度就达到了10亿元。

（三）现货市场

中储现货交易市场是中储在市场经济大潮中适应社会需求、依托仓储资源优势、提高企业市场竞争力和综合实力的一种战略举措。中储有广阔的占地面积、大型的露天货场、数量众多的库房、功能齐全的吊装设备和铁路专用线以及经验丰富、训练有素的储运管理者队伍。并且，中储很多仓库地处交通枢纽，是大宗货物的集散地，商家云集，天然条件优厚，这就为中储开展现货市场创造了条件。另外，中储开展现货市场，投资少，见效快：中储开办的现货市场大多是在本企业原有设施设备基础上改建而来，投入资金较少。较少投资有利于降低客户的物流和交易成本。

目前中储已在全国20多个大、中城市建成金属材料、建材、机电、木材、日用百货等市场近30个。这些市场已经成为了聚商流、物流、资金流、信息流为一体的综合物流中心。

通过现货市场，中储为众多的客户带来了多项增值服务。如形成了方便客户的"前店后库"式格局。中储的现货市场背靠仓库和货场，强大的仓储服务能力、起重装卸设备和铁路专用线等设施，为进驻企业的物资到发提供了极大的方便，也充分适应了"先看货后交易"的现货交易特点；又如为上游生产商、下游消费者及物流企业实现"三赢"搭建坚实平台。历经四十年风雨的"中储"品牌拥有良好的信誉，现货市场能吸引许多大的生产厂家代理商进驻。客户在中储市场内既可以"一站式"采购到所需各类材料，也可享受到仓储、加工、配送、融资、信息、物流方案设计等"一条龙"物流服务。在这种"三赢"模式下，企业有了效益，商家有了财源，消费者有了实惠和方便，市场也就实现了滚动式发展；另外，中储的现货市场还有着良好的物流延伸服务和市场配套服务。中储的现货市场一方面可以为客户提供仓储、配送、剪切加工、质押监管、物流方案设计等全套现代化物流服务；另一方面还设有商务中心、资金结算和储蓄中心、信息中心等市场配套设施。这些都成了中储现货市场吸引客户的地方。

（四）发挥中储优势，实现一体化运营

中储有着完整的全国网络体系。利用这一得天独厚的优势，通过包括客户物流系统优化、物流业务流程再造、订单管理、库存管理、供应商协调、最终用户服务等，中储为客户提供了一体化物流解决方案，实现了对客户的"一站式"服务。

物流一体化也需要物流企业有高水平的技术与管理，有专业化物流管理人员和技术人员，充分利用专业化物流设备、设施，发挥专业化物流运作的管理经验，以求取得整体最优的效果。中储有着40多年的历史，拥有一大批专业的物流人才，理论知识扎实，实践经验丰富，是实施物流一体化服务的有力保证。中储还用有先进的运载工具和物流信息系统，能够实现运输专业化、网络化、自动化，以及各种运输方式的有效衔接，从而以方便、快捷、优质、经济的运输服务满足第三方物流的需要。

五、战略发展

中储在发展过程中，十分重视企业战略，而且随着周边环境的变化，中储总是在不断地调整自身的发展战略，把企业的长期战略紧密与我国的经济改革的过程相结合，变劣势为优势，把握企业的机遇，从而达到社会效益、企业效益的均衡发展。就是这样一个企业，不断改革，不断创新，始终我国社会经济发展的前沿，在计划经济时期为国家的发展做出了应有的贡献，在市场经济条件下，又成为了企业与企业、企业与客户之间的桥梁。

在未来的几年内，中储的将紧紧围绕现代物流的发展目标，进一步深化企业改革，推进科学化管理，优化资源配置，加快市场化进程。以现有物流结点为依托，拓展功能，夯实基础，加速建成一批适应现代物流需求的物流中心，建立一支团结、精干的经营者和员工队伍，树立诚信、高效的中储物流品牌形象。利用国内外两个市场资源，开展广泛的合作、结盟与购并，实施整合与扩张，构建覆盖全国、布局合理、统一运营的物流网络。以世界领先物流企业为标杆，在巩固基于资产的物流实体运营能力及优势的基础上，探索基于现代物流技术与管理能力的路子，逐步形成为主导行业及重点客户提供多功能、一体化、综合性物流服务的业务运营模式和盈利模式，激发现有网络资源潜能，培育公司核心业务和竞争优势，实现从基础物流提供商向综合物流服务商的转变，最终发展成为具有一定竞争力、国际知名的物流企业。

（供稿：中国储运总公司）

"国药物流"物流一体化运营案例

一、概述

（一）企业背景

国药集团医药物流有限公司简称国药物流(SINOPHARM Logistics)，是国药控股有限公司(以下简称国药控股)的下属企业。2004年，在公司的一体化运作战略指导下，国药控股有限公司下设的物流事业部成立国药集团医药物流有限公司。新公司对国药控股原有的物流系统进行了一次彻底的整合和重组，实行了国药物流系统进行一体化、专业化、系统化的管理。

新成立的国药集团医药物流有限公司管辖了全国各地的物流中心。华东、华北、华南、东北、西北、西南等区域都已建设了设施齐全的物流中心，并且其他地区的配送中心也正在组建之中。经过了短暂的调整，国药物流就进入了物流运营一体化的阶段，公司通过"现代物流"理念的引入，在企业内部实现资源重组，推动物流管理流程的再造，达到有效的供应链集成管理；对外创立"国药物流"的医药物流服务供应商的品牌和地位，开拓新的利润源，提升企业的可持续发展能力。

（二）"国药物流"一体化运营的背景

在物流一体化运营方案实施之前，国药物流的物流网点已经遍布全国各地，公司总部设在上海，在上海、广州、天津、北京、沈阳、西安、柳州等地都设有相当规模的物流中心，然而国药物流的各地网点运作的独立性较强，各物流中心的服务水平和运作能力也不一致，各地物流作业的标准不统一，物流资源的配置还没有达到完全优化的状态. 过去的物流运作不能充分实现全国性网络的规模经济。国药物流为了实现物流运营的高效率和低成本，以物流网络的优化为起点，实施物流系统的一体化运作，大力推进标准化作业流程和人力资源战略，提高医药及健康产品物流服务水平。

二、国药物流一体化运营方案概述

国药物流一体化运营方案的目标是构筑一个网络覆盖最全，专业化程度最高，服务能力最强，最具国际竞争力的物流企业，为我们的客户提供专业的物流服务解决方案。

公司在分析原有物流资源的基础上，与国际知名的咨询公司合作，共同制定了物流一体化的运营战略和方案。

1. 针对过去各地物流中心相对独立而又强大的运作能力的特点，公司着重建设连锁化的全国物流网络，将原有的物流中心联结起来，真正实现"点强网通"的物流体系；

2. 针对原有物流中心相对独立的运营流程的特点，公司推进标准化作业流程，实施物流流程的全国标准化推进工作，通过流程再造和流程优化的结合，实现物流流程的标准化和专业化；

3. 针对国药物流运作中，信息数据、数据管理等工作的重要作用，国药物流旨在通过与国际著名的专业的第三方物流咨询公司的合作，构建一体化的物流信息平台和信息系统。

4. 同时，根据物流人员的特点，通过外引内育的形式，推进人力资源战略，为现代化的物流系统提供人员的保证。

国药物流的一体化运营一方面练就了扎实的物流基础服务能力，另一方面也提升了公司在供应链上的地位。国药物流不仅联合供应链上下游的企业组织，进行物流服务链能力的提升，同时，国药物流还整合其他物流服务链的资源，实现物流运作供应链的交叉整合，最大限度的实现物流的高效服务，为客户创造最大的价值。

三、物流一体化运营的实施

（一）全国物流网络的健全与完善

国药物流网络的一体化运营，不仅能够提高企业物流效率和整个物流体系的有效性，而且有利于提高客户服务能力。国药物流的网络以上海、广州、天津三大物流中心为基础，层层布点，形成主要以医药产品为主导资源，服务范围覆盖全国的综合物流服务网络系统。按照国药控股一体化运营的战略要求，主动链接医药供应链的各个环节，提供一体化的物流保障。

国药物流的多级配送体系主要分为三级：一级是上海、广州、天津的一级区域物流中心，一级的区域物流中心均建设现代化的物流配送设备，其下根据业务发展在华南、华东、华北、东北、西北建设二级配送中心，二级配送中心下面通过委托、联盟等方式构建三级配送中转站，从而保证物流网络的广度和深度，直接服务与物流的终端配送市场(见图 1)。

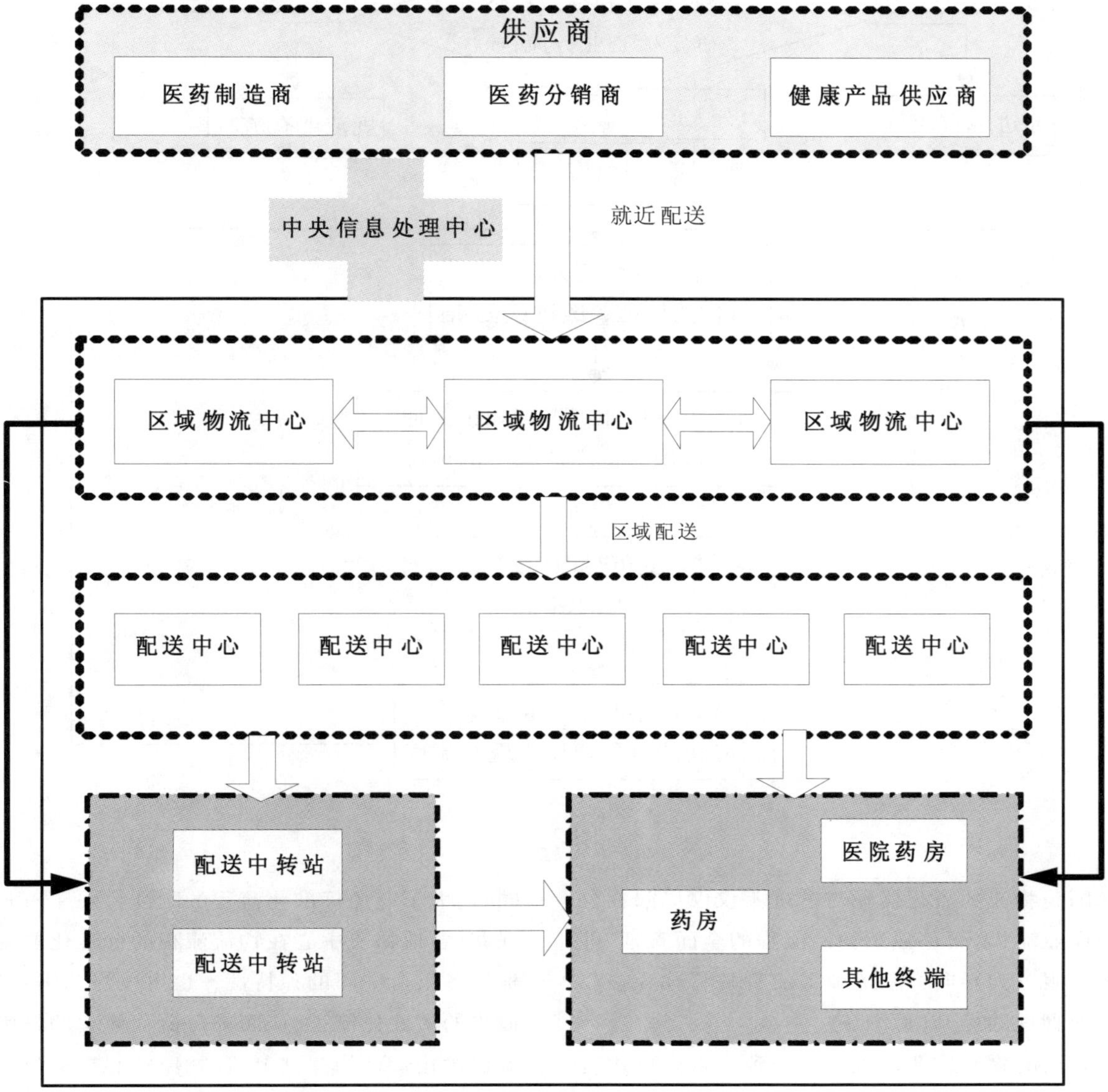

图 1

(二)面向客户服务的物流流程优化与管理

完善的物流网络服务体系是实现客户服务的第一个基础条件，而点到点的标准物流服务流程则是卓越的物流服务保证。尽管过去相对独立的物流配送中心都具备相当优质的物流服务流程，但是随着市场的发展和客户服务标准的提高，为了为客户提供更加到位，更加贴心的物流服务，流程的优化和管理显得更为重要。

自从2003年开始，国药物流的各物流中心首先对当时的流程进行全面的考核和评估，在成立专业的流程小组的推动下，物流流程的优化工作全面展开(见图2)。

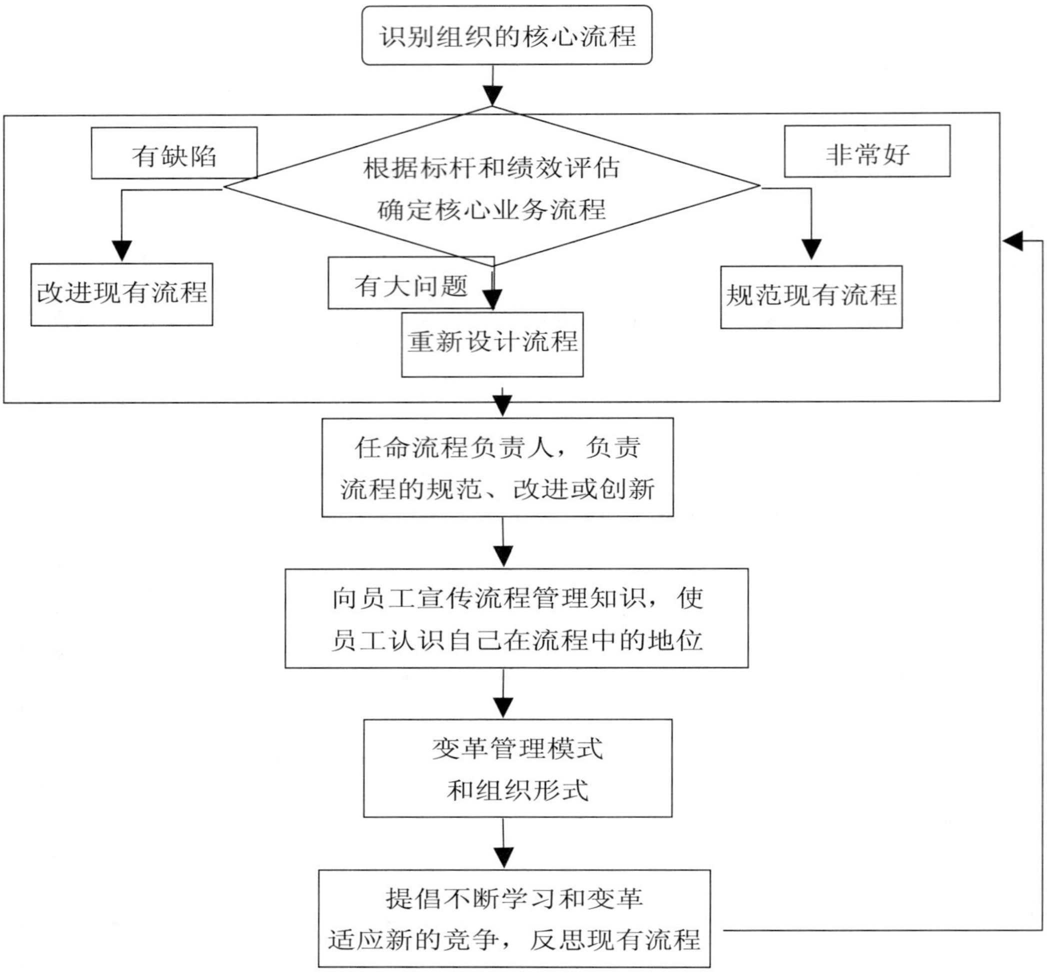

图2

国药物流的流程优化与管理不仅仅局限在公司的作业流程，而是强调物流流程的全面管理，即以客户服务为导向，物流业务流程的管理为核心的全面管理的提升(见图3)。

公司的物流作业流程优化与致命咨询机构进行合作，综合了业务流程再造和业务流程优化两大特点，完成了物流标准化作业流程的规范版本，各物流中心按照标准化作业流程实现全国物流作业的标准化，物流单据的标准化，物流紧急措施的标准化，为网络化的物流运作打下了坚实的基础。同时，为了避免标准化流程的刚性太强，公司总部强调，各地物流中心在物流流程的标准化前提下，根据各物流中心的独特性，也可度身为客户制订适当的柔性化流程，从而确保流程效率的最优。在流程优化管理的基础上，各物流中心在岗位优化、数字化报表管理、绩效管理上也同时进行提升，在短短一年的时间，实现数字化管理和量化决策，使得物流运作更加科学、合理、高效。

（三）联结全国物流网络的物流信息系统的构建

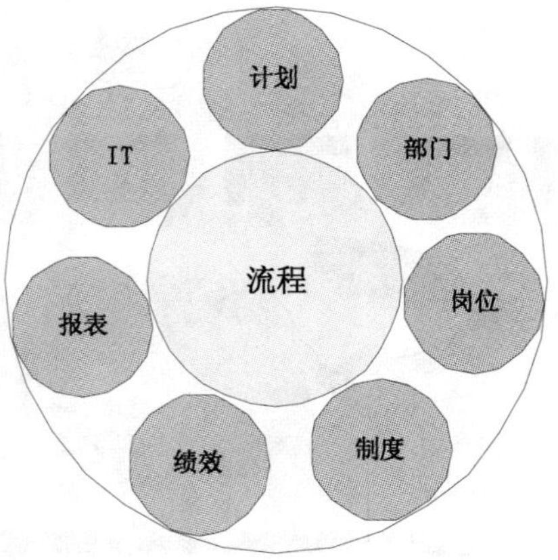

图 3

信息网络是现代物流的命脉，没有信息网络技术的发展就没有真正意义的现代物流业。国药物流构建的网络化集成的物流信息系统，通过网络平台和信息技术将物流网点联结起来，通过网络使物流企业与药品制造商、供应商、下游客户及相关单位联结起来，实现资源共享，信息共用，并对物流各环节进行实时跟踪、有效地控制的物流活动的全过程，提升和整合物流企业的服务能力。

2004年，国药物流与一家国际著名的供应链执行解决方案供应商合作，全面实施供应链管理执行解决方案。国药物流的信息网络系统不仅能够实现物流操作业务的高效率，高准确率，同时，物流信息网络通过信息的单点联系，信息门户的构建，实现信息管理全面的功能。国药物流本身的信息发布和获取，客户和供应商的信息传递，订单管理、仓库存储管理、配送管理、客户管理以及信息统计分析等综合服务等功能都能够有效地帮助物流服务链上的各个成员都能够实时获取信息，实时参与到物流的运作当中来。因此，国药物流建立网络化集成的物流信息系统收集每一个产品全程物流信息，向物流所有参与者提供全部的可见信息。通过信息单点联系访问系统内的任何数据，从而提供关于整个供应链的信息，分析、计划、平衡社会物流的活动(见图 4)。

（四）在物流服务链上的战略合作联盟的建设

没有一个发达的物流企业是单靠自身发展起来的，国药物流也不例外。国药物流在高度满足集团业务的运营之外，还以专业的第三方物流解决方案的提供者为供应链上的其他企业提供专业的物流服务。

在以客户价值至上的现代物流时代，物流的专业服务不仅体现在公司专业的解决方案，更加体现在供应链优化带来的高水平的物流服务和高增值的客户服务。随着国内物流市场的不断整合和重组，国药物流始终站在供应链的高端，以供应链优化为目标，通过硬件手段和软件资源，建设物流服务联盟，集成供应链资源，为最终客户提供卓越的服务。

国药物流联盟的建设，不仅为了满足国药控股的物流需要，而且能够满足外部市场的物流需求。以国药控股物流为核心建立以契约关系为主要形式的稳定的物流联盟，有效利用物流资源，解决快速、柔性配送问题。国药物流在联盟伙伴的选择和控制上加大管理力度，创新管理理念，利用自身的信息优势和管理优势，创立物流联盟信息平台，形成组织松散、物流业务紧密、互惠互利的医药物流联盟。

四、结语

国药物流一体化的物流运作真正地让公司获得了前所未有的成长和发展，优化了公司的资源，完成了医药及健康产品有制造商到终端门店的多级配送体系，并通过提供各类增值服务到达供应链的优化。国药物流最终将以专业的精神、专业的

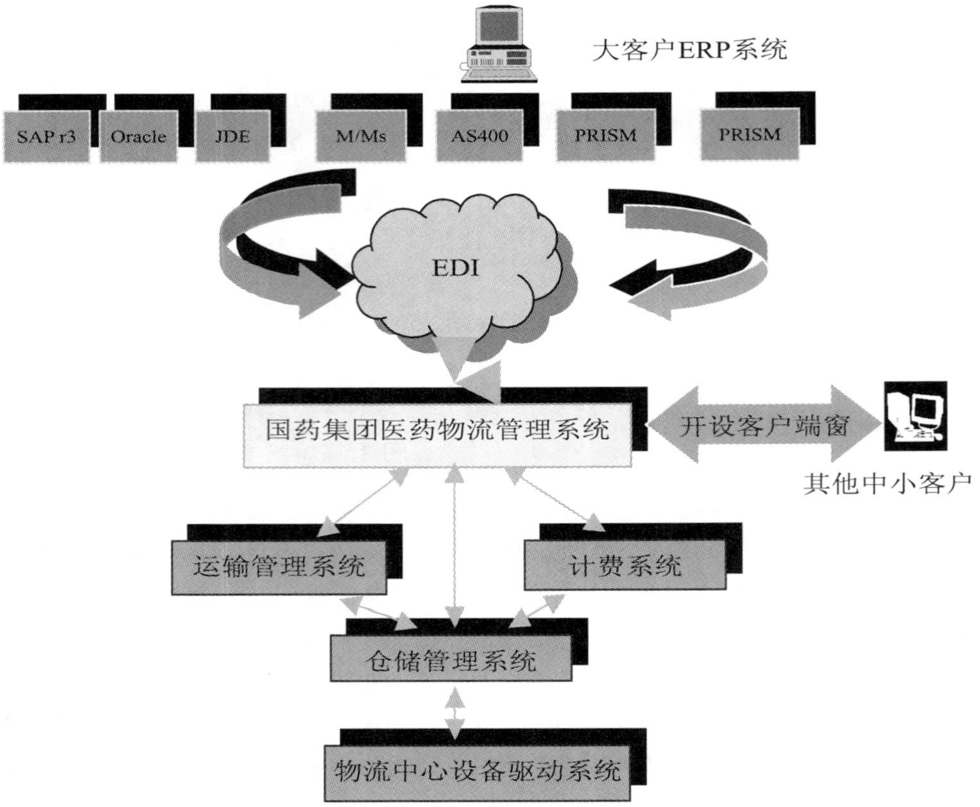

图 4

网络、专业的服务以及专业的人才为所有客户提供最满意的物流解决方案！

（供稿：国药集团医药物流有限公司）

传统运输企业转制为物流公司的探索

——五粮液集团安吉物流公司

一、背景分析

现代物流是原材料、产成品从起点至终点及相关信息有效流动的过程。它将运输、仓储、装卸、加工、整理、配送、信息等方面有机整合，形成完整的供应链，为客户提供多功能、一体化、一站式的综合性服务。在这个过程中，通过一系列科学有效的管理和专业运输服务，生产厂家和经销商都将节约大量成本，提高生产经营效率，同时物流公司本身也将在这个过程中获得较为丰厚的利润。

随着全球经济一体化和现代交通运输业、现代信息技术的迅速发展，企业生产资料的获取与产品营销范围日趋扩大，社会生产、物资流通、商品交易及其管理方式也正在发生深刻变革。与此相适应，降低运输成本、提高企业运输竞争力已成为每个企业的必然需求。在这个背景下，全球范围内的物流建设发展广泛兴起，传统运输企业整合自身资源，改造企业机制，向现代物流转变，已是大势所趋。国际上普遍认为，物流产业将成为21世纪中国经济发展的一个重要产业部门和新的经济增长点。为了降低运输成本、提高运输企业竞争力、促进城市现代化，争夺加入WTO后导致的全球化巨大的物流市场空间，第三方物流必然兴起。

制造业和商品业用户需要专注于自身的核心竞争力，避免在物流上进行投资(不可能也没有必要每个企业都配备自己的运输设施，这样将造成企业分配资金与精力，同时造成整个社会资源的巨大浪费)，市场呼唤着真正的一站式一体化的专业物流服务，通过为客户提供一系列的服务而进入更高层次的市场，并在这个过程中使客户降低成本，提高竞争力，从而分享其增加的利润。因此，成功的物流企业将与客户形成相互依存、共同发展的双赢局面。

从物流的细分市场来看，目前国内发展迅速的领域集中在：一是以三资企业、私营企业等非国有经济为服务对象的“第三方物流”将继续呈现快速发展的势头；二是一些优势国有企业在优化内部物流管理的基础上，逐步产生和发展的物流服务需求。这两部分企业对高效、专业化、社会化物流服务的市场需求将成为支撑中国物流产业发育与发展的主要市场基础。我们在原有的传统运输业务之上，通过向物流服务领域延伸，正在向专业化物流服务企业转型。

二、集团现状与战略抉择

根据国内的物流建设经验，依托于某一大型企业为基础，并以此为阵地向社会扩展第三方物流较容易取得成功。可以说，五粮液集团安吉物流公司在物流方面有着得天独厚的优越条件。

五粮液集团安吉物流公司是五粮液集团有限公司的子公司，具备道路货物运输经营的独立法人资格。公司前身是五粮液汽车运输公司，2002年12月10日更名为五粮液集团安吉物流公司。目前，安吉物流公司下设办公室、经营部、技安部、财务部、质检部、信息部、物流中心和八个运输分公司(其中客运公司和的士公司在建)，拥有安民汽车销售公司、安吉港务公司、机械制造工程公司、汽车驾驶学校、安吉物流商贸公司五个二级子公司，并拥有加油站、集装箱货场，在重庆市、浙江省杭州市分别设立了货运分公司。公司现有员工1 500余人，各型运输车辆、起重、装载及工程作业等机械1 000余台，各式标准车用集装箱350个，货物仓储面积4万平方米。2003年，公司安全行车2 465.9万公里，运输各类物资834.15万吨，完成货物周转量35 100万吨公里。公司的货物运输已覆盖全国范围内除台湾、香港、澳门以外的所有省、市、自治区385个站、点。公司每天均有车辆往返于京津、江浙沪、广东等地，24小时全天候地办理物资仓储、运输、配送一体化服务。

2002年6月，公司通过了ISO9001:2000国际质量标准认证。2002年12月，公司通过交通部道路货物运输二级经营资质评审。2004年7月，公司被列入四川省交通厅现代物流试点企业。公司坚持依靠主业而不依赖主业，在物流实践中，以保证五粮液集团的各项生产经营任务为先决条件，向内挖潜、向外拓展，积极开拓最适合自身发展规律的物流建设道路。

三、实践运作

(一)科学规划，逐步推进物流基础设施建设

1. 征用土地，完善机构，为下一步全面展开物流运作、升级物流园区做好硬件准备。

2. 设计制作车用集装箱，极大地改良传统货物运输方式。

据测算，2003年公司承担的五粮液集团货物运输量达750–800万吨，货物周转量达30 000万吨公里。五粮液集团公司的运输物资多种多样，有粮食、煤炭、成品酒、药品、纸张、电子产品等等，运输性质十分特殊，运输质量要求很高。同时，车站、码头、机场以及车间与车间、子公司与子公司之间的短途物资转运十分频繁。针对厂区环境、生产、供应、销售物资运输的特殊情况，公司投资200多万元，由公司自行研制开发，自制了200多台拖板车，350个国际标准集装箱，以达到一车多用的效果。

使用拖板车和集装箱，在生产运输过程中的好处是显而易见的：首先，它可以提高劳动生产率，增加货物周转量。驾驶员将货物运到站后，可以由机械将货物转移到固定的拖板车上，此时驾驶员就可以继续下一轮的转运，而不必像以前那样必须等待下货。由此，腾出了动力车，100台平板车可以满足 50 台动力车的需要，节约了大量待货时间，如原来一天一位驾驶员能转运 3 趟货物，现在可以转运 4–5 趟左右，可以提高劳动生产率 30%以上，增加驾驶员休息时间，减少疲劳，增加收入。

其次，由于采用国际标准的集装箱或平板拖车运输，运输过程中不必再对货物进行捆扎，减少了货物的损坏，同时，也能更加有效地防雨、防盗、防坠落，保护产品，保证质量。这种装运方式也更加环保，杜绝了对环境污染的隐患，更符合运输过程中质量控制的要求。

同时，平板拖车和集装箱车辆如需外购，需要使用大量资金。由本公司自行研制，在保证质量的前提下，大幅降低了该车辆制作成本。而同等条件下，成本的降低就意味着效益的增加。

目前，公司的集装箱货场已达 4 000 余平方米，日周转量约 280 箱，年周转 10 万箱以上。 移动式集装箱车的使用，使公司运输向大型化、标准化、集约化运输发展，与国际运输业先进生产方式接轨。

3. 仓储配送中心建设。目前，安吉物流公司共有仓储面积 40 000 平方米，已经开展为集团公司 20 多个供应方单位提供仓储服务，约占集团公司所需物资的 20%左右。同时为多家销售商家提供产品储存服务，并在此基础上开展配送业务。此项工作已运行了近一年时间，公司正在实际工作中探索最适宜的方式，从代储代运业务向物流配送转型。

4. 兼并货运码头，向航运方向延伸。为进一步降低物流业成本，增加经济效益，建立起宜宾水、陆运输网络，以促进宜宾经济发展，经宜宾市政府同意，安吉物流公司在 2004 年年初兼并了宜宾市交通局港埠公司，接管了安阜货运码头，下一步将组建水上运输船队，并对码头投资进行改造，利用安阜航运码头打通宜宾至上海的长江航运黄金通道，实现水陆两条运输线。

（二）信息建设

信息建设是物流建设中极为重要的一部分，也是许多传统运输企业向现代物流转型时较为薄弱的环节。

1. 2001 年夏天，公司全体一线员工及绝大部分后勤管理人员统一加入移动通讯网，手机号尾数与公司自编车号相同，以实现公司信息的及时沟通。同时购置移动软件，可同时向公司所有员工发送短消息，用于紧急事件的通知。借助移动网络，可由公司随时调度分布在全国各地的运输车辆，各地的驾驶员同时接收。

2. 2001 年 10 月，公司办公区局域网建成，以互联网为平台开展信息的实时沟通。2003 年 6 月，机械制造工程公司、安民汽车销售公司办公区局域网建成，所有联接均使用 ADSL 宽带联入。同月信息部成立。办公局域网的建设为公司的信息建设提供了硬件基础，并为进一步开展全方位的信息管理创造了条件。今年 6 月，公司网站(www.anjilog.com)制作完成，并签订了网络空间租用协议，网站现已开通，正处于运转调试阶段，为公司物流业务开展、信息宣传开辟新阵地。

3. 2003 年 6 月，公司在宜宾市西郊货运信息较为集中的地段设立了信息部分部，引进人才，购置必要的设备，对宜宾的货运市场进行摸底，调查分析，为公司进入市场先行做准备。同时，公司申请加入了全国货运信息网，定期在互联网上发表货运信息。

4. 为实现对客户货运信息的实时监控，公司正在进行全球卫星定位系统(GPS)试点，目前两台安装了 GPS 接收器的大货车已运行了三个月，期满后公司将对此项目进行全面分析论证，预计将在今年秋季全面调试安装。

（三）第三方物流实践

通过细致的调查分析，公司初步建立了通过通讯、网络等手段进行的全程货运跟踪，制定了一套反应快捷、处理及时的投诉管理机制和异常情况紧急处理机制，已先后开始为多家企业提供第三方物流服务。在运作过程之中，使我们服务的企业降低了运输成本，提高了企业的工作效率和经济效益，使其摆脱了复杂繁琐的物流操作和管理过程。

2003 年 8 月 26 日，公司开始为五粮液集团普什公司聚酯切片货物提供第三方物流服务，将货物通过铁路、公路、水路联运到全国各地，年运量可达十多万吨。公司已连续几年为宜宾市丝丽雅集团长途运送产品，运量已达上万吨。2003年9月7日，公司正式接管了宜宾昌宏纸业公司下属的所有运输业务，年运量4万吨左右，可为昌宏公司节约成本约15%，我公司利润可达8%。2003年9月9日，公司开始接手宜宾电厂、宜宾纸厂、黄桷庄电厂等大型企业的煤炭运输，年运量约20多万吨，约占该厂总运量的25%左右。另外，公司还陆续为岷江机械改装厂、互美公司、鹏程电子公司、上海园鑫经贸有限公司、宜宾雅祥商贸公司等十多家单位开展第三方物流服务。

四、物流规划

根据国际、国内的物流发展趋势，立足四川省、宜宾市的物流运作实际，公司已作好物流中、远期发展规划，并将根据实际操作中的政策形势、市场变化进行调整。

（一）建设符合现代物流发展要求的仓储及配送中心，进一步完善集装箱货场和公司信息网络，建设信息中心，使之在物流供应链中切实发挥作用，以实现仓储、运输、配送、退货管理、支付处理、客户服务、管理报告、物流设计、订单管理、信息查询等一系列综合功能。

（二）继公司在广州、重庆、杭州成立货运分支机构之后，继续发展在北京、上海等国内重要城市设立分支机构，建立全国性的物流网络，依托互联网进行统一管理，促进公司成长为全国性的大型物流企业。

（三）首先立足宜宾，继续为宜宾大中型企业提供第三方物流专业服务：帮助其设计或改进物流网络，优化其物流流程；运用物流信息平台对客户的物流网络进行基于互联网的实时管理；通过为客户定制的物流网络，提供全面客户化的物流服务，从整体上改进客户的供应链管理。

（四）根据目前宜宾汽车修理市场的现状，为将汽车修理这一市场做强做大，创五粮液集团安吉物流公司修理品牌，并完善维修、服务及特约维修，将现有机械制造工程公司建设成四位一体的现代化综合型企业。

（五）由我公司控股的安民汽车销售公司拟投资1.5亿，建设川南最大的汽车销售城，建成后年销售额将突破3亿元。

（六）对港务公司宜宾安阜码头投资进行改造，建设安吉物流公司航运运输队，先期制造十艘1000吨级货轮，打通长江沿线航运通道，打造安吉物流公司水陆空立体物流。目前船队的组建正处于设计开发阶段。

（七）根据四川省人民政府第162号令，《四川省散装水泥管理办法》已于2002年11月1日起施行，今后省、市和有条件的县城内工程建筑均须使用散装水泥。目前，宜宾市散装水泥的使用和发展势头良好，随着宜宾市城市规划的逐步实施，散装水泥的使用率还将大幅增加。为促进城市建设和管理，节约资源，保护环境，提高社会经济效益，安吉物流公司将在宜柏线（控股）建设商贸有限责任公司，经营散装水泥搅拌站业务，现此项目已立项。

（八）结合宜宾市实际情况，拟合资建设一家车辆驾驶培训学校，此项目也已立项。

五、当前的问题

经过近三年的物流建设实践，我们也发现了一些新的问题。由于国内尚未制定相应的法律法规予以规范，国内对物流的建设无章可循，同时，国内理论界对物流的认识尚不统一，各地纷纷看好物流这一朝阳产业，某些地方盲目上马物流项目，由于物流投入大、产出慢，导致大量重复建设，造成资源浪费。此外，现代物流要求政府在市场中起公共导向作用，而由于物流是一个新生事物，这一作用在我国尚未完全形成。2002年6月，对外经济贸易合作部发布通知，允许外商投资中国物流业，使中国物流业在还未壮大时就直接面对外商的挑战。

（一）由于物流科技含量、技术含量高，运作复杂，宜宾乃至四川现有企业的领导大多尚不理解物流的内涵，更没有看到物流能够为本企业乃至一方经济带来的好处，使不少企业在引进物流企业的服务时心存疑虑，因此，我们的业务拓展比较吃力。

（二）在物流实践中，我们遭遇到的最大问题，就是“企业保护主义”。这是指，在面对物流能给企业带来的成本下降和信息上的极大方便时，受“大而全、小而全”的保守思想影响，不少企业出于保护自身内部个别人的小利益出发，宁愿损失企业的大利益，使我们在推行双方互利的第三方物流工作时遇到很多困难和很大的阻力。这个问题的最终解决，要靠企业改制及经营决策制度的转换来保证。在这之前，政府可以充当推动人的角色。

（三）人才也是困扰着我们的一个问题。由于物流是一个新生事物，国内研究物流的学者本来就不多，使我国绝大多数的高等院校还未将物流作为一个专业培养专门人才。而物流本身实践性、操作性极强，不同的企业因所处的地理环境、经营规模、设备条件、目标市场不同而需采取不同的物流模式，仅有物流理论知识难以解决实践中遇到的问题。而目前具有物流运作经验的人才还少之又少，在一定程度上限制了我们拓展物流的速度。

（四）就四川物流业而言，物流尚无统一的平台，个体户较多，没有归口管理，各类打着“物流”旗号的中小企业各自为政，无组织情况较为严重，在一定程度上存在着不正当竞争。因此，物流发展现状较为混乱，资源浪费和税收漏洞均不容忽视。

由于物流产业投资巨大，能够在总体上降低众多企业的成本，现代物流中政府的政策导向至关重要，国内较为成功的物流企业无不是在当地政府的大力支持下发展壮大的。根据五粮液集团安吉物流公司的物流规划，我们亦急切盼望政府部门在物流建设中给予更多的政策支持，并在管理上发挥提纲挈领的作用。

六、点　评

在国家西部大开发的大好形势下，首先在宜宾市形成以五粮液集团安吉物流公司为龙头的物流系统，可大幅降低多个企业的运输成本、提升多个企业竞争力和经济效益，还可同时规范市场，增加在运输个体户手中流失的税收，整合宜宾市运输资源，提高资源利用率和避免浪费。物流建设是一个长期的、复杂的过程，五粮液集团安吉物流公司正在实践中探索着最适合本企业和最适合本地市场的物流之路，在四川省甚至全国范围物流行业中树立一个较好的典范。

（资料来源：舒　姝）

重庆医药现代物流系统及零售连锁经营网络建设案例分析

一、重庆医药现代物流建设的历史机遇

重庆医药股份有限公司于1994年由原重庆医药公司改制组建，是国家经贸委定点的国家储备药品承担单位，承担着区域性抗洪救灾、抢险、急救药品的供应任务，主要经营药品、医疗器械、化学试剂、玻璃仪器四大类医药商品的批发和零售业务，经营品规一万多个。是全国医药商业系统大型一类企业。

公司总部及主要经营分公司地处重庆市商业中心解放碑，拥有得天独厚的商业气氛。公司仓储系统中的上桥仓库，是1983年修建的国家级药品储备中转库，仓库面积6 000(平方米)，加上库区内办公楼以及待建土地，总共面积达34亩。该仓库地处重庆上桥，交通极为便利。公司另有肖家湾、大黄路、柏林、南岸等四座仓库，仓库面积分别为4 987平方米，6 750平方米，3 106平方米，9 000平方米，所处位置交通便利、靠近主要连锁经营网络。

重庆医药股份有限公司是全国首批通过GSP认证的企业，和平药房连锁有限责任公司是国家首批批准的跨省连锁经营试点企业，在管理上具备从事医药现代物流和零售连锁经营的条件。公司经过连续几年的快速发展，年销售收入以40%的发展速度递增，初步建立了一个以重庆为中心，辐射西南乃至西部的渠道畅通、星罗棋布的营销网络。目前公司拥有终端医院客户近1 000家，属下的和平药房有门店700家，为目前国内零售网点最多的药品零售连锁企业之一。

加入WTO以后，我国医药流通企业的经营环境发生了深刻的变化，全球经济一体化，外国企业进入我国医药流通市场，加剧了医药流通市场的竞争。国家经贸委制定的《医药行业十五规划》中提出培育5至10个面向国内外市场，多元化经营，年销售额达到50亿元以上的特大型医药流通企业集团。面对这一历史机遇，重庆医药股份有限公司积极借助西部大开发的优惠政策和国家物流政策导向，加快重庆医药物流的整合与重组，构建现代物流网络，满足稳固重庆医药市场和拓展西南及整个西部医药市场的需求。

二、总目标

总体目标：将市场定位为以西南为重点，西部为支撑，延伸药品产业链，通过重组、控股、联盟的形式，以资产连接和品种优势构建分销网络，最终走向科、工、贸一体化。零售连锁通过重组调整，扩充股本，招聘人才，突破区域连锁，实施多元化和跨省经营，以此建立全国性的品牌连锁公司。通过管理创新，用信息技术改造传统商业，实施企业业务流程再造(BPR)；统筹规划、精心组织、分步实施现代物流项目，2005年前建成上桥中央物流中心，以及5–8个区域性分配送中心，实现公司物流系统的全面信息化、仓储作业的局部自动化，为实施企业资源计划(ERP)奠定坚实基础。公司计划在项目实施后实现50亿的总销售目标，并按照5:3:2的分销结构(即批发分销25亿，纯销15亿，零售10亿)进行分解落实。力争零售连锁保持在全国前三位的优势，批发分销保持在全国前六位的优势，实现从传统企业向创建学习创新型企业的过渡。

三、重庆医药现代物流系统建设

(一)完善药品配送基础体系

重庆医药现代物流系统建设将位于重庆市沙坪坝区重庆医药股份有限公司上桥仓库改扩建成中央配送中心，承担主城区药品批发、零售配送，起着中心枢纽和药品集散基地的功能；在重庆市南岸区万寿华庭构建一个区域配送中心，面向重

庆周边区县广大地区，实现以农村用药为主的分销、批发、零售的配送，满足重庆周边区县销售网络的不断扩大和完善；在四川省南充市兼并改建一个区域配送中心，满足四川北部十几个县市地区药品批发、分销与零售为目标，支持四川北部地区药品销售网络的发展，实现四川北部地区的药品配送；并通过兼并、重组、加盟的方式新增1 000家医药零售连锁药店，使和平药房总数达1 700家，逐渐形成覆盖广泛、布局合理、设施齐全、装备完善、运作合理的物流网络的完整体系(见图1)。

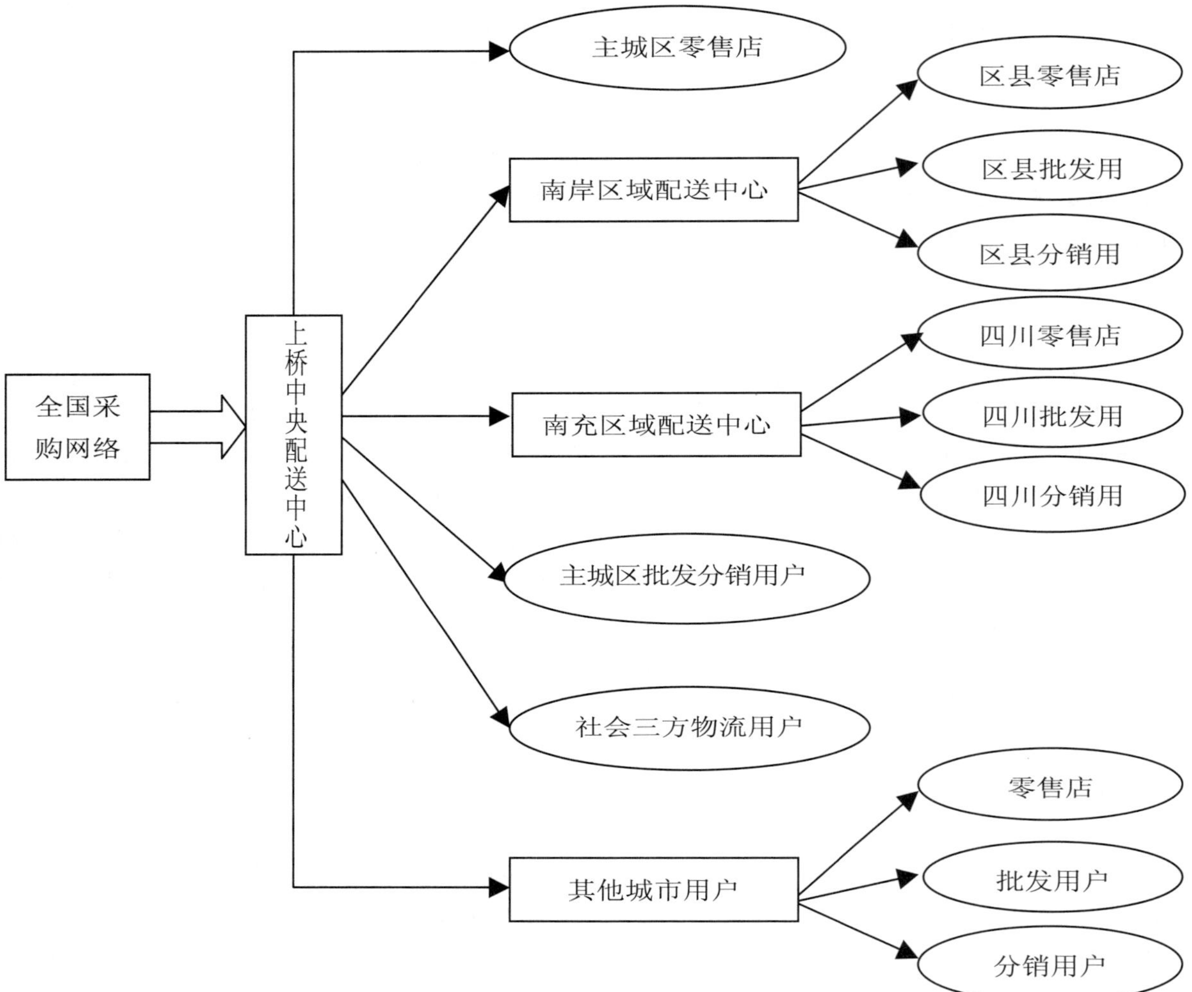

图1　药品配送基础体系

(二)配送中心配套设备、设施的建设

中央配送中心采用自动化立体库房、自动化分拣与配送设备，实现库存信息的计算机集中控制和管理，保证整个配送体系的吞吐量目标。区域配送中心先解决配送中心信息的自动化管理问题，采用WMS(仓库管理系统)实现整个配送中心的全电脑控制和管理，具体操作实现半自动化，即以货架形式(托盘货架保管整箱货物，流利货架保管非整箱货物)来保管，以人力、机械方式来输送，以数字拣选系统(DPS)拣选，减少配送时间和拣选差错率，同时WMS系统与公司ERP系统连接，缩短药品周转期，实现增加货物吞吐量、降低配送成本的目的。

(三)物流信息建设

物流信息建设包括网络基础设施建设和应用

系统开发，主要是各配送中心、分子公司经营场地、零售网点、公司总部计算机局域网、广域网、互联网络的建设、信息中心建设，药品销售供应链管理系统、药品资源管理系统、物流管理系统、人力资源财务管理系统、零售连锁管理系统、药品电子商务及配送系统、客户关系管理系统(CRM)、供应链管理系统 (SCM)、运输资源利用与调度系统、POS 系统的开发应用等。

企业物流信息系统在企业物流活动中起着神经中枢的作用，通过系统可以全面观察及控制整个物流系统的运行情况，实行动态管理，对物流过程中诸多要素进行优化组合和合理配置，使物流活动中的物流、资金流和信息流处于最佳状态(见图 2)。

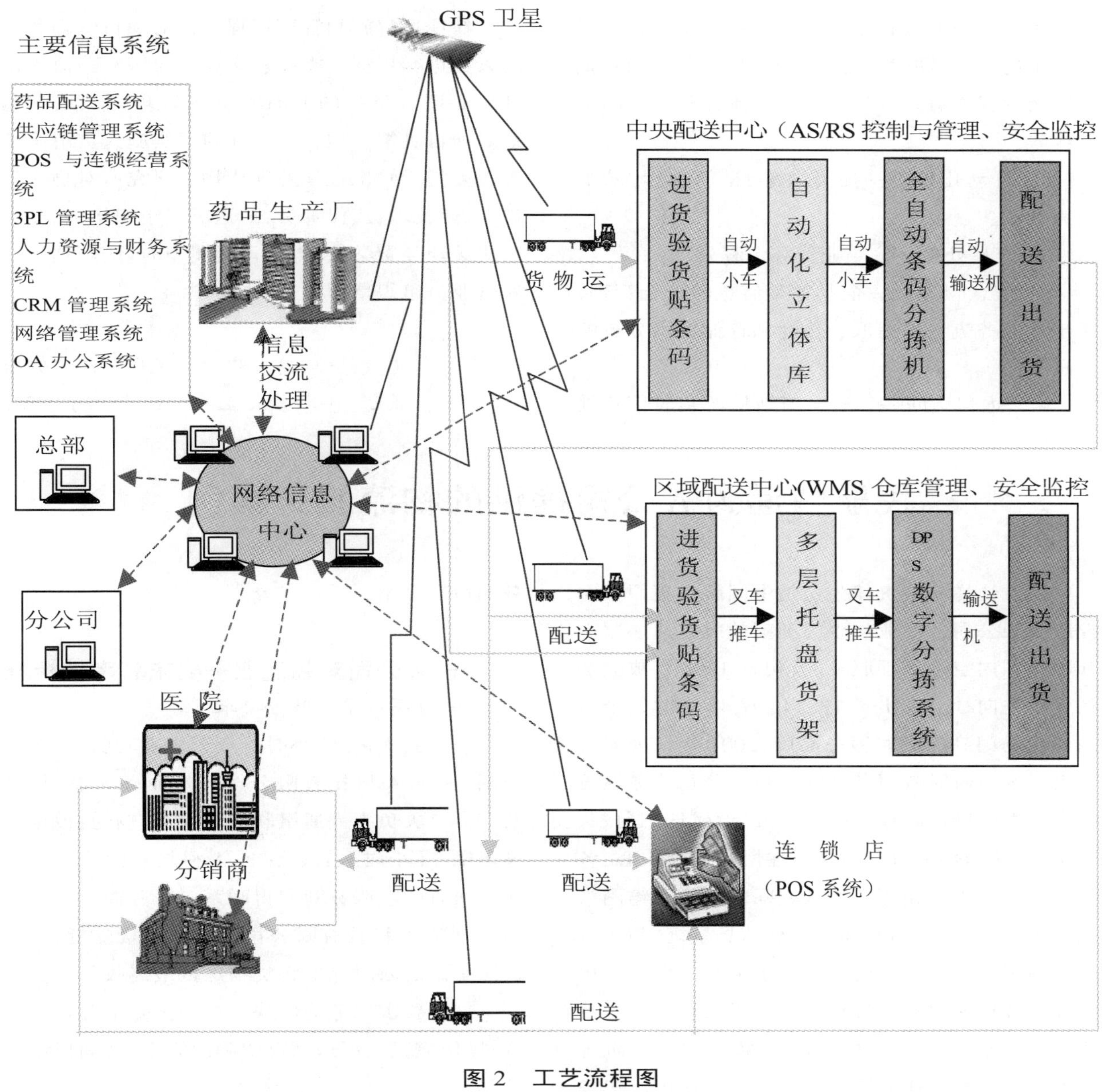

图 2　工艺流程图

（四）实现业务流程重组，提高企业核心竞争力

业务流程重组是指为完成企业目标或任务而对原来一系列逻辑相关的业务活动进行重新安排的过程，包括三个方面：观念重组、流程重组和组织重组，不仅涉及技术，也涉及人文因素，以新型的企业文化代替旧的企业文化，以新的企业流程代替原有的企业流程。业务流程重组是建立在信息集成原则和信息化手段的基础上的，信息技术的应用既是企业流程重组的出发点，又是企业流程重组的终点，同时也是企业流程重组的核心。重庆医药现代物流系统建设在业务流程重组中的主要内容：

1. 自动化处理—提高效率，精简流程，减少人力劳动；

2. 交易处理——企业业务流程处理；

3. 信息管理——企业各类信息的综合管理；用于从业务流程中提取、传递和存储可供分析的信息；

4. 远程访问——进行跨地域的实时信息处理；

5. 监控与跟踪——记录重要业务流程的处理信息，确保安全性；

6. 决策处理——人工智能知识库使人人都可参与决策管理；

7. 电子商务——基于互联网的商务活动或电子数据交换(EDI)等。

（五）培养现代物流人才，提高企业管理水平

在项目实施和管理过程中，对项目管理和上岗人员进行培训。委托重庆大学与国家药监局培训中心联合举办的EMBA高级管理人员培训基地对项目决策、项目管理和项目实施人员组织培训；委托后勤工程学院现代物流研究所对物流管理人员、技术员、保管员、配送员等组织培训；委托重庆医药经贸学校（本公司所属）和重庆药剂学校对营业员组织培训。

（供稿：后勤工程学院现代物流研究所
王　丰　姜大立　张剑芳　冯　云）

民航快递为A公司提供的物流服务案例

民航快递有限责任公司是中国航空集团公司控股有限公司，专业从事门到门的航空速递服务和国际国内空运代理服务。公司自1996年成立之初就率先向社会推出了12、24、36、48小时四个时间档次的门到门限时服务品牌，2001年，公司又推出了8小时时效服务品牌。目前公司业务覆盖的全国大中城市超过290个，并已形成珠三角、长三角、华北和环渤海的地面运输网络区域中心，各省市区域间以及相邻省市区域间的地面运输网络也趋于形成；公司拥有综合管理信息系统，与各分支实现了远程网络联通，实现了从快件取件录单到最后客户签收的全过程的计算机信息管理。目前一些电子、通讯、机械制造、化妆、制药、金融等高附加值产品行业的国际知名企业都在民航快递运作，并取得了良好的品牌声誉。下面是民航快递公司为国际知名企业A公司提供第三方物流服务的情况介绍。

一、A公司对物流服务要求和考核标准

（一）高水平的服务要求

一是要提供24小时的全天候准时服务。主要包括：保证A科技有限公司各地业务人员、机场及双方有关负责人通讯联络24小时畅通；保证运输车辆24小时运转；保证A科技有限公司可以在任何时间与服务商取得联系，服务商应以最快的速度到A科技有限公司指定地点接受货物，并按照承诺的限时标准将货物送抵最终收货人。

二是要求服务速度快。A科技有限公司对提货、操作、航班、派送都有明确的规定，时间以小时计算。

三是要求服务的安全系数高，要求对运输的全过程负全责，要保证从取件、航空公司运输到派

送处理货物的各个环节都不出问题。

四是要求信息反馈快。要求服务商的电脑与A科技有限公司联网，做到对货物的随时跟踪、查询、掌握货物运输的全过程。

五是要求服务项目多，根据A科技有限公司货物流转的需要，通过发挥民航快递信息系统的网络综合服务优势，提供包括空运、陆运、仓储、派送等全方位的物流服务。

六是A科技有限公司提供的货物为裸机状态，服务商应提供适应货物性质、确保运输安全的包装服务。

（二）A科技有限公司选择中国运输代理企业的基本做法

首先，通过多种方式对备选的运输代理企业的资信、网络、业务能力等进行周密的调查，并给初选的企业少量业务试运行，通过实际考察这些企业服务的能力与质量，筛选出合格服务商。

A科技有限公司对获得运输代理资格的企业进行严格的月度作业考评。主要考核内容包括货运时限，信息反馈、单证资料、财务结算、货物安全、客户投诉。例如对货运时限评定一项，如果服务商在该月的整体货运服务时限未达到其所承诺的货运时限标准比例大于5%时(按照票数计算)，A科技有限公司将减付服务费用甚至解除合同。

二、民航快递公司的解决方案

（一） 以ISO9000为指导的科学规范化的操作流程

由于A公司的货物具有科技含量高、货值高、产品更新换代快、运输风险大、货物周转以及仓储要求零库存的特点。为满足A公司的服务要求，民航快递公司一直致力于以客户为中心的持续改进。不断完善业务操作规范，并纳入了公司的程序化管理。对所有业务操作都按照服务标准设定工作和管理程序进行，先后制定了出港、进港、陆运、仓储、信息查询、反馈等工作程序，每位员工、每个工作环节都按照设定的工作程序进行，使整个操作过程井然有序，提高了服务质量，减少了差错事故的发生(操作流程见简图)。

（二）24小时全天候服务保证货物运输的时效性：

针对客户24小时服务的需求，我们实行全年356天的全天候工作制度，周六、周日(包括节假日)均视为正常工作日，厂家随时出货，我们随时有专人、专车提货和操作。无论是在节假日还是在夜间，只要客户有发货需求，我们就会立即提供响应。

（三）专项的服务保障小组：

民航快递会为每一个大客户成立了专门的服务保障小组的协调中心，为客户提供更加细致、专业的解决方案。各项目小组负责全国的货件发运任务以及维修备件的调回等工作，他们所要完成的不仅是直接客户委托的派送任务，也同时负有使最终客户满意的责任。在信息沟通方面，项目小组要保证信息的及时沟通与反馈，24小时的通讯畅通，保证了对各种突发性情况能够得到迅速处理。客户既可以通过INTERNET进行网上查询，又可以通过我们的项目协调人的到第一手的信息。

（三） 门到门全过程的运输服务提高了配送效率：

普通货物运输的标准一般是从机场到机场，由货主自己提货，而作为提供从门到门服务的民航快递而言，我们的责任是为货物运输的全程进行监控和管理，从货物由工厂提货到航空、陆路运输等一系列的综合运输方式，通过这些运输方式的优化既提高A公司的货物运输时间的准确性，又保证了其货件的安全性。对客户全程负责，交由一家服务商统一管理，使A公司的业务减少了许多繁琐的工作环节，节省了物流部门的业务开支。

（四） 不断改进的包装服务使货损率的大幅降低

由于客户的机器型号种类繁杂，外观各异，采用何种包装方法保证货件的安全运输，对于任何一个运输服务提供商都是一个难题。民航快递通过许多真正的抗压性、减震性实验，在不断积累的情况下总结摸索出一套行之有效的包装技术及方法。

此外，为减少A公司的货物在运输中丢失等

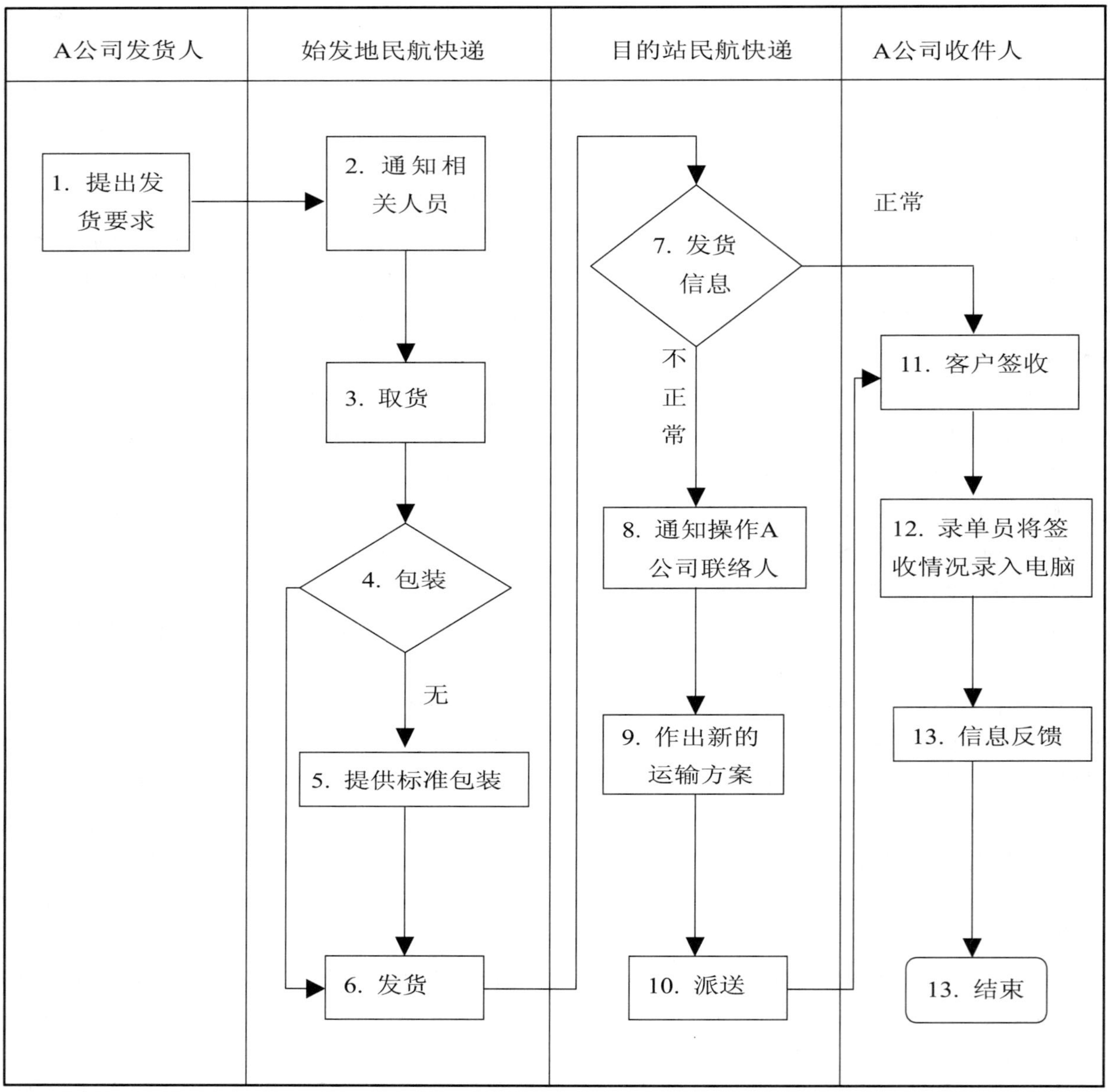

项现象发生，民航快递增加了各环节的监控体系；为防止货物被雨淋，防水编织袋包装也被很好的应用在运输环节中。

通过一系列努力，此举从根本上解决了客户发运输裸机发运以及运输中的不安全因素，使货损率由原来的0.14%，减低到0.014%，为客户削减了大幅维修费用。

（五）健全的网络优势为客户提供无盲点的服务：

经过几年的建设，民航快递在全国拥有了比较完善的地面网络，覆盖全国290个大中城市，这是民航快递发展物流服务的最大优势。通过民航快递网络，在国内为A公司提供服务的网点已达100多个城市，实现了提货、发运、对方派送全过程的定点定人，信息跟踪反馈，满足了客户的要求。

三、经验的积累

通过几年的不懈努力，我们取得了客户的信任，并积累了宝贵的管理经验：

1. 随时了解客户需要，尽最大努力以客户为中心。项目小组与客户的无缝对接，实现了我们尽最大努力以客户为中心的承诺。了解客户的细节工作，注意到细节问题，关注客户感受和需要，从而采取积极的有效措施帮他们解决问题。倡导"我服务我快乐"的经营理念，通过加强员工的自身教育来保证我们的服务质量，争取在客户内部形成良好的印象，取得客户的信任，由此吸引客户提供更多的货源，同时，也扩大了民航快递在最终客户中的影响，吸引最终客户也通过民航快递解决运输与配送问题。

2. 让客户了解我们，了解我们的操作，从而增强了信任。客户对服务商的了解程度决定了其对于服务商的信任及应用程度。我们采取了尽可能让客户了解我们的操作的"开放式管理模式"，这样做的好处是，客户给予的无形压力能够让我们及时弥补工作中的不足及疏漏，同时也让客户感觉到我们对客户的重视程度及调整改善的力度，从而争取到更多的信任和理解。

几年来，公司在为A科技有限公司提供服务的过程中，建立了相互的信任和紧密的业务联系。在新的形势下，民航快递与A公司正在探讨更加广泛和紧密的物流合作。

白云机场升级电子商务套件打造现代化物流平台

一、企业简介

（一）白云机场

广州白云国际机场是中国三大门户机场之一。目前，白云机场平均每天起降飞机约400架次，迎送旅客4万余人次；这里有通往全国77个城市的102条国内航线和通往22个海外城市的22条国际及地区航线，是我国连接世界各地，特别是东南亚各国的重要口岸机场和国际航空交通枢纽。

2002年，白云机场三大运输指标再创新高：飞机起降架次、旅客及货物吞吐量分别为14.7668万架次、1 601.44万人次、59.26万吨，分别比2001年同期增长7.51%、15.8%、11.47%，并实现白云机场第十个安全年。全国民用机场旅客日吞吐量、高峰小时起降架次的最高记录，也由白云机场创造。

（二）甲骨文公司

Oracle Corporation(Nasdaq:ORCL)是全球领先的信息管理软件供应商和全球第二大独立软件公司。在全世界145个国家为客户提供数据库系统、工具、应用产品以及相关的咨询、培训和支持服务。甲骨文于1989年进入中国市场，1991年7月正式成立北京甲骨文软件系统有限公司，在北京、上海、广州与成都设有办事处，现有员工500余人，提供具有全面互联网功能的数据库、应用服务器、开发工具、应用产品以及相关的顾问咨询、教育培训与支持等服务。甲骨文中国公司还分别在深圳、北京设立研发中心。目前，甲骨文91%的中国业务是透过本地合作伙伴推行，在金融保险业、电信、制造业、科技教育、能源、政府、交通、航空航天和军队等各行各业拥有广泛的客户群，包括广州白云国际机场集团公司、中国东方航空集团公司、上海航空公司、南方航空公司等。

广州白云国际机场集团公司（以下简称白云机场）在与甲骨文Oracle公司的紧密合作下，成功地对下属30个单位原有基于Oracle的财务管理信息系统全面升级到Oracle电子商务套件11i和Oracle 8i数据库，整个系统升级工程仅用5个多月的实施时间。升级后的财务管理系统充分发挥Oracle电子商务套件11i的领先技术优势，为白云机场打造现代化物流平台带来了更强大、更先进的管理手段。

二、应用背景

中国机场的发展正在面临着新的发展机遇和挑战。一方面，中国民航业在资本、资源和结构上进行重组之后，白云机场需要直接面对市场的竞争压力；另一方面，中国加入WTO之后，航空市场逐渐开放，包括机场在内的整个行业需要应对全球化的激烈竞争。在市场增长方面，目前中国航空运输总量年增长率超过9.3%，远远高于同期全球4.7%的平均水准。航空运输总量的快速发展，为机场带来了更广阔的发展前景。而随着经济全球化和信息化进程的加快，21世纪将进入现代物流大发展的时期，现代化的机场已不再是简单的货物交换场所，而是全球动态物流链上的一个重要环节，日益成为促进和加强贸易发展的重要工具。因此，如何有效地利用信息技术来加强管理、提高效率、增强竞争力已成为机场信息化建设的重点。

白云机场作为国家一类机场，处于珠三角中心城市广州，地域优势明显。同时，其内在运输地区垄断使机场的航空业务量占珠三角市场份额70%左右，而且在我国东南亚全部运输量中居绝对领先地位，是我国南方地区最大的航空交通枢纽。自1993年独立运营以来，机场一直保持赢利和安全生产记录。白云机场从长远战略角度，在公司管理的最基础环节——财务管理上进行改革创新，并积极利用先进的信息技术提供强有力的保障。2003年7月18日，白云机场下属30个单位成功地把原有基于Oracle ERP 10.7版本的财务管理信息系统全面升级到Oracle电子商务套件11i，及时利用Oracle电子商务套件11i的强大功能，全面集中管理集团的财务管理信息，更有效地降低成本，改进服务，提高效益。

三、系统项目分析

早在1998年，白云机场作为民航总局财务管理信息系统建设的试点单位，开始采用Oracle ERP系统（10.7版本）部署企业财务管理信息系统，并在1999年7月正式上线运行。通过4年多时间的运行，基于Oracle ERP 10.7的财务管理信息系统对提高白云机场财务管理手段及财务人员计算机应用水平，更新财务人员观念，提高收入核算的自动化程度，提高会计核算总体水平，加强财务管理等方面产生了积极的影响。但随着国家会计制度的变化以及白云机场在日益激烈的

竞争环境中对企业管理提出了更高的要求，特别是作为企业管理活动核心的财务管理，面临着向更深、更高层次拓展的需求，原有系统的功能和性能已经不能适应公司业务发展和财务管理的需要；另外，虽然计算机硬件及软件快速发展，但由于原有系统在新一代电脑上安装不能完全兼容，导致原有系统结构管理维护成本较高，不能充分发挥其管理的优越性。

Oracle电子商务套件11i无论是系统体系结构，还是功能模块都比旧版产品有了较大的提高，能够解决当前财务核算急需解决的一些问题，通过系统的升级将能更好地发挥系统的管理功能，加快会计报表及其他信息的提供速度，进一步提高财务管理手段。在这种背景下，白云机场决定将财务管理系统从Oracle ERP 10.7版本整体升级到最新Oracle电子商务套件11i版本，并把数据库升级到Oracle8i，全面改进系统的技术架构，对应用系统的外部接口进行重新设计或优化，增强应用模块的功能，提高工作效率。

白云机场已有30个下属单位，可以想像，白云财务管理信息系统的升级项目是一项复杂、极具挑战性的工程。为了确保升级项目的顺利进行并获得成功，白云机场和甲骨文公司项目组共同努力，通过采用已经获得广泛应用的Oracle项目管理方法和先进的升级方法论以及实施方法论，制定周密的实施计划，包括项目总体计划、阶段性计划和周计划，通过合理调配资源，稳妥地推进项目的建设，并对各阶段的工作及时进行总结，找出问题，解决问题，有效地保证了项目各阶段工作任务按计划完成。

白云机场财务管理信息系统升级项目分四个阶段进行:第一阶段是系统升级评估,通过评估确定升级的范围、内容、目标和方法;第二阶段是系统升级测试,测试工作主要分为系统预升级、业务测试和功能测试三部分,通过较为全面和规范的测试,不断找出问题和解决问题,力求在正式环境升级之前解决掉所有可能存在的问题;第三阶

段是正式环境升级,将旧系统的正式数据移植至新系统的正式环境,实现系统升级切换;第四阶段是上线支持服务,在系统正式切换以后,甲骨文公司提供了一个月左右的现场服务支持,为系统正常运行提供保障。

四、应用效益

系统升级项目从 2003 年 2 月 11 日正式启动,历时 5 个多月,对白云机场下属 30 个单位完成了包括总账、固定资产、应收款、应付款、现金流量表、财务分析、会计报表汇总与合并、预算管理在内各会计核算功能模块和管理模块的升级和实施,在 2003 年 7 月 18 日,新系统正式上线并交付使用。

据了解,升级系统自 2003 年 7 月 18 日正式上线并交付使用以来,系统运行稳定、快速、高效。升级后基于 Oracle 电子商务套件和数据库的白云机场财务管理信息系统为白云机场带来了更强大、更先进的管理手段,可满足白云机场在未来 5-10 年高速发展对技术更新的要求,目前已经取得了以下成效;

(一)建立面向 Internet 的先进技术平台

白云机场升级后的财务管理信息系统采用三层系统结构,集中管理整体集团公司的财务数据,同时各单位之间的数据又能够互相保密。用户可以通过 Web 浏览器根据权限随时通过互联网使用财务管理信息系统,突破地理范围的限制,使白云机场在全国以至全球的子公司都能够直接联网,提高沟通效率。同时,数据的集中管理为公司管理提供了及时、科学的决策依据;

(二) 更强大的财务管理功能全面提升白云机场的管理水平

强化了系统审计功能。升级后的系统提供了强大的向前追溯功能,从报表数据可一直追溯到发票,财务账目的查询变得更为方便、快捷,大大提高了查账的效率;

完善了固定资产模块的功能,提供折旧后可回滚、折旧预测、重分类等新功能及强大的查询功能;

优化了原有的客户化程序。重点解决了会计凭证打印、明细账打印、会计科目查询、固定资产库存报表、固定资产查询等客户化程序原版本存在的生成或查询速度慢、功能不全、统计数据不准及报表格式调整难等问题,提高了使用性能;

完善了 ACS 系统的功能,提供多种数据加载引入方式,解决了航空公司之间相互调机及飞机湿租的结算问题,改进数据统计报表,提供了更为方便灵活的查询方式,系统性能得到进一步的优化;统一了与外场信息系统和空管系统间数据的传送标准,为未来与新机场的

生产系统集成奠定了基础;增加了收费种类、方式等功能,使原来部分需要手工计费的项目实现了计算机自动计收,提高收费的准确性,进一步防止收费项目漏收;

通过实施预算、内部往来、现金流量表和财务分析等模块,增加了财务分析管理工具,提高了财务分析管理水平,充分发挥 Oracle 软件在财务管理方面的先进功能;

(三)提高运行效率,降低维护成本

1. 提高管理效率。Oracle 电子商务套件 11i 强大、集中式的管理功能使得白云机场能够有效降低在系统管理人员方面的投入。现在,白云机场集团下属 30 个单位全部使用一套财务管理信息系统,由 IT 管理人员在总部进行日常管理和维护,不仅节省了大量的硬件成本,而且能够免去大量重复性的技术支持工作,大大降低了维护成本。

2. 减少了客户端的维护量。由于原有财务管理信息系统采用的是 client/server 结构,客户端需要安装大量的应用程序,一旦客户端出现问题将影响系统的正常使用,并且需要花费大量时间

进行维护。升级后的财务管理信息系统是Browser/ServeF结构，终端通过浏览器访问服务器，无需安装其他客户端程序，从而能够大大减少了客户端的维护量，基本上实现用户自助服务；

3. 实现更大的兼容性，有效解决了旧版本系统客户端的操作系统版本支持问题。升级后的系统对客户端操作系统的版本没有特殊要求，各种主流的操作系统(包括 windows95、98、2000、xp)都可以使用，大大提高了兼容性。

(四)实现 Oracle 顾问的知识转移

在系统升级项目建设过程中，实现了 orscle 顾问的知识转移，建立强大的白云机场支持队伍，同时提高了财务人员系统应用的水平，培养了白云机场自己的产品应用、技术开发和支持维护人员。

（供稿：甲骨文 Oracle 公司　沈燕平）

汇杰联合物流管理信息系统在宝龙物流中的应用

宝龙项目概述

宝龙物流有限公司是从事铁路、公路多种物流及大宗货物仓储的专营企业，具有相当强的运输及物流仓储能力。拥有解放、东风等大中型密封箱体车30余辆，位于通县西的物流货场拥有100余亩、近3万平方米的标准房，两条铁路专用线，两栋办公楼，专业吊装设备齐全。宝龙物流现有的物流业务有仓储、运输以及配送业务，其中运输方式又包括整车、零担、集装箱、行包专列、铁路快件及公路运输，并且根据客户的要求负责打包，打集装盘以及送货上门等服务。仓储、运输以及配送业务，在上海、广州、南京、沈阳都拥有下属的分公司负责门到门的配送服务。在应用信息系统之前该企业已从事多年的物流服务，在管理与实际的业务流程处理上都具有丰富的实践经验，在单据的交接、发货清点、货物去向等方面都进行精确管理。在货物装卸、码放以及包装方面也一直严格遵守客户的要求。

存在问题

1. 业务流程不规范、职权不明确；

2. 各个分公司对本公司车辆、人员无法精确监控；

3. 总部不能准确及时了解分公司业务、财务、运力等信息；

4. 提货、送货、仓储过程中手续繁多、雷同；

5. 在配货、配送、结算、运输过程中，相关人员抄写工作较多造成很多人为错误；

6. 由于信息反馈不及时，使得企业、用户、供货商不能对相关信息进行监控查询。

设计重点及解决方案

从宝龙物流的内部管理入手，针对宝龙公司现有业务、工作流程等进行业务整合，流程重组、再造，帮助企业整合资源、规范流程，通过信息化手段把各分公司与总部进行有效的连接，做到实时掌握、监控各分公司业务运行状况，明确各部门、各人员的责权，提高办事效率，减少错误率，实现货物、车辆的动态跟踪及查询。

宝龙物流管理系统是专门为宝龙物流有限公司开发的物流管理系统，该系统包括了对货物的公路、铁路运输及其财务、决策、客户查询等多方面的管理。系统适合于对计算机有一定的操作基础和相关知识的操作人员使用。通过以下七个模块实现整体管理功能：

订单管理、报价管理、运输管理、仓库管理、车辆管理、统计查询、财务结算。

网络结构

出于实际的需要及降低运营成本的考虑，该系统采用分公司内通过局域网共用集中数据库，分公司与总部以及各分公司之间的通讯采用定时拨号进行数据交互传递的方式。分公司数据采用两种分布方式：

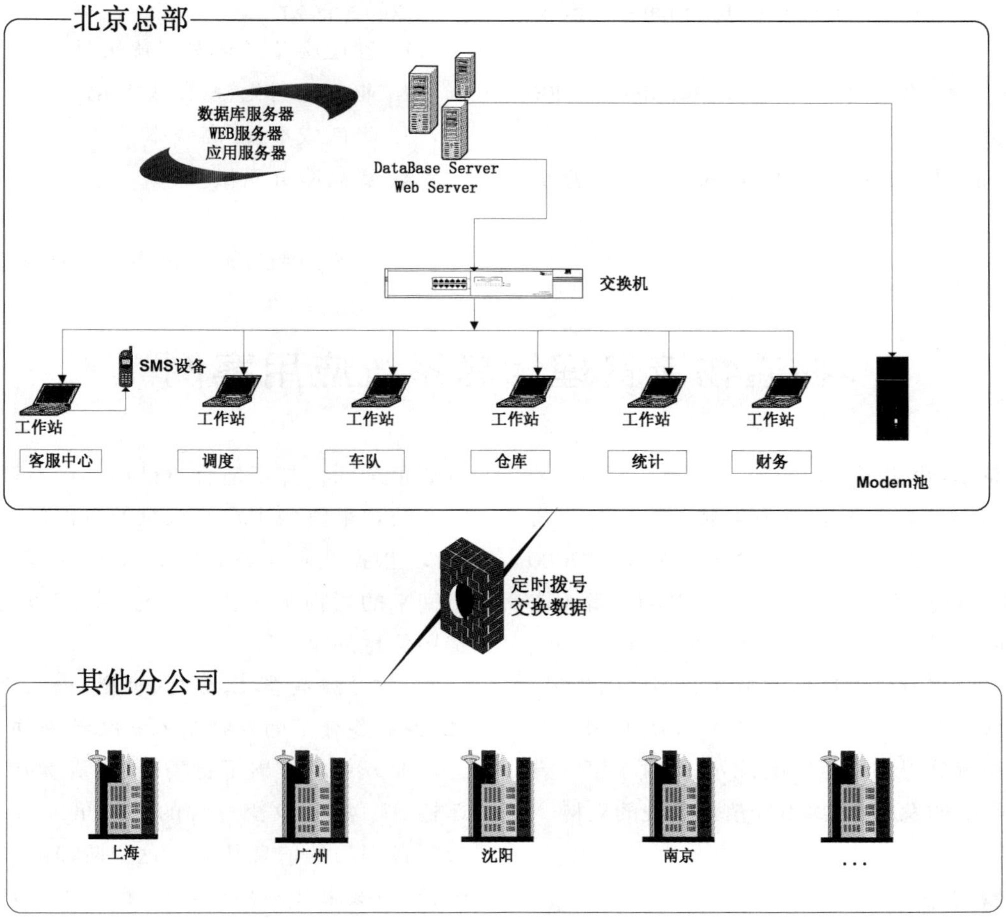

1. 对于小公司采用不单独设桌面数据库，直接操作中心数据库；

2. 对于总公司采用桌面分布数据库操作。分公司的数据必须及时上传到总部，分公司之间的通讯也必须经过总部数据库进行传递。总部可以同时接受各分公司传入的数据。客户查询采用 B/S 结构。

北京总公司内部采用 10/100M 局域网方式共享数据。

1. 客服中心：专门受理提单业务及客户查询业务；

2. 调度：负责提货、送货的车辆调配任务；

3. 车队：负责车辆的日常维护、油耗等方面的监控；

4. 仓库：负责货物的入库、库内操作、出库等方面的操作；

5. 统计：负责所有基础数据的录入及所有发生的业务进行统计汇总；

6. 财务：负责应收、应付等的对客户结账方面的管理。

硬件环境

数据库服务器；

拨号服务器；

各工作点计算机；

打印机等。

软件环境

数据库服务器——MS SQL Server 2000；

网络操作系统——Windows NT 4.0 Server 或 Windows2000 server；

Mail 服务器——Exchange Server 2000；

Web 服务器——Internet Information Server5.0；

客户端操作系统——中文 Windows 2000 Professional；

客户端桌面数据库——MS SQL Server 7.0 桌面版。

效益分析

1. 管理层及时掌握经营状况；

2. 业务透明化、操作规范化；

3. 降低成本、提高效率；

4. 提高服务质量。

（供稿：北京汇杰联合科技有限公司）

易通物流管理信息系统应用案例

一、应用企业介绍

易通交通信息发展有限公司易通物流分公司是一家快速成长的第三方物流企业，公司从 2000 年 11 月份开始正式运作，业绩每年以翻一番的速度迅速发展，目前已经达到年营业额 2 000 多万、运送货物 400 多万件，送达城市 300 多个的规模，虽然绝对数量不是很多，但这是从零发展起来的业绩。易通物流公司的快速发展，不仅得益于第三方物流市场需求的发展，更离不开信息系统的支持。

二、需求分析

易通物流对信息系统的需求，经历了从单一到全面、从模糊到清晰的发展过程。由于易通物流的管理者多数都具有在科研单位研究物流的背景，因此即使是在一天只有几票业务的开始，公司就将信息系统的应用放在关键位置来考虑。易通物流信息系统的应用从总体上来说分为四个阶段：

（一）最初的系统只解决运单的录入和汇总数据的统计查询

易通最初的业务只是以北京为中心向周围城市配送图书。这是一项容易进入但效益较低的项目。北京是消费城市，进北京的货多，出北京的货少，图书是很大一项，但图书的配送成本高，几本书到一个小城市也要有人去，要有相应的配送网络。图书的运输配送品种多、批量少、去向多，稍不小心就送错品种或者数量和方向。解决这个问题的惟一方法就是使用信息系统。最初计划从市场上采购信息系统，但发现有一个共同的问题，就是看似很全面，却不适合自己用，当然还有价格风险。公司最终的决定是根据业务部门的需求自己开发。根据实际业务的模式，系统实现的就是将集货回来的货物明细录入系统，并配以发生的一些费用信息的录入。

（二）涵盖委托、集货、调度、出入库、运输、配送、签收各环节的数据录入和统计查询

业务部门提出了将委托、集货、调度、出入库、运输、配送、签收全过程的信息录入系统，以便于公司各部门的信息共享。这个阶段持续的时间比较长，但效果却不是很明显，因为有些环节的操作人员并不认为将信息录入系统是必须的，还会给他们增加工作量，另外许多地方采用 MODEM 拨号上网，上网经常断线，也给操作人员增加了抵触情绪。公司在这个阶段一方面改善网络应用环境，增加本地数据库和系统优化，另一方面反复向大家说明，这些工作短期不容易见效，但长期坚持下去，公司就会积累大量的基础数据，并且全公司的整体软件应用水平都会提高。

（三）调度、出入库、运输监控功能的完善和网上功能的实现

信息系统带来的直接效果更多地是从客户方面反映出来。许多客户在考察物流公司的时候，都将信息化水平作为一项主要考核指标，他们主要来自国内的合资企业和新兴的中型生产型企业。调度、出入库、运输监控功能的完善和网上功能的实现，实际上都是客户对我们提出的合作需求。合理调度车辆、安排时间和路线，减少车辆空驶，这已经成为体现物流企业核心竞争力的重要内容。客户还需要及时了解他的货物在委托给物流公司之后，货物在入库出库、周转及运输过程中，其状态和时间，以便于他们及时与经销商保持联系。多数客户需要的出入库管理功能，并不是许多大型仓储软件所实现的库区库位、自动盘库的功能，而是了解货物何时入库、何时出库、相关数量等，并需要实现依靠互联网，根据货物编号、名称、日期、地点、权限进行的各项查询。

（四）数据挖掘与系统对接

数据挖掘和系统对接是基于公司管理和客户需要提出来的更高要求。公司根据管理的需要，不断总结和完善，提出关于客户关系、运营、操作及相关环节的13大类80多项考核指标。系统根据每月的运行状况，经过整理出具每月KPI指标统计结果，供公司内部和业务伙伴进行分析和考评。根据客户的要求，易通物流信息系统还积极与客户的ERP系统进行对接，使客户的货运信息直接在他的ERP系统中显示出来，便于客户的监控和跟踪。

易通公司与出版社通力合作，将其图书的在库情况，在途运输情况实时导入其出版管理系统，使出版社的客户在向出版社查询图书情况时，出版社可以及时在打开的出版系统里根据清单好找到图书的在库货运信息，这些信息都是易通物流公司的客户服务跟踪人员及时录入物流信息系统并通过系统自动导入出版管理系统的。

同时，易通公司依靠自己的开发团队，帮助货主单位开发网上订单和查询系统，协助客户实现数据的及时传递并与物流企业实现数据共享，最大限度地实现生产企业对市场地相应速度和处理能力，大大提高了企业地竞争力。

上面介绍的四个阶段的需求发展，只是从宏观上描述了系统不断丰富和完善的过程，具体到每个阶段之间的关系是相互衔接的，而且是向上包容的，即第一阶段的实现也包括第二、第三、第四阶段的部分内容，第二阶段的实现也包括部分第三、第四阶段的内容，第三阶段的实现也包括第四部分的部分内容。物流信息系统是反映物流公司业务运转的神经系统，它的丰富和完善是要与业务的不断丰富和发展相适应的，因此永无止境。信息系统只有与实际业务相适应才有应用价值，因此我们认为不同单位之间的系统没有先进与落后之分，只有实用与不实用之分，企业应用信息系统的着眼点在于是否实用，是否适应企业自身业务的规模与状态，而不是其先进性。

三、解决方案

易通物流信息系统经过易通物流公司3年来的不断完善和持续改进，目前不仅能够很好地服务于自身物流业务的发展，而且根据其操作简便设计实用的特点，易通信息技术应用事业部还将这一成果推向市场，帮助广大第三方物流企业提高信息化应用水平。下面就系统的结构、特点及应用做一简单介绍：

（一）系统结构

易通物流信息系统从大的方面考虑，包含4个应用子系统，他们分别是：

1. 物流管理子系统。物流管理子系统包括物流业务基本业务流程各环节的管理，具体包括基础数据（包括单据）的录入和报表的生成。

基础委托单信息的录入，支持电话、传真、互联网等多种形式；

客户资料建档，包括客户业务信息、客户信用、客户投诉、客户基础信息、合作状况评价等；

业务流转过程中相关数据的录入，包括在库相关信息，在途相关信息，费用信息，分别由不同岗位的责任人完成，便于出现问题责任的追究；

业务流程的各环节可通过下图及注释来说明：

流程说明：

（1）客服中心受理客户订单，将客户信息以及集、配、运等各种信息收集到信息系统中，并将信息分门别类传递给相关运营和管理部门；

（2）运营中心将客服中心的信息进行分类，通过信息系统向库房和车队发出关于出入库、提货、发货等相关指令；

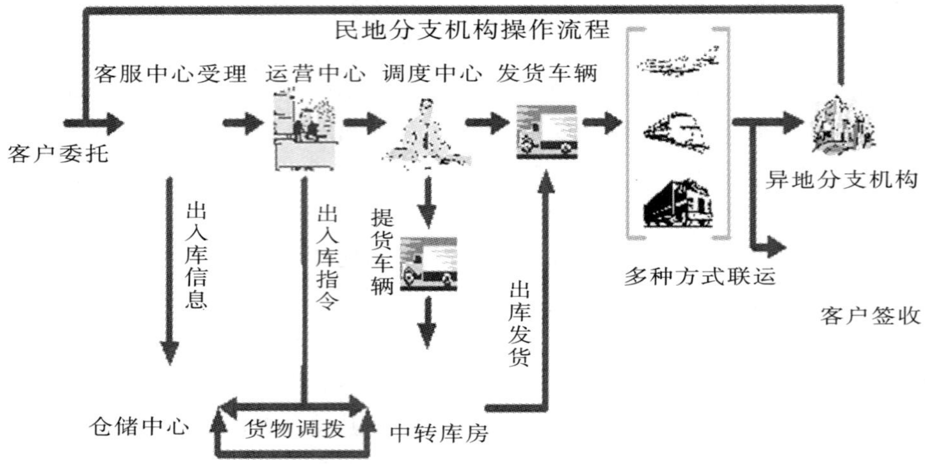

(3) 调度中心根据运营中心的指令合理安排自有车辆及社会车辆进行集货、配货、送货和城建运输等作业；

(4) 仓储中心根据调度中心所传达的信息与指令,提前做好货物出入库的准备工作,合理安排库区位置及装车计划,并完成相应的配套服务,如包装、再加工等；

(5)中转库房纳入仓储中心统一管理之中,所有中转货物进入信息系统，主要功能是实现货物的接力运输，以在最大限度上实现车辆满负荷运载,并要求在指定时间内完成相应的配套工作；

(6)异地分支机构主要实现货物集中、目的地配送和货物周转的作用，其运作是在与总公司共享信息的前提下进行的，其内部流程只是总流程的重复；

(7) 业务流程上的各环节的信息均需要在第一时间内进入信息系统，使得下一环节能顺利进行,同时方便其他部门进行信息的查询、统计与反馈,使公司能及时做出正确的判断,提高服务的质量。

(8) 各环节录入的数据在统一的数据库上共享,根据管理和业务的需求,生成各种口径、各种相关性的统计报表。现有系统中提供70多种业务报表；

2. 车辆运输管理子系统。运输管理是物流管理的重要环节,传统的运输公司,在车辆管理和运输方面有许多宝贵的经验。易通公司结合多家大型国有企业运输集团开发的车辆运输管理系统,能够将有效的传统管理方法实现电子化，同时与物流管理系统建立数据接口，很好地实现了传统运输公司以运输业务为起点向物流业务转化过程中业务数据衔接的需要。

运输管理子系统主要包括以下内容：

(1)司机、车辆基础档案的管理。系统录入关于驾驶员和车辆的基本信息，包括司机的个人资料和从业资格信息、车辆性能的基本资料和运营信息。

(2)车辆固定成本、可变费用的管理。车辆的固定成本包括养路费、运管费、货运基金、定期检验费、保险等;可变成本包括人员工资,物耗(轮胎、燃料、修理等)、过路过桥费等等。

(3)行车安全管理。除保险的定期提示外,还有事故记录和理赔功能，事故与司机的信用记录相关联。

(4)行车效率的管理(路单管理)。不管车辆是处于运营还是停驶状态，根据分摊到每辆车的人工工资、成本摊销、车辆行驶的里程,实载率的高低以及物耗程度的大小,衡量车辆的生产效率。

3. 出入库管理子系统。目前市场上有各种功能强大的仓储管理软件，它们的主要功能是实现仓库的数字化管理,特别是针对立体仓库,以条码的应用为主要内容。与功能强大的仓储管理不同,易通公司的出入库管理系统，重点针对客户的基本需求,即需要了解货物入库、出库、在库的状态,至于货物在库房的什么位置，是否能自动盘库，如何进行科学管理，并不是多数第三方物流客户考虑的主要问题。

易通出入库管理子系统主要实现如下功能：

货物的入库数量、时间、完好情况的记录；

货物的出库数量、时间、完好情况的记录；

支持仓库网络分布情况下对货物的统计、汇总；

支持针对不同权限的客户分库区，分品种的库存货物查询；

实现上述各项功能的网上查询服务。

4. 企业门户网站。

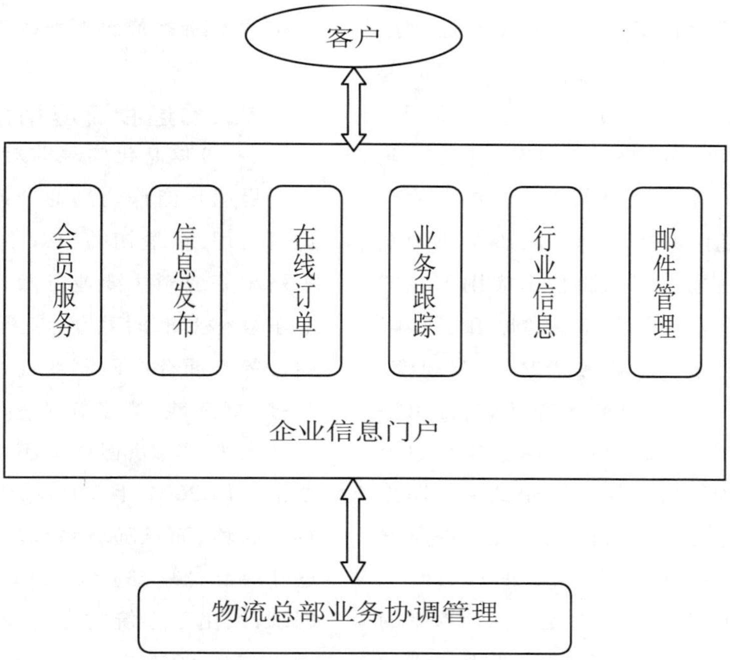

作为物流公司对外界宣传和同客户沟通的工具，EIP 物流企业门户网站主要提供网上查询，网上委托，网上交易，为客户提供更全面的服务。

（二）系统特点

易通物流信息系统的特点可以从两个方面来说明：

1. 体系：

采用 B/S+C/S 模式，n 层体系结构，全面支持 Internet 和移动通讯

模块化设计，可根据不同的客户需求灵活配置各模块

界面友好统一，任何用户稍加培训就可以轻松上手

极高的数据处理能力，完善的数据备份机制，保证数据有效、准确

支持群集技术和离线处理、支持窄带（电话线）条件下的数据传输和实时应用

简单、集中的系统维护，保证系统稳定、安全运行，降低系统维护成本

2. 应用：

源于物流企业的实践，同时结合国内的实际情况，蕴涵成功物流企业先进的管理思想和运作模式

完善的物流业务管理能力，支持各种成本核算方法、单品管理、票据全程跟踪和历史动态业务数据查询

支持工作流管理和各部门（如生产、销售、服务）之间的全面协同工作

全程无纸化作业，物流服务企业与发货方、供货方之间通过该系统都可以畅顺迅捷地了解到所需的数据信息

开放式接口，易于构建和管理国内外其他应

用系统的动态数据交换

（三）应用体会

应用物流信息系统的体会可以总结为以下四点：

1. 首先就是要先用起来。物流企业首先要解决的一个问题是降低应用风险，即价格风险。许多软件公司不考虑运输行业的整体状况，往往一张嘴就是百八十万，50 万以下不做，实际上是给那些想应用系统的企业设置了障碍。根据易通物流实际应用情况，如果一开始公司就上一套很完善的物流系统，那中途夭折的可能性在 95%以上。因为信息系统是企业业务的神经系统，他与企业的骨骼和肌肉（即业务和管理水平）是相互适应的，任何一方面的超前和落后都会阻碍企业的发展。根据这种认识，易通公司信息技术应用事业部为想上信息系统的企业提供了企业诊断和最高限价的咨询服务。根据企业的业务状况、企业规模、管理层认识程度、基层计算机应用程度等，提出一期信息系统应用投资的最高限价，超过这个限价企业就面临着很大的价格风险。事先设定一期投入应用效果评估，在达到一期目标之后，管理层增强了信心总结了经验教训，再考虑二期投入。

2. 数据的积累和挖掘是企业提高管理水平的依据。没有准确数据的长期积累，就谈不上科学的管理。有了准确数据的一年以上的积累，就可以进行各个层面的数据挖掘与分析。比如，有了客户资料数据库，就可以将客户的营业额、利润、线路占用情况、应收应付款情况进行排名，由排名中可以看出哪些客户是我们的主要客户，需要重点维护；哪些客户是我们的危险客户，如长期拖欠款，需要重点监控和逐步断绝往来；哪些客户是代表未来业务发展的方向，需要重点培养；哪些客户需要增加或少公司的资源，来发展或缩减这一客户群体。根据管理水平的不断提高，为自身企业设定一系列考核指标，根据指标随时监控企业的运行状况，做到提前预知事态发展，及时采取措施趋利避害。

3. 软件良好的表现形式是系统成功应用的保障。信息系统的应用需要人们改变原来通过纸张进行阅览和传递信息的形式，因此要尽最大的可能去适应操作人员特别是管理人员的习惯，以最简单、最直观形式将各种信息展示出来。如在录入阶段，尽可能地减少需要录入的内容，尽可能地用鼠标点击就可以完成；在操作阶段，尽可能地将相关信息放到一个操作界面，做到从一个界面就可以完成所用相关操作；在查询阶段，做到尽可能用图形化的界面来表现查询结果，避免整篇的表格和数据。这几个方面的优化是永无止境的，将随着系统的不断完善而不断改进。

四、易通物流应用情况介绍

（一）信息化实施前后部分效益指标对比

易通物流作为易通公司下的全资专业第三方物流公司，在最初的经营半年中，主要是依靠电子表格来完成对主要业务数据的记录和统计。由于电子表格对时时共享、流程（数据）接转、控制、方便性等方面存在的制约性，再加上物流操作的环节多、复杂性，为了完成整个业务流程，投入了大量的人力、物力，但依然不可避免的造成了大量的差错。但 2001 年 3 月应用系统后，整个状况有了较大起色，而且随着系统的不断完善，系统优越性逐渐突出，整个物流公司对系统的依赖性也越强。据统计，由于系统的完善应用，在相关岗位的人力投入减少 50%以上，差错率降低了 80%以上，整个效率提高了 46%。

另外，系统的统计分析功能使得公司管理层能够及时准确的看到整个业务发生、流量和财务状况，因而为管理层的决策（战略决策和阶段休整决策以及突发事件决策等）提供了重要的数据支持。

（二）对企业业务流程的改造

2002 年 12 月，易通物流根据运作两年的经验和问题，为了进一步减少衔接“节点”，进一步捋顺业务流程，提高工作效率，节约控制成本，开始进行流程改造和业务重组。这期间物流管理信息系统是其中非常重要的参考依据，有个很基本的原则是：一切以保证系统各环节数据录入高效率、准确、及时为根本。由于易通物流应用系统后，各业务环节的内容都是可以记录、统计、查询和共享的。在新的业务流程设置中，易通要求当前工作岗位必须要本着审核上个工作环节的内容的完成情况，及时发现和提醒、修正上个环节的差错，同时又要考虑到尽可能为下个工作环节创造方便为职责要求，这一切没有系统的应用是根本无法做到和衡量的。因而系统对整个新流程的再造和实施起到了重要的导向和保障作用。

（三）对提高企业竞争力的作用

易通物流管理信息系统的设计和应用思路的行业创新性，使得易通物流的实体操作带有很大的现代科技意义，如最早在北京甚至国内首次现实应用的互联网动态货运信息、仓储信息查询刊称典范，此举为易通物流的客户提供了极大的方便，也为易通物流差异化竞争对手提供了强有力的手段，真可谓“足不出户，尽掌全部委托货运状态”。也就是我们所谓的“服务透明化”通过系统和网站得以完美实现。

另外系统的应用使得易通物流整个客户服务的响应速度得到大幅提高，如订单处理速度、客户查询速度、异常事件的发现和快速处理速度等。这些都表现了易通物流作为一家现代第三方物流区别于传统运输的重要标志。它改变了客户对传统运输行业的旧观念，印证了易通物流所宣扬的“现代物流新感觉”。

（供稿：易通交通信息发展有限公司）

招商局物流集团的全方位服务案例

一、招商局物流集团简介

招商局创立于 1872 年中国晚清洋务运动时期，是中国近代民族工商业的先驱，在中国近现代化进程中起到过重要推动作用。

经过几代人的努力，招商局现已成长为一个实力雄厚的多元化综合性企业集团，在交通基建及物流、金融、地产及相关产业领域内有着成熟的业务网络和市场经验，拥有总资产逾 500 亿港元，管理资产总额近 1 200 亿港元。

招商局集团总部位于香港，业务分布于香港、中国内地、东南亚等极具活力和潜力的新兴市场，被列为香港「四大中资企业」之一，在国际工商界有着广泛影响。

130 多年来，招商局从未间断过在港口、码头、仓储、运输等领域的投资与发展，逐步形成了发展现代物流业的独特优势，现代物流业已被确立为招商局的四大核心产业之一。

招商局物流集团有限公司(下称招商局物流)是招商局发展现代物流的核心企业，注册资本人民币 1.5 亿元，截止到 2003 年底，拥有总资产人民币 28.8 亿元。

招商局物流秉承百年招商“爱国、自强、开拓、诚信”的企业精神，紧跟世界物流发展潮流，通过不懈努力，实现了从传统储运服务向现代物流服务的转变。2001 获深圳市优秀企业称号。2002 年被评为广东省物流龙头企业称号和深圳市商贸流通企业 20 强。2002 年 12 月通过了 ISO9001-2000 质量体系认证。

招商局物流在北京、上海、天津、香港、广州、深圳、珠海、惠州、厦门、沈阳、大连、郑州、武汉、长沙、成都、昆明、南京、青岛、芜湖等中心城市设有30多家子公司和分支机构。在全国拥有各类运输车辆近千台，香港过境车牌照 80 多块；可支配仓库超过 15 万平方米，其中自有现代化分发中心近 6 万平方米，且正在投资兴建多个大型现代化分发中心；在沿海和长江流域拥有油气库 8 座，油气专用码头 7 个，船舶 8 艘。基本形成了以普通网络、进出口物流、特种物流为主营业务的第三方物流综合服务能力。

招商局物流可独立完成海、陆、空等多式联运服务；提供包括物流整体方案策划和咨询、物流分发中心整体规划及运营管理，原材料与产成品的储存、配送、国际储运、报关以及物流管理信息系统的设计和构建等一整套物流解决方案服务。

在 IT 技术上，招商局物流具备了独立开发和运用个性化的、国内一流物流管理信息系统的能力,实施了以“SAP”为核心的执行系统、“WMS”仓库管理系统、“GPS/GIS” 定位系统、OA 系统以及先进的条形码识别技术等,具备在线仓储查询、运输监控并自动生成统计报表等功能。

近年来，招商局物流成功为诸多国内外著名企业提供了优质的第三方物流服务，有效提高了物流执行效率和运作质量,合理降低了成本,提升了客户的市场应变能力和竞争能力，受到广泛好评。主要客户群中的80%均为世界500强企业。招商局物流关注员工的发展与成长，吸引和培养了一批包括外籍物流专家在内的高素质专业人才。

恪守“亲力亲为,与客户共同成长,运营成本优化合理”的经营理念,充分发挥专业化、网络化、信息化的优势，以高水平的服务质量和规模化的营运能力,成为“有较好效益、有特色、有品牌”的物流企业,是招商局物流孜孜以求的发展目标。

二、为大型生产商提供的物流服务案例

(一)客户基本情况

该客户为国内大型生产商,在国内17个省拥有40多家生产厂,产品销往全国各地及海外多个国家和地区。在合作前,主要以自营物流为主,拥有大量的物流相关设施设备和运作人员。

面对日趋激烈的市场竞争，经过深入的调查和研究,客户提出新的物流发展战略:即“构建一体化供应链中的伙伴关系战略”。这一战略的核心在于将自身核心技术之外的业务全部外包，但在外包的过程中注意选择合适的服务商，以确保长期、稳定的合作关系,从而在降低交易成本的同时减少交易的不确定性风险。

根据这一战略构想,客户开始着手物流改革,在全国范围进行销售物流规划方案的招标。招商局物流力压其他竞争对手,一举中标。双方结成供应链战略联盟,联手于2002年开始实施该客户的供应链改革。

(二)合作前客户的物流状况及主要问题

1. 自营运输成本高昂且运输服务水平不可控。

该客户在1998年为实施“新鲜度战略”组建的汽运车队,耗资数千万,但非专业化的运营造成每年近千万的潜亏,致使出现自有车拉的多,亏得多,为节约成本,停掉自有车,只用外协车的怪现象。

2. 仓库设施和管理手段落后。沿袭多年的旧式外租仓库设施简陋，操作效率低下，利用率极低,管理手段落后,连基本的“FIFO”(先进先出)都无法保证。

3. 物流过程失控。由于缺乏有效的管理技术和手段，导致物流运作过程中各节点的信息不能及时准确的反映和共享。由于对配送末端不能有效控制,随意或恶意卸货经常导致“串货”问题,严重影响了正常的销售秩序。

4. 配送网络布局不合理。配送网络方面,一级配送干线过多,导致订单处理周期长,补货不及时,影响产品的新鲜度管理,难以适应终端客户小批量、多频次的要求。

5. 物流管理信息系统功能不健全。信息系统方面，客户有一套主要服务于企业内部资源优化的ERP系统，具备部分的物流信息反馈功能,但不具备专业化的物流管理功能，无法实现对整体物流过程的集约化管理。

总之,原有的类似“纵向一体化”的销售物流运作模式已不能够支持客户的新鲜度管理策略和渠道发展策略、不能够支持大量并购后的多品牌整合。其销售物流的低能已经严重影响了产品的市场竞争力，对产品销售物流的控制乏力使客户服务质量沦为空谈。

因此,无论从成本角度、还是服务角度,都需对物流体系进行变革。

(三)物流方案设计原则

将物流活动上升到企业经营战略的一个重要组成部分,以系统的有机整体加以管理和运行,实现供应链的整体物流最优化,其构成如图1所示:

(四)方案设计主要目标

通过近、中、远期三个目标的分步实施,建立起信息化、柔性化、网络化的三级物流配送服务体系,逐步将客户全部产品纳入整体物流服务网络,最终实现全国范围内的客户订单处理周期为24

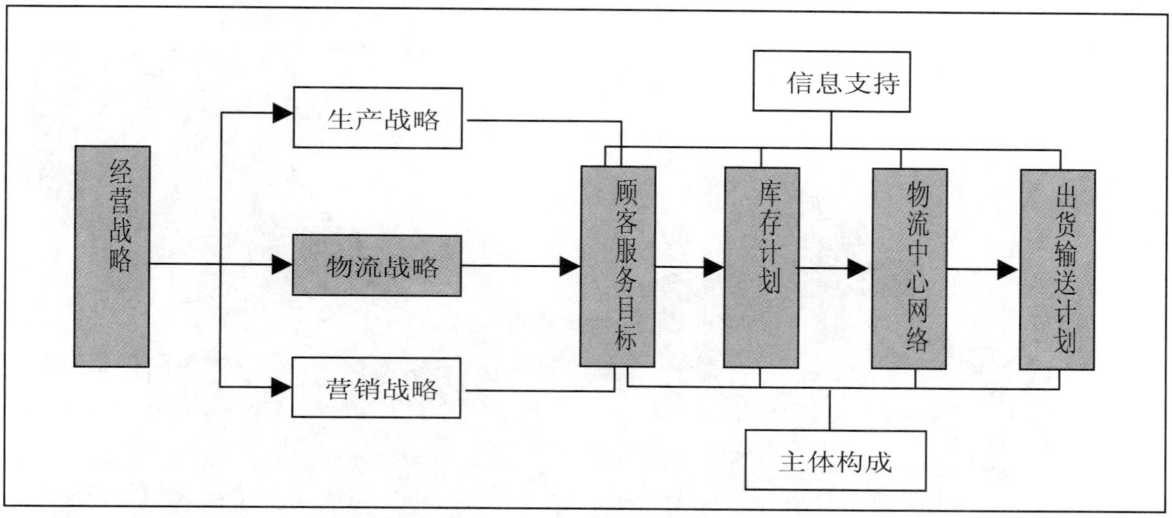

图 1

小时。

建立快速的市场响应能力

缩短订单处理周期，提高啤酒产品的新鲜度

实现“商物分离”的新型经营模式，核心竞争力进一步强化

成本得到有效的控制和节省

（四）方案主要内容

1. 成立统一的物流管理组织，统筹整体物流活动，使商流和物流分离，如图 2。

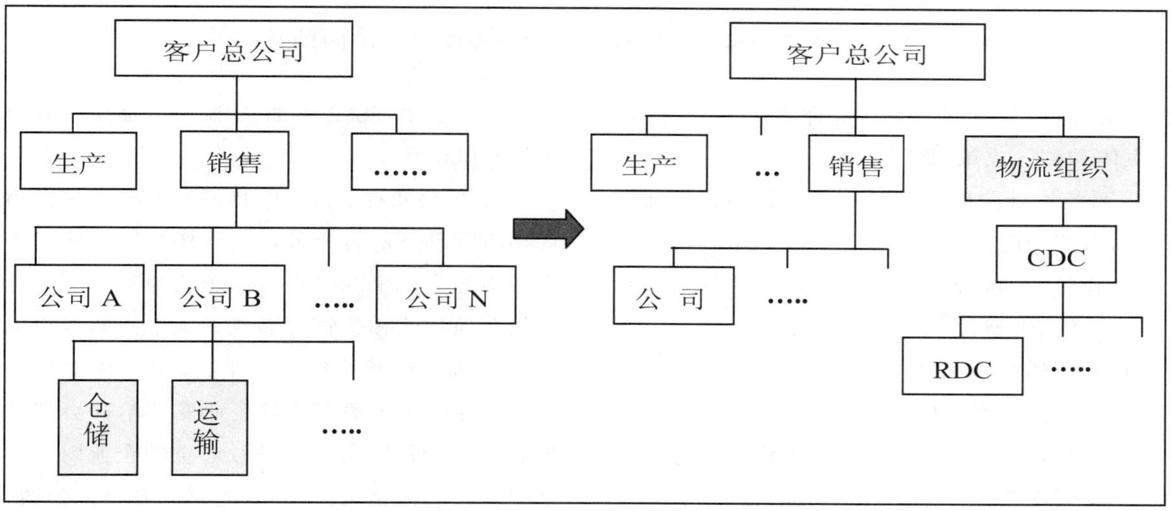

图 2

2. 对物流配送网络重新规划、合理布局，形成三级配送网络，分发中心设置及网络运作如图 3、4。

3. 采取新的物流运作模式，以使客户的销售公司实行“商物分离”，各销售分公司和批发商最终只需持有 1–2 天的库存或者零库存，实现供应链的“三流合一”为目标（见图 5）。

4. 建立基于 SAP 的响应迅速、成本低廉、安全稳定的物流信息系统解决方案。信息系统解决方案及信息平台运作模式如图 6 所示：

（六）方案实施步骤

1. 准备阶段。共同成立物流推进组，对物流

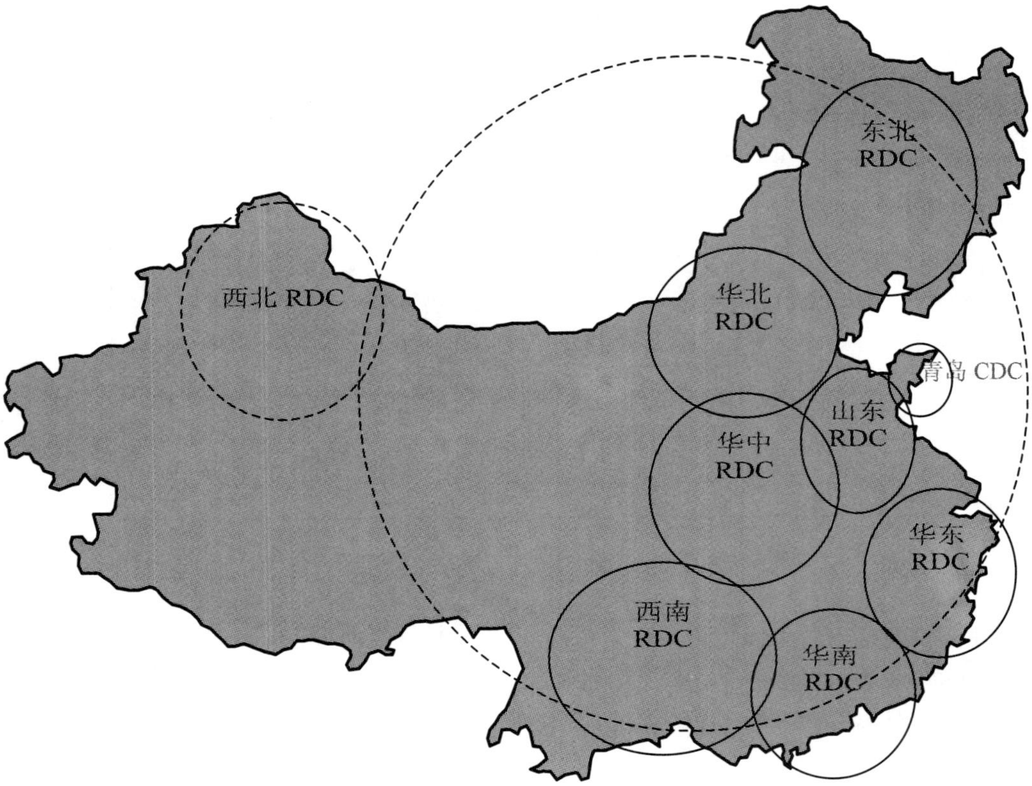

图 3 客户仓库调整后的分布图（中国内地）

整合方案进行深入细化，确立整合。

主体和领导决策机构设置。

2. 系统设计阶段。该阶段的工作内容包括：

(1)系统的内容与服务水准的确定；

(2)仓管、装卸、备货、配送的操作程序；

(3)设施、机器、车辆、人员的设立；

(4)系统的前提条件；

(5)物流信息系统的设立。

3. 实施阶段。该阶段的主要工作内容包括：

(1)合同签署；

(2)运营活动开始；

(3)实施后的检查与改进。

（七）方案实施效果

1. 经济效益。合作的第一年(2002 年)，由于专业化运营的效率提高而节省成本，产生的经济效益达 1 000 多万元。2003 年，通过双方的共同努力，在流程优化和服务范围的扩大方面又有所提升，在 2002 年的基础上又为客户节约成本约1 000 万元。

2. 社会效益。客户的物流服务活动是以招商局物流管理下的合资公司为运作主体，该合资公司是由客户原来的自有运输车队为基础，整合客户的其他物流相关资源而成，其中原属客户的人员占 99%。运营一年多以来，员工的淘汰率不足 5%，这有效的缓解了通常企业变革给社会带来的失业压力。而且，由一个潜亏严重的企业内部运输公司发展成一个诚信、高效的第三方物流公司，这种转变本身也优化了社会资源的配置。

3. 服务水平。在供应链伙伴关系战略的支持下，产品的新鲜度管理水平已提升到一个新的高度。客户服务水平有了显著提高。

尤其是体现市场响应能力的订单完成周期指标，较改革前有了成倍的提高；而在市场营销管理中困扰众多企业"串货"难题，也得到了"根治"。

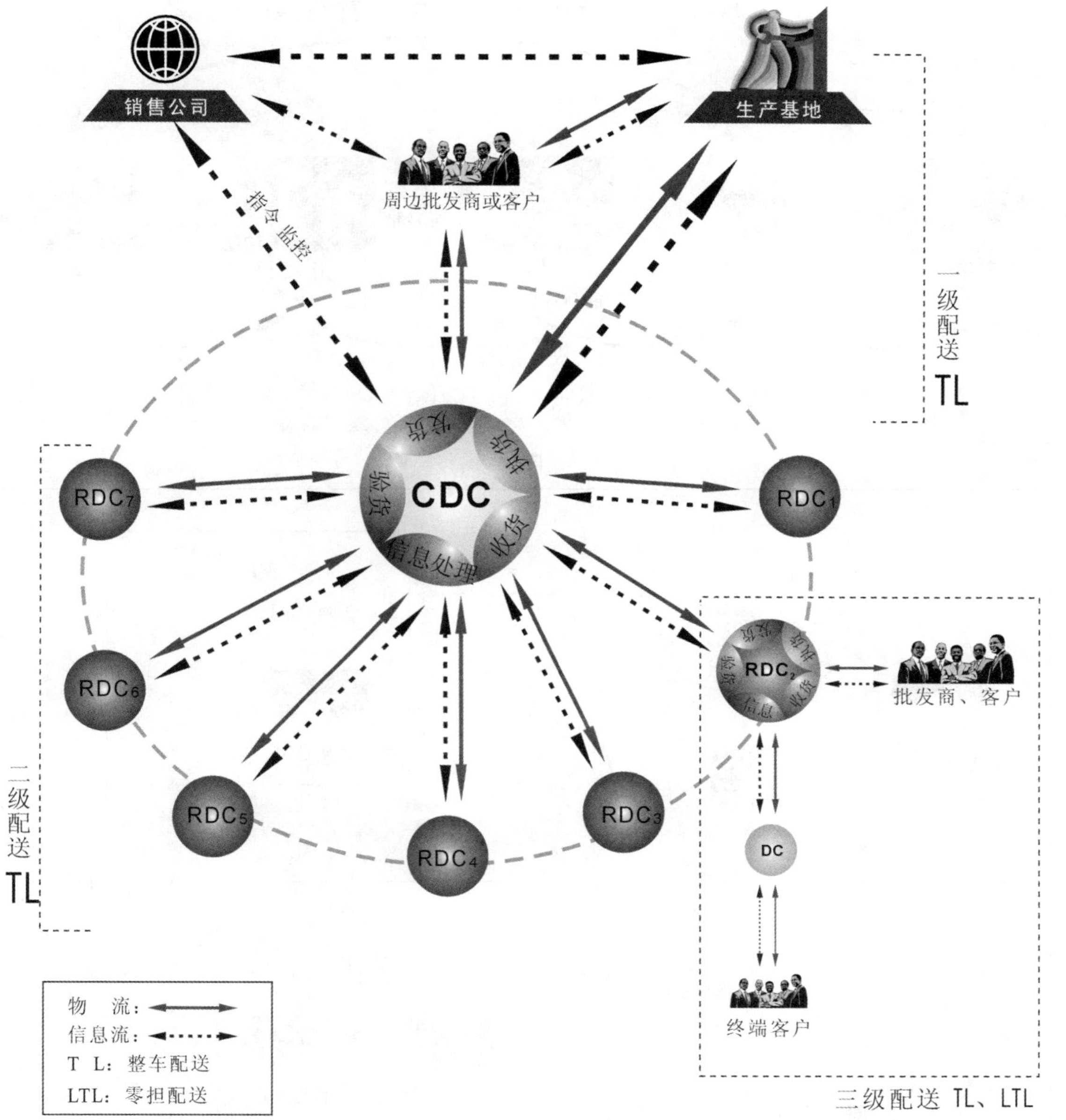
销售公司
生产基地
周边批发商或客户
指令 监控
一级配送 TL
CDC
收货
执货
验货
信息处理
收货
RDC1
RDC2
RDC3
RDC4
RDC5
RDC6
RDC7
二级配送 TL
批发商、客户
DC
终端客户
物　流：
信息流：
T L：整车配送
LTL：零担配送
三级配送 TL、LTL

图 4

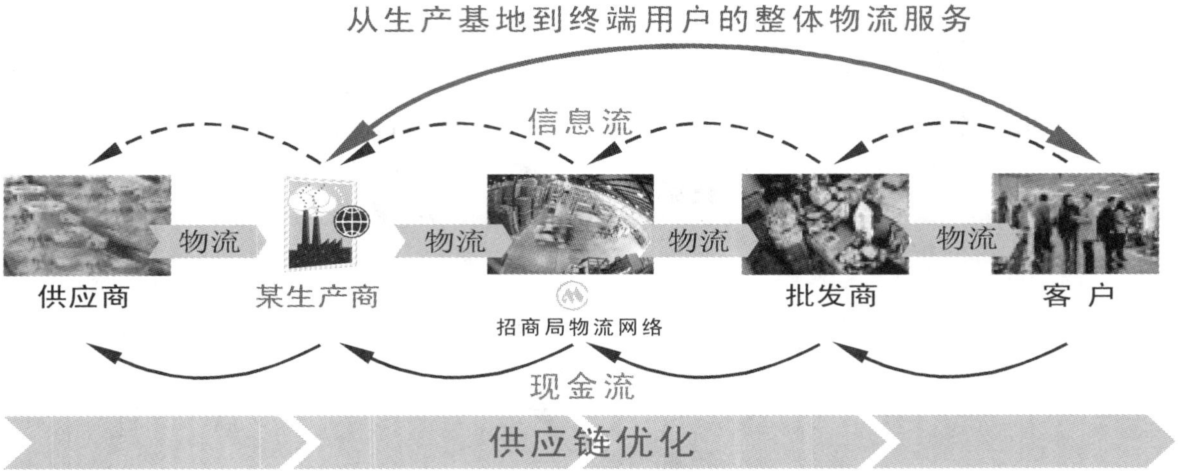
从生产基地到终端用户的整体物流服务
信息流
物流
物流
物流
物流
供应商
某生产商
招商局物流网络
批发商
客 户
现金流
供应链优化

图 5

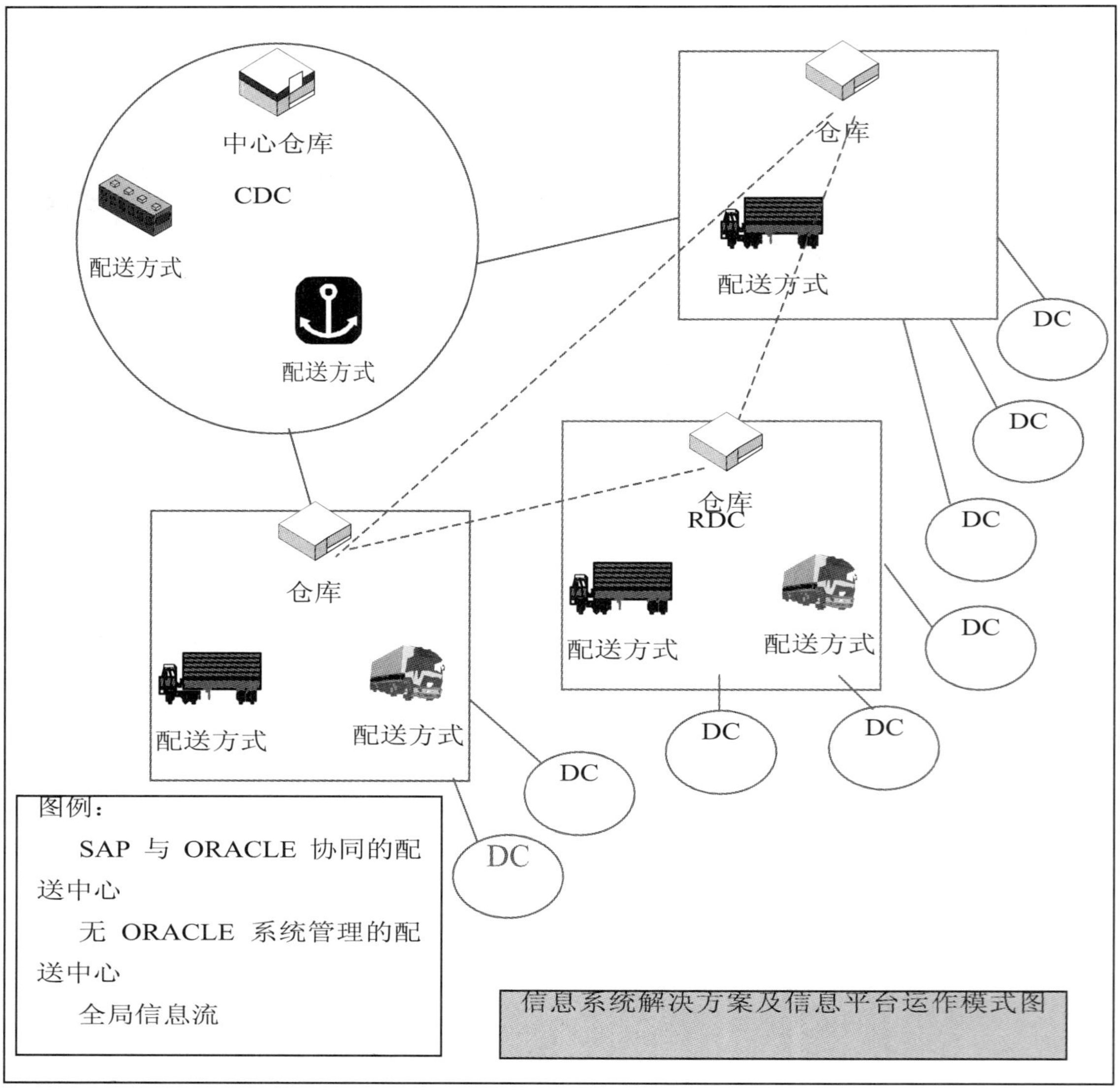
中心仓库
CDC
配送方式
配送方式
仓库
配送方式
DC
DC
DC
DC
仓库
RDC
配送方式
配送方式
DC
DC
仓库
配送方式
配送方式
DC
DC
图例：
SAP 与 ORACLE 协同的配送中心
无 ORACLE 系统管理的配送中心
全局信息流
信息系统解决方案及信息平台运作模式图

图 6

主要服务指标在改革前后的对比

项目	改革前	改革后
订单完成率	70%	90%
订单完成周期	24 小时-72 小时	50 公里以内（含 50 公里）7 个小时； 100 公里以内 8 小时
	36 小时-96 小时	300 公里以内（含 300 公里）：12 小时 300 公里以上 24 小时（限省内及河北、京津地区）
存货周转天数		减少 5 天
自有车辆利用率	55%	88%
发货准时率	不足 60%	96%
送货准时率	不足 50%	95%
库存准确率	80%	99.9%
运输完整率	94%	100%
配送准确率	串货时有发生	100%
仓库利用率	60%	90%
整体物流成本		下降 40% 以上

招商迪辰集装箱码头管理系统在漳州招商局码头有限公司的应用

一、项目简介

漳州招商局码头有限公司，自去年实施招商迪辰软件系统有限公司提供的“DAP 集装箱码头管理系统”以来，装卸调度、出闸自动选箱、进闸自动选位、堆场管理、通关检验等环节均实现了电子化和自动化，闸口速度大大加快，作业效率和服务质量得到显著提高。2004 年 4 月份，漳州招商局码头集装箱吞吐量再传捷报，首次实现漳州港开港以来集装箱日吞吐量超千箱、月吞吐量超万箱；比 2003 年同期增长 228.1%。

二、项目背景

漳州招商局码头地处中国东南沿海最大的出海通道之一的厦门湾南岸、九龙江出海口，具有优越的地理条件。水路方面，发达的水路运输系统连接中国主要沿海临江城市和九龙江沿江地区，极为有利于干支线运输，1 000 吨级车客滚装船每小时往返于厦门港；陆路方面，30 米宽的疏港公路与 324、319 国道、厦漳高速公路相连，至港口鹰厦铁路支线正在规划之中；口岸环境方面，漳州招商局码头所处在的漳州港(招银港区)是国家一类对外开放口岸，也是对台直航口岸。船舶代理、货物代理、外轮理货已进驻港口并正常运作；集装箱运输、仓储、拖轮等配套服务机构完善，“一关三检”已全面进驻港口和运作。

漳州招商局码头泊位的增加、堆场的扩大、设备的增加、人员队伍的壮大，都对管理运作提出了更高的要求，上马先进的信息化管理系统势在必行。经过长时间的综合考量，漳州港码头有限公司最终选择了招商迪辰软件作为合作伙伴，双方携手共同开发 DAP 集装箱码头管理系统(DAPC-TOS)，走出了一条港口企业与软件公司合作开发集装箱码头操作管理系统的新路。

三、总体规划及设计

（一）整体规划

首先从整个公司看，要考虑到两大重要的层面。第一个层面是，要求绝大部分作业的实时性操作，特别是有关库场、码头装卸、商务的实时操作，从而为调度和作业的实时监控管理提供数据依据；第二个层面是，考虑到业务系统和各部门的千丝万缕的联系。具体而言，有以下几方面的需求：

1. 原始数据录入尽量简化入口，减轻信息操作员的工作量；

2. 各部门的数据能共享，使每个部门、每个岗位都能从公共系统中得到自己想要的信息，并且这种共享加以适当的权限控制；

3. 在数据共享的基础上使系统成一个有机的统一体，同时兼顾到部门结构的变化；

4. 能够在数据共享的基础上进行一定程度的成本核算和收入、成本与利润分析。基于基本的业务数据公司领导能够从管理角度得到自己真正想要的报表和数据，辅助决策；

5. 在满足业务处理需要的前提下，优化业务流程。通过客户远程访问、图形化库场、电子数据交换、条形码、IC卡、闭路电视监控甚至设备远程诊断等技术的应用提高整个码头的作业效率，加快货物流转，提高服务水平，提高设备、库场、泊位等设备的利用率，降低生产成本，从而大幅度提高效益；

6. 系统应为将来可能的业务扩展留有接口；

7. 系统设计时考虑以集装箱、堆场、闸口和船舶为核心，在进口和出口的基础上建立数据操作中心，形成集中实时管理的整体框架；

8. 为保证业务系统的各部门相对独立，又能够有机的关联，实现数据的一次录入、多步处理，保证整个系统数据一致性，特别采取了数据校验和共享等方法避免数据重复录入出错。

（二）功能设计

考虑到各个部门，具体功能设计如下：

市场部：管理客户信息、市场信息；及时了解船期、船舶作业进度、过磅、库存、客户付费及信用情况，合理进行市场开拓；提供完善的客户服务，并可以将客户的作业要求及时反映到各相关部门，做好客户和公司内部各部门的中间桥梁，做好公司的一面窗口。充分掌握客户和合同信息，管理和编制费率及收费细则；了解船舶动态、作业进度、库存状况等；快速制单、办单、检算、计费；能够对外（一关三检、客户等）进行及时的信息沟通，办理海关查验、国检等业务。

操作部：充分了解码头泊位、机械、堆场、人力等资源状况；全面管理船舶资料和船舶动态；合理安排船的靠泊；对外（一关三检、客户等）进行及时的信息沟通；根据已有的信息制订合理的泊位计划、装卸计划、根据集装箱信息、货物信息以及客户信息制定堆场计划；能够查询集装箱的相关信息，对集装箱进行统一的管理和维护，能够进行集装箱的查验、熏蒸、修箱、过磅、拆装箱等业务；办理进出闸单证，进行进出闸操作管理；掌握实时生产进度，根据具体需要灵活调整计划、调度现场作业；需要统一的作业控制，对所有的作业机械进行统一的调度，完成特定的任务；能够按比例显示总堆场存放图，可以分级显示堆场的堆放情况；统计作业数据，分析计划的合理性等。

工程部：及时了解公司生产计划；了解船期、作业进度、商务办单情况等公司总体信息；了解船舶动态、船舶装载作业进度、船图、舱图、每项作业的计划工艺、货物装卸质量要求等；根据公司总的生产计划和掌握的资源情况及设备保养状况合理制定本部门生产计划；全面管理本部门机械运行和成本消耗情况；能够全面管理每天派工情况、司机违纪情况等；进行作业统计，分析作业安排的合理性等。

财务部：能够及时得到商务计费结果；能够根据计费单形成财务格式的记账凭证并可编辑；能够根据回款情况及时核销，并将核销信息对应到具体作业；能够按不同的客户建立档案，输入各项费率；能够自动结算码头费用、货物装卸费用、堆存费用；能够进行财务的对账单管理、应收/应付的账龄分析；能够满足客户的已付、未付和费用明细的查询要求；能够根据各部门的生产状况进行综合的生产统计；能够根据以上统计和分析制订公司下一阶段的整体经营合生产计划，及时准确地形成公司领导和上级公司所要求的各项报表，辅助领导决策。

（三）设计处理能力

为满足漳州招商局码头有限公司快速增长的业务需求，招商迪辰集装箱码头信息管理系统设计年处理能力为 100 万 TEU 以上。

效果及评价

DAP 集装箱码头管理系统的作用主要表现在：

1. 规范了业务流程，简化了操作手续

由于 DAPCTOS 采用了国际标准化的操作流程，作业人员的操作都按照这种流程执行，特别是系统提供了自动计划和自动选箱选位功能，缩短了操作的时间，减少了出错的机会，提高了工作效率。

2. 各部门协同工作，数据共享，沟通及时

DAPCTOS 把各部门的工作统筹考虑，并行操作，协同工作，数据实施共享，极大地减少了出错率。

3. 提高了码头的吞吐量，取得了好的经济效益

工作效率的提高和信息的及时共享，提高了业务处理能力，改善了服务质量，赢取了更多的业务。

4. 商务计费更简单

很多计费都由系统来完成，费项的设置和费率的收取更全面，应收应付实收等等项目一目了然，财务分析方便准确全面。

5. 统计决策和市场分析

系统提供了统计分析功能，从而为决策者制定计划和发展方向提供了有价值的参考。

项目特点

设计灵活	1. 系统集成度高 2. 开放式技术（用户二次开发轻松自如） 3. 系统可以轻松移植 4. 强大的计划和控制功能
操作简单	操作和控制通过拖、拉、点击轻松完成：主要在图形上操作
界面友好	丰富的图形界面：堆场定义和操作、船舶定义和操作、中控操作
性能高效	1. 真正的自动化和智能化：自动卸船、自动选箱、自动选位 2. 统计和分析功能丰富而实用 3. 自动集成的水晶报表生成器使报表的生产可以“随心所欲”
技术先进	1. 完全实时，一处操作，各处立即可见，立竿见影 2. 支持无线网技术和无线终端的应用 3. 支持条码、IC/ID 卡应用
系统安全	1. 高效的安全防护机制 2. 对历史数据的记录充分完整

服务创造价值

—中国外运为米其林提供优质物流服务

米其林公司是以生产各种轮胎而闻名于全球的世界 500 强企业。自 1989 年进入中国以来，随着其产量的快速提升，米其林在中国的业务正处于强劲的增长态势。中国外运凭借其丰富的服务经验和全方位的综合服务能力，成为世界轮胎巨人米其林的物流服务提供商。

一、米其林选择物流承包商的高标准

米其林产品从工厂的生产线下来一直到最终的用户手中,涉及众多业务环节,与此同时,生产米其林所需的许多原材料,需从世界各地采购,所有这些环节都涉及到物流服务。米其林追寻的是集中自己的专业化优势,致力于研制和生产出世界领先地位的轮胎。因此,米其林也遵循国际上通行的做法,将物流服务委托给专业的第三方物流供应商来承担。这就产生了米其林将物流外包的客观需求。在中国外运介入米其林物流服务之前,一直是由一家跨国物流公司为其提供物流服务。

由于米其林公司对其产品的精益求精的要求,对所有使用和中意其产品的用户负责,在选择物流合作伙伴时特别注重服务商的综合服务能力。作为专业的第三方物流供应商的中国外运,现有资源具备了为米其林提供包括原材料进口、成品储存及配送等一站式综合物流服务的能力,而且也具备了为米其林在中国业务的迅速拓展而进一步提高服务水平的资源和能力,其中包括服务的种类、服务的质量、提供服务的区域等等。

米其林除了要求物流商拥有最完善的物流服务网络、最先进的物流管理手段和最丰富的物流管理经验外,还针对其产品的特点,对物流服务提出了6项高要求:

1. 库存管理的先进先出原则 FIFO
2. 库存数量的准确性 Accuracy
3. 生产配送的及时性 JustInTime
4. 服务的质量的关键考核指标 KPI
5. 服务的安全系数 Security
6. 综合服务能力 IntegratedService

二、针对米其林公司的需求,量身定作物流方案

米其林曾是中国外运辽宁有限公司的客户之一,辽宁有限公司下属海运分公司长期以来一直为其提供优质的货运代理服务,双方建立起融洽的伙伴关系,为米其林项目的成功运作奠定了良好的基础。为了能更好地为米其林提供物流服务,中国外运辽宁有限公司在接到米其林发出的标书后,立即集中各方面专家,成立了物流服务投标项目组,经过仔细分析米其林物流服务标书后,认为中国外运完全能够提供满足米其林需要的物流服务,并有能力在降低米其林现有仓储、运输等物流环节成本的基础上,进一步为米其林开展现代化提供综合物流服务。根据米其林的需求,投标项目组确定了物流服务目标。同时为确保达到目标,中国外运辽宁有限公司在投标项目组的配合和帮助下,制定了细致的实施方案:

1. 成立物流服务项目组。该项目组负责制定和组织实施成品的仓储、国内运输及出口货代物流方案,物流服务项目组配备物流管理、技术、信息、财务等方面的专业技术人才。

2. 设立现代化仓库。在距离米其林工厂5公里处设立米其林要求的仓库,并备有近万平方米的弹性使用库房,同时在仓库周围备有充足的场地,可建设新库,用以满足米其林业务发展的需要;配备高素质的仓库管理人员;安装MK仓储管理软件,建立仓储物流管理信息系统。

3. 配备专用运输车辆,制订严格的监控措施。为米其林配备专用的货车负责短途运输;配备集卡车队和箱式货车队国内配送运输,利用为米其林提供进口物流服务的集卡车队完成出口运输;所有车辆上配备GPS定位系统,实行24小时监控,保证运输的安全性、准时性和低成本性。

4. 配备优秀的出口货代业务员。为米其林的出口货代配备高素质、经验丰富的内外勤人员,保证报关、报检等出口货代业务的高效完成。

5. 充分利用中国外运的全国网络优势、与政府主管部门良好关系优势和多年的物流服务经验,不断提出改进服务质量的方案和降低成本的措施。

三、为米其林物流服务的内容

经过半年的谈判,2002年6月,历经投标、投标答辩、物流服务质量、服务价格、服务建议、未来发展规划和项目组人员素质等多项指标的考验,中国外运以绝对的优势,赢得了米其林物流项目的合作。中国外运辽宁有限公司在一个多月的时

间里，就按国际标准组建起占地达3万平方米的沈阳物流中心，并成功地完成了库存转移、仓储运作、运输货代及系统操作等一系列的工作。中国外运沈阳物流中心经过几个月来及时、快速、优质的物流服务赢得了米其林公司的肯定。2002年12月11日，米其林公司与中国外运签署了为期5年的物流服务协议。

在保证KPI的前提下，沈阳物流中心建立了一整套标准化的操作流程，建立健全了各项管控制度。

1. 标准的科学作业流程是项目成功运作的前提。

按照米其林的要求建立了仓库日常操作的标准化作业流程，及各项规章制度。

2. 明确的管理目标是项目的保证。

有了标准的科学管理体系后，沈阳物流中心又推出了目标管理.将标书中，中国外运对米其林的承诺，作为初期运转中的奋斗目标.并悬挂在库区内醒目的每一个位置，用黄色作为底色，来警示全体员工。

3. 以人为本的动态管理制度是项目成功运作的基础。

沈阳物流中心推出优秀员工评比活动，帮助员工树立爱岗敬业，珍惜来之不易的工作环境，逐步培养员工对企业的忠诚，学习借鉴先进的人事管理理念，对中心的所有核心岗位采取备份制，引进动态的人事管理制度，保证了中心的可持续发展。

4. 科学的仓库管控是项目成功运作的关键。

仓库管理的核心技术是信息系统，货物入库、在库、出库等各项操作在系统的支持下，可以做到准确无误。

货物入库时配合PMC卡扫描技术对存放库位作出正确建议。

货物在库时完成冻结、挑拣、盘点等一系列操作。

货物出库时满足先进先出的原则并建议正确的出库库位。

5. 完善的国内运输配送和出口货代服务为项目成功运行提供了有利的保障。

利用中国外运的品牌和物流方面的先进管理经验，优化整合了当地的运输队伍，建立健全了所有承运商的车辆档案。

制定了承运商量化考核标准和管理流程，同时利用先进的GPS/GSM全球定位系统，为每台承运车辆免费安装了车载移动设备，保证了所有车辆的及时调动和跟踪，加强了在途车辆的管控能力，保证安全、优质、迅速、准确地将货物送抵收货人。

设立了专职的运输客户服务部，受理所有的投诉和信息反馈，开设了国际互联网上的用户查询网站，保证了在任何时间，任何地点，都可及时获得有关运输的一切信息；

在出口货代方面，保证做到一次委托，全程服务，为米其林提供优质、快捷的通关服务。

四、米其林项目的展望

米其林在中国的业务正处于强劲的增长态势，在所处的市场层面拥有最好的客户洞察力，不但为中国市场带来了世界顶级产品与全球领先的生产技术，更带来了世界一流水准的客户服务。因此，米其林项目具有极大的发展潜力。与米其林的合作，使中国外运辽宁有限公司进一步提升了自己的服务理念，积累了经验，同时也再一次证明了，凭借中国外运的实力和经验及永不放弃的追求和创新精神，中国外运一定能为客户提供优质的物流服务，因为他们坚信：服务创造价值！

嘉里物流国内专业运作案例

北京－某贵重银行自动柜员机及电子零件物流服务

（一）客户公司简介

该品牌柜员机生产商，为全球主要生产柜员机厂商之一，占全球市场份额的百分之四十。从上个世纪90年代中期，该厂商致力于发展亚太市场尤其是中国市场，并在北京建立了生产基地。嘉里物流根据同该客户在香港合作的经验，在北京设立了专门为该客户服务的团队。为该客户提供相应的物流服务。

（二）合作背景

嘉里京泰物流有限公司是这项计划的主要指挥中心(下简称为“中心”)。中心以嘉里物流在中国的物流作业网络和营销网络为依托，以北京作为起点，为客户提供全国配送及到门服务，网络覆盖全国:东至浙江（舟山群岛）、南至海南、西藏、西至新疆、北至黑龙江。为帮助客户解决本身工厂面积有限、生产规模又面临爆发式增长的严重问题，中心已经在2004年8月斥巨资完成了并购立体仓库的计划，中心的仓储功能将全面提升，可为客户提供保税、非保税货品的仓储、初级配件加工及其他增值服务。

此外，公司以“以客为本”的服务理念，尽量满足客户的需要。根据客户的配送地点大部分在偏远山区，如最远为新疆，距离北京约8 000公里，公司车队根据实际情况和卸货特点专门制定可行的运输、卸货方案保持了高效率的优质送货服务，并可长期保持途中标示变红率低于千分之三。如在订单旺季，根据客户需求可灵活的在全国范围内设立临时物流中心，替客户应付紧急订单的送货问题。自为其服务以来，公司已累积超过1 700个送货点，而且数目仍在不断倍增。

（三）服务实况

该客户已同嘉里物流有着近10年的合作历史，从1995年公司在香港为该客户提供物流服务。由于该客户的生产、市场开始转移到内地，从2001年11月开始，公司开始在北京为该客户提供中国范围内的全面物流服务。

（四）零件处理

1. 客户的货物，经由公司的周密安排下，从国外供应商处直接由飞机空运至北京机场。货物由中心特派货车从机场运抵嘉里京泰物流中心作进一步的货物管理以确保客户的货物得到最妥善处理。

2. 在物流中心内，公司亦为客户提供多元化的增值服务。当中加工程序包括：专门的货物包装，货物的重新包装、更换原有卡板，检查防潮钖纸及改装零件等。此外，中心亦可为客户提供包装物料采购服务，即可代客户向其包装供货商采购符合本身包装要求的包装纸箱和木托盘，务求令客户及其货物得到最高质素及效率的服务和管理。

3. 中心也可按照个别银行的要求，在仓库为客户成品进行程序升级或零件再安装。

4.　嘉里承诺客户在接到客户出货通知后的1.5小时内，完成分货、检货以及一切所需的增值服务并将货物送送达到工厂，如:组装零件，按生产线检货，再配以穿梭巴士往来仓库与厂房，确保淮时送货到工厂或上线。

5.　嘉里京泰物流另拥有专门车队提供负责全国跨境运送至最后用家，包括把备装零件及装成品送至顾客服务中心和有关银行。

（五）新科技应用　短讯送货追踪服务

为了让客户能清楚追踪和掌握货物的运送状况，嘉里物流开创了这项崭新服务。客户能于网上或透过手机短讯，实时追踪货物的最新位置。嘉里京泰物流更将在全部货车上安装GPS卫星定位系统，时时跟踪车、货状态，保证货物及时、安全送达。货车司机亦要定时报告其确实位置及货物的状况。在到达送货点和验收货物后，司机均需实时发送短讯报告通知物流中心，以方便客户实时查询。

（六）震动倾斜探测器

这是贴在货物外箱上的一个指标，形状为一箭嘴，主要负责探测货品是否曾受撞击/震动和有否严重倾斜。此探测器极为敏感，若货物一不慎受到显著震动或曾被严重倾斜多于45度，外箱上的箭嘴会永久地变成红色，到达送货点后客户亦绝不会接收此类货品。有鉴于此，公司为了不断提升服务素质，特地为客户编制关键表现指标报告(KPI)，承诺每期出错率必须要低于0.01百份点。这项协议对嘉里是个难度挑战，因为增加了公司长途运输和操作的难度，但极大满足了客户的需要。

（七）客户获益之处

经由嘉里京泰物流中心接手负责客户的增值服务及运输过程，为客户带来很多好处。首先，包装程序外包给嘉里后，客户更能集中公司资源来重点发展有关业务和生产线、开拓和推广新市场、提升售后服务素质、专门科研新设计和技术等，以提高营业额和市场占有率。而且，包装及库存程序外包后，客户的生产工厂便能腾出更多空间和加添设备来舒缓生产线的增长压力，提升应付市场需求的能力。由于客户把所有物流运作集中予嘉里京泰物流管理，因此客户能拥有更透明化的物流支出数据，更能容易将成本和支出灵活调配及调整，又可降低和固定运输费，一举两得。嘉里京泰物流的“一条龙”服务亦能让客户容易管理及清晰了解其供应链的流程，方便控制货物的运送程序。

（八）未来发展动向

由于嘉里京泰物流与客户有丰富的合作经验，日后更准备为客户处理超过二千多样货种，包括原材料、散装零件、电子配件、机壳、或从银行中心回收已坏的柜员机和其他材料，并且替客户负责记录和管理，提供进阶的全面性物流服务，这也就是嘉里京泰物流力求上进的服务表现。

上海－服装类／医疗设备类全国物流枢纽

嘉里外高桥物流中心拥有世界级标准，而且能提供多功能的综合物流服务，包括国际海、空货运服务、进出口及代理报关服务及为跨国及本地企业提供区域货物分拨服务等。此物流中心还提供多项配套服务，用来配合货物的配送流程。一般服务范围包括：

1. 海关先放后报，方便客人调配资金；

2. 提供先进科技平台、局域网和嘉里物流自建的库存管理系统；

3. 库存管理；

4. 提供专业可靠的售前增值服务，包括进/出仓质量检查、货物放至指定库位、条形码扫描、标签贴刷、发货前包装等。

（一）服装类客户公司简介

客户是一家国际采购公司，专门代理和分销一些欧洲著名的服装品牌到大型百货公司、连锁店和独立零售商等。其货品种类繁多，包括内衣、运动服和休闲服等。

（二）服务实况

嘉里物流安排客户的货品空运到上海，以上海为国内的主要配送中心，辐射全国服装零售网络。然后，公司负责安排及管理进口报关、清关的程序，并作为客户在国内进口的代理负责人，为顾客代付中国进口关税及增值税。另外，公司亦提供保税及非保税的货物库存管理，并为货物提供度身订造的“一条龙”增值服务。范围包括：多元化的增值服务如条形码印刷、扫描标签，在服装上缝上价格标签、保养标签、成分标签等。如有需要，嘉里物流也可以将衣服重新包装，进行品质及数量检验，服务非常全面和周到。然后，公司以快捷可靠的空运和陆运方式，把货品送至全国各地的指定零售商，如北京、上海、广州等。而整个物流过程均有先进的技术平台配合运作，其中包括网上库存及配送追踪查询(Web-basedWMS&TMS)系统。

（四）医疗设备类客户公司简介

客户是一家以欧美国家作为基地的国际医疗设备发展中心，一向着重于发展及研制各类尖端、高科技的医疗产品，出售和提供至全球的医院和治疗中心，是医疗设备市场的领导者。

（五）服务范围

除提供一般服务外，嘉里物流亦在上海以外城市，例如：北京、广州等地为客户设立小型仓库，并在当地为客户处理进/出仓的质量检查、库存管理。另外，公司还为该客户提供一种比较特殊的服务，就是上门盘点。由于客户的医疗设备是以寄售(Consignment)的方式存在医院中，故嘉里物流定期派人到其上海、北京、广州、深圳和沈阳的一些寄售医院进行库存盘点。盘点时员工使用无线掌上电话扫描医疗设备产品上的条码，当场通过无线打印机打印出盘点报告，然后直接与医院的相关负责人核对库存数量，账务明确后双方签字确认，再由嘉里物流将盘点情况和数据反馈给客户。

（六）未来发展动向

嘉里物流将在不久的将来包办客户医疗设备的配送协调，这对客户尤其重要，因为医疗设备属时间敏感的货物，绝对不可延误运送过程。嘉里物流为了提供更准确的运输服务，所有司机将会配备手提扫描仪器或掌上计算机进行实时交货汇报，客户便能于互联网中追踪货物位置及送货情况，以确保货物安全和准时到达指定的医院或代理机构。

青岛－中国著名的精炼食物油物流服务

（一）客户企业背景

嘉里粮油（中国）有限公司是中国的著名食用油品牌，是中国小包装食油的先驱，其标志产品“金龙鱼”系列食用油更是中国食用油行业的领导品牌。嘉里粮油自1987年起已陆续建立了共9家大型食用油生产厂，年产各类植物油近100万吨，当中包括年产30万吨的青岛嘉里植物油有限公司。

（二）合作背景

自嘉里物流与青岛嘉里植物油展开合作后，便在黄岛设立仓库，毗邻生产厂房，更能拉近提货车程距离。配以公司的完善车队安排，为客户提供多方面长短陆路运输，包括从工厂或其他货仓提货，安排市内短途配送至最终客户或黄岛火车站再转铁路和省内长途配送等。每月处理货量高达

250 000吨、超过2 000张订单、送货点更多逾200多个经销商、零售商及直接企业客户。

（三）服务范围

嘉里物流中心为客户提供一站式仓储管理，以减低经营成本及运输费用。公司设有市内配送服务，可处理大小不同货量，而紧急订单更可在收到指令后1小时内完成。公司服务快捷可靠，因为我们采用了准时式送递——(JIT)。此外，公司仓库拥有严密的保安队伍，实行廿四小时监察货物，同时也能将破损率减至最低，务求令客户得到称心如意的服务。公司亦会为客户

编制综合物流服务月报表及关键表现指针(KPI)报告，以作定期表现检讨，力求上进，不断提升服务素质。最后，公司亦致力利用高科技配合物流发展，为嘉里粮油设立了实时的网上仓储管理系统(KerrierWMS)，方便客户透过互联网，便能把所有库存资料一目了然。

除提供一般物流服务之外，公司也会按照客户要求，提供多元化的增值服务，如：在商品外箱进行“销售区域识别”盖印，方便货品作分类和安排不同省市运输。

（四）未来展望

除青岛外，嘉里物流亦有为嘉里粮油的北京、天津及上海厂提供物流服务，随着嘉里物流在中国的网络不断扩大，在不久的将来希望能为更多嘉里粮油生产工厂提供专业的物流服务。

制造业案例

米其林轮胎的中国之路

1889年创立于法国的米其林轮胎公司，一直是全球轮胎科技的领导者，占有世界轮胎市场约20%的份额。在米其林的市场视野中，中国是将来世界上最主要的和增长最迅速的市场之一。1995年米其林建立了在中国的第一个合资企业——米其林沈阳轮胎有限公司，至今，米其林在中国的总投资达到1.2亿美元。

米其林沈阳卡车轮胎公司于2002年1月1日并入米其林沈阳轮胎公司(简称MSTC)，米其林沈阳轮胎公司是目前沈阳唯一生产轿车胎和卡车胎的法人单位。米其林轿车胎工厂和卡车胎工厂部位于沈新路7号，紧靠沈阳市西部的开发区，它们实际上为一个工厂内两条不同的生产线。目前两条生产线都生产米其林品牌轮胎，但很快就会生产米其林集团的其他品牌轮胎。

沈阳轮胎有限公司生产的轮胎主要通过米其林集团设在北京的替换胎市场客户服务部以及设在上海的轿车原配胎客户服务部发出的交货指令，发往国内各地或出口。米其林集团不断增长其在华投资，构建了分布国内各地的分销网络。米其林沈阳轮胎作为专事轮胎生产的制造公司，将其物流业务予以外包，精心打造其核心竞争力。

中国外运辽宁有限公司隶属于中国外运股份有限公司，是集国际货运代理、国际船舶代理、国际多式联运和综合物流为一体的大型综合物流企业，服务网络涵盖东北三省。为适应现代物流业的发展，中外运整合公司内部传统的货代、船代、仓储、公路运输等业务的优势资源，致力于发展提供综合性物流服务及供应链解决方案。已为国内外多家企业提供一体化的物流服务。

一、米其林物流的要求和考核标准

MSTC的物流服务范围主要包括三部分：沈阳仓储业务、国内运输业务和货代业务。

沈阳仓储业务的内容是在工厂生产线末端收胎、装载运输至仓库，仓储服务，仓库租赁，仓库管理，卡车或集装箱装卸，其他服务等；国内运输业务的内容是采用各种运输方式，完成沈阳至中国的任何目的地的运输；货代业务的内容是报关，至装运港的运输，检验检疫报检等。

上述业务包括所有沈阳生产的轿车胎、轻卡胎、卡车和客车胎以及相关的货物(主要为内胎垫带)。其作业组织及操作流程见表1。

米其林要求物流服务提供商提供24小时的全天候准时服务，并且保证在双休日无条件加班。主要包括：保证米其林公司客服人员与中外米其林项目接口人，双方相关负责人通讯联络24小时畅通；保证所有以上业务可以随时操作。

米其林公司对提货、操作、船期、派送都有明确的规定，时间以小时计算；个别时间精确到分钟，如提货车辆到达时间。

要求对运输的全过程负全责，要保证轮胎从工厂发运后至指定收货人签收止，其中的提货、仓储、搬运、陆运、海运及派送代理处理货物的各个节都不出问题，一旦某个环节出了问题，将由中外运承担全部责任，赔偿损失，而且当过失达到一定程度时，将被取消做业务的资格(货损率小于万分之二，即，每一万条轮胎最多有两条货损)。

米其林还要求物流公司建立货物信息管理系统，做到对货物的随时跟踪、查询、掌握货物仓储和运输的全过程。

根据米其林公司货物流转的需要，通过发挥中外运系统的网络秘综合服务优势，提供包括出口运输、进口运输、国内海运、国内陆运、国际海运和国内提货的派送等全方位的物流服务。并在提高物流服务质量的基础上降低成本。

表 1 MSTC 业务组织关系表

沈阳工厂质保部门	沈阳仓库	上海仓库	北京 RT 客户服务	上海 OE 客户服务	上海出口客户服务	沈阳工厂会计部门
装托完毕待放						
	在 QC 收胎仓库收胎并生成入库报告和库存报告					
		将库存键入米其林 JDE 系统				
			键入 RT 订单生成交货指令	键入 OE 订单生成交货指令	键入出口订单生成交货指令	
	发运生成发运报告					
			通知客户	通知客户	通知客户	开出发票

注：QC：控制中心

RT：米其林生产的某种类型的轮胎

OE：米其林生产的某种类型的轮胎

二、物流解决对策及方案

（一）对策

1. 中外运成立了物流服务项目组——负责制定和组织实施米其林轮胎的仓储、国内运输及出口货代物流方案，物流服务项目组配备物流管理、技术、信息、财务等方面的专业技术人才和物流服务资源。

2. 设立现代化仓库——在距离 MSTC4 公里处设立满足 MSTC 要求的仓库，并备有 8 000 平方米的弹性使用库房，同时在仓库周围备有充足的场地，可建设新库，以满足 MSTC 的业务进一步发展；配备高素质的仓库管理人员；安装 MK 仓储管理软件，建立仓储物流管理信息系统。

3. 配备专用运输车辆，制订严谨的规章制度——物流服务项目组将为 MSTC 配备防尘货车负责短途运输；配备集卡车队和厢式货车队负责国内配送运输，利用为 MSTC 提供进口物流服务的集卡车队完成出口运输；制定严谨的管理规章制度，保证运输的安全性、准时性和低成本性。

4. 配备优秀的出口货代业务员——为 MSTC 的出口货代配备高素质、经验丰富的内外勤人员，保证报关、报检等出口货代业务的高效完成。

5. 与米其林物流部保持紧密联系——物流服务项目组定期向米其林物流部反馈方案实施情况和改进建议；根据需要，及时提出解决方案与米其林物流部商讨。

（二）方案

1. 仓库的选址和改造。对 MSTC 周围 10 公里范围内库房的调研，从仓储面积、仓储条件、至干线公路/铁路距离、仓库高度、叉车作业要求等方面综合考虑，经过细致的比较分析，沈阳烟酒批发中心的 A、B 两库具有较大优势，略加改建可以作为MSTC成品轮胎的专用仓库。两库的现有条件及改建后状况如下：

(1)A、B两库离MSTC不到4公里，位于沈大高速和沈京高速公路路口；

(2)A库为2万平方米，为钢筋混凝土导制3层楼库，层高6.6米，可以叠放4–5层托盘；

(3)B库为1万平方米的钢架子库，层高8米，最高处8.8米，可以叠放9层轿车胎托盘。两库使用面积共3万平方米；

(4)两库的地面条件较好，改建时做抗腐、防尘、抗压处理；

(5)现场安全，除留下必要通光窗外，A、B两库全库进行封闭。A、B两库用栅栏包围，两库占地近2万平方米，栅栏包围后面积约为4万平方米，富余空地可以作为停放车辆、摆放集装箱或将来建设新库的场地。聘请保安公司进行24小时警备保卫。设立闭路监视系统和报警系统；地面监控摄像头、监视器、夜间照明灯；

(6)设立必要出入库门、安全钢制卷闸门，建设装货平台4座，平台封闭，建设防尘仓以防尘并作备货区；

(7)除满足最小面积2.5万平方米外，备有8 000平方米的弹性库，以适应MSTC的灵活需要。

三、信息系统设计

信息系统将依据MSTC仓储业务的标准流程，实施对仓储业务信息的管理，使入库、在库、出库由仓储信息系统控制，满足多样化查询需求，提供准确、及时的数据报告；简化人员操作过程、减少人为差错率、提高运作效率。

系统包括基于投标书仓储业务要求建立标准的出、入库信息流程；智能化的PTCW算法实现高精确度库区分配；支持PMC的条码扫描、控制和管理；准确的库存信息控制；多样化的查询、统计功能；完善、及时的报表打印。系统功能模块见图。

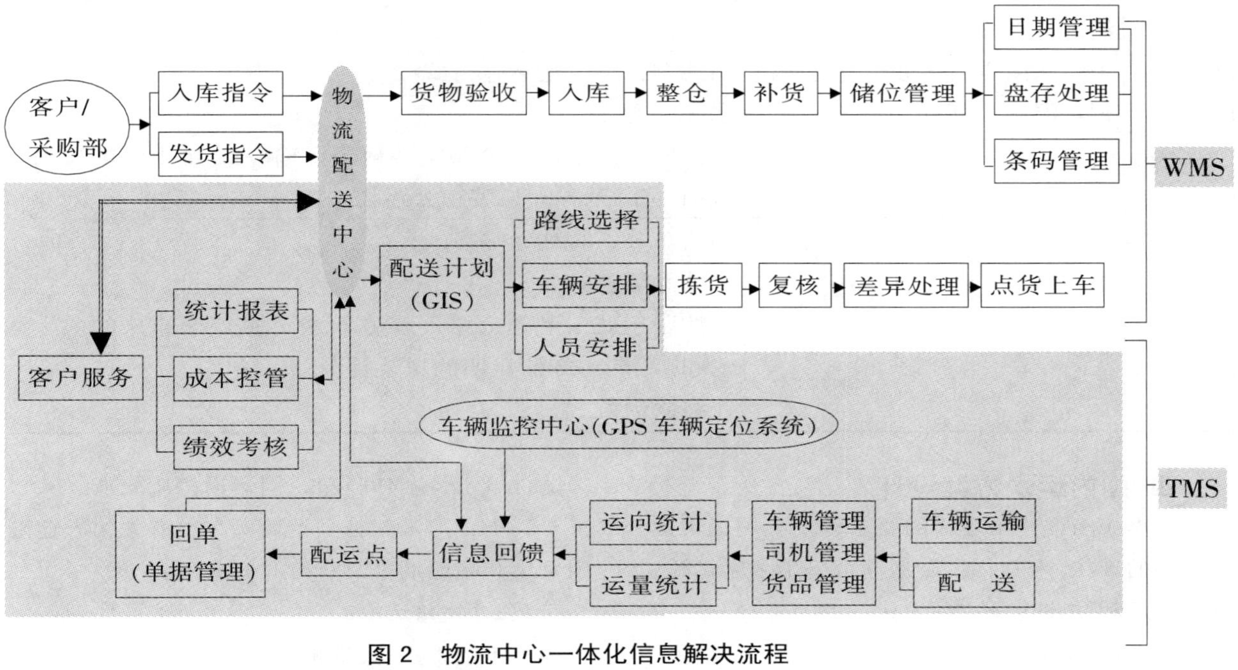

图2　物流中心一体化信息解决流程

表 2

交货地点	装港	卸港	船期	舱容	航行时间	全程作业时间
上海	大连	上海	周三、四班	1000TEU	3 天	6 天
广州	大连	广州	周六、日班	1600 TEU	7 天	9 天
东莞	大连	广州	周六、日班	1600 TEU	7 天	9 天
汕头	大连	汕头	周六、日班	1500 TEU	11 天	13 天
海口	大连	海口	周六、日班	1600 TEU	13 天	15 天
厦门	大连	泉州	周六、日班	1500 TEU	10 天	12 天
福清	大连	泉州	周六、日班	1600 TEU	10 天	12 天

表 3

区域	城市	运输方式
东北区	哈尔滨、长春、沈阳、大连	箱式车公路直达运输方式
西北区	西安	箱式车公路直达运输方式
华北区	北京、石家庄、太原、济南、青岛、郑州	箱式车公路直达运输方式（青岛可经由烟大滚装运输）
华中区	武汉、长沙、南昌	箱式车公路直达运输方式　铁路联运方式
华南区	广州、海口、东莞、厦门、福清、汕头	水陆联运方式（沈阳至大连港的公路集）
华东区	上海、南京、宁波、合肥、杭州、温州、扬州	箱式车公路直达运输方式 水陆联运方式 （沈阳至大连港的公路集装箱车运输-大连至上海的海上运输-上海港至各点集装箱公路运输）
西南区	成都、重庆、昆明	箱式车公路直达运输方式 水陆联运方式 （沈阳至武汉港的公路集装箱车运输-武汉至重庆的水上运输-重庆港至成都/昆明的集装箱公路运输） 铁路联运方式

四、国内运输方案设计

根据 MSTC 轮胎运输的要求以及我国国内运输方式的现状，米其林轮胎运输可采用公路运输、海陆联运和铁路运输三种方式：

（一）公路运输

采用箱式货车或者集装箱拖车，直接实现从沈阳到全国各分销商的门到门的运输服务，运输时间较短，但价格比海运及铁路运输方式高；

（二）海陆联运

公路采用集装箱拖车运输，海运为集装箱船运输，虽然运输时间较长，但运输费用较低。

其中，与米其林分销商所在地有关的大连港内贸集装箱船期表及航行时间如下：

（三）铁路运输

对于远距离、大批量的内陆城市运输，可以采用铁路集装箱运输的方式。但是目前我国铁路运输的时效性较差，运输协调的灵活性不足，虽然铁路运价与公路相比较低，其目前仍不适合为 MSTC 进行国内运输配送工作。将来随着铁路运输服务的改善以及铁路集装箱运输的开展，其低廉的运价以及几乎覆盖全国各个城市的网络优势将逐步显现出来，因此也可作为将来的一种备选方案。

（四）货代业务

因为货代业务一直是中外运的传统的优势业务，因此，中外运米其林项目组专门抽调货代相关部门的骨干人员，参与该项目，务求达到精益求精之目的，保证米其林项目能够顺利的实施和操作。

本着“以米其林为中心”的原则，在项目的实施过程中，中外运辽宁公司米其林项目组的全体员工，与米其林的专家一起工作和研究，在项目准备和实施期间不断地沟通和讨论，使得项目的运作一直比较顺利。在克服了种种困难之后，终于取得了项目运作的成功。该项目的运作，不仅为米其林公司提高了物流服务的质量，而且大大节约了物流成本，同时为中外运辽宁公司在物流行业中赢得了声誉，也在该项目的运作中积累了丰富的经验。

（供稿：米其林沈阳有限公司）

上海联华生鲜食品加工配送中心

联华生鲜食品加工配送中心是我国国内目前设备最先进、规模最大的生鲜食品加工配送中心，总投资 6 000 万元，建筑面积 35 000 平方米，年生产能力 20 000 吨，其中肉制品 15 000 吨，生鲜蔬菜、调理半成品 3 000 吨，冷冻品以及南北货的配送任务。连锁经营的利润源重点在物流，物流系统好坏的评判标准主要有两点：物流服务水平和物流成本。联华生鲜食品加工配送中心就是其中在这两个方面都做得比较好的一个物流系统。本案例中的软件系统，是由上海同振信息技术有限公司开发完成的。

生鲜商品按其秤重包装属性可分为：定量商品、秤重商品和散装商品，按物流类型分：储存型、中转型、加工型和直送型；按储存运输属性分：常温品、低温品和冷冻品；按商品的用途可分为：原料、辅料、半成品、产成品和通常商品。生鲜商品大部分需要冷藏，所以其物流转周期必须很短，节约成本；生鲜商品保值期很短，客房对其色泽等要求很高，所以在物流过程中需要快速流转。两个评判标准在生鲜配送中心通俗的归结起来就是“快”和“准确”。

订单管理

门店的要货订单通过联华数据通讯平台，实时的传输到生鲜配送中心，在订单上制定各商品的数量和相应的到货日期。生鲜配送中心接受到门店的要货数据后，立即生成到系统中生成门训要货订单，按不同的商品物流类型进行不同的处理：

1. 储存型的商品：系统计算当前的有效库存，比对门店的要货需求以及日均配货量和相应的供应商送货周期自动生成各储存型商品的建议补货订单，采购售货员根据此订单再根据实际的情况作一些修改即可形成正式的供应商订单。

2. 中转型商品：此种商品没有库存，直进直出，系统根据门店的需求汇总按到货日期直接生成供应商的订单。

3. 直送型商品：根据到货日期，分配各门店直送经营的供应商，直接生成供应商直送订单，并通过 EDI 系统直接发送到供应商。

4. 加工型商品：系统按日期汇总门店要货，根据各产成品/半成品的 BOM 计算物料耗用，比对当前有效的库存，系统生成加工原料的建议订单，生产计划员根据实际需求做调整，发送采购部生成供应商原料订单。

各种不同的订单在生成完成/或手工创建后，通过系统中的供应商服务系统自动发送给各供应商，时间间隔在 10 分钟内。

物流计划

在得到门店的订单并汇总后，物流计划部根

据第二天的收货、配送和生产任务制订物流计划。

1. 线路计划：根据各线路上门店的订货数量和品种，做线路的调整，保证运输效率。

2. 批次计划：根据总量和车辆售货员情况设定加工和配送的批次，实现循环使用资源，提高效率；在批次计划中，将各线路分别分配到各批次中。

3. 生产计划：根据批次计划，制定生产计划，将量大的商品分批投料加工，设定各线路的加工顺序，保证和配送和运输协调。

4. 配货计划：根据批次计划，结合场地及物流设备的情况，做配货的安排。

储存型物流运作

商品进货时先要接受订单和品种和数量的预检，预检通过方可验货，验货时需进行不同要求的品质检验，终端系统检验商品条码和记录数量。在商品进货数量上，按量的商品的进货数量不允许大于订单的数量，不定量的商品提供一个超值范围。对于需要重量计量的进货，系统和电子秤系统连接，自动去皮取值。

捡货采用播种方式，根据汇总取货，汇总单标识从各个仓位取货的数量，取货数量为本批配货的总量，取货完成后系统预扣库存，被取商品从仓库仓间拉到待发区。在待发区配货分配售货员根据各路线各门店配货数量对各门店进行播种配货，并检查总量是否正确，如不正确向上校核，如果商品的数量不足或其他原因造成门店的实配量小于应配量，配货售货员通过手持终端调整实发数量，配货检验无误后使用手持终端确认配货数据。

在配货时，冷藏和常温商品被分置在不同的待发区。

中转型的物流运作

供应商送货同储存型物流先预检，预检通过后方可进行验货配货；供应商把中转商品卸货到中转配货区，中转商品配货员使用中转配货系统按配货指令的指定执行，贴物流标签。将配完的商品采用播种的方式放到指定的路线门店位置上，配货完成统计单个商品的总数量/总重量，根据配货的总数量生成进货单。

中转商品以发定进，没有库存，多余的部分由供应商带回，如果不足在门店间进行调剂。

三种不同类型的中转商品的物流处理方式：

1. 不定量需称重的商品：

设定包装物皮重；

由供应商品将单件商品上秤，配货售货员负责系统分配及其他控制性的操作；

电子秤称重，每箱商品上贴物流标签。

2. 定量的大件商品：

设定门店配货的总件数，汇总打印一张标签，贴于其中一件商品上。

3. 定量的小件商品：

在供应商送货之前先进行虚拟配货，将标签贴于周转箱上；

供应商送货时，取自己的周转箱，按箱标签上的数量装入相应的商品；

如果发生缺货，将未配到的门店（标签）作废。

加工型物流运作

生鲜的加工按原料和成品的对应关系可分为两种类型：组合和分割，两种类型在 BOM 设置和原料计算以及成本核算方面都存在着很大的差异。在 BOM 中每个产品设定一个加工车间，只属于惟一的车间，在产品上区分最终产品、半成品和配送产品，商品的包装分为定量和不定量的加工，对于称重的产品/半成品需要设定加工产品的换算率（单位产品和标准重量），原料的类型区分为最终原料和中间原料，设定各原料相对于单位成品的耗用量。

生产计划/任务中需要对多级产品链计算嵌套的生产计划/任务，并生成各种包装生产设备的加工指令。对于生产管理，在计划完成后，系统按计划内容出标准领料清单，指导生产人员从仓库领取原料以及生产时的投料。在生产计划中考虑产品链中前道与后道的衔接，各种加工指令、商品资料、门店资料、成分资料等下发到各生产自动化设备。

加工车间人员根据加工批次加工调度，协调

不同量商品间的加工关系,满足配送要求。

配送运作

商品分拣完成后,都堆放在待发库区,按正常的配送计划,这些商品在晚上送到各门店,门店第二天早上将新鲜的商品上架。在装车时按计划依路线门店顺序进行,同时抽样检查准确性。在货物装车的同时,系统能够自动算出包装物(笼车、周转箱)的各门店使用清单,装货人员也据此来核对差异。在发车之前,系统根据各个配载情况出各运输的车辆随车商品清单,各门店的交接签收单和发货单。

商品到门店后,由于数量的高度准确性,在门店验货时只要清点总的包装数量,退回上次配送带来的包装物,完成交接手续即可,一般一个门店的配送商品交接只需要5分钟。

(资料来源:56zg.com)

小松中国——从代理店信息化做起

日本小松制造所自1996年7月成立始,就从主要负责零配件销售的小松上海开始,持续不断地加大在中国的投资。至2000年,成立了小松中国投资有限公司,成为小松制作所在中国的总部,负责小松在中国地区的全部业务。目前小松在中国的主要业务是生产、销售以挖掘机为主的各类工程机械产品整机及零部件等。至2003年,小松中国的业务利润已经占到小松全部利润的一半以上,小松中国的业务拓展已被列入其最重要的市场区域。

小松中国目前拥有30多家代理店,负责小松产品的销售和售前、售后支持,同时小松还陆续在国内投资建设了若干个生产不同整机设备和配件的企业。然而,与快速发展的业务相比,小松中国的信息化进程显得相对要慢许多。在刚进入中国市场时,小松的业务信息系统还是比较陈旧的DBASE数据管理系统,但很快就显现出与业务发展的不相适应。为此,小松中国决定全面改造信息系统。

因地制宜构建信息系统

从进入中国到2003年前,小松中国一直沿用的是一套原有的基于DOS平台上的DBASE数据库管理系统,由于市场发展迅速,小松制造所很早就开始投入了新系统的开发。在经过苦苦等待之后,小松海外开发的新系统由于语言环境和业务模式等诸多方面的因素,最终没能安装到小松中国的业务流程管理中。

在实际的运行过程中,小松中国的管理者们认识到,中国的市场和中国的销售管理、渠道合作都有自己独特的情况,与其消极等待,不如从本地出发,从最贴近中国市场管理和应用的环节开始。由于小松中国所负责的整机、零部件等全线产品在国内的销售,全部是通过30多家代理店分销出去的,代理店的业务开拓情况直接影响到小松中国的发展。为了有效提高代理店的管理水平和推进代理店系统的信息化改造,同时也为了把小松制造先进的经营理念传递到整个渠道,小松决定用信息化改造的方法来把代理店的业务更紧密地"团结"在小松中国的周围。

当小松中国决定开发中国代理店系统时,原先一直有接触的上海博科资讯的解决方案就进入了讨论的备选方案。博科资讯从中国国情出发,提供的多语种、开放平台设计,以及为企业量身定制的解决方案,得到了小松中国和小松制造所东京总部的认可。在小松总部怀疑的目光中,上海博科资讯的年轻工程师们经过3个多月的开发实施,就使小松中国代理店信息管理系统正式上线。博科资讯的开发方案不仅比小松原计划大大减少了成本,缩短了开发和实施周期,也更好地为小松中国的业务开拓提供了更贴切的现场服务。

通过代理店信息系统的实施,小松中国不仅加强了对代理店和代理商的管理,更重要的是通过对代理店进行销售管理指导，从而更进一步推进产品的销售，提高市场占有率。

从代理店做起的博科解决方案

上海博科资讯为小松中国代理店提供的信息化方案立足于解决渠道代理企业建立分销管理信息化系统。包括：业务处理流程、业务模型以及应用系统。目的是建立一套完整的企业分销管理信息化系统，并逐步在下属各代理商中建立完善的信息化系统，对企业的日常业务管理数据及在中国全国范围内的代理商关于产品相关的数据进行计算机管理。

通过对小松中国的业务特点和管理需求分析，咨询师确定采用博科智能化构件平台Open9000为系统基本架构。由于该平台本身的易开发特性、开放性和柔韧性，因此，可以很方便地为各行业开发实施信息化的业务流程管理。

小松中国的代理店分销管理信息化系统，其最终目的是将企业的采购、销售、库存管理及财务管理和网上订单处理的业务集成在统一的系统中，并通过网上订单建立和工厂生产入库的数据收集，使得企业的库存数据和产品销售数据可以进行代理商考核和产品市场分析，为企业的经营活动提供详实的分析数据。

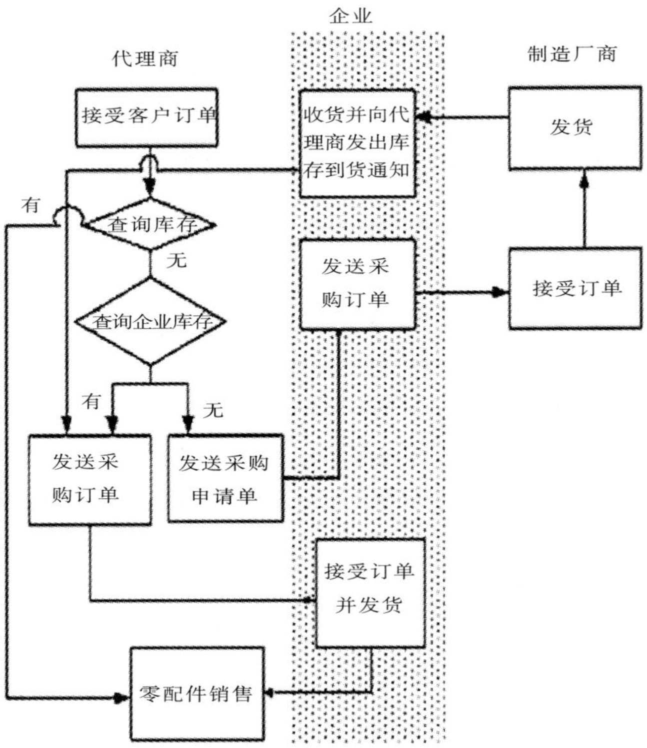

代理商订购零配件，首先查询企业的库存。有现货，直接发采购订单；无现货，发采购申请单；接到到货通知后，再发采购订单。企业收到采购订单后，直接发货给代理商；收到采购申请单，则向制造厂商发出订单购货。通常客户在作业过程中发生故障，供货时间分为紧急（1天供货），半紧急（1周内供货）和普通库存补货（2周内供货）等。

由于小松在中国销售的机械设备大多数都是工程用的大型设备，在供货的时间要求上非常严格，因此在代理店遇到客户有供货需求时就必须以最快的速度送达客户，这其中不仅要与小松中国联系，还有可能需要小松全球供应商的即时反应。目前小松中国的零配件正常库存品种为1万种左右，而代理店一般为6 000–7 000千种。由于某些零部件的单件占用资金量比较大，而一般代理店由于资金周转问题，通常也不可能存有大量的备件,因此对整个供应链的流畅、管理,以及库存的最优、最经济都有一个很高的要求。

博科在了解了小松中国的分销体系的需求后，结合博科自身在分销批发以及连锁零售行业内的丰富经验，对小松代理店的业务系统进行了全面的规划和设计,系统将提供对代理店、客户以及所经营的商品能进行系统的分类管理方面统计汇总；提供零配件完整的采购订货直至采购结算的采购业务流程管理;提供专业的销售开单、开票管理，支持销售发票核销处理和应收账款账龄分析;提供多仓库、多属性的仓库管理以及库存商品成本核算；提供完善的整机销售和售后服务跟踪管理支持等。

通过系统的实施，可以使小松中国的分销链路环节得到比较全面的信息化管理，使整个分销渠道及其下属办事处、代理店等能够通过互联网实现订货、库存管理、销售、应收应付管理的业务处理,便于公司有效监控和评估业务,便于搜集各个分销环节的库存、销售、回款等数据信息,帮助企业进行决策。

小松信息化从中国走向世界

如何帮助代理店发展一直是小松中国的重要任务,绝大多数的代理店老板都是凭直觉在经营,但随着市场的迅速发展,产品及配件越来越多,业务越来越复杂，传统的代理店已经无法应对现代市场竞争。为了尽快把小松的经营理念灌输下去,让小松的分销伙伴能够与时俱进,通过信息系统,可以使小松中国与代理店的关系更密切，推动代理店跟上时代的发展。

从目前国内同行业的情况看，建设类似的代理店服务信息系统,小松是第一家。小松中国的代理店管理和服务在国内是名列前茅的。信息系统上线后，将大大提高代理店的服务水平和竞争能力。此外,代理店通过信息系统还可以对小松的管理模式有所了解，帮助代理店的老板们及时了解自身企业的运营状况，通过信息系统每天都可以查阅到企业的经营情况,以及企业的债权、贷款、按揭等情况。

小松中国的信息规划暂定为五个阶段，第一期代理店信息系统已基本完成，它将安装在小松全国 30 多家代理店和分销商;第二期为小松中国区总部的信息化，以及与各销售代理商之间的信息沟通。未来还将对小松中国的产品生产、业务流程、资金流、物流、成本和利润的管理,以及由此产生的效益和利润等进行信息管理。包括海外采购、采购计划、订单、流程、入关、报关、报税(保税、非保税)管理。

目前小松在国内已经有一些独资与合资的生产制造企业，后期规划中将把这些国内生产企业的信息系统,与小松中国、小松的分销体系、小松的海外采购体系连接。因为从目前的进展情况看,小松中国代理店的信息化过程实施的可行性和操作性都比较好，小松也有意识地把现在中国实施的软件系统转移到海外,如印度、俄罗斯等,因为在当地的销售管理模式与中国目前的状况基本雷同，也完全可以使用这套在中国成功使用的代理店系统。

这样，小松通过博科资讯完成了中国体系的第一阶段信息化，而博科也将通过小松制造把中国的成功经验带到世界。

（供稿:上海博科资讯股份有限公司）

海尔物流建造高效、一体化的供应链体系

一、海尔集团简介

海尔集团创立于 1984 年，19 年来持续稳定发展，已成为在海内外享有较高美誉的大型国际化企业集团。产品从 1984 年的单一冰箱发展到拥有白色家电、黑色家电、米色家电在内的 96 大门类 15 100 多个规格的产品群，并出口到世界 160 多个国家和地区。2003 年，海尔全球营业额实现 806 亿元。2003 年，海尔蝉联中国最有价值品牌第一名。2004 年 1 月 31 日，世界五大品牌价值评估机构之一的世界品牌实验室编制的《世界最具影响力的 100 个品牌》报告揭晓，中国海尔是中国企业惟一入选企业，排在第 95 位。

海尔集团坚持全面实施国际化战略，已建立起一个具有国际竞争力的全球设计网络、制造网络、营销与服务网络。现有设计中心 18 个，工业园 10 个，海外工厂及制造基地 22 个，营销网点58 800 个。在国内市场，海尔冰箱、冷柜、空调、洗衣机四大主导产品的市场份额均达到 30%左右；在海外市场，海尔产品已进入欧洲 15 家大连锁店的 12 家、美国前 10 大连锁店。在美国、欧洲初步实现了设计、生产、销售“三位一体”的本土化目标。海外工厂全线运营。

据全球权威消费市场调查与分析机构 EUROMONITOR 最新调查结果显示，按公司销量统计，海尔集团目前在全球白色电器制造商中排名第五，按品牌销量统计，海尔跃升全球第二大白色家电品牌。

二、海尔现代物流的做法：

（一）现代物流离不开流程再造

海尔发展现代物流离不开企业的业务流程再造。海尔集团从 1998 年的 9 月份开始在全集团进行以订单信息流为中心的业务流程再造。内容包括，将原来集团的组织结构从层级式的职能管理的方式改变为现有的扁平化的流程式的组织结构。通过这种流程再造，集团所有的部门都能够同步面对订单快速响应。产品本部的职责是创造订单，通过了解市场和用户的需求，开发出能够满足需求的产品，和用户与市场直接打交道的销售部门，即国内外商流，他们的职责是获取订单，通过营销手段，将用户的需求转化为可执行的订单。订单信息通过信息系统同步传递到产品事业部和物流推进本部，产品事业部的职责是执行订单，物流推进本部在流程中的作用是加速订单流，根据销售订单转化的采购订单进行原材料的 JIT 采购，并配送给产品事业部生产成品，随后物流负责将成品配送到全国的用户手中。海尔集团目前实行的是现款现货，因此在成品完成交货后，随即完成货款的回流。在这个流程里面如研发、人力、质量、设备等都作为保证订单的支持流程存在。整个流程的基础是海尔集团的信息系统和企业文化。

物流作为供应链中重要的组成部分，实际上是连接了整个供应链的各个环节。通过从供应链的整体上考虑物流运作，最终达到降低物流成本，提高物流相应速度的目的。

（二）海尔物流发展的三个阶段

海尔现代物流在经历了企业 5 年的业务流程再造后，已着眼于在国际化开放的系统中，为全球客户提供增值服务。

海尔现代物流的发展先后经历了物流资源重组、供应链管理和物流产业化三个阶段：

第一个阶段是从 1999 年到 2000 年底，在这个阶段海尔做的主要是物流资源重组，在这个阶段，主要是搭建起物流的组织结构，并降低物流成本。集团将原来分散在集团 28 个产品事业部的原料的采购、仓储、配送、成品的仓储、配送等职能全部整合，成立了物流推进本部，并行使物流职能。通过这种整合，体现了物流的优势，大幅度的降低了物料的采购成本和成品的运输成本。

第二个阶段是从 2001 年到 2002 年底，这个

阶段通过对供应商的管理，将所有的供应商纳入到海尔的管理体系，实行了供应链管理一体化。通过搭建 B2B 的采购平台，实现了与供应商的双赢，进一步降低了整个供应链的成本，提升了供应链的相应速度。

第三个阶段是从 2003 年开始的物流产业化的阶段，通过利用集团已有的物流资源，大力拓展集团外的社会化物流业务，开展第三方物流、联合采购和物流咨询等业务。海尔物流的发展战略是以最低的物流总成本向客户提供最大附加价值服务。

（三）海尔物流创新加快整条供应链的响应速度

海尔现代物流通过不断的整合全球资源，创新性以信息化为基础，实现了以物流为主线贯穿供应链全过程，加快了整条供应链的响应速度。

JIT 采购方面：海尔物流整合了集团内分散在 28 个产品事业部的采购、原材料仓储配送，通过整合内部资源，来获取更优的外部资源，建立起强大的全球供应链资源网络。供应商数量由原来的 2 200 多家优化至 721 家，而国际化供应商的比例却上升至 82%，目前已有 GE、爱默生、巴斯夫、DOW 等 59 家世界 500 强企业成为海尔的合作伙伴。另外，海尔实行并行工程，更有一批国际化大公司已经以其高科技和新技术参与到海尔产品的前端设计中，不但保证了海尔产品技术的领先性，增加了产品的技术含量，同时开发的速度也大大加快。另外海尔还引进爱默生等国际化供应商在当地投资建厂形成了完整的产业链，同时也为政府实现招商引资 40 多亿元。全球供应链资源网的整合使海尔获得了快速满足用户需求的能力。

海尔物流与供应商还搭建起了公平、互动、双赢的采购协作平台。在企业外部，CRM 与 BBP 平台搭建起企业与用户、企业与供应商沟通的桥梁。目前通过海尔的 BBP 采购平台，所有的供应商均在网上接收订单，并通过网上查询计划与库存，及时补货，实现 JIT 供货；供应商在网上还可接收图纸与技术资料，使技术资料的传递时间缩短了一倍；另外，海尔与招商银行联合，与供应商实现在网上货款的支付，一方面付款及时率与准确率均达到 100%，另一方面每年可节约供应商上千万元费用。海尔通过 BBP 采购平台不但加快了整条供应链的反应速度，而且与供应商真正实现了双赢。

目前，海尔又搭建起了全球网上招标平台（www.ihaier.com），使全球供应商可以网上注册登记，查看合作招标项目、在线模拟招标、在线招投标，在线查看招标公示……全球网上招标平台建成后，不仅使海尔供应商网络能力迅速提高，而且实现了公平、公开、公正的招标原则，提高招标过程的透明化，使海尔广纳全球网络资源，提升企业的核心竞争力。

JIT 原材料配送方面：海尔采用 JIT 的方式，提出了五个“按单”模式（即按单采购、按单分拣、按单配送、按单核算、按单计酬），五个按单实现后，可以实时的控制工位库存准确性，可以核算出每一个订单的投入产出情况。另外，看板拉动式管理，全面运用投入产出核算系统，按订单、按人、按日核算投入产出，有效地降低物耗。

为了提高按单分拣的效率，海尔物流在 2003 年研用了仓储物流智能控制和分拣系统，集仓储管理、货物入库、出库拣选、仓储盘存、弹性控制作业流程、即时现场监控、紧急订单处理、断电保护等功能，能够有效地降低拣货错误率、加快拣货速度、提升拣货作业效率和拣货品质功能，大大提高了物流的效率，创造了在一个事业部的物流人员由 21 人优化至 6 人的奇迹。

海尔通过运用 VMI 管理，使供应商参与到计划、采购的前沿，实时了解各项讯息，提前预算，使海尔与供应商双方在保障生产的基础上，有效地降低了库存，实现双赢，同时也提高了供应链的柔性和持续改进的能力。

JIT成品配送方面：海尔整合全球配送网络，现在海尔物流的配送网络已从城市扩展到农村，从沿海扩展到内地，从国内扩展到国际，全国可调配车辆达 1.6 万辆，目前可以做到物流中心城市 6–8 小时配送到位，区域配送 24 小时到位，全国主干线分拨配送平均 2 天。另外，海尔在全国建有 42 个配送中心，每天向 1 550 个专卖店与 9 000 多个网点配送100多个品种,50 000多台产品;同时B2C产品与备件配送全面开展,形成全国最大的分拨物流体系、返回物流体系和备件物流的体系。

信息系统提升现代物流管理:海尔物流的信息化建设是以“订单为主线”,不断提升物流管理水平。海尔物流的信息系统不仅对物流活动具有支持保障的功能,而且具有连接整合整个供应链和使整个供应链活动效率化的功能,信息流贯穿了整条供应链——商流、物流、事业部,同时又延伸到企业与用户/分销商,企业与供应商之间,整个体系保障了信息的同步传递,是企业迅速响应市场需求的“信息命脉”。

同时,海尔通过研用先进的SAP/LES成功的将运输管理、仓库管理和订单管理系统高度一体化的整合;通过信息系统,使供应链的各个环节能够同步运作,并使供应链的各个环节透明,从而暴露最短板,达到解决系统问题并不断提升的目的。

在物流技术方面:海尔物流采用全过程的条码管理,从产品的零部件采购到成品配送,每一个和物流相关的环节都在采用条码扫描进行终端数据采集,实现物流在供应链全过程的可视化追踪。

零部件收货时,通过扫描产品的物料标签,可以实时将信息传递到ERP系统中,对订单自动判别闸口,实现按单收货;

在原材料仓储配送中,配送信息会自动传递给物流仓库中的无线条码扫描终端,这样一来,不仅可以满足客户大规模、流动式的生产线需求,还可以为客户实现过站式物流运作模式;

通过与工位实现扫描交接,能够每天时时核算出每个订单的投入产出,为精益制造打下基础;

在生产完成后,通过扫描对下线产品的数量、型号进行闸口,避免造成无订单或超定单生产;在成品装车、出口装箱时,通过条码技术,使辆车与每个集装箱的货物一目了然,并起到计算机自动校验审核的功能,每天能够准确的发运5万台以上的产品;成品在收货时,通过入库扫描,自动记录入库型号、数量、仓位等信息并实时记账,对错误信息实时闸口;在出库操作时,根据提货单,扫描系统自动提示出库仓位,系统可根据成品库龄按先进先出原则指导出库,并在后台自动过账,每天每种产品的库存、库龄一目了然。

全过程的条码技术应用,不仅可以实现对零部件到成品的全程监控和可视化的追踪,同时也实现了对各种信息的自动闸口和责任追溯,从而使各部门通过准确的数据,使供应链各环节不断的改进与提高。

除此之外,海尔还建成了两个国际化物流中心,集机、电、光为一体高效、全自动的作业系统,不仅实现了包装容器单元化、标准化、集装化;还借助于RF/ERP信息系统和激光导引、条码识别、数字通信等国际领先技术的无缝集成;实现对原材料和成品自动化仓储、机械化搬运与收发的全过程实施、控制、调度、监控,可以满足大规模、流动式的生产需求并实现过站式物流管理。

(四)现代物流保障了海尔集团的高速增长

海尔通过实施现代物流,保证了集团的高速增长。通过整合全球资源统一采购,实现了采购成本持续环比降低10%以上;海尔建成两个国际化物流中心,实现了JIT过站式物流管理,使仓储面积减少90%,原材料库存资金周转天数降低77%,物流成本将下降5%-15%,整个供应链的运作费用将下降10%-25%,保证了新经济环境下集团的高速增长。

另外,海尔物流以订单信息流为中心,以三个JIT的速度和先进的信息技术来加速整条供应链响应速度,使客户的订单下达到交货的时间,由原来的36天以上降低到不到10天,以最快的速度来满足用户的需求。

海尔实施的物流革命是以订单信息流为核心,使全体员工专注于用户的需求,创造市场、创造需求,促进海尔“三个零”目标(即质量零缺陷、服务零距离、零营运资本)的实现,给海尔带来能够在市场竞争中取胜的核心竞争力。

三、海尔物流的发展目标

好的企业满足需求,伟大的企业创造市场。目前,海尔物流凭借高品质的服务和强大的供应链资源、配送资源优势，通过对供应链管理和持续改进与优化，借助于先进的SAP/LES信息系统，从第三方物流、第三方联合采购和第四方物流三个方面大力拓展社会化业务，目标是以客户为中心，为客户建立起高效的供应链体系，成为国内领先的物流提供商。

海尔物流一只手抓住用户的需求，另一只手抓住可以满足用户需求的全球供应链，来提升企业核心竞争力，并加速海尔向世界500强的国际化企业挺进。

轮胎行业一体化物流系统解决方案

兰剑作为物流领域知名的系统集成商，以提供一体化物流系统解决方案为核心，致力于物流系统的规划设计、物流设备的制造安装、物流信息系统三大领域的研发构建。公司以领先的物流管理知识与技术，为众多行业提供物流系统的规划、设计与建设。经过10年的快速发展，公司的客户已经遍布全国各地，物流技术处于国内领先水平，“物流系统一体化解决方案IMHS”获得国家版权局专利。

目前，轮胎制造行业物流信息化建设进入快速发展阶段，提高行业的整理物流管理水平和信息化建设水平对整个经济保持快速发展的意义深远。兰剑以丰富的项目实施经验不断总结创新，为轮胎行业量身定做的物流系统一体化解决方案已经在威海三角轮胎中成功实施，效果显著。目前河南风神轮胎、成山轮胎企业的物流系统改造正在进行中。

轮胎物流系统一体化解决方案围绕产品整个生命周期的全面物流信息进行管理与控制，利用先进的物流管理理念、技术和设施使企业的采购、生产、仓储、配送、销售等各个环节纳入集中控制系统，实施一体化的管理，使企业物流系统更加优化，支持企业即时生产，敏捷制造、零库存等先进的管理理念的实现。兰剑公司为威海三角轮胎提供的物流系统一体化设计与实施的成功，成为轮胎行业的物流系统建设的优秀典范，该一体化解决方案将为众多轮胎行业内的企业提供建立高效的物流系统的途径，具有极大的推广价值与意义。

一、一体化解决方案内容概述

兰剑为威海三角轮胎提供了从生产、仓储、运输、销售等物流环节整体规划设计到物流设备选型、协助采购、信息系统开发建设到全部系统集成、建设监理，成功的实现了三角轮胎物流一体化信息化智能化管理的目标。

二、一体化解决方案特点

1. 该解决方案严格按照我国轮胎行业客观实际条件和需求为基础；

2. 实现轮胎物流流程的控制与管理，采用现代化物流技术，从原材料供应、密炼、轮胎硫化下线，包装、成品入库、库存控制，出库发货到销售的全过程进行物流优化设计、全过程的信息化管理与调度；

3. 实现轮胎存放立体化、轮胎容器单元化、规范化；

4. 实现轮胎搬运的机械化、半自动化、自动化；

5. 实现销售轮胎的运输管理，全国驻外仓库的分布式管理；

6. 实现轮胎专用条码管理；

7. 实现基于无线射频系统的叉车调度。

三、一体化解决方案系统组成

1. 存储方式优化：以贯通式货架+托盘、货位式货架、可拆卸式货笼三种存储方式相结合，合理控制库存量，总投资较合理，存储设备适应性强（见图1）。

2. 搬运方式优化：设计建设固定装车平台和可移动式装车平台两种方式。装卸平台高度与货

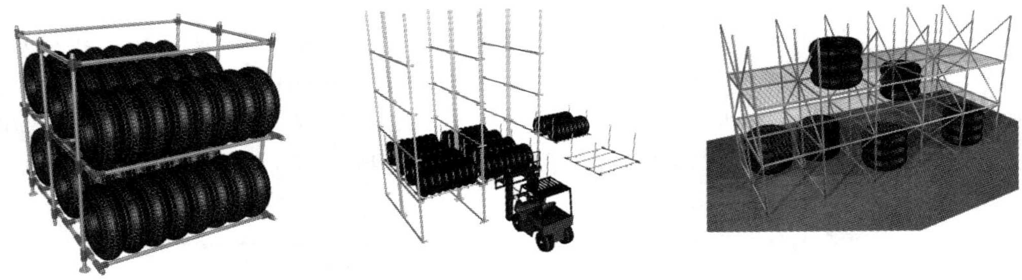

可拆卸式货笼 →小型轮胎三层叠放存储；

贯通式货架+托盘 →中型轮胎存放；

货位式货架 →大型轮胎

图 1

车车厢内高度相等，可将轮胎直接滚入车厢；可移动式装车平台通过调节式运板将轮胎放进车厢（见图 2、3）。

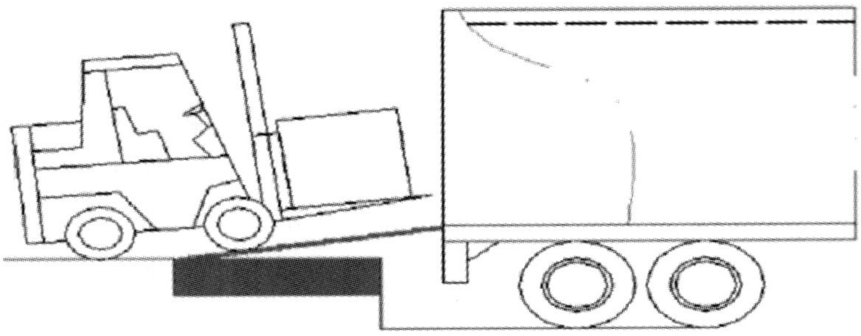

图 2 固定装车平台

图 3 可移动式装车平台

3. 整体轮胎工艺物流流程合理规划。包装车间流程规划，货物流、车辆流的合理规划，避免物流活动的交叉，使物畅其流，企业效率明显提高。

4. 采用无线射频系统：整个生产仓储运输等环节半自动化运行的另一重要因素为采用无线射频系统 RFDC，即通过无线网络，仓库出入库和盘库作业采用叉车用的车载终端和条码扫描枪等工具，作业人员的作业信息进行时时传输与通讯，达到实际操作和物流信息时时同步管理。并且适用于一套无线射频系统覆盖多仓库式管理。

5. 一体化、网络化物流信息管理系统的建立：一体化物流管理信息系统的建立是以合理的业务流程重组与现代化的物流设备相互配合的基础上才能发挥最大的功效，我们在以上工作的基础上导入我们的专利软件产品 IMHSV2.0，将三角轮胎总部生产系统、中央仓库与全国各地的销售代理商、分销仓库时时动态地连在一起形成“轮胎行业物流信息管理体系”。

图 4 为该管理体系的系统结构图：

该软件各项功能模块已经在云南红塔集团、济南烟厂、广东大长江摩托车集团、南京小河物流中心等项目中得到广泛的应用。

项目实施效果见下表。

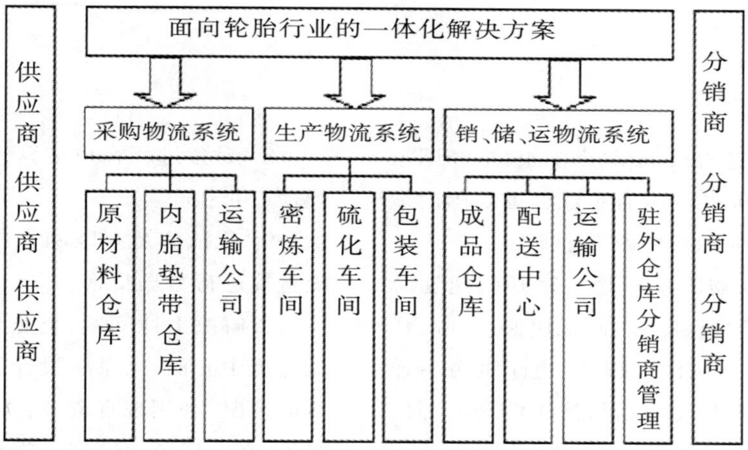

图 4

表 **项目实施效果**

范围	效果
物流费用	物流成本降低 45%
存储能力	库存降低 30%
仓库管理水平	实现先进先出、库存超期报警等功能
搬运、装卸人员	装卸人员减少 60%
信息化程度	实现时时性、自动性、准确性
库存占用资金	降低 40%

（供稿：济南兰剑物流科技有限责任公司）

邮政案例

北京邮政速递总公司物流中心的网络设计

北京市邮政速递总公司(北京 EMS)是经国家批准经营邮政速递业务的国有企业，也是国内最大的邮政特快专递国际互换处理中心。

北京邮政 EMS 物流中心是北京邮政速递总公司下属企业，经营特快专递、同城速递、普邮、代收货款、国内长途货运、代客报关、电子商务—递送等业务，公司仅特快专递就可达 10 万件 / 月，且业务量在不断增长之中。

物流中心现有员工 200 多人，设有办公室、车队、1 个分拣中心、8 个外地分点、客户服务部门、仓储、业务、财务等部门，业务活动涉及客户、电子商务网站、供应商、邮政投递网和综合计算机网、185 特快服务等多方实体，是一个典型的集仓储、物流、配送为一体的综合性商务配送组织。

存在问题与设计重点

北京邮政 EMS 物流中心存在的问题有：

1. 具有一定硬件基础，但计算机应用水平低，形成资源浪费；

2. 邮件各交接环节模式不统一，采用手工抄写单据，费时费力、容易出错；

3. 不能随时跟踪每一个邮件在各环节的流动情况，一旦发生错误难以落实责任；

4. 由于不能掌握各部门、各岗位的进出口、投递及收款的整体情况，因此公司也就无法及时进行全局控制；

5. 在对大宗客户的配送方式管理、投递信息反馈、费用结算等方面缺乏高效的管理手段；

6. 对零散客户的邮件查询必须手工翻找单据，效率低，时效性差；

7. 不能及时报告客户货物的库存情况、销售情况及收款情况；

8. 财务进行客户结算、员工绩效分析等跟踪烦琐耗时；

9. 无法满足互联网客户需求，无法与总局系统直接进行数据交换。

要解决上述问题，企业必须进行信息化建设，就物流中心而言，系统设计的重点就是：充分考虑目前情况，利用现有资源，实现分布式数据的集中管理，在各环节、各部门、物流中心与总公司、物流中心与客户之间建立一个共享、高效、可靠的信息通道。

网络设计

1. 物流中心不同处理现场的内部实现局域网连接；

2. 外部各分点同物流中心实现广域网络连接；

3. 使用 100M 交换式以太网技术实现物流中心内部局域网络连接。

针对分拣中心的配送中心角色、分点数量的易变化和分点位置易流动等特性，并从经济、实用的角度出发，把该系统设计成一个二级网络架构，如下图所示：

功能模块

通过调研分析，采用结构化分析方法来进行模块化功能设计，即把物流中心各种业务的共性分类并组织成不同的模块，然后根据各不同业务类型的不同处理要求来处理不同模块，同时保证前后业务处理不脱节，数据在系统内有序流动，通过系统集成度，减少数据重复录入。

软硬件环境

硬件环境：

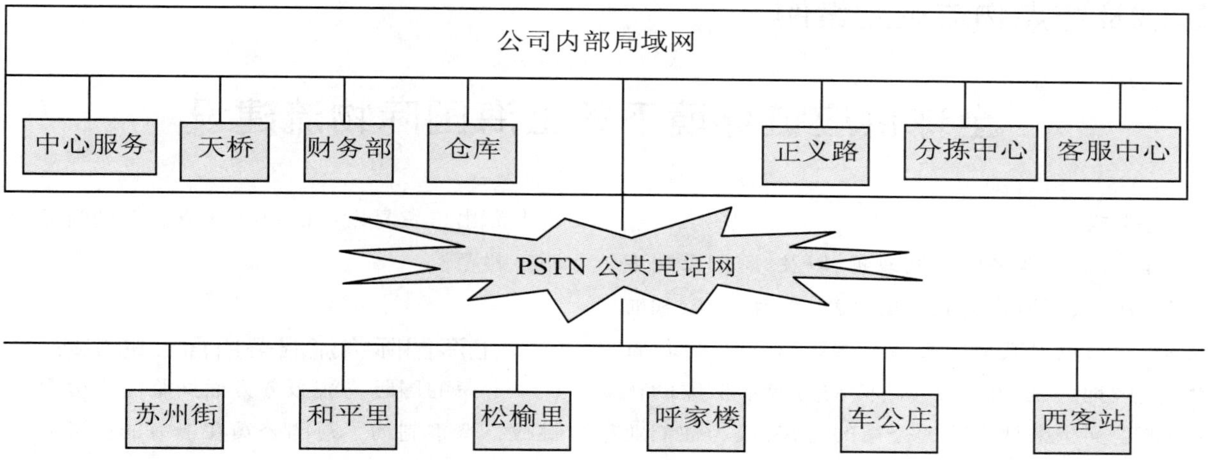

数据库服务器；

拨号服务器；

各工作站微机；

条码扫描设备；

打印机等。

软件环境：

数据库服务器——MS SQL Server 2000；

网络操作系统——Windows NT 4.0 Server 或 Windows 2000 Server；

Mail 服务器——Exchange Server 2000；

Web 服务器——Internet Information Server5.0(IIS5.0)；

客户端操作系统——中文 Windows 95/98 或中文 Windows 2000 Professional；

客户端桌面数据库——MS SQL Server 7.0 桌面版。

多平台支持：

IBM RS/6000 AIX Server +ORACL 数据库；

Intel 平台 Windows 2000 Server +Ms SQL Server2000 数据库；

Intel 平台 Windows 2000 Server + ORACLE 数据库。

带来效益

1. 条码扫描设备接入提高了速度，降低了错误发生率。

代收货款使用前需要 3.6 小时，使用系统后仅需 1.2 小时。

2. 客户查询邮件简单省时。翻找 1 个单据由原来的 20–30 分钟，缩短到只需 3 秒内即可找到数据。

3. 减少大量人力劳动。代收货款的定期结算与月末揽收业务量统计、投递业务量统计、员工绩效统计要花费 9 天时间，现只需 1 人 20 分钟，各站点每周的汇总不足 1 分钟。

4. 操作方便快捷。机内实时控制每一个部件的进与出，可以在发生情况时进行及时通知，生产现场实现无鼠标操作。

（供稿：北京汇杰联合科技有限公司）

区域及结点物流规划案例

全球供应链环境下的上海国际物流建设

序言

随着通关业务的不断改善，以及“跨国采购中心”的建立，上海作为我国的经济、贸易、金融和航运中心，与世界其他中心城市相比，具有地理位置优越、腹地广袤、市场广阔、劳动力成本低廉的优势，正受到越来越多跨国公司的青睐，成为他们亚太运营总部或地区采购中心的目标。发展上海的“国际物流”已经成为吸引跨国公司在沪投资和促进上海出口贸易发展的重要环节。但同时还存在明显差距。

上海国际物流服务所面临的挑战

上海的国际物流服务方面面临着十分严峻的挑战，严重制约了跨国公司在上海的投资和贸易进出口。挑战主要来自以下几个方面：

服务费用高、服务水平低（见图 1）

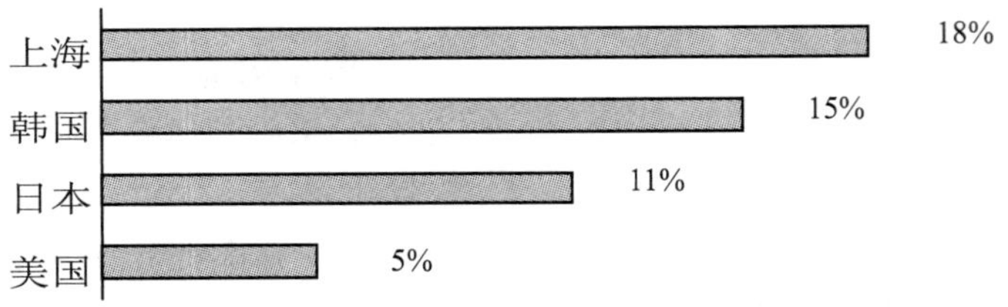

图1 上海与其他国家物流费用占销售比例比较

物流支出高于国际水平。

注：以上计算上海物流费用占销售额的比例中，包括了物流周期引起的货物资金积压费用；

上海的物流费用居高不下的一个很重要的原因是时间成本太高。

提供的物流服务有限。上海国际物流所能提供的服务相当有限，尚不能满足上海的跨国公司更丰富、细致、专业的物流管理和服务。

缺乏货物动态查询功能缺少特殊的物流服务：有些跨国公司感到在上海较难获得某些特殊服务。如：进口集装箱到货后的额外码头服务（化学制品的降温、加热要求）、危险品疏港、出口危险品/物拼箱服务等（见图 2）；

物流供应商竞争力较弱：

1. 缺乏大型第三方物流公司
2. 信息技术应用水平不高
3. 物流市场竞争无序

基础设施较薄弱

港口：

1. 上海不具有深水港，这在很大程度上限制了其港口货运能力；
2. 港口通过能力及吞吐能力不足；
3. 上海港配套的公路、铁路、内河等疏运网络仍不够完善；
4. 港口收发提货手续过于繁杂；
5. 与货运服务相关的综合信息服务落后。

机场：

1. 缺少一个综合的物流服务机构；
2. 通航点不够多，航班密度不够高；特别是没有利用夜航来提高物流效率；
3. 运力不够大，在与亚洲周边机场货运竞争中处于不利位置；
4. 货运区规划无序、仓库设置不尽合理；
5. 货运站管理和运作不够完善；
6. 货运代理业务不规范；
7. 与货运服务相关的综合信息服务落后。

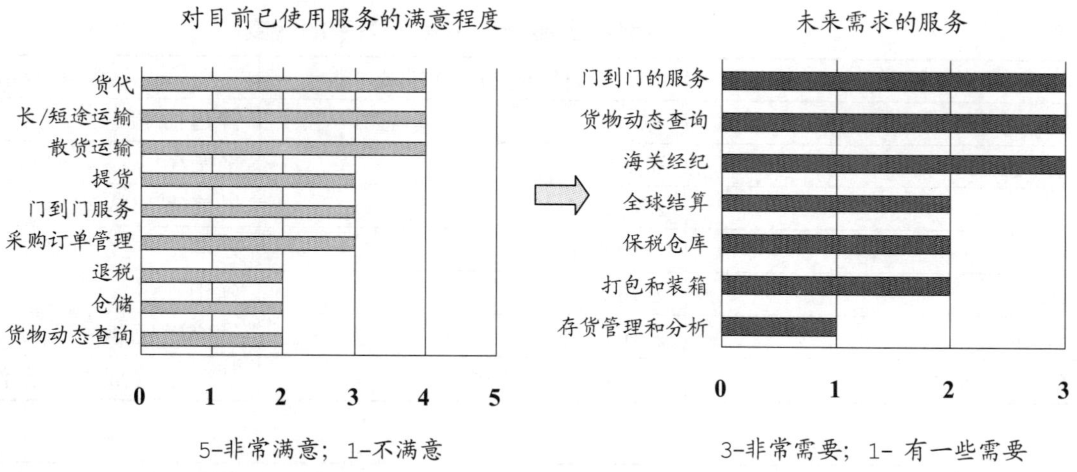

图 2　跨国公司对当前上海物流服务的满意度和未来服务的需求度

行业管理不规范：

1. 行业立法不够完善。
2. 有些环节透明度不高。

建设国际物流的意义。物流已经成为跨国公司全球供应链中的一个重要环节(见图 3)。

在新型的供应链管理模式下，跨国公司之间

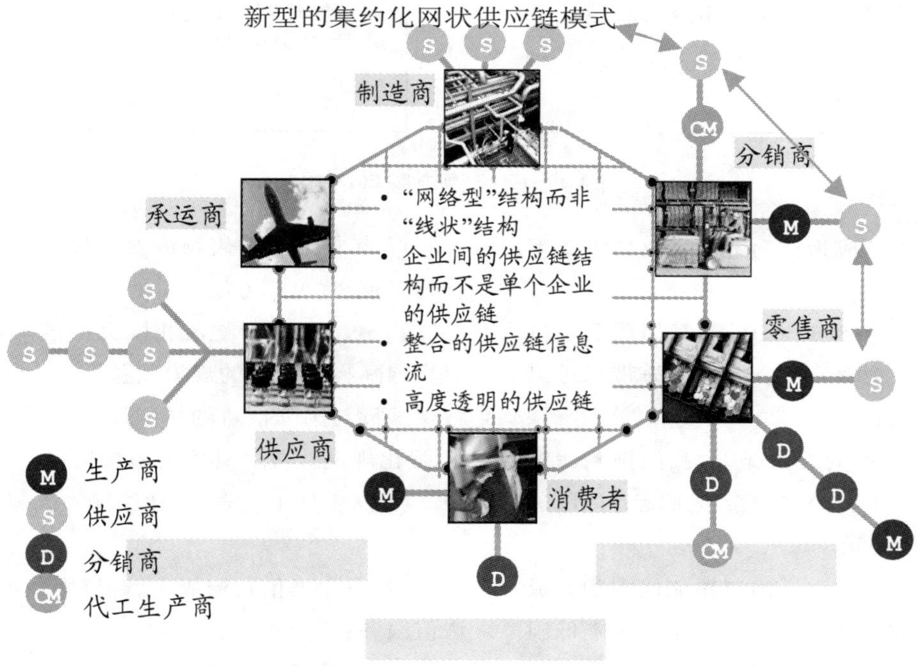

图 3　供应链模式的转变

的竞争关系也发生了相应的变化，由单个企业之间的竞争演变成供应网络的竞争(见表)。

在这种新型的全球网络供应链管理模式下，跨越国界的商品交易的数量和频率极大增加，相应的国际运输、仓储、商检等活动也日益重要，国际物流成为跨国公司供应链的关键环节。因此，跨国公司对物流服务商提出了更高的要求，并以此作为提升其全球竞争力的重要一环(见图 4)。

表　　　　　　　　　　**新型供应链模式下竞争关系的转变**

因素	传统供应链模式	新型供应链模式
库存控制	公司为主	管道协调
存货流	间断	平衡/可见
成本	公司最小	最终客户成本
信息	公司控制	分享
风险	公司为主	分担
计划	公司内部	供应链团组
组织间关系	公司内降低成本	基于最终成本的合作

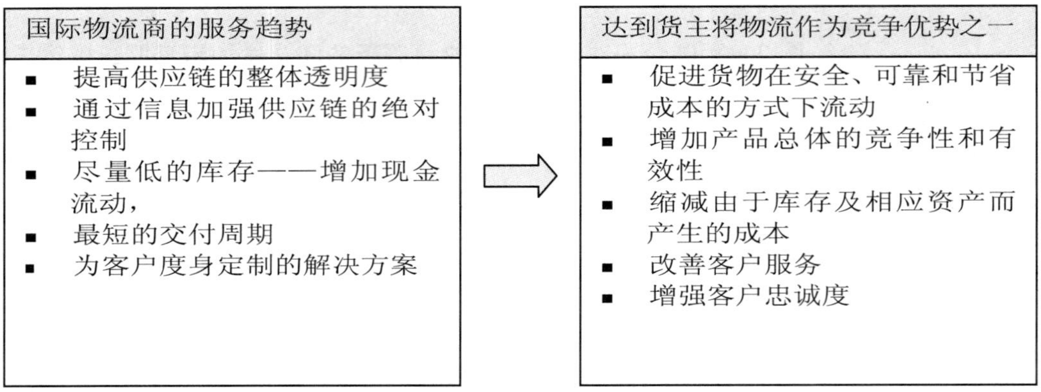

图 4　国际物流服务的趋势

降低物流成本已成为推动上海进出口重要因素。

1. 在其他因素不变的情况下，我们预测单位物流成本每降低一个百分点，会给上海带来进出额增加 50.39 亿美元。

2. 在其他因素不变的情况下，我们预测我国平均关税每降低一个百分点，会带来上海口岸进出额增加 23.18 亿美元。

3. 进出口海运成本占进出口物流成本的九成以上，说明降低进出口海运成本将是今后降低国际物流费用、推动进出口贸易的重心；其次的影响因素为由进出口周期引起的在途货物资金积压成本，以及保险费用、内陆陆上运输成本和进出口空运成本等（见图 5）。

对策和行动：

对策一、建立与口岸相配套的国际物流园区，提高物流效率。

1. 落实上海现代物流发展规划，形成上海综合物流枢纽（见图 6）。

2. 建立与口岸物流相配套的国际物流园区，提高国际物流经营的规模效益

试行与国际接轨的“国际物流园区”运转体系，强化规模效应。具体措施包括：

（1）从整体上规划、组建国际物流园区（分拨中心）；

（2）设立增值物流服务，开展高效的货物处理增值服务；

（3）提升高效信息技术和信息系统的应用；

（4）发挥物流包装加工、物流运输调度、国际物流报关等配套功能；

（5）进一步配合大通关项目，建立和推广办公一体化的口岸、海关、商检、银行、仓储和短途配送点；

（6）配合跨国公司的全球运筹管理发展商机，重点发展由加工贸易区或储运转运中心转型的国际物

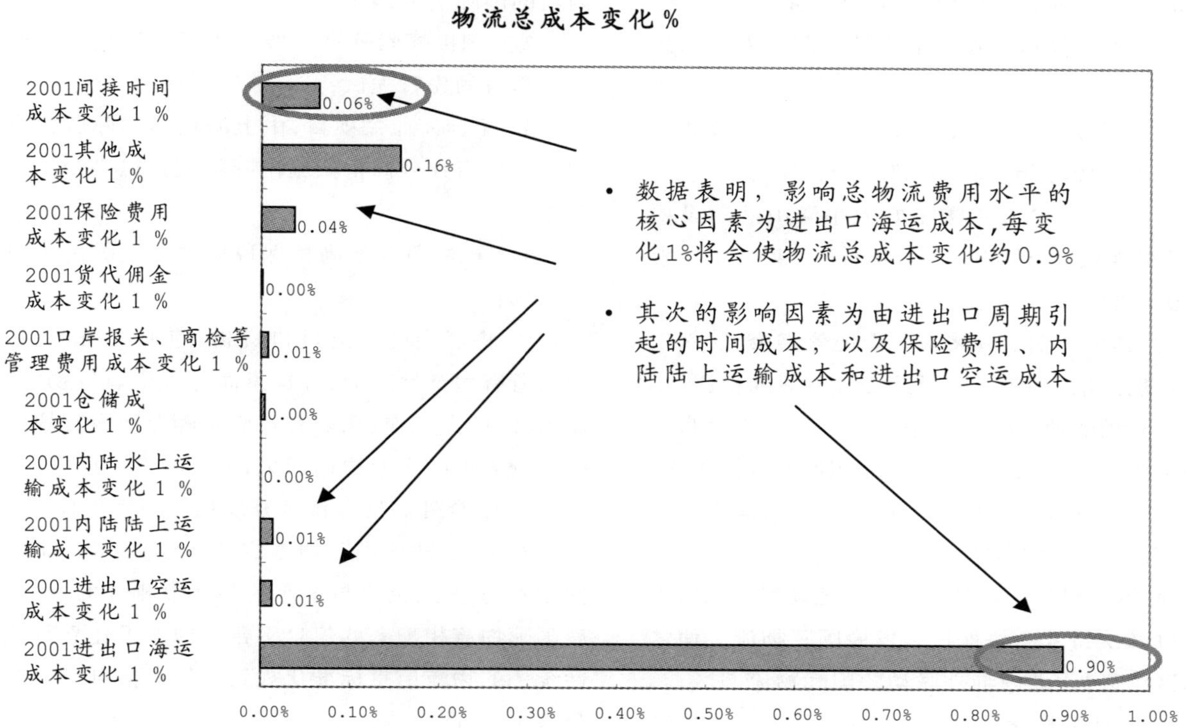

图 5 进出口物流成本构成

数据来源：所属一百家进出口公司

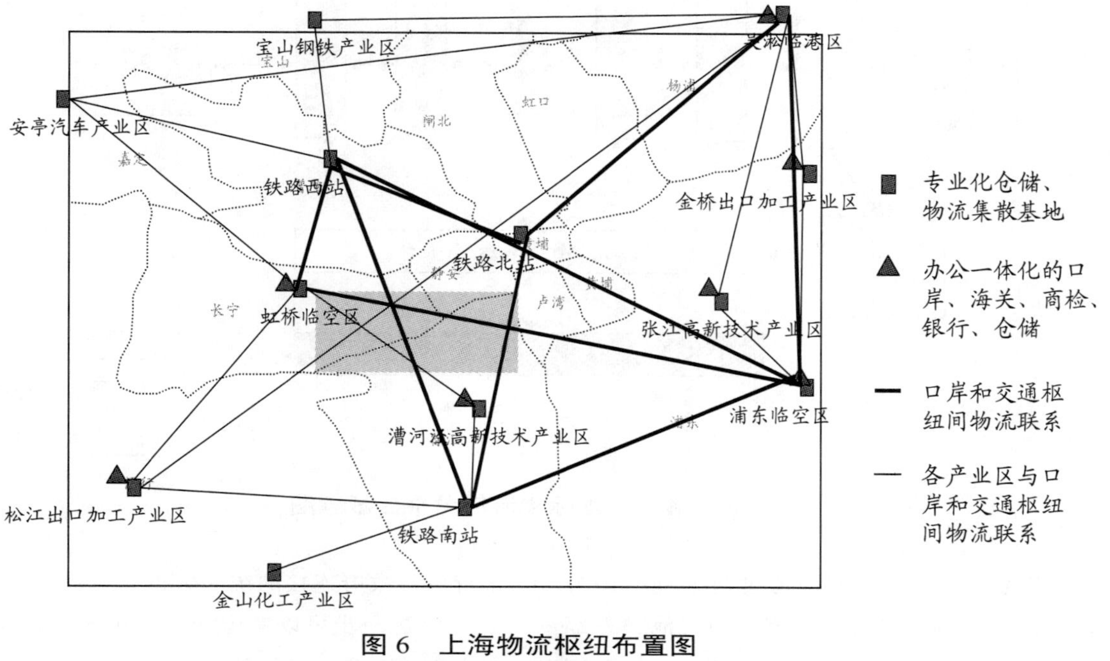

图 6　上海物流枢纽布置图

流中心。扩大加工贸易和转口贸易的进出口量；

(7) 给予园区政策上的支持和服务方面的优先。

3. 配合大小洋山深水港建设，组建与大通关和跨国采购中心相配套的国际物流园区：

(1) 拟于2020年竣工的大小洋山港建设项目，规划规模为50-60个深水泊位，年吞吐能力2 000万TEU以上；

(2)其中一期工程将建5个能停靠第五、六代集装箱船的泊位，年吞吐量达250万标准箱；

(3) 预期投资额近50亿的上海芦潮港至舟山洋山跨海大桥，全长32.2公里，其中跨海27.5公里。

(4) 因此深水港的规模要求在其腹地建设相当规模的国际物流配套园区。

对策二、继续扶持外高桥保税区发展国际物流

继续扶持外高桥保税区发展国际物流，使之成为区内区外，港内港外联动的国际物流园区。

1. 与外高桥保税区合作，共同开发好保税区内新的国际物流园区；

2. 积极探索外资控股的国际货运代理企业在外高桥的先行先试；

3. 配合大通关项目，由上海亿通国际股份有限公司先行在外高桥实施国际物流信息平台试点工作；

4. 积极争取外高桥保税区内企业的进出口经营权；

5. 将区内的空运进口货物“直通式”试点扩大到所有生产性企业；并探索海运进出口货物“快速通关”试点工作；采取有效措施确保区内有快速提发货需求的企业快速通关；

6. 配合外高桥保税区开展招商引资工作。

对策三、建成国际物流信息平台。建成一个能使政府与企业，企业与企业的各环节相连的、与发展国际物流相配套的信息平台。拟着手建立行业性统一的物流信息标准化规划，使得信息可以充分共享(见图7)

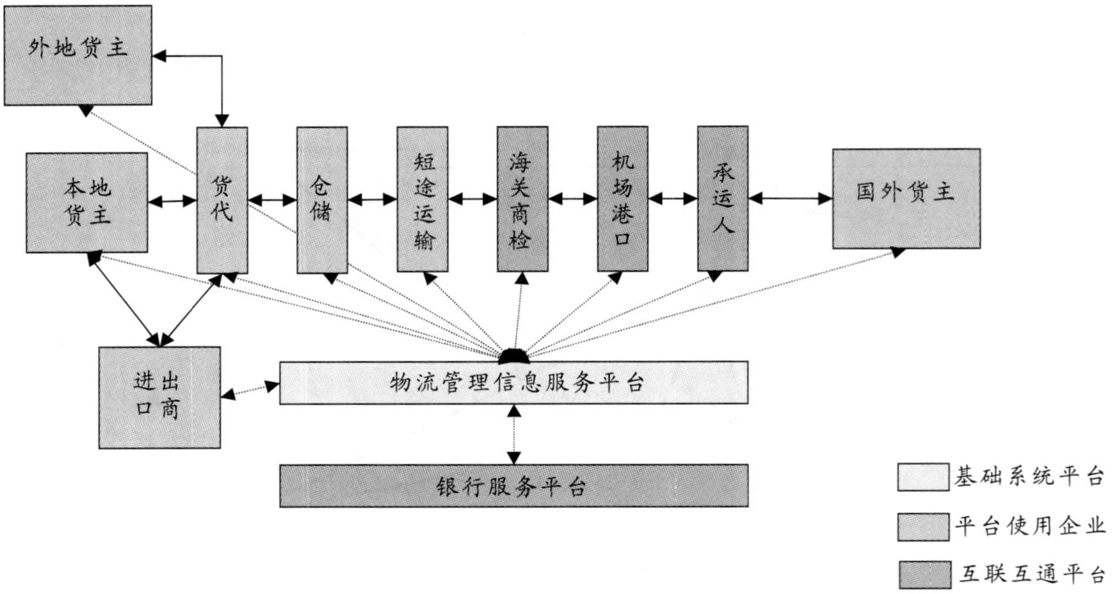

图7　国际物流信息平台示意图

1. 亿通国际有限公司拟通过与大型跨国公司、外贸企业、物流行业、咨询公司和其他服务部门的合作来建立统一的信息标准化规划，以保证信息的互联互通的顺畅性包括：建立与电子口岸、银行以及政府连接的统一数据接口；

2. 进一步可以考虑如何利用这一机会，加快国家机关互联审批的效率；

3. 跨国企业可以将其内部的信息系统与平

台对接，进一步提高服务的公开性、透明性和速度；

4. 推动国际物流装备的现代化；

5. 条形码(Bar code)、电子数据交换(EDI)、基于 Internet 互联网的信息平台及电子商务、全球定位系统(GPS)、地理信息系统(GIS)、智能交通系统(ITS)……

对策四、扶持一家中外合作第三方国际物流企业。

考虑整合现有资源，支持系统内物流企业面对加入 WTO 后的竞争构建新的核心竞争能力，扶持系统内一个集团采取中外合作方式建成一家合格的第三方国际物流企业(见图 8)。

1. 加快对下属大型外贸进出口公司的改组，建立新的物流核心竞争能力；

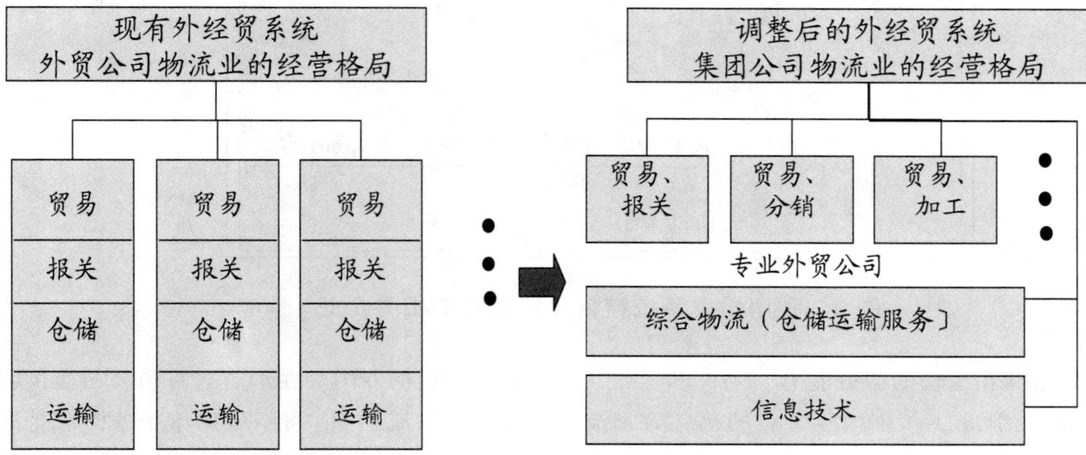

图 8　国际物流业经营格局的转变

2. 整合下属的贸易公司的非核心能力如物流服务、信息管理、运输管理来提高服务水平和降低管理成本；

3. 在整合现有与物流相关的各环节后，扶持一个集团采取中外合作方式建成一家合格的第三方国际物流企业。

对策五、整合一批外经贸系统内物流相关企业。

1. 打通物流枢纽内部的“奇经八脉”，练好本身的“内功”。专业化的货代企业、分行业的仓储中心、灵活的短途物流配送系统、海关、商检、口岸、仓库合一强有力的金融服务系统互联互通的信息系统(见图 9)；

2. 在进一步加强上海作为物流枢纽的内部效率的同时，我们还考虑如何帮助相关企业的自身物流能力和执行的效率，着力降低国际物流成本。

(1)加快改善现有仓储、运输企业的管理和设备落后；

(2) 加快培养具有现代物流管理经验的管理人员；

(3) 优先引进国外先进物流公司管理理念和管理策略；

(4)重点发展第三方物流。

3. 帮助相关物流企业拓展现代物流服务内容，满足跨国公司综合物流服务的要求。

(1)此次课题调研过程中我们了解到，许多在沪跨国公司都希望将其自身的物流业务转到专业的第三方，从而重点发展具有企业核心竞争力的项目；

(2) 为此我们拟通过现有资源整合和灵活的合作方式引进和改组建立规模化、专业化、综合性的物流服务公司应为客户提供综合性的物流服务，包括：仓储包装、搬运、短途运输、配送、多式联运、货代、报关等服务；

(3)同时，根据客户行业的特殊需要，拟在系统现有货代企业的基础上，通过改组、规划，建立专门化的物流服务，如冷藏品、化工危险品及其他

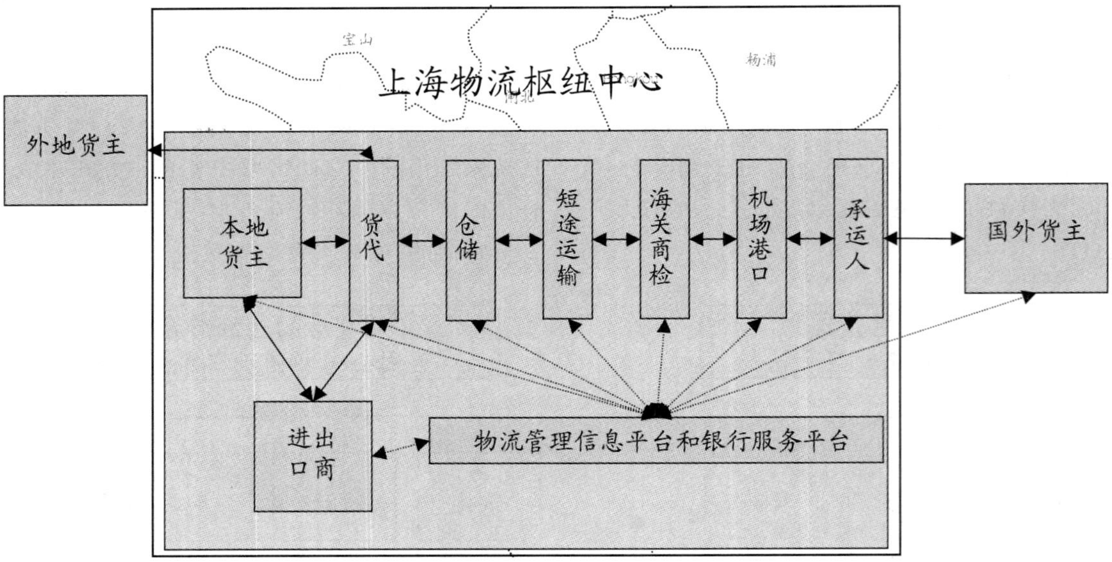

图 9　利用信息系统整合外经贸物流相关企业

特殊品的仓储和运输的服务能力。

对策六、引进 3-4 家国际著名的第三方物流企业

1. 争取在 2004 年内,使上海拥有不少于 10 家国际级的专门为在沪著名跨国公司提供服务的第三方物流企业, 将新型物流服务模式扩展至顾客的物流服务端(见图 10),以提高效率、降低成本和改进服务;

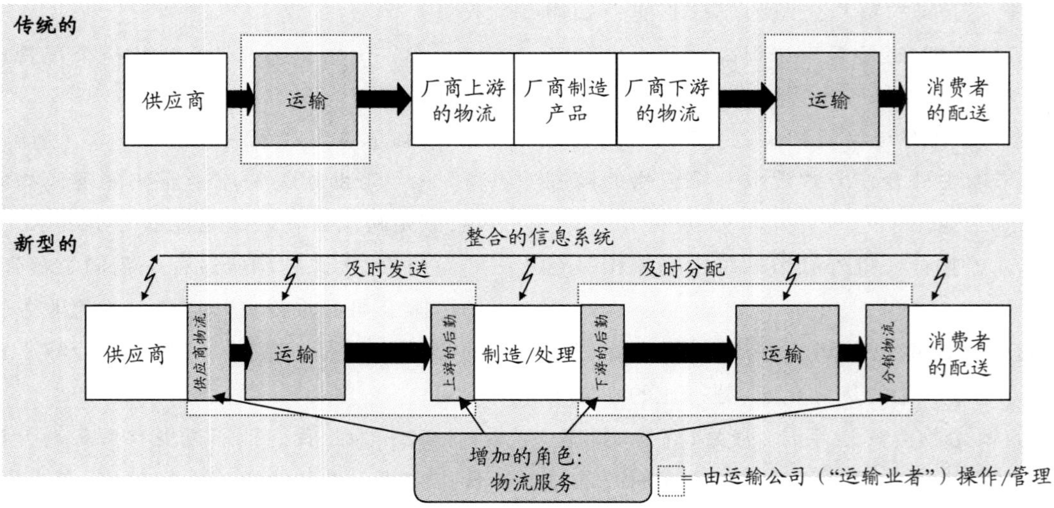

图 10　传统的物流服务模式向新型的模式转变

2. 强化研发和人员培训,探索建立国际物流供需双方的见面制度及重点物流企业联系制度;

3. 联合相关部门,建立国际物流管理人员的短期培训中心,推出认证制度(见图 11)。

目标人员

- 上海外贸企业物流管理人员
- 上海仓储企业管理人员
- 上海运输企业管理人员
- 机场、港口物流管理人员
- 上海货代企业物流管理人员

培训内容

- 物流规划
- 物流整合
- 组织设计
- 物流流程
  - 基本流程
  - 流程改进
- 信息系统

执行方法

- 短期培训为2 - 3月
- 包括自学，课堂培训，实地考察，案例分析
- 由国外先进的物流企业、管理咨询公司和国内对应高校编写教材和案例
- 规定企业参加并由企业缴费

认证制度

- 每年两次
- 集中考试
- 授予认证物流管理人员资格证书
- 优先聘用
- 行政要求企业要有该等资历人员

图 11　国际物流培训和认证制度

上海外高桥保税区港区联动案例

改革开放以来,我国保税区经过了10多年的发展,在推进招商引资、扩大外贸、产业升级,带动区域经济发展等方面发挥了重要的作用。随着中国入世和世界经济一体化进程的加快，现代物流产业的发展已经成为全球产业结构调整的一大趋势，现代物流发展的水平越来越成为体现一个国家和地区综合竞争力的重要标志。国务院副总理吴仪同志指示:"港区联动的问题对于保税区发展物流很重要,要先拿出方案,提出思路,进行试点,稳妥进行",这对于加快上海国际航运中心建设的步伐，促进国际港航产业与现代物流产业的联动发展,探索我国保税区向国际自由区(自由港)转型,拓展市场空间,参与经济全球化竞争,全面推动我国进出口贸易的持续增长，进一步提升我国开发开放水平，具有十分重要的战略意义和深远的历史意义。

上海外高桥物流园区外高桥保税区内港区联动项目的试点区域。该园区开发面积1.03平方公里(不含码头泊位),连接外高桥集装箱港区(二期、三期),是外高桥保税区10平方公里的组成部分。物流园区具备良好的区位优势和集疏运条件,是上海市"十五"期间重点规划的三大物流园区之一,为配合港区联动项目,上海市人民政府已列入2003年上海市重大工程。

一、港区联动的目标

坚持理论研究先行和产业规划先行的方针,通过港区联动项目的实施，在发挥保税区现有政策优势的基础上，充分利用港区一体化的区位优势,扩大综合服务功能,提升产业发展层次,构建"货物通关最畅捷、综合成本最低廉、服务配套最完善、管理运作最规范"的物流园区,简化货物流

转手续,缩短货物流转时间,提高货物流转速度。

——物流园区的规划建设采用基础物流、第三方物流、专业物流和技术物流在空间上的集中布局,形成综合服务功能的物流汇集点,营建国际中转、国际配送、国际采购三大中心,具有资源优化配置、功能科学定位、产业结构合理、技术水平先进并按国际化标准建设专业化、集约化的现代物流园区。

——重点吸引跨国采购中心、国际航运集团、第三方物流企业入区投资,促进区内向仓储物流专业化方向发展,以进一步扩大外贸进出口。联动国际自由港(自由区),营造海外与内地交流、国外与国内双向结合的崭新格局。

——从2003-2005年,经过基础开发与功能拓展,项目引进与布局完善,网络营建与市场开拓三个同步的建设,达到集装箱综合处理能力100万TEU,其中集装箱中转20万TEU,到2005年实现外高桥保税区物流产业增加值占区内比重的25%,外贸进出口230亿美元,进一步增强区域经济的综合竞争力。

——按照"政府引导、基础先行、企业运作、市场导向、管理创新、竞争发展"的原则,坚持统一规划、资源整合、先行先试、整体推进的工作方针,在海关总署的领导和国家有关部门的支持下,按照投资自由化和贸易便利化的要求,率先与WTO接轨,成为我国开发开放的示范区。

二、港区联动的功能设定

港区联动项目的功能设定着力于构筑航运、港口、物流园区联动发展的新框架,重点围绕货物在境内外快速流动、港区运营一体化和提高海关监管效率三个重点。参照《京都公约》,加快我国与国际规则对接的步伐,逐步实现高效快捷、无障碍贸易与物流的最大化。这是发挥我国保税区主体功能所要求的基本内涵,加速城市国际经济化、增强区域辐射功能的重要平台。港区联动的基本功能设定为:货物到港在保税状态的条件下,通过港区直通式进出物流园区,进行保税货物的综合处理,具体定为国际国内中转、国际配送分拨、国际采购中心、国际转口贸易四大功能。

(一)国际中转

船公司负责对由一国启运,在另一国进行二次集拼,并换装其他国际航行船舶后,继续运往第三国(地区)指运口岸。主要业务设计如下:

——不同目的港的保税货物到达物流园区进行快速集并,向同一目的港进行拼箱重组。

——国际中转货物换装其他国际航行船舶运往第三国或地区的指运口岸。

——保税货物的整箱堆存并根据货主需要在物流园区进行综合处理或国际中转。

——保税货物经过重组拼箱在港区设立空箱堆存点,以方便船公司空箱进出口调运。

设计国际中转功能的目的是改变目前我国保税区与港口在产业规划、产业布局和产业联动方面总体上不一致的局面,尽管不少保税区地处港口附近,终因体制和机制上的问题造成了区域和行业各自封闭运行,致使良好的港口地缘优势和保税区优惠的政策优势没有得到有效、充分地发挥。保税区是国内、国际市场的过渡带,可以利用保税区具有"两头在外"的功能和港区的航运资源为货物快速集并、集散、通关等方面提供便利条件,有利于货物通过进口、出口、中转的集运、多国多地区的快速集并和国际联合快运等业务的开展,加快货物在境内外的快速流动。

(二)国际配送分拨

根据用户的订货要求,在国际配送中心进行货物的分拣、配备,并以最合理方式送交用户的高水平送货服务模式。主要业务设计如下:

——保税货物进入物流园区按用户的订货要求在配送库场进行货物的分拣、分配、分销、分送等高效配送分拨业务。

——保税货物进入物流园区可进行商业性简单加工、批量转换并向国内配送。

——保税货物进入物流园区进行商业性简单加工、批量转换需要向国外配送必须进入中转区报备出口。

——进口保税货物经过拼箱重组,利用GPS监管完成国内各海关监管区之间的水陆运输,运往指运目的地(海关监管区)。

——国内出口货物进入物流园区进行重组拼箱向国外集运分拨。

——进出口保税货物进出物流园区只需办理简化的海关备案手续。

国际配送分拨功能要有利于在区内开展商品简单商业性加工和仓储自动化、包装标准化、配送高效化的业务,为订户提供所需的产品和服务,这对发展我国的进出口贸易将起到积极的推动作用。

(三)国际采购中心

是跨国采购中心入区投资,对国内采购商品在采购中心进行分拣、重组或与进口商品进行商业性简单加工后,向国外分销、集运的现代商品供应模式。主要业务设计如下:

——国内采购货物进入物流园区进行出口集运的综合处理。

——采购进区的国内货物办理视同出口手续,办结海关手续后即可享受出口退税的政策,货物集中专门堆场处于待装船出境状态。若这些货物不能出境,则按一般贸易的规定办理进口手续。

——采购进区的国内货物与进区保税货物进行商业性简单加工一律向国外集运和分销,国内货物可办理退税手续,若返销国内市场则办理视同进口手续。

设定国际采购中心功能是利用保税区出口退税的优惠政策组织采购国内货物的出口,依托本国的制造能力与之形成全球物流供应链的核心节点,进行从零部件到产品的组装出口,货物的批量转换出口、简单商业性加工出口。鉴于目前落户保税区的各类企业行业面广、布局分散等难以实施出口退税管理的缺陷,而物流园区的布局应充分体现封闭式、业务单一性和港区一体化运营的特点,便于出口退税的有效管理。跨国采购中心落户物流园区有利于保税区适应中国入世分享国内市场份额,促进国内商品出口,开展向境外地区进行配送和集运,成为区域性、国际化的跨国采购中心,推动国内出口型经济的发展。

(四)国际转口贸易

商品的生产国和消费国通过第三国(亦称中转国、中转地或中转商)进行贸易、第三国从中获取利润的贸易活动。国际转口贸易的主要运作形式是商品从生产国运往中转地储存或进行商业性简单加工后再销往消费国。重点建设转口贸易的服务环境:

——国际转口贸易在物流园区服务于国际国内中转、国际配送分拨、国际采购中心三大功能的服务贸易活动。

——以国际转口贸易为龙头促进外贸进出口业务的持续发展和口岸功能的提升。

——建设集交易、展示、出样、订货于一体的国际转口贸易服务体系和环境,促进集装箱中转量的迅速提高。

确立以港口经济为导向、国际贸易为主体、国际物流为基础发展现代物流产业的方向,充分发挥转口贸易、进出口贸易、保税仓储、跨国采购的功能,鼓励企业开展国际物流运作,使其成为国际转口贸易的重要载体,开展以转口贸易为核心的服务贸易,建设“一门式”的服务设施和“一条龙”的服务体系,营建全程代理、投资咨询、海事海商、保险理赔、金融服务、电子商务等多功能、多层面、综合化的服务贸易环境。

三、港区联动的管理模式

外高桥物流园区是享有国家特殊政策的海关特殊监管区,实行“封关运作、监管合一、高效透明”的管理模式,即园区与国内其他地区设置符合海关监管要求的隔离设施。具有四大特点:一是区域性、封闭式管理,海关对隔离设施和各出入口实施有效监管,进出园区的人员、车辆、货物须从海关确认的卡口进出,并接受海关监管;二是高科技、网络化管理,实现海关、企业与港口间的电脑联网,实行实时动态监管,推行信息跟踪、无纸报关、税费电子支付、卡口查验、围网监管等现代化管理手段;三是电子化、高效率通关,海关在物流园区实施“放开一线、管住二线”的监管模式,大力简化园区进出境货物手续,园区和港区之间开辟海运直通道,设立无人自动卡口、自动判别体系、自动实货放行、自动生成管理数据,对物流分拨可实施“分批出区、集中报关”的快速通关模式,建设通关方式高效便捷、货物流动快速自由的营运环境;四是风险式监控、自律化约束机制,园区内允许设立国际转口、物流分拨、国际采购、商品展示、国际贸易企业和国际中转代理企业,实行物流全方位、全过程的监控,构建高效严密的园区物流监控体系。开发运用区域信息化管理平台,形成信息全面、核注及时、数据共享的反映企业实时、动态物流状况的电子账本,对企业实行科学的“分类管理、宽严适度”的风险式管理机制,建立企业的自律化约束机制,完善企业诚信体系,达到规范运作和防范风险的目的,促进物流产业的健康发展。依据上述特点,管理模式在原有的基础上要实现四个突破:

(一)“三个一次”的通关模式:即“一次申报、一次查验、一次放行”,突破了原有的保税区货物两次申报、重复查验的通关方式,改变了港区的14天的报关期限的限制。

“三位一体”的监管模式:将园区管理、卡口管理、港区管理融为一体,实行港区联动综合管理。

(二)“三个统一”的运作模式:信息流与货物流相统一,通关管理与园区仓储联网相统一,关区代码与贸易方式相统一。

(三)“三无合一”的信息共享模式:通过网络技术在园区构建关、港、贸信息集成平台,实现E-DI无纸报关、无人自动卡口放行、备案货物无E-DI事后交单。

四、港区联动的政策配套

借鉴国际自由港(自由区)的成功经验,着力于加快中国入世与国际规则对接的步伐,就港区联动项目而言,涉及到国家政府有关部门的政策配套,我们认为,应在“先行先试、稳妥进行、整体配套、务求实效”的原则指导下,实施相应的出口退税政策、外经贸政策、外汇管理政策、海关与有关部委统一管理等政策。

物流教学案例

广西交通职业技术学院
物流管理专业课程体系的构建

一、引言

随着我国物流业的迅速发展，物流人才短缺的问题益发突出。近几年异军突起的高等职业教育，抓住机遇，及时开办物流管理专业，为缓解物流人才短缺矛盾作出了一定的贡献。但是由于我国兴办高职教育因历史短暂，许多学校经验不足，从办学模式到教学实践各环节都有不少问题有待于进一步探索。本案例是广西交通职业技术学院在高职教育物流管理专业课程改革方面的总结，希望能够引起关注高职教育物流管理领域的同仁的兴趣，共同研究、共同探讨，为我国的物流人才培养做出应有的贡献。

二、课程体系开发、构建的作用

任何教育一般都以培养目标为出发点，以课程体系为实行教学活动的基本依据。而“课程”是指“有计划的教学内容”，即为达到培养目标的教学总体方案及其实施过程，不是指具体的某一门课。课程开发一般是指课程目标确定、课程内容选择与组织、课程实施以及课程评价等方面的内容。

作为实行教学活动基本依据的课程体系，其开发构建在高职教育中占有十分重要的地位。其作用表现为以下二个方面：

1. 对培养目标的支撑作用。培养目标是对受教育者质量规格的总体要求，也是一切教育的出发点和最终归宿。而课程是培养目标的具体化。从某种意义上说，所有培养目标均要以课程为桥梁才能实现。所以，课程本身已成为达至教育目的的手段。

高职教育课程内容是面向实际的，是分具体职业的，主要目的是让学生获得从事某个职业和行业，或某类职业和行业所需的实际技能和知识，完成这一级学业的学生一般具备进入劳动市场所需要的能力与资格。相应的课程体系开发构建必须充分体现职业性、社会性以及学科体系的完整性等，从而保证培养目标的顺利实现。

2. 对教学实践的指导作用。美国教育学家布鲁姆(Benjamin Bloom)提出：“有效的教学始于准确希望达到的目标”，课程体系是一切教学活动的基本依据。学校的教学计划、课程大纲、训练大纲等都是教学训练活动的指导性文件。高职教育能否办出特色，很大程度上取决于课程体系开发的水平和实施的效果。

三、课程体系构建的基本原则

任何教育都会涉及知识、技能、能力、经验等项内容的传授。在知识资讯爆炸、技术更新加快的今天，如何让学生在有限的时间里学到尽可能有用的知识、技能和经验，并且能够与社会的进步紧密衔接，就要考虑“教什么最有用”和“如何教最有效的”等问题，以提高教学效果和学习效率。对高职教育而言，在构建课程体系过程中，应考虑以下一些基本原则：

1. 社会导向原则。高职教育比普通高等教育对基层社会(企业的)关联度更大一些。与产业界的密切合并，是实现专门人才培养目标的必要条件。为此，在课程体系开发过程中必须有企业或行业专家的参与；在实施过程中宜采取校企合作的形式，将理论知识的学习和实践能力的培养融为一体。例如加拿大的CBE(Competrency-Based-Education)模式，其课程开发过程由企业专家和学校教师共同进行；德国“双元制”(Dual System)采用“工学交替”方式(学生一边学习一边做工，既是学生又是学徒工)进行教学等，这些都是很好的范例。

2. 能力本位原则。这里所说的能力，不该狭义地误解为只是操作能力、动手能力，而是一种综合的职业能力。它起码要包括四个方面：一是知识，即与本职业、本岗位密切相关的、必不可少的知识领域；二是技能、技巧，这里才是指操作、动手解决实际问题的能力；三是态度，指动机、动力、经验、历练、是一个情感领域、活动领域；四是反馈，即如何对学员是否学会进行评价、评估的量化指标领域。这四方面的综合，构成一个“专项能力”。

所以首先要明确，这里的“能力”是指“任职资格”或“胜任工作的能力或本领”，也就是我们所说的“综合职业能力”。

能力本位(Competence-Base)就是指以综合职业能力的培养为核心，它是高职教育的重要特征之一。以能力本位思想构建课程体系，体现了高职教育的职业针对性和教学内容的实用性，目前已为众多高职教育工作者所接受和采有。

3. 学生主体原则。学生是学习的主体。教学过程往往是教师和学生的交互过程。因此，构建课程体系时必须高度重视“学生因素”，如学生的专业兴趣、动机、需要、能力、情感等，从而在教学过程中充分调动学生的学习积极性，使学生最有效、最投入地学习。学习心理学认为，决定学习质和量的是学生而不是教师或教材。学生必须成为学习的主动参与者，教师仅起一个营造学习环境的作用。学生是否真正理解课程内容，取决于学生的心理状况。从某种意义上说，知识、技能只能是“学”会的，而不是“教”会的。

4. 课程内容选择原则。如何选择课程内容，也是构建课程体系的一个重要问题。这里主要应考虑：

(1)适应性。课程建设以适应社会需要及素质教育和职业技术要求为前提，制定课程目标、课程内容和评价标准，同时兼顾学校自身功能、定位以及师资、实验等教学条件。课程的具体设计要在培养目标不变的前提下，根据学生的素质基础和实践基础制定不同模式。高等职业教育的区域性和行业性都很强，企图采用一种大一统的课程模式是不现实的。

(2)系统性。课程建设要把某一门课程需要掌握的知识、技术、技能和教材，获取知识、技术、技能的方法和途径，组织实施的方式、方法以及测试评价纳入一个系统，统一确定课程内容的排列组合序列，而不能只强调一个方面，或只重视某一个环节。课程模块的设计应特别注意课程与课程之间的链接，避免脱节和重复。在构建各种高职课程的过程中，尽可能避免产生学习内容的重复或缺损，注意与原有的科学文化基础和专业基础相衔接，提高教学效益和效率。

(3)现实性与前瞻性。今天，技术的更新往往意味着进入全新的技术领域，而不是在原有基础上的局部改进。这就要求高职教育课程的专业范围要放宽，重视多技术领域的交叉渗透与复合。高职教育课程必须注意学生认知能力的培养，使其学会学习，以适应未来社会的需要。

(4)职业性与理论性。高职教育课程以就业于某类职业岗位为目标，主要用于培养技术应用性人才，其课程内容结构以能胜任某一职业岗位工作的技能为主导，择取必需的基础和专业理论，看重理论的应用，而不强调其系统性、完整性，同时也不忽视专业基础理论的传授，以适应学生可持续发展的需要。

(5)“以学为主”。要创建一种新的管理体制和运行机制，让学习者在教师指导下，根据一定的学习规程，结合自身发展取向，对学习内容和学习方式的选择享有充分的自主权。学习过程不仅仅是对知识的接受和储存，不能只要求学习者原原本本地复制教师传授的知识，而要求他们主动地探索和发现，独立地思考和理解，自主地进行知识的建构和重构。

四、广西交通职业技术学院物流管理专业课程体系的开发构建

1. 培养目标的确定。确定培养目标必须考虑社会对人才的需求。目前我国高职教育培养目标一般定位为：培养德、智、体全面发展的、具有必要的专业理论知识和较强实践能力、在生产第一线从事技术或管理工作的应用型人才。

广西交通职业技术学院管理工程系自 1998

年开始筹办物流管理专业时，为了构筑科学合理的课程体系，多次求教于当时的广西区教委李彦福教授，研究探讨推行CBE教学模式的可能性，1999年暑假，又派五名教师专程到上海职业技术研究所，考察学习德国“双元制”教学模式。2000年初在充分理解、吸收CBE和“双元制”精髓的基础上，与广西区内的运输企业、政府主管的有关领导共同进行职业分析和工作分析，结合我国当时的物流发展水平和未来几年的发展方向，与上海职业技术研究所等单位合作，共同开发了包括教学计划、课程大纲、实训大纲等文件，初步确定了物流管理专业课程体系的基本框架。

广西交通职业技术学院物流管理专业当时确定的培养目标定位为：培养德、智、体全面发展，具有经济、管理及营销的基础理论和知识，具备物流管理与组织、规划与分析的能力；商品采购与储运、配送与营销的能力；适应制造业、商业、运输业和信息业等现代物流管理需要的高级应用性专门人才。

2. 物流管理专业课程体系开发的过程。广西交通职业技术学院物流管理专业自2000年开始招生，2002年根据市场需要，尤其是用人单位的需要，在广西玉柴物流集团公司、广西弛程汽车运输集团有限公司、防城港高速集装箱运输有限公司的参与下，利用CBE的课程开发方法(Developinga Curriculum，DACUM。其特点是以职业岗位所要求的综合职业能力的分析分解为依据来确定课程目标、制定教学计划和组织教学)，重新修订了教学计划、课程大纲、实训大纲等文件。使得培养出来的学生具有很强的职业岗位针对性。

具体实施时，首先聘请上述几家企业从事该职业的专业人员和管理人员，与学校的专业骨干教师组成“专业指导委员会”，该委员会2003年正式成立后，由专业按项目管理的方式进行运作，定期进行职业分析和工作分析，对DACUM表进行及时修订，尽可能反映近期物流行业急需的“综合职业能力”。然后学院根据实际情况对教学活动加以调整，目前包括物流管理专业在内的许多专业多次修订了教学计划，逐渐形成了自己的课程体系特色。

在课程开发的过程中，除了大胆吸收国外的先进经验，还要考虑国情和地方的环境，尤其是学校自身的教学资源。广西交通职业技术学院物流管理专业在职业分析的基础上，采用类似于CBE的DACUM方法，按照专业所要求的职业能力设置相关的课程和训练方案。该方法虽然是一种折中的选择，但我们认为是非常实用的办法。

将“综合职业能力”作为培养方向。在教材方面，就必须重视教材的改革与建设，近几年我院参与编写和出版了多部具有高等职业教育特色的教材。我们发现现行高等职业教育教材反映出了诸多问题，如借用内容偏多、理论偏深的本科教材；沿用“本科压缩型”专科教材；使用印刷质量较差的自编校内讲义，等等，难以符合高职教学基本要求。即使使用出版的高职教材，与高职发展需求相比，还存在较大的差距。其中部分教材还没有真正过渡到以培养“综合职业能力”为主的体系上来，高职特色反映也不够，极少数教材内容过于肤浅，这些都对高职人才培养十分不利。因此，广西交通职业技术学院物流管理专业在教学过程中，本着厚基础、重能力、求创新的总体思路，对教材进行了大量的增删工作，以优化整合课程内容，突出高职特色。

由于高职教育以职业能力为中心而不是以学科体系为准绳，所以没有必要将与专业相关的基础课和专业基础课全部纳入教学计划。但考虑到学生认知过程的逻辑顺序性，学习一定的专业基础知识又是必不可少的。于是按照理论知识的“必需、够用”原则，对相关基础知识做出实用性选择。这就必然导致某些课程(主要是专业基础类课程)要作必要的整合调整。例如将专用车辆、装卸机械等课程精简为物流设施与设备一门课，将商品学课程中的商品养护内容整合到仓储管理中。

实践性是高职教育主要特点之一。广西交通职业技术学院物流管理专业为了加强职业能力培养，加大了实践性课程所占的比例，强调理论与实践并重，教育与训练并重，专业理论教学与实践课的比例目前达到3:2左右。

物流业虽然是新兴的行业，但现代化物流涉足的领域非常广，涵盖了传统的生产制造、商业、运输、仓储、流通加工和现代信息技术。要调动学生的学习兴趣和积极性，并在三年内掌握必要的知识和技能，必须理论与实践并行，借助社会力量，坚持走产学研相结合的道路，让学校与企业双赢，让学生尽早接触实践，在干中学，以提高学生的综合能力，知识的掌握和运用能力、分析与解决问题的能力以及创新能力等。

五、结论

1. 课程体系开发在高职教育中占有重要地位。在课程开发过程中，应结合我国以及本地区的具体情况，有选择、有分析地吸收国外先进经验。

2. "教师为主导、学生为主体"的原则在教学过程中具有重要的指导意义，应成为今后我国高职教学改革的一个主要方向。

3. 实践证明，广西交通职业技术学院物流管理专业课程体系开发过程中，采用行业调查、能力分解、课程整合等方法都是行之有效的。

（供稿：广西交通职业技术学院
管理工程系　赵继新）

上海海运学院国际货运代理业务模拟实验系统

国际货运代理模拟实验系统是上海海运学院已经开发并已投入使用的一个教学模拟实验系统。

国际货运代理模拟实验系统开发的目的

"国际货运代理"的培训课程是一门实务性很强的业务管理性质的课程。本模拟实验系统主要是配合课程理论教学，进一步培训学员对国际货运代理业务的实际操作的认知，包括：业务单证的填写方法、业务流转程序，以及培训揽货能力等。

国际货运代理模拟实验系统的功能

1.系统业务流程涉及 6 个部门：船代、客户、货代、海关、车队、码头堆场等，其中，参与实验的学生主要扮演货代角色，也承担部分其他业务角色（如车队、船代等），剩余业务工作由系统或教师完成。

2.总体功能：单证查看、系统主菜单、系统提示、实验结果检查等。

3. 集装箱整箱出口业务模拟实验：接受业务委托、填制十联单、订舱、委托陆运装箱、报关、跟踪货物装船、货装船后换提单、带回正本提单等。

4.集装箱拼箱出口业务模拟实验：接受业务委托、订舱、安排仓库提箱装箱、报关、提单签发等。

5. 集装箱整箱进口业务模拟实验：

（1）订舱：询价与报价、接受委托订舱、通知国外代理、与发货人联系、通知委托人、收费等；

（2）进口代运：询价与报价、收单审单、换提货单、报关、保险、理货与汽运代理、办理放箱和中报港区计划、提货交货等。

系统运行环境

1. 硬件：实验室按企业办公室格式布置，采用屏风隔离，使学生对工作环境有一个真实感受。实验室计算机联成局域网，教师配置监视计算机终端。

2. 软件：采用 LorusNotes。

国际货运代理模拟实验系统运行效果：

从已经接受过该系统学习和培训的学员对系统的评价，我们可以感受到该模拟培训系统具有较强的实用价值。这些评价可概括为以下几点：

1. 获得对业务的直接理解，优于课堂教学效果；

2. 通过模拟环境中的反复摸索和实践，对货代业务有了完整的理解；

3. 实际业务操作中，从解决问题出发，调动了学员学习的自主性；

4. 模拟实验比企业实习缩短了 5-10 倍。

（供稿：上海海运学院教务处　真　虹）

优秀企业推介

北京福田物流有限公司

北京福田物流有限公司(以下简称福田物流)成立于2002年5月6日,是经北京市工商管理局批准的股份制企业,在北汽福田汽车股份有限公司“诚信、业绩、创新”经营理念的指引下,公司自成立伊始就创建了独具特色的福田物流亚文化,其中“诚信、快捷、发展、奉献”是企业的经营理念。他们对“诚信”是这样诠释的:“指福田物流对客户以诚信为出发点,诚信既是合作的基础,也是企业发展的基础。福田物流以整合社会资源为主,要实现多方共赢,对每一位客户都必须诚实守信,要求每位员工围绕市场链以诚信的态度对待任何客户,体现福田物流最佳的服务品质。”

目前全国各地与福田物流合作的企业有几百家,公司2003年的营业额突破2亿元,2004年营业额可望达到5亿元。

福田物流在高速发展的征途中,坚持以客户为中心、以服务为手段、以人才为保障、以效率为根本的思想,营造特色企业亚文化,塑造“福田物流”品牌,并规划到2010年营业额突破100亿元,为振兴中国民族工业和物流产业的发展做出积极贡献。

(供稿:北京福田物流有限公司)

北京凯瑞通和物流管理咨询有限公司

北京凯瑞通和物流管理咨询有限公司是中国领先的物流与采购培训、咨询公司,专业从事供应链和物流及专业采购管理培训及咨询业务。作为物流培训、物流咨询、物流解决方案和物流媒体的提供商,凯瑞公司借鉴国际先进的物流管理理论和实践,向国内外客户提供优质的全方位的供应链及物流服务,致力于中国供应链及物流行业整体水平和行业竞争力的提升。该公司还根据需要,利用其强大的、来自不同行业的、经验丰富的物流管理专家队伍,针对企业不同要求和行业特点,进行不同层次的企业内部培训和企业咨询工作,内容涉及管理培训、物流培训、人力资源、财务管理及物流咨询等,凯瑞公司为有需求的客户提供专业的、精细的有价值的管理服务、人才服务、行业资讯服务。

整个的培训体系中,有围绕英国皇家物流与运输协会(ILT)的国际物流经理人认证培训,英国皇家采购与供应协会(CIPS)的国际注册采购与供应经理人认证培训(Qualification Courses),用以帮助学员实现知识更新,提升自我职业水准;有针对物流与采购从业人员的高级采购技术、采购从业人员必备财务知识、供应商持续开发和管理实务等实践课程(Practical Courses);有为企业量身定做,从改善企业财务绩效,改善员工工作表现入手,以加强企业执行能力,提升竞争能力的企业培训(In-company Training);还有以广泛交流行业内信息,促使行业的整体提升为宗旨的研讨会与俱乐部。

(供稿:北京凯瑞通和物流管理咨询有限公司)

大连北方国际粮食物流中心

大连北方国际粮食物流中心2003年12月正式成立。核心层是大连北方国际粮食物流股份有限公司,由吉粮集团、大连良运集团等9家股东出资组成;紧密层由环渤海湾的大连、北良、秦皇岛、营口、锦州5家港口组成;松散层有东北主产区120家县级粮食购销企业和南方175家较大型粮食加工企业,共同组建一个跨地区、跨行业、跨所有制的粮食物流联合体。

大连北方国际粮食物流中心以东北地区粮食最大的集散地大连为依托,以现有粮食流通设施为基础,以推进散粮运输方式为重点,运用现代物流的理念与技术,整合资源,再造流程,提升功能,创新机制,构造新的现代化的粮食流通体系。其主要任务是:

(一)促进粮食产销结合,使粮食生产与流通良性发展。

(二)减少环节,加快周转,降低粮食流通费用。

(三)整合提升现有资源,最大限度发挥存量资源的效率。

(四)催生大型现代化粮商,提升市场竞争力。

大连北方国际粮食物流中心的主要目标是:

1. 积极支持粮食产区尽快形成大型粮食经营主体,巩固发展粮源基地;

2. 充分发挥世行项目东北粮食流通走廊设施的骨干作用;

3. 构建粮食铁路运输的快速通道;

4. 开辟公路散粮运输的新方式;

5. 合理利用北方港口现有中转设施;

6. 进一步完善销区港口散粮接卸设施;

7. 改造和完善粮食交易市场;

8. 创新资金运营保证机制;

9. 建立健全公司内部规章制度;

10. 发挥粮食物流协会的行业自律作用。

(供稿:大连北方国际粮食物流中心 武振山)

大连陆港物流基地

根据大连市人民政府现代物流发展规划,由大连市交通口岸管理局和甘井子区人民政府联合开发,成立了大连陆港物流基地有限公司,它是大连市市委、市政府确定支持和发展的两大物流基地之一,规划控制面积为5.5平方公里,为实现市场机制运作,公司于2003年7月1日注册成立,主要负责基地的规划、设计、开发、建设、经营和管理。注册资本1亿元人民币。

大连陆港物流基地位于中国大连市甘井子区沈大高速公路后盐出口两侧。规划控制面积为5.5平方公里,首期启动区为1.63平方公里。大连陆港物流基地地处大连市区连接东北腹地的交通结点和仓储物流集散地的中心,有着位置优越,交通便利的优势。从陆港物流基地到大连周水子国际机场的道路距离是14公里;到大连南关岭铁路货运站的道路距离是5公里;到大连香炉礁散货码头的道路距离是10公里;到大窑湾集装箱码头的道路距离是20公里;到大连湾滚装船码头的道路距离是4.5公里;到革镇堡仓储区的道路距离是6公里;到国家百万吨储备粮库的道路距离是3公里。

大连陆港物流基地的周边交通网络密集,四通八达。

大连陆港物流基地的开发建设将本着“政府统筹规划,市场机制运作,基础设施先行,软硬环境兼容”的原则进行,由政府来融资开发建设陆港内的基础设施和环境。考虑到进驻陆港物流基地的第三方物流企业所经营的业务内容差异，为企业规划预留出一定的区域，来满足其个性化经营。各个第三方物流企业可以根据自己经营的需要，进行具体的物流设施的建设。

大连陆港物流基地有限公司主营业务是负责基地的规划、设计、开发、建设、经营和管理。目前，基地基础设施建设正有条不紊地进行；陆港城市货的已正式开始运作；大连陆港零担货运市场已于 2004 年全面启动。大连陆港还将充分利用自身优势，与拥有一大批熟悉业务，具有跨学科综合能力的教学和科研队伍的高校联系，创办“大连陆港产、学、研基地”，为大连市物流产业的蓬勃发展提供人才保障。

大连陆港向投资者提供全面的服务支持，使大连陆港成为物流运作的最佳空间。为陆港内的每一个物流企业提供热情周到、优质高效的平台服务。并以市场需求为导向，以满足广大客户需求为宗旨，以管理求发展，以服务求生存，使大连陆港的每一个投资者都有所回报。

（供稿：大连陆港物流基地有限公司）

东风铁路物流公司

东风铁路物流公司是东风汽车公司属下的专业化第三方物流公司，是以铁路运输为基础而逐步发展成包含公路运输、配送、仓储、流通加工、包装、装卸、信息处理等多功能综合性的服务实体，从为东风汽车公司汽车生产服务扩展到为社会提供优质服务。公司在发展的过程中，始终坚持以科技为龙头，以质量和现代管理为核心，走规模化、集约化之路。

成立后的东风铁路物流公司以创品牌为基础，以服务和信息为支撑，以现有资源的整合为突破口，以商品车发送为起点，以资本运作、规模扩张为手段，以上级的政策支持为依托，采用第三方物流企业为组织模式，以汽车物流作为战略实施的切入点，建立起高起点、高质量、高效率、名品牌的第三方物流公司，并提出了“区域第一，行业前十位，全国知名”发展目标，采取“3×3”的形式，即分三个阶段，每个阶段 2–3 年来实现。

东风铁路物流公司在经营中倡导的质量思想是：以质量为保障，将正确的产品，在正确的时间，以正确的数量，正确的质量和正确的状态送到正确的地点，塑造东风铁路物流公司在客户中良好的口碑，建立高质量体系，从质量成本控制、质量服务、质量营销、质量文化四个方面入手，逐步完善质量服务体系，以良好的服务质量赢得信誉度。

（供稿：东风铁路物流公司）

环众物流咨询顾问 & 软件开发公司

公司介绍

环众公司设立于 2001 年，由台湾物流专家蓝仁昌（国立台北大学企管博士生）领军。环众公司以物流技术咨询、物流中心规划、物流软件开发、物流人才培训、物流系统集成等服务为主之物流咨询顾问公司。在台湾已经历 15 年的第三方物流实战经验，其服务网络已分布在两岸三地，包括北京、上海、广州、东莞、福州、长春、天津、郑州、长沙、台北、台中、高雄，已成为国内少数发展快速的物流咨询顾问公司之一。环众公司结合两岸三地的物流智库，致力于物流新技术的研发(如储位管理可视化、培训教材 e 化、6 个希格玛物流活用化、计算机辅助物流设计系统 CAL)，持续提升物流技术应用的功能性与标准化，并将新技术迅速运用在物流解决方案上，为客户提供巨大的物流效益。

提供的服务有：

1. 物流诊断及改善。环众公司根据近20年的物流实务经验，可迅速针对“企业物流”及“物流企业”进行作业流程诊断，通过量化分析，对企业物流战略和营运进行评估，提出有效且低成本的物流解决方案。

2. 物流中心整体设计规划。物流中心整体设计规划的内容，包括为企业建置全国物流网(如达芙妮女鞋)、区域物流中心(如南京苏果超市、上海南浦食品、东莞时捷物流)或物流园区(长春东北亚农产品物流园区)等总体设计规划，包括客制化物流信息系统开发、人才培训、导入实施。

3. 物流系统解决方案。物流乃为商流服务，环众公司根据客户的企业文化、商流特性以及物流制度，为其量身订制物流信息系统，包括作业面(DPS)、管理面(MIS)、决策面(DSS)；并为客户解决与ERP之间的信息系统接口问题以及公司与物流中心间的数据传输问题。

主要往来客户有：

1. 东莞糖酒集团公司(时捷第三方物流公司)；2. 南京苏果连锁超市公司；3. 上海南浦食品公司(自创天喔知名品牌)；4. 永恩集团(达芙妮女鞋全国物流网)；5. 长春粮食集团(东北亚农产品物流中心)；6. 广西佳用商贸连锁超市。

有代表性的规划个案包括：

1. 上海南浦食品有限公司整体规划物流中心，该物流中心占地4万余平方米，2003年10月18日正式启用。

2. 南京苏果超市有限公司整体规划便利店物流中心，该物流中心2003年12月份正式启用。

3. 长春粮食集团东北亚农产品物流中心首期工程整体规划，该物流中心于2003年12月份正式启用。

4. 为永恩集团旗下的知名品牌达芙妮女鞋，负责全国六大物流中心整体兴建规划，其中上海物流中心已于2004年6月正式启用。

（供稿：环众物流咨询顾问 & 软件开发公司）

吉林省长久物流有限公司

吉林省长久物流有限公司是吉林省长久实业集团有限公司下属的全资子公司，主营轿车商品车物流、汽车零部件物流、轿车仓储等业务。目前，公司拥有公路双层轿车专用运输车443台，在全国6个重要城市设有商品车中转库，仓储总面积66万平方米。公司为一汽大众(奥迪、捷达、宝来、高尔夫)、一汽红旗(红旗、马自达)、一汽丰田、北京现代(索纳塔)、上汽奇瑞(风云、旗云、QQ)、海南马自达(普利马、福美来)等6家公司的各种型号商品车提供优质的物流服务。在经营管理中，公司严格执行生产厂家有关物流管理制度和方法，培养了一大批物流专业人才，建立了实力较强的物流管理队伍。2003年通过了ISO9001:2000质量体系认证。

吉林省长久物流有限公司在管理上是根据现代化国际物流企业标准进行规划和设计的，全部采用微机网络化管理，对发运车辆实现了全球卫星定位系统的全过程监控，并由调度中心统一指挥协调，形成南北运输网络，建立了能够为用户提供安全、准时、及时的物流服务保障体系。

吉林省长久物流公司始终弘扬敬业、求实、无私、奉献精神，以用户需求第一为宗旨，坚持“服务第一，用户至上”的服务理念，组建了客户服务中心，开通了800(800——8468777)免费电话查询系统，以“优良品质、优质服务”赢得了厂家和经销商的信赖。被国家经贸委评为“诚信企业”，被吉林省政府有关部门评为“吉林省纳税大户”。

（供稿：吉林省长久实业集团有限公司）

胜利油田胜利物流有限公司

胜利油田胜利物流有限公司是依托胜利油田的企业物流，为其提供全方位的物流方案策划、第三方物流等一体化的全程物流业务的大型第三方物流企业。在为胜利油田提供现代物流服务的过程中，公司引进现代物流管理概念，优化企业物流效率，不断地充实自己、完善自己，形成面向油田生产的全程物流服务。作为一个专业的现代化物流公司，胜利物流制定了具有自己特色的业务模式，担负起胜利油田四分之一物资量的配送业务。根据油田各二级单位的要求，制定了一套详细的服务标准和操作规定，并做出各项服务承诺。在物流业务的各个环节中，从采购、入库、验收、调整库存、制定配送任务到发货、装车、配送、交货验收，准确率达到95%以上，配送时间控制在24小时之内。

截至目前，胜利物流已经推出的配送业务有：石油配件、工矿配件、汽车配件以及油品、干粉、石油套管等累计14个大类、共上百项物资，总金额达到10亿元。下半年胜利物流将陆续推出油管、抽油杆、抽油泵、抽油机的配送业务，同时还将实施普通钢材、电线电缆的配送工作。预计全年配送物资金额将超过20亿元。

胜利物流仓储设备强大。胜利物流拥有6万多平方米的仓储面积，铁路专用线12.8公里，料场70多万平方米，各种装卸设备800多台(套)，开辟了青岛、济南、烟台、淄博、北京、天津、沈阳、武汉、深圳、海口、成都、西安、乌鲁木齐等城市的物流网络，形成了区域物流分拨配送网络系统。

胜利物流有限公司还致力于不断整合利用胜利油田现有的庞大物流资源。通过与运输总公司、工程运输公司、物华运输公司等运输单位的联合，逐步实现了油田运输车辆资源的合理配置。同时作为现代化的物流企业，在做物流策划时根据全油田物资配送地点、路线的走向，制定出科学、高效的配送计划和合理的配送路线，大大减少了车辆空载率，提高车辆利用率，降低了二级单位的运输成本。这也为目前尚在困境中的油田运输企业提供了一个良好的发展机会，为单位走出亏损的困境提供了有力支持。

在公司业务运作过程中，充分利用“三流合一”信息系统。“三流合一”信息系统是胜利油田物流、资金流、信息流一体化系统工程，它运用供应链管理的现代管理理念，通过对“三流”的相互集成，在胜利油田建立一级数据存储模式，全面实施具有高起点、高可靠性的在线业务的系统工程。

为提高物流配送的工作效率，胜利物流业务人员与“三流合一”技术人员对三流合一配送模块进行了开发，完成了配送任务单的制定、配送车辆的管理、配送统计等模块的开发设计。随着配送工作的逐步深入，环节上的不断变化，对部分模块又进行了优化和完善。截至目前，“三流合一”系统配送模块已适应了胜利物流配送业务的需要，做到了数据准确、方便快捷，为物流配送业务的高效开展提供了保障。

作为专业化的现代物流企业，胜利物流深刻地认识到，必须依靠高科技的手段才能使我们的物流应变反应速度适应现代物流发展的需要，才能使企业在竞争中立于不败之地。GPRS/GIS系统对于物流业的运输监控调度环节有着非常重要的作用。胜利物流引进了这一尖端科技，在物流调度指挥中心安装了GPRS/GIS系统，并在各运输公司建立了分中心。旗下的车辆也都加装了GPRS/GIS终端设备。通过这套系统的实时监控与调度、路线优化、综合统计、在线查询等功能真正为各个运输单位降低了运输成本，做到诚信高效，阳光交易，为客户提供了满意可靠的服务。

发展现代物流，加大社会化物流市场开拓力度，是胜利物流增收创效的重要环节。公司通过与其他地区的物流企业建立战略联盟的方式，增强向周边市场的配送能力，以达到建立辐射网络，占领市场的目的，参与社会大流通。胜利物流积极拓展地方市场，为当地的大型加工制造企业提供全面的物流一体化服务，先后与万达集团、东营市经纬实业公司等多家企业签订了合作意向，第三方物流业务呈现出蒸蒸日上的局面。

胜利物流一直以“诚信高效、科技创新、安全优质、互利共赢”为企业宗旨，规范经营管理，提升服务水平。在传统物流要素环节优化的基础上，发挥现代物流集成化、标准化，以客户为核心的服务理念，依托物资供应处的优势资源，不断地扩大服务区间和延伸物流网络，竭诚为客户提供物流、信息流一体化的物流解决方案，提高客户供应链管理的竞争能力，充分挖掘“第三利润源泉”，在日益激烈的市场竞争中创造更佳的效益，赢得更美好的未来。

（供稿：胜利油田胜利物流有限公司）

四川领先物流经济管理咨询有限公司

四川领先物流经济管理咨询有限公司是在四川省工商行政管理局注册的专业物流咨询公司，也是四川省目前惟一一家专业物流管理咨询公司。该公司提供与物流相关的教育、培训和咨询等专业化服务。公司利用丰富的专家及信息资源优势，依托专业的实际操作经验，为政府部门、物流园区、物流企业、制造企业、商贸企业等提供区域物流发展战略规划、物流项目规划与运作、企业供应链管理的设计以及企业物流的诊断、物流从业人员的培训与认证等方面的一系列咨询服务，并在四川省、成都市的相关政府领导部门及协会的领导与支持下，创办了一本锐意启蒙西部物流界现代物流理念、沟通物流主管部门及物流企业、对涉及物流的各经济领域生产销售型企业具有广泛指导意义的现代物流专业杂志《现代物流经济》。该杂志自 2004 年 2 月创刊以来，一直以高起点、重理论、贴实际为办刊风格，力求成为西南物流产业向现代化进程迈进之历史见证者。

领先物流培训立足务实、注重创新，面对已经被众多咨询公司充分关注的国际供应链管理的概念和行业标准，领先物流培训强调的是如何使计划变为现实。领先物流的服务注重实战经验，抓住操作流程细节，致力于如何将运输、仓储和分销管理一体化，使企业在资金和信息流的引导下，以实现市场经营目标为出发点，推动物资流的运动。

服务原则：1. 客户至上；2. 无限创新；3. 严谨实用；4. 独立客观。

培训特色：

实用性：职业训练不同于院校教育，院校教育强调的是知识传授，理论灌输，而职业训练则强调实用性、前瞻性、可操性，以拥有实践经验和丰富理论研究的讲师担当，进行专业化的课程设计，以实务研讨、案例研修为主，既注重实务操作，又有助于建立稳固的思考处理问题的框架。

针对性：企业培训，必须注意中国国情和企业内部的实际情况，领先专业培训的课程是吸收国内外先进理论和管理技术的基础上，充分结合中国企业发展现状，既有前瞻性，又具有较强的针对性。

系统性：领先专业培训课程从物流运作的系统性出发，不仅开展有广度的总体培训，而且开展有深度的各作业环节的培训。做到点面结合，自成一体。

专业性：领先专业培训，基于专业化培训思想，依托丰富的专家资源，雄厚的研究能力，竭诚为企业服务的理念，向企业提供更佳的培训，更深层次的知识服务。

（供稿：四川领先物流经济管理咨询有限公司）

太原刚玉物流工程有限公司

太原刚玉物流工程有限公司(原“太原奥特仓储物流技术设备公司”)为太原双塔刚玉股份有限公司的全资子公司，是太原高新技术产业开发区的首批入区企业,是中国最早研制、开发、生产自动化立体仓库的专业厂家之一。

公司拥有雄厚的技术开发、设计能力,有从意大利和瑞士引进的货架轧制、表面涂装大亨先进设备和完善的质保体系，有适应市场机制的管理及专业化生产、安装、服务队伍。

公司主要生产:组合式高层货架,焊接式高层货架,商业货架、单、双立柱巷道堆垛机、库内输送设备,计算机管理控制系统等立体库全套设备。根据用户要求,可实现库内设备的单机自控、联机自控、联网控制和计算机管理，实现仓库管理机械化、自动化、标准化、可有效减轻劳动强度,降低储运费用,提高空间利用率。

公司产品广泛用于部队后勤、家电、机械、铁路、航空、医药、储运、食品、石化、纺织、商业等各行业。公司成立至今,已在全国建设立体库60余座,其中为上海感光胶片厂设计、制造、安装的自动化立体仓库获机电部“科技进步二等奖”;1994年自动化立体仓库获“山西省优质产品”称号;1995年获“太原市名牌产品”称号,产品被列为“国家级火炬计划项目”。

公司主要产品数控回转立体库是一种自动化管理的先进物流仓储设备，其特点是采用计算机技术对库存物品实行定量、定位、科学化、自动化管理,通过电脑控制器自动选择最佳路径运行,自动选层,定位准确,出入库效率高。其运行原理是通过电脑控制器输入指令，存放任何位置的物品箱斗自动顺、逆方向回转到取货口。整机封闭,外表蒙皮采用静电喷塑,取货口上锁,具有防火、防盗、防尘、防磁、充分利用空间等特点。

（供稿: 太原刚玉物流工程有限公司）

正泰集团公司

正泰集团公司始创于1984年,现辖6大专业公司、50余家持股企业、800多家专业协作厂,并在全国各地设有2 000多家销售公司和特约经销处,在国外设立了5家分公司和30多家销售总代理,产品畅销世界70多个国家和地区。正泰集团主要生产经营高低压电器、输变电设备、仪器仪表、建筑电器、通信设备、汽车电器等100多个系列、5 000多个品种、20 000多种规格的产品。正泰集团综合实力已连续五年名列全国民营企业500强前十位。

为适应企业的发展，正泰长期以来十分注意采用高科技成果,强化供应链管理,成立了信息中心,生产采购中心、销售中心、财务中心、技术中心以及国内外供应网络、销售网络。从2001年开始,全面推行招投标方式确定供应商,2003年开始试运行SAP系统，目前,SAP系统的运用还不尽完善成熟,但它已显示出系统、快速的功能。

它体现在以供应链管理为主线,从接受订单,采购、库存管理、生产计划、物流分销、销售管理、客户服务等环节进行系统的控制，实现企业与供应商、客户的协同。

正泰集团将逐步实现物流、人才流、信息流、资金流、知识流的高效运作,使正泰逐步成为一个国际性企业。

（供稿: 邓华详）

中铁现代物流科技股份有限公司

中铁现代物流科技股份有限公司是以中国铁路物资总公司的全资子公司华通物流为基础，整合、突出核心物流业务的产物。

2002年9月中国铁路物资总公司在华通物流的基础上，整合物资总公司的优质资源，突出核心业务，作为主发起人成立了中铁现代物流科技股份公司，作为第三方物流企业，中铁现代物流进入快速发展期。

中铁现代物流科技股份有限公司利用雄厚的铁路背景，依托铁路，构建物流实物网。总部设在北京中关村高科技园区，在北京、上海、天津、广州、哈尔滨、大连、武汉、西安、成都、昆明等主要枢纽城市下辖10个区域分公司。依靠全国的铁路网络，中铁现代物流能够控制、协调遍布全国的200多个配送中心及作业部。依托坚实的铁路运输支撑，形成了以枢纽城市为核心、覆盖全国的物流实物网络体系。

中铁现代物流强化信息技术投入，高标准打造物流技术信息平台，其控股子公司–万博网迅公司专业负责中铁现代物流信息技术平台的系统开发、维护、运营技术支持。由万博网迅公司与美国IBM公司、台湾络捷公司合作开发的中国铁路物流网，搭建了性能卓越的物流信息技术平台，实现了电子商务与物流的有效结合。

中铁现代物流的服务准则是：

1. 客户需求是最终标准；
2. 不必在所有的产品上提供同样的服务水平；
3. 为客户创造价值才能为自己创造价值。

上海联华超市配送中心

联华超市股份有限公司是当前国内连锁零售业的领军企业，连锁门店已经扩张到全国各个区域。联华超市现有便利、标准门店、大卖场三种业态的门店2 000多家，多种资产结构(自营、加盟、合资合作)并存。近几年来，面对国际连锁商业巨头大举进入中国抢滩，联华超市面向全国，规模扩张明显提速。随着企业的发展，联华超市的扩张速度日益加快，网络覆盖面上升到10个省80多个城市，整体效益可观。

但是联华规模扩张的提速，在传统管理模式上很快暴露出不少深层次的矛盾和问题，首当其冲的就是——传统的物流已经不能适应公司庞大的销售网络中商品的顺畅流通。建立现代化物流系统，降低物流成本成为联华超市在竞争中掌握先机的关键。

联华超市成立之初，就拥有了统一采购、统一配送等现代连锁商业的特征。但是与国际商业巨头相比，形似而神不似。比如：从门店订货到总部配送完全靠手工操作，手续相当繁复，效率低下。放眼世界，沃尔玛等世界商业巨头已开始用卫星传输信息，跨国商品的调配就像在本地一样迅捷。面对如此巨大的差异，联华超市的企业决策层决定将信息化项目推上去，融入现代商业新的革命浪潮。

上海联华超市配送中心是联华超市股份有限公司结合国际的先进实施经验，充分考虑集团的实际情况，设计的一套完整的解决方案，即利用现有的建筑物改造成现代化物流中心。中心方案采用仓库管理系统(WMS)实现整个配送中心的全计算机控制和管理，在具体操作中实现半自动化，以货架形式来保管，以自动化流水线来输送，以自动分拣选系统来拣选。这样既导人了先进的物流理念，提升了物流管理水平，又兼顾了联华超市物流中心投资额的实际情况。

该配送中心由日本株式会社冈村制作所专业人员设计，全面引进日本先进的自动化设备，解决了国内技术无法满足的问题。

上海联华的大型智能配送中心实现了从门店发出要货指令，到配货完成发车，作业前后只需几十分钟的高速运转。在其他超市尚在使用传统配送系统的时候，联华已经有了通过国家有关部门鉴定的先进物流控制系统，这使得上海联华能够实现以两个总面积仅为5.7万平方米的配送中心满足1 000家门店配送需求，低于世界著名连锁企业的平均水平。

该配送中心总库存量达43万箱。入出库能力达到了8万箱每天，大大缩短了库存周期，降低了库存成本，每天配送门店数可达600多家。

（供稿：株式会社 冈村制作所）

青岛前湾国际物流工业园

青岛前湾国际物流工业园由山东海丰国际航运集团和青岛交运集团2002年合资兴建，占地50万平方米。该物流园作为专为港口提供配套服务的开放型、综合性国际物流园，规模在全国同类园区中居前列。

物流园坐落于青岛经济技术开发区的仓储物流、多式联运规划区内，南距青岛前湾港北大门500米；北临黄岛火车站300米；离环胶州湾高速路口3公里；青黄轮渡站4公里；开发区市中心8公里；毗邻中国家电产业基地之一的海尔工业园、海信信息产业园、澳柯玛工业园以及石化工业区，具有极其优越的地理位置。

该园采用供应链式经营模式，具有国际化、综合化、信息化、协作化四大特色。

园区内不同的经营功能（如海运、仓库、场站、报关、集装箱维修、物流加工、托车等等）高度互补与协作，为客户创造了更低的成本、更快的服务、更有保证的物流质量。

平顶山煤业（集团）公司物资供应总公司

该公司是一家集物资供应、机械加工、油脂化工、货运仓储于一体的科工贸大型物产企业。该公司在确保平煤集团内部的物资供应与管理任务外，着眼于企业的长远发展，寻求于更大的市场空间，积极参与社会市场的大循环，与全国各大冶金、林业、建材、机电、橡胶、石油、化工等企业建立广泛的合作关系，将平煤物产打造成现代物流企业，形成了投资多元化、产业高新化、管理现代化的新格局，使平煤物产成为中南地区最大的物资基地。

1998年5月，平顶山煤业（集团）公司通过内部资源整合，由原平煤集团物资供应有限责任公司、物资经营公司和汽车工贸有限责任公司合并，成立了平煤集团物资供应总公司。

平煤集团物资大市场拥有自己的铁路专用线，拥有露天轨道龙门吊、行车、叉车、吊车、地中衡等大型设备，年吞吐量30万吨，年装卸量15万吨，大有吞吐五岳之势；大市场代储、代销各种物资，库房与站台租赁、整车接发和代办铁路运输，进出口公司集装箱外运报关手续。大市场占地18万平方米，拥有两幢计5万平方米的现代化多层仓库和面积6.5万平方米的设施完备的库房35栋，可储备25类、2万多种物资，真可谓广纳百川。物资批发大市场先后与156家商户签订了代储代销合同，月代储物资达到3 000多万元，实现销售额15 000万元。

该公司在做大做强物资批发大市场的同时，又与中国石油强强联合，合资组建了平顶山中油销售公司，建设成为占地5 000平方米、燃油储备容量5 300立方米，并拥有自备铁路专用线，一次接卸24节油罐槽车的油品批发市场，目前该市场又建成了15 000立方米的中央储备油库。该公司充分运用市场运作的效能，以油品市场为基地，在周边地区增设加油站，实现了连锁经营和跨地区经营，产生了良好的市场效应，油品年吞吐量比过去增加了10倍。

该公司开展了汽车租赁、维修和分期付款销售等“一条龙”服务，建成了一流的小汽车展厅，做好了车辆管理、费用统筹和事故车的理赔工作，形成了一个汽车购、销、修、服务于一体的产业链条。该公司根据新机制、新市场、新变化，实施积极的经营措施，彻底改变传统的经营观念，提出了"立足平煤保生存，走向市场达小康"的目标，积极开辟广阔的社会市场，参与市场竞争，先后与河南、河北、上海等地厂商建立了战略伙伴关系。与此同时，他们还大胆尝试，锐意进取，寻求开辟国际市场的途径，成立了国际贸易部，将经贸触角延伸到了更为广阔的市场，实现了经贸的跨越式发展，使物资贸易的通道由平煤内部拓展到全国，乃至于走出了国门。

广州钢铁股份有限公司

2003年，广钢股份在通过资产置换和业务整合促进钢铁主业大发展的同时，积极顺应市场需求，以信息化技术为支撑，以集团化运作为手段，以销售资源整合为切入点，大力拓展冶金物流业，取得显著成效。

一、整合销售资源，实现1＋1＞2的运作效果

广钢集团生产经营的产品范围非常广泛，不仅包括建筑材、热轧板卷、冷轧带钢、无缝钢管和焊管等黑色金属，而且还有铜材、铝材、锌材等有色金属。在集中销售以前，这些产品都是由不同企业自建渠道，分散营销，导致费用高，效率低，市场销售不畅，企业产能不敢释放，几个企业都处于亏损状态或濒临亏损。

在销售集中战略指导下，广钢股份本着“大改革、小震动，平稳过渡”的宗旨，按照“总体规划、分步实施”的原则，有序推进产品集中销售工作。经过大半年时间，完成带钢、钢管、铜材、铝材企业的销售整合工作，具体包括销售机构和人员的整合，按照大集团运作的思路，成立了行政事务、市场信息、棒材销售、铜材销售等12个部门，并引导不同部门人员融合，掌握全面市场信息，增强对市场变化的灵敏度和准确度；销售渠道整合，提高销售渠道的兼容性，变分散营销为整合营销，在巩固原有客户基础上，借助集团运作优势拓展市场，重点发展大客户，积极参与大型工程建设，提高市场知名度和占有率；营销品牌整合，采取复合型品牌战略，在保留“五羊”牌建筑钢材、“珠江”牌阴极铜、“前进”牌铝型材、“穗生”牌管材这些知名产品特色的同时，统一对外使用“广钢”品牌，发挥联动效应，增强市场影响力。通过开展集团化运作，使资源配置得到优化，“广钢”品牌效应日益凸现，经营协同作用明显，新的客户群不断涌现，各种产品成为重点大型工程的首选，企业产能得到充分释放，规模效益显著，铝材、铜材厂扭亏为盈，钢管、带钢、珠钢公司效益显著，迎来广钢大发展的契机。

二、托外部市场，推进冶金物流发展

广东省是中国改革开放的最前沿，也是中国乃至世界的加工制造中心，以钢铁产销情况为例，2003年广东钢材消费量超过2 000万吨，而全省产能仅700万吨左右，缺口1 000多万吨。这些钢材从全国各地源源不断地流入广州，然后再经广州这个交通枢纽辐射到全省，物流量和增值潜力非常大。而且，随着中国“世界工厂”的形成，广东省钢材消费量将日益增加，这个广阔的市场是股份公司发展冶金物流的潜力所在。

2003年，广钢股份在整合集团产品集中销售的同时，着眼广东的广阔市场，利用信息、资金、渠

道、网络、市场等方面优势，以开展冶金产品贸易为切入点，既加强与产品供应商联系协作，又注重与经销商发展稳定合作关系，大力发展冶金物流，实现运输、仓储、产成品加工、配送、信息处理等基本功能地有机结合，形成功能较为完善的冶金物流服务配套体系，加快国内一流冶金产品物流园的建设步伐，2003年实现第三方物流利润过千万元。

三、加强信息化建设，实现可持续发展

信息化程度是衡量现代物流企业的重要标志之一，广钢股份自从确定拓展冶金物流战略之时起，就把信息化建设作为重要支撑，作为提升企业核心竞争力的重要手段之一。

2003年初，广钢股份就着手建设涵盖采购、生产、销售、财务、质检等环节的管理信息系统，使整个公司物流、资金流、信息流融为一体，增强业务运作透明度，提高管理决策科学性。在销售整合方面，以集团销售一体化运作为目标，分别针对珠钢、铜材、铝材、钢管、带钢等企业不同特点，量身定制管理系统和操作界面，通过局域网把整个销售系统融为有机整体。在运输、仓储等物流业务环节，也应用推广成熟的信息技术，在通过招标方式整合对外协车队的基础上，发展应用GPS、GIS和GPRS技术，增强车辆调度和在途监控的透明度，进一步优化资源配置；在整合内部仓储资源的同时，嵌入条形码仓库管理系统，提高运作效率和准确性；并且实现整个公司的业务运作模块和物流管理系统有机融合。

在建设企业内部管理信息系统的同时，广钢股份着眼未来，顺应信息化发展的潮流，积极探索新形势下发展冶金物流的新途径，建成B2B交易的广钢物流电子商务平台(www.gglts.cn)。该平台于2004年3月1日正式开通运行，初步具备产品交易、电子支付、招标采购、竞价拍卖、信息服务等功能，嵌入广东电子商务认证中心CA数字证书，实现与多家银行的网上银行无缝连接，保证网上交易的安全性和便利性；更为重要的是，该平台与广钢内部管理系统无缝连接（也支持与其他供应商内部系统相连接），不仅能够为客户提供库存、发货等个性化信息，而且能够直接把订单导入物流配送系统，克服电子商务发展的瓶颈，真正融商流、物流、资金流和信息流于一体。该平台自投入运行以来，注册会员近50家，访问量达9万多人次，单笔交易金额高达2 000多万元，日益成为广钢的业务窗口和信息门户。

为了该平台健康有序发展，广钢股份已经着手在技术和业务方面寻求合作。在有关政府部门的支持下，广钢股份与韩国e商网签署谅解备忘录，达成合作共识：以韩国e商网协议采购广钢产品为切入点，把双方的合作建设成为亚太地区跨国B2B交易合作的典范。广钢股份还准备以网络为手段推进前向一体化战略，筹划与粤建网合作，使其2000多家建筑开发商会员成为广钢终端客户。同时，广钢建设行业性交易平台的电子商务模式引起广州市经委高度重视，得到充分肯定并被寄予厚望，期望广钢电子商务平台将来发展成为广州金属材料交易中心——广州市六大原材料采购平台之一，这为广钢电子商务和冶金物流发展带来巨大商机。

（供稿：广州钢铁股份有限公司）

中信物流有限公司

CITIC LOGISTICS CO.,LTD.

中信物流有限公司隶属于中信集团公司,从1993年开始从事道路货物运输业务,公司注册资本壹亿元人民币。经营范围涉及道路货物运输、商品车运输、大型物件运输;汽车仓储;技术开发、技术咨询;销售汽车、汽车配件;货运代理;仓储保管;分批包装;配送服务。公司经过多年发展和建设已经建立了覆盖全国的物流物理网络。提供包括公路、铁路、内河、近海的运输、仓储和城市配送的全程物流服务。中信物流秉承"开拓创新"的中信风格,面向21世纪的全球化经济浪潮,向顾客提供全方位的物流服务。

中信汽车物流

中信物流有限公司拥有各类自营商品车专用运输车400余台，其中大部分配备有GPS系统，调度运力800余台，已经形成年运输能力25万台。自1995年从事商品车运输至2003年的9年时间内，为国内各汽车厂商承运商品车累计近百万台。

公司致力于发展成为中国领先汽车物流供应商,一是加强物流物理网络的建设,在北京、郑州、广州、芜湖、长春、重庆、天津设立分公司,在沈阳、上海、南京、临海、东莞、永州、柳州、成都、武汉、福州设有办事机构，通过运力与运量资源的有效调控,实现车辆利用率和实载率的提高;二是加强与国际先进物流企业的协作与交流,与日本、欧美物流公司组建合资公司，引进并吸收先进管理经验和手段,提高综合物流管理能力;三是延伸整车物流服务内涵,通过城市配送、区域配送、仓储等方式实现汽车零部件、整车物流并举，目前拥有北京、广州、重庆、西安、上海五个大型零部件及整车仓库。以及北京、广州、上海地区的城市配送项目。

公司始终坚持"中信服务、日日进步"的服务理念，注重以优异的服务质量满足客户及社会的需求,赢得了一汽大众、一汽丰田、郑州日产、北京现代、北汽福田等客户的信赖,连续两年成为郑州日产整车物流总承包商。

中信工程物流

中信物流有限公司工程物流事业部人力物力资源丰富,曾先后完成了多项石油、化工、冶金、公路、铁路、水电、城市建设等行业的国家和地方重点工程项目的超限货物运输任务，积累了丰富的经验,受到业主的高度评价。公司不断拓宽市场,服务与发展并进,在运输业中占有重要地位。

目前公司拥有170辆大型设备特种运输车。为满足客户需求和发展的需要,2003年新引进两辆意大利产520马力的依维柯重型公路牵引车,法国产载重量1 500吨的尼古拉50轴线模块拼组式全液压平板车，载重量400吨的尼古拉桥式运输梁架,设备能力为世界一流。

公司承担过有代表性的重大项目有:

1. 中海壳牌南海石化综合物流服务项目;

2. 国家西电东送贵广直流输变电工程综合物流服务项目;

3. 上海磁悬浮综合物流服务项目;

4. 洛阳石化总厂化纤工程进口超限设备运输项目。

(供稿:中信物流有限公司　汽车物流部)

嘉里物流联网有限公司

一、背景及简介

嘉里物流联网有限公司是香港上市公司嘉里建设有限公司的全资附属机构，而嘉里建设乃跨国企业郭氏集团成员之一。至今，郭氏集团的亚太区业务包括仓储及物流、食品及饮料、酒店及度假酒店、物业、传媒、科技创业资金、船务、航空货运、保险及债券投资，其下之著名品牌有“香格里拉酒店”、“南华早报”、“曼谷邮报”、“PACC 航运”、“Transmile 金鹏”、“澄心保险”、“可口可乐”及“金龙鱼食油”等。

二、业务及服务范围

嘉里物流的泛亚物流业务扎根于香港的仓储服务上，创业至今已超过 20 多年，并于 2000 年转型成为一间多元化物流公司。今天，嘉里物流在世界各地经营超过 850 万平方米的货仓及物流中心，提供完善的第三方综合物流服务，其中有合约物流、国际货运、仓储、配送、商品贸易、货架管理及多种增值服务，同时拥有逾 4 500 名客户，当中包括多家列入“财富五百强”的庞大跨国企业。而每日处理约 5 000 宗订单、200 多万种多样化货物，例如电子、科技、食物饮品、零售、著名消费品品牌、化学、工业及医疗产品。在 2003 年，嘉里物流的营业额逾 2.1 亿美元，总资产值为 5.5 亿美元。

(一) 网络覆盖全球

嘉里物流建基于香港，业务遍及 14 个国家 33个城市，包括大中华区(香港特别行政区、内地及中国台湾)、缅甸、印尼、马来西亚、柬埔寨、新加坡、越南、菲律宾、韩国、泰国、澳洲、美国、德国及英国，合共约有 1800 名员工。加上在北美、南美及欧洲的策略伙伴和代理，嘉里物流的网络覆盖全球六大洲的 140 个城市。在最近几年，嘉里物流努力在中国进行核心物流布局。到目前为止，嘉里物流已先后在中国多个沿海大城市，包括深圳、厦门、宁波、上海、青岛、北京及天津设立了国际货运办事处，并已计划在内陆及华中地区增设更多分部，以全面开展其国内的物流服务。同时，嘉里物流亦积极与很多公司组成策略联盟伙伴，这不仅令嘉里物流服务更多元化，有助提高第三方物流服务的质量，而且还可扩大及深入中国、亚洲以致全球网络覆盖范围，长远来说有助推动本港整体物流业的发展。

(二) 服务各行各业

凭借其专业的物流知识与技术，今天嘉里物流的服务对象已经遍及各行各业，当中提供最多的是生产型物流，即是由原材料和备件供应地，运送有关物料至生产线，制成之产品经增值服务及集运后再运至海外目的地之配送中心或零售点。另在亚洲市场为海外著名品牌提供销售物流服务，包括区域配送中心及各式售前服务。与以往相比，现时客户的品味更加瞬息万变；因此若能在特定预算下适时将产品推出市场，必能抢先稳占商机。多年来，嘉里物流成功协助数以千计产品于中国、亚洲以及全球推出，与客户一直保持良好紧密的关系，从而奠定了其雄厚的客户基础。

近年嘉里物流除了为客户提供物流服务外，更大力拓展商品贸易及代理服务，如为客户提供货架管理、销售管理、品牌管理和市场策划及执行等多元服务。

(三) 基建设施完善

对现代物流来说，完善的基建设施是不可缺少的。而嘉里物流在大中华、泰国、澳洲及英国等地已经营超过 850 万平方米的多功能物流中心，其中 800 万平方米更为自营物业，能为客户提供灵活租赁。当中包括已落成的深圳嘉里盐田港物流中心和北京十八里店的物流中心和在上海外高桥保税区内的嘉里外高桥物流中心，还有将于 2005 年落成的天津保税区物流中心和深圳福田保税区物流中心。在物流硬件投资这方面，嘉里物流的基建设施完备，更是少数愿在中国境内积极投资的第三方物流公司。

（四）国家认可服务牌照

于2002年，嘉里物流在北京透过其成员公司嘉里京泰物流有限公司及在上海透过另一成员公司上海嘉里漕河泾物流有限公司分别获得中国对外贸易经济合作部颁发“一级国际货运代理牌照”和“综合物流牌照”。牌照的服务范围广阔，包括国际货运代理、国内货运代理、陆运、仓储、配送、集装箱堆场及集运、国际展品、快递、进出口代理和物流增值服务等，让嘉里物流为中国客户提供最全面的“一站式供应链管理”方案。

（五）尖端信息技术

现今社会信息科技日新月异，客户的要求不断提高。为了满足嘉里物流在内地各类大小物流客户的需要和提高竞争力，嘉里物流依靠集团的实力，投资超过数以百万美元建设了尖端科技平台，还自我编制一套全面的科技管理系统，以用于管理库存、货运（海、陆、空）及供应链等物流服务。为全力推广电子商务在物流系统中的应用，此科技平台能够为客户提供电子商业技术支持，达致“零距离、无时差、低成本、高效率”的实时信息回馈，从而帮助客户提升流通效益，增强企业竞争力。

（六）优秀物流专才

第三方物流服务供货商服务素质的关键，在于所聘用的人才。嘉里物流亦深明此道理，因此一直搜罗及聘用高质素的精英与承办商，协助客户持续争取佳绩。嘉里物流的服务队伍具备多方面的专业知识，包括物流、业务拓展、信息科技服务、财务及客户管理。嘉里物流资深的业务拓展队伍，深入了解每个客户的业务运作，再按个别需要，为客户设计度身订造的解决方案，协助客户达至最佳成本效益。此外，嘉里物流亦十分重视员工的发展，全力为他们营造具挑战性及理想的工作环境，并积极为在职员工及新入职者缔造自我增值的机会，策划多项在职培训与全方位的管理见习生培训项目。嘉里物流单在香港已聘有800多名员工，全球职员数目更达至1 800名。

三、业界认可的杰出成就

嘉里物流在物流业的表现杰出，在2003年，嘉里物流更荣获由香港贸易发展局所颁发的“香港服务业奖2003–出口市场推广大奖”，以表扬其市场研究、市场推广策略、出口销售表现、人力资源管理及未来发展计划这五方面的卓越成就。

四、发展方向及重点项目

嘉里物流的定位十分清晰，多年来，嘉里物流均本着“建基中国、服务亚洲、联系全球”的宗旨，致力发展成为亚太区内首屈一指的高质素服务及高盈利表现的第三方物流服务公司，更定下目标望能成为以中国为核心的“亚洲物流专家”。为实现这个目标，嘉里物流将把发展重点放在中国内地市场，另外还会配合郭氏集团现有的业务网络、积极拓展泛亚区业务，并订定首要客户群为中大型跨国企业，同时嘉里物流亦不断力求上进，发展最尖端的科技平台。

（供稿：嘉里物流联网有限公司）

沃尔沃亮出运输业价值公式

沃尔沃中国投资有限公司常务副总裁兼首席运营官、沃尔沃卡车公司亚洲区副总裁、沃尔沃卡车大中国区常务副总裁兼首席运营官吴瑜章道出沃尔沃总结出的运输行业价值公式：客户价值=完好率×吨位×速度×吨公里收费–耗费–折旧。

每个行业都会有自己独特的价值链、赢利模式。无论是成功的厂商、成功的产品，还是成功的代理商，一定是所在行业的专家。了解行业、了解行业的规律，才能成功。正如同在其他行业中一样，在物流行业中，客户追求的不是最低的价格，而是最高的价值。沃尔沃卡车不是简单地向用户提供产品，而是为用户提供一个全面解决的方案；卡车仅仅是一个生产设备而已。这个概念正在被越来越多的用户和潜在用户所接受。

据了解，沃尔沃卡车公司的销售过程有着严格的程序。与每一个客户接触之前，都会先了解客户目前的运营状况，根据客户现有的情况，为他们建立最有效的运营方式。这一过程可能会花很长时间，有时甚至是3年、5年。但这种全新运营方式的建立将会长期使客户和沃尔沃卡车受益。双赢才是卡车销售的最终目的。

渠成，水自到。2001年，借中日贸易战的机遇，沃尔沃卡车在国内的销量迅速攀升到555辆。这个机遇曾经公平地摆在业内所有欧美厂商的面前，但只被沃尔沃卡车抓住。机遇从来只眷顾那些有准备者。

在国内的物流业，人力成本低、运费低廉是普遍存在的误解。受到低效、低完好率和高运费的制约，中国的物流业还处于非常落后的阶段。在整个物流过程中，至少有三分之一是未知数。系统没有效率，又充满不确定性，根本谈不上JIT（及时供货）原则。

很多人认为中国司机便宜，物流、运输成本低，其实是误解，中国的物流运输相对于欧美发达国家效率是非常低的，运输成本比人家高得多。国内多数地方的物流概念还停留在仓储阶段，产品从生产初期到最终消费者，整个链条平均倒手27次，这样不可能很有效率。真正意义上的第三方物流、第四方物流从头到尾才倒手一次。中国公路运输业接受了77%的重货，但仅有13%的吨公里周转率；港口物流周转率达到70%，而公路运输效率仅为5%，平均运距不足61公里，与公路运输的基础概念明显相悖。

与此同时，中国运输收费还特别高，电子产品、食品的单位收费绝对值超过美国40%。中国卡车司机的年平均工资只有3-4万元人民币，而美国卡车司机的年平均工资却是七至八万美元，是中国司机的十几倍。在这种情况下，中国的单位运费仍然比美国高许多。合理的解释只能有两个，要么是运输行业赚取了暴利，要么就是浪费巨大。调查数据显示，中国公路运输、仓储、物流企业回报率仅为1%，而美国同类企业是7%，综合物流是13%-14%。运输企业的运费昂贵，自己还没有赚到钱。这就是中国物流业的现状。于是中国每个产品都为此付出沉重代价，消费者为浪费而付钱。

完好率是物流行业中的关键指标之一。一年以360天计，车辆的运营天数就是该车的完好率。在欧洲、美国等发达国家，车辆的完好率可以达到95%以上。在中国，车辆的平均完好率只有60%多，这对于运输企业又是一个浪费。很多客户认为，多跑一天、少跑一天不算什么。也许客户没有耐心地计算过，如果一辆核载60吨的车，每天以行驶500公里计算，每停驶一天就要损失30 000吨公里。如果每吨公里收入0.4元人民币，那么每停驶一天就要损失1.2万元；如果停驶10天呢？

沃尔沃的价值公式正是从客户的角度出发而列出的。

客户价值代表客户利益的最大值，耗费包含了卡车的油耗、维修成本、人员成本，而完好率、载重、速度等因素对于用户来说都并不陌生，假使以“元/吨·公里”和“吨/公里”分别带入公式，计算结果一目了然。

从沃尔沃的价值公式不难看出，沃尔沃卡车力图在一次运营的过程中，让客户选择最近的路程，教他们如何配载货物，怎样降低油耗，甚至是如何报价才能胜过竞争对手。

目前，中国市场上重卡销量与日俱增，高档化趋势日益明显。这对卡车的品质提出了更高的要求，“高速化、高承载、高完好率、低油耗、低排放”等因素都须一一考虑在内。吴瑜章认为，这恰恰为沃尔沃卡车提供了最佳机遇。与购买1辆沃尔沃卡车相比，用户购买10辆普通卡车的直接成本及延伸成本都要大大增加。据悉，山西一位个体运输户已经重写了沃尔沃卡车赢利的记录，2003年12月的单车月运营纯利达到16万元以上。

其实，中国与美国的地理环境相似，大面积的内陆适合发展中长距离公路运输。基础设施和交通法规的改进将促进中国物流交通向高效率、高效能、低耗费、低排放的方向发展。而引领中国物流运输现代化进程也是沃尔沃卡车等领先企业的使命。

这种行业变局对沃尔沃的重型卡车、半挂车的销售绝对是历史的机遇。从卡车情况看,原先中国是“缺重少轻”,只有中型卡车——5 吨车。今天,中型卡车已经从 30 多万辆下降到 16 万辆。重型卡车、牵引车取得长足发展,牵引车从前年的6 000台增长至去年的 14 000 台。在美国、西欧,牵引车的高峰容量可以达到 20 万台,中国市场至少有 30-40 万台的市场容量。

沃尔沃告诉客户物流运输为他们带来的赢利点在哪里,怎样调整管理模式才能最大限度的提高赢利率。沃尔沃强调的不仅仅是“吨公里”成本,而是物流成本。

北汽福田汽车股份有限公司

北汽福田汽车股份有限公司(简称福田汽车),是一家具有良好的法人治理结构和现代企业机制的上市公司,从事全系列卡车、全系列客车及 SUV、RV 等乘用车制造、经销和服务提供,是中国汽车主要制造商之一,属全国 520 家重点企业。

2003 年,福田汽车产销量全国排名第五,位列 2003 年中国企业 500 强第 88 位,被《财富》杂志评为中国上市公司 100 强之一和中国最具发展潜力上市公司 50 强之一;在纪念中国汽车工业 50 周年评选中,福田汽车被评为“发展速度最快,成长性最好”的企业,公司总经理王金玉荣获“中国汽车工业五十年杰出人物”称号,时代轻卡被评为中国轻卡行业第一品牌。福田汽车自 1996 年成立以来,在王金玉总经理为首的管理团队领导下,以“致力人文科技,驱动现代生活”为使命,坚持机制创新、市场创新、技术创新、运营创新、品牌创新的发展路线,公司业务高速成长,企业的市场影响力和社会影响力不断增强,走出了一条新型的中国汽车发展道路。

2003 年,福田汽车共生产汽车 26 万辆,实现销售收入 143 亿元,实现利润 4.2 亿元,分别比上年增长 53%、90%和 119%。目前已形成福田欧曼、福田冲浪、福田风景、福田奥铃和时代汽车五大系列品牌,并拥有发动机、零部件等系列产品。截至 2003年底,“福田”品牌价值经评估为 81.08 亿元。

福田汽车理念体系:

使命:致力人文科技,驱动现代生活。

远景:引领汽车产业。

核心价值观:热情 创新 永不止步。

经营准则:诚信、业绩、创新。

福田欧曼

北汽福田汽车股份有限公司北京欧曼重型汽车厂位于北京市怀柔区内,环境幽雅,交通便利,是北汽福田汽车股份有限公司下属的一个生产经营型事业部。于 2002 年 8 月 28 日伴随着欧曼重卡新车身下线剪彩正式揭牌成立。

福田公司欧曼重型汽车厂现生产产品为中型平台、中重型平台和重型平台三个系列,覆盖了 4T-7T 级、8T-16T 级、16T-25T 级载货车、自卸车、牵引车多个系列的产品。

福田公司欧曼重型汽车厂工艺布局分为冲压、装焊、涂装、总装四大工艺,其中冲压年生产能力 15 万辆份,有冲压设备 67 台,其中 600T 以下 50 台,800T 以上 10 台。车身装焊车间建筑面积 6 800 平方米,主要由底板及车身总成装焊线、车身总成调整线、成品车身积放输送链、左/右侧围分装焊及车门合边设备等组成。工艺节拍为 3.8

分钟。涂装车间建筑面积3.8万平方米,2003年2月26日竣工投产,全线工艺节拍为3.34分钟。中重卡总装车间建筑面积2万平方米,2002年12月30日竣工投产,工艺节拍6.7分钟,具有单班年产30 000辆的生产能力。2003年5月24日,福田公司在北京怀柔建立了亚洲最现代化重卡生产基地,规模为年产6万辆重型车,2003年12月,三期技改后,年生产能力提高到10万辆。

欧曼重卡将用户需求放在第一位,了解用户细致入微。产品在设计之初,便花重金进行了5000余位用户的多轮次大型调查,从产品开发之初,就贯彻了消费者要求的方方面面,力争全新开发的产品满足用户的需要。福田欧曼在欧洲、日本均建立了技术分支机构,并在欧美聘请专家顾问,力争新产品设计具备全球眼光。同时选取国内最优秀的配套件和引进丰田T.P.S.生产方式(精益生产方式),整车质量可以得到全面有效控制。共有十几位从欧洲、日本以及国内重卡行业的专家、高级工程师、技师活跃于欧曼重卡生产、质量一线。

欧曼中重卡产品规划从吨位上覆盖了从3吨到35吨的宽领域,且多车型众多的零部件通用,将极大降低车型制造及维修成本。产品系列不仅有牵引车、普通载货车、自卸车,还有各类厢式车,改装车供专门用途的用户选择。

全新的资本运作模式,极具成本优势的性能价格比,让您同样的付出,却拥有更高档、更先进的新一代重卡。

欧曼作为领潮流之先的新一代重型卡车,提供给用户的却是与传统市场接轨的价格水平。这主要得益于其全新的投资运作模式及经营理念。同样的付出,用户购买到更高档、更更先进的新一代重卡,是欧曼公司的庄重承诺。

“车好,服务更好!”这是欧曼汽车人的永恒追求。欧曼汽车人深知:售出一辆汽车并不意味着业务的结束,而是制造方与用户协作关系的开始。

福田欧曼倾力营造国际化服务:

1. 用户在正常使用保养条件下,福田欧曼承诺公路用车的基础件质量保修里程为20万公里;非公路用车的基础件质量保修期限为一年。

2. 福田客户呼叫服务中心(010-80722999)及全国的欧曼服务网络24小时开通服务热线,为客户提供全天候24小时的救援服务。

3. 常用件、易损件24小时供应到位。

上海外高桥保税物流园区

业务流程

在创新业务流程方面,我们结合物流园区的政策框架和营运需求,设计了八种业务流程,包括:

1. 进区出口退税、分拆集拼、集运离境:国内采购货物以视同出口方式先进入物流园区实现退税(增值税、消费税),经过货物的增值服务和综合处理,通过园区外卡口的海运直通道装船离境。

2. 进区出口退税、增值服务、进口征税:国内采购货物以视同出口方式先进入物流园区实现退税(增值税、消费税),经过货物的增值服务和综合处理,征税后通过园区内卡口进口。

3. 进区出口退税、凭手册出区、保税加工:国内部件以视同出口方式进入物流园区退税后,再通过手册进口或电子联网方式结转至区外保税工厂加工后复出口。

4. 进口配送、分批出区、集中报关:在物流园区内储存的保税货物,在担保金制度下,以分批出区、集中报关的方式进口,通过内卡口进入国内市场。

5. 国际中转、两次拼箱:境内(外)不同启运港的拼箱货物在物流园区中转,进行拆箱重组,二次拼箱后,向境外(内)同一目的港发送。

6. 国际中转、延迟转运、进出口集运:国际集装箱在物流园区进行保税堆存,待国际、国内市场买家确定后快速运往国内外指定目的港。

7. 国内进口中转：不同国际启运港进入物流园区的货物经过拼箱重组后，向国内海关监管区，通过水水联运、水陆联运实现保税状态移动。

8. 国内出口中转：不同国内启运港已结关货物，进入物流园区作为国际中转货物，与物流园区的货物进行拼箱重组，发送至国际同一目的港。

招商引资

2004年4月15日，在上海国际会议中心举行了上海外高桥保税物流园区土地转让、仓库租赁合同、业务合作协议签约仪式，引进了物流园区第一批进区投资企业。上海外高桥物流中心有限公司向15家企业共计转让土地：10万平方米；出租仓库：10万平方米；出租商务楼：4 000平方米。其中有从事国际、国内商品采购、配送及分拣、分配、分销的跨国采购中心，如荷兰世天威鹿特丹总公司；从事国际国内中转、多国多地区快速集并和国际联合快递业务的国际航运集团，如商船三井、东方海外、韩进、太平；从事仓储自动化、包装标准化和配送高效化的现代物流服务和临港增值服务的第三方物流企业，如日本阿尔卑斯物流株式会社、日本山九株式会社、日本近铁株式会社、日本通运株式会社、DHL丹沙、怡亚通、高信、东方嘉盛、外高桥国际物流、盟通。

一个“开放、合作、联盟、繁荣”的外高桥保税物流园区已经确立起全方位的服务理念，正在开辟中国对外开放历史的新纪元。我们将通过功能开发、加快与国际规则接轨；通过合作联盟、实现区域共同繁荣；通过探索实践、创新业务流程。这里必将成为国际港航集团、跨国采购中心和第三方物流企业投资的热土。热情友好的外高桥保税物流园区必将为每一位投资者提供更切实、更广阔、更成功的发展前景。

（供稿：上海外高桥保税物流园区）

河南公路港务局

河南公路港务局是经河南省委、省政府于1992年8月2日批准成立的全国第一家公路二类口岸，1992年10月24日正式开通运营，属河南省“八五”期间的重点项目之一。1995年3月，注册成立了河南路港综合运输有限公司。该公司是经外经贸部(现商务部)批准的一级国际货运代理和国际贸易代理企业，也是中国交通运输协会会员、中国国际货运代理协会首批会员单位。

河南公路港务局目前占地263亩，建成办公楼8 500平方米、仓库22 822平方米、集装箱堆场22 000平方米、散杂货堆场15 000平方米、港区道路20 000平方米、港区绿化4 000平方米，购置吊装设备35台，拥有公路运力3 200吨，运输车辆安装GPS卫星定位系统，安装港区生产监视系统，实现办公自动化，局域网自动连接。2004年4月9日物流园区开园，4月30日被河南省发展与改革委员会确定为“中原物流第一港”。

河南公路港务局拥有年轻、高素质的队伍，平均年龄31岁，现有高级专业技术人员18名，中级专业技术人员45名。

河南公路港务局下设河南路港综合运输有限公司郑州分公司、河南路港物流有限公司、河南路港混凝土有限公司、河南路港广告有限公司、河南路港实业有限公司、河南路港绿化工程有限公司、河南慧星网络科技有限责任公司。

一、河南路港综合运输有限公司郑州分公司

该公司主要开展国际货运代理和国际贸易代理业务，主要经营范围为：国际贸易和国际货运代理，公、铁、海、空多式联运，签发提单，租船订舱，报关报检，保险结汇，海关监管运输，集装箱及货物的海关监管、堆存等。

与交通系统业务接轨的有：

1. 交通系统基本建设所需的进口物资(如沥青、钢材、设备等)的国际贸易和国际运输的代理;

2. 交通系统所经营、生产的产品的出口贸易和运输代理;

3. 整合公路、水路、铁路、航空等运力,承接外贸货物和内贸货物的多式联运业务。

二、河南路港物流有限公司

该公司主要利用公路港务局东港区现有的基本设施,开展现代物流业务,主要经营:货物的存储、包装、装卸、配送,集装箱的现场管理、堆存、吊装、搬运、掏装、运输,海关监管货物的现场存放管理,正在申请设立海关保税仓库。

与交通系统业务接轨的有:

1. 交通系统所调配物资的堆存、仓储、装卸、运输、包装等与物流相关的业务;

2. 交通系统进出口物资的存放、海关监管、理货、保税物资的管理。

三、河南路港混凝土有限公司

该公司注册资金1000万元,河南公路港务局投资900万元, 河南路港综合运输有限公司投资100万元,市建委批准的三级资质。主要利用公路港西港区现有的设施,开展商品混凝土的预搅拌、运输、泵送业务,生产制作水泥制品,施工工地现场搅拌混凝土。

与交通系统业务接轨的有:

1. 道路用水泥制品的生产制作,如里程碑、百米桩、路缘石、路肩石等;

2. 道路用混凝土的现场搅拌、供应;

3. 道路养护。

四、河南路港广告有限公司

该公司注册资金100万元, 河南公路港务局投资91万元,公路港职工集资49万元,A级广告资质。主要经营国内广告业务的设计、制作、发布、代理以及工艺美术品的销售业务。

与交通系统业务接轨的有:

1. 高速公路和干线道路上的广告塔、广告牌的制作与广告发布,标志牌的制作与安装,高速公路服务区建筑物的屋顶广告的制作与发布;

2. 交通系统大型活动的策划,标语、背景墙的制作,礼品和宣传品的制作,礼仪服务。

五、河南路港实业有限公司

该公司注册资金1000万元,河南公路港务局投资700万元, 河南路港综合运输有限公司投资100万元,港务局职工集资200万元。主要经营:摩托车及配件、普通机械及零件、家用电器、机电产品、化工产品(不含易燃易爆危险品)、金属材料、建材、通讯器材、日用百货、糖、酒、农副产品、计算机整机及配件、预制构件的销售;纺织机械、办公机具、 沥青的销售。公路工程设备销售及租赁。

与交通系统业务接轨的有:

1. 高速公路和干线公路修建所需的钢材、水泥、石料、沥青的供应;

2. 高速公路和干线公路的附属设施的制作与安装,如:护栏、护网、隔离带、反光道钉等;

3. 办公用家具、机械、设备等的采购与供应。

六、河南路港绿化工程有限公司

该公司注册资金1000万元,河南公路港务局投资900万元,公路港职工集资100万元,市政局批准的三级资质。主要经营道路、市政、住宅区绿化、亮化的设计、施工及服务。

与交通系统业务接轨的有:

1. 道路的绿化、亮化;

2. 高速公路服务区的绿化、亮化。

七、河南慧星网络科技有限责任公司

该公司注册资金100万元, 河南公路港务局投资70万元,职工集资30万元。主要经营计算机软件开发、电子显示屏、灯光音响设备、计算机及耗材、 通信电子产品开发销售、 霓虹灯设计等业务。

与交通系统业务接轨的有:

1. 交通系统办公自动化及信息网络的工程

设计和安装；

2. 高速公路和干线公路联网收费系统的施工与安装。

河南公路港务局经过十多年的建设与发展，几经曲折，已发展成为有一定影响力、有一定规模的现代化的、多元化经营的综合运输企业。

（供稿：河南公路港务局）

华宇物流集团

国家一级运输资质企业——黑龙江省华宇物流集团是一家集公路运输、航空货代、铁路货代、国际货代、市区快递、仓储配送于一体，跨区域、网络化、信息化、智能化、具有供应链管理能力的大型第三方物流企业。集团于 2001 年通过 ISO9001:2000 国际质量体系认证；2002 年被国家交通部评定为道路运输一级资质企业；2004 年 4 月在中国道路运输协会评定的全国道路运输资质企业 100 强排名中名列第二。

华宇物流集团实力雄厚，现有员工 10 000 人，拥有各种运输车辆 2 500 台，先进的物流设备近 300 台套，集仓库、堆场面积 500 万平方米；年吞吐能力 1 000 万吨；年产值逾 10 亿元。神州无处不华宇，目前华宇集团在全国 33 个省、市、自治区近 500个大中城市下设近 1 000 家全资子公司；400 多条长途专线和 150 多条中短支线通达近千个城市，堪称中国公路第一网；与国内外20 000 多家工商企业建立了长期的运业关系。庞大的运营网络，科学的资源配置，先进的管理技术可为各类企业提供全方位的第三方物流服务，为个性化客户提供完善的供应链管理服务。先进的信息系统为庞大的运营网络提供了强有力的智能保障；门对门、库对库的 24 小时一站式服务，为提高物流效率，降低物流成本，满足客户需求提供了保障。由中国人民保险公司提供零风险的运输保障。

十年来，华宇集团在党的改革开放政策的指引下，抢抓机遇、敢为人先、艰苦创业、与时俱进，以果敢的胆识，通过启动社会闲置资源，成功走出了一条"借船过海、借月生辉"，具有华宇特色的发展道路。以“团结、拼搏、求是、创新”的企业精神；上门服务、免费提送，“一切为客户着想”的服务理念；“网络运输、连锁经营”的创新思想；“挑战自我、永无休止”的发展理念，实现了从零起步的跨越式发展，创造了产值连年翻番、效益连年增长、服务连年刷新、实力连年攀高的辉煌业绩；现已成为国内著名的物流强企。《人民日报》、《黑龙江日报》、《嘹望周刊》、《中国道路运输》、《中国物流与采购》等众多媒体做过多次重点报道。

阔步前进的华宇人正以坚定的步伐向着“内强素质、外树形象、创国际强企”的目标迈进，更以恢宏的手笔描绘着“三五”发展蓝图：即到 2010 年由公路运输为主业加快向第三方物流和供应链管理延伸，全面提升管理技术，增加服务功能，计划在国内 15 个中心城市打造现代化的物流配送中心，网络覆盖 1 000 个城市；产值突破 25 亿元人民币。全面实现网络信息化、作业机械化、管理智能化、办公自动化的发展目标，以产业战略推动资本战略，以资本战略带动产业战略的大提升大发展，实现与国际市场的全面接轨。把华宇打造成为国内领先、国际知名的物流强企。

（供稿：华宇物流集团）

中国物流示范、实验基地

“中国物流示范基地”、“中国物流实验基地”评审办法

第一条　为总结、推广物流实践的先进经验，探索现代物流发展模式与方法，中国物流与采购联合会(以下简称“联合会”)设立“中国物流示范基地”和“中国物流实验基地”，并制定本办法。

第二条　“中国物流示范基地”和“中国物流实验基地”评审原则是：自愿申请、科学评审、定期复审，不搞终身制。

第三条　本办法所称“中国物流示范基地”是指：成功地运用与创新国内外物流理论，在优化供应链管理，降低物流成本，提高核心竞争力等物流实践方面取得显著成效的物流实体。

申请“中国物流示范基地”的单位，必须具备下列条件：

(一)物流实体发展目标明确，规划科学；

(二)建立了较完善的物流运行体系和物流管理体系，并具备相适应的物流技术设施与装备，物流综合水平与效益在本行业具有领先水平；

(三)物流实践经验有一定的创新，具有推广价值。

第四条　本办法所称“中国物流实验基地”是指：能够运用物流理论，推进企业物流业务重组，从传统物流向现代物流转化，建设区域性物流中心与社会化配送中心，发展第三方物流，促进物流技术进步的物流实体。

申请“中国物流实验基地”称号的单位，必须具备下列条件：

(一)具有科学合理的物流总体规划和目标；

(二)总体规划已开始实施并健康发展；

(三)在本行业有一定典型意义。

第五条　基地的权利：

(一)被命名为“中国物流示范基地”的单位，联合会将采取多种形式推广该单位的物流先进经验和技术，优先安排参加联合会组织的国内外物流展览、研讨等活动。

(二)被命名为“中国物流实验基地”的单位，联合会安排物流专家给予咨询指导，对该单位物流的发展提出意见和建议。

(三)“中国物流示范基地”和“中国物流实验基地”在物流管理、物流技术方面的经验与案例优先选用或推荐为联合会及相关院校的教学培训教材。

第六条　基地的义务：

(一)被命名为“中国物流示范基地”的单位，要及时总结物流管理、物流技术方面的经验，提供给联合会作推广材料，并有义务在联合会组织的物流专业会议上宣讲。

“中国物流示范基地”有义务作为大学物流本科特别是物流研究生的教学、科研、培训基地。

(二)被命名为“中国物流实验基地”的单位，要及时总结物流管理、物流技术方面的经验与教训，将物流业务发展中的问题提供给联合会研究分析，并接受联合会安排的实验任务。

(三)以“中国物流示范基地”和“中国物流实验基地”名义进行的活动，事先应向联合会通报。

第七条　物流实体申请“中国物流示范基地”和“中国物流实验基地”称号，须向联合会提出材料真实的书面申请，联合会组成专家委员会评审，符合条件的即命名为“中国物流示范基地”或“中

国物流实验基地”。

第八条 “中国物流示范基地”与“中国物流实验基地” 每年评审一次,1–8 月为申报期,10 月为专家评审期。

联合会成立专家评审委员会，根据每次评审物流实体所在行业的情况，在专家委员会成员中确定相应的评审专家。

联合会收到申请后，在一个月内对申请材料进行核实研究,提出受理意见并通知申请单位。

经专家评审委员会通过的物流实体，由联合会发出书面通知,授予“中国物流示范基地”或“中国物流实验基地”称号,颁发牌匾及证书。

被授予“基地”称号的物流实体,由专家评审委员会参照评审程序三年复审一次。

第九条 被命名单位出现以下情况时，联合会有权撤销其“中国物流示范基地”或“中国物流实验基地”的命名,并在有关媒体上公布:

(一)经三年复审,已不符合本办法规定条件的;

(二)不履行本办法规定义务的;

(三)有损害联合会声誉或违反法律法规行为的。

第十条 中国物流与采购联合会行业事务部负责“中国物流示范基地”与“中国物流实验基地”的日常联系和管理工作。

第十一条 本办法由中国物流与采购联合会秘书处负责解释。

中国物流示范基地介绍

海尔集团

海尔集团创立于 1984 年,18 年来持续稳定发展，已成为在海内外享有较高美誉的大型国际化企业集团。产品从 1984 年的单一冰箱发展到拥有白色家电、黑色家电、米色家电在内的 86 大门类13 000 多个规格的产品群，并出口到世界 160 多个国家和地区。2002 年,实现全球营业额 711 亿元,实现海外营业额 10 亿美元。2002 年,海尔跃居中国电子信息百强之首和中国最有价值品牌。

海尔集团坚持全面实施国际化战略，已建立起一个具有国际竞争力的全球设计网络、制造网络、营销与服务网络。现有设计中心 18 个,工业园 10 个,海外工厂 13 个,营销网点 58 800 个。在国内市场,海尔冰箱、冷柜、空调、洗衣机四大主导产品的市场份额均达到 30%左右；在海外市场,海尔产品已进入欧洲 15 家大连锁店的 12 家、美国 10 家大连锁店的 9 家。在美国、欧洲初步实现了设计、生产、销售“三位一体”的本土化目标。海外 13 个工厂全线运营。

随着海尔国际化战略的推进，海尔与国际著名企业之间也从竞争向多边竞合关系发展,2002 年 1 月 8 日和 2 月 20 日分别与日本三洋公司和台湾声宝集团建立竞合关系,实现优势互补、资源共享、双赢发展。

2002 年 3 月 4 日,海尔在美国纽约中城百老汇购买原格林尼治银行大厦这座标志性建筑作为北美的总部，此举标志着海尔的三位一体本土化战略又上升到新的阶段，说明海尔已经在美国树立起本土化的名牌形象。

海尔在海外美誉日渐扩大：据全球权威消费市场调查与分析机构 EUROMONITOR 最新调查结果显示，海尔集团目前在全球白色电器制造商中排名第五，海尔冰箱在全球冰箱品牌市场占有率排序中跃居第一。2002 年 12 月 26 日出版的美国《远东经济评论》公布亚太最佳企业排名,海尔位居中国最佳企业第一名。2003 年 1 月,英国《金融时报》发布了 2002 年全球最受尊敬企业名单，海尔雄踞中国最受尊敬企业第一名。1999 年 12 月 7 日,英国《金融时报》评出“全球 30 位最受尊重的企业家”,张瑞敏荣居第 26 位。

为应对网络经济和加入 WTO 的挑战，海尔从 1998 年开始实施以市场链为纽带的业务流程再造,以订单信息流为中心带动物流、资金流的运动,加快了与用户零距离、产品零库存和零营运成本“三个零”目标的实现。业务流程再造使海尔在整合内外部资源的基础上创造新的资源,目前,海尔物流、商流、制造系统等都已在全球范围内开始社会化运作。2002 年海尔创造新的资源,在家居、通讯、软件、金融等领域大展身手。2003 年,海尔获准主持制定四项国家标准，标志着海尔已经将企业间竞争由技术水平竞争、专利竞争转向标准上的竞争。

海尔在管理和企业文化上的创新与贡献也引起世界管理界的关注与高度评价,目前,海尔已有十多个案例分别被收进哈佛大学、欧洲工商管理学院、瑞士洛桑国际管理学院等世界著名学府的 MBA案例库,成为全球商学院的通用教材。

海尔的发展主题是创新、速度、SBU,3 万名海尔人正在努力成为人人自主经营的 SBU。

海尔的目标是进入世界 500 强，成为世界名牌。

宝供物流企业集团有限公司

宝供物流企业集团有限公司建于 1994 年,为民营企业,总部设于广州。2001 年,宝供集团运作货物总量超过 200 万吨,仓库进出货物近亿件,实现营业收入近 3 亿元，是具有一定规模的专业化的第三方物流企业。目前该公司已在全国 40 多个城市建立了 6 个分公司、43 个办事机构，拥有先进的物流信息平台,形成了一个覆盖全国,并向美国、澳大利亚、泰国、香港等地延伸的物流运作网络,为全球500强中40多家大型跨国企业及国内一批大型制造企业提供物流服务。该公司1999年被国家国内贸易局确定为发展商品物流配送重点企业,2001年被国家经贸委确定为34家"现代物流工作重点联系企业"之一。2002年美智公司在中国物流行业认知度调查中,宝供以40%的认知度雄踞中国第三方物流企业之首。

招商局物流集团有限公司

招商局物流集团有限公司是设在深圳市的专门从事第三方物流服务的大型国有企业, 现有职工2 692人,拥有总资产21.8亿元。招商局物流在北京、上海、天津、香港、广州、深圳、珠海、惠州、厦门、沈阳、大连、郑州、武汉、南京、长沙、成都、昆明、青岛、芜湖等中心城市设有30多家子公司和分支机构。全国拥有各类运输车辆近千台,香港过境车牌照80多块,可支配仓库超过15万平方米,其中自有现代化分拨中心近5万平方米, 低温仓储面积达2.2万平方米, 并正在建设多个大型现代化分拨中心。在沿海和长江流域拥有油气库8座,油气专用码头7个,船舶8艘,基本形成了以普通网络物流、进出口物流、特种物流为主营业务的第三方物流综合服务能力。

该公司具备了独立开发和运用个性化的、国内一流的物流管理信息系统的能力, 建立了以SAP为核心的执行系统、WMS仓库管理系统、GPS/GIS定位系统以及条码识别技术等, 可独立完成海、陆、空立体的一站式物流服务。招商局物流将努力建设成为"中国标志性物流集团"。

中国物流实验基地介绍

中国物资储运总公司

中国物资储运总公司系中国诚通控股公司成员企业，是中国著名的以提供仓储、分销、加工、配送、国际货运代理、进出口贸易及相关服务为主的综合物流企业之一。中国物资储运总公司资产为60亿元人民币，占地面积1 300万平方米，仓库面积200万平方米，铁路专用线111条、108 698米，吊装设备717台，载重车辆 271辆，吞吐量2 700万吨，年营业收入33亿多元人民币（其中物流收入7.3亿元、商品销售收入26亿元），现货交易市场26家，年交易额300多亿元。该公司主要提供仓储、运输、贸易、加工、配送、货代、实业、科技开发、信息等服务，可为客户设计产、供、销全程物流方案，并提供多种形式的服务组合。

炎黄在线物流

托普集团投资的炎黄在线物流，是以集团公司在全国构建的信息网络平台、增值服务平台、资金结算平台为依托，引入现代物流理念和管理的第三方物流企业。炎黄在线物流在上海建立了中央数据中心，通过155M的高速网络与上海、成都等区域物流中心的数据中心以及正在建设的浙江嘉善物流基地共同构建现代物流信息系统，在一些港口城市建立保税仓库，在IT主要销售城市设立前端配送中心，运用信息技术与现代管理模式，整合社会资源，构建长途运输、市内配送、物流加工等增值服务体系。2002年1–7月实现收入2.5亿元，上缴利税3 000万元。

深圳市中海物流有限公司

深圳市中海物流有限公司是主要从事保税区物流服务的企业，由中国海外集团投资建立。中海物流从深圳保税区传统仓储业务起步，目前有5个子公司。该公司在全国15个保税区，为IBM、联想、三星、西门子、LG、华为等多家企业提供现代物流服务，并为几十家跨国公司提供长期稳定的国际物流服务，业务网络从珠江三角洲、上海延伸到香港地区、台湾省、日本、韩国、东南亚以及美洲、西欧。在服务过程中，中海物流逐步实现了物流的网络化、电子商务化，并在总结我国先进物流企业业务流程的基础上，开发了拥有自主知识产权的“中海2000物流管理信息系统”，实现了商流、物流、信息流的统一，达到国内先进水平，并被评为深圳市惟一家非生产性的“先进技术企业”。

深圳市龙岗区平湖物流基地

平湖物流基地于1998年12月开发，目前已经到位资金2.37亿元，征用土地118万平方米，目前入驻基地的项目有华润万佳百货配送中心、民润农产品配送中心、中国机电集团汽车物流中心等项目。以上项目总投资10亿元。此外，香港九广铁路、香港宏通集团、香港戴德梁行、华南城控股集团、丹麦马士基公司等大型集团公司、第三方物流公司也已开始在基地内选址，其中华南国际工业原料城已经完成项目签约。

北京物美商业集团股份有限公司

北京物美商业集团股份有限公司自1994年创建北京第一家综合超市以来，截止到2002年底，物美已经拥有大卖场、综合超市和各式便利店等店铺300余家，是中国北方规模最大、销售额最高的连锁企业集团。物美集团有员工近万人，总资产6.17亿元，店铺主要分布在北京、天津、河北、上海、浙江、江苏等地。

2001年4月开始，物美集团与国际著名物流公司英国和黄天百物流有限公司合作，共同建立物美第三方物流。运用现代化的仓储管理系统，建立大型仓储配送中心。通过合作物美获得最先进的物流技术支持，提高了商业连锁化程度，节约了成本，提高了市场竞争力。

2002年物美集团进入全国500强企业，并以年销售额50.7亿元的佳绩，名列全国连锁零售业30强第12位。曾得到中央、北京市各级领导的肯定和赞扬。

上海虹鑫物流有限公司

上海虹鑫物流有限公司1998年10月成立，现有职工280人，固定资产1 000万元，是一家快速发展的物流操作管理型民营公司，在中国物流企业发展上具有超前的物流管理理念和成功的实践经验。

公司以市场为导向，建立现代化企业制度，拥有国际上优秀的第三方物流企业级的物流信息系统，在汽车零部件即时供应物流和快速消费品超市配送物流上的实践经验已远远超过同行企业。公司努力实践和推进现代化物流理念，虽然没有一辆属于虹鑫物流的货车，也没有建设1平方米的仓库，但拥有一批跨国企业客户，服务网络遍及全国主要城市，十几个城市设有分拨中心，服务范围包括第三方物流管理、供应链管理、存货管理、仓库管理、货运管理以及配送等。

中铁快运有限公司

中铁快运有限公司于1993年成立，现有职工4 841人，总资产8亿元的国有企业。公司以铁路旅客列车行李车为主要运输工具，在全国各地建立专业机构、配合航空和公路运输，提供全国性、网络化、“门到门”小件货物特快专递服务。同时经营仓储、配送、公路运输、航空运输、铁路运输、铁路集装箱运输、国际货代以及第三方物流服务等项目，初步形成了一套立体交叉、各种运输方式优势互补、运输服务功能完善的综合运输网络。公司已同日本、韩国、美国、法国、俄罗斯、哈萨克斯坦、台湾省、香港地区等国家和地区建立了广泛的合作关系。公司在全国200多个城市设有经营机构，拥有各种运输车辆1 000余部，仓库面积5万平方米。2002年公司实现营业收入8.5亿元，上缴利税6 000万元。该公司是中国规模最大的快递企业之一。

北京空港物流园区开发中心

北京空港物流园区开发中心2002年6月经北京市人民政府批准设立，是北京市重点建设的大型航空、公路货运枢纽型物流园区，总体规划6.2平方公里。

园区一期于2003年10月1日前完成，目前协议入区企业总投资超过30亿元人民币，2003年将实现税收3 000万元。中信物流、邮政物流、宅急送、华辉国际运输等一批国内外知名物流企业都将入园发展。结合首都机场扩建，园区将建设机场口岸“一站式”大通关工程；建设一级公路货运枢纽；并与中软总公司、交通部交通通信中心合作开发物流信息与多式联运中心，以实现园区全方位物流服务功能。空港物流园区计划在5年内建成国际一流物流园区。

河南省豫鑫交通发展有限责任公司

河南省豫鑫交通发展有限责任公司2001年初成立，下辖河南省公路局仓库、河南路达物资公司、河南省郑州交通物资贸易公司、河南省豫鑫公路绿化有限公司，共有职工260余人，总资产达1.2亿元。

公司拥有现代化的仓储库房6万平方米，库区内配备有闭路监控、自动喷淋系统，长达400余米的铁路专用线，200余部配套完善、先进的起重、运输设备，年吞吐能力达80余万吨。公司充分利用现代化信息技术，成功开发了仓储、物流网络管理系统，并与银行网上结算系统相结合，使整个网络高效连接，实现了货物在全省境内的快速、安全配送，资金、单据等信息流的安全、快捷、准确的网络传送，成功打造了辐射全省的物流平台。公司分支网点遍布全省18个地区，已成为河南省物流行业的主力军。

附录

物流调查报告

2003年全球供应链发展调查报告

序 言

“企业之间的竞争，归根到底是供应链的竞争”，这是供应链管理学术领域的权威、美国密歇根州立大学Robert Monczka教授的精辟论断。言下之意是，企业在其他条件相同或相近时，谁的供应链管理最优，谁就可以挖掘更多的价值，从而在激烈的市场竞争中最终获胜。

2003年夏季，计算机科学公司（CSC）和《供应链管理评论》（SCMR）编辑部联合进行了一项关于供应链管理实施与发展情况的调查。调查通过向SCMR的读者和CSC的客户发送书面或电子调查表格的方式进行，最后共收到142份反馈问卷，其中71份来自合资或独资企业，另外71份来自企业的某个部门或子公司。问卷反馈行业或部门覆盖范围较广，包括国防、化工、石油、天然气、日常消费品、零售与批发配送、高科技、远程通讯、分散制造、流程制造、专业服务、运输服务、医疗保健、新闻媒体、娱乐演艺界、政府以及公益事业等。

调查结果表明：

一些杰出的公司领先竞争对手采取措施并占领了优势竞争地位，这在很大程度上依赖于他们与供应链成员之间的密切协作，在合作伙伴间实现网上交易的可视化、跨企业协作以及尖端技术的应用，波音、高露洁、沃尔玛、英特尔、宝洁和卡夫食品公司都是这方面的典型。

相比之下，另一些公司只关注供应链内部过程，通过改进内部业务流程来降低特定职能部门的运作成本。尽管这些努力是有利的，但是他们没有使企业达到行业领导者所制定的最低利润计划。林业和建筑行业的企业往往代表了第二种情况。

大多数公司介于前两种情况之间。他们在内部资源整合方面已经取得了相当大的进步，而且也已开始采取措施把一体化进程拓展到企业外部，努力利用电子商务和其他技术同外部合作伙伴协作，试图达到供应链管理的更高阶段。

一、供应链管理的五个发展阶段

社会组织和自然界的一切生命体一样，都存在一个起源——成长——发展——成熟——衰退的生命周期。企业要想达到供应链管理的最高阶段，一般需要经过五个发展阶段，由企业内部的协调分工到企业间的协作与联盟，最后实现网络经营一体化，如图1所示。

（一）第一阶段——企业内部功能集成

本阶段的特点是企业关注于内部部分功能、流程的改进与集成，例如原材料采购与库存控制集成为物料管理功能，送货与分拣、拣选等集成为配送功能。在美国，为了指导早期的实践，许多企业采用供应链委员会开发的“计划、采购、制造、运输”供应链运作参考（SCOR）模型。在这一阶段，几乎所有的企业都将最初的关注焦点放在了原材料采购和物流两大功能。

然而，大多数企业在这一阶段不能实现整个企业的均衡发展，他们只满足于由部分功能集成化带来的少量利润，认识不到功能一体化能够给企业带来的益处。因此，他们反对各职能部门之间的协作，也就不会建设对整个公司有利的信息系

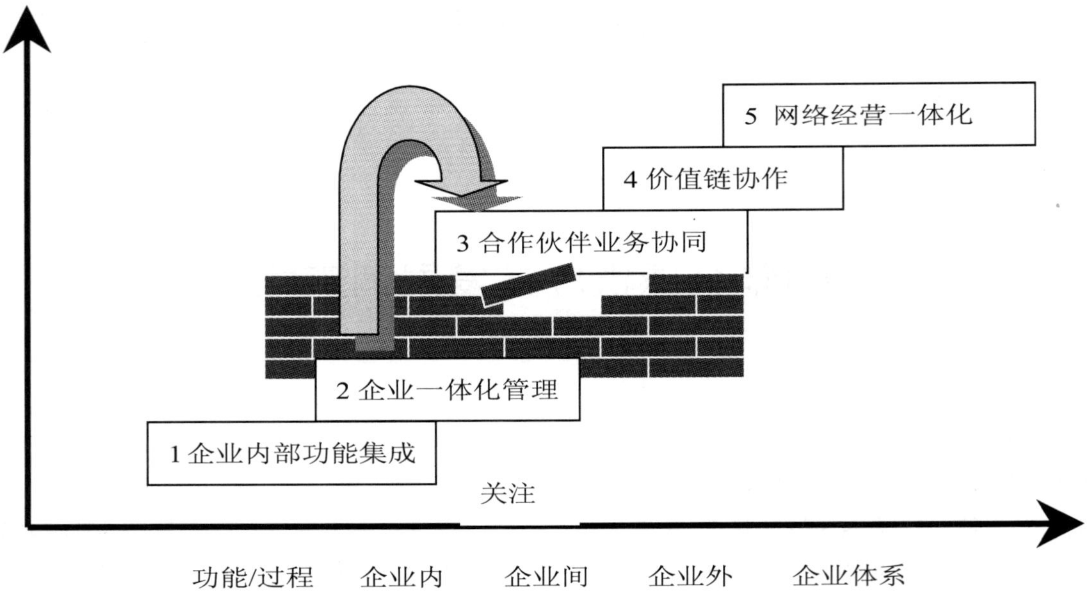

图 1 供应链管理的五个发展阶段

统。

（二）第二阶段——企业一体化管理

本阶段的特点是企业内部物流一体化，整个企业供应链系统的优化，把各项分散的物流功能集中起来作为一个系统管理。过去，企业多为分项管理，即把采购、运输、配送、储存、包装、库存控制等物流功能割裂开来，各自为战。各职能部门都力图使自己的运作成本最小化，却忽略了整个企业的总成本，忽视了各功能要素之间的相互作用。而事实上，各部分的优化并不能保证整个企业的最优化，因为企业的各功能要素之间存在冲突。

在这一阶段，企业开始意识到企业实施供应链一体化管理所产生的利润，并且力求在这一进程中领先。原材料采购上升到了具有战略意义的地位，并且承担了决定第二阶段全部交易成败的责任。随着企业把注意力集中于最有战略意义的供应商，企业间的关系发展到更高级的买卖关系。同时，企业的物流部门开始关注资产的利用和配送系统的效率，但关键之处在于寻求最好的物流服务供应商承担准确、及时的运输配送业务。交易活动的自动化与信息化使得各部门之间保持信息畅通，有助于装卸、搬运及仓库管理人员满足顾客的需求。此外，需求管理在这一阶段成为一个很重要的因素，原因是公司逐渐意识到需求预测的准确与否直接影响着生产和制造的准确性。

正如图 1 所示的，大多数企业中存在一堵“文化墙”妨碍其由第二阶段向第三阶段的发展。这堵“文化墙”是建立在这样一系列不完善的前提之下：所有好的创意都来自于公司内部；公司一般不会从外部寻求援助；如果确实要从外界获取信息，公司也不会与他人共享。常常是行业领导者率先越过这堵墙，然后带动其他企业。一旦越过这堵墙进入第三阶段的外部环境，公司就开始进行企业间协作，并且与其精心挑选的合作伙伴结成战略联盟。

（三）第三阶段——合作伙伴业务协同

企业逐渐意识到产品的竞争力并非由一个企业决定，而是由产品的供应链决定，并开始与关系较近的合作伙伴实施一体化管理。过去，企业尽量将成本转嫁给供应链上、下游的企业，这样或许会降低某个企业的成本，但它好比把钱从一个口袋放入另一个口袋，钱的总数并没有发生变化。因此，成本的转移无法减少整个供应链的成本，最终仍要反映在产品售价上。由于产品竞争力并未得以提高，最后受损失的仍将是供应链中的所有企业，所以牺牲供应链伙伴的利益以谋求自身利益的做法是不可取的。于是，有战略眼光的企业开始寻求一种变通方法，先与关系密切的合作伙伴协作，共同寻找降低成本、改善服务的途径。

从供应商的角度来看，随着企业与重点供应商结成利益同盟，供应商关系管理（SRM）变得日益重要。企业经常邀请供应商参与其销售与运作计划（S&OP）的筹划，提出能够更好地满足顾客需求的解决方案。企业还引进了仓库管理系统和运输管理系统，加强了他们与关键供应商的信息沟通。总之，企业与重点供应商在物流、运输和仓储等方面建立了长期的合同与战略伙伴关系。

从顾客的角度来看，企业对顾客与市场需求能够作出快速响应，力求更好的理解和满足顾客需求，提供更为贴切的服务和产品，客户关系管理（CRM）称为企业经营管理的重要内容。任何供应链都只有惟一一个收入来源——顾客。顾客是供应链中惟一真正的资金流入点，其他所有的现金流动只不过是发生在供应链中的资金交换，这种资金交换增加了供应链的运作成本。因此，顾客是核心，公司只有尽早、充分意识到这一点，密切与顾客的关系，通过互联网等高新技术了解顾客想要什么、什么时候想要，然后快速地交货，才能实现整条供应链企业的利润"共赢"。

总之，在第三阶段，企业利用各种工具和技术与重点供应商和客户协作，能够缩短产品生命周期，更快地占领市场，更有效地利用资产，实现"双赢"。

（四）第四阶段——价值链协作

企业不仅要与重点供应商和客户协作，而且需要整合企业的上下游企业，将上游供应商、下游客户及服务供应商、内容提供商（ICP）、中间商等进行垂直一体化的整合，构成一个价值链网络，追求系统的整体最优化。这一阶段的协作被称为"价值链协作"。企业试图通过价值链中其他合作伙伴的帮助来建立其在行业中的支配地位。当每个价值链成员的活动都像乐队队员按同页乐谱演奏那样时，延误程度将降到最低。供应商知道何时增加生产，运输公司能够掌握何时提供额外的车辆，分销商也可以及时地进行调整。价值链成员之间利用网络共享信息，因此他们能够更加敏捷地发现机遇，达到更高的绩效水平。

在这个阶段，电子商务、网上交易和电子通讯技术的应用对实现价值链的可视化是至关重要的。这个阶段的两个特征是协同设计与制造（CDM）以及协同计划、预测和补充（CPFR）。

（五）第五阶段——网络经营一体化

这是供应链发展的最高阶段。在这一阶段，所有供应链的成员能够实现有效沟通，密切合作以及技术共享以获得市场的支配地位。但目前，只有少数企业已经达到了这一阶段，原因是他们完全采用网络化、虚拟经营、动态联盟等，实现了信息的共享、交易的可视化以及准确的供货。

二、调查结果分析

（一）企业供应链整体运作情况调查

为了获得较完整的企业供应链实施进展情况，CSC 和 SCMR 从 7 个方面进行了调查：

1. 购买、采购和寻找货源；
2. 物流、运输和仓储；
3. 预测、计划和安排；
4. 库存和物料管理；
5. 营销、销售和客户服务；
6. 供应商/客户关系管理；
7. 供应链软件与技术。

被调查企业自我评估结果如图 2 所示。

由比例图中可以看出，大约一半的被调查企业认为他们在这 7 个领域都处于第一、第二阶段——仍然关注于企业内部资源的整合，只有 20%的公司在其中的一个领域达到了第四、第五阶段，这些公司大多属于化工、高科技、电信以及批发配送业。相比之下，没有一家消费品、零售公司认为他们在任何领域达到了第四或第五阶段。事实上，大约 80%–90%的被调查者认为他们在其中的三个领域处于第一阶段。

在供应链软件和技术的应用领域，大约有 22%的被调查者认为他们的企业已达到了第四和第五阶段。回想前面的调查结果"许多公司对技术投资的效果很失望"，就不难得出这样的结论：企

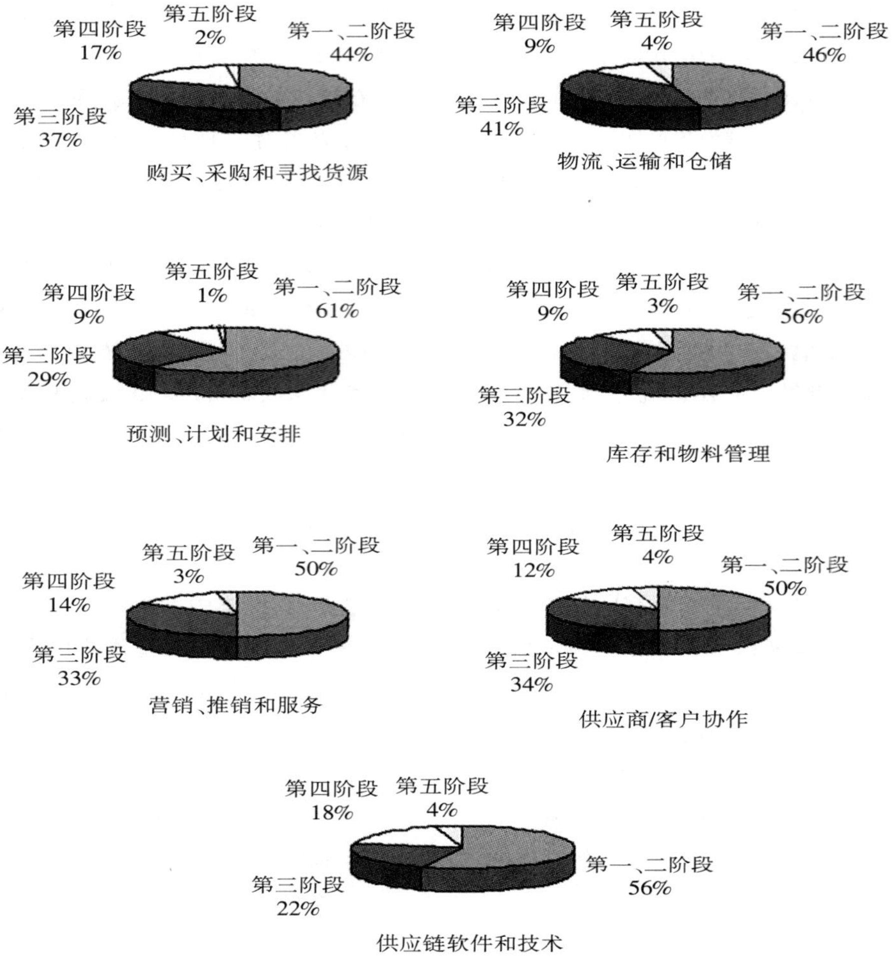

图 2 各个领域的供应链发展框架

业在许多情况下都本末倒置了，也就是说，许多被调查企业在硬件还没符合要求之前就超前购买了这些不必要的软件。

（二）供应链管理技术应用情况调查

通过调查发现，50%或以上的被调查企业选择使用企业资源计划(ERP)系统、库存计划系统以及各种基于网络技术应用软件（如图 3 所示）。从这些数据可以看出很多企业已经采用了大量的软件和技术，但是并没有明显的证据表明这些技术对供应链管理的实施起到了重要作用。甚至可以说，企业在高新技术和软件供应商投资太多，成本过高。对于一个企业来说，慎重的措施应该是先改进必要的业务流程，然后再引进软件和技术。

（三）供应链管理辅助措施调查

CSC 和 SCMR 调查了推动供应链实施进程的各项措施，答案是各种各样。超过 70%的企业已经完成或即将完成直接物料的战略采购措施。总的说来，被调查者对他们公司采取的措施很满意。对于每一项措施，至少有一半的被调查者表明很成功或非常成功(见图 4)。

（四）实施供应链对成本与利润的影响调查

实施供应链是为了实现多赢——降低成本、增加利润。但是这对于实现多赢到底能起多大作用？调查样本表明，实施供应链管理技术对于降低企业经营成本有显著的作用，而对企业利润的影响却不太明显。

供应链成本包括物流运输与仓储、购买、采购与寻找货源、库存与物料管理等。通过实施供应链管

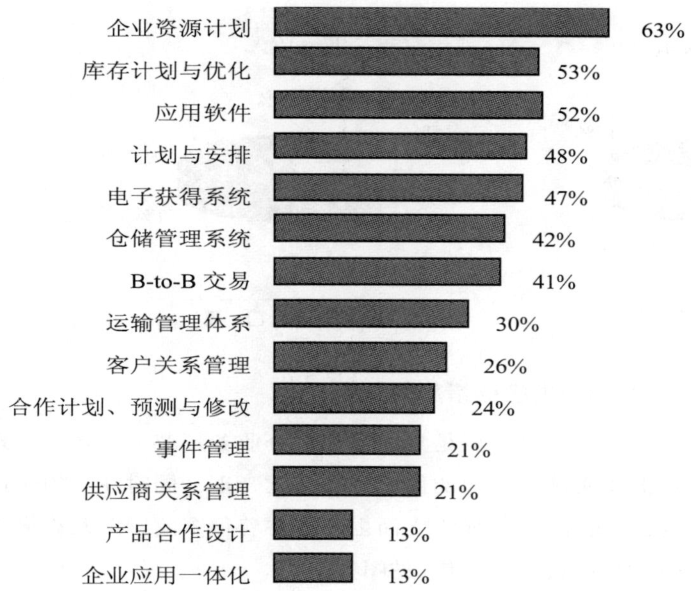

图 3　供应链管理技术应用情况

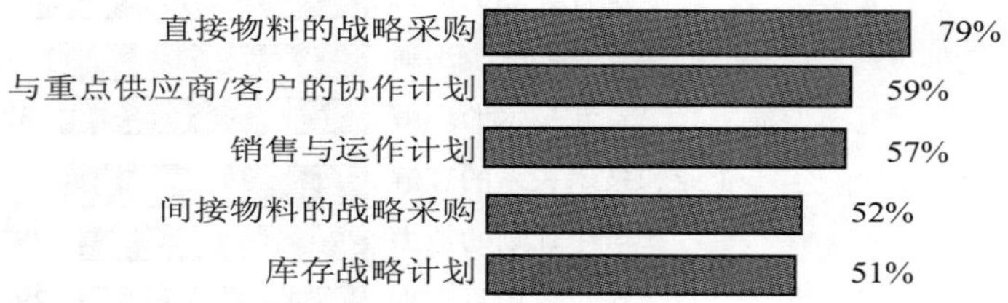

图 4　推动供应链进程的措施

理,超过 1/3 的被调查企业声称成本降低了1%–5%,至少 30%的企业认为降低了 6%–10%, 另外 11%的企业声称成本降低幅度在 11%–20%之间。总的说来, 半数以上的被调查企业认为实施供应链管理可以带来至少 5%的成本降低幅度。

那么,对于企业利润的影响呢?25%的被调查企业认为能增加 1%–5%的收入,但大部分企业对此不知道或不能确定。调查发现这一结论与公司只重视供应商关系管理而忽略客户关系管理有关。大多数企业能够与重点供应商紧密协作以降低成本,然而,他们却远远没有改善客户关系以提高收入(见图 5、6)。

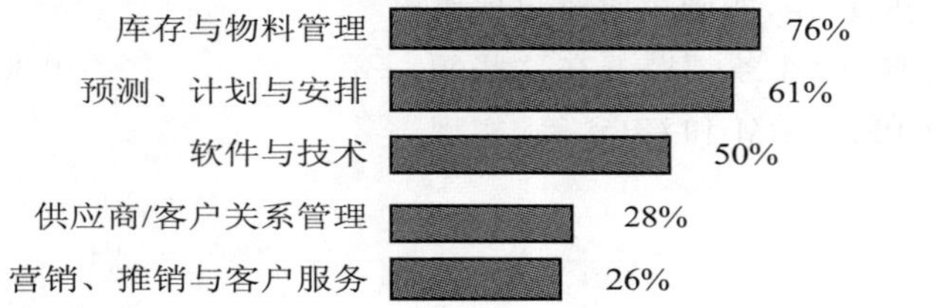

图 5　供应链功能包含的成本

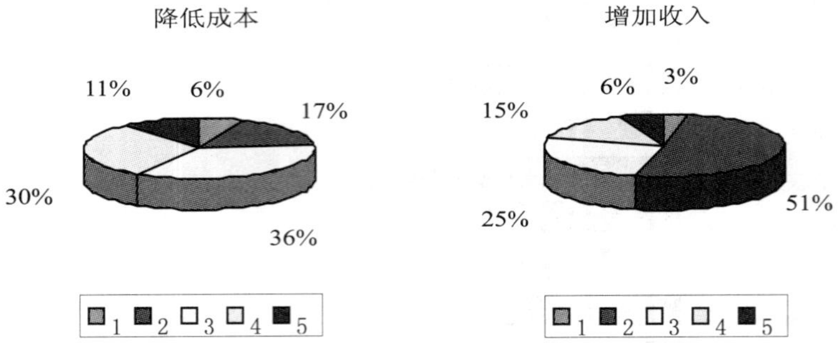

图 6 供应链措施的影响

(五)企业战略难题调查

调查发现,将近一半(46%)的企业正在实施供应链管理战略,也有5%的企业完全没有实施。另外一半企业虽然已经实施了供应链管理战略,但是只停留在部分业务环节上,还未实现整个企业的供应链一体化管理,同时在实施供应链管理战略方面也还存在着很多问题以及许多未完成的工作(见图7)。

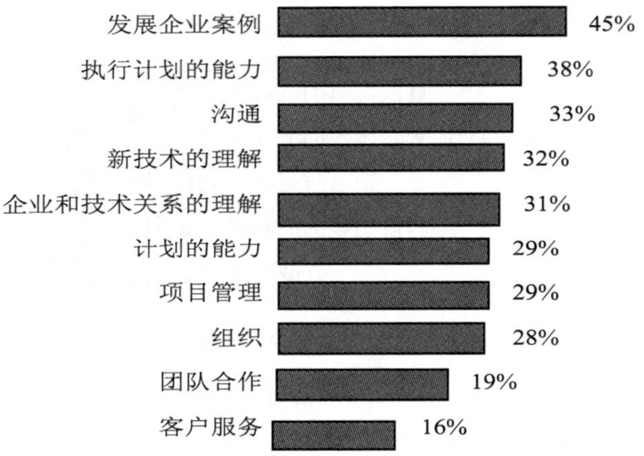

图 7 供应链管理战略实施过程中尚需改进的领域

对于任何一家想实现供应链管理的企业,CSC和SCMR的建议都很简单:首先,整合企业的内部功能及资源。然后,寻找行业领导者,跟随他越过“文化墙”,使企业与外部合作伙伴实现一体化。在这一阶段,公司应精心挑选供应商、配送商和客户,与合作伙伴协同运作,明确供应链总成本构成,关注可实现“共赢”的业务领域。在这些领域,引进先进技术如CPFR、SRM和CRM等,实现供应链上所有合作伙伴间的信息共享与可视化以及整个供应链网络高速、有效运转。当然,提供建议比实际操作要容易得多,但是,既然已经有行业领先者达到了最高阶段,其他公司就应该抓住机会,勇往直前。

(供稿:《中外物流》周刊编辑部)

美国第三方物流产业发展研究

第三方物流产业（Third Party Logistics Industry）的发展，无论是从构成它的企业属性还是从这些企业所提供的物流服务类型来看，都显得变化太快——原先的3PL在迅速进化和变异，新的物流服务供应商(LSP)又很快加入进来——以至于至今无法对所谓第三方物流(3PL)给出严密和科学的定义，以至于社会上几乎在一夜之间冒出不计其数的3PL公司来。但3PL产业所提供的物流服务在发展国民经济，推进经济全球化，增强市场一体化和提高企业核心竞争力的过程中所起的作用越来越重要。实际上，3PL不仅是对传统运输和仓储服务供应商的补充和替代，而且改变了货物和服务买卖双方的商业关系。3PL已经潜在地改变了市场竞争的格局。

一、3PL产业的界定

（一）3PL和物流服务供应商（LSP）

许多公司都能够为企业提供外部的物流服务，包括运输公司，仓储公司，咨询公司，货代公司和其他中介公司以及信息技术公司和物流公司等。所有这些公司都属于物流服务供应商(Logistics Service Providers, LSP)的范畴，都可以为企业提供全部的或部分的物流外包服务。但是，它们并不都是3PL公司(事实上，一些制造和批发零售企业也会利用自己的资源多多少少的为其他企业提供一些外部的物流服务)。

美国British Columbia大学的助理教授Garland Chow认为：3PL与其他LSP相比，主要的差别表现在以下两个方面：一是能提供更加广泛的功能或流程服务；二是能提供更加广泛的管理服务。

更广泛的功能或流程服务指的是3PL能够同时提供多个物流环节的服务。例如，一个运输LSP将提供运输服务，一个仓储LSP将提供仓储服务。而一个3PL则可能同时提供运输和仓储以及诸如订单处理等的其他物流服务。

更广泛的管理服务指的是LSP不仅要执行或完成诸如送货或存储任务，还要计划和控制物流过程。例如，一个咨询LSP可能提供计划和决策支持服务，一个信息技术LSP可能提供IT服务，而一个运输LSP可能仅仅提供货主指定的送货服务。但是，一个3PL所提供的运输服务将包括承运人的识别、选择、运价谈判以及对特定承运人的运营进行管理和控制等。

显然，这样的区分边界还不是特别清晰。但Chow想说明的是：在形形色色的物流服务供应商当中，只有那些能够为客户提供多环节和全方位流程管理服务的LSP才算得上是3PL公司。

传统的运输、仓储和货代公司仅仅局限于某一项基本的物流功能并简单的执行货主的指令。运输和仓储顾问也只能帮助客户计划和控制一个特定的物流环节，而物流顾问则可以帮助客户在总体上计划和控制物流过程。

所以，3PL公司主要有两类：一类是那些在某个物流功能领域拥有特长，同时也能够为客户提供高层次物流管理服务的LSP。比如从事专用或合同运输的运输公司，专用或合同仓储的仓库公司以及提供增值服务的仓储或配送公司等。

另一类是能够提供跨企业边界的过程管理的3PL。这类3PL常常被称为合同物流、一体化物流、第四方物流、第三方供应链管理供应商和牵头的物流服务供应商等(Burns，1999)。这类3PL主要是通过计划、协调和控制物流活动并组织实施来为客户提供价值。过去，一个企业可能要请一个咨询公司来做计划，请一个运输公司来执行，并用自己的管理系统来控制过程。但一个3PL将为企业提供所有这三个方面的物流管理服务。

所以，3PL和一般仓储运输或其他LSP的一个最本质的区别在于：3PL的价值是为客户管理信息和知识，而不是以最低的成本提供无差别化的服务。换句话说,3PL 为客户提供的是物流过程的组织管理服务,LSP 为客户提供的仅仅是具体的功能服务。

显然,3PL 服务在本质上包含了长期合作和相互依赖的公司关系。这种关系的价值取向是为客户提供解决方案、风险与利益共享以及双方对相互依赖性的认同。在 3PL 服务的安排中,客户只与一个具备从储存到配货再到运输的全部订单执行功能的 3PL 谈判。如果该 3PL 自己不能够提供有关功能服务的话,则需要负责与其他 LSP 谈判。客户还可能要求 3PL 负责设计物流网络和监控物流过程。

3PL 交易的长期合作性,要求 3PL 必须在较长的时期内对客户做出有关资产和服务能力的承诺。作为回报,客户也必须做出建立长期合作关系的承诺以满足交易在经济上的可行性,并保证 3PL 获得相应的效益。

(二)3PL 的服务分类

根据《Inbound Logistics》杂志 2000 年对领先的 100 家 3PL 公司的调查,3PL 所提供的服务被分为物流服务,运输和仓储功能服务,特殊服务,IT 和互联网服务四大类。每一大类服务的结构根据所属具体活动的权重排序分别列于表 1、表 2、表 3 和表 4。应当说,这样的服务分类从管理的、操作的、特殊的和技术支持的层面比较清晰的给出了 3PL 产业的结构。

表 1 汇集了领先的 3PL 在物流服务领域的主要服务类型。这类服务的综合过程管理和与客户企业深度互动的特点非常明显。

表 1　　**3PL 的物流服务类型**

服务类型	3PL 服务在该物流形式中所占的百分比
回运物流	91
一体化物流	89
仓储	89
JIT	83
流程再造	79
牵头的物流供应商	79
存货管理	78
供应商管理	63
费用支付审计处理	53
全球贸易服务	32
产品寿命周期管理	29

表 2　　**3PL 运输和仓储功能服务类型**

服务类型	3PL 服务在该物流形式中所占的百分比
运输服务	
整车	90
零担	83
专项合同运输	76
多式联运	72
空运	65
海运	56
铁路运输	56
小包裹递送	50
配设备	42
配司机	39
获得车队	29
仓储服务	
交叉货台	88
配货/包装/预装配	83
执行	74
仓库管理	63
选址服务	55

表 2 汇集了领先的 3PL 在运输和仓储功能服务领域的主要服务类型。越库或交叉货栈(Cross–dorcking)服务以及 TL 和 LTL 服务的较高的可得性意味着如今的供应链更关注产品的运动而不是储存。

表 3 汇集了领先的 3PL 在特殊服务领域的主要服务类型。反向物流服务的可得性反映了对作为整个供应链过程一部分的这类货物运动的管理变得越来越重要。直接送货到门店的服务对

表 3　　3PL 的特殊服务类型

服务类型	3PL 服务在该物流形式中所占的百分比
特殊服务	
反向物流	76
直送到门店	74
进出口通关	69
ISO 认证	55
直送到家	41

拉动式供应链运作提供了支持，并导致交叉货栈服务的普遍使用。进出口服务反映的是货主全球营销和采购的要求。直接送货到家服务的比重比较小则反映了 3PL 公司更重视 B to B 的物流交易，而不是 B to C。

表 4　　3PL 的 IT 技术和互联网服务类型

服务类型	3PL 服务在该物流形式中所占的百分比
技术服务	
EDI	94
信息系统	92
企业网络扩能	60
卫星通信	42
互联网服务	
跟踪/监测	79
电子商务	67
电子执行	53
电子运营	53
合同管理	37
电子供应链管理	30

表 4 汇集了领先的 3PL 在 IT 技术和互联网服务领域的主要服务类型。由表中数据可知，为客户提供 EDI(94%)和信息系统(92%)服务已经成为领先的 3PL 的基本服务能力。

(三) 3PL 的新增服务

市场的需求和竞争的压力已经使得 3PL 的服务远远超出了传统理念的范畴。Lieb 和 Kendrick(2002)的调查表明，有 39%的 3PL 在美国境内外直接或间接的为客户提供合同制造(Contract Manufacturing)服务。有 67%的 3PL 为客户提供融资服务(Financial Services)，包括客户存货融资、保险服务、车队融资、应收款融资、资本设备融资、不动产融资以及进出口融资服务。有 44%的 3PL 为客户提供采购服务(Purchasing Services)，包括办公用品和资本货物、生产物料、包装材料、存货采购和供应商选择管理等。

虽然这类服务的规模还很小，但反映了市场对 3PL“全方位”服务的要求和 3PL 服务跨边界的特点。这类服务也是 3PL 通过增值 (Value-Added)服务开拓市场的机遇。当然，这种趋势的发展必然导致 3PL 产业边界的更加模糊化。

二、3PL 产业的结构

(一) 3PL 产业的规模

1. 3PL 市场规模。表 5 给出了 1999-2002 年美国物流总成本的规模、结构和年度增长率。对物流总成本的结构分析是研究 3PL 产业发展背景和对其发展状况进行评价判断的重要依据。显然，由于自 2000 年下半年以来美国经济增长的疲软，全社会的物流总成本及其占当年 GDP 的比重已经经历了 2001 年和 2002 年持续两年的下降。由此可见，物流总成本的大小是与总体的经济发展状况密切相关的。物流总成本占当年 GDP 的比重只具有历史过程的相对比较的意义，并不是越小越好。因此，不能仅仅根据物流总成本占 GDP 的比重来判断物流管理水平的高低。

表 6 给出了 1999-2002 年美国 3PL 产业的市场规模、结构和占当年物流总成本的比重。因为在物流总成本中，有一部分是企业组织在市场上购买 3PL 服务的费用，所以，3PL 产业的市场规模直接反映了由 3PL 公司管理的物流费用的大小。如 1999 年美国的 3PL 管理了 454 亿美元的物流费用，2002 年则为 650 亿美元。从产业分工精细化和物流服务市场化的角度来看，3PL 的营收规模在当年物流总成本中所占的比重才是衡量物流产业发展状况的最有效的评价指标。

表 5　　1999-2002 年美国年度物流总成本的规模和结构

类别	成本支出（亿美元）			
	1999 年	2000 年	2001 年	2002 年
存货持有成本	3 330	3 740	3 390	2 980
运输成本	5 540	5 900	5 810	5 770
物流行政管理成本	350	390	370	350
总计	9 220	10 030	9 570	9 100
年度增长率	4.3%	8.8%	-4.6%	-4.9%
占当年 GDP 的比重	10.0%	10.2%	9.5%	8.7%

注：根据 Robert V. Delaney 先生 2003 年修正过的数据计算。

表 6　　美国 1999-2002 年度 3PL 市场规模和结构

服务类别	总营收（亿美元）							
	1999 年		2000 年		2001 年		2002 年	
	当年数	年增长率	当年数	年增长率	当年数	年增长率	当年数	年增长率
专项合同运输	72	18%	87	21%	83	2.5%	90	8.4%
国内运输管理	83	18%	100	21%	175	3.6%	195	11.4%
增值仓储或分销	166	16%	204	23%	153	13.3%	169	10.5%
国际运输管理	120	11%	138	15%	157	7.5%	166	5.7%
3PL 软件	30	-	35	17%	40	14.3%	30	-25%
总计	454	-	564	-	608	-	650	-
年度增长率	16.5%		24.5%		7.8%		6.9%	
占当年物流总成本的比重	4.9%		5.6%		6.4%		7.1%	

注：根据 Armstrong 咨询公司的数据计算。

由表 6 可知，虽然进入新世纪以后，由于美国总体经济发展的不景气导致 3PL 市场的增长率显著放慢，但其占当年物流总成本的比重却在稳步提高。这说明美国 3PL 产业在总体上仍然处于良好的发展之中，美国物流服务市场化的水平在稳步提高。

许多专家在 20 世纪末曾经预计美国 3PL 市场的年增长率在 15%–20%之间。但表 6 的数据告诉我们，可能还要经过一个恢复性增长期以后才能达到所预计的市场增长率。

另有专家曾经乐观的认为美国物流总成本中有 50%–60%的份额具有潜在的外包性(Delanney，2001)。Lieb 和 Bentz(2003)对美国大制造商使用 3PL 服务情况的调查也显示使用 3PL 服务的企业比重已经达到创纪录的 83%的水平。但就已经走过的历程来看，美国的物流外包要达到预计的潜力释放程度，恐怕还要走几十年的路程，除非来一次新的产业革命。

因为在更多的企业使用 3PL 服务的同时，可能还有更多的企业为了适应市场竞争的需要在不断强化自身的物流服务功能。这可能是 3PL 市场增长率放慢的另一个主要原因。Langley(2003)的调查显示,企业没有使用3PL服务的主要理由按重要性排序为:物流是企业的核心竞争力(45%),因物流太重要了而不能外包(40%),成本未必会降下来(34%),企业会失去对物流的控制(34%)以及企业自己比3PL更有经验(21%)。而在2002年调查时排在第一位的理由却是担心物流成本不会降低(55%),排在第二位的是因物流太重要而不能外包(39%)。

显然,如果越来越多的企业把物流服务看作核心竞争力的话,外包的速度和深度就必然会放慢。实际上,近年来有关美国物流市场调查结果也对此提出了佐证。无论是Lieb还是Langley的调查,在企业最经常外包给3PL的物流活动中,报关代理、仓库管理、运费支付、货代、配载、直接运输等总是名列前茅。而外包存货管理、订单处理和执行、分销控制、供应链管理、物流服务采购、车队管理、信息技术、IT系统设计和4PL的比重却相对比较小或很小。

由此可见,美国企业更多的是外包一些技术性或程序性的物流功能,而对组织性和协调性要求比较高的物流过程更多的还是自己来管理的。因此,对3PL的服务能力和市场的服务需求要做结构性分析,任何单向度的判断都可能形成对3PL产业发展的误导。

2. 3PL公司的数量。参与市场运作的3PL公司的数量不仅是反映3PL产业结构的一个重要方面,也反映了社会各界对3PL市场发展潜力的看法。

与我国一下子出现许多翻牌物流公司一样,美国许多公司也只是在其名称中加入物流两个字或者设立一个物流部,而实际上并没有能力提供真正的3PL服务(Chow,2002)。美国物流发展年度报告撰稿人Delaney(2003)就认为许多已经有100多年历史的货代、报关行和货运经纪公司也都通过翻牌变成了无资产(Non-asset based)的3PL公司,以至美国的3PL市场鱼龙混杂,客户并没用获得应有的服务。

那么,在美国的市场上有多少3PL公司在运作呢?Konezny和Beskow(1999)估计约有1 500家公司在美国国内的3PL市场上运作。《Inbound Logistics》杂志通过调查从客户的立场识别了在美国市场提供服务的顶尖100家3PL公司,但是,该调查是在400家指定的3PL公司中进行的。Armstrong咨询公司的《第三方物流企业大全》(“Who′s Who in Logistics”,第8版)确认了91个独立的3PL实体。其中有48个全国性3PL公司(50减去2个多种经营公司),12个国际3PL公司(其中有2个公司又包含在48个全国性公司中),还有33个地区性3PL公司。但是,在Armstrong咨询公司的列表中有45个公司并不包括在顶尖100家当中。而Regan和Song(2000)则识别了在美国市场运作的“主要的”100家3PL公司。

这些数据表明在美国的3PL市场上约有100到150家3PL公司在有效的竞争。同时有约400到1 500家公司在市场上提供某些方面的3PL服务。这些公司或者是3PL产业的潜在进入者,或者是由3PL公司整合的有资产的或无资产的LSP。

与我国目前所声称的物流企业数量为73万家相比,美国物流企业数量实在是太少了。但美国的市场还是认为可供选择的3PL太多了,在3PL方面由于竞争激烈正面临不断产生的降价压力,因此,进一步的整合是必然的(Lieb和Bentz,2003)。

(二)3PL产业的集中度

如表7所示,1999年美国最大的4个和10个3PL公司的营业收入分别为3PL业总营收的15%和28%。但在随后的几年中,美国3PL产业的集中度不仅没有提高,反而是持续下降的。这一方面说明美国3PL市场有了更多的新进入者(全方位服务的和某些片断服务的),另一方面也说明企业物流外包的广度、深度和速度并没有预期的那么快。因此,美国物流产业或物流市场的分散化现象更加严重了。

虽然在此期间发生了以德国邮政、UPS、APL、Exel和德讯等为代表的大规模的物流并购,本应导致3PL产业集中度的提高,但这种规模效应也

表 7　　美国 1999-2002 年 3PL 产业的集中度

产业集中度	营业收入（亿美元）							
	1999 年	比例（%）	2000 年	比例（%）	2001 年	比例（%）	2002 年	比例(%)
CR4	68.7	15	79.7	14	81.1	13	57.8	9
CR10	130	28	128.6	23	131.5	22	112.8	17
总规模	454	100	564	100	608	100	650	100

注：根据 Armstrong 顾问公司的数据计算。

许是由于美国经济的疲软，也许是由于并购以后的磨合需要时间，也许是由于二者的共同原因还没有体现出来。Gordon(2003)认为美国的 3PL 产业具有高度分散的特征，还处于更大规模整合的初级阶段。但一般认为，美国 3PL 产业的集中度要大于卡车运输业(高度分散的)，但要小于铁路运输业(集中于不到 10 个一级铁路公司)。

(三)3PL 产业的年龄

根据前面对 3PL 的界定，美国的 3PL 产业还是一个处于成长期的产业。Chow(1998)调查了在北美地区市场上处于领先地位的 29 家 3PL 公司，发现虽然有一些公司是从传统的运输和仓储企业演变而来，早在 1955 年就开始为客户提供 3PL 服务，但 80%的公司是在 1980 年美国解除对卡车承运人的管制以后才开始从事 3PL 业务的。其中，又有 50%是 1989 年以后才进入该市场的。同样，据《Inbound Logistics》杂志 2000 年的调查，在顶尖 100 家 3PL 公司中，已经从事 1-10 年业务的有 37%，11 到 20 年的有 27%。总体上，有 64%的公司是在 1980 年以后才进入 3PL 市场的。也就是说，大多数美国的 3PL 公司的运营还不超过 25 年。

(四)3PL 公司的起源和核心资产

因为物流服务与运输服务具有与生俱来的关联性，所以与我国大多数运输公司都在向物流企业转型一样，美国最大的 3PL 公司中的大多数都是从运输业务占主导地位的运输和仓储企业的基础上发展起来的。

在 20 世纪 90 年代中期，大约有 65%的 3PL 市场是由以卡车运输业务为主的 3PL 占有的，15%是由以仓储业务为主的 3PL 占有，10%由以小包裹递送(空运和地运)为主业的 3PL 占有，4%是航空货运 3PL，6%是无资产的管理型 3PL (PriceWaterHouseCoopers，1998)。但到 2000 年，这种格局发生了根本性的变化。

表 8 是在 Armstrong 咨询公司给出的 2000 年北美顶尖 40 家 3PL 公司资料基础上，根据其初始业务或母公司主业的属性对其进行的起源分

表 8　　美国最大 40 家 3PL 公司的起源

起源或母公司主业	公司数（%）	占总营收的比重（%）
卡车运输	35	26
铁路	2.5	2
租赁	7.5	14
海运	2.5	2
空货/邮件/包裹	7.5	5
仓储	20	10
货代，经纪，船代和报关	20	38
付货人	5	2
总计	100	100

类。

虽然表8的数据表明运输类企业仍然占主导地位(因为大多数企业物流成本的60%左右都花在货物运输方面),以卡车运输为主业的3PL所占比重最大,其营业收入也占大头,但离20世纪90年代中期65%的市场份额却差了很远。3个以租赁业务为主的3PL中有2个也是从卡车租赁业务起家的。货代等中介服务比重的大幅度增长则对应国际贸易和相应的全球物流服务需求的增长。

除了起源的不同,这些3PL的核心资产也在发生变化。主要表现在运输型3PL向仓储型3PL的转移。这是由市场需求的变化驱动的。Langley的调查发现,从2000年到2003年的四年中,除了2002年以外,客户使用最多的物流外包服务就是仓储服务,分别为63.3%、73.3%、和73%。Lieb和Bentz(2003)的调查也显示企业外包仓储管理节约成本的效果最大。这都说明客户对物流服务的需求正在从运输型转向能够提供更多仓储和分销增值服务的3PL。相应的,承运人在提高自身的仓储和分销服务能力方面也做了大量的投资。

三、3PL公司的服务

(一)有资产的和无资产的3PL公司

根据3PL公司是否拥有实体资产,可将它们分为有资产的(Asset based)、无资产的(Non-asset based)、和混合型(hybrid)的。有资产的3PL公司依靠有形资产来为客户服务。无资产的3PL公司也叫做基于管理的(management based)3PL公司,是依靠其所拥有的专业知识和网络系统来管理功能服务的。混合型或一体化的3PL公司则综合利用实体资产,网络系统和专业知识来为客户服务,如果发现其所拥有的实体资产对客户服务来说并不是最优,它就会考虑放弃。

有研究表明,有资产的3PL一直在向无资产的3PL转移。与无资产的3PL公司相比,以下几个领域的物流服务更多的是由有资产的3PL公司提供的,包括存货管理、专项合同运输、配设备、配驾驶员、交叉货栈、配送中心管理,送货到门店或送货到家的递送服务,反向物流、卫星通信和企业网站扩能等。

但3PL服务越来越表现出基于信息而不是基于有形资产的趋势(Chow,2002)。主要体现在回运物流组织,仓储和一体化物流管理,供应链流程再造,JIT和存货控制以及牵头的3PL管理服务等服务领域。

(二)牵头的物流管理服务

在美国,许多3PL关系是从客户外包其供应链的片断开始的,后来由于3PL所展现出来的能力,以及由于使用3PL所带来的成本节约或服务改善所建立起来的信任而逐步扩展。

3PL为客户提供的初始服务可能是某种形式的实物分配(Physical Distribution)服务,比如租船订舱,封闭线路的专项运输,JIT和交叉货栈管理,仓库管理或订单执行,运输线路优化和货运跟踪等。这些片断的服务可能在地域上扩展,也可能随着诸如存货管理或客户服务的功能性活动的增加而扩展,还可能通过提高供应链整合和数据库分享的水平,以及通过对运营模式、生产计划、存货水平和工艺安排等的优化来扩展。

3PL可能最终通过管理全部供应链,通过提供咨询服务,通过对供应链流程的再造和具体的组织实施而成为一个LLP(Konezny and Beskow,1999)。LLP或所谓4PL应当成为提供物流服务的唯一窗口,因为是由LLP来选择和管理能够提供必要功能服务的LSP。

同时使用多个3PL是使用一个LLP的另一个理由。LLP能够管理那些复杂的运营关系,提供单点的接触,并承担相应的责任。LLP关系的一个很好的例子就是UPS物流对福特汽车公司成品车运送网络的管理。客户喜欢和要求一站式的服务会导致企业继续减少供应商的数量。具有资源配置和产品销售全球化特点的公司也会努力减少供应商的数量。事实上,全球化供应链运作需要不同领域的专门知识。由于没有一个3PL公司能够提供跨所有地区性市场的所有的服务,因此,LLP应运而生。LLP就是“由一个3PL作为供应链的总集成商,并负责监督其他的LSP,同时作为物流服务合同的总签约人”(Thomas,1998)。

但是,在谁是 LLP 的问题上,货主的看法和 3PL 公司自己的看法是不一致的。由 Lieb 和 Kendrick(2002)所做的一个对 3PL 的调查显示,在 18 份有效问卷中有 14 家公司说自己在为客户提供 LLP 或 4PL 服务,占各自物流服务合同总数的 2%-10%。但同期对货主企业的调查却发现,在同时使用多个 3PL 的 29 个公司中只有 4 家公司报告说指定了一个 LLP。至于使用 LLP 或 4PL 的目的,答卷的表述可谓是五花八门。3 家公司报告说使用 LLP 来管理多个 LSP 的关系,有 2 个公司要用 LLP 来设计供应链网络,3 个公司要用 LLP 来与其他的 LSP 谈合同,4 个公司要用来管理运营,3 个公司要用来评价绩效,1 个公司要用来管理 IT 系统连接。

由此可见,当物流外包倾向于越来越多的使用 LLP 或 4PL 时,需求就必须与供应相匹配。Hoffman(2000)认为,虽然有些领先的 3PL 公司已经与一个或两个选定的客户建立起 4PL 或物流服务集成商的关系,但这个概念基本上还停留在理论的层面上。

相对来说,LLP 要比非牵头的 3PL 对客户提供更广泛的服务,主要包括四种类型的信息技术服务:EDI、卫星通信、网络扩能和电子供应链管理。因为优良的通信联络是实现供应链各方有效协调的重要手段。

(三)3PL 服务的地域

经济全球化意味着企业在全球范围内配置资源和销售产品。那些寻求一站式购物,一点式接触和共同利益的企业要求 3PL 公司具有全球触角。Burns(1999)就发现国际货运的增长导致在选择 3PL 的时候,其地域网络的覆盖范围成了一个重要因素。更大的地域网络覆盖可以通过诸如建立横向一体化的战略联盟的方法来实现。有专家认为,仍然固守地区性或国内市场而不是拓展全球市场的 3PL 公司将最终服务于一些特殊的细分市场或者被收购。显然,如果要成为一个全球性 3PL 公司的固定成本比较高的话,就会加速 3PL 产业集中的过程(Chow,2002)。

(四)3PL 信息技术和互联网服务

许多企业依靠 3PL 公司提供信息技术服务。一方面是为了获得更好的决策支持,另一方面也是为了便于交易执行和过程监控。

实际上,许多企业在 IT 技术支持方面依赖他们的 3PL。最经常外包给 3PL 的有:运费支付(56%)、货运计划或线路优化(40%)、仓储管理系统(38%)、发货跟踪系统(38%)、国际单证审查(37%)等服务(Lieb 和 Miller,2000)。相应的,如表 4 所示,几乎所有的 3PL 都能为客户提供 EDI 技术(94%)和信息系统支持(92%)服务。

但客户对 3PL 信息技术服务能力的要求在不断提高。主要表现在三个方面:将客户的软件和系统与其他供应链伙伴整合的能力,运营客户的软件和系统的能力,提供新软件和系统的能力(Lieb 和 Kendrick,2002)。因此,那些动不动就要为客户进行流程再造,然后再安装一套全新 IT 系统的 3PL 可能不仅增加了客户对 IT 系统的投资,而且会加大新旧系统的过渡磨合期。在客户回归 IT 理性以后,这类 3PL 可能并不受客户欢迎。

(五)3PL 与电子商务

电子商务对 3PL 来说既是挑战也是机遇。所谓机遇指的是 3PL 可以用技术来改进服务,提高生产率和降低成本。所谓挑战指的是电子商务创造了全新的物流服务和供应链管理需求。

互联网技术对供应链管理的挑战主要表现在两个方面。一是由于供应链运营实现了同步,使得整个供应链有可能成为一个由客户需求拉动的系统。如照订单装配或照订单生产等,使得产品的生产延时和尽可能让上游企业持有存货。拉动的系统对客户的实际需求具有更好的响应能力,导致少批量多批次的运动。制造业中的 JIT,零售业的快速响应 (QR),杂货业的低成本客户响应(ECR),以及医疗保健业的无库存供应链都是系统拉动战略的例子。

为了保证供应链系统的良性运行,必须分享供应、需求和发货状态等信息。由于运动和静止中的存货具有了可见性,供应链成员单位就能够更好的计划和协调各自的流程。因此就需要 3PL 具有跟踪和监测发货的能力，并保证有关的信息对客户或供应链成员单位都是随时可得的。如表4所示，大多数领先的3PL(79%)都能够通过因特网提供货运跟踪和监测服务。然而，具有通过互联网整合客户供应链能力的3PL只有30%。

互联网技术对供应链管理的另一个挑战就是在B to B和B to C这两个市场上创造了在线公司或在线部门对客户的直销。这些客户的订单执行要求可能与传统的发货人完全不同。尤其是在直销客户的情况下，发货量会小到单件产品，而且会要求在周末或晚上把产品直接送到居民区去。Thompson等(2000)总结了传统供应链和互联网扩能供应链在物流运作要求方面的差异，如表9所示。

表9　　在关联经济环境中物流运作的变化

类别	传统物流	电子物流
订单	可预测	可变，小批量
订货周期	按周计算	很短，根据 需求订货或按天计算
客户	战略的	更宽的客户基础
客户服务	被动的，刚性的	响应柔性的
补货	计划的	即时的
分配模式	由供应驱动的（推）	由需求驱动的（拉）
需求	稳定的，一贯的	更具有周期性
发货方式	大批量	较小的批量
目的地	集中的	更分散
仓库结构变形	按周或按月	持续的，有规则的
国际贸易合规性检查	手动的	自动的

资料来源：Cap Gemini Ernst & Young ,The University of Tennessee, 2000年。

实际上，3PL和其他LSP不仅利用互联网技术提高对客户需求的响应性，而且还通过开发新的组织结构和服务组合来满足电子商务物流的需求。如表4所示，在领先的3PL中，有67%具有电子商务的能力，53%能够提供电子执行服务，还有53%能够支持电子商务运行。

许多美国的3PL专门设立电子商务物流部以满足客户从事电子商务的需要。还有一些专门从事电子订单执行的公司也已经进入这个市场，它们中的有些自己拥有或控制了仓储和运输资产，另一些是一些在线公司，通过互联网来整合和管理其他的LSP。

当然，3PL也可以使用互联网来做自己的业务。当客户寻求在网上采购物流服务的时候，3PL就必须具备网上运作的能力，以便参与这个市场的竞争。总之，美国的3PL和它们的客户都把电子商务看成是最重要的市场机会。企业在开发电子商务方面的投资至今仍然很活跃且在稳步增长(Forrester,2003)。

四、结论

综上所述，美国的3PL产业在一段时期内仍将以结构分散化为基本特征。但产业边界的模糊化和充分的市场竞争也为3PL产业的进一步整合和走向成熟提供了历史的机遇。3PL公司未来的生存和发展，在很大程度上将取决于它是否能够为客户提供一体化的，并有助于显著改善客户财务和运营绩效的个性化物流服务解决方案。但最主要的问题还是物流服务供需双方意愿和能力的匹配问题，这是3PL产业发展的关键。

毫无疑问，美国的3PL产业将在服务个性化、网络全球化和流程信息化的过程中，沿着供应链管理的方向稳步发展。随着美国经济在2003年下半年开始显著复苏，美国的3PL产业将进入一个显著的恢复性增长期。3PL市场占当年物流总成本的比重也会进一步提高，但要控制物流支出的绝大部分还有很长的路要走。

（特约撰稿：中国北方工业公司
高级工程师　王　佐）

国外物流

美国物流

一、概述

2002年，美国物流运营总成本创历史新低，总计为9 100亿美元，比2001年经过修正的9 570亿美元下降了470亿美元。占当年GDP104 700亿美元的8.7%，比上年的9.5%下降了0.8个百分点。这是Robert V. Delaney先生和Rosalyn A. Wilson女士在第14版（2003年）《美国物流经济年度报告》中给出的统计测算数据。2002年美国物流总成本的分类结构参见表1。

表1　　2002年美国商业物流系统总成本分类结构

物流总成本类别	金额（亿美元）
一、存货持有成本（全部商业存货价值14 440亿美元）	
利息	230
税金、过时损失、折旧、保险	1 970
仓储	780
小计	2 980
二、货运成本	
汽车承运人：	
卡车——城际货运	3 000
卡车——本地货运	1 620
小计	
其他承运人：	
铁路	370
水路（国际210亿美元，国内60亿美元）	270
管道（油品）	90
空运（国际70亿美元，国内200亿美元）	270
货代	90
小计	1 090
三、与发货人有关的成本	60
四、物流行政管理成本	350
五、物流总成本	9 100

Robert V.　Delaney 先生是美国权威的物流经济专家，也是 Cass 信息系统公司的副总裁。他所主持编纂的美国物流年度报告不仅被物流业界视作掌控市场大势的指南，而且报告中给出的数据还常常被用来作为美国政府制定运输政策的依据。Rosalyn A. Wilson 女士是具有 20 多年运输管理经验的咨询顾问。

报告给出的数据表明，2002 年的美国物流总成本是自 1981 年美国物流总成本占当年 GDP 的比重达到创记录的 16.2%以来最低的一年，也是在 1985 年美国解除道路货物运输管制以后物流总成本占当年 GDP 比重最小的一年，还是美国物流经济研究权威的 Robert V.　Delaney 先生自 1989 年正式主持撰写第一版美国物流经济年度报告以来物流总成本占当年 GDP 比重最小的一年，更是美国物流总成本在 2000 年达到创历史性记录的 10 030 亿美元以来持续第二年较大幅度的下降。这种物流总成本奇低的现象已经引起了美国物流专家的警觉。

Delaney 先生和 Wilson 女士认为：2002 年美国物流总成本的降低并不是因为企业分销效率的提高，而是因为美国经济自 2000 年 3 季度以来的持续疲软。

因此，对物流经理人来说，这意味着在未来通货紧缩的环境条件下要削减企业供应链管理的运营成本将面临更加严峻的挑战。因为，企业要在通货紧缩的环境下生存就必须追求更低的运营成本。当产品的价格下降时，几乎所有的盈利状况改善都取决于企业供应链的运营效率。所以，企业降低存货水平，尤其是降低成品存货的压力就特别大。

现在，通货紧缩不仅已经成为困扰全球经济增长的热门话题，而且实际上已经构成了企业物流运营和供应链管理的基础环境。所以，第 14 版美国物流经济年度报告的题目就叫做《通缩侵袭了物流》(《Deflation strikes logistics》)。

二、美国物流总成本的结构分析

与以往的物流年度报告一样，美国物流总成本仍然由存货持有成本、运输成本和行政管理成本三大部分组成。其中包括企业用于购买第三方物流(3PL)服务的费用开支。

报告认为，2002 年美国物流总成本相对于 GDP 的比重大幅度下降的主要原因是由于通货紧缩引起的存货持有成本的降低。

（一）存货持有成本

2002 年，美国全部存货资产约 14 440 亿美元，相应的存货持有成本 2 980 亿美元，同比下降 12.1%。其中，利息支出 230 亿美元，同比下降 340 亿美元。导致利息支出直线下降的原因有二：一是存货资产本身同比下降了 420 亿美元。这反映了持续走低的物价水平。二是直线下降的商业票据贴现率。在 20 世纪整个 90 年代，美国的商业票据贴现率徘徊在 5.3%左右，但到 2001 年则降到 3.8%的水平，2002 年更是降到了 1.6%的水平。

税收支出、过时损失、折旧和保险支出为 1 970 亿美元，同比增加 20 亿美元。这里，保险支出的增加是主要的原因之一。

仓储费用 780 亿美元，在过去三年中均持平。在仓储费用中，企业自备仓库的费用为 640 亿美元，公共仓库的费用为 140 亿美元。由此可见，美国企业中的绝大部分还是自营仓储管理的。有研究表明，美国公共仓库的面积约为美国仓库总面积的 10%。第三方仓储服务所占用的仓库面积约为 48 万平方米。

（二）货物运输成本

2002 年，美国的货运成本总计约 5 770 亿美元，同比下降 40 亿美元；占 GDP 的比重为 5.5%，创 1981 年以来的新低，也是自 2000 年以来连续第二年的下降。而在 20 世纪 90 年代货运成本占 GDP 的比重基本上一直保持在 6%的水平。

其中，最大的一块是卡车运输成本，为 4 620 亿美元，占当年 GDP 的 4.4%。2000 年这一比例为 5%，2001 年下降到 4.6%。卡车运输向来被认为是推进美国商业物流的发动机，但 2002 年其占美国物流总成本的比重已经从过去的 80%下降到 63%。

对卡车运输企业来说，整车货运(TTL)承运人的收入是上升的，而零担货运(LTL)承运人的收入则是下降的。这在某种程度上反映了美国企业在经济不景气的情况下更多的选择使用大批量整合运输方式的决策。

伴随着卡车运输业总体收入水平的下降使许多卡车运输企业的破产倒闭。Donald A. Broughton 的研究表明，2002 年，美国有 2 345 家卡车运输公司倒闭。自 2000 年以来，美国已经有 10 000 多家汽车运输公司破产倒闭。大多数倒闭的运输公司的年营业额在 500 万美元到 2 000 万美元之间，但其中也不乏一些有名的大公司。如 Morgan Group，Consolidated Freightways，Rocor International，A-P-A Transport，和 Simon Trucking 公司等。

较高的货运保险成本和上扬多变的柴油价格加速了许多货运公司的死亡。在 20 世纪 90 年代，大的整车货运公司的保险成本仅为营业额的 2%。但自 2000 年以来，这些公司却要为财产和伤亡事故支付占营业额 5%的保险费。而且，从 2002 年 10 月 1 日开始，立法要求卡车承运人必须购买装有满足更高排放标准的发动机的卡车，但新型发动机的燃烧效率却比现有发动机低 5%-9%。由于准备对伊拉克的战争，柴油的价格变得难以预料。

此外，据投资银行公司 Stephens 的研究，政府对驾驶员每天驾驶时间不超过 12 小时的新规定将导致卡车运输业增加运营成本 6.11 亿美元，同时迫使承运人增加雇佣 84 300 个以上的司机。如果这个规定真正实施的话，无疑将对美国的汽车运输业以更大的打击。

其他货物运输方式总计为 1 090 亿美元。其中铁路货运收入 370 亿美元，与上年基本持平；空运收入 270 亿美元，比上年增加 10 亿美元；货代收入 90 亿美元，比上年增加 10 亿美元；水运收入 270 亿美元，比上年降低 10 亿美元。

与发货人相关的货运操作管理成本为 60 亿美元，比上年增加 10 亿美元。

必须指出，Delaney 先生分析美国货运成本所用的基础数据仍然来自于 Eno 运输基金会(Eno Transpotation Foundation)的研究结果。

(三)物流行政管理成本

仍按货运成本的 4%测算，2002 年美国物流行政管理成本为 350 亿美元，同比下降 20 亿美元。

三、美国第三方物流(3PL)市场

据美国权威的第三方物流市场研究专家 Richard Armstrong 博士所给出的研究结果：2002 年，美国 3PL 市场的交易规模为 650 亿美元，同比增长 6.9%。但必须注意的是，2000 年美国第三方物流市场的增长率为 24%，2001 年急剧下降到 7.4%。显然，进入新世纪以来，美国第三方物流市场增长速度的大幅度放慢是与美国经济的不景气以及美国物流总成本的下降相适应的。

事实上，在 2002 年的第四季度，埃森哲(Accenture)咨询公司和美国东北大学，以及 JP 摩根证券公司(J. P. Morgan Securities Inc.)等通过问卷调查分析，均发出了企业外包(Outsourcing)物流的意愿将显著下降的预警。

就美国 3PL 市场的结构来看，无资产(Non Asset Based)的国内货运管理(制造商和分销商将承运人选择和运价谈判工作外包) 营收 195 亿美元，同比增长 11.4%，2001 年为 3.6%；无资产(Non Asset Based) 的国际货运管理 (国际货代) 营收 166 亿美元，同比增长 5.7%，2001 年为 7.5%；有资产的(Asset Based)专项合同运输或专项运输管理营收 90 亿美元，同比增长 8.4%，2001 年为 2.5%；有资产的(Asset Based)增值仓储或分销服务营收 169 亿美元，同比增长 10.5%，2001 年为 13.3%；物流软件 30 亿美元，同比下降 25%。由此可见，美国第三方物流市场增长的主要推动力来自于美国国内的运输管理、专项合同运输、和增值仓储或分销服务的增长。

虽然美国第三方物流市场总体的增长率显著放慢，但 Armstrong 博士对其所进行的结构性分析表明，各类 3PL 公司的盈利能力均有不同程度的改善。

赢利性最强的仍然是从事美国国内货运管理

类的 3PL 公司,有些 3PL 公司的税后净利润率有的达到两位数。如 C. H. Robinson 公司约 19%,Expeditors 公司约 16%等等。这两个公司的经营规模都不大,前者的净收入约 5 亿美元,后者的净收入约 7 亿美元,但它们有一个共同的特点:仅仅去做自己能够做得好的事情。

增值仓储或分销服务类的 3PL 公司虽然一直为自己所提供的增值服务卖不起价而感到苦恼,但其净利润率从 2001 年的 0.7%提高到了 2002 年的 1.7%。这说明美国的企业对第三方物流公司所提供的增值仓储或分销服务的价值认同度大大提高了。这一类 3PL 公司的代表有 Exel,CAT Logistics,UPS logistics 等。

从事国际货代服务的 3PL 公司的净利润率在 2002 年达到 4.8%,而 2001 年的净利润率仅为 2.8%。

显然,3PL 公司的物流管理和增值服务的价值正在被越来越多的企业承认并被市场接受。

据 Armstrong & Associates 供应链管理咨询公司按照物流公司营收净额 (Net Logistics Revenue,不包括代收运费)给出的《北美 3PL 公司排名》如表 2 所示。

与 2001 年的排名相比,虽然净收入超过 10 亿美元的 3PL 公司从 6 家增加到 7 家,但它们的净收入之和却下降了。其中,Caterpillar Logistics Services,Inc.,APL Logistics 和 Expeditors Int´l of Washington,Inc.是新进前 10 名的。此外,UPS Supply Chain Solutions 排名低 3 位,天地物流(TNT)北美公司排名第 12 位,以提供仓储增值服务著称的 USCO 物流公司排名第 17 位,FedEx Supply Chian Services 排名第 34 位,Schneider Logistics Inc.则排名第 41 位。

但是,Delaney 先生警告说:虽然发货人越来越多的购买无资产的第三方物流服务,但他们用于购买 3PL 服务的支出当中的一部分实际上给了翻牌的 3PL 公司,比如实际只能提供传统服务的运输公司。由于投资银行介入 3PL 市场的整合,已经造成了目前 3PL 市场的混乱。因为许多已经有 100 多年历史的国际货代公司,海关经纪公司和货运经纪公司等纷纷翻牌为无资产的第三方物流公司以讨好于华尔街和谋求额外的利润,这把投资者也搞糊涂了。许多所谓的 3PL 公司与客户的关系在服务的可计量性和应承担的责任方面均不到位。

表 2　　**2002 年北美最大的 42 家 3PL 公司排名**

3PL 公司名称	净物流收入(单位:百万美元)	毛物流收入(单位:百万美元)
Exel plc – Americas	1 499	2 578
Ryder	1 492	1 902
UPS Supply Chain Solutions	1 402	1 969
Danzas Management Ltd. (DHL Danzas Air & Ocean)	1 386	3 960
Schneider Dedicated Operations	1 134	1 134
Penske Logistics	1 054	2 329
Caterpillar Logistics Services, Inc.	1 000	1 700
Tibbett & Britten Group Americas, Inc.	908	908
APL Logistics	723	723
Expeditors Int'l of Washington, Inc.	682	2 297
EGL, Inc.(Eagle)	672	1 680
TNT Logistics North America/CTI	635	750
J. B. Hunt Dedicated Contract Services	628	628

（接上页表）

AmeriCold Logistics, Inc.	550	700
NAL	499	579
C. H. Robinson Worldwide	484	3 294
USCO Logistics	403	1 478
Menlo Worldwide	388	969
BAX Global Supply Chain Management	355	600
Werner Dedicated	334	334
Ruan Transportation Mgmt Systems	330	580
UTi Worldwide, Inc.	328	1 000
Standard Corporation Integrated Logistics	305	305
DSC Logistics	280	280
Swift Transportation Co., Inc.	270	270
USF Logistics	266	266
Ingram Micro Logistics	260	2 250
GENCO Distribution System	250	250
NFI Industries	244	358
Ozburn-Hessey Logistics	220	220
Total Logistic Control, Llc.	196	196
Logistics Insights Corporation	186	412
Cardinal Logistics Management	181	200
FedEx Supply Chain Services	170	262
Kenco Logistic Services	165	205
Jacobson Companies	165	165
Hub Group, Inc.	163	1 336
Pacer Global Logistics Services	137	914
New Breed Logistics	115	115
Saddle Creek Corporation	110	110
Schneider Logistics Inc.	100	1 600
ServiceCraft Logistics	100	100

注：净物流收入为扣除代收运费以后的收入。

（资料来源：Armstrong&Associates, Inc.）

四、存货效率和仓库面积

对存货的分析，如对制造业、批发业和零售业的月度存销比的分析，历来是 Delaney 先生年度报告的重点之一。Delaney 先生却认为，如果综合这几年的情况考虑的话，美国商务部在 2002 年给出的月度存销比的数据并不能说明什么问题，同时对有些分析家认为在过去的两年已经很好的控制了存货水平的看法不以为然。

但是，与经济持续衰退和存货资产直线下降形成鲜明对照的是，从企业拥有仓库的面积来看，大多数的美国公司在 2002 年不仅没有缩减其拥有仓库的面积，而是增加了仓库面积。

根据美国《仓储管理》(Warehousing Management)杂志所做的拥有最大仓库面积的 50 大公司(Big 50)的调查表明：2002 年，在 50 家拥有最大仓库的公司中，60%的公司增加了仓库或分销/配送中心的面积。因为有 79%的公司表示要增加仓库的面积，所以分析认为仓库面积增加的趋势至少在 2003 年还要保持下去。

2002 年，Big 50 拥有的仓库面积共计 7 540 万平方米，比 2001 年增加 681 万平方米。其中最大的 10 家公司拥有 51.6%的仓库面积。2001 年有 27 家公司拥有 93 万平方米以上的仓库，2002 年为 28 家。美国国防后勤事务局拥有 691 万平方米仓库，连续两年名列榜首。前 10 名的排序参见表 3。

表 3　**2002 年美国仓库总面积前 10 名公司排序**

2002 年排名	公司名称	总部所在地	仓库总面积（万平方米）	公共，自备或合同仓库	2001 年排名
1	Defense Logistics Agency	Fort Belvoir, VA	690	自备	1
2	United Parcel Service	Atlanta, GA	655	自备	2
3	Wal-Mart Stores *	Bentonville, AR	577	自备	3
4	Exel	Westerville, OH	434	合同	4
5	Fleming Co.	Lewisville, TX	298	自备	9
6	General Motors	Grand Blanc, MI	222	自备	6
7	APL Logistics	Oakland, CA	214	公共/合同	7
8	Tibbett & Britten Group NA *	Etobicoke, Canada	205	公共	10
9	Kmart *	Troy, MI	186	自备	5
9	Target Stores *	Minneapolis, MN	186	自备	14

（资料来源：Warehousing Management——Big 50）

值得注意的是，2002 年新进入 Big 50 家范畴的是两个物流公司。WoW 物流公司拥有 56 万平方米仓库，位于第 41 位；Fastenal 物流公司拥有 47 万平方米仓库，位居第 47 位。由此可见，增值仓储服务对仓库需求的增长。

必须指出，在 11 个入围的零售商当中，有 9 个或增加了仓库的面积，或维持了原有的仓库面积。如排名第 14 位的 J. C. Penney 公司，在 2002 年就增加了 18.6 万平方米的仓库。这从一个方面说明了零售商在疲软的经济中相对处于强势地位。从另一个方面也部分的解释了为什么在许多行业成品库存一直居高不下的原因。

总的来看，物流成本的大小是否能够表明企业物流运作或分销效率的提高，必须放在总体经济环境发展趋势的大背景下来分析研究。显然，物流总成本占 GDP 的比重并不一定是越低越好。

（特约撰稿：中国北方工业公司
高级工程师　王　佐）

日本物流

一、日本物流面临的新环境

2003年,日本物流面临更严峻的发展环境。主要表现在以下几个方面。

(一)全球经济一体化给日本的物流发展带来影响

进入21世纪以后,全球经济一体化趋势愈发明显,日本作为世界第二大经济强国,也在全球化采购、全球化生产、全球化销售、全球化物流中接受考验。由于越来越多的制造企业移往海外,造成国内产业空洞化,设备投资缺乏动力,生产经营缺乏后劲,失业率上升,通货紧缩加剧,尽管2003年内出现景气回升的征兆,但经济发展过程中的根本性问题并没有得到彻底的解决。制造业的经营规模萎缩,不可避免地殃及物流产业的发展。

(二)周边国家的发展变化对日本的物流发展形成压力

20世纪90年代后,中国、韩国、新加坡等国家和台湾省、香港等地区经济发展速度加快,现代化港口建设成绩显著。韩国的斧山港,中国的上海港、天津港、香港,新加坡的新加坡港等港口的吞吐量增加,同日本的横滨港、神户港形成了明显竞争的态势,日本政府为了避免失去国际运输货源,决定大力加强港口建设,提高港口和海关的货物通行速度,增强国际物流竞争力。中国改革开放20年后,生产能力和产品质量大幅度提高,同时,由于人工费开支小,产品的成本低,国际竞争力强。日本则人工费高昂,失去了与中国产品竞争的实力,所以使中国的服装、食品、蔬菜、农副产品,近年来以不可阻挡之势涌入日本市场,迫使日本的物流企业调转船头,来适应中国进口货物的接运和国内配送。

(三)本国经济社会的发展对物流业构成冲击

日本的经济,20世纪50年代重新起步,60年代和70年代高速发展,80年代和90年代稳步提高,从70年代以前的“量”的扩大,到80年代以后的“质”的提高,完成了一个经济成长过程,使日本迈入了成熟的经济社会发展阶段。21世纪后,城乡居民物资财富极大丰富,“多样化”、“个性化”需求明显。消费者不仅在商品的质量、价格、功能、款式、大小、形状等方面有严格的标准,对商家的服务质量和快速反应能力也提出新的要求。生产企业为了赢得消费者、占领市场、维持生存,把商品积压和降低流通成本的难题转嫁给物流企业,对物流企业构成了巨大的压力,而物流企业为了维持生存,只能默默地承受,自我消化解决。经济社会发展后的另一种表现形式是“老少社会”的形成。社会上老年人和儿童数量增加,青壮劳动力减少,物流现场劳动力的严重不足,已成为日本物流业发展的瓶颈问题。

(四)环保问题对日本的物流发展提出更高要求

日本有1.1亿人口,国土面积26万平方公里,每两人拥有一辆汽车。土地、人口、汽车的比例严重超出极限。尽管日本的道路四通八达,网络密布,也无法抵挡驾车出行和频繁的商品配送造成的交通堵塞、废气污染、震动和噪音公害。加之,大量堆积的报废汽车、废旧家电和废旧IT产品,迫切要求迅速、有效的进行回收和再生利用。因此,环保法律法规对物流提出了更高的要求,绿色物流势在必行。这对于本来就低利薄收的物流企业来说,无疑是雪上加霜。

二、日本物流发展的政策取向及具体措施

日本政府小泉内阁在经济改革中,也把日本的物流问题放在了十分重要的位置。日本政府管理物流的部门主要有经济产业省和国土交通省。经济产业省的工作重点是从流通的角度实现物流

合理化和现代化；国土交通省主要侧重物流基础设施建设和交通运输管理。前者占日本物流成本的65%，后者占35%。

2003年两个政府物流主管部门都在继续努力贯彻2001年7月6日日本内阁会议通过的《新综合物流施政大纲》。该大纲对日本物流发展提出了四个要着重解决的问题：一是加强国际竞争力，适应全球经济一体化的新形势；二是加强环保，构筑良性循环型社会；三是开发现代信息技术，促进物流事业发展；四是发展物流业，满足国民需求，与国民生活相和谐。

日本政府充分认识到，在全球经济一体化的21世纪，各国企业纷纷跨国进行原材料采购、产品生产和销售，要想使本国企业实现国际化经营，国家必须提供强有力的后盾支撑，特别是国际物流的现代化。如港口吞吐能力、信息化程度、物流管理和技术水平，海关、商检的办事效率等后勤保障的现代化。日本的物流现代化，包括标准、规格、规范，必须与国际接轨，符合全球经济一体化的环境要求，并有较强的吸引力。为此，日本近几年尤其重视港口等物流基础设施建设和增强各大港口功能。为了维持国际物流枢纽的地位，在实现港口电子化、无纸化办公，一站式服务，24小时开放制度，缩短外国轮船进出港时间，提供最佳服务等方面加大了工作力度。为了在亚太地区巩固势力，日本经济产业省委托社团法人日本托盘协会，对亚洲物流标准化现状开展调研。由日本托盘协会组织调查小组，分别对中国、马来西亚、印度尼西亚、菲律宾、越南、泰国的物流标准化问题开展了实地调查研究。在政府的授意下，日本各相关物流团体和企业，齐心协力，共同奋斗，经过两年时间的努力，日本倡导采用的T11型（1 100mm×1 100mm）的木制平托盘，已于2003年被国际ISO组织列入了国际标准。

在加强环保，构筑良性循环型社会方面，日本政府从2001年起就设立了绿色环保税制度，对于利用低耗油、低排气量卡车从事物流经营的企业给予税收优惠待遇；提倡大批量、少品种、长距离的货物运输转为利用轮船和火车；大力推行城市智能化交通运输管理系统，试行交通流量管理；加强废弃物的回收和综合利用，规定制造企业负责本企业制品的义务回收，鼓励制造企业设计生产环保型产品。

开发现代信息技术，促进物流事业发展，是日本政府尤其重视的工作。2003年，经济产业省与相关省厅大力促进物流信息化建设。该省申报的构筑供应链信息平台的项目预算已获批准，计划用三年时间完成。由于这类项目必须以互联网为基础，执行国际标准，要求信息共享，并要说服制造商、批发商、零售商、客户对项目形成共识，共同努力实施，所以在使用什么代码和信息标准、EDI接口等问题上，都会碰到困难，政府决定从基础调查研究开始，强调协调和统一，先搞一个示范样板，然后再全面推开。2003年经济产业省第一项重要工作是电子标签技术的普及应用，已于2004年1月起在服装行业进行应用试点。具体实施时，委托日本服装行业协会牵头，吸收服装生产、销售企业和百货店参与。如果成功，将扩展到图书、家电、零售商业等领域。目前主要矛盾是成本问题。经济产业省提出目标，力争在两年之内将电子标签的单价控制在5日元以下。

近些年来，在长期经济低迷的阴影笼罩下，制造业一蹶不振，流通业景气下降，物流业经营困难重重。日本政府为了帮助企业实现物流合理化，降低物流成本，提高客户服务能力，继续积极推动共同化物流，2003年选出15个政府补助项目（参见表1）。目前的政府补贴还局限在县与县之间的共同物流，以后将逐步扩大范围。日本政府除了对重点项目给予补助外，还通过日本政策投资银行进行财政投融资，为物流中心建设以及物流机械设备制造企业，提供低利贷款。

三、日本单元化物流现状

所谓单元化物流，就是货物从离开生产线后到用户手里这段运输、保管、装卸搬运、包装等所有物流过程，货物始终处于单元化装载状态不变。所以，单元化物流的主要形式，是一贯托盘化，主要工具是集装箱和托盘。单元化物流由于减少了

表 1　　2003 年度日本政府补助的物流项目一览表

被补助企事业	事业概要	补助区域
岩规共同物流中心设立筹委会（王子运输株式会社）	衣料、加工食品等七家运输企业共同建设物流中心和物流系统（共同配送、共同流通加工、共同订货系统），以提高装载率和运输效率为目的的调查研究、基本框架计划的制订和实施。	首都经济圈、北关东、东北地区
关东家用药品物流系统化协会（株式会社龙角散）	关东、关西 16 家家用药物生产企业共同构筑物流和信息系统，以提高物流效率为目的，根据 2002 年计划完成情况和系统设计方案，进行实际运营效果验证。	关东地区、北海道、东北、东海、信越地区
关东办公用品流通协议会（株式会社岗本纸文具店）	14 家文具、办公用品批发商构筑共同物流系统，以提高共同配送物流效率为目的，对 2002 年开展的事业计划和系统设计的实施结果进行验证。	全关东地区
北陆木材再生利用研究会（学校法人富山国际职共学园）	为了促进建筑材料的再行利用，构筑订货、运输和配送网络，以提高物流效率化为目的，进行实际运作试验。	富山县、石川县、新泻县
社团法人电线综合技术中心（住友电气工业株式会社）	构筑订货、运输配送网络系统，实现供应、生产、销售物流信息共享，缩短备货时间，提高装载作业效率，减轻环境负担，开展调查研究，实施发展规划。	关东、东海、近矶
玛尔真集团协作组合（玛尔真集团协作组合）	为了集中利用物流设施，实现一元化运输，目前正在筹建综合物流中心。为了提高该物流中心的作业效率，拟就共同配送、一揽子进货、市场营销及物流系统有效运作等进行调研。	福冈县、佐贺县、熊本县
J. I. T 关东运输网协作组合（株式会社日尚）	为了实现物流中心按不同方向配送的共同配送计划，以改善运营状况，提高物流作业效率为目的，开展调研活动，实施物流系统发展计划。	东京都、琦县、千叶县、枥木县
首都经济圈套具利用协作 组合（柴又运输株式会社）	把各企业自建的货运设施结成运输和物流网络，以提高共同配送效率、装载率和作业效率等为目的，进行调、编制实施计划。	东京都、千叶县、琦玉县、神奈川县、茨城县
花园物流中心协议会（株式会社日本再生利用系统）	构筑共同物流中心和共同物流系统，以共同配送提高配送效率减轻环境负担为目的，开展调研，制订实施计划。	东京都、千叶县、琦玉县、神奈川县
日本区域网络系统协作组合联合会（日本区域网络系统协作组织联合会）	构筑紧急运输配送系统，以提高装载率、减少空返为目的，编制事业计划，设计物流系统。	东京都、神奈川、千叶县、琦玉县、群马县、枥木县、茨城县、山梨县、长野县、新泻县

(接上页表)

首都经济圈冷藏共同配送中心建设筹备协议会（南日本运输仓库株式会社）	构筑多种温度控制管理物流中心和共同物流系统，以提高与送效率为目的，编制事业计划，实施系统设计构想。	东京都、千叶县、琦玉县、神奈川县
三泽物流网络协作组合（株式会社 M.L.C）	构筑货物信息共享和配送计划支援系统，以提高运输效率，加强车辆调度管理，减轻环境负担为目的，并根据 2002 年计划执行结查，对所设计的物流系统进行实际验证。	全国
SAKEWEB 物流改革研究会（爱知县酒类销售协作联合会）	在酒类销售领域构筑互联网共用型 EDI 系统，并以利用与此对应的物流系统，降低库存，提高配送效率为目的，开展业务，实施设计计划。	爱知县、静岗县
广岛酒类区域物流组合（广岛中央酒类销售株式会社）	设计和构筑需求链和供应链，以便更好地开展区域配送服务，以 IT 方式接受订货，提高配送中心作业效率。	广岛县、山口县、岛根县、鸟取县、大阪府、福冈县
长崎轻量货物运输集团（长崎轻量货物运输协作组合）	设立配送管理机构，构筑共同订货系统，以便使单个运输企业联合起来从事共同运输，协作配送，计划开始阶段，首先开展货物集散业务调研。	长崎县、佐贺县

（资料来源：《物流技术与应用》杂志 2004 年第 4 期）

货物倒装、堆码、捆包的次数，不仅可节约装卸搬运费用，而且也能压缩作业时间，提高物流效率，所以，它是物流机械化、自动化和现代化的必然选择，备受推崇。对于强调发展国际贸易、加强国际物流合理化，同时，因老龄化社会造成劳动力不足的日本来讲，单元化物流更是一个必然选择。

关于实现一贯托盘化的目标，日本的“新综合物流施政大纲”中做了明确规定。经济产业省委托日本托盘协会，于 2001 年对全日本 25 个行业企业进行了普查，结果发现，托盘的利用率为 75%，其中，利用标准托盘的占 46%。根据社团法人日本物流系统协会对一贯托盘化的经济效益调查结果表明，从供应链管理整体的角度上讲，一贯托盘化物流利大于弊，其利用价值和必要性很大，作为物流合理化和企业经营战略的一环，将来要大力发展。

日本国土交通省为了贯彻“新综合物流施政大纲”，要求物流企业把托盘与供应链联系在一起，把托盘看作为是一种运输过程中必不可少的工具。为了达到高效率物流的目标，国土交通省要求货主企业与物流紧密合作，在形成共识的前提下，共同利用好托盘运输，提高一贯托盘化管理水平。该省委托日本物流团体联合会于 2001 年对全日本的托盘现状开展了普查。结果发现，因发货人的托盘规格尺寸与收货人的托盘规格尺寸大相径庭，给托盘的回收带来了麻烦。为此，主张托盘联营，支持托盘租赁企业发展。2002 年，国土交通省还委托调查了日本的托盘回收现状，结果也不十分理想，于是该省决定今后进一步投入人力物力给予支持。

目前，日本有的加工食品企业把从工厂到地区仓库之间的输送称为“一次物流”，把从地区仓库向当地批发、零售店的输送称为“二次物流”。一次物流的托盘利用率为 75%，二次物流的托盘利用率为 60%。食品行业一次物流使用的托盘逐步由木制托盘转向塑料托盘，二次物流几乎 100% 使用塑料托盘。这是因为制造业等上游企业机械化、自动化程度高，容易接受托盘，流通(批发、零售业）等下游企业在物流效率化和自动化方面投入少，对托盘的作用认识不足的缘故。当然，超市、便利店和医药业情况例外，10 年以前已经大量利用了托盘。

四、日本物流机械生产及销售现状

为了准确、持续掌握全日本的物流机械生产和销售情况，社团法人日本物流系统协会和物流系统机械恳谈会，从 1998 年以来每年都进行一次调查统计。

2003 年的调查，以 25 种物流机械为对象，选行业中产量在前 10 名的企业，调查从 2002 年 4 月至 2003 年 3 月期间的生产和销售情况。

2002 年全日本物流机械的销售总金额为 2 336 亿 5 700 万日元，比前一年减少了 0.3%。其中，立体仓库的销售额减少了 6.1%；分类机械减少了 36.2%；传送带减少了 3.1%；回转货架减少了 36.2%；移动货架减少了 1%。但 2002 年向国外出口的物流机械奖金额却大幅度增加了 172.2%。其中自动化仓库中的托盘货物保管自动化仓库增加了 82.3%；料箱货物保管自动化仓库增加了 550.6%。这说明在日本经济难以看到光明迹象的情况下，日本企业在积极开拓海外市场。

（特邀供稿：中国物流与采购杂志总编　靳　伟）

德国物流

一、德国交通运输概况

德国现有公路230 665公里；铁路45 150公里；内河航道7 300公里。2000年德国总运输量38.714亿吨。其中公路30.051亿吨；内河2.422亿吨；铁路2.942亿吨。其市场占有份额如下表所示。

表 公路、铁路及内河占有市场份额

年份	1999	2000	2001	2002	2003
公路%	70.0	69.1	70.3	71.1	71.1
铁路%	16.0	16.6	15.9	15.4	15.1
内河%	14.0	14.3	13.8	13.5	13.6

德国铁路主管部门是联邦铁路管理局，主要负责德国铁路总的发展规划和具体投资及建设计划、鉴定和处理、经营许可的审批等。负责既有线路及运输经营的则是德国铁路股份总公司。德国铁路于1994年开始进行股份制改造，形成现在的公司制结构。此外，德国还有55个私营铁路公司。

从1950年开始，德国铁路货运在综合运输体系中的份额呈逐年快速下降趋势。由1950年的56.0%降至2002年的15.4%。

二、德国物流业现状

德国一直是欧洲交通运输的门户。政府常年致力于各种交通基础设施的建设，并通过各种政策引导和调控交通运输行业的运营，促进各种运输方式协调发展，取得了较好的成果。

（一）物流市场格局

德国地处欧洲中部，拥有包括高速公路网、铁路网、内河航运网、海港、航空港的发达交通运输系统。在现代化立体的综合运输体系的支持下，德国形成了强大的以市场为导向的现代物流服务业，具有完善的物流经营和客户服务体系，第三方物流力量雄厚。2000年物流市场的营业额约为1 000亿欧元，占欧洲总物流市场的1/3。第三方物流营业额达80多亿美元，占德国国内物流市场的23.3%。

根据2000年德国对2 160家企业的调查统计，德国物流企业从事行业状况为：有从事汽车工业供应链服务的为29%，有食品及生活消费品物流的为25%，有售后服务为22%，高技术行业为21%，化工行业为19%，保温货物物流为18%，纺织品物流为13%。另一角度，从事物流服务业务的种类：有66%的企业有代理及包装服务，有49%的有物流咨询，48%的贴标签服务，39%的集中仓储服务，36%的存货管理，30%的质量控制服务，29%的代为订货，27%的追踪查询服务，24%的配货服务，23%的取货服务，15%的代收货款，11%的货架服务，8%的企业代为提供电话服务。

德国物流行业内企业合理竞争，在物流体系中承担着各自角色。如德国货物运输领域，邮件、包裹、零担货物、整车和集装箱运输这五大类别中，邮件运输领域为德国邮政公司垄断经营，但市场将逐步放开；包裹运输（1–32公斤）领域，5家物流公司占据了市场份额的90%，具有自动化处理的功能；零担运输（32–2 000公斤以下）领域，则形成了10个企业主导、100多个企业配合的局面；整车和集装箱运输领域，为5 000–10 000家企业的开放式竞争，实施无需中转的门到门运输服务。

（二）物流产业运行特点

1. 产业聚集分布。运输枢纽、大型港口是各种交通方式的交汇点，在市场规律的作用下，加上德国政府的规划和引导，形成了德国以运输枢纽、大型港口为基地，建立物流中心的产业聚集格局。

例如位于德国南部的纽伦堡物流中心，是德国南部的高速铁路和高速公路枢纽，拥有通往全国和国际的航线，连接欧洲30多个国家。该物流中心占地3.37平方公里，聚集的物流企业涉及：运输、仓储、航运和装卸、废旧物资处理、大型油库，以及生产和商贸等各领域。其一年的货物装卸量为900万吨（公路运输量76%、铁路运量16%，航运8%，集装箱运输达8.5万个TEU/年）。

汉堡港则是位于德国北部的第一大出海港，港口设施完备，拥有世界最大的货物装卸岸桥，是欧洲最大的集装箱转运港，达到500万TEU/年。它拥有德国最大的火车枢纽站、两大保税区、国际航空港，以及欧洲空中客车的生产企业，正向综合性的港口物流中心发展。

2.“大交通”实至名归。德国的铁路密度约为中国的18倍。欧洲几条主要河流如多瑙河、莱茵河、易北河均贯穿境内，内河运输网相当发达。20世纪50年代蓬勃发展起来的公路运输使德国的各级公路网发展迅速。政府积极发展多式联运，且在相互协作上实现了高效、快捷、便利的目标。

（1）基础设施统一规划。德国联邦各级政府历来非常重视交通基础设施建设的投资和规划，在充分利用各种自然条件、发挥各种运输方式功效的同时，合理调配运输资源，实现交通一体化。如在科隆——波恩新机场项目的建设中，机场、高速铁路及地铁的修建基本是同步的；不来梅区域货运中心与港口设施、铁路专线、高速公路等也是配套发展的。新建物流基础设施不再体现单一行业的特征，而更多地体现各种运输方式“结点”的概念。

（2）多式联运蓬勃发展。配套的基础设施为实现多式联运的各种组合提供了便利条件。其中最主要的是公铁联运，这些联运基本上是由第三方物流企业协调组织的。

（3）公共交通打破了条块分割。在德国的城市中，地铁与轻轨直接通达车站、机场、码头和主要汽车站，轨道网络相当发达，去任何一个地方无论有无换乘只需一次购票。负责收益分配的是各地区的交通联盟，他与各公交实体没有经济上的关系。行业壁垒的打破，避免了不正当竞争和资源浪费，提高了行业的整体服务水准。

3.“城市物流”方兴未艾。（1）大力发展区域货运中心。布局合理的区域货运中心既是物资集散中心，又是货物的转运、仓储、配送及包装中心。德国政府于20世纪80年代末对全国物流中心进行了总体规划，目前共规划了33个区域货运中心，已建成的全部运行良好。尤其是1997年政府出资40%建立的不来梅中心，投入产出比已达1:6，是一个比较成功的典范。随着经济发展德国许多工业及制造企业越来越多地将工艺流程转移到区域货运中心，如附属零配件的生产、产品的包装等，以降低成本。

（2）政策引导物流公司的经营。依托区域货运中心建立起来的城市物流公司，通过对货运中心辐射区内货运业务的整合，优化了运力资源配置，降低了能耗，提高了效率，缓和了城市交通压力，减少了环境污染。德国各级联邦政府均在政策上对城市物流公司的发展予以支持，如减免税务、调整禁运条例、提供低息贷款、放宽对城市物流市场的准入限制等。

发展城市物流的优点很多，但也存在一些问题，主要是各生产商必须与城市物流公司间实现产品及物资供求信息的共享，这涉及到企业的商业秘密。此外，尽管城市物流减少了既有的无效运输，但也刺激了非环保的汽车运输业的发展。

4.集装化及标准化运输占据主流。集装化和标准化运输由于具有装卸和换装快速安全的特点，在物流领域里被广泛采用。这也是德国政府对运输包装实行标准化管理的良性循环的结果。

（1）单元化技术广泛运用。单元化技术即货物被运输之前，通过相应设备或包装措施使货物成为一个标准单元。如在欧洲和美国都广泛使用托盘，若干小件货物在托拽上经过自动化塑膜包装，就成了标准的块状货物。又如拖头挂车系统，汽车拖头将挂车(即集装箱与汽车底盘及后轮对)作为一种"务器",同时也是一个运输单元。汽斗将货物运达后,直接将挂车摘下,然后挂上另一个挂车或独自返回。

(2)集装箱运输占主流。在德国近40%的货物是通过集装箱运输的。德国公路货物运输约90%是通过集装箱或集装化运输方式来完成的。铁路运输除了散堆装、大批量和回收货物外,基本上都采用集装箱运输。中国铁路目前仍大量使用的棚车在德国已基本不见踪影。2000年德国公铁联运的货运量为3 550万吨,其中集装箱运输占到85%。在德国集装箱种类越来越多,许多集装箱是专门为特种货物设计的,基本上实现了标准化。并实现了集装箱全球范围的追踪。

(3)标准化运输的先进技术不断涌现。为了进一步发挥集装化和标准化运输的优势,许多现代化专用设备也应运而生。如开发通过铰链实现将集装箱在汽车和火车间平移装卸的汽车;通过转盘支架和轧轨实现将集装箱在汽车和火车间直接换装的汽车和铁路平车。如科阻公司开发的公铁两用挂车,这种挂车在公路上由汽车拖车牵引,在到达中转站时,活动支架放下,将汽车车身顶起,直接让汽车车体与铁路货车的转向架连接,这样一个个地连起来,就组成了一列车;当运到另一换装站时再将各挂车拆开。由汽车拖头牵引运送到客户手中。一列同样长度的列车,如果由汽车直接开上火车,可装载22个汽车拖头和挂车(集装箱),公铁联运则可装载27个集装箱,而挂车列车可以达到38个集装箱。

5. 信息技术与物流发展水乳交融。(1)参与市场竞争。物流企业的客户发展、业务咨询、协议签订、货源整合、运力调配、数据分析、财务结算等,均需要信息技术的参与和支持。即物流企业的核心竞争力,在于是否拥有功能强大的信息网和数据交换系统。

(2)管理自动化。在仓库和货场管理、货物收付过程中,物流公司普遍采用了电子数据交换系统、条形码、扫描仪、数据无线传输机等现代信息技术,在不来梅公司的仓库,从货物上传送带开始,此后的一系列工作都是自动完成的,

(3)实现实时追踪。计算机、互联网和卫星导航定位系统(GPS)使追踪查询成为可能。不来梅港集装箱中转站通过微机实现了与托运人的信息共享,货主能随时掌握集装箱在不来梅港及汉堡港甚至运输途中的信息。有些公司仓库的工业电视系统与互联网相连,客户通过个人电脑就能看见他的货物在仓库货架上的位置。

虽然德国企业的各类信息系统已经相当完善,但其大部分的微机却停留在PⅡ或更低的水平。一些软件虽已开发十几年,经过不断增补,现在依然运转良好。这一情况值得深思。

(三)物流园区(基地)建设

物流基地,在德国称为货运村(Freight Village),如布莱梅的货运村(占地100公顷以上)。德国物流基地的布置,需要考虑的因素包括:两种以上运输方式连接、交通枢纽中心地带、经济合理性,以及环境保护性与生态平衡性。相应的物流基地规划建设,德国政府则遵循:联邦政府统筹规划,州政府、市政府扶持建设,公司化经营管理,入驻企业自主经营的发展模式。

20世纪80年代开始,德国政府规划建设40个物流中心,建成并使用的已达20个。已经运营的物流园区建立了很好的经济环境,运行走入正轨和稳定期。如布莱梅物流集团公司已迅速发展成集汽车物流、集装箱物流、家用电器物流、现代化冷冻仓储物流和信息化物流咨询服务于一体的大型跨国物流集团。

(四)物流企业特点

在德国,每年通过卡车、铁路、内河航运、海运和飞机运送的货物约40亿吨,运输行业年营业额将近800亿马克,雇用职工约37万人。德国物流市场的主体为中小型企业,2000年的调查显示,2/3的物流企业结构为50人以下。但集约化和专业化则是德国物流企业的主要经营趋势,以便提供从采购、生产到销售的高效低成本物流服务。企业都拥有较完善的软硬件设施,以及实施电子化管理、机械化分拣作业的能力,大型物流商能够提供范围广、业务种类齐全的物流服务;中小型物流企业则专注于专业化服务。通过推行联合运输、私有化

以及企业之间的联合重组，并积极采用物流新技术，德国物流企业力量不断成熟壮大。

（五）重要德国物流企业简介

德国一些大型物流服务商，已经形成了规模宏大的集团，对于欧洲、乃至全球物流市场具有重大的影响力。2001 年上半年欧洲物流服务商营业额排名资料显示，德国有三大集团跻身于前十名行列：第一位的德国邮政集团，营业额为 27.5 亿/德国马克；第四位的德国辛克国际货运，营业额为 10.01 亿/德国马克；第五位的德国铁路股份公司，营业额为 7.5 亿/德国马克。

1. 德国邮政集团。由原国营邮政公司转变的现代物流服务公司。通过大量的收购活动（如将 DHL、DANZAS 并于旗下），使其成为欧洲最大的物流服务供应商，增强其为顾客提供全球范围内快件服务的能力。重要的服务客户包括：尤莱尼佛、强生、Kraft Jacobs Suchard、普罗克特–甘布尔和马尔斯等。

2. 德国辛克公司。欧洲陆路运输最大的网络供应商，其服务领域包括陆运、海运和空运，以及为所有行业、汽车工业加工链物流提供仓储服务。重要客户包括：BASF、道氏化学、大众、宝马和 NABCO 公司。

3. 德国铁路股份公司。欧洲最大的物流公司之一，通过兼并荷兰铁路货物运输部，成立 RAILION 公司，增强集团“一站式”服务和国际化经营网络的能力。

三、德国物流技术

物流技术是由“运输、仓储、装卸、配送、包装以及信息、通信、模拟等硬技术和物流管理软技术组成的综合技术”。在物流技术标准化的基础上，德国的物流技术已达到高度现代化水平。

（一）车辆、装备方面

德国货运车辆具有大吨位、自重轻、提高柴油车比重等特点，同时大型化和小型化则是德国车辆发展的另一趋势。一般大吨位货车载重量可达 20 吨以上，小型车载重量则在 2 吨以下，以满足不同货物运输的需求。物流运输过程中，专用车辆应用较广，如集装箱车、自卸车、厢式货车、平板车、高栏板车、散粮车、冷藏车等。同时拖挂运输方式被广泛采用。

物流配送中心以及仓库则配备了完善的技术装备，从分拣、包装到装卸搬运等装备，以及相应的报警、消防、排烟等安全设施。值得一提的是德国先进的自动化仓储技术。1962 年，德国建成了世界上第一座自动化仓库，开创了把计算机用于仓库管理的先河。

（二）条形码技术

货物条形码能够反映货物的名称、性质、生产日期等信息以及发货人、收货人、货物的起讫地点、批量、交货日期等信息，既反映货物属性，又反映货物运输信息。德国物流业普遍应用条形码技术，通过对信息储存卡的识别，完成各个物流环节业务，实现货物与相关数据的分离。例如，在分拣、转运、交付过程中，采用条形码技术与有关软件和网络技术相结合，自动识别、自动数据采集，实现整个物流过程的数据共享，使得信息传递更为准确、快捷和方便。

（三）信息技术与通讯传输技术

德国的物流信息流动是在生产厂家、商家和物流企业相联通下进行的，依赖于信息技术与通讯传输技术。例如，EIR 系统和 AIM 系统，都是德国厂家、商家和物流企业共同开发的产物。前者通过信息反馈，有助于厂家了解市场状况，合理安排生产计划，促进供应链的最佳组合；后者的特色则在于不影响各成员原有系统的情况下，合理安排运输、仓储、货物跟踪和查询作业，提高物流效率。

EDIFACT 为德国的信息标准。物流关联各方（厂家、商家和物流企业）的内部信息处理依托于各自独立的信息系统，同时借助于公共信息平台，实现外部信息交换与反馈。例如 DAKOSY 数据交换中心，是为运输企业提供数据交换服务的公共信息平台。1985 年开始，开发运输交通电子信息交换标准，已将物流公司、制造进出口公司、各类型运输公司、码头管理公司、政府和警务等 761 家单位相连结。

各信息系统建立在公用、开放性的平台上，德国物流信息传输方式则包括专线传输、因特网、电子邮件、GPS 等。其中,作为业务数据和信息的规范化和标准化的保障,电子数据交换技术(EDI)在德国物流服务中应用广泛,用途包括传递货单、发票,办理审批、转运、保险、银行、海关等手续,描绘货物属性和储存、保养情况以及物流活动文件、表格的生成与转换。1997 年,德国法律规定所有进出口业务都要采取电子报关。

(四)模拟技术

模拟及仿真技术是“按照真实情况,用科学的手段模仿实际的生产过程,并将实际的情况与期望达到目的的情形反复对比、实验,使之达到最佳的状态”的技术。

自 1989 年开始,德国运输与物流研究所研究模拟软件,其模拟软件技术已被世界上多家港口所采用。其开发的不来梅港港口集装箱装卸系统、港口汽车装卸系统等,可使装卸门吊效率提高 20%,车辆装卸效率提高 40%。具体模拟功能包括:模拟物流仓库中叉车数量、最佳起重量;模拟不同货物堆放(较长、短期或临时堆放,托盘、高架或平面堆放);设计仓库的门,装卸门与高平台搭板的数量比例,准备辅助装卸设备等等。

四、对我们的启示

(一)降低货物流通的费用

目前我国工业企业生产的直接劳动成本占总成本的比重不足 10%,而物流费用占总成本的比重约为 40%,全社会物流费用支出约占 GDP 的 20%。而德国及欧美一些发达国家全社会物流费用的支出不足 GDP 的 10%。如果我国能降到此比值,按 2000 年的 GDP 水平,将能为全社会节约8 940.4 亿元的物流成本。

(二)解决库存沉淀的顽疾

截至 2002 年底,我国乡以上工业企业库存商品沉淀的资金约占国内生产总值的 50%。目前国际公认的库存商品与 GDP 的比例,发达国家一般不超过 1%,发展中国家不超过 5%。如能让这些资金流动起来,将成为一个巨大的利润源泉。

(三)加快现金资本的周转

我国目前国有独立核算工业企业流动资本年平均周转速度为 1.2 次,国有商业流动资本为 2.3 次。建立了现代物流体系的德国制造业流动资金年平均周转 15–18 次。这对于资金尚不充裕的我国具有极大的潜在经济意义。

(四)减少传统物流的物耗

我国传统物流状态使某些商品从生产到最终的消费,要搬运、装卸十几次。易造成果菜的变质、钢铁的锈蚀、粮食的散落、货件的损坏等,加之各种运输方式自成体系,造成大量的运力浪费。据统计,我国汽车空驶率高达 37%左右。按照现代物流的要求,合理的流程设计可使空驶率降低到 5%以下。

(五)发展物流业,必须坚持系统思想,构建物流基础产业、物流装备制造产业、物流信息系统产业和社会化的第三方物流产业

目前,欧洲的大型企业使用第三方物流的比重高达 76%,而且 70%的企业不止使用一家。这是工业企业专业化、规模化和社会化生产的要求,也是现代化物流的发展方向。第三方物流所占市场份额,德国为 23%;法国为 27%;英国为 34%;美国和日本等国也均在 30%以上。这种在现代经济中为客户提供专业化、集成化、个性化全方位服务的物流方式,其市场需求量正呈迅速上升之势。

(六)发挥我国铁路在物流业发展中的作用

在近年的欧洲运输市场中,铁路运量虽呈稳步增长趋势,但市场份额却一直徘徊在 8%–10%,其主要原因是公路运输,尤其是短途运输发展迅猛。如 1995–2000 年,德国铁路货运周转量增长了 72 亿吨·公里,而公路货运周转量却增长了 294 亿吨·公里。从长远看,这种格局也是必然的。从铁路运输的优势特性和我国交通运输及物流业的发展来看,无论是现在还是将来,铁路的核心骨干地位及“大动脉”的作用,都将得到进一步加强。

(供稿:清华大学深圳研究生院
现代物流中心　徐青青　缪立新
《中国物流年鉴》编辑部加工整理)

法国物流

一、法国物流在欧洲物流市场的重要地位

欧洲物流市场总值约为8 000亿欧元，占欧洲GDP的8%，而其中法国市场总值占1 200亿欧元。最近10年，法国的物流市场保持10%-12%的年增长率。许多跨国公司都将其欧洲物流中心设在法国，如AVARTO、Conair、Hewlett-Packar以及FedEx。其中FedEx在巴黎建立了自己的物流基地，每天处理750吨的货物，每小时的处理能力达到30 000个包裹。

法国的物流企业在整个欧洲起着举足轻重的作用，而国外物流企业在法国的物流市场占有率仅有29%。法国的物流企业一般也是由运输企业起家。大多数物流企业是在为食品、汽车零部件、纺织品等行业提供服务。将近40%的法国企业都将自己的物流服务外包。

二、法国物流发展现状

法国处于欧洲最大市场的交汇处，其完善的交通基础设施保证了物流运输的高效率低成本。

（一）物流基础设施建设

法国位于欧洲大陆西部，西濒大西洋的比斯开湾，西北隔多佛尔海峡、英吉利海峡与英国相望，东南滨临地中海，东北与摩纳哥、意大利、瑞士、德国、卢森堡、比利时相接，西南同西班牙、安道尔接壤。法国国土面积55万平方公里，东西方向和南北方向最长距离均为1 000公里左右，陆路运输是国内主要运输方式，公路、铁路、航运、管道运输分别占货运市场份额的80%、14%、4%和2%左右，空运只有微量份额。

1. 公路。经过战后近60年的建设，法国已拥有世界上最稠密、最多样化的公路交通网，其质量和密度均居世界前列。就质量上，法国有950 000公里保养良好的公路，其中包括11 000公里的高速公路，其公路网络在欧洲是最密集的，能与西欧各国紧密联系在一起。在密度方面，其高速公路的每公里单位车辆密度是30辆，大大低于欧洲国家的平均水平44辆，具有良好的公路通畅状况。

法国的公路建设和管理主要由以下几个层次构成：乡镇内公路由乡镇投资和管理，跨乡镇公路由市负责；省、市公路由省市投资和管理，跨省公路由国家负责；国家高速公路由中央政府负责投资和管理。相应的法国公路网由5种道路构成，总长超过150多万公里。第一种为高速公路，以巴黎为中心，通向各大城市，总长度约为1万多公里。第二种为国道，是国家投资修筑和管理的干线公路，沟通全国各大、中城市，连接各省省会，并同高速公路相衔接，总长为3万公里左右。第三种省道，是各省省内的交通道路，由各省议会责成地方公路团负责修筑和管理，费用由各省自筹，国家酌情予以补贴，其总长度为34万公里。第四种是市镇道路，即一般市镇之间的地方道路，分别归属所在市镇管辖，由各市镇筹资修建，中央政府和省政府酌情补助，其总长度为42万公里。第五种是村道，即农村野外的所有辅助性的道路，贯穿于居民点、游览区、医院、农场、牧场、果园、水库、排灌站之间，并与市镇相通。村道不仅可以通汽车，还可供农用车辆行驶，修建资金主要由民间自筹，各级政府给予部分资金和技术的帮助。法国的这种道路十分发达，其路网总长度达70万公里左右，几乎占全部公路网长度的一半。

在综合运输体系中，公路货物运输量占总量的69%，在原有38 000家货车运输商基础上，10年来又增加了9 000家，其中3.8万家为1-5个人的小公司，从业人员达33万人，专职司机达到20万名，增加了30%，运输收入38亿欧元。欧洲内部的将近80%商品交换是通过公路完成的。借助公路和铁路降低了货运成本，使竞争优势进一步加强。

2. 铁路。法国的铁路网络作为欧洲最佳网络

之一，没有像北欧一些铁路那样超负荷运行，是货物分流的重要渠道。高速铁路网络实现了国内城市之间与欧洲各国之间快速便捷的连接。2000年，铁路和公路的运输量达到138亿吨(全国总量554亿吨)。

法国铁路全部是国家资本，法铁公司是惟一的铁路经营者，实行集中的管理体制。遵循公用事业原则，国家对法铁公司在诸多方面，区别于一般工商企业，有一定的法律限制。法国铁路现有营业线路3.18万公里，17.8万人，客货运量分别为8亿人次和1.3亿吨左右，客货周转量分别为600多亿人公里和530亿吨公里左右，铁路货物运输处于重要地位。在铁路的发展方面，随着工业的发展和工业的逐步现代化，铁路建设和营运，经历了起步、快速发展、饱和、减少和调整的过程；在经济效益上，经历了赢利、高额利润、亏损、减亏和扭亏等阶段；在货运品类上，也发生了以运输煤炭、矿建、钢铁等物资为主，逐步转向以运输高附加值的工业产品为主，煤炭、矿建物资基本消失、钢铁大量减少的巨大变化。托运人对铁路的需求，也从简单的货物位移需要，转变为要求在承诺的时间内准时，安全地实现货物的位移。

作为法国惟一铁路经营者的法铁公司在铁路货运品类变化的形势下，通过采取既有线提速和公铁联运策略来巩固和拓展货运市场。法国铁路的货车时速基本都提高到120公里以上，南北方向的既有线有一部分提高到140–160公里。这种差异是市场需求的结果。在市场经济条件下，为减少资金占用和商品库存，制造商都希望在合同规定的最后时限交付货物，而分销商却希望在合同规定的时限内越早得到商品越好。法铁公司通过在既有线提速，大力开行晚18:00承运早8:00交付的“夕发朝至”货物列车，以满足市场需求。由于法国铁路南北方向和东西方向均不超过1 000公里，有这种运输需求的货物基本集中在南北流向上，因此，法国铁路速度140–160公里/小时的货车完全是南北开行，而且货运大部分集中在夜间进行。目前，速度160公里/小时的货运量占7.92%。

开展公铁联运，提供全程一站式物流服务，整合铁路和公路两种运输方式的优势，经济、便捷地直接把货物送达客户指定的地点，是法铁公司货运的重要特点。据介绍，20年前法铁公司发展公铁联运。至2003年7月，法铁公司通过控股和参股控制着法国150多家公路运输公司，已成为全国最大的公路货运公司，2001年营业收入达到200亿法郎。目前，法国铁路承运的货物有24.9%实现了公铁联运。从法铁公司目前的企业结构看，法铁公司及其参控股的150多家公路运输公司共同组成一个多式联运的集团公司。

法铁公司开展公路运输或其他经营业务，都以投资设立子公司或参股其他企业的方式进行，在其总部设立投资管理部，专门负责投资参控股公司的管理工作。

3. 港口。法国共有72个海港，1966年政府为重振港口业授予六大主要港口自治港地位，邓刻尔克、马赛、勒哈佛尔、鲁昂、南特–圣纳泽尔和波尔多港成为国家所有的公共公司，开始自负盈亏，拥有管理、商业与营销等功能。法国港口业至此开始了其长足的发展，至2002年法国港每年的吞吐量达到3.45亿吨货物。欧洲最大的15个港口有5个在法国，这5个港口全都是政府的自治港，2002年它们的总货物吞吐量达到1.37亿吨。

勒哈佛尔2000年吞吐货物6 800万吨，较1999年增加5.6%，其中:原油和成品油4 200多万吨、干散货物400万吨、杂货1 710万吨，内1 380万吨集装箱化了，为146.5万TEU，较1999年的138万TEU 增加7.5%，于2001年成为欧洲第7大集装箱港口。现已是法国最大、欧洲第五大的集装箱港口，2003年吞吐量达到6 812万吨。

邓刻尔克港包括西面较新港区和东面的较老港区。前者于1975年对外开放，能装卸最大30万吨级，吃水2 015 米的船舶，通常装卸18万吨级油船和散货船，以及集装箱船和滚装船。后者限于船闸系统和泊位条件，只能接卸最大12万吨级，吃水1 412米的船舶。至2003年该港口吞吐量达到4 756万吨。

马赛位于地中海北岸，为法国货物吞吐量最

大的港口。由于马赛是法国的一个重要工业中心，集中了法国 40% 的石油加工工业，马赛港主要面向石油运输，长期以来原油和成品油超过其吞吐量的三分之二。2003 年马赛港货物吞吐量达到 9 240 万吨。

布雷斯特位于布里塔尼(Brittany) 半岛顶端，在南北向和东西向航线交叉点上，其散货码头有 2 个泊位，日装卸能力 8 000 吨干散货。集装箱码头长 600 米及一个滚装船连接桥，装备 2 台集装箱装卸桥，集装箱堆场 10 万平方米，有 200 个冷藏箱插座。2003 年其货物吞吐量达到 896 万吨。

南特–圣纳泽尔联合港位于大西洋沿岸，2000 年吞吐货物近 2 900 万吨，其中原油、天然气和成品油共占 60%，其余 30%为别的液体货物和干散货，包括饲料、粮食和化肥，该港腹地以农业生产为主。集装箱吞吐量 120 万吨，较 10 年前的 19 万吨增加 5.3 倍。2003 年其货物吞吐量为 3 170 万吨。

4. 水路。法国的海运业由国家和私人共同经营，现有航运公司 55 家。其中拥有船舶 30 万总吨数以上的大型公司有两家。拥有船舶 20–30 万总吨的公司有 7 家，其余都是小型公司。法国全境有商船 311 艘，总吨位 58.3 万吨。

法国的通航河道网主要由天然大河和运河构成。最大最重要的有：北部的塞纳河通航河流，南部的罗讷河通航河流，西部的卢瓦尔河及支流歇尔河、埃纳河和加隆河。法国的运河长度约占全部通航河道的 2/3。主要的大运河有马恩–莱茵运河、罗纳–莱茵运河南方大运河、南特–布勒斯特运河和奥尔良运河。法国拥有 8 500 公里的可航行水路，并与欧洲水路网络连接。2001 年，5.6 千万吨的货物通过水路运送到欧洲市场。

巴黎港目前为法国最大的、欧洲第二大的内河港口，年货物吞吐量达到 1.76 千万吨，包括 4 个港区：大都会圈、玛恩河上 Bonneuil、利迈(Limay) 的多用途码头以及塞纳河上 Vi2gneax 新港区，其第 1 期工程于 2000 年投产。巴黎港务局负责监管法兰西岛大区 600 公里通航河流和运河上的航运和货物装卸。这一范围内有 500 家装卸公司、200 个私营码头，100 万平方米以上的泊位、仓库和办公楼。处于塞纳河河口的勒哈佛尔不仅是最大的海港港口，同时也是一个非常重要的河港。鲁昂则是欧洲最大的谷物出口港。

5. 管道运输。法国的管道运输是战后发展起来的。它具有占地少、投资省、运费低、无污染及日夜运行的特点，因此发展较快。此外，法国还铺设有输送固体散装物原料的管道。法国的管道运输总长达 5 000 多公里，输油量 1 亿多吨。法国最大的集装箱港勒哈佛尔有油管自码头东接巴黎总长 240 公里。

6. 航空。法国建有 27 个机场，包括巴黎、里昂等国际机场，到达 130 多个国家，平均每个星期有 6 200 趟航班，这些机场年吞吐量达到 175.1 万吨。

巴黎的两个机场吞吐量就占了欧盟总货物空运量的 20%。它们的年增长率已超过 10%，远远大于大部分其他欧洲机场的增长(大约为每年 2%–3%)。由于其地处巴黎的中心，600 多个企业共有员工 5 500 多人(其中有 12 000 多人从事物流作业)将他们的运作基地设置在附近。

法国里昂 Satolas 国际机场位于南欧大陆桥(从西班牙南部的瓦伦西亚到意大利东部里雅斯德港)的中点。从 1984 年到 1998 年，里昂 Satolas 国际机场的运输业务增长了 2 倍。1998 年，年货运量达 11.5 万吨，5 200 万人次。预计 2010 年前还将翻一番。受这些基础设施网络之惠，从里昂出发，可在一夜之间为 1.8 亿欧洲人服务，这超过欧洲人口的 1/2，代表欧洲 2/3 以上的购买力。

（二）物流投资成本与收益

在法国，因为基础设施的发达，其物流成本相对其他国家来说具有很大的竞争优势。由于法国的物流成本比欧洲其他国家低很多，所以其收益也是具有明显的竞争优势。

另外，除了国家总体物流成本的竞争优势，法国的很多城市都具有物业成本方面的优势。下面是欧洲几个城市的物业平均年租金表，体现了法国城市的物流竞争力(见下页图及表)。

（三）法国物流服务商

1. 良好的服务水平。在产品日益全球化的今

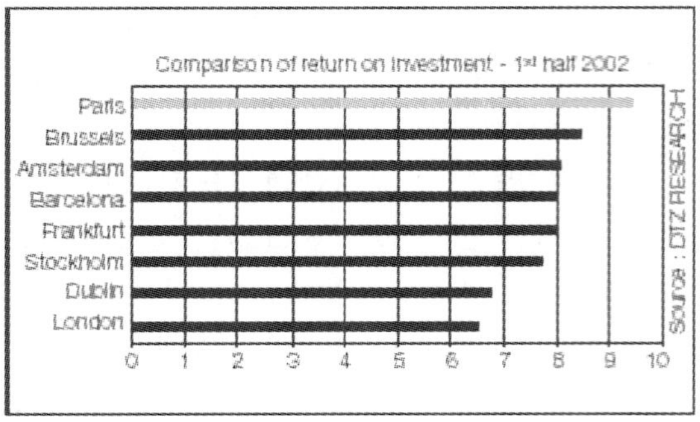

图 欧洲各国物流投资收益比较

表 欧洲各国主要城市物业价格表

主要城市	平均物业租金
里昂	53 欧元/平方米
米兰	57 欧元/平方米
巴黎	77 欧元/平方米
伦敦	77 欧元/平方米

天,物流服务是一个重要的中介。生产者需要根据劳动力成本、原材料供应、财政政策等多方面因素,不断地重新部署生产;消费者则从不或很少改变其消费位置,他们要求以最低的价格、在最短的时间内得到优质的产品或服务。所有这些加上安全性,便是位于生产者与消费者之间的物流服务商的任务。

因为我们必须努力做到零库存,而同时保证消费者购买时不断货。同时,工业集成化的发展,使产品的差别日益缩小;激烈的竞争又缩小了产品的销售价格之间的差别。产品的独特性是必须发展的,物流服务可弥补产品之间越来越少的差别。

另外一个必须说明的重要因素,就是法国工业部门(当然也包括物流行业)的每小时劳动成本低于欧洲平均水平,极具竞争力:

法国 17.25 美元;

荷兰 20.99 美元;

德国 25.81 美元。

2. 法国的社会环境。法国经济的批评者经常提及法国的罢工。总体上讲,这些争议极少波及物流业。下面给出了不能工作的时间的比较(每万名雇员一年中不能工作的天数):

法国每年 31 天;

英国每年 43 天;

意大利每年 238 天。

当一个大型的法国运输公司发生罢工时,(这种概率仅占法国全国运输业的 1%),像 SOTRADEL 这样小一点的、中等规模运输企业,可以继续有效地为客户提供服务,在不间断服务的前提下,法国服务商可以和它的客户面对面地共同规划。

(四)法国三大物流公司简介

1. STVA 汽车运输公司。STVA 汽车运输公司是专门运输小轿车的物流企业,为客户提供全程一站式物流服务,法铁公司控股 80%,其余主要由私人持有。公司从 20 世纪 50 年代购买 50 辆运输小轿车的铁路专运车辆(相当于我国的企业自备车)起步,发展到 2001 年,已在法国各地建立了 20 个多式运输站(配送中心),在比利时、英国、波兰建立了子公司,在意大利、德国、西班牙与合作伙伴建立了经营网络。现拥有 1 600 名员工,4 500 辆铁路专运车辆(自备车),600 辆专用大型汽车,形成年运输 200 万辆小轿车(铁路和公路各运送 100 万辆)、改装 50 万辆小轿车的专业化、网络化汽车物流集团公司。承担着除法国产雷诺和标致小轿车外各类小轿车的运输配送业务。一般情况下,200 公里以内运距的小轿车用专用汽车直接送达分销网点;500 公里以上的,先通过铁路运到就近的多方式运输站,然后用专用汽车配送到各分销网点。

2. CalIberson 集团公司。Callberson 集团公司由 GEODIS 集团公司控股 90%、法铁公司参股 10% 建立的物流企业,拥有 25 000 名员工(其中8 000 人在国外工作),300 万平方米仓库,在 40 个国家设有子公司,通过代理在 120 个国家和地区开展业务,在我国广州、南京、上海、深圳设有分公司或办事处。

集团公司的大东部公司是一家货运代理公司,总部有 49 名管理人员,12 000 平方米仓库,负责法国与东半球各个国家进出口物资的运输代理业务，代理货物的品类有钢铁、家具、电脑等各类物资，运输方式主要是公路、海运和空运。法铁公司派员长驻公司，作为参股方的代表参加管理，并协调有关公铁联运事宜。该公司是运输的组织者，并不拥有汽车等运输工具，对运往东半球有关国家的各类物资，无论是整车或集装箱，可随时提供报价。

3. Genevilles 物流配送中心。Genevilles 物流配送中心专门经营货物的快递业务，坐落在巴黎市郊区，占地 7.5 公顷，作为货物分解配装站的仓库达 1.5 万平方米，有 260 名员工和 600 名临时性用工。该中心以巴黎为中心，在周边 17 个国家建立快递服务网络，设立了 110 处联网服务点和 400 多个取货点，全年不分节假日 24 小时营业；快递方式有公路、海运和空运；快递时间分 3 个时间段，1 000 公里以内 24 小时、1 000 公里以上 48 小时、最远的北欧地区 72 小时送达；快递货物的品类多种多样，但一般附加值较高；快递业务量 2001 年日均 5 004 次、9 723 件、547 吨。该中心软件功能强，信息传递快。总部与 17 个国家的 110 处联网服务点和 400 多个取货点建立了信息网络和信息跟踪系统，固定专人掌握货物流动的全部情况，如发生晚点送达的情况，都要事先通知客户，协商解决办法。通过了 ISO9002 国际质量体系认证，形成了程序化规模化经营。货物分解配装站对收到的快递货物及时分拣配装，每天 14:00–20:00 有 150 车货物分别送往各地，大部分为直通送达，有 10 车送往机场，通过空运送达。自动化程度高。有 60%的货物通过自动线分拣，单件 60 千克、1.8 米以下的货物都可以上自动线进行分拣。

三、法国物流最新发展动态

（一）法国邮政开拓包裹、物流市场

法国邮政在充分了解市场的基础上，考虑到 2007 年邮政业务的全面自由化即将到来，开始采取各种策略全方位向国际进军。法国邮政在包裹领域的主要目标是获得欧洲单一包裹速递市场 20%的份额。首先，它逐渐控制了德国 DPDGmbh 这个在欧洲拥有 41%市场份额的包裹投递公司。今后，法国将成为欧洲最佳公路网的主要股东（有 50.6%的股权），也因此成为欧洲包裹速递市场的领头羊。Chronopost 国际速递公司是法国速递运输的先锋，其国际业务占营业额的 38%，大大强化了邮政国际网络。为了从 FedEx，UPS，TNT，DHL 等竞争者中脱颖而出，法国邮政陆续在欧洲各国收购了多家速递公司，另外，法国 TAT 工业货运速递公司自在欧洲建立子公司以来，到 1999 年营业额已经达到一亿法郎，也已经向法国客户提供国际化的业务。收购 DPDGmbh 物流子公司 Denkhaus 使法国邮政在欧洲物流领域获得广阔的市场，其他合作关系也不断强化着法国邮政的地位。法国邮政在整个欧洲市场提供全面的物流服务，同时伴随电子商务的发展，大大激发信函包裹的业务量。据预测，仅这一市场就可以使法国在 2003 年业务量翻 16 番，达到 10.6 亿法郎。

（二）法国物流业在沪寻找投资合作伙伴

2004 年 2 月，以法国对法投资部为首的物流业访华团在沪举行物流研讨推介会。会上法国对法投资部负责亚洲事务的官员介绍了法国物流领域的整体情况，强调法国位处欧洲的心脏，经济发达，物流基础设施先进，是外国资本投资的理想国家。来自法国洛林省、诺曼底大区、香槟–阿登–庇卡底大区经济发展局的主要负责人以及勒阿弗尔港分别重点介绍了以提高经济增长和为就业创造条件的物流业发展政策，包括降低个人和企业的税收、针对客户需求提供选址和建造设施的建议、提供与物流环境相关的信息、帮助来法企业获得投资激励资金、保障高质量的生活水平以及接受人员的专业物流培训等。

四、法国物流对我国物流发展的启示

从法国物流业的发展可以得出一些启示：

1. 物流管理以信息系统为基础，运用物流管理技术，将仓储和点到点运输等物流领域的所有业务或大部分业务链接起来，提供一体化全程供应链管理或全程一站式服务，通过降低物流总成本为客户节省费用来获得收入，物流服务网络的完整性和经济规模是赢利的关键。

2. 物流企业的核心是提供服务，特别是客户主导型的服务。按客户的需要提供服务，与客户营运贴的更近，使物流企业与客户成为合作伙伴而不仅仅是物流提供商。

3. 由于我国物流业成本高、周转慢、库存太大、效率低、主要采用传统物流方式(占 98%的比例)，与欧洲相比存在巨大差距。我国 2000 年库存商品高达 4 万亿元、占当年 GDP 的 50%，与国际公认的发达国家商品库存一般不超过 1%、发展中国家不超过 5%的比例有着巨大差距。欧洲第三方物流市场占有率达 30%以上、市场规模 850 亿欧元，而我国第三方物流市场占有率仅 2%、市场规模 43 亿美元(根据摩根斯坦利研究)。从以上数字看，我国物流业有着巨大的发展潜力。

自 2001 年以来，物流已受到社会和业内前所未有的关注。铁路多元经营“十五”计划也把货运代理、物流配送列为重点发展的产业主之一。

法国铁路路情与中国有很大差异，但在国有企业性质、全国统一路网、客货运输结构、集中管理等各方面有很多相似之处。法国铁路改革发展的长期历程能够给中国铁路未来的改革和发展提供一定的参考和借鉴。据有关资料反映，法铁公司以投资设立子公司或参股其他公司的形式发展多元化经济，经营范围涉及公路、海运、房地产开发、发电等多个领域，拥有 500 余家经营各种业务的参控股公司。这种情况对我国铁路运输企业推进主辅分离、辅业改制的工作思路具有相应的启示。

（特约撰稿：华中科技大学管理学院
林 勇 马士华）

英国物流

欧洲是引进“物流”概念较早的地区之一，欧洲各国在物流业的发展方面一直走在世界的前沿。英国是欧洲物流业最发达的国家之一，其物流业的发展水平是欧洲现代物流业发展的代表，物流服务几乎涵盖了社会生活的方方面面，物流业已经成为英国经济发展中重要的组成部分。随着全球化进程的加快和科学技术的进步，英国的现代物流业得到了快速的发展。

一、英国运输业的发展近况

英国全国总面积242 400平方公里，交通基础设施较为齐全。四通八达的运输线路、现代化的海空港口和实施配套、技术先进的物流中心等构成了英国相对完善的物流网络，实行综合的交通政策，这些为高效率的社会物流系统的形成奠定了坚实的基础。近年来，英国的水路、铁路、公路和航空运输得到了全面发展(见图1)。

单位：万亿吨公里

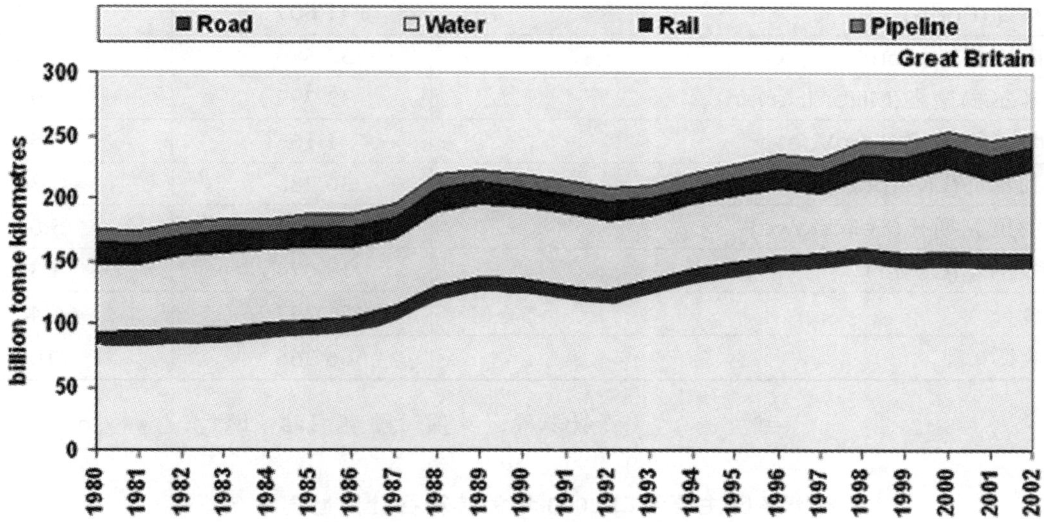

图1　英国各种运输方式货物周转量（1980-2002年）

（资料来源：英国运输部网站　http://www.dft.gov.uk）

（一）海上运输

英国是一个岛国，海岸线总长11 450公里，是传统的海运大国。截止到2001年底，共有100吨以上商船594艘，总吨位为1 200万吨。海运承担了95%(载重)的对外贸易运输。2001年，英国航船业收入37亿英镑，其中货运收入28亿英镑。英国有大小港口617个(含渔港)，其中70个为重要商业港口。随着现代物流业的快速发展，政府和私人加大了港口基础设施的投资力度，改善了基础条件、提高了服务水平，尽管近年来受到全球航运业低迷的影响，但是凭借传统优势和地位，仍然在世界航运市场上占据重要的位置。英国最大的集装箱港——费里克斯托，其集装箱吞吐量占英国港口总量的40%以上，2003年位居全球集装箱港口吞吐量 30 强之列(见表 1、2、3)。

表 1　　**英国港口货运吞吐量（1998-2002 年）**　　单位：千吨

年份	1998 年	1999 年	2000 年	2001 年	2002 年
进口	209 279	203 581	220 681	238 364	220 924
出口	181 661	184 367	192 673	180 383	178 173
国内	177 562	177 666	159 695	147 619	159 228
合计	568 502	565 614	573 050	566 366	558 325

表 2　　**英国港口货运吞吐量前十位的港口（2001 年）**

位次	港口	总吞吐量（千吨）	所占比例（%）
1	格里姆斯比和伊明赫姆(Grimsby&Immingham)	54 831	9.68
2	蒂斯和哈特尔浦(Tees&Hortlepool)	50 842	8.98
3	伦敦(London)	50 654	8.94
4	福斯(Forth)	41 607	7.35
5	南安普敦(Southampton)	35 689	6.30
6	米尔福德港(MilfordHaven)	33 792	5.96
7	萨洛姆湾(SullomVoe)	31 166	5.50
8	利物浦(Liverpool)	30 288	5.34
9	费里克斯托(Felixstowe)	28 354	5.01
10	多佛尔(Dover)	19 074	3.37
	合计	376 297	66.44
	全国	566 366	100

（资料来源：英国运输部网站　http://www.dft.gov.uk）

表 3　　**欧洲各国主要港口 2003 年集装箱吞吐量世界排名**

2003	2002	港口	2003 年 吞吐量(TEU)	2002 年 吞吐量(TEU)	同比增幅 (%)	箱量增减 (TEU)
8	7	鹿特丹（荷兰）	7 100 000	6 515449	9.0	584 551
9	9	汉堡（德国）	6 138 000	5 373 99	14.2	764 001
10	10	安特卫普（比利时）	5 445 437	4 777 387	14.0	668 050
18	16	不来梅（德国）	3 190 707	3 031 587	5.2	159 120
20	17	焦亚陶罗（意大利）	3 148 662	2 954 571	6.6	194 091
25	18	费利克斯托（英国）	2 700 000	2 750 000	-1.8	-50 000

（资料来源：《国际集装箱化》2004 年年鉴（英文版））

（二）铁路运输

1992年英国政府发布有关铁路系统私有化的白皮书，实行路网分离，吸引了大量的私人投资，同时为了适应2010年交通运输发展战略，政府也不断加大投资。2002年1月，英国铁路战略管理局宣布了一揽子计划，准备利用335亿英镑的公共基金建设铁路系统，拟将所筹集私有资金中的160亿英镑用于铁路基础设施条件的改善、70亿英镑用于增加新型列车，并将投资50亿英镑安装欧洲铁路交通管理系统，以实现到2010年铁路货运量增长率达到80%的目标(见图2)。

单位：百万英镑

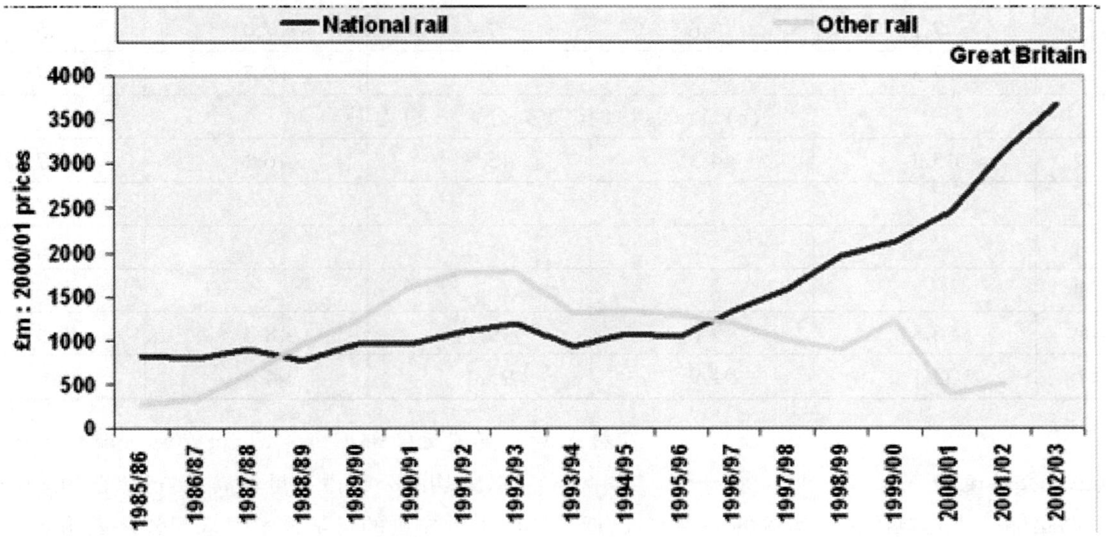

图2　英国铁路基础设施投资一览（1985/86-2002/03）

（资料来源：英国运输部网站　http://www.dft.gov.uk）

相对于欧洲其他发达国家的政府，英国政府曾经在一段时期内认为铁路运输方式已经过时而忽视了铁路的发展，造成主要从事煤炭、钢铁、建材、石油等大宗商品运输的铁路货运业在货运量及周转量方面都出现了缓慢下降的现象，但是随着新的运输战略的制定，相信英国的铁路货运业将再次迎来大发展的新机遇(见表4、5)。

表4　　欧美日主要国家铁路基础设施比较（2000年）

国家	铁路总长度（公里）	电气化铁路长度（公里）	运输密度（运输单位/公里）
英国	17 067	5 225	3 500
德国	36 652	19 079	4 128
法国	32 515	14 104	3 854
意大利	16 499	10 937	4 102
荷兰	2 802	2 061	6 631

资料来源：《国际统计年鉴》2003年

表 5 英国铁路货运周转量/运量(1998/99-2002/03)

(a) 货物周转量(按货类分) 万亿吨公里					
	1998/99	1999/00	2000/01	2001/02	2002/03
煤炭	4.5	4.8	4.8	6.2	5.7
金属	2.1	2.2	2.1	2.4	2.7
建材	2.1	2.0	2.4	2.8	2.6
石油	1.6	1.5	1.4	1.2	1.1
其他	7.1	7.6	7.4	7.0	6.5
合计	17.3	18.2	18.1	19.7	18.7
(b) 货运量（按货类分） 百万吨					
煤炭	45.3	44.3	45.7	46.1	40.7
金属	..	..	..	..	..
建材	..	..	..	..	..
石油	..	..	..	..	..
其他	56.8	47.6	49.7	48.3	46.4
合计	102.1	91.9	95.4	94.4	87.0

（资料来源：英国运输部网站 http://www.dft.gov.uk）

（三）公路运输

公路运输一直是英国货物运输的主要方式，近年来货运量及周转量都呈现较为稳定的增长态势。在公路建设方面，英国一直走在欧洲乃至世界的前列，人均的公路占有量较高，实行综合的运输政策，将大量先进的科学技术引入到公路运输业中，大力推广智能交通，基础设施等的条件不断得到改善，相应带来英国公路货运业的发展(见表 6)。

表 6 英国公路运输线路长度及构成（1998-2002 年） 单位：公里

	1998 年	1999 年	2000 年	2001 年	2002 年
公路通车总里程	389 095	389 513	390 239	390 968	391 653
高速公路	3 419	3 405	3 422	3 428	3 428

（资料来源：英国运输部网站 http://www.dft.gov.uk）

表 7 欧洲主要国家公路基础设施比较

国家	年份	公路网长度合计（公里）	高速公路（公里）	公路，主路或国道（公里）	次级公路或地区级公路（公里）	其他公路长度（公里）	公路密度(公里/平方公里)
英国	2001 年	392 408	3 428	13 830			
德国	1999 年	230 735	11 515	41 321	86 823	91 076	
法国	2000 年	894 000	11 500	27 500	355 000	500 000	
意大利	1999 年	479 688	6 621	46 009	114 909	312 149	1.59
荷兰	1999 年	116 500	2 235	6 650	57 500	59 400	4.00

（资料来源：《国际统计年鉴》(2003)）

表 8　　英国公路货运周转量/运量/平均运距（1998-2002 年）

	1998 年	1999 年	2000 年	2001 年	2002 年
货物周转量（万亿吨公里）	151.9	149.2	150.5	149.4	149.8
货运量（百万吨）	1 630	1 567	1 593	1 581	1 627
平均运输距离（公里）	93	95	94	94	92

（资料来源：英国运输部网站　http://www.dft.gov.uk）

（四）航空运输

英国的所有航空公司和许多机场都是私营企业。2000 年有航空飞机约 889 架（不包括直升机），2001 年从业人员 93 000 余人，国际航线总长 4.6 亿公里。2000 年，英国各航班共飞行 15.12 亿公里，为历来最长，比 1990 年高出 78.8%。2001 年民航班机客运量 1.04 亿人次，货运量 92.5 万吨。共有 150 多个注册民用机场，年客流量在 10 万人次以上的占 1/4。主要的货运机场包括：希思罗、盖特威克、曼彻斯特、格拉斯哥、伯明翰、爱丁堡等。由英国机场管理局直接管理的希思罗机场，是世界上最繁忙的机场之一，平均每三分钟就有一架飞机起降，有 70 家航空公司使用该机场，2003 年该机场货运量达到 118.8 万吨，居全球货运机场货运量第 16 位。

英国航空公司(British Airways)是英国最大的航空公司，也是世界第五大货运航空公司。尽管受到“9.11”事件冲击的影响，但是该公司 2001–2002 年营业额仍然高达 83 亿英镑(见表 9)。

表 9　　英国主要货运机场货运量（1998-2002 年）　　单位：千吨

年份	1998 年	1999 年	2000 年	2001 年	2002 年
Heathrow	1 209	1 265	1 307	1 180	1 235
Gatwick	274	294	319	280	243
East Midlands	123	128	178	195	219
Stanstead	179	174	166	166	186
Manchester	101	108	117	106	113
Prestwick	40	41	41	43	40
Belfast	25	26	31	32	29
Luton	26	23	33	23	20
Edinburgh	14	18	18	16	21
Birmingham	18	29	9	12	13
Glasgow	8	9	9	6	5

（资料来源：英国机场管理局网站
http://www.baa.co.uk；英国运输部网站　http://www.dft.gov.uk）

表 10　　欧洲主要货运机场货运量世界排名（2003 年）

排名	机场	国家	货运量（万吨）	增减（%）
7	法兰克福	德国	150.8	0.9
14	巴黎戴高乐	法国	135.5	5.8
15	阿姆斯特丹希普霍尔	荷兰	123.1	4.8
16	伦敦希思罗	英国	118.8	-1.0
27	卢森堡	卢森堡	57.9	10.0

（资料来源：《物流时代 · 航空货运》2004 年 3 月刊）

二、英国物流公共信息系统建设

随着信息技术和网络技术的普及，英国物流信息化建设快速推进并在现代物流发展中发挥越来越重要的作用。由于物流公用信息平台具有信息采集、信息组织、空间数据管理、客户沟通等多项功能，社会公用性质明显，因此英国政府近年来投入大量资金用于电信基础设施和互联网的建设，凭借着相对先进的信息技术，使得其物流业的发展比较超前，远高于世界平均水平。表 11 和表 12 分别给出了欧洲主要国家电信基础设施和互联网使用情况比较(见表 11)。

表 11　　欧洲主要国家电信基础设施比较

国家	电话主线（条/千人)			移动电话（部/千人）		
	1990 年	2000 年	2001 年	1990 年	2000 年	2001 年
英国	440.7	588.6	588.0	19.4	727.0	770.4
德国	440.8	610.6	634.2	3.8	586.1	682.3
法国	495.2	577.1	573.5	5.0	493.3	605.3
意大利	387.6	473.9	471.5	4.6	737.3	839.4
荷兰	464.1	618.6	621.1	5.3	672.7	767.0
世界平均水平	99.6	161.8	171.4	-	123.8	157.3

（资料来源：《国际统计年鉴》(2003)）

表 12　　欧洲主要国家互联网使用情况比较　　单位：万人

国家	1997 年	1998 年	1999 年	2000 年	2001 年
英国	431	800	1 250	1 800	2 400
德国	550	810	1 440	2 480	3 080
法国	250	370	537	850	1 565
意大利	130	260	820	1 320	1 640
荷兰	100	160	300	700	790
世界总量	9 584	15 564	24 194	39 942	50 148

（资料来源：《国际统计年鉴》(2003)）

EDI(电子数据交换)系统的发展是适应了现代物流业发展的需要而产生的，其主要应用于单据处理成本、库存成本和差错成本,有利于提高一个国家制造产业的国际竞争力，因此英国政府积极引导企业逐步采用EDI系统。使中小企业也能普遍利用EDI(电子数据交换)进行数据传输,信息共享,并逐步在港口物流、医药、食品辅助材料、水果、服装等行业推广使用。

三、英国物流管理体制及政策

一个国家现代物流业的发展离不开先进物流理念的指导，同时也需要完善的法律政策环境来支撑。伴随着欧洲一体化进程的加快,英国一直致力于构建综合性的物流体制，并一直走在发展的前列。

(一)英国国际航运管理体制

随着这一世界上最成功、最活跃的经济一体化组织——欧盟的崛起，在欧盟内已经形成了一整套完善的海运管理法律体系,通过条约、条例、非强制措施以及案例法等进一步实现政府和市场间的平衡、安全与效益的平衡和立法的科学性与高效性。英国是欧盟重要的成员国之一,其国际航运管理体系整体在欧盟海运管理法律体系的框架下,同时又有其自身的特点。

英国海运管理早期由运输部负责,1964年划归商务部管理,1984年重新由运输部负责。伦敦、英格兰、苏格兰、威尔士和北爱尔兰地区以及各郡、市均成立了行政管理机构,并且在运输战略、道路与海上运输署下面设置了专门的物流与海运处来负责英国道路、港口和海上运输的国内和国际货物流通、配送以至与供应链有关的所有事务,其主要目标是促进英国航运、港口和内陆配送系统的可持续发展。

(二)英国铁路运输管理政策

欧盟各国之间的跨国铁路运输市场近年来得到了较为稳定的发展，但是由于贸易保护措施和技术的不可兼容性，铁路货运通畅的协调运行还有一些限制。面对铁路在运输市场份额的不断下降,各国提出建设新运输政策下的欧盟铁路系统。2003年3月15日,欧洲铁路货运网络正式贯通,并承诺到2008年再开放15万公里以上的网络,以实现铁路货运协调运输经营。英国政府鉴于铁路运输绿色环保的优势,适应这一发展趋势,及时调整了自己的铁路运输的发展战略和管理政策。尽管在英国整个货运市场上，铁路运输只占很小的份额，但是近年来铁路运量不断增加，特别是1995年以来,运量增加了50%。并且把货物从拥挤的公路网络中引向了铁路运输，使公众和货物托运人普遍得到了好处,而且减少了环境污染、道路交通的堵塞和对路面的损坏。

(三)英国智能交通建设

自20世纪70年代以来，英国的公路网建设基本完成,由于客观地理条件的限制,不适应现代物流发展的情况开始显现，解决这一问题的方式已经不是大规模基础设施的建设问题，而是现有条件下提高运输能力和经济效益、提高运输的安全性和经济性的问题。

英国现有6 500公里的干线路网仅占英国公路里程的4%,却承担了2/3的货运交通量。为进一步提高运输效能，英国运输部投入大量资金进行智能化交通的试验,1 000万英镑的“智能公路计划”投资项目于2001年夏天启动,将于2005年全部完成，以期实现引导长途交通流进入较少拥挤的路段,达到平衡交通流的目的;将出行信息服务覆盖全国和当地的路网范围；将信息服务和其他运输供应者提供的信息服务结合起来以及真正实现和其他西欧国家的交通和出行信息交换。

四、英国物流发展最新趋势

(一)物流联盟逐渐形成

蓬勃兴起的企业流程重组和产品生成销售一体化趋势让更多的公司将注意力放在提高自身的核心竞争力和改善物流链网的性能上来，英国各大企业在流程重组直接动力的驱动下，不断更新改良生产设备以适应全球经济一体化的发展趋势。逐渐意识到仅靠单一的物流组织机构很难解决这一问题,因此跨越行业的界限,突破传统的运营模式,在企业、市场和物流服务商之间以各种协议、契约形式构建起来的物流联盟。

英国的企业在建立物流联盟时的方式与美、日等国不同，通常它们与自己的合作伙伴签订正式的协议，其中对个体行为导致的目标作了详尽的描述，并特别规定协议双方完成方式。例如英国杜邦被评为全球化工行业最佳供应链，已经完全实现贯穿供应商、制造商和销售商之间整个供应链的整合，实现了协同发展。英国最大的零售商——特斯科(TESCO)通过构建全球采购系统，与供应商之间建立稳定的物流联盟，压缩运输成本近50%，在2002年实现销售额320亿美元。

（二）第三方物流服务日益完善

随着经济全球化进程的加快和信息技术的快速发展，英国的第三方物流市场正经历着根本性的变革并在近年来取得突飞猛进的发展。据统计，2002年英国第三方物流收入占物流总支出的比例达到34.48%，这一比例在所有欧洲国家当中是最高的，明显高于法国27%和德国23%的市场份额。英国EXEL、Wincanton、凯恩斯物流以及天美百达物流等第三方物流企业多年来一直居于欧洲十大物流企业之列。能否提供增值服务和信息管理服务已经成为判断第三方物流好坏的重要标准之一。未来第三方物流服务范围的拓展主要通过两种方式：一是通过物流联盟扩大范围；二是通过第三方物流公司自身的直接扩张和壮大。

（三）第四方物流悄然兴起

第四方物流基于在实际的运作中，第三方物流公司缺乏对整个供应链进行运作的战略性专长和真正整合供应链流程的相关技术应运而生的。第四方物流同第三方物流相比，其服务的内容更多，覆盖的范围更广，同时对从事货运物流服务的企业要求更高。第四方物流具有更大的优越性，它可以保证产品"更快、更好、更廉"送到需求者手中。

第四方物流对供应链的全套系统的设计以及在供应链的运作过程中对供应链的重新优化整合，这一点是第三方物流力不能及的。通常认为第四方物流企业主要从第三方物流企业、咨询公司以及软件制造业者转化而来，通过对物流资源、物流设施和物流技术的整合和管理，提出物流全过程的方案设计、实施办法和解决途径，为用户提供全面意义上的供应链物流解决方案。随着对物流服务更深层次、更全面要求的提高，第四方物流必将会有广阔的发展前景。

（四）绿色物流成为发展的必然趋势

英国是较早将现代技术应用于物流管理的国家之一，在提高物流绿色化方面一直走在世界的前列。从20世纪60年代就开始探索建立起综合物流供应链管理体系，以真正实现最终消费者和最初供应商之间物流与信息流的整合，通过商品流通过程中企业间的合作来实现原来不可能达到的物流效率，从而减少无序物流对环境的影响。英国政府主要针对基础设施和装备制定基础性和通用性标准，如统一车辆承载标准、物品条形码标准，并建立工业和生活废料处理的物流系统等保证物流活动的顺利进行。

（特约撰稿：南开大学现代物流研究中心
刘秉镰　耿松涛）

2003年物流及相关行业大事记

2003年中国物流与采购行业十件大事

1. 劳动和社会保障部发布《物流师国家职业标准》，中国物流与采购联合会和全国物流标准化技术委员会全面启动物流师国家职业资格认证工作。

2. 中共十六届三中全会提出：发展电子商务、连锁经营、物流配送等现代流通方式。

3. 经国家标准化管理委员会批准，全国物流标准化技术委员会和全国物流信息管理标准化技术委员会相继成立。

4. 温家宝总理在中日韩领导人第五次会晤和上海合作组织成员国总理会晤时，分别提出减少物流环节非关税壁垒，建立物流合作机制。

5. 科技部批准设立的"中国物流与采购联合会科学技术奖"首次开评，2003年评审结果揭晓。

6. 在国家发改委和国家统计局指导推动下，中国物流与采购联合会、中国物流信息中心开始建立我国物流信息统计指标体系，并首次发布全国物流行业统计信息数据。

7. 全国政协经济委员会组织对现代物流开展专题调研活动，并向国务院提交调研报告。

8. 中国经济经受非典严峻考验，物流系统建设特别是应急物流机制引起社会广泛关注。

9. 团中央光华科技基金会和中国物流与采购联合会发起的"中国物流发展专项基金"设立。

10. 中央政府分别与港澳地区签署关于建立更紧密经贸关系的安排，内地与港澳加快物流合作步伐。

（由中国物流与采购联合会、中国物流学会评出）

2003年 ERP 十大新闻

1. 信息产业部批准"ERP规范"正式实施。由信息产业部正式批准颁布的ERP行业标准规范于2003年10月1日起开始实施。

耗时两年的"ERP规范"，自孕育时就浸在一片争议中。在支持和反对的两个流派中，持有异议的占有相当规模，具有代表性的言论是，制订一个框架会遏制人们的思想，不利于诸如ERP这样一个新兴事物的成长与发展，ERP要在中国蓬勃兴起更需要自由的空气。而支持方一再强调的是，ERP在中国的发展已经到了应该走向成熟的阶段，任何一个产业要走上良性发展的轨道，必须要有一个方向。平息这场争论的结果是"ERP规范"最终以一个非强制性的推荐标准出台。

虽然"ERP规范"最终以一个妥协的结果面世，但其产生的积极意义确正如人们期待的那样，一方面让大多数懵懂的企业用户在选择ERP时有一个可以心安的参照；另一方面让正在发展和起步阶段的软件厂商有了方向，最重要的是规范给业界最终走向成熟和理性，使国内厂商与世界巨头跨上同一竞争平台响起了前奏。

因此，ERP规范的出台，对于整个业界来说具有里程碑的意义。

2. 非典刺激信息化发展,ERP 软件需求反弹,ERP 行业标准规范于 2003 年 10 月 1 日正式启用。

非典的肆虐让已习惯风和日丽的人们感受到了莫大的恐慌与无奈,但对于一些行业来讲,很多商机却是在那个时期不期而至。在整个 ERP 界,其时使用频率最高的莫过于“祸兮,福之所依”这句话。

“非接触经济”这个诞生在非常时期的新名词,给 ERP 在各行各业的切入提供了良好的机会。ERP、CRM、SCM 等 IT 应用在非典时期表现出的高效与快捷,为这些产品做了一次有着“非常”说服力的广告,这对于一直为产品推广焦头烂额的厂商们,无疑提供了一个绝好的机会;企业在非典时期沟通的需要,形成了 ERP 产品大的需求市场,更重要的是厂商在非典时期对 ERP 产品的切身应用,为以后新产品的开发提供了借鉴和依据。

虽然非典的灾难性和偶然性,并非是 ERP 界可以依赖的机遇。但非典的爆发,却从事实上对 2003 年整个 ERP 业的发展,起到了具有相当分量的推动作用。

3. 甲骨文 51 亿欲收购仁科,并购潮起在即。甲骨文计划向仁科发出收购要约是自惠普收购康柏之后科技行业最大的一起并购案件,引发人们对新一轮软件业并购潮的联想。

在仁科收购 JDE 即将成行的春风得意之际,甲骨文急下战书,其意图也是司马昭之心路人皆知。只是这个过程并非像甲骨文最初预见的那么简单,仁科的抵制以至上升到司法的干预,给甲骨文的收购设置了诸多的障碍,以至于至今仍未有结果。但甲骨文挥出的这支大棒也确实让仁科有了切肤之痛,大多数人对甲骨文收购的看好,使得原来仁科开展良好的业务有了波折,原本很固定的客户也开始在游离不定中观望,这就难怪仁科会一怒之下把甲骨文送上法庭了。

这场原来人们以为不会有太多情节的话剧最后演变成了连续剧,虽然甲骨文也时不时地制造出一些惊险情节,但人们对这个事件的热情也在等待里淡漠了许多。不过甲骨文年终时决不放弃的宣言又吊起了大家的胃口,2004 年甲骨文又会有什么举动,人们拭目以待。

4. 仁科以 18 亿美元成功收购 JD·Edwards。仁科公司 2003 年 7 月 18 日宣布,成功完成了 18 亿美元收购 JD·Edwards 的交易。

JDE 正式被收归到仁科的旗下,对于整个业界来说,是完全没有悬念的一件大事。强强联手的结果是许多业内专家和厂商早已预见到的。事实上,此前,业内一些具有代表性的人物就在接受媒体采访时表示过,合并是 ERP 界发展的最终趋势,未来的方向是服务的更具实用性,针对行业服务的进一步细化,但服务的提供者却会越来越集中,除了优胜劣汰的自然规律,服务渠道的拓展和随之数量的减少是必然的结果。

尽管早有预料,仁科收购 JDE 后将带来的结果,仁科下一步会采取什么样的战略以及给厂商带来的威胁仍一度成为业界的焦点。

5. 科思首创 ERP 系统平台引发管理软件厂商变革。

科思 ERP 平台列为十大新闻选项之后,也成了热评的焦点,大多数的质疑固定在到底是谁首推的 ERP 平台,这也提醒了媒体对这件事的关注。由此也使得 ERP 十大新闻的评选除了总结和展望之外又多了一个释疑的好处。

在经多方确认之后,科思的解释得到进一步的证实:2000 年广州速达软件公司宣布研发出第一个 ERP 平台,并在 2001 年将其源代码开放,这种“另类”的举动在当时的 ERP 界掀起了很大的波澜。很多厂商和专家纷纷站出来一再表示源代码是厂商的命根子,速达开放源代码无非是一种炒作。2002 年,这波尚未平息,速达将 SD-ERP 平台售给科思的消息又吸引了人们的注意力。如今出现在十大新闻里的 KS-ERP 平台其前身就是速达 SD-ERP。在这个“过继孩子”的身上,科思也耗费了大量的心血,最终形成了现在人们看到的真正产品化的 ERP 平台。这也是科思称“KS-ERP 平台”是中国首个 ERP 平台的充足理由。

撇开这些争议不谈,科思“KS-ERP 平台”在 ERP 规范中的出彩却是不争的事实。但如果退一步讲，无论是科思的ERP平台、金算盘的ERP平台还是金蝶的ERP平台，都有其特色，对于业界都有重要的意义，到底谁是首个推出对于竞争并无太大裨益。

6. 神州数码"变脸"进入IT服务时代。2003年初，在中关村被称为"中关村风向标"的广告牌内容是一张灿烂的笑脸，神州数码放在上面的广告词是"IT服务中国"。这是神州数码继联想、IBM等IT企业进军IT服务之后，又一转型IT服务的宣言。

纵观2002年神码的一系列举动的确让人有点应接不暇。先是与台湾最大的ERP厂商鼎新电脑公司合并，以正规军的姿态进军企业信息化，随后又收购广东新龙公司扩充在行业应用软件和IT服务的实力，9月兴建"神州数码研发基地"，10月将软件部门独立出去，成立神州数码软件公司，11月份发布多款NC，以网络计算机整合软件和IT服务。这一系列的培育举动使得神码的IT服务在2003年得以开花结果，神码ERP在业界的作为是可圈可点，而名列"中国电子政务IT100强"首位的事实，又让神码大出了一番风头。

事实上，中国IT服务市场的巨大潜力，已使得诸多IT企业按捺不住，"闻香而动"了，除了IBM、惠普这些知名的跨国公司，国内的神码、金蝶、北大方正等企业也纷纷调转马头，切入IT服务。而神码的兄弟联想在2002年收购汉普的举动，也早已凸现了其投向IT服务的意图。

由此看来，2003年初中关村的这块风向标不仅告诉了人们神码的方向，也隐现出了整个ERP界的方向。

7. 用友提出RTE企业信息化迈向更高境界。用友RTE的推出给企业信息化提出了一个实时的概念。在RTE推出的新闻发布会上，用友给予"实时"的解释是：提高信息能见度；提高信息准确度；提高信息及时度；提高信息集成度。而与Gartner联合召开记者发布会的形式，又勾起了人们对于当年两家联合推出ERP的回忆，这多少也为RTE增添了不小的筹码。

事后，来自业界的诸多反应都称，哪一个企业上ERP都是为了实时，但如同ERP推出之后，很多人都将自己的产品定位成ERP一样，用友"实时"概念的提出，是总结也是引导。同时，用友RTE的推出，也使得这位国内ERP界的龙头老大意欲高端的意图有了产品和概念的依托，并以领军人物的形象，为国内软件厂商的国际化吹响了号角。

8. SAP率合作伙伴共推"敏捷商务解决方案"。SAP敏捷商务解决方案突出的设计理念就是"敏捷商务，成长应用"，"敏捷"意味着帮助中小企业快速进行市场响应，使管理的应变能力更强。

SAP提出的"敏捷商务"，这个专门针对中小企业的解决方案使得SAP一改以前在人们心目中只注重高端的形象，一方面使SAP这个名字不再高不可攀，另一方面也拓宽了SAP在中国的市场。这个典型事例意义并不只在SAP本身，事实上也标现了2003年ERP界的另外一个风向，那就是中小企业已日益成为"香饽饽"，在SAP推出中小企业解决方案的前后，甲骨文等知名厂商也已放下身段，向中小企业套近乎。这不仅是因为中小企业在中国占有相当大的比例，更重要的是诸多中小企业已经开始认识到了企业信息化的重要性，逐渐开始接受并接触ERP这个概念，换言之，就是中国中小企业市场已越来越大，无怪乎连巨头们都要急着来分食一把。

9. 金蝶推出企业信息化建设"三角论"。一直在国内ERP领域与用友平分秋色的金蝶，在2003年9月推出的"三角论"，对于去年的ERP界也起到了推波助澜的作用。

企业的CFO、CEO、CIO在信息化过程中，应该扮演什么样的角色，又是什么样的关系，这一直是业内颇有争议的问题之一，最后一个有统一倾向的结论是：将三者放到同一等级上，金蝶的"三角论"就是据此推出。这为企业用户上信息化过程，协调各种关系提供了一个良好的借鉴。

在2003年初一家媒体的报道中，曾对用友和金蝶在2003年度的发展做过一个展望，称两家由以往针锋相对，抢占同一高地，变成各辟蹊径，按自己的特点制定不同的发展方向，即用友做深，金蝶做专。“三角论”恰恰体现了这个专的特色。

10. 新中大掀 URP 浪潮终结 ERP 首发举行。要历数 2003 年在业界闹出大动静的，新中大的 URP 恐怕要列到首位。就是别人还在温文尔雅以“ERP 是明日黄花”、“ERP 已经过时”为宣传新产品做铺垫时，新中大却断然大喝：要终结 ERP。

当然正如人们“指正”的那样，新中大并非真的终结了 ERP，很多为中小企业提供的产品仍是 ERP。但《终结 ERP》中对适应性、适用领域和局限性的深入剖析，使得无暇顾及这些的厂商们可以在偶尔闲下来时，有个现成的总结与借鉴。同时，URP 提出的注重联盟体的资源共享和协同商务，被一些专家认为有一定的意义，可以代表今后 ERP 发展的一部分内容。

（由《IT 时代周刊》和 ERP 世界网联合主办，《互联网周刊》、《中国计算机报》、《电子政务工程服务网》协办，共同评出）

2003年中国铁路十件大事

1. 青藏铁路建设全面攻坚取得胜利。2003 年是青藏铁路建设的全面攻坚年。全年完成投资 65 亿元，相当于前两年的总和；路基、桥梁、隧道已完成设计总量的 84%；唐古拉山以南线下主体完成 50%以上；全线 32 个重点、难点工程，已有 21 个完成或基本完成；铺轨架梁创造了新记录，完成了 347 公里；已完工程合格率 100%，优良率 90%以上，奠定了建设世界一流高原铁路的坚实基础。同时依靠科技，以人为本，在攻克多年冻土、高寒缺氧、生态脆弱三大世界性工程难题上取得了重要成果。

2. 粤海铁路通道琼州海峡轮渡开通。2003 年 1 月 7 日，粤海铁路通道琼州海峡轮渡开通。12 月 29 日，粤海铁路西环线与既有的海南西环线连结，标志着中国铁路网已向南延伸至中国最南端的城市三亚。粤海铁路通道是国家重点工程。这条铁路通道的形成，对于完善路网结构，改善沿线交通状况，促进海南省与祖国内地间的人员与物资交流，加快广东、海南两省社会经济的发展具有重要意义。跨海轮渡是粤海铁路通道的重要组成部分，它把祖国内地与海南省连接起来，使铁路运输与海上运输连为一体，结束了海南省与祖国内地间不通火车的历史，标志着我国跨海铁路轮渡工程建设技术取得了重大突破。

3. 大秦线开行万吨重载列车。2003 年 9 月 1 日凌晨 4 时 45 分，大秦线万吨重载列车 71 009 次安全抵达与秦皇岛站毗邻的柳村南站。这标志着大秦线为实现 2003 年年运量 1.2 亿吨目标取得了阶段性成果，为实现大秦线年运量 2 亿吨目标迈出了重要一步。万吨重载列车编组为 120 辆，总长超过 1 400 米，牵引总重量达 1 万 t。比目前大秦线开行的重载货物列车多编组近 50 辆。万吨列车每天由安太堡站和新高山站发车，到站为毗邻秦皇岛港的柳村南站，试运行期间每天开行 5 对。万吨重载列车的开行将有效缓解大秦线运能和运量的矛盾，为运输能力得到明显提高打下坚实基础。

4. 取得防治非典和运输生产双胜利。2003 年一场突如其来的非典疫情在我国部分地区肆虐，严重威胁人民群众的身体健康和生命安全，干扰了我国经济和社会发展。全路各部门全力以赴防止疫情通过铁路传播，保障了旅客和职工及家属身体健康，保证了铁路运输畅通无阻。在这场重大灾害面前，全路各级党组织和广大共产党员，带领广大职工群众大力弘扬万众一心、众志成城、依靠科学、和衷共济、迎难而上、敢于胜利的伟大精神，一手抓防治非典，一手抓运输生产，夺取了抗击非典和运输生产双胜利。

5. 京秦沈客运通道开通运营。2003 年 10 月 12 日，连接北京、秦皇岛和沈阳的京秦沈铁路客运通道开通运营。原经(北)京秦(皇岛)、沈(阳)山(海关)线运行的8对特快、5对快速列车由此“分流”,但运行速度、发站和到站时刻、票价不变。全长404.64公里的秦沈客运专线于1999年8月开工建设,2002年6月全线铺通。秦沈客运专线始于秦皇岛站,途经山海关、葫芦岛、锦州、沟帮子、盘锦、台安、辽中、新民站,止于沈阳北站。京秦沈客运通道的正式运行,将大大缓解我国华北和东北间的铁路运能紧张状况,并为铁路今后提速工程奠定良好的技术基础。

6. 铁路第5次大面积提速牵引试验取得圆满成功。

为确保2004年4月18日铁路第五次大面积提速和新的列车运行图的顺利实施,12月8–21日,铁道部部长刘志军、副部长胡亚东在牵引试验列车机车上亲自指挥,率领铁道部机关有关司局、路内外相关单位人员,先后在京哈(滨州)、京九、陇海、京沪(沪杭)、京广等干线上进行了提速试验,并取得圆满成功。这次实验获得的重要试验成果,将为搞好第五次大面积提速和列车运行图的全面调整提供宝贵依据和经验。

7. 我国研制的首台摆式列车问世。2003年3月18日,具有自主产权的我国首辆摆式客车在中国北车集团唐山机车车辆厂问世。5月9日,我国自主设计研制的首台摆式列车牵引动力车在大连机车车辆厂问世。与唐山机车车辆厂制造的车辆编组成2动6拖的摆式列车,填补了我国在这一产品领域的空白。摆式列车作为一种新型的铁路客运装备,正在发达国家快速发展推广,其特点是无需大规模改造线路,即可提高列车运行速度,投资小,见效快。尤其在曲线多、半径小的既有线路上提速效果更为显著,是我国既有线路实施提速的最佳选择方案。

8. 铁路跨越式发展开局良好。6月28日,铁道部召开铁路跨越式发展研讨会,刘志军部长系统地提出了铁路跨越式发展的总体思路、重点任务和工作措施。铁路跨越式发展充分体现了与时俱进、创新发展的时代精神,是铁路全面贯彻落实“三个代表”重要思想和党的十六大精神的重大举措,从适应全面建设小康社会要求的高度,绘制了中国铁路加快实现现代化的宏伟蓝图,不仅为中国铁路今后的发展指明了方向,同时也是对我国基础设施领域发展模式的战略创新。

9. 主辅分离改革顺利进行。主辅分离辅业改制作为铁路跨越式发展的一项重要战略任务,在全路上下的共同努力下,取得良好开端。42家铁路设计施工企业脱钩顺利完成,教育卫生机构移交势头良好,改制分流试点工作取得阶段性成果。11月24日,铁道部召开全路主辅分离辅业改制和再就业工作座谈会,提出按政企分开的要求,将企业承担的政府职能回归政府;按社企分开的要求,将企业承担的社会职能回归社会;以产权制度改革为核心,进行辅业改制,实现辅业与运输主业分离。并制定了《关于推进铁路主辅分离辅业改制和做好再就业工作的指导意见》,为全路主辅分离辅业改制和再就业工作的深化提供了政策保证。

10. 京九铁路复线全线贯通。2003年1月10日,京九铁路复线全线贯通。1996年开通运营的京九铁路是我国第二条南北大干线,随着京九沿线经济发展的加快,这条铁路的能力迅速饱和,复线建设随即展开。2003年1月10日,京九铁路最后一段复线–龙川–东莞东段以80公里/小时的速度开通。京九铁路复线全线贯通,大大提高了通过能力,对进一步开发“大京九”经济带和促进粤东及沿线社会经济发展具有重要意义。

(由《铁道运输与经济》评出)

2003年中国公路十大新闻

1. 交通部加大农村公路建设投资力度,部专项资金在5年内至少拿出300到400亿元用于县际公路和农村公路建设，让农民兄弟走上油路和水泥路。

2. 陈德华同志先进事迹报告会在北京人民大会堂隆重举行。

3. 受非典等不利因素影响,我国高速公路建设依然迎来丰收年,总里程达到3万公里。

4.《路政管理规定》颁布实施,标志着我国公路路政管理在依法行政、依法治路方面迈出了新的步伐。

5. 目前世界上最长的跨海大桥——杭州湾跨海大桥正式开工建设。

6. 包括18年前中国内地第一个路桥收费站——广东佛山大桥收费站在内的佛山28个收费站被拆除。

7. 被誉为“神州第一路”的沈大高速公路在运行13年后,全线封闭进行拓宽改造。

8. 京沈高速公路联网收费工程10月20日正式开通运行。

9. 12月1日，华北五省市联合治理超限运输,开辟了跨区域、跨部门互动治超新模式。

10. 国庆节前夕,数以万计的车辆在八达岭高速公路上拥堵达13天之久,社会反响强烈。

（由《中国公路》评出）

2003年度国内航运十大新闻

1.《中华人民共和国港口法》颁布。6月28日,十届全国人大常委会第三次会议表决通过《中华人民共和国港口法》。历经10年磨一剑的《港口法》,是着眼于我国港口长远发展的水运龙头法。

2. THC调查会召开。8月21-22日,国际班轮运输码头作业费(THC)调查会在北京召开,这是《中华人民共和国国际海运条例》实施以来首次举行的专题调查会。

3. 沪深位居全球第三、四大集装箱港。截止到12月31日，上海和深圳两港集装箱吞吐量分别达到1 128.5万TEU和1 064.995万TEU,在全球十大集装箱港口排名分别居第三、四位,显示了中国经济发展的强劲势头。

4.“国际海运高级论坛2003”召开。10月31日-11月2日,“国际海运高级论坛2003”在上海召开,这是自1998年以来上海航运交易所主办的又一次规格甚高的业内盛会。

5. 三峡工程成功实现试通航。6月16日,三峡蓄水提前到位,永久船闸的试通航获得成功,万吨船队可达西部腹地。

6. 无船承运业务专业委员会成立。12月1日-2日,无船承运业务(NVOCC)专业委员会在杭州成立,标志着NVOCC业界有了自我约束、自我保护、自我发展的行业组织。

7.“三国四方”合资经营青岛港前湾码头。7月21日,青岛港务集团与马士基、铁行渣华、中远集团签署合资协议,共同出资8.87亿美元把青岛港前湾码头建成年吞吐能力超过650万TEU的集装箱码头。

8. 我国加快建立战略石油安全体系。8月4-6日，国家相关部委组织召开了中国进口石油海上运输安全研讨会，谋划加快建立我国战略石油安全体系。

9. 中外运H股在港上市。2月13日,中国外运股份有限公司在香港联合交易所挂牌上市,以每股2.19港元的定价在香港发行15.5亿股H

股,集资34亿港元。

10. 第二家理货公司成立。10月16日,中联理货有限公司泉州分公司开业,标志着我国理货体制改革工作进入了实质性阶段,也标志着中联理货全国理货网点陆续营业的开始。

(由《船运交易公报》评出)

2003年中国国际货代业十大新闻

1. 我国夺得FIATA年会举办权,2006年FIATA年会将在上海召开。经过中国国际货运代理协会(CIFA)坚持不懈的努力,2003年3月30日我国在瑞士日内瓦一举夺得2006年国际货运代理协会联合会(FIATA)年会的举办权,并经10月3日的FIATA扩大主席团会议表决,一致决定FIATA 2006年年会在中国上海举行。

申办成功令我国货代行业欢欣鼓舞,它反映了我国综合国力的日益强盛。通过FIATA年会的举办,不仅可以向世界展示我国货代行业的整体形象,进一步提高我国货代及相关行业的国际地位,也预示着我国货代业将迎来一个快速发展的大好时机。

2. 修改《邮政法》引起国内外业内人士的广泛关注。2003年,国务院法制办多次召开座谈会就《邮政法》的修改工作听取中外快递企业的意见。中国货代协会快递工作委员会代表中外快递企业积极配合《邮政法》的修改工作,并认真提出了修改建议。

中外快递企业认为:《邮政法》的修改应与改革方向相一致,应该承认24年来快递行业已经放开的客观事实,应该符合中国加入世贸组织的承诺,应该促进我国对外贸易和对外交流,应该尊重公民的用邮权。目前,该工作仍在积极进行之中。

3. "中国物流万里行"活动取得了显著的社会效果。中国货代协会和中国外资杂志社共同承办了"中国物流节"委托的"中国物流万里行"活动,并取得了显著的社会效果。此举不仅有助于政府部门、社会各界深入了解我国现代物流的现状、存在问题、发展前景及重大意义,同时为业界提供了一个相互借鉴与交流的平台。

该活动于2003年11月2日正式启程,11月12日返回,历时十天。由包括电视台、报刊、网站在内的媒体记者和业内人士组成的采访考察团,对我国珠江三角洲、长江三角洲和环渤海地区的数十家物流企业进行了考察、采访。12月11日举办的"中国物流万里行成果报告会"为该活动划上了一个圆满的句号。

4. "货代联盟"备受关注。2002年,由于部分船公司单方面拒付货代佣金或降低佣金,上海货代协会首先组织有实力的企业成立"货代联盟",以加强同船公司的讨价还价的能力。2003年,"货代联盟"的形式进一步扩大。同时,厦门、浙江、山东货代协会积极在本地区内推广上海的上述作法。辽宁货代协会等行业协会也积极进行考察学习准备在本地区内推广。

5. 2003年海峡两岸暨港澳地区货运物流研讨会在香港落下帷幕。2003年海峡两岸暨港澳地区货运物流研讨会于2003年11月25-26日在香港隆重召开,中国货代协会组织了67人的代表团参会。

会议期间,代表们与台、港、澳三地的业界同行就"内地与香港更紧密经贸关系安排"对各地货代及物流企业当前所面临之挑战及机遇等内容进行了广泛的交流。

会上,商务部外贸司刘新华巡视员应邀介绍了在内地申请设立货代或物流企业的相关政策及手续。中国国际货运代理协会罗开富会长做了"中国内地现代物流发展现状及市场潜力"的演讲。刘占芳副会长就协会2003年工作报告及2004年工作要点等内容进行了演讲。

6. 2003年度全国货代从业人员资格培训统

考圆满结束。“2003 年度全国国际货运代理资格培训考试”已于 11 月 8 日在全国举行。1.7 万考生在全国 24 个主考点、4 个分考点(2002 年为 10 个考点)参加了考试,考生人数比上年首届国际货运代理资格考试增加了 70%。考试组织管理严格、规范,考场纪律严明、秩序井然。“全国国际货运代理资格培训考试”为提高业界从业人员素质做出了贡献,受到了业界人士的高度赞扬。

7. 台港澳及内地货代企业关注 CEPA。为促进内地和香港、澳门经济的共同繁荣与发展,加强与其他国家和地区经贸联系,2003 年 6 月 29 日内地与香港达成《内地与香港关于建立更紧密经贸关系的安排》(简称 CEPA);2003 年 10 月 17 日,《内地与澳门关于建立更紧密经贸关系的安排》签署。CEPA 引起了台港澳及内地货代企业的广泛关注。

对于港澳公司在内地成立独资货代公司是否会给内地货代市场造成冲击,中国国际货运代理协会罗开富会长表示,港澳公司在内地成立独资货代公司肯定会使内地的市场竞争有所加剧,但不会对市场造成大的冲击。更应看到这一重大举措在一定程度上将促进企业之间取长补短,加速改革,推动双方服务水平的提高,对内地和港澳货代行业的长远发展会有很大的益处,这是一项双赢的举措。

8. 中国货代协会修改协会章程,并开始接纳吸收联系会员。4 月中旬,中国货代协会召开了第一届第二次会员代表大会,会议对协会章程进行了修改,并首次将吸收联系会员写入了协会章程。根据章程,协会积极吸纳国际货运代理相关行业单位加入协会成为联系会员,中国货代协会的影响力和行业代言人地位将得到进一步的加强。

9. “FIATA 国际货运代理职业证书”明年将引入我国。中国国际货运代理代协会有望在 2004 年将“FIATA 国际货运代理职业证书(FIATA DIPLOMA IN FREIGHT FORWARDING)”的培训和资格考试引入中国。届时,将从已通过“全国国际货运代理从业人员资格考试”的人员中选拔优秀人才,参加“FIATA DIPLOMA IN FREIGHT FORWARDING”的培训和资格考试。该证书将由中国国际货运代理协会会长和 FIATA 主席联合签署,并终身有效。该证书将不仅被中国同业广泛接受,而且在全世界的国际货运代理行业内也将一致认同。

10. “中国国际货运代理协会考试中心”成立。经过中国货代协会与青岛远洋船员学院一年多的共同探讨和努力,并报请商务部主管部门确认,“中国国际货运代理协会考试中心”于 8 月 15 日在青岛远洋船员学院正式揭牌。

考试中心的成立为协会培训工作向高标准、高权威方向发展提供了最基本保障。它标志着中国货代协会培训考试工作将更加规范、更加专业。

(由中国国际货运代理协会《国际商报》评出)

2003年国内民航十大新闻

1. “蓝天振兴计划”全面告捷。中国民航采取有力措施正确应对非典带来的冲击和影响,自 7 月开始,民航总局在全行业实施“蓝天振兴计划”和“蓝天振兴”评比表彰活动,全行业认真贯彻落实,从上到下为实现振兴目标形成了强大的合力,推动了行业复苏,到年底全面告捷。

截至 2003 年 12 月 31 日,运输航空已连续安全飞行逾 300 万小时,超过了历史上连续安全飞行 270 万小时的纪录;生产效益形势恢复较好,预计全年完成运输总周转量 168 亿吨公里,旅客运输量 8 650 万人,货邮运输量 212 万吨,分别比上年增长 1.9%、0.7%和 5%。

2. 《通用航空飞行管制条例》颁布实施。2003 年 1 月 10 日,国务院总理朱镕基、中央军委主席江泽民签署命令批准了《通用航空飞行管制条例》,该条例于 2003 年 5 月 1 日起施行。这是我国首次以法律的形式规范通用航空的飞行活动。该条例的颁布和实施对于推动我国通用航空事业的发展,合理开发和充分利用我国空域资源,保证飞行安全,有着重大意义。

《条例》在吸取我国通用航空管理经验的基础上,参照国际标准和惯例,调整了空域管理办法,对通用航空空域的申请、划设、批准、使用等作出了新的规定。《条例》改进了飞行申请方法和报批惯例,减少了任务审批,简化了报批程序,从事通用航空飞行活动的单位和个人需要使用临时飞行空域的,可向有关飞行管理部门申请临时飞行空域,并可在申请临时飞行空域时,一并提出15天以内的短期飞行计划申请,不用再像过去那样逐日申请。此外,《条例》还解决了飞行保障中的突出问题,规范了升放无人驾驶自由气球和系留气球的管理。

3. 机场属地化改革大部完成各地安监办陆续挂牌。2003年9月4日,国务院批复民航总局《省(区、市)民航机场管理体制和行政管理体制改革实施方案》,按国务院批准的该方案,93家机场年内移交地方政府管理。

实施方案明确了移交地方政府管理的机场范围。政企合一的河北、山西等17个民航省(区、市)局和民航乌鲁木齐管理局与其管理的机场实行政企分开,机场移交地方政府管理;由民航总局或民航地区管理局管理的广东等4个省的机场移交地方政府管理。已与民航省局分离的江苏等5个省内民航地区管理局和省局管理的机场或在机场持有的股份,全部移交地方政府管理。

在天津、河北等23个省(区、市),以及大连、厦门、深圳设立民航安全监督管理办公室,代表民航地区管理局,负责所辖地域内航空公司、机场等民航企事业单位的安全监管和市场监管。至2003年底,机场移交完成大半。这也意味着《民航体制改革方案》规定的绝大部分改革任务已完成,预计到2004年一季度将全部完成。届时,标志着与社会主义市场经济相适应的政企分开的行业管理体制初步建立。

4. 台商春节包机首航上海。2003年1月26日8时52分,执行台商春节包机首航任务的台湾“中华航空公司”的一架编号为B-18206的波音747-400大型客机平稳降落在上海浦东机场。备受关注的台商春节包机就此拉开了序幕。

2003年1月26日因此成为海峡两岸民航交流史上值得铭记的一天。

执行本次首航的华航CI585航班是1月26日凌晨从台湾桃园机场出发,经停香港50分钟后再度起飞,然后抵达浦东机场的。虽然还不是真正意义上的两岸直航,但毕竟是半个多世纪以来台湾民航客机首次循正常途径降落在祖国大陆,标志着两岸民航交流又迈出了新的一步。

从1月26日至2月10日,上海浦东国际机场接待了台湾华航、复兴、华信、长荣、立荣、远东六家航空公司的16个台商春节包机航班,起降32个飞行架次,运送旅客2 478人次、行李2 551件,客座率达到70.4%。在华东地区尤其是上海民航部门及各有关单位的全力保障下,台商春节包机画上了圆满的句号。

5. 民航国内航空运输价格改革方案听证会召开。2003年7月15日,民航国内航空运输价格改革方案听证会在北京举行。民航运价改革工作小组会同15位经营者代表、消费者代表以及专家学者代表就《民航国内航空运输价格改革方案》进行了论证。

《改革方案》主要内容有:对民航国内航空票价实行政府指导价,今后国内航线票价将以平均每客公里0.75元为基准,允许航空运输企业在上浮不超过25%、下浮不超过40%的幅度范围内,自主定价;引入多级票价制度,对不同旅客实行差别定价;对现行境内、境外两种销售票价实行并轨。

参加听证会的大多数代表认为,建立政府宏观调控、企业有限浮动、反映市场供求变化的民航国内航空运输价格形成机制,符合社会主义市场经济条件下主要由市场形成价格的要求和改革方向,价格改革方案的主要思路基本适应现阶段国民经济发展水平和民航体制改革的进展情况。

听证会结束后,国家发展和改革委员会会同民航运价改革工作小组,根据与会代表的意见和此前通过互联网、热线电话搜集到的意见，进一步修改完善民航国内航空运输价格改革方案，并与国务院有关部门积极沟通，按照规定程序报国务院批准。

6. 开放部分航权试点工作启动。2003 年 4 月 1 日开始，新加坡货运航空公司开辟新加坡经我国厦门、南京至美国芝加哥的航线，并在厦门、南京拥有上下国际货物的权利，每周三班。这是中国政府首次向外国航空公司开放货运第五航权，标志着我国在扩大市场准入方面又迈出了实质性的一步。

随后，海南开放航权试点工作联合领导小组第一次会议也于 7 月 1 日在海口召开，标志着海南开放部分航权工作正式启动。该次会议审议了“海南开放部分航权工作方案”，并成立了“海南开放部分航权试点工作联合领导小组”。随着海南部分航权的开放，越来越多的国外航空公司将进驻海口美兰和三亚凤凰两个机场开辟国际航线。

7. 中国民航空中警察组建。2003 年 6 月 17 日，民航总局、公安部、人事部、财政部联合召开“中国民航空中警察组建工作电视电话会议”，全面部署了空中警察组建工作，标志着空中警察组建工作已进入具体实施阶段。

按照计划，2003 年内从民航现有空中安全员中一次性“录用”的空中警察正式上岗；2004 年 1 月 1 日，从各地公安民警中“选调”的空中警察全部上岗。“录用”和“选调”的空警，要经过严格的训练，考试合格后才允许上岗。

空中警察，是人民警察队伍的重要组成部分。这支队伍的组建将把民航空中安全保卫工作进一步纳入法制化轨道。空警队伍将依法行使防范和制止劫机、炸机，防范和制止非法干扰安全飞行的行为，维护机上秩序，保护乘客生命财产安全的重要职能。民航空中警察的组建对加强民航空防安全和反恐怖工作，对维护国家安全具有重大意义。

8. 京沪穗三地实施标准英语陆空通话。2003 年 9 月 1 日起，进出北京首都、上海虹桥和浦东、广州白云机场的飞机，无论是国际航班，还是国内航班，飞行员和管制员都必须用标准英语进行陆空通话。

在此之前，国内民航管制员与国内飞行员用中文进行陆空通话，与国外飞行员则用英语通话。为提高空中交通管制陆空英语通话水平，杜绝由于机组和管制员缺乏对英语语言的理解而造成的飞行事故，国际民航组织将于 2008 年起实施航空人员（包括飞行机组、管制员）语言水平等级考核制度，并要求各国在航空人员执照管理中体现语言水平等级。

为响应国际民航组织的这一要求，使我国陆空通话标准符合国际民航组织要求，民航总局决定从 2003 年 9 月 1 日零时（北京时间）起，在北京、上海和广州机场的塔台、进近管制范围内飞行的所有航空器（军航飞机除外）使用英语进行无线电陆空通话。

9. 我国规模最大的航空货运公司成立。由中国国际航空公司、中信泰富有限公司、首都机场集团公司共同出资组建的中国国际货运航空有限公司 2003 年 12 月 12 日在北京挂牌。中国国际货运航空有限公司总投资为 35 亿元人民币，注册资本为 22 亿元人民币。

中国国际货运航空有限公司目前拥有 4 架波音 747-200 全货机，8 架波音 747-400 客货混装型飞机的货舱以及近 60 架波音 747-767 空中客车 340 全客机的腹舱，今明两年将各再增加一架波音 747-400 全货机，还将购入 3 架图-204 全货机，成为中国最大的航空货运公司。

中国国际货运航空有限公司不仅能提供充裕的航空货运能力，更拥有从北京、上海始发至美国洛杉矶、旧金山、纽约、芝加哥、波特兰、德国法兰克福、法国巴黎、英国伦敦等地的国际货运航线经营权。其依托国航的航线资源优势，航线更多、网络布局也更合理，基本形成了国内航线支持国际航线，国际航线促进国内点、线、片的轮辐式航线网络结构。

10. 白云机场 4 亿 A 股在上交所上市成为目前国内 A 股首发募集资金最多的机场企业。

经上海证券交易所批准，广州白云国际机场

股份有限公司4亿A股于2003年4月28日正式在上交所挂牌上市,代码为“600004”,共募集资金23亿元。这是在国内上市的第四家机场企业,也是目前国内A股首发募集资金最多的机场企业。

白云机场股份有限公司公开向社会承诺:白云机场今后将致力于打造蓝筹绩优股形象,让股民得到高于预期的回报。

据悉,白云机场股份有限公司预计今年总收入和利润与去年相比将会有10%以上的增幅。

白云机场股份有限公司自2000年9月成立以来,总资产由成立初的10亿元增至16.4亿元,主营收入和净利润年均呈两位数增长,此次股票上市后,所募集的23亿元资金将全部用于新白云机场建设。

(由《中国民用航空》、《中国民航报》评选)

2003年国际民航十大新闻

1. 全球共庆人类动力飞行百年。1903年12月17日,莱特兄弟发明的世界第一架载人动力飞机“飞行者一号”飞上了蓝天,标志着人类动力航空史就此拉开了帷幕。飞机的发明及航空业的兴起,对20世纪人类文明和科技进步起到了加速器的作用。2003年12月17日正值莱特兄弟发明飞机100周年,全世界数十个国家为纪念这个历史性的日子举行了各种盛大的庆祝、纪念活动。

2. “协和”超音速客机告别蓝天。“协和”是世界上惟一用于商业运营的超音速客机,2003年10月24日,最后3架“协和”客机降落在伦敦希思罗机场,从而结束了这款超音速大型客机27年的商业飞行。1969年,第一架“协和”飞机诞生,此后总共制造了15架此型客机。此次退役的3架“协和”客机将分别被陈列在哈得逊河上的“无畏号”航母博物馆、巴巴多斯岛、“协和”客机的生产地——威尔士的菲尔顿。

3. SARS肆虐重创航空客运。2003年初,被称为“严重急性呼吸道综合症”(SARS)的新型传染病在中国广东省爆发,并迅速蔓延到中国大部分地区及东南亚和世界各地,受影响的国家达30多个。受SARS的影响,亚太航空公司的客运量在四、五、六月大幅降低,五月份中国航空公司的旅客运输量同比下降达78%,飞行亚太地区的世界其他航空公司也不同程度地蒙受了损失。

4. 欧美开始整合世界航空市场。欧盟15国政府授权欧委会与美国政府于2003年6月开始就两大洲的航空市场及航空公司间的联系等一揽子协议进行磋商,旨在开创世界上第一个航空联合市场。这一跨大西洋两岸的航空市场将占世界航空市场总份额的60%。欧委会称,这将是个历史性的决定,一揽子协议将最终取代过时的《芝加哥公约》,同时它还标志着1992年欧洲开放天空以来,各国天空开放政策混乱局面的终结。如果协议达成,所有欧盟国家航空公司的班机可以从欧盟内任何一个国家起飞飞往美国。到目前为止,11个欧洲国家和美国签署的双边航空协议有1 500个之多。双方的第一轮会谈6月25日在欧美峰会上举行,欧委会还被授权就各国政府对航空公司资本体系的保护进行探讨。

5. 法国航空公司与荷兰皇家航空公司宣布组成欧洲最大的航空公司。

9月30日,法国航空公司与荷兰皇家航空公司在巴黎达成协议组成欧洲最大的航空公司,同时也是世界第三大航空集团。新集团总价值192亿欧元,拥有540架飞机和10.6万名员工,航线通往世界226个目的地。根据协议,在新公司股份中,荷兰航空现有股东、法国政府以及法航其他股东将分别拥有19%、44%和37%的股份。新集团将保持法航和荷航的独立运营,公司新核心业务包括客运、货运和维修三项,分别占77%、14%以及4%的份额,年销售收入预计将达到220.8亿美元。

6. 洛克比空难获最终解决。8月15日,利比亚政府致函联合国安理会正式宣布对1988年发生的洛克比空难负责，此外该国已和美英两国达成了协议，同意向受害者家属支付27亿美元的赔偿金（每个受害者1 000万美元）。利比亚此举旨在换取联合国立即解除对其长达11年的一系列制裁措施。

7. 新航成立虎航，亚太掀起低成本浪潮。在世界主要航空公司处境困难的情况下，低成本航空公司异军突起，成长迅速。原本只有一家低成本航空公司的亚洲地区在年末掀起低成本浪潮。12月9日，新加坡航空公司宣布成立低成本子公司飞虎航空公司（TigerAirways）。此外，新加坡航空的一名前管理人士还在新加坡创办了另一家低成本航空公司 Valuair。亚洲第一家低成本航空公司亚洲航空11月还在曼谷成立了一家合资公司，以打入泰国市场，并计划进入华南市场。在澳大利亚，快达航空公司于12月初宣布成立喷气星（JetStar）公司，准备在澳大利亚国内市场展开与另一家低成本航空公司维珍蓝的竞争。

8. 空客在民机市场实现突破，世界民机业形成新格局。

6月15日至22日，第45届巴黎航空航天展览会如期举行。空中客车公司在本届航展上表现突出，赢得三笔大订单，其中最大一笔是与酋长国航空公司签订41架飞机（包括订购21架超大型飞机A380）的订购合同。空客在2003年飞机交付量首次超过了竞争对手波音，这也是该公司在交付量和订单两项指标上全面超过波音。此外，A318和A340-500也在2003年投入运营，从而使得空中客车投入市场的产品系列更加完整。

9. 加拿大航空公司申请破产保护。世界第11大航空公司加拿大航（AirCanada），于当地时间4月1日向加拿大安大略地方法院申请破产保护。从而成为自伊拉克战争开始以来全球第一家申请破产的大型航空公司。加航于2002年第四季亏损3.64亿加元，至2003年2月累积债务已经高达120亿加元，加之受伊拉克战争、油价上涨等因素影响，亏损日益严重，该公司曾计划裁减3 600名员工，但受到工会方面的抵制。加航在向法院提交的破产保护申请书中表示，公司目前已筹集了约7亿美元的资金以维持公司的运营，安大略地方法院接受了加航的破产保护申请，并允许其在2003年5月31日前继续负债运营。2003年11月份加航表示，决定选择加拿大籍华人李泽钜私人持有的加拿大公司 TrinityTimeI nvestments 注资6.5亿加元入股，持有该航31%股权，以对加航进行重组。

10. 波音董事会批准波音7E7梦想飞机项目。12月17日，酝酿了1年之久的波音7E7飞机通过波音公司董事会批准，将于2004年进入实质性的研制及销售阶段。波音7E7系列飞机可载客200到250人，航程达15 400公里（8 300海里）。该飞机将成为波音公司多年来所倡导的点对点飞行理念的代表，由于采用了多种新技术，波音希望7E7在人类飞行的第二个世纪里，树立民用航空业的新标准。

（由《中国民用航空》《中国民航报》评出）

2003年中国物流十大风云人物

叶伟龙　中国远洋物流总公司总经理；
李克麟　中国海运(集团)总公司总裁；
许胜余　上海华联超市股份有限公司总工程师；
吴清一　北京科技大学教授、物流研究所所长；
张　斌　中国对外贸易运输(集团)总公司总裁；
陆　江　中国物流与采购联合会会长；
竺延风　中国第一汽车集团公司总经理；
洪敬南　嘉里集团有限公司董事、嘉里物流联网有限公司董事长；
常德传　青岛港务集团总裁；
傅玉宁　招商集团总裁。

（由《中国航务周刊》组织并会同中国物流媒体联盟19家媒体议员共同评出）

2003年中国汽车十大新闻

1. 我国 2003 年汽车产销量双双突破 400 万辆。2003 年 1 到 11 月,中国汽车工业继续保持了旺盛的增长态势,产销量均已超额完成了年初的预期。行业经济效益也保持了较高的增长速度。其中,汽车产量突破 400 万辆,轿车产销 11 月再创历史新高,2003 年轿车产量有望超过 195 万辆。

中国汽车工业协会预测,2003 年全年汽车产量有望超过 435 万辆、销量超过 427 万辆。

2. 制定中的新《汽车产业发展政策》引人关注。2003 年 4 月,国家发改委发布了新《汽车产业发展政策》征求意见稿,并计划年内推出正式的新版产业政策。国家发展和改革委员会主任马凯表示,新的汽车产业政策将有利于寻求整合或兼并的汽车生产商,并催生许多强大的汽车生产商。马凯表示,政府无意抑制汽车产业的发展,但是会制订具体的政策来引导和监管汽车产业,促使其健康发展。可以肯定地说,不管新政策是何内容,都将在今后几年内对中国汽车产生根本性的影响。《汽车产业政策》征求意见稿表明,中国将致力于发展自己的汽车工业。国际汽车巨头开始感到不安,甚至公开批评这一政策中的一些条款。

3. 新雅阁、别克凯越成车价风向标加剧价格下调趋势。2003 年年初的时候,当新雅阁、红旗明仕和长安铃木掀起了第一波降价风暴,从此成都乃至整个中国的车市就好比打开了一个潘多拉的魔盒。从 1 月到 11 月几乎所有的市面车型全线降价,有的甚至连跌不止,几乎每星期都有一款车型举起降价大旗。

1 月 15 日,2.4 升广本新雅阁轿车下线,售价为 25.98 万元,引发了国内中高档轿车的价格地震,其后君威的定价以及帕萨特的几次调价也均以雅阁为价格参照。新雅阁相对低廉的价格打破了国产中高档车的价格平衡,对其后上市的新车价格有很大影响。遗憾的是,新雅阁的加价销售一定程度上给厂家的形象带来了负面影响。别克凯越自 8 月底上市后,截至 11 月 30 日,共销售27 979 辆,并再一次刷新了自己创造的新车单月销售纪录。凯越的出现给了钟爱老三样的消费者一个重新选择的理由。同样的大空间,同样的高性价比,但更现代的车型让占主体的中产阶级找到属于自己的爱车。

4. 汽车金融公司管理办法出台跨国巨头却放缓步伐。11 月 12 日,《汽车金融公司管理办法实施细则》出台,《细则》的颁布实施意味着汽车金融公司的设立进入实际操作阶段。除了美国通用汽车公司正式向中国银监会递交了与中国上汽财务公司合资组建“上海通用汽车金融有限责任公司”的申请以外,包括大众、福特、丰田、日产等多家跨国车商已经明显放缓了在中国申请开办汽车金融公司的步伐。国内的大汽车集团如一汽、东风等的财务公司都已经明确表示,暂不参与这项业务。此前一直跃跃欲试的海内外汽车金融公司和车商何以到头来临阵退缩了,因为中国的信用环境使他们非常担忧。据不完全统计,自 2003 年以来,由于车价持续下降,在中国的大部分市场,私车贷款已经有 30%出现了违约还款,10%的汽车贷款难以收回,购车者骗贷案件也不断发生。

5. 中国汽车批量走向世界河北中兴出口超 7 000 台。9 月 23 日,河北中兴汽车制造有限公司隆重举行 4 000 辆中兴汽车出口利比亚发车仪式。2003 年中兴汽车累积出口超过 7 000 台。

近几年来,中兴汽车以骄人的出口业绩令中国汽车界刮目相看,早在 2000 年 2 月份,500 辆中兴汽车出口伊拉克拉开了中兴汽车抢滩国际市场的序幕,创造了当时河北机电汽车产品的最大批量出口。2003 年 5 月,2 000 辆中兴皮卡出口非洲,创造了中国汽车单项产品一单出口最高记录。2003 年中兴汽车累积出口超过 7 000 台。中兴汽车不仅在出口数量方面屡创新高,出口形式也不断向纵深拓展,从单纯的产品出口提高到出口产品加工技术。2003 年 7 月底,100 台 CKD 散件出口,标志着中兴汽车开始正式在海外组装,开创了中国皮卡 CKD 散件出口之先河。2003 年 4 月,美国 IAHA 公司数位高层不畏“非典”亲赴中兴,签署了长达 5 年的外销协议,根据协议 IAHA 公司每年至少将 3 000 辆中兴汽车销往美国等市场。这标志着中兴汽车领先国产汽车品牌,率先打入美国市场。目前,中兴汽车已在海外建立起数家四位一体专卖店,销售服务网络遍布中东、非洲、北美、南美、东南亚等四十多个国家和地区。

5 月中旬,首批上海大众帕萨特轿车约 1 000 辆出口到东南亚;11 月 28 日,上海大众宣布,由上海大众生产的 600 辆 POLO 轿车将出口澳大利亚。

6. 国产宝马接连上市豪华车市场开始出现竞争。2003 年 10 月,备受瞩目的国产宝马 3 系列轿车低调上市,一个月后,华晨宝马又隆重推出了 530i。宝马上市结束国内豪华车市场奥迪一枝独秀的局面,得到了市场“热捧”,上市首日在北京、广州、南京等地都预订出数百台。国产宝马价高还能受“热捧”,是因为国产高档车一直被奥迪一家垄断,宝马国产后,除了个人用户外,很多按规定只能购买国产车的高档公务用车,有可能放弃奥迪选宝马。有专家分析,宝马的国产有可能引发国内高档公务用车的又一轮换代。宝马集团大中华区总裁昆特–席曼甚至放出豪言,10 年内宝马将在中国内地销售 100 万辆。

7. 戴姆勒–克莱斯勒与北汽合资奔驰 E 级、C 级车将国产。9 月 8 日,戴姆勒–克莱斯勒股份公司和北京汽车控股有限公司正式签订了战略合作框架协议,北京吉普将生产奔驰 E 级、C 级轿车,北汽福田将生产中重型卡车。在投产的几年内,产量预计达到 2.5 万辆。至此,世界著名轿车品牌在中国几乎都有了合作项目。奔驰的到来,无疑使中国的高档轿车市场竞争更加充分和激烈,最终受益的是中国的消费者。

10 月 14 日,现代汽车公司就戴–克与北汽控股合作生产奔驰轿车一事公开提出强烈抗议,要求北汽控股撤销与戴–克达成的结盟合约。北汽控股集团董事长安庆衡则明确回应,北汽和戴–克的合作在北汽与现代之前早有渊源,并不属于违反合约的行为,同时他认为,与戴–克合作不会影响与北汽现代的合作关系,国产奔驰轿车下线时间则预计在 2005 年 7 月份。

8. 上海、长春、广州分别举行国际汽车展。第十届上海国际汽车展来自全球 23 个国家和地区 730 多家厂商参加了 4 月 21–26 日举行的第十届上海国际车展,为历届规模之最,但“非典”事件也给车展蒙上了一层阴影,出于安全考虑,展会提前闭幕。

第三届长春国际汽车博览会 7 月 15–22 日举行的第三届长春国际汽博会,适逢中国汽车工业 50 周年纪念日。一汽集团全力参展,其合作伙伴——德国大众、奥迪高层的到访也使大众和奥迪对此次车展格外重视。

首届广州国际汽车展欲与北京上海并驾齐驱 11 月 25–12 月 2 日举行的首届广州国际汽车展览会开始就处在一个比较高的起点上,从场地条件、参展规模和观众人数来看,这次展会显露出良好的潜力,气势直逼上海北京,但想在若干年内达到真正高水平,还有很多工作要做。

9. 全国人大常委会通过《道路交通安全法》草案。10 月 28 日,《道路交通安全法》草案在十届全国人大常委会第五次会议上获得通过,法律共八章,将从 2004 年 5 月 1 日起正式施行。在草案的审议过程中,颇为引人瞩目的是几乎所有的争议都围绕着如何体现以人为本、与民方便的原则。新法更注重对弱势群体的保护,首次将“保护人身安全”列为立法目的,赋予行人在人行道上的绝对优先权。

公安部提供的数字表明,2002 年中国交通事故死亡近 11 万人,平均每天死亡 300 人,人数居世界第一,出台一部道路交通安全法成为中国社会各界的共识和当务之急。

10. 北京市交通拥堵严重 引发限制措施大讨论。2003 年,北京市汽车保有量超过 200 万辆,交通拥堵问题越来越突出,成为一个亟待解决的问题。于是,政府有关部门在 9 月提出了限私车构想。

尽管北京征收牌照费的话题只是传言,但传言掀起千层浪。北京消费者纷纷将自己预期买车的时间提前,9 月份北京亚运村汽车交易市场的交易量创造了一个历史性新高。引起人们对政府部门该如何采取限制措施的大讨论。北京市交通委员会负责人表示, 北京目前不存在征收小汽车牌照费的问题,今后若需出台相关政策,也会广泛征求人大代表及社会各界的意见,按照规定程序实施。

(由人民网与人民日报汽车时代联合评出)

2003年中国邮政十件大事

1. 刘安东出任国家邮政局局长、党组书记。4 月 21 日, 中组部副部长沈跃跃在国家邮政局宣布了《中国共产党中央委员会关于刘安东、刘立清同志职务任免的通知》,刘安东出任国家邮政局局长、党组书记,信息产业部党组成员。信息产业部部长、党组书记王旭东出席会议并讲话。

2. 邮政抗击非典取得阶段性胜利。在 2003 年抗击非典斗争中,邮政部门一手抓非典防治,一手抓邮政发展,切实做到了“两手抓、两手硬、两不误”,把非典疫情造成的损失降到了最低,同时保证了邮政通信的正常运转, 取得了抗击非典的阶段性胜利。5 月 19 日,国家邮政局为抗击非典斗争特别发行了《万众一心抗击“非典”》邮票,并将发行邮票的全部收入 (500 万元现金和价值 500 万元的邮票和邮品)捐赠给医疗卫生部门。

3. 总理深情寄语邮政新党员。7 月 1 日,中共中央政治局常委、国务院总理温家宝在中共中央政治局委员、广东省委书记张德江,广东省省长黄华华等领导的陪同下,来到深圳邮政宝安分局的新党员宣誓仪式现场。在鲜艳的党旗下,在邓小平塑像前,温总理深情地勉励邮政新党员“要做个好党员”,并与大家一起合影留念。

4. 铁路邮政联手进军物流业。9 月 26 日上午,铁道部与国家邮政局签署《铁道部、国家邮政局战略合作框架协议》,联手进军物流业,共同打造全国性和国际化现代物流企业品牌。协议商定:铁路将列车行李车运能向邮政开放, 邮政将枢纽仓储、分拣、配送能力向铁路开放;双方将共同出资,发起设立股份有限公司,开发以行邮专列为主要载体的运输产品。同时,在邮政储蓄、代售铁路客票、到达货物通知投递和信息技术等领域开展广泛合作。

5. 总书记亲切接见邮政代表。9 月 28 日,出席中国工会第十四次全国代表大会的重庆市忠县汝溪邮政支局局长、全国劳模陈仕琼,荣幸地作为代表受到了中共中央总书记、国家主席胡锦涛等中央领导同志的亲切接见。她真切地感受到党对基层职工群众的关怀, 对少数民族职工群众的关怀, 对在艰苦地区坚持普遍服务的邮政职工的关怀。

6. 载人航天飞行成功邮票发行。10 月 16 日,《中国首次载人航天飞行成功》邮票首发仪式在“神舟” 五号飞船的诞生地——北京航天城举行。中央军委委员、总装备部部长、载人航天工程总指挥李继耐, 国家邮政局局长刘安东共同为邮票揭幕。这套邮票志号为特 5-2003,一套两枚,图名分别为《英姿》和《凯旋》,记录了我国首次载人航天飞行成功这一历史事件。中国邮政与香港邮政、澳门邮政同时发行共同印制的小本票 1 本。

7. 湘邮科技股票上市发行。11 月 25 日,经中国证监会批准, 湖南湘邮科技股份有限公司股票在沪、深两市公开发行,并于 12 月 10 日在上海证券交易所正式上市。它的发行与上市为中国邮政科技改革注入了活力, 开创了中国邮政向资本市场进军的先河, 对中国邮政信息化建设和现代化建设, 对邮政的改革和发展具有深远的意义。2002 年 11 月, 湖南湘邮科技股份有限公司通过中国证监会股票发行的审核,成为“中国邮政第一股”。

8. 上海至大阪国际邮货快递航线开通。12月

1日凌晨,“中国邮政号”波音737-QC飞机从上海浦东国际机场起飞,前往日本大阪,宣告上海寄往日本的国际快件实现了“今天寄出明天投递”。这是中国邮政与南方航空公司携手打造航空服务新品牌的重要举措。此航线的开通在国内首次实现客、货运输快速转换的新型运营模式,提高了飞机使用效率,为打造中国邮政现代物流品牌,参与国内快递业走向世界的竞争创造了契机。

9. 全国邮政局长会议召开。12月3日、4日,全国邮政局长会议在京召开。刘安东代表国家局党组作工作报告。会议要求全国邮政部门树立科学的发展观,切实把工作重点转到提高经济运行的质量和效益上来,实现质量、效益、速度的统一协调;深化改革、调整结构、强化管理、提高效益,推动邮政事业持续、快速、协调、健康发展。

10. 亚太邮联执行理事会年会举行。12月9日至13日,2003年亚太邮联执行理事会年会在海南博鳌隆重开幕。在开幕式上,国家邮政局局长刘安东代表中国政府宣布,国家邮政局国际合作司司长、万国邮联行政理事会主席黄国忠将竞选万国邮联国际局副总局长。与会代表讨论了亚太邮联机构改革、国际邮政业务发展、终端费未来机制、服务质量、海外互换局、递交2004年万国邮联大会的提案等问题。

（资料来源:中国邮政报编辑部）

2003年中国商界十件大事

1. 零售业遭受非典疫情重创,商家与企业联手共振市场繁荣。

2. 成立中华人民共和国商务部,实现内外贸管理合一。

3. 国务院决定实施食品药品放心工程,目前已获阶段性成果。

4. 国家实行3C认证制度,商业领域开展强制性产品市场准入工作。

5. 中国商品交易市场发展迅速,逐渐实现从量变到质变的飞跃。

6. 物价上涨属正常反弹,中国经济进入新一轮增长。

7. 上海“百联”集团正式成立,打造中国商业第一“航母”。

8. 联华、物美在香港成功上市,受到国内外各界高度关注。

9. 内地与香港、澳门先后部署《建立更紧密经贸关系的安排》,内地服务业17个领域将提前向香港开放。

10. 外资零售巨头加快在华扩张步伐,开店数量和规模大大超过预期。

（由中国商业联合会评出）

2003年信息产业十件大事

1. 我国电子信息产业预计销售收入突破1.8万亿元。2003年,国际形势复杂多变,世界经济复苏缓慢,国内非典疫情来势凶猛,多种自然灾害频繁发生。虽然困难很大,但我国信息产业仍保持了良好发展势头。全年宏观发展目标基本实现,电话用户总数、电话普及率和电子信息产品制造业销售收入、电子产品出口四项指标提前两年完成“十五”计划目标。预计电子信息产业实现销售收入将突破1.8万亿元,增长30%。

2. 我国电子信息产品出口超1 000亿美元。我国电子信息产品出口近年来增长迅速,电子信息产品出口从1991年仅占全国外贸出口的6%,

2002年的28%，到现在的29.9%，仅用了10年多一点时间。

2003年我国电子信息产品出口继续保持高速增长，年初确定的出口目标是到2003年底达到1 000亿美元。1–10月累计出口额为1 097.6亿美元，提前两个月完成全年目标。预计全年达1 400亿美元。

3. 信息产业部硬措施推进互联互通。信息产业部将互联互通工作列为2003年工作的重点，多次召开会议，对互联互通工作进行部署。信息产业部提出，要实行综合治理、标本兼治，以“硬措施”推进互联互通工作的深入开展。要加强法制建设，加大执法力度，严惩违法违规行为。充分利用经济手段，形成有效的互联互通激励机制。

4. 大力推进国家电子信息产业基地建设。根据党的十六大提出的“走新型工业化道路”、“优先发展信息产业”的精神，为了全面落实2003年初全国信息产业工作会议提出的“加快建设国家电子信息产业基地”的任务，2003年5月，信息产业部出台了《关于建设国家电子信息产业基地和产业园的意见》，决定组织推进国家电子信息产业基地和产业园建设工作，并对国家电子信息产业基地和产业园建设的指导思想、总体目标和认定条件做了规定。12月，信息产业部又发布了《国家电子信息产业基地和产业园认定管理办法（试行)》。

5. 神舟五号成功发射，信息产业保驾护航。10月16日，我国神舟五号载人航天飞行获得圆满成功。在载人航天工程中，工程七大系统均与信息技术的应用息息相关。载人航天工程实施以来，中国电子科技集团公司等信息产业有关单位承担了工程建设的大量研制任务，由我国电子信息产业系统自主研制的以测控通信系统为代表的电子设备和数十万计的电子元器件的质量可靠性达100%。部分设备和元器件达到国际先进水平，为确保我国首次载人航天飞行的成功发挥了重要作用。

6. 2003年，中央提出振兴东北等老工业基地的发展战略，为信息产业的发展提供了广阔的发展空间。利用信息技术改造传统产业是振兴东北老工业基地的重要组成部分。信息产业部将大力推进应用信息技术振兴老工业基地的工作，以改造提升现有工业装备和设施，推广信息技术在工业产品中的应用，以企业信息化带动管理创新，推进物流管理创新。

7. 电子关税总水平2003年降到9.9%。2003年是我国加入世界贸易组织的第二年，根据我国加入世界贸易组织的承诺，从2003年1月1日起我国再次调整降低了现行进口关税税率。2003年我国关税总水平由2002年的12%降低到11%；电子产品关税总水平由2002年的11.1%降低到9.9%，其中信息技术产品关税总水平由2002年的3.5%降低到1.5%，降税幅度高达57%左右，是我国2003年所有商品中降税幅度最大的。

8. 我国电话用户总数突破5亿户。到2003年9月底，我国的电话用户总数已突破5亿户，达到5.00442亿户。其中：固定电话用户达到2.50468亿户，移动电话用户达到2.49974亿户。自1882年我国开通第一部电话到1949年的67年中，全国电话用户仅为21.8万户。到1978年，电话用户总数达到192.5万户。改革开放后，我国通信业大发展，1998年电话用户总数突破1亿户，2003年突破了5亿户。截至11月底，我国电话用户总数达到5.23亿户。

9. 国产手机占市场半壁江山。2003年国产手机市场份额又攀新高，累计到2月份，国产品牌手机生产完成755万部，同比增长2倍以上，占全部手机产量的34%。销售737万部，同比增长高达2倍以上，占国内市场销售份额50%以上，比上年底提高了10多个百分点，国产手机已占市场半壁江山，标志着我国国产手机业进一步发展壮大。1–11月份国内品牌手机生产4 143万台，销售4 098万台。国内品牌手机产量所占份额为30.02%，销量所占份额为30%，国内市场占有率为55.47%。

10. 中国彩电遭遇美国反倾销。2003年5月2日，美国五河电子公司和两家工会组织就产自马来西亚和中国的彩电向美国商务部和国际贸易委员会提起反倾销申诉。其中我国涉案产品为54

厘米及以上规格的彩电，国内主要彩电生产厂家几乎都上了黑名单。6月16日，美国国际贸易委员会对此案作出初裁。初裁认定，中国对美的彩电出口对美国本土彩电业已造成“实质性侵害”。11月24日，美国商务部继美国国际贸易委员会之后，初步裁定，中国电视机生产商向美国市场倾销产品，倾销价差从27.94%-45.87%不等。

（由《中国电子报》评出）

2003年中国通信业十大新闻

1. 王旭东出任信息产业部部长。2003年3月17日下午3时，在十届全国人大一次会议第七次全体会议上，根据国务院总理温家宝的提名，经过投票表决，王旭东出任信息产业部部长。王旭东随后又接任了国务院信息化工作办公室主任一职。据悉，这是两家机构合并、新监管部门呼之欲出的一个信号。信息产业部在未来主导、监管中国信息产业方面将有更大的作为。

2. 思科、华为诉讼引发私有协议与知识产权保护争论。2003年10月1日思科、华为签署一份协议，终止在美国得克萨斯州地区法院的未决诉讼。美国当地时间2003年1月22日下午，思科向美国得克萨斯州的地方法庭递交了诉讼材料，指控华为侵犯专利权等。华为提交的相关答辩词中，对思科的指控进行了否认。同时，华为还公布了思科的不正当竞争手段，包括试图阻碍华为与思科路由器的合法互操作等。

这场诉讼引起的对知识产权的讨论，在业界产生了重大影响。

3. 张春江铁腕重组网通初见成效。原信息产业部副部长张春江出任网通新一任总裁，拉开了网通融合重组的大幕。经过一年的努力，网通集团明确了资产、网络、业务和人员的划分，进一步提升了核心竞争力。2003年网通集团实行“重新竞聘上岗”制，新的管理团队构成了网通集团的中坚力量，为进一步发展扫清了障碍。

4. 信息产业部重拳保障互联互通。信息产业部出台“保证电信网间互联互通”的严厉措施。包括：对互联互通技术标准开展研究；加紧建设覆盖全国的“网间结算及互联互通监测系统”；网间结算办法和争议处理办法；报请最高人民法院出台“有关妨碍互联互通行为刑事责任的司法解释”；制订公司电信网间通信质量标准等。

5. 联通推出CDMA1X，移动市场竞争激烈。中国联通在2003年3月底，向外界宣告CDMA1X以及基于CDMA1X网络的移动数据业务品牌“联通无限”正式推出。CDMA1X的开通后，中国的移动通信市场上同时存在GPRS和CDMA1X两种不同制式的2.5代网络，这将使消费者在无线数据业务方面拥有更多的选择权。

6. 非典期间通信业大显身手。现代化的通信基础设施与通信服务手段在抗击非典中大显身手。信息产业部启用“95120”短号码，作为全国统一“非典”防治电话。视讯业务在非典期间，得到了迅速发展。公共电视会议、可视电话、网上银行、宽带业务等改变了人们对电信业务传统认识，也改变了人们的生活方式和观念。

7. 移动数据业务出现“繁荣背后的阴影”。短信息计费不准确、强制服务，订短信易、退订难，短信息内容不健康、不合法等等“繁荣背后的阴影”，引发人们对不规范经营的思考。业内人士认为，这些问题不解决，必将抑制产业的发展。

8. 通信业界高层跳槽软件行业。2003年4月1日，原爱立信中国公司的市场总监张醒生担任亚信科技（中国）有限公司总裁兼CEO，随后，原摩托罗拉中国区总裁陈永正也被挖到微软大中华区任总裁。他们的易位，折射出通信厂商的高层正在出现向IT领域渗透的趋势。

9. 中国电话用户数过5亿，移动用户数首超固网。2003年我国电话用户总数突破5亿户。另据信息产业部统计，截止到2003年10月底中国的移动电话用户达到2.57亿户，超过了固定电话数，居世界第一位。

10. “小灵通”全面解禁。2003年小灵通在京、沪、穗三地全面解禁。据统计，2003年小灵通手机的销量已经超过2 000万部，据预测，2004年小灵通手机的销量有望突破3 000万部。

（由《通信世界》评出）

2003年主要展会信息

展会名称	时间	地点
2003 山东国际工程机械、物流暨专用车辆展览会	2003.03.06-09	济南国际展览中心
2003 年中国(辽宁)物流、仓储及商业设施技术展览会	2003.03.25-28	辽宁工业展览馆
2003 中国（南昌）商业零售业技术设备展览会	2003.03.26-28	江西省展览中心
首届东南（福建）商贸交通物流展览会	2003.03.26-29	福州国际会展会展中心
第二届山东国际工程机械、建筑机械暨交通建设、物流技术设备展览会	2003.03.31-04.02	中国济南舜耕国际会展中心
第二届天津国际现代物流展览会	2003.04.03-05	天津国际展览中心
浙江国际物流零售业（杭州）展览会	2003.04.10-13	浙江展览馆
2003 国际存储展览暨技术研讨会	2003.04.21-24	北京中国国际贸易中心
2003 年中国（青岛）国际物流展览会	2003.04.22-24	青岛国际会展中心
2003 年中国（中山）仓储及物流设备展览会	2003.04.26-28	中山火炬国际会展览中心
2003 中国（北京）国际商业博览会	2003.05.10-12	中国国际展览中心
第三届中国国际仓储搬运输送设备及物流技术展览会	2003.05.10-12	北京中国国际展览中心
2003 年中国（上海）国际仓储物流及运输系统展会	2003.05.13-16	上海新国际博览中心
第二届物流市场研讨交流会-华东地区会议	2003.05.29-30	上海光大会展中心国际大酒店
中国国际运输与物流博览会	2003.06.18-20	北京中国国际展览中心
中国国际运输与物流博览会	2003.06.18-20	北京
第三届大连国际物流、仓储及配货中心设备展览会	2003.07.09-12	大连星海会展中心
第二中国华南城市智能交通及公路建设展览会	2003.07.10-12	深圳市中国国际高科技成果交易会展览中心
第二届中国华南地区物流产业展览会	2003.07.10-12	深圳市中国国际高新技术成果交易会展览中心
第四届中国（上海）国际物流展览会	2003.08.20-22	上海展览中心
第四届中国(上海)国际物流展览会	2003.08.20-22	上海展览中心
第二届国际物料搬运暨仓储物流展览会	2003.08.23-31	中国国际科技会展中心
物流及配货中心设备展	2003.08.28-30	上海国际展览中心

（接上页表）

2003 国际浙江现代物流博览会	2003.08.28-30	杭州市和平国际会展中心
第二届国际物料搬运暨仓储物流展览会	2003.08.28-31	昆山科技博览中心
2003 中国昆山第二届国际物料搬运暨仓储物流展览会	2003.08.28-31	昆山科技博览中心
第六届中国（广州）国际物流展览会	2003.09.17-20	广州国际会议展览中心
国际物流技术及运输车辆展览会	2003.09.23-26	南通港展览中心
华南地区物流供需双方合作交流会	2003.09.26-27	深圳
2003 中国·无锡仓储物流技术及输送设备展览会	2003.10.16-18	无锡市新区科技会展中心
第十届中国国际自动识别技术展览会	2003.10.22-25	北京国际会议中心
2003 亚洲国际物流技术及运输系统展览会	2003.11.11-18	上海新国际博览中心
2003 年商业仓储物流及冷链系统展览会	2003.11.18-20	上海展览中心
2003 年中国国际物流技术与供应链管理论坛	2003.11.18-20	上海
2003 北京国际现代物流技术大会及展览会	2003.11.18-21	中国国际科技会展中心
2003 第五届东莞国际缝制设备展览会	2003.11.20-22	东莞国际会议展览中心
2003 年物流供需双方合作交流会暨跨地区物流合作发展论坛	2003.11.27-29	北京
2003 华南国际(佛山)物流起重搬运设备展览会	2003.11.29-12.01	佛山市城北综合批发市场会展中心
第五届集装箱高峰会议	2003.12.04-05	上海浦东淳大万丽酒店
2003 年中华物流论坛暨 2003 年两岸三地现代物流学术研讨会	2003.12.07-08	香港・香港理工大学
首届中国物流企业家论坛暨 2003 中国物流（企业）年会	2003.12.08-09	北京国际会议中心
2003 年第二届中国物流高层论坛	2003.12.09-11	北京亮马大厦
第二届中国物流高层论坛	2003.12.09-11	北京
2003 中国企业物流供需洽谈会暨中国货主物流管理创新大会	2003.12.09-13	北京
2003 中国企业物流供需洽谈会暨中国货主物流管理创新大会	2003.12.10-11	北京天涯行会议展览服务中心
第四届中国国际运输与物流博览会	2003.12.10-12	北京 中国国际展览中心
2003 年中国物流投融资合作洽谈会	2003.12.11-12	北京
中国物流人才日	2003.12.12-12	北京
2003 中国物流设备及技术(佛山)博览会	2003.12.17-20	华夏国际会展中心
2003 年物流世界年会	2003.12.18-19	广州
第七次中国物流专家论坛	2003.12.25-27	北京

图书在版编目(CIP)数据

中国物流年鉴.2004/中国物流与采购联合会编.
北京:中国社会出版社,2004.9
ISBN 7-5087-0259-X

Ⅰ.中… Ⅱ.中… Ⅲ.物流-中国-2004-年鉴
Ⅳ.F259.22-54

中国版本图书馆 CIP 数据核字(2004)第 098653 号

书　　名: 中国物流年鉴
编　　者: 中国物流与采购联合会
责任编辑: 张英杰

出版发行: 中国社会出版社　邮政编码:100032
通联方法: 北京市西城区二龙路甲 33 号新龙大厦
电话:66051698　电传:66051713
欢迎读者拨打免费热线:8008108114 或登录 www.bj114.com.cn 查询相关信息
经　　销: 各地新华书店

印刷装订: 三河市紫恒印装有限公司
开　　本: 850×1168　1/16
印　　张: 53.75
字　　数: 1370 千字
版　　次: 2004 年 9 月第 1 版
印　　次: 2004 年 9 月第 1 次印刷

书　　号: ISBN7-5087-0259-X/F·86
定　　价: 458.00 元(上、下册)